Böhlau

Dieter Stiefel (Hg.)

„Unusual Business“

Der Wiederaufbau der österreichischen Versicherungswirtschaft 1945 und ihr Beitrag zum Entschädigungsfondsgesetz 2001

Böhlau Verlag Wien · Köln · Weimar

Gedruckt mit der Unterstützung durch:
Verband der Versicherungsunternehmen Österreichs
Allgemeiner Entschädigungsfonds und Nationalfonds der Republik
Österreich für Opfer des Nationalsozialismus
Bundesministerium für Bildung, Wissenschaft und Kultur

Bibliografische Information Der Deutschen Bibliothek:
Die Deutsche Bibliothek verzeichnet diese Publikation in der Deutschen Nationalbibliografie;
detaillierte bibliografische Daten sind im Internet über http://dnb.ddb.de abrufbar.

ISBN 3-205-77530-9
ISBN 978-3-205-77530-0

http://www.boehlau.at
http://www.boehlau.de

Gedruckt auf Munkenbook creme

Druck: prime rate, 1047 Budapest

Printed in Hungary

Inhalt

Vorwort

Es ist ein Merkmal der modernen Zeit, dass man versucht, Risiko rational zu kalkulieren.[1] In früheren Kulturen, „als das Wünschen noch geholfen hat“[2], verließ man sich auf die Götter und ihre irdischen Interpreten. Im Stab eines Versicherungsunternehmens finden sich aber keine Kleriker, sondern Mathematiker, Statistiker, Volkswirte, Betriebswirte und Juristen. Wenn auch das Einzelschicksal weiter unvorhersehbar bleibt, in großer Zahl wird es berechenbar und damit zur Grundlage des Versicherungsgeschäfts. Voraussetzung dafür ist aber ein gewisses Maß an Normalität von politischen, gesellschaftlichen und wirtschaftlichen Entwicklungen, kurz gesagt: ein „business as usual“.

Manchmal stößt jedoch die Berechenbarkeit von Risiken an ihre Grenzen. Das ist einmal bei Naturkatastrophen der Fall, wie etwa dem Erdbeben in San Francisco 1906, das auch europäische Versicherer und Rückversicherer in Schwierigkeiten brachte.[3] Die entscheidenden Unsicherheiten liegen aber nicht in der Natur, sondern in der möglichen Irrationalität politischer Ereignisse und Entwicklungen. Das zwanzigste Jahrhundert bietet hierfür zahlreiche Beispiele. Schon der Erste Weltkrieg hatte die europäische Versicherungswirtschaft erschüttert, aber Nationalsozialismus und Zweiter Weltkrieg beschädigten die Grundlagen dieses Geschäftsbereiches. Denn der Nationalsozialismus hatte nicht nur Tod und materielle Zerstörung zur Folge, sondern auch europaweit die Eigentums- und Rechtsverhältnisse schwer in Mitleidenschaft gezogen. Der lange Weg zur Normalität nach 1945 war daher ein „unusual business“ im wahren Sinn des Wortes.

1945 befand sich die österreichische Versicherungswirtschaft in einem Zustand, den man heute als „systemic crisis“ bezeichnen würde. Im Grunde genommen war die ganze Branche bankrott. Ein großer Teil des Vermögens war in wertlosen Reichsanleihen angelegt, etwa 15 % des Zins tragenden Häuserbestands war zerstört, die ausländischen Niederlassungen waren beschlagnahmt, die Rückversicherungen mit dem Ausland nicht realisierbar, die erhöhte Sterblichkeit durch den Krieg und seine Folgen

1 Peter L. Bernstein, Against the Gods. The remarkable Story of Risk, New York 1998

2 Peter Handke, Als das Wünschen noch geholfen hat, Frankfurt 1974

3 Zu dem Thema veranstaltet das Institute for European Studies der University of California, Berkeley, 2006 ein Symposium.

brachte die Lebensversicherungen aus dem Gleichgewicht, die Verbindung zu deutschen Muttergesellschaften war unterbrochen, die Eigentumsverhältnisse ungeklärt ebenso wie die Frage, welche Polizzen noch gültig waren. Wie diese Existenzkrise in Zusammenarbeit von Wirtschaft und Politik überwunden wurde, ist nicht nur ein bemerkenswertes Kapitel der österreichischen Zeitgeschichte, sondern darüber hinaus von generellem Interesse. Es spiegelt eine Problemstellung, mit der etwa der Internationale Währungsfonds in jüngster Zeit immer wieder konfrontiert wurde.[4]

Die Beiträge in diesem Buch gehen aber über die eigentliche Zeit des Wiederaufbaus hinaus. In den 1990er Jahren stand man mit einem Mal vor einer „Rückkehr der Geschichte".[5] Auch die österreichische Versicherungswirtschaft sah sich plötzlich mit materiellen Forderungen aus der Zeit vor 1945 konfrontiert, die weder wirtschaftlich vorhersehbar noch rechtlich zu begründen waren. Der politische Druck aus den USA bekam aber mit Sammelklagen und einem drohenden Imageverlust sehr bald eine wirtschaftliche Dimension. „Ohne Rechtsanwälte wären wie nicht hier", wie Stuart Eizenstat, US-Finanzstaatsekretär und Leiter der Verhandlungen zu Restitutionsfragen, in Wien bemerkte. In den Vorstandsetagen war man nun völlig ungewohnt mit historischen Lasten konfrontiert. Diesem neuerlichen „unusual business" stand man daher anfangs weitgehend fassungslos gegenüber. Denn an privatwirtschaftliche Unternehmen materielle Forderungen zu stellen, die mehr als 50 Jahre zurück lagen, widerspricht jeder betriebswirtschaftlichen Logik. Es war daher zwangsläufig ein jahrelanger Prozess, bis man hier zu einem einigermaßen befriedigenden Ergebnis kommen konnte. In diesem Zusammenhang bekamen historische Arbeiten eine ungewöhnliche Aktualität. Sicher war die Gefahr der Instrumentalisierung solcher wissenschaftlichen Studien nicht zu übersehen, insgesamt aber lag es im Interesse aller Beteiligten, die historische Problemstellung – soweit dies noch möglich war – aufzuarbeiten. So stellte auch Stuart Eizenstat fest: „Wir wollen Gerechtigkeit! Die Grundlage für Gerechtigkeit ist Wahrheit, die Grundlage für Wahrheit Wissen."[6]

Nun war die Frage der Holocaust Era Assets kein betriebswirtschaftliches, sondern ein vorrangig politisches Problem, und dementsprechend zog die Interessenvertretung, der Verband der Versicherungsunternehmen Österreichs, die Initiative an sich. Der Verband stellte mit Dr. Christian Karsch einen Mitarbeiter ausschließlich für diesen Bereich frei und der gab eine wissenschaftliche Studie in Auftrag, die sich schwerpunktmäßig mit der Enteignung

4 Siehe etwa: Claessens, Stijn/Djankov, Simeon/Mody, Ashoka, Resolution of Financial Distress. An International Perspective on the Design of Bankruptcy Laws, World Bank International Development Studies, Washington 2001

5 Alpbacher Politischen Gesprächen am 28. 8.2001

6 „Nazigold"-Konferenz, Dezember 1997 in London

und Restitution von jüdischen Lebensversicherungspolizzen befasste.[7] Als Fortsetzung ist der vorliegende Band zu sehen, der den Wiederaufbau der österreichischen Versicherungswirtschaft insgesamt behandelt, einschließlich einer historischen Bilanzanalyse, Steuerfragen und einer Dokumentation über die Verhandlungen zu den Holocaust Era Assets. Der Verband der Versicherungsunternehmen Österreichs hat die historischen Arbeiten in jeder Beziehung unterstützt: in Form von Beratung über versicherungstechnische Fragen, der Erstellung von Statistiken, der unbeschränkten Öffnung seines Archivs, der Mitwirkung der Versicherungsunternehmen und der Recherchen an ausländischen Archiven. Der Verband oder die betroffenen Versicherungsunternehmen haben jedoch nie auf die Ergebnisse oder den Text auch nur den geringsten Einfluss genommen. Damit war ein völlig selbstständiges und unabhängiges Arbeiten möglich, das man an den Universitäten als „objektiv" bezeichnet. Die folgenden Beiträge stehen daher unter der alleinigen Verantwortung des jeweiligen Autors.

Am Beginn steht eine wirtschaftshistorische Studie über den Wiederaufbau der österreichischen Versicherungswirtschaft von 1945 bis Ende der 1950er Jahre. Sie bietet praktisch die Grundlage zum Verständnis dieser Zeit. Behandelt werden nicht nur Vermögensverluste, Eigentumsverhältnisse, Bestandsabgrenzung und Zusammenarbeit mit der Versicherungsaufsicht, sondern auch die Geschäftstätigkeit während der Nachkriegsinflation und die Personalpolitik in schwierigen Zeiten. Den Abschluss bildet das Versicherungswiederaufbaugesetz 1955 und der Deutsch-Österreichischen Vermögensvertrag von 1958.

Danach legt Bernhard Mahlberg eine Analyse der Finanzlage der österreichischen Versicherungsunternehmen im Jahr 1955 vor. Die österreichische Wirtschaftsgeschichte hat sich in den 1980er Jahren intensiv mit Bilanzanalysen beschäftigt, aber die Arbeit von Mahlberg geht weit darüber hinaus. Sein Datensatz enthält die Jahresabschlüsse des Jahres 1943 von 7 Versicherern, 19 Jahresabschlüsse des Jahres 1944, 28 Rekonstruktionsbilanzen und 42 Schillingeröffnungsbilanzen und Jahresabschlüsse des Jahres 1955. Hier hat sich ein Betriebswirt an historisches Material gewagt und es nach heutigen Kriterien analysiert, was viel zu dessen Verständnis beiträgt. Man kann diesen Beitrag durchaus als Pionierarbeit bezeichnen.

Danach geht Christian Karsch auf die Besteuerung der Vertragsversicherung zur Zeit ihres Wiederaufbaues ein. Das Thema klingt sperrig, aber Karsch versteht es, die Steuerfragen in einen allgemeinen theoretischen und politischen Rahmen zu stellen. Dabei geht er unter anderem auf die Rechtskontinuität nach 1945 ein, wo übernommenes reichsdeutsches Recht nur sukzessive wieder austrifiziert wurde. Autoritäre Elemente standen demnach für einige Zeit den Bestimmungen eines demokratischen Rechtsstaa-

7 Dieter Stiefel, Die österreichischen Lebensversicherungen und die NS-Zeit. Wirtschaftliche Entwicklung, politischer Einfluß, jüdische Polizzen, Böhlau Verlag, Wien 2001

tes gegenüber. Gleichzeitig wird in seinem Beitrag deutlich, dass die Wiederaufbauzeit auch eine Chance zur Modernisierung und Veränderung bot. Die Wiedererrichtung eines österreichischen Steuersystems war nicht nur ein Zitat aus der Vorkriegszeit, sondern bot auch die Möglichkeit der Erneuerung. Selbstverständlich fallen Steuerfragen in den Aufgabenbereich des Verbandes der Versicherungsunternehmen und sind damit Teil auch seiner Geschichte.

Der Beitrag: „The Austrian Life Insurance Sector and the Nazi Regime" ist die Zusammenfassung der vorangegangenen Publikation.[8] Er ist der Vollständigkeit halber notwendig, da die Geschichte des Wiederaufbaus der österreichischen Versicherungswirtschaft ohne den Problemkreis Enteignung und Restitution von Lebensversicherungspolizzen unvollständig wäre. Auch erschien es sinnvoll, den Beitrag in englischer Sprache zu belassen.

Den Abschluss macht Christian Karsch mit „Imperfect Justice: Der Weg der österreichischen Versicherungswirtschaft zum Entschädigungsfondsgesetz 2001".[9] Damit legt er nicht nur ein Bilanz seiner jahrelangen Tätigkeit in diesem Bereich vor, sondern bietet eine weit über Österreich hinausgehende Dokumentation des langen Weges zur Entschädigungsgesetzgebung in Österreich und in anderen Ländern.

Man kann wohl ohne Übertreibung feststellen, dass mit dem vorliegenden Werk die Geschichte des Wiederaufbaus der österreichischen Versicherungswirtschaft in einer Vollständigkeit vorliegt, wie kaum in einem anderen Wirtschaftsbereich. Geschichtsschreibung ist sehr arbeits- und zeitintensiv und so haben wir vielen zu danken. Allen voran den Präsidenten des Verbandes der Versicherungsunternehmen Österreichs, Dietrich Karner und Konstantin Klien, und den Generalsekretären, Herbert Retter und Louis Norman-Audenhove, die das Projekt initiiert und stets unterstützt haben. Dank vor allem auch Frau A. Hollmayer, die sich mit den Statistiken beschäftigt hat. Fruchtbar war die Zusammenarbeit mit der Historikerkommission der Republik Österreich unter der Leitung von Clemens Jabloner, und viel haben wir bei den Restitutionsverhandlungen gelernt, vom Kontakt mit Stuart Eizenstat, Hannah Lessing, Hans Winkler und Ernst Sucharipa. Schließlich seien auch die Archivare und Archivarinnen, vor allem des Österreichischen Staatsarchivs, erwähnt. Ihre Geduld und ihr Engagement waren eine wesentliche Voraussetzung für die vorliegende Publikation.

Dieter Stiefel Wien 2006

8 Dieter Stiefel, Die österreichischen Lebensversicherungen und die NS-Zeit. Wirtschaftliche Entwicklung, politischer Einfluß, jüdische Polizzen, Böhlau Verlag, Wien 2001

9 Der Titel spielt auf das Buch Stuard Eizenstats an (2003), Imperfect Justice, Looted Assets, Slave Labor, and the Unfinished Business of World War II, New York.

Unusual Business I:
Der Weg zum Versicherungswiederaufbaugesetz 1955

Dieter Stiefel

Der Wiederaufbau der österreichischen Versicherungswirtschaft 1945–1955

- Probleme der ersten Nachkriegszeit
- Entnazifizierung
- Wiedergutmachung
- Lohnpolitik in Zeiten der Inflation
- Die Auseinandersetzung um das 14. Monatsgehalt
- Außendienst
- Lehrlinge, Ausbildung
- Versicherungswissenschaft
- Pensionisten

8. Marktordnung
- Marktstörung
- Makler, Vertreter und Berater
- Eigenversicherung der öffentlichen Hand
- Die Abgrenzung zur Sozialversicherung

9. Werbung

10. Spenden

11. Das Versicherungswiederaufbaugesetz 1955
- Bestandsabgrenzung

12. Die Forderungen gegenüber dem Deutschen Reich
- Der deutsch-österreichische Vermögensvertrag 1958

Den Zustand der österreichischen Versicherungswirtschaft im Jahr 1945 würde man heute als „systemic crisis“[1] bezeichnen. Personell, finanziell und rechtlich war der Wirtschaftszweig in einem katastrophalen Zustand. Ohne eigenes Verschulden war die ganze Branche praktisch bankrott. In einer solchen Situation gelten die üblichen Spielregeln der Marktwirtschaft (Gesellschaftsrecht, Insolvenzrecht, Vertragsrecht, usw.) nur mehr mit Einschränkungen. Als markantes Beispiel dafür kann gelten, dass die Versicherungsaufsicht im Finanzministerium durch einen einfachen Bescheid Bestimmungen des Aktienrechts aufhob und die Versicherungsunternehmen von der Verpflichtung zur Bilanzlegung bis 1955 enthob. Denn wie hätten sie angesichts des großen Ausmaßes an dubiosen Forderungen (vor allem gegenüber dem Deutschen Reich) schon bilanzieren sollen? Ein einzelnes in Schwierigkeiten geratenes Unternehmen kann man in den Ausgleich schicken oder – wie in der Versicherungswirtschaft durchaus üblich – von einem gesunden Unternehmen auffangen lassen. Aber eine ganze Branche konnte man aus wirtschaftlichen, gesellschaftlichen und politischen Gründen nicht einfach dem Mechanismus des Marktes überlassen und untergehen lassen. Der Wiederaufbau der österreichischen Versicherungswirtschaft nach dem Zweiten Weltkrieg wurde damit auch zu einer öffentlichen Aufgabe.

Dabei ging man äußerst pragmatisch vor. Es gab keine Theorie der Rekonstruktion und keinen Masterplan, sondern man löste die Probleme, wie sie gerade anstanden. Letztlich kam auch der Versicherungswirtschaft zugute, dass Österreich nur sieben – wenn auch katastrophale – Jahre Teil des Deutschen Reiches gewesen war. Man konnte daher zumindest ansatzweise an eine personelle, wirtschaftliche und rechtliche Kontinuität anknüpfen. Wenn man auch durch die massiven Eingriffe des NS-Staates und die Folgen des Krieges nicht zu einem „business as usual“ übergehen konnte, so standen doch die Verhältnisse vor 1938 vor Augen. Diese dienten als Leitlinie, mit denen die führenden Personen in den Unternehmen, in der Interessenvertretung, bei der Versicherungsaufsicht und in der Regierung vertraut waren. Dementsprechend war der steinige Weg aus dem personellen, materiellen und rechtlichen Desaster kein Aufbau sondern ein Wiederaufbau. Dieser Weg war lang, länger als man ursprünglich geglaubt hatte, und endete erst 1955 mit dem Staatsvertrag und dem dadurch ermöglichten Versicherungswiederaufbaugesetz. Wenn sich auch der Versicherungsmarkt bereits gegen Ende der 1940er Jahre weitgehend normalisiert hatte, so klärten erst die staats- und vermögensrechtlichen Bestimmungen des Jahres 1955 die kriegsbedingten Unsicherheiten. Mit

1 Stiglitz, Joseph E., Bankruptcy Laws: Basic Economic Principles, in: Claessens, Stijn/Djankov, Simeon/Mody, Ashoka, Resolution of Financial Distress. An International Perspective on the Design of Bankruptcy Laws, WBI Development Studies, Washington 2001

dem Staatsvertrag war daher nicht nur Österreich frei, sondern auch die Versicherungswirtschaft war endlich frei von den Folgen des Krieges und der NS-Herrschaft.

Die vorliegende Arbeit baut – neben der eher spärlichen Literatur – fast weitgehend auf archivarischen Quellen auf. Dafür wurden die staatlichen Archive in Österreich, Deutschland, Großbritannien und den USA herangezogen. Vor allem aber wurde das Archiv des Verbandes der Versicherungsunternehmen Österreichs für diese Zeit so gut wie vollständig ausgewertet. Das betraf neben den jährlichen Mitgliederversammlungen des Verbandes auch die 162 Vorstandssitzungen von 1945 bis 1955, deren Protokolle geschlossen vorliegen.[2] Sie bilden eine äußerst wertvolle Quelle für die österreichische Wirtschaftsgeschichte. Auf einzelne Versicherungsunternehmen wurde nicht speziell eingegangen. Denn die vorliegende Arbeit behandelt den Wiederaufbau der gesamten österreichischen Versicherungswirtschaft, sollte damit aber durchaus die Grundlage für mögliche Unternehmensgeschichten bilden können.

Noch ein Hinweis: Wissenschaftliche Arbeiten unterscheiden sich von sonstigen literarischen Werken unter anderem dadurch, dass man sie nicht von vorne bis zum Schluss hindurch lesen muss. Es ist im vorliegenden Fall empfehlenswert, sich die wirtschaftlichen Rahmenbedingungen anzusehen, ansonsten aber sollte jedes Kapitel für sich alleine stehen können und verständlich sein.

1. Wirtschaftliche Rahmenbedingungen

Die Bilanz des Krieges

Österreich hatte 194.000 Kriegstote zu beklagen und 76.000 Vermisste, das waren an die 4 % der Bevölkerung.[3] Zusätzlich gab es 170.000 Kriegsverletzte und Invaliden. 100.000 Österreicher wurden in den KZ ermordet, darunter 65.000 Juden. 120.000 österreichische Juden mussten emigrieren und kamen bis auf wenige Ausnahmen nicht mehr zurück.[4]

2 Die Zitate hierfür wurden wie folgt abgekürzt:
V5/13. September 1945 bedeutet: Vorstandssitzung des Verbands der Versicherungsunternehmen Österreichs, Protokoll Nr. 5 vom 13. September 1946
MV/VVÖ, 25. April 1946 bedeutet: Mitgliederversammlung des Verbandes der Versicherungsunternehmen Österreichs vom 25. April 1946

3 Siehe hierzu: Herbert Matis, Das Jahr 1945 – die wirtschaftliche Ausgangssituation, in: Österreich in Geschichte und Literatur, Heft 5, Wien 1995, und Fritz Weber, Österreichs Wirtschaft in der Rekonstruktionsperiode nach 1945, in: Zeitgeschichte 14, Wien 1987

4 Jonny Moser, Österreich, in: Wolfgang Benz (Hrsg.), Die Dimension des Völkermords. Die Zahl der jüdischen Opfer des Nationalsozialismus, München 1991, S. 67 ff.

488.000 Österreicher gerieten zumeist für Jahre in Kriegsgefangenschaft. Die Vermisstenmeldungen des Roten Kreuzes im Radio und das Bild von der Rückkehr der Kriegsgefangenen am Wiener Bahnhof sind den Zeitzeugen bis heute in Erinnerung. Doch das menschliche Leid setzte sich nach Kriegsende noch weiter fort. Wien wies 1945 mit 3,58 % die höchste Sterblichkeitsrate einer europäischen Stadt in der Neuzeit auf und Ende 1945 waren eine Million fremdsprachige und 650.000 deutschsprachige Flüchtlinge und „Displaced Persons" in Österreich, 236.000 davon blieben letztlich im Lande.

Zu der menschlichen Tragödie kamen die materiellen Verluste: 76.000 Wohnungen waren zerstört, weitere 100.000 teilweise vernichtet. Die Energiewirtschaft war fast völlig zusammengebrochen, die Hälfte des Eisenbahnnetzes unbenutzbar, 318 Brücken zerstört oder beschädigt und nur 40 % der Lokomotiven, 48 % der Personen- und 70 % der Güterwagen einsetzbar. Die Zahl der Kraftfahrzeuge war auf ein Drittel der Vorkriegszeit zurückgegangen und die Post meldete den Verlust von 13 Telefonzentralen und 35.000 Telefonanschlüssen. Im Vergleich zu 1937 war das BNP um ein Drittel zurück gegangen, die Agrarproduktion um die Hälfte und der Kapitalstock ebenfalls um ein Drittel. Der Bestand an Werkzeugmaschinen reduzierte sich vom Dezember 1937 bis Jänner 1946 auf 82 %. An sich war Österreich durch die Kriegswirtschaft industriell aufgerüstet worden, die Maschinenausstattung war Anfang 1945 besser als 1937. Allerdings wurde das durch Demontagen, Beschlagnahme des österreichischen Auslandsvermögens in den Oststaaten und Reparationsforderungen wieder zunichte gemacht.

Bestand an Werkzeugmaschinen

	1937 Dezember	**1945 April**	**1946 Jänner**
Stück	60.731	92.233	49.611
1937 = 100	100	152	82

Hierein fiel auch das Problem des „Deutschen Eigentums".[5] Österreich war durch die Moskauer Deklaration der Alliierten 1943 zum „ersten Opfer der Hitler-Agression" erklärt worden, das Land war daher (aus der Sicht des Völkerrechtes) besetzt und nie Teil des Deutschen Reiches gewesen. Diese „Opferthese" war politisch vorteilhaft, hatte jedoch eine Kehrseite. Mit dem Potsdamer Abkommen vom Jahr 1945 beanspruchten die Alliierten das Auslandsvermögen des Deutschen Reiches für Reparationszwecke. Das galt nun auch für Österreich, das eben durch die Moskauer Deklaration als Ausland anzusehen war.

5 Bukovics, Wilhelm, Das Deutsche Eigentum in Österreich, Wien 1956

Die Situation war aber hier ganz besonders dramatisch, da das deutsche Eigentum in der „Ostmark" während der NS-Zeit durch Investitionen und politischen Zwang ganz erheblich ausgeweitet worden. So stieg etwa der deutsche Anteil an den Industrieaktiengesellschaften von 8 % im Jahr 1937 auf 57 % im Jahr 1945 an. Um diesen Eigentumsübergang an das Ausland zu verhindern verstaatlichte Österreich 1946 71 große Industrieunternehmen, etwa 20 % der einheimischen Industrie. 1947 wurden noch die drei großen Banken und 85 % der Elektrizitätswirtschaft verstaatlicht, womit Österreich unter den marktwirtschaftlichen Ländern den höchsten Verstaatlichtenanteil überhaupt aufwies.

Die westlichen Besatzungsmächte akzeptierten unter Vorbehalt diese Maßnahme, die Sowjetunion aber beschlagnahmte das „Deutsche Eigentum" in ihrer Besatzungszone und errichtete einen „USIA-Konzern", der im Zeitverlauf zwischen 30.000 und 60.000 Beschäftigte hatte und der österreichischen Wirtschaft ganz erhebliche Substanz entzog. Der Anteil der USIA an der österreichischen Industrieproduktion machte zwar nur etwa 5 % aus, in Wien und Niederösterreich lag er aber bei 30 %. Mit dem Staatsvertrag und dem Abzug der Besatzungstruppen musste Österreich diese beschlagnahmten Betriebe zurückkaufen. Dafür waren 150 Mio. Dollar und 2 Mio. Dollar für die DDSG aufzuwenden. Zusätzlich waren die Schulden der USIA in Höhe von 50 Mio. Schilling zu übernehmen und Erdöllieferungen im Ausmaß von 2,8 Mio. Schilling in den folgenden Jahren zu leisten. Die Entschädigungsansprüche aus der Verstaatlichung für angloamerikanische und französische Interessen betrugen 423 Mio. Schilling. Insgesamt erwuchsen Österreich aus dem Staatsvertrag von 1955 bis 1964 Ausgaben in der Höhe von 10 Mia Schilling (damaliger Wert).

Politisch ist das Jahr 1947 ein erster Einschnitt, da zu diesem Zeitpunkt deutlich wurde, dass die Bemühungen in Hinblick auf einen Staatsvertrag und den Abzug der Besatzungstruppen gescheitert waren. Die Besatzung war auch wirtschaftlich ein erheblicher Kostenfaktor, da die Besatzungskosten von Österreich zu tragen waren. Diese stiegen von 1945 bis 1947 von einer Milliarde auf drei Milliarden Schilling an und erreichten damit ein Drittel des Staatsbudgets. 1947 verzichteten die USA auf ihren Anteil, die Sowjetunion aber erst 1953 und Großbritannien und Frankreich 1954. Die lange Unklarheit über die völkerrechtliche Position Österreichs bis 1955 war eine politische und wirtschaftliche Belastung, die weit über diesen finanziellen Aufwand hinaus ging.

Schließlich war auch die wirtschaftliche Bedeutung der „Bewältigung der Vergangenheit" nicht zu übersehen. Entnazifizierung und Restitutionen belasteten den Wiederaufbau wirtschaftlich, juristisch und verwaltungsmäßig, schon wegen der großen Anzahl der Fälle.[6] Aus rein wirtschaftlicher Sicht waren diese Maßnahmen politische Einflüsse, die

6 Dieter Stiefel, Entnazifizierung in Österreich, Wien 1981

so bald wie möglich abgeschlossen werden sollten, um den Blick von der Vergangenheit in die Zukunft zu richten. Vor allem die Alliierten machten jedoch Druck in Richtung zufriedenstellender Lösungen und so war es nicht verwunderlich, dass im Zusammenhang mit dem Staatsvertrag 1947 und 1955 die meisten dieser Maßnahmen gesetzt wurden. Zur „wirtschaftlichen Bewältigung der Vergangenheit" gehörte auch die Regelung der Vorkriegsschulden, was 1952 auf einer internationalen Konferenz in Rom geschah. Die finanzielle Auseinandersetzung mit Deutschland erfolgte auf der Grundlage des Staatsvertrages im Jahr 1958 beim Deutsch-Österreichischen Vermögensvertrag.

Der Marshallplan

Der Wiederaufbau ging in den ersten Jahren nur sehr schleppend vor sich, was vor allem auf den Energie- und Nahrungsmittelmangel zurückzuführen war. Das BIP war von 1944 auf 1945 um 58 % zurückgegangen und stieg 1946 lediglich um 13 % und 1947 um 10 % an. Für Österreich begann der Wiederaufbau daher erst wirklich mit dem Marshallplan. Am 5. Juni 1947 hielt der amerikanische Außenminister, George C. Marshall, eine Rede an der Harvard-Universität, in der er feststellte: ‚Kriege entstehen durch Armut und Unterdrückung. Dauerhafter Friede ist nur in einer relative freien und wohlhabenden Welt möglich." Das war der Beginn des größten Wirtschaftshilfeprogramms aller Zeiten, des „European Recovery Program" (ERP). Schon in dieser Rede wurde deutlich, dass der Marshallplan nicht nur eine wirtschaftliche, sondern auch eine politische Dimension hatte. Wirtschaftlich war die Situation in Europa Anfang 1947 äußerst unbefriedigend. Der Kontinent drohte nicht nur zu verarmen, sondern die amerikanischen Hilfsleistungen schienen ins endlose zu gehen. Daher war es einmal sinnvoll, die gesamte Wiederaufbauhilfe wirkungsvoll in einem einzigen Programm zu bündeln.

Politisch ging man in den USA davon aus, dass wachsender Wohlstand das wirkungsvollste Mittel gegen eine politische Radikalisierung nach rechts wie nach links darstellen sollte. Denn die politische Entwicklung in weiten Teilen Europas drohte die Amerikanern um die Früchte ihres militärischen Sieges zu bringen. Die iberische Halbinsel war nach wie vor faschistisch, in Griechenland kämpften bewaffnete Kommunisten gegen die Regierung, in Italien und Frankreich gab es starke kommunistische Parteien und in der sowjetischen Einflusssphäre Süd-, Ost- und Mitteleuropas entstanden reihenweise kommunistische „Volksdemokratien". „Prag is west of Vienna", telegraphierte der amerikanische Botschafter Anfang 1948 nach Washington, als dort die Kommunisten endgültig die Macht übernahmen, und drückte damit aus, dass sich der sowjetische Einflussbereich bereits weit nach Westen vorgeschoben hatte. Der Marshallplan war daher die „positive“ finanzielle Seite des Kalten Krieges und der Spaltung Europas in zwei politisch-gesellschaftliche Blöcke. Zwar hatten die Amerikaner vorerst ganz Europa zur Teilnahme am Marshallplan eingeladen und bei der ersten Konferenz im September 1947 in Paris erschien die Sowjetunion noch mit einer großen Delegation, doch diese reiste unter Protest sehr bald wieder ab und verbot auch ihren Satellitenstaaten die Teilnahme. Tatsächlich hatten die USA kaum ein Interesse an der Teilnahme der Sowjetunion, da dies die Kosten des Programms ganz wesentlich in die Höhe getrieben hätte. Auf der anderen Seite musste es auch von vornherein klar gewesen sein, dass dieses Hilfsprogramm für die Sowjetunion nicht geeignet war. Denn die USA kontrollierten über den Marshallplan nicht unwesentlich den Wiederaufbau der Teilnehmerländer, um dort wieder demokratische und marktwirtschaftliche Verhältnisse zu sichern, und diese politische Zielsetzung war für eine Sowjetunion nicht akzeptabel. Der Marshallplan war daher ein wirtschaftlich-politisches Instrument gegen die Ausdehnung des Kommunismus und ist auch im Zusammenhang mit der Kommunistenverfolgung in den USA in den 1950er Jahren zu sehen. Nur durch den Kalten Krieg und die in den Vordergrund gestellte kommunistische Gefährdung Europas erhielt die amerikanische Regierung eine breite Zustimmung in der Bevölkerung und im Kongress zur Finanzierung eines so umfangreichen Hilfsprogramms. Der Marshallplan war daher der Grundstein der transatlantischen Zusammenarbeit bis hin zur NATO. Die Teilnehmerländer hatten sich andererseits aber auch an den wirtschaftlichen Embargomaßnahmen gegenüber dem Ostblock zu beteiligen.

In seiner wirtschaftlichen Durchführung war der Marshallplan ein sehr „intelligentes“ Programm. Die USA schickten nicht einfach finanzielle Mittel nach Europa, sondern sie zogen ein internationales Planungssystem auf. Dazu errichteten sie in Washington die Economic Cooperation Agency (ECA), deren Gegenstück in Europa (Paris) die Organisation for European Economic Cooperation (OEEC) war. Die USA wollten daher nicht mit jedem Land einzeln verhandeln, sondern mit einem einzigen europäischen Partner. Damit drängten sie auf eine engere Zusammenarbeit der europäischen Länder untereinander und legten den Grundstein zur späteren europäischen Integration. Die europäischen Teilnehmerländer mussten nun jedes für sich Entwicklungs- und Importpläne erarbeiten, die in der OEEC koordiniert wurden und dann weiter an die ECA gingen. Es liegt in der Natur der Sache, dass die finanziellen Vorstellungen der Europäer ursprünglich viel zu hoch lagen. Die ECA war mit Wünschen von 28 Mrd. Dollar konfrontiert, eine Summe, die sich die USA auch beim besten Willen nicht vorstellen konnten. Das Programm wurde daher drastisch reduziert und erst dann dem Kongress zur Genehmigung vorgelegt, der die Mittel freigab. Dieses Verfahren wiederholte sich jedes Jahr während der Laufzeit des ERP-Programms. In den Teilnehmerländern wurden ERP-Büros errichtet, welche mit den Regierungen zusammenarbeiteten und über die widmungsgerechte Verwendung der Mittel wachten. Dabei war zwischen direkten und indirekten ERP-Mitteln zu unterscheiden. Der weitaus größere Teil betraf Dollarguthaben, mit denen man in den USA einkaufen konnte (direkte Hilfe). Daneben gab es aber auch noch das Problem, dass der europäische Außenhandel der ersten Nachkriegsjahre entweder mit Kompensationsgeschäften (Ware gegen Ware) abgehandelt wurde oder praktisch nur in Dollar bezahlt werden konnte. Kaum ein europäisches Land verfügte aber über ausreichende Dollarbestände, um den notwendigen Importbedarf abdecken zu können (Dollarlücke). Das ERP-Programm stellte daher auch Dollar zur Verfügung, um den Außenhandel der europäischen Länder untereinander zu fördern (indirekte ERP-Hilfe).

Von 1948 bis 1952 pumpten die USA an die 13 Mrd. Dollar in die europäische Wirtschaft, das entspricht einem heutigen Wert von etwa 90 Mrd. Dollar. Damit zahlte praktisch jeder Amerikaner 80 Dollar (damaliger Wert) für den europäischen Wiederaufbau, was etwa zwei Wochenlöhnen eines Facharbeiters entsprach. Die ERP-Mittel wurden den europäischen Ländern überwiegend als Geschenk (Grant) gegeben. Die damit importierten Güter – wie etwa Lebensmittel oder Rohstoffe – mussten aber im Inland zu Marktpreisen verkauft werden. Handelte es sich um Investitionen, erhielt der Industriebetrieb einen Dollarkredit, mit dem er Maschinen u. dgl. in den USA einkaufen konnte. Den Kredit selbst hatte der Betrieb in einheimischer Währung an einen einheimischen „Counterpart Fund" zurückzubezahlen, denn es war ein wesentliches Merkmal des ERP-Programms, dass es unter marktwirtschaftlichen Grundsätzen ablaufen sollte. Wäre die Industriefinanzierung etwa als nicht rückzahlbare Subvention abgelaufen, so hätte die europäische Wirtschaft einen unzulässigen Wettbewerbsvorteil gegenüber der amerikanischen erlangt, da in ihren Preisen die Investitionskosten nicht enthalten gewesen wären. Den Counterpart Funds flossen daher einheimische Geldmittel zu. Diese wurden entweder zur Stärkung der Währung stillgelegt oder sie konnten wieder als Kredite weiter vergeben werden. Damit entstanden Investitionsbanken, welche die amerikanischen Mittel auch nach Beendigung des ERP-Programms weiter arbeiten ließen. Dieser Kapitalkreislauf war die Königsidee des Marshallplanes, denn das amerikanische Geld wurde damit nicht einfach aufgebraucht, sondern arbeitet bis heute weiter in den Teilnehmerländern. In Österreich übergab die amerikanische Regierung am 1. Juli 1962 diesen im Inland angewachsenen Fonds an die Regierung. Er verfügte damals über ein Vermögen von 11,2 Mrd. Schilling, das heute auf über etwa 3 Mrd. Euro angewachsen ist und praktisch eine Investitionsbank darstellt, die nach wirtschaftspolitischen Kriterien Kredite vergibt. Von 1962 bis 1998 vergab der ERP-Fonds Kredite in der Höhe von 90,573 Mrd. Schilling.

Zu den Prinzipien des Marshallplanes gehörte einmal die „Policy of Productivity". Durch Steigerung der Produktivität – vor allem in der Industrie und der Landwirtschaft – sollten die europäischen Länder von amerikanischer Hilfe unabhängig werden. Vor allem aber wurde dies als die Basis für steigenden Wohlstand gesehen und damit als Grundlage für stabile demokratische Verhältnisse: wirtschaftlicher Erfolg als praktisch eine Immunisierung gegenüber Nationalsozialismus und Kommunismus. Dementsprechend wurden nicht nur Investitionsgüter geliefert und technische Hilfe geleistet, sondern auch praktische wirtschaftliche Weiterbildung forciert. Ein wesentliches Element hierbei waren Studienreisen in die USA, um die Produktionsverhältnisse dort vor Ort kennen zu lernen. Das zweite Prinzip war die „Hilfe zur Selbsthilfe". Die USA gingen davon aus, dass das ERP-Programm nur eine Unterstützung sein konnte. Die Initiative und die Durchführung hatten die einzelnen Länder selbst zu leisten. Die gesamte Öffentlichkeitsarbeit für das ERP-Programm hob dies immer wieder hervor. Denn der Marshallplan war nicht für Entwicklungsländer gedacht, sondern für europäische Industriestaaten, welche über ein entsprechendes Know-how, ausgebildete Arbeitskräfte und eine industrielle Grundstruktur verfügten, die lediglich durch die Kriegsfolgen zerrüttet worden war. Der Marshallplan war daher ein Hilfsprogramm und kein Entwicklungsprogramm. Und schließlich war ein wesentliches Merkmal der „Gradualismus". Die europäischen Länder sollten zunehmend von amerikanischer Hilfe unabhängig werden und die aus der Kriegswirtschaft stammenden Bewirtschaftungsmaßnahmen graduell abbauen und damit zu marktwirtschaftlichen Verhältnissen zurückkehren.

Die Sinnhaftigkeit des Marshallplanes ist vereinzelt in Zweifel gezogen worden.[7] Das betrifft nicht nur die politische Dimension, die durchaus einer Kritik unterzogen werden kann, sondern auch die wirtschaftliche Seite. In Bezug auf die BRD, die bei einer zehnfachen Einwohnerzahl nur etwa die Hälfte mehr an ERP-Mitteln erhielt wie Österreich, konnte die Wirkung nur als begrenzt angesehen werden. Sie erleichterten zwar die Devisenlage des Landes, aber der Wiederaufbau war dort 1948 schon in vollem Gange und wäre auch ohne das Hilfsprogramm wohl nicht viel anders verlaufen. Von dieser Kritik ausgenommen ist aber regelmäßig der „Sonderfall" Österreich, wo der Ressourcentransfer eine Größenordnung erreichte, die in bezug auf alle volkswirtschaftlichen Daten als bedeutend und wohl auch entscheidend betrachtet werden muss.

Der Marshallplan in Österreich lief vom 1. Juni 1948 bis zum Dezember 1953. Österreich erhielt 5,3 % der direkten ERP-Hilfe plus 284 Mio. Dollar an indirekter Hilfe. Erst mit Beginn des Marshallplanes kam der Wiederaufbau voll in Schwung und das BIP erreichte zweistellige Zuwachsraten. Insgesamt erhielt Österreich von 1945 bis

7 So etwa schon sehr früh von Alan S. Milward, The Reconstruction of Western Europa, London 1984

1955 an die 1.585 Mio. Dollar an Auslandshilfe, davon 956,4 Mio. Dollar über das ERP-Programm als Grant (Geschenk). Während bis 1947 die Hilfe aus verschiedenen Ländern kam und zumeist über die Vereinten Nationen (mit starker Beteiligung der USA) ging, betraf diese ab 1948 ausschließlich die Unterstützung durch die USA. Im ersten Jahr trug der Marshallplan 14 % zum österreichischen Nationaleinkommen bei und die direkte Hilfe erreichte etwa 100 Dollar pro Österreicher. Nur Island und Norwegen erhielten noch höhere Beiträge pro Kopf. Die Lieferungen des ersten Jahres bestanden zur Hälfte aus Nahrungsmitteln und zu einem Viertel aus Rohstoffen. Danach war sie vor allem auf den Wiederaufbau der Infrastruktur und der Grundstoffindustrie ausgerichtet – Stahl, Chemie, Elektrizität, Holz etc – und zum Schluss vorwiegend auf Finalindustrie, Exportindustrie und Fremdenverkehr. .

Wie in anderen Ländern daher auch wurde in Österreich ein ERP Counterpart Fund errichtet. Dieser Fonds war durch den Verkauf der Güter des ERP-Programms entstanden und sollte zum weiteren wirtschaftlichen Wiederaufbau in Form von günstigen Krediten eingesetzt werden. Über die Verwendung dieser Mittel gab es regelmäßig Auseinandersetzungen zwischen der österreichischen Regierung und dem ERP-Büro in Wien, grundsätzlich sollten sie aber eingesetzt werden:

- für Investitionen und nicht für privaten oder öffentlichen Konsum
- für den unmittelbar produktiven Bereich und nur eingeschränkt für Infrastrukturausbau
- und vor allem für Investitionen, welche die Zahlungsbilanz entlasteten, also für Exportförderung und Importsubstitution.

Die Verwendung der Mittel zeigte aber, dass diese Grundsätze nicht unbedingt strikt eingehalten wurden, und etwa auch – in geringerem Ausmaß – der Wohnungsbau mit finanziert wurde. Etwa 60 % der investierten Marshallplanmittel gingen in die verstaatlichte Industrie, deren Aufbau tatsächlich erst durch die amerikanische Hilfe möglich geworden war. Einen großen Teil davon beanspruchte der Ausbau der Wasserkräfte: Kaprun wurde damit zum Symbol des Wiederaufbaus.

Der Kalte Krieg und der Marshallplan veränderten aber auch die Wirtschaftsstruktur Österreichs. Sie führten zu einer Benachteiligung der sowjetischen Besatzungszone (Niederösterreich, Burgenland und Teile Wiens und Oberösterreichs), deren Wirtschaft ja nicht nur aus den USIA-Betrieben bestand. Nur 19 % der Marshallplanmittel flossen in die Ostzone, der Rest in den Westen und Süden Österreichs, die damit eine wesentliche wirtschaftliche Aufwertung erfuhren. Zwar war Österreich der einzige Fall, wo Marshallplanmittel überhaupt in ein von der Sowjetunion besetztes Gebiet gegeben wurden, doch die Wachstumsraten Ostösterreichs fielen hinter denen des Westens wesentlich zurück.

Verteilung der Industriebeschäftigten

	1937	1947	1954
Ostösterreich (W, NÖ, Bgld.)	60 %	49 %	46 %
Westösterreich	40 %	51 %	54 %
Industriebeschäftigtenindex 1937 = 100			
		1947	1951
Österreich		121	174
Niederösterreich		88	134

Die Bedeutung des Marshallplanes zeigte sich vor allem bei der Außenhandelsstatistik. In den entscheidenden Jahren des Wiederaufbaus mussten wir etwa die Hälfte unserer Importe nicht bezahlen.

Auslandshilfe an Österreich ohne kommerzielle Kredite in Mio. Dollar

	Mio. Dollar	davon ERP	Auslandshilfe: Anteil am gesamten österreichischen Import
1945/6	200,0	–	88 %
1947	225,4	–	68 %
1948	279,8	97,6	57 %
1949	300,1	289,8	50 %
1950	206,8	202,6	43 %
1951	206,0	203,6	31 %
1952	105,4	103,0	16 %
1953	40,3	38,5	
1954	19,8	19,8	
1955	1,5	1,5	
Summe	1.585,1	956,4	

Quelle: Nemschak, Zehn Jahre österreichische Wirtschaft 1945 bis 1955

Die Auslandshilfe betraf: ERP, UNRRA, USA War-Department, Kongress- und Interimshilfe, Kanadahilfe, Beute- und Überschussgüter, Liebesgaben und sonstige Hilfslieferungen.

Die Beteiligung am ERP-Programm war allerdings auch an einen Wirtschaftsboykott in Richtung „Ostblock" gebunden. Die Folgen waren für Österreich dramatischer als für die meisten anderen westeuropäischen Länder. Sie zeigten sich sehr rasch am Außenhandel, bei dem die traditionell starken Wirtschaftsbeziehungen mit den östlichen Nachbarländern stark zurückgingen. Erst mit dem Kalten Krieg wurde die daher wirtschaftliche Desintegration der ehemaligen Habsburgermonarchie endgültig vollzogen und die österreichische Wirtschaft hatte sich zwangsweise nach Westen zu orientieren.

Anteil am gesamten österreichischen Außenhandel in Prozent

Jahr	Export		Import	
	EU (12)	Oststaaten	EU (12)	Oststaaten
1922	24 %	28 %	23 %	29 %
1937	44 %	28 %	34 %	32 %
1946	28 %	22 %	38 %	23 %
1955	58 %	10 %	59 %	9 %

Quelle: Butschek, Statistische Reihen zur österreichischen Wirtschaftsgeschichte. Die österreichische Wirtschaft seit der Industriellen Revolution, WIFO, Wien 1996

Die Oststaaten umfassen: Bulgarien, ČSFR, DDR, Polen, Ungarn, Rumänien, UdSSR.

Die Leistungsbilanz in der Wiederaufbauzeit zeigte ein höchst ungewöhnliches Bild. Während Österreich für gewöhnlich ein Handelsbilanzdefizit aufweist, das durch die Dienstleistungsbilanz (vor allem über den Fremdenverkehr) weitgehend ausgeglichen wird, waren Handelsbilanz und Dienstleistungsbilanz in dieser Zeit massiv defizitär. Mangels anderer Finanzierungsquellen war das Leistungsbilanzdefizit der ersten Nachkriegsjahre nahezu identisch mit der Auslandshilfe, die in der Transferbilanz enthalten war. Der Außenhandel war stark behördlich reguliert, allerdings trat Österreich bereits 1950 dem GATT bei und 1953/54 erfolgte eine Liberalisierung des Außenhandels, die 95 % des Außenhandels umfasste.

Zahlungsbilanz in der Wiederaufbauzeit in Mio. Schilling

Jahr	Warenverkehr	Dienstleistung	Transferbilanz	Leistungsbilanz
1947	– 1.701	– 4.136	5.860	23
1948	– 1.916	– 5.031	7.273	326
1949	– 3.138	– 4.544	7.802	120
1950	– 2.698	– 736	5. 377	1.943
1951	– 4. 392	– 191	5. 357	774
1952	– 3.162	444	2.739	21
1953	– 82	1.937	1.048	2.903
1954	– 622	2. 391	514	2.283
1955	– 4.844	1.780	– 304	– 3. 368

Quelle: Butschek, Statistische Reihen zur österreichischen Wirtschaftsgeschichte. Die österreichische Wirtschaft seit der Industriellen Revolution, WIFO, Wien1996

Das Währungsproblem

Diese außergewöhnliche wirtschaftliche Situation spiegelte sich auch in den Gold- und Devisenbeständen der Oesterreichischen Nationalbank wider. Finanziell begann die österreichische Notenbank 1945 praktisch bei Null und die Währungsreserven bestanden aus fiktiven Forderungen an die Deutsche Reichsbank. Eine erste Erleichterung ergab sich 1946/47, als die Oesterreichische Nationalbank von den Alliierten etwa drei Viertel des 1938 ans Deutsche Reich abgelieferten Goldes wieder zurückbekam. Damit war der Schilling Ende 1947 zu 12 % mit Gold gedeckt. Die meisten Devisen- und Valutenbestände der ersten Nachkriegszeit waren aber im Zusammenhang mit dem Marshallplan zu sehen. Der währungspolitische Spielraum war daher sehr gering und erzwang eine manchmal geradezu kleinliche Devisenbewirtschaftung. Erst ab 1952 verbesserte sich die Devisensituation sprunghaft und öffnete die Tür zu einer liberaleren Währungspolitik. 1948 trat Österreich dem IWF und der Weltbank bei. 1950 wurde Österreich Mitglied der durch die OEEC ins Leben gerufenen Europäischen Zahlungsunion. Diese regelte den multinationalen Zahlungsverkehr der OEEC-Länder als Vorbereitung zur freien Konvertibilität nach dem Währungssystem von Bretton Woods, was diese Länder ab dem Jahr 1958 weitgehend erreichten. Der Weg dorthin wurde für Österreich durch einen realistischeren Wechselkurs geebnet. 1949 erfolgte im Rahmen einer internationalen Abwertungswelle auch eine Abwertung des Schilling, der zuvor von den Besatzungsmächten zum Dollar mit 1 zu 10 festgesetzt war. Der Kurs war von nun an relativ stabil 1 zu 26.

Vor besonders gravierenden Problemen stand man beim Geldsektor. In Österreich stieg der Umlauf an Reichsmark von 1,2 Mrd. im Jahr 1938 auf 8 Mrd. im Jahr 1945, bei einer Wirtschaft, deren BNP deutlich gesunken war. Österreich stand daher vor der Aufgabe, mit dieser zurückgestauten Inflation fertig zu werden und wieder ein eigenes, von Deutschland getrenntes Währungssystem zu etablieren. Da die österreichische Regierung vorläufig nur in der sowjetischen Besatzungszone anerkannt wurde, galten die Währungsgesetze vorerst nur in diesem beschränkten Raum und wurden erst 1946 auf ganz Österreich ausgedehnt. Die Währungsgesetze vom 3. Juli 1945 umfassten:

- Das Kreditlenkungsgesetz für die Steuerung des öffentlichen und privaten Kredits im Sinne des Wiederaufbaus;
- Das Notenbank-Überleitungsgesetz, womit die Oesterreichische Nationalbank wieder ins Leben gerufen wurde;
- Das Schaltergesetz, mit dem die Wiederaufnahme der Zahlungen der Kreditunternehmungen geregelt wurden.

Von unmittelbarer praktischer Bedeutung war vorerst das Schaltergesetz. Sobald der Osten Österreichs Kriegsschauplatz geworden war, stellten die Banken ihre Tätigkeit ein. Erst am 5. Juli 1945 wurden die Schalter der Kreditunternehmungen wieder geöffnet, wobei 60 % der Einlagen gesperrt wurden, über die restlichen Guthaben auf den Konten konnte man bargeldlos, von einem Konto auf das andere, für lebens- und wirtschaftlich wichtige Zwecke verfügen. Damit war aber noch nicht die Bargeldmenge erfasst und auch nicht die Alliierten-Militär-Schillinge, welche die Besatzungsmächte für ihre Bedürfnisse in Österreich selbst in Umlauf brachten und für die Annahmepflicht bestand.

Die Währungsgesetze von Mitte 1945 konnten nur ein erster Schritt und eine Vorbereitung zu einer „Währungsreform" sein. Bereits am 30. November 1945 wurde daher das Schillinggesetz erlassen. Nicht nur aus wirtschaftlichen, sondern vor allem auch aus politischen Gründen war der Republik Österreich an einer raschen Trennung von der Reichsmark gelegen. Der Schilling wurde als ein Symbol der neu gewonnenen Selbstständigkeit des Landes gesehen.[8] Daher wurde der Schilling ab 21. Dezember 1945 in ganz Österreich zum einzigen gesetzlichen Zahlungsmittel, abgesehen von kleinen RM-Noten und -Münzen.[9] Der Umrechnungskurs Schilling/Reichsmark wurde der Einfachheit halber mit 1 : 1 festgesetzt. Die alten Zahlungsmittel mussten bis zum 20. Dezember

8 Siehe dazu den Beitrag von Herbert Matis in: Bachinger/Butschek/Matis/Stiefel, Abschied vom Schilling. Eine österreichische Wirtschaftsgeschichte, Wien 2001

9 Reichspfenninge blieben sogar noch bis in die 1950er Jahre in Österreich in Umlauf und waren den 1-Groschen-Stücken gleichgesetzt.

bei den Banken abgeliefert werden. Während mit dem Schaltergesetz die Bankguthaben reduziert wurden, ging es nun um eine Reduktion der Geldmenge. Dabei wurde pro Kopf ein Betrag von 150 Schilling mit 1:1 umgetauscht, der Rest wurde auf einem Konto gut geschrieben, von dem man beschränkt abheben konnte. Juristische Personen erhielten nur eine Gutschrift. Von sämtlichen Einlagen blieben weiterhin 60 % gesperrt. Für bestimmte soziale oder wirtschaftliche Zwecke konnte aber von diesen gesperrten Konten abgehoben werden. Vom Notenumtausch wurden rund 8 Mrd. Reichsmark und 1 Mrd. Militärschillinge erfasst.

Doch auch mit diesen Maßnahmen waren die Währungsprobleme noch bei weitem nicht gelöst. Einmal war noch zu klären, was mit den gesperrten Bankkonten passieren sollte, wobei sich kaum jemand in Österreich hier Illusionen hingab. Zum anderen stieg nach wie vor die Geldmenge, mit den entsprechenden inflationären Tendenzen. Um die Währung endlich auf eine stabilere Basis zu stellen, war ein neuerlicher Einschnitt dringend notwendig. Am 19. November 1947 wurde daher das Währungsschutzgesetz erlassen, mit dem Banknoten und Münzen durch neue Geldzeichen ersetzt wurden.[10] Pro Kopf wurde der Betrag von 150 Schilling im Verhältnis von 1:1 umgetauscht der Rest auf ein Drittel gekürzt. Die bisher gesperrten Konten (60 %) wurden gestrichen. Die beschränkt verfügbaren Konten wurden in 2 %ige Bundesschuldverschreibungen umgewandelt. Ausnahmen gab es in besonders berücksichtigenswerten Fällen. Die Geldmenge, die vorher nur gesperrt war, wurde nun endgültig abgeschöpft, wobei Bargeld mit zwei Drittel Entwertung schlechter gestellt war, als Kontoeinlagen, was vor allem den Schwarzhandel treffen sollte.

Um die weiter anhaltenden Preissteigerungen in den Griff zu bekommen, schloss die Regierung mit den Sozialpartnern von 1947 bis 1951 fünf Lohn-Preis-Abkommen ab (paktierte Inflation), was die Inflation aber nur bedingt bremste. Das aus der Kriegswirtschaft stammende Preisregulierungssystem blieb dabei weiter aufrecht, wurde aber durch Übereinkommen mit den Sozialpartnern geregelt. Diese Lohn-Preis-Abkommen gelten allgemein als der Beginn der Sozialpartnerschaft. In der Zeit der Lohn-Preis-Abkommen (zwischen Ende 1947 und Ende 1952) stiegen Preise und Löhne aber dennoch um rund 140 %, die Geldmenge von 7,4 Mrd. auf 17,3 Mrd. Schilling und das Kreditvolumen von 2,1 Mial auf 11,2 Mrd. Schilling. Der Wert eines Schilling von 1945 zum Schilling von 1951 betrug 1 zu 7.

10 Bundesgesetz über die Verringerung des Geldumlaufes und der Geldeinlagen bei Kreditunternehmungen, BGBl. Nr. 250/1947

Verbraucherpreisindex

1938	100	1948	329	1952	669
1945	112	1949	403	1953	664
1946	141	1950	462	1954	681
1947	277	1951	589	1955	698

Butschek, Statistische Reihen zur österreichischen Wirtschaftsgeschichte. Die österreichische Wirtschaft seit der Industriellen Revolution, WIFO, Wien 1996

Konsolidierung und Staatsvertrag

Erst Anfang der 1950er Jahre erfolgte die Stabilisierung durch eine wirtschaftspolitische Neuorientierung (Raab-Kamitz-Kurs) im Zusammenhang mit dem erfolgreichen Abschluss des Wiederaufbaus. Die neue Wirtschaftspolitik setzte auf Geldmengenbeschränkung, Kreditreduktionen, Erhöhung der Bankrate, Kürzungen bei den Staatsausgaben und eine Erhöhung von Steuern, Zöllen und Gebühren. Damit verbunden war 1952 eine allgemeine Preissenkungsaktion durch die Wirtschaft gleichzeitig mit einem Verzicht der Gewerkschaften auf Lohnforderungen. 1953 kam es dann zu einer Senkung der Bankrate und zu einer Abwertung des Schilling um 18 %. Mit dem Ende des Marshallplanes wurde daher ab 1952 eine Stabilisierung des Budgets durchgesetzt, mit den entsprechenden Anpassungsschmerzen. Der Entzug des arbeitsfreien Einkommens, das Österreich über das European Recovery Program erhalten hatte, kam einem Drogenentzug gleich. Österreich musste nun auf eigenen Füßen stehen, weshalb Raab/Kamitz sich zu einer restriktiven Budget- und Wirtschaftspolitik gezwungen sahen, die 1953/54 zum einzigen Mal in der Geschichte der Zweiten Republik zu einem Budgetüberschuss führte. Als Folge dieser Politik wies die Wirtschaft 1952 ein Nullwachstum auf, die Exporte und Importe gingen zurück und die Arbeitslosigkeit stieg beängstigend an. Der internationale Wirtschaftsaufschwung aufgrund des Koreakrieges zog Österreich aus dieser krisenhaften Situation wieder heraus. Verstärkt durch eine Senkung der Lohn- und Einkommensteuer, Investitionsbegünstigungen und Außenhandelsförderung kam es 1954/55 noch einmal – und das letzte Mal – zu zweistelligen Wachstumsraten des realen BIP. Im Zusammenhang mit dem Staatsvertrag kam es 1955 noch zu den Kapitalmarktgesetzen (Notenbanküberleitungsgesetz, Bankrekonstruktionsgesetz, Versicherungsüberleitungsgesetz), die es den Finanzinstituten ermöglichten – teilweise mit Staatshilfe – erstmals seit 1945 wieder ordnungsgemäß zu bilanzieren.

Die Zeit des Wiederaufbaus wird für Österreich vielfach von 1945 bis 1952 angegeben. Unbestritten ist der Beginn mit der Wiederrichtung der Republik Österreich im

April 1945 und der Kapitulation des Deutschen Reiches am 8. Mai 1945. Das Jahr 1952 steht für das Ende des Marshallplanes, für eine neue Wirtschaftspolitik und die Beendigung der hohen Nachkriegsinflation. Nimmt man das BNP real je Einwohner, so wurde jedoch bereits 1949 das Vorkriegsniveau (1937) überschritten. Blendet man dagegen die Kriegszeit nicht aus, so übertraf das BNP erst 1953 und das je Einwohner erst 1954 den höchsten Stand in dieser Zeit (1941) und man kann wohl erst dann von einem vollendeten Wiederaufbau sprechen. Wegen der wirtschaftlichen Bedeutung des Staatsvertrages waren die Nachkriegsprobleme aber erst mit 1955 wirklich beendet. Mit dem Staatsvertrag war Österreich wieder „Herr im eigenen Haus". Die letzten Kriegsgefangenen kehrten zurück, die politische Säuberung wurde beendet, die Vermögensprobleme mit dem Ausland konnten geregelt werden (Deutsches Eigentum, Beschlagnahmungen vor allem in Osteuropa, Vorkriegsschulden, Entschädigungen), das von der Sowjetunion in Österreich beschlagnahmte Deutsche Eigentum (USIA) wurde zurück gegeben und die Wirtschaft konnte mit Rekonstruktionsbilanzen und Schillingeröffnungsbilanzen ihre Kriegsverluste abschreiben und zum Teil mit staatlicher Hilfe wieder ordnungsgemäß bilanzieren. Der Wiederaufbau kann daher nicht nur am Wirtschaftswachstum gemessen werden, sondern auch an gesellschaftlichen, politischen und rechtlichen Kriterien und hier ist es eindeutig, dass man erst mit dem Jahr 1955 wieder von einigermaßen „normalen" Verhältnissen sprechen kann. Insgesamt war der Wiederaufbau gekennzeichnet durch hohes Wachstum bei hohem Außenhandel und hoher Inflation.

Bruttonationalprodukt 1990 international Geary-Khamis Dollar

Jahr	pro Einwohner	Insgesamt in Mio.	Jahr	pro Einwohner	Insgesamt in Mio.
1937	3.177	21. 317	1947	2.181	15.102
1938	3.583	24,037	1948	2.783	19.230
1939	4.123	27.250	1949	3. 315	22.865
1940	3.985	26.547	1950	3.731	25.702
1941	**4.245**	**28.446**	1951	3.985	27.460
1942	4.009	27,016	1952	3.993	27.484
1943	4.092	27.672	1953	4.164	28.680
1944	4.180	28. 376	**1954**	**4.585**	**31.511**
1945	1.736	11.726	1955	5.087	35.105
1946	1.969	13.695			

Quelle: Angus Maddison, Monotoring the World Economy 1820–1992; The World Economy: Historical Statistics

Wirtschaftsentwicklung Österreich 1947–1955

	BIP	Ind. Prod.	Export	Import	Infl.	AL	Monats-verdienst	Budget-defizit
1947	10,30	19,9	284,13	374,77	103,2	2,7	–	0,3
1948	26,90	51,2	135,48	85,43	52,4	2,8	–	3,4
1949	18,90	33,0	62,78	188,25	28,1	4,9	−1,2	0.9
1950	12,40	18,4	101,62	44,62	13,10	6,30	5,40	0,3
1951	6,80	14,9	47,99	52,34	27,80	5,60	7,90	0,1
1952	0,00	−2,2	−0,49	−2,20	17,00	7,60	0,50	0,4
1953	4,40	2,2	22,14	-4,94	−5,40	8,80	10,00	Über-schuss
1954	10,20	13,9	20,20	28,02	3,70	7,70	4,60	Über-schuss
1955	11,50	17,9	14,62	35,80	0,80	5,40	7,30	0,9
1947–1955	11,27	18,8	76,50	89,12	26,74	5,76	4,97	0,9

BIP: Brutto-Inlandsprodukt, real, jährliche Veränderungen in Prozent
Ind. Pro.: Index der Industrieproduktion, 1937 = 100, jährliche Veränderung in Prozent
Export: Ausfuhr in Mio. Schilling, jährliche Veränderung in Prozent
Import: Einfuhr in Mio. Schilling, jährliche Veränderung in Prozent
Infl.: Index der Verbraucherpreise, jährliche Veränderung in Prozent
AL: Arbeitslosenquote, Arbeitslose in Prozent der unselbstständig Beschäftigten plus Arbeitslose
Monatsverdienst: Veränderung des Brutto-Monatsverdiensts je Beschäftigten in der Gesamtwirtschaft real in Prozent
Budgetdefizit: Defizit des Bundesrechnungsabschlusses in Prozent des BIP
Quelle: Felix Butschek, Statistische Reihen zur österreichischen Wirtschaftsgeschichte. Die österreichische Wirtschaft seit der Industriellen Revolution, WIFO, Wien1996

2. Die Situation der Versicherungswirtschaft 1945

Es gibt Zeiten, in denen nicht einmal Versichern beruhigt.

1945 war eine solche Situation. Nun stand man vor den Folgen einer Politik, die viele Österreicher im März 1938 noch bejubelt hatten. Die Schäden des Krieges und die Folgen der nationalsozialistischen Herrschaft konnten keine Versicherung mehr abdecken. Es war daher völlig unklar, was die zum Teil sehr kunstvoll bedruckten Papiere – Geld, Aktien, Anleihen oder Versicherungspolizzen – wirklich noch wert waren. Ein Versicherungsnehmer konnte sehr wohl noch seinen Schaden anmelden, zumindest bis Ende

1944 herrschten noch weitgehend „normale" Verhältnisse auf diesem Gebiet. Mit Kriegsende musste ihm allerdings der „Versicherungsbeamte" erklären, dass die Bankkonten gesperrt waren und man auf eine gesetzliche Regelung warten musste, ob und wie viel man auszahlen konnte.

Nationalsozialismus und Krieg hatten daher nicht nur menschliche Verluste und materielle Zerstörungen mit sich gebracht. Auch das dichte Netz an rechtlich abgesicherten Ansprüchen und Verpflichtungen, das über allen Geschäftstransaktionen liegt und der Marktwirtschaft zugrunde liegt, war zerrissen oder durch die NS-Gesetzgebung pervertiert. Das betraf die Versicherungswirtschaft mehr als manche anderen Wirtschaftsbereiche, denn sie produziert keine Gegenstände, sondern eben ein Netz von rechtlich abgesicherten materiellen Ansprüchen und Verpflichtungen. Versicherungen produzieren „Sicherheit" und die gab es 1945 nicht mehr. In dieser Situation konnte man nur mehr auf den „lender of last resort", den Staat, zurückgreifen. Nur dem Gesetzgeber stand es zu, Schulden und Forderungen neu festzusetzen, in bestehende Verträge einzugreifen, die Verluste möglichst gerecht zu verteilen und so die Grundlagen für den Wiederaufbau zu legen.

Ohne Unterstützung des Staates war daher eine weitere Tätigkeit in der Versicherungswirtschaft nicht mehr möglich. Doch wer war der Staat? Im April 1945 wurde die provisorische österreichische Regierung Renner nur von der Sowjetunion akzeptiert, in den anderen Besatzungszonen gingen die jeweiligen Militärregierungen selbstständig vor. Erst nach der Nationalratswahl im November 1945 wurde die österreichische Regierung von allen Besatzungsmächten anerkannt und ihre Gesetze und Verordnungen erstreckten sich nun auf das ganze Land. Dennoch spielten die Alliierten beim Wiederaufbau der Versicherungswirtschaft auch weiterhin eine Rolle, was nicht unproblematisch war, da die „Versicherungsoffiziere" der USA, der Sowjetunion, Englands und Frankreichs recht unterschiedliche generelle Vorstellungen von Versicherung hatten. Österreich hatte allerdings das Glück, nur sieben Jahre Teil des Deutschen Reiches gewesen zu sein, die meisten österreichischen Politiker und führenden Beamten nach 1945 waren daher schon vor 1938, manche von ihnen sogar schon in der Zeit der Monarchie aktiv gewesen. Trotz aller menschlicher Verluste und politischer Säuberungen konnte die österreichische Politik und öffentliche Verwaltung 1945 daher auf einige kompetente und fachlich ausgebildete Persönlichkeiten zurückgreifen. Das erleichterte die Kommunikation mit der Versicherungswirtschaft. Allerdings war das Bestreben, zu „business as usual", also zu den Verhältnissen vor 1938, zurückzukehren, nur von seinem politischen Symbolgehalt her von Bedeutung. Die in Österreich eingeführten reichsdeutschen Bestimmungen waren leicht wieder aufzuheben, aber der Wiederaufbau nach dem Zweiten Weltkrieg wurde von den politischen Gruppierungen auch als Chance zum Neuaufbau begriffen. Daher war die Frage: „Wer ist der Staat?" von entscheidender Bedeutung. Auch oder gerade zu dieser

Zeit bestand der Staat nicht aus „objektiven Fachleuten oder Technokraten“, entscheidend war, welche Interessen sich nun durchsetzen konnten. Das zeigte sich deutlich bei Themen wie der Lohn- und Preispolitik, der Verstaatlichungsdiskussion oder der Einbeziehung der Versicherungswirtschaft in die Bundeswirtschaftskammer. Noch mehr als sonst, kam in einer solchen Zeit der Neugestaltung der Verhältnisse daher der Arbeit der Interessenvertretung eine grundlegende Bedeutung zu.

Als Erstes hatte daher die österreichische Versicherungswirtschaft eine Bilanz des Krieges und der anstehenden Probleme zu erstellen.[11] Das betraf:

- die Rechtsüberleitung: deutsches Recht blieb aus pragmatischen Gründen weiter bestehen, allerdings wurden reichsdeutsche Vorschriften, die dem österreichischen Recht widersprachen oder mit der Kriegswirtschaft zusammenhingen, aufgehoben;
- den Verlust von Mitarbeitern durch Kriegseinsatz und politische Verfolgung;
- die Durchführung der Entnazifizierung und Wiedergutmachung;
- die Entlohnung in Zeiten der Not und Inflation und die Wiedereinführung der Dienstpragmatik;
- die Bestandsbereinigung, also die Frage, welche Polizzen noch gültig waren (die Frage der ungeklärten Stöcke war immens wichtig);
- die Enteignung jüdischer Polizzen auf Grund der 11. Verordnung zum Reichsbürgergesetz;
- die Bewertung des durch Kriegseinwirkung zerstörten oder beschädigten Immobilienbesitzes;
- der zweifelhafte Wert der Reichsanleihen, in den ein großer Teil der Reserven der Versicherungsgesellschaften während des Krieges angelegt werden musste;
- die Beschlagnahmung der ausländischen Niederlassungen und Vermögen;
- die zwangsweise Unterbrechung der Rückversicherung mit dem Ausland;
- die Frage des Deutschen Eigentums an Versicherungsunternehmen und Zweigniederlassungen;
- die Behandlung der deutschen Versicherungsunternehmen, die nach dem „Anschluss“ in Österreich tätig wurden, in Bezug auf ihr Vermögen und ihre Polizzen;

11 Beitrag des Departement 19 zum Rotbuch, Bundesministerium für Finanzen, 15. April 1946, AdR. BMF. 26984/46. Es ist zu bemerken, dass diese Darstellung für das Rot-Weiß-Rot-Buch eine politische Absicht verfolgte. In den Richtlinien des Bundeskanzleramtes für die Resortminister hieß es: „Es handelt sich darum, *in möglichst knapper Darstellung*, unterstützt durch möglichst eindrucksvolles, dokumentarisches und statistisches Material und fallweiser Einschaltung besonders drastischer und beglaubigter Einzelfälle, den Zweck der Publikation zu erreichen, der darin besteht, der Weltöffentlichkeit die Tatsache der *Okkupation* Österreichs und des daraus sich ergebenden Mangels an selbstständiger Willensäußerung und daher an Verantwortlichkeit des österreichischen Staates darzutun.“

- die Reparationsforderungen der Alliierten und die Verstaatlichungsbemühungen;
- die Durchführung der Währungsgesetze.

Niemals vorher oder nachher war die österreichische Versicherungswirtschaft vor so vielfältige und existentielle Probleme gestellt gewesen. Die Versicherungswirtschaft leckte daher 1945 ihre Wunden. Im Grunde genommen war die ganze Branche bankrott. Gelegentlich war man deshalb der Auffassung, die letzte Stunde der österreichischen Versicherungen sei gekommen.[12]

Von der Versicherungsaufsicht wurde das Vermögen der österreichischen Vertragsversicherungen Anfang 1945 auf 1.000 Mio. Schilling geschätzt. Dem standen Verluste gegenüber:

Als sicher zu betrachtende Verluste:	
Kriegsschäden an Häusern	40 Mio. S
Reichsanleihen, sonstige Reichswerte und Obligationen des Versicherungsfonds	500 Mio. S
als wahrscheinliche Verluste:	
sonstige Forderungen an deutsche Schuldner	200 Mio. S
Wert beschlagnahmter Auslandsbetriebe	nicht abschätzbar
Sonstige Verluste:	
Entfall Erträgnisse der verlorenen Werte pro Jahr	20 Mio. S

Der eingetretene Verlust macht zweifellos einen Großteil des Gesamtvermögens der in Österreich tätigen Versicherungsgesellschaften aus. Die technischen Reserven in Österreich betrugen nach „sorgfältigen Schätzungen“

in der Lebensversicherung	500 Mio. S
in den sonstigen Versicherungen	100 Mio. S

Quelle: Bundesministerium für Finanzen, Versicherungsaufsicht, Unternehmungen der Vertragsversicherung in Österreich – Stand des Vermögens und der Verbindlichkeiten, 7. März 1947, Archiv der Republik, BMF. 11575/47

Es stand daher außer Zweifel, „daß die Versicherungsgesellschaften in Österreich jedenfalls ihr Aktienkapital und ihre freien Reserven verloren hatten und darüber hinaus

12 Josef Edlinger, Die österreichische Lebensversicherung seit 1945, in Die Versicherungswirtschaft 1948, S. 150

eine starke Unterdeckung ihrer technischen Verbindlichkeiten aufwiesen, was besonders für die Lebensversicherungsunternehmungen, die aus den Prämien ein Sparkapital der Versicherten in Form von Prämienreserven ansammeln müssen, von ausschlaggebender Bedeutung war".[13]

Mehr als in anderen Wirtschaftsbereichen war daher der Wiederaufbau der Versicherungswirtschaft nicht nur eine ökonomische, sondern auch eine rechtliche Angelegenheit. Um die Vielfalt der gesetzgeberischen Tätigkeit in diesem Bereich deutlich zu machen seien – ohne Anspruch auf Vollständigkeit – die wichtigsten Gesetze, Verordnungen und Abmachungen kurz erwähnt. Der Wiederaufbau begann mit dem

- Rechtsüberleitungsgesetz vom 1. Mai 1945 (StGBl. Nr. 6/1945), nach dem die deutschen Rechtsvorschriften vorläufig in Geltung blieben.
- Dem folgte das Behörden-Überleitungsgesetz vom 20. Juni 1945 (StGBl. Nr. 94/1945), nach dem die Kompetenzen des Reichsaufsichtsamtes für Privatversicherung an das Staatsamt für Finanzen übergingen.

  Da die Rechtsverhältnisse bei zahlreichen Versicherungsunternehmen, nicht nur aber vor allem bei denen des Deutschen Eigentums, vorerst ungeklärt waren, wurden für diese Unternehmen öffentliche Verwalter eingesetzt. Dem diente das
- Verwaltergesetz vom 10. Mai 1945, StGBl. Nr. 9/1945, das durch den Widerspruch der Alliierten wieder aufgehoben werden musste und durch das Gesetz vom 1. Februar 1946, BGBl. Nr. 75/1946 und das neue Verwaltergesetz vom 26. Juli 1946, BGBl. Nr. 157/1946 ersetzt wurde.
- Das Gesetz erfuhr Novellen am 22. Juni 1949, BGBl. Nr. 163/1949 und am 5. März 1952, BGBl. Nr. 54/1952 und wurde neu gefasst und wieder verlautbart mit dem Verwaltergesetz vom 27. Mai 1952, BGBl. Nr. 100/1953.

  Von grundlegender Bedeutung für die Regelung des Deutschen Eigentums, des Auslandsvermögens, der Forderungen gegenüber dem Deutschen Reich und der Restitutionen war der
- Staatsvertrag vom 15. Mai 1955, BGBl. Nr. 152/1955.

Dieser machte auch den Weg frei für den Deutsch-österreichischen Vermögensvertrag:
- Vertrag zwischen der Republik Österreich und der Bundesrepublik Deutschland zur Regelung vermögensrechtlicher Beziehungen (BGBl. Nr. 119/1958), der eine endgültige Bereinigung der Versicherungsinteressen zwischen den beiden Ländern brachte.

13 Bundesministerium für Finanzen, Versicherungsaufsicht, Unternehmungen der Vertragsversicherung in Österreich – Stand des Vermögens und der Verbindlichkeiten, 7. März 1947, AdR. BMF. 11575/47

Von direkter und indirekter Bedeutung waren natürlich auch die Währungsgesetze der ersten Nachkriegszeit, das

- Kreditlenkungsgesetz (Gesetz über die Errichtung einer Kommission zur Lenkung des öffentlichen und privaten Kredits, StGBl. Nr. 43/1945). Dieses betraf die Steuerung des öffentlichen und privaten Kredits im Sinne des Wiederaufbaus.
- Das Notenbank-Überleitungsgesetz (Gesetz über die einstweilige Neuordnung der Oesterreichischen Nationalbank, StGBl. Nr. 45/1945), womit die Oesterreichische Nationalbank wieder aktiviert wurde.
- Das Schaltergesetz (Gesetz über die Wiederaufnahme der Zahlungen der Kreditunternehmungen, StGBl. Nr. 44/1945) und
- das Schillinggesetz vom 30. November 1945 (Gesetz über Maßnahmen auf dem Gebiete der Währung, StGBl. Nr. 231/1945).
- Am 19. November 1947 wurde das Währungsschutzgesetz erlassen (Bundesgesetz über die Verringerung des Geldumlaufs und der Geldeinlagen bei Kreditunternehmungen, BGBl. Nr. 250/1947).

Von direkter Bedeutung für die Versicherungswirtschaft war das

- Versicherungsüberleitungsgesetz vom 13. Juni 1946, BGBl. Nr. 108. Dieses Gesetz hat diese Bestimmungen des Schillinggesetzes für Versicherungen aufgehoben und durch neue ersetzt.

Zur Sanierung der Branche wurde beim Bundesministerium für Finanzen eine Versicherungs-Wiederaufbaukommission gebildet und eine Versicherungsverrechnungsstelle eingerichtet. Die Kommission hatte die Aufgabe, das Finanzministerium bei der Regelung der Vermögenseinbußen durch den Krieg zu beraten. Die Verrechnungsstelle hatte als öffentlich-rechtliche Einrichtung einen Vermögensausgleich zwischen den unterschiedlich vom Krieg betroffenen Versicherungsunternehmen durchzuführen, um für alle Versicherten gleichmäßige Leistungen zu ermöglichen. Allerdings war diese bis Mitte 1947 noch nicht ins Leben getreten. Das Versicherungsüberleitungsgesetz diente damit:

- der Regelung vorläufiger Zahlungsbeschränkungen,
- der Ermöglichung einmaliger Eingriffe in bestehende Verträge und
- der Wiedererrichtung und Neuordnung des Versicherungswesens.

Einzelne Verordnungen betrafen die Verhältnisse bei bestimmten Versicherungsunternehmen bzw. die zunehmende Normalisierung der Versicherungsleistungen:

- 1. Versicherungsüberleitungsverordnung vom 26. 7. 1946, BGBl. Nr. 115/1946, die die Versicherungsleistungen vorläufig beschränkte.

- Weitere Einschränkungen mussten für einzelne Versicherungsbestände (Altbestand Lebens-Phönix, Janus, Pensionsverein und Rentenanstalt, die der ÖVAG übertragen waren) gemacht werden, da hier die Bedeckungsverhältnisse noch weitaus ungünstiger waren.
- 2. Versicherungsüberleitungsverordnung vom 16. 1. 1947, BGBl. Nr. 43/1947. Ein halbes Jahr nach Erscheinen des Gesetzes konnten die Zahlungsbeschränkungen bereits gelockert werden, so dass die Zahlungsbeschränkungen nur mehr für Lebensversicherungen galten, die bereits vor dem 1. Jänner 1946 abgeschlossen worden waren. Später abgeschlossene Lebensversicherungen konnten ebenso wie Kranken- und Schadensversicherungen in vollem Ausmaß ausgezahlt werden.
- 3. Versicherungsüberleitungsverordnung vom 1. 10. 1947, BGBl. Nr. 238/1947. Weitere Lockerung der Zahlungsbeschränkungen, die nur mehr für Gewinnbeteiligung, Rückkäufe, Belehnung, Vorauszahlungen und Prämienrückvergütung Geltung hatten.
- 4. Versicherungsüberleitungsverordnung vom 17. April 1951, BGBl. Nr. 85/1951, diese regelte aus der Novelle entspringende Einzelheiten.
- 5. Versicherungsüberleitungsverordnung vom 6. Februar 1952, BGBl. Nr. 35/1952 betraf die Zahlung von Kriegsschäden und der Transportversicherung.
- 6. Versicherungsüberleitungsverordnung vom 19. 11. 1952, BGBl. Nr. 226/1952: regelte Zahlungen aus Pensionsversicherungsverträgen mit kleinen Versicherungsvereinen auf Gegenseitigkeit.
- Novelle des Versicherungsaufsichtsgesetzes vom 18. Mai 1949, BGBl. Nr. 124/1949: bot die Eingriffsmöglichkeit in bestehende Versicherungsverträge: sie wurde zweimal verlängert mit Abänderungen vom 15. 12. 1950, BGBl. Nr. 31/1951 und vom 8. Juli 1953, BGBl. Nr. 134/1953.
- Novelle zum Versicherungsüberleitungsgesetz vom 14. 3. 1951, BGBl. Nr. 77/1951: regelte Rückkäufe, Belehnungen und Vorauszahlungen bei Lebensversicherungen.
- Novelle zum Versicherungsüberleitungsgesetz vom 17. 3. 1957, BGBl. Nr. 67/1954: Diese setzte die Bestimmungen über Zahlungsbeschränkungen gegenüber Personen, die vom Verbotsgesetz betroffen waren, außer Kraft.

Der Abschluss des Wiederaufbaus nach dem Staatsvertrag vom 15. Mai 1955 erfolgte durch:

- das Versicherungswiederaufbaugesetz (BGBl. Nr. 185/1955) vom 8. September 1955,
- das Versicherungssteuergesetz vom 8. Juli 1953, BGBl. Nr. 133/1953, welches das aus reichsdeutscher Zeit stammende Gesetz ablöste und das
- Versicherungsvertragsgesetz vom 2. Dezember 1958 (BGBl. Nr. 2/1959).

Die Probleme der ersten Nachkriegszeit

Die meisten grundlegenden Aufgaben des Wiederaufbaus traten in den ersten Nachkriegswochen vorerst einmal zurück. Im Frühjahr und Sommer 1945 ging es zuerst einmal darum, die Not, das Chaos und die Beziehungen zu den Besatzungsmächten einigermaßen in den Griff zu bekommen. Bis zum November 1945 verkehrten die Alliierten Militärbehörden noch direkt mit dem Versicherungsverband und den einzelnen Versicherungsunternehmen. Zu diesem Zweck musste auf Anordnung der amerikanischen Wirtschaftsdelegation ein Übersetzungsbüro eingerichtet werden, das nicht unerhebliche Kosten verursachte. Sämtliche Mitteilungen waren nun in drei Sprachen (Deutsch, Englisch und Russisch) einzureichen.[14] Mit der Anerkennung der österreichischen Regierung durch alle Besatzungsmächte nach den Nationalratswahlen im November 1945 wurde durch Erlass des Finanzministeriums der Verkehr des Verbandes mit den Alliierten über die Aufsichtsbehörde geleitet. Das Übersetzungsbüro konnte daher aufgelöst werden. Gegenstände von größerer Tragweite waren von nun an durch die Aufsichtsbehörde zu verhandeln. Doch konnten die einzelnen Versicherungsgesellschaften auch unmittelbar mit den alliierten Delegationen verkehren, soweit es sich um ihre eigenen Angelegenheiten handelte. Zusätzlich war der Versicherungsverband angewiesen, Abschriften sämtlicher Beschlüsse und Zirkulare der österreichischen Aufsichtsbehörde dem interalliierten Versicherungs-Aktionsausschuss vorzulegen.[15] Außerdem entstand dem Verband und den Versicherungsunternehmen durch die Tätigkeit der alliierten Versicherungsbehörde ein erheblicher Aufwand durch die Bereitstellung von statistischen Daten, die oft bis weit in die Zwischenkriegszeit zurück zu gehen hatten. So ganz willenlos kam die österreichische Versicherungswirtschaft diesem Verlangen der Besatzungsbehörden aber nicht entgegen und es wurde im Verband sehr wohl jedes Mal diskutiert, welche Daten und in welcher Form man weitergeben konnte.[16]

Da jede Korrespondenz mit dem Ausland unterbrochen war, erklärte sich Oberstleutnant Gannon von der amerikanischen Wirtschaftsdelegation bereit, die Post der Gesellschaften für Zürich, Triest, Rom und München zu übernehmen, und Kapitän Follain, von der französischen Delegation, für Paris, bzw. Frankreich.[17] Im Großen und Ganzen scheint die Zusammenarbeit mit der alliierten Versicherungsbehörde den Verhältnissen

14 V5/13. September 1945 und V7/2. Oktober 1945. Da diese Auflage als zeitlich begrenzt angesehen werden konnte, wurden die Mitarbeiter des Übersetzungsbüros nur mit Werk- und nicht mit Anstellungsverträgen eingestellt.

15 V9/22. November 1945

16 Siehe etwa V12/20. Dezember 1945; V20/11. April 1946; V38/13. März 1947.

17 V5/13. September 1945

entsprechend durchaus zufriedenstellend verlaufen zu sein. So übermittelte der französische Oberst Bougenot anlässlich seiner Versetzung nach Deutschland dem Verband und den leitenden Funktionären der österreichischen Versicherungsgesellschaften seine Abschiedsgrüße und hob in anerkennender Weise die gute Zusammenarbeit hervor.[18]

In den ersten Nachkriegsmonaten erließen die Alliierten ein strikes Reiseverbot und die Kommunikation zwischen den Besatzungszonen war weitgehend unterbrochen. Erst im Oktober 1945 genehmigte die alliierte Delegation den Versicherungsgesellschaften, 30 Funktionäre nach Österreich westlich der Demarkationslinie zu entsenden, um einen entsprechenden geschäftlichen Überblick zu gewinnen.[19] Die englische Militärverwaltung hatte wegen Unklarheiten in der Rückversicherung die in der Steiermark und Kärnten arbeitenden Versicherungsgesellschaften starken Beschränkungen in der Geschäftstätigkeit unterworfen. Während in der amerikanischen Besatzungszone zumindest der Betrieb der Krankenversicherung gestattet war, bestand in der britischen Zone überhaupt ein Tätigkeitsverbot für Versicherungen. Nach einer Aussprache des Verbandes mit der britischen Delegation und nach der Wiederherstellung des Briefverkehrs wurde dieses Verbot im November 1945 wieder aufgehoben.[20] Nun fuhr einmal im Monat ein Delegierter der Zentralen aus Wien nach Graz, brachte die notwendigen Instruktionen und die ausgestellten Polizzen mit und nahm die gesammelten Anträge wieder mit. Die alliierten Delegationen erklärten sich auch bereit, die Unterlagen von den Zentralen der deutschen Gesellschaften zu besorgen.[21] Zwar gab es in der ersten Nachkriegszeit noch Schwierigkeiten mit der Einhaltung von Verbandsbeschlüssen durch die Mitgliedsgesellschaften, diese seien aber durch die mangelhafte Nachrichtenübermittlung von Wien entstanden und nie beabsichtigt gewesen.[22]

1945 stellte der Versicherungsverband einen Antrag auf eine temporäre Erhöhung der Prämien in der Sachversicherung „wegen der allgemeinen Verschlechterung der Risikoverhältnisse und insbesondere wegen der mit der Benützung von Realitäten durch Angehörige der Besatzungsmächte verbundenen Gefahrenerhöhung".[23] Denn es mehrten sich die Fälle, wo Versicherungsnehmer, deren Wohnungen von Besatzungsmächten beschlagnahmt worden waren, die Fortsetzung der Feuer- und Einbruchdiebstahlversicherung für die beschlagnahmten Projekte beantragten. Dies war aber nur mit einem Prämienzuschlag denkbar, wie der Versicherungsverband ausführlich begründete: „Die

18 V80/13. Jänner 1949
19 V7/2. Oktober 1945
20 V9/22. November 1945
21 V7/2. Oktober 1945
22 V14/14 Februar 1946
23 MV/VVÖ, 25. 4. 1946

Haftungsübernahme kommt nur dort in Betracht, wo die Risikobesichtigung seitens der betreffenden Besatzungsmacht zugestanden wird. Da im Regreßfalle die geltend gemachten Ansprüche auf den österreichischen Staat überwälzt werden, ist ein allgemeiner Regressverzicht beabsichtigt, der ein weiteres Motiv für die Prämienerhöhung ergibt. Die Gefahrenlage ist ganz allgemein schlechter geworden, infolge Nachwirkungen der Kriegsverhältnisse; so funktioniert z. B. die Feuerwehr noch immer nicht normal. Es wäre zu erwägen, ob nicht statt nur die von der Beschlagnahme betroffenen Wohnungen herauszugreifen, auf die Dauer eines Jahres eine generelle Erhöhung der Feuerprämie um 10 oder 20 % erfolgen sollte. Die Einbruchsversicherer würden es vorziehen, in Beschlagnahmefällen überhaupt nicht zu haften."[24] Der Antrag auf Prämienerhöhung wurde jedoch von der Aufsichtsbehörde hinausgezögert. 1946 verfügte aber die amerikanische Besatzungsbehörde für ihre Zone, dass von Angehörigen der amerikanischen Streitkräfte der österreichischen Zivilbevölkerung zugefügte Schäden nicht dem Versicherer anzugeben sind, sondern von der amerikanischen Militärverwaltung zu Lasten der von der österreichischen Regierung zu bezahlenden Besatzungskosten entschädigt werden.[25] Die Versicherungsunternehmen hätten allerdings eine Prämienerhöhung zur Abdeckung des höheren Risikos vorgezogen, da dies für alle Besatzungszonen gleichermaßen gegolten hätte.[26] Dies betraf auch Großschäden, wie den Feuerschaden am Wiener Messegebäude in der Höhe von 2,5 Millionen Schilling oder den Brand eines Garagengebäudes in Linz. Beide Schadensfälle waren durch die Fahrlässigkeit von Angehörigen der Besatzungsmächte verursacht worden und fielen dadurch als „mittelbare Kriegsschäden" nicht unter die Versicherungsbedingungen.[27] Vereinzelt wurden von den Alliierten sogar Schadensersatzansprüche gestellt, ohne aber die Regressrechte der Versicherer anzuerkennen.[28] Die Beschwerden in diesen Fällen mussten über das österreichische Außenministerium laufen, das Teil des Bundeskanzleramtes war.

Solche Schäden, welche Besatzungssoldaten der österreichischen Zivilbevölkerung zufügten, waren daher ein ungelöstes Problem. Im Gegensatz zur Lebensversicherung war bei der Schadensversicherung die unmittelbare oder mittelbare Kriegseinwirkung nicht abgedeckt, sonst hätte ja der ganze Wiederaufbau auf Kosten der Versicherungswirtschaft erfolgen müssen. Die fehlende Regelung des erhöhten Risikos über eine Prämienerhöhung stellte sich für die betroffenen Versicherungsnehmer daher als äußerst problematisch heraus, da das Versicherungsvertragsgesetz § 84 und § 1/7 der Allgemei-

24 V12/20. Dezember 1945
25 MV/VVÖ, 25. 4. 1946
26 V20/11. April 1946 und V22/2. Mai 1946
27 V23/16. Mai 1946
28 V29/3. Oktober 1946 und V142/20. November 1952

nen Feuerversicherungsbedingungen vorsah, dass ein Versicherer im Kriegsfalle nur haftete, wenn der Versicherungsnehmer nachwies, dass der Schaden mit diesen Ereignissen weder mittelbar noch unmittelbar in Verbindung stand. Der Versicherungsnehmer hatte daher nachzuweisen, dass sein Schaden nicht auf Kriegseinwirkungen zurückzuführen war, was sich eher schwierig gestaltete.[29] Im April 1946 führte der Verband daher neun Prozesse, welche sich mit der Frage der mittelbaren Kriegsschäden befassten. Ein Komitee der Feuersektion war mit der Führung dieser Prozesse beauftragt, soweit grundsätzliche neue Rechtsfragen betroffen waren.[30] Die Problematik zeigte sich dann in den Urteilsbegründungen der Einzelfälle, die auch ein anschauliches Bild der unsicheren Verhältnisse dieser Zeit gaben.

Am 11. April 1945 brach in Wien ein Brand aus, durch den ein ganzer Häuserkomplex vernichtet wurde. Der Versicherungsnehmer klagte das Versicherungsunternehmen, da die Brandursache nachträglich nicht mehr feststellbar, und es ihm daher nicht möglich war, den Nachweis zu bringen, dass dieser nicht mit den Kriegsereignissen in Verbindung stand. Das Gericht gestand dem Kläger durchaus zu, dass zu dieser Zeit ein Brand nicht unbedingt mit Kriegsereignissen in Zusammenhang stehen musste. Allerdings deutete schon das Datum des Brandes auf einen Zusammenhang mit dem Krieg hin. „Es ist allgemein bekannt, daß in den Apriltagen die Innere Stadt unter Beschuss gestanden ist, dem eine größere Anzahl von Gebäuden in unmittelbarer Nähe des Brandobjektes, unter anderem auch der Stephansdom, zum Opfer gefallen ist. Auch nachdem die eigentlichen Kampfhandlungen sich in das Gebiet jenseits des Donaukanals verlagert hatten, haben die Kriegseinwirkungen auf die Innere Stadt nicht mit einem Schlage aufgehört, wie ja die Klage selbst davon spricht, daß das streitgegenständliche Gebäude zwei leichte Artillerietreffer nach dem Brande erhalten hat." Zusätzlich stellte der Ausfall der Feuerwehr nach Ansicht des Gerichtes ein unmittelbares Kriegsereignis dar. „Es ist klar, dass die zur Brandbekämpfung eingesetzten Mieter und Hotelgäste mit den wenigen Hilfsmitteln, mit Wassereimern und Luftschutzgeräten, in der damaligen Situation den Brand, wenn überhaupt, so nur im Entstehen mit Aussicht auf Erfolg hätten bekämpfen können. Zu einer wirksamen Bekämpfung hätte es einer geschulten Feuerwehr bedurft, die es aber am 11. April 1945 in Wien nicht gegeben hat, ebenso wie an diesem Tage keine Wasserleitung und kein Telefon funktioniert hat." Durch die Kriegsereignisse wurden daher Verhältnisse geschaffen, „welche von solchen in normalen Zeiten wesentlich verschieden sind, so dass nicht anzunehmen ist, daß für den Fall, als die geänderten Verhältnisse schon zur Zeit des Vertragsabschlusses vorgelegen wären, der Versicherer den Vertrag

29 Kristinus, Fritz, Zur Frage der „Kriegsschäden", in: Die Versicherungsrundschau, Wien 1947
30 V20/11. April 1946

unter solchen Umständen abgeschlossen hätte". Das Gericht kam daher zu dem Schluss: „Auch wenn die Brandursache nicht feststellbar ist, genügt die Möglichkeit einer Verursachung eines Feuers durch Kriegsereignisse für den Ausschluß der Haftung nach § 1/7, Allgemeine Feuerversicherungsbedingungen." Und weiter: „Hat ein Schadensfeuer infolge kriegsbedingten Ausfalls der Feuerwehr einen Umfang angenommen, den es bei einer normalen Brandbekämpfung durch die geschulte Feuerwehr nach aller Wahrscheinlichkeit und Erfahrung niemals erreicht hätte, so ist durch diesen Umstand für sich allein schon die Haftung des Versicherers nach § 1/7, Allgemeine Feuerversicherungsbedingungen, ausgeschlossen."[31]

Am 1. Mai 1945 fiel ein ganzer Trakt eines Hauses in Wien in der Argentinierstraße dem Feuer zum Opfer. Der Brand war dadurch entstanden, daß Truppen der Besatzungsmacht anläßlich der Proklamation der österreichischen Unabhängigkeit vom 27. April 1945 Feiern veranstalteten. Das Feuer nahm einen so großen Umfang an, da die Feuerwehr nicht sofort erreichbar war und die Selbsthilfe erst nach längerer Zeit einschritt. Die Versicherungsnehmerin klagte nun die Versicherungsgesellschaft auf einen Schaden von 50.000 Schilling, was in erster und zweiter Instanz abgewiesen wurde und dann bis zum Obersten Gerichtshof ging. Dieser lehnte die Revision des Urteils wieder mit Verweis auf § 1/7 der Allgemeinen Feuerversicherungsbedingungen ab. „Bei der Auslegung dieser Bestimmungen muß, wenn ihre Bedeutung klar erfaßt werden soll, auf den Grund zurückgegangen werden, der eine solche Einschränkung der Haftung rechtfertigt. Dieser liegt aber eben darin, daß Leistung und Gegenleistung in der Versicherung ihr Maß durch gewisse statistisch erhobene Erfahrungstatsachen (durchschnittliche Häufigkeit von Bränden, Organisationsgrad des Löschwesens, usw.) erhalten. Wenn auch jede Statistik am Einzelfalle ihre Grenzen findet, das Verhältnis zwischen Prämie und Risiko also im konkreten Falle von den versicherungsmathematisch vorausgesetzten weit abweichen kann, so ist doch undenkbar, eine Versicherung anders als auf den eben angeführten statistisch ermittelten Grundlagen aufzubauen. Dann ist es aber auch nur natürlich, daß der Versicherer seine Haftung in solchen Fällen vertragsmäßig ausgeschlossen wissen will, die ganz außerhalb des Rahmens der von der Statistik erfaßten und erfaßbaren Tatsachen und Verhältnisse fallen. Es ist bekannt und durch die Art des Kriegsdienstes psychologisch bedingt, daß Kampftruppen im Umgange mit Sachgütern aller Art, soweit sie nicht unmittelbar dem Kampfe dienen, minder sorgsam sind. Die Wahrscheinlichkeit eines Brandes wird also ganz wesentlich gegenüber friedlichen Verhältnissen erhöht, wenn die Wohnung statt unter der Aufsicht ihres gewöhnlichen Inhabers in der Verfügungsmacht fremder Truppen steht ... Daß die Anwesenheit der Besatzungstruppen eine Folge der

31 Die Versicherungsrundschau 1946, S. 276-8

Kriegsereignisse, ja sogar eine unmittelbare Folge davon ist, läßt sich wohl nicht leugnen. Zu den unmittelbaren Folgen aber gehört die Lähmung des Feuerschutzwesens und das Fehlen aller Verkehrsmittel. Der Zusammenhang zwischen dem Brande und den Kriegsereignissen – und nur ein solcher, nicht auch ein zeitliches Zugleichsein wird von der maßgebenden Bestimmung als Grund für die Ausschließung der Haftung angeführt – ist also zweifellos gegeben, die Revision daher, soweit sie dem Berufungsurteil unrichtige rechtliche Beurteilung zum Vorwurf macht, nicht begründet."[32]

Am 19. September 1946, um 20 Uhr, fuhr ein Wiener Weingroßhändler mit seinem Chauffeur in einem Opel-Super 6 nach Breitenbrunn. „Bei der Straßenkreuzung vor Jois wurde das Fahrzeug von zwei Soldaten der Roten Armee, einem Offizier und einem Mann mit Pistole, angehalten und die Insassen zum Verlassen des Fahrzeugs gezwungen. Die Räuber fuhren dann mit dem Auto in der Fahrtrichtung weiter, machten später kehrt und dürften gegen Parndorf gefahren sein. Der Weinhändler konnte seine Aktentasche mit S 24.000,– Bargeld noch an sich bringen, eher die Räuber mit dem Auto davonfuhren." Das Auto wurde am nächsten Tag nur wenige Kilometer entfernt ausgebrannt vorgefunden. „Die Räuber dürften bei ihrer Flucht mit dem Wagen an dieser Stelle, wo es bergauf geht, nicht mehr weiterfahren haben können, sind mit dem rückwärtigen Rad in den Straßengraben geraten und dürften dann vermutlich das Auto in Brand gesteckt haben."[33] Die Frage war nun, ob dieses Ereignis als unmittelbarer Kriegsschaden anzusehen war, denn dann untersagte das Versicherungsüberleitungsgesetz von 1946 (Art. 2, § 4Cd) den Versicherungsunternehmen die Leistung jeglicher Zahlungen. Der Weinhändler klagte seine Versicherung auf einen Schaden von 5.000 Schilling und bekam in der ersten Instanz auch Recht. Das Gericht war der Meinung, dass ein Schaden 1½ Jahre nach Kriegsende auch mittelbar nicht mehr mit Kriegsereignissen in Verbindung gebracht werden konnte. Die öfter eintretenden Störungen der Rechtsordnung durch die Besetzung Österreichs sei bei Abschluss des Versicherungsvertrages bereits bekannt gewesen, weshalb es Sache des Versicherungsunternehmens gewesen wäre, dem erhöhten Risiko durch eine Erhöhung der Prämie Rechnung zu tragen. Auch dieser Fall ging bis zum Obersten Gerichtshof, der das Urteil der ersten Instanz aufhob und den Vorfall als mittelbaren Kriegsschaden einstufte. „Der Umstand, dass Einzelpersonen einer Besatzungsmacht, deren Anwesenheit eine Folge des Krieges sei, auf fremdes Eigentum mitunter keine oder nur wenig Rücksicht nehmen, sei als ein mittelbares Kriegsereignis

32 Zweiter Präsident Dr. Leonhard, Oberster Gerichtshof Abt. 1, Wien, am 17. September 1946, Archiv Versicherungsverband; Die Versicherungsrundschau 1946, S. 216/7

33 Tatsachenbeschreibung des Gendamerie-Postenkommandos Neusiedel am See, Beilage zum Schreiben der Kosmos an den Verband der Versicherungsunternehmen Österreichs vom 128. Februar 1947, Archiv des Versicherungsverbandes

zu betrachten, zumal nach der Sachlage erfolgreiche Abwehr eines solchen Übergriffes ausgeschlossen sei … Das Risiko sei noch immer ein erhöhtes, die Berechnung einer entsprechenden Prämie, welche auch der Gefahrenerhöhung Rechnung tragen würde, sei mangels statistisch erfaßbarer Unterlagen nicht möglich, von der Aufsichtsbehörde auch nicht bewilligt und es müssen daher solche Fälle von der Versicherungspflicht ausgenommen bleiben … Für solche Ereignisse übernahm der Versicherer auf Grund der Versicherungsbedingungen nicht das Risiko."[34]

Die grundlegende Frage war daher, wieweit dieses durch die Aufsichtsbehörde ausgesprochene Leistungsverbot auszulegen war. Das betraf auch Übergriffe von DPs (Displaced Persons), also Personen, die durch die Kriegsereignisse entwurzelt waren: Flüchtlinge, Vertriebene, desertierte Soldaten, entlassene Kriegsgefangene und KZ-Insassen. 1945 waren bis zu einer Million solcher DP's auf österreichischem Boden, die auch von den Militärbehörden als erhebliches Sicherheitsrisiko angesehen wurden. Durch die Verrohung des Krieges oder die ihnen zugefügte Behandlung während der NS-Zeit waren viele von ihnen gewaltbereit und eine Gefahr für die Zivilbevölkerung. Die Alliierten versuchten daher, so rasch wie möglich eine Repatriierung durchzuführen. Überfälle von DPs waren daher 1945 nicht selten. So drang am 2. November 1945 eine siebenköpfige Bande in ein Haus in Kärnten ein, bedrohte die Bewohner mit Pistolen, zwang sie zum Niederknien und raubte sämtliche Kleider, Wäsche und Wertsachen in einem Gesamtwert von 8.000 Schilling. Der Wortführer sprach Deutsch mit fremdländischem Akzent, die anderen sprachen nicht mit den Bewohnern. Der Hauseigentümer hatte allerdings am 14. Dezember 1939, also kurz nach Kriegsbeginn, mit seinem Versicherungsunternehmen einen Vertrag abgeschlossen, in dem ausdrücklich nicht nur für Einbruchsdiebstahl, sondern auch Gefahrenerhöhung durch den Krieg wegen Raubes vereinbart worden war. Dennoch hätte auch hier der Ausschließungsgrund gegolten, falls es sich um unmittelbare oder mittelbare Kriegsereignisse handelte. Das Erstgericht war jedoch der Meinung, dass zu dieser Zeit keine Kriegsereignisse in Kärnten mehr stattfanden. „Die Tat wurde nicht von einem abgesprengten Wehrmachtstruppenteil, die es damals in Kärnten gar nicht mehr gab, sondern vermutlich von einer hauptsächlich aus Ausländern bestehenden Bande begangen. Zur fraglichen Zeit waren die Sicherheitsverhältnisse in Kärnten bereits geordnet, da sowohl die österreichische Exekutive als auch die britischen Besatzungstruppen die Gewalt im Lande voll in der Hand hatten … Durch die Zahl von 50.000 Ausländern und durch die infolge der Kriegsereignisse gesunkene Moral sowie die allgemeine Not wurde lediglich bewirkt, daß die Kriminalität stark anstieg und auch Raubüberfälle häufiger vorkamen, als dies sonst der Fall war. Maßgebend sei, ob der Ein-

34 Die Versicherungsrundschau 1948, S. 129/180

bruch oder Raub durch Verhältnisse herbeigeführt oder ermöglicht wurde, wie sie nur als Kriegsfolge vorkommen können. Dies wäre dann der Fall, wenn die österreichischen Sicherheitsbehörden noch nicht voll die Gewalt gehabt hätten oder wenn sich noch nicht niedergekämpfte Wehrmachtsteile im Lande befunden hätten. Die DPs aber befinden sich mit Bewilligung der Behörden im Lande; die österreichische Polizei und Gendarmerie sowie die Besatzungsmacht seien in der Lage, Verbrechen zu verfolgen. Daß es in einzelnen Fällen nicht möglich war, solche zu verhindern, habe mit Kriegsereignissen nichts zu tun: denn auch in Friedenszeiten könne die Behörde nicht immer dafür sorgen, daß keine Verbrechen begangen werden. Ein bloß zahlenmäßiges Anwachsen von Verbrechen schaffe nicht so außerordentliche Verhältnisse, dass man sie als Kriegsfolge bezeichnen könnte."[35] Die nächste Instanz hob dieses Urteil auf, da die Anwesenheit von DPs zweifellos als eine Folge des Krieges zu bezeichnen war und demnach die Entschädigungsleistung mit Hinweis auf die Kriegsklausel mit Recht abzulehnen sei. Der Prozess dauerte fünf Jahre und landete ebenfalls wieder beim Obersten Gerichtshof. Dieser setzte das Urteil des Erstgerichts wieder in Kraft, da die Bestimmung der Kriegsklausel nicht so weit ausgedehnt werden könne, dass auch Einzelfälle einbezogen werden können, die nicht über den Rahmen der normalen Fälle hinausreichten. Der Begriff der Kriegsereignisse war in Art. 2 der Allgemeinen Versicherungsbedingungen aufgezählt, „wonach darunter zu verstehen sind Durchmarsch und Einquartierung eigener und fremder Truppen in Kriegszeiten, Besetzung durch fremde Truppen, Abzug der Behörden, Flucht der Bevölkerung und Evakuierung, somit Erscheinungen, welche der Einflußnahme der ordentlichen Behörden entzogen sind und ein normales Funktionieren dieser Behörden verhindern". Da die staatliche Macht zu dieser Zeit in Kärnten aber bereits wieder konsolidiert war, traf das Argument des Kriegseinflusses nicht mehr zu.

3. Die Wiedererrichtung des Verbandes der Versicherungsunternehmen Österreichs

Von der viel zitierten „Stunde null"[36] konnte in Österreich 1945 kaum die Rede sein, sonst hätte es sich ja um einen völligen Neuanfang gehandelt. Tatsächlich aber war die Wiederaufbauzeit mit der „Bewältigung" der Vergangenheit in politischer, sozialer, wirtschaftlicher und rechtlicher Hinsicht beschäftigt. Zusätzlich sind auf allen Ebenen die Kontinuitäten

35 Die Versicherungsrundschau 1950, S. 108

36 So als ein Beispiel von vielen: Alois Brusatti, Zeuge der Stunde Null. Das Tagebuch Eugen Margaréthas 1945–1947, Linz 1990

nicht zu übersehen, nicht nur aus der Zwischenkriegszeit, sondern auch aus der des Deutschen Reiches. Es ist geradezu erstaunlich, wie sehr im Deutschen Reich in der Wirtschaft bis zum Kriegsende weiter routinemäßig vorgegangen worden war. Mehr noch ist aber bemerkenswert, wie rasch sich die Institutionen der Republik Österreich wieder etablierten. In Politik wie Wirtschaft handelte es sich daher um einen „gleitenden Übergang" und die Versicherungswirtschaft war hiervon keine Ausnahme. Kurz vor Kriegsende, am 6. März 1945, fand die letzte Vorstandssitzung des „Verbandes der in den Alpen- und Donaugauen tätigen Versicherungsunternehmungen" statt. Eine makabre Veranstaltung, die wohl mehr einem modernen Theaterstück als einer routinemäßigen Geschäftsbesprechung ähnelte, denn die Rote Armee stand bereits kurz vor Wien und der Kanonendonner war in der Ferne zu hören. Wenig später besetzten sowjetische Truppen die Stadt und am 27. April 1945 nahm die erste österreichische Regierung unter Karl Renner ihre Tätigkeit auf. Noch im selben Monat beauftragte sie Dr. Karl Habich von der Bundesländerversicherung mit der Bildung eines provisorischen Fachverbandes der Versicherungsanstalten Österreichs und ernannte ihn zum Vorsitzenden. Am 3. Mai 1945 – im Westen Österreichs wurde noch gekämpft – fand im Sitzungssaal der Allgemeinen Assecuranz, in Wien am Bauernmarkt 2, die erste Vorstandssitzung des provisorischen Verbandes statt. Zwölf Herren, die ebenso viele Unternehmungen vertraten, waren erschienen,[37] nicht mehr, denn die „reichsdeutschen" Vorstandsdirektoren hatten sich rechtzeitig abgesetzt. Es war außerdem nicht leicht gewesen, zu dieser Versammlung zu kommen. Die Straßen waren voll mit Besatzungssoldaten, Transportmittel gab es keine und auch der öffentliche Verkehr funktionierte nicht mehr. Auch der Blick aus dem Sitzungssaal war nur teilweise möglich, da einzelne Fenster zerbrochen und nur notdürftig mit Karton verklebt waren, Glas war schließlich Mangelware. Der Bauernmarkt selbst bot das Bild einer Schutthalde, eingerahmt von Ruinen.

In diesem Umfeld wurde der Fachverband der Versicherungsanstalten Österreichs konstituiert, Dr. Habich zum Präsidenten, Dr. Hummel zum Vizepräsidenten und Dr. Florian zum Leiter des Generalsekretariats gewählt. Mit Rücksicht auf das für den Verband tätige Personal und das vorhandene Vermögen, vor allem die Bibliothek und die gemieteten Räumlichkeiten, kam es aber zu keiner Neugründung, sondern zu einer Namensänderung und Statutenänderung des bestehenden Verbandes.[38] An sich waren die Statuten des „Verbandes der in den Alpen- und Donaugauen tätigen Versicherungsunternehmungen"

37 Dr. Karl Habich (Bundesländer), Dr. Fritz Hummel (Generali), Josef Anderle (Wiener Städtische), Max Bruckner (Erste Allgemeine Unfall), Dr. M. Florian (National), Karl Juhn (Allgemeine Elementar), Nemetz (Anker), Adolf Rawitz (ÖVAG), Josef Sebera (Erste Niederösterreichische) und Ivo Tuschner (Riunione Adriatica). V1/3. Mai 1945

38 Zur Vorgeschichte des Verbandes bis ins 19. Jahrhundert siehe: Christian Karsch, 100 Jahre Versicherungsverband, in: Wolfgang Rohrbach (Hrsg.), Versicherungsgeschichte Österreichs, Band 6, Wien 2000

unproblematisch, kein einziges politisches Wort war darin zu finden und auch keine Loyalitätserklärung zum NS-Regime, wie das sonst vielfach üblich war. Die Statutenänderung war vor allem wegen der Namensänderung notwendig, aber auch, weil der vorherige Verband nicht alle Versicherungssparten vertreten hatte. Der Verband aus der Zeit des Deutschen Reiches hatte die Aufgabe „die gemeinsamen Interessen und Belange der in den Alpen- und Donaugauen tätigen Versicherungsunternehmungen in allen Schadensversicherungszweigen einschließlich der Haftpflichtversicherung, jedoch mit Ausnahme der Kraftfahrversicherung (Kasko-, Haftpflicht- und Unfallversicherung), Transportversicherung, Maschinenversicherung und Tierversicherung, sowie in der Unfallversicherung wahrzunehmen und zu fördern".[39] Die Zuständigkeit des Verbandes erstreckte sich daher nur auf einen Teil der Schadensversicherung und nicht auf den Bereich der Lebensversicherung. Die ausgeschlossenen Geschäftsbereiche wurden durch Verbände und Institutionen des gesamten Deutschen Reiches wahrgenommen. Der neue österreichische Versicherungsverband vertrat wieder die gesamte Versicherungswirtschaft. Außerdem war die Mitgliedschaft des „Verbandes der in den Alpen- und Donaugauen tätigen Versicherungsunternehmungen" freiwillig und konnte auch gekündigt werden.

Für dringende fachliche Fragen wurden bereits in der ersten Vorstandssitzung des neuen österreichischen Verbandes provisorische Sektionen für Lebensversicherung, Einbruchsversicherung und Feuerversicherung eingerichtet. Zusätzlich wurde ein juristisches Komitee eingesetzt, da durch Befehl des Oberkommandos der Roten Armee alle Gesetze, die nach dem 13. März 1938 erlassen worden waren, aufgehoben wurden. Dadurch war eine unklare Rechtslage entstanden und das juristische Komitee sollte der Regierung Vorschläge zur Bereinigung dieser Unklarheiten vorlegen. Durch den sowjetischen Befehl wäre in vielen Bereichen ein rechtsfreier Raum entstanden. Die österreichische Regierung ging daher einen anderen Weg, indem alle Gesetze und Verordnungen in Kraft blieben und nur solche mit nationalsozialistischem Charakter einzeln aufgehoben wurden. Die Vorschläge des Verbandes zur Änderung oder Aufhebung der Erlässe des Reichsaufsichtsamtes wurden bis zum Juni 1945 vorgelegt. Das betraf aber nicht nur Bestimmungen mit politischem Charakter, sondern auch kriegswirtschaftliche Maßnahmen, die dem Charakter der Versicherungswirtschaft widersprachen. So etwa die Aufhebung des Erlasses, der bei der Feuer-, Einbruch- und Leitungswasserversicherung die Beweislast, dass der Schaden weder unmittelbar noch mittelbar mit Kriegsereignissen in Zusammenhang stand, den Versicherungsunternehmen aufgebürdet wurde,[40] dann die

39 Satzung des Verbandes der in den Alpen- und Donaugauen tätigen Versicherungsunternehmungen, Beilage zu V25/13. Juni 1946

40 Erlass des Reichsaufsichtsamtes vom 14. Februar 1940

Nichtgeltendmachung der Unterversicherung[41] und die Aufhebung des Grundsatzes der Unteilbarkeit der Prämie.[42]

Bis zur ersten ordentlichen Mitgliederversammlung waren vom Vorstand noch eine Reihe von Problemen zu klären. Das begann damit, dass die Banken geschlossen und die Konten blockiert waren. Außerdem waren die Telefone gesperrt und der Postverkehr funktionierte nicht. Besondere Probleme hatte das Versicherungsunternehmen Der Anker. Da sämtliche seiner Büromöbel durch den Brand 1945 vernichtet worden waren, mussten Möbel geliehen werden, die aber 1947 vom Eigentümer zurückgefordert wurden. Der Anker wandte sich nun an die Mitglieder des Versicherungsverbandes mit der dringenden Bitte, ihm die nicht in Gebrauch stehenden Möbel zur Verfügung zu stellen. Dem kamen in solidarischer Weise auch die anderen Unternehmen entgegen.[43]

Dann war zu klären, welcher Behörde die Privatversicherung unterstand. Im Deutschen Reich war die Versicherungsaufsicht Sache des Finanzministeriums gewesen, der Verband schlug nun vor, entsprechend den österreichischen Verhältnissen bis zum Jahr 1933 die Versicherungsaufsicht wieder dem Staatsamt (Ministerium) für Inneres zu unterstellen. Der Verband hatte daher im Einvernehmen mit den Gewerkschaften bereits einen Antrag an das Staatsamt für Inneres gestellt. „Mit Rücksicht auf die aber gerade in der Übergangszeit außerordentlich wichtige Stellung des Staatsamtes für Finanzen in allen finanzpolitischen Fragen, welche für die Versicherungsanstalten derzeit von besonderer Bedeutung sind, entschlossen wir uns dahin zu wirken, daß die Versicherungsaufsichtsbehörde auch weiterhin in der Kompetenz des Staatsamtes für Finanzen verbleibe."[44] Dies wurde auch im Behördenüberleitungsgesetz vom 20. Juli 1945 bestätigt. Zur „Disziplinierung des Geschäftes"[45] wurde auch erreicht, dass die Mitgliedschaft beim Verband praktisch zwingend wurde und sich die Unternehmen auch den bestehenden Übereinkommen hinsichtlich der Regelung des Wettbewerbs anzuschließen hatten. Das Aufsichtsamt stimmte dem zu, „da die Disziplinierung des Versicherungswesens gerade in der heutigen Zeit eine unbedingte Notwendigkeit darstelle".[46]

Am 21. August 1945 kam es dann im Großen Sitzungssaal der Handelskammer Wien zur letzten Mitgliederversammlung des „Verbandes der in den Alpen- und Donaugauen

41 Rundschreiben des Reichsaufsichtsamtes vom 10. August 1943

42 Zweite Verordnung zur Ergänzung und Abänderung des Gesetzes über den Versicherungsvertrag vom 6. April 1943 und dritte Verordnung vom 25. Oktober 1944

43 Es waren dies die Interunfall, Wiener Rück, Anglo Elementar, Papierverband, Heimat, ÖVAG und Erste Allgemeine. V38/13. März 1947 und V40/8. Mai 1947

44 MV des Provisorischen Verbandes der Versicherungsanstalten Österreichs vom 21. August 1945

45 V4/26. Juli 1945

46 MV des Provisorischen Verbandes der Versicherungsanstalten Österreichs vom 21. August 1945

tätigen Versicherungsunternehmungen". Anwesend waren 34 Herren, die 48 Unternehmen vertraten, da öffentliche Verwalter auch für mehrere Unternehmen eingesetzt worden waren. Nicht vertreten waren acht Unternehmungen. Auf Grund der „Abwesenheit des Vorsitzenden sowie der beiden Vorsitzer-Stellvertreter"[47] (diese waren Reichsdeutsche gewesen) war die Versammlung durch Dr. Florian einberufen worden. Zum Vorsitzenden der Versammlung wurde Dr. Habich gewählt. „Zweck der Versammlung ist, die Tätigkeit des alten Verbandes zu beschließen, ihn jedoch, um kein Vakuum zu schaffen, nicht aufzulösen, sondern ihn durch entsprechende Satzungsänderungen in den neuen Verband überzuleiten." Dr. Florian gab nun einen Überblick über die Tätigkeit seit der letzten Mitgliederversammlung am 23. Juli 1943. Während die Mitgliederversammlung kriegsbedingt in den letzten Jahren nicht mehr einberufen worden war, hatte der Vorstand fast monatlich getagt. Themen während des Krieges waren die Hagelversicherung, die insbesondere 1942 einen katastrophalen Verlauf genommen hatte, die Freimachung von Arbeitskräften für den Militärdienst, Tarifänderungen, Aktivitäten im Bereich der Versicherungswissenschaft und schließlich die Tarifkommission, bei der ganz allgemein das Schwergewicht der Verbandstätigkeit in dieser Zeit gelegen war. Die Tarifkommission war 1939 eingerichtet worden und Dr. Florian stellte fest, „dass sie den Hauptzweck des Verbandes, die Disziplinierung des Geschäftes, voll und ganz erreicht habe und zwar in einem Maße, wie zu keiner Zeit, seit es eine Versicherungswirtschaft in Österreich gibt". Danach erfolgte die Entlastung des Vorstandes für 1944 und das erste Halbjahr 1945, wobei der Revisor allerdings feststellen musste, dass er diese Revision alleine durchzuführen hatte, da der zweite Revisor „nicht erreichbar war". Schließlich wurde die Satzungsänderung beschlossen und die letzte Mitgliederversammlung des Verbandes der in den Alpen- und Donaugauen tätigen Versicherungsunternehmungen war geschlossen.

Unmittelbar darauf wurde die Mitgliederversammlung des Provisorischen Verbandes der Versicherungsanstalten Österreichs abgehalten. An ihr nahmen nun 49 Herren als Repräsentanten von 64 Unternehmungen teil. Nicht vertreten waren 21 Unternehmen, vorwiegend solche deutsche Versicherungsunternehmen, die (noch) nicht zum Geschäftsbetrieb zugelassen waren. Dr. Habich gab einen Überblick über die bisherige Tätigkeit des Vorstandes. Dann wurden die Statuten einstimmig angenommen. Für „die Behandlung der einzelne Versicherungszweige besonders berührenden Fragen" wurden neun Sektionen gebildet:

Lebens- und Krankenversicherung
Feuer- und Feuer-Betriebsunterbrechungsversicherung

47 MV des Verbandes der in den Alpen- und Donaugauen tätigen Versicherungsunternehmen, 21. August 1945

Einbruch-, Diebstahlversicherung
Unfall- und Haftpflichtversicherung
Kraftfahrzeugversicherung
Glasversicherung
Leitungswasserschadenversicherung
Hagelversicherung
Maschinenbruchversicherung

Sodann wurde statutengemäß ein sechzehnköpfiger Vorstand unter dem Vorsitz von Dr. Habich gewählt, und der alte und neue Vorsitzende erklärte, „daß der Vorstand seine ganze Kraft dafür einsetzen wird, um die Versicherungswirtschaft in Österreich wieder auf die ihr zukommende frühere Höhe zu bringen."

Am 17. August 1945 fand die erste Mitgliederversammlung des bereits im April 1945 provisorisch konstituierten „Österreichischen Transportversicherungsverbandes" statt, der dem Versicherungsverband als Zweigverein angehörte. Die Transportversicherung, die bis 1945 nicht aufsichtspflichtig war, wurde nun sowohl in den Versicherungsverband integriert als auch der Versicherungsaufsicht unterstellt.

Bis 1946 wurde außer dem Juristischen Komitee noch ein Rückversicherungskomitee, eines für Steuerfragen und ein Buchhaltungskomitee errichtet. Im September 1946 hatte der Versicherungsverband 86 Mitgliedsunternehmen, 33 österreichische – darunter 7 Landesgesellschaften – 11 ausländische, 10 deutsche, zum Neugeschäft zugelassene, und 32 deutsche, denen das Neugeschäft verboten war.[48]

Von Beginn an war der Versicherungsverband „mit einer Fülle von Aufgaben und schwierigsten Problemen befaßt, die sich durch den Krieg notgedrungen ergeben haben". Es ging nun darum, „den Übergang zu einer friedensmäßigen Versicherungswirtschaft herzustellen und nach den tiefgreifenden strukturellen Veränderungen, welche das Versicherungswesen nach der Besetzung Österreichs durch Deutschland erfahren hat, [dieses] wieder als österreichisches Versicherungswesen neu aufzurichten."[49] Am 9. November 1945 genehmigte das Staatsamt für Inneres und am 16. November 1945 der Wiener Magistrat die durch die Mitgliederversammlung vom 21. August 1945 beschlossene Statutenänderung. Damit garantierte der „Verband der Versicherungsanstalten Österreichs" 1945 die Kontinuität der Interessenvertretungen der österreichischen Versicherungswirtschaft seit dem Ende des 19. Jahrhunderts:

48 Beilage zur MV/VVÖ, 18. September 1946
49 MV/VVÖ, 25. April 1946

Österreichisch-Ungarischer Verband der Privat-Versicherungs-Anstalten 1899–1920
Verband der Versicherungs-Anstalten 1920–1929
Österreichischer Verband der Versicherungs-Anstalten 1929–1936
Fachverband der Versicherungsanstalten 1936–1938
(im Rahmen des Ständestaates öffentlich-rechtlich)
Vereinigung der in der Ostmark tätigen Versicherungsanstalten 1939–1942
Verband der in den Donau- und Alpengauen tätigen Versicherungsunternehmen 1942–1945

Auf Wunsch der Alliierten und aufgrund der Zonenteilung Österreichs kam es 1945 zur Gründung von Arbeitsgemeinschaften der Versicherungsunternehmen und Filialen in den Bundesländern, die praktisch die Tätigkeit des Verbandes zu übernehmen bzw. zu ergänzen hatten. Nach dem Wegfall der Beschränkungen im Reise- und Postverkehr hatten diese aber ihren Tätigkeitsbereich ab Ende 1946 weitgehend einzuschränken, da ihre Funktionen wieder zentral durch den Verband übernommen wurden. Ihnen standen nunmehr die Anregungen zu Tarifen, Voruntersuchungen bei Vergehen gegen die Disziplinierung des Geschäfts und die Schulung des Nachwuchses als Agenden zu.[50] Ab 1948 wurden die Kompetenzen der Arbeitsgemeinschaften in den Bundesländern einheitlich in einer Mustersatzung festgelegt. Die Kompetenzen entsprachen damit den tatsächlichen Verhältnissen und den örtlichen Erfordernissen.[51]

Am 16. Juni 1953 fand die erste Sitzung des Vorstandes des Versicherungsverbandes in den neuen Räumlichkeiten am Stalinplatz statt, der wenige Jahre später wieder in Schwarzenbergplatz umbenannt wurde. Der Vorsitzende gab dabei der Erwartung Ausdruck, „daß auch in den neuen Räumen die stets eifrige und einträchtige Zusammenarbeit weiter andauern wird wie bisher."[52] Die von Architekt Boltenstern adaptierten Räumlichkeiten waren „möglichst kostensparend"[53] ausgestaltet worden. Dementsprechend konnte der mit 712.000 Schilling angesetzte Kostenvoranschlag sogar um 100.000 Schilling unterschritten werden.[54]

Die Integration in die Kammer der Gewerblichen Wirtschaft

Die Behörden und die Interessensvertretungen arbeiteten daher in Österreich über alle politischen Veränderungen hinweg und trotz erheblicher Schwierigkeiten weiter. Diese

50 V28/19. September 1946
51 MV/VVÖ, 28. April 1949, Rechenschaftsbericht für das Jahr 1948
52 V150/16. Juni 1953
53 V144/12. Dezember 1952
54 V152/27. Oktober 1953

Kontinuität galt auch für die Versicherungswirtschaft. Dem Versicherungsverband war es 1945 gelungen, praktisch einen Alleinvertretungsanspruch für die österreichische Versicherungswirtschaft zu erhalten. Denn die Versicherungsaufsicht machte die Geschäftsgenehmigung von einer Mitgliedschaft beim Versicherungsverband abhängig. Dabei entwickelte sich auch eine gute und enge Zusammenarbeit mit der Handelskammer. Im Rahmen der Kreditsektion war der Versicherungsverband durch seinen Präsidenten vertreten und der Generalsekretär der Sektion Geld- und Kreditwesen nahm regelmäßig an den Vorstandssitzungen des Versicherungsverbandes teil. „Daneben finden halbmonatlich Sekretärsbesprechungen in der Kammer statt, die der steten Fühlungnahme förderlich sind und zur Anbahnung der Querverbindung mit dem Verband der Banken, Sparkassen, Genossenschaften innerhalb der Sektion Geld- und Kreditwesen dienen."[55] Damit war für die österreichische Versicherungswirtschaft eine flexible und völlig zufriedenstellende Interessenvertretung erreicht worden. Doch es zeigt sich immer wieder, dass man gerade dann wachsam sein sollte, wenn die Dinge scheinbar optimal laufen.

Denn das Jahr 1946 steht praktisch für den Beginn der österreichischen Sozialpartnerschaft. Dazu war die Regierung bereit, zentrale Interessenorganisationen zu etablieren, welche diese Funktionen für ganz Österreich wahrnehmen konnten. Am 24. Juli 1946 wurde daher das Handelskammergesetz erlassen, das generell eine einheitliche Interessensvertretung der Arbeitgeber für alle Wirtschaftsbereiche schaffen sollte. Dies veränderte den grundsätzlichen Aufbau der Interessenvertretung in der Versicherungswirtschaft und bedrohte geradezu die Existenz des Versicherungsverbandes. Warum sich der Verband gegen diese Einbeziehung in die Kammer wehrte, erklärte sich aus seiner Struktur. Auf der einen Seite stand die materielle Staatsaufsicht, deren wichtigster Ansprechpartner aber nicht die einzelnen Unternehmen, sondern der Verband war. Dieser war als freier Wirtschaftsverband nach dem „Milizsystem" organisiert, d. h., die Mitgliedsunternehmen waren personell im Verband vertreten und die oberste Leitung bestand nicht aus Funktionären oder Berufspolitikern, sondern aus den führenden Managern der Mitgliedsunternehmen. Über diese Ansprechpartner war der Verband in den Unternehmen verankert, er hatte fast den Charakter eines Kartells und übte auf diese Weise eine stark disziplinierende Wirkung auf den Wettbewerb der Versicherungsunternehmen aus. Die Struktur und Politik des Verbandes war demnach viel stärker privatwirtschaftlich ausgerichtet, als dies bei einer Kammer der Fall sein konnte.

Das neue Handelskammergesetz entsprach einer längerfristigen Tendenz der Vereinheitlichung der Interessensvertretungen. Bis in die 1930er Jahre hatte es in Österreich eine bunte Vielfalt von Vereinen und Verbänden gegeben, welche die wirtschaftlichen

55 MV/VVÖ, 25. 4. 1946

Interessen ihrer Mitglieder wahrnahmen.[56] Der Ständestaat ab 1934 wollte – zur Überwindung des „Klassenkampfes“ – sämtliche dieser Organisationen auflösen und dafür gemeinsame Institutionen für Arbeitgeber- und Arbeitnehmer in den einzelnen Wirtschaftsbereichen schaffen.[57] Diese „Totalreform“ misslang zwar, Institutionen wie die Industriellenvereinigung oder die Verbände des Geld-, Kredit- und Versicherungswesens konnten sich behaupten, doch kam es 1936 zu einer Zentralisierung der Interessenvertretungen in Form der vorher nicht bestandenen Bundeswirtschaftskammer und des Gewerkschaftsbundes. An diesen Ansatz wollte man nach 1945 anknüpfen und eine einheitliche Struktur schaffen. So stand der Versicherungsverband, nachdem er den Ständestaat und das Dritte Reich überstanden hatte, neuerlich vor einer Gefährdung. Der Einbau des Verbandes der Versicherungsanstalten in die Handelskammer, stellte daher der Vorstand fest, bringe „eine weitgehende Beschränkung der Verbandstätigkeit und nahezu völlige Aufgabe der Selbstständigkeit.“ Der Vorstand verlangte daher:[58]

1. Das Weiterbestehen des Verbandes in seiner bisherigen Form durch eine Novellierung des Handelskammergesetzes zum Zwecke der Ausscheidung des Verbandes aus der Kammerorganisation.
2. Bis zu dieser gesetzlichen Regelung sollten dem Verband die Funktionen nach dem Handelskammergesetz im übertragenen Wirkungsbereich delegiert werden.
3. Unter allen Umständen sollte der direkte Verkehr zwischen dem Verband und der Aufsichtsbehörde in der bisherigen Form aufrechterhalten bleiben und von der Bildung der Fachgruppe Abstand genommen werden.
4. Das Präsidium wurde außerdem ermächtigt, über Verlangen der Handelskammer die geeigneten Vorschläge für die Zusammensetzung des Ausschusses im Fachverband zu erstatten und auf eine entsprechende Vertretung im Kammertag und in der Sektion hinzuwirken.

Die grundlegende Ablehnung des Handelskammergesetzes wurde auch in der Mitgliederversammlung des Verbandes 1946 deutlich ausgesprochen. „Die in diesem Gesetz vorgesehene Errichtung von Fachgruppen und Fachverbänden als Untergliederungen

56 Dieter Stiefel, Die Organisation des Geld- und Kreditwesens Österreichs in der Zwischenkriegszeit, Wirtschaftspolitische Blätter, Wien 1974; Dieter Stiefel, Im Interesse des Handels. Gremien, Verbände und Vereine der österreichischen Kaufmannschaft in der Zwischenkriegszeit, Wirtschaftspolitische Blätter, Wien 1978

57 Dieter Stiefel, Utopie und Realität: Die Wirtschaftspolitik des Ständestaates, in: Albrich/Eisterer/Steininger, Tirol und der Anschluß. Voraussetzungen, Entwicklungen und Rahmenbedingungen, Innsbruck 1988

58 V34/12. Dezember 1946

der Handelskammern erwies sich in der Sektion Geld-, Kredit- und Versicherungswesen in dieser Form als unbrauchbar, da die Kammern für die Bedürfnisse der gewerblichen Wirtschaft eingerichtet und für den gleichförmigen Einbau der Verbände des Kredit- und Versicherungswesens ungeeignet sind." Allerdings konnte man bereits auf einen Teilerfolg hinweisen. „Den intensiven Bemühungen des Verbandes ist es dank dem Verständnis der Bundeswirtschaftskammer und infolge der parallelen Bestrebungen aller anderen sektionszugehörigen Verbände gelungen, eine dem Gesetz entsprechende Lösung unter Berücksichtigung der Eigenständigkeit des Geld- und Versicherungswesens zu finden, dass der bisherige freie Verband in seiner bisherigen Form erhalten bleibt und auf Grund einer Vereinbarung mit der Bundeswirtschaftskammer für die Erfüllung der Aufgaben und die Führung der Geschäfte eines Fachverbandes nach Handelskammergesetz delegiert wird. Damit ist eine sonst unvermeidliche Doppelgleisigkeit ebenso vermieden wie die volle Eingliederung in die Handelskammerorganisation."[59]

Durch ein „Delegierungsübereinkommen" vom Juni 1947 zwischen dem Versicherungsverband und der Bundeswirtschaftskammer war sozusagen das Schlimmste verhindert worden. Aufgrund des gemeinsamen Auftretens des gesamten Kreditsektors akzeptierte die Bundeskammer den Weiterbestand der freien Verbände in diesem Bereich und übertrug ihnen die Agenden des Fachverbandes der Kammer. Von der Bildung von Fachgruppen in den Ländern sollte zu diesem Zeitpunkt noch Abstand genommen werden und das Personal sollte zwar dienstrechtlich der Bundeskammer, kostenmäßig und disziplinär aber weiterhin den Verbänden unterstehen.[60] Ab einer gewissen Größenordnung gehörten die Versicherungsvereine auf Gegenseitigkeit auch dem Fachverband an. [61] Darüber hatte im Einzelfall die Versicherungsaufsicht zu entscheiden, wobei sieben solcher Vereine in Frage kamen. Ansonsten sollten sie, zusammen mit den Versicherungsvermittlern, Versicherungsberatern, freien Maklern und Effektensensalen einem eigenen Fachverband im Rahmen der Sektion Geld-, Kredit- und Versicherungswirtschaft angehören. Die selbstständigen Versicherungsvermittler blieben aber auf eigenen Wunsch – und gegen den Einspruch des Versicherungsverbandes – vorläufig beim Gremium der Handelsvertreter.

Mit dem „Delegierungsübereinkommen" wurde daher von der Errichtung eines eigenen Fachverbandes abgesehen und die Agenden des Fachverbandes dem bestehenden Versicherungsverband übertragen. Lediglich eine „Vorstehung" des Fachverbandes

59 Rechenschaftsbericht MV/VVÖ, 18. September 1946

60 V37/6. Februar 1947

61 Ein Versicherungsverein, der mehr als 40.000 Schilling jährliche Bruttoeinnahmen hatte, mehr als 1.000 Mitglieder und in mehr als einem Gerichtsbezirk tätig war, galt nicht als kleiner örtlicher Versicherungsverein. V38/13. März 1947

wurde eingerichtet. Andererseits war die Gefahr der Doppelgleisigkeit durch Verband und Kammer nicht zu übersehen. Organisatorisch ließ sich das durch Doppelfunktionen der leitenden Personen in den beiden Institutionen durchaus bewerkstelligen.

Nach der Errichtung des Fachverbandes nach dem Handelskammergesetz war demnach die Vorstehung personell ident mit dem Verbandspräsidium. Allerdings waren damit für die Mitgliedsunternehmen doppelte Beiträge und für den Verband eine drohende Bürokratisierung verbunden. Man muss nicht das „Peter-Prinzip" zitieren, um festzustellen, dass die Verwaltung in öffentlichen Institutionen weniger von Rentabilität bestimmt ist als jene im privatwirtschaftlichen Bereich. Zwar war auch der Versicherungsverband eine „öffentliche Institution", die aber nicht von hauptberuflichen Funktionären, sondern von Direktoren der Mitgliedsunternehmen und damit nach privatwirtschaftlichen Vorstellungen geführt wurde. Dementsprechend war der Verwaltungsaufwand hier besonders zu rechtfertigen. „Eine Ausweitung des Bürobetriebes des Verbandes wird hoffentlich nicht eintreten", wurde in der Mitgliederversammlung des Versicherungsverbandes 1946 festgestellt.[62] „Nicht ohne Besorgnis musste die Verbandsleitung das Anwachsen des Büroapparates im letzten Jahr mit ansehen und wohl oder übel in Kauf nehmen. Die Grenze für den Ausbau der Verbandseinrichtungen ist erreicht und nur die außerordentlichen Verhältnisse und das ständige Anwachsen der dem Verband obliegenden komplizierten Aufgaben mag diesen Prozeß zu erklären, wenn schon nicht zu rechtfertigen. Der Verbandsvorstand ist sich bewußt, daß diese Erscheinung nur eine vorübergehende sein kann und spätestens gleichzeitig mit der Normalisierung der Verhältnisse und der Rationalisierung der gesamten Versicherungswirtschaft eine entsprechende Einschränkung auch im Verbandsbetriebe einzusetzen hat. Sonst bestünde nicht nur eine Gefahr der Überbürokratisierung, sondern auch eine Steigerung der Kosten, die dann in kein tragbares Verhältnis zur wirtschaftlichen Lage dieses Berufszweiges gebracht werden könnte."

Die finanzielle Problematik für den Verband erleichterte sich dadurch, dass ein wesentlicher Teil der Kammerumlage als Zuschuss für die Verbandstätigkeit zur Verfügung stehen sollte. Allerdings stellte dies das zweite Problem dar. Die Versicherungsunternehmen hatten nun nicht nur die Verbandsbeiträge, sondern auch noch eine Kammerumlage zu zahlen, ohne dass sie durch diese Doppelmitgliedschaft eine Verbesserung ihrer Interessenvertretung erkennen konnten. Das wurde auch vom Versicherungsverband 1947 deutlich ausgesprochen: „Im allgemeinen muss einer gewissen Enttäuschung über die Auswirkungen des Handelskammergesetzes Ausdruck gegeben werden. Es zeigt sich immer mehr und mehr, dass die Handelskammern wohl für Gewerbe und Industrie ein-

62 Rechenschaftsbericht MV/VVÖ, 18. September 1946

gerichtet sein mögen, für die Betriebe der Geld- und Kreditsektion aber vorweg und zur Gänze ungeeignet sind. Außer schwerfälligen bürokratischen Hemmungen des Geschäftsganges muß eine überaus starke und gerade im gegenwärtigen Zeitpunkte kaum vertretbare finanzielle Belastung der Mitgliedsgesellschaften besorgt werden.“[63]

Das Problem verschärfte sich noch durch den föderalen Aufbau der Handelskammer, welcher der Organisation der österreichischen Versicherungswirtschaft völlig widersprach. „Unstimmigkeiten ergeben sich zunächst im Verhältnis zu den Landeskammern, da dort Vertrauensmänner bzw. Fachvertreter ohne Einvernehmen mit dem Fachverband bestellt wurden. Es erhebt sich die Frage der Kammerzugehörigkeit reiner Filialbetriebe und muß gesagt werden, daß für das Versicherungswesen und auch die übrigen Verbände der Geld- und Kreditsektion bei den Landeskammern mit Ausnahme von Wien kein Betätigungsfeld bleibt, da in unserem Falle außer je einer Anstalt in den Landeshauptstädten, deren Interessen durch den bestehenden Verband hinreichend gewahrt werden, überhaupt nur unselbständige Filialbetriebe in den Ländern vorhanden sind, die nicht einmal handelsgerichtlich eingetragene Zweigniederlassungen darstellen. Besonders unbefriedigend gestaltet sich die Umlageordnung. Nicht nur für die Bundeskammer, sondern auch für die Landeskammern sollen die Verbandsmitglieder ganz beträchtliche Beträge aufwenden, ohne irgend eine Gegenleistung dafür zu empfangen und ohne dass ihre Vertretung dadurch wirksamer oder erfolgreicher gestaltet würde.“[64]

Finanziell ging es daher nicht nur um die Höhe der Grundumlage und um die Refundierung an den Verband, sondern auch die Verteilung an die Landeskammern und die Frage, ob Provisionen in die Kammerumlage einzubeziehen waren. Die Kammerumlage sollte zwischen vier und sechs Promille der Gehaltssumme betragen, wovon die Hälfte den Landeskammern zufließen sollte. Von dieser Summe forderte der Versicherungsverband 90 % der von der Versicherungswirtschaft geleisteten Umlage, „um so einen wesentlichen Beitrag zu den Kosten des mit den Aufgaben des Fachverbandes delegierten freien Verbandes zu erhalten, der ja nach wie vor den weitaus überwiegenden Teil aller einschlägigen Arbeiten zu verrichten hat“.[65] Die Umlagenordnung mit der 50 %igen Beteiligung der Landesverbände entsprach daher nicht den Erwartungen des Verbandes. Sie wurde als ein Widerspruch zum Delegierungsübereinkommen gesehen, es wurde dagegen schärfstens protestiert und neuerlich eine Novellierung des Handelskammergesetzes gefordert.[66] Bei der Höhe der Umlage war der Versicherungsverband lediglich

63 Rechenschaftsbericht 1947, Mitgliederversammlung VVÖ, 4. März 1948
64 Rechenschaftsbericht 1947, Mitgliederversammlung VVÖ, 4. März 1948
65 V47/1. August 1947
66 V52/2. Oktober 1947

von zwei Promille ausgegangen, was vom Präsidenten der Bundeskammer, Ing. Raab, aber abgelehnt wurde, da dann auch die Industrie das gleiche Verlangen stellen würde und damit das Budget der Kammer gefährdet wäre. Er bot aber an, dass die Landeskammern nur 25 % und die Bundeskammer 75 % erhalten sollte, wovon zwei Drittel an den Fachverband gehen sollte.[67] Die Grundumlage wurde schließlich mit einer Skala festgelegt, die stufenweise mit einer Gehaltssumme von 50.000 Schilling bis 8 Millionen Schilling gehen sollten.[68] Der Versicherungsverband erklärte sich damit bereit, unter dem Vorbehalt, dass von den handelsgerichtlich nicht eingetragenen Filialen und Agenturen keine Grundumlage eingehoben werde.[69] Die Lohnsummen in der Versicherungswirtschaft sollten demnach nur bei den Zentralen und nicht in den Bundesländern angegeben werden.

Außerdem war die Bundeskammer der Ansicht, dass die gesamte Lohnsumme einschließlich der Provisionen als Grundlage heranzuziehen sei. Dies traf auf den heftigen Widerstand der Versicherungswirtschaft, da es sich bei den Provisionen und fixen Bezügen der Außenorgane „um Erfolgshonorare handelt, die ins Verdienen gebracht werden müssen, andernfalls der Vertrag aufgrund der Provisionsbegrenzungsanordnung abgeändert oder gekündigt werden müßte".[70] Die Auffassung des Verbandes wurde von der Bundeskammer nicht geteilt. Der Verband machte daher einen Kompromissvorschlag: „Um eine Bereinigung dieser beiden Angelegenheiten herbeizuführen, wird vorgeschlagen, in der Frage der Kammerzugehörigkeit und damit der Umlagepflicht der nicht protokollierten Zweigniederlassungen dem Wunsch der Kammer ohne Aufgabe des Rechtsstandpunktes entgegenzukommen. Hingegen wird in der Frage der Bemessung der Kammerumlage der bisherige Standpunkt des Verbandes, daß Provisionen nicht in der Bekenntnislegung anzuführen sind, beizubehalten sein. Gleichzeitig wäre auch auf die unverhältnismäßig hohe Beteiligung der Versicherungswirtschaft an den Gesamtkosten der Kammer hinzuweisen, welche im Gegensatz zu der mangelnden Vertretung in den obersten Organen und der spärlichen Befassung der Kammer mit Branchenfragen steht."[71] Schließlich konnte der Verband „mit Befriedigung" zur Kenntnis nehmen, dass sich die Kammer mit der Nichteinbeziehung der Provisionen einverstanden erklärte. Um andererseits den Wünschen der Kammer „schon mit Rücksicht auf die Wahlordnung" entgegen zu kommen, erhob der Versicherungsverband keine Einwände mehr gegen

67 V53/17. Oktober 1947

68 1951 wurde das Umlagesystem der Handelskammer verändert, indem die feststehenden Beitragsstufen durch Promillesätze der Lohnsumme ersetzt wurden. Als Höchstgrenze wurde 45.000 Schilling festgelegt.

69 V56/18. Dezember 1947

70 V57/15. Jänner 1948

71 V59/19. Februar 1948

die Kammermitgliedschaft der unselbstständigen Filialen in den Landeshauptstädten.[72] Denn finanziell machte es kaum einen Unterschied, ob die Filialen oder die Zentrale die Umlage leistete. Andererseits waren die Versicherungsunternehmen daran interessiert, auch in den Landeskammern vertreten zu sein. Damit wurden aber entgegen den ursprünglichen Absichten des Delegierungsübereinkommens auch in den Bundesländern Fachvertretungen errichtet, und das sogar in Niederösterreich, obwohl es dort keine Filialbetriebe gab.[73]

Ganz generell fühlte sich die Versicherungswirtschaft im Rahmen der Gesamtorganisation der Wirtschaftskammer nur ungenügend vertreten, da die Geld-. Kredit- und Versicherungswirtschaft nur eine Sektion unter vielen darstellte und die Versicherungsinteressen selbst in der eigenen Sektion nur teilweise vertreten wurden. Zwar wurde den leitenden Persönlichkeiten der Bundeswirtschaftskammer und der Kammer Wien durchaus guter Wille zugesprochen, aber die Probleme lagen im Wesen der Dinge, in der Struktur der Kammer selbst. 1949 wurde sogar überlegt, ob bei einer Novellierung des Handelskammergesetzes nicht eine eigene Kammer für das Geld-, Kredit- und Versicherungswesen zu fordern wäre. Die Mitarbeit und die persönlichen Beziehungen zu den einzelnen Kammerfunktionären gestaltete sich zwar ausgezeichnet, aber der Kammerapparat wurde nach wie vor für die Bedürfnisse der Versicherungswirtschaft als wenig geeignet angesehen. „Doch ist andererseits nicht zu verkennen, daß einer kleinen Kammer für das Geldwesen weniger Durchschlagskraft innewohnen würde, als dem Gesamtapparat der Bundeskammer. Zudem würde die Versicherung innerhalb der Geldverbände in der Minderheit sein und so in eine gewisse Vereinzelung geraten.“[74] Die Integration in die Wirtschaftskammer hatte daher durchaus auch Vorteile. Die Interessenvertretung in Form von Gesetzesbegutachtung und der Entsendung von Funktionären in die gesetzlich vorgesehenen Gremien war ganz anders abgesichert als die eines privaten Verbandes.

Mit gemischten Gefühlen sah aber der Verband auch den Handelskammerwahlen entgegen. „Der Aufbau des Wahlverfahrens nach parteipolitischen Grundsätzen ist für die Struktur des Versicherungswesens denkbarst ungeeignet. Die starke Dezentralisierung widerspricht der Einheitlichkeit der Versicherungsaufsicht und der seit jeher gegebenen Tatsache der zentralistischen Verwaltung und Führung dieses Wirtschaftszweiges. Es wird zu trachten sein, daß nur ein einziger Wahlvorschlag erstattet wird, um so das Delegierungsübereinkommen aufrechtzuerhalten, das allein eine halbwegs erträgliche Einordnung in die Kammerorganisation möglich macht. Es wird nach Möglichkeit ein Aus-

72 V63/17. März 1948
73 V100/16. März 1950
74 Rechenschaftsbericht 1948, Mitgliederversammlung VVÖ, 28. April 1949

gleich darin zu finden sein, daß der Fachverbandsausschuß mit dem Verbandsvorstand ident bleibt."[75] 1949/50 begann dann „der einigermaßen umständliche Mechanismus der Handelskammerwahlen"[76] abzurollen. Wie bei den anderen Verbänden der Geldsektion konnte auch der Versicherungsverband auf allen Ebenen Einheitslisten aufstellen. „Politische Momente spielten dabei nur insofern eine Rolle, als sie sich zwanglos und von selbst aus der vorhandenen und fachlich gerechtfertigten Konstellation ergaben." Zuerst wurden die Fachvertreter in den Landeskammern gewählt, dann die dortigen Sektionsleitungen und dann erst folgte die Wahl zum Fachverbandsausschuss durch die Fachvertreter. Da überall Einheitslisten vorlagen, entfiel an sich der Wahlvorgang, und die Vorstehung des Fachverbandes war ident mit dem Präsidium des Versicherungsverbandes und der Fachverbandsausschuss ident mit dem Vorstand des Versicherungsverbandes.

4. Vermögensfragen

Deutsches Eigentum

„Germanisierung" in der NS-Zeit

Wer über den Wiederaufbau spricht, kann über den Nationalsozialismus nicht schweigen. Die schwierige Situation der österreichischen Versicherungswirtschaft nach 1945 war eine unmittelbare Konsequenz der Entwicklungen seit 1938. Mit den Folgen des Krieges und der NS-Herrschaft fertig zu werden war eine Aufgabe, welche diese Branche bis Ende der 1950er Jahre intensiv beschäftigte. Das betraf einmal das massive Eindringen deutscher Versicherungsunternehmen mit dem „Anschluss". [77]

Neben den fünf deutschen Unternehmen, die schon vor 1938 in Österreich tätig waren, erhielten 66 deutsche Versicherungsunternehmen nach dem „Anschluss" die Zulassung zum Geschäftsbetrieb in Österreich. Die Versicherungsaufsicht sprach 1946 sogar von 100 reichsdeutschen Versicherungsgesellschaften, die neu zum Geschäftsbetrieb zugelassen wurden, 46 Schadens-, 25 Lebens-, 19 Kranken- und 10 Pensionsversicherungsanstalten. Diese 100 kamen zu den 65 Versicherungsunternehmen (davon 36 österreichische Gesellschaften) hinzu, die schon vor 1938 hier tätig waren. Außerdem erhielten reichsdeutsche Versicherer die fallweise Genehmigung zur Ausdehnung ihrer Tätigkeit

75 Rechenschaftsbericht 1948, Mitgliederversammlung VVÖ, 28. April 1949

76 Rechenschaftsbericht 1949, Mitgliederversammlung VVÖ, 20. April 1950

77 Eine ausführliche Darstellung erfolgte in: Dieter Stiefel, Die österreichischen Lebensversicherungen und die NS-Zeit. Wirtschaftliche Entwicklung, politischer Einfluss, jüdische Polizzen, Wien 2001

auf Österreich, etwa bei der Gruppenversicherung. Das Aufsichtsamt sprach daher von der „Bedrängnis der österreichischen Versicherungsunternehmungen durch diese Überflutung des österreichischen Versicherungsmarktes“. [78]

Ausländische Versicherungen in Österreich 1945[79]

Bereits vor 1938 zum Geschäftsbetrieb zugelassen:

Schweizer Gesellschaften
- Eidgenössische Versicherungs-A. G.
- „Zürich“ Allgemeine Unfall- und Haftpflicht-Versicherungs-A. G.
- Basler Transport-Versicherungs-Gesellschaft
- Basler Versicherungsgesellschaft gegen Feuerschaden
- Allgemeine Versicherungs-Gesellschaft Helvetia

Italienische Gesellschaften
- Assicurazioni Generali
- Riunione Adriatica di Sicurtà

Tschechoslowakische Gesellschaften
- Donau-Concordia Lebensversicherungs-A. G.
- Assekuranzverein der Zuckerindustrie Prag

Ungarische Gesellschaft
- Erste Ungarische Allgemeine Assekuranz-Gesellschaft

Deutsche Gesellschaften
- Albingia Versicherungs-A. G.
- „Agrippina“ See-, Fluß- und Landtransport Versicherungs-Gesellschaft
- Mannheimer Versicherungs-A. G.
- Nordstern Allgemeine Versicherungs-A. G.
- Nordstern Lebensversicherungs-A. G.
- Thuringa Versicherungs-A. G.
- Victoria Allgemeine Versicherungs-A. G.
- Württenbergische und Badische Vereinigte Versicherungs-Gesellschaft

78 Beitrag des Departement 19 zum Rotbuch, Bundesministerium für Finanzen, 15. April 1946, AdR 26984/46

79 Bundesministerium für Finanzen, Ausländische Versicherungsgesellschaften in Österreich, 3. März 1946, AdR, 15586/48

Zwischen 1938 und 1945 hinzugekommen:

Schweizer Gesellschaft
- Helvetia Schweizerische Feuer-Versicherungs Gesellschaft

Deutsche Gesellschaften
- Aachener und Münchner Feuerversicherungs-Gesellschaft
- „Agrippina“ Allgemeine Versicherungs-A. G.
- „Agrippina“ Lebensversicherungs-A. G.
- Allgemeine Rentenanstalt Stuttgart
- Allianz Lebensversicherungs-A. G.
- Alte Leipziger Lebensversicherungs-Gesellschaft
- „Altersschutz“ Versicherungsverein
- Berlinische Feuerversicherungsanstalt
- Berlinische Lebensversicherungs-A. G.
- Berliner Verein Krankenversicherung
- Ceres Hagelversicherungs-A. G.
- Concordia Lebensversicherungs-A. G.
- Deutsche Anwalts- und Notar-Versicherung
- Deutsche Beamtenversicherung Versicherungsverein
- Deutsche Beamtenversicherung öffentlich-rechtliche

Lebens- und Rentenversicherung
- Deutsche Hagel-Versicherungs-Gesellschaft A. G.
- Deutsche Krankenversicherungs-A. G.
- Deutsche Mittelstands-Krankenkasse Volkswohl
- Deutsche Reichsbahn Sterbekasse
- Deutsche Sachversicherungs-A. G.
- Deutscher Bauerndienst Allgemeine Versicherungs-A. G.
- Deutscher Bauerndienst Tierversicherungs-Gesellschaft
- Deutscher Ring Transport-, Fahrzeug-Versicherungs-A. G.
- Die Hanse-Krankenschutz Versicherungsverein
- Dresdner Allgemeine und Transatlantische Güterversicherungs-A. G.
- Elektra Versicherungs-A. G.
- Europäische Güter- und Reisegepäck-Versicherungs-A. G.
- Gerling-Konzern Allgemeine Versicherungs-A. G.
- Gerling-Konzern Leben
- Gladbacher Feuerversicherungs-A. G.

- Gothaer Allgemeine Versicherungs-A. G.
- Gothaer Feuerversicherungsbank
- Gothaer Lebensversicherungsbank
- Gothaer Transport- und Rückversicherungs-A. G.
- Haftpflichtverband der Deutschen Industrie
- Hamburg-Bremer Feuerversicherungs-A. G.
- Hamburg-Mannheimer Versicherungs-A. G.
- Hermes Kreditversicherungs-A. G.
- Isar Lebensversicherungs-A. G.
- Karlsruher Lebensversicherungs-A. G.
- Leipziger Feuerversicherungs-Anstalt
- Leipziger Verein-Barmenia Krankenversicherung
- Leipziger Verein-Barmenia Lebensversicherung
- Mittelstandshilfe Krankenversicherungsanstalt
- Münchner Verein Krankenversicherungsverein
- Münchner Verein Lebens- und Altersversicherungsanstalt
- „National" Allgemeine Versicherungs-A. G.
- „National" Lebensversicherungs-A. G.
- „Nothilfe" Krankenversicherungsverein
- Oldenburger Versicherungs-Gesellschaft
- Schlesische Feuerversicherungs-Gesellschaft
- Sterbekasseverein für Reichspostbeamte
- Süddeutsche Krankenversicherung Versicherungsverein
- Union und Rhein Versicherungs-A. G.
- Vereinigte Krankenversicherungs-A. G.
- Victoria Feuerversicherungs-A. G.
- Volks-Feuerbestattung Versicherungsverein
- Württembergische Feuerversicherungs-A. G.

Die Neuzulassung zum Geschäft war die eine Seite. Die andere war die weitgehende Übernahme der österreichischen Versicherungsunternehmen durch ihre „altreichsdeutschen" Konkurrenten, die man weitgehend als „unfriendly take over" bezeichnen kann. Eine Studie des US War Department aus dem Jahr 1945 beschäftigte sich mit diesem deutschen Einfluss auf die österreichischen Versicherungen.[80] Dabei war man vor allem

80 War Department, Military Government Guide, Austrian private insurance and its corporate ties with Germany, War Department Pamphlet No. 31-223, August 1945, National Archives Washington, USFA-USACA, RG 338, Box 162

an der rechtlichen Vorgangsweise des Deutschen Reiches interessiert. „We are very much interested in the legal methology by which penetration was accomplished by the German interest infiltration into Austrian companies. This should be minutely investigated.“[81] Denn dem Einmarsch der deutschen Truppen in Österreich folgten „die Finanzmänner Deutschlands auf dem Fuße“.[82] Für diese Infiltration der deutschen Interessen in die österreichische Wirtschaft verwendeten die Amerikaner den Begriff „Duress“, während die Russen von „Direct Forcible Action“ sprachen.[83]

Der Vollzug eines „unfriendly take over“ drückt sich für gewöhnlich in einem weitgehenden Auswechseln der obersten Unternehmensleitung aus. Dies bestätigt sich für die österreichischen Versicherungen in eindeutiger Weise. Bis Ende 1939 hatte der überwiegende Teil der führenden Persönlichkeiten ihren Posten verloren. Bei den sieben großen Versicherungsunternehmen in Österreich wurde der Aufsichtsrat 1938/39 zu 78 % ausgewechselt, die Geschäftsführung zu 63 %. Lediglich 22 % der Aufsichtsratsmitglieder und 37 % der Vorstandsmitglieder konnten demnach ihre Position 1938 halten. Von den Generaldirektoren blieb lediglich einer weiterhin auf seinem Posten (Anker, aufgrund der Schweizer Mehrheit), ein weiterer kam zumindest aus dem alten Vorstand (Bundesländer), alle anderen wurden ausgetauscht. Nicht nur die Politik drang daher in die Geschäftsführung ein, sondern auch die wirtschaftlichen Interessen der deutschen Konkurrenten. Das Ziel der deutschen Wirtschaft war nicht nur die Übernahme der österreichischen Unternehmen, sondern auch das Hinausdrängen der ausländischen Konkurrenz, – auch unter Ausnutzung politischer Mittel.[84]

Auch das von der österreichischen Regierung herausgegebene Rot-Weiß-Rot-Buch beschäftigte sich mit der wirtschaftlichen Durchdringung Österreichs durch das Deutsche Reich.[85] Die Dokumentation sollte den Standpunkt unterstützen, „dass Österreich durch Gewaltmaßnahmen und Terror überwältigt und als jeder freien Willensäußerung beraubtes, besetztes Gebiet in den Dienst der nationalsozialistischen Aggressions- und Kriegspolitik gezwungen wurde und daher, so wie alle anderen besetzten Staaten, nicht für die Handlungen und Auswirkungen dieser Politik verantwortlich gemacht werden

81 Karasik, Mitglied der Treaty Commission Staff, U. S. Legation, Memorandum der Konferenz vom 15. Juli 1947, USFA-USACAm RG 338, Box 162, National Archives Washington

82 Schreiben der Generaldirektion der Allgemeinen Elementar an den Verband der Versicherungsanstalten Österreichs vom 24. Mai 1946, Archiv des Versicherungsverbandes

83 Karasik, Mitglied der Treaty Commission Staff, U. S. Legation, Memorandum der Konferenz vom 15. Juli 1947, USFA-USACAm RG 338, Box 162, National Archives Washington

84 Dieter Stiefel, Die österreichischen Lebensversicherungen und die NS-Zeit. Wirtschaftliche Entwicklung, politischer Einfluss, jüdische Polizzen, Wien 2001

85 Rot-Weiß-Rot-Buch. Gerechtigkeit für Österreich. Darstellungen, Dokumente und Nachweise zur Vorgeschichte und Geschichte der Okkupation Österreichs, Wien 1946

kann".[86] Der Versicherungsverband hat aufgrund der Informationen der Mitgliedsgesellschaften eine eingehende Darstellung vorgelegt, in der festgestellt wurde, dass die Durchdringung und das Aufsaugen durch die deutsche Wirtschaft und das deutsche Kapital in der Versicherungswirtschaft zum Teil noch intensiver war als in anderen Wirtschaftszweigen, „wobei wirtschaftliche und politische Pression unbedenklich in weitgehendem Ausmaß angewendet wurde"[87]

1945 gab es sieben österreichische Versicherungs-Aktiengesellschaften mit einer deutschen Mehrheit, während es vor dem „Anschluss" nur eine war.[88]

Deutsches Aktienkapital[89]

12. 3. 1938		**8. Mai 1945**	
ÖVAG	4 %	100 %	Deutsche Arbeitsfront (89 %) Deutscher Ring (11 %)
Ö. Volksfürsorge (Allianz&Gisela)	1 %	97 %	Volksfürsorge Hamburg (95 %)
Wiener Allianz	36 %	97 %	Münchner Rück (48 %) Allianz Stuttgart (48 %)
Der Anker	0 %	92 %	Union Rück (50 %) Victoria Berlin (42 %)
Donau/Concordia	50 %	84 %	Münchner Rück
Anglo Elementar	0 %	78 %	Colonia
Wiener Rück	0 %	77 %	Berliner Re (76 %)
Bundesländer	16 %	24 %	
Erste Allgemeine	0 %	8 %	italienische Mehrheit
Internat. Unfall	0 %	3 %	italienische Mehrheit

86 Schreiben des Präsidiums des Bundesministeriums für Handel und Wiederaufbau an den Leiter der Sektion VI, Herrn Sektionschef Dahlen, Wien 16. April 1946, Archiv des Versicherungsverbands

87 Beiträge des Verbandes der Versicherungsanstalten Österreichs zu dem vom Bundeskanzleramt herausgegebenen Rotbuch über die deutsche Okkupation Österreichs, 2. Juli 1946, S. 1

88 Der Verkauf der deutschen Aktienmehrheit bei der Anker und der Wiener Allianz in die Schweiz bzw. nach Italien fand erst kurz vor der Besetzung Wiens 1945 statt und wurde daher von den Alliierten in Zweifel gezogen.

89 Die Darstellung erfolgt nach den Angaben der britischen und amerikanischen Militärverwaltungen, welche Zugriff auf die Unternehmensinformationen (Fragebogen) hatten. War Department, Military Government Guide, Austrian private insurance and its corporate ties with Germany, War Department Pamphlet No. 31-223, August 1945, p. 14, National Archives Washington, USFA-USACA, RG 338, Box 162. Allied Commission for Austria, British Element, Finance Division, Commercial Insurance in Austria. The Effect of the German Penetration between 1938 and 1945, USFA-USACA, RG 260, Box 220, National Archives, Washington

Der Anteil des deutschen Aktienkapitals an den österreichischen Versicherungen war von 1938 bis 1945 von 14 auf 56 % angestiegen[90], der Anteil wäre aber noch viel größer, wenn man die Wiener Städtische und die Bundesländer berücksichtigt, die als Kommunal- und Landesgesellschaften auf andere Weise von den Nazis übernommen wurden. Sie wird außerdem durch die beachtliche Kapitalerhöhung der beiden italienisch kontrollierten Versicherungen gemindert.

Es gibt in den verschiedenen Quellen etwas unterschiedliche Angaben über die Prozentzahlen des Eindringens des deutschen Kapitals, die aber das Gesamtbild nicht verändern.[91] Die Studie des amerikanischen War Departments stellte daher fest: „At the time Germany collapsed, all Austrian Companies, aside from a few small local enterprises, were controlled by German companies either through stock interest or through reinsurance treaty. Conversely, there are no German companies dependent upon Austrian parent companies …“[92] Eine Ausnahme bildete das direkte Geschäft der Generali und der Riunione im Altreich, das über die Wiener Tochterfirmen Erste Allgemeine und Internationale Unfall lief. Die Erste Allgemeine kontrollierte auch das Lebensversicherungsgeschäft der Generali in Deutschland über die Deutsche Lloyd Leben in Leipzig. Auch die Beteiligungen der neutralen Länder, wie der Svea Göteburg und der Schweizer Rück oder des Anker, sind letztlich unter Druck an deutsche Konzerne abgegeben worden.

In Österreich war daher nicht nur die „Gleichschaltung“ des Versicherungswesens zu beobachten, sondern auch die weitgehende Übernahme durch Mitbewerber aus dem Altreich. Die politische Durchdringung des österreichischen Versicherungswesens stellte im Dritten Reich keine Besonderheit dar, sehr wohl aber das Verhalten der deutschen Versicherungswirtschaft, welche Österreich im Großen und Ganzen wie ein erobertes Gebiet behandelte. Dies war noch dadurch besonders begünstigt, da die deutsche Gebietserweiterung in Richtung Österreich noch in Friedenszeiten fiel und damit die ganze Energie auf die Geschäftsausdehnung konzentriert werden konnte. Die politischen Instrumente des Nationalsozialismus – Entjudung, Nazifizierung und politischer Druck zum Verkauf – erleichterten und ermöglichten die Vorgangsweise, vorrangig waren aber wirtschaftliche Interessen. „Die Möglichkeiten des wirtschaftlichen Wachstums“ schrieb

90 Das Rot-Weiß-Rot-Buch gibt den Anstieg der deutschen Kapitalbeteiligung an den österreichischen Versicherungen mit 15,64 % (1938) auf 54,21 % (1945) an, S. 125.

91 Siehe etwa Peter Ulrich Lehner, Das Versicherungswesen in der Zweiten Republik, in: Wolfgang Rohrbach (Hrsg.), Versicherungsgeschichte Österreichs, Band III, Das Zeitalter des modernen Versicherungswesens, Wien 1988, S. 828–832

92 War Department, Military Government Guide, Austrian private insurance and its corporate ties with Germany, War Department Pamphlet No. 31-223, August 1945, p. 15, National Archives Washington, USFA-USACA, RG 338, Box 162

Surminski über die deutschen Versicherungsunternehmen, „die ihnen das Dritte Reich durch seine anfangs friedlichen, dann militärischen Eroberungen bot, nahmen sie durchaus wahr.“[93] Oder, wie es der Leiter der Reichsgruppe Privatversicherungen, Hilgart, ausdrückte: „Der Fahne folgt der Kaufmann.“[94]

Natürlich muss man die emotionale österreichische Position nach 1945 relativieren, welche die „Opferthese“ so erfolgreich instrumentalisierte und die politische, moralische und wirtschaftliche Verantwortung für den Krieg und die Politik des Nationalsozialismus völlig auf Deutschland abschieben wollte. Es entspricht auch einer wirtschaftlichen Logik, dass beim Zusammenschluss eines kleineren Gebiets mit einem größeren, wirtschaftlich überlegene Partner gesucht und Beteiligungen eingegangen werden. Dies war bei der Erweiterung der Europäischen Union stets zu beobachten. Aber dass das Ausmaß und die Art der Übernahme der österreichischen Versicherungswirtschaft durch deutsche Unternehmen weit über eine wirtschaftliche Logik hinausging, ist kein politisches Statement, sondern historisch eindeutig belegbar.

„Austrifizierung“ nach 1945

Die österreichische Wirtschaft hat im 20. Jahrhundert reichlich Erfahrung mit Desintegration und Integration gemacht. Zuerst kam die Desintegration der Habsburgermonarchie 1918, dann die Integration in das Deutsche Reich 1938, dann die Desintegration aus dem Großdeutschen Reich, schließlich die Integration in die Europäische Union und nach dem Ende des Kalten Krieges das Wiederzusammenwachsen mit den ost- und südosteuropäischen Nachbarländern. Der schärfste Einschnitt erfolgte aber im Jahr 1945. Nach 1918 verlief die Desintegration trotz aller österreichischer Klagen recht gemäßigt, die meisten Wirtschaftsbeziehungen konnten trotz zunehmender Schwierigkeiten aufrechterhalten werden. Die Trennung von Deutschland 1945 war aber aus politischen Gründen vorläufig total. Die Alliierten gingen davon aus (Moskauer Deklaration), dass Österreich ein Opfer des Nationalsozialismus geworden sei und der nationalsozialistische „Virus“ sei von Deutschland her übergesprungen. Daher sollte Österreich von Deutschland völlig isoliert werden und wurde praktisch unter Quarantäne gestellt. Alle Beziehungen politischer, wirtschaftlicher oder sozialer Art wurden unterbrochen und die Grenzen völlig dicht gemacht. Für die Versicherungswirtschaft bedeutete dies, dass

93 Arno Surminski, Versicherungen unterm Hakenkreuz, Zeitschrift für Versicherungswesen Nr. 9 1999, S. 271

94 Eduard Hilgard, Reichsgruppenleiter Versicherung und Vorstandsmitglied der Allianz Versicherung AG in: Die Politik als Schrittmacher, Neumanns Zeitschrift für Versicherungswesen 1942, S. 23

die Rückversicherungsverträge aufgelöst wurden, deutsche Versicherungsunternehmen, Niederlassungen und Bestände den Muttergesellschaften entzogen wurden und die Forderungen und Verbindlichkeiten österreichischer Versicherungsunternehmen gegenüber Deutschland völlig ungeregelt waren.

Da die Siegermächte Österreich die Eigenstaatlichkeit zurückgaben, war Österreich aus deutscher Sicht Ausland. Damit ergab sich ein Konflikt zwischen zwei grundsätzlichen Äußerungen der Alliierten: den Londoner Protokollen 1943, wonach alle während der deutschen Besetzung vorgenommenen Vermögensübertragungen, wenn sie unter dem Druck der Besatzungsbehörden erfolgten, null und nichtig waren, und dem Potsdamer Abkommen 1945, wonach das Deutsche Eigentum im Ausland zu Reparationszwecken herangezogen werden konnte. Durch die starke Ausweitung des deutschen Eigentums in Österreich nach 1938 ergaben sich damit schwerwiegende rechtliche und wirtschaftliche Fragen:

- Wer war ein deutsches, wer ein österreichisches Unternehmen?
- Was sollte mit den Versicherungsbeständen der deutschen Unternehmen geschehen?
- Stand das Eigentum an deutschen Unternehmen Österreich zu oder den Alliierten im Rahmen ihrer Reparationsforderungen?
- Wer kam für die hohen Forderungen der österreichischen Versicherungswirtschaft gegenüber Deutschland, vor allem gegenüber dem Deutschen Reich, auf?

Diese Fragen waren vorerst allein zwischen Österreich und den Alliierten zu klären, denn Deutschland selbst war in den ersten, entscheidenden Nachkriegsjahren nicht handlungsfähig. Erst 1948 war mit der Bundesrepublik (bzw. DDR) wieder eine Eigenstaatlichkeit gegeben, bis dahin wurden die Zonen von den Besatzungsmächten weitgehend selbst verwaltet. Mit der Gründung der Bundesrepublik Deutschland stellte sich allerdings auch die Frage des Vermögensausgleichs, denn dass dort das österreichische Vorgehen gegenüber dem deutschen Eigentum gelinde gesagt als unfreundlicher Akt betrachtet wurde, mag nicht verwundern. Wenn nach der Niederlage das Vermögen im Ausland verloren ging, so sah man das in Deutschland vielleicht noch ein, wenn aber eine Bevölkerung, die diesen Krieg mit getragen und mit verloren hatte, das deutsche wie feindliches Eigentum behandelte, so war das doch starker Tobak. Allerdings war die österreichische Versicherungswirtschaft sehr wohl an einer raschen Normalisierung des Verhältnisses mit Deutschland interessiert. Die politischen Eingriffe durch den Nationalsozialismus und nun durch die von den Alliierten verfügte Trennung von Deutschland hatten die geschäftlichen Arbeitsbedingungen erheblich durcheinander gebracht. In einer Eingabe des Versicherungsverbandes 1945 an das Aufsichtsamt und an die alliierten Wirtschaftsdelegationen wurde bereits festgestellt, „dass bei allen mündlichen und schriftlichen Erörterungen, betreffend die Lagen der deutschen Versicherungen in Österreich, im Aufsichtsamte und bei sonstigen Anlässen seitens der österreichischen Assekuranz niemals eine aggressive Haltung eingenommen wurde, vielmehr, lediglich den Verhältnissen entsprechend, den Wünschen der Alliierten in einer für die deutschen Gesellschaften möglichst schonenden Weise Rechnung getragen wurde".[95]

Deutsches oder österreichisches Unternehmen?

In dieser Frage stellte auch die Versicherungsaufsicht 1946 in einer grundsätzlichen Äußerung fest, „dass Österreich gegenüber den alliierten Mächten niemals Feindstaat war und daher auch nicht als solcher behandelt werden darf".[96] Im Verhältnis mit Deutschland sollte der Grundsatz gelten, „daß die unter politischem Druck und im Zuge der wirtschaftlichen Durchdringung Österreichs durch das Deutsche Reich getroffenen Maßnahmen rückgängig zu machen sind und der Zustand vom 11. März 1938 in der Regel der Fälle wieder herzustellen sein wird". Unter Österreich war das Staatsgebiet vom 11. März 1938 zu verstehen, als österreichische Versicherungsunternehmen all jene, welche nach österreichischem Recht errichtet worden sind und in Österreich ihren Hauptsitz hatten. An dieser „Sitztheorie" für die Beurteilung der Staatszugehörigkeit einer juristischen Person sollte unbedingt festgehalten werden, da sie nicht nur der internationalen Rechtspraxis entsprach, sondern auch nach dem Ersten Weltkrieg beim Staatsvertrag von Saint-Germain und den späteren zwischenstaatlichen Abmachungen im wesentlichen daran festgehalten wurde.[97] Für die von Österreich angestrebte Regelung war die „Kontrolltheorie" abzulehnen, da der Aktienbesitz in unkontrollierbarer Weise ständig fluktuierte.[98]

Bei der Behandlung der in deutschem Eigentum stehenden Versicherungsunternehmen war wesentlich, ob sie schon vor 1938 in Österreich tätig waren.[99] Bei Versicherungsunternehmen, die erst ab dem „Anschluss" deutsches Eigentum wurden, waren die Eigentumsverhältnisse des Jahres 1937 heranzuziehen. Sie galten daher wieder als österreichische oder als nicht-deutsche, ausländische Unternehmen, wie etwa die beiden Triestiner Ge-

95 V6/20. September 1945

96 Probleme der Vertragsversicherung, Erste Äußerung des Departements 19 vom 9. 3. 1946, zweite Äußerung vom 12. April 1946,AdR. BMF. 24806/46

97 V15/28. Februar 1946;V16/4. März 1946

98 V17/7. März 1946

99 Über die weitere Abwicklung der Eigentumsfrage mit Rückkauf oder Rückerstattung an die deutschen, italienischen oder sonstige ausländische Eigentümer siehe: Peter Ulrich Lehner, Das Versicherungswesen in der Zweiten Republik, in: Wolfgang Rohrbach (Hrsg.), Versicherungsgeschichte Österreichs, Band III, Das Zeitalter des modernen Versicherungswesens, Wien 1988, S. 836 ff.

sellschaften. Dieses Vorgehen gegenüber deutschem Eigentum wurde im Rot-Weiß-Rot-Buch der Bundesregierung 1946 ausführlich begründet. Die österreichische Bundesregierung war der Meinung, dass „Eigentum, das durch einen freudlosen Akt oder durch Machenschaften irgendwelcher Art, selbst wenn sie den Anschein der Rechtmäßigkeit erwecken, in die Hände des Deutschen Reiches oder deutscher Staatsangehöriger gelangt ist",[100] nicht als rechtmäßig erworbenes Eigentum angesehen werden konnte. Die offizielle Publikation hob hervor, dass die Deutschen alles daran gesetzt hätten, „um jedes bedeutende wirtschaftliche Objekt in ihre Hände zu spielen. Auch in dieser Beziehung sind sie in Österreich nicht anders vorgegangen, als in den übrigen von ihnen besetzten Ländern Europas." Solche Vermögensübertragungen, die unter dem Druck der Besetzung stattgefunden haben, wären nicht nur nach dem Bürgerlichen Gesetzbuch ab initio null und nichtig, sondern auch nach der Londoner Erklärung vom 5. Jänner 1943 über zwangsweise Vermögensübertragungen in vom Feind besetzten Gebieten. Unrechtmäßig erworbene Güter müssten daher ipso jure wieder an ihre ursprünglichen Eigentümer zurückfallen.

Diese österreichischen Ansprüche waren nicht nur gegenüber Deutschland, sondern vor allem gegenüber den vier Besatzungsmächten durchzusetzen. Bis zum November 1945 regulierten die Alliierten die Versicherungsunternehmen in ihrer jeweiligen Besatzungszone durch eigene Bestimmungen, die zumeist denen in ihren deutschen Besatzungszonen entsprach. Diese zonenweise Politik zog nicht nur eine weitgehende Geschäftseinstellung nach sich, sondern auch eine Trennung sowohl von den deutschen Muttergesellschaften als auch von den österreichischen Zentralen in Wien. Erst im November 1945 kam es zu einem gemeinsamen Vorgehen der Alliierten und damit für die Versicherungsbranche wieder zu einer Vereinheitlichung des österreichischen Marktes und damit zu einer Rechtskontinuität. Die „Finance Division der Allied Commission for Austria" errichtete eine „Quadripartite Insurance Working Party", die am 14. November 1945 ihre erste Sitzung abhielt. Ihr gehörten an:[101]

Lt. Col. G. D. S. Crossmann (GB), als Chairman
Sq. Ldr. T. Sadler (GB)
Lt. R. L. Gannon (USA)
M. Bougenot (F)
M. Follain (F)
Mr. M. A. Zeverev (UdSSR)

---

100 Memorandum über die Auffassung der Bundesregierung, betreffend die Beschlagnahme des deutschen Eigentums in Österreich, S. 1, Wien 7. 1. 1946, AdR. BMF., 8820/46

101 Allied Commission for Austria, Quadripartite Insurance Working Party, Minutes of the First Meeting, 14. November 1945, PRO, FO 1020/1673/75964

Die „Insurance Working Party“, deren Mitglieder jeder ein recht unterschiedliches Verständnis von Versicherung hatten, anerkannte nun das Staatsamt für Finanzen als Aufsichtsamt und sah seine Hauptfunktion nur mehr in einer Beratungstätigkeit: „To study and report on the main problem of rehabilitating the Austrian Insurance Industry and to agree on the measures of Alliied Control necessary to achieve this aim.“[102] Eines ihrer Hauptthemen blieb aber die Frage der deutschen Versicherungsunternehmen in Österreich.

Bis zur Klärung der Eigentums- und Rechtsverhältnisse wurden für alle Niederlassungen und Agenturen deutscher Versicherungsgesellschaften in Österreich durch den österreichischen Staat öffentliche Verwalter bestellt. Diese öffentlichen Verwalter hatten anfangs einen schweren Stand und wurden von den Alliierten nicht anerkannt. Noch im Oktober 1945 protestierten die Amerikaner gegen deren Einsetzung, die ohne ihre Bewilligung erfolgt war. Erst mit der De-facto-Anerkennung der österreichischen Regierung durch Beschluss der Alliierten vom 20. Oktober 1945 hörte der Widerstand auf.[103] 66 Niederlassungen von deutschen Versicherungsunternehmungen kamen unter eine solche öffentliche Verwaltung, darunter auch jene, die schon vor 1938 zum Geschäftsbetrieb zugelassen worden waren. Die meisten Gesellschaften beschränkten ihre Tätigkeit auf die Abwicklung und Verwaltung der Versicherungsbestände. Aus Sparsamkeitsgründen wurden für die 66 Gesellschaften nur 21 öffentliche Verwalter bestellt. Spitzenreiter waren Dr. Moritz Florian, der für 21 Gesellschaften zuständig war, und Dr. Friedrich Wegner mit 12 Gesellschaften.[104] In Einvernehmen mit dem Gewerkschaftsbund wurde die Stellung der öffentlichen Verwalter geregelt und dem Aufsichtsamt die entsprechenden Vorschläge zugeleitet.[105] Diese öffentlichen Verwalter wurden nach Kriegsende nicht nur für deutsche Gesellschaften, sondern auch zahlreiche österreichische eingerichtet, bis diese wieder ihre satzungsmäßigen Organe einrichten konnten. Insgesamt gab es für alle Wirtschaftsbereiche etwa 7.000 solcher öffentlichen Verwaltungen. Bis 1946 war eine Reihe der betroffenen Versicherungsunternehmen bereits wieder in der Lage, die satzungsmäßigen Organe zu bestellen, dass die öffentlichen Verwalter abberufen werden konnten.[106] 1947 wurden die letzten dieser öffentlichen Verwaltungen für nicht-deutsche

---

102 A. a. O., Agenda, PRO FO 1020/1673/75964

103 Schreiben des Hauptquartiers der Vereinigten Staaten, Streitkräfte in Österreich, Finanzabteilung an die österreichischen Versicherungsbehörden, 5. Oktober 1945, PRO, FO 1020/1661/75936

104 Bundesministerium für Finanzen, Anfrage der sowjetischen Finanzabteilung über Betriebs- und Vermögensverhältnisse verschiedener Versicherungsunternehmen, 1. 7. 1947, AdR. BMF., 16156/47

105 Mitgliederversammlung des provisorischen Verbandes der Versicherungsanstalten Österreichs, 21. August 1945

106 Rechenschaftsbericht 1946, Mitgliederversammlung VVÖ, 16. September 1946

Versicherungsunternehmen durch das Ministerium für Vermögenssicherung aufgehoben.[107]

Um der von den Alliierten geforderten vollständigen wirtschaftlichen Trennung von Deutschland zu entsprechen, wurde auch die Auflösung der bestehenden Rückversicherungsverträge mit deutschen Versicherungsunternehmen rückwirkend zum 31. 12. 1944 durch die österreichische Regierung verordnet. Die deutschen Zweigniederlassungen, die von ihrer Muttergesellschaft nun völlig getrennt waren, standen demnach auch vor einem Rückversicherungsproblem, das sie von sich aus nicht lösen konnten.[108] Der Versicherungsverband beschäftigte sich daher seit September 1945 mit der Konstruktion eines Rückversicherungspools. In diesen Pool war das Geschäft der deutschen Elementarversicherer zu 100 % einzubringen. Die Poolverwaltung lag bei der Wiener Rück und wurde durch eine vom Vorstand des Verbandes bestimmte achtgliedrige Kommission überwacht.[109] Es wurde kein Prämienreservedepot erstellt, die Schadensfälle waren der Wiener Rück anzuzeigen, deren Liquidierung wurde durch eine Mitgliedsgesellschaft des Pools veranlasst.[110]

Über einen Poolrückversicherungsvertrag beteiligten sich folgende Gesellschaften:[111]

Konkordatsgesellschaften	Anteil in Prozent	Außer Konkordat	Anteil in Prozent
Elementar	8,90	Bundesländer	5,0
Donau	8,90	Niederösterreichische	5,0
Erste Allgemeine	8,90	Wiener Rück	5,0
Riunione	8,90	Wiener Städtische	5,0
Wiener Allianz	8,90	Montanverein	2,5
Südmark	6,22	Basler	2,0
Heimat	5,34	Oberösterreichische	2,0
Interunfall	3,56	Tiroler	2,0
Vers.-Verband der Industriellen	3,56	Kärntner	1,0
Anker	2,66	Salzburger	1,0
Kosmos	2,66	Papierverband	1,0
	68,5		31,5

107 Rechenschaftsbericht 1947, Mitgliederversammlung VVÖ, 4. März 1948

108 Auf das Rückversicherungsproblem der österreichischen Gesellschaften wird später eingegangen.

109 Die Rückversicherungskommission bestand aus den Herren: Vorsitzender Czernay (Wiener Rück), Assmann (Wiener Städtische), Baumgartner (Erste Allgemeine), Höllinger (Donau), Jäger (Bundesländer), Kulhavy (Anker), Dr. Oswald (Allianz), Hiess (Elementar), Schnobrich (Interunfall).

110 V8/2. November 1945

111 V9/22. November 1945

Auf Wunsch der Alliierten wurde die National als deutsches Unternehmen aus dem Kreis der Rückversicherer ausgeschlossen und als rückversichertes Unternehmen in den Pool einbezogen. Durch Anweisung des Aufsichtsamtes wurden ebenfalls die Mährisch-Schlesische und die Sudentendeutsche – durch die Auseinandersetzungen mit der Tschechoslowakei – nicht als Rückversicherer aufgenommen. Von einer Beteiligung der Lebensversicherungsgesellschaften wurde trotz deren Bereitwilligkeit abgesehen. Die Unterbringung bei den Elementargesellschaften ging ohne jede Schwierigkeiten vonstatten, einige beklagten sogar, dass sie zu wenig erhalten hatten. Die Beteiligung der Landesanstalten wurde vorsichtshalber vorerst sehr niedrig bemessen, da in Ermangelung sofortiger Verständigungsmöglichkeiten im Jahr 1945 ohne vorherige Zustimmung dieser Landesanstalten eine Quote zugewiesen werden musste.[112] Die Einteilung war daher nicht endgültig, sondern veränderte sich später noch.

Die Reparationsforderungen der Alliierten

Auch die Alliierten beschäftigten sich mit den österreichischen Versicherungsunternehmen im Zusammenhang mit dem Potsdamer Abkommen, bei dem sie das deutsche Eigentum im Ausland – und damit auch in Österreich – als Kriegsreparationen beanspruchten. Die Frage des deutschen Eigentums war daher dringend zu klären, da neben zahlreichen anderen Schwierigkeiten die unsicheren Eigentumsverhältnisse dem wirtschaftlichen und rechtlichen Wiederaufbau der Branche im Wege standen.

Bis Anfang 1946 wurden von keiner Besatzungsmacht irgendwelche Schritte unternommen, die als Anwendung der Potsdamer Beschlüsse auf die Versicherungsunternehmen gewertet werden konnte. Allerdings tastete sich die sowjetische Delegation seit August 1945 an dieses Problem heran, in dem sie schrittweise Auskünfte verlangte, die in diese Richtung gingen. Am 10. August 1945 wurde vom Sowjet-Delegierten ein Verzeichnis der in- und ausländischen Versicherungsgesellschaften in Österreich verlangt.[113] Am 27. August 1945 fragte die russische Delegation der Allied Commission for Austria zum ersten Mal direkt bei der Versicherungsaufsicht über die Tätigkeit der Versicherungsunternehmen an und verlangte die zuletzt veröffentlichten Geschäftsberichte.[114] Weitere Informationen erhielten sämtliche vier Versicherungsoffiziere am 18. Oktober 1945 direkt vom Verband der Versicherungsunternehmen, in dem eine Aufstellung über

112 V13/110. Jänner 1946
113 250119/1945, AdR. BMF
114 361819/1945, AdR. BMF

das Rückversicherungsgeschäft im Ausland übermittelt wurde.[115] Der erste umfassende Bericht über die Versicherungsverhältnisse in Österreich wurde von der russischen Delegation am 1. November 1945 gefordert. Neben der Darstellung des öffentlichen und privaten Versicherungsrechtes wurde eine vollständige Liste aller in Österreich tätigen Versicherungsgesellschaften einschließlich der kleinen Versicherungsvereine mit Angabe der Adresse verlangt.[116] Das Wichtigste war hierbei eine genaue Aufstellung der Besitzverhältnisse in Aktienkapital der Gesellschaften vor und nach der „Annexion" und die Erläuterung der in dieser Zeit eingetretenen Eigentumsveränderungen. Diese Darstellung wurde den Versicherungsoffizieren im November 1945 übergeben.[117] Am 30. Jänner 1946 erschien der russische Versicherungsoffizier wieder bei der Versicherungsaufsicht und verlangte einen Bericht über die gegenwärtige Tätigkeit der Filialen deutscher Versicherungsgesellschaften.[118] Bei dem Anlass erklärte der Offizier, dass über deutsche Versicherungsbestände nur mit vorheriger Zustimmung der Sowjet-Delegation verfügt werden dürfe. Zusätzlich forderte er eine Liste sämtlicher Namensänderungen, die während der „Annexion" bei den Versicherungsgesellschaften vorgenommen wurden.[119]

Während sich die russische Delegation bis dahin nur auf die Sammlung von Informationen beschränkte, ging sie Anfang Februar 1946 zu konkreten Maßnahmen über und beschlagnahmte zwei Häuser der Victoria zu Berlin, Allgemeine Versicherungs A. G.[120] Am 8. Februar 1946 waren zwei russische Offiziere in den Wiener Büros der Victoria erschienen und hatten Unterlagen über die Häuser dieser Gesellschaft verlangt. Am 10. März 1946 erschienen einige russische Offiziere im Haus in der Starhemberggasse und forderten die Mieter zur sofortigen Räumung ihrer Wohnungen auf, da die Häuser in russischen Besitz übergegangen seien. Die Victoria wandte sich sofort an die Versicherungsaufsicht, die ein Schreiben an den russischen Versicherungsoffizier schickte, dass es sich bei den Häusern der Victoria wirtschaftlich um das Eigentum der österreichischen Versicherten handle und daher die Potsdamer Beschlüsse nicht anzuwenden seien. Eine Kopie ging an die anderen Versicherungsoffiziere und an das Bundeskanzleramt, Auswärtige Angelegenheiten. Die Sowjets bestanden aber auf der sofortigen Räumung des Hauses und am 25. März 1946 beanspruchten sie auch das Haus am Kärntner Ring. Der

115 817419/1945, AdR. BMF

116 Potsdamer Beschlüsse – Bisherige Handhabung durch die alliierten Mächte auf dem Gebiete des Versicherungswesens, 21. 5. 1946, AdR. BMF, 53685/1946

117 AdR. BMF, 824619/1945; 50762/19/1945

118 AdR. BMF, 741219/1946

119 AdR. BMF, 741319/1946

120 Eines in der russischen Zone, Wien 4, Starhemberggasse 4–6 und eines in der interalliierten Zone, Wien 1, Kärntner Ring 6

Direktor der Victoria sprach auch persönlich bei der Sowjet-Delegation vor, wo ihm von einem Oberstleutnant erklärt wurde, dass das gesamte Vermögen der Victoria in Österreich als deutsches Vermögen betrachtet werde. Der zuständige Versicherungsoffizier war aber sehr zurückhaltend und erklärte, „das Problem sei so schwierig, daß er sich erst Weisung aus Moskau holen müsse".[121] Die Victoria wurde weiter darauf hingewiesen, dass das Haus Kärntner Ring bis zum 5. April 1946 geräumt werden müsse, da dies vom Alliierten Verwaltungsausschuss für den ersten Bezirk den Sowjetbehörden zugesprochen worden sei. Am 29. März erschien der amerikanische Versicherungsoffizier, Lt. R. L. Gannon, bei der Versicherungsaufsicht, Sektionschef Dr. Hartenau, und erklärte, dass sich die amerikanische Delegation dem österreichischen Standpunkt anschließe. Durch eine Intervention des Bundeskanzleramtes richtete der amerikanische Versicherungsoffizier an die Victoria ein Schreiben, in dem die amerikanische Delegation dem Unternehmen alle Maßnahmen verbot, „durch die ihre Vermögenswerte betroffen werden könnten, ohne die ausdrückliche Zustimmung aller vier Besatzungsmächte. Die amerikanische Delegation geht dabei von der Auffassung aus, daß sich der Versicherungsbestand einer in Österreich tätigen Gesellschaft auf alle vier Zonen erstreckt und die Vermögenswerte, gleichviel in welcher Zone sie gelegen sind, der Bedeckung des gesamten österreichischen Versicherungsbestandes dienen."[122] Auch der Wiener Stadtrat Albrecht versuchte zu intervenieren und wies bei der Sowjet-Delegation auf die Härten hin, die sich durch die überstürzte Räumung für die Mieter ergeben würden. Am 9. April 1946 legte die Victoria der Versicherungsaufsicht einen Auszug aus dem Handelsregister vor, aus dem hervorging, dass das Haus am Kärntner Ring schon vor 1938 zugunsten der österreichischen Versicherten gesperrt war und erst nach dem „Anschluss" dem großdeutschen Deckungsstock zugeführt worden sei. Da dies aber zu weiteren Schwierigkeiten führen konnte, wurde das Dokument nicht weiter verwendet. Die beiden Häuser der Victoria wurden von den Sowjets tatsächlich in Besitz genommen und es schien, als ob noch weitere Maßnahmen zu erwarten wären. Am 3. Mai 1946 erschienen wieder zwei Herren der russischen Delegation bei der Versicherungsaufsicht, verlangten Einsicht in das Verzeichnis der in Österreich tätigen Gesellschaften und notierten sich die Adressen von drei Versicherungsunternehmen, der Albingia in der amerikanischen Zone, der Wiener Allianz in der französischen Zone und des Haftpflichtverbands der Deutschen Industrie in der russischen Zone. Der amerikanische Versicherungsoffizier musste allerdings

121 Bundesministerium für Finanzen, Information an den Bundeskanzler, Bisherige Handhabung durch die Alliierten Mächte auf dem Gebiete des Versicherungswesens, AdR. BMF., 53685/46, S. 1

122 Bundesministerium für Finanzen, Information an den Bundeskanzler, Bisherige Handhabung durch die Alliierten Mächte auf dem Gebiete des Versicherungswesens, AdR. BMF., 53685/46

zugeben, dass tatsächlich die beiden Häuser der Victoria aufgrund eines Beschlusses des alliierten Verwaltungsausschusses für den ersten Bezirk der Sowjet-Delegation zugesprochen worden waren, allerdings nicht als Eigentum, sondern lediglich vorübergehend für Büro- und Wohnungszwecke gegen Bezahlung einer angemessenen Miete. Er veranlasste weiter, dass künftige Inanspruchnahmen von Häusern der in Österreich tätigen Versicherungsgesellschaften für die Zwecke der alliierten Besatzungsmächte, zumindest im ersten Bezirk, zu unterbleiben hätten, da die Besatzungstruppen bereits genügend Raum für Büro- und Wohnungszwecke besäßen.[123]

Das vorsichtige Vortasten der Sowjets mit den Häusern der Victoria scheint ein Versuchsballon gewesen zu sein. Die Vorgangsweise war aber deshalb so besonders gefährlich, da in Ländern, die unter dem Einfluss der Sowjetregierung standen, das österreichische Eigentum dem deutschen gleichgesetzt wurde und mit Berufung auf die Potsdamer Beschlüsse von den Sowjets beansprucht, bzw. verstaatlicht wurde. Die Versicherungsaufsicht verlangte daher in einem Schreiben vom 1. April 1946 von den alliierten Delegationen ehestens eine Entscheidung, wie die Potsdamer Beschlüsse in Österreich hinsichtlich der Versicherungsunternehmen auszulegen seien. Die Versicherungsoffiziere der drei westlichen Alliierten bemühten sich nun, die durch das sowjetische Vorgehen aktuelle Frage zu klären. Der amerikanische Vertreter, Lt. R. L. Gannon übernahm als Präsident des alliierten Versicherungskomitees hierbei die Führung und legte ein Memorandum vor, wonach die Auslegung der Potsdamer Beschlüsse nicht nur für die Versicherungen, sondern auch für die Kreditinstitute festgelegt werden sollten. Da Lt. R. L. Gannon aber befürchtete, dass sich hinsichtlich der Banken erhebliche Schwierigkeiten ergeben würden, die zu einer neuerlichen Vertagung der Angelegenheit führen könnten, wollte er vorerst nur eine Klärung bei den Versicherungsunternehmen herbeiführen. Sein Schlussantrag lautete dahin, „daß auch österreichische Gesellschaften, deren Aktienkapital vor dem 13. März 1938 in deutschem Besitz war, und alle deutschen Gesellschaften, die schon vor diesem Zeitpunkt in Österreich arbeiteten, von der Anwendung der Potsdamer Beschlüsse ausgenommen werden sollen".[124] Die Veränderung des Aktienbesitzes seit der „Annexion" wären schon nach dem Wortlaut der Potsdamer Beschlüsse null und nichtig. Nach diesem Vorschlag wären allerdings deutsche Gesellschaften, die nach dem 13. März 1938 in Österreich ihre Tätigkeit aufnahmen, dem Zugriff ihres Vermögens nach den Potsdamer Beschlüssen ausgesetzt gewesen.

---

123 AdR. BMF, 5075519/1946

124 Bundesministerium für Finanzen, Information an den Bundeskanzler, Bisherige Handhabung durch die Alliierten Mächte auf dem Gebiete des Versicherungswesens, AdR. BMF., 53685/46, S. 3

Am 28. Mai 1946 legte die amerikanische Delegation zwei Entschließungen dem Interalliierten Finanzausschuss vor. Im ersten hieß es, dass Versicherungsunternehmen und Kreditunternehmungen nach dem Sinn der Potsdamer Protokolle nicht geeignet seien, Gegenstand von Reparationsforderungen zu bilden, da derartige Vermögenswerte österreichischen Besitz darstellen und den zuständigen österreichischen Behörden für die österreichische Wirtschaft überlassen werden müssten. Der Antrag wurde aufgrund des Einspruchs der russischen und französischen Delegierten nicht angenommen, die sich eine weitere Prüfung der entscheidenden Fragen vorbehalten wollten. Die zweite Entschließung sah vor, dass bis zur Entscheidung des ersten Antrages die Rechte und Vermögenswerte der österreichischen Versicherungsgesellschaften und ihre Niederlassungen im Ausland, die einen untrennbaren Bestandteil ihres Unternehmens bilden, unangetastet bleiben sollten. Dieser Antrag wurde von den drei Westmächten angenommen, der russische Delegierte hatte sich jedoch vorbehalten, noch Weisungen von seiner Regierung einzuholen.[125] Der amerikanische Delegierte, Lt. R. L. Gannon, schlug der österreichischen Regierung vor, die Angelegenheit in zweiseitigen Verhandlungen mit der Sowjetunion zu bereinigen, was aber in krassem Widerspruch zur grundsätzlichen Einstellung der westlichen Alliierten in allen Wirtschaftsfragen stand, wo man immer auf ein gemeinsames Vorgehen aller vier Alliierten bestand. Die Sowjets ließen aber nicht locker. Noch Anfang 1947 legte auf ihre Initiative die Interalliierte Eigentumskommission den Versicherungsunternehmen einen Fragebogen vor, aus dem Eigentumsverhältnisse, Kapitalbeteiligungen u. dgl. zu erkennen sein sollten. Zweck des Fragebogens war wieder einmal, das deutsche Eigentum an Versicherungsunternehmen als Grundlage für Maßnahmen nach den Potsdamer Beschlüssen festzustellen.[126]

Die Versicherungsunternehmen waren nach österreichischer Ansicht ein ungeeigneter Gegenstand für alliierte Reparationsforderungen, da ihre Kapitalanlagen nicht eigentlich im Eigentum der Aktionäre waren. Durch Aktienbesitz entsteht kein unmittelbares Eigentum am Unternehmen, sondern Aktionärsrechte. Die Unternehmenseigentümer haben einen Einfluss auf die Geschäftsführung und ein Anrecht auf den Gewinn, aber nicht auf die Kapitalanlagen des Unternehmens, welchen die finanziellen Ansprüche der Versicherungsnehmer gegenüberstehen. Die österreichische Bundesregierung veröffentlichte daher am 10. Juli 1946 eine Erklärung, wonach Versicherungsanstalten nicht zu jenen Vermögenschaften gehörten, die den Potsdamer Beschlüssen unterlägen und daher

125 Potsdamer Beschlüsse – Anwendung auf Versicherungsgesellschaften in Österreich, 29. Mai 1946, Bundesministerium für Finanzen, AdR. BMF. 55744/46

126 Bundesministerium für Finanzen, Fragebogen der Interalliierten Eigentumskommission, 8. April 1947, AdR. BMF. 16245/47

nicht Gegenstand von Beschlagnahmen sein könnten. Auf den Aufruf des Oberbefehlshabers der sowjetischen Besatzungstruppen zum Eigentumsübergang deutscher Vermögenswerte in Österreich reagierte der Versicherungsverband, indem er seine Mitglieder anwies, keine Anmeldungen zu erstatten und auf Anweisung der Bundesregierung bzw. des Verbandes zu warten.[127]

Im Jänner 1947 befasste sich die Versicherungsaufsicht auch mit einem amerikanischen und einem britischen Entwurf zu einem Staatsvertrag mit Österreich.[128] Beide Entwürfe waren relativ ähnlich und gingen an keiner Stelle explizit auf die Vertragsversicherungen ein. Dennoch gab es eine Reihe von Bestimmungen, die sich auch auf das Versicherungswesen auswirken würden. Hervorgehoben wurde, dass in dem Entwurf die Sitztheorie festgelegt und damit die von einzelnen Alliierten bislang vertretene Kontrolltheorie aufgegeben worden sie. Das Finanzministerium forderte daher die ausdrückliche Feststellung, dass Aktienbesitz nur Aktionärsrechte einräumte und niemals Anspruch auf Sachwerte, weder im Inland noch mit Ausland. Denn sonst könnten die einzelnen Besatzungsmächte in ihren Zonen Sachwerte ohne Übernahme der Verbindlichkeiten beschlagnahmen. Man forderte auch, die von der österreichischen Regierung aufgestellte und von der amerikanischen und britischen Finanzdelegation in Wien akzeptierte Auffassung aufzunehmen, dass das Versicherungswesen niemals Gegenstand von Maßnahmen nach den Potsdamer Beschlüssen sein könne. „Any reparations claim against the assets covering an insurance company's reserves would constitute a serious prejudice against the security of each policy holder in the company involved, and against the liquidity status of the company, with serious long-run consequences for Austria's economic survival."[129] Reparationsforderungen hätten daher in erster Linie die österreichischen Versicherungsnehmer getroffen und nicht die Unternehmenseigentümer. Die Alliierten nahmen daher letztlich davon Abstand. Außerdem war die ganze Branche 1945 im Grunde genommen bankrott. Auch der Versuch, den finanziellen Wert des „Going concern value" oder „Good Will" der Unternehmen festzustellen, scheiterte. Schließlich hatten die Amerikaner auch die Sowjetunion in Verdacht, die Forderungen an die Versicherungsunternehmen nur als Spielball zu verwenden, um einen Kuhhandel in Bezug auf Industrieunternehmen anzubahnen. Außerdem fürchtete man, dass die Versicherungsunternehmen ein ausgezeichnetes Medium für Spionagezwecke bilden würden. Doch auch die sowjetische Seite nahm letztlich von einer Einbeziehung der Versicherungsunternehmen

127 V25/11. Juli 1947

128 Probleme der Vertragsversicherung, dritte Äußerung des Department 19 vom 21. 1. 1947, Bundesministerium für Finanzen, AdR. BMF. 9728/46, 24806/46, 3708/47

129 State Department, Foreign Service, Post Files, 19. 2. 1946, Insurance Companies and their relation to the reparations problem, National Archives Washington, RG 84/E 2054, Box 60

in das deutsche Eigentum Abstand. Die Sowjets fürchteten eine antisowjetische Kampagne, nachdem die Versicherten in beträchtlichem Ausmaß Durchschnittsösterreicher waren und man in fruchtlose Diskussionen über den Prozentsatz des deutschen Kapitalanteils kommen würde.[130] Es war von grundlegender Bedeutung, dass die alliierten Mächte schließlich die Haltung der österreichischen Regierung akzeptierten, dass Versicherungsunternehmen ebenso wie das Kreditwesen kein Gegenstand von Maßnahmen nach den Potsdamer Beschlüssen bilden könnten.[131]

Im Staatsvertrag hatte sich schließlich die Sitztheorie durchgesetzt[132], mit der Ausnahme von indirekten Beteiligungen von Staatsangehörigen der in den Vereinten Nationen vertretenen Länder und diesen gleichgestellten Staaten (Schweiz) an deutschen juristischen Personen, wo eine Korrektur im Sinne der Kontrolltheorie erfolgte. Mit dem Staatsvertrag 1955 gelangten alle deutschen Vermögenswerte, die nicht schon vorher erfasst worden waren, in die Verfügung der Republik Österreich, darunter auch jene des Versicherungswesens. Verbunden war damit die Verpflichtung, das so auf die Republik Österreich übergegangene Vermögen nicht wieder an deutsche juristische Personen zu übertragen. Ebenso erhielten Österreich und die österreichischen Staatsbürger alle in Deutschland befindlichen Vermögenswerte zurück, gegen einen gleichzeitigen Verzicht der Republik Österreich im eigenen Namen und im Namen der österreichischen Staatsangehörigen auf alle am 8. Mai 1945 noch offenen Forderungen gegen Deutschland und deutsche Staatsangehörige. Damit war u. a. festgelegt, dass auch die Reichsanleihen wertlos waren. Das erste Staatsvertragsdurchführungsgesetz legte in § 4 fest, dass der Eigentumsübergang aufgrund des Staatsvertrages eine Haftung der Republik Österreich für die Verbindlichkeiten des Deutschen Reiches in Österreich begründete. Der österreichische Forderungsverzicht gegenüber deutschen Schuldnern betraf auch die Forderungen österreichischer Versicherungsnehmer – insbesondere in der Lebensversicherung – gegen deutsche Versicherungsunternehmungen.

Die Verstaatlichungsdiskussion

„Krisenzeiten nach kriegerischen Auseinandersetzungen sind ausgefüllt mit einem Tasten, einem Suchen der kriegsmüden Völker nach Einrichtungen, welche die Vorausset-

---

130 Deutsche Vermögenswerte in Österreich, Sonderarchiv Moskau, AVP RF, 066-29-51-34

131 Bundesministerium für Finanzen, Dep. 19 (Versicherungswesen), III. Äußerung über Probleme der Vertragsversicherungen. Stellungnahme zum amerikanischen und britischen Entwurf eines Staatsvertrages mit Österreich, 21. Jänner 1947, AdR. BMF., BMT, Versicherungsaufsicht, Karton 3, 3708/47

132 § 2 Absatz 4 Erstes Staatsvertragsdurchführungsgesetz, BGBl. Nr. 165/56

zungen schaffen zur Verhinderung neuer Kriege und eines besseren Lebens der Nachkommen ... Da nun das Zeitalter des Kapitalismus, des derzeit noch vorherrschenden Systems, mit dem Brandmal zweier Weltkriege gezeichnet ist, so fällt es natürlich leicht, diese Gesellschaftsordnung als Sündenbock zu verwenden und ihr alle Schuld am Ausbruch neuer Kriege zuzuschreiben."[133] Der Autor bezeichnete diese überall zutage tretenden Verstaatlichungsbestrebungen als „kriegsbedingte Massenpsychose", die sich zuerst auf die Grundstoffindustrie und dann, aufgrund der zentralen Stellung in der Volkswirtschaft, auch auf das Geld- und Kreditwesen erstreckte. Auch Österreich wurde von dieser Entwicklung erfasst.

Im Jahr 1946 beschloss der österreichische Nationalrat mit den Stimmen aller Parteien die Verstaatlichung von 71 großen Unternehmen, vor allem im Bereich Eisen und Stahl, Erdöl, Chemie, Maschinenbau und Bergbau. 1947 wurde die Verstaatlichung noch auf die drei großen Banken und die Energiewirtschaft ausgedehnt. Damit verfügte Österreich mit einem Schlag unter den marktwirtschaftlichen Ländern über einen der höchsten Verstaatlichtenanteile.[134] Der Grund hierfür lag einmal im Problem des deutschen Eigentums. Die politischen Parteien waren sich einig, dass ein so bedeutender Anteil der österreichischen Wirtschaft nicht Gegenstand der Reparationsforderungen der Alliierten sein, sondern in österreichischem Eigentum bleiben sollte. Zusätzlich erforderte der Wiederaufbau dieser Unternehmen Kapital in einem Ausmaß, das in dieser Zeit nur mehr der Staat zur Verfügung stellen konnte.[135] Die Österreichische Volkspartei hatte der Verstaatlichung nur aus pragmatischen Gründen zugestimmt und wollte diese so bald wie möglich wieder privatisieren. Die Arbeiterparteien sahen aber darin einen ersten Schritt auf dem Weg in eine sozialistische Wirtschaft.

Bestärkt wurden die Befürworter der Verstaatlichung durch die Entwicklungen im Ausland. Nicht nur die ost- und südosteuropäischen Länder trieben die Verstaatlichung der Privatwirtschaft voran, sondern auch in Frankreich und England kam es zur Verstaatlichung von Schlüsselindustrien. In Frankreich war die Neuordnung der Versicherungswirtschaft aber eher enttäuschend. Dort wurden Versicherungsgesellschaften mit einem Prämieneingang von mehr als einer Milliarde Francs nationalisiert, während die anderen privat blieben. Alle Gesellschaften, mit Ausnahme der nationalisierten, mussten einen Teil ihres Geschäftes bei der staatlichen Rückversicherungskasse rückversichern. Es war daher ein Nebeneinander von nationalisierter und privater Versicherungstätigkeit

---

133 Hammer, H., Gedanken zur Verstaatlichung der Versicherung, Die Versicherungsrundschau, Wien 1946, S. 178/9

134 Langer, Edmond, Die Verstaatlichungen in Österreich, Wien 1966

135 Stiefel, Dieter, 50 Years State-Owned Industries in Austria 1946–1996, in: Franco Amatori (Ed.), The Rise and Fall of State-Owned Enterprises in Western Countries, London 2000

ohne klare Linie. „Man sozialisierte um der Sozialisierung willen, nicht aus schlichten Gründen, sondern um politische Forderungen zufrieden zu stellen."[136] In England hatte die Regierung der Arbeiterpartei die Verstaatlichung der Versicherungswirtschaft – im Gegensatz zu vielen anderen Wirtschaftszweigen – 1945 abgelehnt. Beim Parteitag 1949 kamen aber Vorschläge auf, die Lebensversicherung betreibenden Gesellschaften durch den Staat zu übernehmen. In einem Land, dessen Versicherungswirtschaft nach wie vor eine starke Position im Ausland hatte, war die Reaktion darauf jedoch heftig und man wies vor allem auf die Bedeutung der englischen Versicherungswirtschaft für die Zahlungsbilanz hin. „Die Öffentlichkeit sollte wissen", sagte ein prominenter Vertreter der britischen Versicherungswirtschaft, „dass die Lebensversicherung zerstört, aber nicht nationalisiert werden kann."[137]

Auch für die österreichische Versicherungswirtschaft ergab sich damit eine wenn auch vorerst nur sehr diffuse „Bedrohung". Die Verstaatlichung der Versicherungswirtschaft war schon seit dem 19. Jahrhundert diskutiert und durch die Einführung der staatlichen Sozialversicherung in Teilbereichen durchgeführt worden. Auch im Nationalsozialismus war dies ein Thema, mit dem sich die führenden Versicherungsvertreter auseinandersetzen mussten.[138] Die Argumente waren daher nach 1945 bekannt und lagen bei den Befürwortern auf einer emotional-antikapitalistischen Basis:[139]

- die Privatwirtschaft habe den Kampf gegen Demokratie und Freiheitsrechte unterstützt;
- die Existenz der Arbeiter und Angestellten solle gesichert werden und ihnen soll der volle Arbeitsertrag zustehen;
- die Überfremdung der heimischen Wirtschaft durch das Ausland soll verhindert werden;
- Privatisierung der Gewinne und Sozialisierung der Verluste, bei wirtschaftlichen Zusammenbrüchen in der Privatwirtschaft müssten Steuergelder herangezogen werden

136 Hasler, Kurt (Direktor Schweizerische Rückversicherungsgesellschaft), Sozialisierung im Versicherungswesen problematisch!, Die Versicherungsrundschau, Wien 1949, S. 81

137 Benn, Sir Ernst J. P., United Kingdom Provident Institution, in: Zur vorgeschlagenen Nationalisierung der englischen Volksversicherungsgesellschaften, Die Versicherungsrundschau, Wien 1949, S. 338

138 Siehe hierzu: Christian Karsch, Verstaatlichungsbestrebungen im Zuge der „Neuordnung der österreichischen Versicherungswirtschaft nach dem „Anschluss", in: Alois Mosser (Hrsg.), Die Versicherungswirtschaft in Mitteleuropa während des Nationalsozialismus, Jahrbuch der Gesellschaft für mitteleuropäische Banken- und Sparkassengeschichte, Stuttgart 2002; und Feldman, Gerald D., Die Allianz und die deutsche Versicherungswirtschaft 1933–1945, München 2001

139 Dies wird angeführt bei: Laun, Otto R. v., Die Frage der Verstaatlichung der Versicherung in Österreich, Versicherungswirtschaft, Karlsruhe 1946, S. 2

- Ausschaltung einer verschwenderischen Konkurrenz und damit eine Vereinheitlichung und Verbilligung der Produktion;
- Die Ersetzung des Gewinnstrebens durch gemeinwirtschaftliche Ziele, insbesondere der Bedarfsdeckung.

Am 14. Juni 1946 überreichte daher der Verband der Versicherungsunternehmen Österreichs Sektionschef Hartman vom Finanzministerium eine „Promemoria zur Frage der Verstaatlichung des österreichischen Versicherungsvertragswesens".[140] Zwar gab es zu diesem Zeitpunkt keine konkreten Pläne zur Verstaatlichung dieses Wirtschaftszweiges, aber der Verband wollte doch seine grundsätzlichen Einwände deponieren. Er führte darin elf Punkte als Gegenargument an:

1. Die Organisation der österreichischen Versicherungswirtschaft: Diese sei in Österreich besonders fein differenziert und ausgewogen. Es bestanden einmal Unternehmungen mit öffentlich rechtlichem Einschlag und solche ohne diesen Einschlag und zum anderen Aktiengesellschaften und Anstalten auf Gegenseitigkeit. Zwischen diesen Gruppen sei es noch nie zu ernsthaften Konflikten und Gegensätzen gekommen. Im Gegenteil, das österreichische Versicherungswesen sei durch seine Diszipliniertheit stets international beispielgebend gewesen. Allerdings wird eingeräumt, dass die Zahl der Unternehmungen in keinem gesunden Verhältnis zum Versicherungsbedarf stehe. Damit waren vor allem die deutschen Niederlassungen angesprochen, deren Reduktion durch eine generelle Lösung erfolgen sollte, und der Verlust des Auslandsgeschäfts. Aber auch bei den österreichischen Versicherungsgesellschaften beabsichtigte man eine Konzentration vorzunehmen, woran man aber durch die allgemeinen Verhältnisse noch gehindert wäre.
2. Die Deckung des Versicherungsbedarfs: Durch die über Jahrzehnte ausgebildete Differenzierung und Spezialisierung auf besondere Gefahrenkategorien seien die österreichischen Versicherungsgesellschaften vorzüglich geeignet, dem individuellen Versicherungsbedürfnis in hohem Maße zu entsprechen, was bei einem verstaatlichten Betrieb niemals der Fall sein könne. Eine asoziale oder die allgemeinen Interessen verletzende Haltung der Versicherungsunternehmen gegenüber ihren Versicherten sei auf die Dauer schon aus Gründen der Konkurrenz nicht möglich. Zusätzlich wache durch das Versicherungsvertragsgesetz die staatliche Aufsicht über die Interessen der Kunden.

140 AdR/BMF 58120/1946

3. Die Machtpolitik durch Versicherungsunternehmen: Eine Machtpolitik wäre nur möglich, wenn es eine Monopolsituation gäbe, was gerade die privatwirtschaftliche Ausrichtung verhindere.
4. Die Lenkung der Vermögensanlagen: Die Gefahr einer staatlich unerwünschten Anlagepolitik, insbesondere bei den hohen Reserven der Lebensversicherungen, bestehe nicht, da die Grundsätze der Veranlagung im Versicherungsaufsichtsgesetz festgelegt sind.
5. Der Kapitalgewinn aus Versicherungen: Die Versicherung habe ihrem Wesen nach „genossenschaftlichen Charakter". Der Versicherer fungiere praktisch nur als Treuhänder. Dadurch unterscheide sich das Versicherungswesen grundsätzlich von den übrigen Wirtschaftszweigen. Bei den Anstalten auf Gegenseitigkeit entfalle von selbst jede Kapitaldividende. Die Dividende bei den Aktiengesellschaften sei im Verhältnis zum Geschäftsvolumen vernachlässigbar, da das Aktienkapital nur die Rolle des Gründungsfonds spiele. Es sei offensichtlich, dass Aktiengesellschaften ansonsten gegenüber den Anstalten auf Gegenseitigkeit nicht konkurrenzfähig wären.
6. Die Ordnung der Versicherungswirtschaft außerhalb Österreichs: Bis auf die Sowjetunion seien die Verstaatlichungsversuche in der Versicherungswirtschaft nach kurzer Zeit wieder aufgegeben worden. Nun hätten erst wieder einzelne Staaten Sozialisierungsversuche in der Vertragsversicherung unternommen, wie Frankreich, wo aber in der kapitalmäßigen Zusammensetzung der Versicherungswirtschaft ganz andere Verhältnisse vorlägen, als in Österreich. In Staaten mit „hoch ausgebildeter Wirtschaft und stabilen politischen Verhältnissen", wie z. B. England, die Vereinigten Staaten, Skandinavien oder die Niederlande, stehe das private Versicherungswesen in höchster Blüte zum Wohle der Gesamtheit.
7. Der Zeitpunkt der Verstaatlichung: Der österreichische Staat leide derzeit aufgrund der Notwendigkeit, Gesetzgebung und Verwaltung neu aufzubauen, an einer Hypertrophie in der Verwaltung. „Soll daher der ohnedies zu geringe Unternehmergeist gerade jetzt wieder beschränkt werden?" Der schwierige Neuaufbau der österreichischen Wirtschaft erfordere eine besonders hohe Anpassungsfähigkeit des Versicherungswesens, wie man sie von einem staatlichen Verwaltungsapparat weder verlangen noch erwarten könne. Der gegenwärtige Zeitpunkt wäre daher für eine Verstaatlichung völlig ungeeignet.
8. Übergehen der Vertragsversicherung in die Sozialversicherung: Bisher hätten sich Sozial- und Vertragsversicherung einander friedlich und gesund ergänzt. Diese Differenzierung würde durch eine Verstaatlichung und das damit verbundene Zwangsprämiensystem immer mehr aufgehoben.
9. Internationale Wirksamkeit des österreichischen Versicherungswesens: Das österreichische Versicherungswesen in der Rückversicherung und im direkten Geschäft

im Ausland habe sich überaus gut, auch zum Wohle des österreichischen Staates bewährt. Bei einer Verstaatlichung würde diese internationale Wirksamkeit notgedrungen verkümmern.

10. Beschränktes Sozialisierungsprojekt: Sollten die Gesellschaften ihre Selbstständigkeit behalten und nur in Staatseigentum übergehen, so würde dies nur zu personellen Veränderungen in den Aufsichtsräten führen, wobei es zweifelhaft sein mag, ob diese Veränderungen glücklich sein würden.
11. Risiko eines solchen Experiments: „Es wäre kaum zu verantworten, dass Österreich in dem Zustand, in dem es sich derzeit befindet, tiefgreifende und riskante Wirtschaftsexperimente macht. Es geziemt sich wohl mehr, das internationale und in Österreich bewährte zu belassen und die Entwicklung im eigenen Lande und auswärts [Punkt 6] abzuwarten. Das entspricht auch der österreichischen Wesensart."

Die Stellungnahme des Versicherungsverbandes war außerordentlich gemäßigt. Für gewöhnlich stellten die Gegner der Verstaatlichung den anti-kapitalistischen Forderungen das Idealbild einer freien Wirtschaft entgegen: „Die Verstaatlichung beseitigt die Verantwortungsfreudigkeit des Unternehmers, sein Streben nach Einführung besserer Arbeitsverfahren und Neuerungen und ersetzt die Unternehmerinitiative durch die Abhängigkeit des Vorgesetztenverhältnisses, die Fachleute durch Beamte, die schöpferischen Kräfte durch eine Verwaltungsbürokratie. Sie kann keinen Fortschritt bringen, sondern muß zu einer Erstarrung führen und ist daher für die Wirtschaft ungeeignet."[141] Schon aus dem Vokabular von beiden Seiten wird deutlich, dass es sich hier um eine politische Diskussion handelte. Und der Direktor der Schweizerischen Rückversicherungsgesellschaft erklärte: „Was wir alle in der Schweiz nicht verstehen können, ist der Standpunkt, daß die Bürger, wenn sie ihre Angelegenheiten selbst regulieren dürfen, nur Dummheiten machen sollten, während der Staat und die Regierungsbeamten die ganze Weisheit vertreten. Das ist eine Auffassung aus alter Zeit."[142] Auch ein Artikel in der „Versicherungsrundschau", für den vermutlich ebenfalls der Verband der Versicherungsunternehmen Österreichs verantwortlich war, ging in diese Richtung: „Die österreichische Wirtschaft benötigt Ruhe und ein Minimum an Substanz, die ihr heute durchaus fehlen, bevor sie Experimente beginnen darf. Wenn die Köpfe klarer denken, wenn die Augen schärfer sehen, werden wir vielerlei Erfahrungsmaterial aus dem Auslande sammeln können, das unsere Gesamtwirtschaft zu nutzen haben wird […] Wir sind nicht reich genug, um

141 Börner, Fritz, Verstaatlichung der Privatversicherung?, in: Versicherungswirtschaft, Karlsruhe 1946, S. 8

142 Hasler, Kurt (Direktor Schweizerische Rückversicherungsgesellschaft), Sozialisierung im Versicherungswesen problematisch!, Die Versicherungsrundschau, Wien 1949, S. 81

ohne Schädigung vitalster Interessen unseres Volkes in den heutigen Zeitläufen Pionierarbeit zu vollbringen."[143] „Der Ruf nach Verstaatlichung der Versicherung ertönt von Zeit zu Zeit in verschiedener Lautstärke", schrieb daher Karl Somogyi, „es wäre reizvoll, eine Monographie über die wechselnden materiellen, psychologischen und machtpolitischen Ursachen und Auswirkungen der nicht erst seit Kriegsende beobachteten Verstaatlichungsbestrebungen zu schreiben … woher die unheilvolle suggestive Kraft, die dem mit möglichst zahlreichen wirtschaftlichen Machtpositionen glanzvoll ausgestatteten Phantom des Staates entströmt? Woher die hartnäckige Verkennung der Grenzen, die den zur obersten Aufsicht berufenen Staat von der beaufsichtigten Versicherungswirtschaft trennt? Wenn auch die trüben Erfahrungen der jüngsten Vergangenheit und der Gegenwart die auf unmittelbare Verstaatlichung gerichteten Bestrebungen gebremst haben, so sind die auf Ausschaltung der Vertragsversicherung zusteuernden Tendenzen, dem Rampenlicht der öffentlichen Diskussion entzogen, nicht weniger symptomatisch."[144]

Die eher sachlichen Argumente hoben hervor, dass es sich bei der Versicherungswirtschaft nicht um die Tätigkeit von Einzelunternehmern, sondern um Gemeinschaftsunternehmen handle, ganz gleich welche Organisationsform gewählt wurde. „Versicherung bedeutet nämlich den Zusammenschluss einer Anzahl von Personen, die sich von der gleichen Gefahr bedroht fühlen, um aus einem gemeinsam aufgebrachten Fonds der Minderzahl von Mitgliedern, die wirklich von der Gefahr betroffen werden, den entstandenen Schaden zu ersetzen … Denn wenn man auch bei Abschluß eines Versicherungsvertrages in erster Linie an sich selbst, an die Sicherung seiner Vermögenswerte denkt, so muss man diese Sicherung doch dadurch erkaufen, daß man durch Konsumverzicht in Gestalt der Prämie an dem Schadenersatz von anderen mithilft. Diese Gemeinschaft, die sich gegen die schädlichen Folgen eines unerwartet eintretenden Schadensereignisses zu schützen sucht, wird als Gefahrengemeinschaft bezeichnet."[145] Diese Gefahrengemeinschaften fingen klein an, in Form von Zünften oder Vereinen, wurden aber im Verlauf der Industrialisierung immer größer. Hier setzte nun das Versicherungsunternehmen als eine anonyme Gemeinschaft der Versicherungsnehmer ein, das diese Tätigkeit auf eine rationale betriebswirtschaftliche Basis stellte, das Risiko kalkulierbar machte und die Schadens- bzw. Prämienreserven Gewinn bringend anlegte. Die Mittel hierfür lieferte die Wissenschaft in Form der Wahrscheinlichkeitsrechung und der Rückversicherung. Durch ihre allgemeine Bedeutung hörte das Versicherungswesen aber bald auf,

143 Ohne Autor, Sozialisierung der Versicherung?, Die Versicherungsrundschau, Wien 1948, S. 69
144 Karl Somogyi, Positionslichter der Vertragsunfallversicherung, Die Versicherungsrundschau 1949, S. 323
145 Hammer, H., Gedanken zur Verstaatlichung der Versicherung, Die Versicherungsrundschau, Wien 1946, S. 180

eine Privatangelegenheit zu sein. Mit der seit 1880 in Österreich eingeführten staatlichen Versicherungsaufsicht und dem Versicherungsvertragsgesetz, nach dem Bestimmungen nicht zuungunsten der Versicherungsnehmer geändert werden dürfen, war dieser Wirtschaftszweig bereits seit langem öffentlich reguliert, „daß man praktisch schon von einer Vergesellschaftung des Versicherungswesens sprechen darf",[146] Die Erweiterung der Gefahrengemeinschaft erfolgte zunehmend international über die Rückversicherung, was zusätzlich gegen eine Verstaatlichung sprach.

Die notwendige internationale Orientierung der Versicherungswirtschaft war eines der wesentlichsten Argumente gegen eine mögliche Verstaatlichung: „Mögen andere vielleicht anderer Meinung sein und durch Verstaatlichung große Wirtschaftszweige in eine Autarkie hineintreiben, die selbst vor nicht allzu langer Zeit verurteilt und gegen deren Bestrebungen sie sogar zum Schwerte griffen, wir im Herzstück Europas dürfen nicht in den gleichen Fehler verfallen."[147] Mit der Verstaatlichung der Versicherungswirtschaft würden auch die Risiken nationalisiert werden, was gerade bei einem kleinen Land wie Österreich äußerst problematisch wäre. Und zur Bestärkung wurde Wilhelm Roscher zitiert, der schon im 19. Jahrhundert gewarnt hatte und sich gegen das Konzept des Staatssozialismus von Adolph Wagner wandte: „Überhaupt würde ich die völlige, das heißt monopolistische Regalisierung des Versicherungswesens, die neuerdings nicht selten von der Zentralisationssucht und dem Sozialismus angeregt worden ist, als einen der gefährlichsten Rückschritte beklagen."[148]

Tatsächlich gab es konkrete Hinweise, dass über eine Verstaatlichung der österreichischen Versicherungsunternehmen zumindest nachgedacht wurde. Am 7. Juni 1946 stellte das Finanzministerium eine Liste der Beteiligung der öffentlichen Hand am Aktienkapital der privaten Versicherungsanstalten und an der Verwaltung der privaten Versicherungsanstalten auf Gegenseitigkeit auf.[149] Und am 10. März 1947 schrieb Vizekanzler Adolf Schärf an Finanzminister Georg Zimmermann: „Lieber Freund! Zum Studium der Frage der Verstaatlichung des Versicherungswesens benötigt meine Partei einige Daten, die das Aufsichtsamt für das Versicherungswesen vielleicht liefern könnte."[150] Dies betraf Prämieneinnahmen, Regieausgaben und Reserven. In diese Richtung ging auch ein Artikel in der österreichischen sozialistischen Monatsschrift „Die Zukunft" vom Dezember 1947, in dem die Verstaatlichung, Sozialisierung oder Vergesellschaftung der

146 A. a. O., S. 183/4

147 Franz Carda, Der österreichische Versicherungsmarkt, Österreichs Wirtschaft. Wochenschrift des Niederösterreichischen Gewerbevereins, Mai 1947

148 Roscher, Wilhelm, Grundlagen der Nationalökonomie, Stuttgart 1918, S. 719

149 AdR/BMF, 56820/1946

150 AdR/BMF 13021/1947

österreichischen Versicherungsunternehmen gefordert wurde.[151] Darin wurde das generelle politische Argument für die Verstaatlichung auch auf die Versicherungswirtschaft angewendet, dass „die vorhandenen Produktionsmittel aus der Verfügungsgewalt des auf seinen persönlichen Vorteil bedachten Privatunternehmers in die Verfügungsgewalt der Gemeinschaft überzuführen und so ausschließlich in ihren Dienst zu stellen" sind.

In Österreich spielte man daher bis 1947 mit dem Gedanken, auch die Privatversicherungen zu verstaatlichen. Dies wohl schon deshalb, da die Vermögenswerte der österreichischen Versicherungsunternehmen zumindest zu 50 % und bei den Lebensversicherungen zu 70 % aus Forderungen gegen das Deutsche Reich bestanden, deren Regelung ohnehin in irgendeiner Form zu Lasten der Republik Österreich gehen würden.[152] Bemerkenswerterweise hatte es solche Bemühungen schon während der NS-Zeit gegeben, welche die deutschen Privatversicherungsunternehmen mit Mühe abgewehrt hatten. Im Deutschen Reich war dies aber vor allem eine Auseinandersetzung zwischen den öffentlich-rechtlichen Versicherungsanstalten und den privatrechtlichen Versicherungsgesellschaften. In Österreich bestanden aber keine öffentlich-rechtlichen Anstalten, denn auch jene Versicherungsunternehmen, welche den Bundesländern nahe standen waren als Aktiengesellschaften organisiert und arbeiteten privatwirtschaftlich. Österreich war von dieser Auseinandersetzung nur betroffen, nachdem die Vertreter der Verstaatlichungsidee den Anschluss 1938 als Gelegenheit zu einer Neugestaltung der Versicherungswirtschaft im nun Großdeutschen Reich ansahen. Die privaten Versicherungsunternehmen setzten sich schließlich durch und die oberste politische Instanz setzte schon Ende 1938 fest, dass an eine Verstaatlichung der Versicherungswirtschaft in absehbarer Zeit nicht zu denken sei und die Diskussion eingestellt werden müsse.[153] Die Gegenargumente waren daher vorhanden und längst ausdiskutiert. Sie betrafen vor allem die Risikospezialisierung der einzelnen Versicherungsunternehmen und die positive Ergänzung von gemeinwirtschaftlichen und privatwirtschaftlichen Versicherungsunternehmen. Zusätzlich konnte man darauf verweisen, dass in kaum einem Land das Versicherungswesen verstaatlicht wurde, während das nach 1945 bei der Industrie und den Banken sehr wohl der Fall war.[154] Im ersten Antrag zum österreichischen Verstaatlichungsgesetz vom 30. Jänner 1946 war auch das gesamte Versicherungswesen einbezogen worden. Im endgültigen Gesetz kamen die Versicherungsunternehmen aber nicht mehr vor, obwohl

151 Weidlinger, Karl, Sozialisierung der Versicherung, Die Zukunft, Wien, Dezember 1947

152 Vizekanzler Dr. Adolf Schärf an Bundesminister Dr. Georg Zimmermann, Wien 10. März 1947, Bundesministerium für Finanzen, AdR. BMF. 13021/47

153 Christian Karsch, Österreichs Versicherungswirtschaft, S. 52

154 Promemoria zur Frage der Verstaatlichung des österreichischen Versicherungswesens, Wien 14. Juni 1946, o. A., Bundesministerium für Finanzen, AdR. BMF. 58120/46

ein Abänderungsantrag noch zumindest 15 Versicherungsunternehmungen mit einbeziehen wollte.[155] Während daher das deutsche Eigentum in anderen Bereichen verstaatlicht wurde, blieb dieses im Versicherungswesen als Sondermasse erhalten.

Dass es letztlich bei Überlegungen blieb, ist an sich erstaunlich. Denn alle Argumente der Versicherungswirtschaft gegen die Verstaatlichung wären letztlich auch bei den Banken zutreffend gewesen und die drei großen Banken wurden dennoch verstaatlicht. Das Hauptargument gegen die Verstaatlichung der österreichischen Versicherungswirtschaft wurde allerdings überhaupt nicht erwähnt: die Frage des deutschen Eigentums und die Forderungen der Alliierten. An sich hätte dieses Argument auch für die Banken Gültigkeit gehabt, doch für die Versicherungswirtschaft akzeptierten die Besatzungsmächte diese Argumentation: „Any reparations claim against the assets covering an insurance company's reserves would constitute a serious prejudice against the security of each policy holder in the company involved, and against the liquidity status of the company, with serious long-run consequences for Austria's economic survival."[156] Reparationsforderungen hätten daher in erster Linie die österreichischen Versicherungsnehmer getroffen und nicht die Unternehmenseigentümer. Die Alliierten nahmen daher letztlich davon Abstand und damit fiel auch der Hauptgrund für die Verstaatlichung weg. Die Banken hatten mit dieser Argumentation nur einen „Teilerfolg". Tatsächlich wurde ja nicht das gesamte Kreditwesen verstaatlicht, sondern nur die drei Großbanken. Die verbliebenen kleinen Privatbanken waren politisch uninteressant und ein großer Teil der Branche war – wie die Sparkassen, Volksbanken oder Raiffeisen – in ihrer Eigentumsstruktur praktisch ohnehin „sozialisiert". Die Verstaatlichung der Großbanken war bei der Creditanstalt-Bankverein schon vor 1947 ein Faktum, da der österreichische Staat bei der Bankenkrise des Jahres 1931 den Großteil der Verluste übernommen hatte und damit Hauptaktionär der Bank wurde. Die Privatisierung während der NS-Zeit wurde zu Recht aufgrund des Londoner Abkommens aus dem Jahr 1943 wieder aufgehoben. Vor allem aber gab schon Rudolf Hilferding mit seinem Werk über „Das Finanzkapital" aus dem Jahr 1910 einen Hinweis für die Verstaatlichung der Großbanken in Österreich nach 1945. Nach ihm kontrollierten die Banken in Kontinentaleuropa über Beteiligungen und Kredite die Industrie und bildeten so große Konzerne. Dies galt auch, und vielleicht sogar vor allem, für Österreich. Es war daher der Industriekonzern der Banken, der im Blickpunkt der Verstaatlichung lag, und nicht die Banken selbst. Die Versicherungsunternehmungen

155 Lehner, Peter Ulrich, Das Versicherungswesen in der Zweiten Republik, in: Wolfgang Rohrbach (Hrsg.), Versicherungsgeschichte Österreichs, Band III Das Zeitalter des modernen Versicherungswesens, Wien 1988, S. 824

156 State Department, Foreign Service, Post Files, 19. 2. 1946, Insurance Companies and their relation to the reparations problem, National Archives Washington, RG 84/E 2054, Box 60

aber hatten nie Konzerne gebildet, sondern – schon aufgrund der staatlichen Anlagevorschriften – immer nur Kapital angelegt.

Die Versicherungsbestände der deutschen Unternehmen

Bei allen deutschen Versicherungsunternehmungen ging die Aufsichtsbehörde davon aus, dass in erster Linie die Interessen der österreichischen Versicherungsnehmer zu wahren waren und nicht jene der deutschen Aktionäre. Bei der Sach- und Lebensversicherung war daher das durch die Prämienzahlungen und Verzinsung entstandene österreichische Vermögen zu schützen. Mit Ausnahme von zwei Versicherungsgesellschaften – Victoria zu Berlin und Nordstern –, die schon lange vor dem „Anschluss" in Österreich tätig waren, wurde den deutschen Gesellschaften im September 1945 auch der Neuabschluss von Verträgen verboten.[157] Das Verbot des Neugeschäfts wurde damit begründet, dass die von ihren Hauptanstalten getrennten Geschäftsstellen nur über einen geringen Bestand an Barmitteln und Bankeinlagen verfügten. Ausnahmen konnten nur gemacht werden, wenn eine ausreichende kapitalmäßige Deckung im Inland vorhanden war. Den deutschen Gesellschaften war daher die Akquisition verboten, nicht aber die weitere Einhebung der fälligen Prämien. Dabei hatten sie zwei Drittel der Prämieneinnahmen und sämtliche Rückzahlungen und Zinseinnahmen auf ein Sperrkonto einzuzahlen. Hinsichtlich der Schadenszahlungen waren sie den österreichischen Gesellschaften gleichgestellt und entsprechend den vorhandenen Mitteln ebenso zur Leistung verpflichtet. Um diese Verpflichtung abzusichern, hatten die deutschen Schadensversicherungsgesellschaften ab November 1945 ihr gesamtes Geschäft bei einem von den österreichischen Versicherungsgesellschaften errichteten Gemeinschafts-Pool rückzuversichern. Damit waren die österreichischen Versicherungsbestände deutscher Gesellschaften praktisch der österreichischen Wirtschaft eingegliedert und von deutschen Interessen losgelöst. Sieben deutschen Gesellschaften wurde dann gestattet, innerhalb dieses Pools auch das Neugeschäft zu betreiben, und zwar der[158]

- National,
- Aachener und Münchner Feuer,
- Mannheimer,

157 Von diesen generellen Bestimmungen kam es in der Folge zu einigen Ausnahmen. Erlass 1213/45, 12656/45, 12666/45.

158 V19/22. November 1945

- Europäische Güter- und Reisegepäckversicherung,
- Deutsche Sachversicherung, da hier vertraglich eine Organisationsgemeinschaft mit der ÖVAG und der Österreichischen Volksfürsorge bestand,
- Münchner Verein Krankenversicherung,
- Deutsche Sach.

Allerdings konnte das nur eine vorübergehende Notlösung sein.[159] Es gab daher mehrere Überlegungen, wie mit diesen österreichischen Beständen deutscher Unternehmungen umgegangen werden sollte. Die US-Besatzung schlug vor, sämtliche deutschen Versicherungsunternehmen bzw. deren Reste in einem einzigen, neu zu gründenden österreichischen Institut zusammenzufassen. Ein anderer, vom Versicherungsverband favorisierter Gedanke war, die Bestände der deutschen Institute an österreichische Unternehmen zu übertragen. Eine formale Überleitung der deutschen Bestände in österreichische Betriebe konnte aber erst erfolgen, „sobald das gesamte, durch den Krieg und seine Folgen schwer geschädigte österreichische Versicherungswesen neu geregelt wird".[160] Allerdings war die Situation nicht so kritisch, da es sich in der Regel um relativ junge Bestände handelte, die erst ab 1938 entstanden waren. Die Aufsichtsbehörde stellte daher in Aussicht, auch die deutschen Bestände gemeinsam mit der gesamten österreichischen Versicherung in einem Wiederaufbaugesetz zu sanieren und bis dahin keine Maßnahmen zu setzen, welche die Versicherten beunruhigen würde.[161] Durch diese zeitliche Verzögerung bröckelten die Versicherungsbestände der deutschen Unternehmen jedoch ab. Dr. Friedrich Wegener hatte bereits 1946 im Auftrag der Versicherungsaufsicht umfangreiche Berichte über die unter öffentlicher Verwaltung stehenden Versicherungsunternehmen erstellt. Darin kam zum Ausdruck, dass diese – mit Ausnahme der Nordstern, Victoria und Allianz – durchwegs ein großes Defizit an Prämienreserven aufwiesen. Außer geringfügigen Barbeständen, die aber größtenteils aus Prämieneinnahmen seit dem Mai 1945 stammten, waren keine Bedeckungswerte im Inland vorhanden.

Die Situation verschärfte sich noch zusätzlich, da viele Polizzeninhaber weiterhin ihre Prämien an die „deutschen" Unternehmen bezahlten, obwohl das Schicksal ihrer Versicherung völlig ungewiss war. Nachdem auf Grund der Währungsgesetze die Zahlung von Versicherungsprämien auch von den so genannten gesperrten Konten geleistet

159 Bundesministerium für Finanzen, Österreichisches Jahrbuch 1946, Beitrag Vertragsversicherung, 15. Juli 1947, AdR. BMF. 33525/47

160 Bundesministerium für Finanzen, Versicherungsaufsichtsbehörde, Deutsche Versicherungsunternehmen in Österreich, Wien 7. Februar 1946, AdR. BMF., 8268/46

161 Bundesministerium für Finanzen, Versicherungsbestände deutscher Lebensversicherungsgesellschaften. Geplante Regelung, Juli 1946. PRO FO 1020/1661/75936

werden konnte, war das nicht uninteressant, denn man zahlte mit Geld, das ansonsten vermutlich verloren war. Es wurde daher zwischen dem Versicherungsverband, der Aufsichtsbehörde und der „Insurance Working Party“ nach langer Diskussion beschlossen, die Versicherten im Juni 1947 darauf aufmerksam zu machen, dass die Erfüllung ihrer Verträge nicht mehr voll gewährleistet sei.[162] Es wurde befürchtet, dass eine weitgehende Entwertung dieser Stöcke statt finden würde, da nur mehr die schlechten Risiken übrig bleiben, alle anderen aber abwandern. Gegen eine direkte Übertragung der Bestände an österreichische Unternehmen sprachen sich die Alliierten aus, da man damit zusätzliche Verpflichtungen übernehme, und sich die ohnehin schwierige Lage der österreichischen Versicherungswirtschaft noch weiter verschlechtern würde. Die Amerikaner sahen darin sogar die Gefahr des Zusammenbruchs der österreichischen Versicherungsbranche, die dann nur mehr in eine Verstaatlichung münden konnte. Die Mehrheit der Zweigniederlassungen deutscher Gesellschaften, die nicht zum Neugeschäft zugelassen waren, wiesen finanziell keine hinreichende Tragfähigkeit auf. Der Versicherungsverband schlug daher vor, die öffentlichen Verwalter selbst zu fragen, ob sie an einen Weiterbestand glaubten oder die Anlehnung an eine im Inland zugelassene Gesellschaft suchen wollten. Im ersteren Fall wäre ausdrücklich darzulegen, wie man sich die weitere Existenz konkret vorstelle, im zweiten Fall sollten die Verwalter drei inländische Gesellschaften nennen, mit denen ihre Probleme gelöst werden könnten.[163] Die betroffenen Versicherungsnehmer sollten daher unter günstigen Bedingungen zu einem Wechsel zu einem österreichischen Versicherungsunternehmen bewegt werden, ohne ihre Forderungen an die deutschen Unternehmen und den Rechtsnachfolger des Deutschen Reiches zu verlieren. Um die Versicherungsnehmer auf diese Problematik hinzuweisen, wurde daher nach einer langen Diskussion mit den alliierten Stellen ein Rundschreiben entworfen, das die Möglichkeit eines Wechsels zu einer österreichischen Versicherung anbot.

Der Versicherungsverband hob zwar hervor, dass seine Mitgliedsunternehmen das Problem der inländischen Niederlassungen deutscher Versicherungsunternehmen ausschließlich im Interesse der betroffenen österreichischen Versicherungsnehmer behandelten. Vor allem bei der Lebensversicherung habe man die Frage niemals vom geschäftlichen Standpunkt aus betrachtet, vielmehr außer sehr beträchtlichen Bemühungen auch die Gefahr finanzieller Opfer auf sich genommen.[164] Allerdings ging es doch um ein sehr beachtliches Geschäft. Die Versicherungsaufsicht befürchtete daher einen wilden Kon-

162 Bundesministerium für Finanzen, Österreichisches Jahrbuch 1946, Beitrag Vertragsversicherung, 15. Juli 1947, AdR. BMF. 33525/47

163 V14/14. Dezember 1946

164 Verband der Versicherungsanstalten Österreichs an das Bundesministerium für Finanzen, Versicherungsaufsichtsbehörde, Wien, 10. August 1946. PRO FO 1020/1661/75936

kurrenzkampf. Dadurch bestand die Gefahr, dass die deutschen Bestände vollständig zerrissen und eine spätere planmäßige Sanierung erschwert werden würde. Es wurde daher im Einvernehmen mit dem Versicherungsverband den Betroffenen mit dem Rundschreiben das Angebot einer in Österreich tätigen Versicherungsunternehmung übermittelt. Wenn sie dieses Angebot annahmen, erhielten sie einen Tarif, der etwa um 3 % unter den normalen Tarifsätzen lag, da keine Abschlussprovision gezahlt werden musste. Es wurde auch festgestellt, dass die neue Versicherung ein völlig neuer Vertrag war und in keiner Weise auf die vorhandenen Vermögenswerte der österreichischen Niederlassungen der deutschen Gesellschaften Bedacht nahm, wodurch die Frage des „deutschen Eigentums" nicht berührt wurde: „Ergibt die Schlußabwicklung der deutschen Bestände noch ein Vermögen, das möglicherweise durch Zuschüsse der Hauptanstalten aus dem Deutschen Reiche aufgefüllt wird, so wird schließlich dieses Vermögen liquidiert und auf sämtliche Versicherte in Österreich aufgeteilt werden müssen."[165] Die Rechte aus den alten Verträgen blieben daher – soweit sie zu realisieren waren – erhalten. Auf dieser Grundlage wurde dann 1947 folgendes Rundschreiben von den betroffenen deutschen Versicherungsunternehmen an ihre Kunden versendet:

> „Sie haben Ihre Versicherung bei einer Gesellschaft abgeschlossen, die ihre Tätigkeit in Österreich erst nach der Annexion dieses Staates durch das Deutsche Reich aufgenommen hat. Der inländische Versicherungsbestand bildet für die Zweigstelle keine ausreichende Grundlage für die Fortführung des Betriebes. Sie können wohl einen Antrag auf Auflösung Ihres Versicherungsvertrages stellen, aber die Auszahlung eines Rückkaufwertes kann erst erfolgen, bis die allgemeinen gesetzlichen Bestimmungen dies zulassen und die Direktion der Gesellschaft in Deutschland die aus ihren Prämienzahlungen gebildeten und vorwiegend in Deutschland hinterlegten Bedeckungswerte nach Österreich übertragen hat.
>
> Es läßt sich derzeit noch nicht absehen und wird voraussichtlich zwischenstaatlicher Vereinbarungen bedürfen, welche endgültige Regelung die Ansprüche von Versicherungsnehmern, deren Verträge zum österreichischen Bestand deutscher Unternehmungen gehörig anerkannt werden, finden können und in welcher Weise insbesondere jener Teil der Ansprüche gesichert werden kann, der durch Prämienzahlungen nach der Befreiung Österreichs erworben worden ist.
>
> Ich halte es für meine Pflicht als öffentlicher Verwalter, Sie auf diese Sachlage aufmerksam zu machen und Sie zu bitten, sich nun zu entschließen, ob Sie die Prämienzahlung zu ihrem bestehenden Versicherungsvertrag fortsetzen wollen oder, wenn Sie auf einen von

165 Bundesministerium für Finanzen, Versicherungsbestände deutscher Lebensversicherungsgesellschaften. Geplante Regelung, Juli 1946. PRO FO 1020/1661/75936

den dargestellten Verhältnissen unberührten Versicherungsschutz Wert legen, es vorziehen, mit einer anderen in Österreich tätigen Versicherungsgesellschaft einen neuen Vertrag abzuschließen, wobei die Ihnen vertragsmäßig zustehenden Rechte aus der alten Polizze nicht berührt werden."[166]

Von dieser Aktion ausgenommen waren die Victoria, Nordstern und Allianz, da diese über entsprechende Deckungsrücklagen im Inland verfügten. Der Versicherungsverband errichtete nun ein Komitee, das die Verteilung regeln sollte. Gleichzeitig wurde unterstrichen, dass auch die italienischen Versicherungsgesellschaften beteiligt werden sollten. Da alle in Österreich tätigen Gesellschaften an den allgemeinen und besonderen Lasten beteiligt waren, sollte auch eine Beteiligung an Bonifikationen und Vorteilen in der gleichen Weise erfolgen, „wobei noch gar nicht fest steht, ob das in Rede stehende Geschäft überhaupt ein Vorteil und nicht vielmehr eine Last bedeuten wird". Der Vorstand beschloss daher einstimmig, „daß im Sinne der bisherigen Tradition genau wie in früheren Jahren das loyale Verhältnis voller und uneingeschränkter Zusammenarbeit zwischen inländischen und ausländischen in Österreich zum Betrieb zugelassenen Gesellschaften voll aufrechtzuerhalten sei und keinesfalls eine unterschiedliche Behandlung der beiden Gruppen von Gesellschaften stattfinden dürfe".[167]

Bei den größeren deutschen Beständen wurde der Übergang auf die österreichischen Versicherungsunternehmen von der Aufsichtsbehörde geregelt, es stand den Versicherungsnehmern daher nicht frei, zu welchem Versicherungsunternehmen sie wechseln konnten.[168] Die Aufteilung erfolgte über einen Vorstandsbeschluss des Verbandes der Versicherungsunternehmen Österreichs vom 25. Juli 1946. Die ursprüngliche Absicht des Ministeriums für Vermögenssicherung und Wirtschaftsplanung, die Überführung der Bestände der deutschen Versicherungsunternehmen auf gesetzlichem Weg zu regeln, wurde fallen gelassen.[169] Die von dieser Maßnahme betroffenen Lebensversicherungsbestände von neun deutschen Gesellschaften umfassten 10.552 Polizzen mit einer Versicherungssumme von 61,488 Mio. Schilling. Ihren weiterhin unter öffentlicher Verwaltung verblei-

166 Bundesministerium für Finanzen, Österreichisches Jahrbuch 1946, Beitrag Vertragsversicherung, 15. Juli 1947, AdR. BMF. 33525/47

167 V25/13. Juni 1946

168 Bundesministerium für Finanzen (Dr. Wagner) an den Verband der Versicherungsanstalten Österreichs, Wien 27. Juli 1946, Übernahme der deutschen Lebensversicherungsanstalten durch österreichische Gesellschaften, PRO FO 1020/1661/75936

169 V32/15. November 1946 und V33/28. November 1946. Die Überleitungstarife wurden durch die Versicherungsaufsicht vorerst genehmigt, dann wiederrufen und schließlich durch das Finanzministerium doch wieder in der ursprünglichen Form in Kraft gesetzt.

benden Reserven von 9,776 Mio. Schilling stand ein Abgang von 7,933 Mio. Schilling gegenüber.

Es übernahmen 1946:[170]

Österreichische Volksfürsorge:

Agrippina, Lebensversicherungs A. G., Berlin

Polizzen	19
Versicherungssumme	161.000

Alte Leipziger Lebensversicherungs A. G., Berlin

Polizzen	463
Versicherungssumme	3.107.000

Leipziger Verein Barmenia. Leipzig

Polizzen	341
Versicherungssumme	1.615.000

Bundesländer

Berlinische Lebensversicherungs A. G., Berlin

Polizzen	3.469
Versicherungssumme	11.982.000

Riunione

Concordia Lebensversicherungs A. G., Köln

Polizzen	253
Versicherungssumme	2.140.000

National Lebensversicherungs A. G., Stettin

Polizzen	665
Versicherungssumme	2.947.000

Der Anker

Gerling-Konzern Lebensversicherungs A. G., Köln

Polizzen	1.073
Versicherungssumme	8.334.000

170 Ob diese Bestandsübernahmen tatsächlich erfolgt sind, lässt sich aber aus den internen Unterlagen der österreichischen Versicherungsunternehmen nicht feststellen.

Wiener Städtische und ÖVAG je zur Hälfte

Gothaer Lebensversicherungs A. G., Gotha

Polizzen	2.031
Versicherungssumme	21.298.000

Generali

Münchner Verein, Lebens- und Altersversicherungs A. G., München

Polizzen	2.208
Versicherungssumme	9.904.000

Bei den übrigen Gesellschaften war die Frage der übernehmenden Gesellschaft noch nicht geklärt. Dies erfolgte im September 1946:[171]

Bundesländer

Karlsruher Deutsche Anwalt und Notar-Versicherung

ÖVAG	25 %
Wiener Städtische	25 %
Volksfürsorge	20 %
Wiener Verein	15 %
Österreichische Beamten	10 %
Jupiter	5 %

Der Reichsbahn Sterbekassa
der Reichspoststerbekassa[172]

Wiener Städtische
Deutsche Beamtenversicherung

ÖVAG
Isar

Jupiter
Großdeutsche Feuerbestattung[173]

171 V29/3. Oktober 1946

172 V38/13. März 1947

173 Dies erfolgte erst 1947: V56/18. Dezember 1947

Insgesamt machte der Neuzugang bei den übernehmenden Gesellschaften 5 % ihrer eigenen Versicherungssumme aus. Bei den einzelnen Gesellschaften war dies jedoch recht unterschiedlich:

Österreichische Volksfürsorge	4,2 %
Bundesländer	1,1 %
Riunione	1,9 %
Der Anker	9,8 %
Wiener Städtische	5,9 %
ÖVAG	2,5 %
Generali	11,5 %

Bei der Sachversicherung übernahmen:[174]

Anglo Elementar
Württemberg Feuer
Würtemberg, Badische
Elektra

Anker
Hamburg-Bremer

Donau
Thuringia

Erste Allgemeine
Oldenburger

Heimat
Leipziger Feuer

Interunfall
Schlesische Feuer

174 V26/25. Juli 1946

Bundesländer, Erste Niederösterreichische, Kärntner, Oberösterreichische, Salzburger, Tiroler, Vorarlberger, Wechselseitige Graz zusammen:
Bauerndienst
Gladbacher
Gothaer

Wiener Allianz
Agrippina
Albingia

Wiener Städtische, Danubia, Union
Gerling-Konzern
Union und Rhein
Dresdner

Nachdem diese Aktion abgeschlossen war, erging für die deutschen Gesellschaften ein Auszahlungsverbot. Die alten Verträge waren damit beitragsfrei gestellt und ihr Schicksal hing von der zukünftigen Vermögensregelung mit Deutschland ab.

Diese Vorgangsweise befreite die österreichischen Versicherungsnehmer vom Problem des deutschen Eigentums, zumindest in Bezug auf ihre zukünftigen Zahlungen. Denn nach dem in den deutschen Besatzungszonen geltenden Alliierten-Gesetz Nr. 47 hatten deutsche Versicherungsunternehmen ihre Tätigkeiten im Ausland einzustellen. Ihre Niederlassungen waren zu schließen und das Vermögen zugunsten der Alliierten einzuziehen. Es war nach dem Gesetz völlig klar, dass deutsche Gesellschaften im Ausland keine Geschäftstätigkeit entwickeln durften und diese Bestimmung auch für die deutschen Versicherungsunternehmen in Österreich zu gelten hatten. In Österreich aber war sieben deutschen Versicherungsgesellschaften – davon zwei Lebensversicherungen – gestattet worden, weiter zu arbeiten und Neugeschäfte abzuschließen. Die österreichische Aufsichtsbehörde argumentierte damit, dass nur so ihr Wert erhalten werden könnte. Bei einer Besprechung im April 1947 stimmten daher die Briten und die Amerikaner zu, „to leave things as they are", obwohl nach dem Gesetz Nr. 47 die deutsche Geschäftstätigkeit auch in Österreich an sich ab dem 8. Mai 1945 verboten war. [175] Die sowjetische Besatzungsmacht sah bereits in dem Rundschreiben der öffentlichen Verwalter eine Beeinträchtigung ihrer Interessen an deutschen Unternehmen. Das Bundesministerium für

175 Memorandum on Conversations with the Finance Ministry, on Wednesday, 23th April, 1947, (Crossman), PRO FO 1020/1663/75964

Finanzen entgegnete dem, dass durch die Einsetzung öffentlicher Verwalter 1945 der Kundenstock künstlich zusammengehalten worden sei, da er sonst sofort zerfallen wäre. Dies war aber nur so lange zu rechtfertigen, als man mit einer baldigen Regelung der deutschen Besitzstände durch Überleitung auf in Österreich tätige Gesellschaften rechnen konnte. „Durch die Unklarheit in der Auslegung der Potsdamer Beschlüsse für Versicherungsunternehmungen ist aber eine solche Regelung in absehbarer Zeit nicht zu erwarten. Daher war es im Interesse der Versicherungsnehmer geboten, sie aufmerksam zu machen, daß ihnen die Geschäftsstellen der deutschen Gesellschaften keinen ausreichenden Versicherungsschutz mehr bieten können, und es ihnen freizustellen, sich anderweitig Versicherungsschutz zu suchen. Ein Zwang zum Abschluss einer neuen Versicherung bestand jedenfalls nicht."[176]

Um eine Zersplitterung und Entwertung der Geschäftsstöcke deutscher Anstalten zu vermeiden, wurde vom Versicherungsverband ein Wettbewerbsübereinkommen (Ausspannungsverbot) durchgesetzt.[177] Die Unternehmen hatten sich dabei zu verpflichten, keine bestehende Versicherung einer Filiale deutscher Anstalten, welchen das Neugeschäft verboten war, zu übernehmen, außer der Geschäftsstock war durch den Beschluss des Versicherungsverbands vom 25. Juli 1946 zur Bearbeitung zugewiesen worden. Bei einem Verstoß waren an das berechtigte Unternehmen 30 % der Nettoprämie für die gesamte Laufzeit des Vertrages, längstens aber über 10 Jahre, zu bezahlen. Eine Ausnahme gab es nur, wenn zwischen den beteiligten Anstalten eine andere Vereinbarung getroffen wurde. Für Streitigkeiten wurde ein Schiedsgericht errichtet.

Ceres und das Problem der Hagelversicherung

Die österreichische Hagelversicherung war bei Kriegsende ein System voller Widersprüche und Ungereimtheiten.[178] Nach dem Anschluss 1938 hatten zwei deutsche Gesellschaften die Konzession für dieses Geschäft in Österreich erhalten. Diese konnten mit niedrigeren Tarifen arbeiten, da ihnen ein Ausgleich zwischen dem hagelarmen Norden Deutschlands mit dem hagelreichen Süden möglich war. Insgesamt wiesen die österreichischen Hagelversicherer in dem Jahrzehnt von 1935 bis 1944 eine Schadens-

176 Bundesministerium für Finanzen, Rundschreiben der öffentlichen Verwalter, 17. Juni 1947, AdR. BMF. 27347/47

177 V27/5. September 1946

178 Zur Geschichte der Hagelversicherung: Franz Stadler und Josef Schmid, Die Geschichte der Hagelversicherung in Österreich, in: Rohrbach, Wolfgang, Versicherungsgeschichte Österreichs, Band VI, An der Schwelle zum 3. Jahrtausend – Retrospektiven und Perspektiven, Wien 2000

summe von 24,1 Millionen Schilling auf, der Bruttoprämieneinnahmen von 21,5 Millionen Schilling gegenüberstanden, was einem Schadenssatz von 112 %, berechnet nach der Bruttoprämiensumme entsprach. Das Jahr 1942 war für die österreichische Hagelversicherung das schadensreichste, seit es eine Statistik gab. Einer Bruttoprämie von 3 Millionen Reichsmark standen Schäden von 7,5 Millionen Reichsmark gegenüber. Die Forderung nach einer Prämienerhöhung wurde jedoch abgelehnt. Im Gegenteil, im Interesse des „Reichsnährstandes" wurden die Tarife von Berlin aus für Getreide von 6 % auf 3,8 % gesenkt. Es war daher kein Wunder, wenn die österreichischen Gesellschaften versuchten, dieses Geschäft abzustoßen. Eine zentrale Stellung nahm hierbei die Ceres und ihre Tochtergesellschaft, die Deutsche Hagelversicherungsgesellschaft für Gärtnereien a. G., ein, welche die Stöcke österreichischer Gesellschaften übernahm. Von den Prämieneinnahmen in der Höhe von 750.000 Schilling (1945) hatte die Ceres 550.000 Schilling in Form von Stockübernahmen an sich gebracht, die restlichen 200.000 Schilling stammten aus dem von österreichischen Gesellschaften abgestoßenen Geschäft.

Dazu kamen 1945 die speziellen Probleme der ersten Nachkriegszeit. Die deutschen Gesellschaften kamen unter öffentliche Verwaltung, die Möglichkeit der Rückversicherung fiel weg, denn die Hagelversicherungsgesellschaften wurden nicht vom Pool für deutsche Gesellschaften erfasst.[179] Die Post funktionierte kaum und die Bahn war in dem in Besatzungszonen eingeteilten Land kaum funktionsfähig. Daher kamen in diesem Jahr nur 75 % der Prämien der etwa 70.000 Versicherten herein und die Schadensmeldungen erreichten die Versicherungsunternehmungen so spät, dass sie nicht mehr verifiziert werden konnten. Die Schadenszahlungen erfolgten daher überwiegend in gutem Glauben und waren sicherlich bei weitem zu hoch. Der Wiederaufbau dieser Sparte begann mit der Aufstellung der Statistik der letzten 10 Jahre und der Erarbeitung von neuen Tarifen, die zum Teil radikale Erhöhungen mit sich brachten. Die Landwirtschaftskammern und die staatliche Preisbehörde stimmten diesen ausführlich begründeten Erhöhungen gezwungenermaßen zu.

Das Problem der Hagelversicherung in Österreich bestand darin, dass in hagelreichen Gegenden viel mehr Verträge abgeschlossen worden waren als in hagelarmen. Die Durchversicherung bestand in Niederösterreich und in Oberösterreich nur zu 25 %, so dass ein Großteil der produktiven Gegenden von der Hagelversicherung überhaupt nicht erfasst war. Von den 314.557 landwirtschaftlichen Betrieben mit über 2 ha (Zählung 1930) waren im Jahr 1944 nur 72.627 gegen Hagel versichert. In Österreich wurden

179 Die das Hagelgeschäft betreibenden österreichischen Gesellschaften begründeten aber noch 1945 einen eigenen Rückversicherungspool.

durchschnittlich von einem Viertel bis zu einem Drittel der gegen Hagel Versicherten Schadensmeldungen erbracht, das waren 15.000 bis 25.000 Fälle pro Jahr.

Außerdem wurde die Hagelversicherung von mehreren Versicherungsgesellschaften nebenbei betrieben, zumeist in Kombination mit der Feuerversicherung. Da in anderen Ländern Spezialversicherungen für diese Sparte bestanden, überlegte man, auch in Österreich die Gründung einer zentralen Hagelgesellschaft. Der Vorteil hierbei sollte die schnellere Schadensbeurteilung und -abwicklung sein, was den Missbrauch reduzieren und erhebliche Einsparungen bringen sollte. „Die Vorteile einer solchen Gründung, beziehungsweise Zentralisierung, sind derart augenfällig, daß jede andere Lösung der Hagelversicherungsfrage nur Stückwerk darstellt.“[180] Da das größte Problem in dieser Sparte die unter öffentlicher Verwaltung stehende, schwer defizitäre Ceres mit etwa 13.000 Versicherungsnehmern war, sollte die Sanierung dieses Unternehmens mit der Gründung einer neuen, für den gesamten Hagelbereich zuständigen Gesellschaft verbunden werden. Bereits Ende 1945 meldete die Ceres einen Verlust von 200.000 Schilling.[181] Anfang 1946 wurde jedoch klar, dass das Defizit viel größer war:

Geschäftsverlauf der Ceres 1945

	In Schilling
Eingegangene Prämieneinnahmen	335.000
Erwartete Prämieneinnahmen	65.000
Summe Prämieneinnahmen	400.000
Schadenszahlungen 1945	755.000
Spesen 1945	45.000
Summe Leistungen	800.000

Auch die Prämienrückstände waren sehr unsicher, nicht nur wegen der Kriegseinwirkungen, sondern da ein starker Teil des Bestandes in Südmähren gelegen war, das in der NS-Zeit den österreichischen „Gauen“ zugeschlagen worden war und nun wieder zur Tschechoslowakei gehörte.

„Im Interesse des Versicherungsgedankens und der einheimischen Versicherungsnehmer, die sich zum größten Teil nicht freiwillig bei einer deutschen Anstalt versichert

180 Anton Pongratz, Direktor der Versicherungsanstalt der österreichischen Bundesländer, Die Österreichische Hagelversicherung, Die Versicherungsrundschau 1946, S. 125

181 V12/20. Dezember 1945. Ihre Tochtergesellschaft, die Deutsche Hagelversicherung für Gärtnerei a. G., war jedoch aktiv.

haben, da das Geschäft der Ceres auf den Hagelversicherungsstock österreichischer Anstalten aufgebaut worden war, wäre ein Konkurs oder Ausgleich unbedingt zu vermeiden", stellte der Versicherungsverband fest.[182] Die Sanierung des Hagelgeschäfts war unerlässlich, da die Einstellung oder Einschränkung des Betriebes auf den stärksten Widerstand der landwirtschaftlichen Interessenorganisationen stoßen würde. Wie sollte aber dieser Fehlbetrag von 400.000 Schilling aufgebracht werden? Die Neugründung eines Unternehmens wäre eine Möglichkeit gewesen, aber für das Jahr 1946 musste eine Zwischenlösung gefunden werden. Die Einhebung einer Nachschussprämie oder die Schadenskürzung war nicht möglich, da sich die Ceres verpflichtet hatte, die Hagelversicherung zu festen Prämien und verbindlichen Bedingungen durchzuführen. Außerdem wäre diese Maßnahme dem Versicherungsgedanken abträglich gewesen. Dann konnte man eine einmalige Umlage auf die Prämien des Jahres 1946 einheben, was allerdings einen Zuschlag von bis zu 15 % bedeutet hätte. Die Hagelversicherer allein waren nicht in der Lage, diesen Betrag aufzubringen, da ihr Kreis zu klein war und das Geschäft des Jahres 1945 ohnehin schon schwere Verluste gebracht hatte. Von den sieben Anstalten, die in Österreich nach 1945 die Hagelversicherung betrieben, trugen vier etwa 90 % des Risikos. Es wurde daher vorgeschlagen, der Ceres einen langfristigen Kredit zu geben. Wenn sich alle österreichischen Elementarversicherer daran beteiligen würden, so würde das 1,5 % der Prämieneinnahmen aus dem Elementargeschäft bedeuten.

Über die Gewährung eines Darlehens war man sich allgemein einig, aber nun begann ein langes Feilschen, wie diese Last auf die einzelnen Unternehmen verteilt werden sollte. Der amerikanische Versicherungsoffizier, Lt. R. L. Gannon, hielt ein Darlehen an die Ceres für uneinbringlich. Diese Bedenken wurden auch vom Versicherungsverband geteilt: „Eine Darlehenszusage an die Ceres ohne greifbare Deckung oder sonstige Sicherungen kann schwerlich erteilt werden, weil die Versicherungswirtschaft ihre künftige Kraft und Leistungsfähigkeit gegenwärtig kaum zu beurteilen vermag. Keinesfalls dürfte ohne Zustimmung der Aufsichtsbehörde eine Kreditzusage erteilt werden." Der Vorstand beschloss daher: „Das Defizit der Ceres ist im Wege eines Darlehens zu bedecken, welches der Verband als Zwischenkredit zu erteilen hat. Bedingung ist, daß unter Zustimmung des Aufsichtsamtes diese Schuld durch eine vom Versicherungsnehmer zahlbare Umlage in Form eines Zuschlags zur Hagelprämie 1946 getilgt wird, wobei an einen Satz von 10 % gedacht ist."[183] Auf dieser Basis wurde der Kredit im Juni 1946 genehmigt.[184]

182 V15/28. Februar 1946
183 V19/28. März 1946
184 V24/13. Juni 1946

Die provisorische Neuordnung der Hagelversicherung für 1946 stellte man sich so vor, dass das Hagelrisiko im Rückversicherungsweg auf die inländischen Elementarversicherer verteilt werden sollte. Die Gesellschaften, welche das Hagelgeschäft betrieben, sollten 60 % übernehmen, die übrigen Elementarversicherer 20 % und 20 % sollten auf die Landesanstalten entfallen. Die Landesgesellschaften erklärten aber, dass sie nur 16,5 % übernehmen würden, weil dieser Satz der Proportion ihrer Prämieneinnahmen entspreche; und auch die Donau beklagte, zu hoch eingeschätzt zu sein, obwohl gerade sie ihren Stock an die Ceres verkauft hatte. Auch die Zürich und Kosmos erklärte, dass ihre Zentrale in Zürich die Hagelbeteilung verboten hatte. Allerdings war man beim Verband der Meinung, dass diese von der Ablehnung abzubringen wäre, da es sich um eine Notmaßnahme und nicht um ein beliebiges Geschäft handle.[185] Als Kompromiss wurde schließlich vorgeschlagen, dass die Hagelversicherer selbst vorweg 20 % übernehmen und nur 80 % verteilt werden und der Versicherungsverband einen neuen Verteilungsplan aufstellen sollte.[186] Die Situation war damit aber verfahren. Am 2. Mai 1946 stellte der Vorsitzende des Versicherungsverbandes, Dr. Habich, fest, „daß jeder Aufteilungsplan gewisse Ungleichmäßigkeiten und Unbilligkeiten mit sich bringt und Wünsche offen läßt". Er schlug daher vor, für 1946 die rückversicherungsmäßige Aufteilung der Hagelversicherung zurück zu stellen und lediglich das dringendere Problem der Ceres zu lösen. Da sich die vier größten Hagelversicherer, die 93 % des Geschäfts abdeckten, damit einverstanden erklärten, war der Punkt erledigt.

Der Geschäftsstock der Ceres und der Deutschen Gärtnereien wurde nun zur Gänze gepoolt, und zwar übernahm:

- die Donau-Concordia ein Drittel des Ceres-Geschäfts mit bis zu 225.000 Schilling Prämieneinnahmen, was dem Stock entsprechen sollte, den sie vor 1945 an die Ceres verkauft hatte,
- 50 % übernahmen die Hagelversicherer, die diesen Bestand unter sich selbst aufzuteilen hatten,
- den Rest übernahmen die übrigen Elementarversicherer zu je 10 %, wobei auf Anker, Kosmos und Heimat nur 5 % entfielen, da die restlichen 15 % schon bei der Donau-Concordia waren.

Der Verband empfahl zusätzlich, das Neugeschäft nur mehr in hagelarmen Gebieten zu propagieren und in hagelreichen Gebieten die Provisionen zu reduzieren. Außerdem

185 V21/25. April 1946
186 V19/28. März 1946

wurde den Landesgesellschaften die Unterstützung des Verbandes zugesagt, falls die eine Hagelkonzession beantragen wollten.

Damit war der Weg frei zur Gründung einer österreichischen Hagelversicherungsgesellschaft a. G. denn um diesen Geschäftsbereich wieder aktiv zu gestalten, waren nicht nur Prämienerhöhungen notwendig. „So ist es erforderlich, die Schäden so rasch wie möglich an Ort und Stelle zu erheben, um dem Versicherungsnehmer die Ausrede abzuschneiden, er habe das Getreide abmähen müssen, um es vor Überreife und sich damit vor Verlust an Körnern zu bewahren. Kommt der Schadens-Erhebungsbeamte aber verspätet zur Schadensstelle, wird man diesen Einwand des Versicherungsnehmers nicht ablehnen können."[187] Außerdem sollte die Verbreiterung des Versicherungsgedankens in der Hagelversicherung durch eine zentrale Stelle viel wirkungsvoller sein, als wenn diese nebenbei von vielen einzelnen Gesellschaften betrieben wurde. Mit der neuen Gesellschaft sollte auch das Schicksal der Ceres und der Deutschen Gärtnereien gelöst werden. Denn bei dem katastrophalen Verlust im Hagelgeschäft war es nur begreiflich, dass keine Gesellschaft Lust zeigte, diese Stöcke zu übernehmen. „Die Überweisung derselben an die zu gründende Gesellschaft würde diese leidige Angelegenheit, die den österreichischen Versicherern ohnehin schon finanzielle Opfer aufbürdete, aus der Welt schaffen."[188] Der Gründungsfonds sollte 500.000 Schilling betragen und aus dem Reingewinn getilgt werden. Die Hagelversicherungsgesellschaft bekam keinen eigenen Organisationsapparat und die Auflage, sich auf keine andere Versicherungssparte auszudehnen.

Am 19. Dezember 1946 wurde die Österreichische Hagelversicherungsanstalt auf Gegenseitigkeit gegründet.[189] Die Gründungsgesellschaften waren 18 österreichische Versicherungsunternehmen.[190] Die Versicherungsunternehmungen, die bisher die Hagelversicherung in Österreich als Nebensparte betrieben hatten, übergaben der neuen Anstalt gegen Ablöse ihren Versicherungsstock und verpflichteten sich, ihre Hagelkonzessionen für die Dauer der Tätigkeit der Österreichischen Hagelversicherungsanstalt

187 V27/5. September 1946

188 V27/5. September 1946

189 Die Genehmigung durch das Finanzministerium erfolgte am 11. März 1947, AdR. BMF, 113519/1947

190 Anglo-Danubian-Lloyd, Allgemeine Versicherungs-AG, Anglo-Elementar-Versicherungs-AG, Der Anker, Allgemeine Versicherungs-AG, Donau-Concordia, Allgemeine Versicherungs-AG, Erste Allgemeine Unfall- und Schadens-Versicherungs-Gesellschaft, Erste Niederösterreichische Brandschaden-Versicherungs-AG, Internationale Unfall- und Schadensversicherungs-Gesellschaft, Kärntnerische Landesbrandschaden-Versicherungsanstalt, Oberösterreichische Landesbrandschaden-Versicherungsanstalt, Riunione Adriatica di Sicurta, Salzburger Landesbrandschaden-Versicherungsanstalt, Tiroler Landesbrandschaden-Versicherungsanstalt, Versicherungsanstalt der Österreichischen Bundesländer Versicherungs-AG, Vorarlberger Landes-Feuerversicherungs-Anstalt, Wechselseitige Versicherungsanstalt Graz, Wiener Städtische Wechselseitige allgemeine Versicherungsanstalt A. G., Wiener Allianz Versicherungs-AG http://www. hagel. at/index. mv

ruhen zu lassen. In einem Organisationsvertrag wurde vereinbart, dass der neuen Anstalt für die Akquisition und Betreuung der Verträge der Außendienst der Gesellschaften zur Verfügung gestellt wird, wofür ihnen 3 % der Versicherungssumme als Gesamtprovision vergütet wurden. Bei der Rückversicherung gab es einen Selbstbehalt von 20 %, die übrigen 80 % wurden bei den inländischen Versicherungsunternehmen untergebracht, die weitgehend ident mit den Gründungsgesellschaften waren. Die neue Gesellschaft übernahm auch die 400.000 Schilling Schulden der Ceres, die durch einen 10 %igen Prämienzuschlag 1947 nicht nur abgedeckt werden konnte, sondern sogar einen Überschuss von 11.000 Schilling erbrachte, der dem Hilfsfonds für Phönix-Pensionisten zugewendet wurde.[191] Außerdem war es der Hagelversicherungsanstalt a. G. – im Gegensatz zu allen anderen österreichischen Versicherungsunternehmen dieser Zeit – möglich, Bilanz zu erstellen und zu veröffentlichen, da es sich um eine Neugründung handelte.[192] Bei der Gründung der Anstalt wurden zunächst von den bisherigen Hagelversicherern deren Prämientarife übernommen. Im Bemühen, hagelärmere Gebiete zu gewinnen und dadurch einen günstigeren Risikoausgleich zu erzielen, wurden in den ersten Jahren die Tarife in zahlreichen Gemeinden stark gesenkt, wobei man – wie die spätere Erfahrung zeigte – zu weit gegangen war. Dem Katastrophenjahr 1950 folgte im kurzen Abstand das schwere Verlustjahr 1953. Bei einem Schadenssatz von 139,5 Prozent und mangels Rücklagenbildung konnte nur durch eine einmalige staatliche Beihilfe die Einhebung einer Nachschuss-Prämie vermieden werden.

Der Bund und die Länder erklärten sich bereit, versicherungswilligen Landwirten einen Teil der Hagelversicherungsprämie zu finanzieren. Im Gegenzug sind sie von der Verpflichtung entbunden, nach Hagelkatastrophen direkt unterstützend eingreifen zu müssen. Nach diesem Gesetz (1955) wurden Zuschüsse je zur Hälfte vom Bund und von den einzelnen Bundesländern gewährt, wobei die Gewährung von Bundesmitteln an die Flüssigmachung der Landesmittel in gleicher Höhe gebunden war. Auf Grund der positiven Erfahrungen wurde im Jahr 1961 das Hagelversicherungs-Förderungsgesetz zu einer Dauereinrichtung.

Die ÖVAG

Die Österreichische Versicherungs-Aktiengesellschaft war nach dem Zusammenbruch der Lebens-Phönix 1936 entstanden. Die Phönix hatte 1935 einen Marktanteil bei Le-

191 V57/20. November 1947; V71/22. und 23. Juli 1948
192 V67/7. Mai 1948

bensversicherungen in Österreich von 62 %. Durch den aufgeblähten Akquisitionsapparat und Unzulänglichkeiten in der Gebarung kam die viel gepriesene Gesellschaft jedoch 1936 völlig überraschend in Schwierigkeiten. Es wurde eine Unterdeckung der Prämienreserven von 250 Mio. Schilling festgestellt. Als Sanierungsmaßnahme wurde ein Versicherungsfonds errichtet, der 4⅕ %ige Schuldverschreibungen auf 30 Jahre in der Höhe von 250 Mio. Schilling ausgab, um die Prämienreserven der Lebensversicherungen der Phönix wieder zu ergänzen. 1937 wurde diese Anleihe in eine 4,5 %ige auf 60 Jahre in der Höhe von 289 Mio. Schilling umgewandelt. Der Fonds war berechtigt zur Erfüllung seiner Aufgaben eine Umlage von den Versicherungsunternehmen einzuheben, die nach Sparten unterschiedlich war, bei den Lebensversicherungen 5 % betrug und von den Versicherungsunternehmen und den Polizzeninhabern zu tragen war. Am 30. Juni 1936 wurden ganz allgemein die Gehaltstarife der Versicherungsangestellten in Österreich um 5 % bis 14,5 % gekürzt, und die von der ÖVAG übernommenen österreichischen Angestellten der Phönix mussten noch zusätzliche Gehaltsreduktionen auf sich nehmen. 3.500 Außendienstangestellte und 1.100 Innendienstangestellte wurden entlassen. Die ÖVAG, als Nachfolgeorganisation, konnte lediglich etwa 200 von ihnen übernehmen. Zusätzlich wurde ein Hilfsfonds für Phönix-Pensionisten eingerichtet, da die Pensionsreserven des Unternehmens ebenfalls weitgehend vernichtet waren.[193]

Die Phönix wurde vorerst unter Verwaltung der Österreichischen Kontrollbank für Industrie und Handel gestellt. Der ausländische Versicherungsbestand ging samt Deckung an die jeweiligen ausländischen Auffanggesellschaften über, der inländische Bestand an Lebensversicherungen samt der noch vorhandenen Deckung wurde von der hierfür gegründeten Österreichische Versicherungs AG (ÖVAG) – mit einem Kapital von 10 Mio. Schilling – übernommen.

193 Zur Krise der Lebens-Phönix: W. Rohrbach, Vor 40 Jahren. Die Tragödie der Lebensversicherungsanstalt „Phönix“, Wien 1976; I. Ackerl, Der Phönix-Skandal, in: L. Jedlicka und R. Neck (Hrsg.), Das Juliabkommen von 1936. Vorgeschichte, Hintergründe und Folgen, Wien 1977; M. Roloff, Die Entwicklung der Lebensversicherung in Österreich zwischen 1873 und 1936, in: Versicherungsgeschichte Österreichs, Band 2, Wien 1988; W. H. Hemerka und K. Winsauer, Rechtshistorischer Abriß der österreichischen Versicherungswirtschaft zwischen 1918 und 1938, in: Versicherungsgeschichte Österreichs Band 3, Wien 1988; H. Thür, Die Österreichische Versicherungs AG (ÖVAG) und der Deutsche Ring österreichische Lebensversicherung AG der Deutschen Arbeitsfront (1936–1945) in: Versicherungsgeschichte Österreichs, Band 3, Wien 1988; I. Ackerl, Nationalsozialistische Massenverhetzung. Presseberichte zum Verfahren gegen zwei „Phönix“-Direktoren, in: Versicherungsgeschichte Österreichs, Band 6, Wien 2000

Beteiligungen am Aktienkapital der ÖVAG zum 31. 12. 1937
in Prozent des Aktienkapitals

Wiener Städtische	37,14
Assicurazioni Generali	14,86
CA	11,14
Österr. Kreditinstitut	11,14
Bundesländer	6,016
Münchner Rück	3,57
Allianz & Gisela	3,57
Internationale	3,732
Anglo Elementar	2,526
Anker	1,5
Donau	1,5
Erste NÖ Brandschaden	0,944
Montanwerke	0,930
Wechselseitige & Janus	0,758
Steirer	0,37
Vers. Papierindustrielle	0,214
Globus	0,09

Die ÖVAG übernahm 241.358 Lebensversicherungspolizzen über ein Kapital von 868,3 Mio. Schilling und 4.164 Rentenversicherungen über eine jährliche Rente von 3,59 Mio. Schilling. Darin enthalten waren die inländischen Lebensversicherungsbestände der ehemaligen Phönix, Wechselseitigen Brandschaden, Janus, Versicherungs-Aktiengesellschaft für Handel, Industrie und Gewerbe und der Allgemeinen Rentenanstalt. Durch die Phönix-Gesetze ergab sich eine Reduzierung von 91,31 Mio. Schilling bei der Kapitalversicherung und von 1,01 Mio. Schilling bei der Rentenversicherung.[194] Die ÖVAG lief recht erfolgreich an, drei Viertel der Phönix Versicherten zahlten ihre Prämien weiter und bis Ende des Jahres konnten bereits 6,7 Mio. Schilling an Neugeschäft herein gebracht werden. Der Versicherungsfonds übergab der ÖVAG die 250 Mio. Schilling Schuldverschreibungen zur Abdeckung der Prämienreserven und war dafür am Gewinn

194 Hans Thür, Die „Österreichische Versicherungs AG" und „Deutscher Ring Österreichische Lebensversicherung AG der Deutschen Arbeitsfront" 1936–1945, in: Wolfgang Rohrbach, Versicherungsgeschichte Österreichs, Band III, Das Zeitalter des modernen Versicherungswesens, Wien 1988, S. 710

beteiligt. Eine der schwierigsten Unternehmenssanierungen der Zwischenkriegszeit war damit durchaus geglückt.

Der „Anschluss“ 1938 brachte vorerst einmal eine Reduzierung der erheblichen finanziellen Leistungen der österreichischen Versicherungswirtschaft für die ÖVAG. Bereits am 4. April 1938 kündigte Reichswirtschaftsminister Funk die Übernahme der Phönix-Verpflichtungen durch die gesamte „großdeutsche“ Versicherungswirtschaft an.[195] Durch die Verordnung über die Errichtung des Versicherungsfonds vom 10. März 1939 (RGBl I/569) wurde in Berlin ein neuer Versicherungsfonds errichtet, der zur Erfüllung seiner Verpflichtungen 4,5 %ige Schuldverschreibungen in der Höhe von 180 Mio. RM ausgab. Die Fondsobligationen waren wegen ihrer hohen Verzinsung sehr beliebt. Der Phönix-Stock, der vorher Eigentum der ÖVAG war, wurde nun einer Treuhandschaft übergeben. Die Versicherungsunternehmen hatten eine öffentliche Abgabe für den Versicherungsfonds zu entrichten. Die Versicherungsnehmer mussten, anders als vorher in Österreich, nicht mehr für diese Umlage herangezogen werden, was sich durch die wesentlich größere Anzahl der nun beteiligten Versicherungsunternehmen erklärte.

Die ÖVAG selbst wurde von der Deutschen Arbeitsfront übernommen und in „Deutscher Ring Österreichische Lebensversicherung Aktiengesellschaft der Deutschen Arbeitsfront“ umbenannt. Diese Übernahme war eines der markantesten Beispiele von „unfriendly takeover“, denen die österreichische Versicherungswirtschaft ab 1938 ausgesetzt war. Nur wenige Tage nach dem Anschluss wurden die Mitglieder des Verwaltungsrates der ÖVAG durch österreichische Nazis ersetzt und ihre Gefolgsleute auf wichtige Positionen im Unternehmen verteilt. Mit diesen Leuten in den leitenden Positionen der Firma war es der Deutschen Arbeitsfront ein Leichtes, die Aktionäre zum Verkauf ihrer Anteile an die Holding der Deutschen Arbeitsfront zu bewegen.[196] Der Kauf wurde mit Hilfe des beschlagnahmten Vermögens der österreichischen Gewerkschaften durchgeführt.[197]

1945 wurde das Unternehmen wieder in ÖVAG umbenannt und als deutsches Eigentum unter öffentliche Verwaltung gestellt.[198] Die Situation der ÖVAG war aber noch wesentlich dramatischer als bei den anderen österreichischen Versicherungsunternehmen.

---

195 Theodor Süss, Die Privatversicherung im Kriege, Berlin 1940, S. 51. Professor Dr. Süss war Direktor des Berliner Hochschulinstituts für Versicherungswirtschaft

196 H. H. Schroeder, Memorandum „Investigation on Oevag“ an Hal Houston, 20. August 1947, USFA-USACA, RG 338, Box 162, National Archives, Washington

197 Allied Commission for Austria, British Element, Finance Division, Commercial Insurance in Austria. The Effect of the German Penetration between 1938 and 1945, USFA-USACA, RG 260, Box 220, National Archives, Washington

198 Rohrbach, Wolfgang, Von der ÖVAG zur Austria-ÖVAG, in: Wolfgang Rohrbach (Hrsg.), Versicherungsgeschichte Österreichs, Band III, Das Zeitalter des modernen Versicherungswesens, Wien 1988

Wenn es eine Steigerung des Wortes „pleite" geben würde, so hätte man es für die ÖVAG anwenden können. Keine der österreichischen Versicherungen verfügten 1945 über die Reserven, um ihren Verpflichtungen ordnungsgemäß nachkommen zu können. 69,5 % der Anlagen der am 31. 12. 1944 in Österreich tätigen Versicherungen waren in Reichsanleihen angelegt.[199] Der Deutsche Ring, als Parteiunternehmen, war besonders eifrig bei der Zeichnung von Reichsanleihen gewesen, so dass bei der ÖVAG 87 % der Anlagen solche nun wertlosen Papiere waren. Zusätzlich war die Verbindung zum Versicherungsfonds in Berlin abgerissen und dessen Zukunft völlig ungewiss. Die Forderungen an den Versicherungsfonds in Berlin betrugen 145 Mio. RM, zu denen noch rückständige Zinsen von 6 Mio. RM pro Jahr hinzukamen. Bis 1944 hatte der Deutsche Ring die erforderlichen Mittel für den Altstock aus den laufenden Einnahmen vorgeschossen und nach Jahresabschluss den Betrag in Obligationen vom Versicherungsfonds vergütet erhalten. Diese Methode war nun nicht mehr anwendbar. Außer den Fondsobligationen waren bei der ÖVAG noch andere Werte vorhanden, vor allem ein beträchtlicher Hausbesitz. Doch beim Altstock handelte es sich um einen Stock mit einem Durchschnittsalter von 17 bis 18 Jahren. Vielfach waren fallende Prämien vereinbart worden, so dass die Prämienzahlungen aus diesem Grund, und wegen häufiger Einstellung der Prämienzahlungen, von etwa 15 Millionen auf 3 Millionen Schilling gefallen waren. Für das Jahr 1948 wurde der voraussichtliche Bedarf für die Vollleistung aus den Verträgen mit 20 Millionen Schilling angenommen.[200] Da die ÖVAG nach wie vor der bei weitem größte Lebensversicherer in Österreich war, mit buchmäßigen Prämienreserven 1945 von etwa 200 Mio. Schilling, konnte das Unternehmen nicht einfach liquidiert werden. Die ÖVAG war daher mehr als jedes andere österreichische Versicherungsunternehmen auf die Unterstützung des Staates angewiesen.

Um das ÖVAG-Problem in den Griff zu bekommen, schränkte der Staat mit dem Versicherungsüberleitungsgesetz von 1946 die Leistungen an die Versicherungsnehmer der ÖVAG über das für die anderen Versicherungsverträge vorgesehene Maß hinaus ein, da hier die Bedeckungsverhältnisse noch weitaus ungünstiger waren.[201] Dabei wurde zwischen dem Altstock, der von der Phönix (und angeschlossenen Gesellschaften) übernommen worden war, und dem Neustock, also Verträge, die seit der Gründung der ÖVAG abgeschlossen worden waren, unterschieden. Beim Altbestand, dessen Deckungsrücklagen überwiegend die Obligationen des Versicherungsfonds bildeten, war die

199 Die Angaben basieren auf der Arbeit der Reparation, Deliveries and Restitution Division des Headquaters U. S. Forces in Austria vom 18./12. Juli 1947. Diese hatten den Versicherungen mit umfangreichen Fragebogen eine genaue Informationspflicht auferlegt.

200 V18/19. März 1946

201 1. Versicherungsüberleitungsverordnung vom 26. 7. 1946, BGBl. Nr. 115/46

Bedeckung nach 1945 eigentlich eine Fiktion.[202] Diese Versicherten erhielten geringere Zahlungen als die übrigen Versicherungsnehmer, ohne dass jedoch dadurch einer endgültigen Regelung ihrer Ansprüche vorgegriffen wurde.[203]

Die Auszahlung des Neustocks erfolgte daher nach den Richtlinien für alle österreichischen Versicherungsunternehmen, diejenigen für den Altstock waren wie folgt eingeschränkt:

Auszahlung nach dem Versicherungsüberleitungsgesetz 1946[204]

	Allgemein	ÖVAG Altstock
Kapitalversicherung	40 %	25 %
höchstens	5.000,–	3.000,–
Mindestleistung		
Großlebensversicherung	400,–	200,–
Kleinlebensversicherung	200,–	200,–
Rentenversicherung	40 %	25 %
höchstens	500,– p. M.	150,– p. M.
mindestens	150,– p. M.	50,– p. M.

Der Deutsche Ring (ÖVAG) hatte noch 1944 eine Vorauszahlung von 6 Mio. RM für beschlagnahmte jüdische Versicherungen an das Reich leisten müssen, wobei diese angesprochenen Polizzen noch nicht identifiziert waren. Dadurch blieben diese Polizzen nach dem Ende der reichsdeutschen Vorschriften weiter in Geltung. Um der ÖVAG den Weiterbetrieb zu ermöglichen, wurde dieser Betrag 1945 für ihr Deckungsvermögen durch den österreichischen Staat ersetzt. Dadurch wurde das Unternehmen wieder liquid und konnte vorerst weiterarbeiten. Allerdings war dies noch nicht ausreichend und das Unternehmen benötigte für den laufenden Betrieb des Jahres 1946 einen zusätzlichen Kredit von 300.000 Schilling. Das Finanzministerium wandte sich nun an die Versicherungswirtschaft um einen unverzinslichen Kredit in dieser Höhe, damit die Sonderregelung für die Auszahlung ÖVAG alt im Parlament vertreten werden konnte. Die in Österreich zum Geschäft zugelassenen Lebensversicherungen waren hierzu auch bereit, schon allein,

202 Hans Lorenz-Liburnau, Die Sonderregelung der Versicherungszahlungen des „Altbestandes" der Österreichischen Versicherung A. G. im Rahmen des Versicherungsüberleitungsgesetzes, Die Versicherungsrundschau, 1946, S. 203

203 Bundesministerium für Finanzen, Versicherungsüberleitungsgesetz, Mai 1946, AdR 55498/46

204 V18/19. März 1946

da die alte Fondsumlage höher gewesen wäre als das Kreditererfordernis.[205] 1952 wurde der Kredit auf 500.000 Schilling erhöht, um die Liquidität aufrechterhalten zu können.[206] Dabei wurde auch der Rückzahlungstermin immer wieder verlängert, letztlich bis zum 31. Dezember 1955.[207] 1954 kam es auch zu einem eigenen Phönix-Gesetzentwurf, wobei man dann aber beschloss, diesen Fragenkomplex erst im Versicherungswiederaufbaugesetz zu regeln, um die Öffentlichkeit nicht wiederholt mit Versicherungsfragen zu beschäftigen. Eine separate Behandlung des Phönix-Gesetzesentwurfs erschien, nach den Worten des Präsidenten des Versicherungsverbandes Dr. Habich, unopportun.[208]

Dies war aber nicht die einzige Unterstützung der österreichischen Versicherungswirtschaft für die Lebens-Phönix. Es traten immer wieder Herren der Organisation der Pensionisten der ehemaligen Lebensversicherungsgesellschaft Phönix an den Vorstand des Versicherungsverbandes um Unterstützung heran. 1949 stellte der Verband daher aus sozialen Erwägungen ein zinsenfreies Darlehen von 40.000 Schilling dem Hilfsfonds der Phönix-Pensionisten zur Verfügung, allerdings „unter der Bedingung, daß dieser Betrag nach Reaktivierung des Phönix-Hilfsfonds oder aus sonstigen im Wege der künftigen Gesetzgebung für diesen Zweck verfügbaren Mitteln refundiert wird“.[209] Die Notlage dieses Fonds bewirkte, dass die Pensionisten bis 1955 regelmäßig wieder beim Verband vorstellig wurden und von Rückzahlung keine Rede war. Schließlich erreichte die Darlehenssumme 412.000 Schilling vom Verband der Versicherungsunternehmen Österreichs und 60.000 von der Gewerkschaft, die sich nach einigem Zögern auch an der Hilfsaktion beteiligte. Mit dem Versicherungswiederaufbaugesetz wurde auch die Frage des Hilfsfonds geregelt und der Versicherungsverband erhielt die Darlehenssumme zurück und erstattete sie an die Mitgliedsunternehmen.[210]

Erst das Versicherungswiederaufbaugesetz von 1955 bewirkte daher eine einheitliche Regelung für die Kriegsverluste der ÖVAG. Die ÖVAG musste die Staatshilfe zur Wiederherstellung ihres Eigenkapitals in Anspruch nehmen, worauf noch eingegangen werden wird.

Das Auslandsvermögen

Mit dem Potsdamer Abkommen von 1945 legten die Alliierten fest, dass das deutsche Eigentum im Ausland zu Reparationszwecken herangezogen werden könne. Das be-

205 V18/19. März 1946
206 V138/26. Juni 1952, V153/15. Dezember 1953
207 V169/5. Juli 1955
208 V154/4. Februar 1954
209 V97/19. Jänner 1950
210 V161/28. Oktober 1955

traf nicht nur die alliierten Mächte, sondern auch das Deutsche Eigentum in den vom Deutschen Reich während des Krieges besetzten Ländern, wie der Tschechoslowakei, Jugoslawien, den Niederlanden, Belgien oder Norwegen, und auch die deutschen Vermögenswerte in Ländern, die sich nicht unbedingt „feindlich" zum Deutschen Reich verhalten hatten, wie die Türkei oder Schweden. Für Österreich hatte dieses Abkommen – wie bereits erwähnt – zwei Seiten: Mit der Moskauer Deklaration 1943 hatten die Alliierten ausgesprochen, dass Österreich als das erste Opfer der Hitler-Aggression zu betrachten war und damit niemals als Teil des Deutschen Reiches, sondern als ein befreites Land anzusehen sei. Damit war Österreich aber „Ausland" und das deutsche Vermögen in Österreich war prinzipiell Gegenstand von Reparationsansprüchen. Mit den Londoner Protokollen vom 5. Januar 1943 erklärten die Alliierten alle während der deutschen Besetzung vorgenommenen Vermögensübertragungen, wenn sie unter dem Druck der Besatzungsbehörden erfolgten, für null und nichtig. Das war für Österreich bedeutend, da nach dem „Anschluss 1938" der deutsche Einfluss in der österreichischen Wirtschaft ganz erheblich ausgebaut worden war. Diese bedeutete, dass nicht der Aktienbesitz des Jahres 1945, sondern jener vor dem März 1938 für die Beurteilung der Nationalität eines Versicherungsunternehmens maßgebend war. Dies galt auch und insbesondere in der Versicherungswirtschaft. Durch die Willenserklärung der Alliierten sollte demnach das österreichische Vermögen im Ausland nicht den Reparationsverpflichtungen unterliegen. Die Praxis sah aber anders aus. Das österreichische Vermögen im Ausland wurde in allen Ländern vorläufig blockiert und zumeist unter öffentliche Verwaltung gestellt.

Die Blockierung in den „westlichen" Ländern wurde nach einiger Zeit aufgehoben und die gegenseitigen finanziellen Ansprüche aus der Vorkriegszeit durch Verträge bereinigt. So wurde etwa die Sequestrierung österreichischer Gesellschaften im Zusammenhang mit dem zweiten Kriegseintritt Frankreichs 1944 nach Aufnahme normaler Handelsbeziehungen wieder aufgehoben und die neu abgeschlossenen Geschäfte wurden vom Pariser Ministerium ausdrücklich genehmigt.[211] Allerdings wurde noch 1953 festgestellt, dass die Freigabe der Vermögenswerte österreichischer Gesellschaften in Frankreich nur sehr schleppend vor sich ging.[212] Nach einer Information des Versicherungsverbandes waren die Vermögen, Rechte und Forderungen der österreichischen Gesellschaften 1945 unter Sequester gestellt worden:[213] Erst 1952 trat der englische Versicherungsverband bezüglich einer Regelung der Vorkriegsschulden an den österreichischen Verband heran.

211 V29/3. Oktober 1946

212 V151/30. Juni 1953

213 V25/13. Juni 1946. Betroffen waren die Internationale, Erste Allgemeine, Donau, Heimat, Ostmark, Südmark, Wiener Rück und Wiener Städtische.

Bemerkenswerterweise wurden die Vereinbarungen als Grundlage herangezogen, wie sie England „mit anderen ehemaligen Feindstaaten“ abgeschlossen hatte.[214] Und in der Vereinbarung 1952 ist auch von Versicherungs- und Rückversicherungsverträgen die Rede, „bevor die Partner Feinde geworden sind“.[215] 1953 wurde dieses Abkommen abgeschlossen. War die Situation schon in den „westlichen“ Ländern schwierig, so wurden in den unter sowjetischem und/oder kommunistischem Einfluss stehenden Ländern österreichische Vermögen durchwegs als „Feindvermögen“ betrachtet und dem deutschen Vermögen gleichgestellt. Der außenpolitische Einfluss der Republik Österreich als ein von vier Mächten besetztes Land war jedoch gering und auch die Unterstützung durch die britische und amerikanische Besatzungsmacht zeigte wenig Wirkung.

Diese „unfreundliche“ Interpretation des Potsdamer Abkommens war für die österreichische Wirtschaft deshalb besonders folgenreich, da sie in Ost- und Südosteuropa aus historischen Gründen stark vertreten war. Das Geschäftsgebiet der österreichischen Versicherungsunternehmen vor 1918 war das gesamte Gebiet der Monarchie. Die Desintegration 1918 hatte demnach schwerwiegende Folgen, ein wesentlicher Teil des ehemaligen Inlandsgeschäfts wurde damit zum Auslandsgeschäft. [216] Wenn sie ihre Tätigkeit nicht radikal auf den verkleinerten Markt der Republik Österreich reduzieren wollten, so waren sie genötigt, unter erschwerten politischen und wirtschaftlichen Bedingungen ihre Versicherungsbestände in den Nachfolgestaaten entweder als direktes Auslandsgeschäft zu betreiben oder die Bestände an nationale Gesellschaften zu übertragen und sich kapitalmäßig und/oder durch Rückversicherung zu beteiligen. Dadurch spielte bei vielen österreichischen Gesellschaften – besonders bei der Sachversicherung – das Auslandsgeschäft eine wesentlich bedeutendere Rolle, als dies sonst der Fall gewesen wäre. 1937 verfügten die österreichischen Versicherungsunternehmen demnach über ein Auslandsvermögen in der Höhe von 396,3 Mio. Schilling, darunter 64,3 Mio. Schilling im Deutschen Reich, das nach der Tschechoslowakei (116,4 Mio. Schilling) den zweiten Platz einnahm. [217]

---

214 V141/2. Oktober 1952

215 Vorkriegsversicherungen und Rückversicherungen zwischen dem Vereinigten Königreich und Österreich. Bestimmungen für eine Vereinbarung zwischen dem britischen und österreichischen Versicherungsmarkt. V152/27. Oktober 1953; siehe auch V142/23. Oktober 1952

216 Wilhelm H. Hemerka/Kurt Winsauer, Rechtshistorischer Abriss der österreichischen Versicherungswirtschaft zwischen 1918 und 1938, in: Wolfgang Rohrbach, Versicherungsgeschichte Österreichs, Band III, Das Zeitalter des modernen Versicherungswesens, Wien 1988, S. 58 ff.

217 Vermögen österreichischer Versicherungsanstalten im Ausland am 31. Dezember 1937, Staatsamt für Finanzen 22. 11. 1945, AdR. BMF. 9969/45

Auslandsanteil in Prozent der gesamten Bruttoprämien[218]

Sachversicherungen 1937	
Erste Allgemeine	84 %
Internat. Unfall	81 %
Phönix Elementar	76 %
Anglo Elementar	72 %
Donau	72 %
Bundesländer	64 %
Wiener Städtische	41 %

Auslandsvermögen von 20 österreichischen Versicherungsunternehmen im Ausland 1937 in Mio. Schilling

Kassa und Bank	16,846
Häuser	58,056
Hypotheken	17,600
Wertpapiere	109,493
Beteiligungen an Versicherungsgesellschaften	9,136
Rückversicherungssaldi	20,268
Sonstige Forderungen	16,065
Bestandswert Elementar	135,831
Bestandswert Leben	11,003
Summe	396,298

Die Auslandsverflechtung der österreichischen Versicherungsunternehmen zeigte sich auch bei den Zweigniederlassungen und Rückversicherungen. Sie geben ein Bild über die Internationalität des Versicherungswesens. Die Zweigniederlassungen konzentrierten sich vor allem auf die Nachfolgestaaten der österreichisch-ungarischen Monarchie, während die Rückversicherungsbeziehungen weit darüber hinausgingen.

218 Ausschuss zur Prüfung der Verhältnisse der österreichischen Versicherungswirtschaft, Bericht Nr. 14, Die österreichischen Sachversicherungen, Wien, 2. August 1938, S. 29

Auslandsinteressen von 21 österreichischen Versicherungsunternehmen[219]
Anzahl der Länder mit Zweigniederlassungen bzw. Rückversicherungsbeziehungen
Stand 31. Dezember 1937

	Zweigniederlassungen	**Rückversicherung**
Deutsches Reich	3	12
Polen	–	8
Tschechoslowakei	4	10
Ungarn	8	9
Jugoslawien	2	7
Rumänien	1	6
Bulgarien	–	4
Griechenland	2	1
Türkei	1	1
Italien	2	11
Schweiz	–	15
Holland	2	4
Belgien	–	4
Frankreich	1	6
Britisches Reich	–	10
Skandinavien	–	11
Estland	–	1
Spanien	1	3
Portugal	–	[illegible]
USA	–	1
Brasilien	–	1
Syrien	–	–
Palästina	2	2
Ägypten	2	2

219 Bundesministerium für Finanzen, Staatsvertrag der Alliierten mit Österreich – Versicherungsfragen, 24. November 1946, AdR. BMF., 4849/46

Vermögen von 20 österreichischen Versicherungsanstalten im Ausland am 31. Dezember 1937[220] in 1.000 Schilling

Tschechoslowakei	116.403
Deutsches Reich	64.329
Ungarn	31.238
Britisches Reich	16.234
Italien	14.250
Schweiz	7.478
Jugoslawien	7.132
Skandinavien	5.392
Ägypten	3.832
Holland	3.648
Frankreich	2.675
USA	2.331
Polen	2.153
Spanien/Portugal	2.114
Türkei	1.579
Belgien	1.474
Rumänien	1.158
Griechenland	807
Syrien	458
Palästina	337
Bulgarien	270
Estland	20
Südamerika	13
Übernommene Rückversicherungen	**110.963**
Zusammen	396.298

Diese Aufstellung erfolgte 1945 im Auftrag der Besatzungsmächte (britische Delegation) und auf der Grundlage der Jahresberichte der Gesellschaften und ergänzender Mitteilungen über eine Rundfrage durch den Versicherungsverband. Sie wurde am 14. November 1945 allen Besatzungsmächten übergeben. Einzelne Länder wurden dabei zusammengezogen. Das Britische Reich umfasst neben Großbritannien auch Kanada und die

220 Vermögen österreichischer Versicherungsanstalten im Ausland am 31. Dezember 1937, Staatsamt für Finanzen 22. 11. 1945, AdR. BMF. 9969/45

Südafrikanische Union, Skandinavien die Länder Schweden, Norwegen, Dänemark, Island und Finnland, für Südamerika kam nur Brasilien in Frage. Die Gesellschaften mussten in dem betreffenden Land nicht unbedingt einen Versicherungsbetrieb haben, sondern Vermögen. Der wichtige Bereich der übernommenen Rückversicherungen konnte nicht Länderweise aufgegliedert werden.[221]

In der NS-Zeit und während des Zweiten Weltkriegs veränderten sich die Auslandsvermögen positiv wie negativ. Nach einer Aufstellung aus dem Jahr 1945 betrug aber das Vermögen der österreichischen Versicherungsunternehmen in 24 Ländern des Auslandes nach wie vor 285 Mio. Schilling (plus 111 Mio. übernommene Rückversicherungen), davon:

Tschechoslowakei	41 %
Deutschland	23 %
Ungarn	11 %
GB	6 %
Italien	5 %

110 Mio. Schilling davon waren Wertpapiere.[222]

Heute, in der Zeit der Globalisierung und von multinationalen Unternehmen, mag es eigenartig erscheinen, aber damals kam es ganz wesentlich darauf an, die „Staatsbürgerschaft" eines Unternehmens festzustellen. Für die österreichischen Versicherungsunternehmungen war es von grundlegender Bedeutung, ob die Eigentümer bzw. Aktionäre Österreicher oder Deutsche waren. Das galt nicht nur für das „deutsche Eigentum" in Österreich, sondern als Folge auch besonders für ihre Beteiligungen und Zweigniederlassungen im Ausland. Dabei konnte man – wie auch schon bei der Frage des „deutschen Eigentums" diskutiert – von der Sitztheorie oder der Kontrolltheorie ausgehen.[223] Die österreichische Argumentation ging daher dahin, nicht nur die Eigentumsveränderungen nach dem „Anschluss" als rechtswidrig zu betrachten (Londoner Protokolle), sondern Unternehmen mit Sitz in Österreich prinzipiell als österreichisch zu betrachten,

221 Bei dem Akt liegen die Aufstellungen der Heimat, Donau-Concordia, Wiener Allianz, Ostmark, Versicherungsverein für Montanwerke, Erste Wiener Spiegelglas, Wiener Rück, Allgemeine Elementar und ÖVAG. Kosmos, Papier-Industrie, Erste Niederösterreichische Brandschaden, Wiener Wechselseitige Krankenversicherung gaben Leermeldungen ab.

222 Vermögen österreichischer Versicherungsanstalten im Ausland, Bundesministerium für Finanzen, AdR. BMF. 9969/45

223 Eingabe des Verbandes der Versicherungsunternehmen Österreichs an das Bundesministerium für Finanzen, Versicherungsdepartement vom 7. Februar 1946, AdR/BMF, 8820/1946

ganz gleich, wer die Aktienmehrheit hielt. Nach internationalem Recht, stellte der Versicherungsverband dementsprechend fest, bestimme sich die Staatszugehörigkeit einer Aktiengesellschaft immer nach dem Sitz der Gesellschaft. Von diesem Grundsatz war man nur während der beiden Weltkriege abgegangen, wo für die Behandlung einer Gesellschaft die Aktienmehrheit maßgeblich war und damit die Frage, wer einen maßgeblichen Einfluss auf die Unternehmensleitung hatte (Kontrolltheorie). Dieses Kriterium erwies sich jedoch als unzulänglich, da insbesondere bei Inhaberaktien die nationalen Besitzverhältnisse nicht geklärt werden konnten. Die Friedensverträge nach dem Ersten Weltkrieg bestimmten daher die Staatszugehörigkeit eines Unternehmens nach seinem Sitz. Demnach waren die Versicherungsunternehmen mit Sitz in Österreich und die von ihnen abhängigen Zweigniederlassungen im Ausland österreichisch. Aber auch die Leitung der Versicherungsunternehmen setzte sich ab 1945 durchwegs aus Österreichern zusammen. Ein Einfluss deutscher Aktionäre auf diese Gesellschaften war nicht mehr möglich, da deren Rechte kraft Gesetzes ruhten, bis der österreichische Staat formal über diese Anteilsrechte entschieden hatte. „Auf keinen Fall werden jedoch die Rechte aus dem Aktienbesitz jemals wieder deutschen Aktionären zustehen, da nach den übereinstimmenden Erklärungen aller öffentlichen Stellen diese Beteiligungen entweder dem österreichischen Staate als Wiedergutmachung verfallen oder aber von den Alliierten auf Grund der Potsdamer Beschlüsse übernommen werden.“[224] Allerdings stellte das österreichische Außenministerium im Gegensatz zum Versicherungsverband fest: „Nach allgemein anerkannten zwischenstaatlichen Rechtsgrundsätzen wird bei der Frage, ob das Eigentum einer juristischen Person beschlagnahmt werden kann oder nicht, die Frage der Staatszugehörigkeit nicht nach dem Sitz der juristischen Person, sondern nach der Staatszugehörigkeit jener Personen beurteilt, in deren Händen sich die Mehrheit des Kapitals der betreffenden Gesellschaft befindet.“[225] Dieser Grundsatz komme aus dem angelsächsischen Recht und habe sich mit den Friedensverträgen nach dem Ersten Weltkrieg auf dem europäischen Kontinent durchgesetzt. Das Außenministerium stimmte aber zu, dass aufgrund der Londoner Erklärung 1943 die Eigentumsveränderungen während der „deutschen Besetzung“ null und nichtig waren und die Eigentumsverhältnisse vor dem März 1938 herangezogen werden mussten. Für ausländische Zweigniederlassungen von juristischen Personen galt der Grundsatz, dass diese dieselbe Staatsangehörigkeit haben wie die Hauptniederlassung nach dem Grundsatz: „Die Tochter folgt der

224 Eingabe des Verbandes der Versicherungsunternehmen Österreichs an das Bundesministerium für Finanzen, Versicherungsdepartement vom 7. Februar 1946, AdR/BMF, 8820/1946

225 Bundeskanzleramt, Auswärtige Angelegenheiten an den Bundesminister für Finanzen, 14. Februar 1946, AdR/BMF 8820/1946

Mutter." Bei Versicherungsunternehmen könnte dies jedoch auf Schwierigkeiten stoßen. „Die wirtschaftliche Selbstständigkeit der Generalrepräsentanzen gegenüber der Hauptanstalt spricht jedoch dafür, die rechtliche Stellung der Generalrepräsentanz anders zu beurteilen. Die Versicherungsgesellschaften haben nämlich regelmäßig ihre Prämienreserven in dem Land anzulegen, in dem sie ihre Geschäfte betreiben. Damit erscheint ein von dem Vermögen der Hauptanstalt gesondertes Vermögen gegeben, das den Zweck verfolgt, die Ansprüche der inländischen Versicherten zu decken." Unter Berufung auf diesen Grundsatz wurde nach dem Ersten Weltkrieg mehrfach die Auffassung vertreten, dass die Generalrepräsentanz einer Versicherungsgesellschaft die Staatsangehörigkeit des Landes habe, in dem sie ihre Tätigkeit ausübt. Das Außenministerium überließ es den Versicherungsgesellschaften, diese Argumentation zu verwenden.

Als Argumentationshilfe stellte das österreichische Finanzministerium den betroffenen Versicherungsunternehmen eine Art „Staatsbürgerschaftsnachweis" aus, bei welcher der Aktienbesitz vor 1938 als Grundlage herangezogen wurde. Solche Nachweise wurden für Ungarn, die Tschechoslowakei, Jugoslawien, Rumänien und Italien ausgestellt.

Da Vermögenseingriffe zum Nachteil der österreichischen Versicherungswirtschaft in vielen Staaten entweder vorbereitet oder durchgeführt wurden, beantragte der Verband der österreichischen Versicherungsunternehmen beim Finanzministerium, ein Schreiben an die vier alliierten Versicherungsoffiziere zu richten, in dem um Klarstellung gebeten wurde:[226]

a) österreichische und deutsche Unternehmen sind nicht gleich zu behandeln;
b) die Entscheidung über die Nationalität eines Unternehmens hat einheitlich am Hauptsitz, also in Österreich, und nicht getrennt in jedem Land, wo Zweigniederlassungen bestehen, zu erfolgen;
c) die Frage der Anwendbarkeit der Potsdamer Beschlüsse auf Versicherungsgesellschaften muss endlich klargestellt werden;
d) bis zu dieser Klarstellung müssten weitere Maßnahmen unterbleiben und die bisher getroffenen rückgängig gemacht werden.

Bei den Westmächten sah man es als nicht zu schwierig an, diesen Standpunkt durchzusetzen, die entscheidende Frage war aber, ob es gelang, auch die sowjetische Seite zu dieser Auffassung zu bewegen.

In Bezug auf die Entwürfe der Alliierten zu einem österreichischen Staatsvertrag 1947 forderte die Versicherungsaufsicht, alle Maßnahmen rückgängig zu machen, durch wel-

226 Information für den Herrn Bundesminister vom 18. Mai 1946, AdR/BMF, 53685/1946

che österreichische Interessen im Ausland als „deutsches Eigentum" beschlagnahmt worden waren, wenn nachgewiesen werden könne, dass es sich dabei nicht um deutsches Eigentum handle. Der Eigentumsübergang unter allgemeinem Zwang ab 1938 sollte dabei unberücksichtigt bleiben. Als außerordentlich hart wurde die Vorstellung empfunden, dass bei der in den meisten ausländischen Geschäftsgebieten bereits erfolgten Enteignung der österreichischen Gesellschaften nur der Liquidierungserlös erstattet werden sollte. Die bisherigen Beispiele zeigten, dass bei diesen Liquidierungen die Aktivwerte stark unterschätzt und die Passivwerte überschätzt wurden und der allgemeine Geschäftswert (good will) überhaupt nicht in Betracht gezogen wurde. Dadurch fiel der Liquidierungerlös sehr gering aus, wenn überhaupt noch etwas übrig blieb. Außerdem seien bei diesen Liquidierungen auch die Ansprüche der Versicherungsnehmer vorrangig zu behandeln, da sonst der Fall eintreten, dass die Vermögenswerte beschlagnahmt würden, die Gesellschaften aber weiterhin für die Verbindlichkeiten aus den Versicherungsverträgen verantwortlich wären.[227]

Weiter sollte im Staatsvertrag festgelegt werden, dass österreichische Versicherungsunternehmen im Ausland ihre Tätigkeit nach dem Prinzip der Meistbegünstigung fortsetzen dürfen. Nach gleichen Prinzipien sollten auch Aktienbeteiligungen behandelt werden. Gleichviel, wann sie erworben wurden. Bei einer Beschlagnahmung von Vermögenswerten wäre volle Entschädigung zu gewähren. „Bei der internationalen Regelung der Vertragsversicherungen werden sich außerordentlich verwickelte Fragen ergeben", stellte die Versicherungsaufsicht fest, die sich erst im Zuge der Verhandlungen herausstellen würden. Die Versicherungsaufsicht bestand daher darauf, bei den einschlägigen Verhandlungen zum Staatsvertrag unbedingt beigezogen zu werden. In dieser ersten Äußerung versuchte die Versicherungsaufsicht, „die zu behandelnden Probleme in einem organischen Zusammenhang, der den Besonderheiten des Versicherungswesens entspricht", darzustellen.

Natürlich war es auch eine Sache der österreichischen Regierung, die österreichischen Vermögensinteressen im Ausland zu vertreten. Solange aber kein Staatsvertrag bestand, waren diese Bemühungen schwierig, da nicht nur die völkerrechtliche Stellung Österreichs ungeklärt war, sondern auch die Frage, welche finanziellen Forderungen und Verpflichtungen der Republik Österreich zustanden. Zur Erfassung und Durchsetzung österreichischer Ansprüche wurde Ende 1945 sogar eine Privatinitiative gestartet und die „Österreichische Vermögensschutz-Gesellschaft m. b. H." gegründet. Diese war mit führenden Vertretern der österreichischen Wirtschaft prominent besetzt. Den Vorsitz im

227 Probleme der Vertragsversicherung, dritte Äußerung des Departments 19 vom 21. 1. 1947, Bundesministerium für Finanzen, AdR. BMF. 9728/46, 24806/46, 3708/47

Aufsichtsrat hatte Dr. Franz Rottenberg von der Creditanstalt, die auch den größten Gesellschaftsanteil hielt. Mitglieder waren unter anderen Nationalrat Dr. Eugen Margaretha, Dr. Franz Josef Mayr-Gunthof, Dr. Martin von Kink und zeitweise auch Bundesminister Dr. Peter Krauland. Der leitende Direktor war Dr. Reithoffer. Die Gesellschaft arbeitete auf der Basis einer Bearbeitungsgebühr und eines Erfolgshonorars und versuchte durch Vertreter und Kommissionen in den einzelnen Ländern die österreichischen Vermögen zu erfassen und gegebenenfalls ein Inkasso der österreichischen Forderungen durchzusetzen. Am stärksten engagierte sie sich für die Bauwirtschaft. Am 31. Juli 1946 erwarb der Verband der Versicherungsanstalten Österreichs eine 10 %ige Beteiligung an dieser Gesellschaft in der Höhe von 10.000 Schilling.[228] Die Gesellschaft betrachtete sich als eine Art wirtschaftliche Abteilung des Außenministeriums, doch war die Beziehung zu den österreichischen Ministerien eher durch unverbindliches Wohlwollen oder sogar argwöhnische Ablehnung gekennzeichnet. Die Arbeit der Gesellschaft wurde voller Optimismus begonnen, doch traten bald „durch den Schwebezustand, in dem sich Österreich befindet, bzw. dem noch nicht durchgesetzten Abschluß der Staatsverträge mit den Alliierten" Schwierigkeiten auf.[229] Trotz der prominenten Besetzung war der private Charakter dieser Gesellschaft für die Durchsetzung der österreichischen Interessen im Ausland hinderlich. Ende 1946 musste man daher akzeptieren, dass der Schutz der österreichischen Auslandsvermögen dem Bundesministerium für Vermögenssicherung und Wirtschaftsplanung zustand. Die Gesellschaft arbeitete zwar weiter, doch 1952 trat der Verband der Versicherungsunternehmen Österreichs seine Anteile um 5.000 Schilling wieder ab, die Beteiligung hatte für die Versicherungswirtschaft letztlich nichts gebracht.[230] Die österreichische Versicherungswirtschaft übertrug aber auch dem genannten Bundesministerium nicht die Wahrung seiner Interessen im Ausland, sondern betrieb diese selbst über den Versicherungsverband in Zusammenarbeit und mit Unterstützung der jeweiligen österreichischen Ministerien und Behörden. Eine, allerdings bedeutende Ausnahme waren lediglich die Forderungen gegenüber dem ehemaligen Deutschen Reich. Bereits 1946 teilte man sich im Versicherungsverband die Kompetenzen dermaßen auf, dass einzelne Versicherungsunternehmen die Informationen und Forderungen in Bezug auf ausländische Interessen für die gesamte österreichische Versicherungswirtschaft übernahmen. Folgende Unternehmen erklärten sich bereit, je ein Gebiet zu übernehmen:[231]

228 Schreiben der Österreichischen Vermögensschutz-Gesellschaft m. b. H. an den Verband der Versicherungsanstalten Österreichs vom 6. Juli 1946, Archiv des Versicherungsverbandes

229 Protokoll über die Sitzung des Aufsichtsrates der Österreichischen Vermögensschutz-Gesellschaft vom 3. Oktober 1946, Archiv des Versicherungsverbandes

230 V131/17. Jänner 1952

231 V17/7. März 1946

Allgemeine Elementar – Tschechoslowakei
Anker – Ungarn
Wiener Städtische – Rumänien
Donau-Concordia – Jugoslawien
Erste Allgemeine – Polen
Riunione – Italien

Tschechoslowakei

Im Mai 1945 wurden auch für die in diesem Gebiet schon im 19. Jahrhundert mit Filialen tätigen österreichischen Unternehmen – Anker, Donau und Allgemeine Elementar – zuerst Zwangsverwalter bestellt und dann aufgrund des Dekrets vom 19. Mai 1945 nationale Verwalter eingesetzt. Rückversicherungsverträge mit Österreich erklärte man rückwirkend mit 1. Jänner 1945 für ungültig und es wurde den österreichischen Unternehmen verboten, Neuabschlüsse zu tätigen. Auf dem Gebiet des Vermögensrechts wurden daher österreichische Gesellschaften ebenso behandelt wie die Angehörigen von Feindstaaten. Diese Vorgangsweise des tschechoslowakischen Finanzministeriums erfolgte auf Antrag des Prager Verbandes der Versicherungsanstalten. Als Begründung wurde angeführt, die ČSR befinde sich im Kriegszustand mit Österreich. Bereits 1945 fuhr Dr. Bittner von der Allgemeinen Elementar nach Prag. Die Bemühungen der österreichischen Gesellschaften gingen dahin, „dass die Diskriminierung Österreichs fallen gelassen werde, was vielleicht auch zum Erfolg führt, zumal sich die Stimmung in der Tschechoslowakei für Österreich von Tag zu Tag bessert".[232] Nach einer Intervention beim tschechoslowakischen Außenministerium teilte dies dem dortigen Finanzministerium mit, dass kein Kriegszustand, sondern freundschaftliche Beziehungen mit Österreich bestünden. Daraufhin änderte das Finanzministerium seinen Standpunkt und erklärte, dass die österreichischen Gesellschaften durch die Vertreibung der deutschsprachigen Minderheit soviel Personal verloren hätten, dass sie zur Verwaltung ihrer Stöcke nicht mehr imstande seien. Außerdem sei der Abfluss der von ihnen erzielten Gewinne ins Ausland unerwünscht.[233] Der österreichische Versicherungsverband informierte hierüber die westlichen alliierten Wirtschaftsdelegationen und erinnerte diese daran, dass gerade sie die österreichischen Versicherungsunternehmen auf dem mittel- und osteuropäischen Markt als Kompen-

232 MV des Provisorischen Verbandes der Versicherungsanstalten Österreichs vom 21. August 1945

233 Der Versicherungsverband überreichte hierüber den westlichen Alliierten ein Exposé. V7/2. Oktober 1945

sation für den Verlust des deutschen Geschäfts hingewiesen hatten. Der amerikanische Versicherungsoffizier, Lt. R. L. Gannon, war 1945 der Ansicht, dass Wien konkurrierend mit Prag auf dem Gebiet der Versicherung in Mittel- und Südeuropa eine führende Rolle spielen werde.[234] Das negative Vorbild der ČSR würde nun Schule machen und in ganz Südosteuropa diese Möglichkeiten vereiteln.

Die Slowakei, die während des Krieges ein eigener, von Prag getrennter Staat gewesen war, ging vorläufig noch ihre eigenen Wege. Mit einem Erlass des Innenministeriums vom 6. November 1945 wurde der Firmenwortlaut der unter nationaler Verwaltung stehenden slowakischen Filiale der Donau-Concordia in Pressburg in „Devin" Nationale Versicherungsanstalt geändert. Am gleichen Tag wurde die Fusion der Devin mit den Firmen

- Donau-Concordia, Lebensversicherungs A. G. in Reichenberg, Direktion für die Slowakei in Pressburg,
- Elementar, Allgemeine Versicherungs-A. G. in Wien, Direktion für die Slowakei in Pressburg,
- Österreichische Volksfürsorge, Lebens-Versicherungs A. G., Repräsentanz für die Slowakei in Pressburg,
- Deutscher Ring,
- Victoria zu Berlin, Allgemeine Versicherungs-A. G., Repräsentanz für die Slowakei in Pressburg

genehmigt. Dieser Vorgang erfolgte ohne Einvernehmen mit den Prager Zentralbehörden und ohne Zustimmung des im Verstaatlichungsgesetz vorgesehenen nationalen Versicherungsrates. Die in der Devin zusammengefassten Gesellschaften konnten weiterarbeiten und auch neue Geschäfte akquirieren. Dies schien für die österreichischen Interessen vorteilhafter, da damit zumindest die Versicherungsstöcke erhalten blieben, während in Prag eine Sperre des Neugeschäfts verfügt worden war, was den Wert der Stöcke außerordentlich schmälerte. Die Devin fusionierte 1948 mit der tschechoslowakischen Poistnova Slovan.

Nach der schärferen Prager Auffassung sollte der ausländische Einfluss generell aus der Versicherungswirtschaft beseitigt werden. Bereits mit dem Dekret des Präsidenten der ČSR vom 24. Oktober 1945 wurde die Verstaatlichung der Privatversicherungsgesellschaften verfügt.[235] Die Entschädigung sollte zwischenstaatlichen Vereinbarungen vorbe-

234 V6/20. September 1945
235 AdR, BMF, 418/1947

halten bleiben und entweder durch Gewährung von Rückversicherung oder von Ablösen durchgeführt werden.[236] Schwierigkeiten sollte die Bereinigung dieser Frage deshalb machen, da die österreichischen Interessen in der ČSR ungleich größer waren, als umgekehrt. Die österreichischen diplomatischen Vertretungen in Prag und Pressburg lehnten jedoch eine Intervention zugunsten der österreichischen Versicherungsunternehmen ab, da gegen die Verstaatlichung ohnehin nichts unternommen werden konnte. Das Schicksal der österreichischen Filialen in der ČSR war demnach gänzlich ungeklärt und durch die Sperre des Neugeschäfts wurden deren Stöcke stark entwertet. Der Versicherungsverband forderte daher die Aufsichtsbehörde und das Außenministerium, Staatssekretär Dr. Gruber, auf folgende Punkte im österreichischen Interesse durchzusetzen:[237]

1. die Klarstellung, dass Österreich kein Feindstaat ist,
2. die Aufhebung der rückwirkenden Annullierung der Rückversicherungsverträge,
3. die Aufhebung der Sperre des Neugeschäfts,
4. die Bestellung der nationalen Verwalter der österreichischen Filialen zu Repräsentanten.

Dies wurde auch in einem Schreiben dem tschechoslowakischen Verband der Versicherungsanstalten mitgeteilt. Das Schreiben blieb jedoch unbeantwortet. Die Aktion hatte insofern Erfolg, als nun von der tschechoslowakischen Regierung offiziell erklärt wurde, dass zwischen Österreich und der Tschechoslowakei weder gegenwärtig noch früher ein Kriegszustand geherrscht habe. Das war aber auch schon alles. Trotz aller Bemühungen blieben die österreichischen Gesellschaften von der Aufnahme des Neugeschäfts gesperrt und die Aufhebung der Rückversicherungsverträge blieb aufrecht. Der tschechoslowakische Verband gab jedoch seinen Mitgliedern den Rückversicherungsverkehr mit Österreich nun grundsätzlich frei. Allerdings blieb die Frage der seinerzeitigen rückwirkenden Vertragsauflösung offen. Die amerikanische Botschaft in Prag schlug nun vor, dass ein Vertreter der österreichischen Versicherungswirtschaft nach Prag kommen solle. Für Österreich konnte das nur dazu dienen, dass die früheren Rückversicherungsverträge wieder hergestellt würden. Sollte dies nicht möglich sein, wäre eine Kompensation für die entgangenen Erträge herbeizuführen oder doch die Basis für weitere Einzelverhandlungen. Da man sich über die Wirkung dieser Reise nicht im klaren war, sollte nur ein Vertreter der österreichischen Versicherungen fahren. Wenn sich der erhoffte Erfolg

236 Bericht des Herrn Schnobrich über seine Reise nach Prag. V12/20. Dezember 1945, Archiv des Versicherungsverbandes
237 Antrag Höllinger, V12/20. Dezember 1945

einstellte, könnte man Delegationen austauschen.[238] Das Vorstandsmitglied hatte daher Besprechungen in Prag beim Aufsichtsamt, dem Versicherungsverband und der amerikanischen Delegation, was aber zu keinem Resultat führte. Im Dezember 1946 wurden schließlich fünf Vertreter des österreichischen Versicherungsverbandes für eine Delegation nach Prag bestimmt.[239] Die Reise wurde jedoch verschoben, da der Zeitpunkt „in Anbetracht der gegenwärtigen Verhältnisse" noch nicht gekommen schien.[240] Die Reise unterblieb schließlich ganz, „weil die Basis für Verhandlungen in Prag keine hinreichende ist, solange nicht der Abschluß eines Staatsvertrages mit Österreich mindestens in den Grundzügen fest steht und in naher Zukunft zu erwarten ist"[241]. Auch ein beantragter offizieller Besuch des Verbandes der Zuckerindustrie wurde „in Anbetracht des intransigenten Verhaltens der tschechischen Versicherungsunternehmen" vom österreichischen Versicherungsverband abgelehnt.[242]

Doch in Österreich arbeiteten auch zwei tschechische Gesellschaften, die Sudetendeutsche Union und der Assekuranzverein der Zuckerindustrie. Der Verband schlug aus Gründen der Reziprozität der Aufsichtsbehörde die Untersagung des Neugeschäfts für diese Gesellschaften vor. Das gesamte Versicherungsgeschäft aus der Zuckerindustrie in Österreich und der Tschechoslowakei hatte bis 1945 der Assekuranzverein, welcher aufgrund von Vereinbarungen verpflichtet war, einen Teil des Gesamtgeschäfts bei österreichischen Gesellschaften in Rückdeckung zu geben. Da der Versicherungsverband am 20. Dezember 1945 beschlossen hatte, vor Rückgängigmachung der Aufhebung der Rückversicherungsverträge durch die tschechoslowakischen Anstalten die Rückversicherungsbeziehungen zur ČSR nicht wieder aufzunehmen, stand der Zuckerverein jetzt ohne Rückdeckung da. Sämtliche Prämieneinnahmen aus dem österreichischen Geschäft wurden auf ein Konto in Wien einbezahlt, aus dem die laufenden Schäden beglichen wurden. Eine anderweitige Verwendung dieses Kontos war nicht möglich. Die Tschechen versuchten jetzt die österreichische Haltung aufzubrechen, indem der Assekuranzverein der Zuckerindustrie in Prag an österreichische Gesellschaften vom gesamten Geschäft – also nicht allein vom österreichischen, sondern auch von dem der Nachfolgestaaten Österreich-Ungarns – 10 % in Rückversicherung anbot. Es wurde sogar eine Erhöhung auf 15 % verhandelt, was aber wegen des Verbandsbeschlusses nicht zum Abschluss kam.[243] In diesem Sinn machte ein Direktionsmitglied der Prager Städtischen

238 V23/16. Mai 1946

239 Die Herren Hummel, Bittner, Fessler, Seidl und Schnorbich. V31/24. Oktober 1946

240 V40/8. Mai 1947

241 V46/18. Juli 1947

242 V48/8. August 1947

243 V29/3. Oktober 1946

Wechselseitigen Versicherungsanstalt im Juli 1947 Vorschläge bezüglich des Assekuranzvereins der Zuckerindustrie. Dabei sollten Konzessionen von österreichischer Seite mit Rückversicherungsbeteiligungen abgegolten werden. Der österreichische Versicherungsverband reagierte jedoch mit Vorsicht. „Es wird zunächst klarzustellen sein, ob die tschechoslowakischen Gesellschaften bereit sind, ihr unfreundliches Verhalten vom Mai 1945 nunmehr einer Revision zu unterziehen. Es besteht der begründete Eindruck, daß vor allem eine Gesellschaft einen intransigenten Standpunkt bezüglich der Beziehungen zu Österreich einnimmt, während alle anderen zur Wiederaufnahme normaler und freundschaftlicher Verbindungen bereit sind."[244] Durch den einseitigen Akt der tschechischen Gesellschaften in Bezug auf Rückversicherung, hielten sich die österreichischen Versicherungsgesellschaften nicht mehr an die Vereinbarung, wonach das Zuckergeschäft allein dem Assekuranzverein überlassen blieb. Ein Teil der beim Zuckerverein gedeckten Versicherungen wurde nach 1945 von österreichischen Gesellschaften übernommen, wodurch das Portefeuille der österreichischen Repräsentanz zusammenschmolz. Die tschechoslowakischen Versicherer waren aber bestrebt, das Zuckergeschäft wieder alleine zu betreiben und machten das Angebot, das 1¼-fache der aus Österreich bezogenen Prämien bei österreichischen Gesellschaften in Rückdeckung zu geben. „In Anbetracht des gegenwärtigen minimalen Geschäftes vertritt der Vorstand einhellig die Meinung, den Tschechen seitens der Aufsichtsbehörde in freundschaftlicher Weise nahe zu legen, sich aus diesem Geschäft freiwillig zurückzuziehen."[245]

Im November 1947 kam es endlich zu Verhandlungen einer österreichischen Verbandsdelegation beim Versicherungsrat in Prag. Dort wurde die Haltung vertreten, dass mit dem Zeitpunkt der Verstaatlichung des tschechischen Versicherungswesens im Oktober 1945 die Haftung der österreichischen Gesellschaften aus dem direkten Geschäft erloschen sei. Die Stöcke wurden dabei in drei Kategorien eingeteilt:

- in Stöcke jener österreichischen Gesellschaften die schon vor 1939 in der Tschechoslowakei gearbeitet haben.
- in Versicherungsstöcke, die nach der Errichtung des Protektorats diesen Gesellschaften übertragen wurden
- in Geschäfte, die ohne Stockübertragung von den Gesellschaften akquiriert wurden.

Eine Entschädigung sei Sache des Finanzministeriums, wobei die Bilanz des Jahres 1944 als Basis gelten solle. Den Gesellschaften soll auch die Erstellung eines Pensionsfonds

244 V46/18. Juli 1947
245 V72/9. September 1948

auferlegt werden, auch für die bereits angefallenen Pensionen ausgewiesener deutscher Angestellter. Zur Lösung des Rückversicherungsproblems wurde den österreichischen Gesellschaften vorgeschlagen, im Jahr 1948 kompensationslose Rückversicherungen in die ČSR zu geben. Ebenso bestand ein großes Interesse an einem zwischenstaatlichen Zahlungsübereinkommen.[246] Nach diesem Fortschritt hob der österreichische Versicherungsverband den Beschluss, keine Rückversicherungsverträge mit der Tschechoslowakei abzuschließen, im September 1948 wieder auf.[247]

1947 wurde das Versicherungswesen in der ČSR völlig umgestaltet. Der für das Vertrags- und Versicherungswesen zuständige „Versicherungsrat der Tschechoslowakischen Republik" legte fest, dass aus den bisher 65 Versicherungsgesellschaften und einigen kleineren Versicherungsvereinen vier große Versicherungszentralen gebildet werden:

- die Prager Städtische Versicherungsanstalt,
- die Versicherungsgesellschaft Slavia in Prag,
- die Mährisch-Schlesische Versicherungsanstalt in Brünn,
- die Slowakische Versicherungsanstalt in Pressburg.

Alle übrigen Versicherungsanstalten mir ihren Filialen gingen in diese vier Unternehmen auf. Damit hatte der Versicherungsrat die einheitliche Leitung des gesamten Versicherungswesens zu übernehmen und in Übereinstimmung mit den sonstigen planwirtschaftlichen Maßnahmen den Wiederaufbau in Angriff zu nehmen. Diese „Volks- und Lebensversicherungen" sollten das System der nationalen Sozialversicherung ergänzen. Mit dieser „wirklich umfassenden Versicherungsaufgabe"[248] sollte auch die Sanierung des Versicherungswesens vollzogen werden. Die tschechoslowakischen Versicherungsgesellschaften hatten während der Zeit der Besetzung und des Krieges beträchtliche Teile ihres Vermögens eingebüßt. So hatten sie 1945 140 Millionen RM an Reichskassenscheinen in ihren Bilanzen stehen, deren Wert höchst zweifelhaft war.

Ungarn

Die Sowjetunion erhob bei den unter ihrem Einfluss stehenden Regierungen Ansprüche nach dem Potsdamer Abkommen. Davon waren unter anderem Ungarn, Rumänien und Bulgarien betroffen. Die ersten Maßnahmen setzten in Ungarn ein. Aufgrund des Waf-

246 V54/20. November 1947
247 V72/9. September 1948
248 Die Versicherungsrundschau 1946, S. 316

fenstillstandsvertrages mit der Sowjetunion (20. 1. 1945) hatte sich Ungarn verpflichtet, deutsches Vermögen an die Sowjetunion zu übergeben. Da die österreichische Regierung erst am 28. April 1945 errichtet und von den Sowjets anerkannt wurde, war das „österreichische" Vermögen in Ungarn von Jänner bis April tatsächlich vorerst einmal „reichsdeutsches" Vermögen. In Wien erhielt man die ersten Nachrichten vom österreichischen Hilfskomitee in Budapest, da es 1945 noch keine diplomatische Vertretung Österreichs in Ungarn gab. Ein führender Mitarbeiter, Prof. Singer, berichtete bereits im November 1945, dass die Gefahr einer Beschlagnahme der österreichischen Vermögenswerte drohe. Auch der Versicherungsverband warnte bereits im Jänner 1946 die Aufsichtsbehörde, dass eine Beschlagnahme der österreichischen Betriebe unmittelbar bevorstehe. Das in Ungarn liegende Eigentum der Donaudampfschifffahrtsgesellschaft und der Creditanstalt war schon beschlagnahmt worden. Auch vom amerikanischen Versicherungsoffizier, Lt. R. L. Gannon, kam die Warnung, dass er von amerikanischen Stellen in Ungarn erfahren habe, dass sich die Sowjetdelegation für die österreichischen Versicherungsunternehmen in Ungarn interessiere. Er stellte jeden Schutz der österreichischen Interessen durch die amerikanische Delegation in Aussicht.[249] In Ungarn waren sechs österreichische Gesellschaften tätig:

- Anker
- Donau-Concordia
- Allgemeine Elementar
- Wiener Allianz
- Wiener Städtische
- Danubia

Nun schien zwar auch in Ungarn der Standpunkt durchgedrungen zu sein, dass Österreich nicht als ehemaliger Bestandteil des Deutschen Reiches zu betrachten war, demnach also österreichisches Vermögen nicht zu beschlagnahmen sei. Ungarn hatte auch Retorsionsmaßnahmen zu bedenken, da die finanziellen Interessen Ungarns in Österreich wesentlich umfangreicher waren als umgekehrt. Gegenüber den sowjetischen Forderungen hatte man aber keine Mittel in der Hand. Die Ungarn schienen geneigt, eher österreichische Vermögenswerte preiszugeben, um ihre eigenen Gesellschaften zu schützen, „da es den Russen hauptsächlich darum zu tun sei, möglichst umfangreiche Vermögenswerte, gleichviel welchen Ursprungs, zu bekommen".[250] Die ungarischen Behörden verlangten daher

249 AdR, BMF, 53685/1946
250 Bericht Prof. Singer vom 4. Februar 1946, AdR/BMF 8258/1946

den Nachweis, dass es sich tatsächlich um österreichisches Vermögen handle. Als einzige Abwehrmaßnahme wurde die Ausstellung einer Bescheinigung durch das österreichische Finanzministerium gesehen, dass es sich bei diesen Versicherungsgesellschaften nicht um deutsche, sondern um österreichische Unternehmen handle. Über Vermittlung des Versicherungsverbandes listeten diese Unternehmen ihre Beteiligungsverhältnisse vor und nach 1945 auf und bekamen im Februar 1946 die Bestätigung durch das Finanzministerium. Bei der Wiener Städtischen und der Danubia war dies kein Problem, da beide Gesellschaften stets in österreichischem Besitz waren. Der Anker, die Allgemeine Elementar und die Wiener Allianz waren vor 1938 nicht in deutschem Besitz. „Ihre Aktienmehrheit ist erst unter dem Druck der Verhältnisse während der Besetzung Österreichs in deutsche Hand übergegangen.“[251] Bei der Donau lagen die Verhältnisse aber ungünstiger, da ihre Aktien schon im März 1938 zu 50 % in deutscher Hand waren. Ihre Bestätigung lautete daher, dass sie 1867 als österreichische Gesellschaft gegründet worden war, „soweit die Eigentümer der Aktien bekannt waren, befanden sich vor der deutschen Besetzung Österreichs im Jahre 1938 50 % des Aktienkapitals in deutschem Besitz; die Gesellschaft wurde aber stets als österreichisches Unternehmen angesehen und behandelt“.[252]

Um die Unterstützung des amerikanischen Versicherungsoffiziers wirksam zu gestalten, listeten sie auch ihre finanziellen Interessen in Ungarn – und für alle Fälle auch in den anderen Ländern – auf. Im März 1946 erschien der sowjetische Versicherungsoffizier, Major Zverev, mit einem Dolmetscher bei der Versicherungsaufsicht und verlangte die sofortige Ausstellung von Bescheinigungen über die derzeitigen Eigentumsverhältnisse der in Ungarn tätigen Gesellschaften, was ihm nicht verweigert werden konnte. Damit war aber klar, dass dies nur der Auftakt zu einer geplanten Beschlagnahme sein konnte. Noch im selben Monat erfuhren die Donau-Concordia, der Anker einschließlich Turul und die Wiener Allianz, dass die Übertragung ihrer Zweigniederlassungen in Budapest an die Sowjetregierung erfolge. Die Sowjetbehörden betrachteten sich als Eigentümer zu dem Prozentsatz, der dem Anteil der österreichischen Gesellschaften entsprach:

Donau-Concordia	84 %
Anker	47 %
Wiener Allianz	87 %
Turul	47 %

251 Bundesministerium für Finanzen an den Verband der Versicherungsunternehmen Österreichs, 19. Februar 1946, AdR/BMF, 8820/1946

252 Bundesministerium für Finanzen an den Verband der Versicherungsunternehmen Österreichs, 19. Februar 1946, AdR/BMF, 8820/1946

Gleichzeitig erklärte die sowjetische Behörde, dass die Beschlagnahmungen hinfällig würden, wenn sich herausstellt, dass die Gesellschaften nicht in deutschem Eigentum stünden.

Die Gesellschaften legten nun eine neue, erweiterte Bestätigung ihrer österreichischen Herkunft vor, was aber nicht die gewünschte Wirkung zeigte. Vorläufig lief der Betrieb in Budapest weiter, da sich die Sowjetbehörden bloß als nominelle Eigentümer betrachteten, ohne sich in die Geschäftstätigkeit einzumischen. Die Enteignung erfolgte aufgrund eines Dekrets der Ungarischen Regierung, wonach die Aktien der ungarischen Filialen der betroffenen Unternehmen der Sowjetregierung übertragen worden seien. Das war an sich Unsinn, denn die Filialen eines Unternehmens verfügen niemals über eigenen Aktienbesitz. Auch war die Beschlagnahmung der Zweigstellen der österreichischen Versicherungsunternehmen wenig sinnvoll, da die dortigen Aktiva zur Deckung der Verbindlichkeiten gegenüber den ungarischen Versicherungsnehmer dienten.

In Ungarn wurden nicht nur die österreichischen, sondern auch die deutschen und italienischen Versicherungsinteressen durch die russische Besatzungsmacht beschlagnahmt und in die Budapester Versicherungsgesellschaft „Turul", die im Eigentum des Anker war, überführt. Für die Turul wurden nach der Enteignung neue Statuten ausgearbeitet und ihr Name auf „Osteuropäische Versicherungs A. G." geändert, die eine 100 %ige Tochter der Gosstrach in Moskau war. In das neue Unternehmen wurde die Filiale der Anker zur Gänze übernommen, von den übrigen Gesellschaften nur die Portefeuilles. Alle Rückversicherungsverträge wurden gelöst, alleiniger Rückversicherer für die Osteuropäische wurde die Gosstrach.[253] Aufgrund einer so genannten „B"-Liste-Verordnung konnten bis zum 31. Oktober 1946 alle dort aufgelisteten Angestellten gegen Auszahlung von zwei Monatsgehältern entlassen werden. Abfertigungen und dergleichen sollten zu Lasten der ausländischen Zentralen gehen. Auch weigerte man sich grundsätzlich, die Passiva zu übernehmen, darunter auch die Pensionslasten.

Die vier betroffenen österreichischen Versicherungsgesellschaften richteten nun eine Denkschrift an das Bundesministerium für Finanzen, in der sie gegen diese Vorgangsweise protestierten.[254] Darin wurde dieses Vorgehen als rechtswidrig bezeichnet und das ungarische Wiedergutmachungsamt, das diesen Schritt vollzogen hatte, auf Restitutionsforderungen angesprochen. Die Vermögensübertragung betraf nur die Polizzenbestände

253 Ab Ende 1947 konnte jedoch die Osteuropäische auf der Grundlage eines Vertrages mit dem österreichischen Verband der Versicherungsunternehmen Rückversicherungsverträge mit österreichischen Gesellschaften abschließen. V48/8. August 1947. Doch gab es dabei immer wieder Schwierigkeiten; siehe: Vertraulicher Aktenvermerk zum Vorstandsprotokoll Nr. 102, 21. April 1950

254 Denkschrift Anglo Elementar, Der Anker, Donau-Concordia und Wiener Allianz an das Bundesministerium für Finanzen vom 20. März 1947, AdR/BMF, 15011/1947

und die Aktiva, der Eintritt in die Passiva wurde abgelehnt. Die Denkschrift verlangte daher, dass jede Rechtshilfe für Klagen dieser Art in Ungarn verweigert werden sollte. Dieser Punkt machte aber keine Schwierigkeiten, da das Rechtshilfeabkommen mit Ungarn zu dieser Zeit ohnehin nicht anwendbar war.[255] Die am ungarischen Geschäft beteiligten österreichischen Versicherungsgesellschaften richteten dennoch eine Denkschrift an das Justizministerium, dass ein Rechtshilfevertrag mit Ungarn frühestens nach Abschluss des Staatsvertrages abgeschlossen werden sollte.[256]

Das Bundeskanzleramt, Auswärtige Angelegenheiten, protestierte nun in Budapest gegen die Übertragung österreichischen Eigentums an die Sowjetunion, da hierfür die Entscheidung des Alliierten Kontrollrates in Berlin fehlte, der die höchste Instanz für alle besetzten Gebiete war. Der Protest führte jedoch zu keiner Reaktion der ungarischen Behörden. Allerdings stellte es sich letztlich doch heraus, dass auch die Passiva übernommen wurden. Das Bundesministerium für Vermögenssicherung riet den österreichischen Gesellschaften zumindest Schadenersatzansprüche beim ungarischen Reparationsamt anzumelden, denn schließlich hatten die Ungarn die Enteignung vorgenommen und nicht die Sowjets.[257] Die betroffenen Versicherungsunternehmen sollten weiterhin ihre Interessen verfolgen und nicht, wie das die Osteuropäische in Budapest verlangt hatte, ihre Niederlassungen im ungarischen Firmenregister löschen. Der Rechtskonsulent der Donau Versicherungsgesellschaft in Budapest riet auch zu einem weiteren gemeinsamen Vorgehen mit Unterstützung der österreichischen Regierung. Ohne österreichischen Staatsvertrag fehlte jedoch die wesentlichste Voraussetzung für den Erfolg solcher Maßnahmen.[258]

Jugoslawien

Nach dem Ersten Weltkrieg entstand mit dem Königreich Jugoslawien (SHS) ein einheitlicher Wirtschaftsraum, indem jedoch die Versicherungswirtschaft schwach entwickelt war.[259] Der Einfluss des Auslandes war sehr groß. Mehr als die Hälfte der in Jugosla-

255 Schreiben des Justizministeriums an das Bundesministerium für Finanzen vom 8. Mai 1947, AdR/BMF, 22760/1946

256 V39/3. April 1947

257 Besprechung des Vermögenssicherungsministeriums mit den Versicherungsgesellschaften vom 15. Oktober 1947, AdR/BMF, 48747/1947

258 Besprechung mit den in Ungarn tätigen Versicherungsgesellschaften vom 13. Jänner 1948, AdR/BMF, 2080/1948

259 Boncelj, Joze, Die allgemeine Entwicklung des Versicherungswesens in Jugoslawien, Versicherungsrundschau 1960, S. 321

wien arbeitenden Versicherungsunternehmen waren ausländischer Provenienz und die Rückversicherung ging fast vollständig über das Ausland. Eine materielle Staatsaufsicht gab es erst in der Folge der Phönix-Krise (1936) im Jahr 1937, die sich aber bis zu Beginn des Krieges 1941 noch nicht wirklich entwickelt hatte. Der Krieg und die Maßnahmen der Besatzungsmacht wirkten sich weiter katastrophal auf diesen Wirtschaftszweig aus. Nach der Befreiung Belgrads wurde bereits am 21. November 1944 das Vermögen des Deutschen Reiches und seiner Staatsbürger durch Beschluss der „Antifaschistischen Ratsversammlung der nationalen Befreiung Jugoslawiens" beschlagnahmt. Dabei machte man auch keinen Unterschied zu österreichischem Eigentum, das ebenfalls als Feindvermögen behandelt wurde. Die im Jahr 1941 durch österreichische Versicherungsgesellschaften von jugoslawischen Anstalten käuflich erworbenen Anteile mussten ebenfalls ohne Entgelt übergeben werden.[260] Die deutschen und österreichischen Versicherungsinteressen wurden am 1. März 1945 in der „Staatlichen Anstalt für Versicherung und Rückversicherung" zusammengefasst, womit der Staat aktiver Träger der Individualversicherung geworden war. Am 4. Juni 1946 wurden sämtliche Rückversicherungen mit dem Ausland aufgelöst und die Staatsanstalt war damit zum einzigen Rückversicherer geworden. Von den Maßnahmen waren insgesamt 8 Versicherungsgesellschaften betroffen, darunter 4 Gesellschaften, an denen österreichische Interessen bestanden:

- die Allgemeine Elementar Versicherungs AG,
- die Wiener Städtische Wechselseitige Gesellschaft,
- die Grazer Wechselseitige (Südmark),
- die Donau, deren Tochter Dunav ebenfalls beschlagnahmt wurde.

Da nun auch das beachtlich angewachsene Staatseigentum nur bei der Staatsversicherung versichert werden durfte, blieb den übrig gebliebenen Versicherungsunternehmen kein großer Tätigkeitsbereich mehr. Sie stellten daher ihre Tätigkeit ein, wurden liquidiert und ihre Bestände der Staatsversicherung übergeben. Anfang 1947 hat dann der Finanzminister die Konzessionen der letzten Versicherungsunternehmen eingezogen und mit 18. Februar 1947 war die Staatsanstalt die einzige Individualversicherung des Landes. Durch diese Maßnahmen waren die österreichischen Interessen am jugoslawischen Versicherungsmarkt vollkommen zerstört.

260 Die Versicherungsrundschau 1946, S. 144

Rumänien

Vom Zeitpunkt der Besetzung Rumäniens durch die Rote Armee im August 1944 bis Anfang 1946 lagen kaum Nachrichten über das Schicksal der österreichischen Beteiligungen und Gesellschaften in Rumänien vor. Man erfuhr lediglich, dass die Zweigniederlassungen österreichischer Versicherungsunternehmen unter kommissarische Verwaltung gestellt worden waren. Die erste Nachricht bekam die Versicherungsaufsicht durch die Allgemeine Elementar am 8. Jänner 1946. Darin wurde von einer drohenden Beschlagnahme auch der österreichischen Gesellschaften gesprochen. Am 19. Februar 1946 erließ Rumänien das Gesetz Nr. 75, mit dem deutsche und österreichische Beteiligungen und Zweigniederlassungen enteignet und der Generalverwaltung der Staatsversicherungen der UdSSR (Gosstrach) überantwortet wurden. Das Gesetz berief sich auf die Entscheidung der Alliierten Kontrollkommission in Rumänien vom 23. Jänner 1946, nach der aufgrund der Potsdamer Beschlüsse österreichisches Eigentum als deutsches anzusehen und zu behandeln sei.[261] Die Eigentumsübertragung hatte innerhalb sieben Tagen zu erfolgen, Aktien, die bis zu diesem Zeitpunkt nicht übergeben wurden, galten als ungültig.[262] Betroffen waren davon eine österreichische Gesellschaft, die Allgemeine Elementar, und drei rumänische Gesellschaften, an denen österreichische Versicherungsunternehmen maßgeblich beteiligt waren, Britania, Nationala und Transylvania. In die Verwaltung von Unternehmen mit deutscher oder österreichischer Beteiligung wurden Vertreter der Gosstrach delegiert. Als deutsche Gesellschaften geltende Unternehmen oder Zweigniederlassungen, wie etwa die Victoria und fälschlicherweise auch der Anglo-Danubian-Lloyd (früher Danubia), wurden unter der Ägide der Gosstrach zu einer einzigen Gesellschaft zusammen gefasst. Diese trug den Namen Victoria und stand unter russischer Verwaltung. Eine Ausnahmestellung hatten die Niederlassungen der beiden Triester Gesellschaften, Generali und Riunione. Sie wurden als italienische bzw. künftige UN-Gesellschaften von Konfiskationsmaßnahmen vorläufig ausgenommen.

Bulgarien

Bis 1944 arbeiteten in Bulgarien 18 einheimische und 13 ausländische Versicherungsgesellschaften. Während des Krieges war die Verbindung zum nichtdeutschen Ausland weitgehend abgeschnitten, so dass diese Unternehmen gezwungen waren, ihre Tätigkeit

261 AdR, BMF, 418/1947

262 Die Versicherungsrundschau 1946, S. 144

auf ein Mindestmaß zu beschränken. Demzufolge fiel das Geschäft hauptsächlich den einheimischen Gesellschaften zu. Über die Lage der Versicherungswirtschaft in Bulgarien war in den ersten Nachkriegsjahren nur wenig bekannt. Man wusste lediglich, dass mit einem Gesetz vom 28. Mai 1946 das deutsche Eigentum an die Sowjetunion übertragen wurde und damit auch eine Beschlagnahmung österreichischen Vermögens erfolgte.[263] Die Anglo-Danubian-Lloyd konnte in Erfahrung bringen, dass nach der Kriegserklärung Bulgariens an Deutschland im Jahr 1944 ihre Filiale an die bulgarische Versicherungsgesellschaft „Balkan“ übertragen wurde. Das Vermögen kam unter Sequester, die Angestellten wurden gekündigt und das Geschäftslokal aufgegeben. Nach dem Krieg wurde die Anglo-Danubian-Lloyd aufgefordert, für die Alliierte Kontrollkommission in Bulgarien den Nachweis über die Beteiligungsverhältnisse zu erbringen. Daher wurde angenommen, dass durch den Nachweis des nichtdeutschen Eigentums der Hauptgesellschaft bzw. der Filiale zwar nicht der Weiterbetrieb gesichert, aber mit der Freigabe der beschlagnahmten Vermögenswerte zu rechnen war. Die Anglo-Danubian-Lloyd konnte nun eine Bestätigung des österreichischen Finanzministeriums vorlegen, wonach nur österreichisches und britisches Kapital beteiligt sei. Die Kontrollkommission erklärte diese Urkunde aber nicht für ausreichend, sondern stellte weitere, zum Teil unmögliche Forderungen. Dabei wurde ein Aktionärsbuch angefordert und der Nachweis der österreichischen Staatsbürgerschaft der Aktionäre, was nicht möglich war, da es sich um Inhaberaktien handelte. Ebenso wurde eine Erklärung der Alliierten Kontrollkommission in Wien – oder zumindest des sowjetischen Elements – über die österreichische Nationalität des Unternehmens gefordert. Das alles erweckte den Eindruck, dass man in Bulgarien nicht – wie in Rumänien – österreichisches Eigentum einfach als deutsches qualifizierte, sondern den Nachweis der österreichischen Staatsangehörigkeit mit allen Mitteln und unter vielen Vorwänden zu erschweren versucht. 1946 teilte die Allgemeine Rückversicherungsgesellschaft Balkan der Anglo-Danubian-Lloyd mit, dass aufgrund einer gesetzlichen Bestimmung die Rückversicherungsverträge mit 5. September 1944 aufgelöst worden seien.[264] Obwohl die bulgarischen Privatversicherungen durchaus zufriedenstellend arbeiteten und ab 1945 einen Aufschwung zu verzeichnen hatten, vermutete man schon Anfang 1946, dass aus politischen Gründen ein staatliches Versicherungsmonopol angestrebt wurde.[265] Am 27. Juni 1946 wurde dann in Bulgarien ein staatliches Versicherungsinstitut gegründet, worauf alle privaten Versicherungsunternehmen ihre Geschäftstätigkeit einstellen und in Liquidation treten mussten. Nur Unternehmen, die

263 AdR, BMF, 418/1947

264 V27/5. September 1946

265 Die Versicherungsrundschau 1946, S. 72

sich ausschließlich mit dem Rückversicherungsgeschäft befassten, konnten vorläufig weiterarbeiten, da es hier nach 1945 große Schwierigkeiten gab.

Osteuropäische und Ingosstrach

In Ungarn waren die österreichischen Versicherungsinteressen durch die russische Besatzungsmacht beschlagnahmt und in die „Osteuropäische Versicherungs A. G." eingebracht worden, einer 100 %igen Tochter der Gosstrach in Moskau. Die Osteuropäische ging dann so weit, in Österreich eine Geschäftszulassung zu beantragen, was ihr aber nach Rücksprache mit den westlichen Alliierten doch nicht gestattet wurde. Man argumentierte, dass es bereits zu viele Versicherungsgesellschaften in Österreich gebe und daher eine Neuzulassung nicht möglich sei.[266] Dennoch war man gezwungen, mit der Osteuropäischen zusammenzuarbeiten, da sie eine zentrale Stellung im Versicherungsgeschäft bei den österreichischen USIA-Betrieben hatte.

Denn die sowjetische Besatzungsmacht in Österreich war nicht überall so behutsam vorgegangen wie in der Versicherungswirtschaft. Ab dem Frühsommer 1946 begann die „Abteilung zur Erforschung des deutschen Eigentums" in Österreich mit der Sichtung, Beschlagnahmung und Organisation des „deutschen Eigentums" in ihrem Besatzungsgebiet. Als Rechtsgrundlage diente das Potsdamer Abkommen und der Befehl Nr. 17 des Oberbefehlshabers der sowjetischen Besatzungstruppen in Österreich, Generaloberst V. V. Kurasov, vom 27. Juni 1946. Es wurde die USIVA, Upravlenie sovetskim imuscestvom v vostocnoj Avstrii (Verwaltung des deutschen Eigentums im östlichen Österreich), gegründet, die später in USIA, Upravlenie sovetskim imuscestvom v Avstrii, (Verwaltung des sowjetischen Vermögens in Österreich), umbenannt wurde. Der sowjetische Konzern umfasste zusätzlich die Sowjetische Mineralölverwaltung (SMV), die Donau-Dampfschifffahrtsgesellschaft (DDSG) und die Wien-Film. Besondere Bedeutung erlangten die sowjetische Handelskette (USIA-Läden), die staatliche sowjetische Speditionsfirma Juschwneschtrans sowie die INTRAC mit den Firmen der österreichischen kommunistischen Partei.[267] Bei der Auswahl der zu beschlagnahmenden Betriebe war die Sowjetunion mit einer äußerst großzügigen Interpretation des Begriffs „deutsches Eigentum" vorgegangen. Von den USIA-Betrieben schienen nur 18 im österreichischen

266 Memorandum on Conversations with the Finance Ministry, on Wednesday, 23th April, 1947, (Crossman), PRO FO 1020/1663/75964

267 Die sowjetische Besatzungswirtschaft in Österreich. Endbericht über die Ergebnisse des Forschungsauftrages (Wien, Mai 1958), 1, Nachlass Figl, Niederösterreichisches Landesarchiv Kt. 204, 7.

Verstaatlichungsgesetz von 1946 als Deutsches Eigentum auf. Zum Teil wurden Betriebe beschlagnahmt, nur weil sie deutsche Kredite hatten.

Die Zahl der USIA-Betriebe veränderte sich ständig und wird daher von verschiedenen Quellen unterschiedlich angegeben. 1955 sprach der österreichische Vizekanzler A. Schärf von 419 USIA-Betrieben, davon über 300 aus dem Bereich der Industrie. Zusammen mit den Betrieben der SMV und der DDSG hätten die Sowjets damit 454 Betriebe in Österreich verwaltet.[268] Ein „Österreichischer Endbericht über die sowjetische Wirtschaftsverwaltung" gibt jedoch die detailliert aufgeschlüsselte Zahl der namentlich genannten USIA-Betriebe (ohne SMV, DDSG, Handel- und Speditionsbetriebe sowie land- und forstwirtschaftliche Güter) für 1954 mit 160 an.[269] Ebenso schwankte die angegebene Zahl der Beschäftigten. Sie betrug 1946 bei der sowjetischen Übernahme 22.000, stieg aber bis zum Februar 1948 auf 45.000 an und wurde für 1951 mit 50.000 bis 60.000 angegeben. Der Endbericht spricht jedoch für 1954 von 36.191 Beschäftigten. Die Gewichtung der USIA-Betriebe war in den einzelnen Branchen recht unterschiedlich. Während ihr Anteil an der Nahrungs- und Genussmittelindustrie eher gering war, hatte sie in anderen Bereichen einen starken Einfluss. So machte ihr Anteil an der gesamtösterreichischen Industrieproduktion bei Glas 60 %, bei Leder 43 %, bei Eisen- und Stahl 40 %, in der Metallhüttenindustrie 32 %, beim Maschinenbau 22 % und bei Fahrzeugen 17 % aus.[270] Der Anteil der USIA an der gesamtösterreichischen Industrieproduktion lag zwar nur bei 5 %, in Wien und Niederösterreich machte er jedoch beachtliche 30 % aus.

Die USIA war daher ein beachtlicher Konzern. Dabei handelte es sich ohne Ausnahme um bereits bestehende Betriebe, die bei österreichischen Gesellschaften versichert waren. Die Sowjets wollten sich an diesem Versicherungsgeschäft in irgendeiner Form beteiligen und bestimmten dafür die Osteuropäische Allgemeine Versicherungs AG in Budapest. Nachdem von dieser auch die in Ungarn beschlagnahmten österreichischen Beteiligungen und Zweigniederlassungen übernommen worden waren, sollte sie über eine Kenntnis des österreichischen Marktes verfügen. An eine Konzessionserteilung für das direkte Geschäft war jedoch schon aus präjudiziellen Gründen nicht zu denken. „Um aber den Wünschen der ‚Osteuropäischen', welche insbesondere durch die Absicht der russischen Verwaltung des deutschen Vermögens in Ost-Österreich nach konzentrierter Betreuung der Versicherung der von ihr verwalteten Betriebe ausgelöst

268 Otto Klambauer, Die USIA-Betriebe, Wien 1978, S. 256

269 Dieter Stiefel, Coca Cola kam nicht über die Enns … Die ökonomische Benachteiligung der sowjetischen Besatzungszone, in: Günter Bischof/Dieter Stiefel, 80 Dollar. 50 Jahre ERP-Fonds und Marshall-Plan in Österreich 1948–1998, Wien 1999, S. 116

270 W. Brunner, Das deutsche Eigentum und das Ringen um den österreichischen Staatsvertrag 1945–1955, Wien 1976, S. 144.

wurden, weitestgehend entgegenzukommen", schlug der Versicherungsverband ein Rückversicherungsabkommen vor.[271] „Im Hinblick auf die Schwierigkeiten der Risikoinspektion und Schadensliquidierung in Betrieben, die einer militärischen Verwaltung unterstehen, dürfte die vorgeschlagene Lösung den Interessen der österreichischen Versicherungswirtschaft noch am besten entsprechen."[272] Nach diesem Vertrag vom 1. April 1948 wurden bei Neuversicherungen, Erneuerungen, Nachversicherungen und mit Einschränkung auch Konvertierungen eine Rückversicherungsquote von 80 % der Osteuropäischen zur Deckung gegeben. „Damit war einerseits der den Wünschen eines Elements der Besatzungsmächte entsprechende Zustand hergestellt, während andererseits die bisherigen Versicherer dieser Objekte ihre Verträge behalten."[273] Hierfür wurde ein Wiener Abrechnungsbüro der Osteuropäischen errichtet.

Die Osteuropäische war jedoch kein leichter Partner. Sie gab ihre Bestrebungen, in Österreich eine Konzession zu erhalten, keineswegs auf und versuchte inzwischen ihre Geschäftsbedingungen zu verbessern. Am 8. September 1950 fand daher eine Besprechung der Funktionäre der Osteuropäischen beim Versicherungsverband statt, wo sie ihre Änderungswünsche auf den Tisch legten. Allerdings hatten sie den Vertrag 1948 unkündbar abgeschlossen, wodurch sie auf das Entgegenkommen der österreichischen Seite angewiesen waren. Die Osteuropäische wollte dabei künftig:[274]

- nicht nur an den Neu- oder Nachversicherungen, sondern an allen Versicherungen der unter russischer Verwaltung stehenden Unternehmen, Betriebe und Realitäten beteiligt werden. Der österreichischen Forderung, dann eine Liste der USIA-Betriebe vorzulegen, konnte sie jedoch aus politischen Gründen nicht entsprechen, so dass der Umfang unklar war. Dies wurde letztlich akzeptiert, wenn die Osteuropäische zumindest die Risiken bekannt gab.
- Für gewisse Sparten wollte sie die Rückdeckung ablehnen können. Das wurde nur in konkret festgelegten Fällen bewilligt, da es nicht angeht, die guten Risiken zu übernehmen und die schlechten den österreichischen Gesellschaften zu überlassen.
- Bei Vertragserneuerungen oder Nachversicherungen wollte sie freie Hand in der Auswahl des Versicherungsunternehmens haben, da diese Wahl dem Versicherungsneh-

271 V43/14. Juni 1947

272 MV vom 4. März 1948, Zwischenbericht über die Tätigkeit des Verbandes seit der ordentlichen Mitgliederversammlung vom 29. April 1947

273 Ein interessanter Rückversicherungsvertrag, Die Versicherungsrundschau 1948, S. 178/9

274 Diese Verhandlungen wurden bei den Vorstandssitzungen des Versicherungsverbandes diskutiert: V108/14. September 1950, V111/26. Oktober 1950, V114/30. November 1950, V115/7. Dezember 1950, V116/22. Jänner 1951,

mer zustehen sollte. Hier bestand die österreichische Seite vehement auf den Besitzschutz. Auch wenn dieser allgemein in Österreich nicht üblich war, so hatte die Osteuropäische doch vertraglich diesem Prinzip zugestimmt.

- Zur Deckung der Regieausgaben des Wiener Abrechungsbüros forderte sie einen Verwaltungskostenbeitrag. Dies wurde vorerst abgelehnt, da es ein schweres Präjudiz gegenüber anderen Rückversicherern gewesen wäre. Die Regieausgaben waren aus dem Gewinn zu decken. Allerdings gewährte man letztlich eine einmalige Spesenabgabe für das Jahr 1951 in der Höhe von 100.000 Schilling.
- Weiters forderte sie für das gesamte Geschäft eine Maklerprovision. Auch dem wurde mit Reduktionen entsprochen.

Das Entgegenkommen der österreichischen Seite mag letztlich auch darauf zurückzuführen gewesen sein, dass die Osteuropäische 1952 alle Rechte und Verbindlichkeiten aus dem Rückversicherungsvertrag an die Ingosstrach abzugeben hatte. Der Versicherungsverband erklärte sich damit einverstanden, wenn nicht einzelne Rechte, sondern die Gesamtheit des Vertrages übertragen werde.[275] Die Ingosstrach war zuständig für die ausländischen Versicherungsoperationen der sowjetischen, staatlichen Gosstrach. Die Ingosstrach hatte vorerst das Problem, dass sie den österreichischen Markt nicht kannte, von ihr aber Berichte an ihre Muttergesellschaft in Moskau verlangt wurden. Sie trat daher mehrfach an den Versicherungsverband mit der Bitte um die Bekanntgabe der Prämien und Schäden der österreichischen Versicherungsunternehmen heran. Der Vorstand lehnte dies jedoch aufgrund des behördlichen Verbotes der Veröffentlichung von Bilanzzahlen ab.[276] Schließlich übergab man ihr aber doch zumindest die Globalsummen der gewünschten Daten zum internen Gebrauch.[277] Gleichzeitig versuchte die Ingosstrach recht erfolgreich, ihre Geschäftsbedingungen zu verbessern, denn die auf sie entfallende Bruttoprämie betrug immerhin an die 20 Millionen Schilling.[278] Dabei drohte sie damit, dass die USIA-Zentralverwaltung, wenn ihr nicht eine Prämienermäßigung zugestanden werde, zur Selbstversicherung übergehen würde. Die Ingosstrach behauptete zwar, dass sie unter Hinweis auf allfällige Katastrophenschäden von einem solchen Vorgehen abgeraten hätte, verlangte aber die Hälfte des Verwaltungskostenbeitrags der Plusprämie, wobei sie selbst den Großteil an die USIA abzugeben habe. Für ihre eigene Mehrarbeit beanspruchte sie weiters eine Herabsetzung der Rückversicherungsprovision. Der Versi-

275 V115/7. Dezember 1950
276 V132/6. März 1952; V133/13. März 1952
277V134/27. März 1952
278 V152/27. Oktober 1953

cherungsverband empfahl, auf die Forderungen der Ingosstrach einzugehen. Die Gefahr, dass die USIA zur Selbstversicherung übergehen werde, war nicht von der Hand zu weisen. Außerdem erhielten auch andere Großkunden Rabatte.[279] Man gewährte daher der Ingosstrach für die risikotechnische Betreuung des Geschäfts und Mithilfe beim Schadenserhebungsdienst:[280]

- 10 % der Bruttoprämie,
- ein Bürokostenpauschale in der Höhe von 2½ % der Rückversicherungsprämie anstelle der bisherigen Pauschale von 200.000 Schilling,
- und eine Herabsetzung der Rückversicherungsprovision auf 2½ %.

Doch die Probleme mit der sowjetischen Staatsversicherung dauerten nicht mehr lange. Mit dem Staatsvertrag 1955 wurden die USIA-Betriebe gegen entsprechende finanzielle Entschädigung dem österreichischen Staat übergeben. Viele dieser Betriebe, in die jahrelang nichts mehr investiert worden war, mussten geschlossen werden. In jedem Fall fiel aber das Versicherungsgeschäft nun wieder zur Gänze auf die österreichischen Unternehmen.

5. Das Problem der Rückversicherung

Mit dem Jahr 1945 waren vorerst sämtliche versicherungswirtschaftlichen Beziehungen zum Ausland abgerissen. Beteiligungen und Vermögen wurden überall, zumindest vorläufig, beschlagnahmt und Verträge mit ausländischen Partnern waren nicht mehr einzuhalten. Zusätzlich waren alle europäischen Staaten bemüht, ihre durch den Krieg und seine Folgen ins Ungleichgewicht geratene Zahlungsbilanz zu sanieren. Dies geschah durchwegs durch eine Reglementierung des Kapitalverkehrs in einem Ausmaß, der diesen weitgehend behinderte. Eine internationale vernetzte Branche, wie die Versicherungswirtschaft, stand damit vor besonderen Problemen, vor allem bei der Rückversicherung. Denn die Rückversicherung war schon ihrem Sinn nach nur auf breiter internationaler Basis durchführbar, da ihr Zweck darin bestand, das Risiko möglichst breit zu streuen. Ein kleines Land wie Österreich musste daher ein vorrangiges Interesse haben, den internationalen Ausgleich in der Versicherungswirtschaft so rasch wie

279 V135/28. April 1952

280 V136/23. Mai 1952. Ursprünglich war die Auto- und die Transportversicherung ausgenommen, wurde aber 1954 mit einbezogen. V153/15. Dezember 1953

möglich wieder aufzubauen. Die Schwierigkeiten hierfür erscheinen aber vorerst einmal geradezu unüberwindlich.[281]

Das betraf in erster Linie die vielfältigen Beziehungen zu Deutschland. Für die österreichische Versicherungswirtschaft waren die Rückversicherungsbeziehungen mit deutschen Unternehmen schon vor dem „Anschluss" stark ausgebaut gewesen, die sich nach 1938 noch wesentlich verstärkt hatten. Es war jedoch der ausdrückliche Wille der Alliierten im Jahr 1945, die österreichische Wirtschaft von der deutschen Wirtschaft in jeder Beziehung zu trennen. Die daraus resultierenden finanziellen Auseinandersetzungen sollten in einem zwischenstaatlichen Clearing erfolgen, wobei die inländischen Versicherungsanstalten Ansprüche gegenüber dem eigenen Staat erwerben sollten.[282] Damit konnte sich aber die österreichische Versicherungswirtschaft verständlicherweise nicht recht anfreunden. Dass der österreichische Staat die Forderungen gegenüber dem ehemaligen Deutschen Reich – vor allem in Bezug auf Reichsanleihen – übernehmen und durchsetzen sollte, war eine ganz andere Frage als die Auflösung von Verträgen zwischen privatwirtschaftlichen Unternehmen. Die einzelnen Rückversicherungsverträge waren höchst unterschiedlich, so dass eine einheitliche Lösung schwer vorstellbar erschien. Außerdem war stets eine Kündigungsmöglichkeit gegeben, die ordnungsgemäß eingehalten werden sollte. Die österreichischen Versicherungsunternehmen nahmen daher auch 1945 weiter den Standpunkt ein, dass die Rückversicherungsverträge nach wie vor zu Recht bestanden. Damit stellte sich die Frage, zu welchem Zeitpunkt diese Rückversicherungsverträge aufgelöst werden sollten, rückwirkend zum 31. Dezember 1944, ordnungsgemäß zum 31. Dezember 1945 oder irgendwann dazwischen. Infolge der auf der österreichischen Seite vorhandenen Gegenforderungen und beachtlicher deutscher Guthaben in Österreich bestand für diese Verträge 1945 noch keine akute Gefahr. Ein Pool war daher für die österreichischen Gesellschaften nicht notwendig. Sollten für einzelne Gesellschaften Schwierigkeiten entstehen, so konnte auch im Kreditweg gegenseitig ausgeholfen werden. Ab 1946 war dann ausreichend Zeit für die einzelnen Gesellschaften, ihre Rückversicherung individuell selbst zu ordnen. Ein rechnungsmäßig ungemein schwieriger Abschluss mitten im Jahr sollte jedoch unter allen Umständen vermieden werden. Bestanden die Alliierten darauf, die Rückversicherungsverträge rückwirkend für ungültig zu erklären, so hätte man sie um Vermittlung für eine anderweitige Rückdeckung ersuchen müssen.[283]

281 Zum Vergleich zur Situation nach dem Ersten Weltkrieg und der damaligen Inflation siehe: Christian Prenger, Strukturwandel der Rückversicherung in der Ersten Republik, in: Wolfgang Rohrbach (Hrsg.), Versicherungsgeschichte Österreichs, Band III, Das Zeitalter des modernen Versicherungswesens, Wien 1988

282 V6/20. September 1945

283 V6/20. September 1945

Der Abschluss per Ultimo 1944 schien auch juristisch eher gerechtfertigt zu sein, weil die mit April oder Mai faktisch eingetretene Vertragsbeendigung dem Jahresabschluss 1944 näher lag als jenem von 1945. Denn mit Kriegsschluss Mai 1945 waren die Verträge tatsächlich unwirksam. Zusätzlich bestand bei der Lösung der Verträge Ende 1945 die Gefahr, dass Guthaben ohne Kompensationsmöglichkeiten gesperrt werden konnten. „Es wäre denkbar, dass die österreichischen Versicherer ihre Forderungen etwa dem Staate oder sonst einer Stelle abtreten müssten, ihre Schulden aber nicht kompensieren könnten, sondern wiederum dem Staate oder sonst einer Behörde zu bezahlen hätten.“[284] Die Situation war aber für die einzelnen Versicherungsunternehmen unterschiedlich. Manche hatten bereits von sich aus für Ende 1945 ihre deutschen Rückversicherungspositionen gekündigt.[285]

Es war schon bemerkenswert, dass selbst im April 1946 die Alliierten noch immer keine Entscheidung getroffen hatten. Da nun aber der Postverkehr mit Deutschland wieder funktionierte, wurde die Frage aktuell. Trotz einiger Ausnahmen kam der Versicherungsverband zu der Empfehlung, die Auflösung zu Ende 1945 vorzunehmen, da sonst für die österreichischen Versicherungen erhebliche Nachteile entstehen könnten. „Überwiegende Gründe scheinen nunmehr für die Vertragslösung zum 31. Dezember 1945 zu sprechen; insbesondere der bei der Münchner Rück laufende Excess-Loss-Vertrag in der Hagelversicherung würde sonst im Jahr 1945 ungedeckt sein und auch die deutsche Kriegsversicherungsgemeinschaft kann sehr wohl als rückversicherungsähnliche Einrichtung betrachtet werden, die zweifellos keine Deckung an österreichische Gesellschaften mehr gewähren würde, wenn wir unsererseits die Rückversicherung schon zu Ende des Jahres 1944 auflösen.“ Der Vorstand des Versicherungsverbandes fasste daher – „anlässlich der bevorstehenden Eröffnung des Postverkehrs mit Deutschland“ – einstimmig den Beschluss: „Den Mitgliedsunternehmungen wird empfohlen die deutsche Rückversicherung zum Ende des Jahres 1945 zu beendigen und die deutschen Vertragspartner hievon zu verständigen mit dem Hinweis, dass nunmehr die Rückversicherung ab 1. Jänner 1946 anderweitig vergeben werden musste.“[286] Es dauerte bis 1950, bis den Versicherungsunternehmen in der „Westdeutschen Republik“ wieder die Aufnahme von Rückversicherungsbeziehungen mit dem Ausland gestattet wurde. Daher meldete auch der österreichische Versicherungsverband seinen Wunsch nach Verhandlungen über ein Versicherungs- und Rückversicherungszahlungsabkommen

284 V11/6. Dezember 1945

285 So etwa die Wiener Allianz, V13/10. Jänner 1946

286 V20/11. April 1946

mit Deutschland bei der Aufsichtsbehörde an.[287] Ab 1952 war die Rückversicherung mit der Bundesrepublik Deutschland auch ohne Einschränkung des Devisentransfers wieder möglich.[288]

So war also das Rückversicherungsgeschäft mit Deutschland im Jahr 1945 aufgrund des Willens der Alliierten und das mit der Tschechoslowakei auf Grund der unfreundlichen Haltung des dortigen Versicherungsverbandes vorerst einmal unterbrochen. Damit richtete sich der Blick der österreichischen Versicherungswirtschaft notgedrungen nach Westen. Die alliierten Delegationen hatten sich auch bereit erklärt, im neutralen Ausland festzustellen, ob die dortigen Rückversicherer die mit österreichischen Gesellschaften abgeschlossenen Rückversicherungsverträge weiter als aufrecht bestehend ansahen.[289] Von den neutralen Ländern waren die Schweiz, Schweden und Dänemark nach wie vor bereit, Rückversicherung zu geben. 1946 folgten auch Frankreich, England und schließlich Italien. Allerdings verweigerten alle, auch die neutralen Länder, die Abgabe von Gegengeschäften, was die Position der österreichischen Rückversicherung verschlechterte und devisenmäßig nachteilig war.[290] Aufgrund des fehlenden Zahlungsübereinkommens erklärten sich die Schweizer Gesellschaften außerstande, den österreichischen Gesellschaften Rückversicherungen abzugeben, und waren lediglich bereit, in Rückdeckung zu nehmen. Die Saldi sollten ihrer Meinung nach durch die Einzahlung der entsprechenden Beträge auf ein Sonderkonto bei einer Wiener Bank geregelt werden, über das mit Zustimmung der Nationalbank für den Rückversicherungsverkehr verfügt werden konnte.[291] Das Problem stellte sich vor allem bei der Transportversicherung, die in ausländischen Valuten abgeschlossen wurde und damit zwangsläufig nur Zweigniederlassungen ausländischer Gesellschaften zugute kommen konnte.[292]

Bis 1947 entspannte sich die Situation und die Abgabe des Rückversicherungsgeschäfts ins Ausland begegnete keine Schwierigkeiten mehr. Allerdings ließ die Bereitschaft der ausländischen Geschäftspartner zur Abgabe von angemessenen Gegengeschäften weiter zu wünschen übrig. Das hauptsächliche Hindernis war das Fehlen von zwischenstaatlichen Zahlungsabkommen. Zumindest aber konnte der Versicherungsverband mit der Nationalbank ein Abkommen erreichen, das hier Erleichterung brachte.[293] Da die

---

287 Rechenschaftsbericht Mitgliederversammlung VVÖ, 20. 4. 1950

288 Jahresbericht Mitgliederversammlung VVÖ, 24. 4. 1953

289 V10/29. November 1945

290 Rechenschaftsbericht Mitgliederversammlung VVÖ, 25. April 1946, S. 4

291 V30/11. Oktober 1946

292 V35/15. Dezember 1946

293 Hollitscher, Heinrich, Die Rückversicherung in der österreichischen Zahlungsbilanz, in: Die Versicherungsrundschau, Wien 1947

Abgabe von Rückversicherung an das Ausland ohne Gegengeschäft einen Nachteil für die österreichische Wirtschaft bedeutete, war die Nationalbank bereit, 5 % von den etwa 20 Mio. Schilling 1947 in Ausland abgegebener Prämie an Valuten zur Verfügung zu stellen.[294] Die Oesterreichische Nationalbank stellte daher ein Kontingent von höchstens 1 Mio. Schilling im Jahr 1947 zum Transfer von Devisen zur Verfügung. Damit sollten – limitiert bis zu 5 % der überwiesenen Prämien – die Saldi beglichen werden, die aus dem Rückversicherungsgeschäft herrührten. Obwohl das Kontingent 1947 nur zu einem geringen Teil ausgenützt wurde, stellte die Oesterreichische Nationalbank 1948 ebenfalls wieder den gleichen Betrag zur Verfügung.[295] Der Restbetrag 1947 sollte auf Anregung des Versicherungsverbandes zur Abdeckung von alten Saldi nach Italien und Dänemark und eines Saldos aus der aktiven Rückversicherung nach der Schweiz verwendet werden.[296] Für die Rückdeckung war eine Heranziehung der Auslandsguthaben der österreichischen Rückversicherer vorgesehen, in der Hoffnung auf eine Deblockierung der in vielen Staaten noch gesperrten Konten.[297] Durch die Mitwirkung des Ministeriums für Vermögenssicherung und Wirtschaftsplanung konnte die Deblockierung der österreichischen Guthaben in der Schweiz, Italien, Holland und Schweden auch 1948 erreicht werden. Die Guthaben in England waren zu dieser Zeit immer noch gesperrt.

Bis Ende 1947 erfuhr der Versicherungszahlungsverkehr mit Frankreich durch den Abschluss eines österreichisch-französischen Handelsvertrages eine vorläufige Regelung. Der französische Verband der Versicherungsanstalten hatte schon am 31. Oktober 1945 seine Bereitschaft erklärt, den österreichischen Gesellschaften Rückversicherungsschutz zu gewähren.[298] Ein beschränkter Transfer französischer Rückversicherungsguthaben aus dem von Österreich abgegebenen Geschäft konnte aufgrund einer Ermächtigung durch die Oesterreichische Nationalbank zugestanden werden. Zu ähnlichen Vereinbarungen kam es bis 1950 auch mit der Schweiz und Italien.[299] Dabei wurden Rückversicherungssonderkonten errichtet, über die genehmigungsfrei verfügt werden konnte.[300]

Bei den Verhandlungen mit der Nationalbank wurde auch die Freigabe des Transfers nach England angeregt, da seitens der englischen Rückversicherer für die Überweisung von Beträgen aus Rückversicherungsprämien fakultative Abdeckungen verlangt wur-

294 V37/6. Februar 1947
295 V67/7. Mai 1948
296 V77/18. November 1948
297 Rechenschaftsbericht Mitgliederversammlung VVÖ, 18. 9. 1946, S. 5
298 V9/22. November 1945
299 Zwischenbericht Mitgliederversammlung VVÖ, 4. März 1948
300 Die Versicherungsrundschau 1950, S. 275

den.[301] Die englischen Rückversicherer hatten sich in Erwartung einer Verbesserung des Zahlungsverkehrs bis dahin mit der Zahlung in Schillingen begnügt, verlangten aber nunmehr einen gewissen Betrag in Pfund. Es handelte sich um ganz besonders große Risiken (vor allem Feuer-, Maschinenbruch- und Transportversicherung), für die im Inland kein Ausgleich gefunden werden konnte. Die Nationalbank verlangte jedoch, dass die Versicherungsnehmer diese Devisen selbst aufzubringen hätten, was aber völlig inakzeptabel war.[302] Noch 1950 verhielt sich die Oesterreichische Nationalbank in dieser Frage ablehnend.[303] Der Bedarf an transferierbaren Rückversicherungsprämien für fakultative Abgaben ins Ausland betrug 1950 2,2 Mio. Schilling. Angesichts der Devisenknappheit konnte aber nicht damit gerechnet werden, dass weitere Beträge frei gemacht werden konnten.[304]

Fünf Jahre nach Kriegsende wurde man aber in der österreichischen Versicherungswirtschaft angesichts der zögerlichen Politik der Nationalbank langsam ungeduldig. Es war schon einzusehen, dass die Oesterreichische Nationalbank mit ihren geringen Devisenbeständen haushalten musste und nicht Verpflichtungen eingehen konnte, welche die Stabilität der Währung gefährden würden. Für ein kleines Land wie Österreich war aber der internationale Ausgleich der Risiken besonders dringlich und es war ein „Vabanquespiel“, wenn bis dahin noch kein Großschaden aufgetreten war. „Die zögernde Politik der Oesterreichischen Nationalbank, einer größeren Freizügigkeit in der Transferfrage im Rückversicherungsgeschäft zuzustimmen, ist vermutlich auf den Umstand zurückzuführen, daß die widersprechendsten Ansichten über die Höhe der Kosten eines freien Rückversicherungsverkehrs vorherrschen. Nach fünfjähriger Überwachung des Rückversicherungsverkehrs mit dem Ausland war man aber doch nicht wenig erstaunt, wie gering der Devisenabfluss bzw. eine Neuverschuldung an das Ausland in Sperrschillingen aus dem Titel Rückversicherung war.“[305] Das Rückversicherungsvolumen betrug in Österreich 1949 etwa 100 Mio. Schilling. Davon waren 17 Mio. im Inland gedeckt, so dass auf das Ausland 83 Mio. entfiel. Das Transfererfordernis daraus würde sich auf maximal 3 Mio. Schilling belaufen, was nur ein Bruchteil der gefürchteten Belastung der Devisenbilanz war. Zusätzlich musste man sich noch darüber im Klaren sein, „daß in der Rückversicherung Österreich nicht ein Land von Anfängern ist … Ist es nicht ein Zeichen großer Sachkenntnis und Tüchtigkeit, wenn es

301 V80/13. Jänner 1948

302 V82/3. Maärz 1949

303 V96/5. Jänner 1950

304 V127/6. September 1951

305 Karl v. Hollitscher, Die Auswirkungen der Rückversicherung auf die Zahlungsbilanz, Die Versicherungsrundschau 1950, S. 297

bei den heutigen Schwierigkeiten doch den österreichischen Gesellschaften gelungen ist, schätzungsweise für 1949 70 Millionen Schilling Prämie in der Rückversicherung aus dem Ausland hereinzuholen."[306] Es wäre daher an der Zeit, eine völlige Freigabe des Devisentransfers bei Rückversicherungen vorzunehmen, da insgesamt mit einem Devisenbedarf von 1,3 Mio. Schilling gerechnet werden musste, eine Zahl die sogar erheblich unter dem bestandenen Kontingent der Nationalbank lag.

Dennoch gestand der Versicherungsverband der Nationalbank zu, im Rückversicherungsverkehr „weiterhin dankenswertes Entgegenkommen an den Tag zu legen".[307] Vor allem wurde das Gesamtkontingent für den Transfer aus dem ins Ausland abgegebenen Geschäft den Änderungen der Devisenkurse im Herbst 1949 angepasst und von 4,6 auf 4,8 Millionen Schilling erhöht.[308] Dieser Betrag entsprach einer Rückversicherungsabgabe von 96,5 Mio. Schilling, allerdings betrug die Rückversicherungsabgabe 1950 bereits 129,5 Mio. Schilling, so dass das Kontingent um 6 Mio. Schilling erhöht hätte werden müssen. Angesichts der angespannten Devisenlage der Oesterreichischen Nationalbank war diese Erhöhung aber fraglich.[309] Tatsächlich lehnte die Nationalbank eine Erhöhung des Kontingents ab, war aber zu einer Liberalisierung zu bewegen, wenn ihr daraus keine größere devisenmäßige Belastung erwachsen würde.[310] 1951 wurde aber das Kontingent doch auf 9 Mio. Schilling erhöht.[311] Allerdings empfahl der Versicherungsverband seinen Mitgliedern, im Interesse der österreichischen Devisenwirtschaft die über ihr Maximum hinausgehenden Quoten, wenn möglich, im Inland unterzubringen und erst nach Erschöpfung des inländischen Marktes ausländische Rückversicherer heranzuziehen.[312]

Im Juni 1951 fand ein Kongress der Internationalen Versicherungsvereinigung in Belgien statt, der sich mit Erleichterungen im innereuropäischen Zahlungsverkehr beschäftigte.[313] Außerdem hatte der Europarat am 3. Mai 1950 ein Abkommen über die Liberalisierung des innereuropäischen Zahlungsverkehrs vorgelegt, dem Österreich unter dem Vorbehalt der „Zahlungsbilanzklausel" beigetreten war. Diese Klausel gestattete es, sofern sich durch die Liberalisierung der Devisenabfluss untragbar ge-

306 Karl v. Hollitscher, Die Auswirkungen der Rückversicherung auf die Zahlungsbilanz, Die Versicherungsrundschau 1950, S. 331

307 Rechenschaftsbericht Mitgliederversammlung VVÖ, 20. 4. 1950

308 V118/23. Februar 1951

309 V127/6. September 1951

310 V128/18. Oktober 1951

311 V142/20. November 1952

312 V84/22. April 1949

313 E. Dürr, Liberalisierung des internationalen Versicherungsverkehrs, Graz 1979

staltete, die Devisenabgabe zu stoppen. Zusätzlich war die Verpflichtung Österreichs aus dem Abkommen durch die Beibehaltung der Genehmigungspflicht begrenzt.[314] Allerdings hing die Haltung der Oesterreichischen Nationalbank noch davon ab, ob man das Transfersystem im Rückversicherungsverkehr bezüglich des abgegebenen Schillinggeschäfts weiter beibehalten oder eine völlige Liberalisierung erreichen werde.[315]

Dieser Frage kam aber vorläufig noch keine Bedeutung zu, da sich die meisten europäischen Staaten nicht an den Liberalisierungsbeschluss hielten. Der Devisentransfer verlief daher nicht nur in Österreich weiter über zwischenstaatliche Vereinbarungen.[316] Die Nationalbank war lediglich bereit, das Devisenkontingent entsprechend den gestiegenen Prämieneinkommen weiterhin mit 5 % der Rückversicherungsprämie zu erhöhen.[317] Erst 1954 war es Österreich aufgrund des gestiegenen Exports und der Deviseneinnahmen aus dem Fremdenverkehr möglich, die Liberalisierung des Zahlungsverkehrs mit den OEEC-Ländern weiter auszubauen. Der Versicherungsverband war schon lange bestrebt, zu einem ungehinderten Zahlungsverkehr zu gelangen. Die österreichischen Versicherungs- und Rückversicherungsunternehmen konnten auf dem internationalen Versicherungsmarkt nur dann als gleichwertige Partner auftreten und gute Gegengeschäfte erhalten, wenn die Rückversicherung voll liberalisiert wurde. Für 1953 wäre danach ein Betrag von 24 Mio. Schilling zu transferieren gewesen.[318] Durch wiederholte Verhandlungen mit der Oesterreichischen Nationalbank konnte nun endlich erreicht werden, dass der Transfer von Geldern aus dem Rückversicherungsverkehr mit 1. Jänner 1954 voll liberalisiert wurde. Von dieser Liberalisierung waren alle von diesem Zeitpunkt an entstehenden Verbindlichkeiten betroffen, vorherige Verbindlichkeiten fielen noch unter die alten Regelungen.[319] 1954 wurde jedoch die Zusage der Oesterreichischen Nationalbank erwirkt, dass auch die Verbindlichkeiten aus den früheren Jahren auf Antrag freigegeben wurden, „soweit sie nicht als deutsches Eigentum anzusehen waren."[320]

---

314 V110/19. Oktober 1950
315 Rechenschaftsbericht Mitgliederversammlung VVÖ, 27. April 1951
316 Jahresbericht Mitgliederversammlung VVÖ, 25. April 1952
317 Jahresbericht Mitgliederversammlung VVÖ, 24. April 1953
318 V152/27. Oktober 1953
319 Jahresbericht Mitgliederversammlung VVÖ, 29. April 1954
320 Jahresbericht Mitgliederversammlung VVÖ, 7. Juni 1955

6. Die Währungsgesetze 1945 bis 1948

Am 3. Juli 1945 kam es zu den ersten Währungsgesetzen der österreichischen Nachkriegswirtschaft, von denen auch die Versicherungsunternehmen und Versicherungsnehmer unmittelbar betroffen waren. Der Umlauf an Reichsmark war während des Krieges von 8,7 Mrd. auf 73 Mrd. angewachsen. In Österreich allein stieg der Umlauf von 1,2 Mrd. im Jahr 1938 auf 8 Mia bei der Währungsreform 1945, bei einer Wirtschaft, deren Leistung (BNP real) um etwa 30 % gesunken war. Dadurch war der Wert der Reichsmark in Österreich 1945 auf etwa 10 % von 1938 gesunken, was aber durch Lohn- und Preiskontrollen und das kriegswirtschaftliche Bewirtschaftungssystem vorläufig nur indirekt sichtbar wurde. Österreich stand daher vor der Aufgabe, mit dieser zurückgestauten Inflation fertig zu werden und wieder ein eigenes, von Deutschland getrenntes Währungssystem zu etablieren.

Am 5. Juli 1945 wurden die Schalter der Kreditunternehmungen wieder geöffnet, wobei 60 % der Einlagen gesperrt wurden, über die restlichen Guthaben auf den Konten konnte man bargeldlos, von einem Konto auf das andere, für lebens- und wirtschaftlich wichtige Zwecke verfügen. Die Versicherungen wurden beim Schaltergesetz nicht erwähnt, was auf den Zeitdruck zurückgeführt wurde. Ihre Bankkonten waren aber gesperrt! Das Staatsamt für Finanzen (Aufsichtsbehörde) beabsichtigte zwar, eigene Vorschriften für den Versicherungsbereich zu erlassen, aber auch das zog sich hinaus. Damit fehlte auf der einen Seite jede Rechtsgrundlage zur Verweigerung von Versicherungszahlungen, andererseits war aber nicht geklärt, in welcher Höhe ausgezahlt werden konnte. Tatsächlich waren 1945 gegen einzelne Versicherungsunternehmen schon Prozesse im Laufen. Schließlich beschloss der Versicherungsverband im November 1945 von sich aus folgende Regelungen:[321]

- Lebensversicherungsansprüche sollten zu einem Viertel ausbezahlt werden, höchstens aber mit 5.000 RM, allerdings nur ein geringer Teil in bar.[322] Der Restbetrag wurde im Giroverkehr bis zur höchstmöglichen Leistung überwiesen. Analoge Bestimmungen galten in der Unfallversicherung.
- In der Elementarversicherung waren höchstens 1.000 RM auszubezahlen, der übersteigende Betrag im Giroverkehr und nur wenn er zum Wiederaufbau oder zur Wiederbeschaffung diente.

321 V8/2. November 1945

322 200 RM bei Kleinlebensversicherung und 400 RM bei Großlebensversicherung, 150 RM bei Rentenversicherung

- In der Haftpflichtversicherung wurden Ansprüche an Dritte und Nebenleistungen wie Prozesskosten voll vergütet.
- Keine Zahlungen oder Überweisungen erfolgten an deutsche Staatsbürger oder an Personen, welche als ehemalige Nationalsozialisten dem Verbotsgesetz unterlagen.
- Für Ausnahmefälle wurde im Versicherungsverband je ein Ausschuss für die Lebens- und die Elementar-, Transport- und Hagelversicherung errichtet.

Nachdem die österreichischen Währungsgesetze 1945 vorerst nur in der sowjetischen Besatzungszone Geltung hatten, erließen die anderen Alliierten in ihren Besatzungszonen eigene Bestimmungen, die ebenfalls Beschränkungen der Versicherungszahlungen enthielten. Damit entstand der unmögliche Zustand einer unterschiedlichen Behandlung der Versicherungsnehmer, je nachdem, wo sie in Österreich ihre Forderungen anmelden konnten. Der Versicherungsverband wandte sich daher an die alliierten Delegationen, um eine einheitliche Regelung zu erreichen. Die Alliierten waren schließlich gegen Ende des Jahres mit der Vorgangsweise in Wien grundsätzlich einverstanden, die Engländer und Amerikaner verlautbarten diese vorläufigen Bestimmungen in ihren Zonen per Dekret, die Franzosen nahmen sie nur zur Kenntnis. [323]

Das Schaltergesetz von Mitte 1945 konnte natürlich nur ein erster Schritt zu einer „Währungsreform" sein. Bereits am 30. November 1945 wurde daher das Schillinggesetz erlassen. Nun wurde wieder der Schilling ab 21. Dezember 1945 in ganz Österreich zum einzigen gesetzlichen Zahlungsmittel. Dabei wurde pro Kopf ein Betrag von 150 Reichsmark eins zu eins in Schilling umgetauscht, der Rest wurde auf einem Konto gutgeschrieben, von dem man beschränkt abheben konnte. Das Schaltergesetz blieb aber in Gültigkeit, von sämtlichen Einlagen blieben weiterhin 60 % gesperrt. Mit dem Schaltergesetz und dem Schillinggesetz wurde auch in bestehende Versicherungsverträge eingegriffen. Bei Lebensversicherungen waren Zahlungen nur bis zu 25 % der vertraglichen Leistung zulässig,[324] bei Rentenversicherungen war eine Auszahlung von 150 Schilling pro Vertrag und Monat die Grenze. Der Rest wurde bis zu einer späteren Regelung gutgeschrieben. Prämienzahlungen waren ab dem Schillinggesetz in der neuen österreichischen Währung zu leisten.

Im Schillinggesetz wurde das Versicherungswesen jedoch nur in unzureichender und unklarer Weise berücksichtigt. Der Versicherungsverband fand es unverständlich, dass er bei den Verhandlungen zum Schillinggesetz nicht wie die Banken eingebunden ge-

323 V9/22. November 1945

324 Mindestens 200 Schilling (Kleinlebensversicherungen) bzw. 400 Schilling (Großlebensversicherung) und maximal 5.000 Schilling

wesen war und informierte hierüber sogar seine Kunden in Form eines „Merkblattes zur Lage in der österreichischen Versicherungswirtschaft“.[325] Auch gab es bereits einige bei Gericht anhängige Klagen, dass das Schaltergesetz für Versicherungsunternehmen keine Geltung habe und diese daher uneingeschränkt zur Auszahlung verpflichtet seien.[326] Nach dem Schillinggesetz standen den Versicherungsunternehmen nur 40 % der Konten für die Geschäftstätigkeit zur Verfügung, der Rest war ja gesperrt. Die finanzielle Belastung der Versicherungsunternehmungen, insbesondere bei der Lebensversicherung, war aber weitaus höher als die zur Verfügung stehenden 40 %. Der Versicherungsverband forderte daher eine Leistungsbeschränkung auf 20 % (Lebensversicherung und Renten) bzw. 40 % (Elementar)[327] und legte seine Wünsche im Dezember 1945 dem Finanzminister[328] schriftlich und mündlich vor. Dieser gab zwar keine dezidierte Erklärung ab, „doch ist er anscheinend überzeugt worden, daß das Versicherungszahlungsgesetz bald erscheinen muss, während positive Aufbaubestimmungen für später Zeit haben“.[329] Trotz dieses eher allgemeinen Ergebnisses sprach man von einer „energischen und zweckentsprechenden Interessenvertretung“ und „daß bei diesen Verhandlungen die Wünsche der Verbandsgesellschaften zur Gänze Berücksichtigung gefunden haben“. Die eigenen Vorschläge auf geringere Leistungen unter dem Druck des Schillingsgesetzes wurden schließlich hinfällig, da sie von der Aufsichtsbehörde abgelehnt wurden.[330]

Auf die anhaltende Initiative des Versicherungsverbandes kam es dann unter Zugrundelegung der von der Interessensvertretung im Jahr 1945 ausgearbeiteten Entwürfe doch zu einem eigenen Versicherungsüberleitungsgesetz vom 13. Juni 1946 BGBl. Nr. 108. Dieses Gesetz hob die Bestimmungen des Schillinggesetzes für Versicherungen auf und ersetzte sie durch solche, die dem Versicherungsbetrieb angepasst waren. Analog zu den Währungsgesetzen erfolgte bei Lebensversicherung eine Beschränkung der Auszahlung auf 40 %, bis 400 Schilling wurden zur Gänze ausbezahlt. In der Haftpflichtversicherung war eine volle Entschädigung Dritter vorgesehen und auch in der Hagelversicherung konnte voller Ersatz geleistet werden. Bei der Elementarversicherung gab es eine Beschränkung auf 1.000 Schilling, darüber hinaus nur, wenn es sich um Wiederaufbau bzw.

325 Merkblatt des Verbandes der Versicherungsanstalten Österreichs zur Lage in der österreichischen Versicherungswirtschaft vom Jänner 1947, AdR. BMF., BMF, Versicherungsaufsicht, Karton 3

326 Niederschrift über die am 24. 9. 1945 stattgefundene Sitzung des Ausschusses der Sektion Lebens- und Krankenversicherung des Verbandes der Versicherungsanstalten Österreichs, Archiv Versicherungsverband

327 V11/6. Dezember 1945

328 Damals noch Staatssekretär genannt.

329 V12/20. Dezember 1945

330 V13/10. Jänner 1946

Ersatzinvestitionen handelte. Prämienrückerstattungen (etwa bei günstigem Schadensverlauf) waren generell untersagt. Der Verband hatte versucht, letztere Bestimmung aus dem Gesetzesentwurf zu eliminieren, da mehrere Versicherungsanstalten unter den verschiedensten Vorwänden bereits Prämienrückerstattungen gewährt hatten. „Es kommen infolgedessen jene Gesellschaften, welche die Verbandsbeschlüsse einhalten, den Versicherungsnehmern gegenüber in eine äußerst unangenehme Situation und es wäre besser, das Verbot überhaupt aufzuheben."[331] Das Verbot blieb aber vorläufig bestehen. Weitere Einschränkungen mussten für einzelne Versicherungsbestände (Lebens-Phönix, Janus, Pensionsverein und Rentenanstalt, die der ÖVAG übertragen waren) gemacht werden, da hier die Bedeckungsverhältnisse noch weitaus ungünstiger waren.[332] Diese Versicherten erhielten geringere Zahlungen als jene von anderen Versicherungsunternehmen, ohne dass jedoch dadurch einer endgültigen Regelung ihrer Ansprüche vorgegriffen wurde.[333]

Zur Sanierung der Branche wurde beim Bundesministerium für Finanzen eine Versicherungs-Wiederaufbaukommission gebildet und eine Versicherungsverechnungsstelle eingerichtet. Die Kommission hatte die Aufgabe, das Finanzministerium bei der Regelung der Vermögenseinbußen durch den Krieg zu beraten. Die Verrechnungsstelle hatte als öffentlich-rechtliche Einrichtung einen Vermögensausgleich zwischen den unterschiedlich vom Krieg betroffenen Versicherungsunternehmen durchzuführen, um für alle Versicherten gleichmäßige Leistungen zu ermöglichen. Allerdings war diese bis Mitte 1947 noch nicht ins Leben getreten. Das Versicherungsüberleitungsgesetz diente damit:

- der Regelung vorläufiger Zahlungsbeschränkungen,
- der Ermöglichung einmaliger Eingriffe in bestehende Verträge und
- der Wiedererrichtung und Neuordnung des Versicherungswesens.

Wenige Wochen nach Inkrafttreten des Versicherungsüberleitungsgesetzes beschäftigte man sich bereits mit einer „Erleichterungsverordnung". Denn das Gesetz ging auf Verbandsbeschlüsse vom November 1945 zurück und war bei seinem Inkrafttreten Mitte 1946 bereits überholt. Die wirtschaftlichen Verhältnisse änderten sich schneller, als der Gesetzgeber reagieren konnte. Ein Jahr nach Kriegsende hatte sich die finanzielle Liquidität der Versicherungsunternehmen wieder so weit gebessert, dass man forderte, die letztlich geschäftsstörenden Ausnahmebestimmungen wieder aufzuheben. „Eine

331 Beilage zum Protokoll Nr. 14 über die Vorstandssitzung vom 14. Februar 1946
332 1. Versicherungsüberleitungsverordnung vom 26. 7. 1946, BGBl. Nr. 115/46
333 Bundesministerium für Finanzen, Versicherungsüberleitungsgesetz, Mai 1946, AdR. BMF. 55498/46

Lockerung der Zahlungsbeschränkungen, die in der Schadens- und Unfallversicherung die volle Auszahlung vorsieht, wurde daher nicht nur im Interesse des Versicherungsgedankens, sondern vor allem auch im Interesse der Versicherungsnehmer angeregt."[334] Ein Verbandskomitee begab sich daher einmal mehr zur Aufsichtsbehörde im Finanzministerium, um die volle Auszahlung in der Schadens- und Unfallversicherung zu fordern, ebenso wie bei der Lebensversicherung abzüglich des Deckungskapitals vor dem 1. Jänner 1946. Bei der Lebensversicherung wollte man gegebenenfalls Beschränkungen akzeptieren, allerdings in weitaus großzügigerer Form als bisher, bei der Rentenversicherung sollten keine Veränderungen vorgenommen werden, außer in sozial oder wirtschaftlich besonders berücksichtigenswerten Fällen, wo die 40 % Auszahlungsgrenze auf 60 % bis 80 % erhöht werden sollten. Auch die Prämienrückerstattung sollte zumindest bei der Schadens- und Unfallversicherung wieder möglich sein. Im November und Dezember 1946 sprach der Verbandsvorstand drei mal beim Finanzminister persönlich vor, der aber währungspolitische Bedenken hatte. „Grundsätzlich ist der Finanzminister nicht abgeneigt, die Erleichterungsverordnung zu erlassen, doch müsse man dies auf einen späteren Zeitpunkt verschieben."[335]

Ebenso gab es immer wieder Ausnahmen, so etwa beim Ortsbrand von Grins bei Landeck, wo durch eine ministerielle Sonderermächtigung nach Maßgabe der Bedürftigkeit voll entschädigt werden konnte. Die Nationalbank gab aber auch für diese Zwecke keine Sperrkonten frei, solange noch andere finanzielle Mittel der Versicherungsunternehmen zur Verfügung standen.[336] Die Großzügigkeit des Ministeriums ging daher auf Kosten der Versicherer. Für solche Ausnahmen nach dem Versicherungsüberleitungsgesetz wurde im Verband eine eigene Kommission gegründet, welche die Anträge an die Aufsichtsbehörde weiter geben sollte. [337] Allerdings wurde beklagt, dass verschiedene Mitgliedsinstitute die vorgeschriebenen Richtlinien bei den Ausnahmegenehmigungen nach dem Versicherungsüberleitungsgesetz nicht einhielten, sondern selbstständig vorgingen.[338] Die Versuche, Ausnahmeregelungen zu bekommen, hielten an, solange es die Zahlungsbeschränkungen gab, manchmal auch auf eine recht „österreichische" Art. So etwa durch die Pensionisten der ehemaligen Niederösterreichischen Escomptegesellschaft, einer der österreichischen Großbanken, die in der Weltwirtschaftskrise der 1930er Jahre in Schwierigkeiten geraten waren. Die Bank wurde 1934 mit staatlicher Hilfe in die Industrie-Kredit AG. umgewandelt und nach dem „Anschluss" ohne Rechtsnachfolge liquidiert. Zur

334 V31/24. 10. 1946

335 V32/15. November 1946, V33/28 November 1946 und V35/19. Dezember 1946

336 V20/11. April 1946

337 V29/3. Oktober 1946

338 V37/6. Februar 1947

Abbürdung ihrer Pensionsverpflichtungen wurden Rentenversicherungsverträge bei einem Versicherungsunternehmen abgeschlossen und diese Rentenleistungen wurden wie alle anderen auch durch das Versicherungsüberleitungsgesetz gekürzt. So weit, so gut, doch diese Pensionisten wollten sich damit nicht zufrieden geben. „Laut Mitteilung der Aufsichtsbehörde wurde beim Finanzminister sehr starker Druck zugunsten dieser Pensionisten ausgeübt.“[339] Solche „Extrawürste“ lehnte der Versicherungsverband aber einhellig ab, denn es wäre nicht einzusehen, warum gerade eine bestimmte kleinere Gruppe von Rentenbeziehern begünstigt werden sollte.

Die Zahlungsbeschränkungen und die Sperre der Guthaben brachten verständlicherweise erhebliche Schwierigkeiten ins alltägliche Geschäft. Zum einen zahlten die Kunden die volle Prämie, noch dazu in neuen Schillingen, erhielten aber in der Regel nur 40 % der vertraglich vereinbarten Schadenszahlungen direkt ausbezahlt. Die Kunden versuchten daher ihre Prämienschulden gegen die nicht ausgezahlten Versicherungsleistungen zu kompensieren. Das Juristenkomitee des Versicherungsverbandes versuchte zu klären, ob diese Vorgangsweise nach dem Schillinggesetz und nach dem Entwurf des Versicherungsüberleitungsgesetzes zulässig war, kam aber zu keiner einheitlichen Meinung. Man empfahl schließlich, die Sache „vorläufig dilatorisch“ zu behandeln und es auf keinen Fall zu Prozessen kommen zu lassen: Es sollte eine authentische Interpretation der Aufsichtsbehörde abgewartet werden.[340] Zum anderen gab es die Frage, ob die Sperrkonten in das Deckungsstockverzeichnis der Lebensversicherung aufgenommen werden konnten. Die Aufsichtsbehörde verhielt sich aber wieder ablehnend,[341] und verfügte schließlich, dass die Sperrkonten in den Bilanzen 1947 zu streichen seien.[342] Die Forderungen, die Freigabe von Sperrkonten für die Zahlung alter, reservierter Schäden zu verlangen, wurde wegen Aussichtslosigkeit nicht einmal mehr weiter gegeben.[343]

Schließlich, im Januar 1947, hatten die zähen Bemühungen der Versicherungswirtschaft um weitgehende Freigabe der Versicherungszahlungen endlich Erfolg. Ein halbes Jahr nach Erscheinen des Versicherungsüberleitungsgesetzes konnten die Zahlungsbeschränkungen bereits gelockert werden,[344] so dass diese nur mehr für Lebensversicherungen galten, die bereits vor dem 1. Jänner 1946 abgeschlossen worden waren. Später abgeschlossene Lebensversicherungen konnten ebenso wie Kranken- und Schadensversicherungen in vollem Ausmaß ausgezahlt werden. Natürlich konnte noch nicht von ei-

339 V71/22./23. Juli 1948
340 V20/11. Apirl 1946 und V21/25. April 1946
341 V40/8. Mai 1947
342 V55/4. Dezember 1947
343 V23/16. Mai 1946
344 2. Versicherungsüberleitungsverordnung vom 16. 1. 1947, BGBl. Nr. 43/47

ner vollständigen Normalisierung gesprochen werden. Denn der große Komplex der Versicherungspolizzen, die vor dem 1. Jänner 1946 abgeschlossen worden waren, war noch weitgehend ungelöst, dieser sollte erst mit dem Versicherungswiederaufbaugesetz, dem Deutsch-Österreichischen Vermögensvertrag und den verschiedenen Rückstellungsgesetzen geregelt werden. Auch gab es Zahlungsverbote, bzw. -beschränkungen aufgrund der Entnazifizierungsgesetze. Doch für das laufende Geschäft für Versicherungspolizzen ab dem 1. Jänner 1946 war nach der 2. Versicherungsüberleitungsverordnung 1947 die Sachversicherung in der Lage, ihre Leistungen voll zu erbringen, und sie gehörte daher zu den wenigen Wirtschaftszweigen, „welche friedensmäßig arbeitet[en]".[345] Auch auf dem Gebiet der Lebens- und Rentenversicherung war eine weitgehende Besserung eingetreten, weshalb im Verband angeregt werden konnte, „durch Kommuniques, Zeitungsartikel, allenfalls auch durch Rundfunkpropaganda die breite Öffentlichkeit über die Lage in der Versicherungswirtschaft aufzuklären".[346] Die verbliebenen geschäftsmäßigen Einschränkungen wurden erst Anfang der 1950er Jahre wieder aktuell, als eine Novelle zum Versicherungsüberleitungsgesetz ins Haus stand.[347] Dies betraf vor allem Prämienrückzahlungen, Gewinnbeteiligungen, Rückkäufe und die Stockabgrenzung, die jedoch erst nach dem Staatsvertrag vollständig geregelt werden konnte.

Mit den bisherigen Maßnahmen waren aber die Währungsprobleme noch bei weitem nicht gelöst. Am 19. November 1947 wurde daher das Währungsschutzgesetz erlassen, mit dem Banknoten und Münzen durch neue Geldzeichen ersetzt wurden.[348] Pro Kopf wurde der Betrag von 150 Schilling im Verhältnis von 1:1 umgetauscht, der Rest auf ein Drittel gekürzt. Die bisher gesperrten Konten (60 %) wurden gestrichen. Die beschränkt verfügbaren Konten wurden in 2 %ige Bundesschuldverschreibungen umgewandelt. Ausnahmen gab es wieder in besonders berücksichtigenswerten Fällen. Die Geldmenge, die vorher nur gesperrt war, wurde nun endgültig abgeschöpft. Damit war die Geldmenge um 30 % bis 40 % gesenkt worden und der Bestand an Spareinlagen sogar um 90 %. Mit dem Währungsschutzgesetz verloren auch die Versicherungsunternehmen etwa ein Zehntel ihres ohnehin schon verringerten Vermögens.[349] Obwohl der Finanzminister noch im November 1946 „die für seine Person verbindliche Erklärung" abgegeben hatte, „dass die

345 V38/13. März 1947

346 a. a. O.

347 V103/4 Mai 1950, V105/16. Juni 1950, V107/7. September 1950, V141/2. 10. 1952

348 Bundesgesetz über die Verringerung des Geldumlaufes und der Geldeinlagen bei Kreditunternehmungen, BGBl. Nr. 250/1947

349 Peter Ulrich Lehner, Das Versicherungswesen in der Zweiten Republik, in: Wolfgang Rohrbach (Hrsg.), Versicherungsgeschichte Österreichs, Band III, Das Zeitalter des modernen Versicherungswesens, Wien 1988, S. 821

Inkamerierung der gesperrten 60 % der Guthabungen der Versicherungsunternehmungen bei Kreditinstituten nicht beabsichtigt ist“[350], mussten nun auch die Versicherungsunternehmen ihre blockierten Konten abschreiben. Allerdings konnten sie als Branche eine Besserstellung erreichen, da ihnen die restlichen 40 % auf den Konten nicht wie bei anderen Unternehmen in Bundesschuldverschreibungen, sondern in bar abgegolten wurden.

Mit dem Währungsschutzgesetz wurde auch bei den Versicherungsunternehmen auf die Unterscheidung von alten und neuen Guthaben eingegangen.[351] Danach wurde zwischen Ansprüchen unterschieden, die in altem Geld und solchen die in neuem Geld im Sinne der Währungsgesetzgebung erworben worden waren. Als Stichtag wurde aus bilanztechnischen Gründen der 1. Jänner 1946 festgelegt. Der „Altteil“ kam nur mehr mit einer bestimmten Quote, der „Neuteil“ zur Gänze zur Auszahlung. Die in der Zeit zwischen dem Bekanntwerden und dem Inkrafttreten des Währungsschutzgesetzes am (12. bis 19. November 1947) eingezahlten Prämien waren von den Abschöpfungen und Blockierungsmaßnahmen nicht betroffen. Die Versicherungsnehmer hatten damit einen wesentlichen Teil ihrer vor 1946 erworbenen finanziellen Rechte verloren. Denn Versicherungsansprüche sollten im Prinzip nicht besser gestellt werden als die Einlagen bei anderen Finanzinstitutionen. Man ging jedoch davon aus, dass – ähnlich wie bei den Banken – für die Lebensversicherungen bei der endgültigen Regelung eine entsprechende Entlastung in irgendeiner Form erfolgen werde müssen.[352]

Die Versicherungsnehmer waren aber dennoch begünstigt, da Versicherungsleistungen nach dem 1. 1. 1946 nicht gekürzt wurden und gegebenenfalls voll ausbezahlt werden konnten. Diese Begünstigung der Versicherungsnehmer forderte aber eine besondere Aufmerksamkeit, damit diese Sonderstellung nicht zur Umgehung der Abschöpfungsmaßnahmen des Währungsschutzgesetzes missbraucht wurde. Hatte man Bargeld in der Hand, wurde dies (bis auf die 150 Schilling) um zwei Drittel gekürzt, trug man dieses Geld aber zu einer Versicherung, kam es zu keinen Kürzungen. Bei einigen Versicherungsunternehmen in den Bundesländern wurden in diesem Zeitraum Einmalprämienversicherungen in großem Umfang abgeschlossen. Das war zwar nicht verboten, wurde aber in den vorangegangenen Jahren praktisch nie gemacht. Damit hatte der Versicherungsnehmer das vertragsmäßige Recht, die Erlebensversicherung später mit einem unbedeutenden Verlust in neuen Schillingen zurückzukaufen. Der Versicherungsverband wies daher darauf hin, „dass jetzt eine Forcierung dieses Geschäfts nur den Zweck haben

---

350 V14/14. Februar 1946

351 3. Versicherungsüberleitungsverordnung vom 1. Oktober 1947, BGBl. Nr. 238/47

352 Hans Lorenz-Liburnau, Die Lebensversicherung nach dem Währungsschutzgesetz, Die Versicherungsrundschau, Wien 1948, S. 22

kann, große Mengen von Banknoten bei den Gesellschaften, deren Neuguthaben nach § 18 des Währungsschutzgesetzes ungeschmälert bleiben, vom Umtausch auszuschließen." Der Verband wies daher seine Mitgliedsunternehmen darauf hin, dass „vor Beendigung des Banknotenumtauschs der Abschluss von Versicherungen gegen Einmalprämie und mit Rückdatierung, ebenso wie die Annahme noch nicht fälliger Prämien bereits bestehender Versicherungen, eine Umgehung des Währungsschutzgesetzes darstellt und dass jede Gesellschaft, die sich zu solchen Transaktionen hergibt, nach § 30 des Gesetzes strafbar wird".[353] Die Finanzämter erhoben daher bei den Versicherungsunternehmen, wer gegen Ende 1945 Einmalprämien von mehr als 5.000 Schilling geleistet oder größere Hypothekardarlehensrückzahlungen geleistet hatte.[354]

Inflation und „Teuerungszuschlag"

Man muss der österreichischen Regierung zugestehen, dass sie einigermaßen energisch versucht hat, die Währungsprobleme der ersten Nachkriegszeit einigermaßen in den Griff zu bekommen. Den handelnden Personen war durchaus noch die Erfahrung nach dem Ersten Weltkrieg in Erinnerung, wo sich die Inflation von 1918 bis 1922 praktisch ungebremst entwickelte und zu katastrophalen wirtschaftlichen und gesellschaftlichen Konsequenzen führte. Doch auch nach dem Zweiten Weltkrieg klafften die Ansprüche an das Nationalprodukt mit der Produktion des Wiederaufbaus trotz Hilfe über den Marshallplan erheblich auseinander. Um die damit verbundenen Preissteigerungen in den Griff zu bekommen, schloss die Regierung mit den Sozialpartnern von 1947 bis 1951 fünf Lohn-Preis-Abkommen ab, was die Inflation aber nur bedingt bremste; zwischen Ende 1947 und Ende 1952 stiegen Preise und Löhne um rund 140 %.

Die Versicherungsbranche stellte eine Inflation von solchem Ausmaß vor erhebliche Schwierigkeiten.[355] Die Sachversicherung konnte dem noch am ehesten entsprechen, da sie die Tarife flexibel anpassen konnte, bei der Lebensversicherung traf aber die Geldentwertung die Versicherungsnehmer. Lebensversicherungen entsprachen langfristigen Sparverträgen, bei denen eine Valorisierung nicht vorgesehen war.[356] In der Zwischenkriegszeit waren Wertsicherungen auch bei Lebensversicherungen durchaus noch üblich. Die Hyperinflation bis 1922 hatte die Versicherungsnehmer vorsichtig werden lassen und

353 Bundesministerium für Finanzen, Währungsschutzgesetz, 29. November 1947, AdR. BMF. 57772/47
354 V17/7. März 1946
355 Siehe hierzu: Arno Eisendle, Das Problem der Geldwertstabilität unter besonderer Berücksichtigung des Einflusses auf die Privatversicherung, Diss. Wien 1974
356 Seyfried, Hans, Geldentwertung als Problem für die private Lebensversicherung, Diss. Tübingen 1960

Gold- oder Fremdwährungsklauseln waren nicht selten. Die Abwertungsmaßnahmen bei ausländischen Währungen in den 1930er Jahren im Zusammenhang mit der Weltwirtschaftskrise konnten aber diese Vorsichtsmaßnahme leicht ins Gegenteil verkehren und zu erheblichen Verlusten führen. Im Zusammenhang mit der Devisenbewirtschaftung konnten aber ab 1936 Lebensversicherungen auf Fremdwährung oder Goldklauseln nicht mehr abgeschlossen werden.[357] Auf dieser Grundlage wurde 1946 nochmals ausdrücklich der Abschluss von Versicherungsverträgen nur in Schillingen und ohne Wertklausel für zulässig erklärt.[358] Während daher in anderen Bereichen, wie bei Darlehens-, Renten- oder Pachtverträgen, Wertsicherungsklauseln üblich waren, musste die Versicherungswirtschaft ohne dieses Instrument auskommen.[359]

Die Entwertung der Versicherungssummen wurde schon bei der Umstellung auf Schilling 1945 deutlich. Die Währungsumstellungen 1938 – drei Schilling sind zwei Reichsmark – und 1945 – eine Reichsmark entspricht einem Schilling – hätte an sich bedeutet, dass zwei Schilling neu des Jahres 1945 drei Schilling alt entsprochen hätten. Tatsächlich aber war die Kaufkraft des Schillings 1945 bereits niedriger als jene des alten Schillings aus der Vorkriegszeit und sein Wert ging in den folgenden Jahren weiter rasch zurück. Dazu nur ein konkretes Beispiel: 1947 protestierte ein Regierungsrat im Ruhestand beim Finanzministerium, da ihm die Österreichische Beamtenversicherung seine aus der Vorkriegszeit stammende Ablebensversicherung von 1.000 Schilling alt auf 666,66 Schilling neu festgelegt hatte. Die Lebensversicherungsunternehmen würden sich diesen Umrechnungsschlüssel zunutze machen. Die Versicherungsverträge würden durch solche Praktiken auf ⅔ reduziert, „in Wirklichkeit aber fast völlig entwertet, da die Kaufkraft des altösterreichischen Schillings das Achtfache des heutigen Schilling besaß. Dieser Vorgang bereichert die Versicherungsgesellschaften und verarmt die Versicherungsnehmer ...“[360] Das Finanzministerium widersprach ihm mit dem Hinweis, dass für die Versicherungsunternehmen nicht nur ihre Verpflichtungen, sondern auch ihre Forderungen nach dem gleichen Schlüs-

357 Bundesgesetz vom 30. April 1936, betreffend Fremdwährungsverpflichtungen und Goldklauseln in Lebensversicherungsverträgen, BGBl. Nr. 131 vom 1. Mai 1936

358 Hans Lorenz-Liburnau, Lebensversicherung und Wertsicherung, Die Versicherungsrundschau, Wien 1951, S. 358; Helmut Seitl, Ökonomische und finanzielle Probleme der sogenannten Wertsicherungsklauseln, Diss. Wien1954

359 Dennoch boten einige Sachversicherer wie die Oberösterreichische Landes-Brandschaden und die Salzburger Landes „bewegliche Versicherungen“, also Versicherungen mit automatischer Wertanpassung an, was ihnen aber ausdrücklich durch die Versicherungsaufsicht verboten wurde. Die Oberösterreichische Landes-Brandschaden-Versicherungsanstalt reichte gegen den Bescheid des Finanzministeriums eine Beschwerde beim Verwaltungsgerichtshof ein. Sektion für Feuer- und Feuer-BU-Versicherung, Wien 7. Juni 1947, Archiv des Versicherungsverbandes

360 Bundesministerium für Finanzen, 4. November 1947, AdR. BMF. 44691/47

sel umgewandelt würden, sofern sie nicht wie die Reichsanleihen überhaupt völlig wertlos geworden waren. Tatsächlich aber passte die laufende Geldentwertung die Ansprüche der Versicherungsnehmer den reduzierten Aktiven der Unternehmungen langsam an. Die Vermögenseinbußen durch den Krieg hatte durch die fortschreitende Geldentwertung der Nachkriegszeit an Bedeutung verloren. „Trotzdem muß angenommen werden, daß reine Lebensversicherungsunternehmungen die Hilfe des Staates werden beanspruchen müssen. Dem Vernehmen nach bewegen sich jedoch die aufzuwendenden Mittel durchaus in mäßigen Grenzen. Bei gemischten Unternehmungen, welche außer der Lebensversicherung auch die übrigen Versicherungssparten betreiben, wird voraussichtlich nur mit steuerlichen Maßnahmen das Auslangen gefunden werden können."[361]

Lebensversicherungen zählten daher in den ersten Nachkriegsjahren nicht unbedingt zu den beliebtesten Sparformen. Dies hing nicht nur mit der kriegsbedingten Verarmung der österreichischen Bevölkerung zusammen, sondern auch damit, dass man praktisch mit Negativzinsen rechnen musste. Während sich daher die Sachversicherungen von 1945 bis 1952 nominal um das Siebzehnfache steigern konnte, erhöhten sich die Prämienzahlungen in den Lebensversicherungen nominal um gut das Dreifache, real gingen sie sogar deutlich zurück. Die Versicherungsdichte (Prämie pro Kopf real) lag noch 1951 insgesamt etwa auf dem Niveau von 1910.[362]

Entwicklung der Versicherungswirtschaft in Österreich

Lebensversicherungen/Prämienaufkommen direktes inländisches Geschäft in Mio.

Jahr	Schilling nominal	Schilling real Wert 1999
1945	44,0	2.086
1946	66,0	1.723
1947	67,0	856
1948	70,0	753
1949	85,0	746
1950	101,0	774

Quelle: Angelika Hollmayer, Makrodaten der österreichischen Assekuranz 1875–2000, in: Versicherungsgeschichte Österreichs, Band VI, S. 1405/6

361 Fritz Füger, Das Provisorium der österreichischen Lebensversicherung, Die Versicherungsrundschau, Heft 3, 1954, S. 68

362 Angelika Hollmayer, Makrodaten der österreichischen Assekuranz 1875–2000, in: Wolfgang Rohrbach (Hrsg.), An der Schwelle zum 3. Jahrtausend – Retrospektiven und Perspektiven, Wien 2000, S. 1396 und 1407

Die Währungsentwicklung brachte die Versicherungsunternehmen daher in eine schwierige Lage. Ihre Geschäftsgrundlage baut auf der Statistik der Schadensfälle, bzw. den Sterbetafeln, dem Zinsniveau und der Verwaltungs- und Vertriebskosten auf. Ein ordnungsgemäßer Betrieb setzte voraus, dass die tatsächlichen Ergebnisse den erwarteten entsprachen. Dies war seit 1945 nicht mehr der Fall. Die Folgen des Krieges und die Turbulenzen der ersten Nachkriegszeit warfen jede versicherungsstatistische Berechnung über den Haufen. Das betraf nicht nur die Sterblichkeit und die Krankenversicherung, sondern auch im Bereich der Einbruchsdiebstahlversicherung überstiegen die Schäden 1946 mit 3,8 Mio. Schilling die Prämien mit 3,5 Mio. Schilling. Ursprünglich bestand das Hauptproblem im Ausfall von Vermögenswerten durch Kriegsschäden und staatsrechtlichen Veränderungen (Reichsanleihen, deutsche Werte, Vermögensverlust im Ausland). Dem wurde mit den Währungs- und Versicherungsgesetzen entsprochen, welche die Leistungen so weit reduzierten, dass die Gefahr der Insolvenz der gesamten Branche behoben war. „Das Problem hat sich dadurch verlagert“, stellte die Versicherungsaufsicht Ende 1947 für die Lebensversicherung fest, „daß die Gesellschaften als Folge der Senkung des Geldwertes in die Gefahr kommen, zur Deckung der Betriebskosten Spargelder der Versicherten angreifen zu müssen.“[363]

Eine logische Maßnahme wäre die Indexierung der Prämien und Schadenszahlungen gewesen, also die automatische Anpassung an die Geldentwertung. Aus der Erfahrung der Inflation der 1920er Jahre war aber bekannt, dass Indexierungen von Löhnen oder Preisen die Geldentwertung weiter beschleunigen und die negativen Auswirkungen auf jene Wirtschaftsbereiche und Arbeitnehmer abschieben, welche die Indexierung nicht durchsetzen konnten. Eine Indexierung wurde daher vom Finanzministerium nach 1945 prinzipiell abgelehnt. Die Versicherungswirtschaft vermied daher den Begriff „Indexierung“, sondern sprach von „Versicherung mit Beweglichkeitsklauseln“. Eine solche Versicherung wurde bereits am 7. September 1946 von der Oberösterreichischen Landes-Brandschaden-Versicherungsanstalt bei der Versicherungsaufsicht beantragt, was jedoch am 24. September 1946 aus währungspolitischen Gründen abgelehnt wurde. Dennoch wurde vom Versicherungsverband „in Anbetracht der wirtschaftlichen und währungspolitischen Verhältnisse, der steigenden Tendenz in der Wertentwicklung und ihrer Anpassung an die Weltmarktpreise, sowie die bereits erfolgte Erhöhung der Löhne und Holzpreise“ die Einführung der beweglichen Versicherung für die landwirtschaftliche Feuerversicherung und das mittlere und kleine Zivilgeschäft

363 Bundesministerium für Finanzen, Versicherungsaufsicht, Teuerungszuschlag in der Lebensversicherung, 19. November 1947, AdR. BMF. 48751/47

gefordert.[364] In dem Schreiben an die Versicherungsaufsichtsbehörde wurde argumentiert, dass die wirtschaftliche und währungspolitische Lage eine gleitende Wertentwicklung verlange, um die Stopppreise langsam und nach einem kontrollierten Plan dem Weltmarkt anzupassen. Die bereits erfolgte Erhöhung der Löhne und Holzpreise sei als erste Phase dieser Entwicklung zu sehen, der durch die kalkulatorische Fernwirkung weitere Preiserhöhungen folgen würden. Eine gleitende Werterhöhung, die keineswegs ins Uferlose ausarten dürfe, aber bis zur Erreichung stabiler Verhältnisse noch mehrere Stufen durchlaufen sollte, wurde als zwangsläufige Folge gesehen. Diese Entwicklung war in Wien und Niederösterreich bereits weiter fortgeschritten als in den westlichen Bundesländern, wo noch mit niedrigeren Baukosten gearbeitet werden konnte, aber mit einer Anpassung war früher oder später zu rechnen. Die bewegliche Versicherung sollte nun diese Entwicklung berücksichtigen und immer wiederkehrende Einzelanträge vermeiden, die erfahrungsgemäß den tatsächlichen Verhältnissen regelmäßig nachhinkten. Denn auch ohne Einführung der Beweglichkeitsklausel müssten die Versicherungsgesellschaften die Versicherungsnehmer auf die Preiserhöhungen aufmerksam machen und den Versicherungsstock aufwerten. Diese Aufwertung konnte aber nicht in einer einzigen Aktion geschehen, sondern entsprechend der Währungsentwicklung in mehreren Stufen. Die mehrmaligen Vorsprachen beim Versicherungsnehmer wären aber nicht nur ein erheblicher Zeit- und Arbeitsaufwand für die Versicherungsgesellschaften, sondern zweifellos auch eine größere Belastung für das Vertrauen zur Währung als eine einmalige Umstellung durch die vorgeschlagene Klausel. Der Verband wies noch darauf hin, dass die Beweglichkeitsklausel grundsätzlich von einer Index-Versicherung zu unterscheiden sei. „Letztere fußt auf frei-marktlichen Preisen, erstere hat nur die amtlichen Preise zu berücksichtigen. Schließlich beschränkt sich die Beweglichkeitsklausel auf eine Aufwertungszahl für das Baugewerbe, wogegen sich der Index auf nahezu sämtliche Wirtschaftzweige bezieht."[365]

Grundlage der Beweglichkeitsklausel sollten die länderweise erfassten Baukosten sein, die der Einfachheit halber auch für die Inhaltsversicherung (Vieh und Hausrat) gelten sollten. Die Prämie, Versicherungssumme und Haftung, sollte sich entsprechend der Aufwertungszahl erhöhen. Dabei sollte der Versicherungsnehmer sehr wohl die Wahl zwischen beweglicher oder fester Versicherung haben. Änderungen unter 5 % waren nicht zu berücksichtigen. Allerdings war auch mit der beantragten Lösung das Inflationsproblem nicht wirklich gelöst. Denn die Genehmigung durch die Preisbehörde erfolgte

364 V30/11. Oktober 1946

365 Schreiben des Verbands der Versicherungsanstalten Österreichs an das Bundesministerium für Finanzen, Versicherungsaufsichtsbehörde, 15. Okober 1946

regelmäßig so spät, dass diese bereits längst überholt waren und eine weitere Steigerung der Preise eingetreten war.[366] Finanzminister Zimmermann lehnte jedoch die Einführung der beweglichen Versicherung neuerlich ab.[367] Als Ausweg schlug die Aufsichtsbehörde vor, bei jeder Halbjahresfälligkeit der Prämie den Versicherungsnehmern eine Wertanpassung vorzuschlagen, die er dann annehmen könnte oder nicht. Ein solcher Nachtrag wäre auch nicht genehmigungspflichtig. Neben dieser Vorgangsweise wurde noch beantragt, die Stammversicherung ganzjährlich einzuheben mit der Zusicherung an den Versicherungsnehmer, dass er im Schadensfall zum Index (nun wurde der Begriff doch verwendet) versichert ist. Die erforderliche Pluspämie sollte am Ende der Versicherungsperiode eingehoben werden.[368] Schließlich wurde Anfang 1948 der Salzburger Landesbrandschaden von der Aufsichtsbehörde unter gewissen Bedingungen der Abschluss von Versicherungen mit Beweglichkeitsklausel gestattet. Der Verband beantragte daraufhin, diese Versicherungsart für alle Anstalten zu genehmigen, allerdings sollte es den einzelnen Anstalten überlassen bleiben, von der Ermächtigung Gebrauch zu machen.[369] Im Jahresbericht des Versicherungsverbands von 1947 kam aber zum Ausdruck, dass dies nicht wirklich als Erfolg zu werten sei: „Nach anfänglichem Widerstreben hat nunmehr das Bundesministerium für Finanzen die Bewilligung zum Betrieb dieser Versicherungsart erteilt, dies allerdings mit solchen Nebenbedingungen, daß die Angelegenheit, deren Bedeutung durch die seither eingetretenen Verhältnisse zum Teil überholt erscheint, noch weiter an Interesse verliert."[370]

Das Ausbleiben eines Wirtschaftsaufschwungs in den ersten beiden Nachkriegsjahren und das mangelnde Vertrauen in die Währung machten es daher den Versicherungsunternehmen unmöglich, das Volumen des Versicherungsbestandes und damit auch die Verwaltungskosten dem gesunkenen Geldwert anzupassen. Das Problem bekam aber eine völlig neue Dimension mit dem ersten Lohn-Preis-Abkommen 1947. Bis zum Juli 1947 waren die Wertverhältnisse in Österreich noch durch den von der deutschen Verwaltung eingeführten Lohn- und Preisstopp bestimmt, auch wenn dieser nach dem Krieg die Inflationstendenzen nicht mehr wirklich aufhalten konnte. Erst durch das im Juli 1947 mit Zustimmung der Regierungsparteien vereinbarte „Stillhalteabkommen" (1. Lohn-Preis-Abkommen) wurden die Bezüge gewisser Lohn- und Gehaltsempfänger erhöht und den Betrieben der gewerblichen, nicht aber der landwirtschaftlichen Wirtschaft der

366 Das wird detailliert an den Glaspreisen dargestellt: V12/14. April 1947

367 Schreiben der Oberösterreichischen Landes-Brandschaden-Versicherungsanstalt an den Verband der Versicherungsunternehmen Österreichs, 20. November 1946

368 V52/3. Oktober 1947 und V53/17. Oktober 1947

369 V59/19. Februar 1948

370 Rechenschaftsbericht 1947, Mitgliederversammlung VVÖ. 29. April 1948

Einbau dieser erhöhten Gestehungskosten in die Preise erlaubt.[371] Die Nahrungsmittelpreise wurden künstlich niedrig gehalten und die Landwirtschaft hierfür durch Subventionen aus dem Budget entschädigt. Die Interessenvertretungen der Arbeitgeber und Arbeitnehmer hatten für dieses Abkommen eine „Wirtschaftskommission" gebildet, der die Bundeswirtschaftskammer, der Gewerkschaftsbund und die Arbeiter- und Landwirtschaftskammer angehörten. Der Versicherungsverband war nur indirekt über die Bundeswirtschaftskammer vertreten, seine Interessen wurden hierbei nicht berücksichtigt. Obwohl das Lohn-Preis-Abkommen eine Stabilisierung des Geldwertes im Auge hatte, wurden damit schlagartig praktisch sämtliche Löhne und Preise angehoben. Damit hatten sich nicht nur die Kosten der Ersatzbeschaffung dementsprechend erhöht, sondern die Gehälter in der Versicherungswirtschaft wurden zusätzlich zu den schon zugestandenen Erhöhungen per Gesetz noch weiter hinaufgesetzt. Die Lohn- und Preisregelung führte daher zu einer erheblichen Mehrbelastung der Versicherungsunternehmungen. Da die Versicherungswirtschaft in die Lohn- und Preiserhöhungen des Abkommens nicht von vornherein eingebunden war, musste sie ihre Forderungen bei der Aufsichtsbehörde im Finanzministerium anmelden.[372] Der Versicherungsverband forderte daher einen 50 %igen Teuerungszuschlag auf die Bruttoprämie, sowohl für bestehenden Verträge als auch für das Neugeschäft. Der Teuerungszuschlag sollte provisionsfrei gestellt werden und auch nicht an die Rückversicherer weitergegeben werden. Dieser Teuerungszuschlag sollte für alle Sparten bewilligt werden, ausgenommen die Lebensversicherung. Unbeschadet dieser generellen Bewilligung sollte jedoch in den verschiedenen Sparten eine unterschiedliche Erhöhung erfolgen. Die volle Höhe von 50 % sollte bei der Kraftfahrzeugversicherung erfolgen, 25 % waren bei den meisten anderen Sparten vorgesehen, 15 % bei der Transportversicherung, Tierversicherung und Krankenversicherung und 6 % bei der Lebensversicherung.[373] Für die Lebensversicherungen hatte der Verband schon im April 1947 eine 6 %ige Prämienerhöhung für bestehende wie neue Verträge in Form einer Umlage beantragt.[374] An sich wäre bei der Lebensversicherung mindestens ein Satz von 9 % notwendig gewesen. „Nach übereinstimmender Ansicht ist aber ein solcher Satz dem versicherten Publikum nicht mehr zumutbar", stellte der Vorstand des Versicherungsverbandes fest. „Es würde praktisch fast das Ende der Lebensversicherung bedeuten." Hier sollte eine Aushilfe des Staates verlangt werden, etwa indem die bis dahin unverzinsten Wertpapiere, insbesondere der deutschen Anleihen, durch

371 Franz Krieger, Um den Teuerungszuschlag, Die Versicherungsrundschau 1949, S. 9

372 Am 31. Juli 1947 fand daher eine Unterredung mit dem Finanzminister statt, die am 1. August in der Aufsichtsbehörde fortgesetzt wurde. V47/1. 8. 1947

373 V48/8. August 1947

374 V39/3. April 1947

den österreichischen Staat mit 2 % verzinst würden.[375] Ein solches Ansinnen hatte der österreichische Finanzminister – um es auf Österreichisch zu sagen – aber nicht einmal ignoriert. Schließlich erfolgte die „Anordnung" des Bundesministeriums für Finanzen als Aufsichtsbehörde zur Einhebung eines einmaligen Teuerungszuschlages bei allen Prämienfälligkeiten zwischen dem 1. 9. 1947 bis 31. 8. 1948 in der Höhe zwischen 15 und 25 % der Jahresprämie im Voraus.[376] Die Anordnung lautete wörtlich:

„Das Bundesministerium für Finanzen sieht sich im Hinblick auf die Auswirkungen der allgemeinen Lohn- und Preisregelung im August 1947 auf die Versicherungswirtschaft veranlasst, gestützt auf die Bestimmungen der §§ 81 und 81a VAG (v. T.), mit Wirkung vom 1. September 1947 nachstehende Anordnung zu treffen, die dazu bestimmt ist, die Aufrechterhaltung des Versicherungsschutzes durch die Versicherungsunternehmungen sicherzustellen und so die Belange der Versicherten zu wahren: Bei sämtlichen bestehenden oder neu abgeschlossenen Versicherungen in der Sach-, Vermögensschaden- oder Unfallversicherung (mit Ausnahme der Kraftfahrtversicherung, die besonders geregelt wird) gelangt bei allen in der Zeit vom 1. September 1947 bis 31. August 1948 eintretenden Prämienfälligkeiten ein Teuerungszuschlag in der Höhe von 25 % der Bruttoprämie zur Einhebung, der sich in der Transport- und Tierversicherung auf 15 % ermäßigt. Der Teuerungszuschlag ist für die Deckung der dem Erstversicherer aus den Lohn- und Preiserhöhungen erwachsenden Mehrkosten bestimmt. Er unterliegt daher nicht der Verrechnung mit den Rückversicherern, Vermittler- und Umsatzprovisionen dürfen von dem Teuerungszuschlag nicht bezahlt werden."[377] Bei sämtlichen bestehenden oder neu abgeschlossenen Kraftfahrtversicherungen betrug der Teuerungszuschlag 25 %.

Am 14. November 1947 veröffentlichte das Finanzministerium eine weitere Verfügung, betreffend den Teuerungszuschlag nunmehr auch bei der Lebensversicherung. Diese betrug 6 % der Versicherungssumme bei normalen Verträgen – was im Durchschnitt 12 % der Jahresprämie entsprach – und zwei Monatsbeiträge bei der Kleinlebensversicherung. Die Rentenversicherung mit laufenden Prämienzahlungen erfuhr einen Zuschlag von 6 %, jene mit Einmalzahlung 3 % des Jahreswertes der Rente.[378] Überraschend war, dass die Lebensversicherung bei der ursprünglichen Einführung des Teuerungszuschlages nicht genannt wurde, war das doch der Versicherungszweig, der durch Krieg und seine Folgen am meisten gelitten hatte. Nicht nur die Zerstörung der Veranlagungswerte und

---

375 V47/1. August 1947

376 Anordnung des Bundesministeriums für Finanzen vom 28. 8. 1947 Zl. 37808-19/47, verlautbart im Amtsblatt der Wiener Zeitung vom 2. 9. 1947, Nr. 203

377 Die Versicherungsrundschau, 1948, S. 24

378 Die Anordnung über den Teuerungszuschlag in der Lebensversicherung, Die Versicherungsrundschau, 1948, S. 34

das Problem der Reichsanleihen spielte hierbei eine Rolle. Den Lebensversicherungen im Deutschen Reich war die volle Deckung der Kriegssterblichkeit auferlegt worden. Diese – versicherungstechnisch nicht zu rechtfertigende – Maßnahme zugunsten der Kriegswitwen und -waisen zog eine außerordentliche Belastung der Lebensversicherungen nach sich.[379] Noch 1947 machte in Deutschland der Anteil der Kriegssterbefälle (Sterbefälle von Kriegsgefangenen und Todeserklärungen von Vermissten) 25 % bis 35 % der gesamten Todesfallzahlungen aus.[380] Die Risikoerhöhung war nur durch eine unzureichende Kriegsumlage abgegolten, die nach dem Krieg wieder wegfiel. Die Verzögerung des Wirtschaftsaufschwungs und das mangelnde Vertrauen der Bevölkerung in die Währung ließen dieses Problem nicht durch neue Verträge und die darin enthaltenen Verwaltungskostenzuschläge lösen. „Die Gestattung der Weiterführung des Betriebes der Lebensversicherung durch die Versicherungsaufsichtsbehörde in der bisherigen Form und im bisherigen Umfange ist nicht ohne Risiko“[381], wie die Versicherungsaufsicht selbst feststellte.

Die Höhe der Teuerungszulage war so bemessen, dass der Zahlungswille der Versicherten nicht gefährdet werden sollte. In einer Einsichtsbemerkung bemerkte jedoch Ministerialrat Dr. Skrobanek: „… nach menschlichem Ermessen wird es mit der Entrichtung eines ‚einmaligen‘, übrigens nur niedrig bemessenen Teuerungszuschlages in der Lebensversicherung im Gegensatz zu Schadensversicherung nicht sein Bewenden haben können.“[382] In der Schadensversicherung waren die Verträge unschwer in verhältnismäßig kurzer Zeit der Geldentwertung durch Prämienerhöhung anzupassen. In der Lebensversicherung war dies aufgrund der Langfristigkeit der Verträge nicht möglich. „Eine Behebung der Regienot aus der Änderung der bestehenden Einzelversicherungen und damit des bestehenden Stockes kommt also in der Lebensversicherung überhaupt nicht in Frage. Eine Erleichterung kann sich nur daraus ergeben, daß unter günstigen wirtschaftlichen Verhältnissen und bei Vertrauen des Publikums in die Beständigkeit des Geldwertes in einem gegenüber früher verstärktem Umfange Neuversicherungen abgeschlossen werden, die ein erhöhtes Prämien- und damit auch ein Regievolumen bringen, aus dem das Regiedefizit für den alten Bestand zum großen Teil oder vielleicht ganz gedeckt werden kann. Mit einem solchen Neuzugang sieht es aber derzeit schlecht aus; er deckt jetzt nicht einmal den natürlichen Abfall, geschweige denn, dass er zu einem

379 Dr. E., Dritte Versicherungsüberleitungsverordnung. Die Anordnung über den Teuerungszuschlag in der Lebensversicherung, Die Versicherungsrundschau, 1948, S. 34

380 Finanzreform und Lebensversicherung, Die Versicherungswirtschaft, 15. November 1947, S. 287

381 Teuerungszuschlag in der Lebensversicherung – Anordnung des BMF, 14. 11. 1947, AdR, BMF, 53468/1947

382 Dr. Skrobanek, Einsichtsbemerkung zur Zahl 53468-19/47, 10. 11. 1947, AdR. BMF

erhöhten Regievolumen führt."[383] Die schwierige Situation in der Lebensversicherung dürfte den politisch Verantwortlichen durchaus bewusst gewesen sein. Das mag der Grund gewesen sein, warum es zwar zu einer Interpellation im Nationalrat kam, aber ansonsten der Teuerungszuschlag in diesem Bereich widerspruchsloser hingenommen wurde als in der Sachversicherung.

Denn obwohl die finanziellen Forderungen der Versicherungswirtschaft in der Sachversicherung praktisch halbiert worden waren, „um die Belastung der Versicherungsnehmer durch diesen Zuschlag so gering als möglich zu halten", wie der Finanzminister feststellte,[384] setzte nun ein erheblicher Wirbel ein. Der Teuerungszuschlag, der kaum über dem lag, was anderen Wirtschaftsbereichen im Zusammenhang mit dem 1. Lohn-Preis-Abkommen zugestanden worden war, führte zu Protesten, einer Anfrage im Nationalrat und einigen Gerichtsverfahren, bei welchen die Gesetzmäßigkeit der Anordnung angefochten wurde und die schließlich in einer Entscheidung des Verfassungsgerichtshofes gipfelte. Zuerst wehrte sich die Industrie, welche über die Bundeswirtschaftskammer Protest einlegte, da der Teuerungszuschlag ohne vorherige Fühlungnahme mit ihrer Sektion eingeführt worden war. Sie verlangte für industrielle Risiken eine Ausnahme von der Einhebung des Teuerungszuschlages, da angeblich zum großen Teil bereits Nachversicherungen getätigt worden waren und sich damit die Prämien ohnehin bereits erhöht hätten. Der Versicherungsverband sprach sich jedoch gegen jede Ausnahme aus und wurde dabei auch ausdrücklich von der Versicherungsaufsicht unterstützt.[385] Die Aufsichtsbehörde wandte sich gegen jede Begünstigung irgendeiner Wirtschaftsgruppe und sicherte dem Verband bei allfälligen Angriffen jede Deckung seitens des Bundesministeriums für Finanzen zu. „Es wurde von der Behörde darauf aufmerksam gemacht, daß die Anstalten verpflichtet sind, die getroffenen Anordnungen strikte durchzuführen."[386] Bei einer Besprechung des Versicherungsverbandes mit der Sektion Industrie der Bundeskammer der Gewerblichen Wirtschaft erklärt jedoch die Industrie, dass der Teuerungszuschlag für sie untragbar und dass es von jeher Brauch gewesen sei, vor der Lösung einer so schwerwiegenden Frage sich mit der Industrie ins Einvernehmen zu setzen. Außerdem warf sie die Frage auf, ob das Finanzministerium zu dieser Maßnahme überhaupt befugt war.[387] Der Druck von Seiten der Industrie hörte nicht auf und in der Versicherungswirtschaft begann man zu überlegen, ob man nicht doch gewisse Konzessionen zugestehen sollte. Der Vorstand des Verbandes vertrat aber nach

383 Dr. Skrobanek, Einsichtsbemerkung zur Zahl 53468-19/47, 10. 11. 1947, AdR. BMF

384 Bundesminister für Finanzen Dr. Zimmermann, in: Die Versicherungsrundschau, Wien 1948, S. 25/6

385 V50/18. September 1947

386 V55/4. Dezember 1947

387 V52/3. Oktober 1947

wie vor den Standpunkt, den Teuerungszuschlag in seiner vollen Höhe einzuheben und der Industrie keine wie immer geartete unterschiedliche Behandlung zukommen zu lassen. Die Möglichkeit einer Anfechtung der Anordnung des Bundesministeriums beim Verwaltungs- oder Verfassungsgerichtshof könne auch dadurch nicht vermieden werden, dass der Industrie gewisse Begünstigungen eingeräumt würden. Zweifellos würde die einseitige Bevorzugung der Industrie ein Übergreifen auf andere Sektoren nach sich ziehen. Es war aber auch deshalb ein Abweichen von der getroffenen Anordnung nicht möglich, weil der Teuerungszuschlag zur Deckung der erhöhten Regien unbedingt notwendig war.[388]

Die Kritiker argumentierten daher vor allem, dass das Finanzministerium zu der Anordnung über den Teuerungszuschlag nicht berechtigt sei. Die rechtliche Grundlage für diese behördliche Maßnahme war das Versicherungsaufsichtsgesetz, das in den §§ 81 und 81a die Versicherungsaufsichtsbehörde ermächtigte, auch in die Rechte aus bestehenden Versicherungsverhältnissen einzugreifen, wenn diese Eingriffe zur Wahrung der Interessen der Versicherungsnehmer notwendig waren. Das Finanzministerium konnte aber keinesfalls seinen Standpunkt aufgeben, dass es berechtigt sei, die materiellen Voraussetzungen im Versicherungswesen zu bestimmen.[389] Am 5. November kam es demnach sogar zu einer Anfrage im Nationalrat über die Teuerungszulage. In seiner Antwort ging Finanzminister Dr. Zimmermann auf die grundsätzliche Problematik der Versicherungsbranche ein:[390]

„Die Versicherungsunternehmungen in Österreich haben ihren durch den Krieg und seine Folgen zerrütteten Betrieb in verhältnismäßig kurzer Frist wieder im wesentlichen in geordnete Bahnen zurück leiten können. Schon seit längerer Zeit werden die Versicherungsleistungen in allen Versicherungszweigen – mit Ausnahme der Lebensversicherungen, die vor dem 1. Jänner 1946 abgeschlossen wurden und bei denen das Schicksal der bei Kriegsende noch vorhandenen Deckungsrücklagen noch ungewiß ist – in vollem Umfange erbracht, obwohl auch bei den Versicherungsgesellschaften ein beachtlicher Teil ihrer flüssigen Mittel den Sperrverfügungen des Schillinggesetzes unterworfen wurde. Die Gesellschaften konnten auch das Gleichgewicht zwischen den Prämieneinnahmen einerseits und den Versicherungsleistungen und Verwaltungskosten andererseits dauernd aufrechterhalten, solange sich die berechtigten Lohnerhöhungen

388 V54/20. November 1947

389 Bundesministerium für Finanzen, Versicherungsaufsicht, Teuerungszuschlag, 10. Dezember 1947 AdR. BMF. 58456/47

390 Anfrage der Abgeordneten Ing. Schumy, Mayrhofer, Gaßner und Genossen vom 5. November 1947, schriftliche Beantwortung durch den Bundesminister für Finanzen Dr. Zimmermann, in: Die Versicherungsrundschau, Wien 1948, S. 25/6

stellten noch mit der nur langsam ansteigenden Prämieneinnahme in Einklang bringen ließen." Der Minister ging dann auf die staatlich-sozialpartnerschaftlich verfügte abrupte Kostenerhöhung ein, welche dieses Gleichgewicht zwangsläufig gefährdete. „Das Preis-Lohn-Abkommen vom 31. Juli 1947 hat eine starke und plötzliche Erhöhung der Unkosten der Gesellschaften zur Folge gehabt, ohne daß gleichzeitig eine Deckung des entstehenden Mehraufwandes durch entsprechende Erhöhung der Prämieneinnahmen vorhanden gewesen wäre." In anderen Wirtschaftsbereichen standen den Lohnerhöhungen durch das Lohn-Preis-Abkommen auch entsprechend genehmigten Preiserhöhungen gegenüber, bei der Versicherungswirtschaft war dies aber nicht so einfach möglich. „Der Gedanke, sämtliche Versicherungssummen und damit auch sämtliche Prämien durch behördliche Verfügung nach einem bestimmten Schlüssel zu erhöhen, erweist sich als nicht durchführbar, da der bisherige Umfang des Versicherungsschutzes und die Werterhöhung der einzelnen versicherten Gegenstände einen einheitlichen Aufwertungsmaßstab nicht zulassen. Eine solche behördliche Verfügung hätte bei den Versicherten den Eindruck erwecken müssen, nunmehr ausreichend versichert zu sein, während nur ein Zustand von Über- und Unterversicherung entstanden wäre." Der Minister gestand den Versicherungsunternehmen zu, dass ein Gleichgewicht nur durch Erhöhung der Einnahmen erfolgen konnte, da Maßnahmen auf der Ausgabenseite enge Grenzen gesetzt waren. Um also die Prämieneinnahmen wieder auf jenen Stand zu bringen, der ausreichte, die erhöhten Kosten zu tragen, hätte der Versicherungsbestand dem neuen Preisgefüge angepasst werden müssen. Das hätte die Umarbeitung von Hundertausenden von Versicherungsverträgen unter Zustimmung der Versicherungsnehmer bedeutet. Daher blieb nur der Weg eines einmaligen Teuerungszuschlages offen. Der Minister wies darauf hin, dass es bereits während der Inflation nach dem Ersten Weltkrieg den Versicherungsunternehmen gestattet worden wäre, Prämienzuschläge einzuheben, die als „außerordentliche Verwaltungsgebühr" bezeichnet wurden. Der Unterschied zu dieser Zeit bestehe darin, dass diese „außerordentliche Verwaltungsgebühr" eine dauernde Einrichtung wurde, während der Teuerungszuschlag nur einmalig einzuheben sei. „Dem Prinzip der Gefahrengemeinschaft aller Versicherten entspricht es, daß jeder einzelne Versicherte gleichmäßig nach dem Maßstabe seiner Prämie diesen Beitrag leistet und dass die Einhebung des Teuerungszuschlages nicht in das Belieben der einzelnen Gesellschaften gestellt wird, sondern ihnen gleichmäßig zur Pflicht gemacht wird, um einem unlauteren Wettbewerb zwischen den Gesellschaften vorzubeugen." Und schließlich wies der Minister darauf hin, dass diese Maßnahme letztlich im Interesse der Versicherungsnehmer getroffen worden sei. „Diese Neuordnung des Versicherungsbetriebes ist für die sichere Erhaltung des Versicherungsschutzes sämtlicher Versicherter von lebenswichtiger Bedeutung, da beim Betrieb, dessen Unkosten, selbst wenn sie auf das äußerste herab gedrückt werden, die in den normalen Prämien enthaltenden Zuschläge weit übersteigt, schließlich die Mittel aufzehren muß, die zur Bestreitung der Versicherungsleistungen dienen sollen, der Versicherungsschutz daher durch eine solche Gebarung ernsthaft gefährdet würde. Eine behördliche Maßnahme war zur Beseitigung dieses Mißstandes und seiner den Versicherten drohenden Folgen unbedingt geboten."

So leicht war aber die Industrie nicht zufrieden zu stellen. Sie begann mit einer öffentlichen Kampagne in Fachzeitschriften und Tageszeitungen. Die versicherten Industrieunternehmen richteten an ihre Versicherungsgesellschaft ein ziemlich einheitlich gehaltenes Schreiben, in dem sie gegen die Zahlung des Teuerungszuschlages protestierten, diesen nur unter Vorbehalt leisteten und in einzelnen Fällen sogar mit der Kündigung des Vertrages drohten. Der Versicherungsverband entwarf daher ebenfalls für seine Mitgliedsunternehmen ein Antwortschreiben. Auf die Pressepolemik beschloss man nicht zu antworten, um die Sache nicht noch mehr aufzubauschen.[391] Schließlich kam es auf Initiative des Präsidenten der Bundeswirtschaftskammer, Julius Raab, zu einer gemeinsamen Besprechung des Präsidiums des Versicherungsverbandes mit der Sektion Industrie (mit Obmann Mautner-Markhof, Herrn Hryntschak von der Industriellenvereinigung, dem Obmann der Kreditsektion Josef Joham und Nationalrat Eugen Margarethа), um zu versuchen, „die unerquicklichen Differenzen, welche in der Frage des Teuerungszuschlags zur Prämie entstanden sind, einer friedlichen Beilegung zuzuführen".[392] Nach einer längeren Debatte wurde schließlich eine Einigung erzielt: „Die Industrie verpflichtet sich, die Einhebung des Teuerungszuschlages anzuerkennen und alle damit zusammenhängenden Klagen zurückzuziehen. Eine entsprechende Verlautbarung wird in der Fachzeitschrift ‚Die Industrie' sowie in der Presse der Bundeskammer erfolgen, in welcher auch zum Ausdruck gebracht werden wird, daß das frühere Vertrauensverhältnis zwischen den Versicherungsunternehmen und der Industrie wiederhergestellt wurde." Ganz ohne Konzessionen der Versicherungswirtschaft konnte diese Einigung aber nicht erzielt werden. „Die Versicherungsunternehmen verpflichten sich, die gesamte Feuerschutzsteuer ab 1. 4. 1948 bis 31. 3. 1949 aus Eigenem zu tragen und die in der Industrie-Feuerversicherung notwendige Prämienerhöhung nicht im Jahre 1948, sondern erst 1949 nach vorheriger Fühlungnahme mit der Sektion Industrie vorzunehmen. Außerdem hatten sich die Gesellschaften bereit erklärt, bei Nachversicherungen sowie Neuversicherung von Objekten, für die bisher kein Versicherungsvertrag bestanden hat, den Teuerungszuschlag nur pro rata temporis bis zum 31. 8. 1948 zu berechnen."[393]

391 V57/15. Jänner 1948
392 V59/19. Februar 1948
393 V60/25. Februar 1948

Damit war die Auseinandersetzung um den Teuerungszuschlag aber bei weitem noch nicht erledigt. Gerichtliche Klagen wurden in Wien und in Innsbruck eingebracht, wovon eine auf Feststellung der Gesetzesmäßigkeit und die beiden anderen auf Rückzahlung lauteten. Der Vorstand beschloss diese Prozesse auf Verbandskosten zu führen und holte ein Rechtsgutachten ein, das aber auch keine Klärung brachte.[394] Zwei der von Anwälten eingebrachten Klagen gingen auf einen Versicherungsmakler zurück, der die Einstellung der Prozessführung anbot, „sofern die Versicherungsunternehmen dem geäußerten Wunsch des Maklers nach Gleichstellung mit den Außendienstbeamten in der Provisionsfrage und Überlassung eines Teils des provisionsfreien Portefeuilles zur Bearbeitung nachkommen würden." Der Versicherungsverband sah dies als „geradezu rechtswidrige Handlung" an[395] und überlegte auch später noch, „welche Konsequenzen die Versicherungsunternehmen für ihre Haltung diesem Makler gegenüber zu ziehen haben".[396] Letztlich war aber klar, dass eine Entscheidung des Verfassungsgerichtshofes weder verhindert werden konnte noch sollte, um Klarheit in dieser Rechtsfrage zu schaffen. Am 5. März 1948 unterbrach das Bezirksgericht Innere Stadt Wien das Verfahren gegen die Wiener Allianz Versicherungs A. G. und stellte beim Verfassungsgericht den Antrag, die Anordnung des Bundesministeriums für Finanzen über die Einhebung des Teuerungszuschlages als gesetzwidrig aufzuheben. Tatsächlich gab der Verfassungsgerichtshof den Klägern recht und bezeichnete in einer zwölfseitigen Begründung die Teuerungszulage für bestehende Versicherungsverträge als gesetzeswidrig.[397] Die Anordnung des Finanzministeriums wurde als eine Verordnung gewertet und festgestellt, dass die §§ 81 und 81a des Versicherungsaufsichtsgesetzes nicht die Grundlage einer Verordnung sein konnten, welche einseitig in die Versicherungsverträge eingriff. Zwar akzeptierte das Verfassungsgericht, dass die Versicherungsunternehmen in der Lage sein müssen, durch Anpassung der Versicherungsverträge an die geänderten Preisverhältnisse die erhöhten Kosten zu verdienen, dies ermächtige aber nicht das Bundesministerium für Finanzen zu einer Verordnung. „Hätte also das Bundesministerium für Finanzen sich aus dem von ihm geltend gemachten Erwägungen, deren Zutreffen in vielfacher Hinsicht nicht in Abrede gestellt werden soll, zu einer Aktion veranlaßt gesehen, so konnte dies nur durch Einbringung eines Gesetzes, nicht aber im Weg einer Verordnung geschehen, für die das Versicherungsaufsichtsgesetz keine ausreichende Grundlage bietet … Im Hinblick auf diese Erwägungen mußte die Verordnung, soweit sie sich auf bestehende Versicherungen

394 V58/29. Jänner 1948, V64/1. April 1948

395 V68/25. Mai 1948

396 V75/29. Oktober 1948

397 Entscheidung des Verfassungsgerichtshofes vom 7. Oktober 1948, Beilage zu V75/29. Oktober 1948

bezieht, als gesetzeswidrig erachtet werden. Eine Aufhebung dieses Teils der Verordnung kam aber nicht in Frage, weil die Verordnung bereits mit 31. 8. 1948 außer Kraft getreten ist. Der Verfassungsgerichtshof hatte sich daher darauf zu beschränken, festzustellen, daß dieser Teil der Verordnung gesetzeswidrig war."[398]

Die Anrufung des Verfassungsgerichtshofes hatte die gerichtliche Entscheidung so weit verzögert, dass die Auseinandersetzung um den Teuerungszuschlag eigentlich ein „Sturm im Wasserglas" wurde. Da die Verordnung bereits außer Kraft getreten war, wurden die übrigen Klagen nun eingestellt und der Teuerungszuschlag musste nicht zurückgezahlt werden, da den Entscheidungen des Verfassungsgerichtshofes keine rückwirkende Kraft zukam und die Verordnung bereits abgelaufen war.[399] Sollten Versicherungsnehmer dennoch auf Rückzahlung klagen, so empfahl der Verband nur dann zu zahlen, wenn der Betrag die Prozesskosten nicht überstieg.[400] Der Versicherungsverband initiierte zwar einen Artikel in der Versicherungsrundschau, welcher kritisierte, dass der Verfassungsgerichtshof sein Urteil ohne Anhörung von Sachverständigen gefällt habe[401], was aber auch nichts mehr an der Sachlage änderte. Ansonsten brachte aber die Regierung einen Gesetzesentwurf zur Abänderung des § 81 Versicherungsaufsichtsgesetzes ein, der die Erkenntnis der Verfassungsrichter berücksichtigte.

Der einmalige Teuerungszuschlag stellte daher bestenfalls eine vorübergehende Notlösung dar, wie die Versicherungsaufsicht schon 1947 feststellte. Die „Regienot" konnte nur dadurch behoben werden, „daß unter günstigen wirtschaftlichen Verhältnissen und bei Vertrauen des Publikums in die Beständigkeit des Geldwertes in einem gegenüber früher verstärkten Umfang Neuversicherungen abgeschlossen werden, die ein erhöhtes Prämien- und damit auch ein Regievolumen bringen, aus dem das Regiedefizit für den alten Bestand zum großen Teil oder vielleicht ganz gedeckt werden kann".[402] Doch auch die folgenden Lohn-Preis-Abkommen erhöhten die Personalkosten schubweise jeweils um zumeist mehr als 10 %, denen nach den gemachten Erfahrungen kein neuerlicher „Teuerungszuschlag" entgegengesetzt werden konnte. Ein eher bescheidener Ausweg war die Erhöhung von Gebühren, etwa bei Mahnungen.[403] Die Versicherungsbranche verlegte sich daher auf den unproblematischeren Weg der Prämienerhöhungen, der aber

398 Entscheidung des Verfassungsgerichtshofes vom 7. Oktober 1948, Beilage zu V75/29. Oktober 1948, S. 11

399 So die Ansicht von Universitätsprofessor Dr. Wolf, der an der Entscheidung des Verfassungsgerichtshofes als Senatsmitglied mitgewirkt hatte. V76/8. November 1938

400 V75/29. Oktober 1948

401 Hierüber schrieben Erich Bartl und Franz Krieger in der Versicherungsrundschau 1949.

402 Bundesministerium für Finanzen, Versicherungsaufsicht, Teuerungszuschlag, Einsichtbemerkung 10. 11. 1947, AdR. BMF. 53468/47

403 V110/19. Oktober 1950

sehr zeitaufwendig war. Zum einen musste man sich mit den Sozialpartnern, vor allem der Bundeswirtschaftskammer, der Industrie und der Landwirtschaft, auseinander setzen, um hier die Widerstände abzubauen. Zum anderen waren die Prämienerhöhungen bei der Versicherungsaufsicht einzureichen, die immer neue Statistiken über den Schadensverlauf einsehen wollte und bestrebt war, die vorgeschlagenen Erhöhungen herabzusetzen. So wurden beim 3. Lohn-Preis-Abkommen 1949 Prämienerhöhungen zwischen 5 und 25 % beantragt und bei der Autohaftpflicht sogar durchschnittlich 70 %, da hier der Geschäftsverlauf besonders problematisch war.[404] Die Aufsichtsbehörde gab diese Anträge dann an den Hauptausschuss des Nationalrates weiter, der sie an die Unterausschüsse weitergab. Wurden die Anträge durch den Hauptausschuss genehmigt, hatten die Alliierten Besatzungsmächte eine Frist von 31 Tagen zu einer Äußerung und erst dann konnten die Prämien in Kraft treten. Dadurch dauerte es mehr als ein halbes Jahr, bis dieses Vorgehen abgeschlossen werden konnte. Bei den Lebensversicherungen legte man sich überhaupt eine Beschränkung auf, um nicht der bald erhofften Sanierung dieses Geschäftsbereiches durch den Staat vorzugreifen. In Hinblick auf „die bevorstehende Rekonstruktion der Versicherungswirtschaft“ wollte man in dieser Sparte von Prämienerhöhungen Abstand nehmen. Dies schon deshalb, da ein Zuschlag nicht ausreichen würde, „die überhöhten Verwaltungskosten zu decken, noch würde durch diesen Zuschlag eine zulängliche Prämienregulierung erreicht werden. Ein Eingriff in die bestehenden Verträge, insbesondere in der Lebensversicherung, bringt zweifellos die Gefahr schwerer Störungen des Geschäfts mit sich und damit auch eine neuerliche Erschütterung des Vertrauens beim versicherten Publikum.“ Man wolle daher „in Anbetracht der in absehbarer Zeit zu erwartenden Sanierung der Versicherungswirtschaft und der nachteiligen Folgen eines Prämienzuschlages für das Neugeschäft in der Lebensversicherung keine Prämienerhöhung beantragen“, beschloss der Vorstand des Versicherungsverbandes 1949. Die Sanierung der Versicherungswirtschaft durch das Versicherungswiederaufbaugesetz ließ aber noch weitere sechs Jahre auf sich warten.

Mit dem Abschluss des wirtschaftlichen Wiederaufbaus und der doch deutlichen Verlangsamung der Geldentwertung verbesserte sich die Lage Anfang der 1950er Jahre. Es war daher ein deutlicher Einschnitt als die Transportversicherung im April 1950 aufgrund der Verbesserung der Risikolage eine Prämienermäßigung ankündigen konnte. Der Vorstand des Versicherungsverbandes dankte daher dem Transportverband und sprach ihm die Anerkennung für seine weit blickende Prämienpolitik aus.[405] Eine 10 %ige Prämienermäßigung auch für bestehende Verträge wurde 1952 für Einbruchdiebstahl und für

404 V90/15. September 1949
405 V102/21. April 1950

Hausratversicherungen möglich, so dass zumindest in diesen Bereichen langsam von einer Normalisierung gesprochen werden konnte.[406]

Einen Problembereich stellten noch die Unterversicherungen, etwa im Bereich Einbruch-, Diebstahl-, Feuerversicherung, dar. Durch die Inflation entsprachen die Versicherungssummen nicht mehr dem Gebrauchs- oder gar Wiederbeschaffungswert. Der Versicherungsverband initiierte daher ab Jänner 1951 eine automatische Aufwertungsaktion, bei der den Versicherungsnehmern eine 15 %ige Erhöhung ihrer Versicherungssumme aus den genannten Gründen angeboten wurde.[407] Gleichzeitig wurde an die Versicherungsvertreter und Makler ein Schreiben gerichtet, diese Aktion zu unterstützen, sich loyal zu verhalten und nicht zu Eingriffen in fremde Versicherungsbestände zu nutzen, „da andernfalls mit einschneidenden Maßnahmen, die bis zum Entzug der Provision führen könnten, vorgegangen werden müsste".[408] 1950 erfolgte die Ausweitung dieser Aktion auf die Sparten Glas-, Leitungswasserschaden- und Haftpflichtversicherung.[409] Diese Aufwertungsaktion war durchaus erfolgreich, ein Unternehmen berichtete, dass nur 2,75 % ablehnende Antworten gekommen waren und die restlichen Versicherungsnehmer die Aufwertung akzeptierten.[410] Nicht alle Gesellschaften hielten sich an die Verbandsbeschlüsse, einzelne Versicherungsunternehmen boten ihren Kunden Aufwertungen um 100 % und in Kärnten sogar um 200 % an, wobei der Verband lediglich diese Unternehmen um eine Stellungnahme auffordern konnte.[411] Durch den Erfolg der Aufwertungsaktion und die letzten Lohn-Preis-Abkommen wurde der Aufwertungssatz mit 1. Juli 1951 auf 25 %, mit 1. August 1951 auf 40 % und mit 1. Jänner 1952 auf 50 % erhöht.[412]

406 V136/23. Mai 1952; V137/4. Juni 1952
407 V111/26. Oktober 1950
408 Entwurf eines Rundschreibens an den Außenapparat, V114/30. November 1950
409 V114/30. November 1950
410 V118/23. Februar 1951
411 V125/21. Juni 1951; V124/31. Mai 1951
412 V121/26. April 1951; V125/21. Juni 1951; V128/18. Oktober 1951

Prämienreserven[413] in Mio. Schilling

	1944	1945	1946	Steigerung der Prämieneinnahmen 1945/46
Der Anker	22,781	25,347	26,868	47 %
Wiener Städtische	48,810	51,446	54,233	35 %
Bundesländer	66,266	71,331	75,171	40 %
ÖVAG alt	166,611	168,569	170,093	38 %
ÖVAG neu	25,877	29,884	34,426	68 %
ÖVAG gesamt	192,488	198,453	204,519	47 %
Wiener Verein	12,000	13,300	14,400	41 %
Jupiter	3,915	4,087	4,464	23 %
Victoria	27,989	28,684	29,900	33 %
Riunione	12,937	12,979	12,634	(–) 33 %
Volksfürsorge	29,510	–	35,310	–
Beamte	–	–	5,276	21 %
Generali	25,000	27,159	28,582	57 %
Donau-Concordia	–	15,044	15,221	7 %

Steigerung 1945/46 in Prozent der Prämieneinnahmen
Volksfürsorge Prämienreserve nicht 1944, sondern 1943

Die Prämienreservesteigerung von 1945 auf 1946 lag im Durchschnitt zwischen 25 % und 40 % der Prämieneinnahmen. Bemerkenswert ist die verhältnismäßig hohe Steigerung beim Altbestand der ÖVAG, welche durch die große Zahl der Überfälligkeiten bedingt war. Bei der ÖVAG war der Neubestand um ca. 700.000 Schilling unterdeckt, dafür der Altbestand buchmäßig um 3 Mio. Schilling überdeckt. Die Verminderung der Prämienreserven der Riunione war durch die hohe Zahl der Fälligkeiten bedingt und durch das sehr geringe Neugeschäft in den vorangegangenen Jahren. Allgemein stellte die Versicherungsaufsicht fest, dass die verhältnismäßig niedrige Steigerung der Reserven durch die Stockbewegungen – kleiner Zugang und großer Abfall – bedingt war.

413 Bundesministerium für Finanzen, Entwicklung der Prämienreserven 1945 und 1946, 9. Februar 1948, AdR. BMF. 336/48

Prämieneinnahmen und Unkosten österreichischer Versicherungsunternehmen[414]
Werte in 1.000 Schilling

Österreichische Aktiengesellschaften

	Prämieneinnahmen		Unkosten in % der Prämieneinnahmen	
	1945	1946	1945	1946
Anglo-Elementar	2.715	4.992	57 %	55 %
Der Anker	2. 334	4.178	28 %	30 %
Donau-Concordia	6.679	7.013	43 %	43 %
Erste Allgemeine	3.845	6.719	67 %	58 %
N. Ö. Brandschaden	2.800	3.796	39 %	47 %
Kosmos	609	1.414	51 %	60 %
ÖVAG	7. 349	10.336	30 %	27 %
Volksfürsorge	4.267	6.147	23 %	26 %
Bundesländer	12.195	22.907	33 %	34 %
Wiener Allianz	5.911	12.105	59 %	45 %
Heimat	319	527	36 %	35 %
Internat. Unfall	1.507	3.931	98 %	72 %

Wechselseitige Anstalten mit Sitz in Wien

Wiener Spiegelglas	68	67	119 %	139 %
Montanverein	104	614	63 %	22 %
Jupiter	1. 337	[illegible].657	23 %	41 %
Beamtenversicherung	363	789	27 %	24 %
Papierindustrie	177	185	24 %	26 %
VersVerband Industriellen	250	648	10 %	9 %
Wiener Verein	1.525	2.706	30 %	35 %
Wiener Wechsels.	1.322	2.953	27 %	35 %
Wiener Städtische	10.794	22.022	31 %	34 %
Collegialität	986	1. 321	18 %	24 %

Union und Anglo-Danubia-Lloyd sind bei der Wiener Städtischen verrechnet.
1945 „seit der Befreiung“, also seit Mai dieses Jahres.

414 Bundesministerium für Finanzen, Versicherungsaufsicht, Geschäftsgebahrung der Versicherungen 1945 und 1946, 26. Juni 1947, AdR. BMF. 27998/47

Bei folgenden Unternehmen überschritten 1946 die Versicherungsleistungen und Unkosten die Prämieneinnahmen:

Internat. Unfall	−166	positiv
Wiener Spiegelglas	−15	−35
Montanverein	−326	−457
Beamtenversicherung	−116	−351
Wiener Verein	−42	positiv

7. Personalpolitik

Probleme der ersten Nachkriegszeit

Während des Krieges hatte sich der Verbandsvorstand häufig mit der Frage der „Freimachung von Arbeitskräften" für die Wehrmacht und der „Absicherung von Schlüsselkräften", sprich der Freistellung von wichtigen Mitarbeitern, zu beschäftigen. „Trotz der enormen Abzüge des Personals zur Wehrmacht, zur Polizei, zum Sicherheitsdienst, zur Technischen Nothilfe usw., sollten die Anstalten noch mehr Personal abgeben, obwohl der Rest der verbliebenen Angestellten mit wenigen Ausnahmen aus älteren Leuten oder Kranken bestand. In den letzten Monaten sollten wir jüngere weibliche Arbeitskräfte an die Luftwaffe abgeben, obgleich diese zum größten Teil schon anderswohin dienstverpflichtet waren. Daß es auch hier so manchen harten, leider manchmal vergeblichen Kampf gab, sei nachträglich festgestellt, da die Kenntnis hievon nicht weit über den Kreis der Vorstandsmitglieder drang."[415]

1945 gab es dementsprechend zahlreiche, eher ungewöhnliche Probleme. So konnten etwa „Gefolgschaftsmitglieder" nach einer Bestimmung vom September 1939 im Falle ihrer Einberufung zum Wehrdienst nicht gekündigt werden. Man setzte sich daher mit der Gewerkschaft zusammen, „um gemeinsam auf die Gesetzgebung einzuwirken, dass auch das Dienstverhältnis nicht Zurückgekehrter gelöst werden kann".[416] Ebenso war nicht klar, ob die freiwillige Familienunterstützung für Eingerückte und für Kriegsgefangene weiter bezahlt werden musste. Auch war die Frage der „Arbeitspflicht" zu klären,

415 Bericht des provisorischen Geschäftsführers des Verbandes, Dr. Florian, zur Mitgliederversammlung des Verbandes der in den Alpen- und Donaugauen tätigen Versicherungsunternehmen vom 21. August 1945

416 V3/12. Juni 1945

die auf eine reichsdeutsche Verordnung vom Februar 1939 zurückging. Diese sollte im neu entstandenen Österreich aus nahe liegenden Gründen nicht angewendet werden, weshalb ein neues, in seinem Umfang stark eingeschränktes Gesetz geplant war. Es bezog sich auf dringend benötigte Spezialkräfte und ging nur bis zum 30. Lebensjahr. Die zeitliche Dauer war mit sechs Monaten begrenzt, die bei dringendem Bedarf um weitere sechs Monate verlängert werden konnte. In bestehende Arbeitsverhältnisse sollte so wenig wie möglich eingegriffen werden, sondern es sollten vor allem die Beschäftigungslosen erfasst werden.[417] Denn bei den chaotischen Verhältnissen des Jahres 1945 war es unter Umständen günstiger, keiner geregelten aber schlecht bezahlten Arbeit nachzugehen, sondern sich etwa am Schwarzmarkt durchzuschlagen, wie auch das Wirtschaftsforschungsinstitut 1945 feststellte: „Solange der in Geld ausgedrückte Arbeitslohn nur eine geringe Kaufkraft besitzt und solange im Schleichhandel ohne größere Anstrengung leicht Gewinne gemacht werden können, die ein Vielfaches eines normalen Arbeitslohnes übersteigen, kann manchen Menschen der praktische Wert einer geregelten Arbeit zweifelhaft erscheinen."[418]

In den meisten Versicherungsunternehmen mussten die Angestellten 1945 neben ihrer eigenen Arbeit auch zu Schuttarbeiten im Zusammenhang mit den Bombenschäden herangezogen werden. Hierfür wurden besondere finanzielle Zuwendungen geleistet.[419] Diese waren wegen der besonders drückenden Arbeitsverhältnisse in Wien lediglich für die Angestellten der Wiener Betriebe gedacht, als Entschädigung für manuelle Arbeiten und für die ungewöhnlich ungünstigen Arbeitsbedingungen des Jahres 1945.[420] Sie sollten aber nicht in Verbindung mit der Weihnachtsremuneration und nicht vor 1946 ausgezahlt werden.[421] Den Versicherungsunternehmen war es aber freigestellt, nach ihrem Ermessen als Äquivalent für die Schutt- und Schutzarbeiten, zu denen die Angestellten infolge von Kriegsschäden vielfach herangezogen werden mussten, sowie als Ausgleich für die erschwerten Arbeitsbedingungen im Winter 1945/46 eine Zuwendung zu gewähren.[422]

Nachdem erst am 5. Juli 1945 mit dem Schaltergesetz die Banken wieder geöffnet wurden, konnten die meisten Anstalten ihren Angestellten vorläufig nur Anzahlungen auf ihre Bezüge leisten und hatten auf die Aufhebung der Kontensperren zu warten.[423]

417 V12/20. Dezember 1945
418 Monatsberichte des Österreichischen Instituts für Wirtschaftsforschung, Heft 1, 1945, S. 15
419 V10/29. November 1945
420 V25/16. Juni 1945 und V13/10. Jänner 1946
421 V12/20. Dezember 1945
422 Rechenschaftsbericht 1945, Mitgliederversammlung VVÖ, 25. April 1946
423 V3/12. Juni 1945

Aufgrund einer Vereinbarung mit der Gewerkschaft waren die Gehaltszahlungen für die Monate Juni, Juli und August 1945 mit 600 Reichsmark begrenzt, erst danach konnten die vollen Bezüge und auch die rückständigen Beträge wieder ausbezahlt werden. [424] Mit Einführung des Schillinggesetzes konnten von den alten Konten der Versicherungsunternehmen 200 Schilling für alte Gehaltsansprüche geleistet werden, der Rest war von den sogenannten freien Schilling-Guthaben zu bezahlen.[425]

Am 31. August 1944 war im Deutschen Reich die 60-Stunden-Arbeitswoche eingeführt worden. In der Versicherungswirtschaft war im Juni 1945 die Arbeitszeit in Analogie zur Dienstpragmatik von 1928 wieder einheitlich auf 42,5 Wochenstunden – inklusive einer halben Stunde Mittagspause – herabgesetzt worden. Mit Rücksicht auf die schwierigen Verkehrsverhältnisse betrug die effektive Arbeitszeit vorläufig aber nur 34 Stunden, Montag bis Freitag je 6 Stunden, beginnend zwischen 8 und 9 Uhr, und samstags 4 Stunden.[426] Erst in den folgenden Monaten konnte die 42,5-Stunden-Wochenarbeitszeit voll erreicht werden, falls dem nicht Bestimmungen der Alliierten oder der österreichischen Regierung im Zusammenhang mit der Lebensmittelkarte entgegen standen.[427] Die Arbeitszeit musste im Winter 1945/46 aufgrund des Kohlemangels aber wieder eingeschränkt werden. Den Gesellschaften wurde daher empfohlen, dort wo keine Beheizungsmöglichkeiten bestünden, den Dienst turnusweise in zwei Schichten leisten zu lassen, von 8 bis ½1 Uhr und von 11 bis ½4, am Samstag galt die normale Bürozeit von 8 bis 13 Uhr.[428] Durch die äußeren Umstände wurde die Reduzierung während der Feiertage noch erweitert: „Mit Rücksicht auf die mangelnden Beheizungsmöglichkeiten und auf den angegriffenen Gesundheitszustand der meisten Angestellten wird den Gesellschaften empfohlen, konform der Auskunft der Wiener Handelskammer, außer dem 24. Dezember auch den 31. Dezember zur Gänze freizugeben, am 27., 28. und 29. Dezember aber lediglich einen verstärkten Journaldienst einzurichten. Sofern sich die Angestellten bereit erklären, eine nach der Arbeitslage des Betriebes mögliche Heimarbeit zu übernehmen, ist von der Einbringung der versäumten Dienstzeit jedenfalls abzusehen.“[429] Die an Feiertagen oder an Samstagen versäumte Arbeitszeit – wie zu Allerseelen – war ansonsten prinzipiell nachzuholen.[430] Dieses Problem stellte sich 1945 zusätzlich für „Frauen mit selbständigem Haushalt ohne Hilfspersonen oder im Haushalt tätige An-

424 V10/29. November 1945
425 V12/20. Dezember 1945
426 V3/12. Juni 1945
427 V4/26. Juli 1945; V6/20. September 1945
428 V8/2. Oktober 1945; V9/22. November 1945
429 V12/20. Dezember 1945
430 V31/24. Oktober 1946; V36/15. Dezember 1946

gehörige". Diesen war während des Krieges ein „Wirtschaftstag" zugestanden worden. Der Wirtschaftstag wurde 1945 in Übereinstimmung mit der Gewerkschaft wieder abgeschafft. An seiner Stelle sollte „im Einzelfalle Angestellten beiderlei Geschlechts in begründeten Fällen die für die Haushaltsführung unerlässliche Freizeit" gewährt werden.[431] Da manche Gesellschaften bereits 1947 begannen, die 5-Tage-Arbeitswoche einzuführen, schien diese Bestimmung auch nicht mehr notwendig.[432] Die 5-Tage-Arbeitswoche galt aber noch nicht generell, sondern lag im Ermessen der einzelnen Gesellschaften.[433] Zusätzlich begann man in diesem Jahr wegen der schlechten Stromverhältnisse und dem Mangel an Heizmaterial die Bürozeit vor allem im Sommer früher beginnen zu lassen und am Samstag nur einen Journaldienst einzuführen. Dies auch deshalb, da die Lebensmittelgeschäfte bereits um 16 Uhr zusperrten und die ländliche Bevölkerung, „die den Großteil der Versicherungsnehmer bildet", wegen der schlechten Verkehrsverhältnisse an Samstagen keine Fahrt nach Wien unternahm.[434]

Die Erhöhung der Arbeitszeit während des Krieges auf 60 Wochenstunden war teilweise mit einer Gehaltserhöhung verbunden gewesen. Ab der 49. Arbeitsstunde gab es hierfür einen pauschalen „Mehrarbeitszuschlag" von 25 %. Mit der „Reduzierung" der Wochenarbeitszeit von 60 auf 42,5 Stunden war an sich die rechtliche und sachliche Grundlage des „Mehrarbeitzuschlages" aufgehoben, doch wie immer war es schwer, einmal eingeführte Sonderzahlungen wieder abzuschaffen. Bei der Mehrheit der Versicherungsunternehmen war man zwar der Meinung, dass das Regieproblem im Vordergrund stand und weder juristisch noch sozialpolitisch eine Weiterbezahlung des Zuschlages empfehlenswert sei, dennoch wollte man im neuen Österreich nicht mit einer Bezugskürzung beginnen und keinen einseitigen Akt setzen. Der Versicherungsverband suchte daher eine Einigung mit der Gewerkschaft.[435] Das führte neben der Festsetzung der Arbeitszeit und der freiwilligen Familienunterstützung Eingerückter auch zu einer vorläufigen Weiterzahlung des 12 %igen Mehrarbeitszuschlags bis zum 30. September 1945 für alle Angestellte, auch für jene, die von der Wehrmacht oder einer sonstigen Dienstverpflichtung zurückgekehrt waren.[436]

Im Oktober 1945 lag der Gesetzesentwurf zum Behördenüberleitungsgesetz auf dem Tisch, der wegen der Kürze der für die Begutachtung verfügbaren Zeit dem Versiche-

431 V9/22. November 1945
432 V55/4. Dezember 1947
433 V65/8. April 1948
434 V42/29. Mai 1947
435 V3/12. Juni 1945 und V6/20. September 1945
436 V4/26. Juli 1945 und V7/2. Oktober 1945; Mitgliederversammlung des provisorischen Verbandes der Versicherungsanstalten Österreichs, 21. August 1945

rungsverband nicht mehr zur Kenntnis gebracht werden konnte. Er sah eine Zentralisierung aller Fragen der Lohngestaltung während der Übergangswirtschaft bei einer paritätisch zusammengesetzten Zentral-Lohnkommission beim Staatsamt für Soziale Verwaltung und Landes-Lohnkommissionen bei den Landeshauptmannschaften vor. Sie waren zuständig für alle Dienstverhältnisse mit Ausnahme des öffentlichen Dienstes. Einzelverträge, Tarif- und Betriebsordnungen blieben aufrecht, „soweit ihr Inhalt mit den Ideen der Demokratie vereinbar ist". Da die Betriebsordnungen stark voneinander abwichen, war die Vereinbarkeit „mit den Erfordernissen der Demokratie" vom Arbeitgeber gemeinsam mit dem Betriebsrat vorzunehmen."[437] Durch das Behördenüberleitungsgesetz (§ 56) gingen die Kompetenzen des „Reichstreuhänders der Arbeit", vor allem in Bezug auf das Tarifrecht, auf diese Kommission über, die in Senaten entschied.[438]

Aus der Kriegsgefangenschaft zurückkehrenden Angestellten stand ein Heimkehrerurlaub zu, allerdings nicht noch zusätzlich ein Normalurlaub für das erste Jahr nach ihrer Rückkehr. Urlaubsrückstände aus dem Jahr 1944 konnten nur in Geld abgegolten werden, ansonsten war man der Meinung, „daß der Urlaub der Erholung zu dienen hat und daher grundsätzlich in natura zu absolvieren ist".[439] Bei Urlauben für Angestellte gab es Sonderbestimmungen für Jugendliche und Invaliden. Jugendlichen stand bis zum 18. Lebensjahr ein Jahresurlaub von vier Wochen zu, der von Invaliden erhöhte sich um drei Tage. Bei Beendigung des Dienstverhältnisses gab es eine Abfindung für nicht absolvierte Urlaube, die bei Kündigung durch den Dienstnehmer ausbezahlt wurde. Bei verschuldeter Entlassung oder vorzeitigem Dienstaustritt gab es weder Urlaubs- noch Abfindungsansprüche.[440]

Entnazifizierung

Bei der Wiedererrichtung des Versicherungsverbandes hatten die Leitungsorgane mit 14. März 1946 folgende Erklärung abzugeben: „Die Unterfertigten erklären hiermit eidesstattlich, daß sie weder Mitglieder (Anwärter) der NSDAP waren, noch einer ihrer Gliederungen oder Wehrverbände angehört haben. Diese Erklärung erfolgt für den Zweck des Vereinsregisters im Hinblick auf die Position als Präsident bzw. 1. Vizepräsident des Verbandes der Versicherungsanstalten Österreichs." Gezeichnet: Dr. Carl Habich und

437 V7/2. Oktober 1945
438 V12/20. Dezember 1945
439 V21/25. April 1946
440 V23/16. Mai 1946

Dr. Fritz Hummel. Leitende Persönlichkeiten hatten daher 1945 ein politisches Bekenntnis abzugeben, ohne das sie ihre Funktion nicht ausüben durften. Dieses Bekenntnis bezog sich auf eine formale „Nichtmitgliedschaft", worin schon eines der Probleme der Entnazifizierung lag, denn weltanschauliche Überzeugung äußert sich nicht nur in Mitgliedschaften.[441] Aus wirtschaftlicher Sicht war die Entnazifizierung eine zusätzliche Behinderung der ohnehin schon schwierigen Wiederaufbauarbeit. Sie entzog nicht nur den Unternehmen eine erhebliche Zahl ihrer Mitarbeiter, sondern erforderte auch von Staat und Wirtschaft einen enormen bürokratischen Aufwand. Das Problem waren dabei nicht die schweren Fälle der Kriegsverbrecher und hohen Funktionsträger des NS-Regimes, sondern die hohe Zahl von Mitgliedern bei NS-Organisationen, die in Österreich 536.000 ausmachte. Das waren erwachsene und durchwegs im Arbeitsleben stehende Menschen, die an die 15 % der österreichischen Berufstätigen ausmachten. In den Unternehmen und auch in den Ämtern und öffentlichen Betrieben wurde daher die Entnazifizierung prinzipiell als richtig und unerlässlich angesehen, für ihre eigenen und ihnen bekannten Mitarbeiter wollte man aber Ausnahmen sehen. Dass die Entnazifizierung an dem Gestrüpp von genereller Akzeptanz und individueller Ausnahme nicht schon von vornherein scheiterte, war letztlich auf den Druck der Besatzungsmächte zurückzuführen, welche den Abschluss des Staatsvertrages von einer befriedigenden Lösung auf diesem Gebiet abhängig machten.

Bis Ende 1945 erfolgte die Entnazifizierung in Österreich überhaupt weitgehend in Eigenregie der verschiedenen Besatzungsmächte.[442] Erst mit der Nationalratswahl vom November 1945 bekamen die österreichischen NS-Gesetze des Jahres 1945 – Verbotsgesetz und Kriegsverbrechergesetz – für ganz Österreich Gültigkeit. Die ehemaligen Nationalsozialisten, die eine formale Beziehung zum NS-Regime aufwiesen (Parteigenosse, Parteianwärter oder Mitglied einer Parteiorganisation) waren registrierungspflichtig und unterlagen so genannten Sühnefolgen. Dabei wurde vor allem zwischen Parteimitgliedschaft vor und nach dem „Anschluss" unterschieden. Die „Illegalen", also jene, die schon vor 1938, als die Partei in Österreich verboten war, eingeschriebene Nationalsozialisten waren, galten als der harte Kern, der besonderen Maßnahmen unterlag. All jenen aber, die erst nach dem „Anschluss" dazukamen, wurde Mitläufertum und damit nur eine gewisse menschliche Schwäche bescheinigt. Eine der wichtigsten Entnazifizierungsmaßnahmen waren Entlassungen und Berufsverbote. Darunter fielen vor allem auch Führungspositionen in Staat und Wirtschaft. Schon das Verbotsgesetz vom Jahr 1945 sah

441 Einen umfassenden Überblick über die Entnazifizierung in Österreich liefert der Sammelband von: Walter Schuster – Wolfgang Weber (Hg.), Entnazifizierung im regionalen Vergleich, Linz 2004

442 Siehe hierzu: Dieter Stiefel, Entnazifizierung in Österreich, Wien 1981

vor, dass Illegale im wirtschaftlichen Leben an keiner führenden Stelle mehr tätig sein durften, weder als Prokurist noch als Vorstand oder Aufsichtsrat. Diese Bestimmung war aber nur eine Richtlinie und es wurde daher von den Arbeitgeber- und Arbeitnehmerorganisationen ein Redaktionskomitee gegründet, das zusammen mit der Regierung das Wirtschaftssäuberungsgesetz ausarbeitete. Dieses wurde am 12. September 1945 als „Verfassungsgesetz über Maßnahmen zur Wiederherstellung gesunder Verhältnisse in der Privatwirtschaft" veröffentlicht und richtete sich vor allem gegen die schwer belasteten Nationalsozialisten. Der Versicherungsverband war in die Begutachtung des Gesetzesentwurfs über die Säuberung in der Privatwirtschaft eingebunden gewesen.[443] Die von dem Gesetz erfassten ehemaligen Nationalsozialisten waren von der Leitung irgendwelcher Betriebe ausgeschlossen und fristlos zu entlassen. Die Entlassung galt als von ihnen selbst verschuldet und sie verloren damit alle Ansprüche aus dem Dienstverhältnis, also auch Abfertigungen und Pensions- und Rentenansprüche. Der Arbeitgeber war unter Strafandrohung verpflichtet, diese Personen festzustellen und zu entlassen. Die Handhabung des Wirtschaftssäuberungsgesetzes und die damit verbundenen Maßnahmen der Entnazifizierung wurde von den einzelnen Versicherungsunternehmen im Einvernehmen zwischen Direktion und Betriebsrat durchgeführt. Die Mitwirkung des Verbandes beschränkte sich auf gelegentliche Stellungnahmen zur Interpretation des Gesetzes. Sollten die ehemaligen Nationalsozialisten weiter beschäftigt werden, so war der Betriebsrat bzw. der Gewerkschaftsbund zu verständigen. Dieser konnte entweder zustimmen oder aber bei einer Kommission beim Landesarbeitsamt die Entlassung fordern. Bei dieser Kommission konnten die betroffenen Arbeitnehmer auch Einspruch gegen ihre Entlassung erheben. Wieder eingestellte minderbelastete Nationalsozialisten unterstanden einer Gehaltskürzung. Pensionen und Pensionszulagen für Personen, welche nach dem Wirtschaftssäuberungsgesetz entlassen worden waren, wurden während der Inflation nicht erhöht. Pensionszulagen an ehemalige Nationalsozialisten wurden nur ausgezahlt, wenn auch ihre Sozialversicherungsrente erhöht worden war.[444] Das Wirtschaftssäuberungsgesetz sah ursprünglich nur eine kurze Frist von sechs Wochen zur Entlassung dieses Personenkreises vor.

Diese Frist musste aber immer wieder verlängert werden. Dies vor allem deshalb, da das Gesetz erst Anfang 1946 in ganz Österreich angewendet werden konnte und damit zu einem Zeitpunkt, als bereits neue Entnazifizierungsbestimmungen in parlamentarischer Beratung waren. Zur Vereinheitlichung der Handhabung des Wirtschaftssäube-

443 Mitgliederversammlung des provisorischen Verbandes der Versicherungsanstalten Österreichs, 21. August 1945

444 V36/16. Jänner 1946

rungsgesetzes errichtete der Verband 1947 ein eigenes Komitee, welche die Behandlung von registrierungspflichtigen Inhabern von Sonderverträgen verbindlich zu begutachten hatte. Die Kommission beriet die Gesellschaften bei der Führung von Prozessen und wirkte auf eine Koordinierung im Verhalten der einzelnen Mitgliedsgesellschaften hin. Sie befasste sich insbesondere mit der Auslegung des Wirtschaftssäuberungsgesetzes und veranlasste eine publizistische Behandlung dieser Probleme. Besonders die Interpretation des Begriffes „Sondervertrag" machte Schwierigkeiten, und es war deshalb ein Prozess beim Obersten Gerichtshof anhängig.[445] Das Komitee erzielte einen beachtenswerten Erfolg, „als für die Beurteilung der Frage, ob Filialleiter als leitende Personen im Sinne des Wirtschaftssäuberungsgesetzes 1947 anzusehen sind und daher auch Minderbelastete zu amovieren sind, das Bundesministerium für Soziale Verwaltung einen den Intentionen des Verbandes entsprechenden Erlass an die Arbeitsämter herausgegeben hat und zwar im Sinne der gewünschten einschränkenden Interpretation des Gesetzestextes".[446] In diesem Zusammenhang verfasste Dozent Dr. Herz einen Beitrag im Auftrag des Versicherungsverbands zum Thema Sonderverträge, der zum Urteil des Obersten Gerichtshofes im Sinne der Verbandsauffassung beigetragen hatte.[447] Das Urteil wurde von der Zeitung „Wiener Montag" angegriffen,[448] wobei Dr. Bartl, als Mitglied des Komitees einen Artikel über die rechtspolitische und wirtschaftliche Richtigkeit der Verbandsauffassung verfasste und in einer Wirtschaftszeitung veröffentlichen sollte.

Mit dem neuen Entnazifizierungsgesetz vom Jahr 1947 war die Geltung des Wirtschaftssäuberungsgesetzes beendet. In der gesamten österreichischen Wirtschaft wurden auf dieser Grundlage etwa 100.000 Personen erfasst, von ihnen verloren etwa zwei Drittel ihre Stellung, der Rest konnte weiter auf seinem Arbeitsplatz verbleiben. Auch die Entnazifizierung der Versicherungsbetriebe galt im Herbst 1946 als abgeschlossen. Maßnahmen, die infolge der Umgestaltung des Verbotsgesetzes durch das Nationalsozialistengesetz 1947 notwendig waren, waren in Erledigung begriffen. „Den mit der Entrichtung der Sühneabgabe zusammenhängenden Erfordernissen kreditpolitischer Art wendet der Verband seine Aufmerksamkeit zu."[449]

Kurz bevor der Alliierte Rat die Entnazifizierungskompetenzen an die österreichische Regierung übergab forderte er sein eigenes Entnazifizierungsbüro auf, die vollständige Entnazifizierung der staatlichen Verwaltung und – auf Vorschlag der Sowjets – auch der Wirtschaft noch rasch selbst durchzuführen. Um dem zuvorzukommen, errichtete Bun-

445 Rechenschaftsbericht 1948, Mitgliederversammlung VVÖ, 28. April 1949
446 Zwischenbericht. Mitgliederversammlung VVÖ, 4. März 1948
447 Dozent Dr. Herz erhielt hierfür ein Honorar von 1.000 Schilling, V88/2. Juli 1949
448 4. Juli 1949
449 Rechenschaftsbericht 1946, Mitgliederversammlung VVÖ, 16. September 1946

deskanzler Figl ein ministerielles Entnazifizierungskomitee, das diese Säuberung von österreichischer Seite durchführen sollte. Das Figl-Komitee gab die Fälle an die zuständigen Sonderkommissionen weiter, denen durch Gesetz die Entlassung von Nazis in Staat und Wirtschaft übertragen worden war und die bei den Arbeitsämtern, den Ministerien und den Bundesländern bestanden. Das Figl-Komitee konnte innerhalb kurzer Zeit große Erfolge vermelden, unter anderem auch deshalb, weil es viele Fälle behandelte, bei denen die Nazis ihre Position nur mehr formell innehatten und sie seit Kriegsende nicht mehr an ihrem Arbeitsplatz erschienen waren. So konnte das Komitee darauf hinweisen, dass es 36.000 Personen aus der Privatwirtschaft entlassen habe, darunter zahlreiche leitende Angestellte.

In diesem Zusammenhang forderte auch die Versicherungsaufsichtsbehörde über den Versicherungsverband sämtliche Versicherungsgesellschaften mit Sitz in Wien auf, darzulegen, wieweit die Bestimmungen des Wirtschaftssäuberungsgesetzes bereits durchgeführt worden waren. Diese Berichte lagen im Oktober 1946 vor und umfassten sowohl die aktiven wie die bereits ausgeschiedenen zeichnungsberechtigten Angestellten und die Mitglieder des Aufsichtsrates.[450] Die Übersicht zeigte, dass in der Versicherungswirtschaft bei 294 leitenden Personen 37 ehemalige Nationalsozialisten waren, 21 mit Zeichnungsberechtigung und 16 bereits an eine untergeordnete Stelle zurück versetzt. Ihnen standen 310 „derzeit nicht tätige" Führungskräfte gegenüber, 274 waren entlassen worden und bei 29 ruhte die Funktion, vorwiegend Aufsichtsräte, die nicht in Österreich wohnten. Sieben Personen waren „noch im Ausland", entweder in Kriegsgefangenschaft oder vermisst. Bei ihnen war nicht klar, ob sie bei der NSDAP gewesen waren. Insgesamt waren in der Versicherungswirtschaft 994 Personen vom Wirtschaftssäuberungsgesetz betroffen.[451] Die Zahlen vermitteln den Eindruck, dass fast die ganze Führungsebene ausgetauscht worden war. Von den 46 erfassten Gesellschaften, waren nur zwei, die beiden Basler Versicherungen, überhaupt nicht von der Entnazifizierung betroffen. Bei 19 Gesellschaften war das zahlenmäßige Ausmaß der politischen Entlassungen gleich oder größer als der damalige Personalstand der Leitungsebene. Von den Entlassungen waren auch prominente Vertreter der österreichischen Versicherungswirtschaft betroffen.[452]

---

450 Versicherungsaufsicht, Bundesministerium für Finanzen, Denazifizierung der Versicherungsgesellschaften in Österreich, Oktober 1946, AdR. BMF., Bundesministerium für Finanzen, Allgemein 72350/46

451 Theodor Heinisch, Der Wiederaufbau unseres Vereins als Sektion Versicherung, in: Peter Ulrich Lehner (Hg.), Solidarität und Sicherheit. Zur achtzigjährigen Geschichte der Sektion Versicherung in der Gewerkschaft der Privatangestellten, Wien 1983, S. 294

452 Siehe hierzu im Detail das Kapitel Entnazifizierung in Dieter Stiefel, Die österreichischen Lebensversicherungen und die NS-Zeit. Wirtschaftliche Entwicklung, politischer Einfluss, jüdische Polizzen, Wien 2001

Die Enthebungen und Entlassungen wurden zumeist im eigenen Wirkungskreis vollzogen, ohne die Entnazifizierungsgesetze abzuwarten. Sie erfolgten bereits im April/Mai 1945 und wurden später vom Ministerkomitee oder den zuständigen Entnazifizierungsbehörden bestätigt. Zu einem beträchtlichen Ausmaß waren sie eine wirtschaftliche Reaktion auf die chaotischen Verhältnisse bei Kriegsende. Im Sommer 1945 wurden auf Antrag der meisten Unternehmen die von den Aktionären gewählten Aufsichtsräte wegen Aktionsunfähigkeit aufgehoben und vom Registergericht Wien von Amts wegen neu ernannt. Bei den zahlreichen Unternehmungen unter öffentlicher Verwaltung ruhte die Funktion des Aufsichtsrates ohnehin. Außerdem hatten leitende Personen reichsdeutscher Herkunft ihre Absetzung nicht abgewartet. Während beim „Anschluss" 1938 der personelle Übergang auf der Führungsebene auch formal abgewickelt wurde, war die in Österreich tätige reichsdeutsche Elite 1945 einfach nicht mehr anwesend. Einer der Mängel der österreichischen Entnazifizierungsgesetze der Jahre 1945/46 lag darin, dass die politische Säuberung individuell vorgenommen wurde. Bei über 500.000 Personen musste daher ihre Schuld und ihre Nähe zum Nationalsozialismus festgestellt werden. Das bot den meisten Betroffenen die Gelegenheit, auch Entlastungsmaterial vorzulegen, wie die berühmten „Persilscheine". Zusätzlich waren die Unternehmen daran interessiert, wichtige Fachleute, wie etwa Versicherungsmathematiker, nicht zu verlieren und versuchten diese zu halten. Dadurch kam es zu zahlreichen Ausnahmen bei den Berufsverboten. 25 Versicherungsgesellschaften glaubten nicht, ohne die Mitarbeit einzelner ehemaliger Nationalsozialisten auskommen zu können.

Mit dem neuen NS-Gesetz 1947 verlagerte sich der Schwerpunkt von den Illegalen zu den Belasteten. Das waren jene Personen, die in der NS-Organisation eine höhere Stellung bekleidet hatten. Alle übrigen waren minderbelastet. Der Grad der Belastung wurde nun nicht mehr individuell festgestellt, sondern nach generellen Richtlinien auf dem Verwaltungswege. Gewerkschaften und Arbeitsämter hatten nur mehr eine Kontrollfunktion. Das neue Gesetz war für viele ehemalige Nationalsozialisten eine Erleichterung, allerdings nicht für die leitenden Angestellten. Man hielt es für untragbar, dass ein ehemaliger Nazi Vorgesetzter von Opfern oder Gegnern dieses Regimes sein sollte. Dementsprechend war es Belasteten auf unbeschränkte Zeit und für Minderbelastete bis 1950 per Gesetz verboten, eine führende Position in wirtschaftlichen Unternehmungen einzunehmen. Dabei gab es auch nicht den in anderen Berufen üblichen Ausweg über besondere Kommissionen, die eine Aufhebung der Beschränkung verfügen hätten können, so dass etwa 2.000 Minderbelastete in wirtschaftlich leitenden Funktionen tatsächlich entfernt werden mussten. Die Entnazifizierungsbestimmungen gegen leitende Angestellte waren damit härter als in den meisten anderen Bereichen, vor allem auch härter als bei den Selbstständigen und Unternehmern. Allerdings musste das Verbot nicht unbedingt Entlassung bedeuten, sondern konnte auch die Versetzung auf eine mindere Position nach sich ziehen. Wie viele leitende Angestellte auf diesen minderen Positionen – als „Konsulent" U. dgl. – ihre alte Tätigkeit informell weiter ausgeübt haben, ist nicht feststellbar.

Im Mai 1948 kam es schließlich zur Minderbelastetenamnestie, von der etwa 90 % der ehemaligen Nationalsozialisten betroffen waren. Damit wurden auch die Berufsverbote für diesen Personenkreis aufgehoben. Was blieb, waren noch die etwa 43.000 Belasteten, deren Zahl sich aber – unter anderem durch die Möglichkeit der individuellen Amnestie durch den Bundespräsidenten – ständig verringerte. 1957, zwei Jahre nach dem Staatsvertrag, wurden die Sondergesetze auch für sie aufgehoben. Die Entnazifizierung in Österreich war damit beendet.

Wiedergutmachung

Die Wiedergutmachung auf dem Gebiet des Dienstvertragsrechtes zog sich lange hin. Die Versicherungsunternehmen waren nach 1945 mit Pensions- oder Abfertigungsansprüchen konfrontiert, welche seit 1938 nicht oder nur eingeschränkt ausbezahlt worden waren. Die Versicherungsunternehmen waren davon besonders betroffen, da sie im Gegensatz zu Industrieunternehmungen weitgehend Angestelltenbetriebe waren. Zusätzlich spielten Provisionen eine wichtige Rolle, so dass vom Versicherungsverband angenommen wurde, dass die Ansprüche nicht nur höher lagen, sondern auch die Fragen der Art und des Umfangs des erlittenen Schadens wesentlich komplizierter war.[453] Da ein Versicherungsunternehmen an seine Angestellten für das in dieser Zeit erlittene Unrecht bereits 1945 Zahlungen leistete, gab der Versicherungsverband ein Rundschreiben an seine Mitglieder heraus, in dem er diese individuelle Vorgangsweise kritisierte. „Mit Rücksicht auf die gegenwärtige Lage der Versicherungswirtschaft und in Ermangelung einer gesetzlichen Grundlage ist die Zahlung solcher Wiedergutmachungsbeträge unzulässig und müsste die Aufsichtsbehörde im Wiederholungsfalle dagegen einschreiten."[454] Allerdings war auch der Verband der Meinung, dass einem seinerzeit gekündigten jüdischen Angestellten die Differenz der tatsächlich bezahlten zu der ihm rechtlich zugestandenen Abfertigung nachzuzahlen sei. Für eine Wiedereinstellung der 1938 ge-

---

453 Stellungnahme des Verbands der Versicherungsanstalten Österreichs an das Bundesministerium für Finanzen bezüglich der Vorbereitung eines Rückstellungsgesetzes, Wien 16. September 1946, AdR. BMF. 70092/46

454 Verband der Versicherungsunternehmen Österreichs, Rundschreiben Akt. Nr. 860-Ausg. Nr. 437/45

kündigten Angestellten bestand keine Verpflichtung, doch wurde empfohlen, diesen Personenkreis zu bevorzugen und ihre Bezüge so anzusetzen, als ob sie das Unternehmen niemals verlassen hätten.[455] Für die grundsätzliche Haltung der Versicherungsunternehmen gab es zwar keinen ausdrücklichen schriftlichen Erlass des Finanzministeriums, aber die zwischen Versicherungsverband und Behörde festgestellte Übereinstimmung, „wonach mit Rücksicht auf die unübersichtliche wirtschaftliche Lage des österreichischen Versicherungswesens und die Notwendigkeit einer gleichmäßigen Behandlung der Wiedergutmachungsfälle die Gesellschaften von einer individuellen Austragung absehen und eine gesetzliche Regelung abwarten sollten".[456]

Auch hier wurde damit gerechnet, dass eine gesetzliche Regelung in kurzer Zeit erfolgen würde, diese zog sich aber hin. Als die Wiener Allianz 1947 eine Anfrage vom Intergovernmental Committee on Refugees erhielt, konnte sie nach Rücksprache mit der Aufsichtsbehörde nur mit Bedauern feststellen, dass eine solche Zahlung unstatthaft sei, solange die Wiedergutmachungsfrage nicht gesetzlich geregelt sei. Das Schreiben ist deshalb bemerkenswert,[457] da die Stellungnahme des Finanzministeriums dem zuständigen Referenten eine heftige Rüge des Bundesministeriums für Vermögenssicherung und Wirtschaftsplanung eintrug. Das Ministerium ersuchte ausdrücklich, das Wort „Wiedergutmachung" im Erledigungsentwurf zu streichen, „da wiederholt zum Ausdrucke gebracht wurde, daß die Republik Österreich keine Verpflichtung zu einer Wiedergutmachung trifft, da sie keinen Schaden angerichtet hat". Da dieser Standpunkt bei den Staatsvertragsverhandlungen immer wieder zum Ausdruck gebracht wurde, würde es bedeuten, „daß den hiemit befaßten Stellen bei ihren Bestrebungen in den Rücken gefallen wird, wenn im Verkehr mit ausländischen Organisationen dieser Ausdruck verwendet wird, obwohl er von dieser Organisation selbst bewußterweise nicht gebraucht wird. Es wird daher ersucht, lediglich von Rückstellungen zu sprechen." Die Stellungnahme des Finanzministeriums sei daher „in offenem Widerspruch mit den Bestrebungen der Regierung, eine Verpflichtung Österreichs zur Wiedergutmachung abzulehnen und lediglich die gesetzlichen Grundlagen zu schaffen, um die erfolgten Entziehungen rückgängig zu machen".[458]

---

455 Verband der Versicherungsunternehmen Österreichs an die National Allgemeine Versicherungs A. G., Wien 4. September 1946, Archiv Versicherungsverband

456 Bundesministerium für Finanzen, Wiedergutmachungsfragen auf dem Gebiete des Dienstvertragsrechts, AdR. BMF., 9588/47

457 Wiener Allianz Versicherungs-Aktiengesellschaft öffentlicher Verwalter an das Intergovernmental Committee on Refugees, Dr. Kiwe, Legal Section, Wien 29. 1. 1947. Das Schreiben liegt dem oben zitierten Akt bei.

458 Dr. Gleich, für den Bundesminister, 14. März 1947, Bundesministerium für Finanzen, Wiedergutmachungsfragen auf dem Gebiete des Dienstvertragsrechts, AdR. BMF., 9588/47

Auch das 3. Rückstellungsgesetz vom 6. Februar 1947 verwies die Frage der Ansprüche aus privatrechtlichen Dienstverhältnissen auf eine spätere Regelung. Doch die Fälle häuften sich, bei denen ehemalige Angestellte ihre Ansprüche aus der Nichteinhaltung der Kündigungsfristen und dem Entzug von Abfertigungs- und Pensionsansprüchen vom Ausland aus geltend machten. Nicht alle gaben sich mit den hinhaltenden Erklärungen zufrieden, sondern nahmen in- und ausländische Gerichte in Anspruch.[459] Die österreichische Rechtsprechung ließ die Geltendmachung solcher Ansprüche auch außerhalb der Rückstellungsgesetze zu. Der Gesetzgeber wollte aber, dass solche Ansprüche auf einer eigenen legalen Grundlage erfolgten und erließ am 14. Juli 1949 das 7. Rückstellungsgesetz BGBl. Nr. 207. Das Gesetz ging vom Grundsatz der Nichtigkeit aus, wie er in der Londoner Deklaration und darauf aufbauend im „Bundesgesetz über die Nichtigkeitserklärung von Rechtsgeschäften und sonstigen Rechtshandlungen, die während der deutschen Besetzung Österreichs erfolgt sind" niedergelegt worden war (BGBl. Nr. 106/1946), allerdings mit einigen Abweichungen. Wie es in den „Erläuternden Bemerkungen" heißt, sollte eine Lösung gefunden werden, „die den berechtigten Forderungen der geschädigten Dienstnehmer, ebenso aber auch der Leistungsfähigkeit der unter den Auswirkungen des Krieges schwer kämpfenden österreichischen Wirtschaft Rechnung zu tragen hätte". Und der Gesetzgeber war sich wie bei allen Rückstellungsgesetzen darüber im klaren, „daß eine allseits befriedigende Regelung der Materie nicht erreicht werden und sein Bestreben nur dahin gehen kann, die unvermeidbaren Härten tunlichst auszugleichen".[460]

Gegenstand des Gesetzes waren Ansprüche aus Privatdienstverhältnissen, die während der NS-Zeit in Österreich den Berechtigten aus politischen Gründen entzogen oder nicht erfüllt worden waren. Sie betrafen Lohn- und Gehaltszahlungen, Abfindungen und Pensionsansprüche. Sie umfassten auch Ansprüche, bei denen der Dienstnehmer unter Druck einem Verzicht oder einer Reduzierung der Gehalts- oder Pensionsansprüche zugestimmt hatte. Bei aufgelösten Arbeitsverhältnissen wurden die vor 1938 geltenden, gesetzlich gültigen Bestimmungen als Basis genommen, auch wenn der oder die Betroffene dies damals nicht in Anspruch nehmen konnte. Es war daher das volle Entgelt unter den Annahme einer ordnungsgemäßen Kündigung mit Einhaltung der gesetzlichen Kündigungsfrist zu bezahlen, die vollen Abfertigungsansprüche ebenfalls einschließlich dieses Zeitraums. Die Pensionen (Ruhe- und Versorgungsgenuss) waren vom 1. Mai 1945 an zu

459 Bundesministerium für Vermögenssicherung und Wirtschaftsplanung an das Bundesministerium für soziale Verwaltung, Restitution von entzogenen Ansprüchen aus Dienstverhältnissen, 25. April 1947, AdR. BMF. 20771/47

460 Erläuternde Bemerkungen zum Siebenten Rückstellungsgesetz, Beilagen zu den stenographischen Protokollen des Nationalrates der Republik Österreich, 1949

bezahlen. Entzogene Pensionsansprüche für die Zeit von 1938 bis 1945 fielen nicht unter das Gesetz. Bedacht genommen wurde, „daß die Privatwirtschaft durch plötzlich und gehäuft auftretende Fälligkeiten nicht vor eine Situation gestellt wird, die nicht nur für die betreffenden Einzelunternehmungen, sondern für die Gesamtwirtschaft des Staates untragbar wäre und selbst ungünstige Einflüsse auf die Geldzirkulation auslösen könnte".[461] Forderungen, welche den Betrag von 5.000 Schilling überstiegen, wurden daher gestundet und konnten in Monatsraten von zumindest 500 Schilling ausbezahlt werden, was in etwa dem Existenzminimum entsprach. Die Ansprüche blieben damit aufrecht, sollten aber die betroffenen Unternehmungen nicht in finanzielle Schwierigkeiten bringen. Die Ansprüche waren innerhalb von zwei Jahren durch die Geschädigten anzumelden.

Falls der Dienstgeber Pensionsleistungen statt an den Berechtigten an das Deutsche Reich zu leisten hatte, wurde es als nicht zumutbar angesehen, dass er nun neuerlich eine Leistung zu erbringen habe. Die Berechtigten wurden in diesem Fall mit ihren Ansprüchen an den Restitutionsfonds nach dem 3. Rückstellungsgesetz verwiesen. Eine Regelung wurde jedoch einem besonderen Gesetz vorbehalten. Dieses Gesetz kam erst am 5. Juli 1962 mit dem Bundesgesetz über die Anmeldung gewisser Ansprüche aus Dienstverhältnissen in der Privatwirtschaft BGBl. Nr. 187/1962. Neben bereits an das Deutsche Reich bezahlten Leistungen galt dies auch für Ansprüche, die deshalb nicht erhoben werden konnten, weil der betroffene Dienstgeber (Unternehmen) nicht mehr vorhanden war. Der im 3. Rückstellungsgesetz angesprochene Fonds war inzwischen mit den Sammelstellen errichtet worden, wo ein Betrag von 5 Millionen Schilling für diesen Zweck zur Verfügung stand. Die Anzahl der Berechtigten war trotz Erhebungen des Finanzministeriums völlig unbekannt. Deshalb wurde mit diesem Gesetz ein eigener „Fonds zur Abgeltung gewisser Ansprüche nach dem Siebenten Rückstellungsgesetz" errichtet. Anspruchsberechtigt waren vom NS-Regime verfolgte Personen. Eine Verfolgung wurde mit Sicherheit angenommen, wenn die aus der Privatwirtschaft entlassene Person ein halbes Jahr keine Beschäftigung hatte oder sie bei verminderter Entlohnung weiter arbeiten musste. Die Betroffenen durften auch noch keine Zuwendung aus dem Hilfsfonds erhalten haben. Die Anmeldung hatte innerhalb von sechs Monaten zu erfolgen. Erben konnten nur Ansprüche erheben, wenn sie am Tag des Inkrafttretens des Gesetzes ihren ordentlichen Wohnsitz in Österreich hatten.

Die „Wiedergutmachungsansprüche" von Angestellten – die Versicherungswirtschaft verwendete generell den Begriff „Wiedergutmachung" entgegen dem offiziellen Sprachgebrauch –, die während der deutschen Besetzung Österreichs geschädigt wurden,

461 Erläuternde Bemerkungen zum Siebenten Rückstellungsgesetz, Beilagen zu den stenographischen Protokollen des Nationalrates der Republik Österreich, 1949

musste daher bis Anfang 1946 auf ausdrückliche Weisung der Aufsichtsbehörde zurückgestellt werden, um bevorstehenden gesetzlichen Regelungen nicht vorzugreifen.[462] Im Herbst 1946 musste der Verband feststellen, dass in Wiedergutmachungsfragen erst ein Teil der zur Ordnung des gesamten Fragenkomplexes vorgesehenen Gesetze erschienen war. Die Regelung der Ansprüche aus aufgelösten Angestelltenverhältnissen war bis dahin über das Studium eines Gesetzesentwurfs der Regierung noch nicht hinausgekommen.[463]

Eine ganze Reihe von Fällen konnte der Versicherungsverband einvernehmlich lösen. So erhob der ehemalige Sekretär des Verbandes zur Versicherung anormaler Leben, Dr. Gruder, der sich in Schweden aufhielt, 1947 Wiedergutmachungsansprüche hinsichtlich der im Jahr 1939 erfolgten Auflösung seines Dienstverhältnisses. Der Verband übernahm es jetzt, die gegen seine Mitgliedsgesellschaften erhobenen Forderungen einer gemeinsamen Lösung zuzuführen und richtete ein Vergleichsangebot an diesen ehemaligen Mitarbeiter.[464] 1948 kam es zu einer Einigung.[465] Nach dem Erscheinen des 7. Rückstellungsgesetzes konnten auch die Wiedergutmachungsansprüche des im Ruhestand befindlichen ehemaligen Verbandssekretärs Dr. René Gerber einvernehmlich schon vor Inkrafttreten dieses Gesetzes gelöst werden.[466] Seine Pension in der Höhe von 5.000 Schilling jährlich wurde in der Folge auch der Teuerung angepasst.[467] Dies galt auch für die Pension der Witwe nach Dr. Gerber.[468] Auch die Ansprüche der ehemaligen Verbandsangestellten Frau Felicie Seif, die sich in den USA aufhielt, konnten geregelt werden.[469]

Aus den Protokollen des Verbandes der Versicherungsanstalten Österreichs geht immer wieder hervor, wie positiv man der Rückkehr von führenden Versicherungsfachleuten gegenüberstand. „Erfreulicherweise", berichtete der Versicherungsverband im Herbst 1948, „können wir vermelden„ daß Herr Dr. Georg Schlesinger bereits unterwegs ist, um in die Heimat zurückzukehren. Wir werden uns besonders freuen, eine durch menschliche wie fachliche Qualitäten gleicherweise ausgezeichnete Persönlichkeit seines Formates wieder in unserer Mitte zu begrüßen."[470] 1948 war auch Generaldirektor Dr. Leim-

462 Rechenschaftsbericht 1945, Mitgliederversammlung VVÖ, 25. April 1946
463 Rechenschaftsbericht 1946, Mitgliederversammlung VVÖ, 16. September 1946
464 Zwischenbericht. Mitgliederversammlung VVÖ, 4. März 1948
465 Rechenschaftsbericht 1948, Mitgliederversammlung VVÖ, 28. April 1949
466 V29/3. Oktober 1946
467 V52/3. Oktober 1947; V23/16. Mai 1946; V125/21. Juni 1951
468 V151/30. Juni 1953
469 Rechenschaftsbericht 1949, Mitgliederversammlung VVÖ, 20. April 1950
470 Rechenschaftsbericht 1946, Mitgliederversammlung VVÖ, 16. September 1946

dörfer wieder nach Österreich zurückgekehrt. „Obgleich im Ruhestand befindlich, hat er sich über Bitte des Verbandes in dankenswertester Weise sofort nach seiner Rückkunft an wichtigen konzeptiven Arbeiten auf dem Gebiete der Einbruchsversicherung beteiligt. Die Rückkehr des Sektionschefs Professor Dr. Albert Ehrenzweig soll bevorstehen; es wird dem Verband zur besonderen Freude gereichen, den führenden Versicherungsjuristen Österreichs wiederum in der Heimat begrüßen zu können."[471] Dr. Albert Ehrenzweig nahm auch an der Universität seine Vorlesungen wieder auf und beteiligte sich an den Veranstaltungen der Österreichischen Gesellschaft für Versicherungsfachwissen.[472]

Insgesamt kann man feststellen, dass sich die österreichische Versicherungswirtschaft gegenüber ihren eigenen Angestellten „patriarchalisch" verhalten hatte. Einmal versuchte man, die persönlich bekannten Mitarbeiter, soweit dies möglich war, von der politischen Verfolgung zu schützen. Dem waren 1938 bald enge Grenzen gesetzt, aber nach 1945 konnte man zum Teil durchaus erfolgreich um sie kämpfen, selbst wenn man sie zumindest formal auf eine niedrigere Position versetzen musste. Denn diese politischen Eingriffe wurden schlicht als störend für den Geschäftsbetrieb empfunden, sie stammten aus einer anderen Logik als der der Wirtschaft. Auch bei Wiedereinstellungen und Wiedergutmachungen bei Gehaltsansprüchen etc. versuchte man möglichst kulant vorzugehen. Die „Wiedergutmachung" bei den Kunden (entzogene Lebensversicherungspolizzen etc.) war aber ein ganz anderes Kapitel. In Bezug auf die große Zahl der – auch persönlich nicht bekannten – Polizzeninhaber war es kaum anders möglich, als sich konsequent an die gesetzlichen Regelungen zu halten.[473]

Lohnpolitik in Zeiten der Inflation

In Personalangelegenheiten, stellte der Versicherungsverband 1946 fest, lege man sich „größte Zurückhaltung" auf.[474] Dennoch waren die Besprechungen mit dem Gewerkschaftsbund „von gegenseitigem Verständnis und freundschaftlicher Zusammenarbeit getragen".[475] Bis Anfang 1946 führte dies aber zu wenig konkreten Ergebnissen. Das lag vor allem an den ungeklärten wirtschaftlichen Verhältnissen in Hinblick auf Währungs-,

471 Rechenschaftsbericht 1948, Mitgliederversammlung VVÖ, 28. April 1949

472 Rechenschaftsbericht 1949, Mitgliederversammlung VVÖ, 20. April 1950

473 Der Bereich der Rückstellungen, vor allem von entzogenen jüdischen Lebensversicherungspolizzen, wird hier nicht behandelt. Siehe dazu ausführlich: Dieter Stiefel, Die österreichischen Lebensversicherungen und die NS-Zeit. Wirtschaftliche Entwicklung, politischer Einfluss, jüdische Polizzen, Wien 2001

474 Rechenschaftsbericht 1945, Mitgliederversammlung VVÖ, 25. April 1946

475 Rechenschaftsbericht 1945, Mitgliederversammlung VVÖ, 25. April 1946

Geld-, Preis- und Lohnfragen. Das durch die Vorschriften der Kriegswirtschaft erstarrte Lohngefüge hatte 1945 noch keine Auflockerung erfahren und es galt nach wie vor ein Lohnstopp. Auch machte die unüberblickbare Lage der Versicherungswirtschaft vorerst den Abschluss neuer Kollektivverträge unmöglich.[476]

Bei den Arbeitnehmern gab es vor allem zwei große Problembereiche, die in der Wiederaufbauzeit gelöst werden mussten. Zum einen die Wiederherstellung geordneter Gehaltsstrukturen, mit denen sowohl Arbeitgeber wie Gewerkschaften einverstanden sein konnten. Hierfür wollte man die durch das Deutsche Reich eingeführten Veränderungen wieder rückgängig machen und zu den Verhältnissen vor 1938 zurückkehren. Dass dies nicht so leicht war, zeigte sich vor allen im Detail – in dem immer der Teufel liegt –, denn einmal war die Zeit nicht stehen geblieben und zum anderen bot dies auch die Gelegenheit, die Schwächen des alten Systems zu verbessern. „Business as usual", als ob es die Zeit zwischen 1938 und 1945 nicht gegeben hätte, war auch hier nicht möglich, der angebliche Rückgriff auf die Dienstpragmatik von 1928 war letztlich eine Neugestaltung des Systems mit historischen Reminiszenzen. 1928 wurde als Referenzjahr gewählt, denn damit ging man auf die Zeit vor den Gehaltseinschränkungen durch den Ständestaat aufgrund der Lebens-Phönix-Krise 1936 zurück.

Zusätzlich standen auch die Mitarbeiter vor dem existenzbedrohenden Problem der sich rasch beschleunigenden Geldentwertung. Beim Ansteigen der Löhne und Preise war es wie bei der Henne und dem Ei: Was war zuerst da? Für die Mitarbeiter waren das die Preise und in den ersten zwei, drei Nachkriegsjahren dürften die meisten Lohn- und Gehaltsbezieher auch die tatsächlichen Verlierer gewesen sein. Danach gelang es der gut organisierten Arbeitnehmerseite auch real Einkommenszuwächse durchzusetzen und diese Zuwächse fürhrten zu einem Steigen des Preisniveaus. Die Inflation war der Ausdruck der dringenden materiellen Bedürfnisse der österreichischen Bevölkerung in der Wiederaufbauzeit, die höhere Ansprüche an das Bruttonationalprodukt stellte als erwirtschaftet werden konnte. Und dies trotz der erheblichen Gütermengen, die über den Marshallplan ohne Gegenleistung in die österreichische Wirtschaft gepumpt wurden. Der Marshallplan endete 1952 und damit auch die Wiederaufbauzeit und die Inflation. 1953 kam es zu einem Rückgang der Preise, von dem aber die Löhne völlig unbeeindruckt waren. Nun begannen die „goldenen Jahre" des österreichischen Wirtschaftswunders und die Lohnentwicklung war durchaus ein Teil der rasch ansteigenden Wirtschaftsleistung.

476 Lakenbacher, Ernst, Die österreichischen Angestelltengewerkschaften, Geschichte und Gegenwart, Wien 1967

Steigerung der Löhne und Preise 1947 bis 1955 in Prozent gegenüber dem Vorjahr

Jahr	Index der Verbraucherpreise	Brutto-Monatsverdienst je Beschäftigten	
		nominell	real
1947	103 %		
1948	52 %		
1949	28 %	27 %	(–) 1 %
1950	13 %	19 %	5 %
1951	28 %	38 %	3 %
1952	17 %	18 %	1 %
1953	(–) 5 %	4 %	10 %
1954	4 %	8 %	5 %
1955	1 %	8 %	7 %

Quelle: Felix Butschek, Statistische Reihen zur Österreichischen Wirtschaftsgeschichte, WIFO Juni 1996, Kapitel 8.2

Insgesamt blieben daher die Löhne in der Wiederaufbauzeit trotz der nominell exorbitanten Steigerungen von bis zu 38 % hinter dem Wachstum des BNP zurück. Das war der Preis des Wiederaufbaus und die Österreicher zahlten hier immer noch die Kosten des Zweiten Weltkriegs. Trotz des Zurückbleibens der Lohnentwicklung, insgesamt gesehen, beklagte natürlich jeder Wirtschaftszweig, dass in seinem Bereich die Personalkosten zu rasch ansteigen würden und ihn diese Kostensteigerungen in Schwierigkeiten brächten. Bei der Versicherungswirtschaft war dies aber tatsächlich und nachweisbar der Fall. Das lag vor allem daran, dass sie ihre Preise, die Prämien, nur sehr umständlich und zeitverzögert erhöhen konnte, da sie vertraglich gebunden waren. Durch das vorgeschriebene behördliche Genehmigungsverfahren über die Versicherungsaufsicht und die Preiskommission erfolgten Prämienerhöhungen, wenn überhaupt, erst so spät, dass sie durch die Inflation bereits überholt waren. Das traf vor allem bei der Lebensversicherung zu, deren Verträge langfristig abgeschlossen worden waren. Die beschriebenen Vorgänge um den „einmaligen Teuerungszuschlag“ 1948 zeigten die unmögliche Lage, in welche die Versicherungsunternehmen durch die Lohn- und Preissteigerungen gekommen waren. Die generellen Erhöhungen durch die fünf Lohn-Preis-Abkommen waren noch ein zusätzlicher, systemwidriger Eingriff in die Kostenstruktur der Versicherungsunternehmen.

Daher war es nicht nur der Arbeitgeberorganisation, sondern auch den Gewerkschaften 1946 völlig klar, dass die wirtschaftliche Situation der Versicherungswirtschaft Gehaltserhöhungen an sich nicht zuließ. Auf der anderen Seite war die Entwicklung der

Preise und Lebenshaltungskosten derart, dass den Angestellten in ihrem Notstand Hilfe geleistet werden musste, teils aus sozialen Gründen und zum Teil zur Erhaltung eines „fachlich durchgebildeten Beamtenkörpers".[477] Eine gewisse Erleichterung brachten einmalige Hilfszahlungen. So wurde etwa den Angestellten des Innendienstes im Herbst 1946 eine einmalige Notstandsaushilfe in der Höhe von 100 Schilling gewährt, soweit ihre Bezüge 500 Schilling monatlich nicht überstiegen, um ihnen die nötigsten Anschaffungen für den Winter zu ermöglichen.[478]

Dennoch nahm der Verband mit der Gewerkschaft Verhandlungen über ein neues Kollektivvertragsrecht auf der Grundlage der Dienstpragmatik von 1928 auf. Bereits im September 1945 war man sich einig, dass der alte österreichische Kollektivvertrag wieder eingeführt werden sollte und das neue Gehaltsschema rückwirkend ab Oktober 1945 in Geltung treten sollte.[479] Zunächst kam der Verband mit der Gewerkschaft überein, die Dienstpragmatik von 1928 mit 1. März 1946 in Bezug auf Urlaubsbestimmungen und Nettobezüge wieder herzustellen, was keine großen Schwierigkeiten bereitete.[480] Der § 15 der österreichischen Dienstpragmatik von 1928 sah aber auch vor, dass die Lohnsteuer von den Versicherungsunternehmen und nicht von den Angestellten selbst getragen wurde. Dies war mit der Einführung der reichsdeutschen Bestimmungen nach 1938 weggefallen, kam aber nun über die Hintertüre der Wiederinkraftsetzung der ehemaligen österreichischen Dienstpragmatik wieder herein. Für die Versicherungswirtschaft bedeutete das eine Mehrbelastung des Personalbudgets um zumindest 11 bis 13 %.[481] Die Gewerkschaften verteidigten diese indirekte Gehaltserhöhung mit dem allgemeinen Steigen der Lebenshaltungskosten und „daß die Wiederherstellung des früheren Zustandes die Beseitigung eines anläßlich der nationalsozialistischen Occupation der Angestelltenschaft zugefügtes Unrecht bedeutet".[482] Das war allerdings eher ein politisch-polemisches Argument, denn beim „Anschluss" 1938 war durch die neuen Machthaber darauf geachtet worden, dass kein Arbeitnehmer in der „Ostmark" durch die Umstellung weniger als vorher verdienen sollte, um eine positive Stimmung in der Bevölkerung zu erzeugen. Doch wies die Arbeitnehmerseite darauf hin, dass die finanzielle Belastung nicht wesentlich über den gerade abgeschafften „Mehrarbeitszuschlag" hinausging. Da die Gewerkschaft die Schwächen ihrer Argumente kannte, sagte sie außerdem zu, „daß im Falle der Wiederherstellung des § 15 Dienstpragmatik den Gesellschaften bei dem im

477 Rechenschaftsbericht 1946, Mitgliederversammlung VVÖ, 16. September 1946
478 Rechenschaftsbericht 1946, Mitgliederversammlung VVÖ, 16. September 1946
479 V7/2. Oktober 1945
480 V26/25. Juli 1946
481 V15/28. Februar 1946
482 V23/16. Mai 1946

Zuge der bevorstehenden Rationalisierungsmaßnahmen erforderlichen Personalabbau aus wirtschaftlichen Gründen keine Schwierigkeiten bereitet werden".[483]

Rein vom wirtschaftlichen Standpunkt, stellte der Versicherungsverband fest, seien Lohnerhöhungen in welcher Form auch immer, kaum vertretbar. „Es kann also nur dem Gedanken einer Hilfeleistung an die Angestelltenschaft in schwierigen Zeiten zur Hebung der Arbeitsfreude Raum gegeben werden, wenn die Annahme des Vorschlages der Gewerkschaft befürwortet wird."[484] Die Frage des Mehrarbeitszuschlages sollte damit aber ein für alle Mal vom Tisch sein und auch an den Einbau des Zuschlages in ein künftiges Gehaltsschema war nicht zu denken. Die Versicherungswirtschaft war daher bereit, für alle Angestellten und Pensionisten die Lohnsteuer zu entrichten, mit einigen Ausnahmen, vor allem für den Außendienst. Die Vereinbarung wurde von der Zentrallohnkommission genehmigt und dann dem Ministerrat vorgelegt. Bei der Regierung gab es jedoch energischen Widerstand, der zu einem gesetzlichen Verbot der Überwälzung der Lohnsteuer führte. Statt dessen mussten nun als Ersatzlösung Teuerungszulagen vereinbart werden. Aufgrund der gestiegenen Preise war eine zusätzliche Erhöhung der Löhne unbedingt erforderlich, wobei aber die finanzielle Tragfähigkeit der Unternehmen zu berücksichtigen war.[485] Man einigte sich mit der Gewerkschaft auf eine Erhöhung zwischen 26 und 30 % (maximal 150,– Schilling monatlich), was den Vorstellungen des Versicherungsverbandes durchaus entsprach.[486] Mit 1. September 1946 waren zusätzlich zu den bestehenden Bezügen 13-mal im Jahr folgende Teuerungszulagen zu leisten:[487]

Bezüge bis 300 Schilling monatlich 30 %
Bezüge bis 450 Schilling monatlich 28 %, aber mindestens 90 Schilling
Bezüge über 450 Schilling monatlich 25 %, aber mindestens 126 Schilling

Für Jugendliche und Lehrlinge:

Lehrlinge bis zum 16. Lebensjahr 60 Schilling
Jugendliche im 17. Lebensjahr 80 Schilling
Jugendliche im 18. Lebensjahr 100 Schilling
Jugendliche im 19. Lebensjahr 120 Schilling
Jugendliche im 20. Lebensjahr 140 Schilling

483 A. a. O.
484 A. a. O.
485 V28/19. September 1946
486 Rechenschaftsbericht 1946, Mitgliederversammlung VVÖ, 16. September 1946
487 V29/3. Oktober 1946

Um die Auszahlung bis zur Genehmigung durch die Zentrallohnkommission zu beschleunigen, wurde an die Angestellten – mit Ausnahme der Direktoren, Prokuristen und Filialleiter – „ein einmaliger Vorschuß als Notstandsaushilfe zur Erleichterung von Anschaffungen"[488] ausbezahlt, maximal aber 300 Schilling. Falls die Zentrallohnkommission die Zustimmung versagen sollte, wäre die Notstandsaushilfe einfach dem Gehalt zugerechnet worden. Die Gewährung der Notstandsaushilfe sollte aber kein Präjudiz für die kommenden Lohnverhandlungen darstellen.[489] Die Abrechnung des Vorschusses sollte auch später mit der Einführung eines neuen kollektivvertraglichen Gehaltsschemas erfolgen, was aber schließlich fallen gelassen wurde.

Von der Wiedereinführung der österreichischen Dienstpragmatik 1928 war auch das „Avancement", also das automatische Aufrücken im Gehaltsschema, betroffen. Die Übergangsbestimmungen des Kollektivvertrages 1947 sahen vor, dass die fingierte Weitergeltung der Dienstpragmatik auch die Einstufung in das neue Gehaltsschema und den Aufstieg der Mitarbeiter bestimmte, ganz gleich, ob sie das Unternehmen gewechselt hatten oder nicht.[490] Dies wurde jedoch dahin gehend geändert, dass die Bestimmung nur gelten sollte, wenn der Dienstvertrag seit der Zeit vom 30. 6. 1936, also für die letzten zehn Jahre, ununterbrochen bei derselben Anstalt bestand. Denn dann wären die bei einem Postenwechsel vorgenommenen Anrechnungen von Vordienstzeiten illusorisch gewesen.[491]

Anfang 1947 wurde nach längeren Verhandlungen mit den Gewerkschaften ein Teil-Kollektivvertrag über die Besoldung einschließlich eines neuen Gehaltsschemas vereinbart. Durch die in der ersten Hälfte des Jahres 1947 einsetzende Teuerung musste zusätzlich zu den erhöhten Ansätzen im Gehaltsschema noch Teuerungszuschläge in der Höhe von 13 bis 15 % zugestanden werden, die mit 1. Juni 1947 in Kraft traten und bis zur Genehmigung durch die Behörde bereits teilweise als Vorschuss ausbezahlt wurden. Die Anträge wurden schließlich von der Zentrallohnkommission genehmigt,[492] doch praktisch gleichzeitig trat mit 1. August 1947 das 1. Lohn-Preis-Abkommen in Kraft, das in der Versicherungswirtschaft eine zwangsweise Erhöhung der Angestelltenbezüge von 35 % vorsah, mindestens 140 Schilling, höchstens 280 Schilling. Diese gesetzliche Bestimmung hatte schwerwiegende Auswirkungen auf das Gehaltsbudget der Unternehmen. Außerdem musste noch unter dem Druck der Bundeswirtschaftskammer zur Nachholung der gegenüber anderen Berufsgruppen zurückgebliebenen Lohnerhöhungen weitere Teue-

488 V40/8. Mai 1947
489 V41/12. Mai 1947
490 V55/20. November 1947
491 V55/4. Dezember 1947
492 V47/1. August 1947

rungszuschläge konzediert werden, die im Innendienst zwischen 6 und 8 % und im Außendienst pauschal 40 Schilling betrugen.[493] Diese zusätzlichen Erhöhungen waren von der Versicherungswirtschaft, ebenso wie von den anderen Verbänden des Geld- und Kreditwesens abgelehnt worden. Auch eine Unterredung mit dem Finanzminister brachte keine Klarheit, wie dieser zusätzliche Personalaufwand von der Versicherungswirtschaft getragen werden sollte. Die Gewerkschaft hatte mit den Lohnerhöhungen in anderen Berufsgruppen argumentiert, allen voran den Industrieangestellten, die an der Spitze der Lohnbewegung standen und noch im Juni eine 20 %ige Lohnerhöhung durchgesetzt hatten. Auch die – allerdings gehaltsmäßig weit zurückgebliebenen – Staatsangestellten konnten eine Zulage von 40 Schilling erreichen. Die Gewerkschaft konnte aber auf Grund der Zusicherung des Bundesministers für Soziale Verwaltung mit einer positiven Erledigung ihrer zusätzlichen Forderung rechnen, wogegen der Versicherungsverband kaum mehr erfolgreich Widerstand leisten konnte. Da der Gewerkschaft aber zugestanden wurde, dass sie in „durchaus loyaler Form" verhandelt hatte, wurde das Präsidium des Verbandes ermächtigt, der Gewerkschaft mitzuteilen, dass ein solches einseitiges Einschreiten bei der Zentralkommission auf Zuerkennung einer Teuerungszulage von 40 Schilling vom Verband nicht als „unfreundlicher Akt" angesehen wurde.[494]

Im Sommer 1948 wurde wieder das Problem des Personalabbaus aktuell. „Es darf nicht übersehen werden", stellte der Verband fest, „dass sich durch die Rückkehr der Heimkehrer bei den Anstalten für manche Posten eine Doppelbesetzung ergeben hat, ferner waren die Gesellschaften im Krieg genötigt, wahllos qualitativ minderwertige Angestellte aufzunehmen." Die Notwendigkeit eines „Frühwarnungssystems" erschien angesichts des gesetzlichen Kündigungsschutzes der Angestellten nicht unbedingt notwendig, abgesehen davon war es für den Versicherungsverband schwierig, auf die rein innerbetrieblichen Angelegenheiten der Gesellschaften Einfluss zu nehmen.[495] Der Verband empfahl daher den Mitgliedsunternehmen, sich bei Abbaumaßnahmen, soweit sie über 10 % des Personalstandes hinausgingen, mit der Gewerkschaft in Verbindung zu setzen.[496] Nicht anzurechnen an die 10 % war die Kündigung von Mitarbeitern, welche die Altersgrenze für die Sozialversicherungsrente erreicht hatten. Die Gewerkschaft bat die Meldepflicht bereits auf 5 % herabzusetzen und diese nicht nur zu melden, sondern sich mit ihr ins Einvernehmen zu setzen. Der Verband war damit prinzipiell einverstanden, war aber keine Einigung zu erzielen, so sollten beide Seiten freie Hand haben.[497]

---

493 Zwischenbericht. Mitgliederversammlung VVÖ, 4. März 1948
494 V47/1. August 1947
495 V59/19. Februar 1948
496 V69/10. Juni 1948
497 V71/22./23. Juli 1948

Im September 1948 kam es zum 2. Lohn-Preis-Abkommen, das den Versicherungsanstalten einseitig weitere Lasten aufbürdete. Nachdem bereits von einem dritten Lohn-Preis-Abkommen die Rede war, ersuchte der Verband die Handelskammer, die Versicherungswirtschaft diesmal bereits vor dem Abschluss anzuhören. Durch die generellen Lohnabkommen waren individuelle Gehaltsverhandlungen für einzelne Wirtschaftszweige unnötig geworden. In Hinblick auf das neuerliche Lohn-Preis-Abkommen bereiteten sich die Sozialpartner in der Versicherungswirtschaft aber diesmal einigermaßen vor. Der Verband forderte von den Mitgliedsunternehmen dem entsprechende Unterlagen über die Einnahmen, den Personalstand und das Gehaltsbudget für die Jahre 1944 und 1948. Fairerweise wurden diese Unterlagen auch der Gewerkschaft zur Verfügung gestellt.[498] Der Verband verlangte dabei eine Verlängerung der Arbeitszeit und die Angleichung der Gehaltsgrundlagen durch Einrechnung der teilweise bezahlten „vorläufigen Bilanzremuneration" in die künftig anfallenden Mehrbezüge. Im Spätherbst 1948 wurde den Versicherungsangestellten zusätzlich zu einer 6 %igen Gehaltserhöhung eine einmalig Zuwendung in der Höhe eines Monatsgehalts zugestanden, von der aber noch nicht fest stand, ob es als Notstandsaushilfe oder rückzahlbares Darlehen verstanden werden sollte.[499] Außerdem wurde auch den leitenden Angestellten diesmal diese einmalige Leistung zuerkannt, da gerade die Bezüge dieser Angestelltenkategorie infolge der im Lohn-Preis-Abkommen vorgesehenen Maximalbegrenzung eine verhältnismäßig geringe Erhöhung erfahren hatten.[500] Zusätzlich wurde beschlossen, die Leistung nicht mehr als „Notstandsaushilfe", sondern als „Auszahlung" zu bezeichnen.[501]

Personalangelegenheiten nahmen auch im Jahr 1949 weiterhin einen bedeutenden Teil der im Versicherungsverband geleisteten Arbeit in Anspruch. Die Belastungen der Versicherungsunternehmen in Bezug auf die Personalaufwendungen, denen keine erhöhten Einnahmen gegenüberstanden, waren 1949 vierfach:

- Einmal die Lasten aus dem 3. Lohn-Preis-Abkommen vom Mai 1949. Dies brachte den Wegfall der Ernährungszulage und an deren Stelle eine lineare Bezugserhöhung von 60 Schilling. Außerdem sah das Abkommen eine generelle Gehaltserhöhung von 4,5 % vor.
- Das war den Gewerkschaften aber nicht genug und sie forderten erneut ein Nachziehen der gegenüber anderen Berufsgruppen zurückgebliebenen Gehälter. Nach langen

498 V72/9. September 1948
499 Rechenschaftsbericht 1948, Mitgliederversammlung VVÖ, 28. April 1949
500 V76/8. November 1948
501 V77/18. November 1948

Verhandlungen konnte wohl das Verlangen nach einem 14. Monatsgehalt abgewehrt werden, doch musste eine 6,5 %ige Gehaltserhöhung – im Zusammenhang mit beantragten Prämienerhöhungen – zugestanden werden.

- Im November 1949 setzte im Zusammenhang mit den steigenden Preisen in allen Wirtschaftszweigen die Forderung nach einer Überbrückungshilfe ein. Eine Vereinbarung über eine solche Überbrückungshilfe kam daher auch für die Versicherungsangestellten zustande.
- Und schließlich entledigte sich der Staat nach dem 3. Lohn-Preis-Abkommen auch seiner Verpflichtung zur Zahlung der so genannten Ernährungsbeihilfe durch die Abwälzung auf die Unternehmen in Form einer 2 %igen Sondersteuer auf das Gehaltsbudget.

Zusätzlich wurde am 5. Juni 1949 ein Ausführungskollektivvertrag abgeschlossen, der die Zulagen, Diäten und Überstunden des Innendienstes betraf, und es gab weitere Verhandlungen bezüglich eines Kollektivvertrages, der keine materiellen Ansprüche, sondern die Zuerkennung ideeller dienstrechtlicher Begünstigungen beinhaltete.[502] Der nunmehrige Kollektivvertrag sah vor, dass die Ernährungszulage von 34 auf 60 Schilling erhöht wurde und nunmehr als Bestandteil des Gehalts galt. Zusätzlich wurden die Gehälter um 6,5 % erhöht.[503] Außerdem wurde eine einmalige Zahlung von einem halben Monatsgehalt zugestanden, um das Nachziehverfahren für die zurückgebliebenen Gehälter der Versicherungsangestellten für das erste Semester 1949 abzugelten. Für beides stellte die Versicherungswirtschaft aber die Bedingung, dass die beantragten Prämienerhöhungen genehmigt werden müssten. „Sollte die Entscheidung darüber nicht bis zum Jahresende erfolgt sein, wird ein auf diese Nachzahlung verrechenbarer Betrag von einem halben Monatsbezug ausbezahlt werden. Kommt es wieder Erwarten nicht zur Prämienerhöhung, wird auch die 6,5 %ige Bezugserhöhung ab 1. Juli 1949 nicht durchgeführt. Wurde mittlerweile ein weiterer halber Monatsbezug bezahlt, sind über dessen Rückzahlung Verhandlungen zu führen."[504] Ende 1949 gab es neuerlich das Zugeständnis zu einer „Überbrückungshilfe" für alle Angestellten und die Pensionisten, die sich zwischen 100 und 200 Schilling bewegte.[505]

Wenn man den beiden 1. Lohn-Preis-Abkommen noch einen gewissen Erfolg in Bezug auf die Eindämmung der Inflation zugestand, so wurden die nächsten sozialpartner-

502 Rechenschaftsbericht 1949, Mitgliederversammlung VVÖ, 20. April 1950
503 V85/19. Mai 1949
504 V88/7. Juli 1949
505 VV93/23. November 1949; V94/8. Dezember 1949; V95/15. Dezember 1949

schaftlichen Abkommen sowohl von Arbeitgeber- wie von Arbeitnehmerseite immer kritischer betrachtet. Auch die Versicherungswirtschaft beklagte 1950 die schwerwiegende Verschärfung der ohnedies angespannten Regielage durch eine weitere Erhöhung der Personalkosten. Denn fünf Jahre nach Kriegsende näherte sich Österreich langsam wieder einigermaßen marktwirtschaftlichen Verhältnissen, in die solche staatlichen Eingriffe in das Lohn-Preis-Gefüge willkürlich und plump erschienen. „Das 4. Lohn-Preis-Abkommen", stellte daher der Versicherungsverband fest, „wirkt sich doppelt nachteilig für die Versicherungswirtschaft aus. Außer den unmittelbaren Lasten durch Steigerung des Gehaltsbudgets fällt die mit jedem Zwangseingriff in das Lohn-Preis-gefüge und der daraus folgenden Kaufkraftverwässerung verbundene Beeinträchtigung des Sparwillens besonders für die Lebensversicherung schwer ins Gewicht."[506] Es musste weiteren Lohnforderungen der Gewerkschaften stattgegeben werden, die für 1950 mit einer im Herbst bezahlten einmaligen Leistung abgegolten wurde, die ab 1951 laufend in Geltung war. Diese schon für die Schadensversicherung fühlbare Erhöhung des Personalbudgets war für die Lebensversicherungen kaum mehr erträglich. Dem stand als Äquivalent lediglich eine bescheidene Erhöhung der Arbeitszeit durch Einrechnung der halbstündigen Mittagspause gegenüber. Wenngleich das 5. Lohn-Preis-Abkommen aufgrund der selbstständigen Kollektivvertragsfähigkeit des Verbandes und der Gewerkschaften nicht mehr verbindlich war, so brachte doch der Ausführungskollektivvertrag keine wesentlichen Abweichungen vom Inhalt dieses Abkommens, das 1950 von vielen Seiten schon als unzweckmäßig empfunden wurde.[507]

Mit 1. April 1951 forderten die Gewerkschaften eine weitere Erhöhung der Gehälter unter Hinweis auf die Teuerung.[508] Es wurde nun weiter über einen Kollektivvertrag verhandelt, dessen Abschluss kurz bevor stand. „Hoffentlich gelingt die notwendige Synthese zwischen berechtigten sozialen Erfordernissen der Angestelltenschaft und den wirtschaftlichen Möglichkeiten der Unternehmungen", stellte der Versicherungsverband fest, „und hoffentlich wird die Konsolidierung des Dienstrechtes auch jene Leistungssteigerung zur Folge haben, wie sie in jedem Wirtschaftszweig, ganz besonders aber in der regelmäßig ohnedies sehr stark angespannten Versicherungswirtschaft unerläßlich ist."[509] In einer außerordentlichen Mitgliederversammlung wurde der Kollektivvertrag dann am 1. August 1951 „in einer auch für die Anstalten tragbaren und befriedigenden Weise" beschlossen und trat am 1. September 1951 in Kraft.[510] Bei der Versammlung war eine

506 Rechenschaftsbericht 1950, Mitgliederversammlung VVÖ, 27. April 1951
507 V126/20. Juni 1950
508 V122/27. April 1951
509 Rechenschaftsbericht 1950, Mitgliederversammlung VVÖ, 27. April 1951
510 Protokoll, außerordentliche Mitgliederversammlung vom 1. August 1951

gewisse Erleichterung über die so lange verhandelte Regelung in diesem Bereich zu spüren. Dennoch war bei der ordentlichen Mitgliederversammlung 1952 auch ein kritischer Unterton zu hören. So wurden die „schwerwiegenden Dauerbelastungen" angesprochen, welche der neue Kollektivvertrag mit sich brachte. „Denn auch die sogenannten immateriellen Rechte bedeuten im Effekt sehr reale finanzielle Belastungen … Leider muß aus verschiedenen, nach Inkraftsetzung eingetretenen Vorfällen geschlossen werden, daß nicht das nötige Verständnis für das Gewicht und die Bedeutung der in bezug auf das Dienstrecht gemachten Zugeständnisse auf Arbeitnehmerseite herrscht."[511]

Zusätzlich waren 1951 die Auswirkungen des 5. und letzten Lohn-Preis-Abkommens zu berücksichtigen. Ab April 1951 wurden die Gehaltssätze um 12 % erhöht und das 5. Lohn-Preis-Abkommen brachte dann nochmals eine weitere Erhöhung von durchschnittlich 12 %.[512] Dazu kamen soziale Belastungen durch die Erhöhung des Beitrages zum Kinderbeihilfefonds auf 6 % der Beitragsgrundlage, beginnend mit August 1951 und zusätzliche Leitungen für die Wohnungsbeihilfe. Erst gegen Ende 1951, kam es zum Stillstand der rasch ansteigenden Geldentwertung und in der Folge sogar zu einer Preissenkungsaktion der Wirtschaft. Da die Käufer nun erwartete, dass die Preise weiter fallen würden, empfahl die Bundeskammer den Unternehmungen die Auszahlung der Weihnachtsremuneration bereits in der ersten Dezemberwoche, um einer Verschiebung der Einkäufe bis kurz vor Weihnachten entgegenzutreten.[513]

Mit 1. Jänner 1953 kam es aufgrund von schon vorher gemachten grundsätzlichen und „allgemein gehaltenen" Zusagen zu einer Entnivellierung der Bezüge der Angestellten, was zu einer fühlbaren Besserstellung der Mitarbeiter führte, aber auch zu einer ebenso fühlbaren Dauerbelastung der Unternehmungen. Die Entnivellierung des Gehaltsschemas der Innendienstangestellten brachte eine etappenweise Besserstellung der Bezüge der Angestellten. Die ursprünglich für die Elementarversicherer und die gemischten Unternehmungen abgeschlossene Vereinbarung musste schließlich auch auf die Lebensversicherer ausgedehnt werden.[514] „Die Entnivellierung erfolgte auf der Basis einer Erhöhung der Ansätze des Gehaltsschemas auf das Vierfache von 1947. Diese Bestimmungen sollten auch sinngemäß für Prokuristen und jene Angestellten gelten, die nicht dem Kollektivvertrag unterlagen."[515] Aber man hoffe, dass auf diesem Sektor nunmehr für längere Zeit Ruhe eintreten würde, stellte der Versicherungsverband fest.[516] Diese

511 Jahresbericht 1951, Mitgliederversammlung VVÖ 1952, 28. April 1952
512 Jahresbericht 1951, Mitgliederversammlung VVÖ 1952, 28. April 1952
513 V129/30. November 1951
514 Jahresbericht 1954, Mitgliederversammlung VVÖ, 7. Mai 1955
515 V144/12. Dezember 1952
516 Jahresbericht 1952, Mitgliederversammlung VVÖ, 24. April 1953

Hoffnung sollte sich aber nicht erfüllen. Unmittelbar vor Weihnachten 1953 trat die Gewerkschaft an den Versicherungsverband mit der Forderung nach einer Erhöhung der Bezüge um 25 bis 40 %, im Durchschnitt um 33 %, heran. „Daß diese Forderung eine Erfüllung in voller Höhe nicht finden kann", musste die Gewerkschaft einsehen. Unter dem Hinweis, dass der bedeutenden Erhöhung der Angestelltenbezüge keineswegs ein entsprechendes Mehr an Prämieneinnahmen gegenübersteht und dass der Index der Lebenshaltungskosten keineswegs Anlass einer Erhöhung der Bezüge rechtfertige, boten die Delegierten des Verbandes eine Erhöhung um 10 % an, was aber von den Unterhändlern der Gewerkschaft abgelehnt wurde. „Es ist nur zu hoffen, daß die führenden Köpfe des Gewerkschaftsbundes einsichtig genug sind, dass die Bezüge der Angestellten nur in einer gewissen Relation zur Prämieneinnahme und den Geschäftsergebnissen sein können."[517] Das Arbeitgeberangebot war aber der Gewerkschaft zu wenig und sie bestand auf ihrer Forderung des 6,5fachen des Jahres 1929 und war bereit, mit allen ihr zur Verfügung stehenden Mitteln für die Erfüllung ihrer Forderungen einzutreten.[518] Letztlich einigte man sich aber auf eine Valorisierung der Bezüge um linear 15 % rückwirkend ab 1. Jänner 1954 und weitere 7,5 % ab 1. Jänner 1955, ebenfalls auf der Basis von 1953. Die Gewerkschaft verpflichtete sich dabei, bis zum Jahresende 1955 keine wie immer gearteten Lohnforderungen zu stellen, falls die Lebenshaltungskosten keine wesentliche Veränderung erfuhren.[519] 1955 versuchte die Gewerkschaft jedoch, anlässlich des Staatsvertrages eine einmalige Sonderzahlung zu erlangen, was jedoch glatt abgelehnt wurde. Schon in Hinblick auf die bevorstehende Rekonstruktion der Versicherungswirtschaft erschien eine solche Sonderzahlung inopportun.[520] Obgleich die Stillhaltefrist noch nicht abgelaufen war, kam die Gewerkschaft im Oktober 1955 neuerlich mit Lohnforderungen im Ausmaß von 21,5 %. Sie berief sich dabei auf ihre Forderung der Vollvalorisierung der Gehälter des Jahres 1929 und eine Beteiligung der Angestellten am erhöhten Sozialprodukt der Versicherungswirtschaft. Es fiel aber der Versicherungswirtschaft nicht schwer nachzuweisen, dass zwar das Prämieneinkommen gestiegen war, aber ebenso die Regien und der Schadensverlauf.[521]

517 Jahresbericht 1953, Mitgliederversammlung VVÖ, 29. April 1954
518 V155/14. April 1954
519 V157/24. Mai 1954
520 V160/5. Juli 1955
521 V161/28. Oktober 1955

Die Auseinandersetzung um das 14. Monatsgehalt

1946 wurde den Mitgliedsunternehmen empfohlen, sofern das bisher nicht geschehen war, auch ein Bilanzgeld in der Höhe von einem halben Monatsgehalt auszuzahlen. Die Zahlung eines Bilanzgeldes war bei den einzelnen Gesellschaften recht unterschiedlich, ihre Höhe war vielfach nicht vom Bilanzerfolg abhängig und sie stellte so etwas wie ein Gewohnheitsrecht dar.[522] Bilanzgelder unterlagen nicht der Teuerungszulage und waren keine Leistung nach der Tarifordnung. Ein Rechtsanspruch bestand nur dann, wenn dienstvertragliche Vereinbarungen vorlagen oder diese Zuwendungen wiederholt und regelmäßig gegeben wurden, so dass sich daraus ein Gewohnheitsrecht für die Angestellten ableiten ließe. Da die Gehaltszahlungen 13-mal im Jahr erfolgten, war die Bilanzremuneration so etwas wie ein 14. Monatsgehalt und keine Gehaltszulage.[523] Im September 1948 verlangte die Gewerkschaft daher die Aufnahme von Verhandlungen zur Einführung des 14. Monatsgehalts.[524] Dies wurde mit der Forderung einer „Notstandshilfe" in Höhe eines Monatsgehalts verbunden. Aus der Presse war bekannt, dass diese Forderung insbesondere in den Bundesländern mit Nachdruck erhoben wurde. Die Versicherungswirtschaft sah sich aber durch die Aufhebung des Teuerungszuschlags zu den Prämien durch den Verfassungsgerichtshof vorläufig außerstande, zusätzliche Personallasten auf sich zu nehmen. „Wenn auch zufolge der durch das Urteil des Verfassungsgerichtshofes geschaffene Lage eine derzeit endgültige Behandlung der aufgerollten Frage nicht erwartet werden kann, wird die Aufnahme von alsbaldigen Verhandlungen zugesagt."[525] Aber in dieser Frage ließ die Gewerkschaft nicht locker und trat im Sommer 1949 neuerlich mit dem Verlangen nach Verhandlungen über das 14. Monatsgehalt an den Versicherungsverband heran. Sie stützte ihre Forderung auf die Behauptung, dass die Versicherungsangestellten seit 1947 hinter der Gehaltserhöhung anderer Arbeitnehmer zurückgeblieben waren und derzeit an vorletzter Stelle rangierten. Die Zahlung eines 14. Monatsgehalts sollte daher als Abgeltung in diesem Nachziehverfahren gelten. Der Versicherungsverband sah aber den vorgelegten Vergleich mit anderen Angestelltengruppen als nicht stichhältig an. Bei der Industrie waren angesichts der guten Konjunktur die Verhältnisse ungleich günstiger und gefestigter als in der eigenen Branche. Während die meisten anderen Wirtschaftsbereiche ihre künftige Lebensform bereits festgelegt hatten, war die Lage in der Versicherungswirtschaft nach wie vor unsicher, ganz zu schweigen

522 V8/2. Oktober 1945 und V35/15. Dezember 1946
523 V34/12. Dezember 1946
524 V74/7. Oktober 1948
525 V75/29. Oktober 1948

von den Lebensversicherungsunternehmen, welche gar nicht in der Lage wären, ihren Angestellten höhere Bezüge zu gewähren. Bedeutende Berufsgruppen, wie der öffentliche Dienst, die Sparkassen und das Gewerbe, waren in dem Vergleich nicht enthalten. Diese Berufsgruppen waren schlechter entlohnt als die Versicherungsangestellten, außerdem war die Arbeitszeit in den meisten anderen Wirtschaftsbereichen länger als in der Versicherungswirtschaft. Die Auszahlung eines 14. Monatsgehalts würde außerdem eine Nivellierung und damit eine Benachteiligung der qualifizierten Angestellten bringen, was wohl kaum die Intention der Gewerkschaft sein konnte. Im übrigen war nicht zu übersehen, dass die meisten Gesellschaften einen 14. Bezug oder zumindest einen Teil dessen als Bilanzgeld ohnehin zur Auszahlung brachten. Die Gewerkschaften hatten außerdem die Gehaltsbudgets der Jahre 1944 und 1948 gegenübergestellt und damit auf eine Verringerung des Personalaufwandes hingewiesen. Im Gehaltsbudget von 1944 waren aber die Mehrarbeitszuschläge aufgrund der 60-Stunden-Arbeitswoche enthalten und für 1948 war die bereits erfolgte 6 %ige Gehaltserhöhung nicht berücksichtigt worden. „Vollkommen außer Acht gelassen wurde auch, dass in den Gehaltssummen 1944 die wie bekannt sehr hohen Bezüge der in leitender Stellung befindlichen Nationalsozialisten enthalten sind, während die an ihrer Stelle eingesetzten Personen weitaus geringere Gehälter erhielten.“[526] Man machte der Gewerkschaft ein Lockangebot: Falls die bereits beantragten Prämienerhöhungen durch die Behörde genehmigt werden sollten, dann könnte man sich im Herbst über dieses Thema weiter unterhalten. Da bei einzelnen Betrieben damit gerechnet werden musste, dass Unruhe unter den Mitarbeitern entstand oder Streiks ausbrechen würden, verständigte man auch die Bundeswirtschaftskammer, um in Anbetracht der Verschärfung des Konflikts zur Aufrechterhaltung des Arbeitsfriedens in Verhandlungen mit einzutreten.[527] Nach einer anfangs recht scharfen Debatte, an der neben den Gewerkschaftsfunktionären auch Nationalrat Hillegeist teilnahm, wurde der 14. Bezug abgelehnt und es kam zu der nun schon üblichen Notstandsunterstützung von einem halben Monatsgehalt. Ebenso wurde den Mitgliedsunternehmen empfohlen, Angestellten, die bisher kein Bilanzgeld erhalten hatten, ab 1949 ein solches in der Höhe von einem halben Monatsgehalt auszubezahlen.[528] Erst im Jahr 1957 wurde aufgrund einer Vereinbarung von 1955 der 14. Monatsgehalt vereinbart.[529]

---

526 V87/9. Juni 1949
527 V87/9. Juni 1949
528 V88/7. Juli 1949
529 Jahresbericht 1957, Mitgliederversammlung VVÖ, 15. Juli 1958

Außendienst

Mit den „Außenbeamten" hatte man nach 1945 ebenfalls einige Schwierigkeiten. Sie hatten eine „allerwichtigste Aufgabe zu erfüllen", wie sogar ein leitender Funktionär der Gewerkschaft feststellte. „Aber gerade bei dieser Gruppe der Angestelltenschaft scheinen uns die Ansprüche, die wir an sie stellen, nur teilweise erfüllt. Es sind zu viele, bisher ‚branchenfremde' Elemente in zu kurzer Zeit in die Versicherungswirtschaft eingetreten, hier muß also das Prinzip der Auslese, einer umfassenden Fachbildung und eines starken Berufsbewußtseins genauso zur Geltung kommen wie in allen übrigen Arbeitsgebieten der Versicherung, ja vielleicht noch stärker als anderswo. Der Akquisiteur hat als erster Repräsentant der Versicherungswirtschaft mit der Kundschaft zu tun … Der Akquisiteur, der nur über eine allgemeine, bescheidene Tarifkenntnis verfügt, reicht nicht aus, selbst wenn er psychologisch begabt ist und seine Kunden zu behandeln versteht, ja wenn er zu guten ersten Abschlüssen zu kommen weiß. Er soll ja den Kunden nicht überreden, sondern ihn zu seinem Vorteil beraten und ihn von der Notwendigkeit der Versicherung überzeugen." Nicht zuletzt sollte er das allgemeine Verständnis für die Versicherungswirtschaft verstärken. „Denn wer wollte daran zweifeln, daß in der Öffentlichkeit und bei jedem einzelnen Versicherungsnehmer eine ganz neue Grundmeinung und Grundhaltung zur Versicherung erreicht werden muß? Dazu muß man das Publikum besser und gründlicher orientieren als bisher. Und der Akquisiteur soll den ersten Anstoß zu diesem Umschwung im allgemeinen Urteil geben. Dazu sind die besten und also die am gründlichsten ausgebildeten Mitarbeiter gerade gut genug …"[530]

Neben diesen „qualitativen" Problemen hatte sich der Versicherungsverband in den ersten Nachkriegsjahren intensiv mit dem Außendienst zu befassen, da die Gewerkschaft vehement auf einen Kollektivvertrag auch für diese Beschäftigten drängte. Dies war eher ungewöhnlich und neu, da diese Berufsgruppe nur ein geringes Fixum bezog, sonst aber erfolgsabhängig entlohnt wurde. So erfolgte beim Außendienst 1946/47 auch keine Erhöhung der Bezüge wie beim Innendienst, da ihre Entlohnung auf kaufmännischer Grundlage beruhte.[531] Auch eine Notstandsaushilfe oder Teuerungszulage wie beim Innendienst wurde abgelehnt, da dies im Rahmen der Provisionsbegrenzungsanordnung und nach dem Grundsatz der Kostenrechnung nicht unterzubringen war. Wenn dennoch von einzelnen Unternehmen eine einmalige Zuwendung – in Frage standen die Erhöhung des Fixums um 100 Schilling – aus sozialen Gründen gezahlt werden sollte,

530 Anton Nemec, Obmann der Sektion Versicherungswirtschaft in der Gewerkschaft der Angestellten in der Privatwirtschaft, Von der Ausbildung des Nachwuchses, Die Versicherungsrundschau 1949, S. 107

531 Rechenschaftsbericht 1946, Mitgliederversammlung VVÖ, 16. September 1946

so musste dies außerhalb der Kostenrechnung erfolgen, wobei darauf zu achten war, dass daraus kein Präjudiz entstand, der Personenkreis genau umschrieben war und eine gewisse Mindestdauer der Betriebszugehörigkeit Voraussetzung für die Zuwendung war. Eine generelle Erhöhung der fixen Bezüge durch Zahlung einer Teuerungszulage wurde prinzipiell abgelehnt.[532]

Der Schwerpunkt der Lohnverhandlungen verlagerte sich ab 1947 generell zum Außendienst. Dazu hatte die schematische Lösung des ersten Lohn-Preis-Abkommen wesentlich beigetragen. Durch die „eigenartigen und komplizierten Verhältnisse" des Außendienstes zogen sich diese Verhandlungen aber lange hin. Nach über einem Jahr wurde eine vorläufige Lösung gefunden, deren Aufrechterhaltung der Versicherungsverband aber für die Dauer nicht möglich hielt. Denn im Zusammenhang mit dem 1. Lohn-Preis-Abkommen vom August 1947 forderte die Gewerkschaft, analog zum Innendienst auch eine Teuerungszulage für Angestellte des Werbe- und Inkassodienstes. Das zwang den Versicherungsverband dazu, auch für den weitgehend leistungsabhängig entlohnten Bereich eine Lösung zu finden.[533] Dies war schon deshalb problematisch, da etwa ein halbes Jahr vorher eine Provisionsbegrenzungsverordnung erlassen wurde, die inhaltlich auf dem Versicherungsprovisionsgesetz vor 1938 aufbaute.[534] Manche Bestimmungen dieser Verordnung standen aber der Anwendung des Lohn-Preis-Abkommens entgegen. Das war auch der Gewerkschaft bewusst, die daher anbot, bei der Aufsichtsbehörde wegen dieser Widersprüche zu intervenieren.[535] Die Aufsichtsbehörde zeigte auch Verständnis für die Probleme der Versicherungswirtschaft und überlegte verschiedene Alternativen, wie die Verrechnung der Teuerungszulage außerhalb des normalen Kostensatzes, die Einreichung neuer Geschäftspläne der Lebensversicherer mit höheren Kopfquoten oder den vollständigen Umbau der Prämienkalkulation. Die Aufsichtsbehörde gab aber zu erkennen, „dass sie gegenwärtig eine Änderung der Provisionsbegrenzungsverordnung nicht in Erwägung zieht. Eine generelle Prämienerhöhung käme allenfalls gleichzeitig mit Erlassung des Wiederaufbaugesetzes in Frage, und zwar zur Korrektur der Unterzinsung. Gegenwärtig würde eine derartige Erhöhung zweifellos ein Nachlassen des Neugeschäftes nach sich ziehen, was weder im Interesse der Gesellschaften noch in dem der Außenbeamten sein kann."[536] Da das Versicherungswiederaufbaugesetz in weiter Ferne lag, konnte das nur heißen, dass die Versicherungswirtschaft innerhalb der bestehenden Regelungen eine Lösung zu finden hatte.

532 V42/29. Mai 1947

533 V53/17. Oktober 1947

534 V11/6. Dezember 1945; V12/20. Dezember 1945; V38/13. März 1947

535 V55/4. Dezember 1947

536 V58/29. Jänner 1948

Das war äußerst schwierig, da die Gewerkschaften diesmal bei ihren Forderungen aus dem Vollen schöpften. Die Gewerkschaften forderten die Erhöhung des Mindesteinkommens der Außendienstbeamten, einen Teuerungszuschlag, eine Erhöhung der Provision, die Trennung von Inkasso und Akquisition, die Übernahme der Spesen und einen Erfolgsausgleich zwischen den Außendienstangestellten. Die Verhandlungen waren daher konfliktreicher, als das zu dieser Zeit üblich war. So wurde der Vorsitzende des Verbandsvorstandes, Dr. Habich, im Oktober 1947 ermächtigt, „mit Rücksicht auf die seitens eines Vertreters der Gegenseite in einer Versammlung der Außenbeamten gegen das Verhandlungskomitee und ihn persönlich gerichteten Angriffe die Erklärung abzugeben, daß er nicht in der Lage ist, die Verhandlungen fortzusetzen, sofern auf der Gegenseite kein loyales Verhalten vorhanden ist".[537]

Beim Mindesteinkommen dachten die Gewerkschaften an eine Garantie von 500 Schilling monatlich (2 % Provision und 200 Schilling Fixum) in Verbindung mit einer Produktionsverpflichtung von 15.000 Schilling.[538] Die Arbeitgeber schlugen aber statt einer fixen Teuerungszulage die Gewährung eines garantierten Provisionsvorschusses in der Höhe der Teuerungszulage vor, der bei der Elementarversicherung auf die Provisionen aus dem Neugeschäft anzurechnen sei. Die Höhe des Mindesteinkommens sollte damit 305 Schilling betragen (125 Schilling Mindesteinkommen nach Tarifordnung, bereits vereinbarte Teuerungszulage 40 Schilling und generelle Teuerungszulage 140 Schilling), und bei Neueinstellung 265 Schilling (125 Schilling laut Tarifordnung und 140 Schilling Teuerungszulage). Bei bestehenden Verträgen in der Lebensversicherung wurden schließlich die fixen Bezüge 1948 um 36 % erhöht, mindestens 140 und höchstens 280 Schilling, zusätzlich zu der bereits 1947 vereinbarten 40-Schilling-Teuerungszulage. „Sofern die Bezüge nicht ins Verdienen gebracht werden", stellten aber die Arbeitgeber fest, „wird zur Kündigung oder gegebenenfalls zur einvernehmlichen Änderung des Vertrages zu schreiten sein."[539] Eine Teuerungszulage kam bei der Krankenversicherung nur in Betracht, wenn ein Fixum bezahlt würde, ansonsten sollte die allgemeine Prämienerhöhung den Ausgleich für die Teuerung darstellen. Bei der Krankenversicherung wurde schließlich „ohne Präjudiz, übergangsweise" bis zur Prämienerhöhung für August bis Oktober 1948 monatlich ein Betrag von 180 Schilling ausbezahlt. Die Tariferhöhungen brachten so erhebliche Mehreinnahmen für die Vermittler, dass ab diesem Zeitpunkt eine Teuerungszulage nicht mehr erforderlich erschien.[540]

537 V53/17. Oktober 1947
538 V54/20. November 1947
539 V58/29. Jänner 1948
540 V63/17. März 1948

Die von der Gewerkschaft geforderte Erhöhung der Provision in der Lebens- und Krankenversicherung auf 80 % der ersten Jahresprämie wurde schon aus technischen Gründen abgelehnt. Die Begrenzung der Provision konnte nach Ansicht des Verbandes über 50 % der ersten Jahresprämie bei einer Provision von 2 % nicht hinausgehen.[541] Auch die Forderung der Gewerkschaft, bei der Krankenversicherung die Provision nach Eingang von drei Monatsprämien als verdient gelten zu lassen, fand keine Zustimmung und man bestand auf fünf Monatsprämien, worauf man sich schließlich einigte.

Die Verbindung von Inkasso und Akquisition bildete bei manchen Gesellschaften die Grundlage des Geschäfts. Die von der Gewerkschaft geforderte Trennung dieser beiden Bereiche wurde schließlich fallen gelassen. Demzufolge war die Beschäftigung von Inkassanten als Akquisiteure in der Kleinlebensversicherung grundsätzlich zulässig, doch sollte bei hauptberuflichen Inkassanten keine Verpflichtung zur Neuerwerbung des Geschäfts entstehen. Bei einem Inkassostock von 3.400 Schilling sollte nach der Vorstellung der Gewerkschaft ein Mindesteinkommen von 340 Schilling ohne Einrechnung von Provisionen aus dem Neugeschäft bezahlt werden. Der Verband bestand aber darauf, dass dort, wo das Existenzminimum aus dem Inkasso nicht erreicht wurde, dem Agenten die Pflicht zur Akquisition aufzuerlegen. Das Mindesteinkommen aus Inkasso und Provision sollte 305 Schilling betragen, die Inkassoprovisionen wurden auf 10 % limitiert, wieder mit dem Hinweis: „Sofern dieser Betrag nicht ins Verdienen gebracht wird, muss zur Kündigung geschritten werden."[542] Dabei blieb es! Die Inkassanten bei der Lebensversicherung sollten 180 Schilling monatlich als garantierten Provisionsvorschuss erhalten. Die Erhöhung der mit 7 % festgesetzten Inkassokosten auf 10 % zur Unterbringung der Teuerungszulage an die Inkassanten der Kleinlebens- und Krankenversicherung wurde ebenfalls als technisch unmöglich angesehen. Es wurde stattdessen vorgeschlagen, die Inkassostöcke zu vergrößern und allenfalls eine Inkassogebühr beim Versicherungsnehmer einzuheben. Auch die geforderte generelle Übernahme von Netzkarten, Reisekosten und Reisediäten auf Verwaltungskosten war nach der Provisionsbegrenzungsverordnung unmöglich.[543] Eine von den Gewerkschaften geforderte Regelung, „welche die Unterlassung der Kündigung schwächerer Vertreter zwecks Umstellung auf garantierte Mindestprovision vorsieht und die Schaffung eines inneren Ausgleichs derart, daß Vertreter mit höherer Produktion dazu beitragen, schwächere Vertreter im Gesamtrahmen zu halten" wurde ebenfalls mit Hinweis auf die Provisionsbegrenzungsverordnung abgelehnt. „Es

541 V56/18. Dezember 1947
542 V56/18. Dezember 1947
543 V55/4. Dezember 1947

muß vielmehr den Anstalten überlassen werden, zu bestimmen, wie weit es für sie tragbar ist, schwächer produzierende Agenten zu behalten."

Damit war eine erste, wenn auch für beide Seiten nicht wirklich befriedigende Lösung für den Außendienst gefunden worden. Da der Verband aber 1948 noch keine Kollektivvertragsfähigkeit für die Außenbeamten hatte, wurde diese Kompetenz über die Bundeskammer beim Bundesministerium für Soziale Verwaltung beantragt.[544] Im 2. Lohn-Preis-Abkommen wurde daher der Versicherungsaußendienst herausgenommen, um einen eigenen Kollektivvertrag für diese Berufsgruppe zu erzielen. Ein solcher Kollektivvertrag, wieder unter den bemerkenswerten Schwierigkeiten durch die Provisionsbegrenzungsverordnung, konnte vorerst für 6 Monate abgeschlossen werden. Er sah gegen den Widerstand der einzelnen Sektionen des Versicherungsverbandes eine Erhöhung des Mindesteinkommens um 6 % und 34 Schilling an Ernährungszulage für die Außenbediensteten vor. Die Lebensversicherungen wiesen darauf hin, dass die Erhöhung der Kosten für sie untragbar sei, und die Krankenversicherungsanstalten teilten der Gewerkschaft mit, dass bei einer solchen Lohnerhöhung ein Personalabbau unvermeidlich wäre. Die Gewerkschaft erklärte sich damit sogar einverstanden, wenn man gleichzeitig eine ein- oder zweijährige Aufnahmesperre damit verbinde. Die Elementarversicherung forderte die Gewerkschaft auf, sie bei der Forderung nach einem Teuerungszuschlag als Ausgleich für die Personalkosten auf die Prämien zu unterstützen, was aber eher eine rhetorische Übung war.[545] Der Kollektivvertrag wurde daher nach seinem Ablauf nicht erneuert. Über den dringenden Wunsch der Gewerkschaft wurden nun erneut Verhandlungen aufgenommen. Welches Gewicht die Gewerkschaft auf die kollektivvertragliche Regelung der Rechtsverhältnisse des Außendienstes legten, zeigte sich darin, dass sie sogar die Verhandlungen für die Wiedereinführung der Dienstpragmatik zurückstellte. „Es ist dies in Österreich der erstmalige Versuch, die Rechtsverhältnisse des Außendienstes auf eine für alle im Inland tätigen Unternehmen verbindliche Grundlage zu stellen. Die Sprödigkeit des Stoffes und die Schwierigkeit der Materie bringt einen langsamen Fortgang der Verhandlungen notwendig mit sich."[546]

Im Zusammenhang mit dem 3. Lohn-Preis-Abkommen wurde dann mit den Gewerkschaften ein Vertrag über die Anwendung der Grundsätze des Rahmenkollektivvertrages auf den Außendienst abgeschlossen. Im Gegensatz zum Innendienst war dieser für den Außendienst befristet und lief am 31. Dezember 1950 aus. Dabei war die Zahlung von Ernährungszulagen strittig geworden, wenn ohnehin eine garantierte Mindestprovision

544 V58/29. Jänner 1948
545 V74/7. Oktober 1948
546 Rechenschaftsbericht 1948, Mitgliederversammlung VVÖ, 28. April 1949

gezahlt werde. Einig war man sich, dass die Reisediäten um 6 % erhöht wurden und die Mindestprovision um 60 Schilling plus 4,5 % zu erhöhen war. Die Arbeitgeberseite wollte diese Erhöhung aber auf das Provisionskonto verrechnen, wogegen die Arbeitnehmer Einspruch erhoben. Ihrer Ansicht nach war die Erhöhung als fixer Betrag zu bezahlen.[547] Die von der Gewerkschaft angerufene paritätische Schiedskommission bei der Bundeswirtschaftskammer empfahl schließlich, diese Zulage zwar nicht zu erhöhen, aber doch den alten Betrag bis auf weiteres zu bezahlen. Daneben wurde mit der Gewerkschaft weiter über einen Kollektivvertrag für den Außendienst verhandelt. Der langsame Fortschritt erklärte sich aus dem Versuch, eine Materie kollektivvertraglich zu regeln, die vorwiegend kaufmännisch zu behandeln war. „Dazu kommt die Unüberblickbarkeit der Auswirkungen eines solchen Kollektivvertrages mit Rücksicht auf die ungeklärte finanzielle und geschäftliche Lage der Anstalten, besonders der Lebensversicherung. Zwingende Bestimmungen des Kollektivvertragsgesetzes und des Betriebsrätegesetzes haben eine Lage herbeigeführt, die das Risiko des Abschlusses eines Kollektivvertrages bedeutend erschwert hat, weil zeitlich begrenzte Versuche nicht angestellt werden können, vielmehr mit unverhältnismäßig langer Dauer jedes einmal abgeschlossenen Kollektivvertrages praktisch gerechnet werden muß."[548]

Auch im Jahr 1950 wurde über einen Kollektivvertrag weiter verhandelt. „Die Verhandlungen ziehen sich bereits jahrelang hin, was begreiflich erscheint, schon in Anbetracht der Schwierigkeiten der Materie, besonders aber angesichts der schweren Verantwortung, bei den gegenwärtig ungeklärten Verhältnissen und der schwierigen Lage der Lebensversicherung langfristige Bindungen einzugehen und schwerwiegende Belastungen zu übernehmen."[549] Mit dem 5. Lohn-Preis-Abkommen 1951 musste für den Außendienst ein Kollektivvertrag mit ziemlich komplizierten, jedoch zeitlich befristeten Bestimmungen abgeschlossen werden, um den Übergang bei den Angestellten mit garantierten Provisionseinkommen entsprechend auszugleichen.[550] Der Kollektivvertrag wurde 1951 durch eine außerordentliche Mitgliederversammlung des Verbandes der Versicherungsunternehmen Österreichs beschlossen und trat zusammen mit dem für den Innendienst am 1. September 1951 in Kraft.[551] Damit wurde eine dienstrechtlich klare Trennung zwischen Innendienst und Außendienst erreicht.[552] Erst 1959 wurde das 14. Monatsgehalt auch dem Außendienst zugestanden.

547 V87/9. Juni 1949
548 Rechenschaftsbericht 1949, Mitgliederversammlung VVÖ, 20. April 1950
549 Rechenschaftsbericht 1950, Mitgliederversammlung VVÖ, 27. April 1951
550 Jahresbericht 1951, Mitgliederversammlung VVÖ 1952, 28. April 1952
551 Protokoll, außerordentliche Mitgliederversammlung vom 1. August 1951
552 V132/6. März 1952

Lehrlinge, Ausbildung

Auch die Aus- und Weiterbildung in der Versicherungswirtschaft hatte durch den Krieg schweren Schaden genommen, wie von Seiten der Gewerkschaft festgestellt wurde: „Viele wertvolle Mitarbeiter fielen im Krieg oder wurden durch Krankheit arbeitsuntauglich, andere wurden durch Jahre ihrer eigentlichen Berufsaufgabe entfremdet. Um den Betrieb weiter führen zu können, waren alle Anstalten zur Aufnahme von Personal genötigt, ohne seine Eignung für die besonderen Aufgaben des Versicherungswesens prüfen zu können. Sehr häufig mußte man sich mit richtigem ‚Strandgut' des Arbeitsmarktes behelfen."[553] Die Weiterbildung der Versicherungsangestellten erfolgte in dieser Zeit noch durchwegs in den Unternehmen selbst. Mit solchen betriebsinternen Kursen hatten die Unternehmen gute Erfahrungen gemacht. „Gerade die Unterrichtserteilung im Rahmen der Anstalt hat außer der spezifischen, auf die einzelnen Anstalten abgestellten Ausbildung den weiteren Vorteil der steten Kontrolle über den Kursbesuch der Angestellten."[554] Für den Herbst 1946 einigte man sich aber darauf, zusätzliche versicherungskundliche Kurse anzubieten.[555] Die Gewerkschaft stand diesen Bemühungen positiv gegenüber. Sie anerkannte zwar die Bildungsarbeit „im eigenen Wirkungskreis", forderte aber eine Ergänzung im Sinne des Zusammenwirkens von Theorie und Praxis.[556] Der Versicherungsverband reagierte aber dennoch negativ, als das Wirtschaftsförderungsinstitut und die Gesellschaft für Versicherungsfachwissen Fortbildungskurse für Versicherungsangestellte abhalten wollten. Denn der Verband vertrat die Auffassung, dass es nicht zweckmäßig sei, die Fortbildung der Angestelltenschaft anderen Institutionen zu überlassen.[557] Lediglich wegen der Überlassung von Räumlichkeiten wurde mit dem Wirtschaftsförderungsinstitut, aber auch mit der Hochschule für Welthandel verhandelt. Ansonsten aber war man der Meinung: „Die Ausbildung der Angestellten in der Privatversicherung muß jedoch aus Zweckmäßigkeitsgründen im eigenen Rahmen durchgeführt werden."[558]

Mit dem Ende des Wiederaufbaus und der Stabilisierung des Budgets und der Währung (Raab/Kamitz-Kurs) stieg die Arbeitslosenrate 1952 um 33 % und 1953 nochmals um 17 % an, um mit 183.500 Arbeitslosen einen Höhepunkt zu erreichen.[559] Die Bundes-

553 Anton Nemec, Obmann der Sektion Versicherungswirtschaft in der Gewerkschaft der Angestellten in der Privatwirtschaft, Von der Ausbildung des Nachwuchses, Die Versicherungsrundschau 1949, S. 105

554 V82/3. März 1949

555 V221/25. April 1946

556 Für den Herbst 1946 einigte man sich aber darauf, zusätzliche versicherungskundliche Kurse anzubieten.

557 V82/3. März 1949

558 V84/22. April 1949

559 A. a. O., 3. 3.

wirtschaftskammer überlegte daher, welche Maßnahmen zur Bekämpfung der Jugendarbeitslosigkeit ergriffen werden konnten, nachdem ab 1953 mit einer beträchtlichen Zunahme der Schulabgänger zu rechnen war. Da die Eingliederung der im 14. Lebensjahr stehenden Jugendlichen in den Wirtschaftsprozess auf besondere Schwierigkeiten stieß, wurde selbst eine Verlängerung der Schulpflicht angedacht. Als Sofortprogramm war die Sektion Industrie bemüht, für die Einstellung von 10.000 Jugendlichen zu sorgen. Sie richtete auch eine Einladung an die anderen Sektionen der Wirtschaftskammer, diese Maßnahmen entsprechend zu unterstützen. Daher wurde im Versicherungsverband überlegt, Jugendliche im Ausmaß von 5 bis 10 % des Personalstandes einzustellen.[560] Die Gewerkschaften waren grundsätzlich mit einem befristeten Notprogramm zur Einstellung von Jugendlichen unter 17 Jahren einverstanden, das auf zwei Jahre beschränkt sein sollte. Differenzen gab es bei der Frage der Entlohnung. Die Arbeitgeber waren der Meinung, dass es sich um eine Berufsausbildung handle, um eine Einstellung aus sozialpädagogischen Gründen und daher wie bei der Lehrlingsausbildung nur ein Taschengeld gegeben werden sollte. Die Gewerkschaft dachten ähnlich wie für Laufburschen an einen Monatslohn von 500 Schilling. Nachdem sich aber bereits der Ministerrat mit dieser Frage befasste, wartete man ab.[561] Am 31. August 1953 wurde dann das Jugendeinstellungsgesetz erlassen, das die Unternehmen verpflichtete, entsprechend ihrer Mitarbeiterzahl einen gewissen Prozentsatz Jugendliche im Alter von 15 bis 16 Jahren einzustellen. Für diese Arbeitnehmer wurde ein eigener Kollektivvertrag abgeschlossen.

Dass die Wirtschaft mit solchen Zwangseinstellungen nicht ganz glücklich war, ist leicht einzusehen. Es ist immer ein Problem, wenn an Privatunternehmen öffentliche Aufgaben übertragen werden. Denn die Personalhoheit, die Frage, welche und wie viele Mitarbeiter aufgenommen werden, gehört zu den wichtigsten Kompetenzen der Privatwirtschaft. Mit dem Gesetz ging es aber nur mehr darum, die Bemessungsgrundlage für die Pflichtzahl der einzustellenden Jugendlichen in den einzelnen Branchen festzustellen. Die Versicherungswirtschaft versuchte nun, zumindest die Außendienstmitarbeiter von dieser Berechnungszahl auszunehmen, stieß damit aber auf wenig Verständnis. Um nicht völlig abgewiesen zu werden, kam man dem Verlangen des Sozialministeriums nach, Repräsentativbetriebe zu nennen, an der die Argumentation der Versicherungswirtschaft überprüft werden sollte.[562] Danach wurde der Außendienst zwar in die Berechung einbezogen, doch gelang es den Versicherungsunternehmen – als einziger Gruppe der Sektion

560 V147/10. April 1953
561 V149/15. Mai 1953
562 V152/27. Oktober 1953

Geld-, Kredit- und Versicherungswirtschaft – die Berechnungsbasis zu erhöhen.[563] Danach war auf 5 Dienstnehmer mindestens ein Jugendlicher, auf weitere 20 (statt 15) ein weiterer Jugendlicher und über 350 Mitarbeiter auf je weitere 30 (statt 25) ein Jugendlicher einzustellen. Damit ergab sich gegenüber der ausschließlichen Berücksichtigung des Innendienstes eine Erhöhung von 13 %, mit der sich die Versicherungswirtschaft letztlich zufrieden gab.[564] Nach Verlängerung des Jugendeinstellungsgesetzes wurde der mit Ende 1954 abgelaufene Kollektivvertrag unter Erhöhung der Ansätze auf ein weiteres Jahr prolongiert[565] und schließlich auf unbestimmte Zeit verlängert.[566]

Um den Jugendlichen im Zusammenhang mit dem Jugendeinstellungsgesetz 1953 „eine gewisse Schulung in den kaufmännischen Fächern angedeihen zu lassen, wurde mit dem Wirtschaftsförderungsinstitut der Kammer Wien die Vereinbarung getroffen, einen zweijährigen, auf den Bedarf im Versicherungsfach hinzielenden kaufmännischen Unterrichtskurs zu errichten".[567] Die Kurse begannen in vier Klassenzügen mit 133 Teilnehmern. Die Dauer des Kurses war mit 10 Monaten festgelegt, zu acht Wochenstunden, wobei für jeden Kursteilnehmer 28 Schilling monatlich zu bezahlen war. Der Unterricht konnte sofort beginnen, Maschinschreiben erst ab Jänner 1954.[568] Während die Lehrer für die allgemeinen kaufmännischen Fächer vom Wirtschaftsförderungsinstitut bereitgestellt wurden, übernahmen den Unterricht über Versicherungswirtschaft Angestellte der Versicherungsunternehmen selbst. Die Oberaufsicht über diese Kurse lag bei einem Vorstandsmitglied des Verbandes mit Unterstützung des Vertreters eines der Mitgliedsunternehmen.

Damit war auch die Berufsschulung angesprochen. Schon 1945 hatte der amerikanische Versicherungsoffizier, Lt. R. L. Gannon, die großzügige Einrichtung von Berufsschulen nach amerikanischem Vorbild vorgeschlagen.[569] Denn durch die schulmäßige Unterbrechung aufgrund des Krieges fehlten den Jugendlichen oft die primitivsten Voraussetzungen der Allgemeinbildung. „Manche hat die lückenhafte Schulbildung der Kriegsjahre nicht einmal in der Orthographie und den Grundkenntnissen der Mathematik sattelfest gemacht."[570] Die österreichische Wirtschaft kannte jedoch „Versicherungs-

563 Jahresbericht 1953, Mitgliederversammlung VVÖ, 29. April 1954
564 V152/15. Dezember 1943
565 Jahresbericht 1954, Mitgliederversammlung VVÖ, 7. Mai 1955
566 Jahresbericht 1958, Mitgliederversammlung VVÖ, 15. Oktober 1959
567 Jahresbericht 1953, Mitgliederversammlung VVÖ, 29. April 1954
568 V152/27. Oktober 1953
569 V6/20. September 1945
570 Anton Nemec, Obmann der Sektion Versicherungswirtschaft in der Gewerkschaft der Angestellten in der Privatwirtschaft, Von der Ausbildung des Nachwuchses, Die Versicherungsrundschau 1949, S. 105

lehrlinge" nicht, dieser Lehrberuf war erst mit dem „Anschluss" 1938 eingeführt worden. Die Kurse waren 1938 bis 1945 von der Deutschen Arbeitsfront und dem Verein „Ausbildungsstätte der Versicherungsbetriebe" abgehalten worden. Nach dem Krieg, mit der Wiedereinführung der Dienstpragmatik von 1928, wollte man nun grundsätzlich zum System der Laufburschen zurückkehren und jenes der Lehrlinge verlassen. Doch gab es noch Lehrlinge im 2. und 3. Jahrgang, deren Kurse fortgesetzt werden sollten, bis sie vor der Handelskammer ihre Abschlussprüfungen ablegen konnten. Die Prüfer wurden von der Versicherungswirtschaft gestellt. Da der Vorstand des Vereins „Ausbildungsstätte der Versicherungsbetriebe" nicht mehr funktionierte und seine Konten gesperrt waren, wurde dieser durch eine Mitgliederversammlung und Satzungsänderung zu reaktivieren versucht.[571] Die Kurse sollten lediglich bis zur Freisprechung der noch in Ausbildung stehenden Lehrlinge fortgeführt werden.[572] Für Eingerückte, Dienstverpflichtete und sonst im Unterricht zurückgebliebene Lehrlinge, die nicht mehr schulpflichtig waren, wurden bis zu den im Jänner 1946 stattfindenden Abschlussprüfungen Nachhilfekurse eingerichtet, die wöchentlich an drei Nachmittagen, auch samstags, statt fanden.

Im Gegensatz zu den Banken legte die Versicherungswirtschaft daher wenig Interesse auf die Weiterführung des Lehrlingswesens, schon gar nicht, wenn diese mit der Berufsbezeichnung Versicherungskaufmann abschlossen. Bereits bei der ersten Mitgliederversammlung 1945 hatte sich der Verband der Versicherungsunternehmen Österreichs mit der Anregung der Handelskammer wegen der Beibehaltung des Systems der Lehrlinge zu befassen gehabt. Nach einer ausführlichen Diskussion wurde aber festgestellt, „daß die Gesellschaften also nicht für die Beibehaltung des Lehrlingssystems, sondern für die Rückkehr zum ‚Praktikantensystem' eingestellt sind".[573] Die Versicherungswirtschaft wollte sich vorbehalten, die Jugendlichen später je nach Eignung als Kanzleigehilfen oder Beamte zu verwenden. Sie informierten daher die Arbeitsämter, dass in Zukunft keine Lehrlinge, sondern nur mehr Hilfsarbeiter aufgenommen werden würden.[574] Auch ein Antrag des Wiener Stadtschulrats auf Weiterführung der speziellen Fortbildungsschule wurde daher abgelehnt, da die Praktikanten nur mehr die allgemeine Fortbildungsschule besuchen sollten.[575] Nach den schlechten Ergebnissen der Abschlussprüfungen im Mai 1946 beschloss der Versicherungsverband zusätzlich, Jugendliche unter 16 Jahren nicht mehr aufzunehmen. Es sollten nur mehr Jugendliche eingestellt werden, welche die Unterstufe der Mittelschule abgeschlossen hatten oder die Hauptschule und eine zweijäh-

571 V8/2. Oktober 1945
572 V27/5. September 1946
573 MV des Provisorischen Verbandes der Versicherungsanstalten Österreichs, 21. August 1945
574 V9/22. November 1945
575 V12/20. Dezember 1945

rige Handelsschule.[576] „Dann werden erst die ersten Praxisjahre die Eignung zur Berufsarbeit zu beweisen haben und über die endgültige Zugehörigkeit des Aufnahmewerbers entscheiden."[577]

Schließlich setzte sich aber doch das Lehrlingssystem durch und es wurde mit Jugendlichen, die ab 1. Jänner 1946 von verschiedenen Versicherungsanstalten als Hilfsarbeiter eingestellt wurden, Lehrverträge abgeschlossen. Da die Ausbildung des Nachwuchses im gemeinsamen Interesse der Anstalten und der Angestellten lag, regte man gemeinsam mit der Gewerkschaft an, die schulmäßige Ausbildung der Lehrlinge wieder aufzunehmen.[578] Der Verein „Ausbildungsstätte der Versicherungsbetriebe" übernahm es nun, sich wegen der allgemeinen und speziellen Ausbildung mit den zuständigen Stellen in Verbindung zu setzen und die Lehrkräfte zur Verfügung zu stellen.[579] Bis zum Auslaufen der Ausbildungsstätte wurden diese zusammen mit den restlichen 13 Lehrlingen unterrichtet.[580] Die Lehrlingskurse waren aber außerhalb der Bürozeit abzuhalten, „da es nicht angängig ist, 2 Nachmittage unter Kürzung der Bürozeit, welche der praktischen Ausbildung dient, für die theoretische Unterweisung zu verwenden".[581] Lediglich zur Vorbereitung der Abschlussprüfung wurde eine Woche Sonderurlaub zugestanden.[582] Allerdings machte man auch hier Ausnahmen und gewährte ab Ende 1947 doch den Lehrlingen für die einmal in der Woche stattfindende fachliche Ausbildung die nötige Freizeit.[583]

Versicherungswissenschaft

1929 war in Österreich die Gesellschaft für Versicherungsfachwissen unter dem Vorsitz von Albert Ehrenzweig gegründet worden. Diese beschäftigte sich mit Fragen der Privat- und der Sozialversicherung und arbeitete eng mit der Hochschule für Welthandel zusammen. Ehrenzweig, damals der Leiter der Versicherungsaufsicht und ein international anerkannter Versicherungsfachmann, hatte diese Position bis zur zwangsweisen Auflösung des Vereins 1938 inne. Nach dem „Anschluss" hatte Österreich kein wissen-

576 V25/13. Juni 1946
577 Anton Nemec, Obmann der Sektion Versicherungswirtschaft in der Gewerkschaft der Angestellten in der Privatwirtschaft, Von der Ausbildung des Nachwuchses, Die Versicherungsrundschau 1949, S. 105
578 V31/24. Oktober 1946
579 V35/16. Jänner 1947
580 V36/16. Jänner 1947
581 V40/8. April 1947
582 V44/19. Juni 1947
583 V54/20. November 1947

schaftliches Diskussionsforum mehr für die Versicherungswirtschaft. Im Spätsommer 1942 tauchte daher der Plan auf, gleich den Versicherungsunternehmen in Berlin, Hamburg, Köln und Leipzig, auch in Wien wieder eine Institution zur Pflege der Versicherungswissenschaft zu gründen. Dieses Institut sollte im Verein mit der Wiener Universität, der Technischen Hochschule und der Hochschule für Welthandel geführt werden. Es war geplant, Vorlesungen über Allgemeine Versicherungslehre, Versicherungspolitik, Versicherungswirtschaft, Versicherungsmathematik und -statistik, Versicherungsmedizin und Versicherungsrecht abzuhalten. Die wissenschaftliche Behandlung war aber nicht der einzige Beweggrund zur Gründung des Versicherungswissenschaftlichen Instituts in Wien. Denn man musste feststellen, dass im Rahmen der versicherungswissenschaftlichen Institute des Reiches die Leiter der dortigen Versicherungsunternehmen Vorträge in Ungarn, Rumänien und Bulgarien hielten. Dass dabei die Anknüpfung geschäftlicher Verbindungen die Haupttriebfeder war, trat klar hervor. Dem konnten die österreichischen Versicherungsunternehmen mit ihren jahrzehntealten Verbindungen zu diesen Ländern nicht tatenlos zusehen. So beschloss der Vorstand des „Verbandes der in den Alpen- und Donaugauen tätigen Versicherungsunternehmen" ebenfalls die Gründung eines Versicherungswissenschaftlichen Instituts. „Das erste Lebenszeichen des Instituts stand im Zeichen der österreichisch-ungarischen Freundschaft. Im Sitzungssaal der Wiener Städtischen sprachen am 7. Dezember 1942 Herr Sektionschef Dr. Lechner, Leiter des Ungarischen Aufsichtsamtes, und Herr Gebhardt, Präsident des Biosz. Am 23. November 1943 hielt in demselben Saale Herr Oberrat Karol Versey, Leiter des Versicherungsaufsichtsamtes in Preßburg einen Vortrag, dem auch andere prominente Vertreter der slowakischen Versicherungswirtschaft beiwohnten. Ein gemütliches Beisammensein in den Räumen der Generaldirektion der Wiener Städtischen schloß stets den Abend."[584] Der Gegenbesuch von Wiener Vortragenden fand am 16. und 17. Februar 1944 in Pressburg statt, zu dem auch zahlreiche Vertreter der österreichischen Versicherungswirtschaft kamen. Im Dezember 1944 sollten einige Versicherungsfachleute aus Bukarest in Wien sprechen. Die Kriegsereignisse in Rumänien machten aber die Fahrt nach Wien bereits unmöglich. Über das Ersuchen der Landesversicherungsanstalten war auch vorgesehen, im Herbst 1944 Vorträge in Graz, Linz, Klagenfurt, Salzburg und Innsbruck abzuhalten. Die dann verfügte Reisesperre machte auch dieses Vorhaben unmöglich. Zu der geplanten formalen Gründung des Wiener Instituts kam es daher nicht. Die immer stärker fühlbaren Auswirkungen des Krieges auch in Österreich verhinderten die geplante Entwicklung. „Mit dem Einmarsch der Roten Armee und dem ihm folgenden Umsturz kam

584 Dr. Florian, Mitgliederversammlung des Verbandes der in den Alpen- und Donaugauen tätigen Versicherungsunternehmen, 21. August 1945

auch das Institut zu Fall, aber wie wir hoffen wollen, nur vorübergehend. Viel wichtigere, ja lebensnotwendige Probleme beschäftigen derzeit die maßgebenden Personen, so dass es an der Zeit gebricht, dem Versicherungswissenschaftlichen Institut die notwendige Aufmerksamkeit zu widmen. Die Notwendigkeit einer solchen Institution soll aber nicht verkannt oder vergessen werden.“

Als erstes öffentliches Diskussionsforum erschien bereits im Jänner 1946 die Monatsschrift „Die Versicherungsrundschau. Fachzeitschrift für Sozial- und Vertragsversicherung“.[585] Die Zeitschrift setzte sich zur Aufgabe, „[…] die in den letzten Jahren bedauerlicherweise unterbrochenen zwischenstaatlichen Beziehungen im ganzen Versicherungsbereiche wieder anzuknüpfen und den Meinungs- und Erfahrungsaustausch mit den interessierten Fachkreisen des Auslandes wieder aufzunehmen. Sie wird die bis zum Jahre 1938 bestandene hohe Tradition österreichischer Versicherungsliteratur fortsetzen.“[586] Die Zeitschrift entwickelte sich finanziell und in Bezug auf die Abonnentenzahl günstig, doch ergab sich ein Konflikt, da die Themen der Sozialversicherung überwogen. Der die Privatversicherung betreffende Teil der Zeitschrift war eher dürftig, weshalb die einzelnen Sektionen aufgefordert wurden, auch für entsprechende, niveauvolle Beiträge zu sorgen.[587] Es wurde vom Versicherungsverband sogar überlegt, eine eigen Zeitschrift für die Privatversicherung herauszugeben, was aber schließlich fallen gelassen wurde. Denn einmal wäre die Auflage zu gering gewesen und zum anderen waren auch für die Interessenten der Privatversicherung die Themen der Sozialversicherung von Bedeutung.[588]

Die nächste Initiative unmittelbar nach dem Krieg kam aus der Steiermark. Am 28. Jänner 1948 fand in Graz die ordentliche Hauptversammlung der „Steirischen Gesellschaft für Versicherungsfachwissen“ statt, welche die Tradition der während des Krieges aufgelösten Ortsgruppe Graz der „Österreichischen Gesellschaft für Versicherungsfachwissen“ fortsetzte.[589] Am 17. Juni 1948 kam es schließlich im Hörsaal 1 der Hochschule für Welthandel zur Wiedererrichtung der „Gesellschaft für Versicherungsfachwissen“ selbst. Proponenten waren Prof. Dr. Franz Dörfl und Dr. Georg Schlesinger, der schon an der ersten Gründung 1928 mitgewirkt hatte.[590] Die Gesellschaft wurde durch das Ver-

585 Chefredakteur war Bernaard Nassé, im Redaktionsausschuss waren vertreten: Walter Bittner, Karl Habich, Lorenz Linseder, Hans Schmitz, Wilhelm Seligo und Heinrich Wagner

586 Die Versicherungsrundschau 1946, S. 2

587 V38/13. März 1947 und V40/8. Mai 1947

588 V116/22. Jänner 1951

589 Die Versicherungsrundschau 1948, S. 118/9; Vorsitzender wurde Franz Krieger

590 Zum Vorsitzenden wurde Dr. Karl Wahle, Rat des Obersten Gerichtshofes, gewählt, zum ersten Stellvertreter Generaldirektor Dr. Georg Schlesinger, zum zweiten Stellvertreter Generaldirektor Dr. Hans Schmitz und zum geschäftsführenden Vorsitzenden Professor Dr. Franz Dörfel.

einsbüro mit gleich lautender Satzung wieder bestätigt. Der Zweck der Gesellschaft bestand „in der Pflege des Fachwissens und, soweit möglich, in der Verbreitung dieses Wissens. Dazu dienen Vorträge wissenschaftlichen Charakters sowie Unterrichtskurse, die allgemeinverständlich sein sollen, um das Wissen in weite Kreise zu tragen, andererseits aber auch der Ausbildung der Beamtenschaft zu dienen.“[591] Da auch die versicherungswissenschaftlichen Institute in Deutschland ihre Tätigkeit 1945 einstellen mussten, war dies die erste Wiedergründung ihrer Art. „Es gab früher in Deutschland einen versicherungswissenschaftlichen Verein, aber auch dieser hat seine Tätigkeit einstellen müssen. Die versicherungswissenschaftlichen Institute in Berlin und Göttingen und noch viele andere haben im Jahr 1945 ein Ende gefunden und jetzt ist im deutschsprachigen Gebiet das Versicherungswesen in seinen theoretischen Belangen verwaist. Hier dürften wir Österreicher die berufensten sein, auf diesem Gebiete das Erbe anzutreten, nicht nur in Österreich, sondern darüber hinaus auf die ganze Welt.“[592] Die Versicherungsrundschau diente als Organ der Gesellschaften, die sich sowohl mit der Privat- als auch mit der Sozialversicherung befassten. Seine ausführliche und sehr kritische Rede beschloss der neue Vorsitzende, Karl Wahle, mit einer grundsätzlichen Feststellung: „Wir haben ein weites Betätigungsfeld vor uns, weil heute noch alles, was mit Versicherung auch nur im entferntesten zusammenhängt, überall meist auf Unverständnis stoßt und der Begriff der Versicherungswissenschaft oft nur auf das eigentliche Versicherungsrecht und die Versicherungsmathematik eingeschränkt wird, ohne dabei zu bedenken, dass es daneben auch eine Wissenschaft der Versicherungsmedizin, der Versicherungsstatistik, der Versicherungswirtschaft sowie der Versicherungsbuchhaltung und -bilanzkunde gibt, sowie auch sonst verschiedene Wissensgebiete, insbesondere die technischen Wissenschaften, die in die moderne Wissenschaft hineinreichen … Wir wollen jedenfalls nicht in den Fehler verfallen, den Goethe als eine Eigenschaft der deutschen Gelehrten stigmatisiert, denen er die Gabe zuschreibt, die Wissenschaft unzugängig zu machen.“[593]

Pensionisten

Ganz allgemein gehören bei einer sich beschleunigenden Inflation die Rentner und Pensionisten zu den wesentlichen Verlierern. Sie verfügen über keine mächtige Interessenvertretung wie die aktiven Arbeitnehmer und ihr Realeinkommen fällt durch die

591 Die Versicherungsrundschau 1948, S. 217

592 Prof. Franz Dörfel, Die Versicherungsrundschau 1948, S. 218

593 Karl Wahle, Die Versicherungsrundschau 1948, S. 221

Geldentwertung tendenziell zurück. Dies galt trotz aller Bemühungen auch für die Pensionisten der Versicherungswirtschaft in den ersten Nachkriegsjahren. Bei den ehemals führenden Angestellten zeigte sich in der Branche ein geradezu paternalistisches Verhalten, indem sie sich mit den Einzelfällen befasste und die Bezüge erhöhte. Das galt auch für die Witwen, wenn sie ein dementsprechendes Ansuchen an den Verband stellten.[594] Für die Masse der Pensionisten waren aber Lösungen zu finden, die zumeist ein Nebenprodukt der Gehaltsverhandlungen und Kollektivverträge mit den Gewerkschaften waren.

Die Pensionisten erhielten zu Weihnachten 1946, soweit ihre Pensionsbezüge den Betrag von monatlich 250 Schilling nicht überstiegen, eine einmalige Notstandsunterstützung von 100 Schilling.[595] Auf die kollektivvertraglichen Pensionistenzulagen wurden ab Jänner 1947 Teuerungszulagen gewährt, die im Durchschnitt jenen der aktiven Angestellten im Innendienst entsprachen.[596] 1947 wurde – im Zusammenhang mit dem 1. Lohn-Preis-Abkommen – den Mitgliedsunternehmen empfohlen, „unter Beibehaltung des Grundsatzes der völligen Freiwilligkeit" den Pensionisten und Empfängern von Zuschüssen zur Sozialversicherungsrente die Zulage zum Grundbetrag von 48 Schilling auf 70 Schilling und den Steigerungsbetrag von 8 Schilling auf 10 Schilling zu erhöhen.[597] Dem war allerdings bereits vorher eine bedeutende Erhöhung der Sozialversicherungsrente vorausgegangen.[598] 1948 wurde die Bezahlung der 34 Schilling Ernährungszulage an Pensionszuschussempfänger von den Sozialversicherungsträgern übernommen.[599]

Mit dem 3. Lohn-Preis-Abkommen vom Mai 1949 wurde auch den Pensionisten – analog zu den aktiven Angestellten – eine freiwillige Erhöhung der Pensionistenzulage nicht prozentuell, sondern mit einem bestimmten Pauschalbeitrag gewährt.[600] 1949 wurde die freiwillig gezahlte Pensionistenzulage von 74 Schilling auf 81 Schilling erhöht.[601] Mit dem 5. Lohn-Preis-Abkommen wurde auch die Wohnungsbeihilfe für die Empfänger von freiwilligen Pensionistenzulagen ab 1950 erhöht.[602]

Die Erhöhung der freiwillig gezahlten Pensionistenzulage zur Sozialversicherungsrente wurde auch für 1952 empfohlen, zuerst für den Innendienst und dann mit Modifikationen

594 So etwa V73/23. September 1949, V125/21. Juni 1951 und V158/14. Mai 1955
595 V35/15. Dezember 1946
596 Rechenschaftsbericht 1946, Mitgliederversammlung VVÖ, 16. September 1946
597 Zwischenbericht. Mitgliederversammlung VVÖ, 4. März 1948
598 V36/16. Jänner 1947
599 V78/2. Dezember 1948
600 Rechenschaftsbericht 1949, Mitgliederversammlung VVÖ, 20. April 1950
601 V87/9. Juni 1949
602 Jahresbericht 1951, Mitgliederversammlung VVÖ 1952, 28. April 1952

der zugrunde liegenden Berechnungsgrundlage auch für den Außendienst.[603] 1953 und 1954 empfahl der Verband eine weitere Erhöhung der freiwilligen Pensionszulagen.[604] Nach wiederholtem Wunsch der Gewerkschaften wurde das System der freiwilligen, starren Pensionszuschüsse schließlich durch eine Ergänzung der Sozialversicherungsrente ersetzt, die in einer Relation zum letzten Aktivbezug stand.[605]

8. Marktordnung

Die Versicherungsunternehmen hatten nach Kriegsende in Hinblick auf die außerordentlichen Verhältnisse zahlreiche Wettbewerbsübereinkommen abgeschlossen. Erscheinungen, wie sie die Jahre nach 1945 zwangsweise mit sich gebracht hatten, sollten nicht dazu benützt werden, Veränderungen im Besitzstand der Versicherungen herbeizuführen, soweit solche Veränderungen nicht dem normalen Wettbewerb entsprachen. Bis Anfang der 1950er Jahre war die österreichische Versicherungswirtschaft daher damit beschäftigt, die Wettbewerbsverhältnisse wieder in einigermaßen marktwirtschaftliche Bahnen zu lenken. Dem dienten nicht nur die Regelungen bezüglich der Polizzenbestände der deutschen, nicht zum Geschäftsbetrieb zugelassenen Versicherungsunternehmen und die komplexen Fragen der Rückversicherung, sondern auch die Beschränkung des Versicherungsbetriebs auf jene Gesellschaften, die schon vor 1938 in Österreich zum Geschäft zugelassen waren. Die Konzessionierung ausländischer Gesellschaften wurde dementsprechend von der Aufsichtsbehörde prinzipiell abgelehnt.[606] Die Regelung des Wettbewerbs erfolgte durch Abkommen im Rahmen des Versicherungsverbandes, denen die einzelnen Gesellschaften allerdings zustimmen mussten:

- Wettbewerbsabkommen des Jahres 1945,
- Abkommen über die Verpflichtung zur Anzeige von Nachversicherungen bei einer anderen Gesellschaft in den Elementarsparten vom 1946,
- Besitzschutzübereinkommen wegen der Einführung des Teuerungszuschlags 1947,
- Besitzschutzübereinkommen wegen des Vertrags mit der Osteuropäischen von 1947,
- Abkommen gegen die Prämienfreistellung der vor dem 1. Jänner 1946 abgeschlossenen Lebensversicherungen 1947,

603 Jahresbericht 1952, Mitgliederversammlung VVÖ, 24. April 1953

604 Jahresbericht 1953, Mitgliederversammlung VVÖ, 29. April 1954 und Jahresbericht 1954, Mitgliederversammlung VVÖ, 7. Mai 1955

605 Jahresbericht 1959, Mitgliederversammlung VVÖ, 7. Oktober 1960

606 V72/9. September 1948 und V142/20. November 1952

- Abkommen über die Nachversicherung im landwirtschaftlichen Feuerversicherungsgeschäft 1948,
- Schlichtungsausschuss zur Beilegung von Streitigkeiten wegen unlauteren Wettbewerbs 1949,
- Abkommen der Versicherung von Objekten, die von alliierten Besatzungsmächten beschlagnahmt worden waren 1949,
- Abkommen über die Schlichtung von Streitigkeiten zwischen Versicherern wegen der Erbringung von Versicherungsleistungen an den Versicherungsnehmer 1950,
- Abkommen zur Regelung der Regressansprüche der Krankenversicherer gegen die Haftpflichtversicherer 1951,

Durch Beschluss der Schadenssektion wurde 1945 ein Wettbewerbsabkommen (Bestandsschutz) geschlossen, welches bis zum 30. September 1946 lief.[607] Dieses allgemeine Abkommen in der Sachschadenversicherung diente „der Disziplinierung des Versicherungsmarktes“[608] in der Übergangszeit. Nachdem das Abkommen seine Aufgaben erfüllt hatte, wurde es nicht weiter verlängert. Bei seiner Beendigung schlugen die Landesgesellschaften jedoch vor, ein Wettbewerbsübereinkommen für das landwirtschaftliche Geschäft abzuschließen. Danach sollte eine Nachversicherung bei bestehenden Verträgen einer anderen Anstalt nur dann abgeschlossen werden, wenn diese mindestens 8.000 Schilling je Sachgruppe (Gebäude oder Inhalt) ausmachte.

Doch die Sektion Feuerversicherung des Verbandes diskutierte schon 1946, ob der Wettbewerb in Zukunft nicht überhaupt wieder frei sein sollte und, wenn schon unbedingt eine Einschränkung vorzunehmen sei, in welchem Ausmaß und Rahmen sich diese bewegen sollte. Da diese Angelegenheit über den Rahmen einer einzelnen Sektion hinausging, übertrug sie die Entscheidung dem Vorstand.[609] Dieser stellte den Antrag vorläufig zurück und beschloss stattdessen als „Sondermaßnahme der Marktregelung“, das Abkommen über die Verpflichtung zur Anzeige von Nachversicherungen bei einer anderen Gesellschaft in den Elementarsparten vom 15. November 1946. Die Anstalten hatten im Falle einer Nachversicherung für einen bestehenden Vertrag bei einer anderen Gesellschaft binnen eines Monats der Stammversicherung Mitteilung zu machen. Diese Mitteilung erstreckte sich auf die Feuer-, Feuer-Betriebsunterbrechung-, Einbruchdiebstahl-, Glasbruch-, Leitungswasserschaden-, Maschinenbruch- und Verbundene Haus-

607 Rechenschaftsbericht Mitgliederversammlung VVÖ, 25. April 1946

608 Rechenschaftsbericht Mitgliederversammlung VVÖ, 18. September 1946

609 Schreiben der Sektion Feuer- und Feuer-B. U.-Versicherung an den Verband der Versicherungsanstalten Österreichs, Wien 9. November 1946

ratversicherung. Die Anzeigepflicht traf nur die erste Nachversicherung des betreffenden Objekts. Zusätzlich richtete der Verband im Dezember 1946 an die Gesellschaften ein Rundschreiben, „daß eine forcierte Akquisition von Nachversicherungen unerwünscht und daher zu unterlassen sei".[610]

In dem von 34 Versicherungsunternehmen unterschriebenen Wettbewerbsübereinkommen rechtfertigte und konkretisierte der Versicherungsverband diese Maßnahme. „In Anbetracht der außerordentlichen Verhältnisse und bei grundsätzlicher Anerkennung des freien Wettbewerbs sowie unter Schonung der dem Versicherungsnehmer zustehenden Rechte" fassten die Mitglieder der betreffenden Versicherungszweige „im Geiste kollegialer Zusammenarbeit" folgenden verbindlichen Beschluss:[611] Nachversicherungen von bei einer anderen Versicherungsanstalt bestehenden Versicherungen, die seit 1. Juli 1946 wertberichtigt waren, waren nicht anzuwerben. Bestand ein Versicherungsnehmer dennoch auf der Wahl eines anderen Nachversicherers, so sollte zwischen den beteiligten Gesellschaften „eine einverständliche Regelung im Geiste kollegialer Zusammenarbeit getroffen werden." Die nachzeichnende Gesellschaft hatte dabei 50 % der Nachversicherung dem Erstversicherer provisionsfrei abzugeben. Alle Streitigkeiten waren unter Ausschluss des ordentlichen Rechtsweges durch ein Schiedsgericht zu entscheiden.

Das Abkommen sollte am 30. April 1948 enden. Daher befasste sich im März 1948 der Vorstand des Verbandes mit der Frage, ob das Abkommen bis zum Ablauf des Teuerungszuschlags am 31. August 1948 verlängert werden sollte. Da es aber zu keiner Einigung kam und „dem Wesen der Sache nach aber eine Majorisierung in diesem Falle als nicht zweckmäßig erachtet wird"[612], wurde das Problem einem Komitee zugewiesen. Die Nichtverlängerung fand dort eine Mehrheit und auch die Minderheitsmeinung anerkannte, dass ihre Argumente nicht nur für eine zeitlich befristete Verlängerung, sondern für eine dauernde Beibehaltung sprechen würden, was nicht in Frage kam. Das Komitee sprach sich daher dafür aus, das Wettbewerbsübereinkommen nicht weiter zu verlängern.[613] Dennoch beschloss der Vorstand des Verbandes wenig später die unbefristete Prolongierung des Wettbewerbsübereinkommens mit einer halbjährigen Kündigungsmöglichkeit. Er regte sogar an, dass die Bestimmungen der Mitteilungspflicht durch den Nachversicherer bei

610 V33/28. November 1946

611 Wettbewerbsübereinkommen, gültig für die Feuer-, Feuer-Betriebsunterbrechung-, Einbruchdiebstahl-, Glasbruch-, Leitungswasserschaden-, Maschinenbruch- und Verbundene Hausratversicherung, 31. Oktober 1947

612 V63/17. März 1948

613 V66/22. April 1948

einer Revision des Versicherungsvertragsrechts Aufnahme finden sollten.[614] Im Oktober 1948 erreichte die Sektion Feuerversicherung auch ihr lange angestrebtes Abkommen über die Nachversicherung im landwirtschaftlichen Feuerversicherungsgeschäft.

Ein Besitzschutzübereinkommen vom 16. Oktober 1947 hatte zur Aufgabe, es durch die Einführung des Teuerungszuschlages zu keiner Marktbeunruhigung kommen zu lassen.[615] Ein weiteres Besitzschutzübereinkommen sollte verhindern, dass sich durch den Vertrag mit der Osteuropäischen von 1947 die Konkurrenzverhältnisse bei Neuabschlüssen zwischen den Anstalten nicht verschärften.[616]

Ein Abkommen von 1947 sollte vermeiden, dass vor dem 1. Jänner 1946 abgeschlossene Lebensversicherungen prämienfrei gestellt werden und der Unterschiedbetrag neu versichert wurde. Dies wäre nicht nur für den Versicherungsnehmer nachteilig gewesen, sondern hätte auch dem alten Stock die Tragfähigkeit für eine künftige Sanierung entzogen. Mit dem Erscheinen der dritten Versicherungsüberleitungsverordnung- Dezember 1947 – war dieses Abkommen aber binnen Monatsfrist gegenstandslos und das Abkommen wurde nicht angewendet.[617]

Schließlich sei auch noch der „Versicherungsschmuggel" erwähnt. Das Problem stellte sich schon 1946 anlässlich des Veredelungsverkehrs der Schweiz mit Tirol und Vorarlberg. Die Schweizer Unternehmen schlossen natürlich ihre Versicherung in der Schweiz und in Franken aber, wogegen nichts einzuwenden war. Allerdings begannen auch die österreichischen Unternehmen mit Konzernunternehmen in der Schweiz ihre Vorarlberger Betriebe dort zu versichern. Der Versicherungsverband schlug daher der Aufsichtsbehörde ein generelles Verbot von Fremdwährungsversicherungen vor und die Verschärfung der Bestimmungen für unbefugten Versicherungsbetrieb durch nicht konzessionierte ausländische Gesellschaften. Als Abschreckung sollten vor allem höhere Gebühren dienen.[618] Zum Schutz des inländischen Versicherungsgeschäfts wurde beim Abschluss von Versicherungen im Ausland 1948 die Versicherungssteuer auf das Zehnfache erhöht. Das betraf vor allem die Transportversicherung. In den meisten Fällen war aber eine Überprüfung durch das Finanzamt außerordentlich schwierig und die Auswirkung dieser Schutzbestimmung war daher äußerst gering. Der Verband fand es daher zweckmäßig, das Finanzamt auf mögliche Formen der Steuereintreibung aufmerksam zu machen. Da lediglich die Nationalbank Kenntnis von Auslandsgeschäften hatte, sah man es als zweckmäßig an, dass das Finanzamt von der Nationalbank verständigt werden

614 V70/1. Juli 1948
615 Zwischenbericht Mitgliederversammlung VVÖ, 4. März 1948
616 Zwischenbericht Mitgliederversammlung VVÖ, 4. März 1948
617 Zwischenbericht Mitgliederversammlung VVÖ, 4. März 1948
618 V17/7. März 1946

würde. Das scheiterte aber an der Mitwirkung der Nationalbank, die Steuereintreibungen nicht als ihre Funktion ansah.[619]

Zur Konfliktlösung zwischen den Mitgliedsgesellschaften wurde beim Versicherungsverband 1949 ein Schlichtungsausschuss zur Beilegung von Streitigkeiten wegen unlauteren Wettbewerbs errichtet.[620] Häufig kam es vor, dass Vertreter von Gesellschaften im Zuge der Akquisition über Konkurrenzunternehmen unrichtige Angaben machten, um deren Ansehen herabzusetzen. Auf der anderen Seite wurde die Stornierung der Nachversicherung bei einer anderen Gesellschaft verlangt, da diese mit unlauteren Mitteln angeworben worden wäre, ohne dass diese Angaben überprüfbar waren.[621] Gerichtliche Auseinandersetzungen von Agentenstreitigkeiten aller Art waren aber unter allen Umständen unerwünscht. „Es muß den denkbar schlechtesten Eindruck machen, wenn derartige Vorfälle vor Gericht erörtert werden", hieß es im Motivbericht.[622] Solche Differenzen sollten daher innerhalb der Branche zur Austragung kommen. „Andererseits ist es Tatsache, daß nicht alle Streitigkeiten wegen Konkurrenzmanöver der Gesellschaften untereinander nur im Wege der Direktionen dieser Unternehmungen restlos ausgeglichen werden können. Unangenehme Begleiterscheinung solcher Meinungsverschiedenheiten ist, dass erfahrungsgemäß die versicherte Partei von beiden Seiten besucht wird, dass ihr Erklärungen womöglich in protokollarischer Form abverlangt werden und das zu wiederholten Malen. Es liegt auf der Hand, wie ungünstig und dem Ansehen der Branche abträglich solche Dinge sind." Durch den Schlichtungsausschuss sollten die Erhebungen in Streitfällen sofort einer neutralen Stelle übertragen und ohne Befragung des Versicherungsnehmers bereinigt werden. Wenn es doch unvermeidbar war, den Versicherungsnehmer zu befragen, so sollte dies durch eine neutrale Partei und nur ein einziges Mal geschehen.

An sich trafen die zivil- und strafrechtlichen Folgen des unlauteren Wettbewerbs die Personen, welche diese Handlungen begangen hatten. Es war jedoch ausgeschlossen, dass Agenten solche Streitigkeiten untereinander austrugen. „Hier muß vielmehr gelten, daß die Gesellschaft voll für ihre Bevollmächtigten einzustehen hat. Mag sie auch subjektiv an ihrer unreinen Gangart kein Verschulden treffen, so muß sie eben objektiv verhalten werden können, daraus die Folgerung zu ziehen, die geeigneten Maßnahmen zur Abhilfe zu treffen und im Bedarfsfall das bestehende Vertragsverhältnis sogar zur Auflösung zu bringen." Die Haftung der Mitgliedsunternehmen für ihre Organe sollte

619 V66/22. April 1948 und V68/25. Mai 1948

620 Ein Entwurf zur Geschäftsordnung liegt bei: V85/27. Mai 1948

621 V55/4. Dezember 1947

622 Motivenbericht zum Entwurf einer Geschäftsordnung des Schlichtungsausschusses im Organisationskomitee zur Beilegung von Streitigkeiten wegen unlauteren Wettbewerbs. V85/27. Mai 1948

nach dem Schlichtungsabkommen darin bestehen, in berechtigten Beschwerdefällen Abhilfe zu schaffen. Der Schlichtungsausschuß hatte keine rechtsprechende Funktion, sondern sollte nur eine gütliche Einigung herbeiführen. Kam es zu keiner Einigung, war der Fall dem in den Verbandsatzungen vorgesehenen Schiedsgericht zu übertragen. Die Geschäftsordnung des Schlichtungsausschusses wurde im Sommer 1949 genehmigt.[623] Der Schlichtungsausschuss hatte sich schon durch sein Vorhandensein günstig ausgewirkt, „da er bisher noch nicht in Tätigkeit zu treten brauchte".[624]

Schiedsverfahren gab es auch in der Sach- Vermögensschadens- und Krankenversicherung seit dem Jahr 1950. Denn auch hier wurde es als unerfreulich und dem Ansehen der Versicherungswirtschaft abträglich angesehen, wenn im Schadensfall bei Vorhandensein von Versicherungsverträgen bei verschiedenen Versicherern für dasselbe Risiko eine Art negativer Kompetenzkonflikt eintrat und der Versicherte sein Recht vor Gericht suchen musste. Ein publizistisch ausgewerteter Fall dieser Art hatte die Notwendigkeit einer Abhilfe besonders deutlich gemacht.[625] Es wurde daher ein Abkommen ausgearbeitet, um zu vermeiden, dass Versicherungsnehmer in Streitigkeiten einbezogen werden, in welchen zwischen den Versicherern selbst rechtliche oder technische Meinungsverschiedenheiten bestanden. Ergab sich bei einem Schadensfall eine Streitfrage, welches Versicherungsunternehmen für die Schadensersatzleistung verpflichtet war, „so werden die an dem Streitfalle beteiligten Versicherer eine gütliche Einigung unter sich versuchen und weitgehendst vermeiden, den Versicherungsnehmer über das Bestehen einer solchen Streitfrage zu unterrichten".[626] Bis zu einem Streitwert von 100.000 Schilling entschied das Schiedsgericht unter Ausschluss des Rechtsweges, darüber hinaus war auch das ordentliche Gerichtsverfahren zulässig.[627] Zur Regelung der Regressansprüche der Krankenversicherer gegen die Haftpflichtversicherer wurde 1951 ebenfalls ein Abkommen zwischen den Sektionen geschlossen, um Prozesse, die in Wahrheit zwischen Versicherungsunternehmen geführt werden, zu vermeiden und zu einer einvernehmlichen Regelung zu kommen.[628]

Mit den diversen Wettbewerbsübereinkommen konnte man darüber diskutieren, inwieweit die österreichische Versicherungswirtschaft in der Wiederaufbauzeit nicht be-

623 V88/7. Juli 1949. Dem liegt auch die Geschäftsordnung des „Schlichtungsausschusses im Organisationskomitee zur gütlichen Beilegung von Konkurrenz- und ähnlichen Streitigkeiten zwischen den Mitgliedsunternehmen" bei.

624 Rechenschaftsbericht Mitgliederversammlung VVÖ, 20. April 1950

625 Jahresbericht Mitgliederversammlung VVÖ, 27. April 1951

626 Entwurf des Abkommens über die Schlichtung von Streitigkeiten zwischen Versicherern wegen der Erbringung von Versicherungsleistungen an den Versicherungsnehmer vom 12. 7. 1950; V106/13. Juli 1950

627 Das Abkommen wurde am 7. 9. 1950 vom Versicherungsverband angenommen. V107/7. September 1950

628 Jahresbericht Mitgliederversammlung VVÖ, 25. April 1952

reits einem Kartell nahe gekommen war. Dementsprechend wurde 1949 der Entwurf zu einem Kartellgesetz mit Unbehagen gesehen. Der Vorstand des Versicherungsverbandes war daher der Meinung, „dass Versicherungsunternehmen aus dem gegenständlichen Gesetzesentwurf herauszunehmen sind, da ohnedies das Bundesministerium für Finanzen als Versicherungsaufsichtsbehörde all jene Funktionen aufgrund des Versicherungsaufsichtsgesetzes auszuüben vermag, welche im Kartellgesetz dem Handelsministerium zugestanden werden. Eine weitere Unterstellung der Unternehmungen unter das Handelsministerium würde aber auch eine völlig überflüssige und umständliche Doppelgleisigkeit bedeuten. Durch das Versicherungsaufsichtsgesetz ist der Staatsaufsicht genügend Handhabe gegeben, nötigenfalls einzuschreiten.[629] Dem Standpunkt schloss sich auch die Sektion Geld-, Kredit- und Versicherungswesen an und forderte die Herausnahme aller Finanzinstitute aus dem Gesetz. Nach anfänglichen Schwierigkeiten übernahm die Bundeskammer diesen Standpunkt und es kam zu einem neuen Gesetzesentwurf.[630]

Ein letztes, dieser auf die Kriegsfolgen ausgerichteten Abkommen wurde in Hinblick auf den Staatsvertrag vorbereitet. Es war damit zu rechnen, dass nach Abschluss des Staatsvertrages die von den alliierten Besatzungsmächten verwalteten Betriebe an den österreichischen Staat fallen würden. Damit wurde die Frage des weiteren Schicksals der Versicherungsverträge aktuell. Um zu vermeiden, dass die auf Grund des Staatsvertrages eintretenden Veränderungen in den Eigentumsverhältnissen zum Anlass genommen werden würde, den Versicherer zu wechseln, regte der Versicherungsverband bereits 1949 ein Abkommen zwischen den Mitgliedsunternehmen an.[631]

„Marktstörung"

Bis zur rechtlichen Neuregelung der Versicherungswirtschaft nach dem Staatsvertrag gab es noch einen Graubereich: Wer und unter welchen Bedingungen versicherungsähnliche Aktivitäten ausüben konnte. Das betraf einmal die Vereine, die vor 1938 weit verbreitet waren und als gegenseitige Hilfsorganisationen nicht unter die Bestimmungen der Versicherungsunternehmen fielen.[632] Diese Vereine, die vielfach von Umlagen und

629 V94/8. Dezember 1949, dem Protokoll liegt auch der Gesetzesentwurf bei.

630 V95/15. Dezember 1949 und V96/5. Jänner 1952

631 V92/17. November 1949

632 Vorsorgevereine nach dem Vereinspatent von 1852, so genannte kleine Versicherungsvereine auf Gegenseitigkeit, welche einklagbare Rechtsansprüche boten und der Versicherungsaufsichtsbehörde unterstanden und die Unterstützungsvereine nach dem Vereinsgesetz von 1867, die gegenseitige Hilfe der Mitglieder boten, die aber nicht einklagbar waren.

Abgaben befreit waren und nur sehr geringe Beiträge erforderten, waren vor allem auf dem Land sehr zahlreich. Auf der Grundlage des Vereinsgesetzes von 1867 gab es 1937 etwa 1.400 Sterbekassenvereine mit einem Mitgliederstand von 1.650.000 Personen, also etwa einem Viertel der Bevölkerung. Trotz dieser zahlenmäßigen Bedeutung entsprach die Geschäftsführung dieser Einrichtungen nicht den versicherungstechnischen Anforderungen. Es gab keinen Rechtsanspruch auf die Leistungen und die Deckungsrückstellungen wurden allgemein nicht gestellt, so dass das gesamte Vermögen dieser Vereine nicht mehr als 16,5 Mio. Schilling betrug. Nach dem „Anschluss" führte das Deutsche Reich eine Bereinigung auf diesem Gebiet durch. Mit dem Gesetz über die Überleitung und Eingliederung von Vereinen, Organisationen und Verbänden vom 14. Mai 1938 wurden diese Sterbegeldeinrichtungen und Unterstützungsvereine bis Ende 1939 aufgelöst. Sie wurden nun weitgehend durch eine Überleitungsstelle in die regulären Versicherungsunternehmen übergeführt.[633] Auch die unter Versicherungsaufsicht stehenden privaten Pensions- und Sterbekassen wurden in vielen Fällen aufgelöst. Einige Versicherungsvereine konnten jedoch weiterarbeiten. Das waren vor allem die bäuerlichen Assekuranzvereine, welche während der NS-Zeit sogar begünstigt wurden, da sie etwa keine Reichsanleihen zeichnen mussten und daher die Kriegszeit besser finanziell überstehen konnten als die übrige Versicherungswirtschaft.

Ganz allgemein konnten Vereine, die 1938 aufgelöst worden waren, nach 1945 relativ leicht durch einen Bescheid des Innenministeriums wieder reaktiviert werden. Durch einen einfachen Verwaltungsakt konnten die sogenannten „1867er-Vereine" wieder ins Leben gerufen werden.[634] Dies traf auch für Vereine zu, die versicherungsähnliche Leistungen in ihren Statuten vorsahen. Der Versicherungsverband legte daher Finanzminister Zimmermann nahe, Vereine mit versicherungsähnlichen Leistungszusagen, denen aber kein Rechtsanspruch zur Seite stand, nicht wieder aufleben zu lassen.[635] Denn das 1852er-Vereins-Reaktivierungsgesetz sah ausdrücklich vor, dass eine Vereinsauflösung, die zum Zwecke der Rationalisierung im Versicherungs-, Bank- und Sparkassenwesen erfolgt war, keine Grundlage für eine Vereinsreaktivierung sein könne.[636] Da dies keine Wirkung zeigte, war der Versicherungsverband zumindest bestrebt, diese Vereine den verschiedenen Wettbewerbsübereinkommen zu unterwerfen, was jedoch auch nicht ge-

633 Peter Ulrich Lehner, Österreichs Versicherungswirtschaft im Dritten Reich, in: Wolfgang Rohrbach (Hrsg.), Versicherungsgeschichte Österreichs, Band III, Das Zeitalter des modernen Versicherungswesens, Wien 1988, S. 683 ff.

634 Das waren Vereine auf Grund des Vereinsgesetzes von 1867.

635 V4/26. Juli 1945

636 Jahresbericht 1952, Mitgliederversammlung VVÖ, 24. April 1952

lang.[637] Schwierigkeiten ergaben sich vor allem mit den bäuerlichen Assekuranzvereinen. So beschwerte sich 1946 die oberösterreichische Landesbrandschadenversicherungsanstalt, dass sich diese Vereine weder an die Prämiendisziplinierung noch an die aufsichtsbehördlichen Erlässe hielten.[638] Als Mangel wurde vor allem gesehen:

- Einzelne Vereine waren versicherungstechnisch unzureichend geführt, sie waren beschlussfähig, wenn nur der Obmann und die Ausschüsse vertreten waren. Damit war eine außerordentliche Entscheidungsgewalt bei einem sehr engen Kreis von Personen gegeben;
- Die Kontrolle durch das Aufsichtsamt vollzog sich wesentlich lockerer als gegenüber den Versicherungsunternehmen. Manche Vereine arbeiteten mit stark untertarifierten Prämien mit der Absicht, diese noch weiter zu senken.
- Der Verein beteiligte sich nicht an den finanziellen Aufwendungen für die Brandverhütung. „Es gehe nicht an, daß einerseits ein oder mehrere Assekuranzvereine praktisch an dem Brandverhütungserfolg mit partizipieren, andererseits aber keine Kosten mit tragen. Dafür aber im Konkurrenzkampf mit Schleuderprämien und unter Hinweis auf ihre geringen Verwaltungskosten arbeiten."[639]
- Die Risikoauslese bei den kleineren Vereinen wurde deshalb für die Versicherungsanstalten als gefährlich angesehen, weil sie sich die günstigeren Risiken aussuchten und die schlechten den Anstalten überließen und dabei auch noch die Prämien drückten.

Solche Vorwürfe wurden etwa gegen den oberösterreichischen Assekuranzverein Atzbacher, den Verein der Eisenbahnbediensteten oder die Meisterkrankenkasse in der Krankenversicherung erhoben. Der Verband machte daher eine Eingabe an die Aufsichtsbehörde zur technischen Überprüfung der kleinen Vereine und zur Einbeziehung der Vereine und versicherungsähnlicher Einrichtungen in die Versicherungsaufsicht durch eine Novellierung des Versicherungsaufsichtsgesetzes. Ein Erfolg war jedoch nicht zu erkennen. Im Gegenteil, zwei Jahre später entwickelten die bäuerlichen Brandhilfsvereine eine starke publizistische Aktivität in den regionalen Zeitungen, wobei sie ihren Mitgliedern weitgehende Leistungen bei verhältnismäßig geringen Prämien versprachen. Der Verband wies nun das Innenministerium – zuständig für die Vereine – über die Aufsichtsbehörde auf die Gefahren für die bäuerliche Bevölkerung durch die un-

---

637 V8/2. Oktober 1945; V14/14. Februar 1946

638 Die Beschwerde ging vor allem gegen den Atzbacher A. V., der mit Prämieneinnahmen von 180.000 Schilling im Jahr eine überragende Stellung unter diesen Vereinen einnahm. V25/13. Juni 1946

639 V25/16. Juni 1946

sachgemäße Geschäftspolitik dieser Vereine hin.[640] Dabei stellte sie die Folgen für die bäuerliche Bevölkerung in den Vordergrund, wenn die Tendenz weiter um sich greifen würde, sich mit der Mitgliedschaft bei einem „Brandhilfsverein" zu begnügen und daneben keine ausreichende reguläre Versicherung zu nehmen. Die Aufsichtsbehörde zeigte volles Verständnis für den Standpunkt des Verbandes, das Innenministerium erklärte aber, dass es kompetenzmäßig keine Möglichkeit habe, auf die Bauernschaft aufklärend einzuwirken.[641] Das Innenministerium habe bereits wiederholt in den Bundesländern auf die genaueste Überprüfung und Einhaltung der Mustersatzung für Brandhilfsvereine aufmerksam gemacht. Es empfahl daher dem Versicherungsverband, sich mit den Landwirtschaftskammern direkt ins Benehmen zu setzen, da von dieser Seite aus eine Aufklärung der bäuerlichen Kreise am zweckmäßigsten vorgenommen werden könnte. Dieser Empfehlung kam der Verband auch nach, allerdings kam von dort erwartungsgemäß keine Unterstützung. Die Landwirtschaftskammer von Tirol teilte etwa mit, dass sie sich der Ansicht des Verbandes nicht anschließen könne und die Landwirtschaftskammer für Niederösterreich und Wien sah die Ursache der Ausbreitung der Brandhilfsvereine in der Diskrepanz zwischen Prämieneinnahmen und Schadenszahlungen, also bei der Versicherungswirtschaft selbst.[642] 1950 legte der Verband der Kleinen Versicherungsvereine Musterbedingungen vor, die aber von den Bedingungen der Versicherungsanstalten so weit abwichen, dass auch diese vom Versicherungsverband nicht akzeptiert werden konnten.[643] 1950 gingen die kleinen Versicherungsvereine sogar so weit, die Schaffung einer Rückversicherungsgemeinschaft anzustrengen und damit auch das indirekte Geschäft zu betreiben. Da die kleinen Vereine aber lediglich zum Abschluss des direkten Geschäfts berechtigt waren, intervenierte der Versicherungsverband bei der Aufsichtsbehörde.[644]

Weitere Probleme gab es mit versicherungsähnlichen Einrichtungen. So umfasste die Mitgliedschaft bei der Österreichischen Mietervereinigung – Beitrittsgebühr 2 RM und Vierteljahresbeitrag 3 RM – neben anderen Leistungen auch eine Versicherung. In einem Werbeblatt von 1945 hieß es: „Jedes Mitglied ist automatisch mit seinem gesamten Hausrat im Schadensfalle gegen Feuer-, Einbruch- und Diebstahlschaden mit einer Summe von RM 2.000,– versichert."[645] Dies ließ darauf schließen, dass die Mietervereinigung einen Vertrag mit einem Versicherungsunternehmen haben musste, da sie selbst nicht Versicherer sein konnte. Tatsächlich hatte diese vor 1938 einen solchen Vertrag mit

640 V68/25. Mai 1948

641 V71/22.–23. Juli 1948

642 V72/2. September 1948; Kleines Volksblatt vom 7. September 1948

643 V101/30. März 1950

644 V109/5. Oktober 1950

645 Mieter! Wir rufen Euch! Mietervereinigung Österreichs, Beilage zu V42/11. April 1946

der Wiener Städtischen und hat nach 1945 auch die Fortsetzung des Vertrages verlangt mit dem Argument, dass dieser nie erloschen sei. Die Wiener Städtische hatte die Fortsetzung des Vertrages abgelehnt, da dieser als Begünstigungsvertrag nicht zulässig war. Die Mietervereinigung hatte vermutlich noch vor Kenntnis der Ablehnung das Merkblatt herausgegeben und man musste damit rechnen, dass die Mietervereinigung auf Fortsetzung des Vertrages klagen würde.[646] Die Mietervereinigung ging tatsächlich vor Gericht und wies darauf hin, dass die bedungene jeweils zehnjährige Vertragsverlängerung durch das Verbot des Vereins 1938 bis 1945 gehemmt worden sei und der Vertrag daher gegenwärtig noch laufe. Der Mieterbund gab daher im September 1946 neuerlich ein Werbeblatt heraus, indem er – nun bei einer Beitrittsgebühr von 2 Schilling und einem Monatsbeitrag von einem Schilling – eine Feuer-, Einbruch- und Diebstahlversicherung gewährte. Ebenso sagte der Niederösterreichische Mieterbund seinen Mitgliedern eine solche unentgeltliche Versicherung zu und die Salzburger Zweigstelle sogar in einer Höhe von 4.000 Schilling. Eine Umfrage unter den Versicherungsunternehmen ergab, dass bei niemandem ein von der Aufsichtsbehörde verbotener Begünstigungsvertrag abgeschlossen worden war. Lediglich zwei Versicherungsunternehmen waren zu einer Offertestellung eingeladen worden, der sie jedoch nicht nachgekommen waren. Danach war anzunehmen, dass der Mieterbund diese Versicherung in sich machte, wozu ihm aber die Berechtigung fehlte.[647] Der Verband schrieb daher an die Versicherungsaufsicht: „Da es den Anschein erweckt, daß der Mieterbund unbefugt das Versicherungsgeschäft betreibt, bitten wir das Bundesministerium für Finanzen als Versicherungsaufsichtsbehörde um Überprüfung der Statuten des Mieterbundes und allenfalls um Beanstandung der irreführenden Propaganda, da derselbe auf Grund der gesetzlichen Bestimmungen niemals berechtigt ist, seinen Mitgliedern Versicherungsschutz mit Rechtsanspruch zu gewähren.“[648]

Als untragbar wurden auch die Aktivitäten einzelner Versorgungseinrichtungen etwa der Ärztekammer oder der Rechtsanwaltskammer angesehen. Das Verhältnis dieser Institutionen zur Privatversicherung hatte sich recht und schlecht eingespielt. Vor allem die Ärztekammer Salzburg stand auf dem Standpunkt, dass ihre Satzung den Mitgliedern einen Rechtsanspruch auf Leistungen aus der Fürsorgeeinrichtung einräumt, zu der auch eine kleine Lebensversicherung zählte. Der Feststellung, dass eine solche Bestimmung dem Versicherungsaufsichtsgesetz widerspreche, hielt sie den Genehmi-

646 V42/11. April 1946

647 Schreiben der Sektionen für Feuer- und Feuer-Betriebsunterbrechung sowie Einbruchdiebstahl-Versicherung an den Verband der Versicherungsanstalten Österreichs vom 23. September 1946

648 Schreiben des Verbandes der Versicherungsunternehmen Österreichs an das Bundesministerium für Finanzen Versicherungsaufsichtsbehörde vom 10. Oktober 1946

gungsbescheid der Salzburger Landesregierung entgegen. Auch der Rechungshof hatte bei der Prüfung dieser Institutionen eine „wenig versicherungsfreundliche Haltung eingenommen".[649] Der Versicherungsverband verlangte daher einmal mehr die Klärung der Frage durch die Aufsichtsbehörde. Diese stellte fest, dass es bei Fürsorgeeinrichtungen nicht auf einen Rechtsanspruch, sondern auf die Bedürftigkeit des Beziehers ankomme. Das Problem war daher nicht nur bei dem speziellen Salzburger Fall zu lösen, sondern musste auf breiter Basis aufgerollt werden. Auf Auftrag des Finanzministers wurde die Angelegenheit dem Verfassungsdienst des Bundeskanzleramtes zur Überprüfung vorgelegt. Dieser empfahl die direkte Bescheiderteilung an die Salzburger Ärztekammer bei gleichzeitigem Ersuchen an die Salzburger Landesregierung, ihren Bewilligungsbescheid bezüglich der Satzung des Unterstützungsfonds aufzuheben.[650] Mangels der erforderlichen finanziellen Fundierung und aus verschiedenen anderen Gründen ist es nicht zu einer gesetzlichen Regelung dieser Materie gekommen. Die Bestrebungen, Versorgungseinrichtungen nach dem Umlagesystem einzurichten, nahmen daher immer größeren Umfang an. So hatte nicht nur die Salzburger, sondern auch die Wiener Ärztekammer und auch das Baugewerbe in Salzburg beschlossen, eine Altersversorgung für ihre Mitglieder nach diesem System einzurichten. Die Versicherungswirtschaft hatte daher mit solchen unzureichenden Einrichtungen zu leben. „Die von den Landesregierungen auf Grund eigener Statuten errichteten Versorgungseinrichtungen gewähren keinen Rechtsanspruch und sind in ihren Leistungen der Höhe nach so wenig ausschlaggebend, daß wohl eher eine Anregung zum Abschluß einer Lebensversicherung darin gelegen sein mag, als eine Einschränkung des Geschäftsbereiches der Vertragsversicherer. Das Bild könnte sich allerdings ändern, wenn diese Institutionen tatsächlich auf gesetzliche Grundlage gestellt werden sollten, worauf der Umstand schließen läßt, daß Vorarbeiten in dieser Richtung in den Kreisen der Kammer erwoben oder eingeleitet werden."[651] Die Grundlagen dieser Versorgungseinrichtungen waren versicherungstechnisch völlig unzureichend und konnten niemals als eine wohl fundierte Altersversorgung angesehen werden. Diese Tatsache war den Mitgliedern solcher Umlageeinrichtungen unbekannt, weshalb der Versicherungsverband beschloß, Aufklärung von fachmännischer Seite zu leisten. Man publizierte daher einen entsprechenden Artikel in der Presse und sandte Sonderabdrucke an die Ärzteschaft. Um die Bestrebungen nach Errichtung solcher Umlageeinrichtungen wirksam abzuwehren, das heißt zu einem Zeitpunkt, in dem den österreichischen Lebensversiche-

649 Jahresbericht Mitgliederversammlung VVÖ, 25. April 1952
650 V124/31. Mai 1951
651 Jahresbericht Mitgliederversammlung VVÖ, 25. April 1952

rungsunternehmen noch kein allzu großer Schaden zugefügt wurde, wurde erneut bei den zuständigen Ressortministern interveniert.[652]

Vor allem die Bestrebungen der Handelskammern, ihren Mitgliedern eine gewisse Altersversorgung zu bieten, zeigten einen durchaus ernst zu nehmenden Charakter. 1951 lag dem Versicherungsverband der Entwurf einer Alters- und Hinterbliebenen-Versicherung für die Selbstständigen in der gewerblichen Wirtschaft vor. Der Vorstand war der Meinung, „daß die Einführung einer Alters- und Hinterbliebenenversicherung für die Selbständigen im Rahmen der Kammerorganisation auf das Entschiedenste abzulehnen ist. Die Kammer ist keineswegs berufen, derartige Einrichtungen zu schaffen. Ihre Aufgabe ist es, die Interessen ihrer Mitglieder zu wahren und nicht ihnen Konkurrenz zu machen.“[653] Besonders ärgerlich war, dass die privaten Versicherungen über ihren Kammerbeitrag und die Steuerleistung diese Versicherung mitzufinanzieren hatten. „Nach den gemachten Erfahrungen“, stellte der Versicherungsverband fest, „bewirkt eine gut gemachte Sozialversicherung eine indirekte Propaganda für die Lebensversicherung. Eine schlechte Zwangsversicherung, wie sie die gegenständliche darstellt, wirkt sich jedoch nur nachteilig für die Privatversicherung aus.“[654] Tatsächlich kam es 1953 zu einem Initiativantrag im Nationalrat zur Schaffung eines Handelskammer-Altersunterstützungsgesetzes. Der Versicherungsverband erhob nicht nur Einwendungen bezüglich einzelner Bestimmungen des Entwurfes, sondern lehnte ihn prinzipiell ab, da durch den Entwurf ein Gebiet, das primär den Versicherungsunternehmen zustand, seitens der Kammer der Versicherungswirtschaft entfremdet wurde.[655] Ähnliche Bestrebungen gab es auch bei den Gewerkschaften. So führte der Gewerkschaftsbund, Sektion Lehrer, für seine Mitglieder Haftpflichtversicherungen im eigenen Wirkungsbereich ein. Stornoaufträge bei Versicherungsunternehmen zeigten, dass die Bemühungen, den Gewerkschaftsbund zur Einstellungen dieser Aktion zu bewegen, erfolglos waren. Es war daher eine Anzeige bei der Aufsichtsbehörde wegen unbefugtem Versicherungsbetrieb notwendig.[656] Der Rechenschaftsbericht des Versicherungsverbandes 1950 bezeichnete die Aktivitäten der Kammern als eine gewisse Beeinträchtigung für den Betrieb der Lebensversicherung, „die ein nicht immer klar erfaßbares Mittelding zwischen Unterstützungsverein und Versicherungseinrichtung mit Rechtsanspruch darstellen. Abgesehen von der ungenügenden rechtlichen Grundlage solcher Einrichtungen ist deren Funktion von der Zufälligkeit von Mehrheitsbeschlüssen abhängig und mangels ausreichender Fundierung von höchst un-

652 V116/22. Jänner 1951
653 V121/26. April 1951
654 V121/26. April 1951
655 V150/16. Juni 1953
656 V129/20. November 1951

gewissem Wert für die Teilnehmer. Daran mag auch die Zusage von Wertsicherungsklauseln – etwa auf Schwarzbrotbasis – nichts zu ändern. Die rechtliche Zuverlässigkeit solcher Einrichtungen, die auch außerhalb der Ärzteschaft bei verschiedenen Innungen und Berufskörperschaften Nachahmung finden, hat nicht der Verband, sondern die zuständige Behörde zu prüfen. Sache des Verbandes wird es sein, den Beteiligten klarzumachen, daß eine ausreichende Altersversicherung durch solche Einrichtungen keinesfalls ersetzt werden kann und daneben der Abschluß individueller Lebensversicherungen nach wie vor erforderlich ist."[657]

Eher ärgerlich als bedeutend waren hingegen die Initiativen einzelner Institutionen, die Versicherungsnehmer einseitig zu beeinflussen bzw. zu beraten. So gab es etwa 1946 eine Beschwerde wegen „eigenartiger Verhältnisse bei der Zulassungsstelle für Kraftfahrzeuge der Bezirkshauptmannschaft Mürzzuschlag hinsichtlich der Versicherungswerbung".[658] Ebenso 1946 kam es zu einer Versicherungsberatungsstelle bei der ÖVP, über die sich der Versicherungsverband nur wundern konnte[659] und im selben Jahr warb die Ärztekammer zugunsten einer speziellen Versicherungsgesellschaft.[660]

Für besonderen Unmut sorgte eine Aktion des Steirischen Bauernbundes. In einem Rundschreiben forderte er seine Mitglieder auf, Versicherungen nur bei der Grazer Wechselseitigen abzuschließen. Denn diese Anstalt wäre bemüht, gegen eine möglichst gering gehaltene Prämie den besten Versicherungsschutz zu gewähren. Sie habe außerdem über den Rahmen der gesetzlichen Verpflichtung hinaus wirtschaftliche Hilfe durch freiwillige Zahlungen geleistet. Im Versicherungsverband war man der Meinung, dass solche Werbemethoden keineswegs stillschweigend zur Kenntnis genommen werden konnten. Derartige Werbemethoden würden das gute Einvernehmen zwischen den Mitgliedsunternehmen auf das Schwerste gefährden. Der Vertreter der Grazer Wechselseitigen erklärte, dass seine Anstalt immer für normale Wettbewerbsverhältnisse eingetreten und stets bemüht sei, das gute Einvernehmen mit den übrigen Mitgliedsunternehmen zu wahren. Er erklärte sich bereit, beim Bauernbund zu intervenieren, dass künftig keine solche Zirkulare mehr herausgegeben würden.[661] Ebenso erklärte er sich bereit, gegen die in den Kreisen der steirischen Landwirtschaftskammer herrschende Tendenz bezüglich der Errichtung einer Monopolanstalt Stellung zu nehmen. Tatsächlich hatte sich diese Kammer bei der Versicherungsaufsichtsbehörde beschwert, dass das Ansuchen brandgeschädigter Bauern um Geldleistungen aus öffentlichen Mitteln mit dem Hinweis auf den Abschluss einer

657 Rechenschaftsbericht 1950, VVÖ 27. April 1951
658 V23/16. Mai 1946
659 V20/11. April 1946 und V21/25. April 1946
660 V26/25. Juli 1946 und V30/11. Oktober 1946
661 V110/19. Oktober 1950

ordentlichen Feuerversicherung beantwortet wurde. Angesichts der zunehmenden Geldverknappung in den bäuerlichen Haushalten fehlten aber die Mittel für eine ausreichende Versicherung, da die Prämien überhöht wären, was sich insbesondere im Vergleich mit den bayrischen Verhältnissen zeige. Die österreichischen Prämien wären um das Vier- bis Sechsfache höher als die bayrischen. Da angeblich noch zusätzlich eine Prämienerhöhung bevorstehe, beantragte die Landwirtschaftskammer, das Bannrecht für landwirtschaftliche Feuerversicherungen – also ein Monopol – den Landesanstalten, der Wiener Städtischen und der Grazer Wechselseitigen zuzusprechen und die Bundesländerversicherung als Rückversicherer zu bestimmen. Als Zwischenlösung wurde die Forderung der Brandschadensversicherungsvereine und der Feuerschutzstellen erwogen, das Vereinsgesetz so zu novellieren, dass auch Vereine, die keinen klagbaren Anspruch auf ihre Leistungen bieten können, versicherungsähnliche Leistungen erbringen können.

Die Sektion Feuerversicherung des Verbandes stellte die Vergleichbarkeit der österreichischen mit den bayrischen Tarifen nicht nur grundsätzlich wegen der unterschiedlichen Leistungen und Risiken in Frage, sondern auch die vorgelegten Zahlen. Diese enthielten einmal Steuern und einmal nicht und wiesen auch andere grundsätzliche Mängel auf. Dann ging sie auf die grundsätzliche Frage eines Monopolbetriebes ein: „Die Spesenlage ist beim Monopolbetrieb notwendigerweise anders als bei Unternehmen im freien Wettbewerb, und zwar nicht nur bezüglich der Akquisitionskosten. Gerade von der Landwirtschaft, die stets freie Preisbildung und freie Marktwirtschaft verlangt, müßte mehr Verständnis für diesen Umstand vorausgesetzt werden. Die bayrische Versicherungskammer hat Behördencharakter. Damit sind zahlreiche Vorteile verbunden, die eine Prämienverbilligung ermöglichen, so insbesondere das billigere Personal, da die Angestellten nach den für öffentliche Beamte geltenden Grundsätzen entlohnt werden, also geringer als in der Marktwirtschaft. Versichert wird in Bayern auf Grund amtlicher Schätzwerte; wäre in Österreich eine so weitgehende Vollversicherung erzielbar, könnte auch hier die Prämie verbilligt werden.“[662] Die Monopolrechte der bayrischen Versicherungskammer gingen auf eine jahrhundertealte historische Entwicklung zurück, deren Neueinführung weder möglich noch wünschenswert wäre. Auch die Brandhilfsvereine könnten keine Lösung bringen, schon allein deswegen, weil größere landwirtschaftliche Betriebe bereits sechsstellige Versicherungssummen aufweisen würden. In Ermangelung einer Rückversicherung böten Brandhilfsvereine keine ausreichende Sicherheit für ihre Mitglieder.

Weitere Beispiele, wie die Schlachtviehversicherung durch die Kommissionäre oder die Luftfrachtversicherung durch die ausländischen Fluggesellschaften, zeigten, „welche

662 V91/28. Oktober 1949

Schwierigkeiten der Versicherungswirtschaft bei der Verteidigung ihres eigenen Geschäftsgebietes erwachsen".[663] Bei der Schlachtviehversicherung versuchten die Viehkommissäre einer Landeshauptstadt eine Einrichtung zu schaffen, die als unbefugter Versicherungsbetrieb von der Aufsichtsbehörde untersagt wurde. Diese wandten sich an den Verwaltungsgerichtshof, der aber die Beschwerde abwies, so dass das Verbot des unbefugten Versicherungsbetriebs aufrecht blieb.[664]

Makler, Vertreter und Berater

Versicherungsunternehmen bieten ihre Produkte für gewöhnlich über eigene Außendienstmitarbeiter an. Diese speziell geschulten Mitarbeiter sind mit der Unternehmenspolitik vertraut und unterstehen auch der Unternehmenskontrolle. Daneben hat sich aber, wie kaum in einem anderen Wirtschaftsbereich, eine bunte Landschaft von selbstständigen Maklern, abhängigen Versicherungsvertretern und sonstigen Vermittlern und Beratern entwickelt, welche den Versicherungsnehmern mit ihrem Marktüberblick zur Seite stehen wollen. Dabei war zu unterscheiden zwischen Versicherungsmaklern, welche mit allen Versicherungsgesellschaften zusammenarbeiteten, und selbstständigen Versicherungsvertretern, welche ausschließlich für eine Gesellschaft arbeiteten. Diese waren der Sektion Handel der Wirtschaftskammer zugeordnet. Daneben gab es noch die Versicherungsberater, deren Interessen vom Verband der kleinen Versicherungsvereine vertreten wurden. Prinzipiell sollten diese dem Wettbewerb zwischen den Versicherungsunternehmen dienen, aber der leichte Berufszugang und vereinzelte unsaubere Methoden ließen diese manchmal auch als Marktstörung erscheinen. So beklagte sich ein Versicherungsunternehmen wegen der „ständigen Hetze und unlauteren Vorgangsweise eines Vermittlers". Dieser hatte unter anderem ein bei dieser Gesellschaft versichertes Unternehmen dazu veranlasst, die Nachversicherung bei einem anderen Versicherer abzuschließen. Der Verband vertrat dazu die einhellige Auffassung, „daß ein derartiges Verhalten nicht im Interesse der Versicherungswirtschaft und daher unerwünscht ist".[665] Das Verhältnis der selbstständigen Vermittler zur Versicherungswirtschaft war daher eher gespannt und der Versicherungsverband unternahm einige Anstrengungen, um diese in die bestehende Wettbewerbskultur einzubinden.

663 Rechenschaftsbericht 1950, Mitgliederversammlung VVÖ, 27. April 1951
664 Rechenschaftsbericht 1950, Mitgliederversammlung VVÖ, 27. April 1951
665 V58/21. Jänner 1948

Wie der Versicherungsverband zu dieser Berufsgruppe stand, ging schon aus der Bemerkung des Vorstandes im Jahr 1945 hervor. Anhand von zwei Problemfällen wäre anzustreben, bemerkte man dort, „den Geschäftsbetrieb als Makler, der nur an Seeplätzen eingelebten Wirkungskreis und Existenzberechtigung hat, in Österreich wenn möglich überhaupt nicht zuzulassen oder doch nur unter bestimmten weitgehenden Kautelon".[666] Und bei der Frage der Zulassung von Gewerbebefugnissen war man der Meinung: „Der Beruf der Makler, Berater und Vermittler in Versicherungsgeschäften hat sich für die Assekuranzgesellschaften stets nachteilig ausgewirkt. Seit der Befreiung Österreichs wurden eine Reihe von Gewerbeberechtigungen erteilt, so daß heute kein Bedarf an Versicherungsberatern und Vermittlern besteht. Außerdem sind die Anstalten in der Lage, ihre Kunden selbst zu beraten."[667] Versicherungsmakler hatte es ursprünglich in Österreich auf dem Gebiet der direkten Versicherung nicht gegeben und sie waren als „deutscher Import"[668] anzusehen. Man wollte zumindest eine bessere Kontrolle über die Erteilung der Gewerbeberechtigung und die Ausübung dieser Tätigkeit. Der Verband forderte daher, die Makler und selbstständigen Agenten der Verbandskontrolle zu unterwerfen und richtete an das Staatsamt (Ministerium) für Handel und Gewerbe die Bitte, bei allen Fragen der Handelsagenten, soweit sie sich mit Versicherungen befassten, angehört zu werden, um Gelegenheit zur Berufsbereinigung in sachlicher und personeller Hinsicht zu erhalten.[669]

Die Berufsgruppe der Versicherungsvermittler gehörte ursprünglich in die Sektion Handel, sollte nach dem Handelskammergesetz 1945 aber sinngemäß in die Sektion Geld-, Kredit- und Versicherungswesen übergeführt werden. Die Vermittler begründeten ihr Verbleiben in der Sektion Handel mit der langjährigen Zugehörigkeit, der starken Vertretung ihrer Interessen sowie der Teilnahme an einer Reihe von sozialen Einrichtungen, deren Verlust sie befürchteten. Außerdem wiesen sie darauf hin, dass auch andere Vermittler, wie die Kredit- und Darlehensvermittler, nicht dem Kreditsektor angehörten.[670] Da die Bundeskammer nicht eine Aufsplitterung in gegensätzliche Gruppen, sondern eine organische Zusammenfassung aller zusammenhängenden Berufsgruppen darstellen sollte, sprach sich der Versicherungsverband aber dagegen aus: „Vielmehr soll gerade durch die Eingliederung der Berufsgemeinschaft der Vermittler in die Kreditsektion die Möglichkeit einer guten Zusammenarbeit geschaffen werden."[671] Auch

666 V8/2. November 1945
667 V36/16. Jänner 1947
668 Rechenschaftsbericht 1945, Mitgliederversammlung VVÖ, 25. April 1946
669 V9/2. November 1945
670 V78/2. Dezember 1948
671 V69/10. Juni 1948

nach weiteren Interventionen der Versicherungsvermittler beharrte der Verband darauf, dass der gesetzliche Zustand hergestellt werden sollte.[672] Dann geschah lange nichts. Am 2. Dezember 1949 richtete des Bundesgremium der Handelsvertreter, Kommissionäre und Vermittler ein eher provokatives Schreiben an den Versicherungsverband, in dem man darauf hinwies, dass das Bundesgremium mit der weiteren Interessenvertretung der Versicherungsvermittler betraut worden sei und verlangte, über alle laufenden Verhandlungen, die das Versicherungswesen und damit den Berufsstand der Versicherungsvermittler betreffen, unterrichtet und beigezogen zu werden. Das Schreiben wurde „mit Befremden zur Kenntnis genommen" und der Vorstand erachtete es für überflüssig, darauf zu reagieren.[673] 1950 richtete die Bundeskammer an alle zuständigen Sektionen und an die Landeskammer ein Schreiben, wonach an der Einreihung der Versicherungsvermittler in das Bundesgremium der Handelsvermittler nichts geändert werden sollte und sie kündigte dementsprechend auch eine Novelle zum Handelskammergesetz an. Der Versicherungsverband brachte neuerlich sein Befremden über diese Empfehlung zum Ausdruck und protestierte gegen die Beibehaltung dieses ungesetzlichen Zustands.[674]

Dennoch blieb es bei dieser „österreichischen" Lösung. Die Makler und selbstständigen Vermittler versuchten die Situation zu beruhigen. Es kam zu einer Zusammenkunft mit dem Versicherungsverband, bei der die Makler anregten, für alle Fragen, die für beide Seiten von Interesse waren, ein ständiges Komitee zu errichten.[675] Dabei ging es im Wesentlichen um Provisionsbedingungen und nach Sparten abgestuften Sonderhonoraren. Der Versicherungsverband war dazu auch bereit, allerdings unter der Bedingung, dass alle Vermittler einem solchen Abkommen unterworfen würden, das auch entsprechende Sanktionen vorzusehen hatte.[676] Im Herbst 1950 erklärten die Versicherungsvertreter, dass sie eine Novellierung des Handelsagentengesetzes nutzen wollten, um die Regelung der Rechtsverhältnisse der selbstständigen Versicherungsvertreter herbeizuführen. Tatsächlich sah der Entwurf zu diesem Gesetz die Einbeziehung dieser Berufsgruppe vor. Der Entwurf wurde dem Juristenkomitee des Verbandes vorgelegt, das zu dem nicht überraschenden Ergebnis kam: „Im Hinblick auf die bei Handelsagenten völlig anders als bei Versicherungsvermittlern rechtlichen und tatsächlichen Verhältnisse hat der Verband eine analoge Anwendung des Handelsagentengesetzes auf Versicherungsvermittler abgelehnt und in einer ausführlichen Stellungnahme die mißglückte Formulierung der

672 V78/2. Dezember 1948 und V92/17. November 1949
673 V94/8. Dezember 1949
674 V97/19. Jänner 1950 und V98/10. Februar 1950
675 V103/4. Mai 1950
676 V104/2. Juni 1950

auf die Versicherungsvermittler bezugnehmenden Bestimmung nachgewiesen."[677] Den Vermittlern wurde klargemacht, dass es formal wie materiell unmöglich sei, die Regelung ihrer Rechtsverhältnisse im Zusammenhang mit der Novellierung des Handelsagentengesetzes durchzusetzen, was von ihnen auch eingesehen wurde. Auf der anderen Seite war die Erlassung eines Spezialgesetzes für diesen Berufsstand angesichts der geringen Zahl und einer fehlenden besonderen Schutzbedürftigkeit auch nicht gegeben.

Die Versicherungsvermittler schlugen daraufhin eine Konzessionierung ihres Gewerbes vor, wobei allerdings die nebenberuflichen Vermittler ausgenommen werden sollten.[678] Bereits 1946 hatte der Verband einen Entwurf zu einer Verordnung, betreffend die Konzessionierung der Vermittlung und Beratung in Versicherungsangelegenheiten, dem Finanzministerium vorgelegt.[679] 1951 forderte auch der Versicherungsverband – auf Anregung der Arbeitsgemeinschaft der in Oberösterreich tätigen Versicherungsgesellschaften –, die Versicherungsberater zum konzessionierten Gewerbe zu erklären.[680] Der Verband brachte daher beim zuständigen Ministerium einen Entwurf zu einer entsprechenden Verordnung ein, doch der Fachverband der kleinen Versicherungsvereine, dem die Versicherungsberater angehörten, hatte Bedenken. Er schlug aber vor, alle zukünftigen Ansuchen mit dem Versicherungsverband gemeinsam zu behandeln und „Beschwerden über allfällige Mißstände mit allen zu Gebote stehenden Mitteln zu bekämpfen".[681] Daraufhin zog der Versicherungsverband seinen Entwurf zurück. Die Vereinbarung funktionierte aber nicht, woraufhin die Frage der Konzessionierung neuerlich aktuell wurde.[682] Im Hinblick auf die Liberalisierung des Gewerberechtes schien 1953 neuerlich die Verschärfung des Befähigungsnachweises für Versicherungsberater geboten. Dem stimmte nun auch der Fachverband der Versicherungsberater zu. Der Versicherungsverband schlug nun vor, die Versicherungsberater dem eigenen Verband anzugliedern und einen Befähigungsnachweis zu fordern, der ähnlich dem der Steuerberater gestaltet werden sollte.[683] Die Bemühungen gipfelten schließlich in einem Entwurf zu einem Versicherungsvermittlergesetz 1951, da nun auch der Österreichische Gewerkschaftsbund der Meinung war, „daß mit Rücksicht auf die immer mehr auftretenden Schwierigkeiten beim Abschluß von Versicherungsverträgen durch berufsfremde Kreise der ganze Fragenkomplex dringend einer gesetzlichen Regelung bedarf. Die sich häufenden Beschwerden auf diesem

677 V119/15. März 1951
678 V121/26. April 1951
679 V25/13. Juni 1946
680 V120/3. April 1951
681 V130/13. Dezember 1951
682 V133/13. März 1951 und V135/28. April 1952
683 V149/15. Mai 1953

Gebiet aus dem Kreise von Akquisiteuren beweisen die Unhaltbarkeit des bisherigen Zustands."[684] Da der Entwurf aber auch die unselbstständigen Vermittler einschloss, für die das Angestelltengesetz und der Kollektivvertrag galt, und die nebenberuflichen Vermittlungen – etwa durch Gemeindebeamte –, konnte der Versicherungsverband unter keinen Umständen zustimmen.[685] Die Regelung war gescheitert und sollte erst Anfang der 1980er Jahre in Hinblick auf die Europäische Union erfolgen.

Eigenversicherung der öffentlichen Hand

Ohne Zweifel sind sehr große Wirtschaftskörper imstande, ihre Risiken selbst auszugleichen und zu tragen, und der größte Wirtschaftskörper in Österreich war und ist die öffentliche Hand. So war es nicht verwunderlich, dass der Rechnungshof nicht nur den Bund und die Länder, sondern auch die Gemeinden und deren Betriebe von Versicherungsabschlüssen abzuhalten versuchte. Dies betraf auch die Frage der Amtshaftung, für die der Bund ebenso wie das Land Niederösterreich 1950 einen Amtshaftungsausgleichsfonds errichteten.[686] Der Verband war vorher bemüht gewesen, eine versicherungsmäßige Grundlage für die Abdeckung des Risikos aus dem Amtshaftungsgesetz zu schaffen. „Werden diese ungemein zahlreichen Risiken nicht in die Gefahrengemeinschaft der Vertragsversicherung aufgenommen, so verändern sich natürlich auch die Voraussetzungen für die Versicherung von Organen der verbleibenden öffentlich-rechtlichen Körperschaften in einem für sie wenig günstigen Sinne, da die Bedarfsprämie begreiflicherweise um so höher liegen muß, je geringer die Anzahl der Versicherungsnehmer in diesen Sparten ist."[687] Nach Meinung des Versicherungsverbandes stellten diese Einrichtungen eine Haftpflichtversicherung dar, deren Betrieb den Versicherungsunternehmen vorbehalten bleiben müsste. Die öffentlichen Einrichtungen, „die auf der von den Versicherern vorgeleisteten Arbeit aufbauten, waren demnach nichts anderes als ein unbefugter Versicherungsbetrieb".[688] Es gab sogar ein Gutachten der Professoren Antoniolli und Gschnitzer, welche die Verfassungswidrigkeit der von Bund und Land Niederöster-

684 Schreiben des Österreichischen Gewerkschaftsbundes, Gewerkschaft der Angestellten in der Privatwirtschaft, Sektion Versicherung, an den Verband der Versicherungsunternehmen Österreichs vom 30. 9. 1955, Beilage V161/28. Oktober 1955

685 V161/28. Oktober 1955, dem Protokoll liegt auch der Gesetzesentwurf bei.

686 V102/21. April 1950 und V105/16. Juni 1950

687 Rechenschaftsbericht 1948, Mitgliederversammlung VVÖ, 28. April 1949

688 Rechenschaftsbericht 1950, Mitgliederversammlung VVÖ, 27. April 1951

reich in Verbindung mit der Amtshaftung getroffenen Maßnahmen feststellte.[689] Doch auch über die Intervention der Bundeswirtschaftskammer war die öffentliche Hand von ihren Bestrebungen nicht abzubringen.

Ein bemerkenswertes Beispiel war 1951 die Unterlassung der Versicherung von Kunsttransporten ins Ausland. In einer parlamentarischen Anfrage bezüglich einer österreichischen Kunstausstellung im Ausland ging der Bundeskanzler auf die Frage der Transportversicherung unter dem Titel „Vorsichtsmaßnahmen besser als Versicherung" ein.[690] Bei einer ersten Ausstellung der österreichischen Kunstschätze im Ausland 1946 waren diese noch versichert worden. Nun aber wurde behauptet, dass die Unterbringung so hoher Versicherungsbeiträge auf dem internationalen Versicherungsmarkt unmöglich wäre. Es sei auch besser, Geld nicht für Versicherung, sondern für alle erdenklichen Vorsichtsmaßnahmen zu verwenden. Da dies der Versicherungsverband als eine die Versicherungswirtschaft schädigende Äußerung ansah, wurde beim Bundeskanzler und beim Finanzminister interveniert.[691] Im Antwortschreiben des Bundeskanzleramtes hieß es, dass die Kosten der Versicherung eine solche Auslandsausstellung unmöglich gemacht hätten.[692] Eine Kalkulation des Transportversicherungsverbandes bestätigte, dass diese Kosten in den Preisen für die Eintrittskarten nicht hätten untergebracht werden können, was aber wohl für so gut wie alle großen Kunstausstellungen zutreffen dürfte. Der Finanzminister versuchte zu beruhigen, indem er darauf hinwies, dass aus der Formulierung keine Diskriminierung der Versicherungsgesellschaften herausgelesen werden könne, sondern lediglich die objektive Feststellung, dass alle erdenklichen Vorsichtsmaßnahmen angewendet worden waren, um Kunstwerke, die keine Versicherungsgesellschaft ersetzen kann, zu schützen. Der Versicherungsverband betrachtete damit die Angelegenheit als erledigt.[693]

Die Abgrenzung zur Sozialversicherung

„Die ohnehin angespannte und schwierige Lage der österreichischen Versicherungswirtschaft", hieß es im Rechenschaftsbericht des Verbandes der Versicherungsunternehmen Österreichs 1950, „wird noch verschärft durch nachteilige Einwirkungen berufsfremder Kreise, die sich auf dem der Versicherungswirtschaft vorbehaltenen Gebiete betätigen,

689 V107/7. September 1950
690 Wiener Zeitung vom 1. Mai 1951
691 V124/31. Mai 1951
692 V127/6. September 1951, Schreiben des Bundeskanzleramtes vom 25. Juli 1951
693 V128/18. Oktober 1951

wie es kaum anderswo zum Schaden eines konzessionierten Gewerbes vorkommen dürfte. In erster Reihe verdienen die Expansionsbestrebungen der Sozialversicherung zu Lasten des Privatsektors Erwähnung.“[694] Bereits durch das Sozialversicherungsüberleitungsgesetz war die Einkommensgrenze, über die hinaus keine Sozialversicherungspflicht bestand, fallen gelassen worden, wodurch die private Krankenversicherung eine Beeinträchtigung erfahren hatte. 1950 kam es dann zu einem Initiativantrag der beiden Regierungsparteien zur Einführung der Pflichtversicherung (Kranken-, Alters- und Hinterbliebenenversicherung) für selbstständige Erwerbstätige. Das Bundesministerium für Soziale Verwaltung arbeitete demnach einen Gesetzesentwurf aus. Die Versicherungswirtschaft war nicht prinzipiell gegen die Sozialversicherung eingestellt, solange diese nach sozialen Kriterien, sprich Bedürftigkeit, erfolgte. Dann konnte diese sogar als Werbung für den Abschluss von zusätzlichen Privatversicherungen angesehen werden, da mit der Pflichtversicherung der Bevölkerung das Versicherungsbedürfnis bewusst werden konnte.[695] Es konnte daher angenommen werden, „daß für weite Kreise der Gewerbetreibenden die unzureichende Sozialversicherung eine Anregung zum Abschluß von ergänzenden Privatversicherungen geben wird, wenn die Sozialversicherung auf die obligatorischen Leistungen beschränkt bleibt.“[696] Allerdings wandte sie sich natürlich gegen die Ausdehnung von „Zwangsversicherungen“ auf Gebiete, die bis dahin den privaten Versicherungsgesellschaften vorbehalten waren. Dies war 1950 bei der Krankenversicherung der Fall. Das oberste Ziel der privaten Krankenversicherer war es nun – nach skandinavischem Beispiel – dem Pflichtversicherten die freie Wahl des Versicherungsträgers einschließlich der privaten Versicherungsunternehmen zu sichern. „Die privaten Krankenversicherer haben bereits seit langem dem Versicherungsbedürfnis der Selbständigen Rechnung getragen und ausreichend Versicherungsschutz geboten, so daß ihr Verlangen, auch bei einer künftigen Pflichtversicherung mitzuarbeiten, mehr als recht und billig ist. Im übrigen ist es im Interesse der Versicherten, wenn hier die privaten Krankenversicherungsunternehmungen konkurrierend auftreten und nicht einem Sozialversicherungsträger allein eine Monopolstellung eingeräumt wird.“[697] Der Verband wandte sich an die Interessenvertretungen der Selbstständigen, an die Aufsichtsbehörde, veranlasste eine Umfrage unter den Versicherungsnehmern und tat publizistisch alles, um den Gedanken der freien Anstaltswahl in der Bevölkerung zu verbreiten. Der Gesetzesentwurf wurde

694 Rechenschaftsbericht 1950, VVÖ 27. April 1951

695 Siehe hierzu: Wolfgang Rohrbach, Gesundheitswesen und Privatversicherung in Österreich unter besonderer Berücksichtigung des Austria-Versicherungsvereines (seit 1945), in Wolfgang Rohrbach (Hrsg.), Versicherungsgeschichte Österreichs, Band III, Das Zeitalter des modernen Versicherungswesens, Wien 1988

696 V39/3. April 1947

697 V101/30. März 1950

in der Frühjahrssession vom Nationalrat beschlossen, der Bundesrat erhob aber dagegen Einspruch.[698] Der Verband hatte mit der Verteilung von Flugblättern, in der Ausarbeitung von Exposés und die Informierung zuständiger Persönlichkeiten gegen den Gesetzesentwurf Stellung genommen. „Bei dieser Gelegenheit konnte festgestellt werden – was übrigens nichts Neues ist –, daß die erdrückende Mehrheit aller selbständigen Erwerbstätigen von einer Krankenfürsorge im Rahmen der Sozialversicherung nichts wissen will.“[699] Die ganzen Bemühungen waren aber vergeblich und das Gesetz kam dennoch zustande.

Eine ganz ähnliche Entwicklung beklagte der Versicherungsverband bei der Unfallversicherung: „Auf den verschiedenen Gebieten der Sozialversicherung haben sich in den letzten Jahren Tendenzen bemerkbar gemacht, die durch ein Übergreifen der Sozialversicherung auf das Arbeitsgebiet der Privatversicherer gekennzeichnet sind.“[700] Die Allgemeine Unfallversicherung hatte „in Wiederbelebung in Vergessenheit geratener deutscher Vorschriften“[701] (Reichsversicherungsordnung) auch die selbstständigen Betriebsunternehmer in ihren Bereich einbezogen. Als besonders bedenklich wurde angesehen, dass auch noch eine freiwillige Zusatzversicherung für alle dort Versicherten angeboten wurde. Neben der Pflichtversicherung mit einer Jahresrente von 9.000 Schilling offerierte sie eine freiwillige Zusatzversicherung bis zu 15.000 jährlich, so dass durch die Arbeiterunfallversicherung eine Jahresrente von 24.000 Schilling geboten wurde, was damals ganz beachtlich war. Der Versicherungsverband befasste sich daher mit Maßnahmen, um den Expansionsbestrebungen der Sozialversicherungsträger entgegenzutreten. „Es geht nicht an, daß die Ausdehnungstendenzen der Sozialversicherer auf Gebiete übergreifen, die bisher der Privatversicherung vorbehalten waren“[702], hieß es einmal mehr. Man hielt vorerst eine Intervention bei der Allgemeinen Unfallversicherungsanstalt und beim Sozialminister für angebracht, um zumindest zu erreichen, dass die Sozialversicherung nicht auch noch für die freiwillige Zusatzversicherung Propaganda machen würde. Zusätzlich sollte durch das Verbandspräsidium beim Bundeskanzler protestiert werden und, da durch die Einengung des Arbeitsgebietes auch die Existenz der Versicherungsangestellten bedroht wäre, die Gewerkschaften zu dieser Aktion eingeladen werden. Bei negativem Verlauf der Intervention wäre die Bundeskammer einzuschalten „und schließlich eine groß angelegte Propaganda gegen die Übergriffe der Sozialversicherungsträger in die Sphäre der Privatversicherer einzuleiten“. So schrieb etwa Karl So-

698 V109/5. Oktober 1950
699 Rechenschaftsbericht 1950, VVÖ 27. April 1951
700 V107/7. September 1950
701 Rechenschaftsbericht 1950, VVÖ 27. April 1951
702 V107/7. September 1950

mogyi: „Die allmähliche Ausweitung der Sozialversicherung hat die Vertragsversicherung auf nur mehr sehr beengte Reservatgebiete zurückgedrängt." Es sei wenig einleuchtend „dass die Verwirklichung aller sozialpolitischen Planungen den Staate oder dem vom Staate mit Monopolcharakter ausgestatteten Institutionen vorbehalten bleiben müssen". Die Sozialpolitik werde dahingehend extensiv interpretiert, „daß dem Rechtsstaat neben der ihm zustehenden sozialpolitischen Gesetzgebung auch weiterhin die Rolle des monopolistischen Versicherers zugemutet werden dürfe." Die Vertragsversicherung würde hierdurch in die Rolle des „Aschenbrödels" gedrängt.[703] Und Karl Eisenberger bemerkte: „daß für den selbständig Erwerbstätigen, der in seiner beruflichen Tätigkeit auf größte Freizügigkeit eingestellt ist, Vorzüge einer Privatunfallversicherung gegenüber einer obligatorischen Sozialversicherung gegeben sind. Es braucht hier nicht noch auf die allgemein bekannten Unzukömmlichkeiten, die sich bei der obligatorischen Sozialversicherung ergeben, hingewiesen werden, die bei privaten Versicherungsanstalten schon aus reinem Geschäftsinteresse vermieden werden müssen … Die Erfahrungen in anderen Ländern haben gezeigt, daß die freie Konkurrenz im Privatversicherungsgewerbe die Leistungsfähigkeit der einzelnen Anstalten nur fördert und die Versicherungsnehmer in weitaus größerem Ausmaße befriedigt werden können, als es durch die Sozialversicherung möglich ist."[704]

9. Werbung

Ganz allgemein gehört die Versicherungswirtschaft nicht unbedingt zu den Pionieren in der Werbung. Das Produkt erschien – zumindest in Europa – lange Zeit als zu seriös, um dafür „Reklame" zu machen. Außerdem ist Versicherung kein Gebrauchsgegenstand, sondern ein „abstraktes" Produkt, das verstanden werden muss.[705] Klassische Werbemittel waren daher über lange Zeit Inserate, Plakate, Flugblätter und vor allem der Kalender. Ab der Weltwirtschaftskrise der 1930er Jahre veränderte sich auch die öffentliche Wahr-

703 Karl Somogyi, Positionslichter der Vertragsunfallversicherung, Die Versicherungsrundschau, 1949, S. 317 ff.

704 Kurt Eisenberger, Vorzüge der Privatunfallversicherung gegenüber der Sozialversicherung, Die Versicherungsrundschau, 1950, S. 296

705 Zu diesem Thema: Baldur Graf, Werbung damals – Assekuranz-Reklame in Österreich-Ungarn von 1825 bis 1918, in Wolfgang Rohrbach (Hrsg.), Versicherungsgeschichte Österreichs, Band II, Die Ära des klassischen Versicherungswesens, Wien 1988, S. 205 ff., und Andreas Hodoschek, Das Image der österreichischen Versicherungs-Wirtschaft zwischen 1918 und 1938, in: Wolfgang Rohrbach (Hrsg.), Versicherungsgeschichte Österreichs, Band III, Das Zeitalter des modernen Versicherungswesens, Wien 1988, S. 661 ff.

nehmung der österreichischen Versicherungswirtschaft. Die Krise der Lebens-Phönix im Jahr 1936 war eine Katastrophe für das Image der Versicherungswirtschaft,[706] und mit dem „Anschluss" 1938 und dem Beginn des Zweiten Weltkriegs 1939 wurden Art und Ausmaß der Werbetätigkeit mehr als je zuvor politisch beeinflusst. Schließlich wurde am 22. März 1943 ein Ausspannungsverbot für die reichsdeutsche Versicherungswirtschaft erlassen, das auch ein Werbeverbot beinhaltete. Nach dem Krieg, im September 1945, schlug die österreichische Versicherungsaufsichtsbehörde vor, dieses Verbot in Österreich wieder aufzuheben.[707] Nachdem zu dieser Zeit ein vom Versicherungsverband initiiertes Wettbewerbsübereinkommen unmittelbar vor dem Abschluss stand, stimmte der Vorstand zu. Dennoch kam es wenig später, am 22. November 1945, im Versicherungsverband zu dem Beschluss, dass „Reklame" jeder Art zu unterlassen sei. Ein entsprechendes Rundschreiben erging am 5. Dezember 1945 an alle Mitgliedsgesellschaften und das Werbeverbot galt vorläufig bis zum 31. Dezember 1946.[708] Als einzige Form wurde die Versicherungswerbung in Form von Kalendern ausgenommen. Ebenso fielen Inserate im Finanzkompass oder in Branchentelefonbüchern nicht unter diese Beschränkung, da sie nicht so sehr der Werbung, sondern eher der Subventionierung dieser wichtigen Nachschlagewerke dienten.[709] Ansonsten war bei Ausnahmen die Genehmigung des Verbandes und ab einer finanziellen Höchstgrenze auch jene der Versicherungsaufsicht einzuholen. Dieses Spiel von Verbot, Ausnahmegenehmigung und Intervention wegen unzulässiger Werbung ging bis zum Sommer 1946. Am 25. Juli 1946 beschloss der Verbandsvorstand einstimmig das Werbeverbot mit Inkrafttreten des Versicherungsüberleitungsgesetzes aufzuheben. Dennoch wurde den Versicherungsunternehmen empfohlen, sich bei Werbung größte Zurückhaltung aufzuerlegen.[710]

Damit stand der Versicherungsverband selbst vor der Frage, ob und wie eine wirkungsvolle Öffentlichkeitsarbeit für die gesamte Versicherungswirtschaft betrieben werden sollte. „In Anbetracht der vielfach ungünstigen Aufnahme des Versicherungsüberleitungsgesetzes" wurde „ein gemeinsames Vorgehen in Form einer aufklärenden Kollektivpropaganda angeregt, die bis zur Erlassung des geplanten Wiederaufbaugesetzes andauern soll. Durch diese gemeinschaftliche Propaganda wird die Basis für eine spätere

706 Wolfgang Rohrbach, Kleine Chronik der Verbands-PR, in: Wolfgang Rohrbach (Hrsg), Versicherungsgeschichte Österreichs, Band VI, An der Schwelle zum 3. Jahrtausend – Retrospektiven und Perspektiven, Wien 2000, S. 1346 ff.

707 V5/13. 9. 1945

708 V14/14. 2. 1946

709 V17/7. 3. 1946 und V19/28. 3. 1946; Inserate erfolgten auch in den Branchentelefonbüchern als eine Art Subvention.

710 V26/25. 7. 1946

Einzelpropaganda geschaffen. Durch Zeitungsartikel und Vorträge soll das Publikum die nötige Aufklärung über die Lage und Zahlungen der Versicherung erhalten, wobei eine kostspielige Propaganda schon mit Rücksicht auf die finanziellen Verhältnisse bei den Gesellschaften unbedingt zu unterbleiben hat."[711] Damit war bereits 1946 ausgesprochen, dass diese „Gemeinschaftspropaganda" nicht einfach Produktwerbung darstellte. Sie sollten die Stellung und Leistungen der Versicherungswirtschaft im Wiederaufbau deutlich machen und den Boden für die endgültige Rekonstruktion der Branche vorbereiten, die wegen der ungeklärten Eigentums- und Vermögensverhältnisse (Reichsanleihen, deutsches Eigentum etc.) erst mit dem Staatsvertrag geklärt werden konnten. Diese Form der Werbung wurde daher nicht zu Unrecht als „Propaganda" bezeichnet.

Für die Gemeinschaftspropaganda wurden zwei Ausschüsse eingerichtet, ein Überwachungsausschuss, der die leitenden Ideen auszuarbeiten hatte, und ein Exekutivausschuss, dem die Durchführung übertragen war.[712] Die Mitgliedsunternehmen waren verpflichtet, vor der Veröffentlichung von Zeitungsartikeln mit diesen Ausschüssen Kontakt aufzunehmen, um eine abgestimmte Propaganda zu erzielen.[713] Um vor allem die Presse mit fachlichen Informationen zu versorgen, wurde ein „erprobter Fachmann" gewonnen, und unter seiner Leitung eine Zeitungskorrespondenz unter dem Namen „Verba" eingerichtet.[714] Die Tätigkeit erstreckte sich auf die Information von Radio und Presse, die Herausgabe von Merkblättern über die Lage der Schadensversicherung und der Lebens- und Krankenversicherung und auf die Placierung von Inseraten.[715] Anfang 1948 führte das Komitee für Gemeinschaftspropaganda die Einschaltung von Verbandsinseraten im Anschluss an Meldungen über Feuerschäden, Einbrüche, Unfälle und dergleichen im lokalen Teil der Tageszeitungen in Wien und den Bundesländern durch. Das Budget hierfür betrug 50.000 Schilling.[716]

Die Gemeinschaftswerbung der ersten Nachkriegsjahre diente daher dazu, die durch staatliche Regelungen (Währungsgesetze etc.) beeinträchtigte Geschäftstätigkeit den Versicherungsnehmern der Öffentlichkeit verständlich zu machen. Diese Einschränkungen waren jedoch bis 1948 weitgehend weggefallen und das Versicherungsgeschäft verlief zunehmend normal. „Die Gemeinschaftspropaganda wurde zu einer Zeit ins Leben ge-

---

711 V28/19. 9. 1946

712 V31/24. 10. 1946

713 V40/8. 5. 1947

714 Rohrbach, Wolfgang, Kleine Chronik der Verbands-PR, in: Rohrbach, Wolfgang, Versicherungsgeschichte Österreichs, Band VI, An der Schwelle zum 3. Jahrtausend – Retrospektiven und Perspektiven, Wien 2000, S. 1351

715 V36/16. 1. 1947

716 V83/24. 3. 1948

rufen", stellte der Verbandsvorstand fest, „als den Versicherungsgesellschaften noch weitgehende Auszahlungsbeschränkungen auferlegt waren. Eine Weiterführung der gemeinsamen Propaganda in der gegenwärtigen Form muß als nicht mehr zeitentsprechend angesehen werden."[717] Nach einer längeren Diskussion entschloss man sich aber grundsätzlich für eine Weiterführung und beauftragte das Komitee für Gemeinschaftspropaganda nach einem geeigneten Propagandafachmann Umschau zu halten.

Die Wahl fiel nun auf den Schriftsteller Dr. Friedrich Schreyvogl.[718] Es war wohl das einzige Mal in der Geschichte des Versicherungsverbandes, dass ihm ein Dichter für die Öffentlichkeitsarbeit zur Verfügung stand. Er bekam die Aufgabe, ein Werbeprogramm auszuarbeiten und einen Kostenvoranschlag vorzulegen. „Primär ist für den Anfang daran gedacht, ein Pressereferat zur Abwehr von Angriffen in der Presse einzurichten und erst in weiterer Folge aktive Werbung zu betreiben."[719] Denn mit polemischen oder unzutreffenden Medienberichten war die Versicherungswirtschaft immer wieder konfrontiert. Dabei stand man jedes Mal vor der Entscheidung, ob man diese Angriffe stillschweigend übergehen oder eine Gegendarstellung fordern sollte. Wenn dies möglich war, wandte man sich auch an die Leitung der Zeitung oder des Rundfunks (RAVAG), um vor Erscheinen eines Berichtes mit dem Verband Kontakt aufzunehmen oder den jeweiligen Journalisten zurechtzuweisen,[720] was der österreichischen Medienkultur dieser Zeit durchaus entsprach.

Friedrich Schreyvogl hatte nicht nur das Talent, komplizierte Tatbestände einfach und verständlich auszudrücken, er versuchte auch ein grundlegendes Konzept für die zukünftige PR-Arbeit der Versicherungswirtschaft zu erarbeiten. Allerdings blieb das Budget der Gemeinschaftspropaganda auch 1949 bei mageren 50.000 Schilling und beschränkte

---

717 V69/10. 6. 1948

718 Friedrich Schreyvogl (1899–1976) studierte Staatswissenschaften, weshalb er über wirtschaftliche Kenntnisse verfügte. Er arbeitete danach als Verlagsmitarbeiter, Buchhändler und Journalist. Ab 1927 wurde er Dozent für Literatur und Dramaturgie an der Wiener Akademie für Musik und darstellende Kunst, ab 1936 war er auch am Reinhardt-Seminar tätig. Von 1935 bis 1938 fungierte er als Konsulent der Bundestheaterverwaltung. Nach expressionistischen Anfängen (Singen und Sehnen 1917) profilierte er sich durch Dramen (Das Mariazeller Muttergottesspiel u. a.) und Romane (Der Antichrist) als Vertreter eines engagierten, in der altösterreichischen Tradition verwurzelten Katholizismus. Er förderte aber auch als Vorstandsmitglied des „Bundes der deutschen Schriftsteller Österreichs" die nationalsozialistische Infiltration des österreichischen Kulturlebens und begrüßte den Anschluss 1938. Nach 1945 bekleidete er wieder hohe Funktionen im Kulturleben. 1948 war er Professor für Literatur an der Hochschule für Musik und darstellende Kunst in Wien, 1954 wurde er Chefdramaturg des Theaters in der Josefstadt und 1955 bis 1961 Vizedirektor und Chefdramaturg des Burgtheaters. Er schrieb auch Filmdrehbücher, Opernlibretti und Bühnenbearbeitungen. Siehe: Brockhaus Enzyklopädie, Mannheim 1992

719 V72/9. September 1948

720 V13/10. Jänner 1946 oder V25/13. Juni 1946 oder V79/15. Dezember 1948 oder V91/28. Oktober 1949

sich weiterhin auf Inserate im Anschluß an Schadens- und Unfallereignisse, wenn auch zweifelhaft war, ob gerade bei solchen Inseraten Erfolgsziffern abzulesen waren. Ein Öffentlichkeitserfolg war schon eher durch die Überlassung von Zahlenmaterial an das Institut für Wirtschaftsforschung oder für die Broschüre „Vier Jahre Wiederaufbau" zu erwarten, welche die Leistungen der Versicherungswirtschaft für die Volkswirtschaft und den Wiederaufbau deutlich machten.[721] Ebenso wurden Schadensziffern durch die Verba an die Presse weitergegeben.

Der Wirkungskreis des Pressereferenten hatte jedoch „infolge verschiedener Umstände und ohne dessen Verschulden eine geringere Ausdehnung genommen, als ursprünglich zu erwarten war".[722] Daher wurde der Werkvertrag mit Friedrich Schreyvogl am 30. Juni 1949 zwar um ein halbes Jahr verlängert, jedoch unter Herabsetzung der Bezüge auf die Hälfte. 1950 nahm Friedrich Schreyvogl ein Angebot des Theaters in der Josefstadt an und übergab seinen Tätigkeitsbereich an Herbert Fasser, den Chefredakteur der Zeitschrift „Der Österreichische Volkswirt". Der Österreichische Volkswirt war ein renommiertes Wirtschaftsblatt, in dem schon in der Zwischenkriegszeit Persönlichkeiten wie Gustav Stolper oder Karl Polany geschrieben hatten. Die Übertragung der „Verbandspropaganda" an einen Berufsjournalisten in Kombination mit einem Wirtschaftsblatt war daher durchaus sinnvoll.

Friedrich Schreyvogl verstand seine Tätigkeit in der Hauptsache in Hinblick auf den in absehbarer Zeit erwarteten Staatsvertrag, der eine Lösung der schwebenden Probleme der Versicherungswirtschaft bringen sollte. „Wollen die österreichischen Versicherungsanstalten sich dabei Handlungsfreiheit von vornherein bewahren, müssen sie mit der Darstellung ihrer Pläne und Absichten in der breiten Öffentlichkeit rechtzeitig einsetzen. Es darf nicht abgewartet werden, bis unsachliche und feindliche Angriffe eine unterstützende Verteidigung notwendig machen. Die gesamte öffentliche Meinung, aber auch die zuständigen Stellen der wirtschaftlichen Gesetzgebung (Regierung, Nationalrat, Kammern und Hochbürokratie) müssen rechtzeitig informiert und für den Versicherungsgedanken günstig gestimmt werden. Nicht minder wichtig ist die Fühlungnahme mit der Wirtschaftspresse des In- und Auslandes."[723] Diesen Prinzipien hatte der Vorstand des Versicherungsverbandes bereits bei seiner Bestellung zugestimmt. Da sich aber der Abschluss eines Staatsvertrages weiterhin verzögerte, wurde die Tätigkeit des Pressereferates reduziert, bis endlich der Augenblick einer „erhöhten, planvollen und umfassenden Pressearbeit" gegeben war. Dieser Augenblick schien Anfang der 1950er Jahre gekom-

721 V84/22. April 1949
722 V88/7. Juli 1949
723 Dr. Friedrich Schreyvogl, Referat für den Vorstand vom 3. November 1949, V92/17. November 1949

men, allerdings sah sich Friedrich Schreyvogl aufgrund seiner künstlerischen Tätigkeit nicht mehr im Stande, seine ganze Energie hierfür einzusetzen und er schlug selbst seinen Nachfolger vor. Herbert Fasser trat daher am 1. Dezember 1949 in den Vertrag von Friedrich Schreyvogl ein, allerdings ohne die vorherige Kürzung des Honorars. Er war nun für den Ausbau und die Weiterführung der Versicherungskorrespondenz „Verba" zuständig und für die Neugestaltung und Weiterführung der „Versicherungsrundschau".

Anfang 1950 wurde das Komitee für Gemeinschaftspropaganda formell aufgelöst und seine Funktionen dem Organisationskomitee gemeinsam mit dem Pressereferat übertragen.[724] Zu dieser Zeit waren die Probleme des Wiederaufbaus bereits weitgehend bewältigt und die Öffentlichkeitsarbeit des Verbandes ging nun zunehmend in Richtung einer Propagierung des Versicherungsgedankens. Die Pressearbeit konzentrierte sich aber weiterhin auf die Einschaltung von Inseraten, die Veröffentlichung von Schadenszahlungen, die Darstellung der Leistung der Versicherungswirtschaft für den Wiederaufbau und die österreichische Volkswirtschaft. Ebenso begann man in der Erwachsenenbildung aktiv zu werden. 1950 erhielt die Gesellschaft für Versicherungsfachwissen vom Unterrichtsministerium die Genehmigung, in den oberen Klassen der Mittelschulen Vorträge über die Bedeutung des Versicherungswesens zu halten, wofür der Versicherungsverband die Vortragenden organisierte.[725] „Volkstümlich gehaltene Vorträge" über die Versicherungswirtschaft fanden auch an der Wiener Urania statt, wofür der Verband ein Honorar leistete.[726] 1952 hielt man auch mit Zustimmung des Justizministeriums Schulungskurse über das Versicherungswesen für Richter ab.[727]

Dennoch musste man erneut feststellen, dass „der Wirkungskreis des Pressereferenten infolge verschiedener Umstände ohne dessen Verschulden einen geringeren Umfang angenommen hat, als ursprünglich erwartet" worden war.[728] Daher wurde auch der Werkvertrag mit Herbert Fasser finanziell gekürzt und nur mehr für ein halbes Jahr verlängert. Die Pressearbeit in dieser Zeit war vielfach defensiv und konzentrierte sich auf Richtigstellungen und Interventionen bei fachlich mangelhaften Darstellungen bzw. polemischen Angriffen.[729] Langsam bildete sich auch eine positive – aktive und nicht reaktive

724 V98/10. Februar 1950
725 V101/30. März 1950; V118/23. Februar 1951
726 V104/2. Juni 1950; V118/23. März 1951
727 V134/27. März 1952
728 V104/2. Juni 1950
729 So hatte sich der Vorstand des Versicherungsverbandes u. a. in folgenden Sitzungen damit zu befassen: V105/16. Juni 1950, V107/7. September 1950, V107/9. Jänner 1950, V109/5. Oktober 1950, V118/23. Februar 1951, V119/15. März 1951, V120/3. April 1951, V139/26. Juni 1952, V140/11. Juli 1952, V142/23. Oktober 1952, V152/27. Oktober 1953, V154/4. Februar 1954

– Öffentlichkeitsarbeit heraus. 1946 war auf Antrag der Feuersektion ein allgemeines Verbot der Förderung und Finanzierung von Dankadressen bei Schadensliquidierungen durch Einschaltungen in der Presse beschlossen worden.[730] Das Verbot wurde 1950 für den Bereich der Lebens- und Unfallversicherung aufgehoben, für die übrigen Sparten blieb es bis Ende des Jahres aufrecht.[731] Außerdem war das Pressereferat damit beschäftigt, Material für eine systematische Gemeinschaftspropaganda zusammenzustellen, das sich in Film, Diapositive, Presse, Rundfunk und Ausstellungen gliederte. Nun wurde auch „nach amerikanischem Muster" erstmals der Begriff „Public Relation" verwendet und dessen Bedeutung auch erkannt: „Die rechtzeitige Information des Publikums zur Vorbereitung des Verständnisses für wichtige Vorkommnisse auf dem Gebiete der Versicherung ist notwendig. Sie wird insbesondere vor der Sanierung bzw. der Schillingeröffnungsbilanz entsprechend vorzubereiten sein." Dass dies nicht unerhebliche Kosten verursachen würde, war dem Verband durchaus bewusst.[732]

Eine gewisse Vorsicht legte man jedoch noch wie vor bei der Veröffentlichung von Zahlenmaterial an den Tag. So lehnte man eine solche Weitergabe an das Nachschlagewerk „Finanz-Compass" ab, solange noch keine Bilanzen gelegt werden könnten. Dafür wurden aber summarisch die Versicherungsleistungen, nicht aber die Zahl der Schadensfälle publiziert.[733] Insgesamt war man aber der Ansicht: „Die Herstellung eines stärkeren Kontaktes mit der Öffentlichkeit erscheint nach Ansicht des Vorstandes geboten."[734] Dafür gewann man „Referenten", die gegen Honorar entsprechende Artikel in der Presse publizierten.

Eine besondere Aktion startete man 1951. Hier stellte man an verschiedenen Plätzen ein schwer beschädigtes Unfallauto auf, um dem Publikum Gelegenheit zur eingehenden Besichtigung zu geben. Das Autowrack war ebenfalls mit einer entsprechenden Aufschrift auf einem Wagen der Wiener Straßenbahn abgebildet. Die Kosten hierfür betrugen 10.000 Schilling. Nachdem die Austria-Wochenschau diese Propagandaaktion filmte, wurde auch ihr ein Umkostenbeitrag von 10.000 Schilling zugestanden.[735] Die Aktion wurde 1953 wiederholt und nach amtlichen Schätzungen hatten innerhalb von drei Tagen an die 30.000 Personen das Autowrack eingehend besichtigt und nicht nur im Vorübergehen angesehen. Die Aktion sollte daher in den übrigen Landeshauptstädten fortgesetzt werden.[736] Ebenso unterstützte man die öffentlichen Bemühungen zur Unfall-

730 V30/11. Oktober 1946
731 V110/19. Oktober 1950; V113/23. November 1950
732 V112/10. November 1950
733 V116/22. Jänner 1951; V121/26. April 1951; V141/2. Oktober 1952; V152/27. Oktober 1953
734 V124/31. Mai 1951
735 V128/18. Oktober 1951; V144/12. Dezember 1952
736 V147/10. April 1953

verhütung mit einer Gemeinschaftspropaganda. „Dadurch würde die Öffentlichkeit ständig auf Wert und Bedeutung der Versicherung aufmerksam gemacht werden. Neben der publizistischen Wirkung würde eine solche Propaganda auch eine soziale Tat darstellen, da sie im Dienste der Volksgesundheit und des Volksvermögens stehen würde. Die Erfahrungen, die das Ausland mit solchen Aktionen gemacht hat, waren durchaus gut."[737] In diesem Sinne beschloss der Verband eine Gemeinschaftswerbung in Verbindung mit den Unfallverhütungsmaßnahmen der Polizei im Ausmaß bis zu 120.000 Schilling, welche folgende Maßnahmen umfassten:

1. Die Mitfinanzierung eines Verkehrserziehungsprogramms für die Schuljugend. Dabei sollten Prämien, Preise und kleine Geschenkartikel mit einem auf die Versicherung hinweisenden Aufdruck angeschafft werden.
2. Die Mitfinanzierung eines Lautsprecherwagens, der an belebten Verkehrskreuzungen aufgestellt wurde, eine Aktion, zu der auch beliebte Schauspieler herangezogen werden sollten.
3. Die Finanzierung einer Studienreise eines Polizeifunktionärs in die USA, um dort die Maßnahmen zur Herabsetzung der Unfallhäufigkeit kennen zu lernen.
4. Und die Fortsetzung der Autowrackaktion in den Landeshauptstädten.

Es wurde sogar überlegt, „im gegebenen Zeitpunkt" einen Verein zur Unfallverhütung, ähnlich den Brandverhütungsstellen, zu gründen und vom Verband aus einen Lautsprecherwagen anzuschaffen.[738]

Zur gleichen Zeit begann man auch mit einer längerfristigen Aktion von Einschaltungen in den Tagesblättern, wofür für die Jahre 1951 bis 1954 je 100.000 Schilling aufgewendet wurden.[739] Ebenso plante man einen Werbefeldzug, dem ein Ideenwettbewerb vorausgehen sollte.[740] Dabei war aber darauf zu achten, dass die Gemeinschaftswerbung nicht in den Interessengegensatz zwischen den Mitgliedsunternehmen kam. Der Vorstand richtete daher einen Appell, alle Mitgliedsunternehmen gemeinsam interessierende Fragen „in freundschaftlichem Geiste zu diskutieren und Presseverlautbarungen, welche die Konkurrenzverhältnisse berühren, zu unterlassen, damit die Einigkeit im Verband gewahrt wird. Nur dann wird es möglich sein, auch die Interessen des Verbandes nach außen hin entsprechend vertreten zu können."[741]

737 V142/20. November 1952
738 V147/10. April 1953
739 V128/18. Oktober 1951; V142/20. November 1952; V144/12. Dezember 1952; V152/27. Oktober 1953
740 V152/27. Oktober 1953
741 V136/23. Mai 1952

1954 entschloss man sich schließlich, die Gemeinschaftswerbung wirkungsvoller zu gestalten und sich auch der Marktforschung zu bedienen. Vor allem sollte die Lebensversicherung propagiert werden. Hierfür wurde mit den Herren Scheichelbauer von der Österreichischen Werbegesellschaft und Herrn Mautner-Markhof jun. ab 1. Februar 1954 ein Werkvertrag abgeschlossen und ein Finanzierungsplan von 5 Millionen Schilling auf drei Jahre erarbeitet. Die Aufteilung der Mittel erfolgte nach dem Verbandsschlüssel und der Kontakt zum Verband wurde durch ein besonderes Exekutivkomitee sichergestellt.[742] Im Jahr des Staatsvertrages stellte man daher die Gemeinschaftswerbung auch finanziell auf eine neue Basis. Der Voranschlag für die Verbandsgebarung des Jahres 1955 war mit 4,25 Millionen Schilling angesetzt, davon entfielen allein auf die Gemeinschaftspropaganda 1,9 Millionen Schilling oder 45 %.[743]

Eine erste Aktion war eine Radiowerbung, die als Rätselsendung unter der Devise „Sicher ist sicher“ lief,[744] und im Mai 1954 wurde die Marktforschungsaktion in Form einer Stichprobenerhebung des österreichischen Gallup-Institutes durchgeführt. 1958 blickte Manfred Mautner-Markhof auf seine Tätigkeit zurück.[745] Dabei wies er auf den im internationalen Vergleich unterentwickelten Versicherungsmarkt in Österreich hin. 1954 betrug die durchschnittliche Jahresprämienleistung in Österreich 280 Schilling, in Westdeutschland 600 Schilling, in den USA 3.000 Schilling. Der Vergleich mit den USA und den dort beneidenswert hohen Versicherungssummen war durchaus beliebt,[746] wenngleich man ihn als nicht wirklich aussagekräftig ansehen konnte. Einmal war das Sozialversicherungsnetz in den USA schwach entwickelt und Lebens- und Krankenversicherungen dienten der grundlegenden Existenzsicherung und zum anderen lag das Einkommensniveau dort wesentlich höher. 1955 war das reale BNP pro Kopf in den USA etwa dreimal so hoch wie in Österreich und der Abschluss von Personenversicherungen entspricht nicht einem bestimmten Prozentanteil des Einkommens – dann wäre er in Österreich bereits zu dieser Zeit wesentlich höher gewesen –, sondern steigt überproportional mit der Höhe des Einkommens.

Dennoch sollte der Werbetätigkeit gerade in einem gering entwickelten Versicherungsmarkt eine hohe Stellung zukommen, die aber Mitte der 1950er Jahre nicht wirklich zu beobachten war. „Von wenigen Ausnahmen abgesehen beschränkt sich aber die Werbetä-

742 V154/4. Februar 1954

743 Beilage zu V158/14. April 1955

744 V160/5. Juli 1955

745 Manfred Mautner-Markhof, Versicherungswerbung – jeder für sich oder gemeinsam, Die Versicherungsrundschau, Wien 1958, S. 133 ff.

746 So auch Rudolf Horvath, Über die Werbung in der Versicherung, Die Versicherungsrundschau, Wien 1949, S. 116

tigkeit der österreichischen Versicherungsgesellschaften fast ausschließlich auf die individuelle Bearbeitung durch Außenbeamte."[747] Nach der Erhebung des Gallup-Institutes führten 46 % der Vertreter gute Propaganda und Reklame als wichtigstes Mittel zur Hebung der Versicherungsfreudigkeit an. Die Situation war unterschiedlich in der Sachversicherung und in der Personenversicherung. Die Sachversicherung hatte durch die Nachkriegsinflation weniger zu leiden und richtet sich – mit Ausnahmen, wie der obligatorischen Autohaftpflichtversicherung – in der Regel an Personen, die bereits mit Versicherungen vertraut waren. Das Problem lag hier eher bei der Unterversicherung. Für Gemeinschaftswerbung gab es aber wenig Raum, da der potenzielle Versicherungsstock schon weitgehend erfasst war. Hier lag die Werbeaufgabe bei den einzelnen Versicherungsunternehmen.

Anders war die Situation bei der Personenversicherung. Die Kapitalversicherungen waren durch die Nachkriegsinflation besonders betroffen gewesen und bei den potenziellen Kunden bestand weiterhin die Angst vor einer Geldentwertung. Nach der Gallup-Erhebung 1954 gaben 29 % der Personen, die schon früher einmal eine Lebensversicherung hatten, schlechte Erfahrung für den Nichtabschluss eines weiteren Versicherungsvertrages an. Zusätzlich richtete sich die Personenversicherung an ein breites Publikum, das über Versicherung nur eine vage Vorstellung hatte. Die „Versicherungsfreudigkeit" nahm daher mit dem Bildungsstand ab. Nach Gallup gab es Personenversicherungen in einem Haushalt bei der Oberschicht zu 81 %, beim Mittelstand zu 68 % und bei den unteren Schichten zu 55 %.

Hemmend zum Abschluss von Lebens- oder Krankenversicherungen wirkte sich auch die Ausweitung der Sozialversicherung in Österreich aus. 1954 waren 79 % der Bevölkerung bereits von der staatlichen Altersversicherung erfasst und fühlten sich ausreichend versorgt. Der Privatversicherung eröffnete sich aber hier eine Chance, da die Tendenz zu einem höheren Lebensstandard auch im Alter eine zusätzliche private Vorsorge notwendig machen sollte. Hemmend wirkten sich – auf den ersten Blick erstaunlicherweise – auch die zunehmend optimistischen Zukunftserwartungen der Österreicher aus. Das Land war zwar durch den Krieg und seine Folgen verarmt, doch der Wiederaufbau war erfolgreich und Mitte der 1950er Jahre begann das, was wir später „Wirtschaftswunder" nannten. Das immer noch relativ geringe Einkommens- und Vermögensniveau zusammen mit allgemein erwarteten Einkommenszuwächsen in der Zukunft hemmte daher sowohl die Versicherungs- als auch die Sparfreudigkeit.

Manfred Mautner-Markhof fasste daher die beiden Momente zusammen, die für die Personenversicherung in Österreich Mitte der 1950er Jahre immer noch hemmend

747 Manfred Mautner-Markhof, Versicherungswerbung – jeder für sich oder gemeinsam, Die Versicherungsrundschau, Wien 1958, S. 134

wirkten: „Erstens und ganz überwiegend die weitverbreitete Unkenntnis über Versicherung schlechthin, vor allem in jenen beruflichen und sozialen Schichten, in denen die ‚Versicherungsdichte' heute noch am geringsten ist, wo also schon die Größe des noch unausgenützten Reservoirs eine intensive Werbung lohnen würde, und zweitens die Ansicht, daß die gesetzlichen Vorsorgen ausreichen oder, wenn dies subjektiv bezweifelt wird, daß es Aufgabe des Kollektivs und nicht des Einzelnen sei, für eine Aufbesserung der Leistungen zu sorgen. Dazu kommt noch vor allem im Bereich der Lebensversicherung die Enttäuschung über die Entwertung der Vorkriegsversicherungen durch die Abschaffung der Gold- und Devisenklauseln, durch die Auszahlungsbeschränkungen und durch die innere Geldentwertung."[748]

Nach der Gallup-Befragung hatten in Österreich im Jahr 1954 44 % aller befragten Personen über 18 Jahre keinerlei wie immer geartete Versicherungen abgeschlossen. Über Lebensversicherungen verfügten 25 % der freien Berufe, 17 % der gewerblichen Selbständigen, 10 % der Beamten, 7 % der Angestellten, 6 % der Arbeiter, 4 % der Landwirte, 1 % der Pensionisten und Rentner und praktisch 0 % der land- und forstwirtschaftlichen Arbeiter. Versicherungswerbung war daher in Österreich, wo ein beträchtlicher Teil der Bevölkerung nur eine vage Vorstellung vom Versicherungswesen hatte und ein weiterer Teil damit schwere Enttäuschungen erlebt hatte, eine schwierige Werbeaufgabe. Dennoch war in der Personenversicherung noch nicht einmal die Hälfte jener potenziellen Kunden erfasst, die für diese Sparte zu gewinnen waren, und die Aufgabe erschien durchaus lohnenswert.

10. Spenden

Es ist schon eigenartig: Wenn auch die Versicherungswirtschaft in der Nachkriegszeit mit einem schlechten Image in der Öffentlichkeit kämpfte, so hielt man sie doch für nobel genug, über Spenden soziale, wissenschaftliche und kulturelle Anliegen zu unterstützen. Vielleicht entsprach das auch der vagen Vorstellung von der Versicherungswirtschaft, dass dort das Geld zu Hause ist und die Unternehmen bzw. der Verband darüber frei verfügen können. Am Ende der Vorstandssitzungen im Versicherungsverband kam es daher mit großer Regelmäßigkeit zur Behandlung von Spendenansuchen.

Allerdings hatte die Versicherungsaufsicht 1945 verfügt, dass Spenden über 200 Schilling der Genehmigung bedurften. Solche Spendenansuchen an den Verband schienen im

748 Manfred Mautner-Markhof, Versicherungswerbung – jeder für sich oder gemeinsam, Die Versicherungsrundschau, Wien 1958, S. 137/8

ersten Nachkriegsjahr nicht auf, lediglich für die Wiedergründung des Instituts für Wirtschaftsforschung wurden 1.000 Schilling bereitgestellt. Allerdings waren die einzelnen Unternehmen vor allem in den Bundesländern mit zahlreichen Spendenansuchen konfrontiert, so dass der Verband im Jänner 1946 „infolge der gegenwärtigen Lage der Versicherungswirtschaft“[749] ein generelles Spendenverbot aussprach. Dieses Spendenverbot machte jedoch große Schwierigkeiten, etwa wenn ein Ansuchen des KZ-Verbandes vorlag, dennoch bestand die Übereinstimmung, „daß im gegenwärtigen Zeitpunkt solange gänzlich unzureichende Zahlungen aus den Versicherungsverträgen erbracht werden, die Erteilung von Spenden nicht in Frage kommt. Nach Erscheinen des Überleitungsgesetzes und Leistungen höherer Versicherungszahlungen wird vielleicht eine Auflockerung des Spendenverbots erwogen werden können.“[750] Der Beitritt zu wissenschaftlichen Instituten oder wirtschaftlichen Interessenvertretungen war nicht als Spende anzusehen. Ebenso versuchte der Staat die Spendenmöglichkeit zu erleichtern, indem bei Spenden für den Wiederaufbau die durch die Währungsgesetze gesperrten Konten herangezogen werden konnten.

Zusammen mit der Aufhebung des Werbeverbotes beschloss der Verband im Juli 1946, auch das Spendenverbot mit dem Inkrafttreten des Versicherungsüberleitungsgesetzes aufzuheben.[751] Die Beschränkung auf 200 Schilling blieb aber aufrecht, darüber hinaus war weiterhin die Genehmigung des Verbandes und der Aufsichtsbehörde einzuholen. Es wurde auch angeregt, bei der Vergabe von Spenden zentral und nicht durch jede einzelne Anstalt vorzugehen. Außerdem wurde recherchiert, wie die Regelung bei Spendenzeichnungen vor dem Krieg gewesen war.[752] Im September 1948 beantragte der Verband schließlich die Aufhebung des Erlasses bezüglich der Einschränkung von Spenden oder aber zumindest die Erhöhung der Freigrenze auf 1.000 Schilling.[753] Die Freigabe von Spenden öffnete praktisch die Schleusen: „In diesem Zusammenhang wird darauf hingewiesen, daß die Spendenansuchen einen derartigen Umfang annehmen, daß es für die Anstalten nicht möglich ist, die Wünsche der Ansuchenden zu erfüllen. Es wird daher notwendig sein, die Gewährung von Spenden weitestgehend einzuschränken.“[754]

Was der Verband als „Spenden“ bezeichnete, gehörte zur Öffentlichkeitsarbeit im weitesten Sinn. Sie umfassten auch Sponsoring und Subventionen. Die Spende selbst

749 V13/10. Jänner 1946
750 V18/19. März 1946
751 V26/25. Juli 1946
752 V27/5. September 1946
753 V73/23. September 1948
754 V84/22. April 1949

erfolgt für einen sozialen Zweck, der mit der Geschäftstätigkeit nichts zu tun hat. Subventionen werden für konkrete Projekte gegeben, die mit dem eigenen Tätigkeitsbereich in Verbindung stehen und die man fördern oder ermöglichen möchte. Sponsoring dient dem Image eines Unternehmens, etwa im Bereich des Sports, der Kultur oder der Wissenschaft. Der Sponsor erwartet sich hier aber eine Gegenleistung, etwa in Form einer Werbewirkung oder einer engeren Zusammenarbeit mit der gesponserten Institution. Alle drei Formen lassen sich bereits in der ersten Nachkriegszeit für die österreichische Versicherungswirtschaft aufzeigen, wobei hier auf die Spendentätigkeit des Versicherungsverbandes eingegangen wird, diejenige der einzelnen Versicherungsunternehmen lassen sich nicht nachvollziehen.

Praktisch reihenweise Spendenansuchen in Wien und in den Bundesländern kamen von den Feuerwehren. Ende des Krieges war ein großer Teil der Ausrüstungen verloren gegangen und insbesondere Feuerwehrschläuche waren Mangelware. Die Feuerwehren gingen nun davon aus, dass die Versicherungswirtschaft ein Interesse an ihrer vollen Funktionsfähigkeit haben müsste und diese durch Spenden unterstützen sollten. Spenden für Feuerwehren wurden jedoch vom Versicherungsverband prinzipiell abgelehnt, da es sich einmal um eine öffentliche Aufgabe handelte und zum anderen die Mittel durch die von der Versicherungswirtschaft zu tragende Feuerschutzsteuer ausreichend zur Verfügung stehen sollten. Es bestand jedoch der Verdacht, dass nicht in allen Bundesländern die Feuerschutzsteuer zweckgemäß verwendet wurde. Nach dem Verbandsbeschluss vom 11. Oktober 1945 hatten daher Spenden an Feuerwehren zur Anschaffung von Löschgeräten zu unterbleiben. In besonderen Fälle mussten diese durch den Vorstand als Ausnahme genehmigt werden.[755] Auf Drängen der Feuerwehren errichtete der Verband schließlich 1948 ein Komitee,[756] das sich weder für ein absolutes Spendenverbot noch für zu hohe Subventionen aussprach. Die Beschränkung der Spenden wurde mit 1.000 Schilling – bzw. maximal 10 % der in dieser Gemeinde eingehobene Bruttoprämie – festgelegt. Das Spendenverbot für einzelne Mitgliedsunternehmen blieb aber weiter aufrecht.[757] Ein Ausweg war, von der Spende auf eine Kreditgewährung überzugehen. So wurde vom Verband 1952 der oberösterreichischen Blitzschutzgesellschaft ein Kredit in der Höhe von 250.000 Schilling für den Ankauf von Materialien zur Herstellung von Blitzschutzanlagen genehmigt.[758] Kurz danach wurde dem Tiroler Landes-Feuerwehrverband ein mit 5 % verzinstes fünfjähriges Darlehen in der Höhe

755 V66/22. April 1948
756 V77/18. November 1948
757 V78/2. Dezember 1948
758 V131/17. Jänner 1952. Die Gesellschaft hatte schon zuvor Kredite bekommen, deren Höhe aber nicht feststellbar war.

von 1,5 Millionen Schilling zum Ausbau der Landesfeuerwehrschule durch den Versicherungsverband gewährt, wobei man aber auf das besondere Entgegenkommen der Versicherungsunternehmen hinwies.[759] Und schließlich suchte auch die Ortsfeuerwehr Feldkirch-Stadt um einen Kredit von 150.000 Schilling zur Anschaffung eines Tankfeuerlöschwagens an, der von der Stadt Feldkirch garantiert werden sollte. Dieses Ansuchen wurde jedoch „zur Vermeidung eines Präjudizes mit vermutlich weittragenden Folgen" abgelehnt.[760]

Im Interesse der Versicherungswirtschaft stand auch die Subvention von Unfallverhütungsmaßnahmen und Verkehrserziehungsaktionen, welche die Polizeidirektionen in Wien und in den Bundesländern durchführten. Hierfür stellte der Verband zwischen 1948 und 1955 an die 120.000 Schilling zur Verfügung. Eine besondere Aktion war die Prämierung von Kriminalbeamten, welche 1951 im Verband angesprochen wurde: „Für die Zustandebringung von Diebsgut werden üblicherweise Prämien ausgesetzt, welche den mit dieser Aufgabe betrauten Kriminalbeamten zukommen. Nach Mitteilung dieser Kriminalbeamten ist in der nächsten Zeit nicht mit größeren Einbruchschäden zu rechnen, weil sämtliche bekannten Einbrecher, insbesondere Geldschrankspezialisten, eingesperrt sind. Die Gruppe dieser Kriminalbeamten ersucht deshalb um Gewährung einer Zuwendung anstelle der Prämie. Der Sektionsausschuß für Einbruchdiebstahlversicherung stellt den Antrag, jedem dieser Gruppe angehörenden Kriminalbeamten – in Betracht kommen etwa 100 Beamte – eine einmalige Zuwendung von S 150,–, insgesamt also S 15.000,– zu zahlen."[761] Der Antrag wurde genehmigt.

Von prinzipiellem Interesse für die Versicherungswirtschaft war auch die Förderung von wissenschaftlichen Projekten und Einrichtungen. So lässt sich für das Institut für Wissenschaft und Kunst von 1946 bis 1952 eine jährliche Spende von 1.000 Schilling nachweisen, wobei allerdings 1949 angeregt wurde, „im Laufe dieses Jahres Beobachtungen anzustellen, inwieweit die von dem genannten Institut gehaltenen Vorträge für die Versicherungswirtschaft von Interesse sind".[762] Die Spenden für wissenschaftliche Institutionen und Projekte waren ansonsten recht vielfältig.

759 V133/13. März 1952; V134/27. März 1952
760 V139/26. Juni 1952
761 V129/30. November 1951
762 V82/3. März 1949

Spenden für wissenschaftliche Belange	Jahr	Schilling
Institut für Elektrotechnik, TU Wien	1947	5.000
Österreichische Mathematische Gesellschaft	1949	500
Festschrift Technologisches Gewerbemuseum	1949	1.800
Institut für Wirtschaftsförderung	1949	5.000
Fakultät für angewandte Mathematik und Physik der TU Wien	1951	1.000
Urania	1950	1.000
Kuratorium für Wirtschaftlichkeit	1952	10.000
Notring wissenschaftlicher Verbände Österreichs	1952	5.000
	1953	5.000
Schwachstrominstitut	1952	10.000
Festschrift Österreichische Kaufmännische Union	1953	30.000
Verein zur Förderung des Technischen Museums	1953	3.000
Institut für Mathematik an der TU Wien	1953	5.000
Österreichisches Krebsforschungsinstitut	1955	10.000
Österreichisches Archäologisches Institut	1955	5.000
Kammer der Wirtschaftstreuhänder	1955	3.000
Mathematisches Labor an der TU Wien	1955	5.000
Technisches Museum	1955	3.000

Ab 1952 wurde auch das Österreichische Forum Alpach mit 5.000 bis 10.000 Schilling jährlich unterstützt. 1947 erhielt der „Österreichische Volkswirt" eine Subvention von 3.000 Schilling, der sich dafür bereit fand, eine Versicherungsrubrik einzurichten. Ein Notfall war der Finanz-Compass, dieser hätte 1950 eingestellt werden müssen, falls nicht ein Betrag von 50.000 Schilling aufgebracht worden wäre. Das Bundesministerium für Finanzen stellte hierfür 20.000 Schilling zur Verfügung, der Rest wurde von den Interessenorganisationen und den Finanzinstitutionen bereitgestellt.[763] Die Versicherungswirtschaft beteiligte sich hierbei mit 3.000 Schilling.

Die Nähe zu den Universitäten zeigte sich zusätzlich durch soziale Hilfe. So wurden Beträge bis zu 1.000 Schilling an den Unterstützungsverein für bedürftige Studierende der Hochschule für Bodenkultur und den Asylverein der Wiener Universität gespendet und 1952 wurden 5.000 Schilling an den Tuberkulosefonds der Österreichischen Hochschülerschaft überwiesen.

Eine besondere Nähe der Versicherungswirtschaft ergab sich zur Hochschule für Welthandel. Der Versicherungsverband war damals bereits Mitglied des Vereins der Förde-

763 V101/30. März 1950

rer der Hochschule für Welthandel und leistete ab 1946 seinen Mitgliedsbeitrag. 1947 wurden dem Fonds zur Förderung der Auslandsbeziehungen der Hochschule für Welthandel zum Zweck des Studentenaustausches 1.000 Schilling überwiesen und ab 1947 erhielt die Hochschule jährlich fünf Stipendien des Versicherungsverbandes zu je 1.000 Schilling für bedürftige Studenten. 1948 beteiligte man sich mit 3.000 Schilling am 50-jährigen Jubiläum dieser Hochschule. 1949, nach Verlesung eines Dankschreibens des Rektors der Hochschule für Welthandel, konnte der Verbandsvorsitzende mitteilen, dass die Anregung des Verbandes, das Gebiet der Versicherungswissenschaft im Rahmen des Studiums an dieser Hochschule entsprechend zu berücksichtigen, bei der Hochschulleitung Verständnis gefunden habe und die Einführung eines Pflichtkolloquiums für Versicherungsfachwissen in Aussicht genommen werde. Ferner ist daran gedacht, eine eigene Professur in diesem Fach zu errichten. Der Vorstand begrüße den geplanten Ausbau auf dem Gebiet der Versicherungswissenschaft und erkläre sich damit einverstanden, dass vom Verband aus für die Honorierung des Assistenten in Hinblich auf die von der Hochschule aus gewährten geringen Bezüge zuzüglich ein Betrag von monatlich S 500,– zur Verfügung gestellt werde.[764] 1951 wurde die Lehrkanzel für Versicherungswesen eingerichtet und der Verband blieb bei seiner Subventionierung des Assistentenhonorars.[765] 1955 schließlich stellte die Versicherungswirtschaft 150.000 Schilling für den Ausbau der Hochschule zur Verfügung.

Soziale Spenden unterschiedlichen Ausmaßes wurden gegeben für die Kriegsblinden und den Österreichischen Blindenverband, für die Kriegsheimkehrer und das Schwarze Kreuz, das sich um die Kriegerfriedhöfe kümmerte; dann für Institutionen im Bereich der Kinderlähmung und Tuberkulose, für Blutspendeaktionen ebenso wie für die Kinderdorfvereinigung Pro Juventute und das SOS-Kinderdorf. Die Liga für Menschenrechte erhielt seit 1948 ebenso Spenden wie der Internationale Zivildienst und die Österreichische Liga der Vereinten Nationen. Besondere Anstrengungen unternahm die Versicherungswirtschaft jedoch bei Lawinenopfern und bei der Hochwasserhilfe, für die 1951 250.000 Schilling und 1954/55 250.000 Schilling gespendet wurde.

Als Kultursponsoring konnte man die Arabien-Auto-Expedition Dr. Max Reisch (1952) des ÖAMTC und die Nepal-Expedition Herbert Tichys (1955) ansehen, die der Versicherungsverband mit 15.000, bzw. 10.000 Schilling unterstützte. Ebenso gab es Spenden für die Wiederinstandsetzung der Bruckner-Orgel, die Gemeinschaft der bildenden Künstler, das Österreichbuch des Bundespressedienstes (1948), den Wiederaufbau Staatsoper, den Bau der evangelischen Schule am Karlsplatz, die Erhaltung des Wiener Neustäd-

764 V92/17. November 1949
765 V125/21. Juni 1951

ter Kanals und die Schwesternschaft der Rudolfinerinnen. Eine besondere Anstrengung unternahm die Versicherungswirtschaft für den Wiederaufbau des Stephansdomes, wo nach kleineren Spenden von 1954 bis 1956 300.000 Schilling vom Verband zur Verfügung gestellt wurden.

Im Grunde kann man sehr wohl eine Logik in der Spenden-, Subventions- und Sponsortätigkeit des Versicherungsverbandes von 1945 bis 1955 feststellen. Bei den Beträgen ist zu beachten, dass durch die Nachkriegsinflation ein Schilling des Jahres 1945 etwa sieben Schillingen des Jahres 1955 entsprach und die Versicherungswirtschaft auch finanziell am Ende dieser Periode geschäftlich ganz anders dastand, als in den ersten Nachkriegsjahren. Bis zu einer ersten Konsolidierung dieser Branche wurde daher sinnvollerweise ein fast völliges Spendenverbot ausgesprochen. Danach wurden größere Beträge in aller Regel nur für Bereiche aufgebracht, die mit den Geschäftsinteressen der Versicherungswirtschaft in unmittelbarem Zusammenhang standen. Denn Versicherungsunternehmen können nicht willkürlich Spenden verteilen, sie verwalten die Gelder ihrer Kunden und der Versicherungsverband hat die Beiträge seiner Mitgliedsunternehmen zu rechtfertigen. Dementsprechend gingen größere Mittel in die Förderung der Versicherungswissenschaft, vor allem an der Hochschule für Welthandel, sowie der Verkehrserziehung und Unfallverhütung und in die Spenden für Hochwasser- oder Lawinenopfer. Geringere Beträge wurden für soziale oder kulturelle Belange frei gemacht, für die man aus einer gesellschaftlichen Verantwortung heraus etwas leisten wollte oder die man einfach nicht ablehnen konnte. Bei der Auswahl dieser Projekte mögen auch persönliche Beziehungen eine Rolle gespielt haben. Die große Ausnahme ist der Wiederaufbau des Stephansdomes, für den die österreichische Versicherungswirtschaft beachtliche Mittel zur Verfügung gestellt hatte. Dies wohl, da der Stephansdom ein nationales Symbol darstellte und die Versicherungswirtschaft hier ihr nationales und kulturelles Verantwortungsbewusstsein unter Beweiß stellen konnte.

11. Das Versicherungswiederaufbaugesetz 1955

Der wirtschaftliche Wiederaufbau der Versicherungswirtschaft verlief mehr oder weniger parallel, wenn auch etwas zeitverzögert, zur Entwicklung der österreichischen Wirtschaft. Bei der Sach- und Krankenversicherung hatten sich die Verhältnisse bis Anfang der 1950er Jahre wieder einigermaßen normalisiert. Lediglich die Lebensversicherungen waren durch die ungeklärte Behandlung der Bestände vor 1946 und die Frage der Reichsanleihen in ihren Deckungsstöcken ein chronischer Problembereich. Auch die rasante Geldentwertung zwischen 1945 und 1952 machten die Lebensversicherungen nicht attraktiv, da man hier mit negativen Zinsen rechnen musste. Während sich daher bei der Nicht-Lebensversicherung die Prämien in den ersten zehn Nachkriegsjahren real mehr als vervierfacht und die Leistungen verzehnfacht hatten, lagen die Werte bei der Lebensversicherung 1955 real noch unter denen von 1945. Die Lebensversicherung war damit zu einem unbedeutenden Anhängsel der Sachversicherung geworden.

Die Entwicklung der Versicherungswirtschaft in Österreich 1945 bis 1955
Prämien direktes inländisches Geschäft und Leistungen
in Mio. Schilling

Jahr	Prämien insgesamt	davon:		Leistungen insgesamt	davon:	
		Leben	Nicht-Leben		Leben	Nicht-Leben
1945	94	44	50	25	13	12
1946	174	66	108	72	35	37
1947	281	67	214	114	39	74
1948	391	70	320	162	42	120
1949	501	85	416	169	30	139
1950	423	101	322	244	35	210
1951	802	121	681	284	40	245
1952	993	145	848	397	42	355
1953	1.191	174	1.017	515	49	466
1954	1. 394	208	1.186	603	43	550
1955	1.645	245	1.400	839	62	777

Quelle: Angelika Hollmayer, Makrodaten der Österreichischen Assekuranz 1875–2000, Versicherungsgeschichte Österreichs, Band 6, Wien 2000

Mio. Schilling real
Verbraucherpreisindex 1945 = 100

Jahr	Prämien insgesamt	davon:		Leistungen insgesamt	davon:	
		Leben	Nicht-Leben		Leben	Nicht-Leben
1955	264	39	225	135	10	125

Berechnet nach Felix Butschek, Statistische Reihen zur Österreichischen Wirtschaftsgeschichte

Weitaus schwieriger und zäher gestaltete sich aber der rechtliche Wiederaufbau der österreichischen Versicherungswirtschaft. Durch die ungeklärten Vermögensverhältnisse verfügte die Versicherungsaufsicht 1945 ein Verbot der Veröffentlichung von Bilanzen. Denn 1945 war ein großer Teil der Aktiva der österreichischen Versicherungsunternehmen entwertet, während die Verpflichtungen weiter bestanden. In diesem Schwebezustand war die Erstellung einer Vermögensbilanz nicht möglich. Hierfür war erst eine internationale Regelung der Abgrenzung der Versicherungsbestände und des Deckungsstocks notwendig, um die Frage zu klären, welche Vermögenswerte den einzelnen Staaten, die Bestandteile des großdeutschen Reiches waren, zufallen würden.[766] Die endgültige Regelung zog sich jedoch aufgrund der Verzögerung des Staatsvertrages und der damit verbundenen Vermögensabwicklung mit Deutschland über viele Jahre hin. Dennoch war das Provisorium für die Versicherungsunternehmen äußerst hinderlich und auf Dauer nicht aufrechtzuerhalten. Ein Versicherungsunternehmen benötigt sowohl für die Versicherten als auch für die Rückversicherung Publizität, als deren Grundlage die Offenlegung der Bilanz anzusehen ist. Das Bilanzproblem war aber Ausdruck der ungeklärten Eigentumsverhältnisse und vermögensrechtlichen und bestandsmäßigen Entflechtung mit den deutschen Versicherungsunternehmen. Solange die Eigentumsfrage nicht geklärt war, konnte es keine endgültige Regelung des Versicherungswesens geben. Nachdem dies erst mit dem Staatsvertrag 1955 möglich war, hat dessen Verzögerung auch die Lösung der Versicherungsprobleme lange Zeit hindurch verhindert. In dieser Hinsicht ist auch die Haltung der Regierung, „die Sache in die Länge zu ziehen“, zu verstehen. Zumindest im Versicherungsbereich war vor der Regelung der Frage des deutschen Eigentums und der Vermögensforderungen über den Staatsvertrag eine Lösung nicht möglich. Dadurch gab es zu diesem ursprünglich nur als Übergangslösung gedachten Versicherungsüberleitungsgesetz bis in die Mitte der 1950er Jahre drei Novellen und sechs Verordnungen.[767]

In diesem Spannungsfeld zwischen Politik und Wirtschaft, zwischen schleppender wirtschaftlicher Entwicklung, Inflation und ungeklärten Vermögens- und Eigentumsverhältnissen, verlief die Konsolidierung der Versicherungswirtschaft nach 1945 vorerst einmal eher unbefriedigend. Dies wurde in den Rechenschaftsberichten des Versicherungsverbandes über Jahre hinweg immer wieder beklagt. Die Entwicklung der Versicherungswirtschaft ergebe ein zwiespältiges Bild, hieß es in der Mitgliederversammlung 1946. „Es wäre verfehlt, sich Illusionen hinzugeben. Eine gewisse Enttäuschung über das langsame Tempo des Wiederaufbaus ist begründet. … Zu ernsten Besorgnissen muß

766 Bundesministerium für Finanzen, Information an den Bundeskanzler. Bisherige Handhabung durch die Alliierten Mächte auf dem Gebiete des Versicherungswesens, AdR. BMF., 53685/46

767 Einschließlich der Novelle des Versicherungsüberleitungsgesetzes vom 17. März 1954 BGBl. Nr. 67/1954), mit der die Bestimmungen über Zahlungsbeschränkungen gegenüber Personen, die vom Verbotsgesetz (Entnazifizierung) betroffen waren, aufgehoben wurden.

es Anlaß geben, daß die notwenige Konzentration und Rationalisierung noch nicht in Angriff genommen werden kann und die Grundprobleme so wenig geklärt sind wie unmittelbar nach der Befreiung Österreichs. All das liegt weder im Wesen der Versicherung noch in derem Verhalten. Es handelt sich vielmehr um Grundvoraussetzungen politischer und wirtschaftlicher Art, die außerhalb unseres Wirkungskreises liegen, meist sogar außerhalb des Machtbereiches der verfassungsmäßigen Organe des österreichischen Staates. Kriegsfolgen allerschwerster Art machen sich drückend fühlbar."[768] Und für das Jahr 1947 stellte der Versicherungsverband fest: „So wenig die Hauptprobleme der staatlichen und wirtschaftlichen Existenz Österreichs auch nur einen Schritt näher gekommen sind, so wenig kann dies auch von den spezifischen Grundfragen der Versicherungswirtschaft gesagt werden, die mit diesen Problemen vielfach ident oder konnex sind." Im Gegenteil wären neue und nicht vorhersehbare Schwierigkeiten aller Art aufgetreten. Dagegen würden die gewaltigen und aus eigener Kraft erbrachten Leistungen der österreichischen Versicherungswirtschaft in der Öffentlichkeit vielfach als selbstverständlich hingenommen.[769] Und im Bericht für das Jahr 1948 hieß es: „Weder der Rückblick in das vergangene Jahr noch der Ausblick in die Zukunft rechtfertigt mehr als einen nur sehr bedingten Optimismus. Wenn es auch richtig ist, daß die Aufbauarbeit gewisse Fortschritte erzielt hat und daß der unleugbare und kräftige Aufschwung, den die Gesamtwirtschaft genommen hat, auch den Versicherungsunternehmungen zugute kam und daß auf dem Gebiete der Elementar- und Krankenversicherung ein halbwegs normalisierter Zustand als erreicht angesehen werden kann, so sind doch die grundlegenden Hauptprobleme des gesamten Wirtschaftszweiges und insbesondere die Sonderprobleme der Lebensversicherung einer Lösung um keinen Schritt näher gekommen. Im Gegenteil, sie gewinnen im Verlauf der Zeit und der weiteren Entwicklung an Schärfe. Ungelöst sind auch alle Fragen, die mit der Sicherung der staatlichen Existenz Österreichs, die ihrerseits den Abschluß eines Staatsvertrages zur Voraussetzung hat, in irgend einem Zusammenhang stehen. Dahin gehören außer der Rekonstruktion der Lebensversicherung die mit dem strukturellen Aufbau der Versicherungsbetriebe in Österreich verbundenen Probleme und insbesondere das ausländische Geschäft und Vermögen der Versicherungsunternehmungen."[770]

1949 wurde die Stimmung zumindest in Teilbereichen etwas besser. Die Aufwärtsbewegung der österreichischen Wirtschaft war nicht ohne Einfluss auf das Versicherungsgeschäft geblieben. Allerdings waren die Probleme der Lebensversicherung nach wie vor

768 Rechenschaftsbericht MV/VVÖ, 18. September 1946
769 MV/VVÖ, 4. März 1948, Zwischenbericht 1947
770 MV/VVÖ, 28. April 1949, Rechenschaftsbericht 1948

ungelöst. „Es wird Aufgabe des Verbandes sein, mindestens vorbereitende Pläne für eine Rekonstruktion zur Hand zu haben, um im gegebenen Moment darauf zurückkommen zu können; denn auch im Sektor der Kreditinstitute hat es den Anschein, dass an die Behandlung des Rekonstruktionsproblems nunmehr ernstlich herangegangen wird.“[771] 1950 wurde immer deutlicher, „daß die Inangriffnahme der mit der Rekonstruktion der österreichischen Vertragsversicherung und insbesondere der Lebensversicherung zusammenhängenden Fragen nicht bis zum Abschluß eines Staatsvertrages verschoben werden kann. In diese Richtung weisen auch die Bestrebungen zur Erlassung eines Gesetzes über Schillingeröffnungsbilanzen. Im Kreditsektor werden bereits Verhandlungen bezüglich des Wiederaufbaus und der Bilanzbereinigung geführt; allerdings ist dort die Lage etwas einfacher, weil in den Grundzügen der einzuschlagende Weg durch die bisherige Gesetzgebung bereits vorgezeichnet erscheint. Um konkrete Vorschläge hinsichtlich der Rekonstruktion, und zwar zunächst eingeschränkt auf die Lebensversicherung und die Frage der Pensionsverpflichtungen, machen zu können, ist ein Überblick über die in Betracht kommende Größenordnung erforderlich. Die Fragestellung auf einen gemeinsamen Nenner zu bringen, ohne damit der endgültigen Regelung in irgend einer Weise vorzugreifen, ist nicht einfach und zeigt schon in diesem Stadium verwickelte Probleme.“ Es wurde daher im Verband ein Komitee gebildet und fachliche Unterausschüsse für die mathematisch-technische und die buchhalterische Seite, um unter Heranziehung von Wirtschaftsprüfern einen Fragebogen zu erarbeiten. „Wenn dessen Grundsätze feststehen, wird das nötige Zahlenmaterial beigeschafft werden. Erst dann ist es überhaupt möglich, konkrete Überlegungen über Ziel und Methode der Rekonstruktion anzustellen.“[772]

1952 hatte sich die Geschäftstätigkeit schon wesentlich gebessert und auch für den Bereich der Lebensversicherung sah man durch die fortschreitende Geldwertstabilisierung einen Hoffnungsschimmer, falls diese Sparform auch entsprechend steuerlich gefördert würde. Die grundlegenden Probleme blieben aber weiterhin bestehen. „Unerfreulich und die österreichische Assekuranz im In- und Ausland in fühlbarer Weise diskriminierend wirkt sich die Tatsache aus, daß jetzt, acht Jahre nach Kriegsende, noch immer keine ordnungsgemäße Bilanzen gelegt und veröffentlicht werden können. Es ist hoch an der Zeit, daß endlich das Schillingeröffnungsbilanzgesetz verabschiedet wird. Im Zusammenhang damit muß allerdings auch die Rekonstruktion der österreichischen Versicherung erfolgen. Sie dürfte in der Elementar- und Krankenversicherung keinen besonderen Schwierigkeiten begegnen. Umso heikler ist freilich die mit den allerschwers-

771 MV/VVÖ, 20. April 1950, Rechenschaftsbericht 1949

772 MV/VVÖ, 27. April 1951, Rechenschaftsbericht 1950

ten Problemen belastete Sanierung der Lebensversicherung. Trotz langandauernder, intensivster Vorarbeiten, trotz unzähliger Sitzungen und Besprechungen und ungeachtet wiederholter und nach verschiedenen Gesichtspunkten vorgenommener Einholung des erforderlichen Zahlenmaterials beginnt sich erst jetzt ein greifbarer Rekonstruktionsplan in den Grundzügen abzuzeichnen. Es liegt an den ganz besonderen, der Materie innenwohnenden Schwierigkeiten und ganz gewiß nicht an den mit größtem Eifer seitens der zuständigen Verbandskomitees geleisteten Arbeiten, wenn es verhältnismäßig lange dauert, bis Fortschritte auf diesem Gebiete erzielt werden konnten. Die Rekonstruktion der Kreditinstitute ist bereits in das Stadium der Verhandlungen der Interessenverbände mit den Behörden eingetreten; es bedarf keiner Hervorhebung, welch eminenten Vorteil die gleichzeitige Lösung des Rekonstruktionsproblems in der Versicherungswirtschaft bedeuten müsste."[773] 1953 konnte man schließlich hoffen, daß die sogenannten Kapitalmarktgesetze und damit das Schillingeröffnungsbilanzgesetz und das Versicherungsrekonstruktionsgesetz vor der Tür standen und damit dieser Problembereich bald erledigt werden konnte.[774] Doch auch der Rechenschaftsbericht für das Jahr 1954 musste bedauerlicherweise mit der Feststellung beginnen, „daß die gesetzliche Verankerung des Versicherungswiederaufbaus und im besonderen auch der Rekonstruktion in der Lebensversicherung trotz intensivster Bemühungen auch im Berichtsjahr 1954 nicht erreicht werden konnte. Nicht mit der Vertragsversicherung zusammenhängende Umstände haben es unmöglich gemacht, den Referentenentwurf des Versicherungswiederaufbaugesetzes, der von der Versicherungsaufsichtsbehörde Ende Juni 1954 dem Herrn Bundesminister auf den Tisch gelegt wurde, dem Plenum der österreichischen Nationalversammlung zur Beschlußfassung vorzulegen."[775]

Bei der Mitgliederversammlung des Verbandes der Versicherungsunternehmen Österreichs am 7. Mai 1955 war Finanzminister Kamitz zu Gast und kündigte nun endlich das Versicherungswiederaufbaugesetz an: „Es ist sehr bedauernswert, daß im Publikum die Privatversicherung nicht jene Wertschätzung erfährt, die ihr Kraft ihrer Bedeutung als wichtiges Kapitalsammelbecken zukommt. Es ist zur Förderung der Vertragsversicherung wohl schon einiges geschehen, aber dies ist eigentlich nicht sehr unbedeutend im Vergleich zu dem, was für diesen Wirtschaftszweig noch getan werden sollte". erklärte der Minister und fand damit natürlich die Zustimmung der Anwesenden. „Der nächste Schritt zur Förderung der Vertragsversicherung wird das Versicherungswiederaufbaugesetz sein, zu dem bei den politischen Parteien fast keine gegensätzlichen Auffassungen bestehen. Es

773 MV/VVÖ, 24. April 1952, Rechenschaftsbericht 1952
774 AV/VVÖ, 29. April 1954, Rechenschaftsbericht 1953
775 MV/VVÖ, 7. Mai 1955, Rechenschaftsbericht 1954

kann angenommen werden, daß dieses Gesetz noch in der Frühjahrssession vom Nationalrat beschlossen werden wird. Mit dem Versicherungswiederaufbaugesetz werden die Voraussetzungen für die künftige Entwicklung geschaffen sein. Diese wird sich aber nur dann einstellen, wenn auch von Staats wegen eine gesunde Finanz- und Wirtschaftspolitik betrieben werden wird. Die durch den kommenden Staatsvertrag sich ergebende neue Situation wird auch die Versicherungswirtschaft vor neue Aufgaben stellen."[776]

Einige Monate nach Abschluss des Staatsvertrages konnte am 8. September 1955 endlich auch das Versicherungswiederaufbaugesetz (BGBl. Nr. 185/1955) erlassen werden.[777] Danach wurden Lebensversicherungen, die vor dem 1. Jänner 1946 abgeschlossen worden waren, um 60 % gekürzt. Dies entsprach der Vorgangsweise bei Bargeld und Bankkonten. Von dem Gesetz erfasst war der inländische Bestand von in Österreich zum Geschäftsbetrieb zugelassenen Versicherungsunternehmen. (Der Problembereich der Bestandsabgrenzung wird in einem eigenen Kapitel behandelt.) Das Versicherungswiederaufbaugesetz verlangte die Anmeldung der Versicherungsansprüche durch den Versicherungsnehmer innerhalb von zwei Jahren. Damit wurden alle vor dem 1. Jänner 1946 abgeschlossenen Versicherungsansprüche erfüllt, wenn sie innerhalb der zweijährigen Frist bis 30. September 1957 angemeldet wurden, danach waren sie unwiderruflich erloschen. Das Bundesministerium für Finanzen hat durch Verlautbarung in der „Wiener Zeitung" und in anderen Tageszeitungen am 19. Mai und nochmals am 6. September 1957 auf den Ablauf dieser Frist aufmerksam gemacht und darauf hingewiesen, dass die schriftliche Anmeldung bei sonstigem Verlust innerhalb dieser Frist bei der entsprechenden Versicherungsunternehmung erfolgen müsse, da es sich um eine nicht erstreckbare Fallfrist handle, nach deren Ablauf derartige Ansprüche unter keinen Umständen mehr mit Erfolg geltend gemacht werden könnten. Diese Fallfrist war eine wirtschaftlich unerlässliche Maßnahme für den Wiederaufbau des Versicherungswesens. Zwölf Jahre nach Ende des Krieges ergab sich die unbedingte Notwendigkeit einer endlichen Beseitigung der Unklarheiten über das Ausmaß der zu erbringenden Versicherungsleistungen.[778]

Das Versicherungswiederaufbaugesetz bewirkte eine einheitliche Regelung für die Kriegsverluste sämtlicher Versicherungsunternehmen und sollte ihnen aus öffentlichen Mitteln die Wiederherstellung geordneter Betriebsverhältnisse ermöglichen. Die Versicherungsunternehmen erstellten nun eine Rekonstruktionsbilanz für den Zeitraum von

776 Finanzminister Reinhard Kamitz, MV/VVÖ, 7. Mai 1955

777 Stourzh, Gerald, Um Einheit und Freiheit. Staatsvertrag, Neutralität und das Ende der Ost-West-Besetzung Österreichs 1945–1955, Wien 1998

778 Stellungnahme des Bundesministeriums für Finanzen (Dr. Lorenz) an den Verband der Versicherungsanstalten Österreichs vom 28. September 1959, Archiv der Wiener Städtischen Versicherung

1945 bis 1954 samt Gewinn- und Verlustrechnung, die dann die Basis für die Schillingeröffnungsbilanz wurde. Konnte aufgrund von Kapitalmangel oder laufenden Verlusten keine ausgeglichene Bilanz erstellt werden, so hatte der Bund in Form von Zuschüssen oder Darlehen einzustehen. Im Gegenzug für die staatlichen Leistungen hatten die Versicherungsunternehmen u. a. alle Forderungen an das Deutsche Reich an die Republik Österreich abzuführen, die der Deckung der Lebensversicherungen gewidmet gewesen waren.

Zur Bedeckung des Versicherungswiederaufbaus waren vom Bund 365 Mio. Schilling veranschlagt worden. Insgesamt mussten aber nur zwei inländische Gesellschaften – ÖVAG und Volksfürsorge – und eine ausländische Lebensversicherung die Staatshilfe in Anspruch nehmen. Für die erhöhten Mehrleistungen zahlte der Bund den Versicherungsunternehmen bis 1961 76 Mio. Schilling und zur Abgeltung künftiger Mehrleistungen noch eine Pauschalsumme von 46,8 Mio. Schilling (BGBl. Nr. 61/1962), also einen wesentlich geringeren Betrag als ursprünglich angenommen. Für die unter öffentlicher Verwaltung stehenden Versicherungsbestände, für die kein Sanierungsanspruch bestand, wurde die Fortführung des Betriebes durch eine Darlehensgewährung des Bundes vorläufig ermöglicht, um eine gleichmäßige Erfüllung der Lebensversicherungsverträge sicherzustellen. Ihre Regelung erfolgte später durch den deutsch-österreichischen Vermögensvertrag.

Bestandsabgrenzung

Die Neuabgrenzung der Versicherungsbestände war eines der schwierigsten Probleme, das vor der endgültigen Sanierung der österreichischen Versicherungswirtschaft gelöst werden musste.[779] Eine allseits befriedigende Lösung war kaum zu finden, es konnte nur eine Regelung mit einem Minimum an unvermeidlichen Härten angestrebt werden. Versicherungen in Gebieten, die niemals Teil des Deutschen Reiches waren, wurden von dieser Frage nicht berührt, ebenso wenig wie jene, die bereits vor dem „Anschluss" 1938 abgeschlossen worden waren. Hier konnte die frühere Bestandszugehörigkeit wieder in Kraft treten. Dagegen bildeten die Versicherungen, die erst nach den verschiedenen Annexionen des Großdeutschen Reiches abgeschlossen worden waren, eine einheitliche Masse, die auf die verschiedenen Bestände aufgeteilt werden mussten. In der Versicherungswirtschaft ging man berechtigterweise davon aus, dass die Vermögens- und Ge-

779 Bundesministerium für Finanzen, Versicherungsaufsicht, Bemerkungen zur Frage der Bestandsabgrenzungen Lebensversicherung, 6. Februar 1947, AdR. BMF. 1737/47

schäftsentflechtungen mit Deutschland durch den Staatsvertrag geregelt werden würden, der bereits für 1947 erwartet worden war. In Vorbereitung dafür forderte das Bundeskanzleramt, Auswärtige Angelegenheiten, das Finanzministerium auf, die „Probleme der Vertragsversicherungen als Gegenstand staatsvertraglicher Regelung" darzustellen. Die Versicherungsaufsicht stellte daher in drei „Äußerungen" ihre Position dar. Die Stellungnahmen vom 9. 3. 1946, vom 12. 4. 1946 und schließlich vom 21. 1. 1947 zeigten nicht nur die grundsätzliche österreichische Haltung, sondern auch die Veränderung der Problemstellung durch die politische Entwicklung.[780] Die Abgrenzung betraf nicht nur die Bestände im ehemaligen Großdeutschen Reich, sondern eben auch im übrigen Ausland. Aufgrund des angestrebten Staatsvertrages war nun jeder Versicherungsvertrag dem Versicherungsbestand eines bestimmten Staatsgebietes zuzuweisen. Infolge der Gebietsänderungen waren die einzelnen Versicherungsbestände neu zu bilden und abzugrenzen. Für die Bestandsabgrenzung konnten verschiedene Gesichtspunkte maßgebend sein:

- dauernder Wohnsitz,
- Staatszugehörigkeit des Versicherungsnehmers,
- Ort des Vertragsabschlusses,
- Ort der Prämienzahlung,
- vereinbarter Erfüllungsort,
- Hauptsitz des Versicherungsunternehmens,
- Sitz der Geschäftsstelle.

Im Staatsvertrag sollten nur die allgemeinen Richtlinien festgelegt werden, die Einzelheiten waren in zwischenstaatlichen Vereinbarungen zu regeln. Im Allgemeinen sollte der Versicherungsvertrag im Bestand jenes Gebietes bleiben, in dem die letzte Prämie vor der Bestandsabgrenzung bezahlt worden war. Damit war bereits eine klare Bestandsabgrenzung gegeben, mit Ausnahme aller Gebiete, die einen Bestandteil des ehemaligen Deutschen Reiches bildeten. Hier sollten andere Regelungen gelten. Bei der Sachversicherung war die Lage des versicherten Risikos und bei den Personenversicherungen der Wohnsitz des Versicherungsnehmers zu einem bestimmten Stichtag heranzuziehen. Der Versicherungsbestand österreichischer Unternehmen, welcher durch den Zerfall des Großdeutschen Reiches von einem inländischen zu einem ausländischen Bestand geworden war, sollte durch jene Vermögenswerte bedeckt werden, die in diesen Gebieten

780 Probleme der Vertragsversicherung, Erste Äußerung des Departements 19 vom 9. 3. 1946, zweite Äußerung vom 12. 4. 1946, dritte Äußerung vom 21. 1. 1947, Bundesministerium für Finanzen, AdR. BMF. 9728/46, 24806/46, 3708/47

verblieben waren. Für Schäden und Wertminderungen, die durch Kriegsfolgen oder Verfügungen von hoher Hand an Vermögenswerten entstanden waren, hatten die betroffene Versicherungsunternehmung nicht aufzukommen.

Aufgrund der Erfahrung mit den Friedensverträgen nach dem Ersten Weltkrieg war zu erwarten, dass die alliierten Mächte weitgehende Sonderrechte für ihre Staatsangehörigen beanspruchen würden. Solche Bestimmungen wurden für die österreichischen Versicherungsunternehmen als noch weitaus mehr belastend angesehen als 1918, da sie eine unabsehbare Erhöhung des versicherungstechnischen Risikos für solche einseitig fortgesetzten Versicherungsverträge bedeuten würden. Daher sollten im Staatsvertrag Regelungen angestrebt werden, nach dem Versicherungsverträge in dem Zeitpunkt, in welchem durch den letzten Krieg der Geschäfts- und Zahlungsverkehr zwischen dem Versicherungsunternehmen in Österreich und dem Versicherungsnehmer im Ausland faktisch unterbrochen wurde, als erloschen zu gelten hätten und nur noch Anspruch auf die vertraglichen Abfindungswerte gewährt werden würden. Nach ähnlichen Grundsätzen sollten auch Rückversicherungen behandelt werden.

In einer zweiten Äußerung, etwa einem Monat später, stellte sich manches bereits anders dar. Vor allem aber waren die wirtschaftlichen Verhältnisse zwischen Österreich und Deutschland zu klären. Solange der Begriff „Versicherungsbestand" nicht umschrieben war und von allen beteiligten Staaten als bindend anerkannt wurde, war es unmöglich, die einzelnen Versicherungen zuzuordnen und die sich daraus ergebende Vermögensaufteilung vorzunehmen. „Derzeit besteht nur ein einheitlicher, großdeutscher Versicherungsbestand mit einer einheitlichen, großdeutschen Versicherungsmasse für jede in Großdeutschland tätig gewesene Versicherungsgesellschaft. Keiner der Nachfolgestaaten kann einseitig bestimmen, welche Versicherungen und welchen Teil des Gesamtvermögens und schon gar nicht welche bestimmten Vermögensstücke er für sein Gebiet beansprucht." Auf dem Gebiet des Versicherungswesens wurden hierfür folgende Möglichkeiten in Betracht gezogen:[781]

- Zwischen Hauptanstalt und Zweigniederlassung innerhalb eines Unternehmens konnte ein unternehmensinterner Ausgleich erfolgen, wobei lediglich der Transfer von Vermögenswerten ungehindert sein musste.
- Schwieriger war eine Reglung bei Versicherungspolizzen von deutschen Unternehmungen, welche in Österreich keine eigene Niederlassung hatten. „Fälle dieser Art sind gerade im Verhältnis zwischen Deutschland und Österreich sehr zahlreich. An

781 Probleme der Vertragsversicherung, Erste Äußerung des Departements 19 vom 9. 3. 1946, zweite Äußerung vom 12. 4. 1946,AdR. BMF. 24806/46

die 100 deutsche Gesellschaften haben in Österreich Versicherungen abgeschlossen, ohne hier eine eigene Zweigniederlassung zu errichten. Es ist nicht bekannt, welche Gesellschaften in dieser Weise gearbeitet haben und wie groß ihr hier abgeschlossenes Geschäft war und heute, nach der Rückwanderung der deutschen Staatsbürger, noch ist." Diese Gesellschaften hatten ihre in Österreich eingehobenen Prämien durch ihre Hauptanstalt angelegt, so dass die Bedeckungswerte vorwiegend in Deutschland zu finden waren. Die Beträge wurden auf 40 bis 50 Mio. Schilling geschätzt, „die den österreichischen Versicherten gesichert werden müssen". Der umgekehrte Fall, die Tätigkeit österreichischer Gesellschaften im Deutschen Reich, spielte kaum eine Rolle.

- Hinterlegungsort der Prämienreserve.
  Dies war zur Bestandsabgrenzung völlig unbrauchbar, da die Deckungswerte der Versicherungsgesellschaften über das ganze Deutsche Reich verstreut waren.
- Ort der Antragsstellung.

Das Gebiet, in dem der Versicherungsnehmer den Abschluss der Versicherung beantragte, war zur Bestandsabgrenzung denkbar. Allerdings spielten hier viele Zufälligkeiten eine Rolle – wie vorübergehender Aufenthalt – so dass auch dieses Kriterium nicht ganz befriedigen konnte.

Die Versicherungsaufsicht neigte daher zu der Ansicht, dass Gesichtspunkten, die mit der Person des Versicherungsnehmers oder Begünstigten zusammen hingen, der Vorrang zu geben sei. Dabei stellte sich aber sogleich die Frage nach dem Zeitpunkt, also welcher Stichtag festgelegt werden sollte. Hier kam die Staatsbürgerschaft oder der dauernde Wohnsitz in Frage. Die Staatsbürgerschaft wurde abgelehnt, da sie nicht dem wirtschaftlichen Charakter eines Versicherungsvertrages entsprach. Der dauernde Wohnsitz des Versicherungsnehmers oder Begünstigten drängte sich daher als entscheidender Umstand auf. Der dauernde Wohnsitz stellte im Allgemeinen auch den wirtschaftlichen Lebenskreis dar, wo der Versicherte seine Verpflichtungen erfüllte und seine Versicherungsleistungen erhalten wollte. Die Versicherungswirtschaft neigte im Allgemeinen zu der Auffassung, dass der dauernde Wohnsitz vor Zusammenbruch des Deutschen Reiches gewählt werden sollte, etwa der 31. Dezember 1944. Dieser Wohnsitz war leichter feststellbar, da man die mit Ende des Krieges erzwungenen Wanderungsbewegungen in den meisten Fällen nicht berücksichtigen musste. Doch auch diese Lösung barg zahlreiche Härten in sich. So wären die Sudetendeutschen, die aus der Tschechoslowakei vertrieben wurden, dem tschechoslowakischen Bestand zugerechnet worden und würden damit leer ausgehen, da dort ihre Lebensversicherungen schon eingezogen worden waren, bevor sie das Land verlassen mussten. Andererseits wären die Versicherungsverträge von Reichsdeutschen, die Österreich 1945 zu verlassen hatten, weiter dem österreichischen

Bestand zugeordnet worden, wenn sie Ende 1944 ihren dauernden Wohnsitz in der „Ostmark“ hatten.

Keine der Lösungen war daher völlig befriedigend. Die Versicherungsaufsicht schlug vor, dass eine Versicherung dem Gebiet der Geschäftsstelle zuzuweisen sei, welche die letzte bezahlte Prämie vorbehaltlos angenommen hatte. Der britische Vertreter der alliierten Finance Division ging davon aus, dass Ansprüche nicht nur im Land der Ausstellung geltend gemacht werden konnten, sondern auch gegenüber der Zentrale.[782] Dies hätte bedeutet, dass Versicherungsunternehmen mit Sitz in Wien auch für Verpflichtungen in Gebieten aufzukommen hätten (etwa Ungarn oder Tschechoslowakei), in denen ihr Vermögen beschlagnahmt bzw. verstaatlicht worden war, was natürlich abgelehnt wurde.

In der Frage der Bestandsabgrenzung gab es daher keine einheitliche Meinung. Unterschiedliche Auffassungen gab es nicht nur zu den alliierten Vertretern, sondern die Betriebsverhältnisse der einzelnen Versicherungsunternehmen waren so verschiedenartig, dass ein Kriterium für einige Unternehmen zweckmäßig sein konnte, bei anderen aber völlig unbrauchbar. Um einen Überblick über die ab März 1938 im Großdeutschen Reich abgeschlossenen Versicherungsverträge der österreichischen Unternehmen zu gewinnen, forderte die Versicherungsaufsicht die Unternehmen über den Verband der Versicherungsunternehmen auf, ihre Haltung darzustellen. Diese sollten Unterlagen für die laufenden Staatsvertragsverhandlungen bieten. Da die Zeit scheinbar drängte, war der Fragebogen, der Lebens- wie Sachversicherungen betraf, innerhalb von nur neun Tagen zu beantworten. [783] Als Kriterien wurden angeboten:

Objektive Kriterien:

- Ort der Antragstellung
- Ort des Vertragsabschlusses
- Ort der Vertragsausstellung
- Ort der Vertragserfüllung
- Ort des Gerichtsstandes
- Ort der Prämienzahlung
- Hinterlegungsort der Prämienreserven

782 Lt. Col. G. D. S. Crossman, Finance Division Allied Commission for Austria an Min. Rat. Dr. Wagner, Versicherungsaufsichtsbehörde, Wien 16. 1. 1947, Bundesministerium für Finanzen, Staatsvertrag mit Österreich, AdR. BMF. 1737/47

783 Bundesministerium für Finanzen, Versicherungsaufsicht, Erhebungen zur Frage der Bestandsabgrenzung, 6. Februar 1947,AdR. BMF. 6185/47

Subjektive Kriterien:

- Stichtag
- maßgebende Personen
- Staatsbürgerschaft
- Wohnsitz
- Lage des Objekts oder Interesses

Auf die Rundfrage der Versicherungsaufsicht antworteten 74 Gesellschaften, allerdings ging etwa ein Viertel auf die Fragen nicht ein, da sie für den Betrieb ihres Unternehmens angeblich uninteressant erschienen. Die übrigen Antworten waren so verschiedenartig, dass eine einheitliche Auffassung auch nur in den wichtigsten Fragen nicht zu erkennen war. „Immerhin hat auch die verwirrende Vielzahl der Antworten einen wertvollen Beitrag zur Klärung des Problems geliefert".[784] stellte das Finanzministerium fest. Die positiven Antworten hatten zumindest Folgendes klargestellt:

- Die objektiven Kriterien wurden nur von wenigen Gesellschaften zur Bestandsabgrenzung vorgeschlagen und wenn, dann nur zusätzlich mit subjektiven Kriterien. Der Ort der Vertragserfüllung, des Gerichtsstandes und der Hinterlegung der Prämienreserven wurde ausnahmslos abgelehnt. Der Ort des Vertragsabschlusses und der Vertragsausstellung wurde nur von ganz wenigen Gesellschaften positiv bewertet, die meisten stellten fest, dass diese Kriterien für sie nicht brauchbar seien. Auch das von der Versicherungsaufsicht favorisierte Unterscheidungsmerkmal „Ort der Geschäftsstelle, an der die letzte Prämie vorbehaltlos bezahlt wurde" fand keine ungeteilte Zustimmung. Von den 35 Gesellschaften, die auf diese Frage eingingen, schlugen es 11 als entscheidendes Kriterium vor, die übrigen lehnten es mit dem Hinweis ab, dass sie die Prämien zentral einkassiert hätten.
- Die subjektiven Kriterien erschienen den meisten Gesellschaften für die Bestandsabgrenzung vorteilhafter. Als Stichtag wollten 22 Gesellschaften einen Termin vor der Befreiung Österreichs ansetzen – zumeist den 31. Dezember 1944 – und 17 ihn auf einen künftigen Zeitpunkt verlegt wissen. Hier kam der Widerstreit der Ansichten besonders deutlich zum Ausdruck. Bei den maßgebenden Personen gaben 16 Gesellschaften den Versicherungsnehmer an, 5 den Versicherten und eine den Begünstigten. Die übrigen wichen der Frage aus und gaben mehrere Personen an. Der Staatsbürgerschaft maßen nur 10 Gesellschaften – in Verbindung mit einem anderen Kriterium – eine Bedeutung

---

784 Bundesministerium für Finanzen, Versicherungsaufsicht, Fragen der Bestandsabgrenzung – Berichte der Gesellschaften, 21. März 1947, AdR. BMF. 11845/47

zu, drei lehnten es ausdrücklich ab. Ihr kam nach der überwiegenden Auffassung nur eine sekundäre Bedeutung zu, die nur berücksichtigt werden sollte, wenn die Alliierten darauf bestünden. Vor allem bei den Lebensversicherungen sahen die meisten Gesellschaften den dauernden Wohnsitz als entscheidendes Kriterium an. 33 hielten ihn für zweckmäßig: 19 für entscheidend und nur 4 sprachen sich ausdrücklich dagegen aus. Vielfach wurde hervorgehoben, dass sich der dauernde Wohnsitz in den meisten Fällen mit dem Ort der Geschäftsstelle der letzten Prämienzahlung zusammenfiel und zudem den Vorteil hatte, von Zufälligkeiten unabhängig zu sein. Es war daher anzunehmen, dass dieses Kriterium schließlich als das für die Lebensversicherungen entscheidende festgelegt würde. Bei den Sachversicherungen wurde von fast allen Gesellschaften die Lage des versicherten Objekts als entscheidend angegeben.

Nachdem sich aber die Hoffnungen auf einen raschen Staatsvertrag schon 1947 zerschlugen, hob sich auch der Zeitdruck zur Regelung dieser Frage auf. Erst nach dem Staatsvertrag von 1955 wurde dieser Problembereich durch das Versicherungswiederaufbaugesetz und den deutsch-österreichischen Vermögensvertrag geregelt. Die Bedeutung der Frage ging schon daraus hervor, dass dieser Problemkreis mit den Artikeln I und II an die Spitze des Versicherungswiederaufbaugesetzes gestellt wurde. Das Gesetz betraf Unternehmen der Vertragsversicherung, die bei Inkrafttreten des Gesetzes am 1. Oktober 1955 zum Neugeschäft befugt waren. Das galt auch für die zum Geschäft zugelassenen Zweigniederlassungen deutscher Unternehmungen. Als Inland wurde auch für die NS-Zeit das Bundesgebiet betrachtet. Damit entfiel die Verantwortung für die Verträge in Gebieten, die durch das Großdeutsche Reich annektiert und den „Gauen der Ostmark“ zugeordnet waren. Den österreichischen Unternehmen wurde die Verantwortung für Versicherungsverträge zugeschrieben, die dem „inländischen Versicherungsbestand“ zugehörten. Für Versicherungsverträge, die zwischen 13. März 1938 und 27. April 1945 abgeschlossen worden waren und nicht diesem inländischen Bestand angehörten, galt die Vereinbarung eines inländischen Erfüllungsortes als nicht erfolgt. Eine Versicherung gehörte einmal zum inländischen Bestand, wenn sie vom Versicherungsunternehmen nach dem 7. Mai 1945 übernommen wurde oder wenn nach diesem Zeitpunkt die Prämie im Inland vorbehaltlos angenommen wurde. Damit hatte die Versicherungsaufsicht ihren Standpunkt durchgesetzt:

- Bei Sach- und Vermögensschadensversicherungen war ein inländischer Bestand gegeben, wenn das versicherte Objekt im Inland lag oder der Wohnsitz des Versicherten (Sitz) beim Versicherungsfall im Inland lag. Dies galt auch für Unfall- und Krankenversicherung.

- In der Lebensversicherung war ein inländischer Bestand gegeben, wenn dieser bereits vor dem 13. März 1938 in Österreich abgeschlossen worden war. Bei den während der NS-Zeit abgeschlossenen Polizzen war es erforderlich, dass der Versicherungsnehmer bzw. Begünstigte sowohl zum Zeitpunkt des Vertragsabschlusses als auch am 1. 1. 1950 (bzw. bei früherem Eintritt des Versicherungsfalls) seinen Wohnsitz im Inland hatte. Damit wurde die Auffassung der Versicherungsunternehmen berücksichtigt, die im dauernden Wohnsitz das entscheidende Bestandskriterium sahen. Beim Stichtag ging man einen Kompromiss ein, indem zwei Zeitpunkte festgelegt wurden.
- In Art. II § 5 wurden generell – über das ehemalige Gebiet des Großdeutschen Reiches hinaus – die Frage des ausländischen Bestandes österreichischer Versicherungsunternehmen geregelt. Solche Ansprüche konnten nicht gerichtlich geltend gemacht werden, „wenn und solange dieser ausländische Versicherungsbestand oder das dazugehörige Vermögen durch gesetzliche oder behördliche Maßnahmen der Verfügung der Hauptgeschäftsleitung der Versicherungsunternehmung entzogen ist". Dadurch wurden allerdings zahlreiche Flüchtlinge und Vertriebene um ihre Lebensversicherungen gebracht. Sie wurden an jenes Land – zumeist ihr ehemaliges Heimatland – verwiesen, das die Guthaben der österreichischen Versicherungsunternehmen beschlagnahmt hatte, und gingen damit in der Regel leer aus. Ganz ähnlich war auch das Vorgehen in der BRD.[785]

12. Die Forderungen gegenüber dem Deutschen Reich

Bei der finanziellen Entflechtung mit Deutschland war noch unklar, ob die Bestimmungen nur die beiden Staaten oder auch die Staatsbürger betrafen. Die Regelung der deutschen Staatsschulden war so gedacht, dass dem österreichischen Staat ein Schadenersatzanspruch gegenüber Deutschland für alle vor dem 8. Mai 1945 ausgegebenen deutschen Schulden-Titres zustand. Damit konnten sich die Österreicher bei ihren Forderungen an den österreichischen Staat halten, für den es nun eine innenpolitische Frage geworden war, ob und in welchem Ausmaß er diese Ansprüche tatsächlich erfüllen konnte. Diese geänderte Rechtslage war für die künftige Sanierung des österreichischen Versicherungswesens von größter Bedeutung. Dies vor allem deshalb, da die Regelung des großen Bestands an Reichsanleihen bei den Versicherungsunternehmen nun mit der Republik Österreichs zu vollziehen war.[786]

785 Peter Präve, Versicherungen und der Holocaust, Versicherungswirtschaft Heft 13/1997, S. 904

786 Probleme der Vertragsversicherung, Bundesministerium für Finanzen, AdR. BMF. 9728/46, 24806/46,

Die Umlenkung der Kapitalanlagen der österreichischen Versicherungsunternehmen in Reichsanleihen hatte schon ab 1938 begonnen. Bereits mit dem Sperrerlass des Reichsaufsichtsamtes vom 12. August 1938 war es den Versicherungsunternehmen untersagt, dem Baumarkt Gelder zur Verfügung zu stellen und eigenen Grundbesitz zu erwerben. Alle dadurch frei werdenden Mittel waren in Reichspapieren anzulegen. Am 27. März 1939 erließ das Amt neuerliche Richtlinien für Vermögensanlagen, wonach zwei Drittel allen Vermögenszuwachses und der Kapitalrückflüsse in Reichswerten anzulegen waren. Für das übrige Drittel galt ein Katalog von 16 Punkten, bei denen vor allem wehrwirtschaftlich nützliche Anlagen im Vordergrund standen. Neben der Erwerbsverpflichtung wurde auf die Gesellschaften Druck ausgeübt, die erworbenen Reichsanleihen auch zu halten.[787] Ab 1. September 1942 waren die Versicherungsunternehmen durch einen Erlass des Reichswirtschaftsministeriums angehalten worden, drei Viertel ihrer neuen Kapitalanlagen in Reichsanleihen anzulegen. Bis Kriegsende hatte das Dritte Reich auf diese Weise bei einer Gesamtverschuldung von 388 Milliarden Reichsmark etwa 25 Milliarden Reichsmark bei den reichsdeutschen Versicherungsunternehmen unterbringen können.[788] Den Versicherungsunternehmen waren damit 6,4 % der Reichsschuld aufgebürdet worden.

Das österreichische Rot-Weis-Rot-Buch schätzte die so erzwungene Anlage in deutschen Werten bei den österreichischen Versicherungsunternehmen auf 300 Mio. RM. Insgesamt wurden alle offenen Forderungen der österreichischen Versicherungsunternehmen gegen Deutschland – gegen die öffentliche Hand und Unternehmungen – mit 710,124 Mio. RM beziffert, während Verpflichtungen mit 50,97 Mio. RM festgehalten wurden, so dass sich ein Saldo zugunsten der österreichischen Versicherungsunternehmen von 659,154 Mio. RM ergab. Keine der österreichischen Versicherungsunternehmen verfügte daher 1945 über die Reserven, um seinen Verpflichtungen ordnungsgemäß nachkommen zu können. 69,5 % der Anlagen der am 31. 12. 1944 in Österreich tätigen Versicherungsunternehmen waren in Reichsanleihen gebunden.[789] Der Wert war damit noch höher als der Durchschnitt im Deutschen Reich. Der Buchwert der deutschen Reichsanleihen (ohne sonstige deutsche Anleihen) betrug im Verhältnis zu den Gesamtanlagen:

3708/47

787 Andre Botur, Privatversicherung im Dritten Reich, S. 66/7

788 Geschäftsbericht des Verbandes der Lebensversicherungen 1938/48, Band II, S. 10, Berlin 1948

789 Die Angaben basieren auf der Arbeit der Reparation, Deliveries and Restitution Division des Headquaters U. S. Forces in Austria vom 18./12. Juli 1947. Diese hatten der Versicherungen mit umfangreichen Fragebogen eine genaue Informationspflicht auferlegt.

Buchwert deutscher Reichsanleihen in % der Gesamtanlagen zum 31. Dezember 1944

ÖVAG	87 %
Donau Concordia	83 %
Wiener Allianz	60 %
Erste Allgemeine Unfall	58 %
Österr. Volksfürsorge	54 %
Heimat	51 %
Der Anker	51 %
Bundesländer	50 %
Wiener Rück	50 %
Anglo Elementar	46 %
Internationale Unfall	31 %

Die Lebensversicherungen waren hiervon am schwersten betroffen. Geht man auf die Reserven der Lebensversicherungen in Österreich zum Zeitpunkt 31. 12. 1944 ein, so machten die deutschen Reichsanleihen (einschließlich der Versicherungsfonds-Obligationen) 72 % der totalen Reserven aus. Diese enthielten neben den Obligationen des Versicherungsfonds von 133,5 Mio. RM und den Reichsanleihen von 142,7 Mio. RM noch 47,2 Mio. RM österreichischer Staatsanleihen aus der Zeit vor 1938, die in deutsche Reichsanleihen konvertiert worden waren. Der Anteil der deutschen Reichsanleihen an den Gesamtreserven der in Österreich tätigen Lebensversicherungen machte bei den einzelnen Versicherungsunternehmen Folgendes aus:

Anteil deutscher Reichsanleihen an den Gesamtreserven zum 31. Dezember 1944

ÖVAG	92 %
Jupiter	77 %
Wiener Verein	77 %
Österr. Beamten	71 %
Wiener Städtische	64 %
Bundesländer	61 %
Der Anker	60 %
Österr. Volksfürsorge	59 %
Generali	55 %
Riunione	53 %
Donau Concordia	24 %
Erste Ungarische	20 %

Nach den Veröffentlichungen des Bundesministeriums für Finanzen aus dem Jahr 1955 hatten die österreichischen Lebensversicherungen durch die Kriegsereignisse im Durchschnitt rund 60 % ihrer seinerzeitigen Deckungswerte verloren.[790] Nach den Berechnungen einiger Versicherungsunternehmen waren die Gesellschaften 1945 bei der Annahme gleichbleibenden Prämieneinkommens und dem Verlust der deutschen Reichsanleihen und sonstigen deutschen Obligationen nur mehr zu 45 % imstande, ihre Verpflichtungen gegenüber den österreichischen Versicherten zu erfüllen.[791] Am schlimmsten war die Situation der ÖVAG. Sie hatte neben den Reichsanleihen auch die Versicherungsfondsschuldverschreibungen aus der Position Wertpapiere auszuscheiden und als kriegsbetroffene Aktiva auszuweisen, „deren Wert durch den Ausgang des Krieges und die Loslösung Österreichs vom Deutschen Reich fraglich geworden ist".[792]

ÖVAG-Bilanz Aktivseite zum 1. Dezember 1945 in Mio. S

Bilanzsumme	226,1
Kriegsbetroffene Aktiva	189,1
darunter Kriegswertpapiere	169,8
darunter Versicherungsfondsobligationen	133,5

Die finanzielle Verflechtung mit Deutschland betraf folgende Bereiche:

- Rückversicherungen österreichischer Gesellschaften bei Gesellschaften im Deutschen Reich.[793] Diese mussten auf Forderung der Alliierten aufgelöst werden. Die Schlussabrechnung war so lange nicht möglich, als der Begriff „österreichisches Geschäft" nicht geklärt war. Eine bedeutende Forderung ergab sich jedoch beim Kriegsrisiko der Transportversicherung, welche bei der deutschen Kriegsversicherungsgemeinschaft rückversichert werden musste. Hier standen noch 17 Mio. RM für unbezahlte Schulden offen, für die es eine Reichsbürgschaft gab.
- Forderungen österreichischer Versicherungsgesellschaften gegen deutsche Schuldner,

790 Veröffentlichungen des Bundesministeriums für Finanzen, Wien 1955/2, S. 10

791 Niederschrift über die am 2. Oktober 1945 stattgefundene Sitzung des Ausschusses der Sektion Lebens- und Krankenversicherung des Verbandes der Versicherungsanstalten Österreichs, Archiv Versicherungsverband

792 Dr. Friedrich Wegner, Wien Juni 1947, Österreichische Versicherungs Aktiengesellschaft, Sonderprüfung 1936–1945, Band 2, S. 46

793 Probleme der Vertragsversicherung, zweite Äußerung des Departments 19 vom 12. 4. 1946,AdR. BMF. 24806/46

vor allem Schuldscheindarlehen und Hypotheken. Wieweit solche Forderungen noch realisiert werden konnten, war nicht klar.
- Forderungen österreichischer Gesellschaften gegen den deutschen Staat, die meist unter Zwang angeschafften Reichsanleihen, Schuldverschreibungen und die Forderungen an den Versicherungsfonds in Berlin. Hier handelte es sich um Obligationen im Nennwert von rund 132 Mio. RM, zu denen noch rückständige Zinsen von 6 Mio. RM im Jahr hinzuzurechnen waren.
- „Forderungen gegen den deutschen Reichsfiskus für beschlagnahmte Versicherungen von Emigranten, Juden, politisch Verfolgten usw. (nach bisherigen Erhebungen schätzungsweise 7,5 Mio. RM).“ 6 Mio. RM Vorauszahlung der ÖVAG und 1,5 Mio. RM für die übrigen Versicherungsunternehmen.

„Ein vorsichtiger Kaufmann in einem anderen Wirtschaftszweig“, schrieb daher ein österreichischer Versicherungsfachmann über diese Forderungen, „wird diese insgesamt als Nonvaleurs betrachtet haben. Die Lebensversicherungen konnten nach solchen Überlegungen nicht handeln. Im Gegensatz zu der übrigen Wirtschaft sind sie durch die Natur ihres Geschäftes gezwungen, nicht in Monaten und Jahren, sondern in Jahrzehnten zu denken. Dadurch ergeben sich nicht nur Verpflichtungen, sondern auch Möglichkeiten, die andere Wirtschaftsunternehmungen nicht haben. Zumindest bestand die Möglichkeit, abzuwarten, bis der Staat, der bei Kriegsende selbst aus den Fugen geraten war, zu einer ethischen Auffassung seiner Schuldverpflichtung zurück gefunden hat.“[794] Darunter verstand man die Hoffnung, dass der österreichische Staat die Verpflichtung aus den deutschen Reichsanleihen wenn schon nicht selbst übernehmen, so doch eine für die Versicherungsunternehmen tragbare Lösung finden würde. 1946 wies der Versicherungsverband darauf hin, dass vor allem bei den Lebensversicherungsunternehmen die Frage der deutschen Wertpapiere eine große und entscheidende Rolle spielen würde. „Wir stehen auf dem Standpunkt, daß eine Übernahme dieser Verpflichtungen durch den österreichischen Staat und eine Aufwertung unerläßlich ist. Diese Anschauung wird auch von den zuständigen Behörden vertreten. Eine Entscheidung darüber dürfte voraussichtlich in naher Zukunft nicht zu erwarten sein, da die österreichische Regierung begreiflicherweise wird abwarten wollen, ob nicht ohnedies durch den mit Österreich abzuschließenden Staats- bzw. Friedensvertrag bestimmte Anteile an der deutschen Staatsschuld der Republik Österreich auferlegt wird. Unabhängig davon muß aber, wie bereits betont, die Übernahme und wenigstens teilweise Valorisierung der im Besitz der

794 Fritz Füger, Das Provisorium der österreichischen Lebensversicherung, Die Versicherungsrundschau, 1954, S. 66

Versicherungsunternehmen befindlichen deutschen Staatstitres mit Entschiedenheit gefordert werden."[795]

Der deutsch-österreichische Vermögensvertrag 1958

Schon vor dem Staatsvertrag gab es Bestrebungen, die Versicherungsbeziehungen zwischen Deutschland und Österreich endlich wieder zu normalisieren. Bereits Anfang der 1950er Jahre kam vom westdeutschen Versicherungsverband die Anregung, Verhandlungen zur Bereinigung der zu Kriegsende vorhandenen gegenseitigen Forderungen und Verbindlichkeiten aufzunehmen. Aufgrund der ungeklärten Rechtsverhältnisse konnte der österreichische Versicherungsverband aber nur antworten, dass solche Verhandlungen zu keinem praktischen Ergebnis führen würden. Anfang 1952 wies der Präsident des Gesamtverbandes der deutschen Versicherungswirtschaft darauf hin, dass solche Besprechungen mit der belgischen und niederländischen Versicherungswirtschaft bereits im Laufen seien und regte neuerlich eine Aussprache über Österreich an. Zwar war die österreichische Situation mit der anderer Staaten nicht zu vergleichen, da aber die Versicherungsaufsicht keinen Einwand hatte, war man beim österreichischen Versicherungsverband der Meinung, „daß eine unverbindliche Erörterung nicht abzulehnen sein wird". In dem Antwortschreiben wies man aber darauf hin, „daß angesichts der besonderen Lage Österreichs keine konkreten Verhandlungen, sondern nur eine unverbindliche Fühlungnahme in Betracht gezogen werden kann, um den deutschen Standpunkt kennen zu lernen".[796] Nach einigen Terminverschiebungen fand die erste „unverbindliche Fühlungnahme"[797] am 20. Jänner 1953 in Salzburg statt.[798] Bei dieser „unverbindlichen und inoffiziellen Aussprache" wurde gleich zu Anfang festgestellt, „daß Fragen, welche der zwischenstaatlichen Regelung bedürfen, nicht Gegenstand dieser Verhandlungen sein können".[799] Es wurden folgende Punkte besprochen:

1. Rückversicherung
Die Abrechnung der alten Rückversicherungsbeziehungen wurde von deutscher Seite

795 Schreiben des Verbandes der Versicherungsanstalten Österreichs an das Österreichische Forschungsinstitut für Wirtschaft und Politik in Salzburg, Wien 21. Oktober 1946, Archiv Versicherungsverband

796 V137/4. Juni 1952

797 V142/23. Oktober 1952

798 Von österreichischer Seite nahmen daran der Vorstand des Versicherungsverbandes und die Herren Dr. Jakobartl und Liebermann teil, von deutscher Seite der Präsident des Verbandes, Herr Haus, und die Herren Schnell und Dr. Alzheimer.

799 V145/23. Jänner 1953

aus bilanztechnischen Gründen für erforderlich gehalten. Sie sollte nur der buchhalterischen Klarstellung dienen und auf keinen Fall präjudizierend sein. Von entscheidender Bedeutung war hierbei die Kursfestsetzung zwischen Reichsmark, Schilling und Deutscher Mark. Beide Seiten vertraten den Standpunkt, dass eine volle Liberalisierung des Rückversicherungszahlungsverkehrs, wie er bereits zwischen den OECD-Staaten möglich war, anzustreben sein wird.

2. Schweizer Guthaben
Es bestanden noch Guthaben von in Österreich unter öffentlicher Verwaltung stehenden deutschen Versicherungsunternehmen in der Schweiz. Um diese frei zu bekommen war eine Intervention bei der Bank Deutscher Länder (dem Vorläufer der Deutschen Bundesbank) notwendig. Es handelte sich um 150.000 Schweizer Franken.

3. Deutsche Kriegsversicherungsgemeinschaft
Während des Krieges musste das Kriegsrisiko der Transportversicherung bei der Deutschen Kriegsversicherungsgemeinschaft (DKG) rückversichert werden.[800] Anlässlich der Liquidierung der DKG ergaben sich Schwierigkeiten bei Risiken, welche österreichische Gesellschaften zu Gunsten von Versicherungsnehmern in Deutschland übernommen hatten. Der deutsche Verband trat hierbei für eine Gleichstellung österreichischer und deutscher Versicherungsnehmer ein.

4. Reziprozität bei Zweigniederlassungen
Das war für die österreichische Seite die „Gretchenfrage". Daher wurde ausdrücklich festgestellt, „daß diese Frage in Anbetracht der gegebenen Sach- und Rechtslage nicht Gegenstand irgendwelcher Vorschläge oder Übereinkommen sein kann." Österreich erkannte nur Konzessionen deutscher Niederlassungen an, die bis 1938 erteilt wurden, jene nach dem Anschluss waren hinfällig.

Am 12. Juni 1953 einigten sich die Vertreter der Versicherungswirtschaft beider Länder in Wien auf die „Vereinbarung zwischen dem Gesamtverband der Versicherungswirtschaft e. V., Köln, einerseits und dem Verband der Versicherungsunternehmen Österreichs, Wien, andererseits, betreffend die Feststellung und Abstimmung der Guthaben und Verpflichtungen deutscher Versicherungs- und Rückversicherungsgesellschaften

800 Siehe dazu: Lakatos, Ernst, Die Transportversicherung 1918–1938, in: Wolfgang Rohrbach (Hrsg.), Versicherungsgeschichte Österreichs, Band III, Das Zeitalter des modernen Versicherungswesens, Wien 1988, S. 510 ff.

gegenüber österreichischen Versicherungs- und Rückversicherungsgesellschaften aus gegenseitigen Rückversicherungs- und Retrozessionsabgaben vor dem 8. Mai 1945."[801]

Dabei wurde einmal der Umrechnungskurs geklärt. Zahlungen und Reserven für Personenschäden wurden entsprechend der deutschen Währungsreform 1948 mit zehn Reichsmark zu einer DM angerechnet. In der Lebensversicherung wirkte sich dies aufgrund der besonderen deutschen Umstellungsgesetzgebung, die diesen Bereich begünstigte, nicht auf die Abrechnung mit den österreichischen Rückversicherern aus. Außerdem war man sich einig, dass die Vereinbarung von der Zustimmung der zuständigen Körperschaften, Mitgliedsunternehmen und Behörden abhing. Die Vereinbarung war daher kein Zahlungs-, sondern ein Abrechnungsabkommen. Die Vereinbarung sah vor:

1. Beide Verbände sollen ihren Mitgliedsgesellschaften empfehlen, in Bezug auf offene Forderungen und Verpflichtungen aus Rückversicherungs- und Retrozessionsabgaben in Verbindung zu treten, um diese festzustellen.
2. Stichtag war der 31. Dezember 1944, es sei denn, dass sich die betroffenen Unternehmen auf einen anderen Zeitpunkt einigten.
3. Auf Grund der Verträge und der branchenüblichen Usancen waren Schlussabrechnungen aufzustellen unter Berücksichtigung:
   - der Kontokorrent- und Depotsalden,
   - des Portefeuille-Rückzugs,
   - der Prämienreserven,
   - der bezahlten Schäden und Renten in der Zeit vom 1. Januar 1945 bis 31. Dezember 1952,
   - der offenen Schaden- und Rentenreserven am 31. Dezember 1952,
   - aller übrigen Forderungen, Guthaben und Verbindlichkeiten der abrechnenden Gesellschaften. Falls vertraglich bestimmt oder einvernehmlich gewünscht, konnten diese Bestimmungen dementsprechend abgeändert werden.

Falls in den Verträgen nicht anders vorgesehen, hatte die Abrechnung in der Originalwährung der Zession zu erfolgen. Für die Reichsmarkforderungen und Verpflichtungen aus der Zeit bis zum 8. Mai 1945 galt Folgendes:

- Reichsmark aus dem von österreichischen an deutsche Versicherungsunternehmen abgegebenen Geschäft waren im Verhältnis 1 : 1 in Schilling umzurechnen.

801 Beilage zu V152/27. Oktober 1953. Von deutscher Seite nahmen daran teil die Herren Haus, Alzheimer, Knochenhauer, Raabe, Schnell und Wicher; von österreichischer Seite die Herren Dr. Habich, Dr. Hummel, Dr. Bittner, Dr. Jakobartl, Liebermann und Dr. Bartl.

- Reichsmark aus dem von deutschen an österreichische Gesellschaften abgegebenen Geschäft waren im Verhältnis 10 : 1 auf DM umzustellen.
- Die RM-Umstellungen bezogen sich nicht auf das Geschäft in den früheren „sudetendeutschen" Gebieten. Das Gleiche galt für frühere Protektorats-Kronen und slowakische Kronen, die in Originalwährung bestehen blieben. Alle übrigen Währungen wurden zum Kurs vom 31. Dezember 1942 in der Landeswährung des Schuldners umgerechnet, außer die Vertragspartner vereinbarten etwas anderes.
- In der Lebensbranche war eine Schlussabrechnung nur aufzustellen, wenn die betreffenden Verträge gekündigt waren, ansonsten liefen diese Verträge aus. Zur Feststellung eines Endsaldos sollten aber die gegenseitigen Kontokorrentguthaben und Verpflichtungen zum 31. Dezember 1949 festgestellt werden, die späteren Salden waren nach den neuen deutschen Devisenbestimmungen zu behandeln.
- Für Streitigkeiten sollte ein Schiedsgericht errichtet werden.

Mit dem Staatsvertrag ging das Vermögen der deutschen Versicherungsunternehmen in Österreich als „deutsches Eigentum" endgültig an die Republik Österreich über. Allerdings waren damit auch die Verpflichtungen dieser Unternehmen gegenüber den österreichischen Anspruchsberechtigten aus der Zeit von 1938 bis 1945 erloschen. Durch das österreichische Versicherungswiederaufbaugesetz von 1955 war auch die Stockabgrenzung geregelt (siehe oben). Bei Lebensversicherungen, die zwischen 1938 und 1945 abgeschlossen wurden, und vor allem hier bestanden Probleme, war der österreichische Wohnsitz zum Vertragsabschluss und zum 1. 1. 1950 maßgebend, um von österreichischer Seite anerkannt zu werden. Außerdem gehörte ein Vertrag nicht zum inländischen Bestand, wenn dieser von einem ausländischen Versicherungsunternehmen nach dem 7. Mai 1945 akzeptiert worden war oder darauf Prämien angenommen bzw. Leistungen erbracht worden waren. Nach dem Londoner Schuldenabkommen 1953 bzw. nach dem österreichischen Staatsvertrag war diese Regelung aber zweifelhaft. Das betraf unter anderem auch Gruppenversicherungsverträge, die deutsche Unternehmungen für ihre österreichischen Arbeitnehmer während der NS-Zeit bei einem deutschen Versicherungsunternehmen abgeschlossen hatten. Über diese Verträge lagen in Österreich kaum Unterlagen vor. Von den von deutscher Seite geschätzten 550.000 Korrespondenzverträgen dürfen 400.000 bis 450.000 auf solche Gruppenversicherungen entfallen sein. Davon waren etwa 100.000 bis 150.000 von größerer Bedeutung.[802]

802 II. Sitzung der Vollkommission vom 11. Oktober 1955 in München, Bundesministerium für Finanzen, Versicherungsaufsicht allgemein, AdR. BMF., 163322/56

Bei den Verhandlungsvorbereitungen mit Deutschland zeigte sich, dass Enteignungen ein sehr plumpes Instrument sind, die dem fein gesponnenen Netz von Rechten und Verpflichtungen einer Marktwirtschaft in vieler Hinsicht widersprechen. 1945 konnte man in Österreich leicht das deutsche Eigentum im Versicherungsbereich beschlagnahmen, Deutschland war in vier Besatzungszonen aufgeteilt und es gab keinen handlungsfähigen deutschen Staat, mit dem man sich hätte auseinander setzen müssen. Doch elf Jahre später war die BRD zum wichtigsten Wirtschaftspartner geworden, dem man keine Lösungen mehr aufzwingen konnte. Auch der österreichische Versicherungsverband wies daher darauf hin, „daß eine in den Augen des deutschen Staates unbillig erscheinende Regelung auf dem Versicherungssektor sehr leicht Anlaß zur Rückwirkungen auf die österreichischen Zweigniederlassungen in Deutschland geben könnte, deren durchwegs aufstrebendes deutsches Geschäft durch Gegenseitigkeitsmaßnahmen unschwer wesentliche Beeinträchtigungen erfahren könnte und wohl auch würde. Es möge nicht unerwähnt bleiben, daß einer jährlichen Prämieneinnahme der deutschen Zweigniederlassungen in Österreich von rund 40 Mio. Schilling eine jährliche Prämieneinnahme der österreichischen Zweigniederlassungen in Westdeutschland von DM 50 Mio. gegenübersteht."[803] Die Honorierung der Ansprüche der österreichischen Versicherten wurde natürlich begrüßt: „Das Ausmaß der Versicherungsverpflichtungen österreichischer Unternehmungen gegenüber deutschen Versicherten ist praktisch nicht feststellbar, dürfte aber größenordnungsmäßig nicht ins Gewicht fallen und global gesehen auch geringer als die entsprechenden deutschen Verpflichtungen sein."[804]

Schließlich konnten die Vermögenswerte der betroffenen Versicherungsunternehmen nicht einfach vom österreichischen Staat als deutsches Eigentum eingezogen werden, da ihnen Versicherungsforderungen gegenüberstanden. Denn um die österreichischen Vermögenswerte der deutschen Versicherungsunternehmen dem Zugriff der Alliierten zu entziehen, waren sie zur Gänze zu Deckungsstockwerten erklärt worden, so dass den österreichischen Versicherten praktisch ein dingliches Befriedungsrecht aus diesen Werten zustand.[805] Am 10. Juli 1946 hatte der österreichische Nationalrat schließlich mit großer Mehrheit die Erklärung angenommen, dass das Vermögen der Versicherungsgesellschaften wirtschaftlich gesehen Vermögen der Versicherten sei. Diese Erklärung wurde durch die Erläuterungen zur Regierungsvorlage zum Staatsvertrag bestätigt und

803 Verband der Versicherungsanstalten Österreichs an das Bundesministerium für Finanzen, Versicherungsaufsichtsbehörde, Wien, 26. September 1956, Versicherungsaufsicht allgemein, AdR. BMF., 136609/56

804 Verband der Versicherungsanstalten Österreichs an das Bundesministerium für Finanzen, Versicherungsaufsichtsbehörde, Wien, 26. September 1956, Versicherungsaufsicht allgemein, AdR. BMF., 136609/56

805 Exposé betreffend Versicherungswesen, 29. Oktober 1956, Bundesministerium für Finanzen, Versicherungsaufsicht allgemein, AdR. BMF., 153161/56

im Kommentar von Minister Bock nochmals darauf Bezug genommen.[806] Diese Vermögen waren daher zugunsten der österreichischen Versicherungsnehmer zu liquidieren und das war ohne Mitwirkung von deutscher Seite nicht möglich. Es wurde daher eine gemischte deutsch-österreichische Kommission errichtet.[807] Diese Kommission war mit hohen Vertretern der Ministerien, der Verbände und der Versicherungsunternehmen beider Länder besetzt. Sie arbeitete in einer freundschaftlichen Atmosphäre und es kam in den meisten Fragen zu einvernehmlichen Lösungen. In der Vorbereitung zu den Verhandlungen erstellte der österreichische Versicherungsverband auf der Grundlage einer von der Bundeswirtschaftskammer der gewerblichen Wirtschaft angeregten Umfrage noch einmal eine Bilanz:

Forderungen österreichischer Versicherungsunternehmen gegenüber Westdeutschland[808]

Saldo aus Forderungen und Verbindlichkeiten (ohne ausländische Zweigniederlassungen) zum Stichtag 8. Mai 1945 in ihrer Abwicklung bis zum 30. Juni 1955, RM gleich Schilling, Grundstücke wurden nicht erfasst.

Guthaben bei Kreditinstituten und Sparkassen	0,588 Mio.
Guthaben bei der Commerzbank A. G. Wien	0,042 Mio.
Schuldscheinforderungen	11,104 Mio.
Wertpapiere:	
Reichsanleihen und -Schatzanweisungen	237,542 Mio.
Reichspost und -Bahn	1,644 Mio.
Sonstige Effekten	139,591 Mio.
(davon Obligationen Versicherungsfonds Berlin 132,300 Mio.) Rück- und Mitversicherung gegenüber Versicherungs-Unternehmen sowie aus Direktversicherung gegenüber	
Maklern	−1,395 Mio.
Sonstige	41,010 Mio.
Gesamtsumme	430,126 Mio.

806 517 der Beilagen zu den stenographischen Protokollen des Österreichischen Nationalrats, V. GP, zu Artikel 22 des Staatsvertrages.

807 Die wichtigste Arbeitstagung fand vom 9. Oktober bis zum 1. November 1956 in München statt.

808 Verband der Versicherungsanstalten Österreichs an das Bundesministerium für Finanzen, Versicherungsaufsichtsbehörde, Wien, 26. September 1956, Versicherungsaufsicht allgemein, AdR. BMF, 136609/56.

Bei den sonstigen Forderungen waren zum 31. 12. 1956 der Verrechnungssaldo gegen den Versicherungsfonds Berlin in der Höhe von 33,532 enthalten und 6 Mio. gegen den Oberfinanzpräsidenten Berlin sowie 1,326 Mio. Forderungen aus Kriegssachschäden. Bei der Erstellung des Rot-Weis-Rot-Buches war noch von Forderungen in der Höhe von 659,154 Mio. S die Rede gewesen (710,124 Mio. Forderungen und 50,97 Mio. Verpflichtungen). Im Grunde genommen war dies aber „der Schnee von gestern". Es war die Bilanz der Kriegsverluste des österreichischen Versicherungswesens, wobei die meisten Posten durch den Forderungsverzicht im Staatsvertrag erledigt waren. Sie waren den österreichischen Unternehmen durch das Versicherungswiederaufbaugesetz bereits teilweise durch den Staat ersetzt worden. In den zwischenstaatlichen Verhandlungen ging es daher nicht mehr um die Forderungen der österreichischen Versicherungsunternehmen in Richtung ehemaliges Deutsches Reich, sondern um die noch vorhandenen Vermögen und Verpflichtungen der deutschen Versicherungsunternehmen in Österreich. Die deutsche Seite war bereit, die Verzichtsklausel des österreichischen Staatsvertrages auf dem Sektor der privaten Versicherungsunternehmen nicht anzuwenden.[809] Sie war daher gewillt, alle Ansprüche österreichischer Gläubiger nach deutschem Recht zu erfüllen. Sie erwartete hierfür aber die Rückgabe der in Österreich vorhandenen Deckungswerte zur Erfüllung dieser Verbindlichkeiten. Dazu teilte man die Versicherungsunternehmen in zwei Gruppen:

- Gruppe 1: waren jene, die Niederlassungen oder Geschäftsstellen in Österreich hatten bzw. gehabt hatten. Hier war man sich einig, dass ein Ausgleich der Vermögenswerte der verschiedenen deutschen Versicherungsgesellschaften in Österreich erfolgen sollte („Topf"), wodurch die Unterdeckung bei einem Unternehmen durch die Überdeckung bei den anderen ausgeglichen werden sollte.
- Gruppe 2: betraf alle übrigen deutschen Versicherungsunternehmen, die in Österreich tätig gewesen waren.

Die deutsche Zahlungsbereitschaft galt auch für Korrespondenzverträge, also jene Versicherungsverträge, die über die deutschen Zentralen direkt und nicht über eine österreichische Niederlassung oder Geschäftsstelle liefen. Solche Verträge bestanden vor allem in der Gruppe 2 (ohne Geschäftsstellen), konnten aber auch bei der Gruppe 1 (mit Geschäftsstellen) vorkommen. Vor dem Londoner Schuldenabkommen 1953 wurden von den deutschen Zentralen die Korrespondenzverträge – zumeist „vorschussweise" – nach deutschem Recht abgewickelt, danach bestand hierfür keine Verpflich-

809 Und des Bausparwesens, das gleichzeitig verhandelt wurde.

tung mehr. Die deutsche Seite war nun bereit auch diese Verträge, ganz gleich, welcher Gruppe sie angehörten, von deutschen Stellen nach deutschem Recht zu erfüllen. Dies war „ein unbedingtes Petit der österreichischen Delegation".[810] Nach deutscher Auffassung sollten auch diese Verpflichtungen aus den in Österreich befindlichen Vermögenswerten gedeckt werden, während dies von österreichischer Seite abgelehnt wurde. Zumindest aber strebten die Deutschen auch für die Gruppe 2 (ohne Geschäftsstellen) einen Topf an, was von österreichischer Seite ebenfalls abgelehnt wurde. Die Ursache für diese unterschiedliche Behandlung von österreichischer Seite lag darin, dass es sich bei den Versicherungsunternehmen der Gruppe 1 (mit Geschäftsstellen) überwiegend um Unternehmen handelte, die bereits vor 1938 zum Geschäftsbetrieb zugelassen worden waren und daher ihre Deckungswerte auch in Österreich angelegt hatten. Von dem noch vorhandenen Vermögen dieser Gruppe entfielen etwa 80 % auf solche „lebenden" Unternehmen. Die Deckungswerte der Gruppe 1 reichten daher aus, um die Verpflichtungen abzudecken. Anders bei der Gruppe 2 ohne Geschäftsstellen. Ihre Verträge waren direkt von den Zentralen abgeschlossen und die Deckungswerte dementsprechend weitgehend in Deutschland veranlagt worden. Für sie war die österreichische Seite nur bereit, das in Österreich vorhandene Vermögen freizugeben, die darüber hinausgehenden Verpflichtungen sollten von Deutschland übernommen werden, da dort auch die Deckungswerte verblieben waren.

„Im Zuge der Verhandlungen wurde gewisses, im allgemeinen nicht belegtes Zahlenmaterial ausgetauscht",[811] stellte die österreichische Seite intern fest. Tatsächlich waren die Zahlen recht unterschiedlich, was nicht nur auf Bewertungsunterschiede und die teilweise Unkenntnis der tatsächlichen Verpflichtungen zurückzuführen war, sondern auch auf den unterschiedlichen Interessenstandpunkt, schließlich wurde verhandelt!

810 Aufzeichnung über die Sitzung des Versicherungssonderausschusses vom 18. Oktober 1956, Bundesministerium für Finanzen, Versicherungsaufsicht allgemein, AdR. BMF., 153161/19

811 Bericht über die Tagung des Versicherungssonderausschusses de österreichisch-deutschen Kommission vom Oktober 1956, Bundesministerium für Finanzen, Versicherungsaufsicht allgemein, AdR. BMF., 153161/56

Vermögen deutscher Versicherungsunternehmen in Österreich[812]
ohne Aktienbeteiligungen (Ende 1954)

Österreichische Schätzung	
Gruppe 1	
Vermögen	150 bis 180 Mio. S[813]
Verpflichtungen	100 bis 120 Mio. S[814]
plus Verpflichtungen in Deutschland	25 Mio. S.
Gruppe 2	
Vermögen	15 Mio. S
Verpflichtungen	170 bis 180 Mio. S
Deutsche Schätzung	
Gruppe 1	
Vermögen	180 Mio. S
Verpflichtungen	80 Mio. S
Gruppe 2	
Vermögen	50 Mio. S
Verpflichtungen	150 Mio. S

Die Verbindlichkeiten aus Korrespondenzverträgen (Gruppe 2) wurde von deutscher Seite mit 24 Mio. S angegeben, was von österreichischer Seite als weitaus überhöht angesehen wurde.[815] In jedem Fall war in Gruppe 1 eine Überdeckung gegeben, welche der österreichische Staat aus dem Titel „deutsches Eigentum" für sich beanspruchte, und in Gruppe 2 eine deutliche Unterdeckung, die von der deutschen Seite ausgegli-

812 Aufzeichnung über die Sitzung des Versicherungssonderausschusses am 17. Oktober 1956, Bundesministerium für Finanzen, Versicherungsaufsicht allgemein, AdR. BMF., 153161/56

813 Zwei Drittel dieser Vermögenswerte waren Darlehen an Wasserkraftunternehmungen.

814 Durch die österreichischen öffentlichen Verwalter waren Versicherungen erfasst, deren Deckungsbedarf auf 100 bis 120 Mio. Schilling geschätzt wurde, davon 80 Mio. von Unternehmen, die bereits vor 1938 zum Geschäftsbetrieb zugelassen worden waren.

815 Österreichisches Papier im Versicherungsausschuss 18. Oktober 1956, Bundesministerium für Finanzen, Versicherungsaufsicht allgemein, AdR. BMF., 153161/56. Der Wert der Korrespondenzverträge wird in den Unterlagen einmal mit 4 Mio. Schilling und einmal mit 24 Mio. DM angegeben, was sicher eine Verwechslung ist. Richtig kann es nur 4 Mio. DM und 24 Mio. Schilling heißen (Kurs 1 DM gleich 6 Schilling)

chen werden sollte. Das Ausmaß der Unterdeckung bei Gruppe 2 war daher entscheidend. Die deutsche Delegation übergab schließlich ein Papier, bei dem das Zahlenmaterial für Ende 1955 aufgeschlüsselt war. Die technischen Verbindlichkeiten der Gruppe 2 (ohne Geschäftsstellen) aus Versicherungsverträgen betrugen danach:

Lebensversicherungen	27,6 Mio. S
Pensionskassen	118,2 Mio. S
Sterbekassen/Sachversicherungen	1,2 Mio. S
Insgesamt	147,0 Mio. S

Die darin enthaltenen laufenden Renten wurden mit jährlich 3,804 Mio. S angegeben, wovon 1,53 Mio. S auf Lebensversicherungsunternehmen und 2,274 Mio. S auf Pensionskassen entfielen. Die Gruppe 1 (mit Geschäftsstellen) war daran mit rund 300.000 S beteiligt.[816] Dies wurde von österreichischer Seite als sehr überhöht angesehen. Die umstrittene Höhe der Vermögen der Gruppe 2 (ohne Geschäftsstellen) wurde Ende 1944 (ohne Rückversicherungssalden) von deutscher Seite angegeben mit:

Schuldscheinforderungen	25 Mio. S
festverzinsliche Wertpapiere (ohne Reichswerte)	20 Mio. S
Hypotheken	6–7 Mio. S
Bankguthaben	3,5 Mio. S
Insgesamt	54,5 bis 55,5 Mio. S

Im Jänner 1957 korrigierte die deutsche Seite nochmals ihre Werte für die Gruppe 2 und kam auf Verbindlichkeiten in der Höhe von 144 Mio. S (darunter 54 Mio. für flüssige Renten) und Vermögenswerte von 47,4 Mio. S.[817]

Außerdem erwartete die deutsche Seite eine großzügige Behandlung von Anträgen deutscher Versicherungsunternehmen auf Wiederbetätigung in Österreich.[818] Das betraf vor allem die Bestätigung von Betriebsbefugnissen von Versicherungsunternehmen, die bereits vor 1938 zugelassen waren, aber seit 1945 kein Neugeschäft mehr getätigt hat-

816 Aufzeichnung über die Sitzung des Versicherungssonderausschusses am 22. 10. 1956, Bundesministerium für Finanzen, Versicherungsaufsicht allgemein, AdR. BMF., 153161/56

817 Versicherungs-Sonderausschuss vom 24. 1. 1957, Bundesministerium für Finanzen, Versicherungsaufsicht allgemein, AdR. BMF., 10335/57

818 II. Sitzung der Vollkommission vom 11. Oktober 1956 in München, Bundesministerium für Finanzen, Versicherungsaufsicht allgemein, AdR. BMF., 163322/56

ten. Es handelte sich dabei überwiegend um Transportversicherungen, darunter auch Kfz-Versicherungen, deren Tarife vor 1938 noch nicht genehmigungspflichtig waren. Etwaige Anträge anderer deutscher Versicherungsunternehmen sollten „unter Berücksichtigung der besonderen Umstände des Einzelfalles wohlwollend geprüft werden“. [819] Dagegen hatte vor allem der österreichische Versicherungsverband „schwerste Bedenken“ und er forderte, die Betriebsbefugnis nur für jene Unternehmen auszusprechen, die am 1. Jänner 1956 und vor dem 13. März 1938 zugelassen waren. Zusätzlich schlug der Versicherungsverband vor, dass der deutsche Gesamtverband der Versicherungswirtschaft namens seiner Mitglieder die Erklärung abgeben sollte, dass diese „in Österreich keine Untertarifierung vornehmen und sich an die in Österreich üblichen Sätze der Verprovisionierung halten und ihre österreichischen Geschäftsführer anweisen, die dargestellte Vorgangsweise einzuhalten“. Der österreichische Verband hielt „eine derartige prohibitive Maßnahme für unbedingt erforderlich, wenn anders die Deroutierung des österreichischen Versicherungsmarktes vermieden werden soll“.[820] „Ein Neugeschäft, der nach 1938 in Österreich zum Geschäftsbetrieb zugelassenen Unternehmungen, sollte nach wie vor nicht mehr in Frage kommen. Jede Konzessionserteilung würde für den heimischen Markt ein schweres Präjudiz bedeuten und den Druck des übrigen Auslandes nach Neukonzessionen sehr verstärken.“[821] Das zwischenstaatliche Verhandlungskomitee fand eine solche „Loyalitätserklärung“ aber überflüssig und es wurde klar gemacht, dass es nicht zweckmäßig wäre, ein De-facto-Kartell zu erzwingen.[822] Man kam daher überein, die wieder zuzulassenden deutschen Versicherungsunternehmen am besten einzeln aufzuzählen. Die bereits vor 1938 in Österreich tätig gewesen deutschen Versicherungsunternehmen waren die:

Mannheimer Versicherungsgesellschaft
Nordstern Allgemeine Versicherungs A. G.
Nordstern Lebensversicherungs A. G.
Victoria zu Berlin Allgemeine Versicherungs A. G.

---

819 Entwurf für ein Versicherungsabkommen zur Durchführung des Staatsvertrages, S. 6, Bundesministerium für Finanzen, Versicherungsaufsicht allgemein, AdR. BMF., 163322/56

820 Verband der Versicherungsunternehmen Österreichs an das Bundesministerium für Finanzen, Wien, 18. Dezember 1956, AdR. BMF., Versicherungsaufsicht allgemein, 178850/56

821 Verband der Versicherungsanstalten Österreichs an das Bundesministerium für Finanzen, Versicherungsaufsichtsbehörde, Wien, 26. September 1956, Versicherungsaufsicht allgemein, AdR. BMF., 136609/56

822 Versicherungs-Sonderausschuss vom 24. 1. 1957, Bundesministerium für Finanzen, Versicherungsaufsicht allgemein, AdR. BMF., 10335/57

1951 waren zusätzlich die Victoria Feuerversicherungs AG und die National Allgemeine in Österreich tätig, für die man auch eine Bestätigung der Konzession erwog, alle anderen deutschen Versicherungsunternehmen sollten, zumindest im Zusammenhang mit dem Vermögensvertrag, nicht mehr zugelassen werden.

Relativ rasch gelangte man zu einer Einigung bei den Rückversicherungen. Denn diese konnte auf der Grundlage der zwischen beiden Versicherungsverbänden paraphierten, aber nicht genehmigten Vereinbarung vom 12. Juni 1953 mit kleinen Änderungen erfolgen. Die Deutschen wollten bei dieser Regelung die öffentlichen Verwalter und die staatliche Versicherungsaufsicht einbinden. Dies wurde aber von der österreichischen Seite als eine kaum lösbare Aufgabe angesehen, weil die alten Versicherungssalden mit den Salden aus neuen Rückversicherungsverträgen bereits vermischt worden waren.[823] Der österreichische Versicherungsverband forderte daher, dass die Abwicklung von Rückversicherungsverträgen kommerziell und unmittelbar durch die Unternehmen selbst erfolgen sollte. „Die Eigenheit der Rückversicherungsverhältnisse, der ausgesprochen internationale Charakter und die zwischenstaatliche Notwendigkeit der Rückversicherung zwingt geradezu zu einer ordnungsgemäßen Abwicklung der Rückversicherungsverträge und somit zu einer ordnungsgemäßen Bereinigung der bei Kriegsende bestehenden Saldi und dies umso mehr, als die wirtschaftlichen Gegebenheiten schon längst zu neuen, langjährig bestehenden Vertragsverhältnissen zwischen den alten Partnern geführt haben. Ein reinlicher Saldoausgleich in irgendeiner Form dürfte auch dadurch erleichtert sein, daß eine globale Abrechnung offenbar keinen ins Gewicht fallenden Saldo ergibt."[824] Auf deutschen Vorschlag hin stellte Österreich hierfür die Vermögenswerte der Rückversicherungen zur Verfügung.

Auch bei den Forderungen an die Deutschen Kriegsversicherungsgemeinschaft und die HERMES-Kreditversicherungs-Aktiengesellschaft war eine Einigung schnell erreicht. Sie erfolgte auch für österreichische Gläubiger nach deutschem Recht, diese waren nicht schlechter zu stellen als deutsche Gläubiger.

Dagegen zogen sich die Verhandlungen in den übrigen Punkten hin. Am 18. Oktober 1956 wurde der deutschen Seite schließlich ein österreichisches 6-Punkte-Programm übergeben:[825]

---

823 Bundesministerium für Finanzen, Aussprache mit dem Verband der Versicherungsunternehmen Österreichs vom 23. November 1956, Versicherungsaufsicht allgemein, AdR. BMF., 163322/56

824 Verband der Versicherungsanstalten Österreichs an das Bundesministerium für Finanzen, Versicherungsaufsichtsbehörde, Wien, 26. September 1956, Versicherungsaufsicht allgemein, AdR. BMF., 136609/56

825 6-Punkte-Programm vom 18. Oktober 1956, Bundesministerium für Finanzen, Versicherungsaufsicht allgemein, AdR. BMF., 153161/56

„1. Der Forderungsverzicht nach Art. 23/3 des Staatsvertrages findet auf dem Sektor der Vertragsversicherung keine Anwendung, sohin werden alle österreichischen Versicherungsnehmer (Anspruchsberechtigte) und alle österreichischen Versicherungsunternehmungen ihre Forderungen gegen deutsche geltend machen können.“ Diese Formulierung entsprach generell dem österreichischen Standpunkt und wurde von der deutschen Seite akzeptiert.

„2. Österreich ist bereit, den Versicherungsbestand, der bei den unter öffentlicher Verwaltung stehenden Geschäftsstellen deutscher Versicherungsunternehmungen zum Stichtag 1. Jänner 1956 erfaßt war, aus den in Österreich befindlichen Vermögenswerten zu bedecken, wobei eine Unterdeckung eines Bestandes aus der Überdeckung eines anderen dieser Bestände auszugleichen wäre.“ Dies war der so genannte „Topf“ der Gruppe 1, also von deutschen Versicherungsunternehmen, die vor 1945 Geschäftsstellen in Österreich hatten. Die deutsche Seite wollte alle Versicherungsverträge – mit Ausnahme der Korrespondenzverträge – von Österreich übernommen haben. Hierüber konnte schließlich Übereinstimmung erzielt werden. Maßgebend war schließlich die Liste der Versicherungspolizzen der 61 unter öffentlicher Verwaltung stehenden Versicherungsunternehmen. Die deutsche Seite wollte zusätzlich, dass die Deckungswerte dieser Gruppe den Versicherungsunternehmen ohne Rücksicht auf ihre Verpflichtungen übergeben werden und daher die Überdeckung den einzelnen Unternehmen zufallen sollte. Die österreichische Seite war aber nur bereit, die Deckungswerte für den inländischen Versicherungsbestand dieser Gruppe zum 1. Jänner 1956 zur Verfügung zu stellen, die Überdeckung sollte zugunsten des österreichischen Staates eingezogen werden. Die restlichen Versicherungen dieser Gruppe (Korrespondenzverträge) sollten von der deutschen Seite nach deutschem Recht erfüllt werden. Dies betraf nicht nur nicht-österreichische Versicherungsnehmer, sondern auch jene österreichischen, die bisher in irgendeiner Weise von den deutschen Zentralen akzeptiert worden waren. Die deutsche Seite wurde daher „nicht im unklaren darüber gelassen, daß sämtliche bisher von deutscher Seite mit oder ohne Vorbehalt bevorschußten Versicherungen im deutschen Bestand bleiben müssen“.[826]

„3. Alle nicht unter 2) erfassten Versicherungsansprüche gegen deutsche Versicherungsunternehmungen sind von deren Zentralen nach deutschem Recht zu erfüllen.“

„4. Die Verpflichtungen aus Pensionsverträgen von Zweigniederlassungen, deren Konzessionen bestätigt werden, werden wie Ansprüche aus Versicherungsverträgen bedeckt.“ Das österreichische Versicherungsaufsichtsamt wandte jedoch ein, dass keine

826 Österreichisches Papier im Versicherungsausschuss, 18. Oktober 1956. Bundesministerium für Finanzen, Versicherungsaufsicht allgemein, AdR. BMF., 153161/56

allgemeine Zusage bezüglich der Pensionsverträge gemacht werden müsste, da diese nur die vier deutschen Zweigniederlassungen betreffe, deren Konzession bestätigt werden sollte. Die Bestimmung wurde dennoch in den Vertrag aufgenommen.

„5. Österreich ist ferner bereit, aus den Vermögenswerten, die anderen als den in Punkt 2) genannten Versicherungsunternehmungen gehörten, an die einzelnen Gesellschaften Deckungswerte nach Maßgabe der Verbindlichkeiten, die sie gemäß Punkt 3) gegenüber österreichischen Staatsangehörigen zu erfüllen haben, rückzuübertragen …" Für die Unternehmen, die keine Geschäftsstellen in Österreich hatten (Gruppe 2) sollte die Bedeckung nur nach Maßgabe des in Österreich vorhandenen Vermögens der Gesellschaften herausgegeben werden. Eine Unterdeckung war von den deutschen Unternehmen selbst zu bestreiten. Ein Ausgleich zwischen den einzelnen Gesellschaften („Topf") sollte nicht stattfinden. Bestanden keine Verpflichtungen bei einem Unternehmen, sollte der Vermögenswert zur Gänze an Österreich fallen. Von deutscher Seite wurde jedoch ein allgemeiner Verzicht auf die Anwendungen des Forderungsverzichts des Staatsvertrages von der Übergabe sämtlicher Deckungswerte dieser Gruppe abhängig gemacht. Hier konnte sich die deutsche Seite durchsetzen, im Vertrag wurde auch ein „Topf" für die Gruppe 2 aufgenommen.

„6. Anteilsrechte an juristischen Personen gehören nicht zu den Vermögenswerten bzw. Deckungswerten der Punkte 2) bis 5)." Diese Regelung sollte klarstellen, dass sich die Abmachung nicht auf Aktien und Beteiligungen bezog und diese nicht zur Erfüllung von Verbindlichkeiten herauszugeben seien. Auch der Verband der Versicherungsunternehmen Österreichs sprach sich grundsätzlich gegen Rückgabe von Aktien der Versicherungsunternehmen aus.[827]

Am 15. Juni 1957 wurde der deutsch-österreichische Vermögensvertrag schließlich unterzeichnet.[828] In Österreich war man mit dem Ergebnis recht zufrieden. Nach Ansicht des Finanzministeriums in Wien „hat Österreich bei den Verhandlungen auf dem Versicherungssektor, insbesondere durch die Schaffung von zwei ‚Töpfen' für die Herausgabe von Vermögen, günstig abgeschnitten". Durch die Schaffung von zwei Töpfen war verhindert worden, dass die Überdeckung der Gruppe 1 für die Unterdeckung der Gruppe 2 verwendet werden musste, wie das die deutsche Seite ursprünglich gefordert hatte. Es schien jedoch nicht zweckmäßig, diesen Erfolg in den Erläuterungen zur Regierungsvorlage zu untersteichen, „weil es sich auf die Ratifizierungsdebatte in Bonn

827 Der österreichische Wertpapierbesitz der deutschen Versicherungsunternehmen betrug 1944 36 Mio. RM, darunter 1,1 Mio. RM in Aktien. Es wurde nicht die Rückgabe dieser Aktien gefordert, sondern nur die Anrechnung auf die Werte der Gruppe 1 und 2.

828 Verlautbart in der Wiener Zeitung am 16. Juni 1957.

ungünstig auswirken kann".[829] Bei den Vorbereitungen zu den Erläuterungen wurden nochmals die Grundsätze des Vertrages hervorgehoben:

- Der internationale Charakter des Versicherungswesens rechtfertigte eine von den übrigen Bestimmungen des Vermögensvertrages abweichende Regelung. Diese galt insbesondere für die uneingeschränkte Streichung des Forderungsverzichts auf dem Gebiet des privaten Versicherungswesens und für die Regelung der Rückversicherungen, die den beteiligten Unternehmungen unter Ausschluss staatlicher Einflussnahme überlassen blieb.
- Die Deckungswerte der deutschen Versicherungsunternehmen gehören, soweit sie zur Bedeckung der Versicherungsansprüche erforderlich sind, den österreichischen Versicherten und nicht den deutschen Aktionären. Um auch Versicherte aus unterdeckten Versicherungsbeständen nicht leer ausgehen zu lassen, wurden Gruppen von Versicherungsunternehmen („Töpfe") zusammengefasst. Überschüsse, die als Eigenkapital anzusehen waren und Anteilsrechte (Aktienbeteiligungen) an Versicherungsunternehmen wurden von Artikel 22 des Staatsvertrages erfasst und verfielen zugunsten der Republik Österreich. Mit Artikel 22 verpflichtete sich Österreich, keine ihm als ehemalige deutsche Vermögenswerte übertragenen Vermögenschaften, Rechte und Interessen in das Eigentum deutscher juristischer Personen zu übertragen.
- Die österreichischen Versicherungsbestände deutscher Versicherungsunternehmen, die zum Neugeschäft befugt waren, sollten auch im Interesse der dort Beschäftigten als wirtschaftliche Einheit erhalten bleiben. Den deutschen Versicherungskonzernen, die vor der „deutschen Besetzung" bereits in Österreich vertreten waren, wurde auf Antrag die Zulassung zum Geschäftsbetrieb bestätigt. Der Versicherungsbestand und das Deckungskapital wurde auf sie überführt, wobei etwa noch vorhandenes Eigenkapital ebenfalls von der Überführung ausgeschlossen blieb. Die Abwicklung der übrigen österreichischen Versicherungsbestände deutscher Unternehmen sollte vereinfacht weitergeführt werden.
- Um die Vermögenstransaktionen rasch abschließen zu können, waren relativ kurze Fallfristen vorgesehen, nach deren Ablauf keine Ansprüche mehr geltend gemacht werden konnten.[830]

---

829 Österreichisch-deutscher Vermögensvertrag, Vorbereitungen von erläuternden Bemerkungen für eine Regierungsvorlage, Bundesministerium für Finanzen, Versicherungsaufsicht allgemein, AdR. BMF., 126951/57

830 Österreichisch-deutscher Vermögensvertrag, Vorbereitungen von erläuternden Bemerkungen für eine Regierungsvorlage, Bundesministerium für Finanzen, Versicherungsaufsicht allgemein, AdR. BMF., 126951/57

Der „Vertrag zwischen der Republik Österreich und der Bundesrepublik Deutschland zur Regelung vermögensrechtlicher Beziehungen" (BGBl. Nr. 119/1958) bei dem zehn von 120 Artikeln den Versicherungsunternehmen gewidmet waren, trat am 16. Juli 1958 in Kraft. Darin war festgelegt, dass der Forderungsverzicht des Artikel 23 des Staatsvertrages auf die Ansprüche von österreichischen Staatsangehörigen aus privaten Versicherungsverträgen aller Art und bei Rückversicherungen keine Anwendung findet. Die Ansprüche aus Versicherungsverträgen gegen deutsche Versicherungsunternehmen waren somit zu erfüllen. Für die Befriedigung eines Teils dieser Forderungen wurden Versicherungswerte verfügbar gemacht, die nach dem Staatsvertrag als deutsches Eigentum auf die Republik Österreich übergegangen waren.

Für die weitere Behandlung wurden die deutschen Versicherungsunternehmen in zwei Gruppen geteilt:

- Gruppe 1: 61 Versicherungsunternehmen, die einen unter öffentlicher Verwaltung stehenden österreichischen Versicherungsbestand aufwiesen. Die Republik Österreich haftete nicht mit dem Vermögen der einzelnen Gesellschaften, sondern mit dem Sondervermögen dieser ganzen Gruppe (Topf). Die „lebenden Unternehmungen" wurden hierbei besonders behandelt, die Verbindlichkeiten waren von den Versicherungsunternehmungen selbst zu übernehmen, die öffentliche Haftung entfiel.
- Gruppe 2: Alle übrigen Versicherungsunternehmen, einschließlich dem Vermögen von deutschen Versicherungsunternehmen, die keinen österreichischen Bestand aufwiesen, sondern nur Vermögen in Österreich hatten.

Nach Versicherungsbeständen (Verträgen) ließen sich drei Kategorien unterscheiden:

Erste Kategorie: Versicherungsverträge unter öffentlicher Verwaltung. Hierunter fielen auch Ansprüche aus Versicherungsverträgen, die nicht unter die Bestimmungen des Staatsvertrages fielen, etwa weil die Berechtigten Nichtösterreicher waren. Diese Verträge aller Art waren nach österreichischem Recht zu erfüllen. Schuldner war die Republik Österreich. Eine Übertragung dieser Versicherungsbestände auf arbeitende österreichische Versicherungsunternehmen wurde als möglich und wünschenswert angesehen, schon da hiermit eine Haftungsbefreiung der Republik Österreich verbunden war. In allen diesen Fällen war keine Anmeldung der Ansprüche nach dem Vermögensvertrag notwendig.

Die zweite Kategorie umfasste Lebensversicherungen von österreichischen Staatsbürgern mit Wohnsitz in Österreich (Stichtag 1. Jänner 1956) welche vom 13. März 1938 bis zum 8. Mai 1945 abgeschlossen worden waren, aber nicht zu einem unter öffentlicher Verwaltung stehenden Bestand gehörten. Diese Lebensversicherungen wurden als österreichische Verträge qualifiziert. Für sie wurde der Ausdruck „Korrespondenzverträge“ verwendet, da sie nicht in Österreich, sondern in Deutschland abgeschlossen worden waren. Diese Versicherungsverträge waren von den Zentralen der deutschen Versicherungsunternehmungen nach deutschem Recht zu erfüllen, soweit sie ihren Sitz in der Bundesrepublik Deutschland oder in Berlin West hatten.[831] Dies war etwa der Zustand, wie er vor dem Londoner Schuldenabkommen und dem Versicherungswiederaufbaugesetz faktisch bestanden hatte. Diese Lösung war vor allem im Bereich der Währungsbestimmungen zum Teil günstiger als die österreichische. Vor allem wurden Renten, die bereits von deutschen Instituten geleistet worden waren, weiterhin nach deutschem Recht geleistet. Eine Einbeziehung dieser Ansprüche in den österreichischen Bestand hätte eine wesentliche Kürzung der Leistungen bedeutet. Es handelte sich um etwa 600 Renten mit einem jährlichen Aufwand von 450.000 DM und einer Durchschnittsrente von etwa 70 DM monatlich. Der Umstand, dass nach den deutschen Bestimmungen kleine Renten im Verhältnis 1 RM zu 1 DM umgestellt wurde,[832] erklärte den verhältnismäßig hohen Betrag.[833] Diese Regelung war eine unbedingte Forderung des Bundeskanzleramtes (Dr. Kirchschläger). Aufgrund einer Empfehlung der deutschen Versicherungsaufsicht wurde keine Verjährung eingewendet. Diese Ansprüche waren innerhalb von drei Monaten bis zum 16. Oktober 1958 beim Versicherungsunternehmen oder den deutschen oder österreichischen Behörden anzumelden. Danach war die Geltendmachung des Anspruches nicht mehr möglich.

Dritte Kategorie: Versicherungsverträge, die nicht unter die beiden ersten Kategorien fielen, auf die der Forderungsverzicht aber dennoch keine Anwendung fand. Auch diese waren nach deutschem Recht von den deutschen Zentralen zu erfüllen. Hierher gehörten auch die Ansprüche von Auslandsösterreichern. Ansprüche von Versicherungsnehmern, die am 8. Mai 1945 keine Österreicher waren, wurden durch die Versicherungsbestimmungen des Vermögensvertrages nicht berührt. Lorenz-Liburnau erwähnte hier vor allem die Heimatvertriebenen und drückte die Hoffnung aus, dass in dieser Angelegenheit das letzte Wort noch nicht gesprochen worden sei.[834]

Die notwendigen Deckungswerte (Prämienreserven etc.) für die ersten beiden Versicherungsbestände wurden durch die Republik Österreich durch die Übertragung von

831 Kundmachung in der Wiener Zeitung vom 16. 7. 1958, S. 6

832 Ansonsten wurden Ansprüche aus Lebensversicherungen in Deutschland mit 10 : 1, bzw. 10 : 2 und in Österreich mit 10:4 umgerechnet. Der Wechselkurs 1958/59 DM/Schilling etwa 6,19 entsprach, war es für die Betroffenen in jedem Fall günstiger, nach deutschem Recht in ihren Ansprüchen befriedigt zu werden.

833 Niederschrift über die Sitzung des Versicherungssonderausschusses am 12. Oktober 1956, Bundesministerium für Finanzen, Versicherungsaufsicht allgemein, AdR. BMF., 153161/56

834 Hans Lorenz-Liburnau, Die Versicherungsbestimmungen des österreichisch-deutschen Vermögensvertrages, Die Versicherungsrundschau, Wien 1958, S. 359

Vermögenswerten zur Verfügung gestellt. Die Auswahl der Vermögenswerte traf das österreichische Bundesministerium für Finanzen unter Berücksichtigung der Wünsche der deutschen Versicherungsunternehmungen. Anteilsrechte an österreichischen Versicherungsunternehmen waren davon aufgrund des Staatsvertrages ausdrücklich ausgenommen. Die Übertragung der Aktiva und Passiva erfolgte zum 31. Dezember 1956 auf der Grundlage der Bilanz 1956 und der Schillingeröffnungsbilanz. Die Vermögensübergabe erfolgte für Gruppe 1 und 2 gesondert. Jede dieser Gruppen bildete einen so genannten „Topf", bei dem abweichend von den Bestimmungen des Versicherungsvertragsgesetzes die Unterdeckung bei einzelnen Versicherungsunternehmungen durch Überdeckung bei anderen ausgeglichen werden konnte. Ein Überschuss aus jedem der beiden Töpfe fiel der Republik Österreich zu. Die Vermögensaufteilung zwischen den Versicherungsunternehmen und ihren Versicherten auf der einen Seite und der Republik Österreich auf der anderen sollte möglichst rasch erfolgen. Dies war auch der Grund für die nur dreimonatige Anmeldefrist bei den Korrespondenzverträgen. Für die Anforderung der Vermögenswerte durch die Unternehmen selbst stand eine sechsmonatige Frist zur Verfügung, die am 16. 1. 1959 endete, nicht angemeldete Vermögen fielen in das Eigentum der Republik Österreich. Der ganze Vorgang – Feststellung der Korrespondenzverträge und Vermögensübertragung – erfolgte in enger Zusammenarbeit mit der deutschen Versicherungsaufsichtsbehörde.

Für die Victoria-Versicherung ist dieser Vorgang nachvollziehbar. Auf Antrag der Victoria Gesellschaft in Düsseldorf erhielt diese mit Erlass vom 25. 5. 1959 die Zulassung zum Geschäftsbetrieb in Österreich. Die Zulassung wurde rückwirkend zum 1. 1. 1957 erteilt. Faktisch wurde damit der Geschäftsbetrieb ab 1. 1. 1956 zurückgegeben, da das Geschäftsjahr 1956 die Abrechnungsgrundlage wurde. Mit der Rückübertragung wurden die Verträge von der Republik Österreich an die österreichische Filiale der Victoria übergeben. Zugleich übertrug die Republik Österreich die für diese Verträge notwendigen Deckungsmittel. Den Überschuss von 16,555 Mio. Schilling zog die Republik Österreich als deutsches Vermögen ein. Die Überweisung dieses Betrages erfolgte im Juni 1959.[835] Bei den anderen fünf zum Betrieb in Österreich zugelassenen Versicherungsunternehmen ergab sich jedoch eine Unterdeckung. „Auf dem Versicherungssektor bringt das vorliegende Vertragswerk die Sicherung und Fundierung der Ansprüche vieler Tausender Versicherter österreichischer Staatszugehörigkeit", schrieb Lorenz-Liburnau abschließend. „Die Rückversicherungsbeziehungen zwischen den beiden Märkten werden endgültig bereinigt. Mit dem Verschwinden von etwa 60 öffentlichen Verwaltungen deutscher Versicherungsunternehmungen [vgl. auch Art. 70 ff. VV] und der Bestätigung

835 Historische Entwicklung der Victoria in Österreich, Exkurs II, Wien 1992

der Zulassung zum inländischen Geschäftsbetrieb für einige führende deutsche Versicherungsunternehmungen wird die volle Gegenseitigkeit im Verhältnis der beiden Versicherungsmärkte zum Nutzen und Frommen ihrer Volkswirtschaften wiederhergestellt."[836] Mit dem kurz darauf folgenden Versicherungsvertragsgesetz vom 2. Dezember 1958 (BGBl. Nr. 2/1959) war der Wiederaufbau der Versicherungsunternehmen in Österreich schließlich abgeschlossen.

Was waren nun die Kriegsverluste der österreichischen Versicherungsunternehmen, der Versicherungsnehmer und was hat die öffentliche Hand für den Wiederaufbau des Versicherungswesens geleistet? Die finanziellen Leistungen des österreichischen Staates zur Rekonstruktion des Versicherungswesens betrugen nach dem Versicherungswiederaufbaugesetz 124,8 Mio. Schilling, die sich durch den deutsch-österreichischen Vermögensvertrag noch um etwa 30 Mio. Schilling verringerten, so dass von österreichischer öffentlicher Seite etwa 100 Mio. Schilling geleistet wurde. Von deutscher Seite (Versicherungsunternehmen und öffentliche Hand) wurden nach deutschen Schätzungen aufgrund des Vermögensvertrages ebenfalls 100 Mio. Schilling geleistet. Wie viel hiervon wirklich bezahlt wurde, ist kaum festzustellen.

Bei den Verlusten der österreichischen Versicherungsunternehmen sind die politischen Absichten des von Österreich präsentierten Zahlenwerks zu berücksichtigen. Dieses sollte sowohl die Alliierten von ihren Forderungen nach dem deutschen Eigentum abbringen als auch die Verhandlungsposition gegenüber Deutschland stärken. Die Forderungen der österreichischen Versicherungsunternehmen an das Deutsche Reich betrugen nach dem Rot-Weis-Rot-Buch netto 659,154 Mio. Schilling, dazu kam noch ein Auslandsvermögen der österreichischen Versicherungsunternehmen in der Höhe von 285 Mio. Schilling, vor allem in den nunmehrigen Ostblockländern. Beides zusammen machte 944,154 Mio. Schilling aus und musste weitgehend abgeschrieben werden. Zieht man die 124,8 Mio. Schilling ab, welche den Versicherungsunternehmen nach dem Versicherungswiederaufbaugesetz von der öffentlichen Hand zur Verfügung gestellt wurden, so verblieb ein Betrag von etwa 800 Mio. Schilling. Dies kann als „Kriegsverlust" der österreichischen Versicherungsbranche gewertet werden.

Die Bewältigung dieser Kriegsverluste konnte im Wesentlichen nur auf Kosten der Versicherungsnehmer erfolgen. Wenn die Deckungswerte der Versicherungsunternehmen das Eigentum der Versicherungsnehmer sind, so musste eine weitgehende Entwertung dieser Rückstellungen die Versicherungsnehmer treffen. Ihre Ansprüche wurden, wie die bei anderen Finanzvermögen auch, aufgrund der Währungsgesetze und des Ver-

836 Hans Lorenz-Liburnau, Die Versicherungsbestimmungen des österreichisch-deutschen Vermögensvertrages, Versicherungsrundschau, Wien 1958, S. 363

sicherungswiederaufbaugesetzes um 60 % abgewertet. Dazu kam noch die Nachkriegsinflation, so dass nicht mehr viel übrig blieb. Einen vollständigen Verlust erlitten die nicht mehr anspruchsberechtigten Versicherungsnehmer, deren Polizzen nicht zum österreichischen Bestand gehörten und die auch durch den deutsch-österreichischen Vermögensvertrag nicht abgedeckt wurden, was vor allem ehemalige Anspruchsberechtigte in den Ostblockländern betraf.

Einen vollständigen Verlust erlitten auch jene Versicherungsnehmer, die ihre Polizzen nach den verschiedenen Fall- und Verjährungsfristen nicht mehr angemeldet hatten. Mit dem Versicherungswiederaufbaugesetz 1955 hatte die Republik Österreich die Verpflichtung übernommen, die Deckungswerte von Versicherungsbeständen zur Verfügung zu stellen, soweit sie nicht durch die vorhandenen Reserven der Versicherungsunternehmen gedeckt waren. Analog galt dies auch für die deutschen Niederlassungen nach dem deutsch-österreichischen Vermögensvertrag. Die finanziellen Aufwendungen hierfür waren aber geringer als erwartet. Grundlage für die staatlichen Leistungen war die Anmeldung der Ansprüche durch den Versicherungsnehmer selbst, die innerhalb von festgelegten Fallfristen zu erfolgen hatte. Nicht zeitgerecht angemeldete Forderungen reduzierten daher die staatliche Zahlungsverpflichtung aufgrund des Versicherungswiederaufbaugesetzes und des deutsch-österreichischen Vermögensvertrages. Nicht mehr angemeldete Versicherungsansprüche waren aber kein Gewinn der Versicherungsunternehmen, sondern eine Ersparnis der öffentlichen Hand, da die Versicherungsunternehmen hierfür staatliche Ausgleichszahlungen verlangen konnten. Für die Republik Österreich war die Regelung des Versicherungswesens nach Ablauf der Fallfristen der beiden Gesetze erledigt, selbst wenn es zugegebenermaßen einzelne Ungerechtigkeiten geben konnte. Das Bad Kreuznacher Abkommen spielte in Bezug auf die Versicherungen keine Rolle mehr.

Bernhard Mahlberg

Analyse der Finanzlage österreichischer Versicherungsunternehmen in den Jahren 1944 bis 1955

Einleitung

Mit der Proklamation der Unabhängigkeit Österreichs am 27. April 1945 und dem Antritt der ersten Bundesregierung unter Staatskanzler Dr. Karl Renner begann die Zweite Republik. Sieben Jahre NS-Herrschaft in Österreich gingen zu Ende. Am 7. Mai 1945 kapitulierte die deutsche Wehrmacht in Reims und am 8. Mai 1945 in Berlin. Das Dritte Reich brach zusammen.

Durch die Ergebnisse des Krieges und den Zusammenbruch des Dritten Reichs gerieten die österreichischen Versicherungsunternehmen in eine prekäre Lage. Aufgrund der Entwertung des Deckungsstocks verfügte 1945 keines der österreichischen Versicherungsunternehmen über ausreichend Reserven, um ihren Verpflichtungen ordnungsgemäß nachkommen zu können.

Bei den Lebensversicherungen wirkte sich der Krieg ganz besonders drastisch aus. „Im Grunde genommen war die ganze Branche bankrott. Ein großer Teil des Vermögens war in wertlosen Reichsanleihen angelegt, etwa 15 % des zinstragenden Häuserbestands war zerstört, die ausländischen Niederlassungen waren beschlagnahmt, die Rückversicherungen mit dem Ausland waren nicht realisierbar, die erhöhte Sterblichkeit durch den Krieg und seine Folgen brachte die Lebensversicherungen aus dem Gleichgewicht, die Verbindung zu den deutschen Muttergesellschaften war unterbrochen, die Eigentumsverhältnisse ungeklärt (deutsches Eigentum) ebenso wie die Frage, welche Polizzen noch gültig waren.“[1]

„69,5 % der Anlagen der am 31. 12. 1944 in Österreich tätigen Versicherungsunternehmen waren in Reichsanleihen angelegt.“[2] „Die Lebensversicherungen waren hiervon am schwersten betroffen. Geht man auf die Reserven der Lebensversicherungen in Österreich zum Zeitpunkt 31. 10. 1944 ein, so machten die deutschen Reichsanleihen (einschließlich der Versicherungsfonds-Obligationen) 72 % der totalen Reserven aus.“[3]

1 Stiefel (1999), S. 151
2 Stiefel (1999), S. 154
3 Stiefel (1999), S. 155

Der Wiederaufbau des österreichischen Versicherungswesens wurde durch mehrere Gesetze von der österreichischen Bundesregierung legistisch unterstützt. Am 1. Mai 1945 (StGBl. Nr. 6/1945) wurde das Rechtsüberleitungsgesetz beschlossen, wonach die deutschen Rechtsvorschriften vorläufig in Geltung blieben. Mit dem Behörden-Überleitungsgesetz vom 20. Juli 1945 (StGBl. Nr. 94/1945) gingen die Kompetenzen des Reichsaufsichtsamts für Privatversicherung an das Staatsamt für Finanzen (später Bundesministerium für Finanzen) über. Am 3. Juli 1945 kam es zu den ersten Währungsgesetzen der österreichischen Nachkriegswirtschaft. Da die österreichische Regierung zunächst nur in der sowjetischen Besatzungszone anerkannt war, konnten diese Gesetze zuerst nur in diesem beschränkten Raum durchgesetzt werden, obwohl sie für das gesamte Bundesgebiet beschlossen wurden. Erst 1946 konnten sie im gesamten Bundesgebiet umgesetzt werden. Die Währungsmaßnahmen waren in folgenden Gesetzen enthalten:

- Kreditlenkungsgesetz (StGBl. Nr. 43/1945),
- Notenbank-Überleitungsgesetz (StGBl. Nr. 45/1945) sowie
- Schaltergesetz (StGBl. Nr. 44/1945).

Sie setzten auf den Währungsgesetzen des Dritten Reichs auf. Die Reichsmark blieb einstweilen weiterhin gesetzliches Zahlungsmittel. Von unmittelbarer Bedeutung für die Versicherungswirtschaft war nur das Schaltergesetz. Damit wurden 60 % der Einlagen gesperrt, über die restlichen Kontenbeträge konnte man bargeldlos, von einem Konto auf das andere, für lebens- und wirtschaftlich wichtige Zwecke verfügen.

Am 30. November 1945 wurde das Schillinggesetz (StGBl. Nr. 231/1945) erlassen. Damit wurde der Schilling, abgesehen von kleinen Reichsmark-Noten und Münzen, ab dem 21. Dezember 1945 in ganz Österreich zum einzigen gesetzlichen Zahlungsmittel. Im Schillinggesetz wurde das Versicherungswesen nur in unzureichender und unklarer Weise berücksichtigt. Deshalb wurde schließlich das Versicherungsüberleitungsgesetz vom 13. Juni 1946 (BGBl. Nr. 108) erlassen. Dieses Gesetz diente der

- Regelung vorläufiger Zahlungsbeschränkungen,
- Ermöglichung einmaliger Eingriffe in bestehende Verträge

sowie

- Wiedererrichtung und Neuordnung des Versicherungswesens.

Im Jahr 1945 war ein großer Teil der Aktiva der österreichischen Versicherungsunternehmen entwertet, während die Verpflichtungen unverändert bestanden. Unsicher war vor allem der Wert der Reichsanleihen.

Am 19. November 1947 wurde das Währungsschutzgesetz erlassen (BGBl. Nr. 250/1947). Dadurch wurden Banknoten und Münzen durch neue Geldzeichen ersetzt. Pro Kopf wurde der Betrag von 150 Schilling 1 : 1 umgetauscht, der Rest auf ein Drittel gekürzt. Die bisher gesperrten Konten wurden gestrichen. Die österreichische Geldpolitik war in den ersten Jahren nach dem 2. Weltkrieg insbesondere mit der Lösung der Probleme der hohen Inflation und des instabilen Wechselkurses gegenüber dem US-$ befasst. Von den Wechselkursschwankungen waren insbesondere das Auslandsgeschäft und das Rückversicherungsgeschäft der Versicherungen betroffen.

Am 8. Dezember 1947 wurde per Erlass des Bundesministeriums für Finanzen (Erlass des BMF Z. 47.842-19/47) die Veröffentlichung der Jahresabschlüsse der Jahre 1944 1945 und 1946 von Versicherungen untersagt. Die Buchführungs- und Rechnungslegungspflicht blieben jedoch ebenso wie die Pflicht zur Vorlage von statistischen Nachweisungen bei der Aufsichtsbehörde aufrecht. Begründet wurde diese Vorgangsweise damit, dass die Rechnungsabschlüsse der Versicherungsunternehmungen für die Erörterung in der Öffentlichkeit nicht geeignet waren. Dadurch gelangte die Information, dass die Assekuranzen in einem schlechten wirtschaftlichen Zustand waren, nicht an die Öffentlichkeit.[4]

Mit 1. Oktober 1955 trat das Versicherungswiederaufbau-Gesetz (VWG 1955) in Österreich in Kraft. Demnach wurden Lebensversicherungen, die vor dem 1. Januar 1946 abgeschlossen worden waren, um 60 % gekürzt. Dies entsprach der Vorgangsweise bei Bargeld und Bankkrediten.

Das VWG bewirkte eine einheitliche Regelung für die Kriegsverluste sämtlicher Versicherungsunternehmen und sollte diesen aus öffentlichen Mitteln die Wiederherstellung geordneter Betriebsverhältnisse ermöglichen. Die Versicherungsunternehmen erstellten nun eine Rekonstruktionsbilanz[5] zum Stichtag 31. 12. 1954 und eine Gewinn- und Verlustrechnung für den Zeitraum 1945 bis 1954, die dann die Basis für die Schillingeröffnungsbilanz wurde. Konnte aufgrund von Kapitalmangel oder laufenden Verlusten keine ausgeglichene Bilanz erstellt werden, hatte der Bund in Form von Zuschüssen oder Darlehen einzustehen. Die Versicherungsunternehmen hatten u. a. alle Forderungen an das Deutsche Reich an die Republik Österreich abzuführen, die der Deckung der Lebensversicherungen gewidmet waren.[6]

4 Der Erlass hatte einen dem Autor dieser Arbeit nicht bekannten Einfluss auf das Rechnungswesen.

5 Nähere Ausführungen zur Zielsetzung von Rekonstruktionsbilanzen sind in Abschnitt 3.3 zu finden.

6 Der Autor dankt Herrn Dr. Christian Karsch (Verband der Versicherungsunternehmen Österreichs), Herrn Univ.-Prof. Dr. Leopold Mayer (KPMG Austria Wirtschaftsprüfungs-GmbH), Herrn Mag. Dipl.-Ing. Gerhard Schreiber und Herrn Mag. Friedrich Wittmann (KPMG Austria Wirtschaftsprüfungs-GmbH) für zahlreiche wertvolle Kommentare und Anregungen. Des Weiteren bedankt sich der Autor bei der Uniqa

1. Datengrundlage

1.1 Archivmaterial

Zu Ende des Jahres 1955 waren in Österreich insgesamt 36 inländische Unternehmen und 16 Niederlassungen ausländischer Versicherer zum Neugeschäft in Österreich zugelassen.[7] Darüber hinaus existierten einige Niederlassungen ausländischer Versicherer, welche nicht zum Abschluss neuer Versicherungsverträge befugt waren, weil sie Zweigstellen ehemals reichsdeutscher Versicherungen waren. Diese verloren die Berechtigung zum Neugeschäft, weil die Reserven nicht in Österreich veranlagt waren.[8] Diese wickelten lediglich, unter öffentlicher Verwaltung stehend, den Bestand alter Verträge ab. Während des Jahres 1955 trat ein Unternehmen (Österreichische Kreditversicherungs-Aktiengesellschaft) in den Markt ein. Eine Versicherung (Wiener Wechselseitige Krankenversicherung) verschwand, weil sie mit der Wiener Städtischen VVaG fusioniert wurde.

Jahresabschlüsse der Jahre 1943 und 1944, Rekonstruktionsbilanzen, Schillingeröffnungsbilanzen sowie Jahresabschlüsse des Jahres 1955 werden analysiert. Die Fundstellen für die Jahresabschlüsse und der Schillingeröffnungsbilanzen sind Amtsblätter der „Wiener Zeitung" aus den Jahren 1955 bis 1957 und die Ausgaben 1956 und 1957 des Finanz-Compass. Diese liegen in der Österreichischen Nationalbibliothek gesammelt auf. Die Rekonstruktionsbilanzen wurden 1955 nicht veröffentlicht. Wenige Beispiele liegen im Archiv des Verbands der Versicherungsunternehmen Österreichs (VVO) auf. Ausgewählte Daten aus Rekonstruktionsbilanzen einzelner Unternehmen wurden in mehreren Heften der „Versicherungsrundschau" des Jahrgangs 1957 unter der Rubrik Geschäftsnachrichten publiziert. Auszüge aus den Rekonstruktionsbilanzen, soweit sie die Änderungen der Bewertungen von einzelnen Positionen (insbesondere Vermögen und Eigenkapital) betrafen, wurden außerdem in den Geschäftsberichten 1955 als Umstellungsberichte veröffentlicht, welche entweder im Archiv des VVO gesammelt aufliegen oder von einigen Versicherungsunternehmen zur Verfügung gestellt wurden. Einige Rekonstruktionsbilanzen konnte Herr Prof. Dr. Leopold Mayer aus seinem Archiv bereitstellen.

Trotz intensiverer Recherchen sind die Schillingeröffnungsbilanzen und die Jahresabschlüsse von 1955 der Vorarlberger Landes-Brandversicherung VVaG sowie der meisten Zweigniederlassungen ausländischer Assekuranzunternehmen und der Jahres-

---

Versicherung AG, Wiener Allianz Verischerung AG, Wiener Städtischen Versicherung AG und Wüstenrot Versicherungs-AG für die Bereitstellung von Daten.

7 Vgl. VVÖ (1957), S. 41 bis 46.

8 Detaillierte Ausführungen dazu sind in Stiefel (1999), S. 178 zu finden.

abschluss des Jahres 1955 der Jupiter VVaG, Oberösterreichische Landesbrandschaden-Versicherung, Vorarlberger Lands-Brandversicherung VVaG sowie der meisten Zweigniederlassungen ausländischer Assekuranzunternehmen nicht auffindbar.

Im Rahmen dieses Beitrags wird die Finanzlage von inländischen Versicherungsunternehmen (mit Ausnahme des reinen Rückversicherers Wiener Rückversicherungs-Gesellschaft) und von Zweigniederlassungen ausländischer Versicherungsunternehmen, welche zum Neugeschäft zugelassen waren. Der Datensatz enthält die Jahresabschlüsse des Jahres 1943 von 7 inländischen Versicherern und die Jahresabschlüsse des Jahres 1944 von 19 inländischen Versicherungsanstalten. Des Weiteren stehen die Rekonstruktionsbilanzen von 5 Versicherungsunternehmen zur Verfügung. Von weiteren 23 können die Rekonstruktionsbilanzen aufgrund der Angaben in den Umstellungsberichten und der Schillingeröffnungsbilanzen erstellt werden, so dass die Rekonstruktionsbilanzen von 28 Versicherern analysiert werden können. Der Datensatz enthält außerdem die Schillingeröffnungsbilanzen von 35 inländischen und 7 Niederlassungen ausländischer Versicherer sowie Jahresabschlüsse des Jahres 1955 von 32 inländischen und 7 Niederlassungen ausländischer Assekuranzen. Die genaue Zusammensetzung des Datensatzes ist einer Tabelle im Anhang zu entnehmen.

1.2 Datenaufbereitung

Es werden Entsprechungstabellen der Schillingeröffnungsbilanz bzw. der Bilanz 1955 und der Bilanz 2004 sowie der Gewinn- und Verlustrechnungen 1955 und 2004 erstellt. Aus diesen Tabellen ist ersichtlich, welche Positionen der damaligen Jahresabschlüsse mit welchen Positionen des Rechnungsabschlusses 2004 vergleichbar sind. Die Entsprechungstabellen sind im Anhang zu finden. Dieser Schritt ist die Voraussetzung, dass die derzeit gebräuchlichen Analysemethoden auf historische Jahresabschlüsse angewandt werden können.

2. Rechtlicher Rahmen für die Erstellung der Jahresabschlüsse privater Versicherer

In diesem Abschnitt wird der rechtliche Rahmen dargestellt, welcher für die Erstellung der Jahresabschlüsse von Versicherungsanstalten der Geschäftsjahre 1944 bis 1955 gesetzt war.

2.1 Überleitung der Reichsdeutschen Vorschriften in das Österreichische Recht

Aufgrund der Verordnung zur Einführung der Vorschriften über die Beaufsichtigung der privaten Versicherungsunternehmungen im Lande Österreich vom 28. Februar 1939 (dRGBl. I S. 365) galt seit 1. März 1939 das deutsche Versicherungsaufsichtsgesetz (VAG 1931) vom 6. Juni 1931 (Gesetz über die Beaufsichtigung der privaten Versicherungsunternehmungen und Bausparkassen, dRGBl. I S. 315) samt einiger Nebenbestimmungen. Das VAG 1931 blieb aufgrund § 2 des Rechts-Überleitungsgesetzes (StGBl Nr. 6/1945) auch in der Zeit nach der Errichtung der 2. Republik in Kraft.[9] Das VAG 1931 bildete somit die gesetzliche Grundlage für die Erstellung der Jahresabschlüsse für die Jahre der Nachkriegszeit.

Mit dem Behörden-Überleitungsgesetz (Behörden-ÜG, StGBl. Nr. 94) vom 20. Juli 1945 ging die Zuständigkeit für die Beaufsichtigung privater Versicherungsgesellschaften in Österreich vom Reichsaufsichtsamt für Privatversicherungen (Abteilung 7, Außenstelle Wien) auf das Staatsamt für Finanzen (späteres Bundesministerium für Finanzen, BMF) über.

Für die Rechnungslegung galten gemäß § 36a VAG unbeschadet der Anordnungen der Aufsichtsbehörde die §§ 125 bis 129, 131 Abs. 2, 3, 5, 6 und 7, § 132 Abs. 2 sowie §§ 133, 143 und 144 des Aktiengesetzes (AktG 1937). Der Aufbau der Jahresabschlüsse orientierte sich an den Richtlinien für Aktiengesellschaften.

2.2 Richtlinien über die Bewertung der Kapitalanlagen 1945 bis 1954

Gemäß §§ 125 ff des AktG 1937 in Verbindung mit § 36 a VAG 1931 bestand die Verpflichtung zur Rechnungslegung. Für die Bewertung der Kapitalanlagen galten § 133 AktG 1937 in Verbindung mit § 36a VAG 1931. Diese geben folgende Richtlinien vor:

- Gebäude für die Verwendung in der eigenen Produktion, unbebaute Grundstücke und Betriebs- und Geschäftsaustattung durften höchstens zu Anschaffungs- oder Herstellungskosten angesetzt werden.
- Beteiligungen und Wertpapiere des Anlagevermögens durften höchstens zu Anschaffungskosten bewertet werden.
- Gegenstände des Umlaufvermögens durften höchstens zu den Anschaffungs- oder Herstellungskosten angesetzt werden. Dazu zählten Wertpapiere des Umlaufvermögens, Hypotheken

9 Das VAG 1931 wurde erst durch das Bundesgesetz über den Betrieb und die Beaufsichtigung der Vertragsversicherung vom 18. Oktober 1978 (VAG 1978, veröffentlicht im BGBl. Nr. 569/1978) abgelöst.

sowie Grund- und Rentenschulden, von der Gesellschaft geleistete Anzahlungen, verschiedene Forderungen, Wechsel, Schecks, Kassabestand einschließlich Nationalbank- und Postsparkassenkonten sowie andere Bankguthaben. Waren die Anschaffungs- oder Herstellungskosten höher als der Börsen- oder Marktpreis am Abschlusstag, so war höchstens dieser Preis anzusetzen.

Den Gegenständen des Umlaufvermögens kommt bis heute bei Versicherungen die größte Bedeutung zu, da der Großteil der für die Bedeckung der versicherungstechnischen Rückstellungen angeschafften Kapitalanlagen zu dieser Kategorie zu zählen war.

Bis zum Ende des Kriegs bestand der Großteil der Bedeckung in Reichswerten (zumeist Reichsanleihen), die in der Zeit des Großdeutschen Reichs erworben werden mussten und mit dessen Zusammenbruch wertlos wurden. Auch Häuser und Hypotheken wurden durch Kriegsereignisse in ihrem Wert stark vermindert. Es bestand somit große Unsicherheit bei der Bewertung vieler Aktiva, wodurch die Erstellung der Bilanzen erheblich erschwert wurde.

Wären die Versicherungsunternehmen dem strengen Niederstwertprinzip des Aktiengesetzes bei der Bewertung von Kapitalanlagen strikt gefolgt, dann wären die entwerteten Reichsanleihen in vollem Ausmaß abzuschreiben gewesen. Die Versicherungsanstalten hätten in ihren Bilanzen hohe Verluste ausgewiesen.[10] Des Weiteren wäre die Bedeckung der versicherungstechnischen Rückstellungen zu gering erschienen. Beides hätte in der österreichischen Öffentlichkeit erhebliche Zweifel an der Solidität der österreichischen Assekuranz hervorgerufen und das Vertrauen in diesen Wirtschaftszweig untergraben.

Per Erlass über den Rechungsabschluss der Versicherungsunternehmen für die Jahre 1944, 1945 und 1946 vom 8. Dezember 1947 (Erlass Z. 47.342 – 19/47) setzte das BMF Sonderbestimmungen für die Bewertung der Reichsanleihen, der Gebäude und der Hypotheken in Kraft. Diese sahen folgendes vor:

- Für infolge des Kriegs in ihrem Wert zweifelhaft gewordenen Vermögensgegenstände galt der allgemeine Grundsatz, dass sie mit ihrem bisherigen Buchwert am 31. Dezember 1944 weiterzuführen waren, also die eingetretenen Verluste vorerst auf dem Gewinn und Verlustkonto nicht aufschienen.[11]

---

10 Die allgemeine wirtschaftliche Lage war nicht dazu geeignet, rasch durch entsprechend viel Neugeschäft wettzumachen.

11 Diese Bestimmung widersprach zwar dem Aktiengesetz (Akt-G), verhinderte jedoch die Insolvenz nahezu aller Versicherungsunternehmen.

- Während der Zeit des Dritten Reichs erworbene Reichsanleihen und Anleihen von Schuldnern mit dem Wohnsitz (Sitz) im Deutschen Reich sowie österreichische Industrieanleihen, deren Wert durch Potsdamer Beschlüsse oder Kriegsverluste der Schuldner beeinträchtigt waren, waren nach den am 31. Dezember 1944 in Geltung gestandenen Verhältnissen zu bewerten.
- Nur für Lebensversicherungen galten folgende Bestimmungen:
  - Die infolge der Einstellung des *Zinsendiensts* nicht vereinnahmten Wertpapierzinsen waren zu aktivieren, aber nicht auf die Dotierung des Deckungsstocks anzurechnen. Das Gleiche galt für durch Kriegsereignisse ausgefallene Hauserträgnisse.
  - Bei Kriegsschäden an *Liegenschaften* war der Buchwert (Bauwert) in dem Verhältnis der physischen Zerstörung des Objekts abzuschreiben. Die Differenz auf den vollen Buchwert war als Forderung nach der Kriegssachschadenverordnung, der Aufwand für Wiederaufbaukosten als Neuzugang gesondert zu aktivieren.
  - *Auslandsaktiva*, insbesondere bei ausländischen Geschäftsstellen, die einer Beschlagnahme oder einem sonstigen Vermögensentzug unterworfen waren, waren nach dem letzten vor dem Zusammenbruch des Großdeutschen Reichs bekannten Stand nach den Grundsätzen zu bewerten, die bis zu diesem Zeitpunkt anzuwenden wären.
  - Das in *Rückdeckung* genommene Geschäft konnte für das Jahr 1944, wie bis dato üblich, im Folgejahr gebucht werden. Für die Jahre 1945 und 1946 bestand keine Einwendung, wenn die Versicherungsunternehmen die Verrechnung des in Rückdeckung genommenen Geschäfts, soweit eine Abrechnung nicht möglich war, aussetzten und einem späteren Abschluss vorbehielten.
  - Die Bewertung von *Fremdwährungsposten* hatte per 1945 zu den in den steuerlichen Richtlinien angeführten Richtwerten der Nationalbank, per 1946 zu den Kursen der Nationalbank zu erfolgen. Für die Währungen, für welche keine Richtwerte für 1945 bzw. Kurse für 1946 bestanden, waren die Umrechnungskurse vom 31. Dezember 1944 zu verwenden.

Die Veröffentlichung der Jahresabschlüsse von 1945 und 1946 wurde per Erlass (Erlass Z. 47.342-19/47) untersagt.[12] Begründet wurde dies damit, dass die Rechnungsabschlüsse

12 Bemerkenswert ist, dass diese Vorschriften per Erlass in Kraft gesetzt wurden. Damit konterkarierte die Regierung, der in der Gewaltenteilung die Aufgaben der Exekutive zukommt, Bestimmungen aus dem Aktiengesetz, welches von der Legislative erlassen wurde. Diese Vorgangsweise entsprach nicht dem Rechtsverständnis Österreichs, sondern jenem des Deutschen Reichs. Das Rechtsverständnis des Deutschen Reichs war in den ersten Jahren der 2. Republik in Österreich weiterhin maßgebend für das Handeln österreichischer Bundesministerien.

für die Erörterung in der Öffentlichkeit zum damaligen Zeitpunkt nicht geeignet waren. Die Untersagung der Veröffentlichung blieb bis 1954 aufrecht. Dieses Verbot hielten nahezu alle Versicherer ein.[13]

2.3 Rekonstruktionsmaßnahmen

Durch die Inkraftsetzung des Versicherungswiederaufbau-Gesetzes (VWG) und des Schillingeröffnungsbilanz-Gesetzes (SEBG) wurde eine Reihe von Rekonstruktionsmaßnahmen erlassen. Diese betrafen in erster Linie die Wiederherstellung des Unternehmensvermögens.

2.3.1 Versicherungswiederaufbau-Gesetz 1955

Seit Ende des Geschäftsjahres 1944 hatten die Versicherungsunternehmen, mit Ausnahme von vier seit 1946 neu gegründeten, keine satzungsmäßigen Bilanzen aufgestellt. Sie hatten lediglich dem Bundesministerium für Finanzen jährlich nach bestimmten Richtlinien aufgestellte Ausweise und einfache statistische Angaben vorzulegen. Das VWG gab den Versicherungsunternehmen, die bereits am 11. März 1938 in Österreich zum Geschäftsbetrieb zugelassen waren, die Möglichkeit, für den zehnjährigen Zeitraum von 1945 bis 1954 eine einheitliche Rekonstruktionsbilanz aufzustellen. An diese Bilanz schloss die Schillingeröffnungsbilanz nach dem SEBG an, welche der Ausgangspunkt für die künftigen satzungsmäßigen Bilanzen bildete.

Gemäß § 17 Abs. 1 konnten Versicherungsunternehmen, die am 11. März 1938 im Inland zum Geschäftsbetrieb zugelassen und bei Wirksamkeitsbeginn des VWG zum Neugeschäft zugelassen waren, an Stelle der Rechnungsabschlüsse für die einzelnen Geschäftsjahre einen den Zeitraum von Beginn des Geschäftsjahres 1945 bis zum Ende des Geschäftsjahres 1954 umfassenden Jahresabschluss (so genannte Rekonstruktionsbilanz und Gewinn- und Verlustrechnung) aufstellen. Von der Veröffentlichung dieses Jahresabschlusses konnte abgesehen werden. Die meisten Versicherungsunternehmen machten von diesen Bestimmungen Gebrauch. Die Rekonstruktionsbilanzen wurden nur vereinzelt in den Geschäftsberichten für das Geschäftsjahr 1955 veröffentlicht.

13 Ausnahmen waren der Austria Versicherungsverein a. G., die Erste niederösterreichische Brandschaden – Versicherungs-AG, die Europäische Güter- und Reisegepäck-Versicherungs-AG und die Österreichische Hagelversicherungsanstalt a. G. Mit Ausnahme der Ersten niederösterreichischen Brandschaden-Versicherungs-AG traten diese Versicherer nach 1945 in den Markt ein und erlitten deshalb keine Kriegsschäden.

Versicherungsunternehmen, welche die Rekonstruktionsbilanz aufstellten, hatten gemäß § 17 Abs. 3 die Schillingeröffnungsbilanz zum 1. Januar 1955 aufzustellen. Diese musste im Unterschied zur Rekonstruktionsbilanz publiziert werden.

Versicherungsunternehmen, welche die Rekonstruktionsbilanz erstellten, hatten die Möglichkeit, einen Antrag auf Vergütung der Mehrleistungen zu stellen. Es konnten die Mehrleistungen abgegolten werden, die nach dem 7. Mai 1945 in der Lebensversicherung gegenüber den Grundleistungen wegen gesetzlicher Verpflichtungen erbracht wurden (§ 18 Abs. 3).

Als Grundleistungen hatten die Lebensversicherungen für Verträge, die vor dem 1. Januar 1946 abgeschlossen worden waren, 40 % der vertragsmäßigen Versicherungsleistungen auszuzahlen. Nach dem 31. Dezember 1945 abgeschlossene Lebensversicherungsverträge sowie alle Versicherungsverträge in anderen Versicherungszweigen waren im vollen vertragsmäßigen Ausmaß zu erfüllen (gemäß § 6 Abs. 1 und 2). Der Anspruch auf Vergütung der Mehrleistungen war in der Rekonstruktionsbilanz gesondert auszuweisen.[14]

Für Unternehmen, bei dem das am Ende des Geschäftsjahres 1944 ausgewiesene Eigenkapital nicht mehr vorhanden war, wurde eine weitere Rekonstruktionsmaßnahme ergriffen. Es wurde ihnen auf Antrag vom BMF eine Forderung gegen den Bund zuerkannt (§ 19 Abs. 1).[15]

Versicherungsunternehmen konnten in der Rekonstruktionsbilanz aus einem allfälligen Gewinn zur Deckung der besonderen Geschäftsrisken steuerfrei eine Rücklage bis zur Höhe von 10 % der Eigenbehaltsprämie des Kalenderjahrs 1954 bilden (§ 26 Abs. 1). In den auf den Stichtag der Rekonstruktionsbilanz folgenden 10 Jahren konnten Versicherungsunternehmen jeweils bis zu 20 % des Gewinns dieser Rücklage steuerfrei zuweisen. Eine Zuweisung an die steuerfrei gebildete Rücklage hatte jedoch zu unterbleiben, wenn sie 10 % der Eigenbehaltsprämie des Rechnungsjahrs erreichte (§ 26 Abs. 2). Die Bildung dieser Rücklage wurde damit gerechtfertigt, dass sie den besonderen Wagnissen, die mit dem Versicherungsbetrieb verbunden waren, Rechnung trug und hatte den Zweck, der Stärkung der wertmäßig sehr geschmälerten Eigenmittel der Versicherer zu dienen.[16]

Im Zuge der Erstellung der Rekonstruktionsbilanz wurden

---

14 Aus den Schillingeröffnungsbilanzen ist ersichtlich, dass alle Lebensversicherer mit Ausnahme der Nordstern Lebensversicherungs-AG, Zweigniederlassung für Österreich, von dieser Möglichkeit gebrauch gemacht haben. Im Durchschnitt machte die Forderung nach § 18, Abs. 3 etwa 10 % der Bilanzsumme aus. Bei der Österreichischen Versicherungs-AG und bei der Volksfürsorge, welche von der Abwertung der Kapitalanlagen besonders stark betroffen waren, erreichten die Anteile sogar 20,4 % und 18,1 %.

15 Von dieser Möglichkeit machten eine dem Autor unbekannte Anzahl von Unternehmen Gebrauch.

16 Vgl. BMF (1955), S. 20.

- die Vermögensverhältnisse erhoben und
- Entscheidungen über die Bewertung von Vermögensgegenständen getroffen,
- kriegsbedingte Verluste festgehalten und dokumentiert,
- Wertberichtigungen durchgeführt, verloren gegangenes Vermögen abgeschrieben (insbesondere die Vermögenswerte der Niederlassung in den durch die veränderten politischen und wirtschaftlichen Verhältnisse seit Ende des 2. Weltkriegs verloren gegangenen ausländischen Geschäftsgebieten),
- Bestandsabgrenzungen und Deckungsstockabgrenzungen gegenüber dem Ausland durchgeführt,
- Forderungen gegenüber dem Bund berechnet,
- Rückstellungen für besondere Geschäftsrisiken (gem. § 26, Abs. 1 VWG) gebildet und
- Informationen für die Erstellung der Schillingeröffnungsbilanz gesammelt.

2.3.1 Schillingeröffnungsbilanz-Gesetz 1954

In der Rekonstruktionsbilanz waren für die Bewertung der Kapitalanlagen weiterhin § 133 AktG 1937 in Verbindung mit § 36a VAG 1931 in Kraft. Die Bewertung der Vermögensgegenstände erfolgte mit den Anschaffungs- oder Herstellungskosten.

Für die Schillingeröffnungsbilanz sah das Schillingeröffnungsbilanz-Gesetz vom 7. Juli 1954 (BGBl. Nr. 190/1954) hingegen eine Reihe von Sonderbestimmungen vor, welche Abweichungen von der gängigen Bewertungspraxis erlaubten. Dadurch wurde das Prinzip des Bilanzzusammenhangs durchbrochen, wonach der Unternehmer die in der jährlichen Schlussbilanz enthaltenen Wertansätze unverändert in die Eröffnungsbilanz des folgenden Jahres übernehmen muss. Der Grundsatz des Bilanzzusammenhangs bewirkt, dass der Unternehmer auch in späteren Jahren nicht mehr über die seinerzeitigen Anschaffungs- oder Herstellungskosten hinausgehen kann.

Durch die außerordentlich hohe Inflation in den Jahren des Wiederaufbaus stiegen die Anschaffungs- und Herstellungskosten der einzelnen Vermögensgegenstände erheblich. Deshalb entsprach die Bewertung des Anlage- und Umlaufvermögens in der Rekonstruktionsbilanz nicht mehr den Wiederbeschaffungskosten am Beginn des Jahres 1955. Die unrichtige Ausweisung des Betriebsvermögens in den Bilanzen brachte nachteilige Folgen mit sich. Es wurde zum Beispiel die richtige Kalkulation im Betrieb außerordentlich erschwert, die Kreditwürdigkeit eines Unternehmens konnte nicht einwandfrei beurteilt werden, für gesellschaftsrechtliche Auseinandersetzungen fehlte eine geeignete Grundlagen und unterkapitalisierte Gesellschaften konnten weitergeführt werden.[17]

---

17 Vgl. Bauerreiß und Kuntschky (1954), S. 11.

Das Wesen der Schillingeröffnungsbilanz bestand darin, dass zum Unterschied zu laufenden Eröffnungsbilanzen, die sich an die vorhergehenden Schlussbilanzen anschlossen, die Neubewertung von Aktiva und Passiva in Durchbrechung des Grundsatzes des Bilanzzusammenhangs ohne Bindung an die Wertansätze in den Bilanzen der vergangenen Jahre erfolgte. Durch die Schillingeröffnungsbilanz wurde dem Unternehmer das Recht gegeben, die Bewertungsansätze der einzelnen Vermögensgegenstände an die Gegenwartswerte anzupassen.

Das SEB-G galt gemäß § 1 Abs. 1. für alle Kaufleute, die zur Führung von Handelsbüchern verpflichtet waren. Darunter fielen alle Versicherungsunternehmen, welche als Aktiengesellschaften konstituiert waren. Die Bestimmungen waren darüber hinaus auch für Versicherungsvereine auf Gegenseitigkeit einschließlich der Landes-Brandschaden-Versicherungs-Anstalten bindend (§ 1 Abs. 2). Die einzige Ausnahme bildeten kleine Versicherungsvereine auf Gegenseitigkeit, welche von der Erstellung von Schillingeröffnungsbilanzen absehen konnten.

Die Neuordnung der Bilanzen war vor allem für Versicherungsunternehmen vorteilhaft. Sie war eine wesentliche Voraussetzung für die Gesundung sowohl des Kapitalmarkts als auch des Markts für Versicherungsprodukte. Gesellschafter und Versicherungskunden hatten ein berechtigtes Interesse, über die tatsächliche Vermögenslage eines Assekuranzunternehmens informiert zu werden.

Es bestand die *generelle Regelung*, dass Vermögensgegenstände höchstens mit dem Betrag angesetzt werden durften, der für ihre Anschaffung oder Herstellung am Stichtag der Schillingeröffnungsbilanz hätte aufgewendet werden müssen (Vgl. § 3 Abs. 1). Schulden waren mit dem Betrag anzusetzen, der zu ihrer Tilgung am Stichtag der Schillingeröffnungsbilanz hätte aufgewendet werden müssen (Vgl. § 3 Abs. 2). Die in der Schillingeröffnungsbilanz angesetzten Werte galten als Anschaffungs- oder Herstellungskosten im Sinne der handelsrechtlichen Vorschriften (§ 3 Abs. 4).

Neubewertung der Aktiva

Abnutzbare Anlagegüter mit Ausnahme der bebauten Grundstücke durften höchstens mit dem Betrag angesetzt werden, der für die Anschaffung oder Herstellung von neuen, nach Art und Leistungsfähigkeit vergleichbaren Wirtschaftsgütern am Stichtag der Schillingeröffnungsbilanz hätte aufgewendet werden müssen. Der Betrag verminderte sich um die angemessenen Absetzungen für Abnutzung, die unter Bedachtnahme auf die voraussichtliche Gesamtnutzungsdauer auf die Zeit bis zum Stichtag entfielen (Vgl. § 4 Abs. 1). Bebaute Grundstücke durften höchstens mit dem Betrag angesetzt werden, der im gewöhnlichen Geschäftsverkehr bei einer Veräußerung zu erzielen gewesen wäre;

hierbei war von der Voraussetzung auszugehen, dass bebaute Grundstücke zusammen mit dem Betrieb veräußert wurden (Vgl. § 4 Abs. 1).

Immaterielle Vermögensgegenstände (beispielsweise Konzessionen, Bestandsrechte, etc.) durften höchsten mit dem Betrag angesetzt werden, mit dem sie in der vorangegangenen Schlussbilanz (bei Versicherungen die Rekonstruktionsbilanz) angesetzt waren (gem. § 6). Wertpapiere durften höchstens mit dem Börsenpreis angesetzt werden. Bestand ein solcher Preis nicht, durften sie höchstens mit dem Betrag angesetzt werden, der für ihre Anschaffung am Stichtag der Schillingeröffnungsbilanz aufgewendet hätte werden müssen (gem. § 7).

Für Forderungen gegenüber dem Deutschen Reich und Vermögensgegenstände in den kommunistischen Ländern galten besondere Regelungen. Forderungen gegen das Deutsche Reich und seine Einrichtungen mit und ohne Rechtspersönlichkeit, auch wenn sie durch Wertpapiere verbrieft waren, durften in der Schillingeröffnungsbilanz höchstens mit dem Erinnerungsansatz von einem Schilling ausgewiesen werden. Dasselbe galt für Vermögensgegenstände, über welche die Verfügung durch gesetzliche oder behördliche Maßnahmen im Ausland voraussichtlich dauernd entzogen war (gem. § 10).

Diese Regelungen waren für Versicherungsunternehmen von besonderer Bedeutung, weil sie zu Ende des Krieges umfangreiche Bestände an Reichsanleihen hielten, welche nunmehr wertlos waren. Die Assekuranzen mussten sie bis zur Schillingeröffnungsbilanz mit ihrem Anschaffungswert in ihren Büchern weiterführen. Erst bei der Erstellung der Schillingeröffnungsbilanz konnten sie die Reichsanleihen wertberichtigen. Ähnliches galt für die während des Krieges von vielen österreichischen Versicherern in den damals besetzten Gebieten betriebenen Niederlassungen. Die meisten Länder standen nunmehr unter kommunistischer Herrschaft. Die neuen Machthaber konfiszierten und verstaatlichten diese Unternehmen. Mit Erstellung der Schillingeröffnungsbilanz konnten diese Vermögen wertberichtigt werden.

Neubewertung der Passiva

Die sich durch die Erhöhung der Wertansätze der Aktiva ergebenden Beträge waren gemäß § 5 bei Aktiengesellschaften und bei Versicherungsvereinen auf Gegenseitigkeit in die gesetzliche Rücklage einzustellen. Damit wurde eine Ausschüttungssperre für durch die Neubewertung der Aktiva entstehenden, rein buchhalterischen „Gewinne“ verhängt. Die Beträge durften nicht an die Gesellschafter fließen, sondern mussten zur Stärkung der Eigenkapitalbasis im Unternehmen bleiben.

Aktiengesellschaften hatten ihr Grundkapital oder Stammkapital (Nennkapital) und den Nennbetrag ihrer Aktien neu festzulegen (§ 12 Abs. 1). Diese Neubewertung wurde als

Umstellung bezeichnet. Das neue Nennkapital war in Höhe des Betrags des bei der Aufstellung der Schillingeröffnungsbilanz nach Abzug der Schulden sich ergebenden Reinvermögens festzusetzen, soweit der Betrag nicht in Rücklage gestellt wurde (§ 12 Abs. 1).

Soweit das Reinvermögen nicht für die Festsetzung des Nennkapitals in Anspruch genommen wurde, war es von Aktiengesellschaften der gesetzlichen Rücklage zuzuweisen, die nur zum Ausgleich von Wertminderungen und zur Deckung von sonstigen Verlusten verwendet werden durfte. Dies galt nicht, soweit freie Rücklagen gebildet wurden; hierbei durften in der Schillingeröffnungsbilanz gegenüber der Schlussbilanz (bei Versicherungen Rekonstruktionsbilanz) das Verhältnis der freien Rücklagen zur gesetzlichen Rücklage nicht zu deren Ungunsten und das Verhältnis des Nennkapitals und der gesetzlichen Rücklage zusammen zu den freien Rücklagen nicht zu deren Gunsten verändert werden (§ 12 Abs. 3).

Durch die Umstellung durften die Gesellschafter keine Zahlungen erhalten (§ 12 Abs. 4). Diese Regelung trug ganz erheblich zur Stärkung der Eigenkapitalausstattung der Unternehmen bei.[18]

Für Versicherungsvereine auf Gegenseitigkeit galten eigene Regeln für die Umstellung. Bei diesen Unternehmen war das Reinvermögen, das sich bei der Aufstellung der Schillingseröffnungsbilanz nach Abzug der Schulden, zu denen auch der Gründungsstock gehörte, ergab, der Verlustrücklage im Sinn der gesetzlichen Bestimmungen über die Beaufsichtigung der privaten Versicherungsunternehmen zuzuweisen. Dies galt nicht, soweit der Betrag nötig war, um andere freie und zweckgebundene Rücklagen, die in der Schlussbilanz ausgewiesen waren, fortzuführen (§ 12 Abs. 5).

Rückstellungen und passive Rechnungsabgrenzungsposten, die bereits in der vorangegangenen Schlussbilanz (bei Versicherungen die Rekonstruktionsbilanz) angesetzt waren, mussten mindestens mit den dort ausgewiesenen Wertansätzen weitergeführt werden. Die Neubildung von Rückstellungen war zulässig (§ 9).

Bei Aktiengesellschaften und Versicherungsvereinen auf Gegenseitigkeit hatte der Vorstand zugleich mit der Schillingeröffnungsbilanz einen Bericht aufzustellen und vorzulegen, in dem auch die Vorschläge für die Umstellung zu machen und die wesentlichen Umstände darzulegen waren, die für die Bewertung der Vermögensgegenstände und Schulden und für die Umstellungsvorschläge maßgebend waren (§ 18 Abs. 1). Diese Umstellungsberichte sind heute eine wichtige Quelle für die wirtschaftshistorische Forschung und somit auch für die vorliegende Arbeit.

Die Schillingeröffnungsbilanz war spätestens gleichzeitig mit der Jahresbilanz für das Geschäftsjahr, zu dessen Beginn die Schillingeröffnungsbilanz aufgestellt wurde, zu er-

18 Vgl. Abschnitt 5.2 der vorliegenden Arbeit.

stellen, zu prüfen, festzustellen und zu veröffentlichen (§ 19 Abs. 1). Damit wurde die seit 1945 in Kraft befundene Untersagung der Veröffentlichung von Jahrsabschlüssen von Versicherungsunternehmen ab der Schillingeröffnungsbilanz aufgehoben.

Die Schillingeröffnungsbilanz der als Aktiengesellschaft konstituierten Versicherungsunternehmen wurde von der Hauptversammlung und jene der Versicherungsvereine auf Gegenseitigkeit von dessen obersten Organ festgestellt (§ 19 Abs. 2 und 5). Bei den meisten Unternehmen wurde dieser Schritt im Laufe des Jahres 1957 getan[19].

3. Überblick über den Markt privater Assekuranzen

In diesem Abschnitt werden die damaligen Verhältnisse auf dem Versicherungsmarkt in Österreich im Jahr 1955 grob umrissen. Dabei werden einerseits Strukturmerkmale des Marktes erfasst und andererseits Marktanteile der einzelnen damals auf dem Markt aktiven Versicherungsunternehmen dargestellt. Die Angaben zu den Prämieneinnahmen, Schadenzahlungen, Kapitalanlagen sowie zu Versicherungsdichte und Versicherungsdurchdringungen beziehen sich auf die im Datensatz erfassten Unternehmen.

3.1 Strukturmerkmale

Am Ende des Jahres 1955 waren insgesamt 36 inländische und 16 Zweigniederlassungen ausländischer Versicherungsunternehmen zum Abschluss von neuen Versicherungsverträgen berechtigt. Von den inländischen Assekuranzen waren 17 Aktiengesellschaften, 14 Versicherungsvereine auf Gegenseitigkeit und fünf Landesversicherer.

Die Versicherungsunternehmen durften ihre Dienste als Krankenversicherer, Lebensversicherer und als Schaden- und Unfallversicherer anbieten. Nach dem VAG 1931 war es grundsätzlich jedem Unternehmen erlaubt, in allen drei Bilanzabteilungen aktiv zu sein, also als so genannte Kompositversicherer auf dem Markt auftreten. Voraussetzung war freilich eine entsprechende Konzession vom Bundesministerium für Finanzen, welche als Versicherungsaufsichtsbehörde fungierte. Im Jahr 1955 waren fünf Assekuranzen als Krankenversicherer, 11 als Lebensversicherer, 43 als Schaden- und Unfallversicherer[20] und ein Unternehmen als reiner Rückversicherer[21] tätig. Sechs Unternehmen boten Ver-

19 Vgl. Jahresberichte für das Geschäftsjahr 1955 von diversen Versicherungsunternehmen.

20 Davon sind 12 nicht im Datensatz enthalten, weil deren Jahresabschlüsse nicht auffindbar sind.

21 Die vorliegende Untersuchung beschäftigt sich ausschließlich mit Erstversicherern. Von einer Analyse des Rückversicherungsgeschäfts wird abgesehen.

sicherungsleistungen aus mindestens zwei Bilanzabteilungen an, wovon zwei (die Versicherungsanstalt der österreichischen Bundesländer und die Wiener Städtische Wechselseitige Versicherung) in allen drei Abteilungen aktiv waren.

Die größte Sparte war 1955 jene der Schaden- und Unfallversicherungen. Dort war die höchste Anzahl an aktiven Unternehmen zu verzeichnen. Außerdem fielen die höchsten Prämieneinnahmen und Leistungszahlungen an. Diese Versicherer hielten auch die höchsten Kapitalanlagen. Insgesamt erzielten die Schaden- und Unfallversicherer Prämien im Ausmaß von 1,04 Mrd. Schilling (Tabelle 1). Es wurden Leistungen in der Höhe von 562,1 Mio. Schilling erbracht. Die Kapitalanlagen erreichten ein Ausmaß von 1,7 Mrd. Schilling. Gemessen am Prämien- und Leistungsaufkommen bildeten die Krankenversicherungen die zweitgrößte Sparte. Die Prämien betrugen 227,5 Mio. Schilling, während die Leistungen 160,1 Mio. Schilling erreichten. Die Lebensversicherungen konnten mit Prämieneinnahmen von 205,6 Mio. Schilling und Leistungen von 66,1 Mio. Schilling die geringsten Volumina verbuchten. Die Kapitalanlagen überstiegen mit 823,1 Mio. Schilling wegen längerer Vertragslaufzeiten und der größeren Bedeutung des Kapitalanlagegeschäfts deutlich jene der Krankenversicherungen.

Tab. 1: Struktur des Versicherungsmarkts im Jahr 1955[1]

	Kranken-versicherer	**Lebens-versicherer**	**Schaden- u. Unfallversicherer**	**alle Abteilungen**
Anzahl der Unternehmen	5	11	43	52[2]
Prämien[3] (in Schilling)	227.489.917,32	205.562.804,09	1.037.021.950,73	1.470.074.672,14
Leistungen[4] (in Schilling)	160.054.882,52	66.123.624,13	562.080.447,36	788.258.954,01
Kapitalanlagen[5] (in Schilling)	138.075.018,32	823.113.234,15	1.717.570.575,87	2.678.758.828,34
Versicherungsdichte[6] (in Schilling)	32,75	29,59	149,28	211,61
Versicherungsdurchdringung[7] (in %)	0,21	0,19	0,97	1,37

Anm.:

1 Die Angaben zu den Prämieneinnahmen, Schadenzahlungen, Kapitalanlagen sowie zu Versicherungsdichte und Versicherungsdurchdringungen beziehen sich ausschließlich auf die im Datensatz erfassten Unternehmen. Im Datensatz sind fünf Krankenversicherer, elf Lebensversicherer und 31 Schaden- u. Unfallversicherer enthalten.

2 ist ungleich der Zeilensumme, weil acht Versicherungsunternehmen in mehr als einer Bilanzabteilung aktiv waren, also als Kompositversicherer am Markt auftraten.

3 Abgegrenzte Prämien des direkten Geschäfts, exkl. Nebenleistungen

4 Abgegrenzte Leistungen des direkten Geschäfts

5 Kapitalanlangen umfassen Grundstücke, im Bau befindliche Anlagen, Beteiligungen, Wertpapiere, Schuld-

scheinforderungen u. Darlehen, Hypothekardarlehen, Guthaben bei Banken u. Sparkassen, Rückständige und anteilige Zinsen u. Mieten, Kassastand.

6 Prämien pro Kopf (abgegrenzte Prämien des direkten Geschäfts, exkl. Nebenleistungen durch Anzahl der Einwohner Österreichs).

7 Prämien in % des Bruttoinlandsprodukts.

Quellen: Prämien, Leistungen und Kapitalanlagen: eigene Berechnungen auf Basis der Jahresabschlüsse für 1955 der im Datensatz dieser Untersuchung erfassten Versicherer; Bruttoinlandsprodukt und Bevölkerung WIFO (1998)

Die Entwicklung des Versicherungswesens in Österreich kann am besten mit den beiden Indikatoren Versicherungsdichte und Versicherungsdurchdringung gemessen werden. Die Versicherungsdichte gibt das Prämienaufkommen pro Einwohner an, während die Versicherungsdurchdringung das Prämienaufkommen relativ zu Wirtschaftsleistung (gemessen am Bruttoinlandsprodukt) zeigt. Die Versicherungsdichte erreichte 1955 ein Ausmaß von 211,61 Schilling.[22] Damit überstieg die Dichte ganz deutlich den Wert von 1937, dem letzten Jahr vor dem Anschluss. Damals betrug sie etwa 27,39 Schilling. 1946 erreichte die Dichte mit 24,86 den niedrigsten Wert in der Nachkriegszeit. Im Jahr 1950 lag die Dichte mit 60,99 noch deutlich unter dem Wert von 1955.[23, 24] Die Versicherungsdurchdringung betrug 1955 insgesamt 1,37 %.[25] Der Vergleich mit der Durchdringung des Jahrs 1937 (1,88 %) zeigt, das die österreichische Versicherungswirtschaft zehn Jahre nach Ende des 2. Weltkriegs noch nicht den Entwicklungsstand der Zeit vor dem Anschluss erreichte. Unmittelbar nach Ende des 2. Weltkriegs war sie mit 0,76 % auf dem niedrigsten Stand. Auch im Jahr 1950 lag sie mit 0,81 % noch deutlich unter dem Wert von 1955.[26, 27]

22 Die Prämieneinnahmen des Jahres 1955 betrugen nach Hollmayer (2000), S. 1400, insgesamt 1.645 Mio. Schilling. Die Versicherungsdichte, berechnet auf Basis dieser Quelle, machte 236,8 Schilling aus. Die Ursache für den Unterschied zum in diesem Beitrag berechneten Wert besteht darin, dass die in der vorliegenden Arbeit nicht alle, damals aktiven Unternehmen erfasst sind.

23 Die Versicherungsdichte für die Jahre 1937, 1946 und 1950 wurde auf Basis der Prämieneinnahmen aus Hollmayer (2000), S. 1400, berechnet.

24 In den Jahren seit 1955 stieg die Dichte kontinuierlich an und erreichte 2004 ein Ausmaß von 1.724 Euro (23.722,76 Schilling). Informationen zur Entwicklung der Versicherungsdichte seit 1958 sind unter http://www.vvo.at/vvoat/vvoat.nsf/?Open zu finden.

25 Die Versicherungsdurchdringung, berechnet auf Basis der in Hollmayer (2000), S. 1400 genannten Prämieneinnahmen, beträgt 1,53.

26 Die Versicherungsdurchdringung für die Jahre 1937, 1946 und 1950 wurde auf Basis der Prämieneinnahmen aus Hollmayer (2000), S. 1400, berechnet.

27 Die Versicherungsdurchdringung stieg nach 1955 ebenfalls kontinuierlich an. Im Jahr 2004 erreichte sie einen Wert von 5,95 % (Vgl. http://www.vvo.at/vvoat/vvoat.nsf/?Open).

3.2 Marktanteile

Der Markt der Krankenversicherer war sehr hoch konzentriert. Die ersten drei Unternehmen hielten einen Marktanteil von insgesamt 80,9 %. Der mit Abstand größte Anbieter war der Austria Versicherungsverein a.G. mit Prämieneinnahmen von 79,8 Mio. Schilling und einem Marktanteil von 35,1 % (Tabelle 2). Dieses Unternehmen ging 1946 aus dem Münchner Versicherungsverein a.G., Niederlassung für Österreich hervor.[28] In der Reihenfolge der größten Krankenversicherer folgten an zweiter Stelle die Wiener Städtische Wechselseitige Versicherung und an der dritten die Merkur Wechselseitige Versicherung. Eine weitere Besonderheit der Krankenversicherer bestand zu jener Zeit darin, dass, abgesehen von einem, alle Unternehmen als Verein auf Gegenseitigkeit konstituiert waren.[29]

Tab. 2: Prämieneinnahmen und Marktanteile der Krankenversicherungen im Jahr 1955

	Prämieneinnahmen[1] (in Schilling)	**Marktanteile (in %)**
Austria Versicherungsverein a.G.	79.767.770,50	35,06
Wiener Städtische Wechselseitige Versicherungsanstalt	60.231.733,34	26,48
Merkur Wechselseitige Krankenversicherungs-Anstalt	43.950.320,20	19,32
Versicherungsanstalt der österreichischen Bundesländer AG	24.983.248,47	10,98
Collegialität Krankenversicherung a.G.	18.556.844,81	8,16
Gesamt	227.489.917,32	100,00

1 Abgegrenzte Prämien des direkten Geschäfts, exkl. Nebenleistungen. Quelle: eigene Zusammenstellung auf Basis der Jahresabschlüsse für 1955 der im Datensatz dieser Untersuchung erfassten Versicherer

Der Markt für Lebensversicherungen war wesentlich weniger konzentriert. Die drei größten Unternehmen hielten gemeinsam einen Marktanteil von 55,0 %. Das größte Unternehmen war die Versicherungsanstalt der österreichischen Bundesländer AG mit Prämieneinnahmen von 50,8 Mio. Schilling und einem Marktanteil von 24,7 % (Tabelle 3). Die Wiener Städtische Wechselseitige Versicherungsanstalt und die Assicurazioni Generali AG waren der zweit- und der drittgrößte Lebensversicherer.[30]

---

28 Vgl. Rohrbach (1988), S. 879

29 Die Ursachen hiefür dürften darin liegen, dass erstens der Solidargedanke bei Krankenversicherungen eine größere Rolle als bei den anderen Versicherungsarten spielt und zweitens die Gewinnverwendung in Form von Prämienrückvergütungen an Versicherungsnehmer bei Versicherungsvereinen leichter durchführbar sind als bei Aktiengesellschaften.

30 Die Österreichische Versicherungs-AG (ÖVAG), welche vor und während des 2. Weltkriegs die größte Lebensversicherung in Österreich war, fiel bis 1955 an die sechste Stelle zurück. Die Ursachen waren unter anderem die de facto Unterkapitalisierung, Probleme mit dem Altbestand und die Tatsache, dass sie wie ein öffentliches Unternehmen geführt wurde.

Tab. 3: Prämieneinnahmen und Marktanteile der Lebensversicherungen im Jahr 1955

	Prämieneinnahmen[1] (in Schilling)	**Marktanteile (in %)**
Versicherungsanstalt der österreichischen Bundesländer AG	50.795.403,26	24,71
Wiener Städtische Wechselseitige Versicherungsanstalt	33.570.614,75	16,33
Assicurazioni Generali AG, Direktion für Österreich	28.584.259,31	13,91
Wiener Verein Lebens- und BestattungsVVaG	27.152.386,00	13,21
Österreichische Volksfürsorge Lebensversicherungs-AG	20.764.292,26	10,10
Restliche Unternehmen	44.695.848,51	21,74
Gesamt	205.562.804,09	100,00

1 Abgegrenzte Prämien des direkten Geschäfts, exkl. Nebenleistungen. Quelle: eigene Berechnungen auf Basis der Jahresabschlüsse für 1955 der im Datensatz dieser Untersuchung erfassten Versicherer

Der Schaden- und Unfallversicherungsmarkt war der Markt mit der geringsten Marktkonzentration. Die drei größten Unternehmen hielten einen Marktanteil von 46,95 %. Das größte Unternehmen war die Erste Allgemeine Unfall und Schadenversicherung AG mit Prämieneinnahmen von 217,9 Mio. Schilling und einem Marktanteil von 21,02 % (Tabelle 4). Auf den Plätzen zwei und drei folgten die Wiener Städtische Wechselseitige Versicherung und die Versicherungsanstalt der österreichischen Bundesländer.

Tab. 4: Prämieneinnahmen und Marktanteile der Schaden- und Unfallversicherungen 1955

	Prämieneinnahmen[1] (in Schilling)	**Marktanteile (in %)**
Erste Allgemeine Unfall- und Schadens-Versicherungs-AG	217.938.090,92	21,02
Wiener Städtische Wechselseitige Versicherungsanstalt	140.879.724,58	13,59
Versicherungsanstalt der österreichischen Bundesländer AG	128.018.914,63	12,34
Internationale Unfall- u. Schadenversicherungs-AG	126.630.961,98	12,21
Wiener Allianz Versicherungs-AG	76.618.296,60	7,39
Restliche Unternehmen	346.935.962,02	33,46
Gesamt	1.037.021.950,73	100,00

1 Abgegrenzte Prämien des direkten Geschäfts, exkl. Nebenleistungen. Quelle: eigene Berechnungen auf Basis der Jahresabschlüsse für 1955 der im Datensatz dieser Untersuchung erfassten Versicherer

4. Analyse der Jahresabschlüsse privater Versicherungsunternehmen in Österreich 1944 bis 1955

In diesem Abschnitt wird die finanzielle Lage der Versicherungsunternehmen in der unmittelbaren Nachkriegszeit dokumentiert. Zu diesem Zweck werden die Schillingeröffnungsbilanzen sowie die Abschlüsse 1955 analysiert. Dafür wird ein einfaches System von Kennzahlen entwickelt und implementiert. Der spezielle Fokus liegt bei der Untersuchung der Vermögensausstattung der österreichischen Versicherungswirtschaft. Die Ergebnisse werden im Lichte der historischen Ereignisse interpretiert.

Um die Einzigartigkeit der Situation der Versicherungswirtschaft in jener Zeit zu zeigen, werden auch die Abschlüsse des Jahres 1944 bzw., wenn diese nicht verfügbar sind, des Jahres 1943 analysiert. Damit ein Vergleich mit den heutigen Verhältnissen möglich ist, werden auch die Abschlüsse des Jahres 2004 untersucht.

Im Text dieses Abschnitts werden von allen Indikatoren die Gesamtwerte der Branche sowie die Maxima und Minima dargestellt. Die Ergebnisse der Analyse des Rechnungsabschlusses des Jahres 1944, der Rekonstruktionsbilanz, der Schillingeröffnungsbilanz und des Rechnungsabschlusses des Jahres 1955 einzelner Unternehmen sind im Anhang zu finden.[31]

Die wirtschaftliche Lage wird zuerst anhand einer Analyse der Gewinn- und Verlustrechnungen des Jahres 1955 erörtert. Danach werden die Bilanzen zum 31. Dezember 1944, zum 31. Dezember 1954 (Rekonstruktionsbilanz), zum 1. Januar 1955 (Schillingeröffnungsbilanz) und zum 31. Dezember 1955 eingehend untersucht, wobei der Fokus bei der Ausstattung mit Eigenmitteln und beim Bestand an für die Bedeckung der versicherungstechnischen Rückstellungen zugelassen Vermögensgegenständen liegt. Sämtliche Analysen beschränken sich auf das direkte Geschäft der Versicherungsunternehmen.

Bei Analyse und Interpretation der Rekonstruktionsbilanz ist zu beachten, dass sich der Berichtszeitraum auf insgesamt zehn Jahre erstreckt. Die Konsequenzen einer so außergewöhnlich langen Bilanzierungsperiode sind unter anderem die Verringerung der Bedeutung der Rechnungsabgrenzungsposten, gewisse Glättungen und Saldierungen der

---

31 Ein direkter Vergleich mit Kennzahlen von einzelnen Unternehmen der Jahre 1944 und 1955 mit jenen des Jahres 2004 ist nicht möglich. Ein derartiger Vergleich würde irreführende Interpretationen der Ergebnisse und Schlussfolgerungen zur Folge haben, weil sich unter anderem die Zusammensetzung der Bestände an Versicherungsverträgen (bspw. durch Änderungen der Käuferpräferenzen, Produktinnovationen etc.) und gesetzlich vorgeschriebene bzw. in der Praxis angewandte Regeln der Rechnungslegung erheblich veränderten. Deshalb unterbleibt die Darstellung der Einzelergebnisse für das Jahr 2004.

Gewinne gegen Verluste, Bewertungen der Vermögensgegenstände (insbesondere der Kapitalanlagen).

4.1 Kennzahlen der Betriebsaufwendungen

Das Kennzahlensystem der Gewinn- und Verlustrechnungen besteht aus

- Betriebs-Kostensatz[32],
- Vertriebs-Kostensatz[33],
- Verwaltungs-Kostensatz[34],
- Schadensatz[35] und
- Combined Ratio[36].

Der *Betriebs-Kostensatz* ist als Quotient von Betriebsaufwand des direkten Geschäfts[37] und abgegrenzten Prämieneinnahmen des direkten Geschäfts[38] definiert. Er gibt an, wie hoch die Betriebskosten im Vergleich zu den Prämieneinnahmen sind. Die Prämieneinnahmen übertreffen in der Regel deutlich den Betriebsaufwand. Der Wert des Betriebs-Kostensatzes soll deshalb Werte von deutlich kleiner als 100 annehmen. Dann können die Schadenzahlungen zumindest zum Teil durch die laufenden Prämieneinnahmen gedeckt werden. Wenn die Prämien gerade noch ausreichen, um den Betriebsaufwand zu decken, dann nimmt der Betriebs-Kostensatz einen Wert von 100 an. In diesem Fall können die Leistungen ausschließlich aus den Netto-Erträgen aus dem Kapitalanlagengeschäft finanziert werden. Übersteigt der Betriebs-Kostensatz den Wert von 100, dann ist dies ein Zeichen dafür, dass sich ein Unternehmen auf dem Weg in den Ruin befindet.

---

32 (Betriebsaufwand/Prämieneinnahmen) * 100; Betriebsaufwand = (Vertriebsaufwand + Verwaltungsaufwand) – Rückversicherungsprovisionen und Gewinnanteile aus Rückversicherungsabgaben; Prämieneinnahmen = abgegrenzte Prämien Gesamtrechnung – Rückversicherungsanteil

33 (Vertriebsaufwand/Prämieneinnahmen) * 100

34 (Verwaltungsaufwand/Prämieneinnahmen) * 100

35 (Schadenaufwand/Prämieneinnahmen) * 100; Schadenaufwand = abgegrenzte Schadenaufwand-Gesamtrechnung – Rückversicherungsanteil

36 Betriebs-Kostensatz + Schadensatz

37 Der Betriebsaufwand des direkten Geschäfts ist der gesamte Betriebsaufwand abzüglich der Rückversicherungsprovisionen und Gewinnanteile aus Rückversicherungsabgaben

38 Die Prämien des direkten Geschäfts sind die Prämien der Gesamtrechnung abzüglich des Rückversicherungsanteils.

Der Betriebs-Kostensatz nimmt normalerweise positive Werte an. Negative Werte kommen nur dann vor, wenn die Provisionen für Rückversicherungen und die Gewinnanteile aus Rückversicherungsabgaben die gesamten Betriebsaufwendungen (direktes und indirektes Geschäft) übersteigen.

Der Betriebsaufwand setzt sich aus Vertriebsaufwand und Verwaltungsaufwand zusammen. Der Vertriebsaufwand entsteht im Wesentlichen beim Verkaufen von Versicherungsverträgen und fällt vor allem im Außendienst an. Der Verwaltungsaufwand entsteht hauptsächlich durch die betrieblichen Vorgänge im Innendienst.

Der *Vertriebs-Kostensatz* ist das Verhältnis aus dem Vertriebsaufwand und den Prämieneinnahmen und gibt an, inwieweit die Prämieneinnahmen den Vertriebsaufwand übersteigen. Da der Verwaltungsaufwand lediglich einen Teil des Betriebsaufwands darstellt, sollen die Werte niedriger als die Werte des Betriebs-Kostensatzes sein und deutlich 100 unterschreiten.

Wie auch beim Betriebs-Kostensatz sind die Werte des Vertriebs-Kostensatzes normalerweise positiv. Negative Werte kommen wiederum nur dann vor, wenn Provisionen für Rückversicherungen und Gewinnanteile aus Rückversicherungsabgaben die gesamten Betriebsaufwendungen (direktes und indirektes Geschäft) übersteigen.

Der *Verwaltungs-Kostensatz* sagt für den Verwaltungsaufwand sinngemäß dasselbe wie der Vertriebs-Kostensatz für den Vertriebsaufwand aus. Die Werte des Verwaltungs-Kostensatzes sind bei den meisten Versicherungsunternehmen niedriger als jene des Vertriebs-Kostensatzes. Dies ist darin begründet, dass Verwaltungsaufwand meist niedriger als der Vertriebsaufwand ist.

Der *Schadensatz* gibt an, inwieweit der Schadenaufwand aus den Prämieneinnahmen finanziert werden kann. Liegt der Wert über 100, so übersteigen die Schadenzahlungen die Prämieneinnahmen.[39] Die Schadenzahlungen müssen dann zumindest zum Teil von den Netto-Erträgen des Kapitalanlagengeschäfts gedeckt werden. Wenn diese auch gering sind (zum Beispiel weil geringwertige Kapitalanlagen vorhanden sind oder die Rendite der Kapitalanlagen niedrig ist), dann erwirtschaftet das Versicherungsunternehmen technische Verluste. Die Leistungen müssen mit Hilfe des Eigenkapitals gedeckt werden. Langfristig gefährdet eine solche Praxis die Existenz des Unternehmens.

Hohe Schadensätze sind insbesondere für Schadenversicherer unangenehm, da sie im Durchschnitt im Vergleich zu Versicherern der beiden anderen Bilanzabteilungen nied-

39 Wie bei allen anderen Kennzahlen wird auch beim Schadensatz ausschließlich das direkte Geschäft betrachtet. Daher werden der Schadenaufwand des direkten Geschäfts und die Prämieneinnahmen des direkten Geschäfts in Beziehung gesetzt. Der Schadenaufwand des direkten Geschäfts ist der abgegrenzte Schadenaufwand-Gesamtrechnung abzüglich des Rückversicherungsanteils.

rigere Netto-Kapitalerträge erzielen können. Diese ergeben sich aus der Tatsache, dass sie Kapitalanlagen mit kürzerer Laufzeit wählen müssen. Die Veranlagungsstrategie ist auf kurzfristige Kapitalanlagen ausgerichtet, weil sie ihre Geldmittel wegen der kürzeren Laufzeit der Verträge nicht lange binden können. Bei kurzfristigen Kapitalanlagen ist die Verzinsung in der Regel geringer als bei langfristiger Bindung. Bei Lebens- und Krankenversicherungen sind hohe Schadensätze eher ein geringes Problem, da in der Regel hohe Kapitalanlagen zur Verfügung stehen.[40]

Der Schadensatz nimmt dann negative Werte an, wenn der Rückversicherungsanteil der Leistungen (Leistungen der Rückversicherer) jene aus dem direkten Geschäft übersteigen.

Die Ergebnisse der Berechnungen sind in Tabelle 5 dargestellt. Die Kostensätze aller Unternehmen lagen im Jahr 1955, abgesehen von wenigen Einzelfällen, durchwegs deutlich unter 100. Die meisten Unternehmen standen demnach sehr solide da. Die Kostensätze nahmen 1955 ohne Ausnahme positive Werte an. Die Rückversicherungsprovisionen und Gewinnbeteiligungen waren in jener Zeit im Vergleich zum Jahr 2004 deutlich niedriger.[41]

Die Betriebs-Kostensätze waren 1955 bei allen Bilanzabteilungen insgesamt deutlich höher als im Jahr 2004. Die Verringerung von 1955 bis 2004 ist auf die Rationalisierung und Straffung der innerbetrieblichen Abläufe in den Versicherungsunternehmen zurückzuführen. Die Bandbreite war im Jahr 1955 kleiner als im Jahr 2004. Die Maxima waren 1955 sowohl bei den Krankenversicherern als auch bei den Lebensversicherern höher und bei den Schaden- u. Unfallversicherern niedriger als im Jahr 2004. Die Minima lagen 1955 höher als 2004.

40 Bei Lebens- und Krankenversicherungen sind hohe Schadensätze dennoch nicht unproblematisch. In der Lebensversicherung sind die Erträge aus den Kapitalanlagen in der Prämienkalkulation berücksichtigt. In der Krankenversicherung sind Kapitalerträge mitunter zu niedrig, um ungünstige Schadensätze kompensieren zu können.

41 Die negativen Werte im Jahr 2004 sind fast ausschließlich auf hohe Rückversicherungsprovisionen zurückzuführen.

Tab. 5: Ausgewählte Kennzahlen der G&V, in %, 1955 und 2004

	Betriebs-Kostensatz[1]			Vertriebs-Kostensatz[2]		
	KV[3]	LV[4]	SUV[5]	KV	LV	SUV
im Jahr 1955						
Gesamt[6]	24,22	38,45	40,81	9,54	12,99	20,63
Maximum	29,35	150,07	224,63	10,68	38,38	58,61
Minimum	21,40	26,03	19,65	10,01	10,12	2,49
im Jahr 2004						
Gesamt[6]	14,70	16,48	29,97	9,60	12,55	15,03
Maximum	29,28	44,89	246,89	16,19	30,39	102,72
Minimum	11,65	8,88	−142,86	8,19	5,40	−242,86

1 Betriebsaufwand/Prämien; Betriebsaufwand = Vertriebsaufwand + Verwaltungsaufwand
2 Vertriebsaufwand/Prämien; Verwaltungsaufwand = Provisionen + Organisationsaufwand des Vertriebs
3 KV … Krankenversicherung
4 LV … Lebensversicherung
5 SUV … Schadenunfallversicherung
6 Auf Basis von über alle österreichischen Assekuranzen aggregierten Werten.
Quelle: eigene Berechnungen

Bei den Lebensversicherungen (LV) ist der Unterschied der Betriebs-Kostensätze besonders deutlich. Selbst wenn man die einzige Versicherung mit einem herausragenden Satz von über 100 aus der Betrachtung herausnimmt, dann waren sowohl das Maximum als auch das Minimum im Jahr 1955 höher als im Jahr 2004.

Die Gründe hiefür werden sichtbar, wenn man sich die Kostensätze der beiden Komponenten des Betiebs-Kostensatzes genauer ansieht. Es ist erkennbar, dass die Unterschiede auf die höheren Verwaltungs-Kostensätze zurückzuführen sind. Sie lagen sowohl insgesamt als auch bei den Extremwerten 1955 höher als 2004. Die Vertriebskosten waren insgesamt ähnlich. Die Ursachen für die hohen Verwaltungskosten sind unter anderem darin zu suchen, dass es keine Valorisierung der Prämieneinnahmen gab, während die Löhne und Gehälter sowie der Sachaufwand aufgrund von Lohn- und Preisabkommen im annähernd gleichen Ausmaß wie das allgemeine Preisniveau stiegen. Die hohe Inflation in den späten vierziger und in den frühen fünfziger Jahren dürfte der Grund für die schwierige Kostensituation der Lebensversicherer gewesen sein. Es wurden zwar Teuerungszuschläge zugelassen. Diese dürften jedoch nicht ausgereicht haben, um die Steigerungen der Kosten in der Verwaltung zu decken.

Bei den Schaden-Unfall-Versicherungen war das Problem der durch Inflation verursachten steigenden Kostensätze und der sinkenden Margen weniger relevant, weil die meisten Verträge kurzfristig angelegt waren. Dadurch erneuerte sich der Bestand an Versicherungsverträgen in kurzen Abständen. Die neuen Versicherungsverträge konnten zu höheren, an die neuen Preisverhältnisse angepassten Tarifen abgeschlossen werden. Auf diese Art wurden die Verträge versteckt valorisiert.

Die Tarife unterstanden in den vierziger und fünfziger Jahren einer Genehmigungspflicht durch das Bundesministerium für Finanzen. Es wurden demzufolge per Erlass Ende August 1947 Teuerungszuschläge in der Sach- und Vermögensschaden- sowie in der Unfallversicherung und Anfang September 1947 in der Kraftfahrtversicherung angeordnet.

Tab. 5 (Fortsetzung): Ausgewählte Kennzahlen der G&V, in %

	Verwaltungs-Kostensatz[1]			**Schadensatz**[2]		
	KV	**LV**	**SUV**	**KV**	**LV**	**SUV**
im Jahr 1955						
Gesamt[3]	12,88	21,71	17,63	70,36	34,76	56,05
Maximum	19,34	43,35	166,02	86,95	133,05	100,24
Minimum	11,13	13,42	12,10	58,96	18,33	−5,49
im Jahr 2004						
Gesamt[3]	5,10	3,93	14,94	74,34	52,76	68,42
Maximum	18,80	24,28	187,50	78,67	115,96	124,49
Minimum	1,98	0,81	0,00	38,01	2,94	−71,43

1 Verwaltungsaufwand/Prämien
2 Schäden/Prämien
3 Auf Basis von über alle österreichischen Assekuranzen aggregierten Werten.
Quelle: eigene Berechnungen

Beim Vertriebs-Kostensatz fällt auf, dass die Tarife sich in den Bilanzabteilungen Krankenversicherung und Lebensversicherung insgesamt im Jahr 1955 kaum von jenen im Jahr 2004 unterschieden. Die Werte bewegten sich innerhalb einer schmälern Bandbreite als im Jahr 2004.

Die Verhältnisse in der Bilanzabteilung der Schaden- u. Unfallversicherung waren deutlich anders. Es lagen sowohl der aggregierte Wert der gesamten Branche als auch das Maximum und das Minimum 1955 deutlich über 2004. Die Ursachen dürften nicht in den historischen Ereignissen dieser Zeit liegen, sondern darin, dass derzeit die Rückversicherungsprovisionen und Gewinnbeteiligungen höher sind als im Jahr 1955.

Die Werte der Schadensätze waren im Jahr 1955 in allen Bilanzabteilungen insgesamt ungefähr gleich hoch oder niedriger als 2004. Die Maximalwerte lagen abgesehen von je einer Ausnahme in der Lebensversicherung und in der Schaden-Unfall-Versicherung durchwegs deutlich unter 100. Die beiden Versicherungen mit den extrem hohen Werten waren 1955 mit ungewöhnlich hohen Schäden konfrontiert. Die niedrigen Werte sind eher ein Anzeichen von relativer Solidität und Stärke von Unternehmen. Die Schäden wurden überwiegend von den aktuellen Prämieneinnahmen und keineswegs von Nettoerträgen der Kapitalanlagen oder durch Auflösung von Rückstellungen gedeckt.

Tab. 5 (Fortsetzung): Ausgewählte Kennzahlen der G&V, in %

	Combined-Ratio[1]		
	KV	**LV**	**SUV**
im Jahr 1955			
Gesamt[2]	94,58	73,21	96,87
Maximum	108,35	283,12	233,49
Minimum	85,27	44,36	39,71
im Jahr 2004			
Gesamt[2]	89,04	69,24	98,39
Maximum	94,18	136,92	233,98
Minimum	57,33	24,98	−214,29

1 Betriebs-Kostensatz + Schadensatz
2 Auf Basis von über alle österreichischen Assekuranzen aggregierten Werten.
Quelle: eigene Berechnungen

4.1 Eigenkapital-Kennzahlen

Die Versicherung als wirtschaftliches Unternehmen ist auf Risikokapital angewiesen. Es ist notwenig, damit eine Versicherungsgesellschaft die abgegebenen Leistungsversprechen mit Sicherheit einlösen kann. Eine dem Geschäftsumfang angemessene Kapitalbasis ist entscheidend für den langfristigen Erfolg der Gesellschaften und somit für den Schutz von Versicherungsnehmern und Geschädigten. Das Eigenkapital kommt dann zum Tragen, wenn in einer Versicherungsperiode die tatsächlich eingetretenen Schäden über dem Erwartungswert (auf welchem die Risikoprämie kalkuliert wurde) liegen. Die Differenz muss aus dem Eigenkapital finanziert werden.

Dieser Abschnitt erläutert die durch die historischen Ereignisse ausgelösten Veränderungen in der Ausstattung der Assekuranzen mit Eigenkapital in den Jahren 1944 bis 1955. Der Schwerpunkt liegt bei der Darstellung der Aufwertungen infolge der Inkraftsetzung des VWG 1955.

Das Eigenkapital setzte sich im Jahr 1955 aus folgenden Positionen der Bilanz zusammen:

- dem eingezahlten Aktienkapital oder Grundkapital (bei Versicherungsvereinen auf Gegenseitigkeit dem eingezahlten Gründungsstock),
- den Rücklagen, wobei zwischen den gesetzlichen Rücklagen, den freien Rücklagen und den Rücklagen gemäß § 26 VWG zu unterscheiden ist,
- den Wertberichtigungen und
- dem Reingewinn.

4.1.1 Eigenkapitalausstattung

Das Ausmaß der Kapitalausstattung wird anhand des Anteils des Eigenkapitals an der Bilanzsumme gemessen. Dieser Indikator wird in Prozent angegeben und nimmt normalerweise Werte zwischen größer 0 und kleiner 100 an. Ausnahmen sind erstens Zweigniederlassungen ausländischer Assekuranzen, welche über kein Eigenkapital verfügen, und zweitens Unternehmen mit negativem Eigenkapital. Bei den einen beträgt der Anteil null, und bei den anderen nimmt er einen negativen Wert an.

Im letzen Jahr des Kriegs wiesen die Versicherungsunternehmen im Vergleich zu den Jahren der unmittelbaren Nachkriegszeit ein sehr hohes Eigenkapital aus. In den Bilanzabteilungen Krankenversicherung und Schaden- u. Unfallversicherung war das Eigenkapital insgesamt deutlich höher als 30 % der Bilanzsumme (Tabelle 6). Lebensversicherer waren im Vergleich zu den Kranken- und den Schadenversicherern mit geringem Eigenkapital ausgestattet. Dies war (und ist bis heute) auf die hohe Bedeutung der Rückstellungen zurückzuführen, welche sie infolge der langen Laufzeit der Verträge bildeten.

Einzelne Assekuranzen, welche das Geschäft der Lebensversicherungen oder der Schadenversicherungen betrieben, wiesen kein Eigenkapital aus. Dies waren Zweigniederlassungen ausländischer Unternehmen, deren Risiko durch das Eigenkapital ihrer Muttergesellschaften abgedeckt werden konnte, oder Kompositversicherer, deren Eigenkapital zur Gänze einer Bilanzabteilung zugerechnet wurde.

Tab. 6: Eigenkapital in % der Bilanzsumme

	KV	LV	SUV	gesamt
Ende 1944				
Gesamt[1]	35,24	3,55	38,14	17,85
Maximum	35,95	8,15	93,87	93,87
Minimum	33,70	0,00	0,00	0,24
Ende 1954 (lt. Rekonstruktionsbilanz)				
Gesamt[1]	7,98	4,26	14,42	11,09
Maximum	36,40	7,28	48,33	48,33
Minimum	−13,76	−0,88	−12,85	−13,76
Anfang 1955 (lt. Schillingeröffnungsbilanz)				
Gesamt[1]	24,18	8,63	28,80	21,61
Maximum	44,79	17,75	69,57	69,57
Minimum	18,64	0,00	0,00	0,00
Ende 1955				
Gesamt[1]	23,07	8,10	27,26	20,52
Maximum	38,16	15,80	72,11	72,11
Minimum	17,64	0,00	0,00	0,00
Ende 2004				
Gesamt[1]	8,38	3,67	20,05	7,69
Maximum	89,36	19,79	96,55	84,22
Minimum	3,16	1,57	7,09	1,57

1 Auf Basis von über alle österreichischen Assekuranzen aggregierten Werten.
Quelle: eigene Berechnungen

Durch die Verluste des Krieges und der unmittelbaren Nachkriegszeit wurde das Eigenkapital von vielen Assekuranzgesellschaften deutlich abgewertet. Dies lässt sich aus den im Vergleich zu 1944 aber auch zu Ende 1955 sehr niedrigen Eigenkapitalwerten in Relation zur Bilanzsumme in der Rekonstruktionsbilanz ersehen.[42] Bei einigen Versicherungsunternehmen (wie bspw. bei der Merkur Wechselseitige Krankenversicherung) waren die Verluste höher als die übrigen Komponenten des Eigenkapitals. Das Eigenkapital war somit mehr als vollständig aufgezehrt. Rein buchhalterisch wiesen diese Unternehmen Ende 1954 ein negatives Eigenkapital auf. Das Ausmaß des negativen Eigenkapitals er-

42 Dadurch, dass für die Rekonstruktionsbilanz das Niedestwertprinzip galt, kann sie als eine Beschreibung der wirtschaftlichen Situation unmittelbar nach Kriegsende angesehen werden.

reichte beim am stärksten betroffenen Krankenversicherer (der Merkur Wechselseitigen Krankenversicherung) 13,8 % der Bilanzsumme, beim am stärksten betroffenen Lebensversicherer (der Österreichischen Volksfürsorge) 0,9 % und beim stärksten betroffenen Schaden- und Unfallversicherer (der Nordstern Allgemeine Versicherungs-AG) 12,9 %.

Durch die Aufwertungen der Aktiva im Zuge der Erstellung der Schillingeröffnungsbilanz entstanden buchhalterische Gewinne, welche auf der Passivseite hauptsächlich in die Rücklagen, welche einen Bestandteil des Eigenkapitals darstellen, verbucht wurde.[43] Die Aufwertungen wurden durch die Verbesserung der allgemeinen Wirtschaftlage, die Zunahme der Nachfrage nach den Dienstleistungen der Assekuranzen und durch die Klärung von Rechtsverhältnissen im Bezug auf Vermögensgegenstände der Unternehmen möglich. Die Verbesserung der Eigenkapitalausstattung manifestierte sich in steigenden Anteilen des Eigenkapitals an der Bilanzsumme. Im Zuge der Aufwertungen gelang es allen Unternehmen, die negativen Werte des Eigenkapitals zum Verschwinden zu bringen. Anfang 1955 konnte die Versicherungsbranche in allen Abteilungen bereits ähnliche Werte für die Eigenkapitalausstattung wie in normalen Geschäftsjahren (bspw. 2004) erreichen.

Die Eigenkapitalausstattung in Relation zur Bilanzsumme stieg am stärksten bei der Merkur Wechselseitigen Krankenversicherung. Dort nahm die Eigenkapitalquote von –13,8 % auf 24,9 % zu. Der Zuwachs betrug 38,7 Prozentpunkte. Unter den Lebensversicherern fiel die Erholung bei der Österreichischen Beamtenversicherung mit 12,3 Prozentpunkten am stärksten aus. Von den Schaden- und Unfallversicherern konnten die Salzburger Landesbrandschaden-Anstalt und die Erste Allgemeine Versicherung mit 25,3 und 23,4 Prozentpunkten ihre Eigenkapitalausstattung am deutlichsten erhöhen. Bei den Krankenversicherern verbesserte sich die Eigenkapitalausstattung insgesamt um 16,2 Prozentpunkte, bei den Lebensversicherern um 4,4 Prozentpunkte und bei den Schaden- und Unfallversicherern um 14,4 Prozentpunkte.

4.1.2 Aufwertungen durch das SEB-G

Gemäß § 5 SEB-G 1955 waren die Unternehmen verpflichtet, die Gewinne aus den Aufwertungen der Aktiva in die Rücklagen zu buchen oder, sofern sie als Aktiengesellschaften konstituiert waren, für die Aufwertung der Nominale der Aktien zu verwenden. Damit wurde verhindert, dass Gewinne etwa über Dividenden an die Unternehmenseigentümer ausgeschüttet wurden. Die Gewinne verblieben im Unternehmen und dienten der Stärkung der Eigenkapitalbasis der Unternehmen.

43 Details zu den Aufwertungen im Zuge der Erstellung der Schillingeröffnungsbilanz sind den in Abschnitten 4.2.2 und 4.3.1 dieses Beitrags dargelegt.

Tab 7: Wert des Eigenkapitals in Schillingeröffnungsbilanz im Vergleich zur Rekonstruktionsbilanz (Index SB = 1)

	KV	LV	SUV	gesamt
Aktien/Grundkapital/Gründungsfonds				
Gesamt[1]	–[2]	1,50	3,86	3,89
Maximum	–[2]	1,50	10,00	10,00
Minimum	–[2]	1,50	1,80	1,50
Rücklage gesamt[3]				
Gesamt[1]	1,55	2,52	1,81	1,87
Maximum	1,73	3,11	3,22	3,27
Minimum	1,43	0,68	0,46	0,46
Gesetzliche Rücklage				
Gesamt[1]	2,82	3,78	2,41	2,79
Maximum	4,23	5,44	6,00	6,00
Minimum	2,21	0,00	1,42	0,00
Freie Rücklage				
Gesamt[1]	1,00	0,66	2,02	2,36
Maximum	1,00	1,00	3,93	3,93
Minimum	1,00	0,28	0,00	0,00
Wertberichtigungen				
Gesamt[1]	0,93	–[3]	0,64	0,69
Maximum	1,00	–[3]	1,00	1,00
Minimum	0,00	–[3]	0,30	0,00
Eigenkapital gesamt				
Gesamt[1]	1,31	2,90	2,45	2,44
Maximum	1,42	14,59	8,85	14,59
Minimum	1,24	0,47	0,93	0,47

1 Auf Basis von über alle österreichischen Assekuranzen aggregierten Werten.

2 Keine Angaben, weil alle erfassten Krankenversicherer Versicherungsvereine sind und deshalb kein Aktien bzw. Grundkapital haben.

3 Die Rücklagen gesamt umfassen neben der gesetzlichen und der freien Rücklage auch die Rücklage gem. § 26 VWG. Diese Rücklage wurde von allen Unternehmen unverändert von der Rekonstruktionsbilanz in die Schillingeröffnungsbilanz übernommen.

Quelle: eigene Berechnungen

Die Wirkungen dieser Ausschüttungssperre waren tatsächlich beträchtlich. Die Rücklagen nahmen insgesamt auf das 1,9-fache zu, wobei der Anstieg bei den Lebensversicherern am stärksten ausfiel (Tabelle 7). Bei diesen Assekuranzen erhöhten sich die Rücklagen auf das 2,5-fache. Bei einigen Unternehmen stieg der Wert der Rücklagen um 100 % und bei manchen sogar um über 200 %.

Der Nominalwert der Aktien verdoppelte sich bei vielen Unternehmen. Bei einigen Versicherern stieg dieser Wert auf das Drei- bis Vierfache und bei machen sogar auf das Sechsfache an. Insgesamt wuchs das Nominale der Aktien auf das 3,9-fache an, wobei bei den Schaden- und Unfall-Versicherungen eine deutlich größere Zunahme zu verzeichnen war.

Die Ausstattung mit Eigenkapital erfuhr insgesamt einen Anstieg auf das 2,4-fache. Bei den meisten Unternehmen betrug der Wertzuwachs etwa 30 bis 90 %. Ein Unternehmen konnte seine Eigenkapitalausstattung sogar auf das 14,6-fache steigern.

4.1.3 Solvabilität

Damit die jederzeitige Erfüllung der vertraglichen Verpflichtung möglich ist, sieht das derzeit in Kraft befindliche Versicherungsaufsichtsgesetz (VAG 1978) vor, dass Versicherungsunternehmen neben den technischen Reserven auch über ausreichendes Sicherheitskapital (im Wesentlichen Eigenkapital) verfügen müssen. Dadurch soll gewährleistet werden, dass Fehleinschätzungen, die mit der Risikoübernahme verbunden sein können, für ein Versicherungsunternehmen und für die Versicherten ohne Auswirkungen bleiben.

In der unmittelbaren Nachkriegszeit waren keine mit heutigen Regeln vergleichbaren gesetzlichen Bestimmungen für die Eigenmittelausstattung der Versicherungsunternehmen gesetzlich verankert. Entsprechende Vorschriften wurden erst mit der Novelle des Versicherungsaufsichtsgesetzes im Jahre 1986 eingeführt und seither mehrmals revidiert. Aus diesem Grund und um dem Leser eine mit heutigen Maßstäben vergleichbare Analyse der Solvabilität von Versicherungen zu bieten, werden die Eigenmittelausstattung nach den derzeit geltenden Bestimmungen des VAG analysiert.

Gesetzliche Bestimmungen der Eigenmittelerfordernis

§ 73b VAG 1978 sieht vor, dass der erforderliche Bestand an Eigenmitteln, die Solvabilitätsspanne, im Verhältnis zu dem gesamten Geschäftsumfang steht, wobei die Berechnung der vorhandenen Eigenmittel für alle Bilanzabteilungen auf gleiche Art erfolgt.

Die *vorhandenen Eigenmittel* bestehen aus dem freien unbelasteten Eigenkapital eines Versicherungsunternehmens unter Nichtberücksichtigung immaterieller Werte. Sie umfassen gemäß § 73b Abs. 2 u. 3 VAG 1978 insbesondere

- das eingezahlte Grundkapital (bei Versicherungsvereinen auf Gegenseitigkeit den eingezahlten Gründungsstock und bei Zweigniederlassungen ausländischer Versicherungsunternehmen das diesen auf Dauer zur Verfügung gestellte Kapital),
- die Kapitalrücklagen, die Gewinnrücklagen, die unversteuerten Rücklagen und der versteuerte Teil der Risikorücklage,
- der nicht zur Ausschüttung bestimmte Bilanzgewinn,
- Partizipations- und Ergänzungskapital.
- Die Rückstellungen für erfolgsabhängige Prämienrückerstattung in der Krankenversicherung und die Rückstellung für Gewinnbeteiligung in der Lebensversicherung sind den Eigenmitteln hinzuzurechnen, soweit sie zur Deckung von Verlusten verwendet werden dürfen.

Die Berechnung der erforderlichen Eigenmittel erfolgt gemäß Anlage D des VAG 1978 für die einzelnen Abteilungen auf verschiedene Arten. Für Nicht-Lebensversicherungen wird sie nach zwei Sicherheitsindizes bestimmt, nämlich nach dem Beitragsaufkommen einerseits und nach der Schadenbelastung andererseits.

Die *erforderlichen Eigenmittel* ergeben sich aus dem Beitragsindex oder dem Schadenindex, je nachdem, welcher der höhere ist. Bei der Berechnung des Beitragsindex ist von der Summe der Prämieneinnahmen aus dem indirekten und direkten Geschäft des letzten Geschäftsjahres einschließlich Nebenleistungen der Versicherungsnehmer auszugehen. Der sich ergebende Betrag wird in zwei Stufen unterteilt: in eine erste Stufe, die bis 10 Mio. Euro reicht, und in eine zweite Stufe für den 10 Mio. Euro übersteigenden Betrag. Auf die erste Stufe wird der Prozentsatz von 18 v. H. und auf die zweite 16 v. H. angewandt und die Ergebnisse addiert. Diese Summe wird auf den Eigenbehalt zurückgerechnet. Der Eigenbehalt errechnet sich aus dem Verhältnis der Nettoschäden zu der Bruttoschadenbelastung. Der Quotient ist jedoch mit mindestens 50 % anzusetzen. Schematisch dargestellt errechnet sich der Beitragsindex wie folgt:

1. Prämieneinnahmen (direkt und indirekt)
2. Nebenleistungen der Versicherungsnehmer
3. Beitragsbasis (Zeilen 1 + 2)
4. 10 Mio. Euro x 0,18
5. Restbetrag (Zeilen 6. 7. 3–4) x 0,16
8. Beitragsindex brutto (Zeilen 4 + 5)
9. Selbstbehaltskoeffizient des Geschäftsjahrs (Aufwand für Versicherungsfälle für eigene Rechnung/Aufwand für Versicherungsfälle brutto) (mindestes 0,5)
10. Beitragsindex netto (Zeilen 6 x 7)

Der Schadenindex geht von der durchschnittlichen Schadenbelastung der letzten 3 Jahre aus. Bis zu 7 Mio. Euro (1. Stufe) werden 26 %, vom darüber hinausgehenden Betrag (2. Stufe) 23 % ermittelt. Die Ergebnisse der beiden Stufen werden addiert. Unter Berücksichtigung des Anteils der Rückversicherer (in gleicher Weise wie beim Prämienindex) ergeben sich die Nettoschadenbelastung und damit die erforderlichen Eigenmittel auf Basis der Schäden.

Bei der Krankenversicherung, die nach Art der Lebensversicherung betrieben wird, vermindert sich das Eigenmittelerfordernis auf ein Drittel, wenn

a) auf der Grundlage von Wahrscheinlichkeitstafeln nach versicherungsmathematischen Grundsätzen berechnete Prämien erhoben werden,
b) eine Alterungsrückstellung gebildet wird,
c) ein angemessener Sicherheitszuschlag erhoben wird,
d) der Versicherer spätestens nach Ablauf des dritten Versicherungsjahres den Vertrag nicht mehr kündigen kann und
e) vertraglich die Möglichkeit vorgesehen ist, auch für bestehende Verträge die Prämien zu erhöhen oder die Leistungen herabzusetzen.

In der Lebensversicherung, außer den Zusatzversicherungen und der fondsgebundenen Lebensversicherung müssen die Eigenmittel der Summe der beiden folgenden Ergebnisse entsprechen:

a) Der Betrag, der 4 v. H. der Deckungsrückstellung und der Prämienüberträge ohne Abzug des Anteils der Rückversicherer entspricht, wird multipliziert mit dem Quotienten, der sich für das abgelaufene Geschäftsjahr aus der Deckungsrückstellung und den Prämienüberträgen abzüglich des jeweiligen Anteils der Rückversicherer im Verhältnis zur Deckungsrückstellung und den Prämienüberträgen ohne Abzug des Anteils der Rückversicherer ergibt. Dieser Quotient ist in jedem Fall mit mindestens 85 v. H. anzusetzen.
b) Bei den Verträgen, bei denen das Risikokapital nicht negativ ist, wird der Betrag, der 0,3 v. H. des übernommenen Risikokapitals entspricht, mit dem Quotienten multipliziert, der sich für das abgelaufene Geschäftsjahr aus dem Risikokapital abzüglich des Anteils der Rückversicherer im Verhältnis zum Risikokapital ohne Abzug des Anteils der Rückversicherer ergibt. Dieser Quotient ist in jedem Fall mit mindestens 50 v. H. anzusetzen.

Für kurzfristige Versicherungen auf den Todesfall, für Zusatzversicherungen, fondsgebundene und indexgebundene Lebensversicherungen sowie Tontinengeschäften und Kapitalisierungsgeschäften gelten eigene Bestimmungen. Da diese Produkte während des Zeitraums 1945 bis 1955 von untergeordneter Bedeutung waren bzw. gar nicht angeboten wurden, entfällt die Darstellung dieser Vorschriften.

Berechnung der Solvabilität

Anhand der Schillingeröffnungsbilanzen und der Jahresabschlussbilanz des Jahres 1955 wird die Eigenmittelausstattung am Beginn und am Ende des Jahres 1955 gemäß der Definition in § 73b VAG ermittelt. Als Vergleichsmaßstab wird das Eigenmittelerfordernis gemäß Anhang D des VAG herangezogen. Da die Jahresabschlüsse der Jahre 1945 bis 1954 sowie Detailinformationen über die Zusammensetzung der Bestände der Lebensversicherungsunternehmen nicht zugänglich sind, müssen die Eigenmittelerfordernisse durch vereinfacht berechnete Indikatoren angenähert werden.

Für die Nicht-Lebensversicherungen wird der Beitrags- und der Schadenindex auf Basis der Prämien und Schäden des Jahres 1955 berechnet, wobei die bei der Berechnung des Beitragsindex und des Schadenindex die Grenzen zwischen den beiden Stufen mit Verbraucherpreisindex aus Butschek (1998, Tabelle 8.2) deflationiert werden. Bei den Lebensversicherungen wird das Eigenmittelerfordernis wie folgt ermittelt: 4 v. H. der Deckungsrückstellung und der Prämienüberträge ohne Abzug des Anteils der Rückversicherer wurde multipliziert mit dem Quotienten aus der Deckungsrückstellung und den Prämienüberträgen abzüglich des jeweiligen Anteils der Rückversicherer im Verhältnis zur Deckungsrückstellung und den Prämienüberträgen ohne Abzug des Anteils der Rückversicherer der jeweils analysierten Bilanz (Rückstellungsteil). Aus Mangel an den nötigen Informationen über die Zusammensetzung der Bestände kann das Risikokapital nicht gemäß den gesetzlichen Vorschriften werden. Stattdessen wird der Risikokapitalteil durch 25 % des Rückstellungsteils angenähert.

Tab 8: Verhältnis der Eigenmittel zum Eigenmittelerfordernis (in %)

	KV	LV	SUV	Gesamt
Ende des Jahres 1944				
Gesamt[1]	770,61	87,86	691,82	422,90
Maximum	790,97	318,25	7.433,38	7.433,38
Minimum	726,94	0,00	27,06	36,98
Ende des Jahres 1954 (lt. Rekonstruktionsbilanz)[2]				
Gesamt[1]	48,59	93,63	147,71	126,45
Maximum	247,78	188,16	533,86	533,86
Minimum	−112,72	0,00	-169,99	-169,99
Beginn des Jahres 1955 (lt. Schillingeröffnungsbilanz)[2]				
Gesamt[1]	213,18	270,50	331,38	316,05
Maximum	352,51	517,21	1.752,79	1.752,79
Minimum	118,93	0,00	0,00	0,00
Ende des Jahres 1955				
Gesamt[1]	284,63	302,79	352,93	341,30
Maximum	542,48	592,06	5.280,66	5.280,66
Minimum	219,25	0,00	0,00	0,00
Ende des Jahres 2004				
Gesamt[1]	414,42	142,37	304,57	204,82
Maximum	3.279,67	476,78	64.955,40	4.363,23
Minimum	164,89	100,00	100,00	100,00

1 Auf Basis von über alle österreichischen Assekuranzen aggregierten Werten.
2 Das Eigenmittelerfordernis wurde anhand der Prämieneinnahmen und der Leistungen des Jahres 1955 berechent.
Quelle: eigene Berechnungen

Tabelle 8 zeigt die Werte der ganzen Branche sowie Maximum und Minimum des Quotienten aus Eigenmitteln zu Eigenmittelerfordernis. Bei Unternehmen, bei denen die Eigenmittel genau dem Eigenmittelerfordernis entsprechen, beträgt dieser Quotient 100. Assekuranzen, bei denen dieser Quotient 100 unterschreitet, sind unzureichend mit Eigenmitteln ausgestattet, während Versicherer, deren Quotient über 100 liegt, über mehr als ausreichend Eigenmittel verfügen.

Im Jahr 1944 waren alle Krankenversicherer mit genügend Eigenmitteln ausgestattet. Unter den Lebensversicherern waren mehrere Unternehmen zu finden, deren Eigenmittelausstattung das Erfordernis deutlich unterschreitet. Diese Situation war, abgesehen von einer Assekuranz, bei keinem Unternehmen Besorgnis erregend, weil sie Kompositversicherer waren, bei denen die anderen Bilanzabteilungen über so viele Eigenmittel verfügten, dass sie als gesamtes Unternehmen betrachtet ausreichend mit Eigenmitteln ausgestattet waren. Bei der Österreichischen Versicherungs-AG (ÖVAG) war die Situation jedoch ganz anders. Dieses Unternehmen war ein reiner Lebensversicherer und wies Eigenmittel im Ausmaß von lediglich 68,3 % des Eigenkapitalerfordernisses auf. Anhand dieses Indikators zeigt sich, dass die ÖVAG schon während des Krieges in einer schwierigen Situation war. Von den Schaden- und Unfallversicherern waren alle mit Ausnahme der Anker-Versicherung und der Salzburger Landes-Brandschaden-Versicherung mindestens ausreichend mit Eigenmitteln ausgestattet. Bei der Ankerversicherung bestand im Hinblick auf Eigenmittel kein Anlass zur Besorgnis, weil die Abteilung Leben über so viel Mittel verfügte, dass das gesamte Unternehmen über deutlich mehr verfügte als erforderlich war. Bei der Salzburger Versicherung erreichten die Eigenmittel lediglich 39,9 % des Erfordernisses.[44]

Die Versicherungswirtschaft schien im Jahr 1944, abgesehen von zwei Ausnahmen, gesund zu sein. Aufgrund der Rekonstruktionsbilanz ergab sich für Ende des Jahres 1954 ein wesentlich schlechteres Bild. Unter den Krankenversicherern waren mit der Merkur-Versicherung und der Wiener Wechselseitigen Krankenversicherung zwei Unternehmen zu finden, welche Probleme mit der Eigenmittelausstattung hatten. Die Merkur Versicherung war in einer besonders schwierigen Situation, weil sie aufgrund der hohen Kriegsverluste ein negatives Eigenkapital auswies. Außerdem war sie in jener Zeit ein reiner Krankenversicherer, wodurch sie keinerlei Ausgleich über andere Bilanzabteilungen durchführen konnte. Bei der Wiener Wechselseitigen betrugen die Eigenmittel 92,4 % des Erfordernisses. Ebenso wie die Merkur-Versicherung war dieses Unternehmen damals ein reiner Krankenversicherer und konnte den Mangel an Eigenkapital nicht durch einen Polster in anderen Bilanzabteilungen ausgleichen.

Unter den Lebensversicherern war ebenfalls eine Reihe von Unternehmen zu finden, welche sich im Hinblick auf die Eigenmittel in einer schwierigen Situation befanden. Diesbezüglich ist zunächst einmal die Nordstern-Lebensversicherung zu nennen, welche keine eigenen Eigenmittel besaß. Bei diesem Unternehmen handelte es sich jedoch um eine Zweigniederlassung eines deutschen Versicherers, so dass es sich auf die Eigenmittel des Mutterunternehmens stützen konnte. Von den inländischen Lebensversicherern war die Österreichische Volksfürsorge mit Eigenmitteln in der Höhe von 4,7 % des Erfordernisses in der schwierigsten Situation.[45] Die österreichische Beamtenversicherung und der

44 Die Ursachen sind dem Autor nicht bekannt.

45 Die ÖVAG dürfte sich ebenfalls in einer äußerst angespannten Situation befunden haben. Diese kann hier

Wiener Verein Lebens- und Bestattungsversicherung wiesen ebenfalls Eigenmittel aus, welche deutlich niedriger als das Erfordernis war. Da beide auf Lebensversicherungen spezialisiert waren, waren sie auch in einer recht schwierigen Lage. Die Eigenmittel der Donau Versicherung unterschritten ebenfalls die Erfordernisse.[46] Dieses Unternehmen war jedoch auch als Schaden- und Unfallversicherer tätig. Diese Bilanzabteilung hatte bei weitem genügend Eigenmittel, so dass es als Gesamtunternehmen ausreichend ausgestattet war.

Den Schaden- und Unfallversicherungen ging es am besten. Die meisten Unternehmen wiesen eine ausreichende Eigenmittelausstattung aus. Die wenigen Ausnahmen waren die Nordstern Allgemeine Versicherung, diese hatte sogar negative Eigenmittel, und die Züricher Versicherung. Beide waren jedoch Zweigniederlassungen schweizerischer Versicherer, welche bei Bedarf auf die Eigenmittel ihrer Stammhäuser zurückgreifen konnten. Von den inländischen Unternehmen erfüllten lediglich die Kosmos-Versicherung und die Erste Allgemeine Versicherung die heute gültigen Eigenkapitalerfordernisse nicht.

Im Zuge der bei der Erstellung der Schillingeröffnungsbilanz durchgeführten Aufwertung der Aktiva konnten nahezu alle ihr Eigenkapital und somit auch ihre Eigenmittel so weit aufstocken, dass sie über den Eigenmittelerfordernissen lagen. Unter den Krankenversicherern gab es Anfang 1955 kein Unternehmen, dessen Eigenmittel geringer als erforderlich waren. Die Merkur-Krankenversicherung konnte sämtliche buchhalterischen Verluste wettmachen, und das Eigenkapital wurde wieder positiv. Die Eigenmittel erreichten ein Ausmaß von 275,8 % des Erfordernisses. Die Wiener Wechselseitige konnte ebenfalls durch die Aufwertungen der Aktiva saniert werden, so dass die Eigenmittel in der Schillingeröffnungsbilanz das Erfordernis knapp überstieg. Im Laufe des Jahre 1955 wurde sie in die Wiener Städtische Versicherung integriert, bildete ab diesem Zeitpunkt die Bilanzabteilung Krankenversicherung und verschwand als eigenständiges Unternehmen vom Markt.

Von den Lebensversicherungen blieben zwei Unternehmen trotz der Aufwertungen unter den Eigenmittelerfordernissen. Die Volksfürsorge konnte ihren Mangel an Eigenmittel nur unzureichend wettmachen. Die Eigenmittel erreichten in der Schillingeröffnungsbilanz lediglich 68,3 % des Eigenmittelerfordernisses. Die Donau-Versicherung blieb ebenfalls unter dem Erfordernis. Da jedoch die Bilanzabteilung Schaden- und Unfall über bei weitem genug Eigenmittel verfügte, war das gesamte Unternehmen ausrei-

---

jedoch nicht dargestellt werden, weil dem Autor dieser Arbeit die Rekonstruktionsbilanz der ÖVAG nicht zur Verfügung steht.

46 Die schwache Ausstattung mit Eigenmittel war großteils auf den Verlust der Niederlassung Reichenberg zurückzuführen, auf welche die Unternehmenszentrale in Wien seit Kriegsende keinen Zugriff mehr hatte, weil sie auf dem Territorium der kommunistisch regierten Tschechoslowakei lag.

chend mit Eigenkapital ausgestattet. Gemäß Schillingeröffnungsbilanz konnte die ÖVAG ihren Mangel an Eigenmittel wettmachen.[47]

Bei den Schaden- und Unfallversicherungen waren abgesehen von zwei inländischen Ausnahmen und den Zweigstellen ausländischer Versicherungsgesellschaften alle Unternehmen ausreichend mit Eigenmitteln ausgestattet. Die beiden Ausnahmen waren die Anker-Versicherung und die Österreichische Hagelversicherung VVaG[48]. Die Anker-Versicherung ordnete sämtliche Eigenmittel der Bilanzabteilung Leben zu. Diese verfügte über so viele Eigenmittel, dass das gesamte Unternehmen als solide ausgewiesen war.

Bis zum Ende des Jahres 1955 verbesserte sich die Situation nochmals spürbar. Die Eigenmittelausstattung aller Krankenversicherer und vieler Lebensversicherer und Schaden- und Unfallversicherer erhöhte sich. Die Volksfürsorge konnte sich im Hinblick auf die Eigenmittel erholen. Die Eigenmittel erreichten 105,6 % des Eigenmittelerfordernisses. Höchste Eigenmittel relativ zu den Erfordernissen hatte die Österreichische Kreditversicherung. Dieses Unternehmen trat in diesem Jahr neu in den österreichischen Markt ein und hatte geringe Prämieneinnahmen und Versicherungsleistungen im Vergleich zum Eigenkapital und somit ein geringes Geschäftsvolumen, wodurch das Eigenmittelerfordernis gering war. Abgesehen von der Österreichischen Hagelversicherung waren alle inländischen Assekuranzen ausreichend mit Eigenmitteln ausgestattet, wenn man die Eigenmittel und die Erfordernisse aller Bilanzabteilungen aggregiert in Beziehung setzt. Die Unternehmen mit sehr geringen oder gar keinen Eigenmitteln waren Zweigniederlassungen ausländischer Versicherer.

4.3 Vermögensausstattung

Die Analysen dieses Abschnitts fokussieren auf den Wert und das Ausmaß der Vermögensausstattung. Der wesentliche Teil des Vermögens einer Versicherung sind die in Form von Wertpapieren verschiedenster Art gehaltenen Kapitalanlagen.

47 Die Aufwertungsgewinne der ÖVAG reichten zwar aus, um die Solvabilität zu erreichen, nicht jedoch die ausreichende Bedeckung der versicherungstechnischen Rückstellungen. Details siehe Abschnitt 5.3.3.

48 Im Jahre 1946 wurden bei Gründung dieser Gesellschaft von allen Versicherungsunternehmen sämtliche Hagelpolizzen dort hin übertragen. Sie wies dadurch von Beginn an ein großes Geschäftsvolumen auf. Gleichzeitig wurde sie mit relativ zum Geschäftsvolumen geringen Eigenmitteln ausgestattet. Es war ihr in den ersten Jahren ihrer Existenz wegen ungünstiger Schadenverläufe nicht mögliche nennenswert hohe Gewinne zu erzielen und so Eigenkapital aufzubauen.

In die Betrachtung wurden sämtliche Vermögenswerte einbezogen, welche nach § 78 VAG 1978 (in der derzeit geltenden Fassung) zur Deckung der versicherungstechnischen Rückstellungen zugelassen sind.

In der Terminologie des Jahres 1955 umfassen die Kapitalanlagen folgende Bilanz-Positionen:

- Grundstücke,
- Im Bau befindliche Anlagen,
- Beteiligungen,
- Wertpapiere,
- Schuldscheinforderungen und Darlehen
- Hypothekardarlehen
- Polizzenvorauszahlungen
- Guthaben bei Banken u. Sparkassen/sonst. Kreditinst.
- Prämienreservedepots
- Rückständige und anteilige Zinsen und Mieten.
- Kassenbestände inkl. Postscheckguthaben.

Es werden das Ausmaß der Aufwertung der Vermögensgegenstände durch das Schillingeröffnungsbilanz-Gesetz (SEB-G) und die Zusammensetzung der Vermögensausstattung dargestellt. Das Ausmaß der Vermögensausstattung wird für die Jahre 1944 und 1955 anhand ausgewählter Kennzahlen analysiert. Die Ergebnisse werden dann mit den entsprechenden Äquivalenten des Jahres 2004 verglichen.

4.2.1 Aufwertung der Vermögensgegenstände durch das SEB-G

Die Kapitalanlagen erfuhren in der Zeit von Anfang 1945 bis Ende 1954 teilweise markante Wertsteigerungen. In der Rekonstruktionsbilanz wurden sie noch mit der Bewertung zum Zeitpunkt der Anschaffung eingetragen. Die ausgewiesen Werte entsprachen nicht den wahren Marktwerten zu Ende 1954. Um den Wertsteigerungen Rechnung zu tragen und die Vermögenslage der Assekuranzen in der Schillingeröffnungsbilanz adäquat abzubilden, wurden die Kapitalanlagen neu bewertet.

Tab. 9: Wert der Kapitalanlage in Schillingeröffnungsbilanz (SEB) im Vergleich zur Rekonstruktionsbilanz (Index SEB = 1)

	KV	LV	SUV	gesamt
Grundstücke				
Gesamt[1]	1,79	1,49	1,43	1,45
Maximum	4,12	3,48	9,05	9,05
Minimum	1,19	1,09	1,00	1,00
Beteiligungen				
Gesamt[1]	–[2]	1,80	2,88	2,86
Maximum	–[2]	1,80	5,29	5,29
Minimum	–[2]	1,80	0,91	0,91
Wertpapiere				
Gesamt[1]	1,02	1,01	1,54	1,30
Maximum	1,03	1,02	4,05	4,05
Minimum	1,01	1,00	1,02	1,00

1 Auf Basis von über alle österreichischen Assekuranzen aggregierten Werten.
2 Keine Angaben, weil alle erfassten Krankenversicherer keine Beteiligungen halten.
Quelle: eigene Berechnungen

Die einzelnen Bilanzpositionen der Aktivseite waren in sehr unterschiedlichem Ausmaß von der Aufwertung betroffen. Bei bebauten und unbebauten Grundstücken verursachte das SEB-G teilweise beträchtliche Wertkorrekturen. Sie erfuhren bei mehreren Versicherungsunternehmen eine Aufwertung auf das Drei- bis Vierfache ihres Werts in der Rekonstruktionsbilanz (Tabelle 9). Die Vorarlberger Landes-Feuerversicherungsanstalt konnte sogar auf das Neunfache aufwerten. Insgesamt ist etwa auf das 1,5-fache aufgewertet worden. Der Wert der Beteiligungen betrug insgesamt das 2,9-fache des Werts in der Rekonstruktionsbilanz. Die Erste Allgemeine Versicherung konnte den Wert ihre Beteiligungen sogar auf das 5,3-fache steigern. Die Aufwertung der Wertpapiere betrug in der Regel unter 30 %. Die Heimat Versicherung konnte sogar auf das Vierfache aufwerten. Die Wertsteigerungen bei den Schuldscheinen und Darlehen waren moderat. Sie machten selten mehr als 10 % aus. Schuldscheine wurden von der Industrie ausgegeben, wiesen im Vergleich zu anderen Wertpapieren kurze Laufzeiten auf und waren nominell gebunden, weshalb sie kaum aufgewertet wurden. Die Polizzenvorauszahlungen, die Guthaben bei Banken und Sparkassen und die Prämienreservedepots erfuhren keinerlei Neubewertung.

Tab. 9 (Fortsetzung): Wert der Kapitalanlage in Schillingeröffnungsbilanz (SEB) im Vergleich zur Rekonstruktionsbilanz (Index SEB = 1)

	KV	LV	SUV	gesamt
Schuldscheinforderungen u. Darlehen				
Gesamt[1]	1,02	1,04	1,11	1,03
Maximum	1,03	1,06	1,80	1,80
Minimum	1,00	1,00	1,00	1,00
Hypothekardarlehen				
Gesamt[1]	1,00	1,00	1,01	1,01
Maximum	1,00	1,00	1,16	1,16
Minimum	1,00	1,00	1,00	1,00
Zinsen und Mieten				
Gesamt[1]	1,00	1,00	1,03	1,02
Maximum	1,00	1,00	1,93	1,93
Minimum	1,00	1,00	1,00	1,00
Kassastand				
Gesamt[1]	1,00	1,00	1,07	1,04
Maximum	1,00	1,00	1,83	1,83
Minimum	1,00	1,00	1,00	1,00
Kapitalanlage insgesamt				
Gesamt[1]	1,28	1,15	1,27	1,22
Maximum	1,19	1,64	1,59	1,64
Minimum	1,04	1,02	1,01	1,01

1 Auf Basis von über alle österreichischen Assekuranzen aggregierten Werten.
2 Keine Angaben, weil alle erfassten Krankenversicherer keine Beteiligungen halten.
Quelle: eigene Berechnungen

Die Betriebs- und Geschäftsausstattung gehört zwar nicht zu den Kapitalanlagen. Deren Bewertung ist dennoch bedeutend, weil diese Vermögensgegenstände in Notfällen zur Deckung von Verpflichtungen herangezogen werden können. Deshalb soll die Bewertung an dieser Stelle diskutiert werden. Es ist äußerst bemerkenswert, dass einige Unternehmen die Betriebs- und Geschäftsausstattung einer Neubewertung unterzogen. Von manchen Unternehmen wurde dieses Vermögen sogar beträchtlich aufgewertet. Der in der Bilanz ausgewiesene Wert erhöhte sich bei mehreren Unternehmen fast auf das 2-fache, bei der Vorarlberger Landes-Feuerversicherungsanstalt sogar auf das 2,8-fache.[49]

Der Wert der gesamten Kapitalanlagen ist bei den meisten Unternehmen um 15 bis 20 % und insgesamt um etwa 20 % gestiegen, wobei einzelne Unternehmen (wie bspw. die Abteilung Leben der Donau-Versicherung) um bis zu 64 % aufwerten konnten. Es waren kaum systematische Unterschiede zwischen den Bilanzabteilungen zu beobachten. Die Bilanzsumme stieg bei den meisten Versicherungen etwa zwischen 5 und 20 %.

4.2.2 Zusammensetzung der Kapitalanlagen

In einem ersten Schritt wird die Zusammensetzung der Kapitalanlagen der Jahre 1944 und 1955 miteinander verglichen und jener im Jahr 2004 gegenübergestellt.

Bei der Zusammensetzung der Kapitalanlagen ereigneten sich die deutlichsten Veränderungen. Tabelle 10 zeigt die Aufteilung der Kapitalanlagen auf die einzelnen Kategorien am Ende des Jahres 1944 sowie am Beginn und am Ende des Jahres 1955. Um die Möglichkeit eines Vergleichs mit heutigen Verhältnissen zu bieten, ist auch die Zusammensetzung im Jahr 2004 dargestellt. Die Zahlen sind aggregierte Werte der zu jener Zeit sich auf dem Markt befindlichen inländischen Versicherungsanstalten und Zweigniederlassungen ausländischer Assekuranzunternehmen.

Es fällt auf, dass Ende 1944 die Wertpapiere und Darlehen den weitaus größten Anteil an den Kapitalanlagen ausmachten. Er betrug in allen drei Bilanzabteilungen deutlich über 60 %. Am höchsten war der Anteil in der Abteilung Krankenversicherung mit etwa 90 %. Bei den Lebensversicherungen betrug der Anteil etwa 80 %. Bei den Schaden-Unfall-Versicherungen war der Anteil mit 60,6 % am niedrigsten. Betrachtet man die einzelnen Bilanzabteilungen als Gesamtunternehmen, so lag der Anteil bei 70,5 %.

Innerhalb der Kategorie der Wertpapiere und Darlehen bildeten die Wertpapiere die weitaus größte Gruppe. Die Schuldscheine und Darlehen machten 1944 nur einen verschwindend geringen Anteil aus. Der Stellenwert der Reichsanleihen lässt sich nicht herausarbeiten, da sie in den Bilanzen nicht gesondert ausgewiesen waren. Es ist jedoch sehr wahrscheinlich, dass sie den Großteil der Wertpapiere ausmachten und somit die Kapitalanlagen mit der höchsten Bedeutung darstellten. Daraus ist ersichtlich, dass die Entwertung der Reichsanleihen im Jahr 1945 für die Versicherungen einen schweren Einschnitt bedeutete.

Immobilien waren für Krankenversicherer und für Lebensversicherer die zweitwichtigsten Kapitalanlagen. Ihr Anteil betrug jedoch nur 3,8 und 10,5 %. Bei den Schaden-

49 Auf die Auswirkungen der Neubewertung der Aktiva auf die Vermögensausstattung wird im Abschnitt 5.3 dieses Kapitels näher eingegangen.

Unfall-Versicherungen betrug deren Anteil etwa 13,7 %. Sie bildeten lediglich die dritt-wichtigste Kapitalanlage.

Durch das Übergreifen der Kampfhandlungen und insbesondere des Bombenkriegs auf das Gebiet der damaligen Alpen- und Donaugaue wurden die Immobilien in ihrem Wert zusehends beeinträchtigt. Die Verwendbarkeit zur Bedeckung der versicherungstechnischen Rückstellungen wurde damit in Mitleidenschaft gezogen.

Tab. 10: Zusammensetzung der Kapitalanlagen zur Bedeckung der versicherungstechnischen Rückstellungen; Ende 1944, Anfang 1955, Ende 1955 und Ende 2004 (Anteile in %)

	Ende des Jahres 1944				**Beginn des Jahres 1955**			
	KV	**LV**	**SUV**	**gesamt**	**KV**	**LV**	**SUV**	**gesamt**
Wertpapiere (nicht fest-verzinslich, festverzinslich, Schuldscheine etc.) und Darlehen	90,11	80,41	60,61	70,45	34,19	56,97	37,99	41,32
davon:								
Wertpapiere	86,13	75,97	59,03	66,33	17,22	40,64	23,12	22,27
Schuldscheine und Darlehen	3,98	4,44	1,58	4,13	16,97	16,33	14,88	19,05
Aktien und nicht festverz. Wertpapiere								
Schuldscheine, Darlehen, festverzinsliche WP								
Immobilien	3,81	10,48	13,69	16,14	32,48	29,41	25,65	27,20
Guthaben bei Banken und Sparkassen	3,00	1,16	17,30	7,01	29,90	4,76	24,75	18,56
Hypothekardarlehen	0,41	3,13	0,95	1,61	0,20	6,65	5,66	9,2[illegible]
Vorauszahlungen auf Polizzen	0,00	2,54	0,00	1,80	0,00	0,86	0,04	0,35
Laufende Guthaben bei Kreditinstituten, Schecks und Kassenbestand	1,76	0,33	1,83	1,22	2,55	0,74	1,54	1,23
anteilige Zinsen und Mieten	0,90	0,85	0,65	0,91	0,51	0,50	0,52	0,62
Beteiligungen	0,00	0,21	2,01	0,85	0,16	0,11	3,71	1,46
Prämienreservedepots	0,00	0,90	2,93	0,00	0,00	0,00	0,13	0,00
andere Kapitalanlagen								
Gesamt	100	100	100	100	100	100	100	100

Quelle: eigene Berechnungen

Für Schaden-Unfall-Versicherer waren nicht die Immobilien, sondern die Guthaben bei Banken und Sparkassen die zweitwichtigste Kapitalanlage, deren Anteil mit 17,3 % deutlich über jenem der Immobilien lag. Der Anteil ist um 9 Prozentpunkte höher als bei den beiden anderen Bilanzabteilungen. Der Kassastand (inkl. Postscheckguthaben) war mit 1,8 % ebenfalls so hoch wie bei keiner anderen Bilanzabteilung. Die Ursachen lagen weniger in den historischen Begebenheiten jener Zeit, sondern in der Tatsache, dass die Versicherungsverträge kurzfristiger waren. Deshalb mussten sie liquider sein als Versicherer der anderen Bilanzabteilungen. Dies ist, wie aus der Spalte der Kapitalanlagen am Ende des Jahres 2004 in Tabelle 10 hervorgeht, bis heute zu beobachten.

Auch bei Betrachtung aller Bilanzabteilungen als Gesamtunternehmen erschienen die Guthaben bei Banken und Sparkassen 1944 als die drittwichtigste Kapitalanlage. Dies lag daran, dass fast alle Versicherungen Schaden-Unfall-Polizzen anboten und viele davon sogar reine Schaden-Unfall-Versicherer waren. In dieser Bilanzabteilung wurden die höchsten Prämieneinnahmen erzielt.

Die gemäß dem Schaltergesetz im Jahr 1945 vorgenommene Kürzung der Guthaben bei Banken und Sparkassen war für die Versicherungen ein harter Einschnitt und verschlimmerte die finanzielle Lage zusätzlich erheblich. Am stärksten waren davon die Schaden- und Unfallversicherungen betroffen, weil die Anteile der Guthaben an den Kapitalanlagen am höchsten waren.

In den 10 Jahren von Ende 1944 bis zum Beginn des Jahres 1955 vollzog sich ein radikaler Wandel. Die Versicherungsunternehmen schichteten ihre Kapitalanlagen völlig um. Sie verringerten den Anteil der Wertpapiere und Darlehen und erhöhten die Anteile von Immobilien und Guthaben bei Banken und Sparkassen. Die Lebensversicherungen hielten noch etwa die Hälfte in Wertpapieren und Darlehen. Bei den anderen Versicherungen machte der Anteil weniger als 40 % aus. Insgesamt wurden 41,3 % der Kapitalanlagen in Wertpapieren und Darlehen gehalten.

Innerhalb der Wertpapiere und Darlehen wurde der Anteil der (festverzinslichen und nicht festverzinslichen) Wertpapiere reduziert und jener der Schuldscheine und Darlehen erhöht. Bei den Krankenversicherern und bei den Schaden-Unfall-Versicherern waren die Anteile dieser beiden Kapitalanlagen etwa gleich hoch. Bei den Lebensversicherungen überstiegen die Wertpapiere mit 40,6 % deutlich die Schuldscheine und Darlehen.

Der Anteil der Immobilien verzehnfachte sich bei den Krankenversicherern, verdreifachte sich nahezu bei den Lebensversicherern und verdreifachte sich bei den Schaden- und Unfallversicherern. Guthaben bei Banken und Sparkassen machten bei Krankenversicherern sowie Schaden- und Unfallversicherern über 20 % und insgesamt über 15 % aus. Insgesamt stieg der Anteil der Immobilien auf 27,2 % und jener der Guthaben bei Banken und Sparkassen auf 18,6 %.

Tab. 10 (Fortsetzung): Zusammensetzung der Kapitalanlagen zur Bedeckung der versicherungstechnischen Rückstellungen; Ende 1944, Anfang 1955, Ende 1955 und Ende 2004 (Anteile in %)

	Ende des Jahres 1955				Ende des Jahres 2004			
	KV	LV	SUV	ges.	KV	LV	SUV	ges.
Wertpapiere (nicht festverzinslich, festverzinslich, Schuldscheine etc.) und Darlehen	43,24	57,61	38,40	42,99	75,9	79,3	41,1	71,2
davon[1]:								
Wertpapiere	23,02	39,67	23,40	22,51				
Schuldscheine und Darlehen	20,22	17,94	15,00	20,48				
Aktien und nicht festverz. Wertpapiere					33,9	27,8	20,9	26,7
Schuldscheine, Darlehen, festverzinsliche WP					42,0	51,5	20,2	44,5
Immobilien	27,32	26,78	25,99	25,43	9,5	3,3	10,3	5,1
Guthaben bei Banken und Sparkassen	25,48	5,30	25,24	18,39	3,0	2,2	3,4	2,5
Hypothekardarlehen	0,20	6,54	4,29	8,30	1,9	0,8	1,7	1,1
Vorauszahlungen auf Polizzen	0,00	1,33	0,05	0,70	0,0	0,1	0,0	0,1
Laufende Guthaben bei Kreditinstituten, Schecks und Kassenbestand	3,07	0,80	1,83	2,18	1,5	1,2	1,7	1,3
anteilige Zinsen und Mieten	0,57	1,54	0,64	0,83	1,1	1,5	0,6	1,3
Beteiligungen	0,12	0,10	3,43	1,19	7,1	2,5	25,5	7,5
Prämienreservedepots	0,00	0,00	0,12	0,00	0,0	0,3	15,1	3,3
andere Kapitalanlagen					0,1	8,8	0,2	6,6
Gesamt	100	100	100	100	100	100	100	100

1 Aufgrund von Änderungen in der Gliederung der Bilanz können die Anteile der Wertpapierarten 1955 und 2004 nicht direkt miteinander verglichen werden.
Quelle: eigene Berechnungen

Ende 1955 waren die Verhältnisse ziemlich ähnlich. Die Wertpapiere nahmen bei Krankenversicherungen und bei Lebensversicherungen an Bedeutung wieder zu, während die Immobilien an Gewicht verloren.

4.2.3 Analyse des Ausmaßes der Vermögensausstattung

Als Kennzahlen der Vermögensausstattung werden auf Basis der Bilanzen 1944, der Rekonstruktionsbilanzen, der Schillingeröffnungsbilanzen und der Bilanz 1955 die folgenden Quotienten berechnet:

- Kapitalanlagen zur Bilanzsumme und
- Kapitalanlangen zu den versicherungstechnischen Rückstellungen.

Tabelle 11 zeigt den Anteil der Kapitalanlagen an der Bilanzsumme.[50] Daraus ist ersichtlich, dass sowohl bei allen drei Bilanzabteilungen als auch bei den gesamten Unternehmen in Zeitraum Ende 1944 bis Ende 1954 die Bestände insgesamt sanken, wobei der Rückgang bei den Abteilungen Kranken und Leben am stärksten war, weil dort das Kapitalanlagegeschäft eine wichtigere Rolle als bei den Schaden- und Unfallversicherungen spielte. Unter den Krankenversicherern wies die Merkur-Versicherung mit 65,3 % den niedrigsten Anteil aus. Bei den Lebensversicherern fiel die Österreichische Volksfürsorge durch einen besonders niedrigen Anteil von 13,0 % auf.[51] Unter den Schaden- und Unfallversicherungen hatte die Union-Versicherung die wenigsten Kapitalanlagen in Relation zur Bilanzsumme.

Durch die Aufwertung der Kapitalanlagen im Zuge der Erstellung der Schillingeröffnungsbilanz kam es zu einem deutlichen Anstieg des Anteils der Kapitalanlagen an der Bilanzsumme. Davon waren alle drei Bilanzabteilungen und nahezu alle Unternehmen betroffen. Dies lässt sich anhand von Gesamtwerten als auch mit Hilfe von Einzelbeispielen belegen. Bei den Krankenversicherungen nahm der Anteil insgesamt um fast 8 Prozentpunkte und bei den Lebensversicherungen insgesamt um fast 4 Prozentpunkte zu. Bei den Schaden- und Unfallversicherungen waren die Änderungen mit 3 Prozentpunkten am geringsten, weil die Kapitalanlagen wegen der überwiegend kurzen Fristigkeiten der Verträge eine geringere Rolle spielten. Die Merkur-Versicherung konnte den Anteil auf 73,8 % steigern. Sie wiesen noch immer die niedrigsten Kapitalanlagen von allen Krankenversicherern aus, legten aber im Vergleich zur gesamten Branche am meisten zu. Die Österreichische Volksfürsorge konnte ihren Anteil der Kapitalanlagen deutlich auf 80,8 % steigern und lag damit nahe dem Durchschnitt der Bilanzabteilung. Die Österreichische Versicherungs AG wies, abgesehen von der Nordstern-Lebensversicherung, die jedoch eine Zweigniederlassung einer ausländischen Versicherung war, mit 78,0 % in der Schillingeröffnungsbilanz den geringsten Wert der Kapitalanlagen aus. Unter den Schaden- und Unfallversicherungen besaß die Union-Versicherung mit 56,1 % der Bilanzsumme wieder besonders geringe Kapitalanlagen. Den niedrigsten Wert an

50 Der Anteil der Kapitalanlagen liegt stets unter 100 % der Bilanzsumme. Abgesehen von Kapitalanlagen stehen auf der Aktivseite der Bilanz Konzessionen und Rechte, Forderungen, sonstige Vermögensgegenstände (wie bspw. Betriebs- und Geschäftsaustattung) und aktive Rechnungsabgrenzungsposten.

51 Vermutlich wies zu jener Zeit die Österreichische Versicherungs-AG (ÖVAG) ebenso wie die Österreichische Volksfürsorge sehr niedrige Kapitalanlagen aus. Da von diesem Unternehmen keine Rekonstruktionsbilanz vorliegt, kann der Anteil der Kapitalanlagen an der Bilanzsumme nicht angegeben werden.

Kapitalanlagen von allen Schaden- und Unfallversicherungen hatte die Anker Versicherung, welche jedoch ein Kompositversicherer war und bei der die Kapitalanlagen fast zur Gänze der Abteilung Leben zugeordnet waren.

Im Laufe des Jahres 1955 setzte sich der Trend zur Erholung bei den Kranken. und Lebensversicherern fort. Bei den Schaden- und Unfallversicherungen war allerdings ein leichter Rückgang zu bemerken. Die Merkur Versicherung, die ÖVAG und die Union Versicherung wiesen wieder die niedrigsten Kapitalanlagen in ihrer jeweiligen Bilanzabteilung aus.

Tab. 11: Quotient Kapitalanlagen zu Bilanzsumme; Ende 1944, Ende 1954, Anfang 1955, Ende 1955 und Ende 2004

	KV	LV	SUV	Gesamt
Ende des Jahres 1944				
Gesamt[1]	93,72	92,28	77,23	75,59
Maximum	97,34	98,63	100,00	100,00
Minimum	86,44	75,73	37,03	37,03
Ende des Jahres 1954 (lt. Rekonstruktionsbilanz)				
Gesamt[1]	76,74	78,28	73,80	74,38
Maximum	85,59	81,65	99,21	99,21
Minimum	65,33	13,04	52,20	13,04
Beginn des Jahres 1955 (lt. Schillingeröffnungsbilanz)				
Gesamt[1]	84,30	82,11	76,91	7[illegible],16
Maximum	94,21	89,16	99,27	99,27
Minimum	73,80	61,82	1,84	53,05
Ende des Jahres 1955				
Gesamt[1]	86,30	82,96	75,53	75,09
Maximum	94,09	88,47	99,13	99,13
Minimum	75,57	63,28	2,11	[illegible]3,39
Ende des Jahres 2004				
Gesamt[1]	95,70	99,05	86,20	95,92
Maximum	110,60	105,42	100,13	99,90
Minimum	85,47	93,07	0,00	71,83

1 Auf Basis von über alle österreichischen Assekuranzen aggregierten Werten.
Quelle: eigene Berechnungen

Tab. 12: Quotient Kapitalanlagen zu versicherungstechnische Rückstellungen; Ende 1944, Ende 1954, Anfang 1955, Ende 1955 und Ende 2004

	KV	LV	SUV	Gesamt
Ende des Jahres 1944				
Gesamt[1]	288,32	105,10	260,57	199,99
Maximum	372,55	153,95	2.854,18	2.854,18
Minimum	190,48	93,32	97,64	102,43
Ende des Jahres 1954 (lt. Rekonstruktionsbilanz)				
Gesamt[1]	136,78	93,99	136,07	124,00
Maximum	237,82	110,65	715,23	715,23
Minimum	78,34	77,57	98,00	77,57
Beginn des Jahres 1955 (lt. Schillingeröffnungsbilanz)				
Gesamt[1]	162,19	104,63	180,74	136,35
Maximum	262,51	134,15	1.993,30	906,30
Minimum	134,06	80,46	2,41	80,46
Ende des Jahres 1955				
Gesamt[1]	140,60	108,68	182,14	140,20
Maximum	244,80	151,81	1.995,27	1.546,33
Minimum	125,31	85,29	2,59	85,11
Ende des Jahres 2004				
Gesamt[1]	111,43	113,60	175,98	122,47
Maximum	1.144,12	222,22	11.195,45	11.195,45
Minimum	102,99	102,34	0,00	103,97

1 Auf Basis von über alle österreichischen Assekuranzen aggregierten Werten.
Quelle: eigene Berechnungen

Gemäß § 68 VAG 1931 waren die Versicherungsunternehmen dazu verpflichtet, ihre Deckungsrückstellung mit einem so genannten Deckungsstock zu unterlegen. Die Unterlegung[52] hatte mindestens das Ausmaß dieser Rückstellung zu betragen. Die Werte des Deckungsstocks waren gesondert von den anderen Kapitalanlagen zu verwalten (§ 12 VAG 1931). Nach § 68 VAG 1931 durften nur bestimmte Arten von Wertpapieren und Immobilien zur Unterlegung herangezogen werden. Vermögenswerte, welche dem De-

52 Anstatt des Begriffs der „Unterlegung" wird in der Fachliteratur oft der Terminus „Bedeckung" verwendet (bespielsweise bei Mayer, 2000).

ckungsstock gewidmet wurden, waren in ein Deckungsstockverzeichnis einzutragen. In Bezug auf die Analyse der Vermögenslage der österreichischen Versicherungswirtschaft in den Jahren 1944 bis 1955 wäre es interessant zu überprüfen, ob eine ausreichende Unterlegung bestand. Wenn ein Versicherungsunternehmen seine Rückstellungen nicht ausreichend unterlegt, dann ist es bankrott. Das Ausmaß der Unterlegung der Deckungsrückstellung ist jedoch nicht beobachtbar, weil die Deckungsverzeichnisse nicht veröffentlicht werden.

Stattdessen wird der Quotient aus Kapitalanlagen zur Summe aller versicherungstechnischen Rückstellungen berechnet. Die Betrachtung beschränkt sich auf die Rückstellungen im Eigenbehalt. Diese Maßzahl misst das Ausmaß der Bedeckung der versichtungstechnischen Rückstellungen. Die Ergebnisse sind in Tabelle 12 dargestellt. Wenn eine Versicherung ihre Rückstellungen[53] in ausreichendem Ausmaß bedeckt, dann überschreitet der Wert der Kapitalanlagen den Wert der versicherungstechnischen Rückstellungen. Der Quotient liegt in diesen Fällen über 100. Nur dann sind Unternehmen in der Lage, die dauernde Erfüllbarkeit der Verpflichtungen aus den Versicherungsverträgen zu gewährleisten. Im strengen Sinne des Gesetzes ist das Versicherungsunternehmen als Ganzes zu betrachten. Dennoch sind die Ergebnisse einzelner Bilanzabteilungen für unsere Analyse von Interesse.

Die auf Basis der über alle Unternehmen aggregierten Daten berechneten Werte dieses Indikators für das Jahr 1944 zeigen an, dass die gesamte Branche im letzten Jahr vor dem Zusammenbruch des Großdeutschen Reichs solide dastand. In der Abteilung Krankenversicherung hatten alle Unternehmen, also auch jene mit den niedrigsten Kapitalanlagen, ihre versicherungstechnischen Rückstellungen ausreichend bedeckt. Bei den Lebensversicherungen hatten mit Ausnahme der Wiener Städtischen Versicherung alle ausreichend hohe Kapitalanlagen. Dieses Unternehmen war jedoch Kompositversicherer, dessen Vermögen in der Abteilung Schaden und Unfall ausreichte, um die Unterdeckung in der Abteilung Leben zu kompensieren. Bei der Abteilung Schaden-Unfall hatte ebenfalls nur ein Unternehmen die Rückstellungen unterdeckt. Dabei handelte es sich um das Unternehmen Der Anker, bei dem die Abteilung Leben genügend Vermögen besaß, so dass die Rückstellungen des Gesamtunternehmens ausreichend bedeckt waren.

Durch die kriegsbedingte Entwertung der Kapitalanlagen änderte sich die Situation grundlegend. Besonders die Lebensversicherer und einzelne Krankenversicherer hatten

53 Der Wert der versicherungstechnischen Rückstellungen blieb in der Schillingeröffnungsbilanz gegenüber der Rekonstruktionsbilanz durchwegs unverändert. Die Versicherungsunternehmen passten sie während der Wiederaufbauzeit laufend an die Änderungen des aushaftenden Risikos an. Am Wert der nichtversicherungstechnischen Rückstellungen änderte sich bei fast allen Versicherern nichts. Die Donau Versicherung AG veränderte als einzige den Wert. Sie erhöhte ihn je nach Bilanzabteilung auf das 1,3- und 8,0-fache.

erhebliche Schwierigkeiten, ihre versicherungstechnischen Rückstellungen zu bedecken. Von den untersuchten sechs Lebensversicherer konnten fünf gemäß der Rekonstruktionsbilanz ihre Rückstellungen Ende 1954 nicht ausreichend durch Wertpapiere und andere Kapitalanlagen absichern. Am schwierigsten war die Lage bei der Donau Versicherung, bei welcher der Wert der Kapitalanlagen lediglich 77,6 % der Rückstellungen erreichte. Insgesamt erreichte der Wert der Kapitalanlagen 95,0 % der Rückstellungen. Daraus lässt sich sehr deutlich ersehen, dass sich die gesamte Branche der Lebensversicherungen unmittelbar nach dem 2. Weltkrieg in argen Nöten befand.

Bei den Krankenversicherern war die Lage deutlich besser. Aber auch diese Assekuranzen, welche ähnlich wie die Lebensversicherer sehr langfristig veranlagen und bei denen das Kapitalanlagengeschäft eine hohe Bedeutung hat, litt ganz deutlich unter der Entwertung der Wertpapiere. Am stärksten waren die Auswirkungen bei der Merkur-Krankenversicherung zu spüren. Laut Rekonstruktionsbilanz erreichte der Wert der Kapitalanlagen lediglich 78,3 % der Rückstellungen.

Die Schaden- und Unfallversicherer hatten mit den geringsten Schwierigkeiten zu kämpfen. Abgesehen von der Zürich-Versicherung gelang es allen Unternehmen, ausreichend Kapitalanlagen aufzubringen, um ihre Rückstellungen zu bedecken. Bei der Zürich-Versicherung unterschritt der Wert der Anlagen nur zu einem sehr geringen Ausmaß den Wert der Rückstellungen.

Bei der Erstellung der Rekonstruktionsbilanzen galten die Wertansätze aus der Zeit unmittelbar nach dem Ende des Krieges. Mit der Erstellung der Schillingeröffnungsbilanz wurden die Bewertungen der Kapitalanlagen in der Bilanz den Verhältnissen in der Realität angepasst, was bei vielen Vermögenspositionen eine erhebliche Aufwertung bedeutete. Diese Neubewertung hatte markante Auswirkungen auf die Bedeckung der versicherungstechnischen Rückstellungen. Der Vergleich zwischen Rekonstruktionsbilanz und der Schillingeröffnungsbilanz zeigt, dass in der unmittelbaren Nachkriegszeit bis zum Beginn des Jahres 1955 eine deutliche Erholung eingetreten war. Es gelang wesentlich mehr Unternehmen gemäß der Schillingeröffnungsbilanz ihre Rückstellungen vollständig zu bedecken.

Dies war ganz besonders deutlich bei der bis Ende 1954 als Problembranche geltende nLebensversicherung sichtbar. Durch die Aufwertung verfügten nun die meisten Unternehmen über ausreichend viele Kapitalanlagen. Die Ausnahmen waren die Österreichische Volksfürsorge und die Österreichische Versicherungs-AG sowie der Wiener Verein und die Nordstern-Lebensversicherung. Der Wiener Verein kam mit Kapitalanlagen von 99,3 % der Rückstellungen sehr nahe an das Erfordernis heran. Die Nordstern Leben war eine Niederlassung eines ausländischen Unternehmens, welche gegebenenfalls auf die Kapitalanlagen der Mutter zurückgreifen konnte. Die einzigen echten Problemfälle waren die Österreichische Volksfürsorge und die Österreichische Versicherungs-AG. Bei beiden Unternehmen kam erschwerend hinzu, dass sie ausschließlich das Geschäft der Lebensversicherung betrieben und somit die Unterdeckung nicht durch Überdeckung in einer anderen Bilanzabteilung wettmachen konnten. Die Ursache für die Schwierigkeiten war der hohe Anteil an Reichsanleihen an den Kapitalanlagen, welche sie bis zum Ende des Krieges kauften. Diese Unternehmen nahmen als einzige die Hilfe des Bundesministeriums für Finanzen in nennenswertem Umfang in Anspruch. Bei diesen Unternehmen handelte es sich um Sonderfälle, welche in den darauf folgenden Jahren saniert wurden. Alle anderen Lebensversicherer konnten sich im Hinblick auf die Bedeckung entweder verbessern oder gleich bleiben. Dadurch nahm die Relation Kapitalanlagen zu versicherungstechnischen Rückstellungen insgesamt von 94,0 auf 104,6 % zu.

Bei den Krankenversicherern trat ebenso eine spürbare Erholung ein. Bei allen Unternehmen nahm der Wert der Kapitalanlagen in Relation zu den versicherungstechnischen Rückstellungen deutlich zu. Die Merkur-Versicherung konnte den Wert der Kapitalanlagen so weit erhöhen, dass sie den Zustand der Unterdeckung beenden konnte. Somit konnten sämtliche Krankenversicherer ihre versicherungstechnischen Rückstellungen ausreichend bedecken. Insgesamt stieg die Relation Kapitalanlagen zu Rückstellungen von 136,8 auf 162,2 %.

Die Schaden- und Unfallversicherungen waren von der Entwertung der Reichsanleihen und anderer Vermögenswerte am geringsten geschädigt. Die Relation der Kapitalanlagen zu den Rückstellungen nahm von der Rekonstruktionsbilanz zur Schillingeröffnungsbilanz am meisten von allen Bilanzabteilungen zu. Insgesamt stieg sie von 136,1 auf 180,7 %. Die Zürich-Versicherung konnte den Wert der Kapitalanlagen so weit steigern, dass das Problem der Unterdeckung gelöst werden konnte. Am Beginn des Jahres 1955 verfügten somit, absehen von der Anker-Versicherung, alle Unternehmen über ausreichende Kapitalanlagen. Der Anker war ein Kompositversicherer, bei welcher die Deckung der Abteilung Schaden aus den Vermögenswerten der Abteilung Leben erfolgte. Der niedrige Wert der Relation Kapitalanlagen zu versicherungstechnische Rückstellung resultierte aus der fast vollständigen Zuordnung der Kapitalanlagen zur Abteilung Leben. Betrachtet man das Gesamtunternehmen, so war die Bedeckung ausreichend.

Während des Jahres 1955 setzte sich der Trend in Richtung einer Erholung der Lebensversicherer fort, was sich aus dem Anstieg der aggregierten Werte ablesen lässt. Die Situation bei der Volksfürsorge und bei der ÖVAG verbesserte sich zwar. Die Relationen zwischen Kapitalanlagen und Rückstellungen stiegen von 85,3 bzw. 89,4 auf 90,0 bzw. 91,0 %. Die Problematik der Unterdeckung der Rückstellungen blieb bei beiden bestehen. Beim Wiener Verein und bei der Nordstern Leben war die Deckung ebenfalls weiterhin unzureichend. Beim Wiener Verein reichten die Mittel jedoch nahezu für die

Deckung aus. Die Nordstern Leben konnte die Relation Kapitalanlagen zu Rückstellungen spürbar verbessern.

Bei den Krankenversicherern war eine leichte Verringerung der Relation der Kapitalanlagen zu den versicherungstechnischen Rückstellungen zu bemerken. Dennoch waren bei allen Unternehmen die versicherungstechnischen Rückstellungen bei weitem ausreichend bedeckt.

Bei den Schaden- und Unfallversicherungen nahmen die Kapitalanlagen im Vergleich zu den Rückstellungen insgesamt leicht zu. Ende 1955 hatten alle Unternehmen dieser Bilanzabteilung ausreichend Bedeckung, abgesehen vom Sonderfall der Anker-Versicherung. Bei dieser Assekuranz waren in der Abteilung Leben so viele Kapitalanlagen vorhanden, so dass für das Gesamtunternehmen genügend Mittel für die Bedeckung zur Verfügung standen.

5. Anhang

5.1 Zusammensetzung des Datensatzes

Analysierte Unternehmen 1944 und 1955

	1944	RB 1954	SEB 1955	1955
Inländische Versicherer				
Anglo-Danubian Lloyd Allgemeine Versicherungs-AG	ja	ja	ja	ja
Anglo-Elementar Versicherungs-AG	ja	ja	ja	ja
Austria Versicherungsverein a. G.			ja	ja
„Collegialität" Krankenversicherung a. G.	ja	ja	ja	ja
Der Anker Allgemeine Versicherungs-AG	ja	ja	ja	ja
Donau Allgemeine Versicherungs-AG	ja	ja	ja	ja
Erste Allgemeine Unfall- und Schadens-Versicherungs-Gesellschaft	ja[1]	ja	ja	ja
Erste n. ö. Brandschaden-Versicherungs-AG	ja		ja	ja
Erste Wiener Spiegelglas-Versicherungs-Gesellschaft a. G.			ja	ja
Europäische Güter- u. Reisegepäck-Versicherungs-AG			ja	ja
Gegenseitiger Versicherungs-Verein für Montanwerke, Maschinen- und Metallfabriken	ja		ja	ja
„GLEIMAG" Wechselseitige Haftpflicht- und Sachschaden-Versicherungsanstalt für Glas- und Magazinsanlagen	ja		ja	ja
Heimat Allgemeine Versicherungs-AG	ja	ja	ja	ja

	1944	RB 1954	SEB 1955	1955
Internationale Unfall u. Schadenversicherungs-Gesellschaft AG	ja[1]	ja	ja	ja
Jupiter Versicherungsverein a. G.			ja	
Kärntnerische Landes-Brandschaden-Versicherungs-Anstalt	ja	ja	ja	ja
„Kosmos" Allgemeine Versicherungs-AG	ja	ja	ja	ja
MERKUR Wechselseitige Krankenversicherungs-Anstalt		ja	ja	ja
OÖ Landes-Brandschaden-Versicherungsanstalt	ja	ja	ja	
Österreichische Beamtenversicherung VVaG		ja	ja	ja
Österreichische Hagelversicherungsanstalt a. G.			ja	ja
Österreichische Kreditversicherungs-AG				ja
Österreichische Versicherungs-AG (ÖVAG)	ja		ja	ja
Österreichische Volksfürsorge Lebensversicherungs-AG	ja	ja	ja	ja
Salzburger Landes-Brandschaden-Versicherungs-Anstalt	ja	ja	ja	ja
Tiroler Landes-Brandschanden-Versicherungs-Anstalt	ja[1]	ja	ja	ja
Union Versicherungs-AG	ja	ja	ja	ja
Versicherungsanstalt der österreichischen Bundesländer Versicherungs-AG		ja	ja	ja
Versicherungsverband der Industriellen VVaG	ja	ja	ja	ja
Versicherungs-Verband für Papier-Industrie a. G.	ja[1]		ja	ja
Vorarlberger Landes-Feuerversicherungs-Anstalt	ja[1]	ja	ja	
Wechselseitige Versicherungsanstalt in Graz	ja[1]	ja	ja	ja
Wiener Allianz Versicherungs-AG	ja[1]	ja	ja	ja
Wiener Städtische Wechselseitige Versicherungsanstalt	ja	ja	ja	ja
Wiener Verein Lebens- und Bestattungsversicherung a. G		ja	ja	ja
Wiener Wechselseitige Krankenversicherung	ja	ja	ja	
Zweigniederlassungen ausländischer Versicherer				
Assicurazioni Generali, Direktion für Österreich			ja	ja
Basler Versicherungs-Gesellschaft gegen Feuerschaden, Direktion für Österreich				
Basler Transport-Versicherungs-Gesellschaft, Zweigniederlassung Wien				
Österreichische Verwaltung der Deutschen Sachversicherung aG				
Eidgenössische Versicherungs-AG, Zweigniederlassung für Österreich			ja	ja
Helvetia Allgemeine Versicherungs-Gesellschaft, Filialdirektion Wien				
Mannheimer Versicherungsgesellschaft, Direktion für Österreich				
„National" Allgemeine Versicherungs-AG, Direktion für Österreich				
Nordstern Allgemeine Versicherungs-AG, Direktion für Österreich		ja	ja	ja
Nordstern Lebenversicherungs-AG, Zweigniederlassung für Österreich		ja	ja	ja

	1944	RB 1954	SEB 1955	1955
Riunione Adriatica di Sicurta, Direktion für Österreich			ja	ja
„Schweiz" Allgemeine Versicherungs-AG, Zweigniederlassung Wien				
Victoria zu Berlin, Allgemeine Versicherungs-AG, Direktion für Österreich				
Victoria Feuer-Versicherungs-AG, Direktion für Österreich				
Winterthur Versicherung AG, Direktion für Österreich			ja	ja
„Zürich" Versicherungs-Gesellschaft, Direktion für Österreich		ja	ja	ja

1 Aus Mangel an Verfügbarkeit den Abschluss von 1943 analysiert
RB ... Rekonstruktionsbilanz zum 31. 12. 1954
SEB ... Schillingeröffnungsbilanz zum 1. 1. 1955

5.2 Prämieneinnahmen und Marktanteile

Prämieneinnahmen und Marktanteile der Lebensversicherungen im Jahr 1955

	Prämieneinnahmen[1] (in Schilling)	Marktanteile (in %)
Versicherungsanstalt der österreichischen Bundesländer Versicherungs-AG	50.795.403,26	24,71
Wiener Städtische Wechselseitige Versicherungsanstalt	33.570.614,75	16,33
Assicurazioni Generali, Direktion für Österreich	28.584.259,31	13,91
Wiener Verein Lebens- und Bestattungsversicherung a. G	27.152.386,00	13,21
Österreichische Volksfürsorge Lebensversicherungs-AG	20.764.292,26	10,10
Österreichische Versicherungs-AG (ÖVAG)	18.135.068,35	8,82
Österreichische Beamtenversicherung VVaG	9.255.058,85	4,50
Der Anker Allgemeine Versicherungs-AG	9.198.680,01	4,47
Riunione Adriatica di Sicurta, Direktion für Österreich	5.070.258,44	2,47
Donau Allgemeine Versicherungs-AG	2.989.406,35	1,45
Nordstern Lebensversicherungs-AG, Zweigniederlassung für Österreich	47.376,51	0,02
Gesamt	205.562.804,09	100,00

1 Abgegrenzte Prämien des direkten Geschäfts, exkl. Nebenleistungen
Quelle: eigene Berechnungen

Prämieneinnahmen und Marktanteile der Schaden und Unfallversicherungen 1955

	Prämieneinnahmen[1] (in Schilling)	Marktanteile (in %)
Erste Allgemeine Unfall- und Schadens-Versicherungs-AG	217.938.090,92	21,02
Wiener Städtische Wechselseitige Versicherungsanstalt	140.879.724,58	13,59
Versicherungsanstalt der österreichischen Bundesländer Versicherungs-AG	128.018.914,63	12,34
Internationale Unfall- u. Schadenversicherungs-AG	126.630.961,98	12,21
Wiener Allianz Versicherungs-AG	76.618.296,60	7,39
Donau Allgemeine Versicherungs-AG	60.900.381,82	5,87
Anglo-Elementar Versicherungs-AG	55.629.224,71	5,36
Wechselseitige Versicherungsanstalt in Graz	35.040.689,93	3,38
Riunione Adriatica di Sicurta, Direktion für Österreich	24.822.451,15	2,39
„Kosmos" Allgemeine Versicherungs-AG	22.143.439,76	2,14
Erste n. ö. Brandschaden-Versicherungs-AG	21.983.705,53	2,12
Tiroler Landes-Brandschaden-Versicherungsanstalt	19.268.495,03	1,86
Anglo-Danubian Lloyd Allgemeine Versicherungs-AG	18.377.236,96	1,77
„Zürich" Versicherungs-Gesellschaft, Direktion für Österreich	15.577.110,57	1,50
Der Anker Allgemeine Versicherungs-AG	12.393.094,86	1,20
Salzburger Landes-Brandschaden-Versicherungsanstalt	11.602.899,94	1,12
Nordstern Allgemeine Versicherung-AG, Direktion für Österreich	8.610.317,38	0,83
Kärntnerische Landes-Brandschaden-Versicherungs-Anstalt	6.862.132,75	0,66
Heimat Allgemeine Versicherungs-AG	6.545.293,09	0,63
Winterthur Versicherung AG, Direktion für Österreich	6.545.293,09	0,63
Österreichische Hagelversicherungsanstalt a. G.	4.960.649,10	0,48
Gegenseitiger Versicherungsverein f. Montanwerke, Maschinen- und Metallfabriken	3.976.108,39	0,38

1 Abgegrenzte Prämien des direkten Geschäfts, exkl. Nebenleistungen
Quelle: eigene Berechnungen

Prämieneinnahmen und Marktanteile der Schaden- und Unfallversicherungen 1955 (Fortsetzung)

Assicurazioni Generali, Direktion für Österreich	2.937.020,50	0,28
Union Versicherungs-AG	2.299.064,34	0,22
Erste Wiener Spiegelglas-Versicherungs-Gesellschaft a. G.	1.599.623,59	0,15
Versicherungsverband der Industriellen VVaG	1.564.983,69	0,15
Eidgenössische Versicherungs-AG, Zweigniederlassung für Österreich	1.468.076,05	0,14
Europäische Güter- u. Reisegepäck-Versicherungs-AG	1.086.411,91	0,10
„GLEIMAG“ Wechselseitige Haftpflicht- u. Sachschaden-Versicherungsanstalt für Gleis- und Magazinanlagen	357.727,37	0,03
Versicherungs-Verband für Papierindustrie a.G.	264.347,23	0,03
Österreichische Kreditversicherungs-AG	120.183,28	0,01
Gesamt	1.037.021.950,73	100,00

1 Abgegrenzte Prämien des direkten Geschäfts, exkl. Nebenleistungen
Quelle: eigene Berechnungen

5.3 Entsprechungstabellen Bilanzen

Aktiva (1. Teil)

Aktiva Schillingeröffnungsbilanz und Jahresbilanz 1955				Aktiva 2003		
XIX. Konzessionen und Rechte				Immaterielle Vermögensgegenstände		
Kapitalanlagen	III. Grundstücke			Kapitalanlagen	Grundstücke und Bauten	
	IV. Im Bau befindliche Anlagen				Grundstücke und Bauten	
	Kap.anl. in Verb. Unternm.	?			Kapitalanlagen in verbundenen Unternehmen und Beteiligungen	Anteile an verbund. Unternehmen
		?				Schuldverschreibungen von verbund. Untern. und Darlehen an verb. Untern.
		IX. Beteiligungen				Beteiligungen
		?				Schuldverschr. von und Darlehen an Untern., mit denen Beteil.verh. besteht
	Sonstige Kapitalanlagen	?			Sonstige Kapitalanlagen	Aktien und andere nicht festverzinsliche Wertpapiere
		VIII. Wertpapiere				
		VI. Schuldscheinforderungen u. Darlehen				Schuldverschreibungen und andere festverzinsliche Wertpapiere
		VI.1. Körperschaften d. öff. Rechts				
		VI.2. Sonstige				
		?				Anteile an gemeinschaftlichen Kapitalanlagen
		V. Hypothekardarlehen				Hypothekenforderungen
		V.1. Gemeinnützige Bau-, Wohnungs- und Siedlungsu.				Hypothekenforderungen
		V.2. Sonstige				Hypothekenforderungen
		VII. Polizzenvorauszahlungen				Vorauszahlungen auf Polizzen
		?				Sonstige Ausleihungen
		II. Guthaben bei Banken u. Sparkassen/sonst. Kreditinst.				Guthaben bei Kreditinstituten
		?				Andere sonstige Kapitalanlagen
	XI. Prämienreservedepots				Depotforderungen aus dem übernommenen RV-Geschäft	

Quelle: IWI

Aktiva (2. Teil)

		Kapitalanlagen der fondsgebundenen LV		
Forderungen	XII. Rückständige Beiträge	Forderungen	Forderungen aus dem direkten Geschäft	an Vers.Nehmer
	?			an Versicherungsvermittler
	XIII. Forderungen gg. VU			an Versicherungsunternehmen
	XIII.1. Konzernunternehmungen			an Versicherungsunternehmen
	XIII.2. Andere VU			an Versicherungsunternehmen
	XIII.2.a) einbehaltene Depots			an Versicherungsunternehmen
	XIII.2.b) aus lfd. Rück- u. Mitversicherungsverrechnung			an Versicherungsunternehmen
	XIII.2.c) Sonstige			an Versicherungsunternehmen
	??		Abrechnungsforderungen aus dem RV-Geschäft	
	XIV. Außenstände bei Agenturen und Versicherungsnehmern		?	
	XV. Forderungen aus Krediten gem. §80 AktG		?	
	Vorposten: Forderungen an Aktionäre für nicht eingezahltes Aktienkap.		Eingeforderte ausstehende Einlagen	
	XVII.1. Anspruch gem. § 18(3) VWG		Sonstige Forderungen	
	XVII.2. Forderungen			
X. Rückständige und anteilige Zinsen u. Mieten		Anteilige Zinsen und Mieten		
Sonst. Vermögensgegenst.	XVIII. Vorräte	Sonstige Vermögens-gegenstände	Sachanlagen (ausgenommen Grundstücke und Bauten) und Vorräte	
	XVI. Betriebs- u. Gschäftsausstattung		Sachanlagen (ausgenommen Grundstücke und Bauten) und Vorräte	
	I. Kassastand		Laufende Guthaben bei Kreditinstituten, Schecks und Kassenbestand	
			Eigene Aktien und eigene Partizipationsscheine	
	XVII.3. Andere Vermögenswerte		Andere sonstige Vermögensgegenstände	
	XX. Besondere Vermögenswerte gem. SEBG §10			
?		Verrechnungsposten mit der Zentrale		
XXI. RAP		RAP		
XXIII. Forderungen innerhalb des VU (Sparten)		Verrechnungsposten zwischen den Abteilungen		
XVII. Sonstige Aktiva				
Summe Aktiva		Bilanzsumme		

Quelle: IWI

Passiva (1. Teil)

Passiva Schillingeröffnungsbilanz und Jahresbilanz 1955			**Passiva 2003**	
Eigenkapital	I. Aktienkapital/Grundkapital/ Gründungsfonds		Eigenkapital	Grundkapital bzw. Dotationskapital
				Partizipationskapital
	II. Rücklagen:			Rücklagen:
	?			Kapitalrücklagen
	II.1. Gesetzliche			Gewinnrücklagen
	II.3. Freie			Gewinnrücklagen
	II.2. RL gem. § 26VWG			Gewinnrücklagen
	II.4. Für Versorgungsansprüche			?
	?			Risikorückl. gem. § 73a versteuert
	III. Einlagen der Landwirtschaftskammern			?
	XXVI. Eigenkapital			
	IV. Wertberichtigungen			
	IV. Wertberichtigungen AV			
	IV. Wertberichtigungen UV			
	XXIV. Reingewinn bzw. Verlust			Bilanzgewinn bzw. -verlust
	XXII. Verlust			
			Beträge aus der Umwandlung von Fremdwährungen 1. Euro-JuBeg	
	?		Unversteuerte Rücklagen	
			Nachrangige Verbindlichkeiten	

Quelle: IWI

Passiva (2. Teil)

Versicherungstechnische Rückstellungen	VII. Prämienüberträge		Versicherungstechnische Rückstellungen	Prämienüberträge	GR
	XV. Prämienvorausszahlung				RV-Anteil
	VI. Prämienreserve (heute Deckungsrückstellung)			Deckungsrückstellung	GR
	VI. Prämienreserve (heute Deckungsrückstellung)				RV-Anteil
	VIII. Schadensreserve			Rückstellg. für noch nicht abgewickelte Versich.fälle	GR
	VIII. Schadensreserve				RV-Anteil
	XIV. Rückstellung für Prämienrückerstattung			Rückstellg. für erfolgs-unabh. Prämienrückerstatt.	GR
	XIV. Rückstellung für Prämienrückerstattung				RV-Anteil
	XVI. Rückstellung für Gewinnbeteiligungen der Versicherungsnehmer			Rückst. für erfolgsabh. Prämienrückerst./Gewinnbeteil.	GR
	XVI. Rückstellung für Gewinnbeteiligungen der Versicherungsnehmer				RV-Anteil
	XI. Schwankungsrückstellung			Schwankungsrückstellung	
	IX. Rückkaufreserve			Sonstige versicherungstechnische Rückstellungen	GR
					RV-Anteil
	XIII. Rückstellung für übertarifliche Leistungen			?	
	X. Rückstellung schwebende Schulden			?	
			Versicherungstechnische Rückstellung der fondsgebund. Lebensversicherung		GR
					RV-Anteil
Nicht vers.-techn. Rückst.			Nichtversicherungstechnische Rückstellungen		Rückstellungen für Abfertigungen
	V.1. Für Pensionsverpflichtungen				Rückstellungen für Pensionen
	XII. Steuerrückstellung				Steuerrückstellung
	V.2. Sonstige				Sonstige Rückstellungen

Quelle: IWI

Passiva (3. Teil)

	?		Depotverbindlichkeiten aus dem abgegebenen RV-Geschäft	
Sonstige Verbindlichkeiten	?		Sonstige Verbindlichkeiten	Verb. aus dem direkten Geschäft an Vers.nehmer
	XIX. Guthaben von Versicherungsunternehmern u. Vertretern			Verb. aus dem dir. Geschäft an Versich.-Vermittler
	XVIII. Guthaben von VU/Verbindlichkeiten gg. VU			Verb. aus dem direkten Geschäft an Vers.untern.
	XVIII.1. KonzernU			Verb. aus dem direkten Geschäft an Vers.untern.
	XVIII.2. Andere VU			Verb. aus dem direkten Geschäft an Vers.untern.
	XVIII.2.a) einbehaltene Depots			Verb. aus dem direkten Geschäft an Vers.untern.
	XVIII.2.b) aus lfd. Rück- u. Mitversicherung			Verb. aus dem direkten Geschäft an Vers.untern.
	XVIII.2.c) Sonstige			Verb. aus dem direkten Geschäft an Vers.untern.
	?			Abrechnungsverbindl. aus dem RV-Geschäft
	?			Anleiheverb. (mit Ausn. des Ergänzungskapitals)
	XVII. Investitionsdarlehen			Verbindlichkeiten gegen Kreditinstitute
	XX.1. Hypotheken auf eigenem Grundbesitz			Verbindlichkeiten gegen Kreditinstitute
	XXI.2. Andere Verbindl.			Andere Verbindlichkeiten
XXVII. Saldo der Zentrale/Konto der Direktion			Verrechnungsposten mit der Zentrale	
XXII. RAP			RAP	
XXV. Verbindlichkeiten innerhalb des VU (Sparten)				
XX. Sonstige Passiva				
Summe Passiva			Bilanzsumme	

Quelle: IWI

5.4 Entsprechungstabelle Gewinn- und Verlustrechnungen

Gewinn- und Verlustrechung (1. Teil)

1955 (SUV)			2003	
Prämien	III. Prämien – (Stand d. Prämienübertrag am Ende – Stand d. Prämienübertrag am Beginn)		Abgegrenzte Prämien	GR
	IV. Nebenleistungen			
	VII. Aufnahmegebühren			
	II. Übertrag aus Vorjahr Wertberichtigung			
	V. Bundes- und Landeszuschüsse zu den Prämien			
	II. Rückversicherungsprämien			RV-Anteil
			Kapitalerträge des technischen Geschäftes	
V. Versicherungssteuer			Sonstige versicherungstechnische Erträge	
VI. Feuerschutzsteuer				
V. Vergütung für erbrachte Mehrleistungen gem. § 18 VWG			(heute keine Entsprechung)	
I. Versicherungsleistungen	I.1. Schadenzahlung inkl. Erhebungskosten – (Stand d. Schadenreserve am Ende – Stand d. Schadenreserve am Beginn)		Aufwendungen für Versicherungsfälle	GR
	I.2. Schadenbearbeitungskosten			
	I.3. Schadenverhütungskosten			
	I.9. Rücklage für a.o. Schadensfälle			
	Rückstellung für übertarifliche Leistungen			
	VI. Leistungen Rückversicherer			RV-Anteil
	I.4. Auszahlung f. rückgekaufte Polizzen			

Quelle: IWI

Gewinn- und Verlustrechnung (2. Teil)

Netto-Veränderung: Stand am Ende – Stand am Beginn	XIII.1. Prämienreserve (heute: Deckungsrückst.)		Erhöhung der Deckungs-rückstellung	GR
	X.4. Rückkaufreserve			
	I.6. Rückstellung f. Verwaltungskosten			
				RV-Anteil
			Erhöhung sonstiger versicherungstechnischer Rückstellungen	GR
				RV-Anteil
			Verminderung der Deckungsrückstellung	GR
				RV-Anteil
			Verminderung sonstiger versicherungstechnischer Rückstellungen	GR
				RV-Anteil
	XIII.10. Rücklage für Beitragsrückerstattung		Aufwendungen für die erfolgsun-abhängige Prämien-rückerstattung	GR
				RV-Anteil
	XIII.5. Gewinnrücklage der Versicherten		Aufwendungen für die erfolgs-Abhängige Prämien-rückerstattung	GR
				RV-Anteil

Quelle: IWI

Gewinn- und Verlustrechnung (3. Teil)

<table>
<tr><td rowspan="5">III. Regieauslagen</td><td>III.1. Provisionen u. sonst. Organisationskosten (direktes Gesch.)</td><td></td><td rowspan="5">Aufwendungen für den Versicherungsbetrieb</td><td>Versich.-Abschluss</td></tr>
<tr><td>III.2. Lfd. Verwaltungskosten (direktes Gesch.)</td><td></td><td>Versich.-Betrieb</td></tr>
<tr><td colspan="2">III.3. Gesetzliche u. freiwillige soziale Leistungen (direktes Gesch.)</td><td></td></tr>
<tr><td>Provisionen: Anteil der Rückversicherer</td><td></td><td>RV-Prov. u. Gew.anteile</td></tr>
<tr><td>Anteil der Rückversicherer</td><td></td><td></td></tr>
<tr><td colspan="2">IX. Versicherungssteuer</td><td></td><td rowspan="2">Sonstige versicherungstechnische Aufwendungen</td><td></td></tr>
<tr><td colspan="2">X. Feuerschutzsteuer</td><td></td><td></td></tr>
<tr><td colspan="3">XIII.4. Schwankungsrücklage: Stand am Beginn – Stand am Ende</td><td colspan="2">Veränderung der Schwankungsrückstellung</td></tr>
<tr><td colspan="2"></td><td></td><td colspan="2">Versicherungstechnisches Ergebnis</td></tr>
<tr><td colspan="2">VII. Erträge aus Vermögensanlagen</td><td></td><td rowspan="2">Erträge aus Kapitalanlagen und Zinserträge</td><td></td></tr>
<tr><td colspan="2">VIII. Gewinne aus Vermögensanlagen</td><td></td><td></td></tr>
<tr><td colspan="2">IX. Abschreibungen u. Wertberichtigungen</td><td></td><td rowspan="3">Aufwendungen für Kapitalanlagen und Zinsenaufwendungen</td><td></td></tr>
<tr><td colspan="2">X. Zinsen</td><td></td><td></td></tr>
<tr><td colspan="2">XI. Verluste aus Vermögensanlagen</td><td></td><td></td></tr>
<tr><td colspan="2"></td><td></td><td colspan="2">In die vers.-techn. Rechnung übertragene Kapitalerträge</td></tr>
<tr><td colspan="2">XI. Sonst. Einnahmen</td><td></td><td colspan="2">Sonstige nicht-versicherungstechnische Erträge</td></tr>
<tr><td colspan="2">XII. Sonst. Ausgaben</td><td></td><td colspan="2">Sonstige nicht-versicherungstechnische Aufwendungen</td></tr>
<tr><td colspan="2"></td><td></td><td colspan="2">Ergebnis der gewöhnlichen Geschäftstätigkeit</td></tr>
<tr><td colspan="2">XII. Übertrag innerhalb des VU (Sparte)</td><td></td><td colspan="2">(heute keine Entsprechung)</td></tr>
<tr><td colspan="2">XV. Betriebsüberschuss/Reingewinn</td><td></td><td colspan="2">(heute keine Entsprechung)</td></tr>
<tr><td rowspan="4">Gewinnrücklagen</td><td>XIII.6. Gesetzliche Rücklage/Sicherheitsrücklage</td><td></td><td colspan="2">Rücklagenbewegung 81e VAG</td></tr>
<tr><td>XIII.7. Rücklage gem. § 26 VWG</td><td></td><td colspan="2">(heute keine Entsprechung)</td></tr>
<tr><td>XIII.11. Andere Rücklage</td><td></td><td colspan="2" rowspan="2">Freie Rücklage</td></tr>
<tr><td>XIII.8. Freie Rücklage</td><td></td></tr>
<tr><td rowspan="2">n.vt. Rst.</td><td>III.4. Pensionsrückstellung</td><td></td><td colspan="2">??</td></tr>
<tr><td></td><td></td><td colspan="2">Steueraufwand</td></tr>
<tr><td colspan="2">IV. Steuern u. Abgaben</td><td></td><td colspan="2"></td></tr>
<tr><td colspan="2">XIV. Übertrag innerhalb des VU (Sparte)</td><td></td><td colspan="2">(heute keine Entsprechung)</td></tr>
</table>

Quelle: IWI

Christian Karsch

Die Besteuerung der Vertragsversicherung zur Zeit ihres Wiederaufbaues nach dem Zweiten Weltkrieg

Ein steuergeschichtlicher Essay

1. Einführung

Die Steuergeschichte gehört zu den unterbelichteten Kapiteln der Wirtschaftsgeschichte. Das gilt nicht nur für Österreich,[1] sondern allgemein. Die Materie gilt als „trocken"; – doch sie wäre es nicht, würde der finanzsoziologischen Sichtweise von R. Goldscheid (1917), von J. Schumpeter (1918) und von F. K. Mann (1959) gefolgt.[2] Was so fragen R. Goldscheid und J. Schumpeter einvernehmlich, sind die Staatsfinanzen denn anderes als eine in Geldgrößen quantifizierte Abbildung einer staatlich organisierten Gesellschaft?[3]

1 Siehe dazu die kurz gehaltenen Ausführungen (einschließlich der Literaturangaben) bei: W. Doralt und H. G. Ruppe (1989), Grundriß des österreichischen Steuerrechts, Band I. Wien. S. 3ff. Ch. Seidl (1980), Historischer Abriß österreichischer Steuerstrukturen und Steuerreformen. In: O. Helige (Hrsg.), Dokumentation zur Steuerreformkommission. Wien 1980. S. 219ff.

2 Rudolf Goldscheid, Joseph Schumpeter. Die Finanzkrise des Steuerstaates. Beiträge zur politischen Ökonomie der Staatsfinanzen. Herausg. von R. Hickel (1976). Frankfurt am Main. Siehe auch die Aufsatzsammlung von F. K. Mann (1959), Finanztheorie und Finanzsoziologie. Göttingen. Zur einführenden Orientierung siehe: F. K. Mann (1969), Finanzsoziologie, Art. im Wörterbuch der Soziologie, herausg. von W. Bernsdorf. Stuttgart. S. 290ff.

3 An sich ist dieser Gedanke nicht neu; es kommt jedoch nicht darauf an, dass er, sondern wie er gedacht wird. Vgl. M. T. Cicero: „Vectigalia nervi sunt rei publicae" (die Steuern sind die Nerven des Staates). M. T. Cicero (106-43 v. u. Z), Pro Lege Manila, 17. Roma.

Was, so fragen diese beiden und mit ihnen andere Autoren,[4] bedeutet es gesellschaftlich, wenn sich der Staat nicht zur Gänze aus Steuern, sondern aus anderen Einnahmequellen – etwa Einnahmen aus Besitz und Vermögen oder im Wege der Verschuldung – finanziert? Welcher Typus bzw. welche Typen von Herrschaftsverhältnissen kommen bestimmten Abgaben (und damit auch spezifischen Auslegungs- und Anwendungsvorschriften für Abgaben) zu, fragt F. K. Mann (1934) in Anlehnung an Max Weber (1922)?[5, 6, 7] Wie hängen ein hoch regulierter Steuerstaat und eine liberale, letztlich von den Geschehen auf den Finanzmärkten gesteuerte Marktwirtschaft finanziell zusammen? Dieser ordnungspolitischen Fragestellung geht etwa H. Sultan (1928) nach.[8] Welcher Wandel der (aktuellen) Herrschaftsverhältnisse tritt ein, wenn ein der Befriedigung

---

4 Siehe dazu beispielsweise D. Stiefel (1988), Die große Krise in einem kleinen Land. Österreichische Finanz- und Wirtschaftspolitik 1929–1938. Wien.

5 Max Weber (1922), Wirtschaft und Gesellschaft. Tübingen. S. 115ff. F. K. Mann (1934), Beiträge zur Steuersoziologie. In: Finanzarchiv NF 1934, Bd. 2, S. 281ff.

6 Max Weber (1922) trennt zwischen drei (reinen) Typen legitimer Herrschaft. Der Legitimitätsbezug, d.h. die Rechtfertigung der Herrschaft, kann entweder

1. rationalen,
2. traditionalen oder
3. charismatischen Charakter haben.

Beim ERSTEN HERRSCHAFTSTYP beruht die Legitimität auf dem Glauben der Beherrschten an die Legalität einer gesetzten Ordnung und des Anweisungsrechtes des zur Ausübung der Herrschaft jeweils Berufenen.
Beim ZWEITEN HERRSCHAFTSTYP fußt die Legitimität auf dem Glauben der Beherrschten an die Heiligkeit von jeher geltender Traditionen und der durch sie zur Autorität Berufenen.
Beim DRITTEN HERRSCHAFTSTYP erwächst die Legitimität aus „… der außeralltäglichen Hingabe an die Heiligkeit oder die Heldenkraft oder die Vorbildlichkeit einer Person und der durch sie offenbarten oder geschaffenen Ordnungen …“.
Max Weber (1922), op. cit. S. 124.
Im Dritten Reich vollzog sich ein Wechsel der Herrschaft vom rationalen zum charismatischen Typ. Im Fall des NS-Regimes begünstigte die charismatische Legitimation die Vorbereitung und Durchführung von Unrechtsakten und von Greuel. Nach dessen Zusammenbruch wurde Herrschaft wiederum rational legitimiert, doch war eine Rückabwicklung vieler Herrschaftsakte des NS-Regimes praktisch unmöglich. In der Nachkriegsära vermischten sich daher rationaler und charismatischer Herrschaftstyp, wobei letzterer nach und nach ausklang.

7 Eine Fragestellung, die auch D. Stiefel (1988) aufgreift, wenn er ausführt: „… Und tatsächlich war der Ständestaat in Österreich mehr als andere Diktaturen dieser Zeit ein Staat „der Wirtschaft“ und „der Selbständigen“ gewesen. Hier wurde eine Lösung der „Krise des Steuerstaates“ gefunden, die weder Schumpeter noch Goldscheid in ihre Betrachtungen einbezogen hatten: Eine grundlegende Krise des wirtschaftlichen Systems kann auch mit diktatorischen Mitteln beantwortet und vielleicht sogar überwunden werden. … Die österreichische Wirtschaftspolitik, zuerst nur restriktiv, wurde nun repressiv.“ D. Stiefel (1988), op. cit. S. 118.

8 H. Sultan (1928), Über das Verhältnis von Steuerstaat und Unternehmerstaat. In: Beiträge zur Finanzwissenschaft. Band I. Festgabe für Georg von Schanz. Tübingen. S. 407ff.

der Daseinsgrundbedürfnisse verpflichteter Sozialstaat an seine Finanzierungsgrenzen stößt?

In der „Neuen Politischen Ökonomie" kann ein Strang der dogmengeschichtlichen Weiterentwicklung des von Goldscheid und Schumpeter konzipierten finanzsoziologischen Ansatzes gesehen werden. Allerdings blendet die Neue Politische Ökonomie den Rekurs auf Max Weber weitgehend aus. Statt der Suche nach und dem Ringen mit soziologischen Theorien von Staat und Gesellschaft wird in modelltheoretischer Vereinfachung und mit methodischer Stringenz der politische Zyklus der Staatsverschuldung analysiert und empirisch dargestellt. Die Grundaussage ist klar und einfach: Die Zunahme der Staatsschuld schwankt mit dem Wahlzyklus.[9] In Vorwahlzeiten sind „die Politiker" spendabel und bereit zur Staatsverschuldung, um wieder gewählt zu werden. In Nachwahlzeiten werden Sparpakete zur (vorübergehenden) Sanierung des Staatshaushaltes geschnürt.[10]

Diese modelltheoretische Vereinfachung bedeutet nicht, dass die Wirksamkeit anderer Einflussgrößen geleugnet würde. Doch eine Feststellung, alles hänge mit allem zusammen, hat wenig Erklärungswert und erschwert zufolge ihrer allgemeinen Redundanz eine empirisch-quantitative Beweisführung. Wenn etwa Bruno S. Frey (1977) die Populariät einer Regierung wesentlich von der Arbeitslosigkeit, der Inflationsrate und der Wachstumsrate des verfügbaren Einkommens bestimmt sieht, lassen sich diese drei ökonomischen Variablen, die hier exogen gesetzt wurden,[11] selbst wiederum als vom Staatshaushalt abhängige Größen darstellen. Im Fall des Steuerstaates erfolgt die Finanzierung des Staatshaushaltes entweder durch Abgaben oder durch Verschuldung. Abgaben und Staatsschuld stehen in einem komplementären Verhältnis. Im Fall des „Unternehmerstaates" wird die Finanzierung des Staatshaushaltes durch staatliche Einkünfte aus Besitz und (verstaatlichten) Unternehmen ergänzt.[12] Im Wege der Verstaatlichung wird der Staat selbst erwerbstätig. Die Krise des Steuerstaates tritt dann ein, wenn weder Abgaben noch Verschuldung ausreichen, den Finanzierungsbedarf der öffentlichen Hand dauerhaft zu befriedigen. Die Krise des „Unternehmerstaates" tritt dann ein, wenn statt Einkünften ständig budgetäre Aufwendungen vom Besitz und von (verstaatlichten) Unternehmen verursacht werden.

---

9 Siehe dazu B. Genser (1989), Steuerreform in Österreich. In: Handbuch der österreichischen Wirtschaftspolitik, herausgegeben von H. Abele et. al. (1989). Wien. S. 461ff.

10 Am Beispiel Österreichs demonstriert das R. Neck (1983), Zur politischen Ökonomie von Steuerreformen. In: K. H. Hansmeyer (Hrsg., 1983), Staatsfinanzen im Wandel, Berlin. S. 141ff.

11 B. S. Frey (1977), Moderne politische Ökonomie. München. S. 181ff.

12 R. Goldscheid (1917), Staatssozialismus oder Staatskapitalismus. Ein finanzsoziologischer Beitrag zur Lösung des Staatsschulden-Problems. In: R. Hickel (Hrsg., 1976), op. cit. S. 40ff.

Dem komplementären Zusammenhang von Abgaben und Staatsverschuldung entspricht das nach D. Ricardo (1722–1823) benannte Äquivalenztheorem.[13] Es besagt, dass zwischen einer Steuer- und einer Kreditfinanzierung der Staatsausgaben dann kein Unterschied besteht, wenn es sich um eine geschlossene stationäre Volkswirtschaft mit rationalen und gleichen Wirtschaftssubjekten handelt (sogenannten „homines oeconomici"). Rationale Wirtschaftssubjekte unterliegen nicht der Fiskalillusion. Sie berücksichtigen bei ihrem Verhalten den Barwert jener zukünftigen Steuerlasten, welche zur Bedienung der Staatsverschuldung eingehoben werden. Die Nettovermögensposition ändert sich durch Verschuldung des Staates nicht, denn die privaten Wirtschaftssubjekte halten Forderungen in gleicher Höhe gegen den Staat und die für die Bezahlung der Zinsen erforderliche Besteuerung ist „nur" eine Umverteilung zwischen Steuerzahlern und Gläubigern. Wurden diese als gleich angenommen (s. o.), erübrigt sich eine Berücksichtigung der Umverteilungseffekte. Der heuristische Wert des Äquivalenztheorems ist unbestritten. Aus finanzsoziologischer Sicht ist es jedoch der Annahmenkatalog, der in Frage zu stellen und der im jeweiligen historischen Zusammenhang zu sehen ist. Besteht beispielsweise das Gros der (Netto-)Steuerzahler aus privaten Haushalten und das Gros der Gläubiger aus institutionellen Investoren, dann tritt dann eine Umverteilung ein, wenn den privaten Haushalten nicht im gleichen Umfang Forderungen gegenüber den institutionellen Investoren zuwachsen, wie sich deren Vermögen durch die Verzinsung der Staatsschuld erhöht.

Nicht einmal andiskutiert wird im gegenständlichen (geschichtlichen) Beitrag die Frage, was es gesellschaftlich (also auch ordnungspolitisch) bedeutet, wenn der Staat Risikovorsorge durch Besteuerung verteuert, ohne dafür adäquate Ersatzleistungen in Form öffentlicher Güter zu erbringen.[14] Eine plausible Vermutung zu den Folgen einer solchen Besteuerungspraxis besteht darin, dass die Innovationsbereitschaft der Wirtschaftssubjekte sinkt. Kaufmännisch betrachtet, ist von der erwarteten Rendite einer Innovation der Erlös einer risikolosen Veranlagung abzuziehen, denn sie ist ja die sichere Alternative zu einem unternehmerischen Wagnis. Der Unterschiedsbetrag ist um die Kosten für die Neutralisierung von Risiko zu vermindern. Der verbleibende Rest, ein Selbstbehalt, ist die Netto-Rendite der Innovation für eine gegebene Erfolgswahrscheinlichkeit.

13 Siehe dazu Th. Petersen (2002), Ricardos Äquivalenztheorem. In: WiST Wirtschaftswissenschaftliches Studium. 31. Jg., Heft 11, Nov. 2002. S. 644ff.

14 Die Bezeichnung „öffentliche Güter" wird hier als finanzwissenschaftlicher Fachterminus gebraucht (siehe dazu N. Andel [1983], S. 400f). Die Sozialversicherung zählt zu den öffentlichen Gütern. Folgerichtig werden Beiträge zur Sozialversicherung nicht nur nicht besteuert, sondern entsteuert, weil sie als Werbungskosten gewertet werden, und sogar subventioniert, wenn Budgetzuschüsse des Staates zur Sozialversicherung erfolgen. N. Andel (1983), Finanzwissenschaft. Tübingen.

Theorie- und ideengeschichtlich mag die Frage interessant sein, warum gerade in einer Zeit starken gesellschaftlichen Wandels – zu Ende des langen 19. Jahrhunderts und am Beginn des kurzen 20. – der finanzsoziologische Ansatz entstand. Dieser Frage kann und soll hier nicht quellenkritisch nachgegangen werden.[15] Doch ist es offensichtlich, dass ein gesellschaftlicher Umbruch nahezu zwangsläufig dazu führen muss, sich mit dessen Auswirkungen auf die Staatsfinanzen zu befassen und zu fragen, ob und wie sich die gesellschaftliche Unrast in den Staatsfinanzen widerspiegelt[16] (oder nicht [?]) bzw. inwieweit diese Unrast die Gültigkeit des Äquivalenztheorems (s. o.) ausdünnt.

Die Steuern stehen auf der Ertragsseite des Staatshaushaltes. Die Besteuerung erfasst sowohl natürliche wie juristische Personen. Eine staatlich organisierte Gesellschaft wird also sowohl individuell wie institutionell verstanden. Hierin liegt einer der Vorzüge des finanzsoziologischen Ansatzes. Eine Steuer ist eine Zwangsmaßnahme, die zu ihrer Durchsetzung ein aufrechtes Herrschaftsverhältnis erfordert. Dieses Herrschaftsverhältnis bzw. die Zwangsmaßnahme richtet sich nicht nur an natürliche, sondern umfasst auch juristische Personen. Viele Unternehmen, selbst Klein- und Mittelbetriebe, sind juristische Personen.

Versicherungsunternehmen sind durchwegs juristische Personen. Eine Auseinandersetzung mit der Besteuerung der Geschäftstätigkeit von Versicherungsunternehmen zeigt zugleich, wie als Kapitalgesellschaften konstituierte Unternehmen, welche im gleichen Wirtschaftszweig tätig sind, gegenüber dem Staat als Steuerstaat ihre Geschäftsinteressen wahren. Unternehmen, die als Kapitalgesellschaften konstituiert sind, entsprechen als Firmen dem Konzept des „Managerial Capitalism" (das Eigentum am Unternehmen, die Kontrolle über das Unternehmen sowie die Ausübung der Eigentumsrechte sind weitgehend getrennt). Die Wahrung gemeinsamer Geschäftsinteressen erfolgt (zumeist) durch die Bildung von Verbänden. Nicht Individuen, sondern juristische Personen sind es, welche gesellschaftliche Gruppen bilden. Auch die in Österreich tätigen Versicherungsunternehmen organisierten sich in dieser Weise; als Verband.[17]

15 Siehe dazu beispielsweise K. Vogel (1987), Der Finanz- und Steuerstaat. Wieder abgedruckt in: P. Kirchhof (1991; Hrsg.), Der offene Finanz- und Steuerstaat. Heidelberg. S. 346ff. (S. 369ff).

16 W. Lotz (1928), Revolutionsfinanzen. In: Beiträge zur Finanzwissenschaft. Op. cit. S. 297ff.

17 Max Weber (1922) versteht darunter: „Verband soll eine nach außen regulierend beschränkte oder geschlossene soziale Beziehung dann heißen, wenn die Innehaltung ihrer Ordnung garantiert wird durch das eigens auf deren Durchführung eingestellte Verhalten bestimmter Menschen: eines Leiters und, eventuell, eines Verwaltungsstabes, der gegebenenfalls normalerweise zugleich Vertretungsgewalt hat" (S. 26). Max Weber (1922) weist darauf hin, dass es für Erkenntniszwecke zweckmäßig und geradezu unvermeidlich sein könne, soziale Gebilde genau so zu sehen, wie Einzelindividuen. Der Umstand, daß das Handeln von Kollektivpersönlichkeiten stets auch Handeln von natürlichen Personen ist, hindert nicht das Handeln von Kollektivpersönlichkeiten (juristischen Personen) als soziales Handeln (im Sinne von Max Weber) zu verstehen (S.

Die Vertretung der steuerlichen Interessen lag (und liegt) überwiegend beim Verband, welchen die Versicherungsunternehmen bildeten (im folgenden Text kurz: VVO oder Verband).[18] Damit wurde (und ist) der Verband selbst ein Teil des Herrschaftsverhältnisses, in welchem die Besteuerung stattfindet. Zugleich ist die Steuergeschichte der Assekuranz aber auch eine Dokumentation eines wichtigen Teils der Tätigkeit ihrer Interessenvertretung.

Allgemein gesprochen, folgte in den ersten Nachkriegsjahren die fiskalpolitische Tätigkeit des Verbandes etwa folgendem Muster:

- vorbereitende Begutachtung von legistischen Initiativen (zumeist im Rahmen der Bundeskammer der gewerblichen Wirtschaft)
- Information der Mitgliedsunternehmen über verabschiedete Normen; oft mit einem Kommentar versehen.
- Intensive Zusammenarbeit mit den zur Durchführung der verabschiedeten Normen berufenen Behörden (zum Beispiel den Finanzämtern, der Versicherungsaufsicht).

Die Tätigkeit selbst war konkret, anlassbezogen und eher reaktiv. Erst später ging der Verband daran, von sich aus Thematiken zu problematisieren und sich um eine wissenschaftliche Entscheidungsvorbereitung zu bemühen, die dann im Rahmen der verbandlichen Zusammenarbeit der Mitgliedsunternehmen in konkrete und praxisnahe legistische Anliegen umgesetzt wurde.

Es steht außer Streit, daß sich die Herrschaftsverhältnisse sowohl 1938 mit dem Anschluss Österreichs an das Deutsche Reich und 1945 mit der Wiedererrichtung der Republik Österreich änderten. Die Änderung der Herrschaftsverhältnisse spiegelte sich 1938 und in den nächst folgenden Jahren qualitativ in den Änderungen des Steuerrechts und quantitativ in der Änderung der Abgabenlast wieder. 1945 dagegen kam es zunächst nur zu einer Änderung der Herrschaftsverhältnisse; Steuerrecht und -last blieben.[19]

6f.). [Anmerkung: „Soziales“ Handeln … soll ein solches Handeln heißen, welches seinem von dem oder den Handelnden gemeinten Sinn nach auf das Verhalten anderer bezogen wird und daran in seinem Ablauf orientiert ist. (S. 1)] Max Weber (1922), op.cit.

18 Der Verband der Versicherungsunternehmen Österreichs (VVO) änderte wiederholt seine Firma. Er konstituierte sich am 3. 5. 1945 als „Provisorischer Fachverband der Versicherungsanstalten Österreichs“. (Das Deutsche Reich kapitulierte am 7. 5. 1945.) Ab Sommer 1945 nannte er sich „Verband der Versicherungsanstalten Österreichs“. Da in Österreich mit dem Handelskammergesetz 1946, BGBl. 182/46, für Unternehmen die gesetzliche Interessenvertretung eingerichtet worden war, delegierte 1947 der Fachverband der Versicherungsunternehmungen Österreichs – als Teil der Handelskammerorganisation – die Wahrnehmung seiner Aufgaben an den als freien Wirtschaftsverband nicht untersagten Verein „Verband … (VVO)“.

19 Im November 1948 bemerkte der Verband anlässlich der parlamentarischen Behandlung des Bundesvoran-

Finanzsoziologisch besehen, funktionierte das „Neue Österreich" den Steuerstaat um. Das leistungsfähige Steuersystem des Dritten Reiches wurde übernommen und um die ärgsten weltanschaulichen Auswüchse bereinigt. Operativ blieb das Steuersystem intakt. Es diente jedoch nicht mehr der Finanzierung eines aggressiven Führerstaates, sondern eines demokratisch legitimierten Rechtsstaates. Gegensätzliche Herrschaftsverhältnisse wurden mit einem nahezu gleichen Instrumentarium finanziert.

1945 dünkte sich die wiedererrichtete Republik anfänglich illiquide (siehe dazu H. Seidel [1999]), doch die Steuereinnahmen begannen überraschend schnell und ergiebig zu fließen. Da jedoch die Republik für die Besatzungskosten aufzukommen hatte, reichte das Steueraufkommen nicht aus und der Staat begann sich – bei der Notenbank – zu verschulden. Die beginnende Verschuldung ergab sich also aus einem historischen Sonderfall. Erst später wurde die Staatsverschuldung systemimmanent.

Die Tätigkeit der Steuerbehörden war durch das Kriegsende für wenige Wochen unterbrochen. In Wien begannen die kriegsbedingten Behinderungen in der zweiten Märzhälfte 1945 die öffentliche Verwaltung nach und nach lahm zu legen (F. M. Rebhann 1995). Doch bereits am 27. April 1945 hatte die provisorische Staatsregierung Dr. K. Renner mit der Proklamation über die Selbstständigkeit Österreichs (Unabhängigkeitserklärung, StGBl. Nr. 1/1945) und der Kundmachung ihrer Einsetzung als einer provisorischen Staatsregierung (StGBl. Nr. 3/1945) ihre Geschäfte aufgenommen. Das Verfassungsgesetz über die Wiederherstellung des Rechtslebens in Österreich (Rechts-Überleitungsgesetz, StGBl. Nr. 6/1945) hatte die rechtlichen Grundlagen sowie die administrativen bzw. exekutiven Voraussetzungen für die Überleitung der Staatstätigkeiten vom Deutschen Reich auf die Republik Österreich geregelt. § 2 des R.-ÜG bestimmte, dass reichsdeutsche Vorschriften dann als österreichische Rechtsvorschriften vorläufig weitergelten sollen, wenn sie nicht ausdrücklich von der Provisorischen Staatsregierung aufgehoben worden waren. § 4 setzte das R.-ÜG rückwirkend mit 10. 4. 1945 in Kraft. Die Weitergeltung traf auch für das staatliche Abgabewesen zu.

Trotz der Weitergeltung des nach dem Anschluss übernommenen reichsdeutschen Rechts bedeutete die Wiedererrichtung der Republik eine nachhaltige rechtsdogmatische Wende. Anders als im nationalsozialistischen Führerstaat bestimmte die wieder in Kraft gesetzte Bundesverfassung von 1920 in der Fassung von 1929 in Art. 18 (1), dass

schlages u. a.: „Die allgemeine Verwaltungsreform ist dringlich. Die Hypertrophie des Ämter- und Behördenapparates muß unbedingt und raschestens beseitigt werden. Es geht keinesfalls an, diesen überdimensionierten Apparat als gegeben anzusehen und einfach Steuern zu erhöhen oder unbedingt wirtschaftlich gebotene Ermäßigungen unausgeführt zu lassen, wenn die Mittel für die notwendig werdenden Bezugserhöhungen für die öffentlichen Angestellten aufgebracht werden müssen." Archiv des VVO. Ausgangsbuch 1948. Oktober, November, Dezember. Ausg. Nr. 1233/48.

„die gesamte staatliche Verwaltung … nur auf Grund der Gesetze ausgeübt werden“ darf. Und in Abs. (2) dieses Artikels heißt es: „Jede Verwaltungsbehörde kann auf Grund der Gesetze innerhalb ihres Wirkungsbereiches Verordnungen erlassen.“[20] Gesetzesändernde Verordnungen waren damit nicht mehr möglich. Die so genannte „Berliner Gesetzestechnik“, „die grundsätzlich ein Gesetz zunächst einmal hinausgab und es dann nach den Einwendungen der Praxis in Durchführungsverordnungen und -erlässen teils erläuterte, teils zu ergänzen oder abzuändern gezwungen war, wird in der österreichischen Friedenswirtschaft … nicht beibehalten werden“ können, bemerkte E. Fritsch (1946)[21]. Einen wesentlichen Teil der „Praxis“ im Führerstaat bildeten – wegen der Einheit von Staat und Partei (NSDAP) – die Amtswalter (d. s. die Funktionäre) der Partei und ihr Problemverständnis. Bei der österreichischen (einer demokratischen) Gesetzestechnik wurden (und werden) widerstreitende Interessen und Einwendungen der Praxis tunlichst in die vorbereitende Legistik einbezogen. Das Schwergewicht liegt auf Lobbying ex ante. Bei der „Berliner“ (einer autoritären) Gesetzestechnik sind legistische Reparaturen die Regel. Das Schwergewicht der Interessenvertretung ist ex post orientiert.

Mit der Anerkennung der Staatsregierung durch den Alliierten Rat (20. 10. 1945) wurde die Eigenstaatlichkeit Österreichs von den Besatzungsmächten bekräftigt. Wenngleich die Alltagsschwierigkeiten immens waren, die funktionelle Kontinuität der Behörden (Behörden im weiteren Sinne verstanden) war gegeben und kam im Behörden-Überleitungsgesetz 1945 zum Ausdruck.[22] Die Reichsgaue wurden wieder zu Bundesländern, aus Landkreisen wurden wieder Politische Bezirke, Oberfinanzpräsidenten wurden zu Finanzlandesdirektionen, die Abteilung VII (Österreich) des Reichsaufsichtsamtes für Privatversicherung wurde zum Department 19 (Versicherungsaufsicht) im Staatsamt für Finanzen[23] usw. Aber ebenso existierten die meisten Unternehmen weiter (viele Versicherer kehrten zu ihren Firmennamen vor dem Anschluss zurück), Parteien und Interessenvertretungen konstituierten sich rasch und ohne große Friktionen usf.

Die Alltagsschwierigkeiten führten unter anderem dazu, dass steuerrechtliche Fristen nicht eingehalten werden konnten. In den Ansuchen des VVO an die Finanzbehörden um Fristerstreckungen wurden jedoch nicht – grundsätzliche – Probleme der Rechts-

---

20 Verfassungsgesetz vom 1. Mai 1945 über das neuerliche Wirksamwerden des Bundes-Verfassungsgesetzes in der Fassung von 1929 (Verfassung-Überleitungsgesetz – V.-ÜG). StGBl. 4/1945.

21 E. Fritsch (1946), Überblick über die österreichische Steuergesetzgebung. Wien. S. 4.

22 Gesetz vom 20. 7. 1945 über die Überleitung der Verwaltungs- und Justizeinrichtungen des Deutschen Reiches in die Rechtsordnung der Republik Österreich (Behörden-Überleitungsgesetz). StGBl. 94/1945.

23 § 34 des Behörden-Überleitungsgesetzes 1945 lautete: „Das Reichsaufsichtsamt für Privatversicherung wird aufgelassen. Seine Geschäfte gehen auf das Staatsamt über.“

überleitung vorgebracht, sondern es wurde auf die vielfältigen Hemmnisse der Nachkriegssituation verwiesen. Beispielsweise hatte sich der VVO mit einer Eingabe vom 12. 1. 1946 an das Finanzamt für Verkehrssteuern in Wien gewendet und hatte um „Erstreckung der Frist für die Abrechnung der Versicherungssteuern und der Feuerschutzsteuern bis 20. April 1946“ gebeten. Der Verband begründete sein Ansuchen u. a. wie folgt: „Hat schon das letzte Kriegsjahr in stets steigendem Maße für die Versicherungsanstalten drückenden Personalmangel und die allergrößten Schwierigkeiten bei Fortführung des laufenden Geschäftsbetriebes mit sich gebracht, so sind diese Hemmnisse nach der Befreiung Österreichs kaum geringer geworden. Die Kämpfe in und um Wien und die darauffolgende Unterbrechung des Verkehrs mit den Bundesländern, der nur langsam sukzessive Lockerung erfährt, von der Normalisierung der Verbindungen aber noch entfernt ist, haben die Hindernisse für einen ordnungsmäßigen Abrechnungsverkehr eher vermehrt als vermindert. Auch bezüglich der Personallage ist keine fühlbare Erleichterung eingetreten, weil zahlreiche jüngere Kräfte zum Großteil noch in Kriegsgefangenschaft sich befinden und die Kälte ohne Beheizungsmöglichkeit den Krankenstand steigert, wie überhaupt das Arbeiten in den großteils bomben- oder sonst kriegsbeschädigten Gebäuden außerordentlich erschwert wurde, jedenfalls aber das Arbeitstempo zwangsläufig verlangsamen muß.“[24]

Die Währungsschutzbestimmungen behinderten den Zahlungsverkehr, sowohl ertragsseitig – also beim Prämienaufkommen – wie aufwandsseitig – bei der Erbringung der Versicherungsleistungen. Das hatte Auswirkungen auf die Steuerleistungen der Assekuranz. Die Nachkriegsprobleme belasteten aber ebenso die Rechnungslegung. Bis zum Versicherungswiederaufbaugesetz 1955 gab es nur provisorische bzw. interne Rechnungsabschlüsse. Damit fehlte die für die Unternehmensbesteuerung maßgebliche handelsrechtliche Bemessungsgrundlage. Erst die über einen Zeitraum von zehn Jahren erstellten Rekonstruktionsbilanzen zum Ultimo 1954 (verbunden mit den Schillingeröffnungsbilanzen zum Ersten des folgenden Jahres) schufen für das Wiederaufbaujahrzehnt die handelsrechtliche Grundlage für die Unternehmensbesteuerung. Trotzdem wurde vorher der Fiskus steuerlich bedient: mit Pauschal- und Vorauszahlungen, die zwischen dem VVO und der Finanzbehörde für die Mitgliedsunternehmen ausgehandelt worden waren.

Die archivierten Quellen – Gesetzestexte und Korrespondenz des VVO – zeigen den schrittweisen Übergang zur Normalität. Anfangs (1945 und unmittelbar danach) ist die steuerlich relevante Korrespondenz rar und besteht oftmals aus Verständnisfragen; beispielsweise ob reichsrechtliche, der Kriegsfinanzierung dienende Vorschriften weiter gel-

24 Archiv des VVO. Ausgangsbuch 1946, Jänner. Februar, März. Ausg. Nr. 26/46.

ten. Ende der 40er Jahre kämpfte die Assekuranz dagegen, bei der – legistisch mitunter mangelhaften – Austrifizierung reichsdeutschen Steuerrechts unter die Räder zu kommen. Diese Entwicklung ist vor dem Hintergrund der allgemeinen wirtschaftlichen Entwicklung zu sehen. Die Zäsur ist der Beginn der Marshallplan-Hilfe Mitte 1948. Vorher galt es zu überleben. Mit Beginn der 50er Jahre wird die Korrespondenz häufiger und sie befasst sich zunehmend mit fiskalischen Daueranliegen der Assekuranz; beispielsweise der Anerkennung von Versicherungsprämien als Sonderausgaben bei der Bemessung der Einkommenssteuer oder der Abwehr der Besteuerung von Rückversicherungsprämien oder der Besteuerung von versicherungstechnischen Rückstellungen.

In diesen Daueranliegen äußert sich die – verblüffende – Aktualität einer steuergeschichtlichen Betrachtung der Assekuranz. Zugleich kommen dabei auch grundlegende gesellschaftliche Konflikte zum Vorschein, wenn beispielsweise über die Absetzbarkeit von Lebens- und Krankenversicherungsprämien gestritten wird und die Rede davon ist, dass eine kapitalgedeckte Alters- und Gesundheitsvorsorge gegenüber der steuerlichen Absetzbarkeit von Beiträgen zur Sozialversicherung steuerlich benachteiligt wird.

Die erwähnten (und genauer zu beschreibenden) Daueranliegen sind gleichsam die operative Seite der steuergeschichtlichen Aktualität. Sie – die Aktualität – hat auch einen institutionellen bzw. strukturellen Aspekt. Im Dezennien übergreifenden historischen Rückblick zeigt sich, dass im Laufe der Zeit das österreichische Steuerrecht zu einer Verstetigung von Provisorien und zu einer zunehmend komplizierter werdenden Zersplitterung tendierte. Die fiskalische Belastung der Assekuranz war in der österreichischen Reichshälfte der Doppelmonarchie verwirrend[25, 26, 27, 28] und dieser Missstand setzte sich in der Ersten Republik fort und erreichte nach 1936 (Zusammenbruch des Lebensversicherers „Phönix") ein den Geschäftsgang fast lähmendes Ausmaß.[29]

---

25 Da die Doppelmonarchie ein Binnenmarkt war, war es notwendi,g Übereinkommen zwischen dem k. k. österreichischen und den k. u. k. Finanzministerium zu treffen, wie die Abgaben von Unternehmen, welche in beiden Reichshälften tätig waren, zu teilen waren. Das verkomplizierte die Steuerpraxis zusätzlich. Siehe dazu: L. Derblich (1888), Vorschriften über das Assekuranzwesen. Enthaltend: Das Versicherungs-Regulativ, die Gesetze und Verordnungen betreffend die Zulassung und staatliche Ueberwachung der in- und ausländischen Versicherungs-Gesellschaften, das Gesetz betreffend die Unfall-Versicherung, Bestimmungen materiellrechtlichen Inhaltes, sowie betreffend die Gebühren- und Steuerpflicht. Prag. S. 105ff.

26 L. v. Mises (1912), Die Reform der österreichischen Versicherungsgebühren. In: Österreichische Zeitschrift für öffentliche und private Versicherung. 3. Jg. (1912). S. 265ff.

27 M. Leimdörfer (1966), Zur Geschichte der Besteuerung der Versicherungsunternehmungen in Österreich. In: Die Versicherungsrundschau, 21. Jg. (1966). S. 12ff.

28 W. Rohrbach (1988a), Von den Anfängen bis zum Börsenkrach des Jahres 1873. In: W. Rohrbach (Red., 1988), Von den Anfängen bis zum Börsenkrach des Jahres 1873, Versicherungsgeschichte Österreichs, Bd. I. Wien. S. 47ff. (S. 307ff.).

29 G. Schiff (1938) setzte sich eingehend (auch im internationalen Vergleich) mit der Besteuerung des Ver-

Es darf daher nicht verwundern, wenn in der Einführung der reichsdeutschen Steuervorschriften und einer teilweisen Entlastung von den finanziellen Folgen der Insolvenz des „Phönix“[30] ein „erlösender“ Fortschritt gesehen wurde. Tatsächlich hielt sich die „Erlösung“ in Grenzen, denn insgesamt stieg die Steuerlast.[31] Steuerrecht und Besteuerungspraxis wurden rigider. Zur formellen Steuerlast kam noch ein umfangreiches Paket an freiwilligen Abgaben, wie etwa „Adolf-Hitler-Spenden“ oder Zuwendungen an das Winterhilfswerk. Diesen zusätzlichen Belastungen konnten sich die Steuerpflichtigen, vor allem die Unternehmen, schwer entziehen.

sicherungswesens auseinander. Seine theoretisch fundierten Einwendungen gegen eine Besteuerung des Risikoschutzes sind nach wie vor gültig. G. Schiff (1938), Die Abgabenbelastung des Versicherungswesens. In: Assekuranz-Jahrbuch, Bd. 57 (1938), Wien und Leipzig. S. 36ff.

30 Um die gesetzlich gekürzten Verpflichtungen aus Phönix-Verträgen zu erfüllen, wurde ein Fonds errichtet, welcher Obligationen ausgab. Die Bedienung dieser Obligationen wurde auf die österreichische Assekuranz umgelegt. Nach dem Anschluss wurde der Fonds umgewandelt (aus dem Versicherungsfonds Wien wurde der Versicherungsfonds Berlin) und die finanzielle Last auf alle reichsdeutschen Versicherer verteilt. Das bewirkte einerseits eine finanzielle Entlastung der ostmärkischen Versicherer und trug andererseits zu gleichen Wettbewerbsbedingungen zwischen Versicherungsunternehmungen im Altreich und in der Ostmark bei.

31 Die Vereinheitlichung des Rechts, nicht zuletzt des Wirtschafts- und Steuerrechtes, zwischen Altreich und Ostmark war eine der Voraussetzungen für die Herstellung eines einheitlichen großdeutschen Wirtschaftsraumes. Das war ein Anliegen des NS-Regimes. Die Vereinheitlichung des Steuerrechts wurde durch den Umstand erleichtert, dass das reichsdeutsche Steuerrecht der Weimarer Republik und das in Österreich geltende Steuerrecht ähnlich waren. Nach der Machtübernahme 1933 in Deutschland wurde das Steuerrecht nach nationalsozialistischen Grundsätzen, die nicht zuletzt an völkischen, autarkistischen und autoritär-etatistischen Zielen orientiert waren, neu ausgerichtet. An die Machtübernahme schloß sich eine rege legistische Tätigkeit. Im Gegensatz zur Ostmark erfolgte die Nazifizierung von Recht und Gesellschaft im Deutschen Reich schrittweise. Was dort in einem Jahrfünft heranreifte, wurde in der Ostmark in knapp der Hälfte der Zeit durchgezogen. Zur Neuausrichtung gehörte auch die diskriminatorische Besteuerung rassischer Minderheiten (wie etwa von Juden) und damit die Abkehr von rechtsstaatlichen Steuergrundsätzen. Die Gleichbehandlung der Steuerpflichtigen und die Leistungsbezogenheit der Besteuerung wurden durch die diskriminatorische Besteuerung verletzt. Ein legistischer Angelpunkt diskriminatorischer Besteuerung waren die folgenden Bestimmungen des Steueranpassungsgesetzes vom 16. Oktober 1934, RGBl. I, S. 925. Dort heißt es:
§ 1. (1) Die Steuergesetze sind nach nationalsozialistischer Weltanschauung auszulegen.
(2) Dabei sind die Volksanschauung, der Zweck und die wirtschaftliche Bedeutung der Steuergesetze und die Entwicklung der Verhältnisse zu berücksichtigen.
(3) Entsprechendes gilt für die Beurteilung von Tatbeständen.
§ 2. (3) Fragen der Billigkeit und der Zweckmäßigkeit sind nach nationalsozialistischer Weltanschauung zu beurteilen.
Die etatistische Ausrichtung zeigte sich in einem Anstieg des Steueraufkommens von 1933 bis 1938 von 6 auf 18 und bis 1943 auf zirka 31 Mrd. RM (Gebietsänderungen nicht berücksichtigt). Laut Ch. Kuller: Finanzverwaltung und Judenverfolgung. Antisemitische Fiskalpolitik und Verwaltungspraxis im nationalsozialistischen Deutschland. In: zeitenblicke 3 (2004), Nr. 2, [13.09.2004], URL: http://www.zeitblicke.historicum.net/2004/2004/02/kuller/index.html vom 15.11.2004.

Das reichsdeutsche Steuerrecht wurde 1945 in die Zweite Republik übergeleitet. Es wurde schrittweise austrifiziert, es wurde komplexer und die Steuerlast nahm zu.[32]

Cum grano salis: Die Steuergeschichte der Assekuranz fordert gleichsam zu einem finanzsoziologischen Verständnis heraus. Dafür ist es erforderlich, die steuerlichen Fakten der betrachteten Periode zu kennen. Das ist das Anliegen der folgenden Ausführungen.

2. Die Übernahme des reichsdeutschen Steuerrechts[33]

Das reichsdeutsche Steuerrecht wurde nach dem Anschluß von 1938 innerhalb kurzer Zeit in der Ostmark eingeführt. Es galt nach der Wiedererrichtung der Republik Österreich im April 1945 weiter.

2.1 Die Übernahme des reichsdeutschen Steuerrechts im Gefolge des Anschlusses 1938

Am 16. Mai 1938 konstituierte sich die „Kommission zur Prüfung der österreichischen Versicherungswirtschaft". Unter dem Vorsitz von Ministerialdirektor Dr. Lange vom Reichswirtschaftsministerium,[34] Berlin, erarbeitete die Kommission bis Ende Juli einen fünfzehnteiligen nach Versicherungszweigen gegliederten Bericht zur wirtschaftlichen Lage und zur Wettbewerbsfähigkeit der österreichischen Assekuranz.[35]

---

32 Zu Steuerfragen siehe auch: W. Rohrbach (1988b), Gesundheitswesen und Privatversicherung in Österreich unter besonderer Berücksichtigung des Austria-Versicherungsvereines (seit 1945). In: W. Rohrbach (Hrsg., 1988), Das Zeitalter des modernen Versicherungswesens, Versicherungsgeschichte Österreichs, Bd. III. Wien. S. 867ff. (S. 914ff.) W. Rohrbach (2004), Die österreichische Versicherungswirtschaft zu Beginn des 21. Jahrhunderts. In: W. Rohrbach (Hrsg., 2004), Die altösterreichischen Regionen Zentral- und (Süd)Osteuropas: Gestern – Heute – Morgen, Versicherungsgeschichte Österreichs, Bd. VIII, Teil 2. Wien. S. 91ff (101ff.).

33 *Anmerkung des Verfassers: Aus der Übernahme der im Dritten Reich üblichen Terminologie darf nicht auf eine Zustimmung zu den Ereignissen dieser Periode geschlossen werden. Die Übernahme dient ausschließlich der begrifflichen Klarheit.*

34 Im Altreich ressortierte die Versicherungsaufsicht beim Reichswirtschaftsministerium. In Österreich wurde die Aufsicht als Folge des „Phönix-Krachs" vom Innenministerium zum Bundesministerium für Finanzen verlegt.

35 Bei der Einschätzung der wirtschaftlichen Lage vermischten sich – der Zeit entsprechend – Fakten und Weltanschauung. Der Vorsitzer (Dr. Lange) führte auf der Eröffnungssitzung der Kommission u. a. aus: „Dem Reichswirtschaftsministerium ist … bekannt, dass die Versicherungswirtschaft im Lande Oesterreich mit Schwierigkeiten zu kämpfen habe. Diese Schwierigkeiten liegen nicht nur allein in wirtschaftlichen

Sie erstattete überdies Vorschläge für die Gesundung der österreichischen Versicherungswirtschaft.

Im Schlussbericht (Nr. 15) der Kommission[36] wird unter Litera b) die steuerliche Belastung der österreichischen Versicherungswirtschaft erläutert. Sechs Abgaben werden erwähnt:

- Die Versicherungsvertragsgebühr (Versicherungssteuer) beläuft sich auf 4 % der Prämien einschließlich der Nebenkosten. In der Hagel- und Viehversicherung macht der Satz 2 % aus. Die Versicherungsleistungen sind desgleichen besteuert. In der Lebens- und Maschinenversicherung macht der Satz 2 % und in allen übrigen Versicherungszweigen 1 % aus. Auch die Polizzendarlehen sowie deren Verzinsung sind mit 1 % Steuer belastet. Umgerechnet auf die Prämien entspricht in der Lebensversicherung die Steuerlast 6 % gegenüber 2 % im Altreich. Die Steuerbelastung in den Zweigen der Nicht-Lebensversicherung ist dagegen in Österreich niedriger als im Altreich. Im direkten Geschäft wird die Versicherungssteuer zur Gänze auf die Versicherungsnehmer überwälzt. Das indirekte Geschäft ist zum Teil besteuert. Inländische Rückersicherungsexzedenten sind mit 1 % belastet. Inländische Rückversicherungsquoten und ausländische Rückversicherungsexzedenten und -quoten sind steuerfrei. Der Arbeitsaufwand für die Abrechnung der Steuern ist beträchtlich.
- Die Versicherungsfondsumlage ist umständlich zu berechnen. Zum Teil ist sie von den Unternehmen zu tragen. Sie beläuft sich auf 3,9 % der Prämieneinnahme.
- Der Körperschaftssteuersatz macht 25 % aus. Allerdings ist eine Mindestbesteuerung mit 0,25 % der Prämieneinnahme vorgesehen. Im Vergleich zum Altreich ist die Körperschaftssteuer nur halb so hoch wie Köst und Gewerbeertragsteuer zusammengenommen.
- Die Staatsaufsichtsgebühr wird jährlich festgesetzt und macht rund 0,8 % der Prämien aus dem direkten und indirekten österreichischen Geschäft aus.
- Die Feuerwehrbeiträge sind kompliziert zu berechnen, da kommunale Zuschläge er-

Verhältnissen sondern auch darin, dass eine verantwortungslose Führung bei den größten Versicherungsgesellschaften durch ihre jüdischen Betriebsführer in konsequenter Weise die Versicherungswirtschaft im Lande Oesterreich geschädigt habe. ..." Bericht (Protokoll) über die am 16. Mai 1938 im Ministerium für Finanzen stattgefundene Eröffnungssitzung der Kommission zur Prüfung der österreichischen Versicherungswirtschaft, welche im Auftrag des Herrn Reichswirtschaftsministers eingesetzt wurde. BMfF GZ 4387924/38, Gegenstand: Bericht .... In: BMF Vers. Aufs., Gruppe 2, 43879/38 B, Karton 132. Archiv der Republik, Wien.

36 Kommission zur Prüfung der österreichischen Versicherungswirtschaft. BMF Vers. Aufs., Gruppe 2, 43879/38 B, Karton 132. Archiv der Republik, Wien.

hoben werden. Nachdrücklich wird darauf in Bericht Nr. 10 „Die Lage der Feuerversicherung in Österreich" aufmerksam gemacht.[37]

- Die sonstigen Steuern haben keine große Bedeutung. Realitätensteuern werden auf die Mieter abgewälzt. Die Zinsgroschensteuer (Mietsteuer) fällt nur für Räumlichkeiten an, welche die Unternehmen selbst nutzen. Stempelsteuern, Dienstverleihungsgebühren, Wertpapiersteuern und dergleichen fallen nicht besonders ins Gewicht, verursachen aber einen administrativen Aufwand.
- Die Einkommensteuer der Mitarbeiter der Unternehmen wird von den Unternehmen und nicht von den besteuerten Mitarbeitern getragen. Ebenso wird die Fürsorgeabgabe in Höhe von 4 % von den Unternehmen beglichen. Sie fällt bei Zahlungen für Dienstleistungen an.

Der Anschluss wirkte sich steuerlich vor allem bei der Körperschaftssteuer, der Staatsaufsichtsgebühr und der Fondsumlage aus. Die Staatsaufsichtsgebühr sank. Die Fondsumlage ermäßigte sich für die Unternehmen beträchtlich und entfiel für die Versicherungsnehmer gänzlich. Bei der Körperschaftssteuer und der Gewerbeertragssteuer kam es zu einer Verdoppelung der Belastung.

Auf eine Besonderheit wird in Bericht Nr. 14 „Bericht über die österreichische Sachversicherung" aufmerksam gemacht. Die österreichische Steuerpraxis (also die Praxis vor dem Anschluss) erleichterte den Versicherern die Bildung stiller Reserven. Prämienüberträge konnten über den Satz von 40 % hinaus erhöht werden. Eine Reihe von Unternehmen konnte diese Praxis nutzen. Bei einigen Unternehmen belief sich diese Form einer Reservenbildung sogar auf 100 % der Jahresbruttoprämie.[38]

---

37 Dort heißt es unter anderem: „Die österreichische Feuerversicherung leidet mehr als jeder andere Sachversicherungszweig unter der Höhe der Nebengebühren, die als Zuschlag zur tarifmäßigen Nettoprämie erhoben werden. Die Zuschläge sind auch nicht einheitlich zu berechnen, sondern sind verschieden hoch in den einzelnen Bundesländern, im Industrie- und im einfachen Geschäft, endlich noch gestaffelt nach der Höhe der Nettoprämie. Sie betragen insgesamt mindestens 40 %, im Durchschnitt etwa 50–60 %, im Höchstfall, nämlich für das Zivilgeschäft in Wien, bis zu 103 % der Nettoprämie. Im einzelnen entfallen auf Policen- und Staatsgebühren zusammen 10–15 %, auf den Verwaltungskostenbeitrag im Industriegeschäft je nach der Höhe der Prämie 25–35 %, im einfachen Geschäft 25 – 40 % der Nettoprämie. Dazu tritt aber noch als Besonderheit dieses Versicherungszweiges ein Feuerwehrbeitrag, der von den einzelnen Bundesländern, obendrein auch von einigen Gemeinden, nach verschiedenen Sätzen erhoben und von den Gesellschaften voll auf die Versicherungsnehmer abgewälzt wird. Er beträgt im allgemeinen zwischen 6 und 12 % der Nettoprämie (…), steigt aber z. B. in Wien bis auf 46⅔ % der Nettoprämie an. Es liegt auf der Hand, daß diese Sondersteuer auf die Feuerversicherung eine ganz wesentliche und in der jetzigen Höhe schlechthin ungerechte Verteuerung des Versicherungsschutzes für das Publikum bedeutet, …". Kommission zur Prüfung …, op. cit.

38 Kommission zur Prüfung …, op. cit.

Ende Februar 1941 stellte die in Wien tätige Abteilung VII (Österreich) des Reichsaufsichtsamtes für Privatversicherung den mit der Ostmark befassten Teil des Geschäftsberichtes 1939/40 des Aufsichtsamtes zusammen. Ein Kapitel behandelte das „Steuerrecht", denn 1940 war die Übernahme des reichsdeutschen Steuerrechtes im Wesentlichen abgeschlossen. Offen geblieben war nur die Regelung der Feuerwehrbeiträge, die in einem eigenen Abschnitt des Berichtes behandelt wurden.

Von den bis Ende 1940 erschienen 25 Steuerüberleitungsverordnungen waren für die Assekuranz die 1., 7., 8., 13. und die 16. bis 18. sowie die 20. Verordnung von Bedeutung.[39] Der Bericht behandelte das steuerrechtliche Verhältnis zu den Versicherten, zu den Aktionären, zu den Gefolgschaftsmitgliedern (gemeint sind die Mitarbeiter der Versicherungsunternehmen) und schloss mit Bemerkungen zu den sonstigen Steueranpassungen.

Das steuerrechtliche Verhältnis zu den Versicherten: Mit Wirkung vom 1. 4. 1939 hatte das reichsdeutsche Versicherungssteuergesetz (vom 9. VII. 1937, RGBl. I S. 793, samt den Durchführungsbestimmungen vom 13. VII. 1937, RGBl. I S. 797) die österreichische Regelung ersetzt. Von nun an wurde nur mehr das Versicherungsentgelt (die Prämie) besteuert. Der Steuersatz in der Lebens- und Krankenversicherung machte 2 %, in der Sachversicherung 5 % aus; die Rückversicherung blieb steuerfrei. Die Steuervorteile hinsichtlich der Gewinnbeteiligung der Versicherungsnehmer zugunsten der (großen) Versicherungsvereine auf Gegenseitigkeit entfielen. Das neu eingeführte reichsdeutsche Einkommensteuerrecht begünstigte nachhaltig die Absetzbarkeit von Lebens- und Krankenversicherungsprämien; insbesondere für kinderreiche Familien.

Das steuerrechtliche Verhältnis zu den Aktionären: An die Stelle der österreichischen Tantiemenabgabe trat die reichsdeutsche Abgabe für Aufsichtsratsmitglieder.[40] Die österreichische Erwerbssteuer für Körperschaften wurde durch die reichsdeutsche

39 „Geschäftsbericht 1939/40", BMF Vers. Aufs., Gruppe 9, 2-3, Karton 277. Archiv der Republik, Wien. Konkret handelt es sich um nachstehende Rechtsquellen: … Verordnung zur Einführung steuerlicher Vorschriften im Lande Oesterreich
1. vom 14. IV. 1938, RGBl. I S. 389, GBl. f. d. Land Oesterr. Nr. 94/38,
7. vom 17. XII. 1938, RGBl. I S. 1817, GBl. f. d. Land Oesterr. Nr. 699/38,
8. vom 17. I. 1939, RGBl. I S. 48, GBl. f. d. Land Oesterr. Nr. 158/39,
13. vom 27. II. 1939, RGBl. I S. 370, GBl. f. d. Land Oesterr. Nr. 395/39,
16. vom 26. VI. 1939, RGBl. I S. 1061, GBl. f. d. Land Oesterr. Nr. 860/39,
17. vom 11. VIII. 1939, RGBl. I S. 1374, GBl. f. d. Land Oesterr. Nr. 1022/39,
18. vom 21. IX. 1939, RGBl. I S. 1979, GBl. f. d. Land Oesterr. Nr. 1405/39,
20. vom 21. XI. 1939, RGBl. I S. 2303, GBl. f. d. Land Oesterr. Nr. 1446/39.

40 Gesetz über die Erhebung einer Abgabe der Aufsichtsratsmitglieder vom 28. 3. 1934, RGBl. I S. 253. Die dazugehörige Durchführungsverordnung vom 31. 3. 1939, RGBl. I S. 691, GBl. f. d. Land Oesterr. Nr. 1446/39, wurde in der Ostmark mit 1. 1. 1940 wirksam.

Körperschaftssteuer ersetzt.[41] Weiters wurden Versicherungsunternehmen hinfort der Vermögenssteuer[42] unterzogen und von ihnen eine Aufbringungsumlage[43] erhoben. Die Tätigkeit von Aktiengesellschaften und Versicherungsvereinen auf Gegenseitigkeit wurde gewerbesteuerpflichtig.[44] Die steuerlichen Einheitswerte wurden neu festgestellt.[45]

Das steuerrechtliche Verhältnis zu den Gefolgschaftsmitgliedern: Die Veränderungen im Bereich der Einkommensbesteuerung waren beträchtlich. Auf die – vergleichsweise großzügige – steuerliche Absetzbarkeit von Prämien zu einer Lebens- oder Krankenversicherung wurde bereits hingewiesen. Das reichsdeutsche Einkommensteuergesetz 1938 wurde durch das Einkommensteuergesetz 1939 abgelöst,[46] das – rückwirkend für Veranlagungen für das Kalenderjahr 1939 – ab 1. 1. 1940 in Kraft trat. Desgleichen wurden zum gleichen Termin das Wehrsteuergesetz 1937[47] samt seinen Durchführungsverordnungen und das Bürgersteuergesetz 1937[48] eingeführt. Die Arbeitnehmer in der Ostmark waren damit jenen im Altreich steuerlich gleichgestellt.

Bemerkungen zu den sonstigen Steueranpassungen: In den der Ostmark angegliederten ehemaligen tschechoslowakischen Gebieten galt ab 14. 4. 1939 das reichsdeutsche Steuerrecht[49], so dass es ab diesem Zeitpunkt zu den Stammgebieten der ostmärkischen

41 Körperschaftssteuergesetz vom 16. 10. 1934, RGBl. I S. 1031 iF vom 27.08.1936, RGBl. I S 701, vom 25. 7. 1938, RGBl. I S.952, und vom 31. 12. 1940, RGBl. I S. 26 nebst der Ersten KStDVO vom 6. 2. 1935, RGBl. I S. 163, GBl. f. d. Land Oesterr. Nr. 699/38.

42 Vermögenssteuergesetz vom 16.10.1934, RGBl. I S. 1052.

43 Verordnung zum Gesetz über die Weitererhebung der Aufbringungsumlage vom 03.07.1937, RGBl. I S. 765; GBl. f. d. Land Oesterr. Nr. 860/39.

44 Die 7. Steuerüberleitungsverordnung (s. o.) löste die allgemeine Erwerbssteuer ab und führte das reichsdeutsche Gewerbesteuergesetz vom 1. 2. 1936, RGBl. I S. 979, ein.

45 Verordnung zur Feststellung der Einheitswerte vom 28.02.1939, RGBl. I. S. 376, GBl. f. d. Land Oesterr. Nr. 331/39.

46 Einkommensteuergesetz vom 27. 2. 1939, RGBl. I S. 283 bzw. 297, GBl. f. d. Land Oesterr. Nr. 1446/39. Mit der Einführung des EstG 1939 traten dessen Durchführungsbestimmungen, EstDB 1939 und LStDB 1939, in Kraft. Sowohl das EStG 1939 wie das EStG 1938 knüpften an das Reichseinkommensteuergesetz 1934 an. Dieses war grundlegend, denn es enthielt die Systematik des Einkommensteuerrechts. Diese Systematik wurde in den Novellen beibehalten und mit der Rechtsüberleitung 1945 in den österreichischen Rechtsbestand übergeleitet. Vorläufer des REStG 1934 waren das REStG 1925 und REStG 1920. Das REStG 1920 brachte für das Deutsche Reich die Vereinheitlichung der im (föderalen) Deutschen Kaiserreich unterschiedlichen Einkommensteuerrechte. Beispielgebend für das REStG 1920 war das Preußische EStG von 1906, das wiederum auf dem Preuß. EStG von 1891 aufbaute. Siehe bezüglich der Lebensversicherung: L. Schieble (1985), Die Entwicklung der einkommensteuerlichen Behandlung von Lebensversicherungsbeiträgen und -leistungen. In: Der Bundesfinanzhof und seine Rechtsprechung. Grundfragen – Grundlagen. FS für Hugo von Wallis. Bonn. S. 245ff.

47 Wehrsteuergesetz vom 20.07.1937, RGBl. I S. 821.

48 Bürgersteuergesetz vom 20.11.1938, RGBl. I S. 1261 iF vom 31.10.1938, RGBl. I S. 1979.

49 Verordnung vom 23.06.1939, GBl. f. d. Land Oesterr. Nr. 916/39.

Gaue keinen steuerrechtlichen Unterschied mehr gab. Weiters traten 1939 das reichsdeutsche Urkundensteuergesetz 1936[50], das Kapitalverkehrssteuergesetz 1934[51], das Reichsbewertungsgesetz 1934[52], das Bodenschätzungsgesetz 1934[53], das Einführungsgesetz zu den Realsteuergesetzen 1936[54] und das Reichsfluchtsteuergesetz 1931 iF 1937[55] sowie das reichsdeutsche Umsatzsteuergesetz 1934[56] in Geltung. Das Kapitalverkehrssteuergesetz 1934 löste das österreichische Effektenumsatzsteuergesetz aus 1924 und das Valutenumsatzsteuergesetz gleichen Jahres ab. Das Reichsbewertungsgesetz 1934 war für Belehnungen wichtig, denn durch die Einführung des reichsdeutschen Versicherungsaufsichtsgesetzes 1931 stieg die Grenze für Belehnungen von 50 auf 60 % des festgestellten Wertes. Das Reichsfluchtsteuergesetz 1931 iF 1937 gehörte zu den diskriminatorischen Steuervorschriften. Das Umsatzsteuergesetz 1934 verringerte zwar im Vergleich zur österreichischen Warenumsatzsteuer allgemein den Steuersatz, unterwarf aber ärztliche Leistungen und die Umsätze von Arznei- und Heilmitteln der Besteuerung, wenn diese Umsätze nicht Teil der Leistungen von reichsgesetzlichen Versicherungsträgern oder Ersatzkassen waren, sondern privat, so auch von einer privaten Krankenversicherung getragen wurden. Das österreichische Warenumsatzsteuergesetz hatte dagegen alle Leistungen von Trägern der Sozialversicherung wie von privaten Versicherern von der Umsatzsteuer befreit.

Die Feuerwehrbeiträge: Anders als bei den Reichssteuern gelang eine rasche Angleichung der lokalen und regionalen Abgaben nicht. Die österreichischen Feuerwehrbeiträge blieben zunächst bestehen. Der Grund dafür war, dass – ohne Kompensation durch eine andere Abgabe – die Einführung der reichsdeutschen Feuerschutzsteuer den Gauen (Ländern) und Gemeinden beträchtliche Einbußen an Einnahmen beschert hätte. Die reichsdeutsche Feuerschutzsteuer belief sich auf 4 % der Prämien und war nicht überwälzbar. Ab 1. 4. 1941 galt in der Ostmark die reichsdeutsche Grundsteuer. Sie

50 Urkundensteuergesetz vom 05.05.1936, RGBl. I S. 407 und dessen Durchführungsbestimmungen vom 6. 5. 1936, RGBl. I S. 424. Für die Ostmark wurde das Gesetz mit 1.04.1939 durch die Verordnung vom 27. 2. 1939, RGBl. I S.370, in Kraft gesetzt; GBl. f. d. Land Oesterr. Nr. 395/39.

51 Kapitalverkehrssteuergesetz vom 16.10.1934, RGBl. I S. 1058. Es wurde in der Ostmark durch die 8. Steuerüberleitungsverordnung (s. o.) eingeführt.

52 Reichsbewertungsgesetz vom 16. 10. 1934, RGBl. I S. 1035. Es wurde in der Ostmark durch die 16. Steuer_überleitungsverordnung (s. o.) eingeführt.

53 Bodenschätzungsgesetz vom 16. 10. 1934, RGBl. I S. 1050. Es wurde in der Ostmark durch die 16. Steuer_überleitungsverordnung (s. o.) eingeführt.

54 Einführungsgesetz zu den Realsteuergesetzen vom 1. 12. 1936, RGBl. I S. 961. Es wurde in der Ostmark durch die 17. Steuerüberleitungsverordnung (s. o.) eingeführt.

55 Reichsfluchtsteuergesetz vom 8. 12. 1931, RGBl. I S. 699 iF vom 19.12.1937, RGBl. I S. 1385.

56 Umsatzsteuergesetz vom 16. 10. 1934, RGBl. I S. 942. Es galt in der Ostmark bereits ab 1. 5. 1938, denn es war das erste Steuergesetz, das übernommen wurde.

brachte den Kommunen Mehreinnahmen. Damit konnten die Feuerschutzsteuer ab 1. 4. 1942 eingeführt und die Feuerwehrbeiträge aufgelassen werden.[57]

Mit der Übernahme des reichsdeutschen Steuerrechts wurde auch die fiskalische Verwaltungspraxis angepasst. Beispielsweise erhielten von nun an die Unternehmen sogenannte Steuerkalender. Das waren monatliche Zusammenstellungen über die demnächst fällig werdenden wichtigeren Steuern. Diese Praxis setzte der VVO in der Zweiten Republik zunächst fort. Ende der vierziger Jahre wurde diese Serviceleistung eingestellt. Nachstehend werden die Inhalte einiger Steuerkalender wiedergegeben.

Steuerkalender für November 1946

Abgabenart	Abgabenbehörde
Lohnsteuer für Oktober 1946	Betriebsfinanzamt
Umsatzsteuer für Oktober	Betriebsfinanzamt
Vermögenssteuer in Höhe der Hälfte der Jahressteuerschuld	Betriebsfinanzamt
Gewerbesteuervorauszahlung in Höhe der Hälfte der Jahressteuerschuld	Betriebsfinanzamt
Lohnsummensteuer für Oktober	Mag. Bezirksamt
Versicherungs- und Feuerschutzsteuer; monatliche Abschlagszahlung bei verlängertem Abrechnungszeitraum	Betriebsfinanzamt bzw. FA f. Verkehrssteuern
Versicherungs- und Feuerschutzsteuer für Oktober bei ausnahmsweise monatlicher Abrechnung nach dem Prämien-Ist-Betrag	Betriebsfinanzamt bzw. FA f. Verkehrssteuern

Steuerkalender für Dezember 1946

Abgabenart	Abgabenbehörde
Körperschaftssteuervorauszahlung in Höhe eines Viertels der Jahressteuerschuld	Betriebsfinanzamt
Lohnsteuer für November	Betriebsfinanzamt
Umsatzsteuer für November und Rechnungsstempelpauschale für November	Betriebsfinanzamt
Lohnsummensteuer für November	Gemeinde- bzw. Mag. Bezirksamt
Versicherungs- und Feuerschutzsteuer; monatliche Abschlagszahlung bei verlängertem Abrechnungszeitraum	Betriebsfinanzamt bzw. FA f. Verkehrssteuern
Versicherungs- und Feuerschutzsteuer für November bei ausnahmsweise monatlicher Abrechnung nach dem Prämien-Ist-Betrag	Betriebsfinanzamt bzw. FA f. Verkehrssteuern

57 Feuerschutzsteuergesetz vom 1. 2. 1939, RGBl. I S. 113. Verordnung vom 8. 1. 1942 zur Einführung der Feuerschutzsteuer in den Reichsgauen der Ostmark, im Reichsgau Sudetenland, in den in die Länder Preußen und Bayern eingegliederten ehemals sudetendeutschen Gebietsteilen und in den Gemeinden Jungholz und Mittelberg, RGBl. I S. 26.

Steuerkalender für Februar 1947

Abgabenart	Abgabenbehörde
Lohnsteuer für Jänner	Betriebsfinanzamt
Umsatzsteuer einschließlich 10%igen Zuschlag für Rechnungsstempelablöse für Jänner	Betriebsfinanzamt
Gewerbesteuer-Vorauszahlung in Höhe eines Viertels der Jahressteuerschuld	Betriebsfinanzamt
Vermögenssteuer in Höhe eines Viertels der letzten Jahressteuerschuld	Sitzfinanzamt
Aufbringungsumlage in Höhe der Hälfte der Jahressteuerschuld	Betriebsfinanzamt
Grundsteuer in Höhe der Hälfte der letzten Jahressteuerschuld	Gemeinde- bzw. Mag. Bezirksamt
Lohnsummensteuer für Jänner	Gemeinde- bzw. Mag. Bezirksamt
Versicherungs- und Feuerschutzsteuer für Jänner bei ausnahmsweise monatlicher Abrechnung nach dem Prämien-Ist-Betrag	Betriebsfinanzamt bzw. FA f. Verkehrssteuern

Steuerkalender für März 1947

Abgabenart	Abgabenbehörde
Körperschaftssteuervorauszahlung in Höhe eines Viertels der letzten Jahressteuerschuld	Betriebsfinanzamt
Umsatzsteuer, einschließlich des 10 %igen Rechnungsstempelzuschlages für Februar	Betriebsfinanzamt
Lohnsteuer für Februar	Betriebsfinanzamt
Lohnsummensteuer für Feburar	Gemeinde- bzw. Mag. Bezirksamt
Ablieferung der Anzeigen der sühneabgabenpflichtigen Arbeitnehmer durch den Arbeitgeber	Wohnsitzfinanzamt
Ablieferung des Verzeichnisses über die sühneabgabenpflichtigen Arbeitnehmer durch den Arbeitgeber	Betriebsfinanzamt
Letzter Abgabetermin für die Vermögenssteuererklärung 1946	Betriebsfinanzamt
Versicherungs- und Feuerschutzsteuer für Feber bei ausnahmsweiser monatlicher Abrechnung nach dem Prämien-Ist-Betrag	Betriebsfinanzamt bzw. FA f. Verkehrssteuern

Steuerkalender für April 1947

Abgabenart	Abgabenbehörde
Lohnsteuer für März	Betriebsfinanzamt
Sühnezuschlag zur Lohnsteuer für März	Betriebsfinanzamt
Umsatzsteuer, einschließlich des 10 %igen Rechnungsstempelzuschlages für März	Betriebsfinanzamt
Lohnsummensteuer für März	Gemeinde- bzw. Mag. Bezirksamt
Versicherungs- und Feuerschutzsteuer, monatliche Abschlagszahlung bei verlängertem Abrechnungszeitraum	Betriebsfinanzamt bzw. FA f. Verkehrssteuern
Versicherungs- und Feuerschutzsteuer für März bei ausnahmsweise monatlicher Abrechnung nach dem Prämien-Ist-Betrag	Betriebsfinanzamt bzw. FA f. Verkehrssteuern

Steuerkalender für Dezember 1947

Abgabenart	Abgabenbehörde
Körperschaftssteuervorauszahlung in Höhe eines Viertels der Jahressteuerschuld	Betriebsfinanzamt
Lohnsteuer für November	Betriebsfinanzamt
Sühnezuschlag zur Lohnsteuer für November	Betriebsfinanzamt
Umsatzsteuer, einschließlich des 10 %igen Rechnungsstempelzuschlages für November	Betriebsfinanzamt
Lohnsummensteuer für November	Gemeinde- bzw. Mag. Bezirksamt
Versicherungs- und Feuerschutzsteuer, monatliche Abschlagszahlung bei verlängertem Abrechnungszeitraum	Betriebsfinanzamt bzw. FA f. Verkehrssteuern
Versicherungs- und Feuerschutzsteuer für Oktober bei ausnahmsweiser monatlicher Abrechnung nach dem Prämien-Ist-Betrag	Betriebsfinanzamt bzw. FA f. Verkehrssteuern

Quelle: Archiv des VVO, Ausgangsbücher (laufende Folge).

2.2 Die Weitergeltung des reichsdeutschen Steuerrechts in der 1945 wieder errichteten Republik Österreich

Gemäß Rechts-Überleitungsgesetz 1945[58] wurden – nur – jene Gesetze und Verordnungen, die nach dem 13. 3. 1938 erlassen worden waren, aufgehoben, welche mit dem Bestand eines freien und unabhängigen Staates Österreich oder mit den Grundsätzen einer echten Demokratie unvereinbar waren und die dem Rechtsempfinden des österreichischen Volkes widersprachen oder typisches Gedankengut des Nationalsozialismus enthielten. Alle übrigen nach dem Anschluss erlassenen Rechtsnormen galten – vorläufig – weiter (§ 2 R.-ÜG.). Das hieß, dass das nach 1938 eingeführte reichsdeutsche Steuerrecht weiter galt. Nur der diskriminatorische Teil des nationalsozialistischen (reichsdeutschen) Steuerrechts wurde aufgehoben. Das R.-ÜG trat rückwirkend mit 10. 4. 1945 in Kraft. Reichsdeutsche Rechtsakte, zum Beispiel Steuerbescheide, welche vor diesem Zeitpunkt zustande gekommen waren, behielten ihre Gültigkeit. Das galt auch für Steuerzahlungen, welche vor diesem Zeitpunkt an die Finanzämter entrichtet worden waren. Die Rechtsüberleitung bedeutete zugleich, dass die steuerrechtliche Praxis und die bis zum 10. 4. 1945 ergangene reichsrechtliche Judikatur, so etwa die Entscheidungen des Reichsfinanzhofes, weiterhin maßgeblich war.

58 Verfassungsgesetz vom 1. 5. 1945 über die Wiederherstellung des Rechtslebens in Österreich (Rechts-Überleitungsgesetz – R.-ÜG.), StGBl. Nr. 6/1945.

Die Geschehnisse ab April 1945[59] lassen sich zu vier Bereichen zusammenfassen:[60]

(i) Beseitigung des diskriminatorischen Teils des Steuerrechts,
(ii) Erlassung unmittelbar erforderlicher Übergangsbestimmungen zur Sicherung der materiellen Kontinuität,[61]
(iii) Novellierungen des übergeleiteten Steuerrechts und
(iv) Vorbereitung einer vollständig neuen Finanzverfassung.

Was den vierten Bereich (iv) anbelangt, empfiehlt es sich, zwischen einer Finanzverfassung im engeren bzw. eigentlichen Sinn und einer Finanzverfassung im weiteren Sinn zu unterscheiden, so wie dies ein finanzsoziologisches Verständnis von Staat bzw. Fiskus und Gesellschaft nahe legt. Die Aufteilung der finanzwirtschaftlichen Aufgaben, vor allem aber der Steuereinnahmen, also der Finanzausgleich zwischen den Gebietskörperschaften fand bald eine Regelung: das Finanz-Verfassungsgesetz 1948, BGBl. 45/1948. Die Finanzverfassung im engeren Sinn war damit gegeben. Der Übergang zu einer weitgehend neuen, allenfalls erneuerten finanziellen Ordnung des Staates, also eine Finanzverfassung im weiteren Sinn, ließ dagegen auf sich warten. Wie sich im Laufe der Zeit erwies, waren praktisch nur Teillösungen möglich, indem für wichtige Materien neue Gesetze verabschiedet wurden, die jedoch an die bisherigen Regelungen anschlossen. Der Anspruch, dem „Neuen Österreich" auch eine neue Finanzverfassung (i. w. S.) zu geben, wurde nicht verwirklicht.

Der materiellen Kontinuität (ii) wurde vor allem durch nachstehende Gesetze gedient:

- Weitergeltungsgesetz, StGBl. 12/1945,
- Steuerübergangsgesetz, StGBl. 38/1945,
- Lohnsummensteuergesetz, StGBl. 39/1945,

---

59 Die provisorische Staatsregierung in Wien nahm noch vor der Kapitulation des Deutschen Reiches am 7. 5.1945 ihre Geschäfte auf.

60 Siehe dazu u. a.: J. Ranner (1945), Die steuerlichen Übergangsbestimmungen in Österreich. Wien. E. Fritsch (1946), op. cit. V. Exinger (1949), The Development of the Austrian Fiscal Law Since April 1945 To April 1948. In: Bulletin for International Fiscal Documentation, Vol. III 1949. Pp. 219.

61 Die materielle Kontinuität im rechtlichen Sinn muss vor dem ordnungspolitischen Hintergrund gesehen werden, dass Österreich 1945 das kriegswirtschaftliche Lenkungssystem des Dritten Reiches übernahm. Damit galten u. a. Preisregelungen und die Bewirtschaftung knapper Güter weiter. Erst nach und nach wurde vom nationalsozialistischen Wirtschaftssystem abgegangen. Dieser Prozess wurde als „Gradualismus" bezeichnet. Näheres dazu bei H. Seidel (2005), S. 62ff.H. Seidel (2005), Österreichs Wirtschaft und Wirtschaftspolitik nach dem Zweiten Weltkrieg. Wien.

- Gesetz zur Wiedereinführung der Kapitalverkehrssteuern, StGBl. 99/1945, und
- Aufbauzuschlagsgesetz, StGBl. 100/1945.

Dazu kam die Tatsache, dass viele Unternehmen um Fristerstreckungen für ihre Abgabeerklärungen einkamen. In der Versicherungswirtschaft erledigte der Verband dann die Ansuchen um Fristerstreckung, wenn davon praktisch alle Versicherer betroffen waren. Auch die Bundeskammer wurde tätig, indem sie fallweise für sämtliche Geld- und Kreditinstitute einschließlich der Versicherungsunternehmen um Erstreckung der Fristen für die Körperschafts- und die Vermögenssteuer ersuchte.[62] Im Laufe der Zeit entstanden ganze Ketten von revolvierenden Ansuchen und Bewilligungen.[63] Steuern versuchte der Fiskus trotzdem zu kassieren. Das geschah in Form von Abschlags- und vor allem in Form von Vorauszahlungen auf eine vorerst nicht genau bestimmte bzw. bestimmbare Steuerschuldigkeit.

Das erste diesbezügliche Ansuchen, das in den Akten vorhanden ist, stammt vom 12. 1. 1946. Bereits vorher, im Frühjahr 1945, hatte der Verband eine Eingabe um Stundung der Abschlagszahlungen auf die Versicherungs- und die Feuerschutzsteuer beim zuständigen Finanzamt eingebracht.[64] Der Eingabe war am 30. Mai 1945 entsprochen worden. Im Ansuchen vom 12. 1. 1946 wurde um eine Fristerstreckung bis 30. 4. 1946 für die Abrechnung der Versicherungs- und der Feuerschutzsteuer gebeten. Dem Ansuchen wurde stattgegeben.[65] Doch diese Fristerstreckung reichte nicht. Deshalb wurde erneut angesucht.

Im Ansuchen vom 06.04.1946 um Verlängerung der gewährten Fristerstreckung hieß es u. a.: „… Wir sind nunmehr genötigt, namens der Verbandsgesellschaften die Bitte um eine weitere Verlängerung dieser Frist bis 30. September 1946 zu stellen. Wir begründen …: Die in unserer Eingabe vom 9. Jänner 1946 angeführten Verhältnisse haben

62 Archiv des VVO. Ausgangsbuch 1949. Oktober, November, Dezember. Ausg. Nr. 1119/49.

63 Zum Beispiel heißt es dazu im Rundschreiben vom 17.01.1950 des VVO: „In Verfolg unseres Rundschreibens vom … beehren wir uns mitzuteilen, dass die Finanzlandesdirektion für Wien, Niederösterreich und das Burgenland mit Erlass vom … den im Verband zusammengeschlossenen im Inlande zum Geschäftsbetrieb zugelassenen Versicherungsunternehmungen die Frist zur Abgabe der Steuererklärungen für die Jahre 1945, 1946, 1947 und 1948 bis 31. März 1950 erstreckt hat.“ Archiv des VVO. Ausgangsbuch 1950. Jänner, Februar, März. Ausg. Nr. 45/50.

64 Archiv des VVO. Vorstandsprotokoll Nr. 2 vom 07.06.1945. TO.-Pkt. I „Überblick über die seit der letzten Vorstandssitzung unternommenen Aktionen“, 3. Absatz.

65 Ansuchen vom 12. 1. 1946 „um Erstreckung der Frist für die Abrechnung der Versicherungssteuern und der Feuerschutzsteuern bis 30. April 1946“. Op. cit. Dem Ansuchen wurde mit Erlass vom 25. 1. 1946, Zl. G 664, des Finanzamtes für Verkehrssteuern entsprochen. Der Verband unterrichtete davon seine Mitgliedsunternehmen mit Rundschreiben vom 1. 2. 1946. Archiv des VVO. Ausgangsbuch 1946, Jänner, Februar, März. Ausg. Nr. 128/46.

sich in der Zwischenzeit nicht wesentlich gebessert und bestehen die Hindernisse für die Durchführung der erforderlichen Arbeiten nach wie vor. Insbesondere die Beschaffung des Materials von den jenseits der Demarkationslinien gelegenen Filialen und Geschäftsstellen geht nur äußerst schleppend, unregelmäßig und mit großen Verzögerungen vor sich. Dazu kommt das besonders schwierige Problem der Storni. Die räumliche Ausdehnung des österreichischen Geschäfts steht nämlich noch nicht fest; wiewohl anzunehmen ist, daß den österreichischen Gesellschaften die Weiterarbeit in den nunmehr der Tschechoslowakei und Jugoslawien zugehörigen vormals deutschen Staatsgebieten nicht möglich sein wird, sind doch noch alle näheren Anordnungen bezüglich dieser Geschäftsstöcke ausständig und begegnet deren rechnungsmäßige Behandlung Schwierigkeiten aller Art. Auch die durch den Krieg und Nachkriegserscheinungen hervorgerufene Bewegung innerhalb der Bevölkerung läßt den Weiterbestand zahlreicher Versicherungsverträge fraglich erscheinen. Wir hoffen zur wenigstens vorläufigen Klärung der angedeuteten Probleme im Laufe der nächsten Monate gelangen … zu können …“[66] Das Finanzamt für Verkehrssteuern genehmigte am 15. April 1946 die Fristerstreckung, stellte jedoch die Bedingung, dass die Unternehmen bis 3. Mai 1946 Anzahlungen auf die zu gewärtigenden Abschlusszahlungen leisteten. Anzahlungen konnten unterbleiben, „wenn durch die bisherigen Abschlagszahlungen die auf den Abrechnungszeitraum entfallende Versicherungssteuer- bzw. Feuerschutzsteuerschuldigkeit voraussichtlich gedeckt erscheint“.[67]

Ähnlich wie der Versicherungs- und der Feuerschutzsteuer war die Lage bei den anderen Abgaben. Hinsichtlich der Steuererklärungen für 1945 informierte am 27. Juni 1946 der Verband seine Mitgliedsunternehmen, dass er beim Finanzamt für Körperschaften um Fristerstreckung angesucht habe: „Im Vollmachtsnamen sämtlicher Mitgliedsunternehmungen erstattet der … Verband hiemit vorsorglich die Anzeige, daß infolge durch die Kriegsereignisse hervorgerufener Bewertungsschwierigkeiten die Verbandsgesellschaften erst bis 30. September 1946 in der Lage sein werden, die Einkommensteuer-, Körperschaftssteuer-, Gewerbesteuer- und Umsatzsteuererklärungen abzugeben. Diese Erklärung berührt nicht die seitens einiger Mitgliedsgesellschaften bereits erstatteten Anzeigen in diesem Sinne und erfolgt unpräjudizierlich der Frage der Steuerpflicht für jene Niederlassungen ausländischer Unternehmungen, bei denen eine solche zweifelhaft sein könnte.“[68]

Dieses Verbandsschreiben offenbart mehr an Zeitgeist, als auf den ersten Blick auffällt. Der Verband ging davon aus, dass innerhalb kurzer Zeit über heikle Bewertungsfragen

66 Archiv des VVO. Ausgangsbuch 1946, April, Mai, Juni. Ausg. Nr. 343/46.
67 Archiv des VVO. Ausgangsbuch 1946, April, Mai, Juni. Ausg. Nr. 404/46.
68 Archiv des VVO. Ausgangsbuch 1946, April, Mai, Juni. Ausg. Nr. 759/46.

und die Frage der Steuerpflicht von Zweigniederlassungen ausländischer, also auch deutscher Unternehmen entschieden sein wird. Ein derartiges Entscheidungstempo war im NS-Staat möglich und üblich, denn die Entscheidungsgewalt lag bei einem „Führer"; also einem monokratischen, autoritär agierenden Staatsorgan. Dazu kam, dass Entscheidungen, i. e. Befehle, vor allem einmal auszuführen waren. Anstatt einer raschen Entscheidung, zog sich die Lösung der im Verbandsschreiben angeschnittenen Fragen in die Länge.

Zu einer raschen Lösung der Bewertungsfragen kam es nicht. Die Angelegenheit sollte sich bis zum Abschluss des Staatsvertrages hinziehen. Fristerstreckungen und Sistierung der Rechnungslegung (s. u.) gingen in einander über.[69] Als am 13. Juli 1946 das Bundesministerium für Finanzen einen Erlass über vorläufige Richtlinien für die Bewertung von Forderungen und Wertpapieren in den Bilanzen 1945, Zl. 62755-8/46, herausgab, schloss das Rundschreiben des Verbandes mit welchem die Mitgliedsunternehmen über den Erlass informiert wurden, mit den Worten: „Voraussichtlich darf mit einer weiteren Erstreckung des Termins zur Abgabe der Steuererklärung zur Schilling-Eröffnungsbilanz gerechnet werden. Für Versicherungsanstalten kommt eine Bilanzierung gegenwärtig nicht in Betracht; vielmehr ist allgemein von der Fristerstreckung bis zur Schilling-Eröffnungsbilanz Gebrauch zu machen."[70]

Die Übergangsbestimmungen und die Fristerstreckungen verhinderten ein größeres fiskalisches Chaos. Doch trotz aller bürokratischen Kontinuität war die Unsicherheit groß. Beispielsweise berichtete der Vorsitzende der Sektion Lebens- und Krankenversicherung des VVO, Dir. A. Rawitz, auf der Sitzung vom 2. 10. 1945 des Ausschusses der Sektion, dass der Leiter der Versicherungsaufsichtsbehörde, MinRat Dr. Skrobanek, den Verband gebeten habe, „... jedwede Vorschläge oder Ideen, die sich auf die Sanierung des österreichischen Versicherungswesens beziehen, ungesäumt und rückhaltslos dem Aufsichtsamte zur Kenntnis zu bringen. Die Aufsichtsbehörde trägt sich im übrigen mit dem Gedanken, daß unter Umständen die Kriegsumlage weiter eingehoben wird und die Eingänge aus der Versicherungssteuer auf eine gewisse Zeit hindurch den Gesellschaften zur Verfügung gestellt werden ..."[71]

---

69 Das kam auch im Rundschreiben vom 30.12.1949 des Verbandes zum Ausdruck. Dort hieß es u. a.: „... Die Frist wird für Unternehmungen, die derzeit noch keine endgültige Bilanz erstellen können, allgemein bis 30. Juni 1950 erstreckt." Archiv des VVO. Ausgangsbuch 1949. Oktober, November, Dezember. Ausg. Nr. 1322/49.

70 Archiv des VVO. Ausgangsbuch 1946, Juli, August, September, Mai/Juni. Ausg. Nr. 985/46.

71 Niederschrift über die am 2. Oktober 1945 stattgefundene Sitzung des Ausschusses der Sektion Lebens- und Krankenversicherung. Verband der Versicherungsanstalten Österreichs. Wien. Archiv des VVO. Ausgangsbuch 1945.

Das WEITERGELTUNGSGESETZ vom 28. Mai 1945 bestimmte in § 1, dass bis zur Schaffung eines österreichischen Abgabenrechts vorläufig die Vorschriften des deutschen Reichsrechtes anzuwenden sind, sofern sie nicht (ausdrücklich) aufgehoben oder abgeändert wurden. Es konkretisierte damit das Rechts-Überleitungsgesetz 1945. § 2 des Weitergeltungsgesetzes hob u. a. das reichsdeutsche Steueranpassungsgesetz 1934 auf. Mit diesem Gesetz waren – wie erwähnt – die diskriminatorischen Steuervorschriften und die Regel eingeführt worden, dass die Steuergesetze und -praxis nach nationalsozialistischer Weltanschauung zu handhaben sind. Die ersatzlose Aufhebung dieser Bestimmung, führte zur Frage, nach welchen Auslegungsregeln denn hinfort die Abgaben zu erheben seien? Die unmittelbare Folge des Mangels einer österreichischen Besteuerungspraxis – exakter: einer demokratischen österreichischen Steuerkultur – war Rechtsunsicherheit und eine abweichende Entscheidungspraxis der Finanzbehörden. Unter dieser Uneinheitlichkeit litten die Versicherungsunternehmen bis in die 60er Jahre.[72] In § 3 wurde angeordnet, dass die Vorauszahlungen auf die Umsatzsteuer und auf die von den Unternehmen einbehaltene Lohnsteuer vom April 1945 an monatlich zu leisten seien.

Das STEUERÜBERGANGSGESETZ vom 2. Juli 1945 galt zunächst nur in dem russisch besetzten Teil Österreichs (Wien, Niederösterreich und der Steiermark, bevor diese britische Zone wurde). In Westösterreich kam es erst nach Anerkennung der Staatsregierung Dr. Renner durch die Westalliierten zur Geltung.[73] Die Finanzämter in Ost- und in Westösterreich wendeten also vorübergehend unterschiedliches Recht an. Da die meisten Versicherungsunternehmen ihren Sitz in Wien hatten, galt für sie dieses Gesetz, auch wenn sie einen Teil ihres Geschäftes in Westösterreich hatten.

Das Steuerübergangsgesetz 1945 ist die für das Verständnis der Probleme der Weitergeltung des reichsdeutschen Steuergesetzes maßgebliche Norm. In diesem Gesetz äußerte sich bereits die Zwiespältigkeit der wieder errichteten Republik: einerseits Opfer des NS-Regimes gewesen zu sein und andererseits faktisch – aus den Sachzwängen der Situation heraus – der Rechtsnachfolger dieses Regimes sein zu müssen (ohne dies völker- und staatsrechtlich zu sein bzw. zu wollen).

---

72 Unterlage für die Besprechung bei der Versicherungsaufsichtsbehörde am 11. Jänner 1961. GZ. 5.439-19/61. Archiv der Republik – BMF, Versicherungsaufsicht, G.Z. 67. Verband der Versicherungsanstalten Österreichs 1951–1963. Karton 154. Wien.

73 Die Provisorische Staatsregierung wurde offiziell am 20.10.1945 von allen Alliierten anerkannt. Zufolge des Abkommens vom 9. Juli 1945 zwischen den Alliierten Mächten über die Aufteilung Österreichs in Besatzungszonen zogen sich die Sowjets aus der Steiermark zurück. Sie wurde Teil der britischen Besatzungszone. Die Britische Militärregierung für Österreich duldete die Weitergeltung des Steuerübergangsgesetzes bis zur offiziellen Anerkennung der provisorischen Staatsregierung.

§ 1 bestimmte, dass die Einkommensteuer, die Körperschaftssteuer, die Gewerbesteuer und die Umsatzsteuer für das Kalenderjahr 1944 und für das erste Kalendervierteljahr 1945 durch die Vorauszahlungen für diese Zeiträume abgegolten sind. In § 2 (1) hieß es weiter, dass hinsichtlich der in § 1 genannten Steuern für 1944 eine Veranlagung zu unterbleiben habe. In den Absätzen (2) und (3) wurden Regelungen für 1945 getroffen. Einkommensteuer, Körperschaftssteuer und Gewerbesteuer wurden mit drei Vierteln des auf das ganze Jahr entfallenden Steuerbetrages veranlagt. Die Umsatzsteuer wurde ab 1. April 1945 eingehoben. § 3 sah vor, dass noch nicht an den Reichsfiskus geleistete Vorauszahlungen der österreichischen Finanz nachzuzahlen waren. Gestundete Beträge konnten dann von den österreichisch gewordenen Finanzämtern herabgesetzt werden, wenn der Steuerpflichtige nachwies, dass die gestundeten Vorauszahlungen höher gewesen wären als jene Steuerschuld, welche sich bei einer Veranlagung ergeben hätte.

Die obigen Regelungen bedeuteten, dass durch den Entfall einer Veranlagung für 1944 und das erste Quartal 1945 weder Abschlusszahlungen einzuheben noch Steuerguthaben zu erstatten waren. Die Vorauszahlungen, egal ob an den Reichsfiskus oder die österreichische Finanz, waren als endgültige Besteuerung anzuerkennen. Der wirtschaftliche Hintergrund dieser Regelung ist darin zu sehen, dass ab 1944 die wirtschaftliche Aktivität und damit Einkommen, Gewinne usw. zurückgingen, jedoch sich die steuerlichen Vorauszahlungen nach den Geschäftsergebnissen der Vorjahre (zumeist 1943) bemaßen. Eine Veranlagung für 1944 und das erste Quartal 1945 hätte beträchtliche Steuerguthaben ergeben. Diese wären den Steuerpflichtigen zugestanden, obwohl sie als Vorauszahlungen bereits vom Reichsfiskus verbraucht worden waren. Aber das war nicht das einzige Problem. Die Republik war bemüht durch die Währungsschutzgesetze den Geldüberhang an Reichsmark abzuschöpfen. Eine Anerkennung beträchtlicher Steuerguthaben, hätte dieses Ziel konterkariert.

Die Tücken des Steuerüberganges lagen im Detail. Es erging so mancher gesetzeswidrige Steuerbescheid. Allein die Tatsache, dass unterbliebene Vorauszahlungen von der Finanz nachgefordert wurden, oder der Umstand, dass ein Steuerbescheid für 1943, der 1945 erging, den Unterschiedsbetrag zwischen den für 1944 und I/1945 gesetzeskonform geleisteten Vorauszahlungen und der Steuer für 1943 einforderte, war Anlass für Unmut der Steuerpflichtigen und Interventionen von Interessenvertretungen. Beispielsweise begrüßte der VVO den Antrag der Kammer für Handel, Gewerbe, Industrie, Geld- und Kreditwesen für Wien an das Bundesministerium für Finanzen den Erlass vom 13. März 1946 der Finanzlandesdirektion für Wien, Niederösterreich und das Burgenland im Betreff „Rückerstattung von Steuerüberzahlungen" aufzuheben. In seiner Stellungnahme vom 3. Mai 1946 zur Intervention der Kammer formulierte der Verband vorsichtig, „dass die Republik Österreich nicht Gesamtrechtsnachfolger nach dem Deutschen Reich ist, dürfte einzuräumen sein; …“. Doch: „… eine Einzelrechtsnachfolge auf … Teilgebieten erfolgt schon völkerrechtlich aus der Übernahme eines bestimmten begrenzten Staatsgebietes und der Mitübernahme gewisser bestehender Einrichtungen … der Okkupationsmacht bei Wiederherstellung der früheren staatlichen Selbständigkeit.“ Die Stellungnahme schloss mit den Worten: „Eine einseitige Rechtsnachfolge nur in Aktiva ohne Übernahme der Passiva ist auf keinen Fall angängig.“[74, 75] Mit dieser Rechtsansicht setzte sich der Verband auch durch als sich 1946 die Finanz zunächst weigerte 1944 erfolgte Überzahlungen an Versicherungssteuer rückzuerstatten. Guthaben aus der Zeit des Dritten Reiches wurden auf die Steuerverbindlichkeiten nach dem Krieg angerechnet.[76, 77]

In § 4 des Steuerübergangsgesetzes werden die ab dem Kalenderjahr 1945 aufgehobenen Vorschriften genannt. Es sind das: Die §§ 1 bis 4 der Steuervereinfachungsverordnung vom 14. September 1944, RGBl. I S. 202, Abschnitt II der Verordnung über die Änderung von Steuergesetzen (Steueränderungsverordnung) vom 20. August 1941, RGBl. I S. 510, und die Verordnung über Bewertungsfreiheit und Aufbaurücklage im Reichsgau

---

74 Archiv des VVO. Ausgangsbuch 1946, April, Mai Juni. Ausg. Nr. 448/46.

75 Die wieder errichtete Republik verstand sich nicht als (Gesamt)Rechtsnachfolgerin des Dritten Reiches. Im Gegenteil: Die Staats- und später die Bundesregierung kultivierte die „Opferthese“, welche sich auf die Moskauer Deklaration vom 30.10.1943 stützt.[(i)] Danach ist Österreich das erste freie Land gewesen, das der typischen Angriffspolitik Hitlers zum Opfer gefallen ist. Die Opferthese und die Ablehnung einer Gesamtrechtsnachfolge bei gleichzeitiger materieller Kontinuität führte zu vielfältigen inhaltlichen Widersprüchen. Zur Jahrhundertwende vom 20. zum 21. Jahrhundert eskalierte die zeitgeschichtliche Debatte. Der Opferthese wurde die Täterrolle Österreichs als eines hauptverantwortlichen Teiles des Dritten Reiches für dessen Unrecht und dessen Greuel gegenübergestellt.[(ii)]

[(i)] Zur Moskauer Deklaration siehe:

G. Stourzh (1998), Um Einheit und Freiheit. Staatsvertrag, Neutralität und das Ende der Ost-West-Besetzung Österreichs 1945–1955. 4. Aufl. Wien etc. S. 607ff.

[(ii)] Staats- und völkerrechtlich ist die Täterrolle Österreichs nicht haltbar, denn während des Dritten Reiches war die Republik kein handlungsfähiges Rechtssubjekt. Anders liegen die Dinge in kultur- und geistesgeschichtlicher Sicht. Wesentliche Teile der nationalsozialistischen Weltanschauung waren „Wiener Provenienz“.

76 Archiv des VVO. Ausgangsbuch 1946, Oktober, November, Dezember. Ausg. Nr. 1465/46.

77 Die Frage der Rechtsnachfolge wurde ein Dauerproblem der wieder errichteten Republik. Ein Problem, das sich auf den unterschiedlichsten Gebieten auftat und mitunter zu widersprüchlichen Lösungen – oder besser Halblösungen und Dauerprovisorien – führte, die jahrzehntelang nachwirkten. Beispielsweise war nach dem Anschluss ein Teil der österreichischen Staatsschuld in die Reichsanleihe 1938/II eingebracht worden. Wurde die Kontinuität mit dem Staat vor dem Anschluss betont, wäre nahe gelegen, dass die wieder errichtete Republik auch für dessen Staatsschuld eingetreten wäre. Doch das wollte das offizielle Österreich nicht und lehnte daher die Haftung für die Reichsanleihe 1938/II ab, was einer „billigen“ Entschuldung gleichkam. Der Verband sprach sich entschieden gegen diese Absicht der Republik aus. Siehe dazu die Korrespondenz „Begutachtung der mit der Behandlung der deutschen Reichsanleihen 1938/II durch den österreichischen Staat zusammenhängenden Rechtsfragen“. Archiv des VVO. Ausgangsbuch 1949, Oktober, November, Dezember. Ausg. Nr. 1005/49 und Ausgangsbuch 1950, April, Mai, Juni. Ausg. Nr. 604/50.

Sudetenland und in den Reichsgauen der Ostmark (BAV) vom 21. Jänner 1941, RGBl. I S. 42.

Die Steuervereinfachungsverordnung war eine kriegswirtschaftliche Maßnahme. Sie hatte für die Versicherungswirtschaft kaum Bedeutung. Die Vereinfachung bestand darin, dass für kleinere Einkommen (bis RM 12.000,–) die Einkommen-, Körperschafts- und Gewerbesteuer in Höhe der Beträge für 1943 gleichsam erstarrte.[78]

Laut Steueränderungsverordnung blieb die Hälfte des nicht entnommenen Gewinns, allerdings beschränkt mit höchstens 10 % des gesamten Gewinns, einkommensteuerfrei. Wirksam wurde – wie erwähnt – die Aufhebung dieser Bestimmung erst ab dem Kalenderjahr 1945. Sie war nicht rückwirkend anzuwenden.

Bei der Verordnung über Bewertungsfreiheit und Aufbaurücklage handelte es sich um fiskalische Begünstigungen in einzelnen Reichsgauen. Sie war unter der Bezeichnung „Oststeuerhilfe" bekannt geworden und vom Staatssekretär im Finanzministerium Fritz Reinhardt eingeführt worden, der jedoch später bemüht war, die Begünstigungen wieder zurückzunehmen. Beispielsweise konnten angeschaffte Güter auf das Sonderkonto „Bewertungsfreie Wirtschaftsgüter" gebucht werden, um später steuerbegünstigt abgeschrieben zu werden. Eine Aufbaurücklage war 1945 aufzulösen; das wirkte gewinnsteigernd bzw. verlustmindernd. Den Steuerpflichtigen sagte die Abschaffung der „Oststeuerhilfe" nicht zu.[79]

Das Lohnsummensteuergesetz vom 2. Juli 1945 brachte, so wie bei der Lohnsteuer und der Umsatzsteuer, den Übergang zur monatlichen Entrichtung und hob die vierteljährlichen Zahlungen auf.

Die Wiedereinführung der Kapitalverkehrssteuern erhöhte die Steuerlast. In der Steuervereinfachungsverordnung vom 14. September 1944, RGBl. I S. 202, war das Kapitalverkehrssteuergesetz vom 16. Oktober 1934, RGBl. I S. 1.058, außer Kraft gesetzt worden. Nunmehr waren die Kapitalverkehrssteuern wieder einzuheben. Es handelte sich dabei um die zweiprozentige Gesellschaftssteuer, welche bei der Gründung und Erweiterung von Kapitalgesellschaften zu entrichten war, um die Wertpapiersteuer, zu entrichten bei der Ausgabe von schuldrechtlichen Wertpapieren, und um die Börsenumsatzsteuer. Das Aufkommen dieser drei Steuern war stark zurückgegangen, denn der Krieg hatte den deutschen Kapitalmarkt nach und nach zum Erliegen gebracht.

78 Die abgabenseitige „Erstarrung" (das war ein Fachausdruck) muss vor dem Hintergrund gesehen werden, dass in der zweiten Hälfte des Zweiten Weltkrieges das Reich nicht mehr jährlich neu budgetierte, sondern den Reichshaushalt für 1943 – wie bei einem Budgetprovisorium – für die Folgejahre fortschrieb. Finanzsoziologisch besehen war das ein Hinweis auf den beginnenden Niedergang des Dritten Reiches.

79 Siehe dazu E. Fritsch (1946), op. cit. S. 52.

Im Aufbauzuschlagsgesetz vom 3. August 1945 wurde eine kriegswirtschaftliche Maßnahme fortgeführt. Sie bekam nur einen zeitgerechten Namen. Das Deutsche Reich hatte (zur Kriegsfinanzierung) eine Reihe von Steuern erhöht. Es wurden beibehalten: die „Kriegs"zuschläge zur Einkommensteuer,[80] auf Bier und Tabakwaren, auf Branntweinerzeugnisse und auf Schaumwein, sowie der „Kriegs"zuschlag zur Körperschaftssteuer. Letzterer, er betraf auch die Versicherungsunternehmen, war durch die Verordnung über die Erfassung außergewöhnlicher Gewinnsteigerungen während des Krieges (Gewinnabführungsverordnung – GAV) vom 31. März 1942, RGBl. I S. 162, eingeführt worden.

3. Die Austrifizierung des Steuerrechts

Der dritte Bereich in den Geschehnissen nach dem April 1945, die Novellierungen des übergeleiteten Steuerrechts, machte sich in der Versicherungswirtschaft in mehr oder minder wohl überlegten steuerpolitischen Initiativen bemerkbar. Oft waren die Sachzwänge des Augenblicks maßgebend. So manche Initiative blieb stecken. Der dritte Bereich setzte etwa um die Jahreswende 1945/1946 ein.

Fast zeitgleich hätte der vierte Bereich, die Vorbereitung einer vollständig neuen Finanzverfassung (i. w. S.) beginnen müssen. Eine Voraussetzung, eine solche Neuordnung umzusetzen, war allerdings der Abschluss des Staatsvertrages.[81] Zunächst glaubte man, dieser Vertrag käme bald. Die Versicherungswirtschaft war in die Vorbereitung der Staatsvertragsverhandlungen durch ihren Verband eingebunden, an den sich die Aufsichtsbehörde gewandt hatte. So liefen mehrere Entwicklungen neben einander ab: Bereich (iii) und Bereich (iv) sowie die Staatsvertragsverhandlungen.

Die Staatsvertragsverhandlungen zogen sich in die Länge. Damit verlor die Vorbereitung einer neuen Finanzverfassung (i. w. S.) an Aktualität. Dieser Umstand bedeutete, daß viele reichsrechtlichen Vorschriften, nicht zuletzt jene zur Unternehmensbesteuerung länger in Geltung blieben als ursprünglich angenommen worden war. An die Stelle einer Finanzverfassung des „Neuen Österreich" traten Einzellösungen. Wichtige Materien wie etwa das Einkommensteuerrecht, die Unternehmensbesteuerung oder das Umsatzsteuerrecht wurden in eigenen Gesetzen geregelt, welche die Rechtsmaterie sprachlich austrifizierten und aktuellen Entwicklungen anpassten, ohne das Recht und dessen

80 Der Kriegszuschlag zur Einkommensteuer erhöhte die Steuersätze (nach § 34 Abs. 1 EStG in der damaligen Fassung) auf 12 bis 39,5 Prozent. Im Steuersenkungsgesetz 1949 wurden sie ab 01.01.1950 auf 10 bis 25 Prozent gesenkt. Archiv des VVO. Ausgangsbuch 1950, Oktober, November, Dezember. Ausg. Nr. 1229/50.

81 „But a codified publication of the new fiscal system can only be expected when the political and economical conditions of Austria (State Treaty!) will be fully consolidated." V. Exinger (1949), op. cit. P. 232.

Dogmatik meritorisch zu ändern.[82] Vom Stufenbau der Rechtsordnung aus betrachtet, erfolgte die Umgestaltung des Steuerrechts auf der mittleren normativen Ebene.

3.1 Erste steuerpolitische Initiativen des Verbandes der Versicherungsanstalten Österreichs und das Dauerthema „Steuerreform"

3.3.1 Die ersten Initiativen und die Einrichtung eines Komitees für Steuerfragen

Am 23. 1. 1946 lancierte der Verband sein – wahrscheinlich erstes – steuerpolitisches Anliegen. Er trat für die Wiedereinführung der österreichischen Feuerwehrbeiträge als Zuschläge zur Feuerversicherungsprämie ein. Die Zuschläge sollten von den Versicherungsnehmern getragen werden. Die 1942 eingeführte Feuerschutzsteuer – die von den Versicherern zu tragen war – sollte entfallen. Sein Anliegen begründete der Verband einerseits mit der damaligen Lage der Vertragsversicherung und andererseits mit dem Missstand einer Doppelbesteuerung. 1940 war bei der Einführung der reichsdeutschen Grundsteuer ein Zuschlag für die Kosten des Feuerlöschwesens einkalkuliert worden. Somit seien für denselben Zweck mehrfach Abgaben eingehoben worden.[83]

Dass Steuerfragen bereits zum Jahreswechsel 1945/46 für die Assekuranz erhöhte Bedeutung erlangt hatten, kommt darin zum Ausdruck, dass der Vorstand des Verbandes auf seiner Sitzung vom 14. 2. 1946 das Präsidium ermächtigte ein eigenes „Komitee für Steuerfragen" einzurichten. Das Steuerkomitee sollte zunächst Fragen der Gewerbesteuer und den Entwurf eines Gebührengesetzes erörtern. Die Gewerbesteuer hatte für den Verband eine doppelte Bedeutung. Einerseits als normale Abgabe und andererseits

82 A. Zechner (1963) führte dazu aus: „… Durch neue österreichische Gesetze wurden bisher lediglich Teilgebiete der ‚direkten' Steuern (Einkommensteuer, Gewerbesteuer, Vermögenssteuer, Grundsteuer), der Verkehrssteuern (Beförderungssteuer, Erbschafts- und Schenkungssteuer, die Grunderwerbssteuer, die Versicherungssteuer), der Verbrauchssteuern (Biersteuer Mineralölsteuer), der Aufwandsteuern (Kraftfahrzeugsteuer) sowie die meisten Abgaben der Länder und Gemeinden geregelt. Für die Erhebung der Weinsteuer wurde das frühere österreichische Recht … wiederhergestellt. Neu eingeführt wurden – anknüpfend an das frühere österreichische Recht – die Stempel- und Rechtsgebühren (Abgaben vom Rechtsverkehr), ferner einzelne Zwecksteuern (zum Beispiel die einmaligen Abgaben vom Vermögen und Vermögenszuwachs). Das fiskalisch wichtigste Steuergesetz hingegen, das deutsche Umsatzsteuergesetz 1934, wurde … erst 1959 durch ein österreichisches Gesetz abgelöst, das … nur geringfügige Detailänderungen brachte." A. Zechner (1963), Die Reform der Umsatzsteuer – eine wirtschaftspolitische Notwendigkeit. Wien. S. 33.

83 Aktennotiz vom 23. Jänner 1946. Archiv des VVO. Ausgangsbuch 1946, Jänner. Februar, März. Ausg. Nr. 90/46.

als Zuschlagsbasis für die Kammerumlage.[84] Das Steuerkomitee befaßte sich aber bald mit allen Steuerangelegenheiten und arbeitete dabei eng mit dem Juristischen Komitee und mit dem Buchhaltungskomitee zusammen[85] aus deren Reihen es auch beschickt wurde.[86] Mit der Einrichtung des Steuerkomitees war die steuerpolitische Entscheidungsvorbereitung institutionalisiert.

84 Aus den gegenständlichen Ausführungen wird die Kammerumlage ausgeklammert. Sie war ebenfalls ein Verhandlungsgegenstand in den Komitees bzw. Organen des Verbandes. Die Auseinandersetzungen zur Kammerumlage hängen eng mit dem Verhältnis des freien Wirtschaftsverbandes „Verband der ….“ und dem Fachverband der Versicherungsunternehmungen Österreichs als Teilorganisation der Kammer der gewerblichen Wirtschaft zusammen. Der freie Wirtschaftsverband war (und ist) als Verein, der Fachverband als Teil der öffentlich-rechtlichen Körperschaft „Kammer der …“ konstituiert. 1946 kam es zu einem Delegierungsübereinkommen mit welchem dem freien Wirtschaftsverband die Führung der Geschäfte des Fachverbandes übertragen wurde. Siehe dazu: D. Stiefel (2005), „Unusual Business“. Der Wiederaufbau der österreichischen Versicherungswirtschaft 1945–1955. Manuskript. Wien. Insoweit die Sistierung der externen Rechnungslegung (s. u.) und die damit verbundenen Fristerstreckungen für Steuererklärungen und -termine die Gewerbesteuer betrafen, hatte das auch Einfluß auf die Abfuhr der Kammerumlage und damit für die Finanzierung der Kammerorganisation. Anfang 1952 belief sich die Kammerumlage auf nachstehende Zuschlagssätze zur Gewerbesteuer (Beschluß des Präsidiums der Kammer der gewerblichen Wirtschaft, Zl. Präs. 4311/51).

Kammer der gewerblichen Wirtschaft für …	Kammerumlage 1952 in Hundertsätzen des Gewerbesteuermessbetrages	Kammerumlage 1951 in Hundertsätzen des Gewerbesteuermessbetrages	Veränderung zum Vorjahr
Wien	28 %	15%	+13 Prozentpunkte
Niederösterreich	37 %	25 %	+ 12 Prozentpunkte
Oberösterreich	24 %	24 %	keine
Salzburg	35 %	25 %	+ 10 Prozentpunkte
Tirol	38 %	35 %	+ 3 Prozentpunkte
Vorarlberg	34 %	35 %	+ 1 Prozentpunkt
Kärnten	43 %	33 %	− 10 Prozentpunkte
Steiermark	30 %	24 %	− 6 Prozentpunkte
Burgenland	35 %	31 %	− 4 Prozentpunkte
Bundeskammer	8 %	8 %	keine

Archiv des VVO. Ausgangsbuch 1952, Jänner, Februar, März. Ausg. Nr. 77/52.
Diese Zuschläge unterlagen geringfügigen Schwankungen. Vgl. dazu: Archiv des VVO. Ausgangsbuch 1953, Jänner, Februar, März. Ausg. Nr. 153/53, und Ausgangsbuch 1954, Jänner, Februar, März. Ausg. Nr. 290/54.

85 Der Verband (VVO) funktionierte seit seiner Gründung (1899) nach dem „Milizsystem". Das heißt, Fachleute aus den Mitgliedsunternehmen werden zusammengefasst, um für unternehmensübergreifende Anliegen Expertisen auszuarbeiten. Ständige Arbeitsgruppen, welche allgemeine, spartenübergreifende Anliegen bearbeiten, heißen Komitees. Ständige Arbeitsgruppen, welche spartenspezifische Anliegen erörtern, heißen Sektionen.

86 Das Steuerkomitee wurde deshalb auch als „gemischtes" Komitee bzw. Ausschuss bezeichnet. Siehe dazu: Archiv des VVO. Vorstandsprotokoll Nr. 90 vom 15. 9. 1949. TO.-Pkt. III. Errichtung eines gemischten Ausschusses zur Behandlung von Steuer- und Personalfragen.

Ab der Jahresmitte 1946 kam es durch die Einrichtung des Steuerkomitees zu einer sachlichen Strukturierung der steuerpolitischen Debatte. Auf dem Gebiet des Steuerwesens war die Assekuranz vor allem mit nachstehenden Themenbereichen befaßt:

- Folgen der Sistierung der externen Rechnungslegung für Fristerstreckungen und für die Entrichtung, später für die Vorauszahlung von Steuern,
- Fragen der Gewerbesteuer (einschließlich der Kammerumlage), der Lohnsummensteuer, der Körperschaftssteuer, der Vermögensabgabe und einer Reihe anderer Abgaben sowie Fragen der Besteuerung des Außendienstes, formale Fragen des Steuerrechts und Doppelbesteuerungsabkommen (Sonderfragen der Unternehmensbesteuerung),
- Vergebührung von Versicherungsverträgen angesichts der Austrifizierung des Gebührengesetzes,
- Austrifizierung der Versicherungs- und der Feuerschutzsteuer und
- Anpassungen der fiskalischen Förderung von Prämienzahlungen für Personen- und für Hagelversicherungen.

Eine gezielte steuerliche Ausbildungstätigkeit lässt sich allerdings erst für das Frühjahr 1954 nachweisen. Damals veranstaltete der Verband im Einvernehmen mit dem Wirtschaftsförderungsinstitut der Bundeshandelskammer ein Steuerseminar, das von Steuerberater Dr. Erich Fritsch, Wien, gehalten wurde.[87] In zweistündigen Vorträgen wurden die folgenden Themen behandelt:[88]

- Allgemeine Besteuerungsgrundsätze hinsichtlich der Versicherungsunternehmungen;
- Steuerliche Behandlung der versicherungstechnischen Rückstellung und Rücklagen;
- Einfluss der Doppelbesteuerungsabkommen auf die Besteuerung der Versicherungsunternehmungen;
- Die speziellen Belange der Versicherungsunternehmungen im Zusammenhang mit der Schillingeröffnungsbilanz;
- Anfragebeantwortung.

Das Steuerkomitee diente von Anfang an auch dem Erfahrungsaustausch über Betriebsprüfungen. Beispielsweise wurden 1949 Klagen über Steuerrevisionäre laut, welche in „... geradezu vexatorischer Weise die Bestimmungen der Durchführungsverordnung

87 Zur Person von Dr. Erich Fritsch siehe u. a. dessen weiter oben zitierte Publikationen zum Übergang des Steuerrechts 1945.

88 Archiv des VVO. Ausgangsbuch 1954. Jänner, Februar, März. Ausg. Nr. 267/54.

zum Versicherungssteuer- und Feuerschutzsteuergesetz gehandhabt" hätten. Der Verband beschloß, eine Reform dieser Bestimmungen anzustreben und beim Finanzminister gegen die Vorgangsweise der Steuerprüfer zu protestieren.[89,90] Verbandsfunktionäre wurden aber auch im Wege der Bundeskammer in die steuerliche Berufungskommission nominiert.[91]

Die Fachkundigkeit des Steuerkomitees fand zunehmend Beachtung. Deshalb entschloß sich Mitte März 1950 der Verband die Protokolle des Komitees allen Mitgliedsunternehmen zukommen zu lassen. Zugleich führte er allerdings – streng vertraulich – aus: „... gestatten wir uns darauf hinzuweisen, dass diese Protokolle absolut vertraulich zu behandeln sind. Wir werden sie daher zu Handen der leitenden Herren der Mitgliedsunternehmungen absenden und knüpfen daran die Bitte, die Protokolle nur den unmittelbaren Sachbearbeitern zugänglich zu machten ... Es braucht ... nicht eigens erwähnt zu werden, dass es unter gar keinen Umständen angängig ist, die gegenständlichen Protokolle den Steuerbehörden oder ihren Organen zugänglich zu machen."[92] Offensichtlich war eine solche Erwähnung doch erforderlich. Mehr als ein Jahrzehnt totalitärer Staat wirkten nach. Auf einer ähnlichen Linie lag die folgende Formulierung: „Für allenfalls gewünschte zusätzliche Auskünfte steht das Verbandssekretariat ... zur Verfügung, weil aus naheliegenden Gründen nicht immer mit voller Deutlichkeit die gepflogenen Erörterungen in der Niederschrift zum Ausdruck kommen können."[93] Zugleich dokumentieren diese Äußerungen des Verbandes aber auch den Wandel, der seit 1945 eingetreten war. Im Dritten Reich hätte sich eine (private) Interessenvertretung höchstwahrscheinlich gehütet derartiges ihren Mitgliedern mitzuteilen.

Die steuerpolitische Debatte lief vor dem Hintergrund der materiellen Staatsaufsicht ab. Der für die Staatsaufsicht maßgebliche Normenapparat war aus dem Deutschen Reich übergeleitet worden. Die reichsdeutsche Staatsaufsicht über die Privatversicherung bestand in einer rigiden Tarif- und Bedingungsgenehmigung und -kontrolle, so dass der Handlungsspielraum der Versicherungsunternehmen relativ beschränkt war. Anders als im Deutschen Reich war in Österreich die Versicherungsaufsicht eine

89 Archiv des VVO. Vorstandsprotokoll Nr. 92 vom 17.11.1949. TO.-Pkt. 7.) Steuerreformprogramm

90 Die Versicherungswirtschaft stieß mit ihrem Anliegen, Steuerrevisionen zu vereinfachen, erst bei Finanzminister Dr. R. Kamitz auf Verständnis. Archiv des VVO. Vorstandsprotokoll Nr. 139 vom 26.06.1952. TO.-Pkt. III. Steuerfragen. a) 3.) Abrechnungserleichterungen.

91 Es waren dies Ende 1949 die Herren Dr. Th. Donabauer (Victoria), A. Tesarke (Erste Niederösterreichische) und H. Gröbner (Wr. Allianz). Archiv des VVO. Ausgangsbuch 1949. Oktober, November, Dezember. Ausg. Nr. 1123/49.

92 Archiv des VVO. Ausgangsbuch 1950. Jänner, Februar, März. Ausg. Nr. 268/50.

93 Ebendort, sowie: Archiv des VVO. Ausgangsbuch 1951, Oktober, November, Dezember. Ausg. Nr. 998/51.

Abteilung des Staatsamtes für Finanzen (des späteren Bundesministeriums für Finanzen).[94] Das bedeutete, dass fiskalische Fragen bzw. Anliegen und aufsichtsrechtliche Belange in einer Institution zusammengefasst waren. Dazu kam, dass die Staatsschuldenpolitik ebenfalls vom Staatsamt für Finanzen (BMF) wahrgenommen wurde. Für die Assekuranz als institutioneller Anleger war also auch im Bereich der Vermögensveranlagung das Staatsamt … bzw. der Finanzminister ein wichtiger Gegenüber. Die Bündelung von Abgaben, Aufsicht und Veranlagung beim Finanzministerium hatte einen intensiven Dialog zwischen dem Ministerium und der Versicherungswirtschaft (vertreten durch ihren Verband) zur Folge. Es etablierte sich ein ständiger Bargaining-Prozess, der – letztlich – dem Wiederaufbau der Assekuranz zustatten kam.[95]

Es war daher naheliegend, dass sich der Verband bemühte der Versicherungsaufsichtsbehörde (im Bundesministerium für Finanzen) für die Bemessung der Aufsichtsgebühr das für 1945 geschätzte Prämienaufkommen zu melden. Die Meldung erfolgte am 22. 2. 1946. Einschließlich der inländischen Rückversicherungsprämien und abzüglich der Polizzengebühren wurden öS 131 Mio. eingenommen; davon entfielen 52 Mio. (oder knapp 40 %) auf die Lebens- und 12 Mio. (oder gut 9 %) auf die Krankenversicherung. Der Rest der Prämien (gut 51 %) wurde in den Zweigen der Sachversicherung vereinnahmt.[96]

---

94 In Deutschland ressortierte – wie bereits erwähnt – die Versicherungsaufsicht beim Wirtschaftsministerium.

95 Um zu rekapitulieren: Die durch die Wiedererrichtung der Republik rational legitimierte Herrschaft bediente sich des aus dem Dritten Reich übergeleiteten (Herrschafts-)Instrumentariums. Die Herrschaftsverhältnisse im Dritten Reich waren – wie bereits erwähnt – charismatisch legitimiert. In der Praxis wurde das übergeleitete Instrumentarium in weiten Bereichen und oft auch praeter legem partizipatorisch angewendet. Dadurch wurden die Normadressaten bzw. Herrschaftsunterworfenen in die Ausübung der Herrschaft einbezogen und die durch die Rechtsüberleitung gegebenen sachlichen Demokratiedefizite gemildert, denn die meisten reichsdeutschen Normen waren nicht nur autoritär verfügt worden, sondern entsprachen in ihrer Dogmatik dem Führerprinzip und verlangten dieses bei ihrer Anwendung. Siehe dazu die kritischen Anmerkungen von Ch. Seidl (1980) zur Reformbedürftigkeit des österreichischen Steuersystems der Nachkriegszeit: „Mit der Nachvollziehung des Führerprinzip im großdeutschen Steuersystem verschwanden natürlich auch alle demokratischen Institutionen der Steuererhebung und wurden bis zum heutigen Tag nicht einmal in Ansätzen erneut zur Debatte gestellt. Daß zahlreiche Steuerprivilegien (…) die Zeiten überdauert haben, versteht sich von selbst." Ch. Seidl (1980), op. cit. S. 229. Ein sprachlicher bzw. legistischer Hinweis auf das Führerprinzip ist beispielsweise die Verwendung der Ich-Form in Erlässen. Dem österreichischen Rechtsempfinden dagegen eignet die Passivform. Siehe das Vorwort bei J. Pucharski (1950), Das Körperschaftssteuergesetz. Manz'sche Ausgabe der Österreichischen Gesetze. Wien. S. VI.

96 Archiv des VVO. Ausgangsbuch 1946, Jänner. Februar, März. Ausg. Nr. 192/46. 131 Mio. öS an Prämieneinnahmen für 1945 dürften – wie der Verband selbst in seinem Schreiben an die Versicherungsaufsichtsbehörde vermutete – eher zu hoch gegriffen sein. Andere Quellen sprechen von 94 Mio. öS; davon entfallen 44 Mio. öS oder knapp 47% auf die Lebensversicherung. A. Hollmayer (2000), Makrodaten der österrei-

3.1.2 Das Dauerthema „Steuerreform"[97]

Eine Steuerreform – oder sprachlich besser: DIE Steuerreform – war (und ist) ein fiskalpolitisches Dauerthema. Ein Daueranliegen der Assekuranz im Rahmen des jeweiligen Reformdiskurses war die fiskalische Förderung der Personenversicherung. Diese Thematik wird weiter unten in einem eigenen Abschnitt aufgegriffen. Finanzsoziologisch kann zwischen adaptiven Reformen und prospektiven Reformen unterschieden werden. Bei adaptiven Reformen wird die Finanzverfassung, so auch das Steuerrecht, geänderten gesellschaftlichen Verhältnissen angepasst. Prospektive Reformen zielen darauf ab, mithilfe der Finanzverfassung, so auch dem Steuerrecht, die gesellschaftlichen Verhältnisse zu verändern. In den meisten Diskursen stehen adaptive Reformen im Vordergrund.

Schon im Frühjahr 1946 hatte der Verband, vertreten durch seinen Präsidenten Dr. Carl Habich, an einer Enquete im Bundesministerium für Finanzen zu Fragen der steuerlichen Bewertung und der Besteuerung für 1945 teilgenommen. Im Winter 1947 wurde im Bundesministerium für Finanzen eine Arbeitsgemeinschaft zur Vorbereitung einer Steuerreform eingerichtet. Die Assekuranz nominierte zunächst den Verbandsvorsitzenden in die Kommission für direkte Steuern. Sie trug dabei ihrem Vertreter auf, darauf hinzuwirken, dass „die wechselseitigen Anstalten in steuerlicher Hinsicht auf den Stand von 1938 rückgeführt werden".[98] (Große) Versicherungsvereine auf Gegenseitigkeit waren vor dem Krieg steuerlich begünstigt gewesen. Bald darauf bat die Bundeskammer den Verband in alle vier Subkommissionen der Arbeitsgemeinschaft Experten zu entsenden. Drei Kommissionen wurden von der Assekuranz beschickt. Und zwar: „Direkte Steuern und Umsatzsteuer": die Herren Dr. Habich, Liebermannn und Dr. Neumann; „Verkehrssteuern": Dr. Bittner; „Abgabeverfahren": Dr. Jakobartl.[99] Die personelle Auswahl dieser Nominierung lässt darauf schließen, dass der Bereich der direkten Steuern und eine allfällige Umsatzbesteuerung der Assekuranz dieser besonders wichtig erschien. Als sich 1949 Reformen zur Umsatzbesteuerung abzeichneten, war jedoch klar, dass die Leistungen der Versicherungsunternehmen nicht der Umsatzsteuer unterliegen sollten. Das brachte

---

chischen Assekuranz 1875–2000. In: W. Rohrbach (Hrsg. u. Red. 2000), An der Schwelle zum 3. Jahrtausend – Retrospektiven und Perspektiven, Versicherungsgeschichte Österreichs, Bd. VI. Wien. S. 1377ff.

97 Es ist hier nicht der Ort eines finanzsoziologischen Diskurses der Thematik „Steuerreform". Die historische Erfahrung zeigt allerdings, dass Steuerreformdebatten ähnlichen Mustern folgen; – es werden ähnliche Spiele gespielt. Ebenso gehören zu den Reformdebatten enttäuschte Erwartungen.

98 Archiv des VVO. Vorstandsprotokoll Nr. 56 vom 18.12.1947. TO.-Pkt. II.) Arbeitsgemeinschaft für die Steuerreform im Finanzministerium.

99 Archiv des VVO. Vorstandsprotokoll Nr. 55 vom 04.12.1947. TO.-Pkt. 5.) Errichtung einer Arbeitsgemeinschaft für Steuerreform im Bundesministerium für Finanzen. Sowie: Archiv des VVO. Ausgangsbuch 1947, Oktober, November, Dezember. Ausg. Nr. 1084/47.

der Verband dadurch zum Ausdruck, dass er sich zu den geplanten Reformen inhaltlich nicht weiter äußerte, sondern sich auf die Feststellung beschränkte, seine Mitgliedsunternehmen seien davon nicht betroffen. Trotzdem regte er an, bei der Umsatzbesteuerung zur Phasenpauschalierung zurückzukehren. Sie war im alten österreichischen Steuerrecht (der Ersten Republik) vorgesehen gewesen.[100]

Am 17. 6. 1946 äußerte sich der Verband allgemein zur anstehenden Lohnsteuerreform. Er trat dafür ein, Ledige und kinderlos Verheiratete zu entlasten. Beide Gruppen waren im Dritten Reich vergleichsweise hoch besteuert worden. Kinderreiche Familien dagegen wurden steuerlich geschont. Der Verband regte an, den Steuersatz für die Steuergruppe I um fünfzehn Prozentpunkte zu senken und die Steuergruppe II abzuschaffen. Stattdessen sollten auf die Zensiten der Gruppe II die niedrigeren Sätzen der Steuergruppe III angewendet werden. Seinen Vorschlag begründete der Verband damit, dass die „bevölkerungspolitischen Erwägungen des Nationalsozialismus nicht mehr" in Betracht kämen.[101]

Anlässlich seiner ausführlichen Stellungnahme zum Entwurf eines Abgabenrechtsmittelgesetzes schrieb am 7. 5. 1948 der Verband an die Bundeskammer der gewerblichen Wirtschaft: „Wir stellen mit Befriedigung fest, daß sich der … Entwurf sehr zu seinem Vorteil von der Qualität der sonst durchschnittlich zur Begutachtung gelangenden Gesetzesentwürfe unterscheidet. Die Mitarbeit der Arbeitsgemeinschaft für Steuerreform macht sich offenkundig auf das Wohltuendste bemerkbar. Wir regen an, diesen Anlaß zu benützen, um mit dem Hinweis darauf eine ähnliche Vorgangsweise auch bei anderen Wirtschaftsgesetzen vorzuschlagen." Doch dann hieß es weiter: „Nebenbei bemerkt haben die über Einladung der Kammer Wien von uns für die Mitarbeit in der Arbeitsgemeinschaft Steuerreform namhaft gemachten Herren bisher keine Einladung zu einer Sitzung bekommen. Wir wenden uns diesbezüglich unter einem an die Wiener Kammer."[102, 103]

---

100 Archiv des VVO. Ausgangsbuch 1949, Juli, August, September. Ausg. Nr. 887/49.

101 Archiv des VVO. Ausgangsbuch 1946, April, Mai, Juni. Ausg. Nr. 696/46.

102 Archiv des VVO. Ausgangsbuch 1948, April, Mai, Juni. Ausg. Nr. 565/48 und Ausg. Nr. 598/48.

103 In der ausführlichen, vielfach an das alte österreichische Personalsteuergesetz anknüpfenden Stellungnahme vom 07.05.1948 des Verbandes zum Entwurf eines Abgabenrechtsmittelgesetzes wurden u. a. drei Problemfelder aufgegriffen, denen fast bleibende Allgemeingültigkeit zukam. Deshalb seien sie erwähnt:

- Der Verband sprach sich gegen eine Differenzierung in zweierlei Arten von Berufungen und Beschwerden aus (§§ 4, 5 und 7 des Entwurfes). Er begründete diese Ablehnung erstens damit, dass über beide Rechtsmittel dieselbe Oberbehörde, nämlich die FLD, und nicht eine (unabhängige) Berufungskommission zu entscheiden habe. Zweitens befürchtete er, dass damit den Finanzbehörden die Möglichkeit gegeben werde, das jeweils ergriffene Rechtsmittel mit dem formalen Argument abzuweisen, dass statt einer Berufung eine Beschwerde und umgekehrt einzubringen gewesen wäre. Somit an die Stelle einer

Als dem Verband Mitte 1949 ein Schreiben des Bundesministeriums für Handel und Wiederaufbau mit Gedanken und Vorschlägen zu einer Steuerreform zuging, meinte man nüchtern „…, dass die vorgelegte Steuerreform besser als gar nichts wäre, daneben aber die Verwaltungsreform und die unerlässlichen Budgetersparungen nicht ausser Acht gelassen werden dürfen." Der Vorstand beschloß das Steuerkomitee mit dieser Angelegenheit zu befassen, um konkrete Vorschläge auszuarbeiten und um sich auch mit den Möglichkeiten zu einer Vereinfachung der Verwaltungsarbeiten zu befassen. Der Sektion Lebensversicherung wurde aufgetragen, Vorschläge für eine steuerliche Begünstigung der Lebensversicherung zu erstatten; insbesondere war an eine Erhöhung der Sonderausgaben und an die Propagierung von Steuerbegünstigungen bei Erbschaftssteuerversicherungen gedacht.[104] Die Äußerung des Steuerkomitees zu dem Exposé des Handelsministeriums war ablehnend. Denn: „Die vorgeschlagene Erstarrung bringt Härten und Ungerechtigkeiten mit sich. Sie bedeutet eine Prämie für Steuerhinterziehung und Konjunkturgewinne und ist praktisch nicht durchführbar."[105],[106] Die Intentionen des Handelsministeriums waren die entgegengesetzten gewesen. Die Idee war gewesen, die Steuerlast mit dem wirtschaftlichen Aktivitätsniveau von 1948 zu deckeln (erstarren zu lassen). Aktivitätszuwächse in den Folgejahren sollten dagegen steuerfrei bleiben.[107]

In seiner – ablehnenden – Stellungnahme vom 28. 10. 1949 zu den Vorschlägen des Handelsministeriums befasste sich der Verband u. a. auch mit der direkten Besteuerung der Versicherungsunternehmen. Körperschaftssteuer wurde – zufolge der Sistierung der

---

inhaltlichen Auseinandersetzung mit dem Rechtsmittel unfruchtbare Streitigkeiten formaler Art treten könnten.

- Der Verband hatte Bedenken, dass eine Berufung – wie im Entwurf vorgesehen – zu einer reformatio in peius führen könnte (§ 39). Stattdessen sprach er sich für eine Rückverweisung an die erste Instanz aus.
- Der Verband sprach sich gegen die Einführung für Kostenersätze im Rechtsmittelverfahren aus (§§ 57ff. des Entwurfes), denn er meinte: „Erfahrungsgemäß wird das Kostenrisiko … als Pressionsmittel seitens der Finanzbehörden verwendet, um Rechtsmittel zu verhindern. Ein besonderer Grund, hier Kosten einzuheben, besteht nicht und ist der Grundsatz separater Kostenvergütung dem österreichischen Recht überhaupt fremd." Der Verweis auf – in diesem Fall zu ändernde – Herrschaftsverhältnisse ist unmittelbar einsichtig.

Archiv des VVO. Ausgangsbuch 1948, April, Mai, Juni. Ausg. Nr. 565/48.

104 Archiv des VVO. Vorstandsprotokoll Nr. 90 vom 15.09.1949. TO.-Pkt. IV. Stellungnahme zur Steuerreform (Vorlage vom 12.08.1949).

105 Archiv des VVO. Vorstandsprotokoll Nr. 91 vom 28.10.1949. TO.-Pkt. XII. Allfälliges. 1.) Vorschläge des Bundesministeriums für Handel und Wiederaufbau für eine Steuerreform.

106 Bereits im Dritten Reich war es in den letzten Kriegsjahren auf der Abgabenseite zu einer Erstarrung gekommen (s. o.). Das war eine kriegswirtschaftliche Maßnahme, welche an die Stelle einer steuerlichen Veranlagung trat. Abgabeverpflichtungen wurden einfach der Höhe nach fortgeschrieben. Das sparte u. a. Personal, das dadurch für den Wehrdienst verfügbar wurde.

107 Archiv des VVO. Ausgangsbuch 1949. Juli, August, September. Ausg. Nr. 821/49.

Rechnungslegung – von den Versicherungsunternehmen damals nicht entrichtet. Jedoch: „Sobald nach der Rekonstruktion und der Sanierung wiederum Steuerleistungen erbracht werden, würde der Vorschlag der Sektion Handel der Bundeskammer durchaus akzeptabel erscheinen, dass nämlich eine teilweise Steuerrefundierung in Form einer Zwangsanleihe vorgenommen wird. Die Versicherungsunternehmungen könnten eine solche Zwangsanleihe der Struktur ihres Geschäftes nach ohne weiteres aufnehmen.“ Mit anderen Worten, die beiden wichtigsten Formen der Staatsfinanzierung – Steuern und Verschuldung – sollten miteinander verschmolzen werden. Zugleich hätten dadurch die Versicherungsunternehmen einen Titel für ihre Kapitalveranlagung erhalten. Abschließend trat die Stellungnahme für ein Sofortprogramm ein: „…

1. Abschaffung der Überbesteuerung relativ höherer Einkommen durch Milderung der Progression unter Bedachtnahme auf eine etwa vierfache Geldentwertung.
2. Ausbau der Investitionsbegünstigung.
3. Weitgehende Rückkehr zur indirekten Besteuerung, die, mag sie auch theoretisch von mancher Seite bekämpft werden, dennoch weniger fühlbar ist, und vor allem wirtschaftlich weniger belastend wirkt. …“[108]

Auch die Kammer Wien arbeitete an einem Steuerreformprogramm und bereitete eine Steuerenquete vor. Das Steuerkomitee des Verbandes nahm auch zu diesem Programm Stellung, hob dabei allerdings hervor, dass es von einer konkreten Stellungnahme zur Körperschaftssteuer abrate. Das dürfte darin seinen Grund gehabt haben, dass damals die Versicherungsunternehmen keine Körperschaftssteuer entrichteten (s. o.). Eine Besteuerung von Prämieneingängen in Promillesätzen erachtete man für unzweckmäßig. Die Lohnsteuergrenze sollte erhöht und die Bodenwertabgabe herabgesetzt werden.[109]

Als gegen Ende Oktober 1949 in der Reformdebatte der Gedanke auftauchte, im Rechtsmittelverfahren den Anwaltszwang einzuführen, sprach sich der Verband, unterstützt von der Kammer der gewerblichen Wirtschaft, strikt dagegen aus, denn die Unternehmen würden über fachlich geeignete Mitarbeiter verfügen, steuerrechtliche Verfahren selbst wahrzunehmen.[110]

Ende November 1949 brachte der Verband seine Vorstellungen zur Steuerreform ein. Zum einen formulierte der Verband Vorschläge zur fiskalischen Förderung der Lebens-

108 Archiv des VVO. Ausgangsbuch 1949. Oktober, November, Dezember. Ausg. Nr. 1058/49.
109 Archiv des VVO. Vorstandsprotokoll Nr. 92 vom 17.11.1949. TO.-Pkt. 7.) Steuerreformprogramm.
110 Archiv des VVO. Ausgangsbuch 1949. Oktober, November, Dezember. Ausg. Nr. 1028/49

versicherung, um die Kapitalbildung anzuregen.[111] Zum zweiten trat er mit einem Bündel von Reformvorschlägen zur Versicherungs- und zur Feuerschutzsteuer hervor,[112] und zum dritten stimmte er den Reformvorschlägen der Bundeskammer zu,[113] soweit damit andere Bereiche als die Lebensversicherung und die Versicherungssteuer angesprochen waren. [Auf die Reformvorschläge zur Lebensversicherung und zur Versicherungssteuer wird in den jeweiligen Kapiteln zu diesen Themenbereichen eingegangen. (s. u.)] Die Bundessektion Geld-, Kredit- und Versicherungswesen der Bundeskammer der gewerblichen Wirtschaft fasste in einem Memorandum an den Bundesminister für Finanzen ihre Vorstellungen zur Steuerreform zusammen. Mitte März 1950 sah sich die Versicherungswirtschaft allerdings genötigt, eine Ergänzung dieses Memorandums um die Vorstellungen der Versicherungswirtschaft zu verlangen (s. u.).

Vorher jedoch langte Ende Jänner 1950 der Entwurf eines Ersten Steueränderungsgesetzes 1950 im VVO ein. Die Enttäuschung der Versicherer war unverhohlen: „Wir sehen, daß darin die Steuerbegünstigungen für Aufwendungen zum Erwerb inländischer fest verzinslicher Wertpapiere und für langfristige Sparverträge Aufnahme gefunden haben. Dagegen sind die in … unserem Schreiben vom 24. November 1949 an die Kammer Wien gegebenen Anregungen leider unberücksichtigt geblieben.“[114]

Die Stellungnahme (des Verbandes) von Anfang Februar 1950 zum Entwurf eines Steueränderungsgesetzes 1950 konzentrierte sich auf vier Punkte:[115]

1. Im Entwurf war der Freibetrag für Bausparkassenbeiträge, Sozialversicherungsbeiträge und Versicherungsprämien zusammengenommen nur um öS 300,– auf öS 1.500,– erhöht worden. Die Lebenshaltungskosten hatten sich jedoch seit 1945 vervierfacht, so dass als Minimum eine Erhöhung des Freibetrages auf öS 2.000,– verlangt wurde. Argumentiert wurde damit, dass die Lebensversicherung die Spartätigkeit und Kapitalbildung belebt und daher förderungswürdig sei. Neuerlich wurde die – nicht berücksichtigte – Anregung vorgebracht, nach deutschem Vorbild die steuerliche Abzugsfähigkeit für Prämien für Lebensversicherte ab dem 50. Lebensjahr um die Hälfte zu anzuheben, denn das diene der privaten Altersvorsorge.
2. Ein Jahresausgleich sollte – so wie im österreichischen Recht der Zwischenkriegszeit – generell möglich sein und nicht erst ab einer Differenz von zehn Prozent in der Besteuerung.

111 Archiv des VVO. Ausgangsbuch 1949. Oktober, November, Dezember. Ausg. Nr. 1156/49.
112 Archiv des VVO. Ausgangsbuch 1949. Oktober, November, Dezember. Ausg. Nr. 1157/49.
113 Archiv des VVO. Ausgangsbuch 1949. Oktober, November, Dezember. Ausg. Nr. 1158/49.
114 Archiv des VVO. Ausgangsbuch 1950. Jänner, Februar, März. Ausg. Nr. 81/50.
115 Archiv des VVO. Ausgangsbuch 1950, Jänner, Februar, März. Ausg. Nr. 104/50.

3. Die Grenze von öS 48.000,– Jahreseinkommen, ab der auch für lohnsteuerpflichtige Einkommen eine Veranlagung durchzuführen war, erschien dem Verband zu niedrig, da diese bereits 1944 bei RM 40.000,– gelegen war. Proportional zur allgemeinen Preissteigerung wäre die Grenze bei öS 200.000,– anzusetzen, wurde argumentiert. Außerdem wurde darauf hingewiesen, dass nicht die Höhe des Jahreseinkommens für eine Veranlagung entscheidend sein sollte, sondern das Zusammentreffen mehrerer Einkunftsarten.
4. Da sich die Sechstelgrenze (nach § 40 [2] EstG) als unzureichend erwiesen habe, wurden als neue Grenzwerte ein Drittel oder ein Viertel des periodenbezogenen Einkommens verlangt. Eine Forderung, welche auch von der Arbeiterkammer Wien und dem Österreichischen Gewerkschaftsbund erhoben wurde.

Mitte März 1950 verlangte – wie oben erwähnt – der Verband eine Ergänzung des Memorandums der Bundessektion. Die verlangte Ergänzung faßte die bisherigen Anregungen zur Steuerreform zusammen und erweiterte zugleich die Vorschläge. Der Verband nannte der Bundeskammer bzw. der Sektion Geld-, Kredit- und Versicherungswesen nachstehende Anliegen:[116]

1. Die Übernahme der sich aus der österreichischen Staatsschuld vor 1938 ergebenden Verpflichtungen durch die Republik wurde verlangt. Vor allem handelte es sich dabei um den Nostrobesitz an 4½-prozentiger Deutscher Reichsanleihe 1938/II. In diese Reichsanleihe war ein Teil der österreichischen Staatsschuld eingebracht worden.
2. Der Zusammenhang zwischen Steuervereinfachung und Verwaltungsreform wurde aufgezeigt. Dabei wurde auf die Vorschläge des Verbandes zu einer vereinfachten Einhebung der Versicherungs- und der Feuerschutzsteuer verwiesen (s. u.).
3. Eine Vereinheitlichung der Betriebsprüfungen wurde angeregt: „Es ist nicht einzusehen, warum für verschiedene Steuern verschiedene Organe der Finanzämter in die Betriebe gehen, um Revisionen abzuhalten."
4. Eine großzügige fiskalische Förderung der Lebensversicherung wurde eingemahnt (s. u.), um die Bildung von Sparkapital anzuregen. Die dafür erforderlichen gesetzlichen Änderungen seien geringfügig, wurde betont.

Mit den Punkten 2.) bis 4.) wurden steuertechnische Thematiken aufgegriffen, wie das bei Debatten über eine Steuerreform typisch ist. Punkt 1.) dagegen war von allgemeiner Bedeutung. Die Übernahme der österreichischen Vorkriegsstaatsschuld durch die wieder

116 Archiv des VVO. Ausgangsbuch 1950, Jänner, Februar, März. Ausg. Nr. 279/50.

errichtete Republik zu verlangen, entsprach nicht nur dem Anliegen der Assekuranz, die durch das Dritte Reich verursachten Verluste an Geldvermögen möglichst ausgeglichen zu erhalten, sondern stellte die Steuerreform in den thematisch weiteren Zusammenhang der Staatensukzession und der Vermögensrestitution. Der VVO sicherte daher sein Anliegen durch ein Rechtsgutachten ab, das Rechtsanwalt Dr. E. Hunna mit 17. Juli 1950 datiert hatte.[117] Aus den Umständen, dass die Republik Österreich nicht für die Verbindlichkeiten der Reichsanleihe 1938/II haftete und das Deutsche Reich 1938 eine Haftung für die österreichische Staatsschuld ausgeschlossen hatte, wurde ein Entschädigungsanspruch der Versicherer gegenüber der Republik nach dem 3. Rückstellungsgesetz begründet. Durch die Einstellung des Kapital- und Zinsendienstes für die österreichische Vorkriegsschuld hatte das Deutsche Reich diese Schuld vollständig entwertet und damit eine Entziehungshandlung gesetzt. Zugleich hatte es freiwillig den Inhabern der entwerteten österreichischen Staatspapiere eine Entschädigung in Form der Reichsanleihe 1938/II geboten, welche nach 1945 wertlos geworden war. „Der Anspruch beruht nicht auf dem Besitz der Reichsanleihe …," so das Gutachten, „sondern auf der Entziehung der österreichischen Schuldverschreibungen." Die Angelegenheit zog sich – wie so manches andere Rückstellungs- oder Entschädigungsbegehren – in die Länge. Anfang Februar 1955 berichtete Dr. E. Hunna (s. u.) dem Verband: „Nach seinen Erklärungen [Anmerkung: vom zuständigen Ministerialrat Dr. Teuffenstein] ist das Bundesministerium für Finanzen … nicht bereit, die Obligationen der Reichsanleihe 1938/II einzulösen oder für die österreichischen Bundesschuldverschreibungen, die durch die Ausgabe dieser Tranche … konvertiert wurden, eine Entschädigung zu leisten." Trotzdem: „… wäre es denkbar, dass die Institute (insbesondere also auch die Versicherungsgesellschaften) in irgendeiner anderen Form, etwa bei dem noch immer nicht vorliegenden Rekonstruktionsgesetz … Gegenleistungen erhalten würden."[118]

Mitte April 1951 legte der Verband seine Vorschläge, die er längst eingebracht hatte (s. o.), nochmals der Kammer der gewerblichen Wirtschaft vor, denn es galt, die „Kleine Steuerreform 1951" vorzubereiten. Dabei verwies er nochmals auf die Steuerbegünstigungen für Erbschaftssteuerversicherungen in der Bundesrepublik Deutschland.[119] Ende Oktober 1951 erinnerte der Verband die Kammer daran, in das „Steuerliche Herbstprogramm 1951" Verbesserungen der fiskalischen Förderung der Lebensversicherung aufzunehmen (s. u.).

117 Archiv des VVO. Ausgangsbuch 1950, Oktober, November, Dezember. Ausg. Nr. 983/50.

118 Archiv des VVO. Ausgangsbuch 1955, Jänner, Februar, März. Ausg. Nr. 158/55.

119 Archiv des VVO. Ausgangsbuch 1951. April, Mai, Juni, März. Ausg. Nr. 303/51.

Anfang April 1950 war dem Verband der Entwurf einer Bundesabgabenordnung zur Stellungnahme zugegangen.[120] Der Entwurf wurde eingehend im Steuerkomitee besprochen. Allgemein wurde in Übereinstimmung mit der Bundeskammer gegen den Entwurf eingewendet, dass er zur Unzeit erfolge. Anstatt von Teiländerungen der Abgabenordnung sei ein umfassendes Reformwerk anzustreben, das mit den Bundesländern und Interessenvertretungen abgestimmt wurde; das war nicht der Fall. Beim vorliegenden Entwurf sei man sich „… nicht sicher – … – ob nicht gegenseitige Überschneidungen zwischen der Rumpf-Bundesabgabenordnung einerseits und der Rest-Reichsabgabenordnung andererseits bestehen".[121]

Dass ein Gesetzesentwurf legistische Schwächen aufweist, ist nicht ungewöhnlich. Im Fall der konzipierten Bundesabgabenordnung traten jedoch Mängel zutage, welche steuergeschichtlich bzw. finanzsoziologisch erwähnenswert sind, da sie über den unmittelbaren Anlass hinaus, die damalige Denkungsweise und das gesellschaftliche Umfeld charakterisieren. Einige dieser in der Stellungnahme des Verbandes aufgezeigten Mängel waren:[122]

- Über Monopole bestehen eigene gesetzliche Vorschriften. Es ist nicht einzusehen, warum an einer einzigen Stelle auch „Monopoleinnahmen" in einer Abgabenordnung erwähnt werden. Entweder fasst man Monopoleinnahmen als Unterbegriff der Abgaben auf; dann ist die Erwähnung überflüssig. Sieht man Monopoleinnahmen als selbständige Kategorie an, so können sie nicht wohl gemeinsam mit den Abgaben nur in einer bestimmte Beziehung in diesem Gesetzes geregelt werden. (§ 9 des Entwurfes).
- Die [folgende] Bestimmung ist offenbar aus dem Zollrecht übernommen, in ihrer Allgemeinheit aber für Abgaben aller Art unanwendbar. Nach dem gegenwärtigen Text wäre es so, dass jemand, der ein Kilo Mehl kauft, mit der Beschlagnahme dieser Ware rechnen müsste, falls der Kaufmann die Umsatzsteuer nicht entrichtet hat. Denn was bei diesem Beispiel die „Zulassung des Überganges der Erzeugnisse in den nicht abgabenrechtlich beschränkten Verkehr" bedeuten soll, bleibt dunkel. … Wir würden vorschlagen, die Sachhaftung der Güter für darauf ruhende Abgaben etwa dahin zu beschränken: so lange sie sich in der Gewahrsame des unmittelbaren Steuerschuldners befinden.
- Es muss schärfstens abgelehnt werden, dass weiterhin an der unheilvollen Rechtszer-

120 Archiv des VVO. Ausgangsbuch 1950, April, Mai, Juni. Ausg. Nr. 376/50 und 401/50.

121 Archiv des VVO. Ausgangsbuch 1950, April, Mai, Juni. Ausg. Nr. 417/50.

122 Die Textierung wurde aus der Stellungnahme vom 17.04.1950 des Verbandes wörtlich übernommen. Archiv des VVO. Ausgangsbuch 1950, April, Mai, Juni. Ausg. Nr. 417/50

> splitterung festgehalten wird, die ein und denselben Tatbestand in einen zivilrechtlichen, verwaltungsrechtlichen und steuerrechtlichen aufspaltet. Auch der Fiskus wird sich an die allgemeinen Grundsätze der rechtlichen Beurteilung des Sachverhaltes zu halten haben; es wäre an der Zeit, der bereits weitgehend fortgeschrittenen Aufspaltung auf diesem Gebiete ein Ende zu setzen. … Es kommt auf ein vollkommen abwegiges Wahlrecht des Steuerfiskus hinaus, sich jene Beurteilung zurechtzulegen, die ihm günstiger erscheint. Passt es dem Fiskus, ist der sogenannte „wahre wirtschaftliche Sachverhalt" maßgebend. Der Abgabenpflichtige aber kann sich nicht darauf berufen, sondern muss die rechtliche Gestaltung gegen sich gelten lassen. Er kann also niemals wissen, welche Beurteilung der Steuerfiskus sich zurechtlegen wird. Aus dem Handwörterbuch des Nazismus stammt Abs. (3). Es wäre, …, hoch an der Zeit ihn zu beseitigen. Von einem „Missbrauch" von Gestaltungsmöglichkeiten des bürgerlichen Rechtes kann denknotwendig nicht gesprochen werden und auch der Steuerfiskus muss zivilrechtlich anerkannte Konstruktionen gegen sich gelten lassen. Die Steuergesetze sorgen ausreichend dafür, dass ernstliche Umgehungen nicht möglich sind, Steuerersparungen aber müssen als zulässig angesehen werden. Bei tatsächlicher Steuerverkürzung reicht das Strafrecht und der folgende § 18 vollkommen aus.

Doch mit dieser Ablehnung war das Thema „Abgabenordnung" nicht erledigt. Mitte September 1951 ging dem Verband erneut ein Entwurf einer Abgabenordnung samt erläuternden Bemerkungen zu. Er befasste damit das Steuerkomitee.[123] Nach eineinhalb Monaten lag eine ausführliche Stellungnahme an die Bundeskammer der gewerblichen Wirtschaft vor. Sie begann damit, dass sie dem Gesetzesentwurf (in § 17 Abs. 3) nationalsozialistisches Gedankengut unterstellte. Dort war vorgesehen, dass die Behörde bei ihren Erwägungen nicht nur den „wahren wirtschaftlichen Sachverhalt" zu ergründen habe, sondern auch einen „Missbrauch" rechtlicher Formen und Gestaltungsmöglichkeiten in Erwägung zu ziehen habe (s. o.). „Dieser dehnbare Begriff kann dazu führen, dass auf diesem Wege versucht wird", bemerkte der Verband, „vollkommen reguläre Massnahmen zur Steuerausweichung oder steuerlichen Ersparung … zu treffen."[124] Neben einer Reihe sprachlicher Mängel, auf welche der Verband aufmerksam machte, wies er auch darauf hin, dass der Begriff der „Betriebsstätte" zu weit gefasst sei, um in der Versicherungswirtschaft sinnvoll anwendbar zu sein. Die steuerrechtlichen Folgen, wie etwa die Ermittlung von Zerlegungsanteilen usw., sprächen bei der großen Anzahl lokaler Außendienststellen gegen eine weit gefasste Defini-

123 Archiv des VVO. Ausgangsbuch 1951, Juli, August, September. Ausg. Nr. 757/51 und Ausgangsbuch 1951, Oktober, November, Dezember. Ausg. Nr. 836/51.

124 Archiv des VVO. Ausgangsbuch 1951, Oktober, November, Dezember. Ausg. Nr. 943/51.

tion. Als Betriebsstätte sollte die ständige Vertretung eines Versicherungsunternehmens nur dann zählen, wenn der Vertreter als Abschlussagent bestellt war.

Dem Verband fiel auf, dass in den Entwurf wortwörtlich Vorschriften des Allgemeinen Verwaltungsverfahrensgesetzes übernommen worden waren. Es missfiel ihm allerdings, dass diese Vorschriften zugunsten der Rechtsstellung und der -anwendung durch die Finanzverwaltung abgeändert worden waren. Desgleichen wandte sich der Verband gegen eine Ausdehnung des Begriffs der Ordnungsstrafe, da er darin eine zusätzliche Strafe zu den bereits bestehenden Säumniszuschlägen erblickte. Die Abstimmung von Fristigkeiten, insbesondere bei Berufungen, war ebenfalls ein Punkt, bei dem der Entwurf unklar war. Anfang Jänner 1952 hatte auch die Finanzpolitische Abteilung der Bundeskammer ihre Stellungnahme zur neuen Abgabenordnung fertig und schickte die Stellungnahme an den Verband zur Durchsicht. Dieser befasste damit das Juristenkomitee.[125]

Von nahezu grundsätzlicher Bedeutung für das Verständnis der damaligen steuerpolitischen Debatten waren jene Gedanken, welche der Verband (das Steuerkomitee) in seiner Stellungnahme zum Entwurf eines Wiener Landesgesetzes über die Neufestsetzung von Verwaltungsabgaben an die Kammer der Gewerblichen Wirtschaft für Wien Anfang Juli 1950 herangetragen hatte.[126] Der Verband empfahl, gegen die vor allem im Bauwesen spürbare Erhöhung der Verwaltungsabgaben jedenfalls Protest einzulegen, „wenngleich der Erfolg eines solchen Schrittes höchst fraglich erscheinen muß". Er begründete diese Haltung folgendermaßen: „Wir vermögen die Ansicht der Kammer nicht zu teilen, dass sich ein Junktim zwischen der Erhöhung dieser Verwaltungsabgaben und der Einführung neuer laufender Abgaben oder gar der Luxusabgabe wird herstellen lassen. Die Gemeinden werden sich durch die Unterlassung eines Widerspruchs keineswegs bestimmen lassen, von der Einführung anderweitiger Abgaben Abstand zu nehmen. Hinsichtlich der Luxussteuer ist es aber so, dass diese eine reine Bundessteuer werden soll, so dass die Gemeinden gar nicht in der Lage wären, darauf Einfluss zu nehmen, selbst wenn sie es wollten. Aus diesen grundsätzlichen Erwägungen würden wir .. empfehlen, die beabsichtigte Erhöhung nicht unwidersprochen zu lassen."[127]

Steuerreform und die Gestaltung des Finanzausgleichs hängen thematisch eng zusammen. Im Frühjahr 1951 wurde eine Enquete zum Finanzausgleich vorbereitet. Auch der privaten Versicherungswirtschaft gingen die Unterlagen zur Enquete zu; allerdings so kurzfristig, dass sich der Verband außer Stande sah, sich eingehend mit den

125 Im Juristenkomitee waren Anfang 1952 die folgenden Herren: Dir. Dr. Fieger, Dr. Keresztesy, Dr. Schüller, Dr. Vogl, Dr. Wildhage, Dr. Florian sen. und Dr. Herz. Archiv des VVO. Ausgangsbuch 1952, Jänner, Februar, März. Ausg. Nr. 59/52.

126 Archiv des VVO. Ausgangsbuch 1950, Juli, August, September. Ausg. Nr. 699/50.

127 Ebendort.

Materialien zur Enquete auseinander zu setzen. Der Verband teilte daher der Kammer der gewerblichen Wirtschaft mit: „Es bleibt daher dem Verband nur die Möglichkeit, vom Standpunkt der praktischen wirtschaftlichen Interessen aus jene Gesichtspunkte hervorzuheben, die hinsichtlich der Regelung des Finanzausgleichs für die steuerpflichtigen Wirtschaftssubjekte in Betracht kommen."[128] Im Fall der Assekuranz war das die örtliche Aufschlüsselung des Prämienaufkommens: „Eine solche Zerlegung stößt bei zentralisiertem Massenbetrieb auf fast unüberwindliche Schwierigkeiten und verursacht gänzlich unproduktive Mehrarbeit. Wie immer der Finanzausgleich geordnet wird, wäre es jedenfalls für die Steuerpflichtigen zu begrüßen, wenn die Hoheitsträger die Verteilung unter sich vornehmen …"[129, 130] Desgleichen äußerte der Verband Bedenken dagegen, den Gemeinden die Festsetzung des Hebesatzes der Grundsteuer zu überlassen: „Manche Gemeinden verlieren mitunter den Maßstab für die Beurteilung dessen, was an finanziellen Aufwendungen im Rahmen ihrer Größe und der sonstigen wirtschaftlichen Verhältnisse noch tragbar und gerechtfertigt ist."[131] Die Festsetzung des Hebesatzes sollte deshalb durch die Gemeindeaufsicht überprüft werden.

Ende Mai 1951 kündigte sich eine Entwicklung an, mit welcher die Assekuranz in ihrer Geschichte immer wieder konfrontiert war: die Besteuerung von versicherungstechnischen Rückstellungen. Im gegenständlichen Fall ging es um die Besteuerung der „Reserven" für Gewinnbeteiligung bzw. für eine Beitragsrückgewähr in der privaten Krankenversicherung. Der Verband bat die Wirtschaftsprüfer Univ.-Prof. Dkfm. Dr. L. Mayer und Univ.-Doz. Dr. F. Wegner um ein Gutachten dazu.[132] Anlassfall war der 1946 gegründete Austria Versicherungsverein auf Gegenseitigkeit. Als Neugründung galten für ihn nicht die Fristerstreckungen für die Steuererklärungen. Während bei den anderen inländischen Krankenversicherern durch die Fristerstreckungen die Besteuerung aufgeschoben wurde, war das bei der Austria nicht der Fall. Zugleich unterlag dieser Versicherungsverein aber dem Versicherungsüberleitungsgesetz 1946, BGBl. Nr. 108, dessen § 5 u. a. vorschrieb, dass bis auf weiteres Gewinnbeteiligungen verboten waren.[133] Die Rück-

128 Archiv des VVO. Ausgangsbuch 1951, April, Mai, Juni. Ausg. Nr. 345/51.

129 Ebendort.

130 Siehe dazu auch die Ausführungen zum Ausweis des Aufkommens an Feuerschutzsteuer nach Bundesländern (s. u.).

131 Ebendort.

132 Archiv des VVO. Ausgangsbuch 1951, April, Mai, Juni. Ausg. Nr. 443/51 und Ausgangsbuch 1951, Oktober, November, Dezember. Ausg. Nr. 913/51.

133 § 5 Vers-ÜG lautete: „Sonstige Versicherungsleistungen, insbesondere Gewinnverteilungen, Rückkäufe, Belehnungen von Versicherungsurkunden oder Vorauszahlungen auf solche, ferner Prämienrückvergütungen auf Grund gesetzlicher Bestimmungen oder gemäß den allgemeinen Versicherungsbedingungen sind bis auf weiteres untersagt." Die Wirkung dieses Verbots war eine mehrfache. Erstens verhinderte das

stellungen für Beitragsrückgewähr konnten nicht zweckentsprechend aufgelöst werden und drohten daher der Körperschaftssteuer zu unterliegen. In seiner Eingabe von Anfang April 1952 an die Versicherungsaufsichtsbehörde führte der Verband u. a. aus, dass er sich den Standpunkt des Versicherungsvereins völlig zu eigen mache, „dass die Austria zufolge des Zufalls der späteren Gründung steuerlich nicht schlechter gestellt werden darf, als alle übrigen Versicherungsunternehmungen, die sich sonst in der gleichen Lage befinden".[134]

Der Meinung der Wirtschaftsprüfer schloss sich der Verband nur teilweise an. Der Verband pflichtete den Gutachtern bei, dass die einschlägigen Bestimmungen in der 1. Durchführungsverordnung zum Körperschaftssteuergesetz (konkret § 25 Abs. 2 der 1. DVO z. KöStG) nicht mit der Versicherungsüberleitungsgesetzgebung in Einklang standen. Um die erforderliche Übereinstimmung herzustellen, sprachen sich Verband und Gutachter für eine authentische Interpretation des Sachverhaltes durch die Abgabensektion des Finanzministeriums in dem Sinn aus, dass das Versicherungsüberleitungsgesetz als zeitlich später liegende Spezialnorm die Durchführungsverordnung zum Körperschaftssteuergesetz derogiert. Diese Vorgangsweise würde es ermöglichen, die bei der Austria gebildeten Rückstellungen für Beitragsrückgewähr vor einer Besteuerung zu schützen und zugleich die Ausschüttung so lange hintanzuhalten, bis auch den anderen Krankenversicherern das Wettbewerbsinstrument der Beitragsrückgewähr offen stehen würde; also die Verbotsbestimmung von § 5 des Versicherungsüberleitungsgesetzes gegenstandslos würde. Allerdings war der Verband der Auffassung, dass der Wiederaufbau der Assekuranz noch nicht so weit fortgeschritten war, dass die Aufhebung von § 5 gerechtfertigt gewesen wäre. In diesem Punkt wich er von der Meinung der Gutachter ab, die vorgeschlagen hatten, die Hälfte der Rückstellungen den berechtigten Versicherungsnehmern gut zu bringen. Der Verband befürchtete eine Wettbewerbsverzerrung im Verhältnis zu den anderen Krankenversicherern und nachteilige Beispielsfolgen für andere Versicherungszweige. Letztlich setzte sich der Standpunkt des Verbandes durch. Die steuerfreie Dotierung der Rückstellungen für die vorläufig suspendierte Beitragsrückgewähr konnte erreicht werden.[135]

Verbot, dass dem Publikum zusätzliche Liquidität zugeführt wurde. Das wirkte inflationsdämpfend. Zweitens entlastete das Verbot die Versicherer von der Bildung von Rückstellungen, die nicht unmittelbar für die Abwicklung von Schäden (Versicherungsfällen) erforderlich waren. Drittens dämpfte das Verbot den Wettbewerb unter den Versicherern, denn der Versicherungsmarkt hatte sich von den Kriegsfolgen noch nicht zur Gänze erholt. Es waren in Ermangelung des Staatsvertrages noch wichtige Rechtsfragen sowie solche der Bewertung offen.

134 Archiv des VVO. Ausgangsbuch 1952, April, Mai, Juni. Ausg. Nr. 352/52.

135 Jahresbericht über das Geschäftsjahr 1952. Wien 1953. S. 7ff. „Steuerfragen". Archiv des VVO. Ausgangsbuch 1953, April, Mai, Juni. Ausg. Nr. 356/53.

Ende September 1953 war die Thematik der Besteuerung von versicherungstechnischen Rückstellungen erneut aktuell; und zwar desgleichen in der Krankenversicherung. Bei Univ.-Doz. Dr. F. Wegner war ein Gutachten über Rückstellungen zum Ausgleich des schwankenden Jahresbedarfs (so genannten Schwankungsrückstellungen) eingeholt worden. Das Gutachten wurde der Versicherungsaufsichtsbehörde mit der Bitte vorgelegt, es an die Abteilung 9 weiterzuleiten, welche im Finanzministerium für die Körperschaftssteuer zuständig war.[136] Für Ende April 1954 wurde dann in der Aufsichtsbehörde eine Besprechung zu Wettbewerbsfragen in der Krankenversicherung und zur Schwankungsrückstellung anberaumt. Neben Verbandsfunktionären hatte die Aufsicht auch Prof. Dr. L. Mayer und Dozent Dr. F. Wegner als Experten geladen.[137]

Anfang September 1952 legte der Verband der Kammer der gewerblichen Wirtschaft ein Papier zur „Steuervereinfachung" vor. Die Kammer hatte Anfang August 1952 ihre Unterorganisationen eingeladen, Vorschläge zur Steuerreform zu erstatten. Ende September wandte sich der Verband diesbezüglich an alle Mitgliedsunternehmen und bat um Vorschläge zur Steuervereinfachung.[138] Bereits vorher fasste er in einem Papier die wiederholt vorgebrachten steuerpolitischen Anliegen der österreichischen Assekuranz zusammen und gliederte das Papier wie folgt:[139]

I. Allgemeines

II. Anträge in Bezug auf den Versicherungssektor
1. Versicherungssteuer
   a) Versicherungssteuergesetznovelle 1952
   b) Durchführungsvorschriften
2. Einkommensteuergesetz
   a) Lohnsteuerabzug von Versicherungsprämien bei Prämienentrichtung im Gehaltsabzugswege
   b) Einkommensteuergesetz – Erhöhung der Steuerfreigrenzen für Versicherungsprämien nach § 10 (1) Z. 3
   c) Beiträge zur Altersversorgung der selbständig Erwerbstätigen
3. Erbschaftssteuer
4. Umsatzsteuergesetz

Im Kapitel „I. Allgemeines" wurde eine Vereinheitlichung der Bemessungsgrundlagen für die unterschiedlichen Steuern und Abgaben vom Arbeitslohn verlangt. Dadurch würde die Arbeit der Lohnbüros vereinfacht werden. Im Kapitel „II. 1. a) Versicherungsteuerge-

---

136 Archiv des VVO. Ausgangsbuch 1953, Juli, August, September. Ausg. Nr. 923/53.
137 Archiv des VVO. Ausgangsbuch 1954, April, Mai, Juni. Ausg. Nr. 340/54.
138 Archiv des VVO. Ausgangsbuch 1952, Juli, August, September. Ausg. Nr. 928/52.
139 Archiv des VVO. Ausgangsbuch 1952, Juli, August, September. Ausg. Nr. 880/52.

setznovelle 1952" wurde die mit der Novelle eingeführte Besteuerung der Rückversicherung vehement abgelehnt.[140] Im Kapitel „II. 1. b) Durchführungsvorschriften" verwies der Verband darauf, dass er es vorziehe, die Durchführungsbestimmungen zum (novellierten) Versicherungssteuergesetz selbst mit der Aufsichtsbehörde zu besprechen. In den Punkten 2. bis 4. des zweiten Kapitels wiederholte der Verband bekannte Anliegen (s. u.. Im Kapitel „II. 2. a) Lohnsteuerabzug von Versicherungsprämien bei Prämienentrichtung im Gehaltsabzugswege" trug er das Anliegen vor, dass auch eine derartige Entrichtung von Prämien ohne bürokratischen Mehraufwand in den Genuss der fiskalischen Förderung komme. Im Kapitel „II. 2. b) Einkommensteuergesetz – Erhöhung der Steuerfreigrenze für Versicherungsprämien nach § 10 (1) Z. 3." wiederholte er, dass die Steuerfreigrenzen für Lebensversicherungen von Familienangehörigen anzuheben seien. Im Kapitel „II. 2. c) Beiträge zur Altersvorsorge der selbständig Erwerbstätigen" sprach sich der Verband – ebenfalls zum wiederholten Male – dafür aus, dass Beiträge zur Altersversorgung selbständig Erwerbstätiger so wie Sozialversicherungsbeiträge zur Gänze vom zu besteuernden Einkommen abgesetzt werden können müssten. Im Kapitel „II. 3. Erbschaftssteuer" verlangte er die fiskalische Förderung von Lebensversicherungen, welche für die Abstattung der Erbschaftssteuer zweckgewidmet waren. Im Kapitel „II. 4. Umsatzsteuer" sprach sich der Verband dafür aus, dass die Handelsagenten zustehende umsatzsteuerliche Begünstigung auch Versicherungsagenten eingeräumt wird. Er trug diese Forderung auch im Herbst 1953 an den Finanzminister Dr. R. Kamitz direkt heran.[141] Als Mitte Dezember 1953 im Finanzpolitischen Ausschuss der Bundeskammer der gewerblichen Wirtschaft verschiedene Novellierungswünsche zum Umsatzsteuergesetz zur Debatte standen, verlangte der Verband, dass auch für Versicherungsagenten diese umsatzsteuerliche Freigrenze eingeführt werde.[142]

Wenngleich nicht als steuerreformatorische Maßnahme gedacht, enthielt der Referentenentwurf zum Einkommensteuergesetz 1953 doch Bestimmungen, welche auf eine wesentliche Umorientierung des Steuerrechts hinausliefen. Eine solche Umorientierung bestand etwa darin, dass die in Abschnitt 31 der Einkommensteuerrichtlinien vorgesehene steuerfreie Übertragung stiller Rücklagen für Ersatzbeschaffungen außer Kraft gesetzt werden sollte. Dagegen wandte sich Mitte November 1953 der Verband und teilte der Bundeskammer der gewerblichen Wirtschaft mit, dass die steuerfreie Ersatzbeschaffungsrücklage für Versicherte, welche Versicherungsleistungen – zum Beispiel nach einem

140 Siehe dazu weiter unten die Ausführungen im Abschnitt zum Versicherungssteuergesetz („Die Debatte über die Durchführung des Gesetzes, Reformvorschläge und Steuererhöhungen").

141 Archiv des VVO. Ausgangsbuch 1953, Oktober, November, Dezember. Ausg. Nr. 957/53.

142 Archiv des VVO. Ausgangsbuch 1953, Oktober, November, Dezember. Ausg. Nr. 1232/53.

Brand – erhalten hatten, von eminenter Bedeutung sei. Der Verband regte an, eine diesbezügliche Regelung direkt im Gesetz zu verankern.[143] Die Beratungen zum Entwurf eines neuen Einkommensteuergesetzes boten die Möglichkeit Überlegungen zur Steuerreform einzubringen. Diese Gelegenheit nutzte der Finanzminister und forderte die Bundeskammer der gewerblichen Wirtschaft auf, Vorschläge zu erstatten. Diese wandte sich Ende Jänner 1954 wiederum an ihre Fachverbände, so auch an jenen der Versicherungsunternehmungen. Der Verband befasste damit die Unternehmen und bat um Vorschläge.[144]

3.2 Die Bedeutung der Sistierung der externen Rechnungslegung für die Besteuerung der Versicherungsunternehmen: das Schillingeröffnungsbilanzgesetz 1954 und das Versicherungswiederaufbaugesetz 1955

Mit vielfältigen Bilanzierungsproblemen, die wiederum Aus- und Rückwirkungen auf eine Vielzahl von Geschäftstätigkeiten hatten, waren jene Versicherer konfrontiert – und das waren die meisten –, welche auf dem Gebiet der Republik Österreich bereits vor dem Ende des Dritten Reiches zum Geschäftsbetrieb zugelassen worden waren. Was D. Stiefel (2001) für die Lebensversicherung festgestellt hatte, galt auch allgemein: „Die Bilanz des Krieges war … für das österreichische Versicherungswesen katastrophal. Im Grunde genommen war die ganze Branche bankrott."[145, 146] Dass die Unternehmen trotzdem weiterarbeiten konnten, war einem Bündel von Maßnahmen zu verdanken, zu denen auch die Besteuerung gehörte.

Die damalige Situation läßt sich theoretisch anspruchsvoller auch dahingehend verstehen, dass institutionelle Maßnahmen ergriffen wurden, welche gewährleisteten, dass die

143 Archiv des VVO. Ausgangsbuch 1953, Oktober, November, Dezember. Ausg. Nr. 1139/53.

144 Archiv des VVO. Ausgangsbuch 1954, Jänner, Februar, März. Ausg. Nr. 168/54.

145 D. Stiefel (2001), Die österreichischen Lebensversicherungen und die NS-Zeit. Wirtschaftliche Entwicklung. Politischer Einfluß. Jüdische Polizzen. Wien. S. 151.

146 Wie heikel die wirtschaftliche Lage der Versicherungsunternehmen war, geht auch aus dem Erlass vom 24.01.1948 des Bundesministeriums für Finanzen als Versicherungsaufsichtsbehörde, Zl. 4402-19/48, hervor. Dieser Erlass verlangte von den Unternehmen die Aufstellung von vorläufigen Rechnungsabschlüssen für 1944, 1945 und 1946. Dabei hatten die Unternehmen den von der Aufsichtsbehörde festgelegten Grundsätzen für die „Bewertung der durch die Kriegsfolgen beeinflußten Aktiven" zu folgen. Ausdrücklich hatte die Aufsichtsbehörde „… bei diesem Anlaß festgestellt, daß eine Verpflichtung zur Anzeige einer Überschuldung gemäß § 88 Abs. 2 Versicherungsaufsichtsgesetz bis auf weiteres nur dann besteht, wenn auch bei Anwendung dieser Bewertungsrichtlinien Überschuldung vorliegt". Mit anderen Worten: Bankrotterklärungen zufolge kriegsbedingter Wertminderungen konnten unterbleiben. Zum Zweck des „going concern", der Aufrechterhaltung der Unternehmenstätigkeit, wurde das Imparitätsprinzip umgekehrt. Archiv des VVO. Ausgangsbuch 1948, Jänner, Februar, März. Ausg. Nr. 144/48.

Kapitalstruktur keinen bzw. einen vernachlässigbaren Einfluss auf die Geschäftstätigkeit und den Unternehmenswert hatte. Das Irrelevanztheorem (von Modigliani und Miller [1958][147]) besagt, daß bei vollkommenen Kapitalmärkten und einem neutralen Steuersystem die Kapitalstruktur nicht für den Unternehmenswert und die Kapitalkosten maßgebend ist. Nach Kriegsende lagen die Kapitalmärkte darnieder und das Steuersystem war deshalb neutral, weil (im Versicherungswesen) – zunächst – keine Unternehmenssteuern anfielen. Mit anderen Worten: die Bedingungen des Irrelevanztheorems waren – als paradoxe Ecklösung – erfüllt. Mindern Fremdkapitalzinsen den steuerlichen Gewinn, wird diese Finanzierungsform der Eigenkapitalbildung gegenüber bevorzugt. Das Fehlen einer Besteuerung förderte nicht nur quantitativ die Eigenkapitalbildung, sondern hatte auch Einfluss auf das unternehmerische Kalkül selbst. Der Anreiz entfiel, zur (legalen) Steuervermeidung die Eigenkapitalbildung und -bindung zu drosseln. Der „institutionelle Kunstgriff" bestand darin, dass die externe Rechnungslegung sistiert wurde. Damit fehlten die für Steuererklärungen maßgeblichen Unterlagen, was wiederum zu einer laufenden Verlängerungen der Fristen für Steuererklärungen führte.

Das Kriegsende und die Umstände der unmittelbaren Nachkriegszeit verhinderten die exakte Erfüllung der Grundsätze einer ordnungsgemäßen Buchführung. Das heißt nicht, dass die Unternehmen kein Rechnungswesen geführt hätten. Doch die Abbildung eines „true and fair view", den eine Rechnungslegung zu vermitteln hat, war durch die äußeren Umstände arbiträr geworden; selbst wenn sie zahlenmäßig stimmte. Wenn unklar und ungewiss ist, was für eine Handelsbilanz maßgeblich ist, ist sie, sofern erstellt, unmaßgeblich. „Eines der Hindernisse", heißt es in den Erläuternden Bemerkungen zum Versicherungswiederaufbaugesetz 1955[148], „die der Aufstellung satzungsgemäßer Bilanzen entgegenstanden, war die Unklarheit über das endgültige Ausmaß der zu erbringenden Versicherungsleistungen." Diese Unklarheit hing zum Teil mit der Währungsschutzgesetzgebung zusammen, die auf eine Abschöpfung von Kaufkraft abzielte und damit auch fällige Leistungen aus kapitalbildenden Versicherungen kürzte.[149]

---

147 F. Modigliani and M. H. Miller (1958), The Cost of Capital, Corporate Finance, and the Theory of Investment. In: American Economic Review, vol. 48, pp. 261-297.

148 Erläuternde Bemerkungen. Bundesgesetz … 1955 über den Wiederaufbau der Vertragsversicherung (Versicherungswiederaufbaugesetz – VWG). Regierungsvorlage. 600 der Beilagen zu den stenographischen Protokollen des Nationalrates VII. GP. Wien. S. 11.

149 Siehe dazu den Erlass vom 21. 3. 1947, Zl. 13023-19/47, der Versicherungsaufsichtsbehörde. Darin wird verfügt, dass Unternehmen, welche Auskünfte über den Wert von Ansprüchen aus Lebensversicherungsverträgen geben, z. B. für Steuererklärungen über die Höhe des Rückkaufswertes, nur den derzeitigen Wert des Anspruchs bekannt geben dürfen. Der „derzeitige Wert" entsprach dem Verhältnis der nach dem Versicherungsüberleitungsgesetz und den dazugehörigen Erleichterungsverordnungen zulässigen Zahlung zum vertragsmäßigen Anspruch. Archiv des VVO. Ausgangsbuch 1947, Jänner, Feber, März. Ausg. Nr. 343/47.

Der letzte vor Kriegsende ordnungsgemäß zustande gekommene Rechungsabschluss war jener für das Jahr 1943 gewesen. Im Frühjahr 1945 war der Rechnungsabschluss für 1944 zu erstellen. Die Arbeitsbedingungen dafür waren mehr als schlecht. Trotzdem wurden, wenngleich mit Verspätungen, die satzungsmäßigen Abschlüsse für 1944 aufgestellt. Doch das war nicht das Hauptproblem. Das Problem lag darin, dass die Ergebnisse des Rechnungsabschlusses 1944 nur retrospektiv gültig waren. Für die Geschäftstätigkeit im Jahr 1945 waren die Aussagen des Abschlusses 1944, beispielsweise die gesamte Rechnungsabgrenzung, nur bedingt brauchbar. 1945 und 1946 waren die Schwierigkeiten noch größer: Bilanzwahrheit, -klarheit, -kontinuität und -vorsicht waren bestenfalls näherungsweise erfüllbar. Es war daher nur folgerichtig, dass die externe Rechnungslegung sistiert wurde bzw. weiterhin die Publizität unterbunden blieb.

Ohne es zu erwähnen, knüpfte die Sistierung der externen Rechnungslegung an die „Verordnung über die Einschränkung handelsrechtlicher Bekanntmachungen während des Krieges" vom 20. Oktober 1943, RGBl. I S. 573, an. Darin wird in § 2 (3) verfügt: „Die öffentliche Bekanntmachung von Geschäftsberichten ist unzulässig." So wie das andere Reichsrecht war auch diese Verordnung in den österreichischen Rechtsbestand übergeleitet worden. Der Krieg war zwar zu Ende, doch in § 7 (2) der Verordnung hieß es: „Der Reichsminister der Justiz bestimmt den Zeitpunkt des Außerkrafttretens der Verordnung." Das hieß, solange die Verordnung nicht ausdrücklich vom zuständigen österreichischen Staatsorgan außer Kraft gesetzt worden war, galt sie – für alle Unternehmen – weiter.

Die Sistierung der externen Rechnungslegung – für die Versicherungsunternehmen – wurde in dem Erlass vom 8. 12. 1947 des Bundesministeriums für Finanzen, Versicherungsaufsichtsbehörde, geregelt. Der Erlass legalisierte einen faktischen Zustand. Die Aufsichtsbehörde verlangte von den Unternehmen für die Jahre 1944, 1945 und 1946 die Aufstellung und Vorlage der Rechnungsabschlüsse, einschließlich der Geschäftsberichte und des Berichtes des Wirtschaftsprüfers. Zugleich verfügte jedoch die Behörde: „Diese Rechnungsabschlüsse sollen lediglich den Versicherungsunternehmungen und der Versicherungsaufsichtsbehörde die Unterlagen geben, um die wirtschaftliche Situation der Unternehmungen beurteilen und die Maßnahmen für einen Wiederaufbau vorbereiten zu können. Die Feststellung des Rechnungsabschlusses durch den Aufsichtsrat oder die Hauptversammlung sowie die Einreichung beim Registergericht und die Veröffentlichung hat daher unbedingt zu unterbleiben, da die Rechnungsabschlüsse der Versicherungsunternehmungen im gegenwärtigen Zeitpunkt für eine Erörterung in der Öffentlichkeit noch nicht geeignet sind. Die Mitteilungsverpflichtung gegenüber den Versicherungsnehmern … gilt selbstverständlich erst nach Feststellung des Rechnungsabschlusses. ..."[150] Damit ging der Erlass über die reichsrechtliche Verordnung hinaus, denn im Dritten Reich blieben die Unternehmensorgane tätig. Damals war nur die externe Publizität unterbunden.

Diese Regelung wurde – von kleineren Änderungen abgesehen – bis zum Abschluss der Rekonstruktionsbilanz und der daran anschließenden Aufstellung der Schillingeröffnungsbilanz beibehalten. Sie erstreckte sich bis zum Ende des Geschäftsjahres 1954. Das bedeutete, dass 1954 und 1955 der Arbeitsaufwand für und die Prüfungstätigkeit der Abschlüsse (durch unabhängige Wirtschaftsprüfer) kumulierten. Anfang April 1954 bat daher der Verband die Aufsichtsbehörde von dem Erfordernis der Prüfung des provisorischen Rechnungsabschlusses für 1953 durch einen Wirtschaftsprüfer abzusehen, „da die Ergebnisse dieses Geschäftsjahres ja ohnedies im Zusammenhang mit der bevorstehenden Schlussbilanz zu prüfen sein werden."[151] Dem Ansuchen wurde von der Aufsichtsbehörde nicht stattgegeben. Trotzdem empfahl der Verband seinen Mitgliedsunternehmen, vorerst mit einer Beauftragung der Abschlussprüfer zuzuwarten.

Bis es jedoch soweit war, die Sistierung der externen Rechnungslegung mit der Erstellung einer Rekonstruktions- und einer Schillingeröffnungsbilanz zu beenden, bereitete die Erfüllung des Wunsches der Versicherungsaufsicht nach der Vorlage vorläufiger, so genannter „statistischer" Bilanzen eine Reihe von Problemen und führte u. a. zu Kontroversen mit den Steuerbehörden. Die Finanz verlangte zum Zweck der steuerlichen Prüfung Einblick in die provisorischen Abschlüsse, während die Versicherer dagegen einwandten, diese Abschlüsse seien keine geeignete Grundlage für die Bemessung von Steuern. Zugleich suchten die Versicherer fortlaufend um Fristerstreckungen für die Vorlage ihrer Steuererklärungen an; – und erhielten auch diese Erstreckungen (s. u.). Finanzsoziologisch bemerkenswert ist, dass die Kontroverse um die Vorlage der provisorischen Rechnungsabschlüsse im Wirkungsbereich desselben Ministeriums stattfand. Es gelang dem Fiskus nicht, sich für die Besteuerung der provisorischen Rechnungsabschlüsse zu bedienen. Versuche, dies im obrigkeitlichen Durchgriff zu erreichen, scheiterten. Darin kann eine Änderung der Herrschaftsverhältnisse (gegenüber dem NS-Regime) und eine Rückkehr zu einer rechtsstaatlichen Verwaltungspraxis gesehen werden.

Die Vorlage provisorischer Rechnungsabschlüsse setzte unter anderem voraus, dass es – irgendwelche – Bewertungsrichtlinien gab, nach denen Aktiva und Passiva in die Bilanz eingestellt werden konnten. Solche Richtlinien hatte die Aufsicht für die Jahre

---

150 Rechnungsabschluss der Versicherungsunternehmungen für die Jahre 1944, 1945 und 1946. – Bewertungsgrundsätze (Erl. D. BMF v. 8. XII. 1947, Z. 47.342-19/47). In: K. u. H. Wahle (1949; Hrsg.), Vertragsversicherungsrecht. Gesetze, Verordnungen und Erlässe. Wien. S. 249ff.

151 Archiv des VVO. Ausgangsbuch 1954, April, Mai, Juni. Ausg. Nr. 437/54.

1944, 1945 und 1946 bekannt gegeben. Auch für 1947 beabsichtigte sie das zu tun. Es ist für die damalige Situation bezeichnend, wie eng die Behörde bei der Erstellung der Bewertungsrichtlinien mit den Unternehmen zusammenarbeitete. Sie wandte sich an die Unternehmen und schrieb: „Sie werden eingeladen, auf Grund der Erfahrungen der Vorjahre gesammelte Anregungen und Wünsche [Anmerkung: bezüglich der Bewertungsrichtlinien für 1947] dem Bundesministerium … bekanntzugeben. Das Bundesministerium … hält es im Interesse der Bilanzklarheit für unerläßlich, daß auch bei den Deckungsrücklagen und Schadenreserven in der Lebensversicherung ersichtlich gemacht wird, welcher Teil dieser Passiven auf die nach der Versicherungsüberleitungsgesetzgebung zulässigen Leistungen entfällt. Dem Vernehmen nach bestehen bei einzelnen Versicherungsunternehmungen bereits bezügliche Planungen. Sie werden somit eingeladen, auch in dieser Richtung Vorschläge zu einer einheitlichen Behandlung unter Berücksichtigung der praktischen Durchführungsmöglichkeiten einzubringen.“[152]

Ende Februar 1949 lagen dann die Bewertungsgrundsätze für den Rechnungsabschluss 1947 vor. Sie gingen in einem hektographierten vierseitigen Rundschreiben mit zwölf Punkten den Mitgliedsunternehmen des Verbandes zu.[153] Der allgemeine Grundsatz lautete – so wie in den Jahren zuvor: „Grundsätzlich hat nach wie vor zu gelten, daß die kriegsbeeinflußten Vermögenswerte mit den Buchwerten vom 31. Dezember 1944 zu bilanzieren sind.“ Deutsche Wertpapiere, die keine Reichspapiere waren, also Pfandbriefe, Industrieobligationen usw., waren ebenfalls zu den Kursen vom 31. 12. 1944 anzusetzen.[154] Der obige Grundsatz war aus der Sicht der Aufsichtsbehörde sinnvoll, denn er ermöglichte es ihr, halbwegs einen Überblick über die Entwicklung der Versicherungsunternehmen zu erlangen. Im Grunde genommen stand damals nicht die dauernde Erfüllbarkeit der Verpflichtungen aus Versicherungsverträgen im Vordergrund des aufsichtsbehördlichen Interesses, sondern vielmehr die kurzfristige Erfüllung derselben. Die dauernde Erfüllbarkeit bzw. die dauernde Gewährleistung des Äquivalenzprinzips war durch die Folgen des Krieges gestört und erst mit Abschluss des Wiederaufbaues wieder gegeben. Es wäre falsch, zu glauben, dass die deutsche Währungsreform von 1948 (die Einführung der DM) die Bewertungsunsicherheit beseitigt hätte. Das erfolgte erst 1955 durch den Staatsvertrag von Wien und durch die daran anschließende Durchführungsgesetzgebung. Ostdeutsche Wertpapiere wurden Anfang Mai 1955 mit Wirkung vom 1. 1. 1948 aus den steuerlichen Bemessungsgrundlagen ausgeschieden.[155]

---

152 Archiv des VVO. Ausgangsbuch 1948, Oktober, November, Dezember. Ausg. Nr. 1319/48

153 Archiv des VVO. Ausgangsbuch 1949. Jänner, Februar, März. Ausg. Nr. 187/49.

154 Archiv des VVO. Ausgangsbuch 1950, Jänner, Februar, März. Ausg. Nr. 242/50.

155 Mit Erlass vom 12. April 1955, Zl. 16.241-10/55, verlautbarte das Bundesministerium für Finanzen: „Zur Bereinigung der Veranlagungsverfahren zur Vermögensabgabe, Vermögenszuwachsabgabe sowie Vermö-

Die 1949 erlassenen Bewertungsgrundsätze für den (internen bzw. statistischen) Rechnungsabschluss 1947 wurden in den Folgejahren fortgeführt und ergänzt. Beispielsweise verfügte die Aufsichtsbehörde Mitte Juni 1950 für den Rechnungsabschluss 1949, dass vor der Befreiung Österreichs angeschaffte Industrieobligationen zu den amtlichen Börsenkursen vom 31. 12. 1949 keinesfalls jedoch höher als zum Anschaffungskurs anzusetzen sind. Buchmäßige Kursgewinne waren einem Kursdifferenzfonds gutzubringen.[156] Diese Regelung wurde in den nunmehr Bewertungsrichtlinien 1950 genannten Erlass vom 8. 5. 1951, Zl. 29583-19/51, der Versicherungsaufsichtsbehörde für den Stichtag 31. 12. 1950 fortgeführt.[157] Ausdrücklich wies die Aufsichtsbehörde darauf hin, dass es der Zweck des Kursdifferenzenfonds sei, sowohl Kursgewinne aufgrund der Aufwertung von Fremdwährungen wie auch buchmäßige Kursverluste zu neutralisieren, also nicht über das Gewinn- und Verlustkonto zu führen. Nicht-kriegsbetroffene Wertpapiere und solche, die nach 1945 angeschafft worden waren, seien mit ihren Anschaffungswerten anzugeben. Herabsetzungen des Buchwertes unter den Anschaffungswert sollten möglichst unterbleiben, um Buchwertschwankungen zu vermeiden. Leistungen bei Lebensversicherungen, welche mit Bundesschuldverschreibungen 1947 unterlegt waren, seien nicht als Auszahlungen für fällige Versicherungen, sondern als „sonstige Ausgaben" zu verbuchen. Bei Polizzendarlehen sollte zwischen Alt- und Neudarlehen unterschieden werden. Altdarlehen waren solche, welche vor dem 1. 1. 1946 gewährt worden waren. Bei ihnen sei – so wie bei den Deckungsrückstellungen – zwischen einem kriegsbetroffenen, i. e. wertberichtigten Teil, und einem nicht-kriegsbetroffenen Teil zu unterscheiden. Die Wertberichtigungen sollten der 4. Versicherungsüberleitungsverordnung folgen.[158] Die Deckungsrückstellungen und die Schadensreserve in der Lebensversicherung seien

gensteuer und Aufbringungsumlage zum 1. Jänner 1948 wird die Finanzlandesdirektion eingeladen, die Finanzämter … anzuweisen, deutsche Wertpapiere, welche ausschließlich Forderungen gegen Schuldner in der Deutschen Demokratischen Republik oder Anteilsrechte an Unternehmungen in diesem Gebiet verbriefen und in den bisherigen Veröffentlichungen von Steuerwerten nicht enthalten sind und daher bei der Berechnung der Vermögensabgabe, Vermögenszuwachsabgabe, Vermögensteuer und Aufbringungsumlage zum 1. Jänner 1948 vorläufig außer Betracht geblieben sind, nunmehr endgültig aus der Bemessungsgrundlage auszuscheiden. Die endgültige Ausscheidung dieser Wertpapiere aus der Bemessungsgrundlage … erscheint damit begründet, daß es ungewiß ist, ob und wann diese Papiere wieder einen Wert besitzen werden. Selbst wenn dies zu einem späteren Zeitpunkt der Fall sein sollte, ist es zweifelhaft, ob der Wert dieser Papiere zum 1. Jänner 1948 festgestellt werden kann." Archiv des VVO. Ausgangsbuch 1955, April, Mai, Juni. Ausg. Nr. 593/55.

156 Archiv des VVO. Ausgangsbuch 1950, April, Mai, Juni. Ausg. Nr. 621/50.

157 Archiv des VVO. Ausgangsbuch 1951, April, Mai, Juni. Ausg. Nr. 524/51.

158 Verordnung des Bundesministeriums für Finanzen vom 17. April 1951, BGBl. Nr. 85, betreffend die Regelung von Fragen der österreichischen Vertragsversicherung (Vierte Versicherungsüberleitungsverordnung).

in einen freien und in einen gesperrten Teil aufzugliedern.[159] Die statistischen Nachweisungen (der provisorische Rechnungsabschluss) für 1950 war der Aufsichtsbehörde bis 30. 9. 1951 vorzulegen. Der Abgabetermin verlängerte sich automatisch bis 15. 11. 1951, wenn der Septembertermin nicht eingehalten wurde. In den Folgejahren kam der Verband immer wieder bei der Versicherungsaufsichtsbehörde um Fristerstreckungen für die Vorlage der statistischen Nachweisungen ein. Es handelte sich dabei, anders als bei den Fristverlängerungen für die Abgabe der Steuererklärungen, um vergleichsweise kurze Erstreckungen, so dass die Aufsichtsbehörde, wenngleich etwas verspätet, über die erforderlichen Informationen verfügte.

Es war ein Anliegen des Verbandes, die Bewertungsgrundsätze für das jeweilige Rechnungsjahr mit der Aufsichtsbehörde abzustimmen. Bei den Grundsätzen für 1949 war das nicht erfolgt, so dass der Verband dieses Anliegen der Aufsichtsbehörde im Laufe des Jahres 1950 nahe brachte. Als mit obigem Erlass dem Verband die Bewertungsrichtlinien 1950 zugingen, bemerkte er zu diesem Vorgehen: „Wir haben bereits im Vorjahr die Bitte zum Ausdruck gebracht, den Verband vor der Herausgabe der Bewertungsrichtlinien anzuhören. Wir bedauern, daß dies nicht geschehen ist; wir müssen mit der Verlautbarung des Erlasses an die Mitgliedsunternehmungen innehalten und Sie bitten, zunächst zu folgenden Bemerkungen Stellung zu nehmen: …“[160] Was bedeutete das? Der Verband verweigerte hiermit die Weitergabe eines für die Handhabung der materiellen Staatsaufsicht essentiellen Erlasses. Ohne den statistischen Nachweisungen der Unternehmen mangelte es der Behörde an Informationen, um ihren Aufgaben nachzukommen. Zwar hätte sich die Behörde an alle Versicherungsunternehmen einzeln wenden können, doch das wäre mit einem hohen Verwaltungsaufwand verbunden gewesen, welcher die inhaltliche Führung der Aufsicht behindert hätte. Dieser Zusammenhang erklärt, warum der Verband der Aufsicht gegenüber selbstbewusst auftreten konnte. Der Verband nannte der Aufsichtsbehörde unter anderem folgende zwei Wünsche: Erstens, begehrte er eine Verlängerung der Frist für die Vorlage der statistischen Bilanzen bis 15. 11. 1951. Zweitens sprach er sich für die Beibehaltung der Bewertungsgrundsätze 1949 für die Bewertung von Wertpapieren aus. Seinen ersten Wunsch begründete er damit, dass zu einem früheren Termin die Abrechnungen aus der Rückversicherung, insbesondere aus dem übernommenen Geschäft, nicht vorliegen würden. Den zweiten Wunsch begründete er damit, dass die Unternehmen ihre Wertpapierbilanzen für 1950 bereits vor Eintreffen des Erlasses, also bereits im ersten Quartal 1951, fertig gestellt hätten. Sie hätten dabei die

159 Siehe dazu auch die nachstehenden Ausführungen zur Bewertung von Versicherungsansprüchen für Steuerzwecke (Erlass vom 8.5.1951, Zl. 2957/o-19/51, der Versicherungsaufsichtsbehörde).

160 Archiv des VVO. Ausgangsbuch 1951, April, Mai, Juni. Ausg. Nr. 415/51.

damals gültigen Bewertungsgrundsätze angewandt. Eine nachträgliche Umstellung der Bewertungen sei mit hohen Kosten und folgenschweren Rückwirkungen für die Lebensversicherung verbunden. Änderungen bei den Bewertungsgrundsätzen seien spätestens im Jänner des laufenden Jahres zu besprechen. Anfang April 1952 informierte die Versicherungsaufsichtsbehörde im Wege des Verbandes die Unternehmen, dass auch für das Geschäftsjahr 1951 die bisherigen Bewertungsgrundsätze weiter galten.[161]

Für eine Besteuerung der Unternehmen oder gar für die Ausschüttung von Dividenden war die „statistische Bilanz" gänzlich ungeeignet.[162, 163, 164] Trotzdem verlangte im Mai 1949 das Finanzamt für Körperschaften von den Unternehmen die Vorlage von „Ertragsrechnungen", obwohl die Frist für die Steuererklärungen verlängert worden war. Der Verband wandte sich im Wege der Bundeskammer der gewerblichen Wirtschaft gegen diese Absicht.[165] Er hatte Erfolg. Die Finanzämter erhielten keine „Ertragsrechnungen", jedoch waren der Abgabensektion des Finanzministeriums Ausfertigungen der statistischen Bilanzen für 1946, 1947 und 1948 zur Information vorzulegen, um erläutern zu können, aus welchen Gründen diese Bilanzen „... für die Begutachtung vom steuerlichen Gesichtspunkte aus gänzlich ungeeignet sind".[166] Doch erwies sich der betreffende Erlass

161 Archiv des VVO. Ausgangsbuch 1952, April, Mai, Juni. Ausg. Nr. 359/52.

162 Das sei am Beispiel der rückständigen Wertpapierzinsen (Punkt 2.) des Rundschreibens vom 22. Februar 1949) demonstriert. Dazu hieß es: „Eine Aktivierung der aus auf das Jahr 1947 entfallenden, jedoch infolge Einstellung des Zinsendienstes nicht vereinnahmten Zinsen hat auch in der Lebensversicherung nicht zu erfolgen, wenn feststeht, daß die Zinsen uneinbringlich sind (Reichswerte etc.). Die in den Bilanzen bis einschließlich 1946 aktivierten Zinsenrückstände sind, soweit nicht eingegangen, weiter zu aktivieren, es sei denn, daß es sich um Wertpapiere handelt, deren Kurse sich einschließlich rückständiger Zinsscheine verstehen (...)." Archiv des VVO. Ausgangsbuch 1949. Jänner, Februar, März. Ausg. Nr. 187/49.

163 Zeitgeschichtlich bemerkenswert ist die Äußerung vom 24. März 1949 des Verbandes. Er teilte der Aufsichtsbehörde mit, dass die zunehmende Besserstellung von ehemaligen Nationalsozialisten zu Bewertungsunsicherheiten bei der Höhe der Pensionsrückstellungen führe. U. a. schrieb der VVO: „Der zweite Umstand, ..., liegt in der sukzessive immer besser werdenden Behandlung ehemaliger Nationalsozialisten. Während nach den beiden Wirtschaftssäuberungsgesetzen mit einem weitgehenden Verlust von Pensionsansprüchen der Angehörigen dieses Personenkreises gerechnet werden mußte, neigt die Judikatur und auch die Gesetzgebung, insbesondere das Amnestiegesetz, immer mehr zu einer Erweiterung derartiger Ansprüche gekündigter oder entlassener Dienstnehmer. Bleibt es bei dieser Tendenz, ist früher oder später damit zu rechnen, dass die Ansprüche ehemaliger Nationalsozialisten auf Ruhe- und Versorgungsgenüsse voll oder fast voll wiederhergestellt werden." Archiv des VVO. Ausgangsbuch 1949, Jänner, Februar, März Ausg. Nr. 334/49.

164 Zumindest ein Unternehmen hielt sich nicht an den Erlass der Aufsichtsbehörde (s. o.) und an die Empfehlungen des Verbandes. Es erstellte für 1945 einen Rechnungsabschluss und legte diesen 1949 dem (örtlichen) Finanzamt vor. Prompt erhielt es den 1949 fälligen Besatzungskostenbeitrag per 31.12.1945 vorgeschrieben. Archiv des VVO. Ausgangsbuch 1949. Juli, August, September. Ausg. Nr. 808/49.

165 Archiv des VVO. Ausgangsbuch 1949, April, Mai, Juni. Ausg. Nr. 528/49.

166 Archiv des VVO. Ausgangsbuch 1949. April, Mai, Juni. Ausg. Nr. 549/49.

als unvollständig und missverständlich, denn die Finanzämter wurden zwar angewiesen von Versicherungsunternehmen und Kreditinstituten keine Ertragsrechnungen und Vermögensaufstellungen mehr einzufordern, doch zugleich wurde davon gesprochen, dass nunmehr Versicherungsunternehmen und Kreditinstitute dem Finanzministerium Abschriften ihrer Zwischenausweise vorzulegen hätten. Versicherungsunternehmen erstellten (und erstellen) keine Zwischenausweise. Weiters war von einer Fristerstreckung für die Abgabe der Steuererklärungen nicht mehr die Rede.[167] Der Verband informierte seine Mitgliedsunternehmen, dass die Kammer um eine Klärung bemüht sei.[168] Bald darauf unterrichtete der Verband die Unternehmen, die Bundessektion der Kammer habe den Eindruck gewonnen, das Ministerium sei prinzipiell geneigt, den Termin bis 31. 12. 1949 zu erstrecken, wenn die Unternehmen tatsächlich nicht in der Lage seien, zu bilanzieren.[169] Die nächste Nachricht, welche der Verband aus dem Ministerium erhielt, war ernüchternd. Das Finanzministerium forderte von den Interessenvertretungen (Verbänden) der Kredit- und der Versicherungswirtschaft Mitgliedslisten ein. Die Verbände sollten in diesen Listen anmerken, „ob die betreffende Unternehmung in der Lage ist, Steuererklärungen … zu legen oder unpräjudizielle Steuervorauszahlungen zu leisten".[170] Offensichtlich begann die Situation heikel zu werden, denn im Rundschreiben vom 30.06.1949 bat der Verband die Mitgliedsunternehmen eine Vorlage von statistischen Bilanzen, wie das einige Wochen vorher angekündigt worden war, zu unterlassen. Die Vorlage derartiger Bilanzen werde in einem eigenen Erlass geregelt werden. Vorerst scheine es, so der Verband, würden die Erklärungen, dass die Unternehmen nicht bilanzieren können, der Abgabensektion des Ministeriums genügen[171]. Die Zeit wurde knapp, denn das Ministerium teilte mit, es sei nicht geneigt, die Frist für die Abgabe von Steuererklärungen, insbesondere für 1948, über den 31. 12. 1949 hinaus zu verlängern. Die Kreditsektion der Bundeskammer der gewerblichen Wirtschaft bemühte sich um einen Termin für eine Vorsprache beim Minister, um mit Nachdruck darlegen zu können, dass eine Fristverlängerung unerlässlich sei. Es liege auf der Hand, wurde argumentiert, dass keine Bilanzierung möglich sei, dass (provisorische) Ertragsrechnungen keine tauglichen Grundlagen für Steuervorauszahlungen abgeben würden, dass dies auch aus den der

167 Zwischenausweise sind unterjährige Rumpfbilanzen, welche der geld- und währungspolitischen Kontrolle von Banken dienen. Für Zwecke der Besteuerung sind sie ungeeignet. Da Versicherungsunternehmen keine monetären (= geldschöpfenden) Finanzinstitutionen sind, erstellen sie keine Zwischenausweise.

168 Archiv des VVO. Ausgangsbuch 1949, April, Mai, Juni. Ausg. Nr. 608/49.

169 Archiv des VVO. Ausgangsbuch 1949, April, Mai, Juni. Ausg. Nr. 646/49.

170 Archiv des VVO. Ausgangsbuch 1949, April, Mai, Juni. Ausg. Nr. 648/49.

171 Archiv des VVO. Ausgangsbuch 1949, April, Mai, Juni. Ausg. Nr. 674/49.

Aufsichtsbehörde für 1945, 1946 und 1947 vorgelegten statistischen Bilanzen hervorgehe und dass für 1948 den Unternehmen noch keine Bilanzrichtlinien zugegangen seien. Der Verbandsvorstand strebte daher eine Fristerstreckung um mindestens ein weiteres halbes Jahr an.[172] Vorerst blieb dem Verband allerdings nichts anderes übrig, als für alle Mitgliedsunternehmen um eine Fristerstreckung bis 31. 12. 1949 bei der Finanzlandesdirektion für Wien, Niederösterreich und das Burgenland anzusuchen.[173] Er tat das am 16. Juli 1949, nachdem er am 15. Juli 1949 den Erlass vom 7. Juli 1949 des Ministeriums erhalten hatte, dass Ansuchen um Fristerstreckung bis spätestens 15. Juli 1949 Mitternacht einzubringen sind, andernfalls Säumnisfolgen zu befürchten seien. Die Bundeskammer protestierte energisch gegen diese Vorgangsweise.[174]

Anfang Juli 1949 hatte der Verband jene Aufstellung dem Finanzministerium übermittelt, aus der hervorging, welche Unternehmen in der Lage waren eine Steuererklärung abzugeben und welche bereit waren, – unpräjudizielle – Steuervorauszahlungen zu leisten. Eine Steuererklärung konnten alle Mitgliedsunternehmen des Verbandes, bis auf die folgenden, neu zum Geschäftsbetrieb zugelassenen Unternehmen, nicht einreichen: Österreichische Hagelversicherung a. G., Europäische Güter- und Reisegepäcks Versicherung A. G., Austria Versicherungsverein a. G., Helvetia Allgemeine Versicherungsgesellschaft und Basler Transportversicherungsgesellschaft. Die Liste jener Unternehmen welche zu Steuervorauszahlungen bereit waren, war etwas länger: Gegenseitiger Versicherungsverein für Montanwerke, Maschinen und Metallfabriken, Versicherungsverband für Papierindustrie, Wiener Rückversicherungsgesellschaft, Basler Versicherungsgesellschaft gegen Feuerschaden, Zürich Allgemeine Unfall- und Haftpflicht Versicherungs A. G., Mannheimer Versicherungsgesellschaft, Nordstern Allgemeine Versicherungs A. G., Allianz Lebensversicherungs A. G. und Vereinigte Krankenversicherungs A. G. Das Gros der Unternehmen war also weder in der Lage eine Steuererklärung abzugeben noch bereit Steuervorauszahlungen zu leisten.[175]

Mit Erlass vom 19. 12. 1949, Zl. 77.629-9/49, des Bundesministeriums für Finanzen wurde sowohl den Versicherungs- wie den Kreditunternehmen die Frist zur Einbringung der diversen Steuererklärungen für die Jahre 1945 bis 1949 bis 31. 3. 1950 erstreckt. Aus diesem Anlass teilte der Verband der Versicherungsaufsichtsbehörde mit, daß er sein neuerliches Ansuchen vom 27. Jänner 1950 um eine Verlängerung der Fristerstreckungen (bis Ende 1950) nicht mehr im Wege der Bundeskammer vorbringen, sondern sich

172 Archiv des VVO. Vorstandsprotokoll Nr. 95 vom 15.12.1949. TO.-Pkt. II. Fristverlängerung für die Steuererklärungen.

173 Archiv des VVO. Ausgangsbuch 1949. Juli, August, September. Ausg. Nr. 728/49.

174 Archiv des VVO. Ausgangsbuch 1949. Juli, August, September. Ausg. Nr. 730/49.

175 Archiv des VVO. Ausgangsbuch 1949. Juli, August, September. Ausg. Nr. 705/49.

direkt an das Bundesministerium für Finanzen wenden werde.[176] Er bat die Aufsicht um Unterstützung seines Ansuchens. Die geänderte Vorgangsweise begründete er mit der Unterschiedlichkeit von Banken und Versicherungen und mit dem Hinweis, dass Sanierungsmaßnahmen für Versicherungsunternehmen noch ausständig seien. Bei Banken seien solche erfolgt, in dem Verbindlichkeiten aus bestimmten Sperrkonten aufgehoben worden seien. Eine Maßnahme, welche sich günstig auf die Ertragslage ausgewirkt habe; was auch für die Besteuerung Belang habe. Aus diesem Grund hatte auch das Finanzministerium der Bundeskammer mitgeteilt, dass eine Fristerstreckung über Ende März 1950 hinaus nur gewährt werden könne, wenn sich die Banken bereit erklärten, bis 30. Juni 1950 eine Übersicht über ihre Einnahmen und Ausgaben für die Jahre 1948 und 1949 der Abgabensektion im Ministerium vorzulegen. Derartiges wurde von den Versicherungsunternehmen als Voraussetzung für die Erledigung des (im Wege der Bundeskammer von Banken und Versicherungen gemeinsam eingebrachten) Antrages nicht ausdrücklich verlangt.[177]

Die Argumentation in dem Ansuchen vom 27. Jänner 1950 um Fristverlängerung skizzierte die Ertragslage der Assekuranz in den ersten Jahren des Wiederaufbaues: „Die Situation ist bei den Versicherungsunternehmungen eine solche, daß bei der Lebensversicherung von vornherein die Entrichtung von Steuern praktisch nicht in Frage kommen kann. Aber auch in der Elementar- und Krankenversicherung sind versteuerbare Erträge nicht vorhanden, da bei der Steuerermittlung durch Vermögensvergleich der Verlustvortrag in Anbetracht der ungeklärten Bewertungsfragen der meisten Aktivposten kein steuerpflichtiges Einkommen der Vermögen ergibt. Auch die Ertragslage ist keine solche, daß mit Steuereinnahmen zu rechnen wäre. … Unberührt davon bleibt … die Steuerpflicht hinsichtlich der wenigen Unternehmen, die seit 1945 neu aufgebaut wurden, …“[178] Der Umstand unzureichender Betriebsergebnisse bedeutete zugleich, daß Steuerbegünstigungen und deren Lenkungseffekte in der Versicherungswirtschaft nur beschränkt wirksam werden konnten. Anfang März 1950 hoffte der Verband die bevorstehende Fristverlängerung bis Jahresende 1950 ankündigen zu können.[179] Doch Ende März musste er seinen Mitgliedsunternehmen mitteilen, dass für Banken und Ver-

176 Archiv des VVO. Ausgangsbuch 1950, Jänner, Februar, März. Ausg. Nr. 82/50 und Ausg. Nr. 83/50.

177 Archiv des VVO. Vorstandsprotokoll Nr. 105 vom 16.06.1950. TO.-Pkt. 6.) Fristerstreckung für Steuererklärungen 1945 bis 1949.

178 Archiv des VVO. Ausgangsbuch 1950, Jänner, Februar, März. Ausg. Nr. 82/50. In dem Verbandsschreiben vom 27.01.1950, Ausg. Nr. 82/1950, wurde die Österreichische Hagelversicherungsanstalt als neu gegründetes Unternehmen genannt, das in der Lage war „rite“ zu bilanzieren und das seinen Steuerverpflichtungen „ordnungsmäßig“ nachkommen konnte.

179 Archiv des VVO. Ausgangsbuch 1950, Jänner, Februar, März. Ausg. Nr. 238/50.

sicherungen die Frist nur bis 30. 6. 1950 verlängert worden sei. Die Banken hatten bis zu diesem Datum Übersichten über ihre Einnahmen und Ausgaben vorzulegen. Diese Übersichten dienten dazu, um über Vorauszahlungen für Steuern vom Einkommen und Ertrag entscheiden zu können. Von den Versicherungsunternehmen wurden – wie erwähnt – solche Übersichten nicht ausdrücklich verlangt,[180] doch war die Situation unklar, denn das Ansuchen hatte sich auf Banken und Versicherungen gemeinsam bezogen. Mitte Juni 1950 brachte deshalb der Verband sein Ansuchen um Fristerstreckung bis Jahresende nochmals beim Ministerium ein[181] und bemühte sich zugleich dafür um die Unterstützung der Aufsichtsbehörde, wobei er ausführte, dass die Sistierung der externen Rechnungslegung eine getrennte Entscheidung über die Fristerstreckungen für Banken und für Versicherungen erforderlich mache.[182] Ende Juni 1950 konnte er die Mitgliedsunternehmen davon unterrichten, dass die Frist für die Abgabe der Steuererklärungen für die Jahre von 1945 bis 1949 bis Ende 1950 verlängert worden war.[183] Für die in Wien ansässigen Unternehmen stellte der Verband beim Finanzamt für Körperschaften den erforderlichen Sammelantrag. Am 6. 10. 1950 kam der Verband beim Finanzministerium um eine neuerliche Fristerstreckung bis zum 31. 12. 1951 für die Körperschafts-, Vermögens- und Gewerbesteuererklärungen für die Jahre 1945 bis 1949 ein. Er begründete sein Ansuchen nahezu wortgleich mit jenem, welches er Anfang des Jahres eingebracht hatte (s.o.).[184] Am 17. 1. 1951 erging der Bescheid des Finanzamtes für Körperschaften, Wien, mit dem die Frist für die Abgabe der Steuererklärungen 1945 bis 1949 und für die Vermögenssteuererklärungen 1946 und 1948 bis 30. 6. 1951 verlängert wurde.[185] Am 25. 4. 1951 konnte der Verband den Mitgliedsunternehmen mitteilen, dass die Frist für die Abgabe der Steuererklärungen für die Jahre 1945 bis 1950 und für die Vermögenserklärungen 1946 und 1948 bis Ende 1951 verlängert worden sei.[186] So wie im Vorjahr richtete der Verband für die in Wien ansässigen Unternehmen das entsprechende Ansuchen an die Finanzlandesdirektion. Die in den Bundesländern ansässigen Unternehmen, mussten sich selbst an die zuständige FLD wenden. Am 29. 11. 1951 informierte der Verband seine Mitgliedsunternehmen, dass die Frist für die Abgabe der Steuererklärungen für

180 Archiv des VVO. Ausgangsbuch 1950, Jänner, Februar, März. Ausg. Nr. 331/50 und Archiv des VVO. Ausgangsbuch 1950, April, Mai, Juni. Ausg. Nr. 373/50.

181 Archiv des VVO. Ausgangsbuch 1950, April, Mai, Juni. Ausg. Nr. 636/50.

182 Archiv des VVO. Ausgangsbuch 1950, April, Mai, Juni. Ausg. Nr. 641/50.

183 Archiv des VVO. Ausgangsbuch 1950, April, Mai, Juni. Ausg. Nr. 671/50, und Ausgangsbuch 1950, Juli, August, September. Ausg. Nr. 721/50 und Ausg. Nr. 726/50.

184 Archiv des VVO. Ausgangsbuch 1950, Oktober, November, Dezember. Ausg. Nr. 968/50.

185 Archiv des VVO. Ausgangsbuch 1951, Jänner, Februar, März. Ausg. Nr. 55/51 und Ausg. Nr. 269/51.

186 Archiv des VVO. Ausgangsbuch 1951, April, Mai, Juni. Ausg. Nr. 328/51, Ausg. Nr. 370/51, und Ausg. Nr. 540/51.

die Jahre 1945 bis 1951 und für die Vermögenserklärungen 1946 und 1948 bis 30. 6. 1952 verlängert worden war.[187]

Mitte Juli 1952 war die Fristverlängerung für die Abgabe der Steuererklärungen 1945 bis 1951, der Vermögenserklärungen 1946 und 1948 und die Meldung (Anzeige) steuerlich erheblicher Erhöhungen des Vermögens fast zu einer Routine geworden. Zu einer Routine allerdings, die wie die Fristerstreckung im Jahre 1953 zeigte, aufwendig zu administrieren war. Fürs Erste wurde die Frist bis Ende 1952 erstreckt und der Verband teilte seinen Mitgliedsunternehmen mit: „Eines Ansuchens im Einzelfall bedarf es nicht."[188] Mitte Dezember 1952 bat der Verband für seine Mitgliedsunternehmen um die Verlängerung der Frist zur Abgabe der Erklärungen für die Körperschafts-, Gewerbe- und Vermögenssteuer bis Ende 1953. Im gleichen Schreiben machte er dem Ministerium ein Angebot für eine Steuervorauszahlung (s. u.).[189] Anfang Jänner 1953 erhielt der Verband im Wege der Bundeskammer der gewerblichen Wirtschaft die Nachricht, dass die Frist für die Abgabe der Steuererklärungen für die Jahre 1945 bis 1952, für die Vermögenserklärungen 1946 und 1948 sowie für die Anzeige steuerlich erheblicher Erhöhungen des Vermögens bis 31. 3. 1953 verlängert worden war.[190] Am 17. Jänner 1953 suchte der Verband bei der Finanzlandesdirektion für Wien, Niederösterreich und das Burgenland sowie beim Finanzamt für Körperschaften, Wien, um Erstreckung der Fristen bis 30. Juni 1953 für die Steuererklärungen 1945 bis 1952 an und zum gleichen Datum wurden die Mitgliedsunternehmen informiert, dass der Bundeskammer vom Finanzministerium die Fristerstreckung bis 30. Juni 1953 in einem an die FLD gerichteten Erlass vom 29. Dezember 1952 mitgeteilt worden sei. Die Fristverlängerung für die Anzeige steuerlich erheblicher Erhöhungen des Vermögens war allerdings in dem Erlass übersehen worden, sodass die Bundeskammer neuerlich vorstellig werden musste.[191] Am 28. Mai 1953 wurden die Unternehmen informiert, dass die Bundeskammer – so wie es der Verband bereits Ende des Vorjahres gewollt hatte – um eine Verlängerung der Fristen für die Steuererklärungen bis Ende 1953 beim Finanzministerium angesucht hatte.[192] Die positive Erledigung des Ansuchens erfolgte am 1. 7. 1953.[193] Am 1. 12. 1953 unterrichtete der

187 Archiv des VVO. Ausgangsbuch 1951, Oktober, November, Dezember. Ausg. Nr. 1007/51 und Ausgangsbuch 1952, Jänner, Februar, März. Ausg. Nr. 38/52.

188 Archiv des VVO. Ausgangsbuch 1952, Juli, August, September. Ausg. Nr. 679/52, 680/52, 681/52 und 682/52.

189 Archiv des VVO. Ausgangsbuch 1952, Oktober, November, Dezember. Ausg. Nr. 1230/52.

190 Archiv des VVO. Ausgangsbuch 1953, Jänner, Februar, März. Ausg. Nr. 8/53.

191 Archiv des VVO. Ausgangsbuch 1953, Jänner, Februar, März. Ausg. Nr. 53/53, Ausg. Nr. 54/53 und Ausg. Nr. 55/53.

192 Archiv des VVO. Ausgangsbuch 1953, April, Mai, Juni. Ausg. Nr. 536/53.

193 Archiv des VVO. Ausgangsbuch 1953, Juli, August, September. Ausg. Nr. 681/53.

Verband die Unternehmen, dass die Bundessektion Geld-, Kredit- und Versicherungswesen der Bundeskammer am 9. 11. 1953 beim Finanzministerium um eine Verlängerung der Frist für die Abgabe der Steuererklärungen für die Jahre 1945 bis 1953 bis zum 31. 12. 1954 angesucht hatte. Der Verband versäumte dabei nicht, die Kammersektion zu zitieren: „Die gef. Bundessektion muß es zutiefst bedauern, dass die Rekonstruktion der Kreditinstitute und Versicherungsunternehmungen noch immer nicht erfolgt ist, so daß diesen Unternehmen nicht die Möglichkeit gegeben ist, ordnungsmäßige Bilanzen legen zu können.“[194] Das Ministerium verlängerte am 22. 12. 1953 die Abgabefrist allerdings nur bis 30. 6. 1954. Die Unternehmen wurden davon vom Verband am 31. 12. 1953[195] und nochmals am 3. 2. 1954 unterrichtet.[196] Knapp vor Ende Juni wurden die Bundeskammer und der Verband erneut beim Finanzministerium vorstellig und baten die Frist bis 31. 12. 1954 zu verlängern.[197] Dem wurde stattgegeben und der Verband informierte darüber am 3. 7. 1954 seine Mitgliedsunternehmen.[198] Am 10. 12. 1954 informierte der Verband die Mitgliedsunternehmen, dass die Frist für die Abgabe der Steuererklärungen für die Jahre 1945 bis 1954, der Vermögenserklärungen 1946 und 1948 sowie die Frist für die Abgabe der Erklärung gemäß Vermögensteuergesetz 1954 (der Hauptveranlagung zum 1. 1. 1955) bis 30. Juni 1955 verlängert worden sei.[199] Doch auch dieser Termin wurde hinausgeschoben[200] und eine Verlängerung bis 31. 12. 1955 erbeten,[201] wobei darauf verwiesen wurde, dass die Gesetze zur Rekonstruktion des Bankwesens und der Versicherungswirtschaft nach wie vor nicht im Nationalrat behandelt worden seien. Die Frist wurde am 25.05.1955 wunschgemäß bis Jahresende verlängert.[202]

Die revolvierenden Fristverlängerungen wurden durch das Versicherungswiederaufbaugesetz 1955 beendet, denn für das mit 1. Jänner 1955 beginnende Geschäftsjahr und die Folgejahre waren – abgesehen von der Schillingeröffnungsbilanz zum 1. 1. 1955 – reguläre Jahresabschlüsse zu legen. Für die Aufstellung der Rekonstruktionsbilanz hatten die Unternehmen ein Jahr Zeit; die Bilanz war spätestens am 23. 9. 1956 vorzulegen. Die Frist für die Vorlage der diversen Steuererklärungen, welche sich auf die Rekons-

194 Archiv des VVO. Ausgangsbuch 1953, Oktober, November, Dezember. Ausg. Nr. 1183/53.

195 Archiv des VVO. Ausgangsbuch 1953, Oktober, November, Dezember. Ausg. Nr. 1299/53.

196 Archiv des VVO. Ausgangsbuch 1954, Jänner, Februar, März. Ausg. Nr. 144/54.

197 Archiv des VVO. Ausgangsbuch 1954, April, Mai, Juni. Ausg. Nr. 643/54.

198 Archiv des VVO. Ausgangsbuch 1954, Juli, August, September. Ausg. Nr. 702/54 und Ausg. Nr. 750/54.

199 Archiv des VVO. Ausgangsbuch 1954, Oktober, November, Dezember. Ausg. Nr. 1303/54 und Ausg. Nr. 1410/54.

200 Siehe dazu das Verbandsschreiben vom 13.04.1955 an die Mitgliedsunternehmen. Archiv des VVO. Ausgangsbuch 1955, April, Mai, Juni. Ausg. Nr. 512/55.

201 Archiv des VVO. Ausgangsbuch 1955, April, Mai, Juni. Ausg. Nr. 675/55.

202 Archiv des VVO. Ausgangsbuch 1955, April, Mai, Juni. Ausg. Nr. 805/55.

truktionsperiode bezogen, lief jedoch am 31. 12. 1955 ab. Da das Ergebnis der Rekonstruktionsbilanz für die Besteuerung maßgeblich war, war es erforderlich noch einmal – zum letzten Mal – die Frist für die Steuererklärungen zu verlängern und zwar bis zum Abgabetermin der Rekonstruktionsbilanz.[203]

Was für das Geschäftsjahr 1955 fehlte, waren Unterlagen, anhand denen die Vorauszahlungen für das laufende Geschäftsjahr bestimmt werden konnten. Die Ergebnisse der Rekonstruktionsbilanz waren erst Ende nächsten Jahres verfügbar und außerdem für die Bemessung von (unterjährigen) Vorauszahlungen nicht geeignet, da die Ergebnisse ein Jahrzehnt abdeckten. Also konzipierte Mitte Juli 1955 das Finanzministerium den folgenden Erlass, dessen Entwurf der Bundeskammer zuging. Diese gab ihn an den Verband weiter und dieser informierte am 29. 7. 1955 seine Mitgliedsunternehmen, wobei er auch den Erlassentwurf kommentierte.[204] Der konzipierte Erlass lautete: „Die Vorauszahlungen an Einkommen-, Körperschaft- und Gewerbesteuer für das Jahr 1955 von Kredit- und Versicherungsunternehmungen sind auf Basis der für das laufende Kalenderjahr zu erwartenden Erträgnisse zu leisten. Die Finanzlandesdirektionen werden eingeladen, für eine zeitgerechte Festsetzung der Vorauszahlungen Sorge zu tragen. Zu diesem Behufe werden die Finanzämter die … Kredit- und Versicherungsunternehmungen aufzufordern haben, die für die Festsetzung der Vorauszahlungen erforderlichen Angaben zu machen und Informationen zu geben. Bei Festsetzung der Vorauszahlungen sind die gesetzlichen Steuerbegünstigungen (Energieanleihegesetz, Sparbegünstigungsgesetz, Gesetz über die Bewertungsfreiheit usw.), soweit sie von den Steuerpflichtigen geltend gemacht werden, zu berücksichtigen. Im Interesse der beschleunigten Festsetzung der Vorauszahlungen im Jahre 1955 ist hiebei nicht kleinlich zu verfahren." Der konzipierte Erlass trat unverändert am 28. Juli 1955 in Kraft (Zl. 80.334-9/1955).

Im Kommentar des Verbandes wurden die Tücken einer derartigen einmaligen Übergangslösung aufgegriffen. Die Ausführungen sind zugleich ein Abbild der damaligen „Steuerkultur", denn sie zeigen sowohl die Vorgangsweise der (nachgeordneten) Finanzämter wie die Denkweise, welche es in den besteuerten Unternehmen gab. Der Verband bemerkte zu obigem Konzept: „… dass bei der Besprechung [Anmerkung: im Finanzministerium] klargestellt worden ist, dass es sich bei den für die Festsetzung der Vorauszahlungen erforderlichen Angaben und Informationen um ein Glaubhaftmachen und um keinen Beweis handelt, und dass es weiter vollkommen dem Steuerpflichtigen überlassen bleibt, in welcher Form er dem für ihn zuständigen Finanzamt Mitteilungen zukommen lässt, auf Grund der die Vorauszahlungen für 1955 festgesetzt werden. Es ist

203 Archiv des VVO. Ausgangsbuch 1955, Oktober, November, Dezember. Ausg. Nr. 1726/55.

204 Archiv des VVO. Ausgangsbuch 1955, Juli, August, September. Ausg. Nr. 1034/55 und Ausg. Nr. 1066/55.

selbstverständlich, daß die Unternehmungen bei der Schätzung oder Errechnung der Ertragsziffern alle Momente ins Kalkül werden ziehen, die einen mehr oder weniger bedeutenden Einfluss darauf ausüben (wie Pensionsverpflichtungen, allfällige Erhöhung der Löhne und Gehälter, Erhöhung der Pensionsrückstellungen, Senkung der Provisionen im Wertpapiergeschäft, Rekonstruktionsbeiträge und die auf Grund des Rekonstruktionsgesetzes aus dem Gewinn zu bildende Rücklage zur Stärkung des Eigenkapitals, Verlustvortrag aus der Rekonstruktionsbilanz, Österr. Staatsvertrag – Forderungen gegenüber deutschen Schuldnern u. dgl.). Insbesondere sollen alle jene Umstände nicht außer Acht gelassen werden, die den Ertrag negativ beeinflussen können. Diese Selbsteinschätzung kann natürlich auch dazu führen, daß bereits festgesetzte Vorauszahlungen unverändert bleiben, ja unter Umständen selbst ermäßigt werden können; in einzelnen Fällen wird eine Vorauszahlung überhaupt nicht zu leisten sein (z. B. im Falle eines Rekonstruktionsverlustes)."[205] Im Nachsatz zu seinem Rundschreiben an die Mitgliedsunternehmen, machte der Verband darauf aufmerksam, dass alle steuerlichen Bestimmungen, welche für das Steuerjahr 1954 galten, auch für die Steuerbemessung des „Globalbesteuerungszeitraumes 1945–1954" Anwendung fänden. Die Steuerbegünstigungen des Sparbegünstigungsgesetzes und des Energieanleihegesetzes 1953 konnten daher geltend gemacht werden.

Von den historischen Gegebenheiten her hingen die Sistierung der externen Rechnungslegung und die Fortsetzung der Fristerstreckungen für Steuererklärungen zusammen. Die Folgen der Sistierung gingen aber über eine Fristerstreckung für Steuererklärungen hinaus. Die Bewertungsunsicherheit bzw. die Vorläufigkeit von Bewertungen war in der gesamten Geschäftstätigkeit spürbar. Versicherungstechnisch störte der „institutionelle Kunstgriff" (s. o.) den Zusammenhang zwischen Eigenmittelausstattung und Zeichnungskapazität. Das hatte nach Überwindung der ersten Wiederaufbauschwierigkeiten nachteilige Rückwirkungen auf die Ertragslage. Desgleichen war beispielsweise eine Bewertung der eigenen Aktien (von Versicherungsunternehmen), wie sie die Börsenkammer bis 1. 3. 1948 eingefordert hatte, nicht möglich. „Ebenso wie die Banken haben wir [Anm.: der Verband] um Fristerstreckung auf unbestimmte Zeit angesucht, weil es an allen Anhaltspunkten für eine halbwegs zuverlässige Bewertung oder Schätzung der verbliebenen Vermögenssubstanz gegenwärtig mangelt. Wir haben lediglich darauf hingewiesen, daß die Steuerkurswerte 1940 infolge der seither eingetretenen Substanzverluste wohl in allen Fällen als überholt anzusehen sind."[206] Bei der Bewertung der Ansprüche aus Lebensversicherungsverträgen war – wie erwähnt – die Währungsschutzgesetzge-

205 Siehe die voranstehende Fußnote.

206 Archiv des VVO. Ausgangsbuch 1948, Jänner, Februar, März. Ausg. Nr. 246/48.

bung zu berücksichtigen, die Mindestbewertung von Grundstücken (ihr Einheitswert) war um Kriegsschäden zu korrigieren[207] usf.

Eine gewisse Klarheit, welcher Wert Versicherungsansprüchen zukam, brachte der Erlass vom 8. 5. 1951, Zl. 29.570-19/51, der Versicherungsaufsichtsbehörde.[208] Der Erlass war notwendig geworden, denn für die Besteuerung und die Gebühren von Nicht-Versicherern war es erforderlich zu wissen, welchen (steuerlichen) Wert Versicherungsansprüche hatten. Dabei wurde zwischen Ansprüchen vor und nach dem 31. 12. 1950 unterschieden und für Ansprüche aus dem Altbestand der Oesterreichischen Versicherung A.G. (damit sind die Polizzen des Lebens-Phoenix gemeint) gab es eine Sonderregelung. Neben der steuerlichen Bewertung war auch der volle vertragsmäßige Wert des Anspruchs anzugeben.

- Bei fälligen Kapitalversicherungen war an Stelle des Nennwertes die nach Versicherungsüberleitungsgesetz und Währungsschutzgesetz zulässige, i. e. gekürzte, Leistung zu nennen.
- Bei flüssigen Renten war der Kapitalwert aufgrund der zugelassenen Zahlungen zu ermitteln.
- Bei noch nicht fälligen Kapitalversicherungen war der Rückkaufswert oder zwei Drittel der eingezahlten Prämien abzüglich des Sperrteils anzugeben. Den Sperrteil bildeten jene, um 60 % gekürzten Ansprüche, welche aufgrund von Prämienzahlungen vor dem 1. 1. 1946 erwachsen waren.

An sich enthielt der Erlaß nichts Neues. Wichtig war, daß es sich dabei um eine steuerliche Regelung auf unterer normativer Ebene handelte. Ihm kam keine rechtsgestaltende Kraft für die Rechnungslegung zu, so dass die Versicherer gewusst hätten, wie die Passivseite ihrer Bilanz aufzustellen wäre. Zugleich wurde aber doch klar, woran sich passivseitige Bewertungsregeln zu orientieren hätten.

Die Sistierung der externen Rechnungslegung bedeutete mehr, als dass die jährliche Handelsbilanz fehlte, welche für die Bemessung der Steuern maßgeblich zu sein hat bzw. welche die Grundlage für die Steuerbilanz bildet. Die Sistierung lief auf eine Verlängerung der Rechnungsperiode hinaus. Schließlich erstreckte sich die Periode auf ein Jahrzehnt. Während dieses Jahrzehnts unterblieb die jährliche steuerliche Veranlagung. Die Besteuerungspraxis stellte sich auf diesen Zustand ein und verlangte in der zweiten Hälfte des Wiederaufbaujahrzehnts unterjährige Vorauszahlungen (s. o.). Man sprach

207 Archiv des VVO. Ausgangsbuch 1949, Jänner, Februar, März. Ausg. Nr. 13/49.

208 Archiv des VVO. Ausgangsbuch 1951, April, Mai, Juni. Ausg. Nr. 481/51.

von einer provisorischen Besteuerung. Die Höhe der Vorauszahlungen wurde mit dem Finanzministerium unter Einbindung des Verbandes vereinbart.

Ein „Sonderfall“ war die Abwertung des Schillings im November 1947 (Währungsschutzgesetz vom 19. 11. 1947, BGBl. Nr. 250/1947)[209]. Sie musste auch bei der Besteuerung administriert werden. Die Postscheck- und Nationalbankgirokonten der Finanzämter wurden mit 20. 11. 1947 gesperrt. Steuerzahlungen wurden Interimskonten gutgebracht, welche den Abschöpfungsmaßnahmen des Währungsschutzgesetzes unterlagen. Andernfalls wäre es möglich gewesen, durch an Finanzämter gerichtete Zahlungen, denen keine Steuerschuldigkeiten gegenüberstanden, die Währungsreform zu unterlaufen.[210, 211]

Dass ausgehandelte Vereinbarungen über die Höhe der Vorauszahlungen unbefriedigend waren, war dem Fiskus von Anfang an bewusst. Auf einer Enquete im Frühjahr 1946 im Bundesministerium für Finanzen wurden Fragen der steuerlichen Bewertung und der Besteuerung für 1945 besprochen. An dieser Enquete hatte – wie erwähnt – auch der Präsident des Verbandes, Dr. Carl Habich, teilgenommen. Er berichtete dem Vorstand, es habe dort Übereinstimmung geherrscht, „… daß weder die Besteuerung auf Grund fiktiver Bewertungen angängig ist, noch die Fortsetzung der Vorauszahlungen ohne Neubemessung auf Grund der Bilanzen 1943 angemessen erscheint, weil diese Vorauszahlungen jedenfalls zu hoch ausfallen würden‘. Und weiter: „… die richtige Lösung wäre in einem Steuer-Moratorium gelegen.“[212] Zu diesem kam es angesichts der Finanznot der öffentlichen Hand nicht. Stattdessen wurde „weitergewurstelt“: Fristerstreckun-

209 Näheres zur Währungsreform von 1947 siehe bei: Ch. Karsch (1997), op. cit. S. 52ff.

210 Archiv des VVO. Ausgangsbuch 1947, Oktober, November, Dezember. Ausg. Nr. 1160/47 und Ausg. Nr. 1267/47.

211 Ein Sonderproblem der Währungsreform 1947 ergab sich durch das Besatzungsregime. Das Zweite Kontrollabkommen mit den Alliierten sah vor, dass vom Parlament verabschiedete Gesetze nach einem Monat automatisch in Kraft traten, wenn sie nicht vom Alliierten Kontrollrat vorher beeinsprucht worden waren. Durch Verhandlungen mit den Alliierten gelang es der österreichischen Bundesregierung die Monatsfrist auf 21 Tage zu verkürzen. Für die Umsetzung einer Währungsreform war das noch immer eine lange Übergangsperiode, während welcher die Reform umgangen werden konnte. Um ein Unterlaufen möglichst zu unterbinden, gab es rigide Vorschriften für die Übergangsperiode. K. Rothschild (1950) skizzierte die Übergangsperiode: „… The effects of such a state of affairs can be imagined. They not only led to the most topsy-turvy three weeks imaginable, but also reduced the effectiveness of the currency reform … Not less strange was the picture that unfolded itself in the field of debtor-creditor relationships. Debtors hastened to pay off their debts in old schillings, very often well in advance of the date they were due, while creditors looked desperately for legal clauses which would enable them to refuse payment in that particular time. … Tax payments, …, poured into the Treasury and a special announcement had to be made that the numerous advance tax payments for 1948 could not be accepted.“ K. Rothschild (1950), The Austrian Economy Since 1945. London & New York. Pp. 49.

212 Archiv des VVO. Vorstandsprotokoll Nr. 22 vom 2.5.1946. TO.-Pkt. 8.) Steuerfragen.

gen und später Vorauszahlungen, wechselten ab. Die Provisorien begannen strukturell wirksam zu werden, denn der Bilanzierungszeitraum verlängerte sich. Die Versicherungswirtschaft drängte in der ersten Hälfte der 50er Jahre auf ein Wiederaufbaugesetz, welches die Provisorien beenden sollte.

Versicherer sind Jahresrechner. Sie kalkulieren – von Ausnahmen abgesehen – ihre Prämien jährlich und legen ihre Handelsbilanz für das Kalenderjahr. Auch die dem Risikoausgleich zugrunde gelegte Periode ist in der Regel ein Jahr. Die Verlängerung der Rechnungslegungsperiode auf zehn Jahre bedeutete, dass eine Rechnungsabgrenzung innerhalb des Jahrzehnts gegenstandslos wurde. Genauso wie sich in einer Jahresrechnung Monatsgewinne und -verluste zu einem Jahreserlös saldieren, war der am Ende der zehnjährigen Bilanzierungsperiode ausgewiesene Erlös ein Saldo über zehn Jahre. War die Eigenkapitalausstattung per Ultimo 1944 intakt, konnte sie es Ende 1955 wieder sein, unbeschadet des Umstandes, dass ein Unternehmen vorübergehend insolvent gewesen war. Die Verlängerung der Bilanzierungsperiode war – wie erwähnt – eine Wiederaufbauhilfe,[213] denn sie gab den Versicherern nicht nur die Möglichkeit eines längeren als im Einkommensteuerrecht vorgesehenen Verlustvortrages,[214] sondern sie gestattete praktisch auch einen Verlustrücktrag; – welcher dem österreichischen Steuerrecht fremd ist. Die wirtschaftliche Lage der Assekuranz in den ersten Jahren nach Kriegsende war u. a. dadurch gekennzeichnet, dass sich die Kriegsfolgeschäden (im weiteren Sinne) erst nach und nach auszuwirken begannen; und das bei zunehmender Geldentwertung. Ertragseinbußen zufolge untergegangener (zerstörter) Risken standen steigende Schadenauf-

213 Das wurde auch bei der Vorsprache vom 2. 12. 1953 des Präsidiums des VVO beim Bundesminister für Finanzen, Dr. R. Kamitz, betont. In der Niederschrift dazu heißt es unter anderem: „Hierbei wurde bemerkt, daß die Versicherungsunternehmungen damit rechnen, daß für den Zeitraum von 1.1.1945 bis zum Stichtag der SE-Bilanz eine globale Steuerbilanz zu legen sein wird und dies umso mehr, als die Versicherungswirtschaft – soweit sie dazu überhaupt in der Lage gewesen ist – im Gegensatz zu den Bankinstituten die erlittenen schweren Kriesgsverluste nur sukzessive in dieser Zeitspanne aufholen konnte." Archiv des VVO. Ausgangsbuch 1953, Oktober, November, Dezember. Ausg. Nr. 1205/53.

214 Die Rechtsunsicherheit in den unmittelbaren Nachkriegsjahren war groß. Das zeigt sich beispielsweise bei der Anerkennung des Verlustvortrages aus 1944. In dem Rundschreiben vom 30.10.1947 des Verbandes heißt es unter anderem: „Wie anläßlich einer Vorsprache im Finanzministerium festgestellt werden konnte, verweigern vielfach Finanzämter die Anerkennung des Verlustes 1944 bei der Veranlagung der Einkommenssteuer 1945 und 1946. Dies geschieht mit dem Hinweis darauf, daß in Ostösterreich das Jahr 1944 ein Leerjahr gewesen ist, das steuerlich nicht erfaßt würde, sondern durch die Vorauszahlungen als abgegolten zu betrachten ist. Da das Finanzministerium selbst in der Sache nicht korrigierend eingegriffen hat, haben auch die Anfechtungen der Steuerpflichtigen bei den Finanzlandesdirektionen keinen Erfolg gehabt, ..." Die Finanzpolitische Abteilung der Kammer der gewerblichen Wirtschaft nahm sich dieses Missstandes an und unterstützte die Beschwerden der Steuerpflichtigen. Archiv des VVO. Ausgangsbuch 1947, Oktober, November, Dezember. Ausg. Nr. 1073/47.

wendungen, ein weitgehender Ausfall der Rückversicherungsdeckungen, die vor allem bei deutschen Versicherern genommen worden waren, und Betriebsaufwendungen gegenüber, die zufolge der Inflation explodierten.

Ein weiterer Grund für die Sistierung war, dass erst im Staatsvertrag die Eigentumsverhältnisse an so manchen Versicherungsunternehmen geklärt wurden.

Der Hauptgrund aber war – wie erwähnt – die Bewertungsunsicherheit, welche erst mit dem Versicherungswiederaufbaugesetz 1955, BGBl. Nr. 185/1955, bereinigt wurde.[215] Regelungen für die Lebensversicherung standen dabei im Vordergrund. Die §§ 18 und 19 in Verbindung mit § 22 des Gesetzes sahen vor, dass für den Fall von Unterdeckungen der Bund den Versicherungsunternehmen den Großteil der erforderlichen Mittel in Form von Bundesschuldverschreibungen, den Rest in Barem zur Verfügung stellte. Zunächst wurde der Aufwand für die Rekonstruktion der Assekuranz mit 365 Millionen Schilling geschätzt. In den Budgets von 1956 bis 1974 waren insgesamt 195,393 Millionen veranschlagt worden (siehe Tabelle). Tatsächlich erforderlich waren dann nur insgesamt 124,8 Millionen.[216] Der im Bundeshaushalt ausgewiesene Bedarf an Barmitteln verteilte sich dabei über mehrere Jahre und war in den drei Folgejahren nach der Verabschiedung des Versicherungswiederaufbaugesetzes 1955 am höchsten, um dann ab 1968 zu einer Erinnerungspost zu werden.

Fiskalische Förderung des Versicherungswiederaufbaues
(Gemäß BGBl. Nr. 185/55)

In Mio. ATS	1955	1956	1957	1958	1959	1960	1961	1962	1963	1964
Voranschlag	k. A.	47,300	41,800	26,250	12,600	9,400	9,250	8,660	7,960	7,960
Rechnungsabschluss	k. A.	k. A.	k. A.	k. A.	k. A	k. A.	6,703	9,065	7,937	7,915

In Mio. ATS	1965	1966	1967	1968	1969	1970	1971	1972	1973	1974
Voranschlag	7,930	7,905	7,900	0,090	0,078	0,080	0,070	0,065	0,050	0,045
Rechnungsabschluss	7,905	7,894	0,091	0,081	0,080	0,070	0,062	0,043	0,034	0,032

Quellen: Bundesvoranschläge ab 1955 [BMfF (Förderungsmaßnahmen): Versicherungswiederaufbau].

215 Zum Wiederaufbau der österreichischen Assekuranz siehe: D. Stiefel (2005), op. cit. Der gesetzliche Schlussakt des Wiederaufbaues war das Bundesgesetz vom 14. Feber 1962, betreffend den Abschluss des Wiederaufbaues der Vertragsversicherung, BGBl. 61/1962.

216 Näheres dazu bei D. Stiefel (2001), op. cit. S. 192.

Zugleich beendete das Versicherungswiederaufbaugesetz 1955 den Zeitabschnitt der Sistierung der externen Rechnungslegung, denn es gestattete den Unternehmen anstelle von nachträglichen Jahresabschlüssen für die abgelaufenen Geschäftsjahre eine Rekonstruktionsbilanz für den Zeitraum vom Beginn des Geschäftsjahres 1945 bis Ende des Geschäftsjahres 1954 zu erstellen.[217] Daraus ergab sich, dass die Schillingeröffnungsbilanz zum 1. 1. 1955 aufzustellen war und nicht zu einem früheren Zeitpunkt.[218] Die Schillingwährung hatte ja bereits im Dezember 1945 die Reichsmarkwährung abgelöst.[219] Gemäß § 17 Abs. 1 VWG konnte von einer Veröffentlichung der Rekonstruktionsbilanz (nicht jedoch der Schillingeröffnungsbilanz) abgesehen werden. Die Sistierung der externen Rechnungslegung reichte somit ein Jahr über das Wiederaufbaujahrzehnt hinaus.

Das Ergebnis der Rekonstruktionsbilanz war für die Besteuerung des Einkommens und des Ertrags der Unternehmen maßgeblich. Bereits Anfang Dezember 1952 war in einem Kommentar des Verbandes zum Entwurf einer Einkommensteuernovelle 1952 die später – 1955 – getroffene Regelung angeklungen. Dieser Kommentar zeigte, was der Assekuranz vorschwebte und was sie – jedenfalls – nicht wollte: „Wir sind an einer Ausdehnung der steuerlichen Begünstigung für die körperschaftssteuerpflichtigen Unternehmungen, welche nach Vermögensvergleich besteuert werden, nicht interessiert. Wenn eine solche Bestimmung eingefügt wird, legen wir Wert darauf, dass diese Begünstigung fakultativ gestaltet wird und nur über Antrag in Anspruch genommen werden kann."[220] Mit anderen Worten: die steuerliche Regelung für die Wiederaufbau-

217 Die Rekonstruktionsbilanz war eine Sonderbilanz. Ihrer Natur nach ähnelte sie einer Sanierungsbilanz bzw. Vergleichsbilanz. Anders als anderen Sonderbilanzen, zum Beispiel eine Konkursbilanz, stellte die Rekonstruktionsbilanz auf die erfolgreiche Fortführung der Unternehmen ab. Sie war die Schlußbilanz der (zehnjährigen) Sanierungs- bzw. Wiederaufbauperiode. Kernstücke einer Sanierungsbilanz sind das Sanierungskonto und das Neubewertungskonto. Der Saldo des Neubewertungskontos wird dem Sanierungskonto gutgebracht. Der Saldo des Sanierungskontos wird der gesetzlichen Rücklage zugeführt. Ein Sanierungsgewinn ist steuerfrei.

218 Rekonstruktionsbilanz und Schillingeröffnungsbilanz standen – vereinfachend betrachtet – in einem imparitätischen Verhältnis zu einander. Die Bewertungen auf der Passivseite der Rekonstruktionsbilanz entsprachen dem Erfordernis der Bilanzvorsicht. Auf der Aktivseite wurden die (durch den Wiederaufbau) veralteten (= unaktuellen) Wertstellungen fortgeführt; mit anderen Worten: die Aktivseite enthielt die Kriegsverluste und verschleierte zugleich den Wiederaufbauerfolg. Die Schillingeröffnungsbilanz übernahm auf der Passivseite weitgehend die Wertstellungen der Rekonstruktionsbilanz. Auf der Aktivseite jedoch wurden die aktuellen (Schilling-)Werte ausgewiesen; die Posten der Aktivseite wurden aufgewertet; – der Wiederaufbauerfolg wurde sichtbar.

219 Schillinggesetz 1945, StGBl. Nr. 231/45. Näheres dazu bei Ch. Karsch (1997). Ch. Karsch (1997), Die Umstellung auf die Europäische Einheitswährung im Spiegel der österreichischen Währungsgeschichte. VVO. Unv. Manuskript. Wien.

220 Archiv des VVO. Ausgangsbuch 1952, Oktober, November, Dezember. Ausg. Nr. 1210/52.

periode sollte den Vermögensaufbau dieser Periode nicht schmälern, sondern weiterhin begünstigen.

Unternehmen, welche einen Verlust auswiesen, hatten gemäß Versicherungswiederaufbaugesetz 1955 Anspruch auf eine Überbrückungshilfe in Form von Bundesschuldverschreibungen,[221] welche innerhalb von 15 Jahren nach einem vom Finanzministerium zu genehmigenden Tilgungsplan zurückzuzahlen waren. Das Versicherungswiederaufbaugesetz sah weiters vor, dass, erstens, ein allfälliger Gewinn in der Rekonstruktionsbilanz zur Deckung von besonderen Geschäftsrisiken steuerfrei in eine Rücklage eingebracht werden konnte (§ 26 [1], sog. § 26-Rücklage). Die Rücklage war für diese (einmalige) Dotation mit 10 v. H. der Eigenbehaltsprämie des Kalenderjahres 1954 gedeckelt. Zweitens konnten die Versicherungsunternehmen in den folgenden zehn Geschäftsjahren jeweils 20 % des Gewinns eben dieser Rücklage steuerfrei zuweisen (§ 26 [2]). Die Rücklage diente dem Ausgleich von Wertminderungen und von sonstigen Verlusten. Nach den zehn Jahren war sie zugunsten des Eigenkapitals aufzulösen. Diese Vorgangsweise ähnelte jener, wie mit einem Sanierungsgewinn verfahren wird; er wird steuerfrei (§ 36 EstG) der gesetzlichen Rücklage zugeführt. Ferner bestimmte das Versicherungswiederaufbaugesetz in § 27 für das Geschäftsjahr 1945, dass Rückstellungen für die Gewinnbeteiligung oder Beitragsrückgewähr, wenn solche gebildet worden waren, steuerfrei der gesetzlichen Rücklage zuzuführen seien. Auch diese Maßnahme diente der Stärkung der Eigenmittel.[222]

Den Regelungen des Versicherungswiederaufbaugesetzes 1955 ging eine langjährige Debatte voraus. Die fachliche Diskussion, so auch zur Schillingeröffnungsbilanz, hatte im Verband bereits Jahre früher begonnen. Im Sommer 1950 befasste sich das Steuerkomitee mit dem Entwurf eines Schillingeröffnungsbilanzgesetzes.[223] Parallel dazu liefen die Vorarbeiten zur Rekonstruktion der Branche, wofür im Verband eigene Unterausschüsse (von den Sektionen und Komitees) eingerichtet wurden. Diese Unterausschüsse arbeiteten wiederum eng zusammen, so dass de facto eine umfassende Arbeitsgruppe (Komitee) des Verbandsvorstandes für Fragen der Rekonstruktion bzw. der Schillin-

221 In der Bundesrepublik Deutschland hatten für die Rekonstruktion die Versicherer zum Ausgleich ihrer Kriegsverluste Ausgleichsforderungen an die Länder (nicht wie in Österreich an den Bund) erhalten.

222 Diese Regelung war insbesondere für die Private Krankenversicherung bzw. für Versicherungsvereine auf Gegenseitigkeit von Bedeutung. Siehe dazu die Intervention der Austria Versicherungsverein a.G. (Dr. Kraus). Der Vorschlag der Austria wurde vom Verband unverändert der Versicherungsaufsichtsbehörde weitergeleitet. Archiv des VVO. Ausgangsbuch 1954, Oktober, November, Dezember. Ausg. Nr. 1424/54 sowie Ausgangsbuch 1955, April, Mai, Juni. Ausg. Nr. 474/55.

223 Archiv des VVO. Ausgangsbuch 1950, April, Mai, Juni. Ausg. Nr. 658/50. Dem Steuerkomitee gehörten damals an: Prokurist Angyel, Oberprokurist Boucek, Direktor Kubst, Direktor Dr. Fieger, Prokurist Dr. Schüller, Prokurist Dr. Vogl und Sekretär Dr. Wildhage.

geröffnungsbilanz, einschließlich der damit einhergehenden Steuerfragen, entstanden war. Ausgangspunkt dieser Arbeiten war ein Exposé der Wirtschaftsprüfer Univ.-Prof. Dkfm. Dr. L. Mayer und Univ.-Doz. Dr. F. Wegner. Das Exposé enthielt Richtlinien für einen Sanierungsstatus der Lebensversicherungsunternehmungen, denn diese hatten am meisten unter den Kriegs- und Nachkriegsfolgen gelitten.[224] Die Arbeiten des Komitees waren heikel und nicht frei von taktischen Überlegungen gegenüber der Finanzverwaltung. Rekonstruktionsprobleme, Steuerfragen und die revolvierenden Fristerstreckungen für Steuererklärungen hingen eng zusammen. Mitte Februar 1951 erachtete man es für opportun, die Vorarbeiten zur Rekonstruktion von fiskalischen Rücksichten zu trennen. Den beiden Wirtschaftsprüfern (s. o.) teilte man daher mit: „Sollte wider Erwarten eine weitere Fristverlängerung für die Steuererklärungen über den 30. Juni 1951 hinaus nicht zu erzielen sein, so wird auch dann eine ordnungsmässige Besteuerung mangels irgendwelcher geeigneter Unterlagen nicht in Betracht kommen können. Im übrigen bleibt daher nach Ansicht des Komitees abzuwarten, ob und welche Wünsche das Finanzministerium in diesem Falle äußert; erst dann wird es notwendig und, wie das Komitee glaubt, auch durch direkte Verhandlungen mit dem Finanzministerium möglich sein, einen tragbaren Modus für die weitere Vorgangsweise ausfindig zu machen bzw. zu vereinbaren.“[225]

Im Herbst 1950 erhielt der Verband den Referentenentwurf zum Schillingeröfffnungsbilanzgesetz. Die an die Kammer der gewerblichen Wirtschaft gerichtete Stellungnahme vom 17. 10. 1950 des Verbandes dazu war kurz und mehr als deutlich. Kernpunkt der Stellungnahme war der § 32 des Entwurfes. In der 1954 beschlossenen Fassung des Gesetzes entsprach dem § 34 des Entwurfes der § 29. Dieser lautete: „§ 29. Unternehmungen der Vertragsversicherung. Bei Unternehmungen der Vertragsversicherung sind die gesetzlichen Bestimmungen über die Beaufsichtigung der privaten Versicherungsunternehmungen auch für die Schillingeröffnungsbilanz und die Umstellung anzuwenden.“[226] In der Stellungnahme hieß es unter anderem: „…müssen wir mit allem Nachdruck feststellen, daß wir unter gar keinen Umständen damit einverstanden wären, wenn die Bestimmung des § 32 in bezug auf die Versicherungsunternehmungen aus dem Entwurf gestrichen würde. Die Möglichkeit des Aufschubes gemäß § 1 Abs. 3 ist für uns belanglos, weil die meritorischen Bestimmungen des Schillingeröffnungsbilanzgesetzes für uns unanwendbar sind. Darüber besteht in sämtlichen Staaten eine einheitliche Auffassung; noch nirgends wurde versucht,

224 Archiv des VVO. Ausgangsbuch 1951, Jänner, Februar, März. Ausg. Nr. 109/51.

225 Archiv des VVO. Ausgangsbuch 1951, Jänner, Februar, März. Ausg. Nr. 156/51.

226 Bundesgesetz vom 7. Juli 1954 über die Aufstellung von Schillingeröffnungsbilanzen und über die Umstellung (Schillingeröffnungsbilanzgesetz – SEBG). BGBl. Nr. 190/54.

auch Versicherungsunternehmungen in eine auf gewerbliche oder industrielle Betriebe eingerichtete Regelung dieser Materie hineinzuzwängen. Wir bemerken, daß auch die Reichsmarkumstellung auf Grund materiell anders gearteter Vorschriften erfolgt ist." Und weiter hieß es: „Wir sind auch keinesfalls gesonnen, uns darauf einzulassen, etwa eine stillschweigende Duldung zu erhoffen und uns der Erwartung hinzugeben, daß vielleicht irgendwann einmal im Zuge der Rekonstruktion besondere gesetzliche Bestimmungen über die Eröffnungsbilanz getroffen werden. Wir bestehen vielmehr darauf, daß die Bestimmung des § 32 – soweit sie die Versicherungsunternehmungen betrifft – unverändert im Entwurf bleibt. Wir wissen uns in dieser Auffassung völlig einig mit dem Bundesministerium für Finanzen und machen nochmals aufmerksam, das wir von dieser Auffassung nicht abgehen werden."[227] Was war geschehen?

In den verbandsinternen Beratungen, aber auch in den Gesprächen mit der Aufsichtsbehörde war man zur Überzeugung gelangt, dass der Wiederaufbau der Versicherungsunternehmungen und die Schillingeröffnungsbilanz in einem engen inneren Zusammenhang stehen, der nicht von der Rechnungslegung willkürlich aufgebrochen werden sollte. Weiters ging es darum zu verhindern, dass der Assekuranz Vorschriften aufgezwungen wurden, welche für ihre Rechnungslegung untauglich waren. Diese Gefahr bestand, als das Schillingeröffnungsbilanzengesetz konzipiert wurde. Das erklärt die Schärfe der Äußerung des Verbandes. Dem Schillingeröffnungsbilanzengesetz kam dadurch eine steuermindernde Wirkung zu, dass zu Tageswerten bilanziert wurde. Damit wurden die vor dem Bilanzstichtag (1. 1. 1955) liegenden inflationsbedingten Verzerrungen eliminiert.[228]

227 Archiv des VVO. Ausgangsbuch 1950, Oktober, November, Dezember. Ausg. Nr. 1128/50.

228 De facto reichte die bilanzielle Inflationsperiode bis zu den Reichsmarkeröffnungsbilanzen vom 01.01.1939 zurück (fallweise auch zum 1. 1. 1940 erstellt), denn 1945 war die Währung eins zu eins auf Schilling umgestellt worden. Obwohl die 1945 eingeführte Schillingwährung nicht den Vorkriegsschilling fortsetzte, unterstellte die Steuerbehörde diese Kontinuität. Diese Fiktion führte vor dem Schillingeröffnungsbilanzgesetz zu steuerlichen Härten, wenn der Aufwand für wieder in Stand gesetztes Anlagevermögen aktiviert wurde. Die Buchwerte von 1938 waren in der Regel wesentlich niedriger als der aktivierte Aufwand, so dass sich ein – allenfalls steuerpflichtiger – Vermögenszuwachs ergab. Siehe dazu das Promemoria „Schillingeröffnungsbilanzengesetz, steuerliche Benachteiligung bombengeschädigter Unternehmer", der Wiener Dampfkesselfabrik St. Jaschka & Sohn. Archiv des VVO. Ausgangsbuch 1954, Oktober, November Dezember. Ausg. Nr. 1099/540. Diese Problematik war auch dem Steuerkomitee des Verbandes bekannt, denn es diskutierte im Herbst 1954 eine einschlägige Anfrage eines Mitgliedsunternehmens zu Teil- und Totalschäden durch Kriegseinwirkungen. In der Anfragebeantwortung hieß es u. a.: „Eine gesetzliche Regelung der Teilschäden existiert nicht. Aufgrund einer durch Erlaß untermauerten Verwaltungsübung .. wird den Aufwendungen zur Behebung von Teilschäden – insoweit sich nicht Werterhöhungen daraus ergeben haben – der Charakter von abzugsfähigen Betriebsausgaben immer anerkannt. Es besteht keine Veranlassung, daran zu zweifeln, daß dies auch im Rahmen der Globalbilanz [Anmerkung: gemeint ist die Rekonstruktionsbilanz] den Versicherungsunternehmungen zugestanden werden wird." Archiv des VVO. Ausgangsbuch 1954, Oktober, November, Dezember. Ausg. Nr. 1229/54. Auf einer ähnlichen Ebene lag

Für sie fielen keine Ertragssteuern an. Zugleich erhöhten sich die Basiswerte für Abschreibungen, was ebenfalls steuermindernd wirkte.

Anfang Jänner 1951 ging die Kammer der gewerblichen Wirtschaft – noch – davon aus, dass der ministerielle Entwurf des Schillingeröffungsbilanzgesetzes alsbald Gesetz werden würde. Sollte der Entwurf im Ministerrat (der Koalitionsregierung) keine Zustimmung finden, „…, wird", kündigte die Kammer an, „der Entwurf … in kürzester Frist als Initiativantrag gestartet werden".[229] Zu einer raschen Verabschiedung des Gesetzes kam es nicht. Rückblickend betrachtet, war das auch gut so, denn 1951 sprang die Inflation wieder an. Bereits am 30. 1. 1951 richtete die Kammer ein Nachtragsgutachten zum Gesetz an das Bundesministerium für Finanzen. Darin wurde die Verlegung des Bilanzstichtages vom Beginn des Geschäftsjahres 1953 auf den Beginn des Geschäftsjahres 1955 gefordert und folgendermaßen begründet: „Die Unsicherheit in bezug auf die Preisentwicklung der nächsten Jahre läßt es in weiten Kreisen der gewerblichen Wirtschaft geboten erscheinen, den Zeitraum, innerhalb dessen die Schillingeröffnungsbilanz errichtet werden kann, erheblich auszudehnen. Dessenungeachtet soll jedoch jenen Unternehmungen, die bereits auf den Beginn des Geschäftsjahres 1950 die Schillingeröffnungsbilanz errichten wollen, diese Möglichkeit nicht beschränkt werden. Da der Finanzverwaltung sehr daran gelegen ist, etwaige Steuerausfälle auf eine möglichst große Anzahl von Jahren zu verteilen, wird ihr ein solches Hinausschieben des Endzeitpunktes nur erwünscht sein."[230]

Eine heikle Materie des konzipierten Schillingeröffnungsbilanzgesetzes waren unter anderem Rückstellungen für laufende Pensionsverpflichtungen sowie für bestehende Anwartschaften. Sollten sie ausdrücklich im Gesetz aufgezählt werden? Bestand dann nicht die Gefahr, dass die Finanzämter im Umkehrschluss andere Rückstellungen nicht gelten lassen würden? Oder: „Speziell aus dem … Satz könnte der Umkehrschluß gezogen werden, daß dann, wenn nicht volle Gewähr für die künftige Erfüllbarkeit der Pensionsverpflichtungen aus laufender Rechnung gegeben ist, die Verpflichtung zur Bildung von Rückstellungen sich ergibt. Denn das Schillingeröfffnungsbilanzgesetz enthält nicht nur steuerrechtliche, sondern auch handelsrechtliche Normen. Vermag nun ein Unternehmer nicht einmal mit Sicherheit anzugeben, daß er in Hinkunft laufenden Pensionsver-

---

die Problematik der Nachversteuerung von Beständen (Bestandsgrößen), die erst im Zuge der Aufstellung einer Schillingeröffnungsbilanz hervorgekommen waren, da die Bilanzerstellung mit rigorosen Nachforschungen im Unternehmen einhergegangen war. Die Kammer Wien sprach sich für eine steuerschonende Regelung der Nachversteuerung aus. Das begrüßte der Verband. Archiv des VVO. Ausgangsbuch 1954, Oktober, November, Dezember. Ausg. Nr. 1319/54.

229 Archiv des VVO. Ausgangsbuch 1951, Jänner, Februar, März. Ausg. Nr. 123/51.

230 Archiv des VVO. Ausgangsbuch 1951, Jänner, Februar, März. Ausg. Nr. 140/51.

pflichtungen … gerecht werden kann, so wird er regelmäßig noch viel weniger Möglichkeit haben, bedeutende Beträge sofort als Rückstellung zu passivieren."[231] Ein anderer Punkt war die Bewertung ausländischer Niederlassungen oder sonstiger Auslandsvermögen. Hierzu äußerte sich der Entwurf nicht. Auch 1938 bei der Umstellung auf Reichsmark hatte es dafür keine speziellen Bestimmungen gegeben, wie der Verband in einem Schreiben Ende Oktober 1952 an die Bundeskammer anmerkte, und das österreichische Goldbilanzengesetz 1925, das den Übergang von der inflatierten Kronenwährung zum Schilling regelte, hatte nur Retorsionsmöglichkeiten vorgesehen. Was war klüger: keine oder eine gesetzliche Regelung? Eine weitere Frage war, ob die Spezialbilanzen für die ausländischen Zweigniederlassungen nach in- oder ausländischen Vorschriften zu errichten waren. Die Tücke lag im Detail: „Die Bewertung nach Schillingeröffnungsbilanz würde – und zwar auch ohne Zweigniederlassungen und ohne Spezialbilanz – besonders bei Liegenschaften fast unüberwindlichen Schwierigkeiten begegnen. Denn der Einheitswert existiert (mit Ausnahme von Deutschland) … nirgends im Ausland."[232] Unklar war aber auch beispielsweise, was es zu bedeuten hatte, dass im Entwurf zwar von Steuern vom Einkommen und Ertrag die Rede war, jedoch die Vermögenssteuer nicht erwähnt wurde (anders in der Umstellungsverordnung 1938 und in der westdeutschen Gesetzgebung zu den DM-Eröffnungsbilanzen). Bedeutete das etwa, dass gewisse Positionen, welche in die Schillingeröffnungsbilanz zu übertragen waren, noch einer separaten (Vermögens-)Besteuerung unterzogen werden sollten?[233]

Die Debatte zur Besteuerung der Unternehmen wurde mitunter unter der Bezeichnung „Schillingeröffnungsbilanz" bzw. „Schillingeröffnungsbilanzgesetz" geführt, denn diese Bilanz war eine buchhaltungstechnische Schnittstelle für den Übergang von der provisorischen zur regulären Besteuerung. Das Schillingeröffnungsbilanzgesetz nahm eine Schlüsselstellung ein, doch setzte – wie erwähnt – die Erstellung dieser Bilanz einen Rechnungsabschluss über die zurückliegenden zehn Geschäftsjahre voraus: das war die Rekonstruktionsbilanz. Bereits um 1950 herum hatte sich die Ertragslage der Unternehmen so gebessert, dass an die Entrichtung von Körperschaftssteuer gedacht werden musste. Es lag nahe, dass aus dem Kreis der Gegenseitigkeitsgesellschaften ([große] Versicherungsvereine auf Gegenseitigkeit) der Gedanke einer nach der Rechtsform der Unternehmen unterschiedlichen Körperschaftssteuer auftauchte. Diese Differenzierung hatte es vor der Einführung des reichsdeutschen Steuerrechts in Österreich gegeben

231 Archiv des VVO. Ausgangsbuch 1952, Oktober, November, Dezember. Ausg. Nr. 1066/52.

232 Ebendort.

233 Archiv des VVO. Ausgangsbuch 1952, Oktober, November, Dezember. Ausg. Nr. 1127/52.

(s. u.).[234] Ab Anfang März 1952 befasste sich der Verband intensiv mit Fragen der Besteuerung. Das Verbandspräsidium wurde für die Agenda um die Herren Dr. Jakobartl, Liebermann und Dr. Schlesinger erweitert. Zunächst hoffte man noch Einfluss auf das Steueränderungsgesetz nehmen zu können, doch dann ging man davon aus, dass das Steueränderungsgesetz 1952 keine diesbezüglichen Regelungen bringen werde.[235]

Das erweiterte Verbandspräsidium kam zu folgendem Ergebnis:[236]

- Die Unsicherheit in Vergangenheit und Zukunft über die Besteuerung der Unternehmen behinderte deren Veranlagungstätigkeit. Die Bildung von Geldvermögen aufgrund von versicherungstechnischen Rückstellungen und anderen Ursachen für das Entstehen eines Veranlagungsbedarfes in der Assekuranz ging nur mit einer unzureichenden Transformation in Realkapital (in „volkswirtschaftlich erwünschte Investitionen") einher.
- Obwohl seit 1945 den Unternehmen die Frist für Steuererklärungen erstreckt wurde, bestand auch für diese Jahre im Prinzip Steuerpflicht. Da die statistischen Nachweisungen an die Aufsichtsbehörde einen kaufmännischen Rechnungsabschluß nicht ersetzen konnten, war es notwendig die nach dem Wiederaufbau der Branche erforderlichen Rechnungsabschlüsse nach steuerlichen Gesichtspunkten auszurichten.
- Zur Beseitigung der Ungewißheit bis zur Erstellung der Schillingeröffnungsbilanzen war eine steuerliche Übergangslösung erforderlich, damit Kalkulation und Veranlagung nach den in der Assekuranz üblichen Geschäftsgrundsätzen vorgenommen werden konnten. Als Übergangslösung wurde eine Pauschalierung der Besteuerung ab dem Geschäftsjahr 1952 angedacht.

Konkret wurde in dem Anfang März 1952 dem Bundesministerium für Finanzen vorgelegten Vorschlag angeregt,[237] ab 1. 1. 1952 alle Versicherungsunternehmen pauschal mit 2,5 Promille des direkten inländischen Prämienaufkommens (ausgenommen die Lebensversicherung) zu besteuern. Der Verband versäumte nicht, darauf hinzuweisen, dass sich sein Vorschlag an die Regelungen des österreichischen Personalsteuergesetzes in

234 Siehe dazu auch das Kapitel „Steuerfragen im Zusammenhang mit betrieblichem Ertrag und Vermögen" sowie: Archiv des VVO. Vorstandsprotokoll Nr. 99 vom 9.3.1950. TO.-Pkt. VI. Besteuerung der wechselseitigen Versicherungsunternehmungen.

235 Archiv des VVO. Vorstandsprotokoll Nr. 132 vom 6.3.1952. TO.-Pkt. XI/2.) Zur Frage einer vorläufigen Besteuerung.

236 Archiv des VVO. Vorstandsprotokoll Nr. 134 vom 27.3.1952. TO.-Pkt. I. Fragen der Besteuerung in der Zeit vor Aufstellung der Schillingeröffnungsbilanzen.

237 Archiv des VVO. Ausgangsbuch 1952, Jänner, Februar, März. Ausg. Nr. 324/52.

der Fassung der Novelle 1933 anlehnte.[238] Die Mindestbesteuerung bei Versicherungsaktiengesellschaften machte damals 2,5 Promille der Prämieneinnahme aus. Das Prämienaufkommen in der Lebensversicherung sollte nicht besteuert werden. Mit dieser Pauschalsteuer sollten sämtliche Steuern (Körperschaftssteuer, Vermögenssteuer samt Aufbringungsumlage, Vermögens- und Vermögenszuwachsabgabe, Gewerbesteuer) für die Zeit bis zur Aufstellung der Schillingeröffnungsbilanzen endgültig abgegolten sein. Der Vorschlag bestand also darin, die gesamte Steuerpflicht für die Rekonstruktionsperiode (ab 1945) mit einer ab 1952 abzuführenden Pauschalsteuer abzudecken. Eine differenzierte Besteuerung sollte erst nach dem Stichtag für die Aufstellung der Schillingeröffnungsbilanzen beginnen. Bald nach Einlangen des Vorschlags setzten Verhandlungen in der Aufsichtsbehörde ein. Darin erklärte sich der Verband bereit, einer Besteuerung ab 1. 1. 1951 zuzustimmen.

Der Vorschlag war, wie erwähnt, vom erweiterten Verbandspräsidium ausgearbeitet worden. Er wurde noch vor der Billigung durch den Verbandsvorstand dem Ministerium vorgelegt, sodass seine nachträgliche Genehmigung erforderlich war. Die nachträgliche Beschlussfassung, sie erfolgte einhellig, wurde damit begründet, dass man gehofft hatte, der Vorschlag könnte bereits im Steueränderungsgesetz 1952 berücksichtigt werden. In der nächsten Vorstandssitzung, Ende April 1952, wurde angeregt, den Vorschlag, gemeinsam mit der Aufsichtsbehörde, zur Grundlage eines Gesetzesentwurfes zu machen.[239] Doch so glatt ging es nicht, denn das Ministerium war „der Meinung, dass der Antrag des Verbandes … allergrößten Schwierigkeiten parlamentarischer Art begegnen würde. Das Finanzministerium lehnt es ab, mit der jährlichen Zahlung dieses Pauschalbetrages ab 1. Jänner 1952 eine Abgeltung anzuerkennen, um nicht der im Zusammenhang mit der Rekonstruktion der Versicherungswirtschaft notwendigen Bereinigung der Steuerfrage in präjudizieller Weise vorzugreifen. Es nimmt aber Vorauszahlungen als Akontozahlungen entgegen."[240] Der Steuersatz von 2,5 Promille erschien dem Ministerium zu niedrig. Einen höheren Satz lehnten aber die Versicherer ab, eher waren sie bereit einem früheren Beginn der provisorischen Besteuerung zuzustimmen, die jedenfalls eine volle Abgeltung aller vor der Schillingeröffnungsbilanz angefallenen Steuerschuldigkeiten bedeuten müßte. Der Verbandsvorstand beschloß, sich direkt an den Finanzminister (Dr. R. Kamitz) zu wenden.[241] Bei der im Juni 1952 stattgefundenen Unterredung mit dem

238 Personalsteuergesetz i. d. F. d. Novelle 1933, BGBl. Nr. 141/34.

239 Archiv des VVO. Vorstandsprotokoll Nr. 135 vom 28.4.1952. TO.-Pkt. 9.) Frage der Besteuerung in der Zeit vor Aufstellung der Schillingeröffnungsbilanzen (Vgl. Nr. 134, I vom 27.03.1952).

240 Archiv des VVO. Vorstandsprotokoll Nr. 136 vom 23.5.1952. TO.-Pkt. II. Zur Frage der provisorischen Besteuerung (Vergl. Protokoll Nr. 134/ I).

241 Ebendort.

Verbandspräsidium gab der Minister zu bedenken, dass eine Pauschalabgeltung einer gesetzlichen Regelung bedürfe. Es war auch nicht mehr von einer Abgeltung aller Unternehmenssteuern die Rede, sondern nur mehr von der Körperschaftssteuer. Ab 1948 bis zum Datum der Schillingeröffnungsbilanz sollten 2,5 Promille der Prämieneinnahmen (ausgenommen jene in der Lebensversicherung) abgeführt werden.[242]

Mitte Juli 1952 fand im Finanzministerium eine Besprechung des erweiterten Verbandspräsidiums mit dem zuständigen Sektionschef (Dr. Pucharski) und Beamten der Versicherungsaufsicht statt. Der Vorschlag, die Körperschafts-, Vermögens- und Gewerbesteuer pauschal mit 2,5 % der Prämieneinnahmen (die Lebensversicherung ausgenommen) bis zur Schillingeröffnungsbilanz abzugelten, wurde vom Ministerium neuerlich abgelehnt. Als Gründe dafür wurden genannt:

1. Für eine Pauschalierung fehlt die gesetzliche Grundlage. Ein Ermächtigungsgesetz, welches dem Finanzministerium freie Hand bezüglich der Besteuerungsgrundlagen und der Höhe der Steuerabgeltung lässt, … [ist] undurchsetzbar.
2. Es fehlt jeder Vergleichsmaßstab, um die Angemessenheit des gestellten Anbotes zu prüfen.
3. Jede Steuerveranlagung hat Bilanzen zur Voraussetzung. Nachdem … solche Bilanzen nicht gelegt werden können und dürfen, hat [das Ministerium] sich … damit abgefunden, daß bis auf weiteres Steuern aus dem Versicherungssektor nicht zu erwarten sind.
4. Schwierigkeiten bei der rückwirkenden Veranlagung auf einen längeren Zeitraum können im Einzelfall berücksichtigt werden [aber nicht generell], indem den Finanzämtern vom Ministerium die Weisung erteilt wird, ohne Kleinlichkeit zu verfahren; Einzelabgeltungen werden fallweise stets möglich sein [aber eben nicht generell].
5. Schwierigkeiten in der Kapitaldisposition aus Steuergründen sind allgemeine Erscheinungen und nicht spezifisch für die Versicherungswirtschaft; sie hängen mit dem Problem der Scheingewinnbesteuerung zusammen.
6. Zusammenfassend … [wurde] … auf das Beispiel der Banken hin[gewiesen], die höchstwahrscheinlich Ende 1952 für die Zeit seit 1. Jänner 1945 bis 31. Dezember 1952 nur eine einheitliche Bilanz legen werden, was an sich schon steuerliche Erleichterungen in sich schließt. [Es] … hält dafür, dass im Zuge der Rekonstruktion der Versicherungswirtschaft und der Gesetzgebung über die Schillingeröffnungsbilanzen von Versicherungsunternehmungen die entsprechenden steuerlichen Bestimmungen getroffen werden müssen.[243]

242 Archiv des VVO. Vorstandsprotokoll Nr. 139 vom 26. 6. 1952. TO.-Pkt. III. Steuerfragen.

243 Archiv des VVO. Vorstandsprotokoll Nr. 140 vom 11. 7. 1952. TO.-Pkt. II.) Steuerfragen. a) Pauschalierung der Körperschaftssteuer.

Der Verband konnte in dieser Ablehnung sogar etwas Gutes erkennen, dass nämlich von der Abgabensektion des Ministeriums dargelegt worden sei, von der Versicherungswirtschaft seien vor Abschluss ihrer Rekonstruktion keine Steuern erzielbar. Im Klartext hieß das, dass man zwar bereit sei, den „Liquiditätserfordernissen des Staates Rechnung zu tragen“[244], doch seien die Liquiditätsaushilfen der Versicherungswirtschaft an den Staat als Vorauszahlungen gedacht, welche mit den nach dem Datum der Schillingeröffnungsbilanz anfallenden Steuerschuldigkeiten zu verrechnen wären. Der Verband nahm sich vor, im Herbst 1952 die Angelegenheit erneut aufzugreifen.

Am 22. 10. 1952 verfügte das Bundesministerium für Finanzen unter Zl. 34.374-9/1952 den Erlass zur „Steuerleistung der Versicherungsunternehmungen“. Der Verband unterrichtete davon am 4. 11. 1952 die Unternehmen und beschied diesen: „Wir gestatten uns darauf aufmerksam zu machen, dass vom Verband aus Schritte beim Finanzminister eingeleitet werden; insolange bitten wir in dieser Sache nichts weiter vorzukehren und die weiteren Mitteilungen und Richtlinien des Verbandes abzuwarten.“[245] Der an den Verband gerichtete Erlass lautete:

„... In Hinblick auf die ungeklärten Fragen bei der Bewertung des Vermögens und die dadurch verursachte Schwierigkeit der Bilanzerstellung haben die meisten Versicherungsunternehmungen seit 1945 weder Steuererklärungen abgegeben noch Zahlung an Körperschaftssteuer und Gewerbesteuer geleistet. Nunmehr muß aber angenommen werden, daß sich die wirtschaftliche Lage der genannten Anstalten mit Ausnahme der reinen Lebensversicherungsunternehmungen und der gemischten Anstalten soweit gebessert hat, dass sie wieder Steuerzahlungen leisten können. Verschiedene Versicherungsunternehmungen konnten auch bereits weitgehend ihre Kriegsverluste abdecken. Aus den angeführten Gründen und auch aus budgetären Erwägungen ist somit ein weiteres Hinausschieben von Steuerleistungen der Versicherungsunternehmungen nicht mehr zu rechtfertigen.

Das Bundesministerium für Finanzen kann dem do. Vorschlag, die Steuerleistungen der Versicherungsunternehmungen ab 1. Jänner 1952 bis zur Aufstellung von Schillingeröffnungsbilanzen mit einem Pauschalbetrag von 2,5 Promille der Prämieneinnahme endgültig abzugelten, nicht zustimmen; denn eine solche Art der Besteuerung bedürfte einer legislativen Maßnahme und würde auch dem kommenden Versicherungs-Rekonstruktionsgesetz vorgreifen.

Das Bundesministerium für Finanzen wird daher die Finanzlandesdirektionen anweisen, die in der Beilage A aufgezählten Versicherungsunternehmungen zur Vorlage von Erfolgsrech-

244 Jahresbericht über das Geschäftsjahr 1952. Wien 1953. S. 7ff. „Steuerfragen“. Archiv des VVO. Ausgangsbuch 1953, April, Mai, Juni. Ausg. Nr. 356/53.

245 Archiv des VVO. Ausgangsbuch 1952, Oktober, November, Dezember. Ausg. Nr. 108■/52.

> nungen (Übersichten über die Einnahmen und Ausgaben) betreffend das Geschäftsjahr 1951 aufzufordern. Auf Grund dieser Übersichten werden die Finanzämter Vorauszahlungen an Körperschaftssteuer und Gewerbesteuer für das Kalenderjahr 1953 festsetzen. Dabei wird so vorzugehen sein, als ob die angeführten Versicherungsunternehmungen ihren Gewinn nicht durch Vermögensvergleich gemäß § 4 Abs. 1 EStG oder § 5 EStG, sondern als Überschuß der Betriebseinnahmen über die Betriebsausgaben gemäss § 4 Abs. 3 EStG ermittelten. Etwa noch vorhandene Werte oder Restwerte an sogenannten Reichswerten (Reichsanleihen, Reichsschatzanweisungen u. ä.) wären hiebei außer Betracht zu lassen."[246]

Das Verbandspräsidium protestierte am 15. 11. 1952 bei einer Unterredung mit dem Finanzminister (und in Gegenwart von Sektionschef Dr. Pucharsky und Ministerialrat Dr. Wagner) gegen den Erlaß. Entschieden wurde abgelehnt, dass Vorauszahlungen auf der Basis von Einnahmen-Ausgaben-Rechnungen erfolgen sollten, denn derartige (schlichte) Rechenwerke seien für Versicherungsunternehmen unbrauchbar, denn weder Forderungen noch Verbindlichkeiten werden darin berücksichtigt; vor allem aber werde die Veränderung der (versicherungstechnischen) Rückstellungen vernachlässigt. Dem hielt Finanzminister Dr. R. Kamitz entgegen, dass er zwar entschlossen sei, von einer Erhöhung bestehender Steuern Abstand zu nehmen, doch alle verfügbaren Steuerquellen ausschöpfen müsse. Verband und Minister einigten sich schließlich darauf, dass die Assekuranz dem Ministerium als Steuervorauszahlung für 1953 einen bestimmten Betrag anbieten werde.[247]

Das Verbandspräsidium, verstärkt durch die Herren Dr. Jakobartl, Klein und Liebermann, machte sich daran, einen Vorschlag auszuarbeiten und die dafür erforderlichen Daten von den Unternehmen einzuholen. „Die interne Aufteilung [Anm.: der Vorauszahlung] auf die Mitgliedsunternehmungen wird vom Verband aus vorgenommen. Ob diese Aufteilung nach dem Prämienschlüssel, nach der relativen Ertragslage der einzelnen Anstalten oder nach Kombination beider Methoden erfolgen soll, wird der Vorstand erst nach Prüfung der nötigen Erhebungen entscheiden können."[248] Mit Rundschreiben vom 21. 11. 1952 forderte der Verband bis längsten 27. 11. 1952 von den Mitgliedsunternehmen das nötige Datenmaterial an und erinnerte die Unternehmen daran, „dass die … Ziffern möglicherweise behördlicher Überprüfung unterliegen könnten."[249] Eingefordert wurden:

246 Ebendort.

247 Archiv des VVO. Vorstandsprotokoll Nr. 143 vom 20.11.1952. TO.-Pkt. I. Steuervorauszahlungen der Versicherungsunternehmungen.

248 Ebendort.

249 Archiv des VVO. Ausgangsbuch 1952, Oktober, November, Dezember. Ausg. Nr. 1157/52.

1. Das reine Jahresergebnis der Gewinn- und Verlustrechnung 1951, die sich auf die der Aufsichtsbehörde vorgelegten statistischen Bilanzen gründet und zwar unter Ausscheidung von Verlust- oder Gewinnvorträgen aus dem Vorjahr; hiebei sind die normalmäßigen Unterschiede der Steuerbilanz von der Handelsbilanz im Sinne der erstgenannten Bilanzierungsart zu berücksichtigen.
2. Ergibt obige Berechnung einen Verlust für das Jahr 1951, so genügt die Bekanntgabe dieser Tatsache ohne weiteres Ziffernmaterial.
3. Ergibt die Berechnung ad 1. einen Gewinn, besteht aber ein effektiver Verlustvortrag aus den Vorjahren, so ist die Entwicklung dieses Verlustvortrages über die Jahresergebnisse 1950 und erforderlichenfalls auch 1949 zurückzuverfolgen bzw. darzulegen."[250]

Das Ministerium erwartete bis Dezember 1952 vom Verband einen konstruktiven Vorschlag zur Besteuerung, andernfalls die Finanzämter angewiesen würden, den obigen Erlaß zu exekutieren. Dem Hinweis des Verbandes,[251] diese Vorgangsweise entspräche nicht dem Gesetz, wurde entgegnet, daß es ja zunächst nur darum gehe festzustellen, welche Versicherungsunternehmen überhaupt zu Vorauszahlungen herangezogen werden könnten. Aus der Sicht des Verbandes standen zwei Möglichkeiten zur Diskussion: Entweder eine Pauschalabgeltung der Steuerschuldigkeiten anstelle von Vorauszahlungen oder Vorauszahlungen gegen spätere Verrechnung. Das Ministerium hatte allerdings eine Pauschalabgeltung bereits abgelehnt (s. o.), denn eine solche würde die Rekonstruktion präjudizieren. Vielmehr ging das Finanzministerium davon aus, dass es für die Versicherungswirtschaft eine ähnliche Regelung geben werde, wie man sie für die Banken gefunden hatte, welche für die Zeit von 1945 bis 1952 eine Generalbilanz legten. In diesem Fall müßten Vorauszahlungen unterbleiben, war die Meinung.

Das (erweiterte) Vorstandskomitee des Verbandes befasste sich am 12. 12. 1952 mit dem Gedanken, die für die Zeit von 1945 bis 1950 anfallende und de facto geringfügige Körperschaftssteuer zu entrichten und ab 1951 eine Einschätzung der Abgabepflicht durch die Finanzämter anzustreben. „Diese Einschätzung müßte derart erfolgen, daß die einzelnen Zahlungen zusammengerechnet den mit dem Finanzminister vereinbarten Pauschalbetrag ergeben müßten. Unabhängig davon wäre die interne Aufteilung [Anm.: der Abgabenlast zwischen den Mitgliedsunternehmen] zu gestalten."[252] Allerdings bestanden Bedenken, ob es möglich sein werde, eine gerechte Aufteilung

250 Ebendort.

251 Siehe dazu und zum Folgenden: Archiv des VVO. Vorstandsprotokoll Nr. 144 vom 12.12.1952. TO.-Pkt. I. Frage der Steuervorauszahlungen.

252 Ebendort.

der Abgabenlast auf die Mitgliedsunternehmen zu finden. Auch einer Generalbilanz und einem Verlustvortrag würde eine solche Vorgangsweise entgegenstehen, ganz zu schweigen von der Problematik jener Pensionsrückstellungen,[253] die nicht gesetzlich abgesichert, sondern nur kollektivvertraglich vereinbart waren.

Die Problematik der Pensionsrückstellungen war durchaus geeignet die Rekonstruktion der Versicherungsunternehmen (und ebenso jene der Kreditunternehmen) zu gefährden. Eine Nichtberücksichtigung zukünftiger Pensionsverpflichtungen (für Alters-, Invaliditäts-, Witwen- und Waisenrenten) bedeutet eine Verschiebung des Periodenerfolgs. Zu Beginn der 50er Jahre wurde „… nicht selten in der Praxis … der Standpunkt vertreten, daß eine Rückstellung für Pensionsverpflichtungen handelsrechtlich unterbleiben könne, wenn die laufenden Pensionen zu Lasten der laufenden Erfolgsrechnung bezahlt werden. Dieser Standpunkt ist unrichtig“, führte L. Neumann (1953) aus,[254] als er sich in Hinblick auf die bevorstehende Rekonstruktion des Finanzsektors mit der Problematik der Pensionsrückstellungen befasste. Dieser „unrichtige Standpunkt“ entsprach einer kameralistischen Sichtweise, die damals weit verbreitet war (nicht zuletzt in der Finanzbürokratie). Aber selbst dann, wenn anerkannt wurde, dass die rechtsverbindliche Übernahme laufender Verpflichtungen mit deren kapitalisierten Gegenwert zu passivieren war (und ist), blieb ein Rest an steuerlichen Problemen. Im Grunde genommen, so L. Neumann (1953), liege die Problematik darin, dass die Steuergesetzgebung und -vollziehung von der allgemeinen Annahme einer Wertstabilität ausgehe. „Fällt … diese Wertstabilität weg oder treten an deren Stelle … größere Wertänderungen, so versagen diese Grundsätze und geraten mit anderen Bilanzierungsgrundsätzen, wie gerade der Bilanzwahrheit, in Gegensatz.“[255] Das aus dem reichsdeutschen Steuerrecht

---

253 Die Bemerkung, welche der Verband an Direktor Dr. F. Kresse zur Tagesordnung für den 3.3.1953 des Finanzpolitischen Ausschusses der Bundeskammer der gewerbliche Wirtschaft bezüglich der Pensionsrückstellungen machte, zeigte, worin die Problematik lag. „… Andererseits ist eine gewisse Vorsicht geboten, daß nur ein Recht zur Vornahme von Pensionsrückstellungen eingeführt wird, nicht aber die Pflicht zur Passivierung solcher Verbindlichkeiten. Sonst könnte manche Versicherungsunternehmung insbesondere in der Lebensversicherung in üble Unterbilanzen geraten, wenn sie nunmehr genötigt wäre, sämtliche Pensionsverpflichtungen rückzustellen, nicht aber aus laufender Rechnung zu bezahlen.“ Archiv des VVO. Ausgangsbuch 1953, Jänner, Februar, März. Ausg. Nr. 231/52.

254 L. Neumann (1953), Pensionsrückstellungen. Ein Querschnitt durch die bilanztechnische, versicherungsmathematische und steuerrechtliche Problematik. In: Die Versicherungsrundschau, 8. Jg. 1953, Heft 5. S. 129ff.

255 L. Neumann (1953) empfahl für die Bilanzierung der Pensionsrückstellungen in der Rekonstruktions- und in der Schillingeröffnungsbilanz folgende Vorgangsweise:

1. Grundsätzlich sollen die bisherigen Berechnungsverfahren hinsichtlich Zinsfuß, Rechnungsgrundlagen (…) beibehalten werden können (Kontinuitätsgrundsatz), jedoch mit der Einschränkung, daß die gesamte Pensionsrückstellung niemals höher als die volle Anwartschaft sein darf (…).

übergeleitete „Nachholungsverbot“ bedeutete, dass in früheren Wirtschaftsjahren unterlassene Rückstellungen nicht steuerlich begünstigt nachgeholt werden durften. Für die Rekonstruktionsperiode war jedoch davon auszugehen, dass Rückstellungen unterlassen worden waren. Solche Unterlassungen waren vielfach durch die Geldentwertung bedingt, die abzugelten, kurzfristig große Erhöhungen erfordert hätte. Dadurch, dass das Wiederaufbaujahrzehnt zu einem „besonderen Geschäftsjahr“ wurde, wurde das Nachholungsverbot entschärft.[256]

Der Entwurf zum Schillingeröffnungsbilanzengesetz sah vor, dass Rückstellungen in der Schlussbilanz (Generalbilanz bzw. Rekonstruktionsbilanz) mindestens in der gleichen Höhe in die Schillingeröffnungsbilanz zu übernehmen waren. Hinsichtlich der Vorauszahlungen einigte man sich – schließlich – auf folgende Grundsätze:

1. Unter der Voraußetzung, daß ähnlich wie bei den Banken … eine einheitliche Generalbilanz für die Jahre 1945 bis 1952 aufgestellt wird, und in der Annahme, daß die Schillingeröffnungsbilanz zum 1. Jänner 1953 erstellt werden kann, besteht Bereitwilligkeit, dem Gedanken eines Pauschalangebotes näher zu treten. Dabei ist zu bedenken, daß die Ertragslage der Versicherungsunternehmungen nicht im entferntesten mit der der Banken verglichen werden kann.
2. Demgemäß dürfte dieses Pauschalangebot einer Steuervorauszahlung pro 1953 keinesfalls 3 Mill. überschreiten.

---

2. Bei Erhöhung der Pensionszusagen in Form freiwilliger Änderungen ist so zu verfahren, … [dass] jede Erhöhungszusage … als neuer Vertrag zu werten [ist] und die Rückstellungsberechnung ist darauf abzustellen. …
3. Bei Erhöhungen der Anwartschaftsbeträge durch generelle Erhöhungen (Lohn- und Preisabkommen) kann die Methode [der] Rückdiskontierung dann Verwendung finden, wenn die verpflichtete Unternehmung glaubhaft macht, daß jene Aktiven, welche üblicherweise oder widmungsgemäß die Bedeckung der Pensionsverpflichtung beinhalten, betragsmäßig mindesten in dem Ausmaß angestiegen sind, als die Methode der Rücksdisktionierung die gestaffelte oder die differenzierte Berechnungsweise übersteigt.
4. Wurden Pensionsverträge beispielsweise während einer mehrjährigen Periode eingegangen, welche steuerlich als eine geschlossene Einheit behandelt werden kann, dann sollen diese Zusagen rechnungsmäßig so behandelt werden, als ob sie bei Beginn dieser Periode abgeschlossen worden wären.“

L. Neumann (1953), op. cit. S. 142f.

256 Die Problematik einer Nachholung von Pensionsrückstellungen, wenn der Pensionsanspruch steigt, war nicht neu. H. Leitich (1952) erinnerte daran (– gerade als diese Thematik im Zuge der Vorbereitung von SEBG und VWG aktuell war –), dass „… in den Statuten der altösterreichischen Pensionsfonds privater Unternehmungen … Regelungen [vorgesehen waren], nach welchen die durch ein Avancement notwendig gewordene Nachzahlung teils vom Unternehmer, teils vom Angestellten in Form sogenannter Karenztaxen nachgeschossen werden mußte“. Das erfolgte in Form einer Einmalzahlung, welche steuerlich aus Gründen der Lastverteilung auf zwei Jahre aufgeteilt wurde. W. Leitich (1952), Zur Problematik der steuerfreien Pensionsrückstellung. Unter besonderer Berücksichtigung der deutschen Nachkriegspraxis. In: Die Versicherungsrundschau. 7. Jg. 1952. S. 115ff.

3. Die Aufteilung könnte intern nach dem Schlüssel der Prämieneinnahmen, gestaffelt nach den verschiedenen Sparten, oder nach den von den einzelnen Mitgliedsunternehmungen aufgestellten Gewinn- und Verlustrechnungen über die Zeit von 1945–1952 unter Bereinigung von kriegsbetroffenen Werten, eventuell auch durch eine Kombination beider Methoden, erfolgen.
4. Eventuell ist ein interner Ausgleich zwischen den Mitgliedsunternehmungen bezüglich der Verzinsung und zwar nach Maßgabe der späterhin tatsächlich festgestellten Steuerschuldigkeiten pro 1953 in Erwägung zu ziehen.
5. Kann 1953 nicht die Schillingeröffnungsbilanz erstellt werden, sind Vorauszahlungen – eventuell – bei internem Zinsenausgleich entsprechend zu prolongieren.[257]

Offen blieb, inwieweit ausländische Unternehmen in ein Pauschalangebot einbezogen werden sollten. Unstrittig war, dass jene deutschen Unternehmen, welche nach 1945 in Österreich nicht mehr zum Neugeschäft zugelassen waren, daran nicht teilnehmen sollten. Was die Rückstellungen für Pensionsverpflichtungen betraf, wurde mit der Aufsichtsbehörde verhandelt, welche es aber ablehnte auf steuerliche Probleme Rücksicht zu nehmen.[258]

Zwei Tage später, am 14. 12. 1952, richtete der Verband sein Angebot an das Ministerium.[259] Er schlug vor, dass der Verband anstatt einer Steuervorauszahlung einen Betrag von drei Millionen Schilling zahlt. Dieser Betrag sollte im Geschäftsjahr, welches an die Schillingeröffnungsbilanz anschloss, mit den Steuerschuldigkeiten der einzelnen Mitgliedsunternehmen anteilig verrechnet werden. Der Verband wies dabei darauf hin, dass „es … aus den bekannten Gründen faktisch unmöglich und außerdem aufsichtsbehördlich verboten ist, Bilanzen zu legen, die allein Grundlagen für gesetzmäßige Steuererklärungen bilden könnten“, er wiederholte, daß die Ertragslage in der Versicherungswirtschaft keinesfalls so zufriedenstellend war, wie bei den Banken und dass das Angebot unter der Annahme einer Generalbilanz von 1945 an gemacht worden war. Erst nach der Eröffnungsbilanz sei eine fortlaufende Besteuerung möglich.

Ende August 1953 war es dann so weit, dass das erweiterte Verbandspräsidium für Verhandlungen mit dem Finanzministerium die grundsätzliche Linie für eine Regelung

257 Archiv des VVO. Vorstandsprotokoll Nr. 144 vom 12.12.1952. TO.-Pkt. I. Frage der Steuervorauszahlungen.

258 Ohne ins Detail zu gehen, sei angemerkt, dass damals ein Rechnungszins von 4 % verwendet wurde. Zufolge der Geldentwertung wurden auch die betrieblichen Pensionen und Anwartschaften angehoben; zuletzt am 1.4.1953 um 25 %. Archiv des VVO. Ausgangsbuch 1953, Juli, August, September. Ausg. Nr. 926/53.

259 Archiv des VVO. Ausgangsbuch 1952, Oktober, November, Dezember. Ausg. Nr. 1230/52.

der seit 1945 dauernden Steuervakanz beschließen konnte. Die Besteuerung sollte über den Verband abgewickelt werden, welcher damit gleichsam die Rolle eines „Fiskalintermediärs“[260] übernahm. Interessenpolitisch war es vorteilhaft, den Verband als Fiskalintermediär zwischenzuschalten. Dadurch wurde verhindert, dass die Versicherungsunternehmen jeweils für sich – im Einzelfall – den Finanzbehörden Rechenschaft über den Zeitraum der Steuervakanz zu geben hatten. Ziel war, eine Pauschalsumme als Steuervorauszahlung zu leisten. Die Jahre von 1945 bis Ende 1953 (tatsächlich wurde es dann 1954) sollten als ein Besteuerungszeitraum gelten und die Pauschalsumme sollte auf Steuerschuldigkeiten angerechnet werden, welche vor oder nach Beginn des Geschäftsjahres 1954 (tatsächlich wurde es dann 1955) entstanden waren. Im Präsidiumsbeschluß hieß es dann weiter: „Die Pauschalsumme soll intern auf die Gesellschaften in einem solchen Prozentsatz umgelegt werden, wie er sich aus der beiliegenden Aufstellung ergibt. Das Prämienaufkommen in den einzelnen Sparten ist entsprechend deren Gewichtigkeit eingestellt, wobei die Lebensversicherungsprämie als Abzugspost veranschlagt wurde. Gewisse Mitgliedsunternehmungen würden gerade aus letzterem Grund von der internen Aufteilung der Steuervorauszahlungen überhaupt nicht betroffen werden.“[261] Sollte das Ministerium mit dieser Regelung einverstanden sein, hoffte der Verband, „… daß die Versicherungswirtschaft in den für sie in Hinkunft zur Sprache kommenden lebenswichtigen Angelegenheiten auch volles Verständnis auf seiten des Bundesministeriums für Finanzen findet“.[262] Das Konzept wurde Anfang Dezember 1953 Finanzminister Dr. R. Kamitz mündlich vorgestellt, zwei Tage später wurde die Aufsichtsbehörde von der Unterredung informiert.[263]

Zu den „lebenswichtigen Angelegenheiten“ zählten die Beseitigung der Versicherungssteuer auf die Rückversicherung, die fiskalische Förderung der Lebensversicherung und eine Gleichstellung der von der Versicherungswirtschaft gewährten Schuldscheindarlehen mit Rentenwerten, welche nach dem Sparbegünstigungsgesetz steuerlich gefördert waren und von Nicht-Versicherern emittiert wurden.

---

260 Unter Fiskalintermediär ist eine Institution zu verstehen, deren Aufgabe es ist, eine vom Staat dem Betrag nach vorgegebene Abgabenlast auf die eigentlichen Steuerträger aufzuteilen. Der Fiskalintermediär ist stets auch der Steuerzahler, doch nicht der Steuerschuldner. Die finanzwissenschaftliche Lehre unterscheidet zwischen Steuerschuldner (Steuerpflichtiger) als der Person, welche zur Leistung der Steuer verpflichtet ist, dem Steuerzahler als der Person, welche die Steuer an den Fiskus abführt, dem Steuerdestinatar als der Person, welche nach dem Willen des Steuergläubigers (des Staates) durch die Steuer belastet werden soll, und dem Steuerträger als der Person, durch welche die Steuer tatsächlich belastet wird.

261 Archiv des VVO. Ausgangsbuch 1953, Juli, August, September. Ausg. Nr. 799/53.

262 Ebendort.

263 Archiv des VVO. Ausgangsbuch 1953, Oktober, November, Dezember. Ausg. Nr. 1205/53.

Im Zuge der Verhandlungen erhöhte sich die Pauschalsumme von drei auf zehn Millionen Schilling. Die im August 1953 vom Verband angefertigte Aufstellung über die brancheninterne Aufteilung der Vorauszahlung bedurfte einer Korrektur, denn in die Aufstellung waren auch Unternehmen einbezogen worden, welche bereits Vorauszahlungen geleistet hatten (s. o.). Der Vorstand des Verbandes beschloss am 4. 2. 1954 die folgende Vorgangsweise: „Auf Grund fiktiver Steuerbemessungsgrundlagen wird die Gesamtzahlung von rund 10 Mill. S unter Anwendung der internen Umlagesätze aufgeteilt und in vier Vorauszahlungen erhoben werden. Die Vorauszahlungsraten sind in keiner Weise für eine spätere Steuerfestsetzung präjudiziell und werden mit künftigen rechtskräftig festgesetzten Steuerschuldigkeiten zu verrechnen bzw. gegebenenfalls auch rückzuerstatten sein.“[264] Die Steuervorauszahlungen wurden bescheidmäßig vorgeschrieben. In dem provisorischen Steuersatz, welcher auf die fiktive Bemessungsgrundlage angewandt wurde, waren auch 15 % Gewerbesteuer enthalten.[265] Am 2. 2. 1954 unterrichtete der Verband seine Mitgliedsunternehmen, wie viel sie nach dem Aufteilungsschlüssel an Steuer vorauszuzahlen hätten. Er betonte nochmals: „Es handelt sich hiebei, … lediglich um Vorauszahlungsbeträge, die keinesfalls für eine spätere Steuerfestsetzung präjudiziell sind und die mit künftigen rechtskräftig festgesetzten Steuerschuldigkeiten zu verrechnen, gegebenenfalls auch rückzuerstatten sein werden.“[266]

Doch so einfach gestalteten sich die Dinge nicht, wie der Verband Anfang 1954 (noch) vermeinte. In den Vorauszahlungsregelungen steckten auch Tücken. Diese zeichneten sich etwa in einer Eingabe des Hauptverbandes der österreichischen Sparkassen an das Finanzministerium zu einer ähnlich gelagerten Thematik ab. Da auch die Kreditwirtschaft Steuervorauszahlungen zu leisten hatte, sah § 24 Abs. 2 des Entwurfes des (Banken-)Rekonstruktionsgesetzes vor, dass in jenen Fällen in denen das Steuersoll aufgrund der Rekonstruktionsbilanz geringer war, als die erfolgten Vorauszahlungen, eine Rückerstattung der zuviel gezahlten Abgaben nicht infrage käme. Der Sparkassenverband bemerkte zu dieser Bestimmung: „So zweckmässig diese Bestimmung in jenen Fällen sein kann, in denen eine Steuerverrechnung auf Grund eines bestehenden Gewinnes stattzufinden hat, so bedeutet sie doch eine ausserordentliche Härte bei jenen Anstalten, deren Gebarung der Jahre 1945 bis 1953 einen Verlust aufweist. Dieser Verlust muß von der Anstalt aus ihren Reserven selbst getragen werden, ohne daß die

264 Archiv des VVO. Vorstandsprotokoll Nr. 154 vom 04.02.1954. TO.-Pkt. II. Steuervorauszahlungen für 1954.

265 Archiv des VVO. Ausgangsbuch 1954, Jänner, Feber, März. Ausg. Nr. 126/54.

266 Archiv des VVO. Ausgangsbuch 1954, Jänner, Feber, März. Ausg. Nr. 134/54.

Anstalt nach den bisher bestehenden Vorschriften die Möglichkeit hätte, einen Verlustvortrag für die kommenden Jahre zu machen." Der Sparkassenverband bemühte sich (vergeblich) beim Finanzministerium um eine Regelung, welche es gestattet hätte, die Vorauszahlungen zu aktivieren, so dass deren Rückersatz möglich geworden wäre.[267]

Eine andere „Tücke" war der Umstand, dass die Finanzämter die für 1954 vereinbarten Vorauszahlungsraten auch für 1955 einforderten. Der Verband empfahl daher seinen Mitgliedsunternehmen, „... die Vorauszahlungsraten in gleicher Höhe auch für ... 1955 zu leisten oder aber, sofern Sie Ihrer Schätzung nach für 1955 keinen steuerlichen Gewinn erzielen werden, unverzüglich einen Antrag auf Herabsetzung bzw. Sistierung der Vorauszahlungsraten ... einzubringen".[268] Diese Empfehlung erwies sich als vorausblickend. Denn:

Auch der Versicherungswirtschaft wurde vom Gesetzgeber eine Rückerstattung überschüssiger Steuervorauszahlungen verwehrt. In § 25 des Versicherungswiederaufbaugesetzes wurde die Besteuerung der Unternehmen für die Rekonstruktionsperiode angesprochen. In Absatz 1 wurde, wie bereits erwähnt, bestimmt, dass der Zeitraum vom Beginn des Geschäftsjahres 1945 bis zum Ende des Geschäftsjahres 1954 ein besonderes Geschäftsjahr bildete, zu dem die zehnjährige Rekonstruktionsperiode zusammengefasst wurde. Dieses besondere Geschäftsjahr war der Einkommensermittlung und der Besteuerung der Unternehmen zugrunde zu legen. Absatz 2 sah vor, dass überschüssige Vorauszahlungen (an Körperschaftssteuer und Gewerbesteuer samt Zuschlägen) nicht rückvergütet wurden. Laut Absatz 3 erfolgten für die Rekonstruktionsperiode keine nachträglichen Festsetzungen oder Berichtigungen der Vermögenssteuer, des Besatzungskostenbeitrages vom Vermögen, der Aufbringungsumlage, der Vermögensabgabe, der Vermögenszuwachsabgabe und der Gewerbesteuer nach dem Gewerbekapital. Soweit Zahlungen für diese Steuern geleistet wurden, waren sie nicht zu erstatten.

Die Steuervorauszahlungen unterlagen dem Finanzausgleich. Das bedeutete, dass die Gemeinden ihre Anteile an der Gewerbesteuer vom Bund einforderten. Die Berechnung dieser Anteile, die so genannte Gewerbesteuerzerlegung, orientierte sich an der Belegenheit der Betriebsstätten. Also forderte der Verband die Unternehmen auf, die direkten Bruttoprämien (einschließlich der Versicherungs- und der Feuerschutzsteuer) auf die einzelnen Betriebsstätten aufzuteilen und ihm diese Verteilung zu melden.[269] Der Verband informierte seinerseits die „Zerlegungsstelle" des Finanzamtes für Körper-

267 Archiv des VVO. Ausgangsbuch 1954, Juli, August, September. Ausg. Nr. 875/54.
268 Archiv des VVO. Ausgangsbuch 1955, Jänner, Februar, März. Ausg. Nr. 154/55.
269 Archiv des VVO. Ausgangsbuch 1954, Jänner, Februar, März. Ausg. Nr. 243/54.

schaften, Wien, über den „gewünschten Zerlegungsschlüssel für die fiktiven Gewerbesteuermeßbeträge".[270] Die Formulierung „fiktive … steuermeßbeträge" kennzeichnete die damalige Situation treffend.

Wie erwähnt hingen Schillingeröffnungsbilanzgesetz und Versicherungswiederaufbaugesetz eng zusammen. Ende April 1954 erhielt der Verband die von Ministerialrat Dr. H. Lorenz-Liburnau (Versicherungsaufsicht) verfasste Diskussionsgrundlage für ein Versicherungsrekonstruktionsgesetz. Die Diskussionsgrundlage wurde dem erweiterten Verbandspräsidium sowie den Direktoren Dr. Fieger und Kubat zur Stellungnahme vorgelegt.[271] An die Übermittlung der Diskussionsgrundlage schloss sich eine rege Debatte zwischen dem Verband und der Aufsichtsbehörde mit mehreren Ergänzungs- bzw. Abänderungsvorschlägen.[272] Das konzipierte Gesetz sollte einerseits das Sonderproblem des Altbestandes der OeVAG (Oesterr. Versicherungs-AG), also Ansprüche aufgrund von Polizzen des ehemaligen Lebens-Phönix, lösen und andererseits die allgemeine Sanierung, den Wiederaufbau, der Branche regeln. Ohne die endgültige Bereinigung des OeVAG-Altbestandes war eine dauerhafte Sanierung nicht denkbar, denn der im Dritten Reich eingerichtete Versicherungsfonds Berlin, bei dem die Kosten für die Sanierung des Konkurses des Lebens-Phönix (1936) auf die gesamte reichsdeutsche Versicherungswirtschaft überwälzt worden waren, existierte nicht mehr. Eine Erfolg versprechende Implementierung von Versicherungswiederaufbaugesetz und Schillingeröffnungsbilanzgesetz war zugleich eine notwendige Voraussetzung für die Verabschiedung eines Versicherungsförderungsgesetzes (s. u.) mit dem bestimmte Versicherungszweige – vor allem der Lebensversicherung – fiskalisch gefördert werden sollten. Die fiskalische Förderung von Versicherungsprodukten maroder Unternehmen hätte wenig Sinn gehabt. Tatsächlich wurde das Versicherungsförderungsgesetz rund ein Jahr

270 Archiv des VVO. Ausgangsbuch 1954, April, Mai, Juni. Ausg. Nr. 363/54. Beispielsweise zeigte der Zerlegungsschlüssel für ein Versicherungsunternehmen mittlerer Größe und mit Sitz in Wien 1954 folgende Verteilung nach Finanzlandesdirektionen:

Betriebsstätte	Zerlegungsschlüssel in %
Wien	60,86
Eisenstadt	5,87
Linz	11,10
Graz	9,73
Klagenfurt	6,58
Salzburg	1,72
Innsbruck	4,14
Insgesamt	100,00

Archiv des VVO. Ausgangsbuch 1954, April, Mai, Juni. Ausg. Nr. 424/54.

271 Archiv des VVO. Ausgangsbuch 1954, April, Mai, Juni. Ausg. Nr. 390/54.

272 Archiv des VVO. Ausgangsbuch 1954, April, Mai, Juni. Ausg. Nr. 554/54 und Ausg. Nr. 655/54.

vor dem Versicherungswiederaufbaugesetz verabschiedet. Doch das geschah zu einem Zeitpunkt, als bereits die Sanierung der Branche gewährleistet erschien. Die Förderungen selbst wurden ab 1955 wirksam.

Parallel zum Versicherungswiederaufbaugesetz wurde an den legistischen Grundlagen für die Rekonstruktion des Kreditwesens gearbeitet. Der Abschnitt IV des Ministerialentwurfes des Bankenrekonstruktionsgesetzes enthielt Bestimmungen, welche auch für die Versicherungswirtschaft („Privatversicherungsanstalten") gelten sollten. Dagegen wandte sich der Verband. Entweder, so argumentierte er, würde die Versicherungswirtschaft aus dem Bankenrekonstruktionsgesetz ausgeklammert oder es wäre erforderlich, die Versicherungswirtschaft (den Verband) in die Verhandlungen zum Bankenrekonstruktionsgesetz einzubeziehen.[273] Die Diskussionsgrundlage von Dr. H. Lorenz-Liburnau sah allerdings in § 7 des Artikels, welcher die Rekonstruktionsbilanz regelte, die sinngemäße Anwendung von § 26 des Banken-Rekonstruktionsgesetzes vor.

Im Sommer 1954 geriet die Rekonstruktion der Kredit- und der Versicherungswirtschaft ins Stocken. Die Behandlung der Gesetzesentwürfe zur Ordnung der wirtschaftlichen und finanziellen Lage der Kreditunternehmungen (Bankenrekonstruktionsgesetz) und über den Wiederaufbau der Vertragsversicherung (Versicherungswiederaufbaugesetz) wurde im Ministerrat zurückgestellt und es war zweifelhaft, ob sie in der laufenden Parlamentssession noch beschlossen werden würden. Die Bundessektion Geld-, Kredit- und Versicherungswesen der Bundeskammer der gewerblichen Wirtschaft verfasste daher am 25. 6. 1954 eine Resolution in der sie auf die Verabschiedung dieser Gesetze drängte. In der Resolution hieß es unter anderem: „Die Verabschiedung des Schillingeröffnungsbilanzengesetzes wird der übrigen Wirtschaft die Möglichkeit geben, echte Bilanzen aufstellen zu können. Einzig und allein dem Kredit- und Versicherungsapparat wird dies auch weiterhin vorenthalten bleiben, weil die Durchführung der Maßnahmen der beiden genannten Gesetze eine unabdingbare Voraussetzung für die Aufstellung von Schillingeröffnungsbilanzen in diesen Sektoren … darstellt. … Eine Reihe von weiteren Gesetzen, die bereits die Billigung des Ministerrates gefunden haben, sollen zusammen mit dem Schillingeröffnungsbilanzengesetz der Wiedererrichtung des Kapitalmarktes dienen. Ein Kapitalmarkt in größerem Umfange wird aber so lange nicht möglich sein, so lange die Kredit- und Versicherungsunternehmungen als die hauptsächlichen Träger eines solchen ihre Bilanzen nicht bereinigen können. … Das Ausland kann nicht verstehen, daß Österreich neun Jahre nach Kriegsende die Frage der Rekonstruktion der Kreditinstitute und Versicherungsunternehmungen noch immer nicht gelöst hat."[274]

---

273 Archiv des VVO. Ausgangsbuch 1954, April, Mai, Juni. Ausg. Nr. 391/54.

274 Archiv des VVO. Ausgangsbuch 1954, Juli, August, September. Ausg. Nr. 706/54.

Am 7. 7. 1954 war das Bundesgesetz vom … über die Aufstellung von Schillingeröffnungsbilanzen und über die Umstellung (Schillingeröffnungsbilanzgesetz – SEBG), BGBl. Nr. 190/1954, vom Nationalrat angenommen worden. Das Versicherungswiederaufbaugesetz, BGBl. Nr. 185/1955, folgte gut ein Jahr später am 8. 9. 1955 (es wurde im Rahmen der so genannten Kapitalmarktgesetze beschlossen). Mithin war so etwas wie eine materielle Legisvakanz gegeben; was auch die oben erwähnte Resolution zum Ausdruck gebracht hatte, was aber desgleichen – wie bereits erwähnt – die Festsetzung der laufenden Steuervorauszahlungen erschwerte.

Rein formalrechtlich waren die Dinge in Ordnung. § 1 Abs. 1 SEBG sah vor, dass das Inventar und die Eröffnungsbilanz entweder für den Beginn des Geschäftsjahres 1954 oder 1955 aufzustellen waren. Darüber hieß es in Absatz (3), dass das Bundesministerium für Finanzen im Einvernehmen mit dem Bundesministerium für Justiz bei Vorliegen besonderer Gründe gestatten konnte, das Rechnungswerk zu einem späteren Zeitpunkt zu erstellen. Die SEB war spätestens gleichzeitig mit jenem Jahresabschluss aufzustellen, zu prüfen, festzustellen und zu veröffentlichen, mit dessen Beginn sie terminisiert war. Die diesbezüglichen Vorschriften für Jahresbilanzen waren auch für die SEB maßgebend. In § 29 „Unternehmungen der Vertragsversicherung" war festgehalten: „Bei Unternehmungen der Vertragsversicherung sind die gesetzlichen Bestimmungen über die Beaufsichtigung der privaten Versicherungsunternehmungen hinsichtlich der Geschäftsführung der Versicherungsunternehmungen auch für die Schillingeröffnungsbilanz und die Umstellung anzuwenden." Damit war die Verbindung zu den Rechnungslegungsvorschriften des Versicherungsaufsichtsgesetzes hergestellt und für das zu verabschiedende Versicherungswiederaufbaugesetz (VWG) Vorsorge getroffen. Die Rekonstruktionsbilanz für die Geschäftsperiode 1945 bis 1954 war binnen zwölf Monaten nach Wirksamkeitsbeginn des VWG, das war der 1. 10. 1955, vorzulegen. § 17 (3) VWG bestimmte, dass Versicherungsunternehmen, welche eine Rekonstruktionsbilanz erstellten, die Schillingeröffnungsbilanz zum 1. 1. 1955 aufzustellen hatten.

Im SEBG wurden im vierten Abschnitt ausführlich die „Steuern und Gebühren" (s. u.) geregelt. Dieser Abschnitt kam einer Momentaufnahme der damaligen Unternehmensbesteuerung gleich. Das VWG beschränkte sich diesbezüglich auf drei Paragraphen (§§ 25 bis 27).

190. Bundesgesetz vom 7. Juli 1954 über die Aufstellung von Schillingeröffnungsbilanzen und über die Umstellung (Schillingeröffnungsbilanzengesetz – SEEG.).

IV. ABSCHNITT.

Steuern und Gebühren.

§ 35. Die Schillingeröffnungsbilanz ist gleichzeitig mit der Steuererklärung für das Geschäftsjahr, zu dessen Beginn die Schillingeröffnungsbilanz aufgestellt wird, dem Finanzamt vorzulegen.

§ 36. (1) Von dem für den Schluß des vorangegangenen Geschäftsjahres aufgestellten Inventar ist jener Teil dem Betriebsfinanzamt in Abschrift vorzulegen, der die Roh-, Hilfs-, Betriebsstoffe, halbfertigen Erzeugnisse, fertigen Erzeugnisse, Waren und Wertpapiere des Umlaufvermögens umfaßt. Diese Abschrift braucht Wertangaben nicht zu enthalten. Die Abschrift ist dem Finanzamt vorzulegen,
a) wenn der für die Aufstellung der Schillingeröffnungsbilanz gewählte Stichtag vor dem Tag des Inkrafttretens dieses Bundesgesetzes liegt, binnen zwei Monaten nach dem Tag des Inkrafttretens,
b) andernfalls binnen vier Monate nach dem gewählten Stichtag.
(2) Spätestens gleichzeitig mit der Schillingeröffnungsbilanz sind dem Betriebsfinanzamt die neuen Werte zu den Ansätzen des gemäß Abs. 1 vorgelegten Teilinventars bekanntzugeben.
(3) Zur Erzwingung der im Abs. 1 und 2 den Steuerpflichtigen auferlegten Pflichten kann das Finanzamt Geldstrafen bis zu 100.000 S verhängen.

§ 37. (1) Die in der Schillingeröffnungsbilanz zulässigerweise angesetzten Werte gelten als Anschaffungs- oder Herstellungskosten im Sinne der steuerrechtlichen Vorschriften. Bei Wirtschaftsgütern, bei denen eine vorzeitige Abschreibung gemäß § 5 Ausfuhrförderungsgesetz 1953, BGBl. Nr. 119, vorgenommen worden ist, sind die Absetzungen für Abnutzung nicht von den in der Schillingeröffnungsbilanz angesetzten Werten, sondern von den tatsächlich aufgewendeten Anschaffungs- oder Herstellungskosten zu berechnen.
(2) Absetzungen für Abnutzung, Abschreibungen auf den niedrigeren Teilwert und vorzeitige Abschreibungen gemäß § 6a Einkommensteuergesetz 1953, BGBl. Nr. 1/1954, und § 5 Ausfuhrförderungsgesetz 1953, BGBl. Nr. 119, von abnutzbaren Anlagegütern, die nach dem 31. Dezember 1952 angeschafft oder hergestellt worden sind, dürfen in der Schillingeröffnungsbilanz nicht durch Höherbewertung ausgeglichen werden.
(3) Ist die Bewertung in der Schillingeröffnungsbilanz mit den in der Schlußbilanz enthaltenen Ansätzen vorzunehmen (§ 9 und 11) oder bilden die Ansätze in der Schlußbilanz die Höchstgrenze für die Bewertung in der Schillingeröffnungsbilanz (§§ 4 und 6), so sind jene Ansätze maßgebend, die der Veranlagung des der Schillingeröffnungsbilanz vorangegangenen Geschäftsjahres zugrunde gelegt worden sind. Die Schillingeröffnungsbilanz und die ihr folgenden Bilanzen sind zu berichtigen, wenn Wertansätze, die in die Schillingeröffnungsbilanz aus der Schlußbilanz zu übernehmen waren (§§ 9 und 11), nachträglich geändert worden sind.
(4) Werden entgegen der Vorschrift des § 9 Rückstellungen und passive Rechnungsabgrenzungsposten in die Schillingeröffnungsbilanz nicht oder nicht voll aufgenommen, so sind die nicht aufgenommenen Beträge dem Gewinn des an die Schillingeröffnungsbilanz anschließenden Geschäftsjahres zuzurechnen.
(5) Werden entgegen der Vorschrift des § 11 Investitionsrücklagen und Rücklagen nach dem Elektrizitätsförderungsgesetz 1953, BGBl. Nr. 113, in die Schillingeröffnungsbilanz nicht oder nicht voll aufgenommen, so sind sie gemäß den Bestimmungen des Investitionsbegünstigungsgesetzes 1951, BGBl. Nr 192, und

den Bestimmungen des Elektrizitätsförderungsgesetzes 1953 nachzuversteuern. Rücklagen für Ersatzbeschaffung, die entgegen der Vorschrift des § 11 in die Schillingeröffnungsbilanz nicht oder nicht voll aufgenommen wurden, sind in dem der Schillingeröffnungsbilanz vorangegangenen Geschäftsjahr nachzuversteuern.

(6) Die sich aus der Aufstellung der Schillingeröffnungsbilanz und der Umstellung ergebenden zahlenmäßigen Veränderungen im Vermögen begründen für die Steuerung vom Einkommen und Ertrag keine Steuerpflicht; bei der Gewinnermittlung gemäß § 4 Abs. 1 oder § 5 Einkommensteuergesetz 1953, BGBl. 1/1954, für das an die Schillingeröffnungsbilanz anschließendes Geschäftsjahr bildet nicht das Betriebsvermögen am Schluß des vorangegangenen Geschäftsjahres, sondern das Betriebsvermögen am Stichtag der Schillingeröffnungsbilanz das Anfangsvermögen.

(7) Wird ein auf die Schillingeröffnungsbilanz folgender Jahresabschluß gemäß § 5 berichtigt, so bleiben die aus dieser Berichtigung sich ergebenden zahlenmäßigen Änderungen im Vermögen bei der Ermittlung des steuerpflichtigen Gewinnes außer Betracht.

(8) Ist eine Schillingeröffnungsbilanz errichtet worden, so bleiben bei der Ermittlung des steuerpflichtigen Gewinnes in den auf den Stichtag der Schillingeröffnungsbilanz folgenden Geschäftsjahren Gewinne und Verluste außer Betracht, die sich ergeben

a) bei der Veräußerung von Wirtschaftsgütern, die von Verstaatlichungsmaßnahmen betroffen worden sind, oder
b) beim Eingang von Forderungen wegen Verstaatlichungsmaßnahmen, oder
c) bei der Entrichtung oder dem Wegfall von Schulden, die durch Erwerbung von Unternehmungen oder Anlagen im Verstaatlichungswege entstanden sind, oder
d) beim Eingang von Forderungen oder bei der Zurückgabe oder Entschädigung entzogener Vermögensrechte der im § 10 genannten Art, oder
e) bei der Entrichtung oder dem Wegfall von Schulden an das Deutsche Reich und seine Einrichtungen mit oder ohne Rechtspersönlichkeit. Dasselbe gilt für Schulden gegenüber Gläubigern, die ihren Wohnsitz (Sitz) in einem ausländischen Gebiet haben, in welchem dem Verpflichteten die Verfügung über Vermögensrechte durch gesetzliche oder behördliche Maßnahmen voraussichtlich dauernd entzogen ist, oder, wenn er dort Vermögensrechte gehabt hätte, entzogen worden wäre.

(9) Die infolge der Umstellung sich ergebenden zahlenmäßigen Veränderungen im Vermögen von Gesellschaften und deren Gesellschaftern und im Vermögen von Genossenschaften und deren Genossenschaftern unterliegen weder den Steuern vom Kapitalverkehr noch den Gebühren nach § 33 TP. 15 und 16 Gebührengesetz 1946, BGBl. Nr. 184, in der geltenden Fassung.

§ 38. (1) Auch Steuerpflichtige, die den Gewinn gemäß § 4 Abs. 1 oder – ohne Kaufleute zu sein – gemäß § 5 Einkommensteuergesetz 1953, BGBl. Nr. 1/1954, ermitteln, können unter Beachtung der Bestimmungen der §§ 1 bis 11 eine Schillingeröffnungsbilanz aufstellen.

(2) Steuerpflichtige, zu deren Betriebsvermögen Wald gehört, dürfen in der Schillingeröffnungsbilanz das stehende Holz nicht aktivieren, wenn es nicht schon in der Schlußbilanz aktiviert war.

(3) Steuerpflichtige, die den Gewinn gemäß § 4 Abs. 3 Einkommensteuergesetz 1953, BGBl. 1/1954, ermitteln, können für den 1. Jänner 1954 oder den 1. Jänner 1955 die im Betrieb vorhandenen Wirtschaftsgüter des Anlagevermögens unter Beachtung der Bestimmungen des § 4 neu bewerten. Diese Wertansätze gelten als Anschaffungs- oder Herstellungskosten. Voraussetzung hiefür ist, dass die Steuerpflichtigen ein Verzeichnis (Anlagekartei) dieser Wirtschaftsgüter mit den neuen Wertansätzen dem Finanzamt gleichzeitig mit der Steuererklärung vorlegen.

(4) Wenn Steuerpflichtige, die den Gewinn gemäß § 4 Abs. 3 Einkommensteuergesetz 1953, BGBl. Nr. 1/1954, ermitteln, beim Übergang zur Gewinnermittlung gemäß § 4 Abs. 1 Einkommensteuergesetz 1953 eine Eröffnungsbilanz für den Beginn des Geschäftsjahres 1954 oder 1955 aufstellen, so sind auf diese Eröffnungsbilanz die Bestimmungen dieses Bundesgesetzes anzuwenden. In diesen Fällen wird die Gewinnermittlung des auf die Eröffnungsbilanz folgenden Kalenderjahres durch die Aktivierung von Vermögensgegenständen und durch die Passivierung von Schulden nicht berührt. Kehrt ein solcher Steuerpflichtiger vor Ablauf von fünf Jahren zur Gewinnermittlung gemäß § 4 Abs. 3 Einkommensteuergesetz 1953 zurück, so wird der im Zeitpunkt des Überganges zur Buchführung steuerfrei gelassene Betrag in dem Jahre dem Gewinn zugerechnet, in dem der Steuerpflichtige von der Buchführung wieder auf die Gewinnermittlung gemäß § 4 Abs. 3 Einkommensteuergesetz 1953 übergeht.

§ 39. (1) Stellt eine Kapitalgesellschaft eine Schillingeröffnungsbilanz auf und beschließt sie gleichzeitig ihre Umwandlung gemäß den Bestimmungen über die Umwandlung von Handelsgesellschaften vom 7. Juli 1954, BGBl. Nr. 187, so unterbleibt bei der umgewandelten Kapitalgesellschaft eine Besteuerung gemäß §§ 14 und 15 Körperschaftsteuergesetz; bei den Anteilsbesitzern löst die Umwandlung eine Besteuerung vom Einkommen und Ertrag nicht aus.
(2) In Umwandlungsfällen nach Abs. 1 gelten die in der Zeit vom Stichtag der Schillingeröffnungsbilanz (Umwandlungsbilanz) bis zum Zeitpunkt des Eintrags des Umwandlungsbeschlusses in das Handelsregister getätigten Geschäfte bereits als Geschäfte des Gesamtrechtsnachfolgers (Nachfolgeunternehmers, Nachfolgeunternehmens).
(3) Der Übergang des Vermögens der umgewandelten Kapitalgesellschaft (Abs. 1) unterliegt weder der Umsatzsteuer noch der Grunderwerbsteuer. Die durch die Umwandlung (Abs. 1) unmittelbar veranlassten Rechtsgeschäfte unterliegen keiner Gebühr im Sinne des Gebührengesetzes 1946, BGBl. Nr. 184, in der geltenden Fassung.

§ 40. (1) Auf Steuerpflichtige, die ihren Gewinn durch Vermögensvergleich gemäß 4 Abs. 1 oder § 5 Einkommensteuergesetz 1953, BGBl. Nr. 1/1954, ermitteln, sind die Bestimmungen des Art. Steueränderungsgesetz 1954, BGBl. Nr. 98, für die Geschäftsjahre 1954 (1953/1954) und 1955 (1954/1955) insolange sinngemäß anzuwenden, als sie noch keine Schillingeröffnungsbilanz aufgestellt haben; die Bestimmungen des Art. I Steueränderungsgesetz 1954 sind auch auf spätere Geschäftsjahre anzuwenden, für die infolge einer gemäß § 1 Abs. 3 erteilten Ausnahmegenehmigung die Schillingeröffnungsbilanz noch nicht aufgestellt worden ist.
(2) Auf Steuerpflichtige, die den Gewinn gemäß § 4 Abs. 3 Einkommensteuergesetz 1953, BGBl. 1 /1954, ermitteln, sind die Bestimmungen des Art. I Steueränderungsgesetz 1954 für das Kalenderjahr 1954 insolange sinngemäß anzuwenden, als sie in ihrer Anlagekartei die Wertansätze noch nicht im Sinne des § 38 Abs. 3 geändert haben.

§ 41. (1) Wird eine wesentliche Beteiligung an einer Kapitalgesellschaft, die vor dem Stichtag der Schillingeröffnungsbilanz erworben worden ist, nach dem von dieser Gesellschaft für die Aufstellung einer Schillingeröffnungsbilanz gewählten Stichtag veräußert, so sind bei der Ermittlung des Veräußerungsgewinnes gemäß § 17 Einkommensteuergesetz 1953, BGBl. Nr. 1/1954, die Anschaffungskosten mit jenem Betrag anzunehmen, der sich als Wert der Beteiligung aus der Schillingeröffnungsbilanz der Gesellschaft ergibt, aus deren Anteilen die wesentliche Beteiligung besteht. Bei der Ermittlung des Wertes der Beteiligung sind nur das Grund(Stamm)kapital und die offenen Rücklagen zur berücksichtigen.

(2) Werden Wirtschaftsgüter, die nachweisbar bereits vor dem 1. Jänner 1953 angeschafft oder hergestellt worden sind, nach dem 31. Dezember 1952 in einen Betrieb eingebracht, so dürfen sie ohne Rücksicht auf die tatsächlichen Anschaffungs- oder Herstellungskosten höchstens mit dem Betrag angesetzt werden, der für ihre Anschaffung oder Herstellung am 1. Jänner 1953 hätte aufgewendet werden müssen; werden bebaute Grundstücke eingebracht, sind sie gemäß § 4 Abs. 2 zu bewerten.
(3) Als Anschaffungs- oder Herstellungskosten von Wirtschaftgütern, die vor dem 1. Jänner 1953 angeschafft oder hergestellt oder unentgeltlich erworben worden sind, und die nicht Bestandteile eines Betriebsvermögens sind, gilt ohne Rücksicht auf die tatsächlichen Anschaffungs- oder Herstellungskosten der Betrag, der für ihre Anschaffung oder Herstellung am 1. Jänner 1953 hätte aufgewendet werden müssen; als Anschaffungs- oder Herstellungskosten von bebauten Grundstücken gilt der aus § 4 Abs. 2 sich ergebende Wert.

185. Bundesgesetz vom 8. September 1955 über den Wiederaufbau der Vertragsversicherung (Versicherungswiederaufbaugesetz – VWG.).

ARTIKEL IV.

Rekonstruktionsmaßnahmen.

...

§ 25. (1) Für Versicherungsunternehmungen, die eine Rekonstruktionsbilanz gemäß 17 Abs. 1 aufstellen, gilt der Zeitraum vom Beginn des Geschäftsjahres 1945 bis zum Ende des Geschäftsjahres 1954 als ein besonderes Geschäftsjahr im Sinne des § 5 Abs. 2 Körperschaftsteuergesetz. Der Besteuerung des Einkommens ist bei allen Versicherungsunternehmungen (§ 1), welche eine Rekonstruktionsbilanz gemäß § 17 Abs. 1 aufstellen, das Ergebnis der Rekonstruktionsbilanz zugrunde zu legen.
(2) Ergibt sich auf Grund der Rekonstruktionsbilanz ein Einkommen (Ertrag), worauf ein niedrigerer Betrag an Körperschaftsteuer samt Zuschlägen und Gewerbesteuer samt Zuschlägen entfallen würde, als auf die genannten Steuern für die Geschäftsjahre 1945 bis einschließlich 1954 vorgeschrieben wurde, so sind die genannten Steuern für das besondere Geschäftsjahr (Abs. 1) mit dem Betrage der Vorschreibung festzusetzen.
(3) Nach Inkrafttreten dieses Bundesgesetzes haben Festsetzungen oder Berichtigungen der Vermögensteuer, des Besatzungskostenbeitrages vom Vermögen, der Aufbringungsumlage, der Vermögensabgabe, der Vermögenszuwachsabgabe und der Gewerbesteuer nach dem Gewerbekapital für Stichtage oder Veranlagungszeiträume, die vor dem Stichtag der Rekonstruktionsbilanz liegen, zu unterbleiben; sind Zahlungen für die genannten Abgaben geleistet worden, werden diese nicht erstattet.

§ 26. (1) Versicherungsunternehmungen können in der Rekonstruktionsbilanz aus einem allfälligen Gewinn zur Deckung der besonderen Geschäftsrisken steuerfrei eine Rücklage bis zur Höhe von 10 vom Hundert der Eigenbehaltsprämie des Kalenderjahres 1954 bilden.
(2) Versicherungsunternehmungen könne in den auf den Stichtag der Aufstellung der Rekonstruktionsbilanz unmittelbar folgenden zehn Geschäftsjahren jeweils bis zu 20 vom Hundert des Gewinnes dieser Rücklage steuerfrei zuweisen. Eine Zuweisung an die steuerfrei gebildete Rücklage hat jedoch zu unterbleiben, wenn sie 10 vom Hundert der Eigenbehaltsprämie des Rechnungsjahres erreicht.

(3) Gewinn im Sinne der Abs. 1 und 2 ist der um eine allfällige Rückstellung für Gewinnbeteiligung oder Beitragsrückgewähr erhöhte steuerpflichtige Gewinn. Eine allfällige Gewerbesteuerrückstellung ist von dem nach Dotierung der Rücklage nach Abs. 1 und 2 verbleibenden Gewinn zu berechnen.
(4) Die Rücklage (Abs. 1 und 2) darf nur zum Ausgleich von Wertminderungen und zu Deckung von sonstigen Verlusten verwendet werden; sie ist in der Bilanz gesondert auszuweisen. Der Verwendung dieser Rücklage steht nicht entgegen, dass freie zum Ausgleich von Wertminderungen und zur Deckung von sonstigen Verlusten bestimmte Rücklagen vorhanden sind. Bei der Feststellung des zulässigen Verhältnisses der Dotierung freier und zweckgebundener Rücklagen gemäß § 12 Abs. 3 und 5 des Schillingeröffnungsbilanzengesetzes bleibt diese Rücklage außer Betracht.

§ 27. Rückstellungen für Gewinnbeteiligung oder Beitragsrückgewähr zugunsten der Versicherten, die in der Bilanz zu Beginn des Geschäftsjahres 1945 enthalten sind, sind in der Rekonstruktionsbilanz steuerfrei der gesetzlichen Rücklage zuzuführen. Eine Dotierung dieser Rückstellungen darf in der Rekonstruktionsbilanz nur erfolgen, sofern darin sämtliche Schulden und andere Rückstellungen voll bedeckt sind.

Mitte Mai 1955 fragte die Bundessektion Geld-, Kredit- und Versicherungswesen im Finanzministerium und im Justizministerium an, ob versteuerte Rückstellungen in die Schillingeröffnungsbilanz übernommen werden dürfen. In der Eingabe hatte die Bundessektion jene versteuerten Rückstellungen im Auge, welche dadurch entstanden waren, dass eine steuerfreie Rückstellung von der Finanzverwaltung mangels einer unwiderruflichen Pensionszusage oder aus anderen Gründen nicht anerkannt worden war. „Nach Ansicht der Bundeskammer enthält das SEB-Gesetz keine Bestimmung, die der Übernahme versteuerter Rückstellungen in die SEB entgegenstehen würde, es sei denn, daß man versteuerte Rückstellungen als (freie) Rücklagen betrachtet, die nur nach Maßgabe des § 12 Abs. 3 SEB-Gesetz in der SEB ausgewiesen werden dürfen."[275] Das Finanzministerium antwortete ausführlich und in Form eines Erlasses vom 30. 7. 1955, Zl. 54.304-9/1955, welcher die Übernahme versteuerter Rückstellungen und versteuerter stiller Reserven (Wertberichtigungen) in die Schillingeröffnungsbilanz regelte. Es handelte sich dabei um Grundfragen der Sanierung, denn – wie weiter oben bereits erwähnt – bestand das Sanierungskonzept darin, in der Rekonstruktionsbilanz die Passiva zu aktualisieren. Sie wurden in die SEB übernommen, in welcher dann die Aktiva aktuell bewertet wurden. Zu versteuerten Rückstellungen und zu versteuerten stillen Reserven (Wertberichtigungen) erläuterte der Erlass:[276]

Rückstellungen die in der Schlussbilanz (Rekonstruktionsbilanz) gebildet worden waren, mussten in die SEB mit mindestens jenem Wert übernommen werden, welchen sie in der Schlussbilanz hatten. Handelsrechtlich zulässige Rückstellungen mussten da-

275 Archiv des VVO. Ausgangsbuch 1955, April, Mai, Juni. Ausg. Nr. 659/55.
276 Archiv des VVO. Ausgangsbuch 1955, Juli, August, September. Ausg. Nr. 1116/55.

mit in der SEB auch dann ausgewiesen werden, wenn sie steuerrechtlich als Rücklagen behandelt wurden und damit im Jahr ihrer Bildung dem Gewinn zugerechnet und versteuert worden waren. Daraus folgte aber nicht, dass versteuerte und in die SEB übernommene Rückstellungen als Rücklagen im Sinne des SEBG zu betrachten waren. Für die steuerliche Bewertung dieser Rückstellungen waren laut § 37 Abs. 3 SEBG (s. o.) jene Ansätze maßgebend, welche der Veranlagung in dem der SEB vorangehenden Geschäftsjahr zugrunde gelegt worden waren. Bei der Feststellung des Betriebsvermögens waren versteuerte Rückstellungen – als Elemente des Eigenkapitals – nicht abzugsfähig. Ausdrücklich hieß es im Erlass: „Die dargelegten Grundsätze gelten für Rückstellungen, deren Bildung nach Handelsrecht gestattet ist, jedoch steuerlich wie Rücklagen behandelt werden. Diese Voraussetzungen liegen bei Rückstellungen für Pensionsverpflichtungen, die mangels einer unwiderruflichen Pensionszusage nicht anerkannt wurden, nicht vor. Unter Rückstellungen werden auch handelsrechtliche Verbindlichkeiten verstanden, die entweder den Grund oder der Höhe nach ungewiss sind. Für Pensionen auf freiwilliger, jederzeit widerruflicher Basis kann bilanzmäßig nur in Form von Rücklagen Vorsorge getroffen werden, da es an einem Tatbestand fehlt, der eine Betriebsvermögensminderung eintreten lassen würde."

Stille Reserven waren dann als versteuert anzusehen, wenn der ihnen nach steuerlichen Vorschriften zukommende Wert höher war als jener, zu dem sie in der Bilanz angesetzt worden waren. Wurde die indirekte Abschreibungsmethode angewandt, dann entsprachen die versteuerten stillen Reserven den versteuerten Wertberichtigungen. Ausdrücklich hielt der Erlass fest, dass die Einsetzung von Wertberichtigungsposten in die SEB den Grundsätzen ordnungsmäßiger Buchführung widerspeche. Der Erlass unterschied für die Übernahme eines Wirtschaftsgutes mit stillen Reserven in die SEB drei Fälle. Erstens, die Übernahme erfolgte ohne Aufwertung. In diesem Fall schieden die stillen Reserven aus der steuerlichen Gewinnermittlung aus. Zweitens: die Übernahme erfolgte mit einer teilweisen Aufwertung; das heißt, sie blieb unter der oberen Wertgrenze des SEBG. In diesem Fall waren die versteuerten stillen Reserven bei der steuerlichen Gewinnermittlung nur so weit zu berücksichtigen, als sie den Aufwertungsbetrag überstiegen. Drittens: die Übernahme erfolgte mit voller Ausnutzung des Aufwertungsrahmens. In diesem Fall waren der steuerlichen Gewinnermittlung die Werte in der SEB zugrunde zu legen.

Das Versicherungswiederaufbaugesetz 1955 war (neben dem SEBG) nicht nur für die Unternehmensbesteuerung maßgeblich, sondern hatte auch für die Versicherungsnehmer abgabenrechtliche Bedeutung. Bis zum VWG 1955 war die Bewertung von Versicherungsansprüchen, welche auf Verträgen beruhten, die vor dem 1. 1. 1946 abgeschlossen worden waren, nicht endgültig geklärt. Der Erlass vom 8. 5.

1951 des Bundesministeriums für Finanzen, Zl. 29.570-19/51, war damit abzuändern, denn er hatte nur eine vorläufige Regelung gebracht. Der neue Erlass vom 20. 10. 1955, Zl. 125.663-19/55, bestimmte unter anderem:[277] „Die Regelung des Versicherungswiederaufbaugesetzes ist für die Versicherungsbestände aller in Österreich tätigen Versicherungsunternehmungen die gleiche. Es entfällt somit die bisherige Sonderregelung für den Altbestand der Österreichischen Versicherung A.G." (Dieser Satz galt auch für Entschädigungsansprüche von Opfern des Nationalsozialismus.)

Weiters führte der Erlass aus:

1. Fällige Ansprüche aus Kapitalversicherungen: An Stelle des Nennwertes tritt der unter Berücksichtigung des Versicherungswiederaufbaugesetzes ermittelte Gesamtanspruch zuzüglich allfälliger Zahlungen gemäß § 13 Währungsschutzgesetz in der Fassung des § 38 des Versicherungswiederaufbaugesetzes.
2. Flüssige Renten: Der Kapitalwert ist auf Grund des nach dem Versicherungswiederaufbaugesetzes ermittelten Anspruches auf Rentenzahlung zu ermitteln.
3. Noch nicht fällige Ansprüche: Sie sind (Vgl. § 14 Abs. 4 Bewertungsgesetz 1955, BGBl. Nr. 148) mit dem nach dem Versicherungswiederaufbaugesetz ermittelten Rückkaufswert der Versicherung oder mit zwei Dritteln der eingezahlten Prämien (Einmalprämie) zu bewerten; im zweiten Falle sind jedoch die vor dem 1. Jänner 1946 fälligen und bezahlten Prämien bloß mit 40 % ihres Nennwertes in Rechnung zu stellen. Polizzendarlehen (Vorauszahlungen) sind von dem angegebenen Wert in Abzug zu bringen, wenn sie aber bereits am 1. Jänner 1946 bestanden haben (Altdarlehen), nur mit 40 % des Nennwertes. Ist ein Altdarlehen zur Gänze oder zum Teil seit 1. Jänner 1946 in barem rückgezahlt worden, so ist der das herabgesetzte Darlehen übersteigende Betrag hinzuzuschlagen.

Die Umsetzung sowohl des SEBG wie des VWG bereitete mitunter den Unternehmungen Schwierigkeiten, denn der Gesetz- wie Verordnungsgeber hatten so manche Detailfrage offen gelassen. Beispielsweise machte die Bewertung älterer Wertpapiere Schwierigkeiten, wenn davon ein Teil verkauft wurde, der Rest aber in den nach VWG und SEBG zu erstellenden Bilanzen aufzuscheinen hatte. Einige Finanzämter kreierten die Praxis, einen Veräußerungsgewinn dadurch festzustellen, dass sie dem Verkaufserlös den Durchschnittskurs als Anschaffungswert der verkauften Wertpapiere gegenüberstellten, wobei sich der Durchschnittskurs aus dem gesamten Altbestand an Wertpapieren ergab.[278]

277 Archiv des VVO. Ausgangsbuch 1955, Oktober, November, Dezember. Ausg. Nr. 1461/55.
278 Archiv des VVO. Ausgangsbuch 1955, Oktober, November, Dezember. Ausg. Nr. 1627/55.

Ein anderes Problem etwa war, dass manche Finanzämter, insbesondere das für Körperschaften in Wien, Anfang November 1955 bezweifelten, ob es steuerrechtlich zulässig sei, bei der Umstellung einer Kapitalgesellschaft einen in der Schlussbilanz aufscheinenden Gewinnvortrag in Nennkapital der umgestellten Gesellschaft umzuwandeln. Da Gewinnvorträge zu den freien Rücklagen zählten (und das weiterhin so ist), war das nach Ansicht der Bundeskammer zulässig. Sie bat das Ministerium um eine rasche Bestätigung dieser Rechtsansicht.[279] Das Antwortschreiben des Ministeriums ließ nicht lange auf sich warten. Es gab teilweise der Bundeskammer recht, doch zugleich machte es darauf aufmerksam, dass diese Vorgangsweise auch zu einer verdeckten Gewinnausschüttung missbraucht werden könne, gegen die einzuschreiten sei.[280]

Diese und andere Zweifelsfragen[281] weisen darauf hin, dass es in den Jahren 1955 und 1956 weder den Unternehmen noch den Finanzbehörden leicht gefallen sein dürfte, vor dem Hintergrund des – überraschend abgeschlossenen – Staatsvertrages das SEBG

---

279 Archiv des VVO. Ausgangsbuch 1955, Oktober, November, Dezember. Ausg. Nr. 1657/55.

280 Im Antwortschreiben vom 15.12.1955 des Finanzministeriums hieß es unter anderem: „Wird jedoch das bei der Aufstellung der Schillingeröffnungsbilanz sich ergebende Reinvermögen zur Gänze oder überwiegend zur Festsetzung des Nennkapitals verwendet, um im Wege einer nachfolgenden Kapitalherabsetzung bisher unterlassene Gewinnausschüttungen nachzuholen, werden die Kapitalrückzahlungen als verdeckte Gewinnausschüttung anzusehen sein." Archiv des VVO. Ausgangsbuch 1955, Oktober, November, Dezember. Ausg. Nr. 1687/55.

281 Dazu gehörten unter anderem:

- Die Bewertungsfreiheit nach dem Ausfuhrförderungsgesetz 1953: Das VWG hatte – wie ausgeführt – die Rekonstruktionsperiode zu einem besonderen Geschäftsjahr zusammengezogen. Demgemäß war die an sich für ein Geschäftsjahr konzipierte Förderung auf den gesamten zehnjährigen Zeitraum anzuwenden, da dieser gesetzlich als ein Geschäftsjahr fingiert war.
- Die zusätzliche (außerbücherliche) Absetzung für Abnutzung: Hier wirkte sich das „besondere Geschäftsjahr" in der Form aus, dass nur für abnutzbare Wirtschaftsgüter, die vor dem 1.1.1945 angeschafft worden waren, die vierfache AfA zulässig war.
- Pensionsrückstellungen: Solche Rückstellungen durften nur dann in die Rekonstruktionsbilanz aufgenommen werden, wenn die Pensionszusage im oder vor dem Rekonstruktionszeitraum erfolgt war.
- Berechnung des Eigenkapitals: Bei der Berechnung des Eigenkapitals in der Rekonstruktionsbilanz sollten neu zugeführte Mittel nicht berücksichtigt werden.
- Die Anwendung der Schachtelbegünstigung: Die Beteiligung musste mindestens zwölf Monate vor dem Ablauf des Kalenderjahres bestanden haben, in dem die Dividenden oder Gewinnanteile fällig geworden waren.
- Die Anwendung der Schachtelbegünstigung nach § 50 Bewertungsgesetz 1934.
- Die Bewertung von Wertpapieren des Altbestandes.
- Die Kürzung des Gewinnes gemäss § 8 Z. 1 Gewerbesteuergesetz 1953.

Diese Zweifelsfragen behandelte das Bundesministerium für Finanzen im Erlass vom 27.1.1956, Zl. 164.545-9/1955.

Archiv des VVO. Ausgangsbuch 1956. Jänner, Februar, März. Ausg. Nr. 181/56.

Siehe ebenso: Archiv des VVO. Ausgangsbuch 1955. Oktober, November, Dezember. Ausg. Nr. 1555/55.

und das VWG zu vollziehen. Dass es zu keinen gröberen Missständen kam, hängt u. a. damit zusammen, dass zu dieser Zeit die Herrschaftsverhältnisse in Österreich vergleichsweise gefestigt waren.

3.3 Sonderfragen der Unternehmensbesteuerung

Rascher, als ihr nach dem Ende des Krieges lieb sein konnte, war die Assekuranz mit Sonderfragen der Unternehmensbesteuerung konfrontiert. Dabei ging es nicht nur um Unternehmenssteuern im engeren bzw. eigentlichen Sinn, sondern um eine Vielzahl thematisch unterschiedlicher fiskalischer Problembereiche, mit denen sich die Unternehmen und ihre Interessenvertretung auseinander setzen mußten. So manches, was in späteren Jahren als selbstverständlich oder unmittelbar einsichtig galt, wurde in den unmittelbaren Nachkriegsjahren geklärt. Dabei wurden auch wirtschaftsordnungspolitische Weichen – im Sinn einer „Westorientierung“[282] der österreichischen Wirtschaft – gestellt, ohne dass das beim jeweiligen Anlassfall besonders betont worden wäre.

Steuern sind in der Regel Geldleistungen. Sie können auch Sachleistungen sein. Meist sind es Ausnahmesituationen, wenn ein Staat auf die Zeit oder das Sachvermögen seiner Bürger, exakter Normadressaten, zugreift. Der Anfang April 1949 ausgesandte Entwurf eines Leistungsanforderungsgesetzes war eine Ausnahmeregelung, welche den staatlichen Zugriff auf das Sachvermögen und das Zeitbudget der Bürger zum Gegenstand hatte. Das Gesetz erlangte keine Bedeutung, doch war es für den doppelgesichtigen Zeitgeist charakteristisch. Deshalb sei der Entwurf erwähnt und der Darstellung der eigentlichen Steuerfragen vorangestellt. Die Doppelschichtigkeit bestand darin, dass das Erbe des nationalsozialistischen Maßnahmenstaates von der Fortführung[283] des demokratischen Rechtsstaates der Republik Österreich überlagert wurde.

Der Entwurf eines Leistungsanforderungsgesetzes wurde vom Verband scharf kritisiert und abgelehnt.[284] Das einzig Positive sei die Aufhebung des reichsdeutschen Reichsleistungsgesetzes, bemerkte die Stellungnahme des Verbandes an die Bundeskammer der gewerblichen Wirtschaft. Die, wenngleich befristete Weitergeltung einer derartigen Ausnahmeregelung wurde strikte verworfen. So hieß es unter anderem: „In Ermangelung eines Motivenberichtes kann nicht festgestellt werden, warum die zustän-

282 Siehe dazu H. Seidel (2005), op. cit. S. 60.

283 „Fortführung“ soll heißen: Die 1945 wieder errichtete Republik knüpfte bewusst an die Verfassungswirklichkeit vor dem Übergang zum Ständestaat (1934) an.

284 Archiv des VVO. Ausgangsbuch 1949, April, Mai Juni. Ausg. Nr. 394/46.

digen Behörden eigentlich glauben, auf die weitere Beibehaltung dieses Ausnahmegesetzes nicht verzichten zu können. … Wenn die öffentliche Hand Kraftfahrzeuge oder Schreibmaschinen oder Raum für neue Büros benötigt, so möge sie die wie jedes andere Wirtschaftssubjekt im freien Verkehr erwerben. Keinesfalls können Zwangseingriffe, die aus dem Gedanken des totalen Krieges entstanden sind, weiter beibehalten werden." Und weiter wurde ausgeführt: „… wird auch die öffentliche Hand sich auf anderen Gebiete Zwangseingriffe und Zwangsentnahmen abgewöhnen müssen und auf die normale Bedürfnisbefriedigung im wirtschaftlichen Verkehr wieder zurückzugehen haben. Das Enteignungsverfahren ist dort, wo es wirklich unerläßlich im öffentlichen Interesse geboten erscheint, ohnedies gesetzlich geregelt. Diese Bestimmungen vertragen keine Erweiterung ins Uferlose und bis zu irgendeiner Expositur der Bundespolizeibehörde hinab."

Als besonders gravierende (und daher abzulehnende) Eingriffe wies der Verband auf folgende Bestimmungen des Entwurfes hin:

- die unterschiedslose und allgemeine Möglichkeit, natürliche Personen zu Dienstleistungen heranzuziehen,
- die als unbestimmter Gesetzesbegriff formulierte Ermächtigung für juristische Personen, Leistungsanforderungen zu verfügen, wenn sie mit der Besorgung öffentlicher Aufgaben betraut waren,
- die Möglichkeit, Sachen oder Leistungen zugunsten dritter Personen zu requirieren,
- die Außerachtlassung des Wohnbedarfs von Personen, wenn diese aufgrund des Gesetzes aus ihrer Bleibe „exmittiert" wurden,
- die Berechtigung untergeordneter Behörden zur Leistungsanforderung
- und die Aberkennung der aufschiebenden Wirkung bei einer Berufung gegen eine Leistungsanforderung.

Es ist unmittelbar einsichtig, dass derartige Bestimmungen mit einer Westorientierung (s. o.) unvereinbar waren. Auch einer planwirtschaftlichen Lenkungswirtschaft wären sie aufgrund ihres Ad-hoc-Charakters abträglich gewesen. Aus finanzsoziologischer Sicht deuteten sie auf ein autoritäres Herrschaftsverhältnis. Dieses Herrschaftsverhältnis war jedoch nicht monolithisch gefügt, sondern bestand aus einer Mehrzahl dezentraler, schlecht koordinierter Herrschaften.

Typisch für die Wiederaufbauzeit war das Anliegen, welches der Verband im Rahmen einer Stellungnahme zum Steueränderungsgesetz 1951 vortrug. Er regte an, die fiskalischen Begünstigungen für Wiederherstellungen und für Wiederbeschaffungen, welche durch Bombenschäden notwendig geworden waren, nicht auf diese allein zu beschränken, sondern durch den Ausdruck „Kriegsschäden und Kriegsfolgeschäden“ zu ersetzen.[285]

3.3.1 Steuerfragen im Zusammenhang mit betrieblichem Ertrag und Vermögen

Eine Besteuerung des betrieblichen Ertrages und des Vermögens kann verschiedenen fiskalpolitischen Zielen dienen. Zumeist werden mehrere Ziele zugleich verfolgt. Das kann in der Form geschehen, dass eine Abgabe derart gestaltet ist, dass sie mehreren Zielen gerecht wird oder dass mehrere Steuern an ein und demselben Gegenstand anknüpfen. Neben dem rein etatistischen Ziel, einen laufenden Steuerertrag zu erzielen, kann eine Vermögenssteuer auch auf eine ein- oder mehrmalige Kaufkraftabschöpfung abzielen (um etwa die Währung zu stabilisieren) oder sie kann einer Umverteilung bzw. Angleichung der personellen Vermögensverteilung dienen und sie kann konfiskatorischen Charakter haben (wie etwa in der Zeit des NS-Regimes verfolgten Bevölkerungsgruppen gegenüber). In der Nachkriegszeit knüpften mehrere Steuern an ein und demselben Gegenstand an. Das etatistische Ertragsziel stand im Vordergrund. Daneben gab es auch eine Kaufkraftabschöpfung zur Währungsstabilisierung (in Form einer Vermögens- und einer Vermögenszuwachsabgabe).

Am 3. 7. 1946 wandte sich der Verband in einer Steuerangelegenheit an die Versicherungsaufsicht im Bundesministerium für Finanzen[286]; er kontaktierte damit gleichsam das unzuständige Organ im zuständigen Ressort. Der vom Verband aufgegriffene Anlass ist zugleich ein Beispiel für die Kontinuität der Finanzverwaltung bzw. der Besteuerung. In den 1945 für 1943 gelegten Steuererklärungen für die Bemessung der Gewerbesteuer hatten die Versicherungsunternehmen, so wie in den Vorjahren, den Einheitswert des Betriebsvermögens um den Wert der gesamten Betriebsgrundstücke gekürzt. Diese Praxis erkannte das Finanzamt für Körperschaften in Wien nicht mehr an. Das Finanzamt stützte sich dabei auf ein Gutachten des Reichsfinanzhofes (RFH) vom 28. 11. 1943 in dem ausgeführt wurde,[287] dass der Deckungsstock in der Lebensversicherung wirtschaftlich aus dem Betriebsvermögen eines Versicherungsunternehmens auszuscheiden ist, denn der Deckungsstock bilde eine Art von Sondervermögen. Demzufolge sei es unzulässig, den Einheitswert der im Deckungsstock befindlichen Grundstücke von dem Einheitswert des gewerblichen Betriebsvermögens abzuziehen.

---

285 Archiv des VVO. Ausgangsbuch 1951, April, Mai, Juni. Ausg. Nr. 324/51.

286 Archiv des VVO. Ausgangsbuch 1946, Juli, August, September. Ausg. Nr. 807/46.

287 Reichsfinanzhof-Gutachten vom 28.11.1943, Zl. I D 1/43. Veröffentlicht in: Reichssteuerblatt Nr. 15 vom 6.4.1944.

Auch wenn die Argumentation des RFH nicht schlüssig anmutete, die Vorgangsweise des Finanzamtes führte jedenfalls zu einer, wie es an der Eingabe des Verbandes an die Aufsicht hieß, „... enormen steuerlichen Belastung". Der Verband teilte der Aufsichtsbehörde mit, es sei zu befürchten, dass als Folge dieser Belastung die Versicherungsunternehmen Grundstücke aus dem Deckungsstock der Lebensversicherung ausscheiden würden. Dadurch würde die Veranlagung destabilisiert.

Knapp zehn Monate später wandte sich der Verband erneut mit einer ausführlichen Stellungnahme an das Bundesministerium für Finanzen.[288] Die Stellungnahme zielte darauf ab, die Veranlagungspraxis der Finanzämter ad absurdum zu führen. Eine Kernaussage dabei war, dass „... den Aktivposten Passivposten und den Einnahmen Ausgaben gegenüberstehen und die Gewerbesteuer ... doch letztlich immer den Saldo und zwar die Gewerbeertragssteuer den Überschußsaldo aus dem Vergleich zwischen Einnahmen und Ausgaben, die Gewerbekapitalsteuer den sich aus der Gegenüberstellung der Aktiva und Passiva ergebenden Saldo" erfasse.[289] Das Ministerium wurde gebeten, die Finanzämter anzuweisen, von einer Veranlagung nach den Grundsätzen des RFH-Gutachtens abzugehen. Sollte das nicht der Fall sein, wurde ersucht, sinngemäß den Vorschriften der Gewerbesteuer-Richtlinien 1943 zu folgen, welche Zuführungen und Entnahmen aus dem Deckungsstock regelten.

Im Bereich der Gewerbesteuer lauerte noch eine weitere Tücke. Sie bestand in dem Ansinnen, den Steuerertrag nach seinem Aufkommen örtlich zu zerlegen.[290] Als dem Verband der Entwurf zu einem Gewerbesteueränderungsgesetz 1947 zuging, bemerkte er unter anderem: „... Die neuerliche Zerlegung der Gewerbesteuer bringt, ..., die eminente Gefahr mit sich, daß so ziemlich alle größeren industriellen Gemeinden ... die Unterlagen für die Steuerbemessung von den Versicherungsunternehmungen verlangen werden. Dies würde eine Aufsplitterung des Prämienaufkommens nach der Provenienz von einzelnen Gemeinden her bedeuten, eine Arbeit, der die Betriebe gegenwärtig nicht nachzukommen vermögen. Wir regen daher an, im Zusammenhang mit der geplanten Novellierung des Gewerbesteuergesetzes den Begriff der ‚Betriebsstätte' im steuerlichen Sinne zu definieren, und zwar im einschränkenden Sinne. Soweit es sich um größere Filialen handelt, kann das Prämienaufkommen ... zerlegt werden. Unüberwindliche Schwierigkeiten bieten sich nur dann, wenn in allen Fällen, in denen sich eine kleinere Vermittlungsagentur in einem Orte befindet, schon der entsprechende Anteil am Prämienaufkommen ermittelt werden soll."[291]

---

288 Archiv des VVO. Ausgangsbuch 1947, April, Mai, Juni. Ausg. Nr. 428/47.

289 Archiv des VVO. Ausgangsbuch 1947, April, Mai, Juni. Ausg. Nr. 428/47. S. 1f.

290 Von der Sache her handelt es sich um die gleiche Problematik, wie sie sich bei der Aufteilung der Feuerschutzsteuer nach der Belegenheit der Risken stellt. Siehe dazu die Ausführungen zur Austrifizierung der Feuerschutzsteuer.

291 Archiv des VVO. Ausgangsbuch 1947, Oktober, November, Dezember. Ausg. Nr. 1277/47.

Am 15. 3. 1947 informierte der Verband die Unternehmen, dass die Frist für die Vermögenssteuer- und Vermögenszuwachssteuererklärung in der Tschechoslowakei am 31. 3. 1947 ablief, eine Verlängerung der Frist bis 30. 6. 1947 jedoch wahrscheinlich sei. Allein der Umstand, dass sich der Verband mit dieser Angelegenheit befasste, verweist auf die engen geschäftlichen Beziehungen, welche zwischen dem tschechoslowakischen Markt und den in Österreich ansässigen Unternehmen bestanden hatten. Am 8. 3. 1948 unterrichtete der Verband die Mitgliedsunternehmen, dass am 18. 11. 1947 die tschechoslowakische Regierung den Beschluss gefasst habe, eine Pauschalierung der Abgabe bei in der C.S.R. belegenem Vermögen von ausländischen Eigentümern zuzulassen. Dabei wurde auf die Ansicht des Rechtskonsulenten der österreichischen Gesandtschaft in Prag verwiesen. Dieser riet: „Es muß allen beschränkt Steuerpflichtigen empfohlen werden, daß sie … um Pauschalierung der Vermögensabgabe und Vermögenszuwachsabgabe nachsuchen und … auch den Betrag vorschlagen – allerdings mit dem Beifügen, daß sie zu Verhandlungen bereit sind.“[292]

Ein Mitgliedsunternehmen des Verbandes brachte allerdings mit einer Anfrage an diesen die Problematik der tschechoslowakischen Vermögensabgaben auf den Punkt, indem es die wirtschaftliche Verbindung zu ebensolchen Abgaben in Österreich (s. u.) und zur Verstaatlichung der Produktionsmittel in den sozialistischen Ländern herstellte. Der Verband antwortete am 12. 3. 1948 mit Zitaten aus einer Stellungnahme der Bundeskammer der gewerblichen Wirtschaft zu den österreichischen Vorlagen zu einer Vermögens- und einer Vermögenszuwachsabgabe (s. u.): „… Auch muß jener Teil des Auslandsvermögens ausgeschieden werden, über den dem Abgabepflichtigen eine Verfügungsberechtigung nicht zusteht (z. B. nationalisiertes österreichisches Vermögen in der Tschechoslowakei, Jugoslawien usw.). Auf keinen Fall dürften solche Auslandswerte einer Besteuerung in beiden Staaten unterzogen werden.“ Und weiter: „Es ist nicht einzusehen, warum Öster-

292 Archiv des VVO. Ausgangsbuch 1948. Jänner, Februar, März. Ausg. Nr. 307/48. In der Tschechoslowakei erfolgte der Übergang zu einer sozialistischen Gesellschaftsordnung schrittweise. Erst im Feber 1948 übernahmen die Kommunisten die Macht. In Konzeption und Handhabung des gegenständlichen Gesetzes spiegeln sich die geänderten Herrschaftsverhältnisse. Diese geänderten Verhältnisse werden auch in den Schlußbemerkungen des Rechtskonsulenten der österreichischen Gesandtschaft in Prag deutlich. „Die Bemessung einer Vermögenszuwachsabgabe kann meiner Auffassung nach bei beschränkt steuerpflichtigen Personen mit den Grundsätzen des internationalen Steuerrechts überhaupt nicht in Einklang gebracht werden. Denn von einem Vermögenszuwachs kann nur in Bezug auf das Gesamtvermögen, nicht aber mit Rücksicht auf einzelne, mehr oder minder willkürlich herausgegriffene Vermögensmassen die Rede sein, zumal einem Zuwachs auf der einen Seite regelmäßig ein Vermögensabgang auf der anderen Seite gegenübersteht. Die Vorschreibung einer Vermögenszuwachsabgabe scheint daher nur bei unbeschränkt steuerpflichtigen Personen gerechtfertigt, also in dem Staate, der – steuerrechtlich gesprochen – für den Abgabepflichtigen Inland ist; keineswegs aber bei beschränkt steuerpflichtigen Personen“ (zitiert nach Ausg. Nr. 307/48, s. o.).

reich die in der Tschechoslowakei ansässigen Steuerpflichtigen günstiger behandeln soll, als es die Tschechoslowakei mit den österreichischen Steuerpflichtigen tut. Es erscheint daher die Einfügung einer Reziprozitätsklausel geboten."[293]

Auf einer ähnlichen Linie liegt die Information vom 12. 1. 1948, dass in Italien eine ausserordentliche und progressive Vermögenssteuer eingeführt wurde, welche alle in Italien ansässigen physischen sowie alle im Ausland ansässigen physischen und juristischen Personen traf. Ausländische Steuerpflichtige hatten die Steuererklärungen bis 31. 3. 1948 bei der jeweiligen italienischen Vertretung einzureichen.[294]

Ende Juli 1948 war die steuerliche Behandlung von in Ungarn, Jugoslawien und der SR beschlagnahmten Zweigniederlassungen (Betriebsstätten) österreichischer Unternehmen durch die österreichische Finanzverwaltung Gegenstand einer Intervention der Bundeskammer der gewerblichen Wirtschaft im Bundesministerium für Finanzen. Von dieser Intervention informierte der Verband seine Mitgliedsunternehmen.[295] Die Rechtslage war komplex und für die damaligen Verhältnisse charakteristisch.

Die österreichische Finanzverwaltung unterschied zwischen ausländischen Betriebsstätten, die beschlagnahmt, aber (noch) nicht verstaatlicht waren und solchen Betriebsstätten, welche verstaatlicht worden waren. Bei beschlagnahmten Betriebsstätten war die Zweigniederlassung noch vorhanden und es waren daher die Grundsätze des internationalen Steuerrechts (niedergelegt in den zwischenstaatlichen Doppelbesteuerungsübereinkommen) anzuwenden: Ausländische Betriebsstätten waren aus dem in Österreich steuerpflichtigen Vermögen auszuscheiden. War dagegen die ausländische Betriebsstätte verstaatlicht worden, hatte das österreichische Mutterunternehmen sein Eigentum an der Betriebsstätte verloren. Dem Eigentumsverlust stand – aus österreichischer Sicht – (in der Regel) ein Entschädigungsanspruch der österreichischen Mutter gegen den ausländischen Staat gegenüber, der verstaatlicht hatte. Der Entschädigungsanspruch war als Forderung in der Handelsbilanz zu aktivieren und allenfalls wertzuberichtigen. Gemäß den österreichischen Bilanzrichtlinien 1945 war ein Entschädigungsanspruch in der Höhe seines Wertes in der Handelsbilanz in die steuerrechtliche Vermögensaufstellung aufzunehmen. Diese Aufstellung war Grundlage für die Veranlagung zur Vermögenssteuer, der Aufbringungsumlage und zur Gewerbekapitalsteuer. Das durch die Verstaatlichung geschädigte Unternehmen hätte also für den Eigentumsverlust noch Steuern zu zahlen gehabt, und zwar so lange, solange der Entschädigungsanspruch in der Handelsbilanz nicht auf null abgeschrieben war. „Dies erscheint höchst

293 Archiv des VVO. Ausgangsbuch 1948. Jänner, Februar, März. Ausg. Nr. 336/48.

294 Archiv des VVO. Ausgangsbuch 1948. Jänner, Februar, März. Ausg. Nr. 53/48.

295 Archiv des VVO. Ausgangsbuch 1948. Juli, August, September. Ausg. Nr. 951/48.

unbillig", bemerkte die Kammer, „... weil eine Abschreibung auf null vor Abschluß des Staatsvertrages keiner österreichischen Unternehmung zugemutet werden kann." Die Kammer forderte in ihrer Intervention eine Klärung der Angelegenheit im Erlasswege und regte an, das in folgender Form zu tun: „Nach Ansicht der Bundeskammer sollen derartige Entschädigungsansprüche, deren Wert bekanntlich völlig ungewiß ist, für die Zwecke der Vermögenssteuer ... überhaupt außer Betracht gelassen werden, wie dies auch hinsichtlich der Vermögensabgabe und der Vermögenszuwachsabgabe geschehen ist. Es ist ... hiebei darauf hinzuweisen, daß gemäß ... Vermögenssteuerergänzungsrichtlinien nicht einmal die Kriegssachschädenersatzforderungen in die Bemessungsgrundlage der Vermögenssteuer einzubeziehen sind, obwohl ... zur Zeit der Erlassung dieser Bestimmung niemand an der Vollwertigkeit solcher Ersatzforderungen zweifeln durfte, während die Dubiosität der gegenständlichen Entschädigungsansprüche unbestritten ist."

Anfang März 1949 erging dann der Erlass, Zl. 96-774-10/1948, des Bundesministeriums für Finanzen an alle Finanzlandesdirektionen mit dem die „steuerliche Behandlung von Wirtschaftsgütern im Auslande, über die dem Steuerpflichtigen die Verfügungsgewalt gänzlich oder teilweise entzogen ist" geregelt wurde.[296, 297] Der Erlass bestimmte, dass ausländische Wirtschaftsgüter, welche verstaatlicht, beschlagnahmt, enteignet oder als Guthaben gesperrt worden waren, bei Abgabenerklärungen außer Ansatz blieben. Waren die Wirtschaftsgüter wieder in die Verfügung des Steuerpflichtigen gelangt, kam es darauf an, ob er auch über die Erträgnisse die Verfügung erlangt hatte. War das nicht der Fall, hatte der Steuerpflichtige die Möglichkeit, die Nachsicht der Steuerschuld zu

296 Archiv des VVO. Ausgangsbuch 1949, April, Mai, Juni. Ausg. Nr. 484/49.

297 Ende der vierziger Jahre stabilisierte sich der Sowjetblock. Ausdruck dieser Stabilisierung war unter anderem die Gründung des Rates für Gegenseitige Wirtschaftshilfe (COMECON) im Jänner 1949. Beispielsweise gelang im Februar 1948 in der Tschechoslowakei der KPC der Übergang zu einer sozialistischen Wirtschafts- und Gesellschaftsordnung (Ende der Dritten Republik)[(i)]. In Ungarn kam es im Juni des gleichen Jahres zur Vereinigung der Kommunistischen und der Sozialdemokratischen Partei zur Partei der Ungarischen Werktätigen. Ende August 1949 trat die Verfassung der Volksrepublik Ungarn in Kraft. Ende Oktober 1949 wurde die Deutsche Demokratische Republik (DDR) gegründet. Im Oktober 1950 kam es in der russischen Besatzungszone Österreichs zu linksgerichteten Massenprotesten gegen die Bundesregierung und die Sozialpartnerschaft (sog. „KP-Putsch"). Die Proteste wurden niedergeschlagen. Der zitierte BMF-Erlass war die Folge des Übergangs zu einer sozialistischen Wirtschafts- und Gesellschaftsordnung in einer Reihe von Staaten Mittel- und Osteuropas. Er spiegelte mithin eine Änderung von Herrschaftsverhältnissen, diesfalls im Ausland, wieder.

(i) Die Nationalisierung der tschechoslowakischen Vertragsversicherung erfolgte bereits früher durch Dekrete des Präsidenten (sog. Benes-Dekrete): Dekret Nr. 103 vom 24. Oktober 1945 (Sbírka zákonu a narizení cl. 47 ze dne 27.10.1945) und Regierungsverordnung Nr. 215 vom 30. Oktober 1945 (Sbírka zákonu a narizení cl. 93 ze dne 3.12.1945).

beantragen. Hatte er für den Vermögensentzug eine Entschädigung erhalten, unterlag diese in Österreich der Besteuerung.

Im Sommer 1950 – längst hatte sich in Mittel- und Osteuropa der Sowjetblock gebildet und ehemalige Verbündete des Deutschen Reiches im Zweiten Weltkrieg, wie Finnland oder Italien, hatten Friedensverträge – wurde die Kammer der gewerblichen Wirtschaft vom Bundesministerium für Finanzen, Sektion Vermögenssicherung,[298] darüber informiert, wie sich Unternehmen zu verhalten hätten, wenn sie vermögensrechtliche Anfragen von Gesandtschaften oder Restitutionsmissionen der folgenden Länder erhielten: Ungarn, Rumänien, Bulgarien, Albanien und Italien sowie Finnland.[299] Diese Information gab die Kammer an den VVO weiter. Bezogen sich die Anfragen auf Vermögensobjekte, welche in der amerikanischen oder englischen Zone gelegen waren, oder waren die Anfragen an ein Unternehmen gerichtet, das in diesen Zonen seinen Sitz hatte, sollten die Anfragen grundsätzlich unbeantwortet bleiben. Das Ministerium war jedoch sofort zu verständigen. Bezogen sich die Anfragen auf Vermögensobjekte, welche in der russischen Zone gelegen waren, oder richteten sie sich an Unternehmen, die dort ihren Sitz hatten, waren sie erst nach Fühlungnahme mit dem Ministerium zu beantworten. Für Anfragen zu Vermögensobjekten bzw. an Unternehmen in der französischen Zone wurde auf laufende Verhandlungen verwiesen. Wenn Mitglieder von Gesandtschaften oder von Restitutionsmissionen in den Unternehmen persönlich vorsprachen, war davon ebenfalls das Ministerium genau zu informieren. Die Absicht des Ministeriums bzw. der Bundesregierung war klar: vor Abschluss des Staatsvertrages sollte möglichst wenig inländisches Vermögen in ausländische Hände, nicht zuletzt in die Hände von Eigentümern übergehen, welche in ihren Heimatländern einer umfangreichen Verstaatlichung ausgesetzt waren. Keine Verhaltensregeln gab das Ministerium für den I. Bezirk in Wien aus. Dieser stand unter interalliierter Verwaltung. Dort hatten auch die meisten Versicherungsunternehmen ihren Sitz. Genauso wie die Sistierung der externen Rechnungslegung hatte auch die Unsicherheit über die Eigentumsverhältnisse Rückwirkungen auf die Besteuerung. In vielen Fällen führten die unklaren Eigentumsverhältnisse zu einer Minderung der Steuerlast.

Im Zuge der Novellierung des Kriegsopfer-Entschädigungsgesetzes 1945, StGBl. Nr. 36/1945, stellten im Sommer 1947 die Abgeordneten zum Nationalrat Rosa Jochman und Genossen (SPÖ) den Initiativantrag, einen Sonderzuschlag von 100 % zur Ver-

298 Anfänglich lagen die Agenden der Vermögenssicherung beim Bundesministerium für Vermögenssicherung und Wirtschaftsplanung (dem sogenannten „Krauland-Ministerium"). Als dieses am 1.2.1950 aufgelöst wurde, wurde die Vermögenssicherung in das Finanzministerium eingebracht.

299 Archiv des VVO. Ausgangsbuch 1950, Juli, August, September. Ausg. Nr. 863/50.

MÖGENSSTEUER einzuheben, um damit die Versorgung von Angehörigen von Vermissten und Kriegsopfern zu finanzieren. Der Verband sprach sich gegen diese Initiative aus[300] und begründete seine Ablehnung damit, dass es sich um eine vorübergehende Maßnahme handle, jedoch die Kriegsopferversorgung eine Jahrzehnte dauernde Aufgabe sei. Überdies verwies er darauf, dass es den Wiederaufbau der Branche behindere, wenn deren Kapitalbildung vermindert werde.

Als im Herbst 1947 der Entwurf eines EINHEITSWERTEÄNDERUNGSGESETZES zur Stellungnahme versandt wurde, schloss sich der Verband den Einwendungen der Bundeskammer gegen den Gesetzesentwurf und gegen die Erhöhung der Einheitswerte auf das Doppelte an. Begründet wurde die Ablehnung mit den befürchteten Folgewirkungen der Erhöhung: „…, daß eine Verdoppelung der Einheitswerte keinesfalls in Frage kommen kann, weil es nicht angeht, die Proportion zwischen Einheitswert und den gestoppten Wohnungsmieten bei Wohnhäusern zu beseitigen. Soll die Grundsteuer erhöht werden, so möge dies unmittelbar geschehen und nicht auf dem Umweg über eine Modifikation des Einheitswertes. Ob eine solche Erhöhung zweckmäßig ist, hängt im übrigen von den uns nicht bekannten Absichten ab, welche bezüglich der Schaffung eines Wohnhauswiederaufbaugesetzes bestehen. Auch die Gefahr, daß die verdoppelten Einheitswerte dann als Grundlage für künftige Vermögens- oder Vermögenszuwachsabgaben verwendet werden, ist eine beträchtliche.“[301]

Die Befürchtungen des Verbandes bestätigten sich rasch: (auch) in Österreich wurden GESETZE FÜR EINE VERMÖGENSABGABE UND FÜR EINE VERMÖGENSZUWACHSABGABE vorbereitet.[302] Sowohl das Bundesgesetz über eine einmalige Abgabe vom Vermögenszuwachs (Vermögenszuwachsabgabegesetz) wie das Bundesgesetz über eine einmalige Abgabe vom Vermögen (Vermögensabgabegesetz) wurden am 7. 7. 1948 beschlossen; BGBl. 165/48 und BGBl. 166/48.

Das Juristen- und das Buchhaltungskomitee studierten die Gesetzesentwürfe eingehend.[303] Die Vorlagen stießen auf die einhellige Ablehnung der „österreichischen Wirtschaft“. Die Assekuranz schloss sich in ihrer Stellungnahme vom 19. 2. 1948, die sie an

300 Archiv des VVO. Ausgangsbuch 1947, April, Mai, Juni. Ausg. Nr. 568/47.

301 Archiv des VVO. Ausgangsbuch 1947, Oktober, November, Dezember. Ausg. Nr. 1098/47.

302 Vergleiche die voranstehenden Bemerkungen zur Vermögensbesteuerung in der Tschechoslowakei und in Italien sowie die Ausführungen zur Sistierung der externen Rechnungslegung. Vergleiche ebenso die Bemerkungen zum Vermögensabgabegesetz 1920 in einer der nachfolgenden Fußnoten. Das Vermögenszuwachsabgabegesetz 1948 schöpfte Vermögenszuwächse ab, die während des Dritten Reiches und knapp danach erzielt wurden. Das Vermögensabgabegesetz 1948 dagegen belastete Vermögen generell.

303 Archiv des VVO. Vorstandsprotokoll Nr. 59 vom 19.2.1948. TO.-Pkt. I. Stellungnahme zum Entwurf eines Vermögensabgabe- und Vermögenszuwachsabgabegesetzes.

die Bundeskammer der gewerblichen Wirtschaft gerichtet hatte, der Ablehnung an. Zugleich brachte sie Einwendungen vor, welche gerade für die Versicherungswirtschaft wesentlich waren. Die Unmöglichkeit Aktiva wie Passiva halbwegs zuverlässig zu bewerten, führe zu einem Fehlen eines Vergleichsmaßstabes mit anderen Wirtschaftszweigen und verhindere die Feststellung einer tauglichen Bemessungsgrundlage für die Besteuerung. Frühestens nach dem Vorliegen der Schillingeröffnungsbilanzen könne an Vermögens- und Vermögenszuwachsabgaben gedacht werden, argumentierte der Verband.[304] Die eingehende inhaltliche Auseinandersetzung mit den Gesetzesentwürfen ließ aber auch zahlreiche sachliche Mängel der Vorlagen zutage treten. Anders als in der Ersten Republik, wo 1920 eine einmalige, große Vermögensabgabe eingehoben worden war,[305] fehlten in den Vorlagen Bewertungsgrundsätze. Vielmehr wurde auf die Vermögensteuergesetzgebung verwiesen. Letztere war jedoch aufgrund der geänderten und außergewöhnlichen Verhältnisse vielfach nicht mehr anwendbar. „Insbesondere im Versicherungssektor“, führte der Verband aus, „ist es unbedingt erforderlich, daß dem Finanzministerium in den Gesetzen die Ermächtigung erteilt wird, von den Vermögensteuervorschriften abweichende Regelungen sowohl bezüglich der Versicherungsunternehmen als auch hinsichtlich der Ansprüche der Versicherungsnehmer … zu treffen.“[306, 307]

Ein Folge dieser Unklarheiten war, dass die Frist für die Erklärungen für die Vermögenszuwachsabgabe, Vermögensabgabe, Vermögensteuer und Aufbringungsumlage 1948 bis Ende 1949 erstreckt wurde bzw. werden musste. Zugleich wurde die Frist für die Einbringung der Steuererklärungen für 1945, 1946 und 1947 sowie der Vermögenserklärungen zum 1. Jänner 1946 ebenfalls bis Ende 1949 verlängert.[308] Eine erste Klarstellung,

---

304 Vergleiche die voranstehenden Bemerkungen zur Sistierung der externen Rechnungslegung.

305 Gesetz vom 21. Juli 1920 über die einmalige große Vermögensabgabe. StGBl. Nr. 371/20. Der „Geist dieses Gesetzes“, das unverkennbar revolutionäre Züge trägt, verdiente es, sich näher mit ihm auseinander zu setzen. Operativ zeigt das Gesetz, wie ein Staat einen umfassenden Vermögensentzug abzuwickeln vermag (im österreichischen Fall wurde dieser Vermögensentzug durch zahlreiche Ausnahmen [stark] gemildert). Die Assekuranz ist darin wiederholt angesprochen. So heißt es etwa in § 4 „Abgabepflichtige Vermögenschaften: … 4. Das gesamte Kapitalvermögen, wie zum Beispiel: … d) Ansprüche aus Lebensversicherungen, sie mögen auf ein Kapital oder auf eine Rente lauten; …“ Bei juristischen Personen machte die Abgabe 15 % des abgabepflichtigen Vermögens aus (§ 25).

306 Archiv des VVO. Ausgangsbuch 1948, Jänner, Februar, März. Ausg. Nr. 218/48.

307 In einer späteren Stellungnahme des Verbandes wurde bezüglich der Versicherungsunternehmen von dieser Ermächtigungsvorschrift zugunsten des Finanzministeriums abgerückt. Die Ermächtigung sollte nur mehr für Versicherungsnehmer gegeben sein. Archiv des VVO. Ausgangsbuch 1948, Jänner, Februar, März. Ausg. Nr. 281/48.

308 Archiv des VVO. Ausgangsbuch 1948. Oktober, November, Dezember. Ausg. Nr. 1248/48. In der Folge wurde die Frist „für die Abgabe sämtlicher Steuererklärungen für das Jahr 1948 und die Vorjahre … vorläufig bis 31. März 1950 verlängert“. Und: „Innerhalb dieser Frist wird klarzustellen sein, inwieweit eine

allerdings nur für die Bewertung von Grundbesitz, brachten die Richtlinien vom 20. 5. 1949 des Bundesministeriums für Finanzen. Darin wurde von den Einheitswerten ausgegangen, die zum 1. 1. 1940 und zum 1. 1. 1948 festgestellt worden waren. Kriegsschäden (z. B. durch Bomben) wurden dabei ebenso berücksichtigt wie ein eventueller Vermögenszuwachs (aufgrund eines Eigentümerwechsels) herabgesetzt wurde.[309]

Die Gesetze (für eine Vermögensabgabe und für eine Vermögenszuwachsabgabe) sahen vor, dass die einmaligen Abgaben mit 2 %igen Bundeschuldverschreibungen 1947 abgestattet werden konnten. Dabei war der Nennwert der Schuldverschreibungen maßgebend. Waren die Schuldverschreibungen zum Ausgabekurs angeschafft worden, der unter dem Nennwert lag, bewirkte das eine Vermögensvermehrung, welche nach Einkommenssteuerrecht zu beurteilen war.[310] Waren die Schuldverschreibungen nach dem Ausgabedatum angeschafft worden oder wurden sie einem Betriebsvermögen entnommen, war der Börsenkurs am Tag der Entnahme maßgebend. Die Differenz zwischen Buchwert und Börsenkurs konnte ein Gewinn oder ein Verlust sein. Das heißt, die einmalige Abgabe induzierte entweder eine weitere Steuerlast oder verringerte eine bestehende. Die gleiche Problematik tat sich Ende 1955 auf. Gemäß Erlass vom 7. 11. 1955, Zl. 122.287-20/55, des Bundesministeriums für Finanzen konnten zur Abgabenentrichtung 4 %ige Bundesschuldverschreibungen 1955 verwendet werden. Der Erlass enthielt keinen Hinweis zur steuerlichen Behandlung von Kursgewinnen.[311]

Die Neubewertung der betrieblichen Vermögensgegenstände hatte auch Einfluss auf die Gewerbekapitalsteuer. In seiner Stellungnahme vom 26. 5. 1954 zum Entwurf eines Gewerbesteueränderungsgesetzes 1954 machte der Verband darauf aufmerksam, dass die vorgeschlagene Herabsetzung der Steuermesszahl für das Gewerbekapital von zwei auf ein vom Tausend nicht ausreicht, das Steueraufkommen gleich zu halten, denn durch die Neubewertung habe sich das Gewerbekapital (als Bemessungsgrundlage) mehr als verdoppelt.[312]

Gegen den im Frühjahr 1954 übermittelten Entwurf eines Vermögenssteuergesetzes 1954 (BGBl. Nr. 192/1954) hatte der Verband keine Einwendungen.[313]

---

vorläufige Besteuerung lediglich auf Grund der Ertragsrechnung innerhalb der Versicherungsbranche überhaupt möglich und durchführbar wäre". Archiv des VVO. Ausgangsbuch 1949. Oktober, November, Dezember. Ausg. Nr. 1257/49.

309 Archiv des VVO. Ausgangsbuch 1949, April, Mai, Juni. Ausg. Nr. 675/49.

310 Archiv des VVO. Ausgangsbuch 1949, April, Mai, Juni. Ausg. Nr. 401/49 und 410/49.

311 Archiv des VVO. Ausgangsbuch 1955, Oktober, November, Dezember. Ausg. Nr. 1628/55.

312 Archiv des VVO. Ausgangsbuch 1954, April, Mai, Juni. Nr. 530/54.

313 Archiv des VVO. Ausgangsbuch 1954, April, Mai, Juni. Nr. 508/54, sowieArchiv des VVO. Vorstandsprotokoll Nr. 157 vom 24.05.1954. TO.-Pkt. III.) Allfälliges. 1.) Entwurf eines Bundesgesetzes, betreffend die Vorschriften über die Besteuerung des Vermögens (Vermögenssteuergesetz 1954).

Die Frage einer Besteuerung der Ansprüche der Versicherungsnehmer aus Versicherungsverträgen war der Assekuranz ein Anliegen, das unmittelbar ihre Geschäftsinteressen berührte. Eine Besteuerung der Versicherungsleitungen hätte Rückwirkungen auf die Erlössituation der Unternehmen gehabt. Nach dem Anschluss 1938 war die Besteuerung der Versicherungsleistungen abgeschafft worden. Dabei sollte es bleiben, denn – so der Verband – Versicherungsleistungen seien kein echter Vermögenszuwachs. Auch die Anreizwirkungen einer fiskalischen Förderung von Prämienzahlungen für Personenversicherungen würden geschwächt, wenn kapitalbildende Versicherungen einer Vermögensabgabe unterworfen worden wären. Dazu kam, dass zufolge der Währungsschutzgesetzgebung fällige Ansprüche aus Versicherungsverträgen, welche vor der Währungsreform geschlossen worden waren, zu kürzen waren. Zunächst war unklar, wie noch nicht fällig gewordene Ansprüche aus solchen Verträgen zu bewerten waren. Das Bundesministerium für Finanzen entschied, dass für Steuerzwecke bei noch nicht fälligen Polizzen sowohl der vertragsmäßige wie der gekürzte Wert anzugeben sei. Bei Lebensversicherungen waren der geschäftsplanmäßige Rückkaufswert oder der Zweidrittelanteil der eingezahlten Prämien in jenem Verhältnis zu kürzen, welches sich aus dem bei Eintritt des Versicherungsfalles gemäß 1. und 2. Versicherungsüberleitungsverordnung unbedingt zu zahlenden Betrag zum vollen vertragsmäßigen Anspruch ergab.[314] Die beiden Versicherungsüberleitungsverordnungen stellten Versicherungsnehmer gegenüber der allgemeinen Abwertung von Finanzvermögen besser. Die Lage war einigermaßen verworren. Die Gesetzesvorlage verwies auf die Bewertungsregeln für die Vermögenssteuer; auf Regeln, die bei Versicherungsverträgen durch Spezialgesetze derogiert worden waren. Parallel dazu erließ das Finanzministerium allgemeine Richtlinien für die Bewertung von Versicherungsverträgen. Diese Richtlinien entsprachen zwar den Spezialgesetzen, standen aber im inhaltlichen Widerspruch zu den Bewertungsgrundsätzen, welche für die Vermögenszuwachs- und für die Vermögensabgabe gelten sollten.

Die Vorlagen bedrohten aber auch das gerade im Wiederaufbau begriffene Rückversicherungsgeschäft.[315] Die Versicherungswirtschaft forderte daher, dass eine Besteuerung von Forderungen beschränkt Abgabepflichtiger aus Rückversicherungsverträgen mit inländischen Geschäftspartnern sowie Einlagen und sonstige Guthaben bei inländischen Banken steuerfrei bleiben sollten, wenn sich diese Guthaben aus Rückversicherungen ergaben. Für den Fall, dass andere Staaten – wie etwa die Tschechoslowakei oder Italien

314 Archiv des VVO. Ausgangsbuch 1948. Jänner, Februar, März. Ausg. Nr. 386/48.

315 Es ist für die Assekuranz und ihre Interessenvertretung eine wiederkehrende Erfahrung sich mit den mangelnden rückversicherungstechnischen Kenntnissen von Nicht-Versicherern auseinander setzen zu müssen.

(s. o.) – ebenfalls Vermögens- und Vermögenszuwachsabgaben einhoben, sollte im Bereich der Rückversicherung Reziprozität vorgesehen werden.

In die überarbeitete Regierungsvorlage zu einer Vermögens- und einer Vermögenszuwachsabgabe wurden im Frühjahr 1948 dem Anliegen der Assekuranz entsprechende Bestimmungen zur Rückversicherung aufgenommen (§ 4 [3] bzw. § 4 [4] Vermögenszuwachsabgabe- bzw. Vermögensabgabegesetz 1948).[316] Mit dem Wunsch, das Bundesministerium für Finanzen zu ermächtigen, Richtlinien für die Bewertung von Ansprüchen aus Versicherungsverträgen zu erlassen, setzte sich der Verband nicht durch. Deshalb beschloss der Verbandsvorstand, dieses Anliegen direkt an den Finanz- und Budgetausschuss des Nationalrates heranzutragen (in welchem die Gesetzesvorlage behandelt wurde).[317]

Der Verband beschritt dabei eine Doppelstrategie. Einerseits führte er in seinem Schreiben vom 2. 4. 1948 an die Vorsitzende des zuständigen Unterausschusses (Ferdinanda Flossmann) aus, dass seinem Anliegen nicht entsprochen worden sei, das Finanzministerium zu ermächtigen, separate Bewertungsvorschriften für Ansprüche aus Versicherungsverträgen zu erlassen. Andererseits verwies er darauf, dass „… eine mechanische Anwendung der Vermögenssteuervorschriften ohnedies ausgeschlossen ist, weil sich … die Gesetzeslage durch das Versicherungsüberleitungsgesetz und dessen Ausführungsvorschriften völlig geändert hat. Es sei insbesondere an die Rückkaufssperre und die sonstigen Anspruchsverminderungen erinnert."[318] Und abschließend hieß es: „Es ist daher Ansichtssache, ob noch eine besondere Ermächtigung an das Finanzministerium für die Ordnung dieser Rechtsfragen als notwendig angesehen wird." Mit anderen Worten: Wurde die Ermächtigung ins Gesetz aufgenommen, war das gut. Wurde sie nicht aufgenommen, war davon auszugehen, dass Spezialgesetze die vermögenssteuerrechtlichen Bewertungsvorschriften bereits abgeändert hatten.

Die Besatzungskosten belasteten den Staatshaushalt. Sie wurden zum Anlass genommen, Zuschläge zu bestehenden Steuern einzuführen (wie etwa der Einkommensteuer) oder ein und denselben Besteuerungsgegenstand mehrmals zu belasten wie das bei dem Besatzungskostenbeitrag vom Vermögen der Fall war. Im Laufe des Juni 1949 stellten die Finanzämter die Bescheide zu. Drei Viertel des Beitrages waren innerhalb eines Mo-

---

316 Vermögenszuwachsabgabegesetz 1948, BGBl. 165.
§ 4 (3) … Nicht zum Inlandsvermögen zählen Forderungen aus Rückversicherungsverträgen mit inländischen Geschäftspartnern sowie Einlagen und sonstige Guthaben bei inländischen Kreditinstituten, soweit sie nachweislich aus solchen Rückversicherungsverträgen herrühren.
Vermögensabgabegesetz 1948, BGBl. 166, § 4 (4) hatte den gleichen Wortlaut.

317 Archiv des VVO. Vorstandsprotokoll Nr. 64 vom 01.04.1948. TO.-Pkt. I.) Regierungsvorlage zum Vermögensabgabe- und Vermögenszuwachsabgabegesetz.

318 Archiv des VVO. Ausgangsbuch 1948. April, Mai, Juni. Ausg. Nr. 425/48.

nats und das letzte Viertel am 10. November 1949 fällig. Das bedeutete für die Unternehmen einen beträchtlichen Liquiditätsentzug und die Bundeskammer der gewerblichen Wirtschaft erhob gegen diese Vorgangsweise Einspruch, „da es den Angehörigen der gewerblichen Wirtschaft im gegenwärtigen Zeitpunkte unmöglich ist, die Abgabenleistung in der geforderten Höhe zu erbringen".[319] Der Einspruch hatte Erfolg. Zwei Viertel des Beitrages konnten in der ersten Jahreshälfte 1950 abgestattet werden, wenn die anderen zwei Viertel fristgerecht 1949 eingezahlt worden waren.

Laut Besatzungskostendeckungsgesetz 1949[320] richtete sich der Besatzungskostenbeitrag nach dem steuerpflichtigen Vermögen zum 1. 1. 1948. Da jedoch die Versicherungsunternehmen nicht bilanzierten, war dieses nicht bekannt. Der Besatzungskostenbeitrag wurde daher mit einem vorläufigen Bescheid als Vorauszahlung eingehoben.

Als Anfang 1952 dem Verband der Entwurf eines Bundesgesetzes über Änderungen auf dem Gebiet der Vermögensbesteuerung zuging, erklärte er sich mit diesen Änderungen weitgehend einverstanden, brachte jedoch eine – finanzsoziologisch bedeutsame – Bemerkung zur Besteuerungspraxis ein. Die Bedeutung der Bemerkung liegt in ihrer Allgemeingültigkeit. Konkret ging es darum, dass im Entwurf von „inländischen auf Schilling lautenden festverzinslichen Wertpapieren" die Rede war. Der Verband machte nun darauf aufmerksam, dass während der Zeit des Dritten Reiches eine Reihe inländischer festverzinslicher Wertpapiere (Pfandbriefe, Industrieobligationen usw.) emittiert worden waren, welche auf Reichsmark lauteten. Diese Wertpapiere galten weiter. „Es ist nun immerhin die Frage," führte der Verband aus, „ob die wertmäßige Gleichsetzung der Reichsmark mit dem Schilling auf Grund des Schillinggesetzes und der übrigen Währungsgesetzgebung schon ausreicht, um zu sagen, daß ein solches in seiner Beschaffenheit nicht verändertes Wertpapier tatsächlich nicht auf Reichsmark, sondern auf Schilling lautet. Wir halten diese Bedenken deshalb nicht für überspitzt, weil bei einer verhältnismäßig weit gehenden Steuerbegünstigung mit einer einschränkenden Interpretation des Gesetzeswortlautes durch die Steuerbehörden zu rechnen ist."[321] Das hier aufgezeigte Verhalten der Finanzverwaltung kann auch als Erklärung dafür dienen, warum es immer wieder zu Rechtsstreitigkeiten gekommen ist (und noch kommt), welche bis in die letzte Instanz ausgefochten werden. Außerdem dürfte es zum Berufsethos einer Finanzverwaltung gehören, das Steueraufkommen zu steigern. Dem steht auf Seiten der Zensiten deren Bemühen um Steuervermeidung gegenüber.

319 Archiv des VVO. Ausgangsbuch 1949. Juli, August, September. Ausg. Nr. 765/49.

320 BGBl. 133/1949.

321 Archiv des VVO. Ausgangsbuch 1952. Jänner, Februar, März. Ausg. Nr. 156/52.

Um 1950 herum hatte sich die Ertragslage der Unternehmen gebessert: Es wurde die Entrichtung von KÖRPERSCHAFTSSTEUER aktuell. Dazu gab es vorbereitende Überlegungen: etwa die Folgende: Wie an anderer Stelle ausgeführt, wurden 1938 die Versicherungsunternehmen auf Gegenseitigkeit den Versicherungsaktiengesellschaften bei der Körperschaftssteuer gleichgestellt. Vorher hatte für sie ein Satz von 2,5 % gegolten. Die wechselseitigen Versicherungsunternehmungen strebten daher im Frühjahr 1950 die Wiedereinführung des für sie niedrigeren Körperschaftssteuersatzes an. Dieser niedrigere Satz sollte allerdings nur für Erträge aus der Elementarversicherung anzuwenden sein. Von dieser Absicht wurde der Vorstand des Verbandes informiert. Er nahm in Aussicht, diese Absicht in Hinblick auf ihre Auswirkungen auf die Besteuerung der Versicherungsaktiengesellschaften zu prüfen und protokollierte dazu: „Die gegenständliche Angelegenheit wird von den Aktiengesellschaften in ebenso loyaler Weise behandelt werden, wie dies seitens der Versicherungsanstalten auf Gegenseitigkeit geschehen wird."[322] Hinter dieser eleganten Formulierung verbarg sich die Absicht – letztlich beider Teile –, die Angelegenheit einer nach der Rechtsform der Versicherungsunternehmen differenzierten Körperschaftssteuer nicht im Rahmen des – gemeinsamen – Verbandes zu verfolgen,[323] zumal weder die Wechselseitigen Gesellschaften noch die Versicherungsaktiengesellschaften Bilanzen legten und Steuererklärungen abgaben.

Die Beiträge nach dem WOHNHAUSWIEDERAUFBAUGESETZ 1948, BGBl. 130/48, stellten für die Unternehmen der Versicherungswirtschaft eine Belastung dar, denn diese verfügte über einen vergleichsweise großen Liegenschaftsbesitz. Zufolge der Verluste an und der Entwertung des Geldvermögens hatten Liegenschaften einen vergleichsweise hohen Anteil an der Kapitalveranlagung der Unternehmen.

In der Eingabe vom 13. 4. 1951 an das Zentralfinanzamt für Beiträge nach dem Wohnhauswiederaufbaugesetz, Wien, argumentierte der Verband, dass der gesamte Liegenschaftsbesitz eines Versicherers als Betriebsgrundstück zu werten sei, und daher nicht mit seinen Einheitswerten beitragspflichtig sei. Diese Auffassung teilte auch das Zentralfinanzamt. Anderer Auffassung war der Fiskus, was die Mieteingänge als Bemessungsgrundlage für Beiträge anbelangte. Trotzdem stellte der Verband den Antrag auf Feststellung der Beitragsfreiheit sämtlicher Grundstücke im Vermögen von Versicherungsunternehmen; sowohl hinsichtlich des Einheitswertes wie hinsichtlich der Miet-

322 Archiv des VVO. Vorstandsprotokoll Nr. 99 vom 9.3.1950. TO.-Pkt. VI. Besteuerung der wechselseitigen Versicherungsunternehmungen.

323 Archiv des VVO. Ausgangsbuch 1950. April, Mai, Juni. Ausg. Nr. 497/50. Siehe dazu auch den diesem Schriftstück angeschlossenen Aktenvermerk vom 6.5.1950, betreffend eine unterschiedliche Besteuerung der wechselseitigen Versicherungsanstalten und der Versicherungsaktiengesellschaften.

erträge.[324] Zugleich stellte er den Antrag, die Beitragszahlungen zu stunden. In einem Rundschreiben vom 2. 5. 1951 forderte der Verband seine Mitgliedsunternehmen gleichsam zu einer milden Form zivilen Ungehorsams gegenüber dem Fiskus für den Fall auf, daß dieser Beiträge von den Mietzinsen einforderte. Der Verband hatte sich dabei mit dem Sparkassenverband abgesprochen, welcher die gleiche Haltung bezog. Er riet den Unternehmen, dem Zentralfinanzamt keine detaillierten und formularmäßigen Nachweisungen zu liefern und sich nur auf eine kurze Bezeichnung der Liegenschaften zu beschränken. Auch Zahlungen auf die bestrittene Steuerschuld sollten unterbleiben.[325] Die Antwort der Finanzlandesdirektion, Wien, ließ nicht lange auf sich warten: Es wurde „... die Freilassung der Betriebsgrundstücke von Versicherungsunternehmungen von den Giebigkeiten aus den Mieterträgen verneint". Der Verband, unterstützt vom Sparkassenverband und anderen Unternehmen mit einem großen Grundstücksbesitz, beschloss daher den Instanzenzug, nötigenfalls bis zum Verwaltungsgerichtshof, zu beschreiten. Als im Auftrag des Steuerkomitees eine Verbandsdelegation beim Leiter des Zentralfinanzamtes vorsprach, hieß es: „Eine weitere Stundung kommt keinesfalls in Betracht. Die Mitgliedsgesellschaften müssen daher Bekenntnis legen und die nach ihrem Bekenntnis entfallenden Zahlungen leisten und zwar auf Grund einer entgegenkommend gewährten vierzehntägigen (...) Erstreckung bis längstens 31. Juli 1951. Unter der Voraussetzung der Einhaltung dieses Termines – ... – wird von der Einhebung sowohl von Säumniszuschlägen (...) wie auch von Verspätungszuschlägen (...) Abstand genommen." Der Verband empfahl den Mitgliedsunternehmen „vorsichtsweise" die Zahlungstermine einzuhalten.[326] Am 24. 7. 1951 schickte der Verband den Unternehmen ein Muster für ein Rechtsmittel gegen die Vorschreibung von Beiträgen nach dem Wohnhauswiederaufbaugesetz. Das Muster war samt erläuternden Bemerkungen für die Unternehmen vom Steuerkomitee ausgearbeitet worden.[327] Der Verband verständigte das Zentralfinanzamt von der Absicht, den Unternehmen nahe gelegt zu haben, den Rechtsweg zu beschreiten. Zugleich teilte er dem Amte mit, dass für ihn der folgende Umstand mitbestimmend war, die Rechtsansicht der Finanzverwaltung zu bekämpfen: „Bei einigen Mitgliedsunternehmungen hat sich der Fall ereignet, dass rechtskundige Mieter, darunter ein höherer Beamter der Finanzverwaltung im Ruhestand und ein Anwalt, die Gesellschaft als Hauseigentümerin aufmerksam gemacht haben, dass sie nicht bereit sind, die Beitragspflicht der Mieteingänge gemäß § 7 Abs. 1 Z. 2 lit. a/aa WWG-Novelle anzuerkennen und gegen

324 Archiv des VVO. Ausgangsbuch 1951. April, Mai, Juni. Ausg. Nr. 296/51.
325 Archiv des VVO. Ausgangsbuch 1951, April, Mai, Juni. Ausg. Nr. 354/51.
326 Archiv des VVO. Ausgangsbuch 1951, Juli, August, September. Ausg. Nr. 565/51.
327 Archiv des VVO. Ausgangsbuch 1951, Juli, August, September. Ausg. Nr. 611/51 und Ausg. Nr. 628/51.

sich gelten zu lassen und daß sie den Hauseigentümer für jeden Nachteil haftbar machen müssen, der ihnen etwa aus der vorzeitigen Anerkennung dieses Rechtsstandpunktes der Finanzverwaltung entstehen könnte."[328] Mit dieser Benachrichtigung teilte der Verband der Finanzverwaltung mit, dass die Mitgliedsunternehmen nicht gewillt waren, die Beiträge zum Wohnhauswiederaufbaufonds als eine Art „Hausherren-Steuer" selbst zu tragen, sondern die Absicht hatten, sie auf ihre Mieter weiterzuwälzen. Was deren Protest hervorrufen würde; einen Protest, der nicht vereinzelt bleiben würde.

Die Thematik der Weiterwälzung von Beiträgen zum Wohnhauswiederaufbaufonds wurde im Frühjahr 1954 erneut aktuell, als ein Initiativantrag zur Novellierung des Wohnhauswiederaufbaugesetzes vorsah, auch für Büro- und Kanzleiräume Beiträge vorzuschreiben. Dagegen wandte sich der Verband mit dem Argument, dass die Büroräume von Versicherungsunternehmungen in gleicher Weise Arbeitsstätten sind wie die Geschäftslokale von Kaufleuten oder die Werkstätten von Handwerkern. Außerdem gab er zu bedenken, dass der Hausbesitz von Versicherungsunternehmungen überwiegend der Deckung der versicherungstechnischen Rückstellung diene und die Mietzinsbildung nicht durch eine Sonderabgabe beeinträchtigt werden sollte.[329]

Der politische Diskurs zur so genannten „Doppelbesteuerung der Aktien" zog sich über Jahrzehnte hin. Er erfasste spätestens im April 1954 die Versicherungswirtschaft. Wirklich aktuell wurde die Problematik aber erst nach Abschluss der Rekonstruktionsperiode. Erst danach konnten die Versicherungsaktiengesellschaften ihre Aktionäre mit Dividenden bedienen.

Unter „Doppelbesteuerung der …" war der Umstand zu verstehen, dass Gewinne von Kapitalgesellschaften beim Unternehmen der Körperschaftssteuer unterzogen wurden und die (nach Steuern) ausgeschütteten Dividenden beim Eigner der Aktien nochmals einer Besteuerung unterlagen. Die Bundessektion Industrie der Bundeskammer der gewerblichen Wirtschaft bat die Unternehmen um Vorschläge zur Milderung der Doppelbesteuerung. Einerseits war die Doppelbesteuerung ein negativer Anreiz für die Kapitalbildung (exakter: für Finanzierungen im Wege des Kapitalmarktes bzw. über die Börse) und andererseits war in der Bundesrepublik Deutschland eine Gewinnspaltung eingeführt worden, bei der Dividenden geringer besteuert wurden – mit 30 % – als der im Unternehmen verbliebene Gewinnteil – mit 45 %. Überdies war im Rahmen einer Steuerreform der Satz der Körperschaftssteuer herabgesetzt worden; eben auf 45 %. In seinem Informationsbrief an die Mitgliedsunternehmen bemerkte der Verband dazu: „Die Bundessektion Industrie stellt sich ähnliche Hilfsmaßnahmen für die österreichischen Kapi-

328 Archiv des VVO. Ausgangsbuch 1951, Juli, August, September. Ausg. Nr. 638/51.

329 Archiv des VVO. Ausgangsbuch 1954, April, Mai, Juni. Nr. 465/54.

talgesellschaften vor."[330] Nur ein Versicherer reagierte und seine Antwort bestand darin, dass er es begrüßen würde, würde in Österreich dem deutschen Beispiel gefolgt.[331]

3.3.2 Steuerfragen im Zusammenhang mit dem Personalaufwand

Nach 1945 waren für viele Versicherungsunternehmen öffentliche Verwalter bestellt worden. Der Grund dafür war, dass die Eigentumsverhältnisse an diesen Unternehmen nicht geklärt erschienen; zum Beispiel, weil sie als „deutsches Eigentum" galten. Die steuer- und sozialversicherungsrechtliche Behandlung der Bezüge der Öffentlichen Verwalter regelte das Verwaltergesetz 1946, BGBl. 157/46 (in der Fassung des Bundesgesetzes vom 22. 6. 1949, BGBl. 163/49). Demzufolge war die Tätigkeit eines öffentlichen Verwalters eine unselbständige Erwerbstätigkeit. Seine Bezüge unterlagen daher der Lohnsteuer. Eine Beitragspflicht zur gesetzlichen Kranken- und Rentenversicherung bestand jedoch dann nicht, wenn der Verwalter vor seiner Bestellung selbstständig erwerbstätig oder im öffentlichen Dienst gewesen war. War er im öffentlichen Dienst gestanden, war er weiterhin bei der Krankenversicherungsanstalt der Bundesangestellten versichert.[332, 333]

Ende Mai 1948 war einem Rückversicherer aufgefallen, dass in den Formblättern, mit denen die Besteuerung der Aufsichtsratsvergütungen abgerechnet wurde, der Steuersatz von 57,5 % auf 68 % ausgebessert worden war. Das Unternehmen wandte sich an den Verband und dieser befasste damit die Kammer Wien und Wirtschaftsprüfer. Das Ergebnis eingehender Prüfung war, dass die Ausbesserung richtig war. Der Verband teilte zur Erklärung dem Unternehmen drei Formeln mit, nach denen der Satz berechnet werden konnte.

„Am deutlichsten", so bemerkte der Verband zur dritten Formel, „kommt die Berechnung des Satzes von 68 % durch das im nachfolgenden angeführte Rechenbeispiel zum Ausdruck:

Wir gehen von der ungekürzten Aufsichtsratsgebühr A aus und ziehen davon 30 % Aufsichtsratssteuer und 15 % Einkommensteuer, inklusive Wiederaufbauzuschlag, ab. Das ergibt:

---

330 Archiv des VVO. Ausgangsbuch 1954, April, Mai, Juni. Nr. 365/54.

331 Archiv des VVO. Ausgangsbuch 1954, April, Mai, Juni. Nr. 379/54.

332 Archiv des VVO. Ausgangsbuch 1949, Juli, August, September. Ausg. Nr. 889/49.

333 Man beachte: Das Allgemeine Sozialversicherungsgesetz (ASVG) wurde erst 1955 verabschiedet. Vorher fehlte eine umfassende und möglichst einheitliche sozialversicherungsrechtliche Regelung.

0.70 A – 0.15 x 0.70 A = 0.70 A – 0.15 A = 0.595 A = Gutschrift
Das entspricht einem Abzug von A – 0.595 A = 0.405 A
d. h. 40.5 % der ungekürzten Gebühr A.

Bezogen auf die Gutschrift 0.595 A macht dies einen Prozentsatz von:

Abzug / Gutschrift x 100 = 0.405 A / 0.595 A x 100 = 68.07 % aus."[334]

Aus heutiger Sicht erscheint einerseits ein Belastungssatz für Aufsichtsratsvergütungen von mehr als zwei Drittel hoch und andererseits ein Einkommensteuersatz von 15 % niedrig, wenn davon ausgegangen wird, dass Mitglieder von Aufsichtsräten zum besser verdienenden Teil der Bevölkerung gehören.

Nahezu ein Dauerthema – eigentlich ein Dauerproblem – war die BESTEUERUNG VON ZAHLUNGEN an den angestellten sowie den freiberuflichen AUSSENDIENST. Der Anlassfall war Anfang 1948 ein Erlass der Finanzlandesdirektion (FLD) Klagenfurt zur VERSTEUERUNG VON PROVISIONSBEZÜGEN von Angestellten des Außendienstes. Alle anderen Finanzlandesdirektionen unterzogen die Bezüge angestellter Außendienstmitarbeiter der Lohnsteuer. Nicht so die FLD für Kärnten. Sie ging von der Weitergeltung der reichsdeutschen Steuergesetzgebung aus; – was zulässig war. Das reichsdeutsche Finanzrecht eröffnete den Steuerbehörden die Möglichkeit, von zivil- und/oder verwaltungsrechtlichen Tatbeständen abzusehen und sich bei der Beurteilung eines Falles auf die steuerrechtliche Sicht zu beschränken (anders die österreichische Praxis). Demgemäß beurteilte die FLD Klagenfurt die Provisionszahlungen ausschließlich aus steuerlicher Sicht und kümmerte sich nicht darum, dass die Provisionen einem Angestellten zugeflossen waren. Der Rechtsansicht der FLD Klagenfurt schlossen sich später die FLD Graz und Linz an. Die Folge dieser Vorgangsweise war, dass das Brutto-Einkommen aus Vermittlertätigkeit der Umsatz-, der Einkommen- und der Gewerbesteuer unterworfen wurde.

In der auf einer Expertise des juristischen Komitees des Verbandes aufbauenden Äußerung des Verbandes traten die durch dem Zusammenbruch des Dritten Reiches geänderten Herrschaftsverhältnisse und die mit dieser Änderung einher gehenden Probleme klar zutage. So hieß es unter anderem:

1. Die Lohnsteuer ist Steuer vom Arbeitslohn. Provision ist Arbeitslohn, wenn man will Stücklohn. …
2. Die Unterscheidung in Spezialagenten und Generalagenten entspricht reichsdeutscher, nicht

334 Archiv des VVO. Ausgangsbuch 1948. April, Mai, Juni. Ausg. Nr. 720/48.

aber österreichischer Übung und kann daher für österreichische Behörden nach den allgemeinen Grundsätzen des Rechtsüberleitungsgesetzes nicht länger anwendbar sein.

3. Es war typisch für das deutsche Recht, daß der Begriff des Angestellten ein verschwommener und nicht sehr klar herausgearbeiteter gewesen ist. Bekanntlich fehlte ja auch im Deutschen Reich ein Angestelltengesetz, wie es in Österreich stets in Geltung war und noch ist. Daraus erklärt sich die grössere Freizügigkeit der Steuerbehörde bei Beurteilung einschlägiger Tatbeständen. In diesem Zusammenhang kann also gerade die gegenständliche Praxis der Steuerbehörde als typisch deutsch und nazistisch angesehen werden, …“[335]

Der Verband intervenierte diesbezüglich Anfang Februar 1948 im Bundesministerium für Finanzen und bat, „… sämtliche Finanzlandesdirektionen … zu verständigen, daß Versicherungsvertreter dann, wenn sie zweifellos im Anstellungsverhältnis tätig sind, lediglich der Lohnsteuer von ihren Gesamtbezügen, d.h. … von ihren fixen Gehältern zuzüglich der Provision, unterliegen. Nur selbständige Vermittler, die keinerlei Anstellungsverhältnis mit einer Versicherungsunternehmung unterhalten, sind als Gewerbetreibende für die Einkommensteuer zu veranlagen und verpflichtet, die Gewerbesteuer und Umsatzsteuer zu bezahlen.“[336] Man bemühte sich auch um die Unterstützung der Aufsicht und führte dabei aus: „… es wäre besonders verhängnisvoll, wenn die deutsche Steuerpraxis, die sich nicht einmal während der Zeit des Nationalsozialismus in Österreich durchsetzen konnte, nunmehr von einigen Finanzlandesdirektionen außerhalb Wiens den hiefür gar nicht geeigneten österreichischen Verhältnissen aufgezwungen werden sollte“.[337] Die Bundeskammer der gewerblichen Wirtschaft, Sektion Geld-, Kredit- und Versicherungswesen, wurde von der Intervention im Finanzministerium verständigt.[338] Zugleich wurden alle Mitgliedsunternehmen informiert und es wurde ihnen eine grundsätzliche Argumentationshilfe für die Einbringung von Rechtsmitteln zur Hand gegeben.[339] Anfang April 1948 konnte der Verband ein anfragendes Mitgliedsunternehmen dahin gehend informieren, dass das Bundesministerium für Finanzen einen Runderlass an alle Finanzlandesdirektionen hinausgeben werde, dass nur selbstständige Vertreter der Einkommen- und der Umsatzsteuer unterliegen; „… insbesondere dann, wenn sie selbst Untervertreter beschäftigen“.[340]

Trotz der Intervention des Verbandes von Anfang Februar 1948 setzten die Finanzlandesdirektionen von Klagenfurt, Graz und Linz ihre an reichsdeutschen Gegebenheiten

335 Archiv des VVO. Ausgangsbuch 1948. Jänner, Februar, März. Ausg. Nr. 72/48.
336 Archiv des VVO. Ausgangsbuch 1948. Jänner, Februar, März. Ausg. Nr. 170/48.
337 Archiv des VVO. Ausgangsbuch 1948. Jänner, Februar, März. Ausg. Nr. 173/48.
338 Archiv des VVO. Ausgangsbuch 1948. Jänner, Februar, März. Ausg. Nr. 186/48.
339 Archiv des VVO. Ausgangsbuch 1948. Jänner, Februar, März. Ausg. Nr. 174/48.
340 Archiv des VVO. Ausgangsbuch 1948. April, Mai, Juni. Ausg. Nr. 429/48.

orientierte Praxis fort, während die FLD Wien der Rechtsauffassung der Assekuranz folgte. Der Verband wurde daher Ende Juni 1948 erneut im Finanzministerium vorstellig, um eine bundeseinheitliche Besteuerung der Versicherungsvertreter zu erwirken und fasste das Ergebnis seiner Intervention wie folgt zusammen:[341]

1. Selbständige Vermittler. Sie werden vielfach als Versicherungsmakler bezeichnet ohne es eigentlich zu sein. Meist sind es Ein-Personen-Betriebe, doch unterhalten sie mitunter auch Versicherungsbüros. Als selbständig Erwerbstätige bedürfen sie eines Gewerbescheins, unterliegen der Einkommen- und der Gewerbesteuer und auch der Umsatzsteuer.[342] Haben sie Subvertreter, sind das entweder ihre eigenen Angestellten oder sonstwie mit ihnen in einer Vertragsbeziehung stehende Personen.
2. Angestellte Vermittler. Hier handelt es sich um unselbständig Erwerbstätige, die bei einem Versicherungsunternehmen angestellt sind. Sie unterliegen dem Konkurrenzverbot, sind an die Weisungen des Dienstgebers gebunden, sind bei der Sozialversicherung angemeldet und für Provisionen und fixe Bezüge wird vom Dienstgeber die Lohnsteuer abgeführt.
3 Nebenberufliche Vermittler. Diese Personen sind in ihrer Tätigkeit weisungsgebunden und ortsbegrenzt. Meist übersteigt ihr Jahresverdienst nicht S 600,–.[343] [344] Ist das der Fall, werden sie zur Einkommensteuer veranlagt. Umsatz- und Gewerbesteuer fällt nicht an, da für Nebenberufler die Merkmale der Selbständigkeit und hauptberuflichen Erwerbsmässigkeit (als Versicherungsvermittler) fehlen.[345]
4. Angestellte des Innendienstes. Fallweise beziehen auch diese Provisionen für vermittelte Geschäfte. Die Provisionen werden gemeinsam mit dem Gehalt der Lohnsteuer unterzogen.[346]

---

341 Archiv des VVO. Ausgangsbuch 1948. April, Mai, Juni. Ausg. Nr. 755/48.

342 Die Freigrenze für die Umsatzbesteuerung lag zunächst bei öS 6.000,– jährlich. Sie wurde durch Art. VI des Steueränderungsgesetzes 1949, BGBl. Nr. 132/49, auf öS 18.000,– hinaufgesetzt. Zugleich brachte das Gesetz einen 50 %igen Zuschlag zur Umsatzsteuer. Der Zuschlag wurde am 01.06.1949 eingehoben. Archiv des VVO. Ausgangsbuch 1949. Juli, August, September. Ausg. Nr. 636/49 und Ausg. Nr. 746/49.

343 ÖS 600,– [1948] entsprechen € 469,01 [1999]. Zur Valorisierung siehe: P. U. Lehner (2000), Wieviel ist das heute? Zur Hochrechnung historischer Geldbeträge. In: W. Rohrbach (Hrsg. u. Red. 2000), An der Schwelle zum 3. Jahrtausend – Retrospektiven und Perspektiven, Versicherungsgeschichte Österreichs, Bd. VI. Wien. S. 1141ff.

344 Die Freigrenze für steuerfreie Nebeneinkommen wurde durch das Steueränderungsgesetz 1949 auf öS 1.200,– pro Jahr angehoben. Archiv des VVO. Ausgangsbuch 1949. Juli, August, September. Ausg. Nr. 709/49.

345 Siehe auch die Korrespondenz zum Anlassfall des nebenberuflichen Vertreters J. Zauner in Kirchdorf / Krems. Archiv des VVO. Ausgangsbuch 1951, Oktober, November, Dezember. Ausg. Nr. 1010/51.

346 Dabei wurden – wie der Verband am 23.12.1949 mitteilte – solche Provisionen mit dem sog. Einmalsatz

Anfang Juli 1948 teilte der Verband einem Mitgliedsunternehmen mit, dass seine Bemühungen um eine bundeseinheitliche Besteuerung von Versicherungsvertretern auch die Besteuerung von Inkassanten einbezogen.[347] Ein anderes Mitgliedsunternehmen informierte der Verband, dass die Verhandlungen „zu einem positiven Ergebnis zu führen" scheinen und daß in kurzer Zeit „ein Ministerialerlaß an die einzelnen Finanzlandesdirektionen hinausgehen wird, demzufolge bei Vertretern im Anstellungsverhältnis auch die Provisionen der Lohnsteuer zu unterziehen sind". Bis dahin müssten zum Zweck des Zeitgewinns die Entscheidungen der Finanzbehörden angefochten werden.[348]

Ende September 1948 wandte sich der Verband an den Österreichischen Gewerkschaftsbund, Gewerkschaft der Angestellten, Sektion Versicherungsangestellte, und schrieb: „Wegen der Veranlagung der unselbständigen angestellten Vermittler zur Einkommen- und Gewerbesteuer haben wir unzählige Male im Finanzministerium urgiert; zwei Eingaben von uns liegen unerledigt. Wir nehmen den Anlaß wahr, um die Sache neuerlich anzugehen. ..."[349] Nach längerem Bemühen konnte ein klärender Erlass des Bundesministeriums für Finanzen erwirkt werden (Erlaß des Bundesministeriums für Finanzen vom 28. Sept. 1948, Zl. 42645-9/48). Er teilte die Versicherungsvertreter in drei große Gruppen mit dem Ziel einer gleichmäßigen Besteuerung derselben. Der Erlass unterschied zwischen „selbständigen Vermittlern", welche als Gewerbetreibende der Einkommen-, Gewerbe- und Umsatzsteuer im Veranlagungswege unterliegen, „angestellten Vermittlern", deren fixe Bezüge, Provisionsvorschüsse und Provisionen der Einkommensteuer im Abzugswege unterzogen werden, und „nebenberuflichen Vermittlern", deren Einkünfte als „sonstige Einkünfte" zur Einkommensteuer veranlagt werden.[350] Mit Hilfe der Bundeskammer gelang es, die Bestrebungen der Finanzlandesdirektionen in den Bundesländern zum Teil abzuwehren.[351]

---

besteuert. Die Besteuerung selbst schloss sich an die Provisionszahlung an, welche nach dem Prämieneingang fällig wurde. Archiv des VVO. Ausgangsbuch 1949. Oktober, November, Dezember. Ausg. Nr. 1294/49.

347 Archiv des VVO. Ausgangsbuch 1948. Juli, August, September. Ausg. Nr. 801/48.

348 Archiv des VVO. Ausgangsbuch 1948. Juli, August, September. Ausg. Nr. 819/48.

349 Archiv des VVO. Ausgangsbuch 1948, Juli, August, September. Ausg. Nr. 1097/48.

350 Siehe dazu auch: Wichtige Grundsätze für die Besteuerung der Versicherungsvertreter. In: Die Versicherungsrundschau, 4. Jg. 1949, S. 18f.

351 Im Jahresbericht 1953 über die Tätigkeit des Verbandes heißt es dazu: „Mit großer Besorgnis verfolgt der Verband die steigende Tendenz der Finanzbehörden und Sozialversicherungsinstitute, die Tätigkeit der selbständigen nebenberuflichen Vermittler der Mitgliedsunternehmungen als unselbständige zu qualifizieren. Unter Mitwirkung eines anerkannten Fachmannes wurden hier von einem eigenen Spezialkomitee alle erdenklichen Argumente zusammengetragen, die für unseren Standpunkt sprechen, und sie wurden sodann schriftlich dem Bundesministerium für Finanzen vorgelegt, damit zunächst dieses auf dem Abgabensektor in Form eines richtungsweisenden Erlasses eine klare Rechtslage schaffen möge. Die Angele-

Der erwähnte Ministerialerlass war zweifellos ein Fortschritt gewesen. Doch 1953 und erst recht Mitte Februar 1954 erwies es sich als notwendig, diese Regelung in Hinblick auf die zahlreicher gewordenen NEBENBERUFLICHEN VERSICHERUNGSVERTRETER zu ergänzen (1954 waren es rund 25.000). Zirka 85 % dieser Vermittler erzielten dabei ein Jahreseinkommen, zumeist Provisionseinkünfte, unter 3.000 Schilling. Insgesamt wurden 1954 an nebenberufliche Vermittler etwa 35 bis 40 Millionen Schilling ausbezahlt. Einige Finanzämter sahen diese Vermittlertätigkeit als ein Beschäftigungsverhältnis an und rechneten die nebenberuflichen Bezüge auf die im Hauptberuf erzielte Lohnsumme an. Dadurch wurden die Bezüge steuerpflichtig (u. a. auch für die Lohnsummensteuer) und es waren von ihnen Beiträge zum Kinderbeihilfenfonds abzuführen. Diese Abgabenbelastung sollte vermieden werden. Deshalb stellte der Verband an das Bundesministerium für Finanzen den Antrag, den Erlass aus 1948 dahin gehend zu ergänzen, „daß von einer gelegentlichen Vermittlertätigkeit, … auch dann gesprochen werden kann, wenn es sich um die nebenberuflichen Agenten … handelt und zwar auch dann, wenn von diesen Agenten das Inkasso sowie gelegentliche Besorgungen oder Interventionen durchgeführt werden“.[352]

Der Antrag von Mitte Feber 1954 wurde im Zusammenhang mit einer Eingabe vom 11. 1. 1954 im Finanzministerium beraten. Diese Eingabe betraf die fiskalische Förderung der Lebensversicherung (s. u.). Sie war Gegenstand mehrerer Besprechungen im Finanzministerium. Dabei verschlechterte sich das Besprechungsklima zusehends. Anstatt – wie zugesagt – die Erledigung des Antrages im Detail mit Fachleuten des Verbandes vorzubesprechen, wurde der Antrag mit „knappen acht Zeilen“ abgelehnt und auf ein nach Auffassung des Verbandes unzutreffendes, Verwaltungsgerichtshoferkenntnis verwiesen.[353] Der Verband protestierte: „Was die materielle Erledigung anbetrifft, so bemerken wir, daß die Verhältnisse bei den Sozialversicherungsinstituten und deren Ortsvertretern ganz anders geartet sind als die Beziehungen der Unternehmungen der Vertragsversicherung zu ihren nebenberuflichen Vermittlern. Der Umstand, dass die Inkassanten der Sozialversicherung und unsere nebenberuflichen Werber bei der einen oder anderen unserer Mitgliedsunternehmungen zufällig die gleiche Bezeichnung „Ortsvertreter“ tragen, kann unserer Auffassung nach nicht ausschlaggebend für einen Bescheid über die von uns aufgeworfenen difficilen Fragen sein.“[354]

---

genheit wurde im heurigen Jahres aufs erste ungünstig entschieden, doch ist der Verband überzeugt, daß in dieser für manche Mitgliedsunternehmungen lebenswichtigen Angelegenheit noch nicht das letzte Wort gesprochen ist.“ Jahresbericht über das Geschäftsjahr 1953. Wien 1954. S. 4 „IV. Steuerfragen“. Archiv des VVO. Ausgangsbuch 1954, April, Mai, Juni. Ausg. Nr. 387/54.

352 Archiv des VVO. Ausgangsbuch 1954, Jänner, Februar, März. Ausg. Nr. 169/54.

353 Archiv des VVO. Ausgangsbuch 1954, Jänner, Februar, März. Ausg. Nr. 311/54.

354 Archiv des VVO. Ausgangsbuch 1954, April, Mai, Juni. Ausg. Nr. 340/54.

Die Auseinandersetzung erreichte Anfang Juli 1954 einen Höhepunkt, denn am 24. 6. 1954, hatte das Bundesministerium für Finanzen in dem Durchführungserlass Lohnsteuer 1954, Zweiter Teil, Zl. 58.400-9/54, unter Punkt 14 verfügt: „Die Ortsstellenleiter der Krankenkassen sind Arbeitnehmer (VwGH-Erk. Vom 3. 2. 1954, Zl. 2068/1952). Das gleiche gilt hinsichtlich der Ortsvertreter (nebenberuflichen Versicherungsvertreter) der Versicherungsanstalten."[355] Der Verband wandte sich direkt an den Bundesminister Dr. R. Kamitz und verlangte die ersatzlose Streichung des Satzes, der sich auf die nebenberuflichen Versicherungsvertreter bezog. Neben einer Reihe von sachlichen Gründen, welche dagegen sprachen, die nebenberuflichen Vertreter als Arbeitnehmer einzustufen, bemerkte der Verband auch: „Es kann unseres Erachtens nicht für richtig befunden werden, wenn die Regelung einer abgabenrechtlichen Materie, auf deren einschneidende Auswirkungen ausdrücklich hingewiesen wurde, im Erlaßwege vorgenommen wird, ..."[356] Ohne es direkt zu erwähnen, protestierte damit der Verband gegen eine Vorgangsweise, welche im Dritten Reich durchaus üblich gewesen war, die jedoch dem rechtsstaatlichen Selbstverständnis der wieder errichteten Republik widersprach.

Das Ministerium antwortete rasch und abschlägig. Die Präsidialsektion wies darauf hin, dass angenommen werden müsse, die Ortsvertreter seien in die Geschäftsführung der Versicherungsunternehmen eingegliedert und den Weisungen der Unternehmen unterworfen. Demzufolge handle es sich bei den Einkünften der nebenberuflichen Vertreter um unselbstständige Einkommen. Dem Verband wurde anheimgestellt, nach Erschöpfung des ordentlichen Rechtsmittelzuges den Verwaltungsgerichtshof anzurufen. Im Verband wurden das Juristen- und das Steuerkomitee einberufen, um die Materie zu beraten.[357] Die Komitees gelangten zur Auffassung, dass eine abweisende Verwaltungsgerichtshofentscheidung ein „gewichtiges und unheilvolles Präjudiz" wäre. Vielmehr würde es sich empfehlen, im lokalen Bereich die Betriebsorganisation den sachlichen und rechtlichen Gegebenheiten anzupassen und sich dabei an dem zu Beginn des Jahres vom Verband ausgearbeiteten Musterprovisionsbrief zu orientieren. Dann würden die Bestrebungen des Verbandes, die „kompetenten Stellen" davon zu überzeugen, dass jene Mitarbeiter, welche ausschließlich oder überwiegend mit der Versicherungsvermittlung befasst sind, eine selbstständige Tätigkeit ausübten, Aussicht auf Erfolg haben.[358] Dafür

355 Archiv des VVO. Ausgangsbuch 1954, Juli, August, September. Ausg. Nr. 705/54.

356 Siehe die voranstehende Fußnote.

357 Archiv des VVO. Ausgangsbuch 1954, Juli, August, September. Ausg. Nr. 779/54.

358 Die Angelegenheit wurde anhand des Anlassfalles eines Bescheides vom 15.06.1954 der Finanzlandesdirektion Graz zu Beiträgen zum Ausgleichsfonds für Kinderbeihilfen besprochen. Archiv des VVO. Ausgangsbuch 1954, Juli, August, September. Ausg. Nr. 806/54.

wurde ein Promemoria ausgearbeitet, das die Argumente zusammenfasste. Dieses Papier wurde mit einem in persönlichen Worten gehaltenen Brief vom 13. 12. 1954 dem Finanzminister Dr. R.Kamitz vorgelegt.[359]

Anfang Dezember 1954 zeichnete sich jedoch ein Meinungsumschwung ab. Die von den Komitees angeregte konsensuale Linie wurde verlassen. Der Verband teilte einem Mitgliedsunternehmen zur Lohnsummensteuerpflicht nebenberuflicher Vertreter mit: „… daß das erweiterte Präsidium des Verbandes … einhellig den Standpunkt eingenommen hat, dass die gegenständliche Berufung aufrechtzuerhalten wäre und im Falle eines abschlägigen Bescheides der Verwaltungsgerichtshof angerufen werden sollte."[360] Anfang Jänner 1955 sicherte sich der Verband die Unterstützung der Bundeskammer der Gewerblichen Wirtschaft,[361] nachdem sich bereits im Vorjahr die Handelskammer Wien das Anliegen des Verbandes zu Eigen gemacht hatte. Dabei wies der Verband darauf hin, dass die reichsdeutsche Unterscheidung zwischen Spezialagenten und Generalagenten auf die österreichischen Verhältnisse nicht übertagen werden könne, da beide Agentenkategorien ihre Tätigkeit hauptberuflich ausübten.[362] Im gegenständlichen Fall würden die Vertreter ihre Tätigkeit nebenberuflich ausüben und strittig dabei sei, ob sie das selbstständig tun (wie das die Kammer und der Verband meinten) oder ob sie Unselbstständige sind (wie das die Finanzbehörden vermeinten).

Mitte Februar 1955 wurde die Sache kompliziert, denn nun meldete sich das Bundesgremium der Handelsvertreter, Kommissionäre und Vermittler. Das Gremium vertrat die Ansicht, „daß der Kreis der unselbständigen nebenberuflichen Versicherungsvertreter auf

359 Archiv des VVO. Ausgangsbuch 1954, Oktober, November, Dezember. Ausg. Nr. 1327/54. Im Begleitbrief führte der Verband u. a. aus: „Aus diesem Promemoria Geht hervor, daß von den etwa 25.000 nebenberuflichen Vermittlern (…) rund 85 % ein jährliches Einkommen unter 3.000 S, weitere 12 % ein jährliches Einkommen zwischen 3.000 bis 7.000 beziehen und nur bei 3 % das Einkommen die Grenze von 7.000 S im Jahre übersteigt. Daraus geht hervor, daß vom fiskalischen Standpunkt eine Lohnversteuerung dieser Einkommen keinen Erfolg brächte … Andererseits würde die Versicherungsunternehmungen jedoch die hohe Belastung mit der 2 %igen Lohnsummensteuer und mit 6 % Beitrag zum Kinderbeihilfenfonds treffen, und zwar ohne daß die bezüglichen Bemessungsgrundlagen wirklicher Arbeitslohn im Sinne des § 19 Abs. 1 EStG wären." Siehe dazu auch den Jahresbericht des Verbandes über das Geschäftsjahr 1954: „Ausgehend von einer … Enquete der Mitgliedsunternehmungen wurde das Bundesministerium für Finanzen in wiederholten mündlichen und schriftlichen Interventionen sowohl auf die außerordentliche Bedeutung des Problems aufmerksam gemacht als auch bis ins Detail darüber aufgeklärt, daß die Tätigkeit der Inkassanten der Sozialversicherungsinstitute keinesfalls jener der nebenberuflichen Versicherungsvermittler gleichzusetzen ist, sondern sich im Gegenteil sehr wesentlich davon unterscheidet. Die Unterhandlungen im Gegenstande mit der Finanzbehörde sind … noch im Fluße." Archiv des VVO. Ausgangsbuch 1955, April, Mai, Juni. Ausg. Nr. 586/55.

360 Archiv des VVO. Ausgangsbuch 1954, Oktober, November, Dezember. Ausg. Nr. 1278/54.

361 Archiv des VVO. Ausgangsbuch 1955, April, Mai, Juni. Ausg. Nr. 460/55.

362 Archiv des VVO. Ausgangsbuch 1955, Jänner, Februar, März. Ausg. Nr. 31/55.

jene Personen zu beschränken sei, die diese Tätigkeit in ländlichen Gebieten ausüben". Solche Vertreter, vom Gremium als „Landagenten" bezeichnet, würden das gelegentlich tun. Dem widersprach der Verband. Einkünfte aus einer gelegentlichen Versicherungsvertretung seien nicht das Problem, denn sie würden in die Kategorie der „sonstigen Einkünfte" fallen. Strittig – allerdings nicht für die Assekuranz – sei die Selbstständigkeit der Vertreter, die es sowohl auf dem Lande wie in der Stadt gebe.[363]

Der Umstand, dass die Assekuranz von ihrer konsensualen Linie abgerückt war, verbesserte ihre Verhandlungsposition. Der Verband teilte dem in einem diesbezüglichen Rechtsmittelverfahren stehenden Mitgliedsunternehmen mit, es möge bei der Finanzlandesdirektion Wien einen Antrag auf Aussetzung der Entscheidung der Berufungsinstanz einbringen, da im Gegenstande Besprechungen zwischen dem Verband und dem Finanzministerium aufgenommen worden seien.[364] Zugleich informierte er die in den Bundesländern tätigen Arbeitsgemeinschaften,[365] damit dort bzw. den dortigen Finanzlandesdirektionen gegenüber kein Verhalten an den Tag gelegt würde, das möglicherweise die gegenüber dem Ministerium vertretene Position konterkariert hätte.[366]

Erst im Frühjahr 1950 wurde die Besteuerung von Provisionen, welche Angestellte des Innendienstes erhielten (s. o.), thematisiert. Bis dahin hielt die reichsdeutsche Regelung, welche den Lohnsteuerrichtlinien 1940 folgte. Provisionen wurden als Teile des Arbeitslohnes gesehen und waren als Einmalbezüge (sonstige Bezüge) zu versteuern. In dem Schreiben vom 19. 4. 1950 fragte nun der Verband bei der Gewerkschaft der Angestellten in der Privatwirtschaft, Sektion Versicherungsangestellte, an, ob nicht einer anderen Rechtsansicht zum Durchbruch verholfen werden sollte.[367] Wenn Angestellte des Innendienstes in ihrer Freizeit Versicherungsgeschäfte machten, sei das eine

363 Archiv des VVO. Ausgangsbuch 1955, Jänner, Februar, März. Ausg. Nr. 216/55 und Ausgangsbuch 1955, April, Mai, Juni. Ausg. Nr. 654/55.

364 Archiv des VVO. Ausgangsbuch 1955, Jänner, Februar, März. Ausg. Nr. 291/55.

365 Versicherungsunternehmen, welche im so genannten Breitengeschäft tätig sind, sind territorial organisiert. Dem Hauptsitz des Unternehmens (Generaldirektion, Zentrale) sind Landesdirektionen nachgeordnet, denen Bezirksvertretungen untergeordnet sind. Die Führungskräfte der Landesdirektionen bildeten (und tun das weiterhin) für das jeweilige Bundesland Arbeitsgemeinschaften.

366 In dem Verbandsschreiben vom 07.10.1955 an die ‚Arbeitsgemeinschaften unserer Mitgliedsunternehmungen in den Bundesländern' heißt es unter anderem: „Es wird … im besonderen … hervorzuheben sein, daß nicht nur die Zusage eines Fixums, sondern auch die einer Provisionsgarantie sowie von Pauschalien aller Art (in Wien Netzkarte) sich mit der selbständigen Tätigkeit nicht vereinbaren läßt. Vergütungen dieser Art sprechen für eine unselbständige hauptberufliche Tätigkeit und werden daher sozialversicherungs-, lohn-, lohnsummensteuer- und Kinderbeihilfenfonds-beitragspflichtig. Im Falle von Portovergütungen wird unbedingt die Führung eines Portobuches notwendig sein." Archiv des VVO. Ausgangsbuch 1955, Oktober, November, Dezember. Ausg. Nr. 1350/55.

367 Archiv des VVO. Ausgangsbuch 1950, April, Mai, Juni. Ausg. Nr. 437/50.

Nebenbeschäftigung. Diese sei bis zu den im Steueränderungsgesetz 1950 festgelegten Grenzen steuerfrei und unterliege darüber hinaus der veranlagten Einkommensteuer. Für Angestellte mit gelegentlichen Provisionseinkünften brächte das steuerliche Vorteile. Angestellte, welche jedoch einen regelmäßigen und höheren Provisionsverdienst hätten, unterlägen dann der Veranlagung. Trotz Angleichungen an die Steuertabellen (zur Bemessung der Lohnsteuer) brächte das für den „Fatierenden" gewisse Nachteile. Die Gewerkschaft wurde um Erhebungen gebeten, ob bei ihren Mitgliedern Interesse an der Durchsetzung der anderen Rechtsansicht zur Besteuerung von Provisionen an Mitarbeiter des Innendienstes bestünde. Diese Vorgangsweise des Verbandes entsprach den damaligen politischen Verhältnissen: Sozialpartnerschaft und große Koalition waren vielfach verzahnt. Die Gewerkschaft, Sektion Versicherungsangestellte, antwortete am 6. 7. 1950. Sie verwies auf die Interessenkonflikte, welche bei jenen Innenangestellten bestanden, welche Provisionen verdienten. Verbesserungen bei einem Teil der Angestellten im Innendienst, hätten Verschlechterungen für einen anderen Teil bedeutet. Der Verband akzeptierte, davon Abstand zu nehmen, eine Änderung anzustreben.[368] Eine Klärung erfuhr die Besteuerung gelegentlicher Provisionseinkünfte von Mitarbeitern des Innendienstes durch den Durchführungserlass Lohnsteuer 1954 (DE-LSt 1954) vom 24. Juni 1954, Zl. 58.400-9/54. Darin wurde festgelegt, dass es sich bei diesen Einkünfte um eine selbstständige Erwerbstätigkeit handle, welche zur Einkommensteuer zu veranlagen sei.[369]

Doch die Praxis überholte einige Monate später diese Regelung. Ein Mitgliedsunternehmen hatte im Sommer 1954 beim Finanzamt für Körperschaften, Wien, angefragt, „ob für das Jahr 1954 aus Gründen der Verwaltungsvereinfachung Provisionen für alle jene Angestellten des Innendienstes, welche einen Freibetrag auf der Lohnsteuerkarte eingetragen haben, den laufenden Bezügen hinzugerechnet werden können und davon die Lohnsteuer zu errechnen ist. Wir nehmen zur Kenntnis, daß in diesen Fällen die Lohnsummensteuer von uns getragen wird. …" Das Finanzamt stimmte zu, hielt jedoch fest, dass in diesem Fall der Dienstgeber auch den Beitrag zum Ausgleichsfonds für Kinderbeihilfe zu entrichten habe.[370]

Vorher, Ende Juli 1948, hatte die Angelegenheit – die Besteuerung von Provisionseinkünften aus Versicherungsgeschäften – von einer anderen Seite her an Dynamik gewonnen, denn der Wirtschaftliche Informationsdienst der FLD Wien hatte sich unter dem Betreff „Sicherung des Steueraufkommens" mit einer Anfrage an die meisten Versicherer

368 Archiv des VVO. Ausgangsbuch 1950, Juli, August, September. Ausg. Nr. 909/50.
369 Archiv des VVO. Ausgangsbuch 1954, Juli, August, September. Ausg. Nr. 790/54.
370 Archiv des VVO. Ausgangsbuch 1954, Juli, August, September. Ausg. Nr. 982/54.

gewandt, die Höhe jener Honorate und Provisionen von 1947 bekanntzugeben, welche, ohne sie der Lohnsteuer zu unterziehen, ausgezahlt worden waren. Der Verband bezweifelte die Berechtigung der Behörde in dieser Weise allgemein und daher ohne einen konkreten Anlass vorzugehen. Er informierte die Mitgliedsunternehmen von seinen Bedenken.[371]

Auf einer ähnlichen Linie lag der folgende kurze Erlass vom 28. Februar 1948, Zl. 61599/7/1947, des Bundesministeriums für Finanzen an alle Finanzlandesdirektionen. Er zeigt einerseits die Bemühungen des Ministeriums zu einer geänderten „Verwaltungskultur" zu kommen und macht andererseits deutlich, dass das in der Praxis nicht immer gelang. Unter dem Betreff „Auskunftspflicht der Kreditinstitute" machte der Verband (erst) am 28. 9. 1949 seine Mitgliedsunternehmen auf den Erlass aufmerksam: „An alle Finanzlandesdirektionen. Die ... wird eingeladen, bis zum Ergehen weiterer Weisungen Auskünfte gem. § 175 AO. von Geldinstituten, Vermittlungsbüros, Zeitungen und ähnl. nur in ganz besonders dringlichen Einzelfällen bei Bestehen von schwerwiegenden Verdachtsgründen für das Vorliegen von Steuervergehen einzuholen."[372] Die in den österreichischen Rechtsbestand übergeleitete reichsdeutsche Abgabenordnung (AO) gestattete den Finanzbehörden derartige Nachforschungen. Mit einem Rundschreiben vom 11. 10. 1949 wandte sich der Verband unter dem gleichen Betreff nochmals an seine Mitgliedsunternehmen und führte dabei aus: „... Es wird noch Gegenstand eingehender Prüfung und darauf folgender Mitteilung bilden, ob versucht werden kann, auf Grund dieses Erlasses die Mitteilung der Adressen unselbständiger Vermittler in Hinkunft zu verweigern, soferne einzelne Mitgliedsunternehmungen bisher solches Material geliefert haben. Jedenfalls aber bitten wir bei Betriebsprüfungen dem Verlangen der Revisionsorgane nach Bekanntgabe von Namen und Adressen von selbständigen und gelegentlichen Mitarbeitern mit Berufung auf den eingangs zitierten Erlasse ... zu widersprechen. ..."[373] Ende Oktober 1949 griff der Verband die Angelegenheit nochmals auf. Inzwischen war klar geworden, daß die laufende Meldung der Provisionsbezieher an die Finanzämter rechtlich nicht gedeckt war. „Wir laden daher jene Mitgliedsunternehmungen, die bisher

371 Archiv des VVO. Ausgangsbuch 1948. Juli, August, September. Ausg. Nr. 888/48. Auch die Arbeitsgemeinschaft der in Oberösterreich tätigen Versicherungsgesellschaften sah sich mit dem Wunsch der Steuerbehörde konfrontiert, Listen der Provisionsbezieher vorzulegen. Das wurde verweigert. Die Versicherer waren allerdings um ein gutes Einvernehmen mit dem Fiskus bemüht. Sie verweigerten dem Fiskus nicht das Einsichtsrecht, wenn ein begründeter Verdacht eines Steuervergehens vorlag. Archiv des VVO. Ausgangsbuch 1950, April, Mai, Juni. Ausg. Nr. 546/50.

372 Archiv des VVO. Ausgangsbuch 1949, Juli, August, September. Ausg. Nr. 942/49.

373 Archiv des VVO. Ausgangsbuch 1949, Oktober, November, Dezember. Ausg. Nr. 983/49 und Ausg. Nr. 992/49.

solche Unterlagen geliefert haben, ein, … die Einsendung derartiger Verzeichnisse zu unterlassen.“ Von Meinungsverschiedenheiten mit den Steuerbehörden sollte die Verbandskanzlei verständigt werden.[374]

Die Vorgangsweise der Behörde illustriert die damaligen Herrschaftsverhältnisse, für die typisch war, dass es immer wieder zu behördlichem Handeln kam, das in einem rechtlichen Graubereich angesiedelt war. Erst im Nachhinein wurde die Rechtsnatur dieses Handelns abgeklärt. Ebenso war typisch, dass sich die Oberbehörden (Ministerien) oft rascher auf die geänderte, i. e. rechtsstaatliche und demokratische, Verwaltungspraxis einstellten, als das den Unterbehörden gelang.

Anfang 1949 hatte sich die nächste Hürde aufgetan. Sie ging in ihren Konsequenzen über den unmittelbaren Anlass – die steuerliche Behandlung von Versicherungsvertretern – hinaus. Das Finanzamt Graz-Ost hatte „… den Ministerialerlaß eigenmächtig mit Zusätzen versehen, die einen für die Versicherungsanstalten völlig untragbaren Zustand herbeiführen würden. Die Gesellschaften sind nicht Durchführungsorgane der Steuerbehörden. Die dort verlangten Nachweisungen würden, …, eine solche Unsumme an Arbeit bedeuten, daß ohne Personalvermehrung das Auslangen nicht gefunden werden könnte, wenn diese Praxis über Graz hinausgreift …“. Das führte der Verband in einer Eingabe Ende Februar 1949 an die Bundeskammer aus und bat um eine neuerliche Intervention im Ministerium gegen die ausufernde Bürokratie nachgeordneter Behörden.[375] Doch kam man bald davon ab, das Ministerium zu befassen, denn man befürchtete eine Entwicklung loszutreten, deren Folgen nicht absehbar erschienen. Stattdessen beschränkte man sich auf eine Intervention der Kammer der gewerblichen Wirtschaft für die Steiermark beim Finanzamt Graz-Ost. Mit dem Interventionsbericht der Kammer an den Verband setzte sich dieser eingehend und auf der Basis der Reichsabgabenordnung (RAO) auseinander. Aus dem Umstand, dassdie Finanzämter darüber zu wachen hätten, dass Steuereinnahmen nicht verkürzt würden, folge nicht – so der Verband – eine allgemeine Auskunftspflicht über dritte Personen, wenn diese im jeweils gegenständlichen Verfahren nicht einmal Steuerschuldner seien. Eine Auskunftspflicht sei auch dann nicht zumutbar, wenn sie mit bedeutenden Arbeitsleistungen der befragten Unternehmen einhergeht, es sei denn, es würde von den Bestimmungen des § 181 der RAO Gebrauch gemacht. Darin war eine ausreichende Entschädigung für einen gesteigerten Aufwand vorgesehen, der im Interesse der Steuerbehörde vorgenommen wird. Der Verweis des Finanzamtes auf die Entscheidung vom 20. 11. 1934 des Reichsfinanzhofes,[376] worin für

374 Archiv des VVO. Ausgangsbuch 1949, Oktober, November, Dezember. Ausg. Nr. 1048/49.

375 Archiv des VVO. Ausgangsbuch 1949. Jänner, Februar, März. Ausg. Nr. 180/49.

376 RStBl. 1934, S. 1572.

Steuerangelegenheiten das Bestehen einer öffentlich-rechtlichen Auskunftspflicht festgestellt wurde,ohne dafür eine nähere Begründung zu geben, wurde von Verband mit folgendem Argument abgelehnt: „Speziell diese Entscheidung geht in ihrer typisch nazistischen Verallgemeinerung eben jener Auskunftspflicht, die jetzt beispielsweise bei Banken und Kreditinstituten die gebührende Einschränkung erfahren hat, so weit, dass ihre Anwendung unter der Herrschaft der österreichischen Rechtsordnung keinesfalls toleriert werden kann.“[377, 378] Die Argumentation des Verbandes zeigte klar die damaligen Herrschaftsverhältnisse: nämlich die Überlagerung bzw. den Konflikt zwischen den Nachwirkungen einer autoritären Verwaltungspraxis und einem wieder gewonnenen demokratischen Rechtsverständnis.

Kaum waren die Bestrebungen der Finanzverwaltung nach der Vorlage umfangreicher Nachweisungen zur Lohnsteuer abgewehrt, trat im Oktober 1950 der Magistrat der Stadt Wien mit einem ähnlichen Ansinnen für Nachweisungen zur Lohnsummensteuer an die Versicherungsunternehmen heran. Der Verband empfahl den betroffenen Unternehmen die Auskunft mit dem Hinweis auf den dafür erforderlichen übergroßen Arbeitsaufwand zu verweigern. „Es könnte ferner eingewendet werden,“ schrieb der Verband einem Mitgliedsunternehmen, „daß nach den eigenen Ausführungen des Bescheides vom 19. September 1950 der von der Behörde angestrebte Zweck durch Vorlage dieses Verzeichnissen niemals erreicht werden könnte. Selbst wenn Sie nachgäben, hätte die Behörde nichts als eine Liste mit Namen, Adressen und Beträgen in der Hand. Es ist unerfindlich, wie die Behörde daraus entnehmen wollte, ob die Vertreter selbständig oder unselbständig tätig sind und ob eine Steuerpflicht gegeben ist oder nicht. Das Verlangen der Behörde ist daher als ausgesprochen schikanös zu bezeichnen. Dagegen wird nichts übrig bleiben, als einer Betriebsrevision zuzustimmen. Wir empfehlen daher, an Stelle der verlangen Listen eine Betriebsprüfung zu fordern und ihre Bereitwilligkeit hiezu ausdrücklich zu erklären. Erfahrungsgemäß verlieren nämlich die Revisionsorgane die Lust zu weiteren Nachforschungen, wenn sie sehen, wie langwierig und verwickelt sich die Erhebungen gestalten.“[379]

Bereits bei seinen Vorschlägen zur Steuerreform (s. o.) hatte der Verband eine Vereinheitlichung der Betriebsprüfungen angeregt. Er griff diesen Vorschlag bei seiner Eingabe vom 18. 10. 1950 an den Ersparungskomissär beim Bundesministerium für Finanzen neu-

377 Archiv des VVO. Ausgangsbuch 1949, Juli, August, September. Ausg. Nr. 798/49.

378 Als das Finanzamt Schärding („Steueramt in Schärding“) von einem Mitgliedsunternehmen allgemeine Auskünfte wollte, empfahl der Verband, die Anfrage „vorderhand unbeantwortet zu lassen“ und nur dann Auskunft zu geben, wenn konkrete Verdachtsgründe wegen eines Steuervergehens gegen eine Person vorlägen. Archiv des VVO. Ausgangsbuch 1950. Jänner, Februar, März. Ausg. Nr. 98/50.

379 Archiv des VVO. Ausgangsbuch 1950. Oktober, November, Dezember. Ausg. Nr. 998/50.

erlich auf und regte an, Betriebsprüfungen zur Lohnsteuer und zur Lohnsummensteuer nicht getrennt und unabhängig voneinander abzuhalten. Die Revisionsorgane des Finanzamtes und der jeweiligen Gemeinde sollten sich vielmehr absprechen und die Prüfung gemeinsam abhalten.[380]

Ein anderes, nicht minder wichtiges Anliegen war der steuerliche Jahresausgleich für Provisionsbezieher. Ursprünglich war der Jahresausgleich für unterjährige Beschäftigungen gedacht gewesen. Da Provisionseinkommen oft unregelmäßig anfallen, hatte das zur Folge, dass in Monaten mit hohen Provisionseinkommen unverhältnismäßig mehr an Lohnsteuer einzubehalten war, als dem durchschnittlichen Jahreseinkommen entsprochen hätte. Der Verband wurde deshalb am 1. 4. 1948 beim Bundesministerium für Finanzen vorstellig und bat, Provisionsbeziehern die Möglichkeit eines Jahresausgleichs zu ermöglichen. Zunächst, schlug er vor, sollte das nur im Erlasswege gestattet werden, um später in die nächste Einkommensteuernovelle aufgenommen zu werden.[381] Das Ministerium war jedoch der Auffassung, dass eine Regelung im Erlasswege zufolge der Gesetzeslage nicht möglich sei. Auch die im Sommer 1948 im Parlament behandelte Einkommensteuernovelle 1948 sah keine entsprechende Regelung vor. Der Verband bat daher die Frage des Jahresausgleichs von Provisionsbeziehern in die Agenda der Arbeitsgemeinschaft für Steuerreform aufzunehmen (in der Arbeitsgemeinschaft war die Versicherungswirtschaft durch Verbandsfunktionäre vertreten; s. o.).[382] Ende August 1949 konnte der Verband seine Mitgliedsunternehmen von einer Vereinbarung eines Versicherers mit dem Finanzamt für Körperschaften, Wien, informieren. In der Vereinbarung war festgelegt worden, daß auf die variablen Bezüge im akqisitorischen Außendienst zunächst die monatliche Lohnsteuertabelle angewendet wird. Nach Ablauf des Kalenderjahres wurden die schwankenden Monatsbezüge addiert und gezwölftelt. Auf das so ermittelte Monatsdurchschnittseinkommen wurde die Steuertabelle angewendet. Diese Durchrechnung, die bis spätestens 28. Februar des Folgejahres durchzuführen war, war eine „Art von Jahresausgleich". Der Verband empfahl den Unternehmen, die noch nicht eine solche Vereinbarung mit dem Finanzamt geschlossen hatten, das zu tun.[383]

Das Steueränderungsgesetz 1950 brachte dann eine Erleichterung, denn für Versicherungsvertreter konnte der Jahresausgleich rückwirkend für 1949 durchgeführt werden. Voraussetzung dafür war allerdings, dass die tatsächliche Besteuerung um 10 % höher war als jene, die sich aufgrund der Durchrechnung für das ganze Jahr ergeben hätte. War

380 Archiv des VVO. Ausgangsbuch 1950. Oktober, November, Dezember. Ausg. Nr. 1016/50.

381 Archiv des VVO. Ausgangsbuch 1948. April, Mai, Juni. Ausg. Nr. 416/48.

382 Archiv des VVO. Ausgangsbuch 1948. Juli, August, September. Ausg. Nr. 804/48 und Ausgangsbuch 1949. Oktober, November, Dezember. Ausg. Nr. 1329/49.

383 Archiv des VVO. Ausgangsbuch 1949, Juli, August, September. Ausg. Nr. 864/49.

das der Fall, war beim Finanzamt für Körperschaften ein Antrag zugunsten des Vertreters zu stellen, die nächstfällige Lohnsteuerabfuhr um die zuviel einbehaltene Lohnsteuer kürzen zu dürfen.[384]

Die „Lohnsteuer von Provisionsbeziehern im Versicherungsgewerbe" machte auch anderweitige Schwierigkeiten. Das lag nicht nur in der Unregelmäßigkeit der Bezüge, sondern auch an der Tatsache, dass Provisionen nach dem Soll-System abgerechnet wurden. Die Provisionsansprüche wurden zum Zeitpunkt der Prämienvorschreibung auf dem Provisionskonto des Beziehers gutgeschrieben. Fällig wurde die Provision aber erst nach Eingang der Prämie. Storni wurden durch spätere Rückbuchung vom Provisionskonto berücksichtigt. Eine Versteuerung der Provisionsgutschriften – wie sie die Lohnsteuerstelle des Finanzamtes für Körperschaften vornahm bzw. durchführen wollte – erschien dem Verband nicht gerechtfertigt. „Wir schlagen vor", führte der Verband in seiner Eingabe vom 10. 2. 1950 an das genannte Finanzamt aus,[385] „den Lohnsteuerabzug bei Provisionsbezügen in der Form vorzunehmen, daß während des Kalenderjahres die jeweiligen Barabhebungen vom Provisionskonto einschließlich der im gleichen Monat … ausgezahlten Festbezüge dem Steuerabzug unbeschadet des Standes des Provisionskontos unterworfen werden. Nur für den Fall, als die Provisionsguthaben von Vertretern zum 31. Dezember 20 % der im Kalenderjahr insgesamt gutgeschriebenen Provisionen überschreiten, wären die diese 20 % übersteigenden Beträge bei der Berechnung der Lohnsteuer für Dezember … einzubeziehen." Die Antwort des Finanzamtes ließ auf sich warten.[386]

Soweit für Provisionsvertreter Beiträge zur Sozialversicherung anfielen, bestand die Möglichkeit einer vereinfachten Ermittlung der Bemessungsgrundlage. Diese Vereinfachung erwies sich als vorteilhaft.[387]

Anfang November 1951 löste der Irrtum der oberösterreichischen Landesdirektion eines Versicherers weit reichende Folgen aus. Ein bei dem Versicherer nicht angestellter Außendienstmitarbeiter hatte für seine Provisionsbezüge – irrtümlich – eine Lohnsteuerkarte abgegeben und diese war von der Buchhaltung entgegengenommen worden. Bei einer Lohnsteuerrevision fiel auf, dass für die Provisionen keine Lohnsteuer abgeführt worden war. Dieser Umstand blieb unbeanstandet, da die Provisionen unter der steuerlichen Freigrenze lagen. Beanstandet und vorgeschrieben wurden jedoch Beiträge zum Kinderbeihilfenfonds. Der Verband warnte daraufhin alle in Linz tätigen Mitglieds-

384 Archiv des VVO. Ausgangsbuch 1950, Juli, August, September. Ausg. Nr. 695/50.

385 Archiv des VVO. Ausgangsbuch 1950, Jänner, Februar, März. Ausg. Nr. 115/50.

386 Archiv des VVO. Ausgangsbuch 1950, April, Mai, Juni. Ausg. Nr. 534/50 und Ausgangsbuch 1950, Juli, August, September. Ausg. Nr. 912/50.

387 Archiv des VVO. Ausgangsbuch 1953. Juli, August, September. Ausg. Nr. 833/53.

unternehmen davor, dem Verlangen von Steuerprüfern nachzukommen, Lohnsteuer und Kinderbeihilfenfondsbeiträge für nicht in einem Anstellungsverhältnis stehende Vermittler zu entrichten und jedenfalls von solchen keine Lohnsteuerkarten entgegenzunehmen.[388] Doch das „Unglück“ war bereits geschehen. Im Mitteilungsblatt der oberösterreichischen Gebietskrankenkasse für Arbeiter und Angestellte war die Kundmachung verlautbart worden, dass (nicht angestellte) Vertreter der Versicherungspflicht unterliegen würden. Die Gebietskrankenkasse berief sich dabei auf ein Erkenntnis des Verwaltungsgerichtshofes (vom 19. 10. 1950, Zl. 2060/49), das sie ausweitend und, wie der Verband in seinem Protestschreiben vom 3. 11. 1951 an die Gebietskrankenkasse meinte, gesetzesändernd interpretierte. Hinzu kam, dass bereits erledigte Fälle, in denen bescheidmässig festgestellt worden war, dass eine Versicherungspflicht nicht vorliege, neuerlich aufgerollt werden sollten. Das Verbandsschreiben schloss mit den Worten: „Wir werden unsere Mitgliedsunternehmungen anweisen, dieser Aufforderung keine Folge zu leisten, …“[389] Auch in dieser Konfrontation schimmern Herrschaftsverhältnisse durch, welche über den Anlassfall hinaus gehen. Gesetzesändernde Verordnungen, Erlässe, Kundmachungen, Weisungen usf. einer Behörde entsprachen durchaus dem nationalsozialistischen Rechtsverständnis des „Führerstaates“. Wahrscheinlich war sich die oberösterreichische Gebietskrankenkasse dieser unseligen Rechtstradition gar nicht so recht bewusst. Sie ging vielmehr von der aus ihrer Sicht wünschenswerten Ausdehnung der Versicherungspflicht aus, welche sie den Nachgeordneten vorschrieb. Der Verband nützte dagegen die Freiräume einer rechtsstaatlichen Ordnung zur Interessenvertretung. Ein Verhalten, das er im Dritten Reich hätte unterlassen müssen.

Auch die Besteuerung von Überstunden war problematisch. Die Einkommensteuernovelle 1946, BGBl. 203/46, hatte die Steuerfreiheit von Überstunden mit 31. 12. 1947 befristet. Ein Initiativantrag auf Fristverlängerung scheiterte (zunächst) im zuständigen Unterausschuss des Nationalrates. Überstunden waren damit normal zu versteuern. Der Verband prüfte daher im Jänner 1948 eine kollektivvertragliche Vereinbarung mit der Gewerkschaft, die mit 0,80 % des Bruttomonatsbezuges festgelegte Überstundenentschädigung in eine von 0,50 % für normale Arbeitszeit und eine von 0,30 % als Mehrarbeitszuschlag deklarierte Entlohnung zu zerlegen, um wenigstens den als Mehrarbeitszuschlag deklarierten Teil steuerfrei zu halten.[390] Einige Wochen später kam es jedoch zur Abänderung der Einkommensteuernovelle 1946 und zur Verlängerung der Frist. Das Entgelt für Überstunden, welche vom 29. 2. 1948 bis 30. 6. 1948 geleistet

388 Archiv des VVO. Ausgangsbuch 1951. Oktober, November, Dezember. Ausg. Nr. 916/51.
389 Archiv des VVO. Ausgangsbuch 1951. Oktober, November, Dezember. Ausg. Nr. 921/51.
390 Archiv des VVO. Ausgangsbuch 1948. Jänner, Februar, März. Ausg. Nr. 94/48.

worden waren, blieb dann steuerfrei, wenn es 25 % des Grundlohnes und S 50,– wöchentlich nicht überstieg.[391] Ab 1. 7. 1949 konnte zufolge des Steueränderungsgesetzes 1949 der Freibetrag (von höchstens S 260,– monatlich) nur mehr für die Mehrarbeitszuschläge geltend gemacht werden.[392] Aus einer Steuerfreiheit von Überstundenbezügen folgte jedoch nicht, dass von ihnen keine Beiträge zur Sozialversicherung zu entrichten gewesen wären. Der Verwaltungsgerichtshof war der Auffassung: „Die Anordnung, daß die gesetzlichen Lohnabzüge grundsätzlich von der gleichen Bemessungsgrundlage zu bemessen sind, habe nicht die Wirkung …, den sozialversicherungsrechtlichen Entgeltsbegriff in eine unmittelbare Abhängigkeit vom Lohnsteuerrecht zu setzen."[393] Überstundenpauschale blieben im Ausmaß des in ihnen enthaltenen Mehrarbeitszuschlages unter der Voraussetzung lohnsteuerfrei, wenn dem Finanzamt – vor Auszahlung der Pauschale – glaubhaft gemacht werden konnte, dass das Pauschale der kollektivvertraglichen stundenweisen Vergütung für die üblicherweise tatsächlich zu leistenden Überstunden entsprach. In Anlehnung an die Entlohnungspraxis in der Assekuranz bedeutete das die Steuerbefreiung von ⅜ des Pauschales; Zeiträume in denen keine Überstunden geleistet werden konnten, waren auszuscheiden.[394] Gegen die Regelung, vor Auszahlung der Pauschale das Einvernehmen mit dem Finanzamt herzustellen, wandte sich die Bundeskammer, denn sie sah darin eine außerordentliche Belastung der Lohnbüros und eine Verschlechterung gegenüber jener Regelung, welche vor dem Steueränderungsgesetz 1949 in Kraft war.[395] Vorher waren Pauschale nicht glaubhaft zu machen; also nicht mit dem jeweiligen Finanzamt auszuhandeln. Die Bundeskammer forderte, von der Glaubhaftmachung abzusehen und allfällige Missbräuche (i. e. versteckte Lohnerhöhungen) im Zuge der Betriebs- bzw. der Lohnsteuerprüfungen abzustellen.

Zur nämlichen Zeit vertrat die FLD für die Steiermark die Auffassung, dass dreizehnte Monatsgehälter, sofern kollektivvertraglich vereinbart, nicht steuerbefreit sind, denn sie seien laufende Dienstbezüge und nicht ein sonstiger einmaliger Bezug. Die Magistratsdirektion IV, Allgemeine Finanzverwaltung, der Gemeinde Wien, schloss sich dieser An-

391 Der Verband informierte seine Mitgliedsunternehmen unmittelbar nach der Gesetzesänderung und noch vor der Genehmigung der Änderung durch den Alliierten Rat, um bei der Berechnung der März-Überstunden einer späteren Rückverrechnung vorzubeugen. Auch in dieser Vorgangsweise bildeten sich Herrschaftsverhältnisse ab. Der österreichische Gesetzgeber war nicht autonom, sondern seine Beschlüsse bedurften der Zustimmung des Alliierten Rates. Diese Prozedur brauchte Zeit. In eiligen Angelegenheiten, bei denen die Zustimmung der Alliierten wahrscheinlich war, nahmen daher die Normadressaten die Geltung des Gesetzes vorweg. Archiv des VVO. Ausgangsbuch 1948. April, Mai, Juni. Ausg. Nr. 416/48.

392 Archiv des VVO. Ausgangsbuch 1949. April, Mai, Juni. Ausg. Nr. 548/49.

393 Archiv des VVO. Ausgangsbuch 1949. Juli, August, September. Ausg. Nr. 764/49.

394 Archiv des VVO. Ausgangsbuch 1949. Oktober, November, Dezember. Ausg. Nr. 1118/49.

395 Archiv des VVO. Ausgangsbuch 1950. Jänner, Februar, März. Ausg. Nr. 84/50.

sicht an und interpretierte sie dahin gehend, dass nunmehr auch WEIHNACHTSREMUNERATIONEN der Lohnsummensteuer unterliegen.[396] Die Besteuerung dieser Entgelte bedeutete zugleich, dass von ihnen Beiträge zur Sozialversicherung zu entrichten waren. Der Verband bat die Bundeskammer der gewerblichen Wirtschaft bei den Finanzbehörden vorstellig zu werden, empfahl seinen Mitgliedsunternehmen bei allen Weihnachtsremunerationen den Freibetrag von öS 250,– anzuwenden und bei Beanstandung dieser Vorgangsweise durch eine Finanzbehörde dagegen ein Rechtsmittel zu ergreifen und davon die „Verbandskanzlei" zu verständigen.[397] Der Magistrat Wien erteilte der Bundeskammer einen ablehnenden Bescheid. Er fügte dabei noch hinzu, dass er beim Bundesministerium für Finanzen um eine Bestätigung seiner Rechtsauffassung eingekommen war. Daraufhin intervenierte die Kammer neuerlich im Finanzministerium;[398] und das mit Erfolg: „… Es dürfen … die Weihnachtszuwendungen, soweit sie im Einzelfall die … Grenze von S 250,– nicht übersteigen, bei der Ermittlung der Lohnsumme … unberücksichtigt bleiben." [399, 400, 401] Später wurde die Freigrenze erhöht. Das war durch die anhaltende Inflation bzw. die Preis-Lohn-Abkommen notwendig geworden. Im Zweiten Steueränderungsgesetz 1951 war der lohnsteuerfreie Betrag bereits auf öS 700,– erhöht worden.[402]

Diese klare Feststellung wurde von Organen der Abgabenverwaltung des Wiener Magistrates bei Betriebsrevisionen missachtet. Sie bezogen die lohnsteuerfreien Teile der Weihnachtsremuneration trotzdem in die Bemessungsgrundlage für die Lohnsummensteuer ein. Der Verband informierte Ende Februar 1949 seine Mitgliedsunternehmen, dass gegen diese Vorgangsweise beim zuständigen Betriebsfinanzamt Einspruch erhoben werden konnte.[403] Anfang Mai 1949 wurde die Bundeskammer der gewerblichen Wirtschaft um Intervention bei der zuständigen Magistratsabteilung gebeten.[404] Die Einsprüche beim jeweils zuständigen Betriebsfinanzamt waren erfolgreich, denn die Behörde stellte fest, dass die Ausstellung eines eigenen Lohnsummensteuermessbescheides nicht

396 Archiv des VVO. Ausgangsbuch 1948. Jänner, Februar, März. Ausg. Nr. 103/48, Ausgangsbuch 1949. Oktober, November, Dezember. Ausg. Nr. 1263/49 und Ausgangsbuch 1950, April, Mai, Juni. Ausg. Nr. 465/50.

397 Archiv des VVO. Ausgangsbuch 1948. Jänner, Februar, März. Ausg. Nr. 105/48 sowie Ausg. Nr. 112/48 und Ausg. Nr. 117/48.

398 Archiv des VVO. Ausgangsbuch 1948. April, Mai, Juni. Ausg. Nr. 445/48.

399 Archiv des VVO. Ausgangsbuch 1948. Oktober, November, Dezember. Ausg. Nr. 1133/48.

400 Archiv des VVO. Ausgangsbuch 1948. Oktober, November, Dezember. Ausg. Nr. 1214/48.

401 Der Freibetrag wurde sukzessive erhöht. 1950 lag er bei öS 500,–. Archiv des VVO. Ausgangsbuch 1950 Oktober, November, Dezember. Ausg. Nr. 1200/50.

402 Archiv des VVO. Ausgangsbuch 1951, Oktober, November, Dezember. Ausg. Nr. 1000/51.

403 Archiv des VVO. Ausgangsbuch 1949. Jänner, Februar, März. Ausg. Nr. 201/49.

404 Archiv des VVO. Ausgangsbuch 1949. April, Mai, Juni. Ausg. Nr. 486/49.

erforderlich sei. In einem verbindlichen Erlass der Finanzlandesdirektion Wien wurde festgehalten, dass bis zu einer Grenze von S 250.– eine Weihnachtsremuneration bei Ermittlung der Lohnsumme unberücksichtigt zu bleiben hatte. Der Verband empfahl den Mitgliedsunternehmen, diese finanzamtlichen Feststellungen der zuständigen Magistratsabteilung vorzulegen.[405] Am 20. 5. 1949 meldete sich das Wiener Magistrat telephonisch bei der Kammer Wien und teilte mit, dass es einen Erlass des Finanzministeriums zur Gewerbe- und zur Lohnsummensteuer erhalten habe und sich daran halten werde. Bereits geleistete Zahlungen würden den Unternehmen refundiert. Zufolge einer Ausnahmebestimmung würden jedoch Mehr-, Sonn- und Nachtarbeitszuschläge, welche lohnsteuerfrei waren, der Lohnsummensteuer unterzogen.[406] Der erwähnte Erlass vom 26. 4. 1949 des Finanzministeriums regelte unter anderem welche lohnsteuerfreien Teile von Dienstbezügen nicht der Lohnsummensteuer unterlagen. Dazu gehörte auch der steuerfreie Teil von Weihnachtsremunerationen. Auf den Erlass hatte die Bundeskammer der gewerblichen Wirtschaft in einer Notiz in der „Wiener Zeitung" aufmerksam gemacht und der Verband teilte diese Notiz in einem Rundschreiben seinen Mitgliedsunternehmen mit.[407] Ende Juni 1949 informierte die Bundeskammer den Verband – der seinerseits Ende Juli seine Mitgliedsunternehmen benachrichtigte –, dass bereits im Herbst 1948 bei der Behandlung der Regierungsvorlage im Finanz- und Budgetausschuss des Nationalrates festgestellt worden sei: „Es ist aus dem Gesetzeswortlaut zu entnehmen, daß diese Steuerbefreiung eine sachliche Befreiung darstellt, für alle Steuerbelastungen geltend. Zur Klarstellung soll aber besonders angeführt werden, daß diese Steuerbefreiung auch die Befreiung von der Lohnsummensteuer beinhaltet."[408] Es bedurfte noch eines weiteren an alle Gemeinden gerichteten Erlasses (Zahl 54.765-9/49 vom 10. 8. 1949) des Finanzministeriums um klarzustellen, daß lohnsteuerfreie Mehrarbeitszuschläge (im Ausmaß von höchstens öS 250,– monatlich [s. o.]), die lohnsteuerfreien Sonntags-, Feiertags- und Nachtarbeitszuschläge als sachliche Lohnsteuerbefreiungen nicht mit Lohnsummensteuer belegt werden dürfen. Bereits bezahlte Lohnsummensteuerbeträge konnten zurückgefordert werden.[409]

---

405 Archiv des VVO. Ausgangsbuch 1949. April, Mai, Juni. Ausg. Nr. 502/49.

406 Archiv des VVO. Ausgangsbuch 1949. April, Mai, Juni. Ausg. Nr. 550/49.

407 Die Notiz in der Wiener Zeitung vom 22.6.1949 begann wie folgt: „… Die Bundeskammer der gewerblichen Wirtschaft teilt mit: Das Bundesministerium für Finanzen hat, wie der Bundeskammer … erst jetzt bekannt wurde, in einem Erlass vom 26.4.1949, Zl. 63904-9/1949, der Ansicht Ausdruck gegeben, daß …" Sowohl die Wortwahl wie die schleppende Informationsweitergabe charakterisiert die damaligen Verhältnisse. VVO-Rundschreiben vom 24.6.1949. Archiv des VVO. Ausgangsbuch 1949. April, Mai, Juni. Ausg. Nr. 655/49.

408 Archiv des VVO. Ausgangsbuch 1949. Juli, August, September. Ausg. Nr. 749/49.

409 Archiv des VVO. Ausgangsbuch 1949. Juli, August, September. Ausg. Nr. 910/49.

Mit anderen Worten und verallgemeinernd argumentiert, zeigt dieser Anlassfall ein unzureichendes Zusammenwirken von exekutiver und legislativer Staatsgewalt. Die damaligen Verhältnisse, einschließlich der Nachwirkungen des NS-Regimes, begünstigten ein eigenständiges Vorgehen der Verwaltungsbehörden. Einem autoritären Staatsverständnis ist es fremd, sich eingehend mit einem parlamentarischen Diskurs zu befassen oder auf die aus der Parteistellung eines Normadressaten erfließenden Rechte Rücksicht zu nehmen.[410]

Die Durchsetzung von Rückerstattungsansprüchen wegen zuviel gezahlter Lohnsummensteuer war jedoch nicht einfach, denn manche Gemeinden – anders als der Wiener Magistrat – weigerten sich Erstattungsansprüche anzuerkennen. Der Verband empfahl in diesen Fällen Beschwerde zu erheben.[411]

Die Auseinandersetzung mit den Finanzbehörden über die Lohnsummensteuer hielt an. Sie war offensichtlich schwer zu administrieren. Während es gelungen war diverse Lohnzuschläge von der Lohnsummensteuer zu entlasten, verkündete das Finanzministerium,

---

410 Auf der gleichen Linie einer nach wie vor autoritär orientierten „Steuerkultur" lag der folgende Fall: Das Steueränderungsgesetz 1949 enthielt u. a. auch Bestimmungen zum Besatzungskostenbeitrag vom Einkommen. Die Einhebung dieses Zuschlages wurde in dem Erlass vom 11.6.1949 des Finanzministeriums an die Finanzlandesdirektionen geregelt. Einige Tageszeitungen erfuhren von dem Erlass und berichteten. Die Bundeskammer fragte im Ministerium nach und erhielt die Auskunft, dass es einen solcher Erlass gäbe. Doch musste die Kammer feststellen: „Der vollständige Wortlaut des Erlasses ist der Bundeskammer bisher nicht zugegangen." Der Erlass selbst bestimmte unter anderem, „daß der Besatzungskostenbeitrag von solchen Dienst- und Lohnbezügen nicht einzuheben ist, die zwar nach dem 30. Juni ausgezahlt werden, aber Lohnzahlungszeiträume betreffen, die spätestens am 30. Juni 1949 endeten." Es blieb also den betrieblichen Lohnverrechnungen überlassen, sich Klarheit zu verschaffen und zu viel eingehobene Besatzungskostenbeiträge zugunsten der Arbeitnehmer zurückzufordern. Archiv des VVO. Ausgangsbuch 1949. Juli, August, September. Ausg. Nr. 752/49. Auch das folgende Beispiel ist für die damaligen Verhältnisse charakteristisch. Es zeigt, welche Bedeutung einer verstaatlichten Bank neben ihrer eigentlichen Geschäftstätigkeit zukam: Am 16. September 1949 informierte der Verband ausführlich seine Mitgliedsunternehmen über das Merkblatt Nr. 20 vom 5.9.1949 der Creditantstalt-Bankverein (einer Geschäftsbank [!]), daß das Bundesministerium für Finanzen in einer Einschaltung in der Wiener Zeitung vom 03.09.1949 darauf hingewiesen habe, der 50 %ige Zuschlag zur Umsatzsteuer sei getrennt von dieser auszuweisen und der Besatzungskostenbeitrag der Dienstnehmer sei separat von der Lohnsteuer anzugeben. Archiv des VVO. Ausgangsbuch 1949, Juli, August, September. Ausg. Nr. 889/49.

411 Für Beschwerden war folgende (bürokratische) Vorgangsweise einzuhalten. Das Unternehmen hatte beim zuständigen Betriebsfinanzamt die Festsetzung des Steuermessbetrages nach der Lohnsumme zu beantragen. Manche Finanzämter lehnten solche Anträge ab. Sie begründeten die Ablehnung entweder auf erfolgte Entscheidungen der zuständigen Finanzlandesdirektion oder – sogar – mit dem erwähnten Ministeriumserlass (zur Lohnsummensteuer; s. o.). Gegen die Ablehnung konnte bei der Finanzlandesdirektion Beschwerde erhoben werden. Das musste so rechtzeitig erfolgen, dass der Rückerstattungsanspruch gegen die Gemeinde fristgerecht erfolgen konnte. Mitte 1949 war nicht viel Zeit, denn eine Rückerstattung konnte nur bis 31.12.1949 begehrt werden.

dass Abfertigungen, weil sie nichtselbstständige Einkünfte sind, der Lohnsummensteuer zu unterziehen seien. Gegen diesen Erlaß erhob die Bundeskammer Einspruch und empfahl dabei den Unternehmen gegen Entscheidungen im Sinne des Erlasses Rechtsmittel zu ergreifen.[412] Der Verband ging sogar noch einen Schritt weiter. Er empfahl seinen Mitgliedsunternehmen, so etwas wie „zivilen bzw. fiskalischen Ungehorsam" zu üben: „Es wird empfohlen, Abfertigungen künftighin nicht der Lohnsummensteuer zu unterziehen, Bescheide der Steuerbehörde zu provozieren und dagegen Rechtsmittel einzulegen, wenn die Abfertigungsbeträge lohnsummensteuerpflichtig erklärt werden. Es wird gebeten, die Verbandskanzlei von solchen Fällen zu unterrichten; bei der Ausarbeitung von Rechtsmitteln steht die Kanzlei … zur Verfügung."[413] Eine endgültige Klärung brachte das Erkenntnis des Verwaltungsgerichtshofes vom 15. 12. 1954, Z. 1242/52. Demnach waren Abfertigungen nach dem Angestelltengesetz nicht der Lohnsummensteuer zu unterziehen.[414] War jedoch trotzdem Lohnsummensteuer gezahlt worden, war es nicht möglich, diese Überzahlung formlos zu verrechnen. Vielmehr war es erforderlich, einen Antrag auf Festsetzung des Steuermessbetrages und auf Erstattung oder Verrechnung der zuviel gezahlten Steuer zu stellen. Für 1954 erfolgte Überzahlungen lief die Antragsfrist bis 30. Juni 1955.[415]

Ähnlich gelagert wie die Auseinandersetzung, ob Abfertigungen der Lohnsummensteuer unterliegen, war der Disput, ob von Abfertigungen der Beitrag zum Ausgleichsfonds für Kinderbeihilfe einzubehalten sei. Der Verband, unterstützt von der Bundeskammer der Gewerblichen Wirtschaft, verneinte das und behielt Recht.[416]

Eine gewisse Entlastung, die zugleich als beschäftigungspolitischer Anreiz gesehen werden kann, brachte der Erlass vom 27. 5. 1950 des Bundesministeriums für Finanzen. Der Erlass bestimmte, dass sämtliche Bezüge von Lehrlingen, einstellungspflichtigen Invaliden und von über 60 Jahre alten Arbeitnehmern nicht der Lohnsummensteuer unterliegen.[417]

Auf einer ähnlichen, nicht minder charakteristischen Linie für die damaligen Herrschaftsverhältnisse lag das folgende Verhalten von Amtsorganen der Gemeinde Wien: Erhielten Mitarbeiter, welche öfter Dienstwege hatten (zum Beispiel Mitarbeiter im Außendienst) von Versicherungsunternehmen Netzkarten für öffentliche Verkehrsmittel, wurde die Netzkarte bzw. deren Gegenwert oder ein Teil desselben der Lohnsummensteuer

412 Archiv des VVO. Ausgangsbuch 1949. Juli, August, September. Ausg. Nr. 943/49.

413 Archiv des VVO. Ausgangsbuch 1950. Oktober, November, Dezember. Ausg. Nr. 999/50.

414 Archiv des VVO. Ausgangsbuch 1955, Jänner, Februar, März. Ausg. Nr. 49/55.

415 Archiv des VVO. Ausgangsbuch 1955, April, Mai, Juni. Ausg. Nr. 577/55.

416 Archiv des VVO. Ausgangsbuch 1955, April, Mai, Juni. Ausg. Nr. 524/55.

417 Erlass vom 27.05.1950 des Bundesministeriums für Finanzen, Zl. 20955-9/50. Archiv des VVO. Ausgangsbuch 1950, Juli, August, September. Ausg. Nr. 929/50.

unterzogen. Das wurde damit begründet, dass die Mitarbeiter die Netzkarte auch privat nutzen könnten. Der Verband informierte im gleichen Rundschreiben vom 24. 6. 1949 (s. o.) seine Mitgliedsunternehmen davon, dass Netzkarten ein Arbeitsbehelf und nicht Lohn seien. Das Finanzamt für Körperschaften hatte sich jedoch offensichtlich der Auffassung der Gemeinde Wien angeschlossen, denn es verlangte, dass 25 % des Gegenwertes einer Netzkarte der Lohnsummensteuer unterworfen würden. Der Verband empfahl den Unternehmen, gegen solche Bescheide unbedingt ein Rechtsmittel zu ergreifen und sich dabei der vom Steuerkomitee vorbereiteten Berufungsgründe zu bedienen.[418] Die Berufungen wurden Anfang 1950 eingebracht. Der Disput zog sich 1954 hin. „Trotzdem im ergänzenden Lohnsteuerdurchführungserlass (DE-LSt 1954, 2. Teil, AÖFV Nr. 116) unter Abschnitt 12, Abs. 4, die umstrittene Frage der steuerlichen Behandlung der Fahrtkostenvergütungen für Fahrten des Arbeitnehmers zwischen Wohnung und Arbeitsstätte einer Klärung zugeführt und ausdrücklich deren Nichtsteuerbarkeit festgelegt wurde, lehnte es bisher der Magistrat der Stadt Wien ab, diese Fahrtkostenvergütungen auch lohnsummensteuerfrei zu stellen."[419] Dagegen erhob die Bundeskammer der gewerblichen Wirtschaft energisch Einspruch. Anfang Oktober 1954 teilte der Wiener Magistrat mit, ab dem laufenden Jahr davon abzusehen, derartige Vergütungen mit Lohnsummensteuer zu belegen. Die Sektion Geld-, Kredit- und Versicherungswesen der Kammer teilte daraufhin Ende Oktober 1954 ihren Mitgliedsunternehmen mit, dass Auslagen für Fahrten des Arbeitnehmers zwischen der Wohn- und Arbeitsstätte, wenn diese Fahrten vom Arbeitgeber getragen werden, weder der Lohnsteuer, der Lohnsummensteuer noch dem sechsprozentigen Kinderbeihilfen-Ausgleichsfondsbeitrag unterliegen.

Doch nicht genug der Probleme, welche mit der Lohnsummensteuer bei hauptberuflichen Mitarbeitern einhergingen: Revisionsorgane von Gemeindeverwaltungen unterzogen die an nebenberufliche Außendienstmitarbeiter gezahlten Vergütungen der Lohnsummensteuer, obwohl kein Dienst- bzw. Anstellungsverhältnis vorlag, welches die Voraussetzung für den Anfall von Lohnsummensteuer ist. Der Verband empfahl den Mitgliedsunternehmen zunächst dem Revisionsorgan den rechtlichen Zusammenhang darzulegen. Beharrte es trotzdem auf der Einhebung der Lohnsummensteuer, so sei über diese Entscheidung ein rechtsmittelfähiger Bescheid zu verlangen, um berufen zu können.[420]

Für die in den unmittelbaren Nachkriegsjahren gegebene Rechtsunsicherheit und Alltagsschwierigkeiten war nachstehende Vorgangsweise in einem an sich nicht sehr

418 Archiv des VVO. Ausgangsbuch 1949, Oktober, November, Dezember. Ausg. Nr. 1203/49. Archiv des VVO. Ausgangsbuch 1950, Jänner, Februar, März. Ausg. Nr. 197/50.

419 Archiv des VVO. Ausgangsbuch 1954, Oktober, November, Dezember. Ausg. Nr. 1112/54.

420 Archiv des VVO. Ausgangsbuch 1949. April, Mai, Juni. Ausg. Nr. 562/49.

bedeutenden Fall charakteristisch: Das Steueränderungsgesetz 1949, BGBl. Nr. 132/49, sah eine Erhöhung der in der Lohnsteuertabelle eingebauten Werbungskosten auf öS 160,– vor. Das Gesetz sollte mit 1. 7. 1949 in Kraft treten; sofern es der Alliierte Rat genehmigte. Zugleich fiel die steuerfreie Ernährungszulage (in Höhe von 30 Groschen pro Stunde bzw. von monatlich S 60,–) weg. Daraus ergab sich, dass zur Vermeidung steuerlicher Härten bis 30. 6. 1949 vor Anwendung der Lohnsteuertabelle ein Betrag von öS 34,– pro Monat (bzw. öS 7,85 pro Woche bzw. öS 1,30 pro Tag) vom Bruttolohn abgezogen werden konnte.[421] Zufolge der zeitlichen Enge wurden die Bestimmungen bereits vor ihrem Inkrafttreten angewandt.

Mindestens ebenso bezeichnend für die damaligen Zustände war der folgende Zusammenhang. Die ab Frühjahr 1946 eskalierende Inflation führte zu einem Kostenschub beim Betriebsaufwand der Versicherungsunternehmen, denn der Personalaufwand stieg mit der Geldentwertung. Zwar gab es Prämienerhöhungen, doch diese reichten nicht aus, sowohl den ebenso steigenden Schadenaufwand wie den noch stärker steigenden Betriebsaufwand bzw. die stark steigenden Personalkosten zu decken. Deshalb wurden im Einvernehmen mit der Aufsichtsbehörde so genannte Teuerungszuschläge zu den Prämien vorgesehen (siehe dazu auch die Ausführungen weiter unten). Vertragsrechtlich waren diese Teuerungszuschläge Eingriffe in bestehende Versicherungsverhältnisse. Dafür war eine Änderung von § 81a des Versicherungsaufsichtsgesetzes 1931 (RGBl. I S. 315 in der im Land Österreich eingeführten Fassung, LGBl. Nr. 624/1939) erforderlich. Da die Geldentwertung rascher als die Gesetzgebung war, traf im Spätherbst 1948 der Verband mit der Gewerkschaft der Privatangestellten, Sektion Versicherung, das Übereinkommen, dass im November die Unternehmen eine einmalige Auszahlung in Höhe eines Monatsbezuges als Notstandshilfe an die Mitarbeiter leisteten. Der Teuerungszuschlag sollte zur Finanzierung dieser Zahlung beitragen. Für den Fall, dass die Gesetzesvorlage zu § 81a abgelehnt worden wäre, also die Einhebung eines Teuerungszuschlages nicht möglich geworden wäre, wäre die Auszahlung in einen langfristigen unverzinslichen Vorschuss umgewandelt worden.[422] § 81a wurde letztlich geändert, so

421 Archiv des VVO. Ausgangsbuch 1949. April, Mai, Juni. Ausg. Nr. 613/49.

422 Archiv des VVO. Ausgangsbuch 1948. Oktober, November, Dezember. Ausg. Nr. 1241/48. Die Gewerkschaft hatte die Abgeltung der Inflation mit der Forderung verbunden, in das Gehaltsschema einen vierzehnten Monatsbezug einzubauen. Die getroffene Vereinbarung war eine Interimslösung, die einerseits der Geldentwertung Rechnung trug, andererseits die gewerkschaftliche Forderung zurückdrängte und zum Dritten – der großkoalitionären Politik dieser Zeit entsprechend – die Arbeitnehmerseite in die Interessenvertretung der Branche einbezog; in diesem Fall in das Anliegen der Novellierung des Aufsichtsgesetzes. Das Nachziehverfahren wurde am 30. Juni 1949 mit der Gewerkschaft, Sektion Versicherungsangestellte, paktiert (Archiv des VVO. Ausgangsbuch 1949. Juli, August, September. Ausg. Nr. 684/49). Siehe ebenso: Archiv des VVO. Ausgangsbuch 1949. Oktober, November, Dezember. Ausg. Nr. 1126/49.

dass diese Vorkehrung gegenstandslos blieb. Die Änderung erfolgte jedoch vergleichsweise spät, denn Mitte Juni 1949 sah sich der Verband genötigt, darauf hinzuweisen, die Notstandshilfe in die Lohnsteuerabrechnung einzubeziehen, „… und zwar ohne Rücksicht darauf, ob diese Zahlung … zu einem Vorschuß oder zu einer endgültigen Leistung wird". Und ebenso ohne Rücksicht darauf, ob der Alliierte Rat die Änderung des Versicherungsaufsichtsgesetzes approbiert hatte und die Änderung (ordnungsgemäß) im Bundesgesetzblatt verlautbart worden war.[423, 424, 425] Auch in dieser Vorgangsweise spie-

423 Archiv des VVO. Ausgangsbuch 1949. April, Mai, Juni. Ausg. Nr. 622/49.

424 Die Novellierung von § 81a war eine typische Anlaßgesetzgebung; allerdings nicht allein durch die Einhebung von Teuerungszuschlägen bedingt. Solche Zuschläge hatte es bereits in der Zeit der galoppierenden Inflation nach dem Ersten Weltkrieg gegeben.

Versicherungsaufsichtsnovelle 1949, BGBl. Nr. 124/1949	**Versicherungsaufsichtsgesetz 1931, RGBl I S. 315, idF LGBl. Nr. 624/1939**
§ 81a. Die Aufsichtsbehörde kann die Geschäftsgrundlagen für bestimmte Gruppen von Versicherungsverträgen abändern. Abänderungen, die sich auf bestehende oder noch nicht abgewickelte Versicherungsverhältnisse auswirken sollen, werden durch Verordnung angeordnet, die der Zustimmung des Hauptausschusses des Nationalrates bedarf; solche Abänderungen haben sich darauf zu beschränken, die Gleichwertigkeit von Leistung und Gegenleistung aus dem Versicherungsverhältnisse in im unbedingt gebotenem Ausmaß wieder herzustellen, wenn die Gleichwertigkeit zufolge einer Änderung in den für den Versicherungsbetrieb maßgebenden Umständen so weitgehend gestört erscheint, daß entweder den Versicherungsnehmern oder der Versicherungsunternehmung nicht mehr zugemutet werden kann, diese Versicherungen nach den geltenden Geschäftsgrundlagen aufrechtzuerhalten. Insbesondere können dabei die Versicherungsbedingungen, die Leistungen der Versicherungsunternehmung, das Entgelt oder sonstigen Leistungen des Versicherungsnehmers und der Umfang des versicherten Wagnisses abgeändert werden.	§ 81a. Die Aufsichtsbehörde kann verlangen, daß ein Geschäftsplan vor Abschluß neuer Versicherungsverträge geändert wird. Wenn es zur Wahrung der Belange der Versicherten notwendig erscheint, kann die Aufsichtsbehörde einen Geschäftsplan mit Wirkung für bestehende oder noch nicht abgewickelte Versicherungsverhältnisse ändern oder aufheben. § 81, (3), gilt entsprechend.

Wie H. Lorenz-Liburnau (1949) betont, war die Novelle notwendig geworden, weil die Kriegs- und Nachkriegsentwicklung nachhaltig die Einhaltung des der Vertragsversicherung zugrundeliegenden Äquivalenzprinzips gestört hatten. Da die reichsdeutsche Fassung des § 81a einschränkend auszulegen war, behinderte das die Tätigkeit der Aufsichtsbehörde. Sie musste angesichts der eskalierenden Inflation rasch handeln können.

Art. I der Novelle enthielt den geänderten Gesetzestext (s. o.). In Art. II wurden siebzehn Anordnungen der Aufsichtsbehörde aufgezählt. Sie waren praeter legem erlassen worden und durch die „sprunghafte Entwicklung der allgemeinen Wirtschaftsverhältnisse" (so H. Lorenz-Liburnau [1949]) erforderlich geworden. Ihre Rechtsgültigkeit wurde rückwirkend saniert. Art. III befristete die Gültigkeit von § 81a bis 31.12.1950. Bis dahin hoffte man ein austrifiziertes VAG vorlegen zu können.

H. Lorenz-Liburnau (1949), Zum Bundesgesetz vom 18. Mai 1949, womit das Gesetz über die Beaufsichtigung der privaten Versicherungsunternehmungen und Bausparkassen abgeändert wird (BGBl. Nr. 124). In: Die Versicherungsrundschau, 4. Jg., S. 203ff.

425 Die zeitliche Abfolge war: Die Änderung von § 81a wurde am 18. Mai 1949 vom Nationalrat beschlossen

geln sich die damaligen Herrschaftsverhältnisse wider. Die unzureichende staatliche Ordnungsmacht wurde durch sozialpartnerschaftliche Vereinbarungen und Ad-hoc-Lösungen ergänzt, die zwar diese Ordnungsmacht formal präjudizierten, sie jedoch sachlich nicht grundsätzlich in Frage stellten.

Die (erwähnten) Schwierigkeiten, den inflationären Druck auf die Versicherungsnehmer weiterzuwälzen, hatten, nicht zuletzt seit dem 1. Lohn-Preis-Abkommen (vom August 1947), dazu geführt, dass sich die Entlohnung der Mitarbeiter von Versicherungsunternehmen gegenüber der in anderen Wirtschaftszweigen verschlechterte. Die Gewerkschaft der Privatangestellten gab sich mit Ad-hoc-Lösungen nicht zufrieden und verlangte die Entlohnung in einem Nachziehverfahren zu erhöhen. Arbeitgeber und Arbeitnehmer einigten sich schließlich auf eine einmalige Abgeltung, welche Mitte 1949 anfiel. Die Folge war ein sprunghafter Anstieg der Löhne und Gehälter und damit drohte eine erhöhte und einmalige Belastung derselben mit Einkommensteuer.[426] Der Verband bemühte sich daher beim Bundesministerium für Finanzen um eine steuerliche Entlastung der Abgeltung. Das sollte in der Form erfolgen, dass die Besteuerung über mehrere Perioden verteilt wurde. Dadurch wäre sie geringer bzw. geglättet worden. Die Durchsetzung dieses, auch von der Gewerkschaft unterstützten Anliegens[427] stieß jedoch im Finanzministerium auf nachhaltige Hindernisse.[428] Die Finanzverwaltung war bemüht

und am 25. Juni 1949 im BGBl. Nr. 124/1949 kundgemacht. Der Verband informierte davon die Mitgliedsunternehmen am 02.07.1949. Archiv des VVO. Ausgangsbuch 1949. Juli, August, September. Ausg. Nr. 680/49.

426 „Dadurch kommt es, daß, wiewohl die Entlohnung im Versicherungsgewerbe sonst durchaus bescheiden ist, während des Jahres 1949 die Überschreitung der Sechstel-Grenze zufolge dieser Einmalzahlung neben Urlaubs-, Weihnachts- und Bilanzgeld zu befürchten ist. Dadurch wären aber die Versicherungsangestellten von einer wie wir glauben unbilligen Härte betroffen.“ Archiv des VVO. Ausgangsbuch 1949. Oktober, November, Dezember. Ausg. Nr. 1062/49 und 1082/49.

427 Hinsichtlich der steuerlichen Entlastung des Nachziehverfahrens kooperierte der Verband – sozialpartnerschaftlich – mit der Gewerkschaft und schrieb dieser am 26.11.1949 u. a.: „Wir beehren uns mitzuteilen, dass wir an das Bundesministerium für Finanzen zur Vermeidung unbilliger Härten, die sich aus der wörtlichen Anwendung des § 40 Abs. (2) Einkommensteuergesetz in der Fassung des Steueränderungsgesetzes 1949 ergeben würden, die aus der Anlage ersichtlichen Anträge gestellt haben. Der Referent im Finanzministerium, …, hat daraufhin vom Verband die Vorlage der Vereinbarungen vom 30.6.1949 betreffend das Nachziehverfahren verlangt. Diesem Verlangen mußte … entsprochen werden; … Wir glauben, daß es einer positiven Erledigung sehr förderlich wäre, wenn auch die verehrliche Gewerkschaft bei Ministerialrat … intervenieren und eine baldige Bewilligung der … Anträge betreiben und befürworten würde. … Wir stellen Ihnen … anheim, ob Sie eine solche Intervention, …, allein oder in Begleitung eines Funktionärs der Verbandskanzlei durchführen wollen; …“ Archiv des VVO. Ausgangsbuch 1949. Oktober, November, Dezember. Ausg. Nr. 1168/49 und Ausg. Nr. 1259/49.

428 Der Erlass vom 1.10.1949, Zl. 72365-9/1949, des Bundesministeriums für Finanzen befriedigte keineswegs : „Der durch Artikel I, Z. 9 des Steueränderungsgesetzes 1949, BGBl. Nr. 132 im § 40 EstG neu eingeführte

die im Steueränderungsgesetz 1949 eingeführte Deckelung von Freibeträgen (mit einem Sechstel der Bezüge, die sogenannte Sechstelgrenze) rückwirkend anzuwenden. Da trotz Verhandlungen mit den Finanzbehörden keine Klarstellung zu erzielen war, wurde Mitte Dezember 1949 ein Rechtsmittel vorbereitet. Die Situation war mehr als unerfreulich: „Bedauerlicherweise muß … – im Gegensatz zu den bisherigen Empfehlungen – dringendst geraten werden, den Steuerabzug bei der Angestelltenschaft vorsorglich unter Anwendung des für sie ungünstigsten Maßstabes zu vollziehen“, teilte der Verband seinen Mitgliedsunternehmen mit und kündigte ihnen zugleich an, dass sich das Beschreiten des Rechtsweges in die Länge ziehen werde.[429] Trotz unterschiedlicher Standpunkte wurden die Verhandlungen mit der Finanzverwaltung nicht abgebrochen. Vielmehr hatte sich der Verband beim Finanzamt für Körperschaft bemüht, Verständnis dafür zu finden, „daß ein bestimmter Fall eines Testprozesses im Rechtsmittelverfahren zur Entscheidung gebracht“ wird.[430]

Anfang Februar 1950 war es dann so weit. Der Verband empfahl den Mitgliedsunternehmen, die erhöhte Steuerlast, welche sich aus der rückwirkenden Anwendung der Sechstelgrenze für das erste Halbjahr 1949 ergab, vorsorglich festzustellen. Bei den laufend durchgeführten Betriebsprüfungen sei vom Prüfer für die steuerliche Nachforderung ein Haftungsbescheid zu verlangen, gegen den dann berufen werde. Die steuerliche Nachforderung sei unter Protest und dem Vorbehalt einer Rückforderung bei Erfolg der Berufung einzuzahlen. Parallel dazu sei jedoch dem Finanzamt für Körperschaften in einem separaten Brief mitzuteilen, dass man als Berufungswerber damit einverstanden sei, bei der Erledigung der eigenen Berufung bis zur Entscheidung über jenes Rechts-

Abs. (2) trifft Anordnungen über die steuerliche Behandlung von sonstigen, insbesondere einmaligen Bezügen im Sinne des § 40 Abs. (1) EstG, wenn diese innerhalb eines Kalenderjahres eine bestimmte Höhe übersteigen. Steuerfreie einmalige Bezüge, wie z. B. Jubiläumsgeschenke oder Weihnachtszuwendungen, werden durch in § 40 Abs. (2) EstG getroffenen Anordnungen nicht berührt. Sie sind auf das Sechstel des § 40 Abs. (2) EstG nicht anzurechnen.“ Archiv des VVO. Ausgangsbuch 1949. Oktober, November, Dezember. Ausg. Nr. 1087/49. (Den Teil des Erlasses, welcher sich auf Jubiläumsgeschenke bezog, wollte der Verband beim Steueränderungsgesetz 1951 in dieses aufgenommen sehen. Damit wäre gesetzlich klargestellt worden, dass Jubiläumsgeschenke von der Einrechnung in die Sechstelgrenze gemäß § 40 Abs. (2) Einkommensteuergesetz [der damals geltenden Fassung] ausgenommen sind. Archiv des VVO. Ausgangsbuch 1947, April, Mai. Juni. Ausg. Nr. 324/51.) Im gegenständlichen Fall empfahl Anfang Dezember 1949 der Verband ausdrücklich, „die Weihnachtsremuneration ohne Rücksicht auf die durch das Steueränderungsgesetz 1949 in der Novellierung des § 40 Abs. (2) Einkommensteuergesetz eingeführte Sechstel-Grenze mit dem fixen Hundertsatz zu versteuern“, denn die Sechstel-Grenze sei nur bei Veranlagungen anzuwenden. Archiv des VVO. Ausgangsbuch 1949, Oktober, November, Dezember. Ausg. Nr. 1190/49 und Ausg. Nr. 1198/49.

429 Archiv des VVO. Ausgangsbuch 1948. Oktober, November, Dezember. Ausg. Nr. 1243/49.

430 Archiv des VVO. Ausgangsbuch 1948. Oktober, November, Dezember. Ausg. Nr. 1198/49.

mittel zuzuwarten, das als Muster bzw. Präjudiz eingebracht wurde.[431] Die als Testfall dienende Berufung wurde am 13. 2. 1950 vom Wiener Verein[432] erhoben. Andere Unternehmen folgten und am 14. 3. 1950 teilte der Verband namens dieser Unternehmen dem Finanzamt für Körperschaften mit: „Wir erklären uns hiemit namens aller hievon betroffenen Mitgliedsunternehmen unseres Verbands damit einverstanden, daß die dem Rechtsmittel des Wiener Vereins nachfolgenden Berufungen unerledigt bleiben, bis die Entscheidung über das erste Rechtsmittel ergangen ist."[433]

Da es auch bei den Bediensteten des Verbandes Nachzahlungen gegeben hatte, erhob auch dieser am 2. 4. 1952 Berufung beim Finanzamt für Körperschaften gegen den Haftungsbescheid vom 15. 3. 1952 mit dem eine Steuernachforderung von öS 474,45 wegen Überschreitung der Sechstelgrenze festgestellt worden war. Der Verband begründete seine Berufung damit, dass eine rückwirkende Anwendung der Sechstelgrenze gesetzeswidrig sei und verwies dabei auf die vom Wiener Verein eingebrachte Verwaltungsgerichtshofbeschwerde deren Ergebnis abzuwarten sei.[434]

Ende Juli 1950 war es notwendig geworden, die Begründung der eingebrachten Berufung (s. o.) zu ergänzen. Das Steueränderungsgesetz 1950 hatte im Gesetz Korrekturen (von „Redaktionsversehen") vorgenommen, welche auf eine Beseitigung der vom Wiener Verein angefochtenen Rückwirkung hinausliefen. „In diesem Sinne wiederholen wir unseren Berufungsantrag auf Aufhebung des Haftungsbescheides hinsichtlich des Teilbetrages von S 1766,41 für Lohnsteuer und S 252,36 für Besatzungskostenzuschlag."[435]

Beim letzten, dem 5., Lohn-Preis-Abkommen (Juli 1951) herrschte Klarheit hinsichtlich der Besteuerung der Gehaltsaufbesserung, denn im Steueränderungsgesetz 1951 hieß es: „Der den Dienstnehmern der Privatwirtschaft aus Anlaß des 5. Lohn-Preis-Abkommens für die Zeit zwischen dem 16. 7. 1951 und der auf diesen Tag folgenden Gehalts-(Lohn-)Auszahlung gewährte einmalige Abgeltungsbetrag unterliegt nicht der Einkommensteuer (Lohnsteuer)."[436] Daraus folgte, dass der Abgeltungsbetrag auch nicht der Lohnsummensteuer unterlag. Über die Beitragspflicht zur Sozialversicherung wurde separat entschieden. Die vorangegangenen Steuerunklarheiten waren damit aber nicht beseitigt.

Als sich 1951/52 die Gehaltsverhandlungen mit der Gewerkschaft in die Länge zogen, erbrachten die Unternehmen im April 1952 eine Einmalzahlung an ihre Mitarbeiter. Die

431 Archiv des VVO. Ausgangsbuch 1950, Jänner, Februar, März. Ausg. Nr. 100/50.

432 Das Unternehmen „Wiener Verein Lebens- und Bestattungsversicherung a. G." wurde 1991 mit der Wiener Städtischen fusioniert.

433 Archiv des VVO. Ausgangsbuch 1950, Jänner, Februar, März. Ausg. Nr. 277/50.

434 Archiv des VVO. Ausgangsbuch 1952, April, Mai, Juni. Ausg. Nr. 351/52.

435 Archiv des VVO. Ausgangsbuch 1950, Juli, August, September. Ausg. Nr. 773/50.

436 Archiv des VVO. Ausgangsbuch 1951, Juli, August, September. Ausg. Nr. 618/51.

Oberösterreichische Gebietskrankenkasse sah darin eine Gehaltsnachzahlung, interpretierte sie also als Entgelt, und verlangte dafür nachträglich Sozialversicherungsbeiträge. Dagegen sprach sich der Verband aus und betonte in einer Äußerung vom 5. 11. 1954: „Die Zahlung ist … damals nur aufgrund einer Empfehlung des Verbandes … erfolgt und hatte den Zweck, die Angestellten die Länge und Schwierigkeit der schwebenden Lohnverhandlungen … nicht allzu hart fühlen zu lassen. Im Zeitpunkt der Zahlung bestand weder ein Anspruch der Dienstnehmer irgendwelcher Art auf Gehaltsnachzahlung, noch wären die Versicherungsanstalten auf andere Weise verpflichtet gewesen, eine solche zu leisten.“[437] Die Vorgangsweise der Oö. Gebietskrankenkasse war insofern heikel, als sie über den unmittelbaren Anlass hinausging. Die ausweitende Interpretation des Entgeltbegriffes stellte die Beitragsfreiheit des 13. und 14. Monatsgehaltes in Frage. Der 13. Monatsgehalt wurde (und wird) als Bilanzgeld bezeichnet. Die Gebietskrankenkasse sah darin eine entgeltliche Sonderzuwendung an die mit Bilanzarbeiten beschäftigten Dienstnehmer und beabsichtigte, diese Zuwendungen der Beitragspflicht zu unterwerfen. Das stieß auf die Ablehnung des Verbandes und der in Oberösterreich tätigen Mitgliedsunternehmen.

Im Zuge der Umsetzung des Einkommensteuergesetzes 1953 kam es zu einer umfassenden Klärung der Zweifelsfragen zur Einhebung der Lohnsummensteuer. Damit trat diese Thematik für einige Jahre in den Hintergrund; so lange, bis neue Probleme mit dieser Steuer auftraten.[438]

Am 24. 10. 1951 hatte die Finanzlandesdirektion, Wien, das Rechtsmittel, welches der Wiener Verein eingebracht hatte (s. o.) abgewiesen; Zl. GA-VI/496-2/51. Das Finanzamt für Körperschaften, Wien, begann daraufhin die seinerzeit ergangenen Haftungsbescheide mittels Einspruchsbescheiden zu erneuern. Der Verband teilte dazu den Mitgliedsunternehmen mit: „Wir empfehlen, in offener Frist gegen diese Bescheide neuerlich Berufung an die Finanzlandesdirektion einzubringen bzw. die Erklärung abzugeben, daß die bereits eingebrachte Berufung aufrecht bleibt. Beim Finanzamt für Körperschaften wird darauf hingewirkt werden, daß die Berufungsentscheidung insolange unterbleibt, bis der Verwaltungsgerichtshof die Rechtsfrage entschieden hat.“[439] Das Finanzamt war damit einverstanden, die Erledigung der Rechtsmittel vorerst ruhen zu lassen. Es verlangte aber von jenen Unternehmen, welche berufen hatten, dass auch sie schriftlich erklärten, das Erkenntnis des Verwaltungsgerichtshofes abwarten zu wollen.[440]

437 Archiv des VVO. Ausgangsbuch 1954, Oktober, November, Dezember. Ausg. Nr. 1367/54.

438 Archiv des VVO. Ausgangsbuch 1954, Jänner, Februar, März. Ausg. Nr. 160/54.

439 Archiv des VVO. Ausgangsbuch 1951, Oktober, November, Dezember. Ausg. Nr. 985/51.

440 Archiv des VVO. Ausgangsbuch 1951, Oktober, November, Dezember. Ausg. Nr. 1041/51.

Der Verwaltungsgerichtshof wies am 13. 2. 1953 die vom Wiener Verein 1950 bzw. 1951 eingebrachte Beschwerde als unbegründet ab (Zl. 2760/51). Der Verband empfahl den Mitgliedsunternehmen, allenfalls zurückbehaltene Lohnsteuerbeträge unverzüglich an das Finanzamt abzuführen,[441] denn mit dieser VwGH-Entscheidung waren auch die Rechtsmittel der anderen Einschreiter erledigt.

Inzwischen hatte sich das erweiterte Steuerkomitee (erweitert um zwei Herren der Gewerkschaft und um Dr. Leschanowsky) mit der LOHNTECHNISCHEN ABRECHNUNG EINER EINMALLEISTUNG in Höhe von 80 % eines Monatsbezuges auseinander gesetzt. Die Expertise ging allen Unternehmensleitern vertraulich zu. Im Begleitschreiben hieß es dazu: „In Anbetracht der bei den einzelnen Mitgliedsunternehmen völlig verschieden gearteten Voraussetzungen lassen sich einheitliche Richtlinien oder auch nur Empfehlungen … nicht aufstellen.“[442] Trotzdem waren die Empfehlungen des Steuerkomitees eindeutig. Wurde die Einmalleistung über einen zurückliegenden Zeitraum aufgerollt, bedeutete das zugleich eine Neuaufrollung der Berechnung der Sozialversicherungsbeiträge. Wurde die Einmalleistung nach dem Einmalsatz besteuert, wurde in den meisten Fällen die Sechstelgrenze überschritten. Damit stieg für die Betriebsangehörigen die Steuerlast merklich. Eine Beispielsrechnung, welche Rückaufrollung und Einmalbesteuerung verglich, kam zu dem Ergebnis, dass die Einmalbesteuerung auch bei Überschreiten der Sechstelgrenze die günstigere Variante sei.

Mit der Besserung der wirtschaftlichen Verhältnisse zu Anfang der 50er Jahre nahmen auch die Sachzuwendungen, welche ein Dienstnehmer im Rahmen seines Dienstverhältnisses erhalten konnte an Bedeutung zu. Die Finanzlandesdirektion für Wien, Niederösterreich und das Burgenland äußerte sich Ende September 1952 in einem Schreiben an ein Wiener Unternehmen dahin gehend, dass „SONSTIGE VORTEILE AUS EINEM DIENSTVERHÄLTNIS“ als Einkünfte aus nicht selbstständiger Arbeit der Lohnsteuer unterzogen werden. Dieses Schreiben vervielfältigte die Kammer, denn sie war der Auffassung, dass sein Inhalt richtungweisend war. Zwar blieben die gesetzlichen Steuerbefreiungen aufrecht (zum Beispiel für verbilligte Mahlzeiten), doch andere (Sach-)Zuwendungen wurden besteuert (zum Beispiel Zuschüsse für die Bekleidung der Dienstnehmer). Diese Auslegung der FLD Wien war auch für die Versicherungswirtschaft bedeutungsvoll, denn sie betraf nicht zuletzt den Außendienst. Der Verband informierte seine Mitgliedsunternehmen.[443]

Eine wesentliche Bereinigung der voranstehenden Zweifelsfragen brachte das Einkommensteuergesetz 1953, BGBl. Nr. 1/1954, das mit Beginn 1954 in Kraft trat, denn

441 Archiv des VVO. Ausgangsbuch 1953, Jänner, Februar, März. Ausg. Nr. 340/53.
442 Archiv des VVO. Ausgangsbuch 1952. April, Mai Juni. Ausg. Nr. 498/52.
443 Archiv des VVO. Ausgangsbuch 1952. Oktober, November, Dezember. Ausg. Nr. 988/52.

es fasste alle auf dem Gebiet des Einkommensteuerrechts geltenden gesetzlichen Vorschriften zusammen. Trotz dieser wichtigen legistischen Novation änderte sich die Besteuerungskultur wenig. Das EStG 1953 wurde allein bis 1963 zwölfmal abgeändert, wobei selbst Novellen wiederum novelliert wurden. In diesem intensiven legislativen Wandel spiegelt sich der gesellschaftliche Wandel wieder. Knapp vor Weihnachten 1953 informierte der Verband seine Mitgliedsunternehmen im Einvernehmen mit der Bundeskammer von der Rechtslage auf dem Gebiet der Lohnsteuer, wie sie sich aus dem Durchführungserlass vom 8. 12. 1953, Zl. 107.972-9/1953, für die Unternehmen des Geld-, Kredit- und Versicherungswesens ergab.[444]

Als das Finanzministerium eine steuerfreie Rückstellung für Abfertigungen ablehnte, unterstützte der Verband Ende April 1953 die Ansicht der Bundessektion Handel der Bundeskammer der gewerblichen Wirtschaft, sprach sich dafür aus, die Angelegenheit weiter zu verfolgen und machte dafür einen inhaltlichen Vorschlag. Bemerkenswert war die Feststellung, mit welcher der Verband seinen Vorschlag einleitete, denn seiner Auffassung nach erschien ihm die Wahrscheinlichkeit einer „… versicherungsmathematischen Besprechung …, mit der die Zahlung einer Abfertigung eintreten wird, … nicht zugänglich“.[445] Es gebe zu viele Unwägbarkeiten und diese streuten zu unregelmäßig, als dass daraus zuverlässige statistische Schlüsse gezogen werden könnten; außerdem mangle es an statistischen Unterlagen. Der Verband sprach sich daher dafür aus, Rückstellungen für Abfertigungen steuerlich nur eingeschränkt anzuerkennen. Solche Rückstellungen seien bei Unternehmen gerechtfertigt, welche besonders arbeits- und lohnintensiv seien und wo es überdies einen kollektivvertraglichen Kündigungsschutz gebe, welcher zu langen Dienstzeiten und damit hohen Abfertigungsansprüchen führe. Generell sollten Abfertigungsrückstellungen nur zur Hälfte steuerlich anerkannt werden. Allenfalls könnten für die steuerliche Anerkennung Mindestdienstzeiten und Mindestalter der Angestellten verlangt werden. Auch auf die Überschneidung mit Pensionszahlungen sei Bedacht zu nehmen, denn Abfertigungen könnten aufgrund kollektivvertraglicher oder betrieblicher Vereinbarungen in Betriebspensionen umgewandelt werden. Um im Fall der steuerlichen Anerkennung von Abfertigungsrückstellungen einem plötzlichen Einnahmenentgang des Staates vorzubeugen, schlug der Verband vor, die Absetzbarkeit schrittweise zuzulassen und mit einem Prozentsatz des Gewinnes vor Steuern zu deckeln.

Aus Anlass des marianischen Jahres wurde, nur für 1954, der achte Dezember (Mariä Empfängnis) kollektivvertraglich als Feiertag vereinbart. An ihm war jedoch zu arbeiten. Die Folge war, dass sich die Bundeskammer veranlasst sah, das Finanzministerium zu bit-

444 Archiv des VVO. Ausgangsbuch 1953. Oktober, November, Dezember. Ausg. Nr. 1265/53.

445 Archiv des VVO. Ausgangsbuch 1953. April, Mai, Juni. Ausg. Nr. 437/53.

ten, in einem Erlass die Steuerfreiheit der an diesem Tag gezahlten Zuschläge zu regeln, da es sich nicht um einen gesetzlichen, sondern um einen kollektivvertraglichen Feiertag handle.[446]

3.3.3 Formale Aspekte des Steuerrechts

Mitte 1947 waren dem Verband die Entwürfe für ein Zustellungsgesetz im Bereich der Abgabenverwaltung und für ein Abgabeneinbringungsgesetz zugegangen. Die an die Kammer der gewerblichen Wirtschaft für Wien gerichtete Stellungnahme des Verbandes setzte sich penibel mit den Entwürfen auseinander.[447] Das kann als ein Hinweis darauf gesehen werden, dass der Verband etwa ab Mitte 1947 in der Lage war, auf qualifizierte Fachleute zurückzugreifen. Während dem Zustellungsgesetz keine vorrangige Bedeutung zugemessen wurde, enthielt der Entwurf zum Abgabeneinbringungsgesetz Bestimmungen, welche auf Widerspruch stießen.

§ 5 des Entwurfes sah die Einführung von Verzugs- und Stundungszinsen vor. Dazu bemerkte die Assekuranz: „Wenn …. (solche) ….-zinsen eingeführt werden, so müßte entsprechend dem früheren österreichischen Recht auch die Finanzverwaltung verpflichtet werden, Vergütungszinsen für Steuerguthaben zu entrichten." Doch daran dachte der Fiskus nicht, vielmehr bestimmte § 6, dass zuzüglich zu den Verzugszinsen noch ein Säumniszuschlag eingehoben werden konnte. Auch dagegen wandte sich der Verband. In seiner Argumentation klingt die Ablehnung durch, die Herrschaftsverhältnisse des Dritten Reiches in der behördlichen Alltagspraxis beizubehalten. „Der Säumniszuschlag hat unbedingt zu entfallen. Der Verzugsschaden der Finanzverwaltung ist durch die Stundungszinsen, die auf Verzugszinsen für den Fall der Nichtzahlung ohne Stundung … ausgedehnt werden können, abgegolten …" Es „besteht kein Grund, die nazistische Einrichtung des einmaligen Säumniszuschlages daneben beizubehalten. Noch weniger kann einer Verdoppelung des Säumniszuschlages auf 10 % für bestimmte Tatbestände zugestimmt werden." Auch ein Satz wie der folgende gemahnt an Erfahrungen mit dem Unrechtscharakter des Dritten Reiches: „… zu § 13. … Auf alle Fälle wäre ganz allgemein auf die Übereinstimmung zwischen dem Administrativverfahren zur Abgabeneintreibung und den Bestimmungen des bürgerlichen Rechtes sowie des Exekutionsrechtes Bedacht zu nehmen, damit hier nicht gleich gelagerte Fälle verschiedenartige Beurteilung erfahren." In ähnlicher Weise wendete sich die Assekuranz gegen

446 Archiv des VVO. Ausgangsbuch 1954, Oktober, November, Dezember. Ausg. Nr. 1393/54.
447 Archiv des VVO. Ausgangsbuch 1947, Juli, August, September. Ausg. Nr. 798/47.

andere Bestimmungen des Entwurfes und kritisierte dabei deren unzureichende horizontale Kompatibilität.[448]

Die gleiche Thematik – und ebenso ausführlich – griff der Verband ein Jahr später in seiner Stellungnahme an die Bundeskammer der gewerblichen Wirtschaft zu den nunmehr als Abgabeneinhebungsgesetz und Abgabenexekutionsordnung bezeichneten Gesetzesentwürfen auf.[449] Es war nicht nur der Säumniszuschlag, sondern diesmal auch die Mahngebühr von 1 % auf die ausständige Steuerschuld, welche die Assekuranz zum Widerspruch herausforderte. Man schlug für das Gesetz (§ 13 Abs. [3] des Entwurfes) folgende Formulierung vor: „… ist eine Mahngebühr von 1 % des eingemahnten Betrages, mindestens jedoch S 1.– und höchstens S 50,– an den Fiskus zu entrichten." Man wendete sich dagegen, dass die Verjährungsfristen für Steuerbehörden und Steuerschuldner ungleich sein sollten (§ 15 des Entwurfes), sprach sich gegen die sofortige Vollstreckbarkeit von Steuervorschreibungen aus und verlangte stattdessen eine angemessene Fristsetzung (§ 11 Abs. [2] des Entwurfes). Bezüglich des Entwurfes einer Abgabenexekutionsordnung bemerkte der Verband, dass im finanzbehördlichen Vollstreckungsverfahren eine Gebühr von 5 % viel zu hoch sei. Die Gebühr sollte 1 % betragen (§ 26 Abs. [2] des Entwurfes). Auch hatte er Bedenken, dass die Bezeichnung „Versicherungsvorschriften" im Entwurf nicht präzise genug sei, um bestimmte Versicherungsleistungen von einer Pfändung auszunehmen. Er schlug daher für § 62 Abs. (4) des Entwurfes folgende Formulierung vor: „Die in anderen gesetzlichen Vorschriften enthaltenen Bestimmungen über die Beschränkung der Pfändung von Versicherungs-, Versorgungs- und sonstigen Ansprüchen bestimmter Art bleiben unberührt (z. B. § 156 Versicherungsvertragsgesetz, § 290 Exekutionsordnung)."[450]

Mitte Jänner 1950 informierte der Verband seine Mitgliedsunternehmen über den Erlass vom 12. 12. 1949 des Bundesministeriums für Finanzen, Zl. 95.315-9/45, mit dem eine Richtlinie für die Ermittlung des Jahresdienstbezuges gegeben wurde: „Der Jahresdienstbezug, von dem das Sechstel gemäß § 40 Abs. (2) EstG. zu berechnen ist, hat in der Weise ermittelt zu werden, dass der laufende Bezug jenes Lohnzahlungszeitraumes umgerechnet wird, in

448 Dem österreichischen Rechtsverständnis entspricht das Konzept des Stufenbaues der Rechtsordnung. Das heißt, dass niederrangige Normen, zum Beispiel Erlässe, auf höherrangigen Normen, zum Beispiel Verordnungen, rückführbar sein müssen. Die Verordnungen müssen wiederum in Gesetzen fußen. Der Stufenbau sichert die vertikale Kompatibilität. Doch ebenso bedeutsam ist, dass Normen der gleichen Stufe nicht miteinander im Widerspruch stehen. Das heißt, dass ein und derselbe Tatbestand in verschiedenen Gesetzen unterschiedlich geregelt erscheint. Das ist unter horizontaler Kompatibilität zu verstehen. Im Rechtssystem des Dritten Reiches war durch den Führerstaat sowohl die vertikale wie die horizontale Kompatibilität gestört. Das begünstigte Unrecht.

449 Archiv des VVO. Ausgangsbuch 1948, Juli, August, September. Ausg. Nr. 1078/48.

450 Ebendort. Siehe die voranstehende Fußnote.

dem sonstige Bezüge ausgezahlt werden. Dabei sind dem laufenden Bezug steuerfreie Teile wie Mehrarbeitszuschläge, Zuschläge für Sonntags-, Feiertags- und Nachtarbeit, Schmutz-, Erschwernis- und Gefahrenzulage zuzurechnen. Dagegen sind die aus öffentlichen Mitteln gezahlten und vom Dienstgeber nur bevorschußten Ernährungsbeihilfen nicht als Arbeitslohn und daher nicht als laufender Dienstbezug anzusehen. …“[451]

Das Einkommensteuergesetz 1953 sah in § 67 Abs. 1 vor, dass Sonderzahlungen bis öS 1.500,– einer niedrigeren Prozentualbesteuerung unterlagen. Das warf die Frage auf, ob mehrmalige Sonderzahlungen während eines Jahres zu einem ratenweise abgestatteten sonstigen Bezug zusammenzurechnen sind, ob darunter der 13. und 14. Monatsgehalt fallen und wie das Verhältnis zur Sechstelgrenze ist. Im Herbst 1954 klärte eine Verbandsdelegation diese Fragen mit dem Finanzamt für Körperschaften. Beim Weihnachts- und Urlaubsgeld stand außer Streit, dass diese Bezüge nicht zusammenzurechnen waren und daher auf jeden Bezug getrennt die niedrigere Pauschalbesteuerung anzuwenden war. Weiters wurde geklärt, dass die Pauschalbesteuerung nicht durch eine Zusammenrechnung der begünstigten Bezüge beschränkt war (und ist), sondern durch die Sechstelgrenze, welche vom Jahreseinkommen ausgeht. Das Finanzamt schloss sich auch der Meinung des Verbandes an, dass Sonderzahlungen nicht als ratenweise Abstattung zu einem (einzigen) sonstigen Bezug zusammenzufassen waren, dessen niedrigere Besteuerung mit öS 1.500,– begrenzt war.[452]

Die Lasten der alliierten Besatzung waren vielfältig. Sie bestanden nicht nur in den unmittelbaren Besatzungskosten, sondern es kam auch zu mittelbaren Einbußen und rechtlichen Verwerfungen. Die sowjetische Besatzungsmacht hatte das in ihrer Zone belegene „deutsche Eigentum“ für sich beansprucht und die Wirtschaftsbetriebe, welche nach Auffassung der Sowjets unter diesen Eigentumstitel fielen, in einer eigenen Verwaltung – der USIA – zusammengefasst. USIA-Betriebe benützten u. a. Liegenschaften oder Teile davon, welche zu ihren Gunsten beschlagnahmt worden waren. Die Sequestrationen waren von der USIA-Verwaltung (als Teil des sowjetischen Besatzungselements) vorgenommen worden. Eine Benützungsbestätigung wurde den wahren Eigentümern von der Usia-Verwaltung bzw. von der sowjetischen Besatzungsmacht verweigert. Bis Ende 1949 erhielten allerdings die Eigentümer 80 Prozent der durch die Beschlagnahme entgangenen Miete ersetzt. Dann wurden diese Zahlungen eingestellt. Trotzdem forderte der Wiener Magistrat in – wie der Verband an seine Mitgliedsunternehmen schrieb – „… intransigenter Weise die Grundsteuer von Objekten ein, für welche Mietzins von keiner Seite be-

451 Archiv des VVO. Ausgangsbuch 1950, Jänner, Februar, März. Ausg. Nr. 26/50.

452 Archiv des VVO. Ausgangsbuch 1954, Oktober, November, Dezember. Ausg. Nr. 1224/54.

zahlt wird".[453] In den in der zweiten Jahreshälfte 1950 anstehenden Finanzausgleichsverhandlungen sollte die Gemeinde Wien dazu gebracht werden, in solchen Fällen auf eine Einhebung der Grundsteuer zu verzichten. Der Verband bat seine Mitgliedsunternehmen zu melden, inwieweit sie von dem geschilderten Sachverhalt betroffen waren.

Im Grunde genommen handelte es sich dabei um eine für die Besatzungszeit typische Problematik. Fremde Mächte setzten Handlungen, welche außerhalb des österreichischen Rechtsrahmens lagen. Sie verweigerten für ihr Handeln den davon betroffenen Österreichern einen rechtsgültigen Nachweis. Damit hatte der betroffene Österreicher Schwierigkeiten die erlittenen Einbussen österreichischen Behörden – so auch dem Wiener Magistrat – gegenüber geltend zu machen. Im gegebenen Fall wurde vom geschädigten Eigentümer Grundsteuer für sequestrierte Objekte eingehoben. Dass solches den Unmut der Zensiten erregte, war nahe liegend. Die Angelegenheit wurde erst Anfang 1952 geregelt, nachdem im Bundeshaushalt 1952 eine eigene Post vorgesehen worden war, um Gemeinden für jenen steuerlichen Minderertrag zu entschädigen, den sie dadurch erlitten hatten, dass sie dem sequestrierten Grundeigentümer die Grundsteuerschuld nachgesehen hatten.[454]

Die restriktive Praxis der Finanzbehörden Befreiungen von der Grundsteuer zu gewähren, war geeignet, den Wohnhauswiederaufbau zu belasten. Dieser wurde subventioniert. Eine Voraussetzungen für Mittel aus dem Wohnhauswiederaufbaufonds war die (vollständige) Befreiung von der Grundsteuer. Da „Kriegsschäden" ein dehnbarer Begriff war, kam es vor allem auf die Befreiung von der Grundsteuer an, ob Gelder aus dem Wohnhauswiederaufbaufonds flossen. Im April 1950 strengte die Versicherungswirtschaft einen Testprozess zur Grundsteuerbefreiung an. Anlass dafür war, dass sich die Steuerbehörde in restriktiver Auslegung der Durchführungsverordnung zum Wiener

---

453 Archiv des VVO. Ausgangsbuch 1950, April, Mai, Juni. Ausg. Nr. 580/50.

454 Erlass vom 11.1.1952 des Bundesministeriums für Finanzen, Zl. 89.693-10/51: Im ho. Erlass vom 14. Juli 1950, Zl. 22.707-10/50, veröffentlicht im Amtsblatt der Österr. Finanzverwaltung 1950, Nr. 166, wurde darauf hingewiesen, dass es sich in Fällen der Beschlagnahme von Grundbesitz durch die Besatzungsmacht als zweckmäßig erweise, die Vorschriften der Grundsteuerbilligkeitsrichtlinien in Anwendung zu bringen und eine entsprechende Nachsicht der Grundsteuer zu gewähren. Dagegen wird von Seiten der Gemeinden geltend gemacht, dass die Wiedergutmachung von Kriegsschäden Bundessache sei und den Gemeinden nicht zugemutet werden könne, dem Bund diese Last durch Verzicht auf die den Gemeinden zustehende Grundsteuer abzunehmen. Es wird jedoch nunmehr nach Verabschiedung des Bundesfinanzgesetzes 1952 möglich sein, Ansprüche gegen die sowjetische Besatzungsmacht, die sich auf die Zeit vor dem 1. Jänner 1951 beziehen, in besonders berücksichtigenswerten Fällen aus Budgetmitteln abzufinden. Für die Zeit nach dem 1. Jänner 1951 hat die sowjetische Besatzungsmacht eine Sicherstellung der Ansprüche österreichischer Behörden und Staatsbürger in Aussicht gestellt. Archiv des VVO. Ausgangsbuch 1952, Jänner, Februar, März. Ausg. Nr. 220/52.

Grundsteuerbefreiungsgesetz 1948[455] geweigert hatte, eine Steuerbefreiung zu gewähren, wenn das Ansuchen um Erteilung einer Baubewilligung vor dem 11. September 1948 eingebracht und bereits mit dem Bau begonnen worden war. Das Rechtsmittel wurde bis zum Verwaltungsgerichtshof geführt, welcher der Beschwerdeführerin Recht gab (Erkenntnis vom 2. 10. 1951, Zl. V.5/51-10). Das Erkenntnis wurde in den Entwurf des Wiener Grundsteuerbefreiungsgesetzes 1952 eingearbeitet.[456] Der Verband empfahl jenen Unternehmen, welchen die Befreiung von der Grundsteuer verwehrt worden war, neuerlich um eine Befreiung anzusuchen.[457]

Zu den wichtigen formalen Aspekten des Steuer- aber auch des fiskalischen Förderungsrechts gehören legistische Querverweisungen: die Anwendung einer Norm ist an die Erfüllung von Bestimmungen in einem anderen Gesetz geknüpft. Anfang Dezember 1951 gingen dem Verband die Entwürfe zur Grundsteuerbefreiungsnovelle 1951 und zum Wiener Grundsteuerbefreiungsgesetz 1952 zur Stellungnahme zu. Gemäß Wohnhauswiederaufbaugesetz 1948 waren, wie erwähnt, finanzielle Hilfen für den Wiederaufbau kriegsgeschädigter Objekte an die Voraussetzung einer vollständigen Befreiung von der Grundsteuer gebunden. In der entworfenen Novelle war jedoch die Beifügung „vollständige“ beim Wort „Befreiung“ verloren gegangen. Aber es gab noch andere Versehen. „Es sind vielleicht mehr als nur stilistische Bedenken und prinzipiell festzuhalten,“ kommentierte der Verband § 1 des Entwurfes, „daß hier eine Umkehr der Voraussetzungen versucht wird: Nicht die Hilfe nach Wohnhauswiederaufbaugesetz ist Voraussetzung für die Grundsteuerbefreiung, sondern umgekehrt die Grundsteuerbefreiung Voraussetzung für Leistungen nach Wohnhauswiederaufbaugesetz.“[458] Ähnliche legistische Mängel enthielt der Entwurf zum Wiener Grundsteuerbefreiungsgesetz 1952. Beispielsweise bemerkte der Verband zu § 1 des Entwurfes: „Eine gleichartige Steuerbefreiung ist auch für die Schaffung von Geschäftsräumlichkeiten zu postulieren. Im übrigen ist zu bemerken, daß die Grundsteuer auf Grundbesitz, nicht aber auf Wohnräumen oder Wohnraumteilen ruht. Eine Aufspaltung in dem hier versuchten Sinne muss grundsätzliche Bedenken wachrufen.“[459]

Aus finanzsoziologischer Sicht zeigt sich an diesem Beispiel, dass eine Begutachtung von Gesetzesentwürfen durch unterschiedliche Normadressaten der vertikalen Kon-

---

455 Verordnung der Wiener Landesregierung vom 24. April 1949, LGBl. Nr. 27, zur Durchführung des Gesetzes vom 10. Juli 1948, LGBl. Nr. 25, (Wiener Grundsteuerbefreiungsgesetz 1948).

456 Archiv des VVO. Ausgangsbuch 1951, Oktober, November, Dezember. Ausg. Nr. 1096/51 und Ausg. Nr. 1097/51.

457 Archiv des VVO. Ausgangsbuch 1952, Jänner, Februar, März. Ausg. Nr. 177/52.

458 Archiv des VVO. Ausgangsbuch 1951, Oktober, November, Dezember. Ausg. Nr. 1069/51.

459 Ebendort.

sistenz einer Rechtsordnung dienlich ist. Der Vereinbarkeit verschiedener Rechtsmaterien miteinander wird durch die Begutachtung der Entwürfe gedient. Letztlich sinkt dadurch der Steuerwiderstand und das Vertrauen der Zensiten in die Sinnhaftigkeit des Steuersystems wird erhöht.

Die fiskalische Förderung des Wohnhauswiederaufbaues erstreckte sich nicht nur auf die Wiedererrichtung und Reparatur zerstörter Wohnhäuser, sondern auch auf die Mittelaufbringung. Der Wohnhauswiederaufbau-Fonds gab für seine Finanzierung Teilschuldverschreibungen aus. § 22 Abs. 2 des Wohnhauswiederaufbaugesetzes, BGBl. 130/1948, bestimmte: „Die vom Fonds ausgegebenen Teilschuldverschreibungen sind von Kapitalverkehrssteuern befreit." Die Finanzbehörden interpretierten diese Bestimmung restriktiv; d. h., sie wollten die Befreiung nur für die Ausgabe der Schuldverschreibungen gelten lassen, jedoch spätere Transaktionen mit diesen der Börsenumsatzsteuer unterziehen. Gegen diese Praxis intervenierte nicht nur der Verband österreichischer Banken und Bankiers. (Erst) im Herbst 1954 regelte das Finanzministerium in einem Erlass, dass keine Börsenumsatzsteuer bei Anschaffungsgeschäften anfällt, bei denen die Schuldverschreibungen gehandelt wurden.[460] Auch an diesem Beispiel zeigt sich – wie bereits erwähnt –, dass mitunter die Praxis der Steuerbehörden geeignet war, die Zielsetzungen des Gesetzgebers zu konterkarieren.

Mitte Juli 1950 erhielt der Verband den Entwurf der Bundesverwaltungsabgabenverordnungsnovelle 1950 zur Stellungnahme,[461] welche vom Steuerkomitee ausgearbeitet wurde. Die Assekuranz wandte sich mit folgender Argumentation gegen die beabsichtigte Abgabenerhöhung: „Grundsätzlich ist es bedenklich, wenn der Staat selbst die Stabilität des Preis- und Lohngefüges durch ständige Hinaufsetzung von Abgaben gefährdet, wozu in Anbetracht der günstigen Steuereingänge kein Anlaß besteht. Es ist ferner im höchstem Grade bedenklich, wenn sich die Abgabenverwaltung auf eine Indexziffer bei Erhöhung der Steuersätze beruft und noch bedenklicher, wenn sich dann im Einzelfall herausstellt, daß nicht einmal diese Indexziffern eingehalten, sondern vielfach höhere Beträge in Aussicht genommen werden."[462] Die Kritik richtete sich also gegen eine Indexierung der Besteuerung bzw. der Abgabenbemessung. Finanzsoziologisch besehen, handelt es sich bei einer Indexierung der Besteuerung um eine Maßnahme von weit reichender gesellschaftlicher Bedeutung, denn sie wirkt entgegengesetzt zu den in den meisten Steuersystemen enthaltenen automatischen Stabilisatoren.

460 Archiv des VVO. Ausgangsbuch 1955, April, Mai, Juni. Ausg. Nr. 581/55.

461 Archiv des VVO. Ausgangsbuch 1950, Juli, August, September. Nr. 792/50. Im Konkreten sprach sich der Verband gegen die Verdoppelung der Abgabe von S 1,– auf S 2,– für Auskünfte aus den Melderegistern aus. Dadurch würde der Verwaltungsaufwand der Versicherer empfindlich belastet.

462 Archiv des VVO. Ausgangsbuch 1950. Juli, August, September. Ausg. Nr. 792/50.

Zu den formalen Aspekten des Steuerrechts gehört aber auch eine Episode, welche sich im Sommer 1950 bei der Verwendung von Formblättern zur Neufestsetzung des Einheitswertes von Gebäuden zugetragen hatte, wenn diese Gebäude (im Zuge des Wiederaufbaues) baulich verändert worden waren. In den Formblättern war die Höhe der Gebäudeversicherung anzugeben. Naheliegenderweise stellte sich Frage, welche Bedeutung der Feuerversicherungssumme für die Bestimmung des Einheitswertes hatte. Die Auskunft des Finanzministeriums war, dass die Versicherungssumme für die Festsetzung des Einheitswertes ohne Belang ist und daher unterbleiben kann, doch würde man – aus Ersparnisrücksichten – von der Herausgabe neuer Fragebogen absehen. Die Versicherungsunternehmen konnten nur ihre Außendienstmitarbeiter von dieser Auskunft informieren, und zwar für den Fall, dass sich Versicherungsnehmer bei diesen erkundigten, wie sie das Formblatt zu beantworten hätten. Der VVO teilte dazu mit: „Wie wir feststellen konnten, ist die Vorgangsweise der Finanzämter bei Anfragen zwecks Neufestsetzung des Einheitswertes wegen baulicher Veränderung von einem Grundstück nicht einheitlich. So bedienen sich in Wien verschiedene Finanzämter überhaupt keines Formulars und dürfte sich die Verwendung der gegenständlichen Formblätter darnach richten, inwieweit solche bei den Finanzämtern überhaupt noch vorhanden sind.“[463] Diese Episode beleuchtet die Alltagsschwierigkeiten, mit denen die Finanzverwaltung in dieser Zeit belastet war. Es gab ein Formular, das mangelhaft war und dessen Verwendung praktisch dem Zufall überlassen war.

Als Anfang 1951 die Kammer der gewerblichen Wirtschaft im Zuge der allgemeinen fiskalpolitischen Debatte den Vorschlag machte, die Fälligkeitstermine verschiedener Steuern, Abgaben und Sozialversicherungsbeiträge, die alle am 10. eines jeden Kalendermonats zu zahlen waren, auf weitere Fälligkeiten am 15. und 20. des Monats zu verteilen, stimmte der Verband zu.[464]

So wie im Dritten Reich war auch in der wieder errichteten Republik die Versicherungswirtschaft in die Vollziehung der Steuergesetze eingebunden. § 187a der Reichsabgabenordnung verpflichtete die Versicherungsunternehmen, dem zur Veranlagung der Erbschaftssteuer zuständigen Finanzamt Leistungen aufgrund fällig gewordener Lebensversicherungsverträge zu melden. Während des Krieges hatte diese Bestimmung geruht. Sie wurde mit Erlass vom 21. 12. 1946 des Bundesministeriums für Finanzen, Zl. 286.906-11/46, wieder wirksam, wobei Auszahlungen von RM 2.000,– und weniger nicht gemeldet werden mussten. Ende November

463 Archiv des VVO. Ausgangsbuch 1950, Juli, August, September. Ausg. Nr. 841/50.
464 Archiv des VVO. Ausgangsbuch 1951, Jänner, Februar, März. Ausg. Nr. 96/51.

1951 beantragte der Verband bei der Aufsichtsbehörde eine Anhebung dieser Wertgrenze auf öS 10.000,–.[465] Das erfolgte zunächst nicht.[466] Erst im März 1952 wurde durch Erlass die Wertgrenze auf öS 10.000,– erhöht.[467] Ende Jänner 1954 wurde der Verband wieder vorstellig: es galt die Wertgrenze auf öS 20.000,– anzuheben.[468] Nach Verabschiedung (Austrifizierung) des Erbschafts- und Schenkungssteuergesetzes 1955, BGBl. Nr. 141/55, fasste das Bundesministerium für Finanzen jene Erlässe zusammen, welche weiterhin anzuwenden waren. Jener Erlass vom 12. 3. 1952, Zl. 20.809-11/52, war nicht dabei in welchem die Wertgrenze für den Entfall der Anzeigepflicht mit öS 10.000,– festgesetzt worden war. Der Verband machte das Ministerium auf dieses Versehen aufmerksam und bat zugleich um eine Valorisierung der Wertgrenze auf öS 50.000,–.[469]

Aus finanzsoziologischer Sicht war aber auch die folgende Episode erwähnenswert. Die Sätze für Reisekostenentschädigungen für öffentliche Bedienstete waren 1952 zufolge der Inflation nicht mehr kostendeckend. Diese Sätze waren (und sind es noch immer) in zweierlei Hinsicht für die private Wirtschaft maßgebend. Einerseits wendeten die Unternehmen die Sätze zur Abrechnung betrieblich verursachter Reisekosten ihrer Mitarbeiter an. Andererseits verlangten die Finanzbehörden den Nachweis der tatsächlichen Aufwendungen, wenn Reisekosten steuerlich geltend gemacht wurden, welche über den amtlichen Reisekostenersätzen lagen. Der Nachweis der tatsächlichen Aufwendungen gegenüber der Finanzverwaltung bedeutete – nicht zuletzt für Versicherungsunternehmen – eine erhebliche administrative Mehrbelastung. Die Bundeskammer der gewerblichen Wirtschaft hatte daher dem Bundesministerium für Finanzen mitgeteilt, dass man darangehen würde, eigene kostendeckende Reisekostensätze aufzustellen, wenn der Bund sich außer Stande sähe die Reisekostenentschädigungen für den öffentlichen Dienst zu erhöhen. Die privat aufgestellten Reisekostenersätze sollten in Abänderung von § 4 Z. 2 der Lohnsteuer-Durchführungsrichtlinien vor den Finanzämtern die gleiche Wirkung haben, wie sie den amtlichen Kostenersätzen zukam. Die Bundeskammer bat, „den Ausführungen der Kammer Wien geflissentliche Rechnung tragen zu wollen und für den Bereich der gewerblichen Wirtschaft besondere, den tatsächlichen Verhältnissen Rechnung tragende Reisekosten festzusetzen, die sowohl für Unternehmer als auch für Dienstnehmer ohne Einzelnachweis anwendbar sind".[470] Am

465 Archiv des VVO. Ausgangsbuch 1951, Oktober, November, Dezember. Ausg. Nr. 1006/51.
466 Archiv des VVO. Ausgangsbuch 1952, Jänner, Februar, März. Ausg. Nr. 289/52.
467 Archiv des VVO. Ausgangsbuch 1952, Jänner, Februar, März. Ausg. Nr. 328/52 und Ausg. Nr. 331/52.
468 Archiv des VVO. Ausgangsbuch 1954, Jänner, Februar, März. Ausg. Nr. 106/54.
469 Archiv des VVO. Ausgangsbuch 1955, Juli, August, September. Ausg. Nr. 1101/55.
470 Archiv des VVO. Ausgangsbuch 1952, Jänner, Februar, März. Ausg. Nr. 336/52.

6. 9. 1995 trat die Bundeskammer in dieser Angelegenheit – mit nahezu den gleichen Argumenten – neuerlich an das Finanzministerium heran.[471] Diese Episode zeigt, dass normative Defizite, welche im Bereich der öffentlichen Rechtssetzung liegen, durch private gewohnheitsrechtliche Initiativen geschlossen werden können. Gerade bei der Besteuerung mag dieser Umstand erstaunen, denn hier wird üblicherweise von eindeutigen Herrschaftsverhältnissen ausgegangen.

Als Ende April 1952 dem Verband der Entwurf eines Finanzstrafgesetzes zuging, zeigte sich wie sensibel, ja fast spitzfindig der Entwurf vom Verband auf Textstellen durchgesehen wurde, welche der Finanzbehörde eine extensive bzw. willkürliche Interpretation ermöglichen würden (die Vorgangsweise ähnelte jener, welche bei der Durchsicht der Grundsteuerbefreiungsnovelle 1951 und des Wiener Grundsteuerbefreiungsgesetz 1952 gepflogen wurde; siehe weiter oben). „Wenn nur gemeint ist“, hieß es in der Stellungnahme zu § 1 Abs. 2 des Entwurfes, „daß Verfügungen, welche Strafen in Aussicht stellen, sich auf die die Strafbarkeit begründenden Gesetzes und Verordnungen berufen müssen, so ist dagegen nichts einzuwenden. Diese Bestimmung könnte aber auch so verstanden werden – und die Finanzbehörde wird bestimmt einer erweiternden Auslegung gegebenenfalls nicht abgeneigt sein –, als ob jede beliebige Verfügung einen strafbaren Tatbestand begründen könnte, wenn sie es nur selbst sagt. Gegen eine derartige Auslegung müßten selbstverständlich Einwendungen erhoben werden, weil nur die im Gesetz oder Verordnung ausdrücklich aufgezählten strafbaren Tatbestände zur Bestrafung führen können; keinesfalls aber kann der Behörde das Recht eingeräumt werden, im Wege von ‚Verfügungen‘ strafbare Tatbestände, die in Gesetz oder Verordnung nicht enthalten sind, selbst zu konstruieren.“[472] Auf einer ähnlichen Linie lag die nachstehende Bemerkung zu § 11 Abs. 2 des Entwurfes: „… wäre es zweckmäßig, hier eine Bestimmung einzuschalten, daß die Tätigkeit von Rechtsanwälten und sonstigen befugten Rechtsvertretern in Steuersachen normalerweise nicht unter den Begriff der ‚Begünstigung‘ fallen kann.“[473]

Die Jahre des Wiederaufbaues waren zugleich jene Zeit, in welcher die Rückstellungsgesetze angewandt wurden. Vermögenswerte, welche während der NS-Zeit entzogen worden waren, waren an ihre ursprünglich berechtigten Eigentümer zurückzustellen. Solche Rückstellungen verursachten beim unrechtmäßigen Eigentümer Verluste bzw. Aufwendungen. Mit Erkenntnis vom 2. 5. 1951, Zl. 306/50, stellte der Verwaltungsgerichtshof die Abzugsfähigkeit von Verlusten aus Rückstellungen fest. Das heißt, solche

471 Archiv des VVO. Ausgangsbuch 1955, Juli, August, September. Ausg. Nr. 1263/55.
472 Archiv des VVO. Ausgangsbuch 1952, April, Mai Juni. Ausg. Nr. 425/52.
473 Ebendort. Siehe voranstehende Fußnote.

Verluste minderten die Steuerlast. Der Verband informierte seine Mitgliedsunternehmen von diesem Erkenntnis.[474]

Die Beseitigung der Folgen des NS-Unrechts dauerte Jahre und war in der Praxis mühsam, denn es galt bei der Rückabwicklung des Unrechts möglichst neues Unrecht zu vermeiden. Rechtsstaatliche Grundsätze, steuerliche Praktiken, welche unter normalen Verhältnissen außer Streit standen, kehrten sich bei ihrer Anwendung ins Gegenteil, d. H., sie wirkten diskriminatorisch, wenn sie bei Rückstellungsverfahren angewendet wurden. Im Grunde genommen handelte es sich um schwierig zu lösende rechtstheoretische Fragen. Aber ebenso zeigte sich, dass die Kombination konträrer Herrschaftsverhältnisse keineswegs geeignet war, das abgelehnte Herrschaftsverhältnis zu beseitigen, sondern dieses nur anderen Rechtssubjekten auferlegte. Der konkrete Anlassfall waren die steuerlichen Auswirkungen von Rückstellungen nach dem 3. Rückstellungsgesetz.[475]

Das Bundesgesetz vom 6. Februar 1947 über die Nichtigkeit von Vermögensentziehungen, BGBl. Nr. 54/1947 (3. Rückstellungsgesetz), bestimmte – kurz gesagt –, dass die Erwerber von durch NS-Gesetzgebung entzogenen Sachwerten diese Sachwerte an die ursprünglich berechtigten Eigentümer zurückzustellen hatten. Der Entzug und die mit dem Entzug verbundenen Rechtsgeschäfte wurden durch das 3. Rückstellungsgesetz nichtig. Im Dritten Reich erfolgte der Entzug derart, dass dem ursprünglichen Eigentümer für den de facto zwangsweise herbeigeführten Verkauf seines Vermögenswertes ein Kaufpreis auf einem Sperrkonto gutgebracht wurde. Tatsächlich ausbezahlt erhielt er einen Bruchteil dieses Kaufpreises, denn von diesem wurden diskriminatorische Abgaben (z. B.: Judenvermögensabgabe, Reichsfluchtsteuer, Arisierungsauflagen usw.) abgezogen. Wollte der Rückstellungspflichtige (der Erwerber) den Vermögensgegenstand behalten, hatte er dem Rückstellungsberechtigten den Betrag zu ersetzen, welcher vom Kaufpreis einbehalten worden war. Dadurch entstand dem Rückstellungsverpflichteten ein Aufwand. Der Verwaltungsgerichtshof hatte in seinen Erkenntnissen Nr. 306/50 vom 2. 3. 1951 und Nr. 775/50 vom 13. 4. 1951 entschieden, dass ein solcher Aufwand steuerlich abzugsfähig ist. Demgegenüber hatte das Finanzministerium in dem Erlass vom 2. 7. 1951, Zl. 45.000-9/51, festgehalten, dass ein mit dem Wirtschaftsgut verbundener Verlust niemals höher sein kann, als jener Wertansatz mit dem das Wirtschaftsgut zu Buche steht. Hinzu kam, dass die inflationäre Wertverschiebung seit der RM-Eröffnungsbilanz dazu geführt hatte, dass die Buchwerte praktisch bedeutungslos geworden

474 Archiv des VVO. Ausgangsbuch 1951, April, Mai, Juni. Ausg. Nr. 376/51.

475 Der Terminus „Rückstellungen" ist hier nicht im streng buchhalterischen Sinn zu verstehen. Unter Rückstellung ist vielmehr die Rückführung von Sachwerten an den früheren Eigentümer zu verstehen, welcher durch NS-Unrecht geschädigt wurde. Buchhalterisch konnten derartige Rückführungen auch Rückstellungen im Sinne des Rechnungswesen erfordern.

waren. Die Bundeskammer der gewerblichen Wirtschaft intervenierte auf Betreiben der Bundessektion Industrie Ende März 1953 gegen diesen Erlass und der Versicherungsverband informierte seine Mitgliedsunternehmen von diesem Einschreiten.[476]

Der erwähnte Erlass des Finanzministeriums belastete allerdings nicht nur die Rückstellungspflichtigen, sondern – spiegelbildlich – auch die Rückstellungsberechtigten. Hatten doch diese eine höhere Ablöse für das ihnen einstmals entzogene Wirtschaftsgut erhalten als dem Buchwert desselben entsprach.

Die Entscheidungen des Verwaltungsgerichtshofes, der Erlass und die Intervention der Kammer waren umfangreich und gingen in komplizierte juristische und buchhaltungstechnische Details ein. Finanzsoziologisch besehen handelte (und handelt) es sich dabei um ein Beispiel dafür, dass sich gesellschaftlicher Wandel – nicht weiter verwunderlich – auch im betrieblichen und steuerlichen Rechnungswesen und in Streitfragen dazu abgebildet hat. Erwähnenswert ist auch der zeitliche Verzug. Es dürfte schwer fallen, hier Böswilligkeiten oder absichtliche Verzögerungen zu vermuten. Es sind vielmehr banale Sachfragen, deren Lösung sich als zeitaufwendig erweist.

Zur Jahreswende 1953/54 wurde die Einführung eines „Steuerauditors" zur Diskussion gestellt. Darunter ist ein privates Prüforgan für die Steuerbilanzen von Unternehmen zu verstehen. Der Verband sprach sich in seiner Stellungnahme von Anfang Jänner 1954 an die Bundeskammer gegen die Institution eines Steuerauditors aus. Ein solcher sei nicht nötig, „… als Gegenstand der Auseinandersetzungen mit den Finanzbehörden in überwiegendem Maße Bewertungs- und Rechtsfragen sind und in diesen Belangen auch der steuerliche Bestätigungsvermerk durch einen Steuerberater keine Abhilfe schaffen könnte".[477]

Ende März 1954 erhielt der Verband den Entwurf eines Bundesgesetzes, betreffend abgabenrechtliche Vorschriften über die Bewertung von Vermögenschaften (Bewertungsgesetz 1954), zur Stellungnahme.[478] Zugleich mit der Aufforderung zur Stellungnahme bat die Bundeskammer der gewerblichen Wirtschaft, „… auch darüber Erwägungen anzustellen, in welchem Ausmaße die Steuermeßzahl für die Grundsteuer bei Betriebsgrundstücken und die Steuermeßzahl für die Gewerbekapitalsteuer durchschnittlich gesenkt werden müßte, damit nach der Hauptfeststellung der Einheitswerte die Grundsteuer von den Betriebsgrundstücken und die Gewerbekapitalsteuer ungefähr den gleichen Ertrag bringen … wie bisher". Im Zuge seiner Bemühungen zur fiskalischen Förderung der Lebensversicherung hatte der Verband wiederholt sein Anliegen vorgebracht, nicht-fällige Ansprüche aus Lebensversicherungen zum „sonstigen

476 Archiv des VVO. Ausgangsbuch 1953, April, Mai Juni. Ausg. Nr. 381/53.
477 Archiv des VVO. Ausgangsbuch 1954, Jänner, Februar, März. Ausg. Nr. 11/54.
478 Archiv des VVO. Ausgangsbuch 1954, Jänner, Februar, März. Ausg. Nr. 289/54.

Vermögen" zu zählen (s. u.). Die Bedeutung des Bewertungsgesetzes ging aber für die Assekuranz über dieses Anliegen hinaus.

Als zu Jahresbeginn 1955 der Verband zum Entwurf eines GRUNDSTEUERGESETZES 1955 Stellung nahm, vermeinte er, dass zum Entwurf nicht viel zu bemerken sei, da er eine Zusammenfassung der geltenden Bestimmungen sei, doch könnten in Ermangelung der Bewertungsgrundsätze des konzipierten Bewertungsgesetzes die tatsächlichen steuerlichen Belastungen nicht überblickt werden.[479]

Die Frage, inwieweit Abgabenforderungen des Bundes mit Gegenforderungen an diesen kompensiert werden können, sollte im Zuge der Durchführung des Staatsvertrages von 1955 erhöhte Bedeutung erlangen; Ende Jänner 1955 war sie noch eine eher formalrechtliche Problemstellung. Die Bundeskammer hatte im Sommer 1954 diese Frage aufgeworfen und war dafür eingetreten, dass Steuerschulden und Gegenforderungen an den Bund nicht kompensierbar seien. Dem widersprach Ende 1954 das Finanzministerium: „… Es ist richtig, daß bürgerlichrechtliche Bestimmungen im öffentlichen Recht nur dann Anwendung finden, wenn sie nicht durch besondere gesetzliche Bestimmungen ausgeschlossen sind. Eine solche, die Anwendung des bürgerlichen Rechtes ausschliessende gesetzliche Anordnung kann jedoch aus der in § 6 AbgEG 1951 enthaltenen Aufzählung nicht abgeleitet werden."[480]

Als im Frühjahr 1955 eine Novellierung des ABGABENEINHEBUNGSGESETZES 1951 (AbgEG) anstand, machte die Sektion Industrie der Bundeskammer der gewerblichen Wirtschaft drei Vorschläge denen sich der Verband anschloss:

1. Im Falle von Ermessensentscheidungen sollte von dem Recht der Finanzbehörden, Stundungszinsen zu verlangen, der praktisch geringstmögliche Gebrauch gemacht werden, wobei die Regelung dieser Frage … mit der … jetzt notwendigen Neufassung der Einbringungsvorschrift vor sich gehen möge.
2. Die gesetzliche Schranke für die Änderung der Höhe der Vorauszahlungsraten für das laufende Kalenderjahr nach dem 30. September müßte fallen. Bis zur Gesetzesänderung sollte das Finanzministerium die Unterbehörden anweisen, bei Vorlage von vorläufigen Bilanzen kulant vorzugehen, um Erstattungen von Überzahlungen, die bekanntlich erst nach Vorliegen eines Bescheides zulässig sind, ohne unnötige Verzögerung zu ermöglichen.
3. Einfügung eines § 9a in das Abgabeneinhebungsgesetz, wonach bei Leistung von rechtswidrig vorgeschriebenen Abgaben nicht nur Erstattung, sondern auch Verzinsung zum jeweils herrschenden Einlagenzinsfuß der Sparinstitute erfolgt. …[481]

479 Archiv des VVO. Ausgangsbuch 1955, Jänner, Februar, März. Ausg. Nr. 22/55.
480 Archiv des VVO. Ausgangsbuch 1955, Jänner, Februar, März. Ausg. Nr. 122/55.
481 Archiv des VVO. Ausgangsbuch 1955, Jänner, Februar, März. Ausg. Nr. 337/55.

Ebenfalls im Frühjahr 1955 unterstützte der Verband den Vorschlag der Bundeskammer, dass die Grunderwerbssteuer dann entfallen sollte, wenn ein Grundstück zur Rettung der darauf lastenden Hypothek erworben werden sollte. Dem Vorschlag war kein Erfolg beschieden.

Am 2. 5. 1955 erging der Erlass, Zl. 32.592-19/55, des Bundesministeriums für Finanzen zur Steuerpflicht der unter öffentlicher Verwaltung stehenden inländischen Zweigniederlassungen ausländischer Versicherungsunternehmungen. Der Erlass ist – ohne es explizit zu erwähnen – im Zusammenhang mit der Sistierung der externen Rechnungslegung (s. o.), der damit verbundenen Steuervorauszahlungen, mit den für Versicherungsunternehmen (Zweigniederlassungen) getroffenen Regelungen des Staatsvertrages 1955 zum deutschen Eigentum und im Hinblick auf die geschlossenen und noch zu schließenden zwischenstaatlichen Übereinkommen zur Doppelbesteuerung (s. u.) zu sehen. Der Erlass beruft sich auf das Erkenntnis des Verwaltungsgerichthofes vom 18. Jänner 1952, Z. 806/1949, in dem festgestellt worden war, dass unter öffentlicher Verwaltung stehende Zweigniederlassungen ausländischer Kapitalgesellschaften körperschaftssteuerpflichtig sind. Im Erlass heißt es unter anderem: „Gemäß § 28 Abs. 1. Körperschaftssteuer-Durchführungsverordnung ist für die Berechnung des inländischen steuerpflichtigen Einkommens grundsätzlich vom Ergebnis des inländischen Versicherungsgeschäftes auszugehen. Wenn wirtschaftliche Beziehungen zu den ausländischen Zentralen nicht mehr bestehen, unterbleiben die dort erwähnten Zurechnungen und Abzüge.“[482] Damit war Zweifelsfragen, ob unter öffentlicher Verwaltung stehende Zweigniederlassungen ausländischer (vornehmlich deutscher) Versicherungsunternehmen einer steuerlichen Sonderbehandlung unterliegen, vorgebeugt worden.

3.3.4. Doppelbesteuerungsabkommen

Anlässlich der Verhandlungen zu einem neuen deutsch-österreichischen Doppelbesteuerungsabkommen legte der Verband in einer Eingabe vom 23. 9. 1954 an das Bundesministerium für Finanzen die Bedeutung von Doppelbesteuerungsabkommen für die Versicherungswirtschaft allgemein dar. Versicherungsunternehmen unterhielten, so führte der Verband aus, in der Regel in mehreren Staaten gleichzeitig Betriebsstätten oder besäßen in mehreren Staaten Vermögen, und zwar auch dann, wenn sie in diesen Staaten keine Betriebsstätte hätten. Wenn nun – mangels multilateraler Verträge – in bilateralen Abkommen die Steuerbemessungsgrundlagen voneinander abweichen, kann es zu einer

482 Archiv des VVO. Ausgangsbuch 1955, April, Mai, Juni. Ausg. Nr. 606/55.

Doppelbesteuerung kommen. Der Verband illustrierte das an einem Beispiel: „Eine österreichische Versicherungsunternehmung hat eine Betriebsstätte A in Österreich (Zentrale), eine Betriebsstätte B in der Schweiz und eine Betriebsstätte C in Deutschland. Das Unternehmen weist in der Generalhandelsbilanz [Anmerkung: gemeint ist der Konzernabschluss] einen Gewinn von öS 1,000.000,– aus. Dieser Gewinn stammt zur Gänze aus der Tätigkeit der Betriebsstätte C. Die Gesamtprämieneinnahme des Unternehmens beträgt öS 160,000.000,–. Davon entfallen auf die Betriebsstätte B öS 20,000.000,–. Das steuerpflichtige Einkommen der Betriebsstätte B ist unter Anwendung des Prämienschlüssels zu ermitteln und beträgt daher öS 125.000,–. Das steuerpflichtige Einkommen der Betriebsstätte C beträgt nach dem Ergebnis der Spezialbilanz öS 1,000.000,–. Aus Obigem folgt, dass das Unternehmen öS 1,125.000,– versteuern muß, es hingegen nur öS 1,000.000,– als Gewinn erzielt hat.“[483]

Die Erste Republik und ebenso das Deutsche Reich hatten mit ihren internationalen Handelspartnern Doppelbesteuerungsabkommen geschlossen. Infolge des Anschlusses 1938 galten für ostmärkische Steuerpflichtige die reichsdeutschen Doppelbesteuerungsabkommen. Infolge der Rechtsüberleitung 1945 hätten aus inländischer Sicht für in Österreich beschränkt Steuerpflichtige die reichsdeutschen Abkommen weiterhin angewendet werden können. Für die ausländischen Vertragspartner der Abkommen jedoch lagen die Dinge anders, denn sie hatten die Abkommen mit dem Deutschen Reich und nicht mit der wieder errichteten Republik geschlossen deren Souveränität durch das Besatzungsregime eingeschränkt war. Damit war eine rechtlich heikle Situation entstanden, welche auch die internationalen Verflechtungen der Versicherungswirtschaft belastete. Die – nicht nur in Österreich – eingehobenen bzw. zusätzlich eingeführten Abgaben vom Vermögen (s. o.) waren desgleichen ein Grund, warum Fragen der Doppelbesteuerung aktuell wurden. Fürs Erste wurde die Situation durch zwischenstaatliche Vereinbarungen entschärft, die entweder darauf hinausliefen, vorläufig die reichsdeutschen Doppelbesteuerungsabkommen anzuwenden oder die zu den vor dem Anschluss vereinbarten, also den alten österreichischen Abkommen zurückkehrten. Letzteres war eine Notlösung, denn durch die Rechtsüberleitung von 1945 hatte das Nachkriegsösterreich einen anderen Rechtsbestand als vor dem Anschluss.

Auf der Grundlage eines Erlasses des Bundesministeriums für Finanzen hieß es in dem Rundschreiben vom 19. März 1949 des Verbandes: „Zur Durchführung eines mit der Schweiz hergestellten Gegenseitigkeitsverhältnisses wird auf Grund des § 15 der Abgabenordnung sowie auf Grund des § 20 des Vermögenszuwachsabgabengesetzes und des § 16 des Vermögensabgabegesetzes folgendes angeordnet:

483 Archiv des VVO. Ausgangsbuch 1954, Juli, August, September. Ausg. Nr. 963/54.

1. Gemäß einem mit der schweizerischen Regierung getroffenen Übereinkommen (Artikel II des Protokolls vom 17. August 1946 über die österreichisch-schweizerischen Wirtschaftsverhandlungen) sind allfällige zwischen Österreich und der Schweiz sich ergebende Doppelbesteuerungsfälle bis zum Abschluss eines neuen österreichisch-schweizerischen Abkommens zur Vermeidung der Doppelbesteuerung einstweilen im Sinne der bis zum 9. Mai 1945 im österreichisch-schweizerischen Verhältnis befolgten Ordnung (Abkommen vom 15. Juli 1931, DRGBl. 1934 II S. 38) zu bereinigen.
2. Gemäß einem mit der Schweizer Eidgenössischen Steuerverwaltung hergestellten Einvernehmen ist die unter z. A. getroffene Regelung auch auf die einmaligen Abgaben vom Vermögenszuwachs und vom Vermögen, insbesondere daher auf die Vermögenszuwachsabgabe (...) und auf die Vermögensabgabe (...) anzuwenden.[484]

Ende Dezember 1949 standen die Verhandlungen über den Abschluss eines Doppelbesteuerungsabkommens mit der Schweiz vor der Finalisierung. Der Verband bat die vom Abkommen (in erster Linie) betroffenen Mitgliedsunternehmen,[485] bis Mitte Jänner 1950 Ergänzungs- und Abänderungswünsche bekannt zu geben.[486] Das erfolgte. Die Wünsche der Assekuranz für das Doppelbesteuerungsabkommen zwischen Österreich und der Schweiz erfassten zwei Themenkreise.

Bei dem einen Themenkreis ging es um die Besteuerung des Gewinns und des Vermögens von Versicherungsunternehmen mit Betriebsstätten in beiden Ländern. Da damals keine österreichischen Versicherer in der Schweiz tätig waren, betraf das nur die Interessen von Versicherungsunternehmen, welche in Schweizer Händen und in Österreich tätig waren. Im deutsch-schweizerischen Doppelbesteuerungsabkommen war vereinbart worden, dass der Unternehmenszentrale im Sitzland ein Abzugsbetrag in Höhe von 10 % des Einkommens der Betriebsstätten zukomme. Diese Bestimmung war allerdings nicht im Doppelbesteuerungsabkommen selbst enthalten, sondern war im Wege einer deutschen Verwaltungsverfügung eingeführt worden. Diese deutsch-schweizer Regelung sollte aufrecht bleiben und auch im zu schließenden österreichisch-schweizerischen Abkommen berücksichtigt werden. Der VVO schlug folgende Formulierung vor: „Einkommen und Vermögen von Versicherungsunternehmungen, die in beiden Staaten Betriebsstätten unterhalten, werden im Verhältnis der Prämieneinnahmen der Betriebsstätte zu den gesamten Prämieneinnahmen der Unternehmung aufgeteilt, wobei mit Bezug auf das Einkommen dem Sitz ein Voraus von 10 % zugestanden wird.“[487]

---

484 Archiv des VVO. Ausgangsbuch 1949, Jänner, Feber, März. Ausg. Nr. 305/49.
485 Das waren: Basler Feuer, Basler Transport, Eidgenössische, Helvetia und Zürich.
486 Archiv des VVO. Ausgangsbuch 1949. Oktober, November, Dezember. Ausg. Nr. 1299/49.
487 Archiv des VVO. Ausgangsbuch 1950, Jänner, Februar, März. Ausg. Nr. 23/50.

Beim anderen Themenkreis ging es um die Besteuerung der Erträge von Wertpapieren, wenn diese in einem der vertragschließenden Staaten einer Abzugssteuer unterlagen. Es galt einer Doppelbesteuerung vorzubeugen. Der Verband schlug vor, in das österreichisch-schweizerische Abkommen die Regelung des jüngst abgeschlossenen schwedisch-schweizerischen Abkommens zu übernehmen: „Die Steuer auf Erträgnissen beweglichen Kapitalvermögens, die einer der beiden Staaten im Abzugswege an der Quelle erhebt, kann für den 5 % des Kapitalertrages übersteigenden Betrag von dem im anderen Staate wohnhaften Einkommensempfänger innerhalb zwei Jahren auf Grund einer amtlichen Bescheinigung über den Wohnsitz und die Heranziehung zu den direkten Steuern im Wohnsitzstaat zurückgefordert werden, wenn der Wohnsitzstaat Erträgnisse gleicher Art ebenfalls der Besteuerung an der Quelle unterwirft.“[488]

Die zunehmende Normalisierung des Geschäftsbetriebes zu Beginn der 50er Jahre führte dazu, dass österreichische Versicherer auf dem Gebiet der Rückversicherung im Ausland tätig wurden. Die Internationalität des Rückversicherungsgeschäfts besteht ja in der Gegenseitigkeit des Geschäfts. Passive Rückversicherung für inländische Risiken und aktive Rückversicherung ausländischer Risiken hängen zusammen. Diese Geschäftstätigkeit war neben einem – vergleichsweise kleinen – Auslandsgeschäft in der Direktversicherung ein Grund, warum Fragen der Doppelbesteuerung für die Assekuranz aktuell wurden. Der Verband beteiligte sich im Frühjahr 1955 auch an den Verhandlungen der „Commission Spéciale des Doubles Impositions“ des Comité Européen des Assurances (CEA) in Brussel.[489] Eine Sonderkommission einzusetzen war auf der Sitzung des CEA am 14. und 15. September 1954 in Kopenhagen beschlossen worden. Auch auf der Wiener Tagung des CEA vom 28. 9. bis 1. 10. 1955 stand die Doppelbesteuerung auf der Tagesordnung. Bereits vorher, im März 1953, auf dem Kongress der europäischen Versicherungsverbände in Rom war über die Thematik der Doppelbesteuerung informiert worden.[490]

488 Ebendort. Siehe die voranstehende Fußnote.

489 Archiv des VVO. Ausgangsbuch 1955, April, Mai, Juni. Ausg. Nr. 478/55.

490 Auf dem Kongress in Rom im März 1953 waren drei Punkte behandelt worden:
- die Liberalisierung des intereuropäischen Versicherungs- und Rückversicherungszahlungsverkehrs,
- ein Bericht über die Fragen der Doppelbesteuerung und zur Lieferung von Unterlagen an die Aufsichtsbehörden und
- der Entwurf einer multilateralen Konvention, betreffend die Grundzüge eines zwischenstaatlichen Niederlassungsrechtes der Versicherungsunternehmungen.

Auf Betreiben des französischen, italienischen und belgischen Verbandes beschloss der Kongress, ein europäisches Versicherungskomitee einzurichten. Das war die Geburtsstunde des CEA. E. Bartel (1953), Kongreß der europäischen Versicherungsverbände in Rom. März 1953. In: Die Versicherungsrundschau, 8. Jg. 1953, Heft 4. S. 97ff.

Die Sonderkommission hatte sich auf ihrer Sitzung am 18. 4. 1955 in Brüssel das folgende Arbeitsprogramm gegeben:

a) Erforschung von allgemeinen Grundsätzen, die als gemeinschaftliche Erkenntnisgrundlagen dienen können,
b) Analyse der mit der Doppelbesteuerung zusammenhängenden Übereinkommen,
c) Aufzählung der Doppelbesteuerungen,
d) Erforschung von Methoden, die anzuwenden wären, um empfohlene Lösungen durchzusetzen.

In dem (von CEA-Präsident Wets vorbereiteten) Einführungspapier zu den Arbeiten der Sonderkommission wurde unter anderem die französische Besteuerung der Rückversicherungsgewinne problematisiert und der Zusammenhang was unter einer Betriebsstätte (‚Etablissement Stable') zu verstehen sei, hergestellt: „Um Rückversicherung in Frankreich bewirken zu können, müssen die Versicherer einen vor den französischen Kontrollbehörden verantwortlichen Vertreter bestimmen. Dieser verantwortliche Repräsentant wird von den französischen Behörden und vom Staatsrat als Zweigniederlassung angesehen. Aus diesem Grunde sind die französischen Behörden der Meinung, daß die Gewinne der ausländischen Rückversicherer aus Rückversicherungsgeschäften stammen, die sie direkt auf ihrem Territorium durchführen und der Besteuerung unterliegen, wobei diese Gewinne gewöhnlich geschätzt werden. Da die anderen Länder eine abweichende Auffassung, von dem was man unter Zweigniederlassung versteht, haben, sind sie der Meinung, daß die französische Einschätzung nicht haltbar ist und daher besteuern sie den Gesamtgewinn aus der Rückversicherung, welche die in ihrem Lande befindliche Zentrale erzielt. Diese Angelegenheit stellt nicht nur eine für Frankreich eigentümliche Erscheinung dar, sondern sie muß vielmehr von einem allgemeinen Gesichtspunkt aus betrachtet werden. Tatsächlich hängt deren Lösung von dem Begriff ‚Etablissement stable' ab."[491]

Am 19. 3. 1951 hatte der Verband der Versicherungsaufsichtsbehörde mitgeteilt,[492] dass ausländische Versicherer, welche in Frankreich Rückversicherungsgeschäfte zeichneten, der Besteuerung ihrer Gewinne aus eben diesem Geschäft unterlagen. Der Gewinn wurde nach einer „höchst komplizierten" Berechnungsweise ermittelt. Der Verband hatte nun in Erfahrung gebracht, dass aufgrund eines französisch-schwedischen Abkommens

491 Einführungsschrift zur Versammlung der Sonderkommission für die Doppelbesteuerung vom 18. April 1955. Archiv des VVO. Ausgangsbuch 1955, Juli, August, September. Ausg. Nr. 1305/55.

492 Archiv des VVO. Ausgangsbuch 1951, Jänner, Februar, März. Ausg. Nr. 229/51.

schwedische Versicherer von dieser Gewinnsteuer befreit waren. Da zu dieser Zeit bereits ein österreichisch-französischer Handelsvertrag bestand, regte der Verband an, die Befreiung der österreichischen Versicherer von dieser Gewinnsteuer auf die Tagesordnung der nach dem Handelsvertrag eingesetzten gemischten Kommission („Commission mixte") zu setzen und damit die Weitergabe des mit Schweden vereinbarten Handelsvorteils – vom Verband als Präjudiz bezeichnet[493] – an die österreichischen Versicherer zu verlangen. Sollte sich die französische Republik diesem Wunsch verschließen, könne man, meinte der Verband, den in Österreich im Rückversicherungsgeschäft tätigen französischen Versicherern Retorsionsmaßnahmen androhen.[494] Zugleich hielt der Verband fest, die Befreiung der österreichischen Versicherer von dieser Gewinnsteuer in etwaige Besprechungen über ein Doppelbesteuerungsabkommen mit Frankreich aufzunehmen.

Die Interessen der österreichischen Versicherer fanden – vorerst – keine Beachtung. Der Verband intervenierte unverdrossen und bat seine Mitgliedsunternehmen, ihm konkrete Steuerbescheide des französischen Fiskus als belastendes Beweismaterial zur Verfügung zu stellen. Die Bescheide sollten an die Aufsichtsbehörde weitergereicht werden, die ihrerseits österreichische Regierungsstellen ersuchen würde, gegen die französische Besteuerung von österreichischen Rückversicherungsgewinnen zu intervenieren, denn es gelte, „... die den Doppelbesteuerungsbestimmungen zuwiderlaufende Besteuerung der Rückversicherungsgewinne ... zu Fall zu bringen."[495]

Das gestaltete sich schwierig, obwohl es eindeutige Präjudizien gab, welche gegen eine Ertragssteuer auf Rückversicherungsgewinne ausländischer Versicherer sprachen. Für das Verhältnis zwischen Österreich und Frankreich war – bis zum Abschluss eines neuen Abkommens – das Doppelbesteuerungsabkommen vom 9. 11. 1934 zwischen der Französischen Republik und dem Deutschen Reich maßgebend. Die Einhebung einer solchen Ertragssteuer widersprach dem Abkommen. Auch das am 31. 12. 1953 zwischen Frankreich und der Schweiz geschlossene Doppelbesteuerungsabkommen sah vor, dass schweizerische Versicherer in Frankreich von der Einkommens- und Vermögenssteuer befreit waren. Zufolge der in internationalen Handelsverträgen üblichen Meistbegünstigungsklausel hätten es die französischen Steuerbehörden unterlassen müssen, von den österreichischen Versicherern Nachweisungen einzufordern, um die Rückversicherungs-

493 Internationale Handelsverträge enthalten in der Regel Meistbegünstigungsklauseln. Der gegenständliche Fall ist ein Beispiel für die Anwendung einer solchen Klausel.

494 Angesichts des Umstandes, dass Frankreich Besatzungsmacht war, war das eine kecke Anregung, zumal es im Alliierten Rat sogenannte Versicherungsoffiziere gab. Ihre Aufgabe war es, die Geschäftstätigkeit der österreichischen Versicherungsunternehmen sowie die Versicherungsaufsicht zu überwachen und die Versicherungsinteressen ihres eigenen Landes zu wahren.

495 Archiv des VVO. Ausgangsbuch 1954, Jänner, Februar, März. Ausg. Nr. 272/54.

gewinne besteuern zu können. Der Verband wiederholte daher in seiner Eingabe vom 20. 5. 1954 an die Versicherungsaufsichtsbehörde den Wunsch, in die Verhandlungen zu einem Doppelbesteuerungsabkommen eingebunden zu werden.[496]

Er nahm diese Eingabe zugleich zum Anlass daran zu erinnern, dass in Frankreich das Vermögen einiger österreichischer Versicherer noch immer unter Zwangsverwaltung stehe[497] und für die Sequestverwaltung desselben hohe Kosten in Rechnung gestellt würden, obwohl die Aufhebung der Zwangsverwaltung längst beantragt worden war und sich der Handelsattaché der französischen Botschaft in Wien bezüglich der Kosten für eine den österreichischen Interessen entgegenkommende Lösung ausgesprochen habe. Die Aufhebung der Sequestration und damit die Wiederzulassung der österreichischen Unternehmen zum Geschäftsbetrieb in Frankreich war bislang daran gescheitert, dass die „Direction d'Assurance" die Entscheidung der „Administration des Domaines" abwartete und diese wiederum ihre Entscheidung von jener des Justizministeriums abhängig machte, das bislang der Aufhebung der Zwangsverwaltung nicht zugestimmt hatte, obwohl sich dafür der Generalsekretär des französischen Versicherungsverbandes (Herr Bougenot) ausgesprochen hatte. Ende Juni 1954 wurde der Verband vom Finanzministerium verständigt, dass die diesmaligen Wirtschaftsverhandlungen mit Frankreich abgeschlossen worden waren. Man war dabei übereingekommen, „daß das französische Finanzministerium Versicherungsaufsichtsbehörde, beschlossen hat, innerhalb einer möglichst abgekürzten Frist diesen Gesellschaften [Anm.: das waren die österreichischen Versicherungsunternehmen mit Vermögen in Frankreich] die Zulassung zum Geschäftsbetrieb … zu erteilen, lediglich unter der Voraussetzung, dass verschiedene erforderliche Rechnungsunterlagen, insbesondere die Betriebsabrechnungen der drei vorangegangenen Jahre, vorgelegt werden".[498] Das zu tun, legte das Finanzministerium den Versicherern nahe und empfahl, nach der Zulassung zum Geschäftsbetrieb in Frankreich gegen die Steuervorschreibungen auf Rückversicherungsgewinne Rechtsmittel zu erheben. Das war ein für die betroffenen Versicherungsunternehmen unbefriedigender Rat.

An die Wirtschaftsverhandlungen schlossen sich die Verhandlungen über ein Doppelbesteuerungsabkommen an. Anfang April 1955 fasste der Verband seine diesbezüglichen Anliegen in einer Eingabe an die Bundeskammer der Gewerblichen Wirtschaft zusam-

496 Archiv des VVO. Ausgangsbuch 1954, April, Mai, Juni. Ausg. Nr. 490/54.

497 Es waren dies die folgenden Unternehmen (alle mit Sitz in Wien): Anglo-Elementar Versicherungs A.G., Donau Allgemeine Versicherungs A. G., Heimat Allgemeine Versicherungs A.G., Wiener Allianz Versicherungs A. G. und die Wiener Rückversicherungsgesellschaft. Archiv des VVO. Ausgangsbuch 1954, April, Mai, Juni. Ausg. Nr. 490/54.

498 Archiv des VVO. Ausgangsbuch 1954, April, Mai, Juni. Ausg. Nr. 654/54.

men.[499] Generell sollte sich das zu schließende österreichisch-französische Abkommen möglichst dem österreichisch-deutschen Doppelbesteuerungsabkommen angleichen.

Im Einzelnen verlangte der Verband, der nicht versäumte, daran zu erinnern, dass er den Entwurf des Abkommens haben möchte, um rechtzeitig dazu Stellung nehmen zu können: Werden Einkünfte aus beweglichem Kapitalvermögen im ‚anderen' Staat im Abzugswege besteuert, sollten diese Einkünfte im Wohnsitzstaat aus der Besteuerungsgrundlage ausscheiden; es sollte also nicht nur die ausländische Steuer auf die Besteuerung im Inland (im Wohnsitzstaat) angerechnet werden. Das begünstige – so der Verband – österreichische Auslandsinvestitionen.

Was unter Betriebsvermögen zu verstehen ist, sollte im Abkommen definiert werden. Als Formulierung wurde vorgeschlagen: „Betriebsvermögen sind alle einer Betriebsstätte gewidmeten Wirtschaftsgüter." Eine solche – scheinbar simple – Definition erschien dem Verband unerlässlich, da „… Versicherungsunternehmungen neben dem Vermögen, das einer ausländischen Betriebsstätte gewidmet ist, auch noch Aktiva und Passiva im gleichen Auslandsstaate unterhalten, die zum Betriebsvermögen der Zentrale im Wohnsitzstaat gehören". Hier waren offensichtlich der Rückversicherung dienende Posten gemeint.

Eine Doppelbesteuerung der Rückversicherungsgewinne (s. o.) sollte unterbunden werden. Der Verband verwies dabei auf die Note vom 3. 11. 1953 des Bundesministeriums für Finanzen an die französische Botschaft in Wien; Zl. 95.703-19/53. Darin hieß es unter anderem: „… daß auf die Erhebung eines Impôt sur les bénéfices des sociétés et autres personnes morales auf die Rückversicherungsgewinne in Frankreich Artikel 1 Abs. 2 des vorläufig in Anwendung stehenden Abkommens zwischen Frankreich und Deutschland zur Anwendung komme und also im Sinne des Artikel 3 Abs. 1 des gleichen Vertrages die Besteuerung ausschließlich Österreich zustehe, da … keine österreichische Versicherungsunternehmung eine Niederlassung in Frankreich unterhält." Um ja Missverständnisse auszuschließen, verlangte der Verband die genannte Abgabe („Impôt …") ausdrücklich in den Katalog der vom Abkommen erfassten Steuern aufzunehmen und festzuhalten, dass erst dann eine Betriebsstätte eines ausländischen Erst- oder Rückversicherers vorliegt, wenn Prämien in Frankreich eingehoben oder dort gelegene Wagnisse versichert werden. Eine solche Regelung entspräche auch dem jüngst geschlossenen französisch-schweizerischen Abkommen, dessen einschlägige Regelung der Verband zi-

499 Archiv des VVO. Ausgangsbuch 1955, April, Mai, Juni. Ausg. Nr. 477/54, Ausg. Nr. 492/55, Ausg. Nr. 493/55 und Ausg. Nr. 494/55. Überdies bat der Verband den Generaldirektor der Compagnies d'Assurance Générales, Paris, um Unterstützung, um die Besteuerung der Rückversicherung zu Fall zu bringen. Archiv des VVO. Ausgangsbuch 19554, Juli, August, September. Ausg. Nr. 1049/55.

tierte, sowie dem französisch-schwedischen Übereinkommen. Weiters bat der Verband um die Klarstellung, ob Betriebsstätten österreichischer Versicherer im Saarland vom österreichisch-deutschen oder vom österreichisch-französischen Doppelbesteuerungsabkommen erfasst werden.

Als der Verband von den für Oktober 1955 neuerlich anberaumten Wirtschaftsverhandlungen mit Frankreich informiert wurde und erfuhr, dass unter anderem der Abschluss eines Doppelbesteuerungsabkommens auf der Tagesordnung stand, fasste er nicht nur seine Anregungen dazu zusammen, sondern konzentrierte sich auf die Beseitigung der Besteuerung der Rückversicherungsgewinne. In diesem Anliegen wurde der Verband durch die Arbeiten der vom CEA eingesetzten Sonderkommission zur Doppelbesteuerung bestärkt (s. o.). Er forderte jene vier Mitgliedsunternehmen auf, welche von dieser Besteuerung betroffen waren, sich an das Syndicats des Sociétés Etrangères d'Asssurance in Paris zu wenden und diese Interessenvertretung mit der Angelegenheit zu befassen und zugleich befreundete französische Versicherungsunternehmen um ihre Unterstützung zu bitten; was diese auch taten.[500] In Frankreich hatte zu Beginn des Jahres der Bevollmächtigte der vier Unternehmen die Steuererklärungen für 1954 über das Prämieninkasso unter Protest vorgelegt und zugleich bei der Finanz um Stundung angesucht. Steuervorauszahlungen waren nicht erfolgt. Der französische Fiskus verhielt sich abwartend. Was die Sequestrierung österreichischen Versicherungsvermögens betraf, hatte der Generalsekretär des französischen Verbandes, Herr Bougenot, am 7. 9. 1955 dem österreichischen Verband mitgeteilt, „... er sei der Überzeugung, daß demnächst eine günstige Lösung Platz greifen werde".[501]

Am 15. 9. 1955 schlug der Verband dem Bundesministerium für Finanzen vor, „... die unsere Mitgliedsunternehmungen sehr benachteiligende Doppelbesteuerung ihrer französischen Rückversicherungsgewinne ... in Form eines authentisch interpretierenden Briefwechsels der Regierungen bzw. der beiden Finanzdepartments aus der Welt zu schaffen." Dabei sei „... auf die Artikel 16 und 17 des für Österreich derzeit maßgeblichen Übereinkommens zwischen Frankreich und Deutschland vom 9. November 1934" zu verweisen. Vorbild für diese Vorgangsweise waren die französisch-schwedische und die französisch-norwegische Doppelbesteuerungskonventionen. Die französisch-schwedische Konvention war am 24. 12. 1936 geschlossen worden. Der Briefwechsel zwischen den Finanzdepartments datierte vom 2. bzw. 14. 9. 1949.[502] Das Ministerium akzeptierte den Vorschlag und bat den Verband um den Entwurf eines Briefes des österreichischen

500 Archiv des VVO. Ausgangsbuch 1955, Oktober, November, Dezember. Ausg. Nr. 1371/55 und 1372/55.
501 Archiv des VVO. Ausgangsbuch 1955, Juli, August, September. Ausg. Nr. 1215/55.
502 Archiv des VVO. Ausgangsbuch 1955, Juli, August, September. Ausg. Nr. 1244/55.

Finanzministers an seinen französischen Amtskollegen. Der Briefentwurf ging am 24. 10. 1955 an die Aufsichtsbehörde.[503] Anfang November 1955 musste der Verband erfahren, dass bei den zuletzt stattgefundenen Wirtschaftsverhandlungen Versicherungs- und Rückversicherungsfragen nicht besprochen worden waren, da das französische Finanzministerium eine Politik des leeren Stuhls betrieben hatte. Der Verband drängte daher das Bundesministerium für Finanzen, baldmöglichst den interpretierenden Briefwechsel in die Wege zu leiten.[504]

Im Sommer 1953 sollte die ÖSTERREICHISCH-ITALIENISCHE VEREINBARUNG ZUR VERMEIDUNG DER DOPPELBESTEUERUNG (auf dem Gebiet der direkten Steuern) erneuert werden. Der Verband teilte der Finanzpolitischen Abteilung der Bundeskammer der gewerblichen Wirtschaft mit, dass das geltende Abkommen mit Italien sich für die Versicherungsgesellschaften als ausreichend erwiesen habe und daher keine Änderungen gewünscht würden.[505] Diese Auskunft verlor ihre Gültigkeit durch den Abschluss des österreichisch-deutschen Doppelbesteuerungsabkommens. Am 12. 4. 1955 wandte sich der Verband an die Bundeskammer und machte vorsorglich darauf aufmerksam, dass in einem künftigen Doppelbesteuerungsvertrag mit Italien das Wahlrecht zwischen Prämienschlüssel und Betriebsstättenbilanz für die Ermittlung der Steuerbemessungsgrundlage aufgenommen werden sollte. Desgleichen verlangte er, dass bei einer Quellenbesteuerung von Einkünften aus beweglichem Kapitalvermögen im anderen Staat diese Einkünfte aus der Steuerbemessungsgrundlage zur Gänze ausgeschieden werden sollten. Außerdem sprach er sich dafür aus, in das Abkommen eine Definition des Betriebsvermögens aufzunehmen, damit klar zwischen dem Betriebsvermögen einer ausländischen Betriebsstätte und dem Auslandsvermögen des Mutterunternehmens unterschieden werden kann.[506] Als im Frühjahr 1956 über die Neufassung des österreichisch-italienischen Doppelbesteuerungsabkommens verhandelt werden sollte, sprach sich der Verband dafür aus, sich bei jenen Bestimmungen, welche sich auf die Assekuranz bezogen, am österreichisch-deutschen Abkommen zu orientieren.[507]

Die Regelungen zur Vermeidung einer DOPPELBESTEUERUNG MIT GROSSBRITANNIEN entsprachen den Erfordernissen der Versicherungswirtschaft. Das war nicht weiter verwunderlich, denn auch die britische Assekuranz mit weltweit – nicht zuletzt im Bereich der Rückversicherung – tätigen Versicherungsunternehmen (z. B. Lloyd's of London)

503 Archiv des VVO. Ausgangsbuch 1955, Oktober, November, Dezember. Ausg. Nr. 1410/55.

504 Archiv des VVO. Ausgangsbuch 1955, Oktober, November, Dezember. Ausg. Nr. 1477/55 und Ausgangsbuch 1956, Jänner, Februar, März. Ausg. Nr. 269/56 und 281/56.

505 Archiv des VVO. Ausgangsbuch 1953, Juli, August, September. Ausg. Nr. 759/53.

506 Archiv des VVO. Ausgangsbuch 19554, April, Mai, Juni. Ausg. Nr. 502/55 und Ausg. Nr. 503/55.

507 Archiv des VVO. Ausgangsbuch 1956, Jänner, Februar, März. Ausg. Nr. 283/56.

war an Bestimmungen interessiert, welche beiden Geschäftspartnern zustatten kamen. Der Verband teilte daher Mitte März 1954 der Bundeskammer mit, er habe zum Entwurf des Doppelbesteuerungsabkommens mit dem Vereinigten Königreich nichts zu bemerken.[508]

Zu Beginn der 50er Jahre hatten sich auch im Versicherungswesen die wirtschaftlichen Beziehungen zu Deutschland normalisiert. Es gab wieder ein bedeutendes Rückversicherungsgeschäft. Überdies waren österreichische Erstversicherer in Deutschland tätig und erlösten dort rund 200 Millionen Schilling an Prämieneinnahme. Anfang Februar 1954 erfuhr der Verband, dass die Republik mit der Bundesrepublik Deutschland Verhandlungen über ein Doppelbesteuerungsabkommen sowie über Abkommen zum Rechtsschutz und zur Rechtshilfe in Abgabensachen aufgenommen hatte. Zunächst hatte man sich mit dem alten Abkommen aus 1922 beholfen. Der Verband bat den Finanzminister zu den Verhandlungen über ein zeitgemäßes Österreichisch-deutsches Doppelbesteuerungsabkommen eine Delegation des Verbandes beizuziehen.[509] Zugleich wandte sich der Verband an die Aufsichtsbehörde und bat diesen Wunsch zu unterstützten.[510] Die Delegation wurde als ein (Ad-hoc-)Komitee des Verbandspräsidiums eingerichtet.

Das neue Doppelbesteuerungsabkommen mit Deutschland war schwierig und leicht zugleich. Es galt nicht zwei unterschiedliche Steuersysteme in Hinblick auf grenzüberschreitende Steuertatbestände aufeinander abzustimmen, um Doppelbelastungen oder einen Förderungskumul zu vermeiden. Vielmehr ging es darum, in zwei annähernd gleichen Steuersystemen grenzüberschreitende Tatbestände einerseits gleich (und nicht ungleich) zu behandeln und andererseits Doppelbelastungen oder einen Förderungskumul hintanzuhalten; also den üblichen Zielsetzungen eines Doppelbesteuerungsabkommens zu genügen. Nach dem Abschluss des Abkommens 1955 war der Verband bemüht, in den Abkommen mit anderen Staaten analoge Bestimmungen zur Regelung mit Deutschland aufzunehmen. Die Doppelbesteuerungsregelungen für die Versicherungswirtschaft sollten in allen Abkommen möglichst gleich sein.

Der Wunsch des Verbandes, an den Münchener Verhandlungen teilzunehmen, wurde am 12. 3. 1954 von der Präsidialsektion im Bundesministerium für Finanzen als verfrüht abgelehnt. Vorerst habe man sich in München um die Klarstellung jener Grundsätze bemüht, welche im abzuschließenden Abkommen anzuwenden seien. Als von österreichischer Seite auf die Versicherungsunternehmungen Bezug genommen wurde, be-

508 Archiv des VVO. Ausgangsbuch 1954, Jänner, Februar, März. Ausg. Nr. 263/54.
509 Archiv des VVO. Ausgangsbuch 1954, Jänner, Februar, März. Ausg. Nr. 166/54.
510 Archiv des VVO. Ausgangsbuch 1954, Jänner, Februar, März. Ausg. Nr. 167/54.

richtete die Präsidialsektion, habe die deutsche Seite eine Sonderregelung für Versicherungsunternehmen abgelehnt. „Ein besonderer Aufteilungsmaßstab, wie ein solcher im neuen österreichisch-schweizerischen Doppelbesteuerungsabkommen vorgesehen ist, wird nicht für erforderlich erachtet. Es sollen demnach auch bei Versicherungsunternehmungen die Besteuerungsgrundlagen der Betriebsstätten grundsätzlich unter Heranziehung der Spezialbilanzen erstellt werden.“ Damit, so schloss der Verband in seinem Informationsschreiben an das erweiterte Präsidium des Verbandes und an die Mitglieder des Ad-hoc-Komitees, sei geklärt, „daß im gegenwärtigen Stadium die Intentionen der deutschen Finanzbehörde dahin gehen, auch bei Versicherungsunternehmungen Spezialbilanzen als Besteuerungsgrundlage heranzuziehen“.[511] Anstelle einer Erstellung von Spezialbilanzen für Betriebsstätten hätte die österreichische Assekuranz ein vereinfachtes Aufteilungsverfahren des Besteuerungsgegenstandes vorgezogen.

Der Verband fasste in einem ausführlichen Schreiben vom 21. 4. 1954 an das Finanzministerium seine Anliegen zusammen.[512] Der persönliche Geltungsbereich des Abkommens sollte sich im neuen Abkommen auf physische und nicht-physische Personen (i. e. Körperschaften) erstrecken. Im alten Abkommen konnten die Einkünfte nicht-physischer Personen aus Kapitalvermögen doppelt besteuert werden, denn sie waren im Abkommen nicht erwähnt. Das lief auf eine hundertprozentige Steuerlast hinaus. Ein weiterer heikler Punkt war die Ermittlung des steuerpflichtigen Einkommens bei beschränkt steuerpflichtigen Versicherungsunternehmen. Nach der sowohl in Österreich (kraft Rechtsüberleitung) wie in Deutschland geltenden Körperschaftssteuer-Durchführungsverordnung hatten beschränkt steuerpflichtige Versicherer die Wahl, ihr steuerpflichtiges Einkommen und Vermögen entweder aufgrund eines gesonderten Jahresabschlusses oder mit Hilfe eines Prämienschlüssels zu ermitteln. Die deutsche Seite drängte darauf, nur die Methode des gesonderten Abschlusses anzuerkennen, während der Verband größten Wert darauf legte, dass beide Ermittlungsarten erhalten blieben. Hand in Hand ging damit der Wunsch des Verbandes, die Vorschriften für die Ermittlung der Steuerbemessungsgrundlagen aufeinander abzustimmen.

Im Fall eines gesonderten Abschlusses sollte an die Stelle des technischen Ergebnisses des inländischen Versicherungsgeschäfts als Bemessungsgrundlage das Ergebnis einer steuerlichen Spezialbilanz für die inländische Betriebsstätte (also für die Zweigniederlassung des ausländischen Versicherers) treten. Dadurch hätte sich die anteilsmäßige Hinzurechnung von Vermögenserträgen des ausländischen Mutterunternehmens erübrigt, während jene fixen Kosten („Generalunkosten“) des Mutterunternehmens, welche durch

511 Archiv des VVO. Ausgangsbuch 1954, Jänner, Februar, März. Ausg. Nr. 292/54.
512 Archiv des VVO. Ausgangsbuch 1954, April, Mai, Juni. Ausg. Nr. 386/54.

die Zweigniederlassung verursacht wurden, sehr wohl als eine Aufwandspost derselben zu berücksichtigen gewesen wären. „In der Regel", so führte der Verband aus, „wird das Rückversicherungsgeschäft auch für die ausländischen Betriebsstätte durch die Zentrale getätigt; der Vorstand übt seine Funktion stets nicht nur für die Zentrale, sondern in gleicher Weise auch für ausländische Niederlassungen aus."[513]

Im Fall der Anwendung eines Prämienschlüssels sollte im Abkommen oder in den Erläuterungen hiezu festgehalten werden:

a) Vermögen und Einkommen (Ertrag) von Versicherungsunternehmungen werden im Verhältnis der Rohprämieneinnahmen der Betriebsstätte zu den gesamten Rohprämieneinnahmen des Unternehmens aufgeteilt.
b) Bei der Ermittlung der Steuerbemessungsgrundlagen nach dem Prämienschlüssel finden die im Staate der Betriebsstätte bei gewissen Veranlagungen gewährten Steuerbegünstigungen Anwendung, sei es in Form von Gewinnabzügen, sei es in Form von Steuerabzügen, je nach der Art der gewährten Steuerbegünstigung.
c) Der Besteuerungszeitraum für die Betriebsstätte richtet sich grundsätzlich nach den Besteuerungszeiträumen der Unternehmung. …

Punkt b) zielt darauf ab, dass eine Steuerbegünstigung in dem einem Staat nicht durch eine Besteuerung in dem anderen Staat zunichte gemacht wird. Punkt c) zielt darauf ab, zu vermeiden, dass innerhalb eines grenzüberschreitend tätigen Unternehmens unterschiedliche Besteuerungsperioden veranschlagt werden müssen.

Für kapitalertragssteuerpflichtige Einkünfte verlangte der Verband, dass das Prinzip der Quellenzuteilung vollständig und umfassend gilt und ausdrücklich im Abkommen verankert wird. An sich besagt das Prinzip, dass die einzelnen Steuerquellen den Vertragsstaaten jeweils zur ausschließlichen Besteuerung zugewiesen werden. Allerdings, so wünschte der Verband, sollte das Prinzip nicht – eng interpretiert – nur für die Besteuerung gelten, sondern auch fiskalische Förderungen einschließen.

Anfang September 1954 wurde der Verband vom Finanzministerium davon informiert, dass ab 1. 1. 1955 ein NEUES ÖSTERREICHISCH-DEUTSCHES DOPPELBESTEUERUNGSABKOMMEN gelten werde, welches für die Kapitalertragssteuer eine geänderte Regelung vorsehe. Im alten Abkommen von 1922 war vorgesehen, dass das dem Wohnsitzstaat des Empfängers von Kapitaleinkünften zustehende Besteuerungsrecht nicht durch das dem Quellenstaat vorbehaltene Abzugssteuerrecht berührt wird. Im neuen Abkommen dagegen war vereinbart worden, dass „die in Westdeutschland erhobene Kapitalertragssteuer

513 Ebendort. Siehe die voranstehende Fußnote.

in Österreich beim inländischen Steuerpflichtigen – wie die im Inland erhobene Kapitalertragssteuer – auf die vorgeschriebene Einkommensteuer angerechnet …" wird.[514]

Zur nämlichen Zeit erhielt der Verband den Entwurf des Doppelbesteuerungsabkommens, zu dem er am 23. 9. 1954 ausführlich Stellung nahm. Er wiederholte seinen Wunsch, dass für die Gewinnermittlung beide Methoden (s. o.) herangezogen werden können, forderte eine exakte Definition des Begriffes „Betriebsvermögen", sprach sich dagegen aus, dass Vorschriften zur (innerstaatlichen) Steuervermeidung Gegenstand des Abkommens sein sollten, plädierte dafür, dass Einkünfte aus beweglichem Kapitalvermögen von der Besteuerungsgrundlage im Wohnsitzstaat ausgenommnen werden, wenn sie vom Quellenstaat im Abzugswege besteuert werden, und trat dafür ein, dass der Steuerpflichtige im Sitzland gegenüber der zuständigen obersten Finanzbehörde den Anspruch eingeräumt erhält, dass die Behörde verpflichtet ist, bei der Finanzbehörde des anderen Staates zu intervenieren, wenn es zu einer Doppelbesteuerung kommt.[515] Zugleich bat der Verband zur Unterstützung der laufenden Verhandlungen (in Bonn) die in Deutschland tätigen Mitgliedsunternehmen und jene deutschen Unternehmen, welche in Österreich Geschäft hatten, um folgende Angaben:

- Jahr des Beginns des Geschäftsbetriebes,
- derzeitige Hauptniederlassung,
- derzeitige Zweigniederlassungen,
- Anzahl der Innenangestellten,
- Anzahl der Mitarbeiter im Außendienst,
- Prämieneinnahme 1944 in Schilling,
- Voraussichtliche Prämieneinnahme 1954 in Schilling,
- Bemerkungen zur Bedeutung des deutschen bzw. österreichischen Geschäfts.[516]

Bereits am 27. 9. 1954 konnte der Verband dem Ministerium das Ergebnis seiner Umfrage melden. Dabei zeigte sich, wie eng der österreichische mit dem (west-)deutschen Versi-

514 Archiv des VVO. Ausgangsbuch 1954, Juli, August, September. Ausg. Nr. 914/54.

515 Archiv des VVO. Ausgangsbuch 1954, Juli, August, September. Ausg. Nr. 963/54.

516 Archiv des VVO. Ausgangsbuch 1954, Juli, August, September. Ausg. Nr. 967/54 und Ausg. Nr. 968/54. Als österreichische Unternehmen waren in Deutschland tätig: Der Anker, Erste Allgemeine, Interunfall und Wiener Allianz. Als deutsche Unternehmen waren in Österreich tätig: Deutsche Sach, Mannheimer, Münchner Verein, National, Nordstern Allg. + Aachen Münchner, Nordstern Leben, Victoria, Albingia, Allianz Leben, Ceres, Deutsche Hagel, Deutsche Kranken, Südd. Kranken, Vereinigte Kranken. Der Staatsvertrag von 1955 reduzierte die Anzahl der in Österreich tätigen deutschen Unternehmen nachhaltig.

cherungsmarkt verflochten war. 1944 hatten die österreichischen Versicherer im Gebiet des „Altreiches“ (Deutschland) öS 8,000.000,– an Prämien eingenommen. 1954 erzielten sie in Westdeutschland öS 280,000.000,– an Prämien. Die Prämieneinnahmen der in Österreich zum Neugeschäft zugelassenen deutschen Versicherer wuchsen im gleichen Zeitraum von 16 auf 47 Millionen Schilling.[517]

Dem Wunsch des Verbandes bei der Gewinnermittlung neben der Methode des gesonderten Abschlusses auch die Aufschlüsselung anhand der Prämieneinnahmen zuzulassen, wurde eingeschränkt entsprochen. Im Schlussprotokoll hieß es in Punkt 13: „In besonders gelagerten Fällen kann bei der Zuweisung der Einkünfte … eine Aufteilung des Gesamtgewinnes des Unternehmens vorgenommen werden; bei Versicherungsunternehmungen ist in solchen Fällen als Maßstab das Verhältnis der Rohprämieneinnahmen der Betriebsstätte zu den gesamten Rohprämieneinnahmen des Unternehmens zugrunde zu legen. …“[518] Aus dem Formulierungsvorschlag des Verbandes „nicht möglich oder nicht zweckmässig“ war „in besonders gelagerten Fällen“ geworden, was den Versicherern die Beweislage erschwerte.

In der Eingabe vom 7. 4. 1955 des Verbandes an die Bundeskammer der gewerblichen Wirtschaft zum Schlussprotokoll des Doppelbesteuerungsübereinkommens mit dem Fürstentum Liechtenstein wandte sich der Verband gegen die Absicht der Bundeskammer, analoge Bestimmungen aus dem österreichisch-schweizerischen Doppelbesteuerungsabkommen zu übernehmen. Zwar würden die Mitgliedsunternehmen des Verbandes von dem Übereinkommen mit Liechtenstein nicht unmittelbar berührt, doch seien die „Fernwirkungen“ auf andere, noch abzuschließende Abkommen nicht zu unterschätzen, wenn das Übereinkommen unerwünschte Bestimmungen enthalte. „Unsererseits wird angestrebt“, schrieb der Verband, „in künftigen Doppelbesteuerungsübereinkünften eine solche die Versicherungsunternehmungen betreffende Spezialbestimmung unterzubringen, wie sie im österreichisch-deutschen Doppelbesteuerungsübereinkommen … enthalten ist. Die Bestimmung sieht bekanntlich sowohl die Besteuerungsmöglichkeit auf Grund der Betriebsstättenbilanz als auch nach dem Prämienschlüssel vor und sie ist schon deshalb zu propagieren, um möglichst einheitliche Steuerbemessungsgrundlagen in den verschiedenen bilateralen Übereinkommen zu sichern.“[519]

Im Frühjahr 1955 erhielt der Verband den Entwurf eines Abkommens mit den Vereinigten Staaten zur „Vermeidung der Doppelbesteuerung auf dem Gebiete der Steuern vom Einkommen“. Der Verband wiederholte seine zu anderen Abkommen ge-

---

517 Archiv des VVO. Ausgangsbuch 1954, Juli, August, September. Ausg. Nr. 988/54.

518 Archiv des VVO. Ausgangsbuch 1954, Oktober, November, Dezember. Ausg. Nr. 1151/54.

519 Archiv des VVO. Ausgangsbuch 1955, April, Mai, Juni. Ausg. Nr. 491/55.

machten Bemerkungen (Definition der Betriebsstätte, Aussonderung der Einkünfte aus beweglichen Kapitalvermögen, wenn diese Einkünfte an der Quelle besteuert werden usw.; s. o.). Die Stellungnahme fiel eher kursorisch aus und setzte sich nicht mit den Spezifika des US-amerikanischen Versicherungsmarktes auseinander. Zu diesen Eigentümlichkeiten gehört, dass die Versicherungsaufsicht bei den Bundesstaaten ressortiert (und nicht bei der „Federal Administration"), die auch Besteuerungsrechte haben und beispielsweise ausländischen Rückversicherungsschutz besteuern. Der Verband beschränkte sich diesbezüglich auf die Feststellung: „Der letzte Halbsatz … und die Vorschrift des Artikel … haben offenbar innerstaatliche Rechtsverhältnisse … zur Voraussetzung und Veranlassung. Diese ausländische Gesetzgebung ist uns nicht bekannt und auch die dem Gesetzentwurf beigefügten Erläuterungen bringen keine genügende Aufklärung. Die bezüglichen Vertragsformulierungen können daher in ihren Auswirkungen nicht überblickt wenden und wir sehen uns außerstande, hiezu Stellung zu nehmen."[520]

An dem Doppelbesteuerungsabkommen mit Belgien zeigte der Verband kein besonderes Interesse. Er beschränkte sich darauf in einem Schreiben vom 18. 5. 1955 an die Bundeskammer seine grundsätzlichen Überlegungen zu Doppelbesteuerungsabkommen zu wiederholen, so wie er das rund einen Monat vorher in seiner Stellungnahme zum Abkommen mit dem Fürstentum Liechtenstein getan hatte (s. o.).[521]

Ähnlich wie beim Doppelbesteuerungsabkommen mit Belgien reagierte der Verband, als er Ende Oktober 1955 eingeladen wurde, zum Doppelbesteuerungsabkommen mit Norwegen seine Wünsche einzubringen. Er regte an, sich am österreichisch-deutschen Abkommen zu orientieren.[522]

3.3.5 Die Aufsichtsgebühr

Durch die Rechtsüberleitung bei Wiedererstehen der Republik Österreich galt das reichsdeutsche Versicherungsaufsichtsrecht weiter.[523] § 101 dtVAG 1931 sah vor, dass, egal ob Erst- oder Rückversicherer, die Versicherungsunternehmen die Kosten ihrer Beaufsichtigung tragen.[524] Die Kosten wurden ihnen als Gebühr vorgeschrieben. Damit folgte der

520 Archiv des VVO. Ausgangsbuch 1955, April, Mai, Juni. Ausg. Nr. 541/55.

521 Archiv des VVO. Ausgangsbuch 1955, April, Mai, Juni. Ausg. Nr. 683/55.

522 Archiv des VVO. Ausgangsbuch 1955, Oktober, November, Dezember. Ausg. Nr. 1417/55.

523 Gesetz vom 6.VI. 1931, DRGBl. I S 315, über die Beaufsichtigung der privaten Versicherungsunternehmen und Bausparkassen in der in Österreich eingeführten Fassung (GBl. f. d. Land Oesterr. Nr. 624/1939).

524 § 101 VAG (1931) lautete:

(1) Die Kosten des Reichsaufsichtsamts für Privatversicherung und des Verfahrens vor ihm sind dem Reiche

Gesetzgeber dem Verursacherprinzip. Verfahren vor der Aufsichtsbehörde waren – von Ausnahmen abgesehen – für die Versicherer gebührenfrei. Die Gebühr war mit 1 Promille der Prämieneinnahmen gedeckelt. Der jeweils aktuelle Promillesatz wurde von der Aufsichtsbehörde festgesetzt.[525] Diese Vorgangsweise bewirkte, daß für ein gegebenes Kostenvolumen bei starkem Prämienwachstum der Promillesatz sank und umgekehrt.

Die Entwicklung der Aufsichtsgebühr 1945 bis 1970
(in Millionen öS bzw. ATS)

Jahr	Aufsichtsgebühr		Prämieneinnahmen insg.	Aufsichtsgebühr in ‰ d. Prämieneinnahmen d. Vj.
	Präliminiert[a)]	Rechnungsabschluss		
1938[b)]	0,182	k. A.	154,00	k. A.
1945	k. A.	k. A.	(131,00) 94,00	k. A.
1946	0,135	k. A.	174,00	1,0
1947	0,135	k. A.	281,00	0,8
1948	0,160	k. A.	391,00	0,6
1949	0,270	k. A.	501,00	0,7
1950	0,250	k. A.	423,00	0,5

von den seiner Aufsicht unterstellten Versicherungsunternehmungen und Bausparkassen (...) durch Entrichtung von Gebühren nach Abs. (2) zu erstatten; zu den Kosten gehören auch die Kosten, die durch eine Heranziehung von Prüfern nach § 84, Abs. (1), Satz 2, entstanden sind. Zu den Kosten sind hinzuzurechnen die Gebühren, die im Vorjahr nicht eingegangen sind.

(2) Der Gesamtbetrag der Gebühren soll neun Zehntel der Kosten des Abs. (1) betragen. Der Satz von eins vom Tausend der gebührenpflichtigen Einnahme an Versicherungsentgelten sowie an Spar- und Tilgungsbeiträgen (Bausparkassen) darf nicht überschritten werden. Bei Versicherungsunternehmungen werden die Gebühren nach dem Verhältnis der Rohentgelte (Bruttoprämien, Beiträge, Vor- und Nachschüsse, Umlagen) berechnet, die einer jeden Unternehmung im letzten Geschäftsjahr aus den von ihr im Inland abgeschlossenen Versicherungen, jedoch nach Abzug der zurückgewährten Überschüsse oder Gewinnanteile, erwachsen sind; bei Bausparkassen treten an Stelle der Rohentgelte die um Zuschläge für Verwaltungskosten oder ähnliche Aufwendungen erhöhten Spar- und Tilgungsbeiträge.

(3) Den Gebührensatz bestimmt jährlich das Reichsaufsichtsamt in Tausendteilen der gebührenpflichtigen Einnahme an Versicherungsentgelten sowie an Spar- und Tilgungsbeiträgen. Dabei kann es die gebührenpflichtige Einnahme und die Gebühren nach Grundsätzen abrunden [die der Genehmigung des Reichswirtschaftsministers bedürfen)]. Der Reichswirtschaftsminister kann einen Mindestgebührenbetrag festsetzen.

(4) Die Gebühren setzt das Reichsaufsichtsamt fest; es übermittelt den Unternehmungen einen Verteilungsplan und fordert sie auf, die Gebühren an die Reichshauptkasse binnen einem Monat einzuzahlen. Nach Fristablauf können fällige Beträge wie öffentliche Abgaben eingezogen werden.

525 Näheres zur Aufsichtsgebühr bei: H. Kraus (1971), Versicherungsaufsichtsrecht. Eine Studie zum deutschen und zum österreichischen Recht. Forschungen aus Staat und Recht 16. Wien. S. 284ff.

Jahr	Aufsichtsgebühr		Prämieneinnahmen insg.	Aufsichtsgebühr in ‰ d. Prämieneinnahmen d. Vj.
	Präliminiert[a)]	Rechnungsabschluss		
1951	0,300	k. A.	802,00	0,7
1952	0,500	k. A.	993,00	0,6
1953	0,500	k. A.	1.191,00	0,5
1954	0,800	k. A.	1.394,00	0,7
1955	0,800	k. A.	1.645,00	0,6
1956	0,900	k. A.	1.907,00	0,5
1957	0,900	k. A.	2.389,00	0,5
1958	1,000	k. A.	2.786,00	0,4
1959	1,300	k. A.	3.063,00	0,5
1960	1,500	1,338	3.577,00	0,5
1961	1,500	1,405	4.007,00	0,4
1962	1,750	1,531	4.484,00	0,4
1963	1,750	1,486	5.031,00	0,4
1964	1,750	1,644	5.577,00	0,3
1965	1,750	k. A.	6.340,00	0,3
1966	1,750	k. A.	7.116,00	0,3
1967	k. A.	k. A.	8.047,00	k. A.
1968	k. A.	k. A.	9.135,00	k. A.
1969	k. A.	k. A.	10.137,00	k. A.
1970	k. A.	k. A.	11.179,00	(0,45)

Quellen: Bundesvoranschläge ab 1946; A. Hollmayer (2000), op. cit.
Anmerkungen: a) Präliminiertes Aufkommen laut Bundesvoranschlag. b) 1 österreichischer Schilling 1938 entspricht 0,7467 ATS 1945. 10,00 Mio. öS entsprechen 7,50 Mio ATS 1945.

Mit Erlass vom 25. 9. 1947 des Bundesministeriums für Finanzen, Zl. 33-605-19/47, war die Aufsichtsgebühr für das Geschäftsjahr 1946 bzw. 1945/46 mit genau einem Promille festgesetzt worden. Versicherer die keine Prämieneinnahmen hatten oder deren Prämieneinnahme in diesen Jahren unter ATS 5.000,– lag, hatten eine Mindestgebühr von ATS 5,– zu entrichten.[526] In den Folgejahren sank der effektive Promillesatz (siehe Tabelle). 1951 machte die Festlegung 0,7 Promille aus und 1970 waren es 0,45 Promille.

Mitte Dezember 1951 wandte sich der österreichische Verband an den Schweizer Verband und bat zu Vergleichszwecken um eine Information, wie in der Schweiz die Kosten der Versicherungsaufsicht gedeckt werden. Denn: „Man will nunmehr die Versiche-

526 Laut K. u. H. Wahle (1949; Hrsg.), op. cit. S. 307f.

rungsunternehmungen … dazu verhalten, auch gewisse andere Verwaltungsabgaben zu bezahlen, die bisher nicht bei ihnen eingehoben wurden. Wir haben den Eindruck, daß die Aufsichtsgebühr ohnedies ausreichend ist und daneben kein Raum für anderweitige Gebühren mehr besteht.“[527]

3.4 Die Vergebührung von Versicherungsverträgen

Die Vergebührung von Versicherungsverträgen und anderen Schriftsätzen wurde in engem Zusammenhang mit der Besteuerung der Versicherungsprämien behandelt. Das war (und ist) naheliegend, denn eine fiskalische Belastung des rechtsverbindlichen Schriftverkehrs zwischen Versicherer und Versichertem wirkt ähnlich wie die Besteuerung des Versicherungsentgeltes; die Risikodeckung wird teurer.

Aus finanzsoziologischer Sicht sind Stempelgebühren ein subtiles Herrschaftsinstrument. Allein die Unsicherheit der Zensiten, ob ein Schriftstück zu stempeln ist, ihre Sorge vor Behördenwillkür, hat Einfluss auf ihr Verhalten gegenüber der „Obrigkeit“ und geht über die Folgen der finanziellen Belastung hinaus, die mit einer Vergebührung verbunden sind. Ein Ausfluss dieser Unsicherheit war, dass sich die Assekuranz – vertreten durch ihren Verband – in einer ganzen Reihe von Anlassfällen und immer wieder von neuem mit dem Fiskus auseinander zu setzen hatte, ob eine bestimmte Kategorie von Schriftstücken nun zu stempeln sei oder nicht. Desgleichen stellten die Gerichts- und Justizverwaltungsgebühren eine finanzielle und administrative Belastung dar, die nicht zu vernachlässigen war.

Die administrative Handhabung der Vergebührung belastete Versicherer und Versicherungsnehmer. In einer Zeit, in welcher die private Wirtschaft weit reichender wirtschaftlicher Lenkungsmaßnahmen unterworfen war, wirkte die Stempelpflicht lähmend, wenn auf einen nicht unbeträchtlichen Teil des Schriftverkehrs mit Behörden Stempelmarken aufzukleben waren. Wie bei einer Stempelung zu verfahren war, war vom Verordnungsgeber genau geregelt (Stempelmarken waren auf die erste Seite des Bogens zu kleben und mit einem Teil der ersten Textzeile so zu überschreiben, dass die Schrift über das farbige Feld der Stempelmarke verlief. Unbrauchbar gewordene Stempelmarken sowie Stempelmarken, die auf unbrauchbar gewordenem Papier befestigt worden waren, konnten gegen Einbehalt eines Abzuges von 20 % umgetauscht werden. Unbrauchbar gewordene gestempelte Polizzenformulare waren aufzuheben und wurden sie zum Um-

527 Archiv des VVO. Ausgangsbuch 1951, Oktober, November, Dezember. Ausg. Nr. 1071/51.

tausch der Marke eingereicht, waren sie zur Gänze vorzulegen. U. a. m.)[528] Doch nicht genug, auch das Papierformat war vorgeschrieben. Dieses stimmte mit dem für Polizzen gebräuchlichen Format nicht überein. Also bedurfte es einer Ausnahmegenehmigung, die vom Bundesministerium für Finanzen nur befristet erteilt wurde. Da sich die Novellierung des Gebührengesetzes in die Länge zog, musste um die Verlängerung der Ausnahmegenehmigung eingekommen werden.[529] Ja selbst dem Schriftverkehr mit den vier Besatzungsmächten drohte die Vergebührung. Das wurde abgewendet.[530]

Bereits die provisorische Staatsregierung hatte im Sommer 1945 den Entwurf eines Gebührengesetzes zur Begutachtung versandt. Der Entwurf war jedoch zurückgezogen worden, da im Herbst 1945 Wahlen angesetzt worden waren. Im Frühsommer 1946 wurde von der Bundesregierung eine neue Fassung des Entwurfes vorgelegt. Diesmal ging der Entwurf der Versicherungswirtschaft nicht zu. Trotzdem erhielt sie von dem Gesetzesentwurf Kenntnis.

Der Verband äußerte sich in einer Eingabe vom 4. 7. 1946 an das Bundesministerium für Finanzen ausführlich zum geplanten Gesetz.[531] Die Eingabe wurde dem Bundesminister für Finanzen sogar persönlich überreicht.[532] Doch das dürfte nichts genützt haben. In seiner Sitzung am 24. 10. 1946 ermächtigte der Vorstand des Verbandes sein Präsidium, beim Bundesminister für Finanzen scharfen Protest einzulegen, denn inzwischen war das Gebührengesetz ohne ordentlicher Anhörung der Versicherungswirtschaft und ohne Berücksichtigung ihrer Interesse verabschiedet worden.[533]

In seiner Eingabe vom 4. 7. 1946 griff der Verband vier Materien auf. Der Entwurf hatte vorgesehen, dass Rechtsgeschäfte, welche unter das Versicherungssteuergesetz fallen, nicht der Gebührenpflicht unterliegen sollten. Trotzdem blieb im Entwurf manches unklar. Die Steuerbefreiung war nicht so eindeutig formuliert, wie das aus Sicht der Versicherer wünschenswert gewesen wäre. Hinzu kam, dass gegenüber 1938 der Gebührentarif um das Zweieinhalb- bis Dreifache erhöht worden war.

Erstens sprach sich der Verband dafür aus, das reichsdeutsche Versicherungssteuergesetz beizubehalten. Es war mit dem reichsdeutschen Urkundensteuergesetz abgestimmt. Diese Abstimmung fehlte nun bei den neuen österreichischen Gebührenvorschriften. Vor 1938 war, wie in der Eingabe bemerkt wurde, auch die Einheitlichkeit zwischen Ver-

528 Archiv des VVO. Ausgangsbuch 1946, Oktober, November, Dezember. Ausg. Nr. 1520/46.
529 Archiv des VVO. Ausgangsbuch 1947, Jänner, Feber, März. Ausg. Nr. 239/47.
530 Archiv des VVO. Ausgangsbuch 1947, April, Mai, Juni. Ausg. Nr. 450/47.
531 Archiv des VVO. Ausgangsbuch 1946, Juli, August, September. Ausg. Nr. 815/46.
532 Archiv des VVO. Ausgangsbuch 1946, Juli, August, September. Ausg. Nr. 816/46.
533 Archiv des VVO. Vorstandsprotokoll Nr. 31 vom 24.10.1946. TO.-Pkt. III. Fragen des Gebührengesetzes 1946.

sicherungssteuer und Versicherungsgebühren gewahrt. Deutlich hieß es: „Aus dem Nebeneinander von Gebührengesetz und Versicherungssteuergesetz ergeben sich … Unstimmigkeiten, die zu beseitigen wären, falls sie unbeabsichtigt waren. Aber auch wenn sie tatsächlich den nach der Auslegung möglichen fiskalischen Zweck nach Absicht des Gesetzgebers erreichen sollen, wären sie für die Versicherungswirtschaft keinesfalls erträglich und daher aus diesem Grunde … abzuändern."[534]

Zweitens sprach sich der Verband dafür aus, klarzustellen, dass Rückversicherungsverträge nicht der Gebührenpflicht unterliegen. Dieser Umstand gehöre in den Durchführungsvorschriften festgestellt, da Rückversicherungsverträge von der Besteuerung ausgeschlossen seien, könnte daraus – irrtümlich – abgeleitet werden, dass sie gebührenpflichtig sein müssen; also mit Stempelmarken zu versehen seien.

Drittens sprach sich der Verband dagegen aus, für Versicherungsverträge eine Gebühr von zwei Schilling pro Bogen einzuheben. Die Tücke des Entwurfes lag darin, dass unklar war, ob das nur für jene Ausnahmefälle verlangt wurde, bei denen keine Versicherungssteuer anfiel, oder ob die Vergebührung generell gelten sollte. Letzteres hätte eine merkliche Verteuerung von Versicherungsdeckungen bedeutet. Der Verband erinnerte daran, dass bereits vor 1938 Versicherungsurkunden von jeder Gebühr befreit waren.

Viertens, sprach sich der Verband dagegen aus, dass – so wie im Entwurf vorgesehen – Prämienquittungen, Prämiennoten und Borderos der Versicherungsunternehmen stempelpflichtig sein sollten. Dies würde, so wie bei den Polizzen, Versicherungsdeckungen verteuern. Auch hier erinnerte der Verband daran, dass vor 1938 derartige Schriftstücke keiner Gebühr unterlegen hätten.

Abschließend wies der Verband auf die negativen Elastizitäten von und zwischen dem Aufkommen an Versicherungssteuer und an Gebühren hin.

Der Eingabe vom 4. 7. 1946 folgte am 30. 7. 1946 die nächste.[535] Sie war steuerpolitisch bedeutsam, denn in ihr wurde ein fiskalisches Schutzkonzept angedacht, das später zur „Versicherungsfluchtsteuer" weiterentwickelt wurde. Vom Standpunkt einer Interessenvertretung war die Situation heikel, denn grundsätzlich lehnte der Verband die Vergebührung von Versicherungsverträgen ab und gab – sich gleichsam ins Unvermeidliche schickend – der Besteuerung der Prämien den Vorzug. Zugleich wollte man aber die Möglichkeiten nutzen, sich vor ausländischer Konkurrenz durch stark erhöhte Stempelgebühren für die Versicherungsnahme im Ausland zu schützen.

Der Entwurf des Gebührengesetzes sah nicht vor, dass Versicherungsverträge dann einer prohibitiv hohen Gebühr unterworfen wurden, wenn sie mit einem Versicherer geschlos-

534 Op. cit., S. 1.

535 Archiv des VVO. Ausgangsbuch 1946, Juli, August, September. Ausg. Nr. 941/46.

sen worden waren, welcher nicht zum Geschäftsbetrieb in Österreich zugelassen war. Eine solche diskriminatorische Vorschrift war im Gebührentarif 1933 vorgesehen gewesen. Dabei hafteten für die Vergebührung nicht nur der Versicherungsnehmer, sondern auch die versicherte Person, Abschlussbevollmächtigte, Versicherungsvermittler sowie Inhaber und Verwalter der versicherten Sache. Durch die Beseitigung des österreichischen Gebührenrechts und die Einführung des reichsdeutschen Versicherungssteuergesetzes waren diese Schutzbestimmungen zugunsten der inländischen Assekuranz weggefallen. Der Verband richtete daher an das Bundesministerium für Finanzen folgende Bitte: „… eine Ergänzung des Versicherungssteuergesetzes zu veranlassen, wonach die Versicherungssteuer für direkte Versicherungen, die mit ausländischen zum Gewerbebetrieb in Oesterreich nicht zugelassenen Versicherern abgeschlossen wurden, eine Erhöhung in dem Ausmaße wie nach der Gebührennovelle 1933 erfährt, sodaß eine prohibitive Wirkung damit verbunden ist."

Unmittelbar nach der Verlautbarung des Gebührengesetzes[536] sprach das Präsidium des Verbandes beim Finanzminister vor, erhob dagegen heftige Vorstellungen und verlangte die völlige Streichung der Tarifpost 12, welche alle Versicherungspolizzen stempelpflichtig machte,[537] anstatt nur die Versicherungsnahme im Ausland der Stempelpflicht zu unterwerfen. Dem Verband gelang ein Teilerfolg.[538] Bis zur Novellierung des Gebührengesetzes 1946 sagte das Bundesministerium für Finanzen zu, die Finanz-Landesdirektionen anzuweisen, lediglich zwei Schilling pro Bogen einer Polizze einzuheben und von einer Stempelpflicht für Versicherungsbedingungen und sonstigen Anhängen abzusehen.[539] Die Stempelgebühr war vom Versicherungsnehmer zu tragen. Trotz eines entsprechenden Erlasses vom 30. 11. 1946 des Bundesministeriums für Finanzen, Zl. 280944-11/46, kam es immer wieder vor, dass Unterbehörden die Vergebührung von Polizzenanhängen und beigefügten Versicherungsbedingungen verlangten. Sie verhängten auch Strafgebühren. Der Verband riet seinen Mitgliedsunternehmen davon ab, mit solchen Behörden Verhandlungen über die Vergebührung zu führen. Vielmehr sollte von vornherein keine Stempelung von Anhängen und Bedingungen erfolgen. Im Falle von

536 Am 12.10.1946.

537 Im Gebührengesetz 1946, BGBl. Nr. 184, hieß es: „… § 14. Tarife der festen Stempelgebühren für Schriften und Amtshandlungen. Tarifpost 12: Versicherungsscheine … von jedem Bogen feste Gebühr … S 2.

538 Siehe dazu das Rundschreiben vom 12.11.1946 des VVO. Archiv des VVO. Ausgangsbuch 1946, Oktober, November, Dezember. Ausg. Nr. 1332/46.

539 Archiv des VVO. Vorstandsprotokoll Nr. 32 vom 15.11.1946. TO.-Pkt. III. Zum Gebührengesetz 1946. Erlass des Bundesministeriums für Finanzen vom 13.11.1946, Z. 280.944-11/1946: „… 3. Der festen Gebühr nach § 14. T. P. 12 GebG. 1946, unterliegt nur der förmliche Versicherungsschein als solcher; Versicherungsbedingungen (allgemeine und besondere) und sonstige Anhänge, die gebräuchlicherweise den Versicherungsscheinen als Anlage angeschlossen oder beigeheftet werden, sind nicht als weitere Bogen des Versicherungsscheines anzusehen und daher nicht zu stempeln."

Beanstandungen wurde geraten, ein Rechtsmittel zu ergreifen und den Verband davon zu verständigen.[540]

Der Teilerfolg war der Ausgangspunkt für eine weitere Eingabe.[541] Am 13. 11. 1946 fasste der Verband seine Einwendungen gegen das Gebührengesetz 1946 zusammen, um damit auf dessen Novellierung Einfluss zu nehmen. Darüber hinaus wiederholte er den Wunsch, den „Versicherungsschmuggel" durch in Österreich nicht zum Geschäft zugelassene ausländische Versicherer mithilfe einer erhöhten Belastung mit Versicherungssteuer hintanzuhalten. Charakteristisch für die Zeitumstände ist, dass der Verband dem Ministerium anbot, durch entsprechendes Lobbying bei den Versicherungsoffizieren der vier Besatzungsmächte einem möglichen Widerspruch des Alliierten Rates zu begegnen. Weiters griff der Verband sein früher geäußertes Anliegen auf, an Stelle der Feuerschutzsteuer zum österreichischen Feuerwehrbeitrag zurückzukehren.

Die Tücken des Gebührengesetzes 1946 berührten auch den Schriftverkehr zwischen der Aufsichtsbehörde und dem Verband. Im Schreiben vom 27. 11. 1946 des Verbandes an die Aufsichtsbehörde[542] wird dagegen Stellung bezogen, dass Eingaben des Verbandes an die Aufsichtsbehörde stempelpflichtig sein sollten. Argumentiert wurde, dass Eingaben des Verbandes nicht die Privatinteressen desselben betreffen, sondern aus öffentlichen Rücksichten erfolgen, welche sich aus der Ausübung des Aufsichtsrechtes durch die Behörde ergeben. Am 7. 5. 1947 erhob der Verband Berufung gegen den Bescheid vom 1. 4. 1947 des Finanzamtes für Verkehrssteuern in Wien. Das Finanzamt hatte für drei Eingaben des Verbandes an die Aufsichtsbehörde wegen unterbliebener Vergebührung die doppelte Stempelgebühr verlangt.[543] Doch der Fiskus war hartnäckig. Das zeigte die Auseinandersetzung mit dem Finanzamt für Verkehrssteuern über den Schriftverkehr des Verbandes mit dieser Behörde selbst. Das Handelskammergesetz 1946, BGBl. 182, befreite den Schriftverkehr von Kammereinrichtungen mit Behörden von der Stempelpflicht. Der gemäß Handelskammergesetz konstituierte Fachverband der Versicherungsunternehmungen Österreichs hatte die Wahrnehmung seiner Aufgaben und Geschäfte im Wege eines Delegierungsübereinkommens (vom 16. Juni 1947) an den freien Wirtschaftsverband (den VVO, einen Verein) übertragen. Der VVO stand daher „... auf dem auch vom Bundesministerium für Finanzen anerkannten Standpunkt, daß unserem Schriftwechsel mit den ... Behörden und Ämtern die Gebührenfreiheit zustatten kommt".[544]

540 Archiv des VVO. Ausgangsbuch 1947, Jänner, Februar, März. Ausg. Nr. 153/47. Sowie: Archiv des VVO. Ausgangsbuch 1947, Jänner, Feber, März. Ausg. Nr. 251/47.

541 Archiv des VVO. Ausgangsbuch 1946, Oktober, November, Dezember. Ausg. Nr. 1352/46.

542 Archiv des VVO. Ausgangsbuch 1946, Oktober, November, Dezember. Ausg. Nr. 1396/46.

543 Archiv des VVO. Ausgangsbuch 1947, April, Mai, Juni. Ausg. Nr. 474/47.

544 Archiv des VVO. Ausgangsbuch 1948, Juli, August, September. Ausg. Nr. 888/48.

Ein typischer Anlassfall für die finanzielle und administrative Belastung durch die Stempelgebühr waren Ansuchen um Ausnahmen von Auszahlungsbeschränkungen für Versicherungsnehmer nach dem Versicherungsüberleitungsgesetz 1946, BGBl. Nr. 108/1946. Um Gebühren zu sparen, machte der Verband seine Mitgliedsunternehmen darauf aufmerksam, er werde unzureichend gestempelte Ansuchen nicht weiterleiten, und er riet davon ab, Ansuchen die von vornherein als aussichtslos anzusehen seien, überhaupt vorzulegen.[545] Wie sich später zeigte, war man sich im Finanzministerium bewusst, dass diese Gebührenbelastung sozial problematisch war. Trotzdem waren Eingaben mit öS 4,– und Beilagen dazu mit öS 1,– pro Bogen zu vergebühren. Das Ministerium als Versicherungsaufsichtsbehörde informierte Anfang März 1950 im Wege des Verbandes die Versicherer. „Eingaben um Freigabe von Versicherungszahlungen gemäß der Bestimmung des § 6 Abs. (2) des Versicherungsüberleitungsgesetzes vom 13. Juni 1946, BGBl. Nr. 108, unterliegen einer festen Stempelgebühr. … Die Anträge stammen vielfach von sozial bedürftigen Personen. Eine aufrechte Erledigung ist in vielen Fällen nicht möglich. Es wird sich empfehlen, daß die Gesellschaften auf den Freigabeanträgen die Richtigkeit gemachter Angaben an Hand ihnen vorgelegter Dokumente … bescheinigen, um so die Gebührenbelastung der Einschreiter zu vermindern.“[546]

Die Auseinandersetzung mit dem Fiskus erreichte Ende November 1946 einen Höhepunkt.

Ein damals üblicher Versicherungszweig war die Versicherung des Verlustes der Monatskarte für die Straßenbahn. Die Monatsprämie belief sich auf 40 Groschen. Die monatlich auszufertigende Polizze war mit zwei Schilling zu stempeln.[547] (40 Groschen [1946] entsprechen 73 Cent [1999] und 2 Schilling [1946] entsprechen 3,65 € [1999])[548]. Die Gebühr machte damit das Fünffache der Prämie aus. Die Zeitkartenversicherung wurde eingestellt. Auch die Reisegepäckversicherung und die Kleinlebensversicherung wurden durch die Vergebührung unmäßig verteuert. Der Verband trug sein Anliegen, das Gebührengesetz 1946 dringend zu novellieren, mit Vehemenz dem Finanzminister (Dr. G. Zimmermann) vor. Zugleich intervenierte der Verband beim zuständigen Sektionsrat im Finanzministerium (Bundesrat Dr. Latzka).[549] Der Beamte erhielt eine Kopie des an seinen Minister gerichteten Schreibens (s. o.). Weiters wurde er auf die soziale Unverträglichkeit aufmerksam gemacht, die dadurch entstanden war, dass Ausnahmen von den Auszahlungsbeschränkungen des Versicherungsüberleitungsgesetzes

545 Archiv des VVO. Ausgangsbuch 1946, Oktober, November, Dezember. Ausg. Nr. 1402/46.
546 Archiv des VVO. Ausgangsbuch 1950, Jänner, Februar, März. Ausg. Nr. 236/50.
547 Archiv des VVO. Ausgangsbuch 1946, Oktober, November, Dezember. Ausg. Nr. 1407/46.
548 Zur Valorisierung siehe: P. U. Lehner (2000), op. cit.
549 Archiv des VVO. Ausgangsbuch 1946, Oktober, November, Dezember. Ausg. Nr. 1408/46.

1946 Bedürftigkeit der Antragsteller voraussetzten, die erforderlichen Anträge jedoch zu stempeln waren.

Die Bemühungen des Verbandes waren erfolgreich. Versicherungen mit Kleinstprämien wurden von der Stempelpflicht befreit. Das betraf:

a) In der Lebensversicherung: Versicherungsscheine über Versicherungssummen bis zu S 500,–;
b) In der Krankenversicherung: Versicherungsscheine, auf denen eine vereinbarte Monatsprämie (...) bis zu S 1,50 ausgeworfen ist;
c) In allen übrigen Versicherungszweigen: Versicherungsscheine auf denen eine Jahresprämie ... bis zu S 20,– ausgeworfen erscheint.[550, 551]

Die Stempelpflicht belastete das Versicherungsgeschäft auch in Bereichen, wo dies besonders misslich war. Zufolge der Trennung von ihrem im Deutschen Reich gelegenen Mutterunternehmen konnten viele Zweigniederlassungen deutscher Lebens- und Krankenversicherer keinen vollwertigen Versicherungsschutz mehr bieten. Die öffentlichen Verwalter der Zweigniederlassungen machten die Versicherungsnehmer darauf aufmerksam. Zugleich boten sie den Versicherungsnehmern an, zu einem im Inland voll zugelassenen Versicherer zu wechseln. Für diesen Wechsel gab es günstige Überleitungstarife. Die Vergebührung der Ersatzverträge stellte für die Versicherten eine zusätzliche Belastung dar. Deshalb intervenierte der Verband im Bundesministerium für Finanzen und bat, derartige Ersatzversicherungen von der Stempelgebühr zu befreien.[552]

Anfang 1947 zeigte sich ein Hoffnungsschimmer. In die beabsichtigte Novellierung mehrerer Verkehrssteuergesetze sollte auch die Befreiung der Polizzen von der Stempelpflicht aufgenommen werden.[553] Der Hoffnungsschimmer verhinderte aber nicht, dass die Querelen mit der Vergebührung anhielten.

Schutzbestimmungen gegen die Versicherungsflucht ins Ausland fehlten nach wie vor, obwohl sie sowohl bei den Entwürfen zur Novellierung des Versicherungssteuergesetzes und des Gebührengesetzes als Anliegen vorgebracht worden waren. Auch eine neuerliche Intervention am 23. 5. 1947 des Verbandes bei der Gebührensektion des Finanzmi-

550 Schreiben vom 09.12.1946 des VVO an das Bundesministerium für Finanzen. Archiv des VVO. Ausgangsbuch 1946, Oktober, November, Dezember. Ausg. Nr. 1447/46.

551 1 öS [1946] entspricht der Kaufkraft von ATS 25,0979 [1999]. 1 ATS [1999] sind 0,0726728 € [1999]. Zur Valorisierung siehe: P. U. Lehner (2000), op. cit.

552 Archiv des VVO. Ausgangsbuch 1947, Jänner, Feber, März. Ausg. Nr. 365/47.

553 Archiv des VVO. Vorstandsprotokoll Nr. 50 vom 18.03.1947. TO.-Pkt. II. Allfälliges. 1. Entwurf einer Novelle zu mehreren Verkehrssteuergesetzen.

nisteriums half nicht.[554] Die Gefahr einer Abwanderung von Versicherungsverträgen ins „valutastarke“ Ausland bestand tatsächlich; so beispielsweise in Vorarlberg in die nahe gelegene Schweiz oder in der Transportversicherung. Die Transportversicherung litt darunter, dass Fremdwährungsversicherungen nur mit Zustimmung der Oesterreichischen Nationalbank abgeschlossen werden durften. Bei Importgeschäften war diese Bestimmung leicht zu umgehen, denn der ausländische Versicherer konnte auch den inländischen Teil des Risikos decken.

Wie erwähnt, lagen die Tücken des Gebührengesetzes im administrativen Detail. Am 25. 6. 1947 informierte der Verband seine Mitgliedsunternehmen, „... daß Rechtsgeschäfte, die in einer an sich gebührenfreien Form abgeschlossen wurden, auch durch den amtlichen Gebrauch der Geschäftsunterlagen dieser Gebührenfreiheit nicht verlustig gehen. Wesentlich ist dabei, daß diese Rechtsgeschäfte durch Brief und Gegenbrief, also Anbot- und Annahmeschreiben, zustande gekommen sind. Die Frage hat besondere Wichtigkeit für Zessionen und deren Vorlage an Staatseisenbahnen, Post und dgl.“[555]

Die hohe Inflation, welche damals herrschte, höhlte die Freigrenzen für stempelfreie Polizzen aus. Deshalb bemühte sich der Verband beim Bundesministerium für Finanzen, dass die Freigrenzen hinaufgesetzt wurden. Sie stiegen um den gleichen Satz, nämlich um 25 %, um welchen die Unternehmen zu den Prämien einen Teuerungszuschlag einheben durften. Dieser diente dazu, den inflationären Kostendruck beim Betriebsaufwand abzudecken.[556, 557]

Der Umstand, daß die Stempelgebühr vom Versicherungsnehmer zu tragen war, veranlasste das Finanzamt für Gebühren und Verkehrssteuern die Stempelgebühr als Versicherungsentgelt zu werten und der Versicherungssteuer sowie der Feuerschutzsteuer zu

---

554 Archiv des VVO. Ausgangsbuch 1947, April, Mai, Juni. Ausg. Nr. 539/47.

555 Archiv des VVO. Ausgangsbuch 1947, April, Mai, Juni. Ausg. Nr. 627/47. Post und Eisenbahn waren damals keine privaten Unternehmen, sondern hatten Behördencharakter.

556 Archiv des VVO. Vorstandsprotokoll Nr. 53 vom 17.10.1947 TO.-Pkt. IV. Zwischenbericht, betreffend Novelle zum Verkehrssteuergesetz.

557 Der inflationäre Kostendruck beim Betriebsaufwand war zum Teil selbstverstärkend. Da die Inflation den Versicherungsschutz aushöhlte war es erforderlich, die nominelle Höhe der Versicherungsdeckungen (-summen) laufend anzupassen. Das führte zu einem administrativen Mehraufwand. Die Feuerversicherung ist dafür ein Beispiel. In der Stellungnahme vom 20.12.1947 des Verbandes heißt es dazu: „... Die Arbeitslage der Unternehmungen ist ohnedies besonders angespannt, weil infolge der sukzessive eintretenden Erhöhung der Versicherungssummen wegen der allgemeinen Preissteigerungen bedeutende manipulative Mehrarbeiten erforderlich sind. Konnte bei 10jähriger Versicherungsdauer in normalen Zeiten angenommen werden, daß ein solcher Versicherungsvertrag durchschnittlich erst nach 6 Jahren eine Veränderung erfuhr, so muß gegenwärtig mindestens einmal im Jahr, zum Teil noch öfter, mit einer Bearbeitung gerechnet werden. Diese Erscheinung verhindert die im Versicherungsgewerbe so notwendige Rationalisierung ...“ Archiv des VVO. Ausgangsbuch 1947, Oktober, November, Dezember. Ausg. Nr. 1258/47.

unterziehen. Diese Doppelbesteuerung geschah, obwohl die Versicherungsunternehmen die Prämien, den Aufwandsersatz für die Stempelgebühr und die vom Versicherungsentgelt eingehobene Versicherungs- und Feuerschutzsteuer getrennt den Versicherungsnehmern vorgeschrieben hatten. Gegen die Besteuerung bzw. gegen die vorgeschriebene Nachversteuerung[558] der Stempelgebühren erhoben die Versicherungsunternehmen und ihr Verband Einspruch. Dabei argumentierten sie zum Teil recht subtil: „Wenn der Versicherungsnehmer selbst den Stempel beigebracht hätte, so käme er weder in der Prämienrechnung noch in der Polizze und auch nicht als separate Post vor. Es wäre daher gar nicht möglich, ihn der Versicherungssteuer zu unterziehen. … Die Frage, warum der Prämienzuschlag in fester Höhe nicht einem Entgelt in pauschalierter Höhe gleichzusetzen ist, lässt sich einfach beantworten, eben wegen der Individualisierung als Aufwandsersatz. … Wir haben lediglich Ersatz des Stempels für den Versicherungsschein vom Versicherungsnehmer begehrt und auch erhalten. Ganz anders wäre es zu beurteilen, wenn tatsächlich ein pauschalierter Prämienzuschlag eingehoben worden wäre, in dem der Ersatz für den Stempel … unterschiedslos mit anderen Kosten verrechnet worden wäre. Dann könnten wir auch nicht bestreiten, dass die Versicherungssteuerpflicht eines solchen Prämienzuschlages gegeben wäre.“[559]

Am 1. 4. 1948 war es dann soweit: Gemäß Verkehrssteuernovelle 1948 (BGBl. 57/48)[560] fiel die Gebührenpflicht für Versicherungsscheine (Tarifpost 12 von § 14 des Gebührengesetzes 1946, BGBl. 184/46) weg. Damit hatte die Assekuranz eine für sie und ihre Kunden wesentliche administrative Erleichterung erreicht. Zugleich war damit eine Abgabe beseitigt worden, welche in ihren historischen Wurzeln in das Steuerrecht der österreichischen Reichshälfte der Habsburger-Monarchie zurückreichte. Trotz dieser – an sich klaren – Rechtslage versuchte 1950 das Finanzamt für Gebühren und Verkehrssteuern, Wien, bei Betriebsrevisionen mehrfach an die in der ursprünglichen Fassung des Gebührengesetzes 1946 vorgesehene Stempelpflicht anzuknüpfen. Das Finanzamt veranlagte die für die Versicherungsurkunden entrichtete Stempelgebühr nachträglich zur Versicherungssteuer und gegebenenfalls zur Feuerschutzsteuer. Dagegen beriefen die Versicherer und behielten Recht: Versicherungs- bzw. Feuerschutzsteuer war von den

558 Die Nachversteuerung erfolgte gleichsam rückwirkend, denn inzwischen war durch die Verkehrssteuernovelle 1948 die im Gebührengesetz 1946 enthaltene Stempelpflicht für Versicherungsurkunden abgeschafft worden.

559 Archiv des VVO. Ausgangsbuch 1949, Juli, August, September. Ausg. Nr. 858/49. Sowie: Archiv des VVO. Ausgangsbuch 1949, April, Mai, Juni. Ausg. Nr. 456/49 und 547/49. Bereits im Frühjahr 1949 wendete sich der Verband im Zuge der auch andere steuerliche Angelegenheiten betreffenden laufenden Verhandlungen mit dem Finanzamt für Gebühren und Verkehrssteuern gegen die Absicht, den Kostenersatz für die Stempelgebühren zu besteuern.

560 Siehe dazu den folgenden Abschnitt zur Versicherungs- und zur Feuerschutzsteuer.

vormaligen Polizzenstempeln nicht zu entrichten und Transportversicherungszertifikate unterlagen keiner Stempelgebühr.[561]

Nicht unmittelbar mit der Vergebührung von Versicherungsverträgen hatte die Frage zu tun, ob Eingaben an die Verkehrsämter der Polizei in Angelegenheiten der Kfz-Haftpflichtversicherung stempelpflichtig sind oder nicht. Zufolge der beginnenden Automobilisierung schwoll der Nachrichtenaustausch mit den Verkehrsämtern an und damit stieg der Umfang des stempelpflichtigen Schriftverkehrs. Am 25. Februar 1949 befasste sich das juristische Komitee des Verbandes mit der Frage, ob Eingaben an die Verkehrsämter stempelpflichtig sind. Es gelangte zur Auffassung, dass Anträge oder sonstige Eingaben an die Polizeikommissariate der Stempelpflicht unterliegen, es sei denn, es gelänge im Einzelfall nachzuweisen, dass diese Eingaben nicht im Privatinteresse des Einschreiters lägen, sondern im öffentlichen Interesse einer Erfüllung gesetzlicher Vorschriften stünden. Das Komitee bezweifelte, ob ein solcher Aufwand lohnte, zumal die Vorlage der Versicherungsbestätigung (für die behördliche Zulassung des Fahrzeugs zum Verkehr) bzw. deren Rückziehung sowieso gebührenfrei sei. Allerdings regte das Komitee an, den Nachrichtenaustausch mit den Verkehrsämtern zu standardisieren: „Wenn es überhaupt der Mühe verlohnt, könnte versucht werden, für regelmäßig wiederkehrende Anfragen etwa mit einzelnen größeren Verkehrsämtern ein System von Mitteilungen mit Doppelpostkarte zu vereinbaren. Möglich, daß in dieser Form der Anfrage keine Eingabe erblickt und von der Einhebung des Stempels abgesehen wird.“[562] Mit dieser Anregung nahm das Komitee eine Entwicklung vorweg, welche später und in technisch anderer Form zu einer wichtigen Tätigkeit des VVO wurde; der Nachrichtenaustausch mit den Verkehrsämtern wurde automatisiert und EDV-gestützt durchgeführt. Das Kleben von Stempelmarken war damit überholt.

Auf einer ähnlichen Linie wie der Informationsaustausch mit den Verkehrsämtern lag die Weitergabe von Krankengeschichten an private Kranken- und Lebensversicherer. Diese brauchten die Krankengeschichten zur Abwicklung der Versicherungsfälle. Für Abschriften und Teilabschriften von Krankengeschichten entrichteten die Versicherer an die öffentlichen Krankenanstalten in Wien je nach Umfang der Abschrift eine Gebühr von öS 10,– bis 20,–. Im Herbst 1951 wurde diese Gebühr, unabhängig von der Länge der Abschrift, vom Magistrat der Stadt Wien verdoppelt. Dagegen wandte sich der Verband und ersuchte für solche Abschriften von einer Gebührenerhöhung abzusehen. Er begründete seine Bitte damit, „… daß diese Auskünfte zum allergrößten Teil in der Kleinstleben- und Sterbegeldversicherung eingeholt werden“ und dass aus sozialen Rücksichten die

561 Archiv des VVO. Ausgangsbuch 1950, Oktober, November, Dezember. Ausg. Nr. 1130/50.

562 Archiv des VVO. Ausgangsbuch 1949, Jänner, Februar, März. Ausg. Nr. 202/49.

Versicherer bisher darauf verzichtet hatten, diese Gebührenbelastung auf die Versicherungsnehmer abzuwälzen, obwohl sie dazu berechtigt gewesen wären.[563] Sie verwiesen weiters darauf, dass für das ärztliche Attest beim Abschluss von Lebensversicherungen (mit einer Versicherungssumme bis zu öS 30.000,–) auch nur öS 50,– gezahlt wurden, obwohl dafür eine genaue ärztliche Untersuchung erforderlich war und ein umfangreiches Formular ausgefüllt werden musste. Für die bloße Abschrift einer bereits vorhandenen Krankengeschichte öS 40,– zu verlangen, sei daher überteuert.

Ebenfalls nichts mit der Vergebührung von Versicherungsverträgen hatte die Frage zu tun, ob Lohnbestätigungen stempelpflichtig sind. Trotzdem wird auf diese Frage hingewiesen, denn Arbeitnehmer benötigen aus vielerlei Gründen Lohnbestätigungen. Mitte Mai 1949 sah sich der Verband veranlasst, den Mitgliedsunternehmen mitzuteilen, dass Lohnzettel dann stempelfrei blieben, wenn sie mit dem Vermerk „für das Wohnsitzfinanzamt des Arbeitnehmers bestimmt" versehen würden.[564] Anfang Juni 1949 unterrichtete der Verband die Mitgliedsunternehmen, dass Bezugserhöhungen, welche im Laufe eines Dienstverhältnisses gewährt werden, vom Fiskus als „entgeltliche Verträge über Dienstleistungen" anzusehen sind und daher ab einer Freigrenze von S 12.000,– (bezogen auf den Gehalt) mit S 10,– zu vergebühren sind.[565]

Im Frühjahr 1949 nahm der Verband zum Entwurf eines Bundesgesetzes über Gerichts- und Justizverwaltungsgebühren sowie zum Entwurf einer Verordnung über Gerichtskostenmarken Stellung.[566] In beiden Entwürfen wirken die Herrschaftsverhältnisse des Dritten Reiches nach. Sie tun das so nachhaltig, dass der Verband auf diesen Umstand – fast polemisch – aufmerksam machte. Zugleich wurde eine (überraschend große) Entfremdung zwischen dem Staat und seinen Staatsangehörigen sichtbar. Eine Entfremdung, die in einem demokratischen Rechtsstaat eigentlich nicht gegeben sein dürfte.

Generell bezweifelte der Verband die Behauptung in den Erläuternden Bemerkungen zum Gesetzesentwurf, dass insgesamt die Belastung mit Gebühren nicht steige, wenn einige Tarifposten erhöht, andere jedoch herabgesetzt würden. Er begründete seine Zweifel mit dem Misstrauen, das angesichts der „bekannten Praxis aller Finanzbehörden" diesen gegenüber angebracht war. § 3 des Entwurfes beseitigte die bisherige Regelung, dass die erste Seite einer Ausfertigung einer höheren Gebühr unterlag als die folgenden Seiten. Von nun an sollten alle Seiten mit der höheren Gebühr zu stempeln sein. Der Verband sah darin eine empfindliche Verteuerung. Mehr als dieser Umstand erregte den

563 Archiv des VVO. Ausgangsbuch 1951, Oktober, November, Dezember. Ausg. Nr. 1038/51.

564 Archiv des VVO. Ausgangsbuch 1949, April, Mai, Juni. Ausg. Nr. 515/49.

565 Archiv des VVO. Ausgangsbuch 1949, April, Mai Juni. Ausg. Nr. 590/49.

566 Archiv des VVO. Ausgangsbuch 1949, April, Mai, Juni. Ausg. Nr. 554/49.

Verband jedoch die Begründung dafür. „Seltsam mutet die Begründung (Seite 5 des Motivenberichtes) an, daß die Verteuerung gerechtfertigt sei, um ‚zwecklose Vielschreiberei, die für den Richter eine bedeutende Mehrarbeit darstellt, zu vermeiden'." „Woher', fragte der Verband, „weiß die Gebührenbehörde, daß umfangreiche Eingaben ‚zwecklose Vielschreiberei' bedeuten. Ist es der Gebührenbehörde unbekannt, daß auch komplizierte Angelegenheiten zur Behandlung … kommen, …? Diese geradezu nazistische Einstellung das die Partei womöglich strammzustehen und nur auf Befragen zu antworten hat, mutet jedenfalls geradezu grotesk an." § 6 (2), Tarifpost 1 lit. a, sah vor, dass schriftliche Sachverständigengutachten hinfort der Stempelgebühr unterliegen würden. Der Verband brachte dagegen rechtspolitische Bedenken vor. Da die Gebühren vom Sachverständigen selbst vorzustrecken wären, könnte dieser statt einem schriftlichen Gutachten mündlich berichten, um die Gebühr zu vermeiden. Sein Bericht müsse protokolliert werden. Das ziehe die Verhandlungen angesichts der Langsamkeit der Gerichte noch mehr in die Länge und berge die Gefahr von Protokollfehlern. § 39, Tarifpost 18, führte die aus dem reichsdeutschen Gebührenrecht stammenden Rahmengebühren ins österreichische Recht ein. Das sei abzulehnen, bemerkte der Verband, denn diese Art von Gebühren ließe der Willkür und dem Zufall freien Spielraum. § 42 sah erstens vor, dass für Papierformate, größer als das Normformat, eine höhere Gebühr zu entrichten sei. Zweitens sollte auch dann eine höhere Gebühr anfallen, wenn eine Schreibmaschinenseite mit mehr als 40 Zeilen beschrieben war. Das „… muß … abgelehnt werden", schrieb der Verband: „Wer die Gebührenbehörde kennt, weiß, daß nunmehr eifriges Zählen von Zeilen beginnen wird, wofür … neue Beamte aufgenommen werden müssen." Desgleichen sprach sich der Verband dagegen aus, daß jede Adressenbekanntgabe und jede noch so kurze Mitteilung an das Gericht der Eingabegebühr unterliegen sollte.

In § 17 des Entwurfes einer Verordnung über die Gerichtskostenmarken war vorgesehen, dass Gerichtskostenmarken von öS 5,– aufwärts dadurch zu entwerten waren, dass der die Sache bearbeitende Beamte auf dem freien Feld der Marke die Geschäftszahl der Sache mit Tinte einzutragen hatte. Das erachtete der Verband als überflüssig und als bloße Arbeitsbeschaffung.

Ein anderer, die Steuerpflichtigen nicht minder belastender Zusammenhang war der Umstand, dass anstelle von Rechnungsstempeln ein Zuschlag zur Umsatzsteuer eingeführt worden war. Als 1949 ein 50 %iger Zuschlag zur Umsatzsteuer eingehoben wurde (Steueränderungsgesetz 1949, BGBl. Nr. 132/49), wurde dieser Zuschlag durch die Gebührennovelle 1949 verdoppelt.[567] Auch darin äußern sich Herrschaftsverhältnisse und Denkungsweisen: anstatt die Besteuerung administrativ zu vereinfachen, wird sie kom-

567 Archiv des VVO. Ausgangsbuch 1949, Juli, August, September. Ausg. Nr. 746/49.

plizierter und intransparenter. In die gleiche Richtung deutete der Erlass vom 17. April 1953 des Bundesministeriums für Finanzen, Zl. 72.886-11/52. Hier ging es um die Gebührenpflicht von Eingaben um Stundung der Beiträge zum Wohnhaus-Wiederaufbaufonds. Die Finanzlandesdirektion für Wien, Niederösterreich und das Burgenland wurde eingeladen, das Finanzamt für Gebühren und Verkehrssteuern, Wien, anzuweisen, bei Eingaben, welche vor dem 20. 10. 1950 eingebracht worden waren, nur die einfache Stempelgebühr einzufordern.[568] Beachtlich war hier auch der Zeitverzug, denn es wurde im Frühjahr 1953 über die Stempelpflicht von Eingaben entschieden, welche vor dem Herbst 1950 eingebracht worden waren.

Zur Jahreswende 1953/54 musste sich das Juristenkomitee des Verbandes mit der Frage befassen, wie die Gebührenpflicht von Abfindungserklärungen (als Voraussetzung für die Versicherungsleistung bei Schadensfällen) vermieden werden kann. Das Komitee arbeitete eine Mustererklärung aus, welche ein Anbot an den Empfänger der Leistung war. Der Leistungsberechtigte akzeptierte das Anbot, wenn er die Bezahlung der Leistung in Empfang nahm. Damit setzte er eine konkludente Handlung. „Auf diese Weise kommt kein gebührenpflichtiges Rechtsgeschäft im Sinne des § 33 T. P. 20 Gebührengesetz zustande", teilte der Verband seinen Mitgliedsunternehmen mit.[569]

3.5 Die Austrifizierung der Versicherungs- und der Feuerschutzsteuer

Wie erwähnt, hatte sich der Verband für die Beibehaltung des reichsdeutschen Versicherungssteuergesetzes und gegen das reichsdeutsche Feuerschutzsteuergesetz ausgesprochen. Anstelle der Feuerschutzsteuer sollte es wieder – so wie vor dem Anschluss – Feuerwehrbeiträge geben.[570] Zugleich waren mit diesen beiden Steuern Expertengremien des Verbandes (Juristenkomitee und Buchhaltungskomitee)[571] befasst worden. Zum Jahreswechsel 1946/47 lag der Expertenbericht vor. Er war die Grundlage für eine entsprechende Eingabe an die Versicherungsaufsichtsbehörde.[572]

568 Archiv des VVO. Ausgangsbuch 1953. April, Mai, Juni. Ausg. Nr. 458/53.

569 Archiv des VVO. Ausgangsbuch 1954, Jänner, Feber, März. Ausg. Nr. 59/54.

570 Archiv des VVO. Vorstandsprotokoll Nr. 35 vom 15.12.1946. TO.-Pkt. 12.) Feuerschutzsteuer, Versicherungssteuer.

571 Die Tatsache, dass bereits im Herbst 1946 derartige Expertengremien eingerichtet waren, zeigt, wie rasch der Versicherungswirtschaft der Wiederaufbau ihrer Interessenvertretung gelang. Das Juristenkomitee heißt 2005 noch immer so und das Buchhaltungskomitee firmiert als Komitee für Rechnungswesen und Steuern.

572 Archiv des VVO. Ausgangsbuch 1947, Jänner, Feber, März. Ausg. Nr. 122/47.

Die Wiedereinführung der ehemaligen österreichischen Versicherungsgebühren anstelle der Versicherungssteuer wurde strikte abgelehnt. Die Ablehnung wurde damit begründet, dass im ehemaligen Gebührengesetz auch von den Versicherungsleistungen eine Gebühr zu entrichten gewesen war und dass bei der Lebensversicherung die alte österreichische Gebühr 4 % der Prämien ausgemacht habe. Die Versicherungssteuer war niedriger und belief sich auf 2 % der Prämien.[573] Um den Versicherungsschmuggel zu unterbinden, genüge es, meinten die Experten, das Versicherungssteuergesetz zu novellieren und entsprechend erhöhte Steuersätze vorzusehen.

Eine Wiedereinführung der ehemaligen österreichischen Feuerwehrbeiträge wurde begrüßt. Anders als die Feuerschutzsteuer, waren die Feuerwehrbeiträge auf die Versicherungsnehmer überwälzbar gewesen. Das sollte wieder so sein. Die Experten warnten

---

573 Ursprünglich hatte das reichsdeutsche Versicherungssteuergesetz einen komplizierten Tarifaufbau, der durch die Verordnung von 1944 vereinfacht wurde. In der Fassung von 1936 waren in § 6, Steuersatz bei selbständigen Versicherungszweigen oder –arten, folgende Steuersätze vorgesehen:

(1) Die Steuer beträgt vom Hundert des Versicherungsentgelts bei der

1. Einbruchdiebstahlversicherung	10
2. Glasversicherung	10
3. Haftpflichtversicherung	5
4. Unfallversicherung	
a) ohne Prämienrückgewähr	5
b) mit Prämienrückgewähr	3
5. Feuerversicherung (Versicherung gegen Brand, Explosion, Blitzgefahr oder ähnliche Gefahren) und bei der Versicherung von Vieh gegen Feuersgefahr, wenn die Versicherung nicht mit einer sonstigen Viehversicherung (Ziffer 11) verbunden ist,	4
6. Baurisikoversicherung mit Ausnahme der unter Ziffer 8 bezeichneten Versicherungen	3
7. Transportversicherung (Waren-, Valoren-, Transportmittel- und ähnliche Versicherungen) mit Ausnahme der unter Ziffer 8 bezeichneten Versicherungen	3
8. Schiffskasko-, Schiffsbaurisiko-, Luftfahrtversicherung	2
9. Lebensversicherung (Kapital- und Rentenversicherung auf den Todes- oder Lebensfall), Kranken-, Invaliditäts-, Alters-, Witwen-, Waisen-, Aussteuer-, Wehrdienst-, Sparversicherung und bei ähnlichen Versicherungen	2
10. bei einem Kapitalansammlungsvertrag	2
11. bei der Viehversicherung einschließlich der Schlachtviehversicherung	2
12. in den übrigen Fällen eines selbständigen Versicherungszweiges oder einer selbständigen Versicherungsart mit Ausnahme der im Absatz 2 bezeichneten Versicherungen	
a) regelmäßig	5
b) wenn eine einheitliche Versicherung beweglicher Sachen gegen eine Vielheit von Gefahren vorliegt	10

(2) Bei der Hagelversicherung und bei der im Betrieb der Landwirtschaft oder Gärtnerei genommenen Versicherung von Glasdeckungen gegen Hagelschäden beträgt die Steuer für jedes Versicherungsjahr 0,20 Reichsmark für je 1.000 Reichsmark der Versicherungssumme oder einen Teil davon.

(3) Der Reichsminister der Finanzen darf die Steuersätze des Absatzes 1 Ziffer 12 ändern.

allerdings davor, zu den regionalen und lokalen Unterschiedlichkeiten bei der Beitragsbemessung zurückzukehren. Statt dessen regten sie auf Bundesebene ein Rahmengesetz an. Daran sollten sich die einzelnen Landesgesetze orientieren, um gleich zu sein.

Die Austrifizierung der Versicherungs- und der Feuerschutzsteuer erfolgte nicht in einem Schritt, sondern nach und nach. Die ursprünglich reichsdeutschen Gesetze wurden schrittweise „österreichischer". Cum grano salis – und bewusst vereinfachend – kann darunter im Steuerrecht der Umstand verstanden werden, dass Steuersätze erhöht werden, die Bemessungsgrundlage verbreitert wird und zugleich die Zahl der Ausnahmen steigt, jedoch die gesamte Abgabenlast nur schwach zunimmt. Letzteres war in der Nachkriegszeit bei der Versicherungssteuer nicht so. Im Laufe der Jahre entwickelte sie sich zu einer für den Fiskus ertragreichen Steuer. Ein Grund dafür war, dass im Zuge des Wiederaufbaues die Versicherungsdurchdringung[574] kräftig anstieg.

Anders als bei der Unternehmensbesteuerung, wo es zufolge der Sistierung der externen Rechnungslegung zu einer Steuervakanz bis Ende 1954 gekommen war (s. o.), wurden nach dem Zusammenbruch des Dritten Reiches die Versicherungs- und Feuerschutzsteuer vergleichsweise bald wieder eingehoben. Dieser Umstand war für die Verjährung eventueller Steuerschulden bedeutsam, denn die fünfjährige Verjährungsfrist konnte erst ab dem Zeitpunkt zu laufen beginnen, ab welchem die Steuer einhebbar gewesen wäre, es jedoch nicht wurde. Einhebungsversäumnisse in den Jahren 1945 und später wurden durch die Verjährung gegenstandslos. Am 2. 10. 1953 teilte der Verband – aus gegebenem Anlaß – seinen Mitgliedsunternehmen mit, daß Versicherungssteuerschuldigkeiten aus der Zeit bis Ende 1947 gemäß (reichsdeutscher) Abgabenordnung bereits verjährt waren.[575] Die Verjährungsfrist überdeckte im Zeitverlauf schrittweise die (fiskalischen) Nachkriegswirren.

Die nachstehende Übersicht (S. 550) zeigt die Entwicklung des Aufkommens an Versicherungs- und an Feuerschutzsteuer sowie der Aufsichtsgebühr für die Periode von 1946 bis 1970.

Anfänglich waren fünf Millionen Schilling an Versicherungssteuer im Bundeshaushalt veranschlagt. 1955 waren es bereits 84 Millionen. 1960 wurde mit 190 und 1970 mit 600 Millionen gerechnet. Ein Vergleich des präliminierten Betrages mit dem tatsächlich eingehobenen, der im Bundesrechnungsabschluss steht, zeigt für die Jahre ab 1960, dass die Abweichungen zwischen Ansatz und Erfolg gering waren. Anfänglich dürfte der präli-

574 Versicherungsdurchdringung: Brutto-Prämienaufkommen in Prozent des Bruttoinlandsprodukts. Die Versicherungsdurchdringung ist ein Indikator für den Entwicklungsstand der Versicherungswirtschaft. Zugleich ist die Versicherungsdurchdringung auch eine Tragfähigkeitskennzahl.

575 Archiv des VVO. Ausgangsbuch 1953. Oktober, November, Dezember. Ausg. Nr. 953/53.

minierte Betrag zu niedrig angesetzt gewesen sein. Die Versicherungssteuer gehört, was ihren fiskalischen Ertrag anbelangt, zu den vergleichsweise „zuverlässigsten Staatseinnahmen“. Dieses Umstandes und der Tatsache eines stetigen Anstieges des Steueraufkommens war sich auch die Assekuranz bewusst. Um besser argumentieren zu können, so auch in Hinblick auf das zu niedrige Präliminare, forderte der Verband Ende November 1953 von den Unternehmen zum Teil unterjährige Angaben über die abgeführte Versicherungssteuer der Jahre 1951, 1952 und 1953 für die Lebensversicherung, die Krankenversicherung sowie für die restlichen Versicherungszweige ein.[576]

Anfänglich wurde eine Million Schilling an Feuerschutzsteuer im Bundesvoranschlag ausgewiesen. 1955 waren es 36 Millionen. Bis 1961 erhöhte sich das Präliminare auf 48,00 Millionen ATS. Derartige Steigerungen ergaben sich durch das Prämienwachstum, welches durch den Wiederaufbau zerstörter Objekte, die Inflation und die Novation von Versicherungsverträgen verursacht wurde. Beispielsweise stieg 1950 das feuerschutzsteuerpflichtige Prämienaufkommen gegenüber 1949 um 25 Prozent (1948/1949. – 7,9 %) (s. u.). Ab 1962 wurde die Feuerschutzsteuer nicht mehr im Bundeshaushalt ausgewiesen, da es sich um eine ausschließliche Landesabgabe handelte.

576 Archiv des VVO. Ausgangsbuch 1953, Oktober, November, Dezember. Ausg. Nr. 1150/53 und Ausg. Nr. 1234/53 sowie Ausgangsbuch 1954, Jänner Februar, März. Ausg. Nr. 39/54 und Ausg. Nr. 215/54. Aufgrund der zusammengefaßten Meldungen der Unternehmen zeigte sich, daß das Versicherungssteueraufkommen in der Direktversicherung wesentlich höher war als jener Betrag, welcher im Bundesvoranschlag jeweils präliminiert worden war.

Versicherungssteuer in der Direktversicherung (in öS)

Sparte	1951		1952		1953	
	1. Semester	2. Semester	1. Semester	2. Semester	1. Semester	2. Semester
Lebensversicherung	513.268,57	592.077,08	736 502,95	657.725,60	664.589,28	641.949,91
Krankenversicherung	70.347,80	90.559,30	260 318,65	663.3.78,74	766.443,21	853.411,23
Hagelversicherung	103.998,20		157.825,60		175.800,00	
Übrige Sparten	15,052.547,44	15,187.390,69	24,061.823,34	26,542.518,45	35,110.770,14	29.177.520,70

Quelle: Archiv des VVO.

Die Entwicklung des Aufkommens an Versicherungssteuer, an Feuerschutzsteuer und an Aufsichtsgebühr, der gesamten Prämieneinnahmen und des nominellen Brutto-Inlandsproduktes (in Mio. öS [1938] und ATS [ab 1945])

Jahr	Versicherungssteuer-aufkommen		Feuerschutz-steueraufkommen[a)]	Aufsichtsgebühr		Prämien-einnahmen insg.	Brutto-Inlands-produkt
	Prä-liminiert[a)]	Rechnungs-abschluss		Prä-liminiert[a)]	Rechnungs-abschluss		
1938[b)]	10,000	k. A.	k. A.	0,182	k. A.	154,00	k. A.
1945	k. A.	k. A.	k. A.	k. A.	k. A.	(131,00) 94,00	k. A.
1946	5,000	k. A.	1,000	0,135	k. A.	174,00	22.847,00
1947	7,500	k. A.	2,800	0,135	k. A.	281,00	27.764,00
1948	7,500	k. A.	3,000	0,160	k. A.	391,00	32.111,00
1949	10,000	k. A.	10,000	0,270	k. A.	501,00	41.606,00
1950	17,000	k. A.	14,000	0,250	k. A.	423,00	51.993,00
1951	22,000	k. A.	18,000	0,300	k. A.	802,00	69.190,00
1952	40,000	k. A.	24,000	0,500	k. A.	993,00	80.128,00
1953	40,000	k. A.	24,000	0,500	k. A.	1.191,00	82.652,00
1954	80,000	k. A.	40,000	0,800	k. A.	1.394,00	93.592,00
1955	84,000	k. A.	36,000	0,800	k. A.	1.645,00	107.296,00
1956	84,000	k. A.	36,000	0,900	k. A.	1.907,00	119.303,00
1957	110,000	k. A.	40,000	0,900	k. A.	2.389,00	132.068,00
1958	130,000	k. A.	40,000	1,000	k. A.	2.786,00	137.178,00
1959	180,000	k. A.	50,000	1,300	k. A.	3.063,00	145.900,00
1960	190,000	187,611	45,000	1,500	1,338	3.577,00	162.893,00
1961	210,000	213,180	48,000	1,500	1,405	4.007,00	180.726,00
1962	220,000	239,229	k. A. [c)]	1,750	1,531	4.484,00	192.134,00
1963	270,000	263,701	k. A.	1,750	1,486	5.031,00	207.083,00
1964	280,000	292,593	k. A.	1,750	1,644	5.577,00	226.730,00
1965	360,000	343,564	k. A.	1,750	k. A.	6.340,00	246.491,00
1966	380,000	383,663	k. A.	1,750	k. A.	7.116,00	268.530,00
1967	420,000	444,688	k. A.	k. A.	k. A.	8.047,00	285.590,00
1968	500,000	490,950	k. A.	k. A.	k. A.	9.135,00	306.830,00
1969	560,000	533,031	k. A.	k. A.	k. A.	10.137,00	335.000,00
1970	600,000	581,955	k. A.	k. A.	k. A.	11.179,00	375.880,00

Quellen: Bundesvoranschläge ab 1946; A. Hollmayer (2000), op. cit.; F. Butschek (1985), op. cit.
Anmerkungen:

a) Präliminiertes Aufkommen laut Bundesvoranschlag.
b) 1 österreichischer Schilling 1938 entspricht 0,7467 ATS 1945. 10,00 Mio. öS entsprechen 7,50 Mio. ATS 1945.
c) Ab 1962 wird die ausschließliche Landesabgabe „Feuerschutzsteuer" nicht mehr im Bundeshaushalt verrechnet.

3.5.1 Verkehrssteuernovelle 1948

Anfang des Jahres 1947 wurde der Verband eingeladen, seine Anliegen für eine Novelle zu mehreren Verkehrssteuergesetzen vorzubringen. Er tat das vor allem in Hinblick auf das Versicherungssteuer- und das Feuerschutzsteuergesetz und stellte dabei auch den Zusammenhang zu seinen Anliegen zum Gebührengesetz, also zum Entfall der Stempelpflicht für Polizzen, her.[577]

Der Entwurf der Novelle berücksichtigte weitgehend die Anliegen der Assekuranz. Die Verkehrssteuernovelle wurde am 18. 2. 1948 verabschiedet. Am 2. 4. 1948 folgten die Verordnungen des Bundesministeriums für Finanzen zur Durchführung des Versicherungssteuergesetzes[578] und zur Durchführung des Feuerschutzgesetzes[579]. Unmittelbar vorher, am 1. 4. 1948 beschloss der Verbandsvorstand den Mitgliedsunternehmen ein gedrucktes Informationsblatt über die Novellierung von Versicherungssteuer und Feuerschutzsteuer zur Verfügung zu stellen.[580] Das Informationsblatt war für die Versicherungsnehmer bestimmt. Zufolge der Zahl der Risken handelte es sich um eine groß angelegte Informationskampagne. Am 16. 4. 1948 verfasste der Verband für die Mitgliedsunternehmen ein ausführliches Rundschreiben über die Änderungen bei der Versicherungs- und bei der Feuerschutzsteuer.[581] Bis dahin jedoch, also während des Jahres 1947, pflegte die Assekuranz eine intensive Interessenvertretung,[582] denn es galt die im Entwurf berücksichtigten Anliegen entsprechend zu präzisieren.[583] Ein Teil der Interventionen war mit

577 Archiv des VVO. Vorstandsprotokoll Nr. 50 vom 18.3.1947. TO.-Pkt. II. Allfälliges. 1. Entwurf einer Novelle zu mehreren Verkehrssteuergesetzen.

578 Verordnung des Bundesministeriums für Finanzen vom 2. April 1948, BGBl. Nr. 77, zur Durchführung des Versicherungssteuergesetzes.

579 Verordnung des Bundesministeriums für Finanzen vom 2. April 1948, BGBl. Nr. 78, zur Durchführung des Feuerschutzgesetzes.

580 Archiv des VVO. Ausgangsbuch 1948, April, Mai, Juni. Ausg. Nr. 427/48.

581 Archiv des VVO. Ausgangsbuch 1948, April, Mai, Juni. Ausg. Nr. 483/48.

582 Die dafür anfallenden zusätzlichen Kosten wurden der jeweiligen Sektion des Verbandes (z. B. der Sektion „Krankenversicherung") zugeordnet und nach dem Prämienschlüssel auf die Mitgliedsunternehmen umgelegt. Archiv des VVO. Ausgangsbuch 1948, Jänner, Februar, März. Ausg. Nr. 3/48.

583 Siehe dazu die zusammenfassende Stellungnahme vom 20.10.1947 des Verbandes an die Bundeskammer der gewerblichen Wirtschaft, Sektion Geld-, Kredit- und Versicherungswesen. Archiv des VVO. Ausgangsbuch 1947, Juli, August, September. Ausg. Nr. 945/47, sowie ergänzend Ausg. Nr. 951/47.

den nachteiligen Auswirkungen des damaligen Geldwertverfalls auf die Unternehmen befasst.

Obwohl die Novelle den Anliegen der Assekuranz entgegenkam, bereitete die Anwendung des Gesetzes den Versicherern mannigfaltige Schwierigkeiten (s. u.). Der steuerpolitische Diskurs zog sich in die Länge. Praktisch ab Verabschiedung der Novelle arbeiteten die Versicherer (vor allem das Buchhaltungskomitee des VVO) an Reformkonzepten für die Versicherungs- und die Feuerschutzsteuer.[584]

3.5.1.1 Die Novellierung des reichsdeutschen Versicherungssteuergesetzes

Bei der Novellierung des reichsdeutschen Versicherungssteuergesetzes lassen sich drei Stadien unterscheiden: die Debatte zum Entwurf, das Gesetz und seine Änderungen gegenüber der ursprünglichen reichsdeutschen Fassung und die Debatte über die Durchführung des Gesetzes sowie zu den erfolgten Steuererhöhungen.

3.5.1.1.1 Die Debatte zum Entwurf

Im Entwurfsteil der Novelle 1948 zur Versicherungssteuer waren Schutzbestimmungen zur Verhinderung des „Versicherungsschmuggels“ vorgesehen, die steuerfreien Versicherungssummen sollten erhöht und die Auf- und Abrundungsbestimmungen beseitigt werden. Die Rundungsbestimmungen bewirkten einen administrativen Mehraufwand, der dann besonders groß war, wenn mehrere Unternehmen gemeinsam ein Risiko deckten. Dazu kam, dass damals aufgrund der Inflation erforderlich gewordene Teuerungszuschläge zu Prämienvorschreibungen führten, die jedes Mal neu zu runden waren. Zu den nicht unwichtigen Details der Novelle gehörte aber auch die Bestimmung, dass Prämienrückvergütungen für einen schadenfreien Verlauf als Gewinnanteile anzusehen sind, welche der Versicherungsnehmer erhält.

Rückblickend mutet es wie ein Kuriosum an, wenn ein österreichisches Gesetz den (reichsdeutschen und nicht mehr vorhandenen) Reichsminister der Finanzen anstatt das Bundesministerium für Finanzen als zuständiges Organ zitierte. In § 5 (5) des Novellentextes und auch im späteren Gesetz stand: „Die Art der Umrechnung ausländischer Werte bestimmt der Reichsminister der Finanzen.“ Wenngleich diese Formulierung durch die Rechtsüberleitung gedeckt war, fiel sie doch dem Verband auf und er bemerkte dazu, sowohl staatsrechtlich wie ordnungspolitisch argumentierend: „Die … vorgesehene Re-

584 Siehe dazu beispielsweise die Korrespondenz des VVO mit Prok. L. Urvary (Anglo-Elementar). Archiv des VVO. Ausgangsbuch 1949. April, Mai, Juni. Ausg. Nr. 553/49 und Ausg. Nr. 653/49.

gelung, daß die Art der Umrechnung ausländischer Werte der Reichsminister der Finanzen bestimmt, ist abgesehen von der durch die staatsrechtliche Veränderung bedingten Textänderung auch sachlich nicht zweckdienlich. Im Falle einer offiziellen Notierung der ausländischen Werte müssen die Anstalten in ihren Büchern die Umrechnung nach der offiziellen Notierung vornehmen. Bei einer durch das Finanzministerium anders bestimmten Umrechnung würden die Anstalten zweierlei Berechnungen anstellen müssen, was mit bedeutenden Mehrarbeiten verbunden ist. Wir schlagen daher vor, daß die Umrechnung durch das Bundesministerium für Finanzen nur dann bestimmt werden soll, wenn eine offizielle Notierung nicht gegeben ist."[585] Der Verband hatte mit seinen Argumenten keinen Erfolg. § 8 der Verordnung des Bundesministeriums für Finanzen vom 2. 4. 1948, BGBl. Nr. 77, zur Durchführung des Versicherungssteuergesetzes bestimmte: „Umrechnung ausländischer Werte. Ausländische Werte sind nach den für die Umsatzsteuer vorgeschriebenen Umrechnungssätzen in Schilling umzurechnen." Im Grunde genommen gemahnt diese Episode an die eingangs erwähnten Herrschaftsverhältnisse. An die Doppelnatur der Anfangsjahre der wieder errichteten Republik: einerseits demokratisches Staatswesen zu sein und andererseits die totalitäre Verwaltungspraxis des NS-Regimes weiterzuführen.

Die Streichung der Rundungsbestimmungen waren der Assekuranz ein so wichtiges Anliegen, dass sie dafür zusätzlich intervenierte. Das Anliegen war einerseits durch die Teuerungszuschläge (s. o.) vordringlich geworden. Andererseits ergab es sich aus der vergleichsweise starren Büroorganisation der Unternehmen. In der Eingabe vom 14. 8. 1947 des Verbandes an das Bundesministerium für Finanzen heißt es u. a.: „… sind die Versicherungsunternehmungen genötigt, einen Teuerungszuschlag zur Prämie einzuheben. Die Umarbeitung des gesamten … Versicherungsbestandes verursacht einen enormen Arbeitsaufwand. Es ist klar, daß zur Vermeidung einer weiteren Kostensteigerung durch die komplizierte Manipulation die Berechnung der neuen Prämienzuschläge auch möglichst vereinfacht werden muß, wobei auf die verschiedenen Buchungssysteme, die Anwendung von Büromaschinen wie Hollerith, Adrema etc. Rücksicht zu nehmen ist. Es kann … der Zuschlag von der Prämie samt Versicherungssteuer berechnet werden und würde die Auf- und Abrundung der Steuerbeträge in jedem einzelnen Falle die Berechnungsweise in unerträglicher Weise komplizieren."[586] Die Lösung des Problems bestand darin, dass die Rundungsbestimmungen in die Durchführungsverordnung aufgenommen wurden und sich Assekuranz und Fiskus auf ein Pauschalverfahren für die Berechnung der für den Teuerungszuschlag anfallenden Versicherungssteuer einigten.[587]

585 Op. cit.: Archiv … Ausgangsbuch … Ausg. Nr. 945/47.

586 Archiv des VVO. Ausgangsbuch 1947, Juli, August, September. Ausg. Nr. 834/47.

587 „…, wird der Teuerungszuschlag nach dem Pauschalverfahren …, gleichgiltig in welcher Höhe die Ver-

Die rasch ansteigende Inflation höhlte die in der Novelle vorgesehenen Freigrenzen aus bevor noch die Novelle verabschiedet worden war. Anstatt im Gesetz nominelle Wertangaben festzuschreiben, regte der Verband an, die Freigrenzen durch Verordnungen (des Bundesministeriums für Finanzen) zu regeln, denn diese waren (und sind) leichter anzupassen als ein Gesetz.[588],[589]

3.5.1.1.2 Das Gesetz und seine Änderungen gegenüber der reichsdeutschen Fassung

Reichsdeutsches Versicherungsteuergesetz	Österreichisches Versicherungsteuergesetz
Versicherungsteuergesetz vom 9. Juli 1937, DRGBl. I S. 793 in der Fassung der Verordnung zur Änderung des Versicherungsteuergesetzes vom 31. August 1944, DRGBl. I S. 208	**Versicherungsteuergesetz 1937 in der Fassung des Bundesgesetzes vom 18. Februar 1948, BGBl. Nr. 57, betreffend die Änderung einiger Verkehrsteuergesetze (Verkehrsteuernovelle 1948)**
§ 1 Gegenstand der Steuer (1) Der Steuer unterliegt die Zahlung des Versicherungsentgeltes auf Grund eines durch Vertrag oder auf sonstige Weise entstandenen Versicherungsverhältnisses, 1. wenn der Versicherungsnehmer bei der jeweiligen Zahlung des Versicherungsentgeltes seinen Wohnsitz (Sitz) oder seinen gewöhnlichen Aufenthalt im Inland hat, oder 2. wenn ein Gegenstand versichert ist, der zur Zeit der Begründung des Versicherungsverhältnisses im Inland war. (2) Für den gewöhnlichen Aufenthalt im Sinn des Absatzes 1 Ziffer 1 gilt § 14 Absatz 3 des Steueranpassungsgesetzes nicht.	§ 1. Gegenstand der Steuer. (1) Der Steuer unterliegt die Zahlung des Versicherungsentgeltes auf Grund eines durch Vertrag oder auf sonstige Weise entstandenen Versicherungsverhältnisses, 1. wenn der Versicherungsnehmer bei der jeweiligen Zahlung des Versicherungsentgeltes seinen Wohnsitz (Sitz) oder seinen gewöhnlichen Aufenthalt im Inland hat, oder 2. wenn ein Gegenstand versichert ist, der zur Zeit der Begründung des Versicherungsverhältnisses im Inland war. (2) Für den gewöhnlichen Aufenthalt im Sinne des Abs. (1), Z. 1 gilt § 14 (3) des Steueranpassungsgesetzes nicht.

sicherungssteuer bei der Stammversicherung berechnet wurde, mit 1/21 = 4,762 % versteuert, und zwar auch dann, wenn die Versicherungssteuer auf die Prämie nach einem anderen System berechnet wurde." Zu den Detailfragen der Berechnung der Steuerbelastung des Teuerungszuschlages in der Sachversicherung gab der Verband am 26.09.1947 eine „verbindliche Richtlinie" an die Mitgliedsunternehmen heraus. Damit war sichergestellt, dass sich alle Unternehmen gleich verhielten; der Teuerungszuschlag also keinen Einfluss auf die Wettbewerbsverhältnisse hatte. Archiv des VVO. Ausgangsbuch 1947, Juli, August, September. Ausg. Nr. 956/47. In der Lebensversicherung wurde die Steuerbelastung des Teuerungszuschlages ähnlich wie in der Sachversicherung pauschaliert, jedoch mit dem niedrigeren Satz von 1,961 % anstelle von 2 % Versicherungssteuer. Archiv des VVO. Ausgangsbuch 1947, Oktober, November, Dezember. Ausg. Nr. 1141/47 und Ausg. Nr. 1148/47.

588 Archiv des VVO. Ausgangsbuch 1947, Juli, August, September. Ausg. Nr. 883/47.

589 Die Valorisierung steuerlicher Freigrenzen war nicht nur im Bereich der Versicherungssteuer ein Anliegen, sondern ebenso im Bereich der Einkommensteuer. Siehe dazu das nachstehende Kapitel.

Reichsdeutsches Versicherungsteuergesetz	Österreichisches Versicherungsteuergesetz
§ 2 Versicherungsverträge (1) Als Versicherungsvertrag im Sinn dieses Gesetzes gilt auch 1. eine Vereinbarung zwischen mehreren Personen oder Personenvereinigungen, solche Verluste oder Schäden gemeinsam zu tragen, die den Gegenstand einer Versicherung bilden können, 2. ein Kapitalansammlungsvertrag oder ein Sparversicherungsvertrag ohne Übernahme eines Wagnisses (Beispiel: Bausparvertrag). (2) Als Versicherungsvertrag gilt nicht ein Vertrag, durch den der Versicherer sich verpflichtet, für den Versicherungsnehmer Bürgschaft oder sonstige Sicherheit zu leisten.	*§ 2. Versicherungsverträge.* (1) Als Versicherungsvertrag im Sinne dieses Gesetzes gilt auch eine Vereinbarung zwischen mehreren Personen oder Personenvereinigungen, solche Verluste oder Schäden gemeinsam zu tragen, die den Gegenstand einer Versicherung bilden können. (2) Als Versicherungsvertrag gilt nicht ein Vertrag, durch den der Versicherer sich verpflichtet, für den Versicherungsnehmer Bürgschaft oder sonstige Sicherheit zu leisten.
§ 3 Versicherungsentgelt (1) Versicherungsentgelt im Sinn dieses Gesetzes ist jede Leistung, die für die Begründung und zur Durchführung des Versicherungsverhältnisses an den Versicherer zu bewirken ist (Beispiele: Prämien, Beiträge, Vorbeiträge, Vorschüsse, Nachschüsse, Umlagen, außerdem Eintrittsgelder, Gebühren für die Ausfertigung des Versicherungsscheins und sonstige Nebenkosten). Zum Versicherungsentgelt gehört nicht, was zur Abgeltung einer Sonderleistung des Versicherers oder aus einem sonstigen in der Person des einzelnen Versicherungsnehmers liegenden Grund gezahlt wird (Beispiel: Kosten für die Ausstellung einer Ersatzurkunde, Mahnkosten). (2) Wird auf die Prämie ein Gewinnanteil verrechnet und nur der Unterschied zwischen Prämie und Gewinnanteil an den Versicherer gezahlt, so ist dieser Unterschiedsbetrag Versicherungsentgelt.	*§ 3. Versicherungsentgelt.* (1)Versicherungsentgelt im Sinne dieses Gesetzes ist jede Leistung, die für die Begründung und zur Durchführung des Versicherungsverhältnisses an den Versicherer zu bewirken ist. (Beispiel: Prämien, Beiträge, Vorbeiträge, Vorschüsse, Nachschüsse, Umlagen, außerdem Eintrittsgelder, Gebühren für die Ausfertigung des Versicherungsscheins und sonstiger Nebenkosten.) Zum Versicherungsentgelt gehört nicht die Feuerschutzsteuer, die der Versicherer dem Versicherungsnehmer gesondert in Rechnung stellt, ferner nicht dasjenige, was zur Abgeltung einer Sonderleistung des Versicherer oder aus einem sonstigen in der Person des einzelnen Versicherungsnehmers liegenden Grund gezahlt wird (Beispiel: Kosten für die Ausstellung einer Ersatzurkunde, Mahnkosten). (2) Wird auf die Prämie ein Gewinnanteil verrechnet und nur der Unterschied zwischen Prämie und Gewinnanteil an den Versicherer gezahlt, so ist dieser Unterschiedsbetrag Versicherungsentgelt. Als Gewinnanteil gilt auch die Rückvergütung eines Teiles der Prämie für schadenfreien Verlauf (Bonus).
§ 4 Ausnahmen von der Besteuerung Von der Besteuerung ausgenommen ist die Zahlung des Versicherungsentgelts 1. für eine Rückversicherung; 2. für eine Lebensversicherung und die anderen im § 6 Absatz 1 Ziffer 1 bezeichneten Versicherungen, wenn a) die Versicherungssumme 500 Reichsmark nicht übersteigt oder b) die versicherte Jahresrente 60 Reichsmark nicht übersteigt.	§ 4. *Ausnahmen von der Besteuerung.* (1) Von der Besteuerung ausgenommen ist die Zahlung des Versicherungsentgelts 1. für eine Rückversicherung; 2. für eine Lebensversicherung und die anderen im § 6 (1), Z. 1 bezeichneten Versicherung, wenn a) die Versicherungssumme 1500 S nicht übersteigt oder b) die versicherte Jahresrente 250 S nicht übersteigt.

Reichsdeutsches Versicherungsteuergesetz	Österreichisches Versicherungsteuergesetz
Die Ausnahme von der Besteuerung gilt nicht, wenn ungewiß ist, ob die Freigrenzen überschritten werden oder nicht; 3. für eine Versicherung nach a) der Reichsversicherungsordnung, soweit die Versicherung nicht auf den §§ 843, 1029,1198 beruht, b) dem Angestelltenversicherungsgesetz, c) dem Reichsknappschaftsgesetz, d) dem Gesetz über Arbeitsvermittlung und Arbeitslosenversicherung; 4. für eine Versicherung bei einer Pensionseinrichtung, durch die die Anwartschaft auf Ruhegeld oder Hinterbliebenenrente im Sinn des §1242 der Reichsversicherungsordnung oder des §17 des Angestelltenversicherungsgesetzes gewährleistet ist; 5. für eine Versicherung, die bei einer Pensions-, Witwen- oder Waisenkasse auf Grund eines Arbeitsverhältnisses genommen ist; 6. für eine Krankenversicherung, wenn freie ärztliche Behandlung, Heilmittel und dergleichen gewährt werden und das versicherte Krankengeld den Betrag von 4 Reichsmark für den Tag nicht übersteigt; die Ausnahme von der Besteuerung gilt auch dann, wenn nur eine der Leistungen gewährt wird und wenn der Versicherte einen Teil der Kosten für ärztliche Behandlung, Heilmittel und dergleichen zu tragen hat; 7. für eine Versicherung von Vieh aus kleinen Viehhaltungen, wenn die Versicherungssumme 3000 Reichsmark nicht übersteigt. 8. für eine Versicherung von Vieh bei einem kleinen Viehversicherungsverein.	Die Ausnahme von der Besteuerung gilt nicht, wenn ungewiß ist, ob die Freigrenzen überschritten werden oder nicht; 3. für die Versicherung nach a) der Reichsversicherungsordnung, soweit die Versicherung nicht auf den §§ 843, 1029, 1198 beruht, b) dem Angestelltenversicherungsgesetz, c) dem Reichsknappschaftsgesetz, d) dem Gesetz über Arbeitsvermittlung und Arbeitslosenversicherung; 4. für eine Versicherung bei einer Pensionseinrichtung, durch die die Anwartschaft auf Ruhegeld oder Hinterbliebenenrente im Sinne des § 1242 der Reichsversicherungsordnung oder des § 17 des Angestelltenversicherungsgesetzes gewährleistet ist; 5. für eine Versicherung, die bei Vereinigungen öffentlichrechtlicher Körperschaften genommen wird, um Aufwendungen dieser Körperschaften für Ruhegehalt und Hinterbliebenenversorgung ihrer Mitglieder auszugleichen; 6. für eine Versicherung, die bei einer Pensions-, Witwen- oder Waisenkasse auf Grund eines Arbeitsverhältnisses genommen ist; 7. für eine Krankenversicherung, wenn freie ärztliche Behandlung, Heilmittel und dergleichen gewährt werden und das versicherte Krankengeld den Betrag von 15 S für den Tag nicht übersteigt; die Ausnahme von der Besteuerung gilt auch dann, wenn nur eine der Leistungen gewährt wird und wenn der Versicherte einen Teil der Kosten für ärztliche Behandlung, Heilmittel und dergleichen zu tragen hat; 8. für eine Versicherung von Vieh aus kleinen Viehhaltungen, wenn die Versicherungssumme 15.000 S nicht übersteigt; 9. für eine Versicherung von Vieh bei einem kleinen Viehversicherungsverein; 10. für Feuerversicherungen durch bäuerliche Brandschadenversicherungsvereine, die vorwiegend die Gewährung von Sachleistungen (Hand- und Spanndienste) zum Gegenstand haben. (2) Von der Besteuerung ausgenommen ist ferner die Zahlung des Versicherungsentgeltes unmittelbar an einen ausländischen Versicherer durch eine in Österreich beglaubigte diplomatische oder konsularische Vertretung oder durch die Mitglieder oder das sonstige Personal dieser Vertretung, sofern diese Personen Angehörige des Entsendestaates sind und entweder der inländischen Gerichtsbarkeit nicht unterliegen oder als Berufsbeamte außerhalb ihres Amtes in Österreich keine Erwerbstätigkeit ausüben. Die Steuer wird jedoch erhoben, wenn das Ver-

Reichsdeutsches Versicherungsteuergesetz	Österreichisches Versicherungsteuergesetz
	sicherungsentgelt an einen inländischen Bevollmächtigten des ausländischen Versicherers gezahlt wird (3) Die in Abs. (1), Z. 3 und 4, angeführten Ausnahmen von der Besteuerung bleiben in gleichem Umfang auch für Versicherungen wirksam, deren Einrichtungen durch künftige Sozialversicherungsgesetze geregelt werden, die an Stelle der dort angeführten Vorschriften treten.
§ 5 Steuerberechnung (1) Die Steuer wird für die einzelne Versicherung berechnet, und zwar 1. regelmäßig: vom Versicherungsentgelt, 2. bei der Hagelversicherung und bei der im Betrieb der Landwirtschaft oder Gärtnerei genommenen Versicherung von Glasdeckungen über Bodenerzeugnissen gegen Hagelschaden: von der Versicherungssumme und für jedes Versicherungsjahr. (2) Bei Versicherungen, für die die Steuer vom Versicherungsentgelt und nach dem gleichen Steuersatz zu berechnen ist, darf der Versicherer die Steuer vom Gesamtbetrag der an ihn gezahlten Versicherungsentgelte berechnen, wenn er die Steuer in das Versicherungsentgelt eingerechnet hat. Hat der Versicherer die Steuer in das Versicherungsentgelt nicht eingerechnet, aber in den Geschäftsbüchern das Versicherungsentgelt und die Steuer in einer Summe gebucht, so darf er die Steuer von dem Gesamtbetrag dieser Summen berechnen. (3) Für die Hagelversicherung und für die im Betrieb der Landwirtschaft oder Gärtnerei genommene Versicherung von Glasdeckungen über Bodenerzeugnissen gegen Hagelschaden darf das Finanzamt dem Versicherer gestatten, die Steuer von der Gesamtversicherungssumme aller von ihm übernommenen Versicherungen zu berechnen. (4) Pfennigbeträge von 5 Reichspfennig oder mehr sind auf 10 Reichspfennig nach oben, Pfennigbeträge von weniger als 5 Reichspfennig auf 10 Reichspfennig nach unten abzurunden. Und deren Teile sind auf volle 5 Reichsmark nach oben abzurunden. (5) Die Art der Umrechnung ausländischer Werte bestimmt der Reichsminister der Finanzen.	§ 5. *Steuerberechnung.* (1) Die Steuer wird für die einzelne Versicherung berechnet, und zwar: 1. regelmäßig: vom Versicherungsentgelt; 2. bei der Hagelversicherung und bei der im Betrieb der Landwirtschaft oder Gärtnerei genommenen Versicherung von Glasdeckungen über Bodenerzeugnissen gegen Hagelschaden: von der Versicherungssumme und für jedes Versicherungsjahr. (2) Bei Versicherungen, für die die Steuer vom Versicherungsentgelt und nach dem gleichen Steuersatz zu berechnen ist, darf der Versicherer die Steuer vom Gesamtbetrag der an ihn gezahlten Versicherungsentgelte berechnen, wenn er die Steuer in das Versicherungsentgelt eingerechnet hat. Hat der Versicherer die Steuer in das Versicherungsentgelt nicht eingerechnet, aber in den Geschäftsbüchern das Versicherungsentgelt und die Steuer in einer Summe gebucht, so darf er die Steuer von dem Gesamtbetrag dieser Summen berechnen. (3) Für die Hagelversicherung und für die im Betrieb der Landwirtschaft oder Gärtnerei genommene Versicherung von Glasdeckungen über Bodenerzeugnissen gegen Hagelschäden darf das Finanzamt dem Versicherer gestatten, die Steuer von der Gesamtversicherungssumme aller von ihm übernommenen Versicherungen zu berechnen. (4) In Fällen, in denen die Feststellung der Unterlagen für die Steuerfestsetzung unverhältnismäßig schwierig sein würde, kann die Berechnung und Entrichtung der Steuer im Pauschverfahren zugelassen werden. (5) Die Art der Umrechnung ausländischer Werte bestimmt der Reichsminister der Finanzen.
§ 6 Steuersatz (1) Die Steuer beträgt 1. bei der Lebensversicherung (Kapital- und Rentenversicherung auf den Todes- oder Lebensfall), Kranken-, Invaliditäts-, Alters-, Witwen-, Waisen-, Aussteuer-, Wehrdienst-,	§ 6. *Steuersatz.* (1) Die Steuer beträgt: 1. bei der Lebensversicherung (Kapital- und Rentenversicherung auf den Todes- oder Lebensfall), Kranken-, Invaliditäts-, Alters-, Witwen-, Waisen-, Aussteuer-, Wehrdienst-, Sparversicherung und ähnlichen Versicherungen und bei

Reichsdeutsches Versicherungsteuergesetz	Österreichisches Versicherungsteuergesetz
einem Kapitalansammlungsvertrag 2 vom Hundert des Versicherungsentgelts, 2. bei den anderen Versicherungen mit Ausnahme der im Absatz 2 bezeichneten Versicherungen 5 vom Hundert des Versicherungsentgelts. (2) Bei der Hagelversicherung und bei der im Betrieb der Landwirtschaft oder Gärtnerei genommenen Versicherung von Glasdeckungen über Bodenerzeugnissen gegen Hagelschäden beträgt die Steuer für jedes Versicherungsjahr 0,20 Reichsmark für je 1000 Reichsmark der Versicherungssumme oder einen Teil davon.	Sparversicherung und ähnlichen Versicherungen 2 % des Versicherungsentgeltes; 2. bei den anderen Versicherungen mit Ausnahme der im Abs. (2) bezeichneten Versicherungen 5 % des Versicherungsentgeltes. (2) Bei der Hagelversicherung und bei der im Betrieb der Landwirtschaft oder Gärtnerei genommenen Versicherung von Glasdeckungen über Bodenerzeugnissen gegen Hagelschäden beträgt die Steuer für jedes Versicherungsjahr 0,20 S für je 1000 S der Versicherungssumme oder einen Teil davon. (3) Die unmittelbare oder mittelbare Zahlung des Versicherungsentgeltes an einen ausländischen Versicherer, der zum Geschäftsbetrieb im Inland nicht zugelassen ist, unterliegt mit Ausnahme der in § 4 (2) bezeichneten Fälle der Besteuerung nach den zehnfachen Steuersätzen der Abs. (1) und (2). Die in § 4 (1) unter Z. 2 und 8 angeführten Ausnahmen von der Besteuerung gelten in diesem Falle nicht. (4) Für Versicherungszweige, die von befugten inländischen Versicherern nicht betrieben und durch Kundmachung des Bundesministeriums für Finanzen bekanntgemacht werden, können die in Abs. (3) vorgesehenen Steuersätze bis auf das in den Abs. (1) und (2) angegebene Ausmaß herabgesetzt werden. Außer diesen Fällen kann das Bundesministerium für Finanzen im Einvernehmen mit dem Bundesministerium für Handel und Wiederaufbau und für Vermögenssicherung und Wirtschaftsplanung nur aus allgemeinen handels- oder wirtschaftspolitischen Gründen Ausnahmen von den Bestimmungen des Abs. (3) zulassen.
§ 7 Steuerschuldner (1) Steuerschuldner ist der Versicherungsnehmer. Für die Steuer haftet der Versicherer. Er hat die Steuer für Rechnung des Versicherungsnehmers zu entrichten. Ist die Steuerentrichtung einem zur Entgegennahme des Versicherungsentgelts Bevollmächtigten übertragen, so haftet auch der Bevollmächtigte für die Steuer. (2) Hat der Versicherer im Inland keinen Wohnsitz (Sitz), ist aber ein Bevollmächtigter bestellt, so haftet auch dieser für die Steuer. In diesem Fall hat der Bevollmächtigte die Steuer für Rechnung des Versicherungsnehmers zu entrichten. (3) Hat der Versicherer im Inland weder seinen Wohnsitz (Sitz) noch einen Bevollmächtigten zur Entgegennahme des Versicherungsentgelts, so hat der Versicherungsnehmer die Steuer zu entrichten. (4) Im Verhältnis zwischen dem Versicherer und dem Versicherungsnehmer gilt die Steuer als Teil des Versiche-	§ 7. *Steuerschuldner.* (1) Steuerschuldner ist der Versicherungsnehmer. Für die Steuer haftet der Versicherer. Er hat die Steuer für Rechnung des Versicherungsnehmers zu entrichten. Ist die Steuerentrichtung einem zur Entgegennahme des Versicherungsentgelts Bevollmächtigten übertragen, so haftet auch der Bevollmächtigte für die Steuer. (2) Hat der Versicherer im Inland keinen Wohnsitz (Sitz), ist aber ein Bevollmächtigter zur Entgegennahme des Versicherungsentgelts bestellt, so haftet auch dieser für die Steuer. In diesem Fall hat der Bevollmächtigte die Steuer für Rechnung des Versicherungsnehmers zu entrichten. (3) Hat der Versicherer im Inland weder seinen Wohnsitz (Sitz) noch einen Bevollmächtigten zur Entgegennahme des Versicherungsentgeltes, so hat der Versicherungsnehmer die Steuer zu entrichten. (4) Im Verhältnis zwischen dem Versicherer und dem Versicherungsnehmer gilt die Steuer als Teil des Versicherungs-

Reichsdeutsches Versicherungsteuergesetz	Österreichisches Versicherungsteuergesetz
rungsentgelts, insbesondere, soweit es sich um dessen Einziehung und Geltendmachung im Rechtsweg handelt.	entgelts, insbesondere, soweit es sich um dessen Einziehung und Geltendmachung im Rechtsweg handelt.
§ 8 Fälligkeit Die Steuer wird, soweit nicht anderes bestimmt wird, zwei Wochen nach Entstehung der Steuerschuld (§ 1 des Gesetzes, § 3 Absatz 1 des Steueranpassungsgesetzes) fällig.	§ 8. *Fälligkeit* Die Steuer wird, soweit nichts anderes bestimmt wird, zwei Wochen nach Entstehung der Steuerschuld (§ 1 des Gesetzes, § 3 (1) des Steueranpassungsgesetzes) fällig.
§ 9 Erstattung der Steuer (1) Wird das Versicherungsentgelt ganz oder zum Teil zurückgezahlt, weil die Versicherung vorzeitig aufhört oder das Versicherungsentgelt oder die Versicherungssumme herabgesetzt worden ist, so wird die Steuer auf Antrag insoweit erstattet, als sie bei Berücksichtigung dieser Umstände nicht zu erheben gewesen wäre. (2) Die Steuer wird nicht erstattet 1. bei Erstattung der Prämienreserve im Fall des § 176 des Gesetzes über den Versicherungsvertrag; 2. in sonstigen Fällen der Erstattung von Prämienreserve; 3. wenn die Prämienrückgewähr ausdrücklich versichert war. (3) Ist bei der Zahlung eines Versicherungsentgelts für eine Rentenversicherung der Versicherungsnehmer über 60 Jahre alt oder erwerbsunfähig oder nicht nur vorübergehend verhindert, seinen Lebensunterhalt durch eigenen Erwerb zu bestreiten, so wird die Steuer für dieses Versicherungsentgelt auf Antrag erstattet, wenn die versicherte Jahresrente den Betrag von 600 Reichsmark nicht übersteigt. Die Erstattung ist ausgeschlossen, wenn der Versicherungsnehmer bei demselben Versicherer mehrere Rentenversicherungen abgeschlossen hat und der Gesamtbetrag der versicherten Jahresrenten 600 Reichsmark übersteigt.	§ 9. *Erstattung der Steuer.* (1) Wird das Versicherungsentgelt ganz oder zum Teil zurückgezahlt, weil die Versicherung vorzeitig aufhört oder das Versicherungsentgelt oder die Versicherungssumme herabgesetzt worden ist, so wird die Steuer auf Antrag insoweit erstattet, als sie bei Berücksichtigung dieser Umstände nicht zu erheben gewesen wäre. (2) Die Steuer wird nicht erstattet: 1. bei Erstattung der Prämienreserve im Fall des § 176 des Gesetzes über den Versicherungsvertrag; 2. in sonstigen Fällen der Erstattung von Prämienreserve; 3. wenn die Prämienrückgewähr ausdrücklich versichert war. (3) Ist bei der Zahlung eines Versicherungsentgeltes für eine Rentenversicherung der Versicherungsnehmer über 60 Jahre alt oder erwerbsunfähig oder nicht nur vorübergehend verhindert, seinen Lebensunterhalt durch eigenen Erwerb zu bestreiten, so wird die Steuer für dieses Versicherungsentgelt auf Antrag erstattet, wenn die versicherte Jahresrente den Betrag von 1200 S nicht übersteigt. Die Erstattung ist ausgeschlossen, wenn der Versicherungsnehmer bei demselben Versicherer mehrere Rentenversicherungen abgeschlossen hat und der Gesamtbetrag der versicherten Jahresrenten 1200 S übersteigt.
§ 10 Steueraufsicht (1) Die Versicherer und solche Personen, die gewerbsmäßig Versicherungen vermitteln oder ermächtigt sind, für den Versicherer Zahlungen entgegenzunehmen, unterliegen der Steueraufsicht. (2) Der Steueraufsicht unterliegen auch diejenigen Personen und Personenvereinigungen, die Versicherungsverträge im Sinn des § 2 Absatz 1 geschlossen haben.	§ 10. *Steueraufsicht.* (1) Der Versicherer und solche Personen, die gewerbsmäßig Versicherungen vermitteln oder ermächtigt sind, für den Versicherer Zahlungen entgegenzunehmen, unterliegen der Steueraufsicht. (2) Der Steueraufsicht unterliegen auch diejenigen Personen und Personenvereinigungen, die Versicherungsverträge im Sinne des § 2 (1) geschlossen haben.
Artikel 2 Ermächtigung Der Reichsminister der Finanzen trifft die zur Durchführung und Überleitung erforderlichen Anordnungen im Verwaltungsweg.	§ 11. *Gebührenpflicht der Versicherungsurkunden.* Versicherungsscheine, die von inländischen oder von den zum Geschäftsbetrieb im Inland zugelassenen ausländischen Versicherern ausgestellt werden, unterliegen nicht

Reichsdeutsches Versicherungsteuergesetz	Österreichisches Versicherungsteuergesetz
	der in § 14, TP. 12 des Gebührengesetzes 1948, BGBl. Nr. 184 festgesetzten Gebühr.
Artikel 3 Inkrafttreten Diese Verordnung tritt am 1. Oktober 1944 in Kraft.	§ 12. *Vollzug.* Mit der Vollziehung dieses Gesetzes ist das Bundesministerium für Finanzen, im Falle des § 6 (4), im Einvernehmen mit den dort angeführten Bundesministerien, betraut.

Die wesentlichen Änderungen im Bereich der Versicherungssteuer waren:[590]

- Zufolge der Formulierung von § 2 wurden Kapitalansammlungs- und Sparversicherungsverträge ohne Risiko von der Versicherungssteuer ausgenommen.
- Aus § 3 Abs. (1), 2. Satz folgte, dass der überwälzbare Teil der Feuerschutzsteuer nicht versicherungssteuerpflichtiges Entgelt ist.
- In § 3 Abs. (2) wurde festgehalten, dass ein Bonus für schadenfreien Verlauf dem Gewinnanteil gleichgestellt ist. Wird nur die Differenz nach Abzug des Bonus als Prämie eingehoben, ist nur diese Differenz zu versteuern.
- In § 4 Abs. (1) Ziffer 2a) wurde die steuerliche Freigrenze für ein versichertes Kapital auf S 1.500,– erhöht und die Freigrenze für eine Jahresrente auf S 250,– angehoben.[591]
- § 4 Abs. (1) Ziffer 5 betraf die Sicherstellung der Pensionsanwartschaften für Angestellte öffentlich-rechtlicher Körperschaften.
- Gemäß § 4 Abs. (1) Ziffer 7 wurde in der Krankenversicherung die für eine Steuerbefreiung maßgebende Grenze des versicherten Taggeldes auf öS 15, – erhöht.[592]
- In der Viehversicherung wurde zufolge von § 4 Abs. (1) Ziffer 8 für kleine Viehhaltungen die Freigrenze auf öS 15.000,– angehoben.
- Die Steuerbefreiung der bäuerlichen Brandhilfevereine wurde mit § 4 Abs. (1) Ziffer 10 neu eingeführt.
- § 4 Abs. (2) enthielt die neu eingeführte Steuerbefreiung für diplomatische und konsularische Vertretungen.
- In § 4 Abs. (3) zeichnete sich die Neugestaltung des österreichischen Sozialversicherungsrechts ab. Die Sozialversicherung unterliegt nicht der Versicherungssteuer.
- § 5 Abs. (4) schaffte die Möglichkeit, dass bei besonderen Schwierigkeiten der Steuer-

590 Siehe dazu das Rundschreiben vom 16.04.19348 des Verbandes. Archiv des VVO. Ausgangsbuch 1948. April, Mai, Juni. Ausg. Nr. 483/48.

591 S 1.500,– [1948] entsprechen ATS 16.134,3 [1999] bzw. € 222,01 [1999]. S 250,– [1948] entsprechen ATS 2.689,05 [1999] bzw. € 37,– [1999]. Zur Valorisierung siehe: P. U. Lehner (2000), op. cit.

592 öS 15 [1948] entsprechen ATS 161,34 [1999] bzw. € 2,22 [1999]. Zur Valorisierung siehe: P. U. Lehner (2000), op. cit.

festsetzung die Steuer pauschaliert wird. Die reichsdeutsche Fassung enthielt an dieser Stelle Rundungsbestimmungen. Sie wurden anstatt in das Gesetz in die Durchführungsverordnung aufgenommen.

- Die Neufassung von § 6 (3) enthielt prohibitive Steuersätze mit denen der „Versicherungsschmuggel" bekämpft werden sollte.[593]
- Mit der Ausnahmebestimmung von § 6 Abs. (4) wurde zum früheren österreichischen Zustand zurückgekehrt. Die Ermächtigung zur fallweisen Gewährung von Ausnahmen sollte der Außenhandelspolitik dienen.
- In § 11 wurde einem großen Anliegen der Assekuranz entsprochen: der Befreiung der Polizzen von der Stempelpflicht. Bei „Versicherungsschmuggel" waren die Versicherungsverträge weiterhin zu vergebühren.

3.5.1.1.3 Die Debatte über die Durchführung des Gesetzes

Die operative Umsetzung der gesetzlichen Änderungen sowie der Durchführungsverordnung zum Versicherungssteuergesetz bereitete den Unternehmen einige Schwierigkeiten, welche der Verband erstmals in einer Eingabe vom 17. 6. 1948 an das Finanzamt für Verkehrssteuern, Wien, zusammenfasste.[594, 595] Die Schwierigkeiten ergaben sich einerseits aus Regelungen, welche in die Zeit des Dritten Reiches zurück reichten und andererseits aus der mangelnden Flexibilität der damaligen Büroautomatisation. Während des Krieges war das Reich bemüht gewesen, den Verwaltungsaufwand möglichst gering zu halten, auch wenn das mit Einbussen beim Steueraufkommen erkauft war.[596] Der Versicherungssteuernovelle 1944 wurde in der Form entsprochen, dass die neuen Bestimmungen, insbesondere der novellierte Steuersatz, nur auf das Neugeschäft anzuwenden waren. Der Altbestand wurde unverändert – gleichsam schimmelmäßig – verwaltet.

---

593 Den Versicherern war bewusst, dass diese Bestimmung für die Öffentlichkeitsarbeit ein heikles Thema war. Man war daher um mediale Zurückhaltung bemüht. Archiv des VVO. Ausgangsbuch 1948, April, Mai, Juni. Ausg. Nr. 688/48. Trotzdem kam es vor, dass Versicherer diese Bestimmung extensiv zu ihren Gunsten interpretierten. Wenn beispielsweise ein ausländischer Versicherungsnehmer bei einem ausländischen Versicherer ein im Inland gelegenes Objekt versicherte, vermutete der österreichische Versicherer Versicherungsschmuggel. Dem widersprach der Verband. Archiv des VVO. Ausgangsbuch 1953 Oktober, November, Dezember. Ausg. Nr. 1089/53.

594 Archiv des VVO. Ausgangsbuch 1948, April, Mai, Juni. Ausg. Nr. 725/48.

595 Siehe auch: Archiv des VVO. Vorstandsprotokoll Nr. 67 vom 07.05.1948. TO.-Pkt. 7.) Durchführungsverordnung zum Versicherungssteuergesetz.

596 Der Anlaß für diese Sparmaßnahmen war ein kriegswirtschaftlicher. Es galt männliche Arbeitskräfte für den Wehrdienst freizustellen, weibliche Arbeitskräfte sollten möglichst in Produktionsbetrieben tätig sein und der Sachaufwand sollte angesichts knapper Rohstoffe gering gehalten werden.

Der Verband schlug vor, diese Regelung für den Altbestand in der Sachversicherung beizubehalten und ab 1. 4. 1948 zur Vereinfachung der Verrechnung einheitlich 5 % der Grundprämie als Versicherungssteuer abzuführen. In der Lebensversicherung dagegen mussten die Änderungen der Novelle umgesetzt werden. Weiters bat der Verband, statt einer quartalsweisen Abrechnung der Steuer den Abrechnungszeitraum auf ein Jahr zu verlängern; das war bereits ab 19. 6. 1942 eingeführt worden. Und überdies sollten die Unternehmen davon befreit werden, Storni in den Geschäftsbüchern (den Aufgabeborderos) einzeln nachzutragen. Dem Verband war es auch ein Anliegen, dass erteilte Bewilligungen, die Steuer nach dem Sollsystem abzurechnen, aufrecht blieben.

Anfang Mai 1949 ging dem Verband ein Bescheid des Finanzamts für Gebühren und Verkehrssteuern, Wien, zu. Darin wurden mehrere der obigen Anliegen der Assekuranz zur Abrechnung der Versicherungs- und der Feuerschutzsteuer geregelt.[597] Den Versicherungsunternehmen wurde aufgetragen, Altbestände bis 1. 9. 1949 auf die neuen Steuersätze und Rundungsvorschriften umzustellen. Bis zu diesem Zeitpunkt hatten Sachversicherer, welche Versicherungsentgelt und Versicherungssteuer getrennt verbuchten, 5 % als Steuersatz anzuwenden. Sachversicherer, welche Versicherungssteuer und -entgelt in einer Summe verbuchten, hatten sich eines Steuersatzes von 4,762 % zu bedienen.[598] Dem Wunsch der Versicherungswirtschaft, allgemein von einem vierteljährlichen zu einem einjährigen Abrechnungszeitraum für die Versicherungs- und die Feuerschutzsteuer überzugehen, wurde nicht entsprochen. Für 1948 wurde der einjährige Abrechnungszeitraum jedoch zugestanden. Ab 1949 erforderte das Einzelansuchen. Ausdrücklich machte das Finanzamt die Versicherer darauf aufmerksam, dass die für die Steuerentrichtung maßgebende Grundlage die Geschäftsbücher sind und nicht die Gewinn- und Verlustrechnung. Ab 1949 waren in den Geschäftsbüchern auch die Stornos zu vermerken und der Finanzbehörde nachzuweisen. Die Steuern von den Teuerungszuschlägen und den Prämien waren getrennt zu berechnen und nachzuweisen. Soweit Versicherern die Abrechnung der Steuer nach dem Soll-System (s. u.) bereits vor der Verkehrssteuernovelle 1948 gestattet worden war, blieben diese Bewilligungen aufrecht. Die Frist für die Abgabe der Jahresabrechnung 1948 für die Versicherungs- und die Feuerschutzsteuer wurde wunschgemäß erstreckt. Zur Nachversteuerung rückständiger Feuerversicherungsprämien kündigte das Finanzamt einen weiteren Bescheid an.

Aus der Debatte über die Durchführung des Gesetzes leiteten sich die Vorschläge ab, welche Ende November 1949 der Verband zur Reform der Einhebung der Versiche-

---

597 Archiv des VVO. Ausgangsbuch 1949, April, Mai Juni. Ausg. 527/49.

598 Je nachdem, von welcher Bemessungsgrundlage ausgegangen wird (einfacher: ob von ‚oben' oder von ‚unten' gerechnet wird), ergeben sich 5 bzw. 4,762 %.

rungssteuer machte. Er nützte dabei die allgemeine Debatte für eine Steuerreform, um seine Vorschläge einzubringen. An sich war eine Reform der Versicherungssteuer nicht auf dem Programm der Steuerreform gestanden. Die Assekuranz stellte auch die Versicherungssteuer nicht grundsätzlich in Frage, ja nicht einmal das Gesetz war Gegenstand der Reformvorschläge, sondern es sollten nur die Durchführungsbestimmungen reformiert werden.[599] In diesen Durchführungsbestimmungen äußerte sich eine Verwaltungspraxis bzw. „-kultur", welche die Versicherungsunternehmen nachhaltig belastete. Aus finanzsoziologischer Sicht verdient dieser Umstand hervorgehoben zu werden, denn es zeigte sich, dass zur pekuniären Steuerlast noch der – schwer zu quantifizierende – kulturelle Besteuerungsunbill hinzukommt, wenn die Einhebung einer Steuer starrsinnig („bürgerfern") administriert wird.

In der ausführlichen Einleitung zu seinen Vorschlägen einer Reform der Durchführungsbestimmungen wies der Verband u. a. darauf hin, dass die Versicherungssteuer im Zuge der reichsdeutschen Gesetzgebung im Land Österreich eingeführt und nach 1945 beibehalten wurde. Sie ersetzte die österreichischen Versicherungsgebühren. In Deutschland gab es die Versicherungssteuer als Reichssteuer seit 1913. Während eine Vergebührung manipulativ einfach gewesen sei, gestalte sich die Verrechnung der Versicherungssteuer schwierig, denn die Formvorschriften, welche für die Einhebung maßgeblich sind, seien großteils überaltert und „… auf moderne Betriebsverhältnisse nicht mehr ohne weiteres anwendbar". Die Durchführungsbestimmungen würden – so der Verband – in keiner Weise den Erfordernissen eines modernen und weitgehend mechanisierten Bürobetriebes entsprechen. Die Folge sei die „fast unvermeidliche" Verletzung der Durchführungsbestimmungen, was wiederum zu Beanstandungen durch das Finanzamt für Gebühren und Verkehrssteuern führe. Beanstandungen, die „wenn sie auch im Wortlaut der Vorschriften teilweise Deckung finden mögen, geradezu als vexatorisch bezeichnet werden müssen." Damit war die folgende Vorgangsweise des Finanzamtes gemeint: „Speziell die Multiplikation einzelner festgestellter Fehler mit einem Durchschnittssatz des Versicherungsbestandes bringt den Versicherungsunternehmungen zu allen Arbeiten dazu noch Nachzahlungen, die dann pauschaliert werden müssen, weil der Gegenbeweis, daß nämlich die Annahme des Amtes nicht zutrifft, einen Arbeitsaufwand erfordern würde, dem die Gesellschaften nicht gewachsen sind."[600] Der Verband trat für eine einfache, den Verwaltungsaufwand gering haltende Einhebung der Steuer ein. Er wollte erreichen, dass die Versicherungssteuer nicht von jedem einzelnen Vertrag berechnet wird, so wie es das Finanzamt verlangte, sondern von den Gesamt(prämien)einnahmen bemessen wird. Da-

599 Archiv des VVO. Ausgangsbuch 1949, Oktober, November, Dezember. Ausg. 1157/49.
600 Ebendort. Siehe die vorangehende Fußnote.

durch würden auch Irrtümer bei der Überwälzung der Steuer auf die Versicherungsnehmer wegfallen. Eine am Einzelfall orientierte Revisionstätigkeit des Finanzamtes würde sich erübrigen. Die Assekuranz machte auch ein Angebot: „Um den Preis der Ersparung dieser zeitraubenden Betriebsrevisionen, die außerdem Nachzahlungen ergeben, die nicht mehr auf den Versicherungsnehmer überwälzt werden können, wären die Versicherungsunternehmungen auch bereit, eine Änderung des § 7 des Versicherungssteuergesetzes in Kauf zu nehmen und – … – als Steuerschuldner zu figurieren."

Im Einzelnen machte der Verband folgende Anregungen, wobei er sich auf die Verordnung des Bundesministeriums für Finanzen vom 2. 4. 1948., BGBl. Nr. 77, zur Durchführung des Versicherungssteuergesetzes bezog:

Zu: § 7. Abrundung der Steuerbeträge: Die Bestimmung sollte von einer obligatorischen in eine fakultative umgewandelt werden, damit nicht mehr die Steuer von jeder einzelnen Prämienpost gerundet werden musste, sondern nur mehr die Steuer von der Gesamtsumme der vereinnahmten und verrechneten Prämien gerundet werden konnte.

Zu: § 13. Inhalt der Aufstellung, Abs. (4): Die Bestimmung, für jeden Versicherungszweig eine Aufstellung über die Zahlungen des Versicherungsentgeltes vorzulegen, sollte wegfallen. Sie stamme aus einer Zeit, als die Steuersätze nach Versicherungszweigen unterschiedlich waren.[601] Die Anzahl der Aufstellungen sollte sich nach den Steuersätzen richten.[602]

Zu: § 18. Abrechnungsverfahren, Abs. (2): Anstatt die Geschäftsbücher der Steuerentrichtung zugrunde zu legen, wäre es einfacher, dafür den Jahresabschluss (die Gewinn- und Verlustrechnung) heranzuziehen. Damit könnte die Steuerentrichtung auch in den Bericht des Wirtschaftsprüfers aufgenommen werden.

Zu: § 18. Abrechnungsverfahren, Abs. (3): An die Stelle der quartalsweisen Abrechnung der Steuer sollte eine jährliche Abrechnung treten.

Zu: § 18. Abrechnungsverfahren, Abs. (4): Zufolge der Berechnung der Steuer vom Gesamtbetrag der Prämien würde sich ein separater Ausweis der Stornierungen erübrigen.

Zu: § 26. Nachweisung, und § 29. Erstattung der Steuer bei einer Rentenversicherung, Ab. (4): In diesen Bestimmungen wurden – durch die Reformvorschläge – Textangleichungen nötig.

In der Krankenversicherung baute sich bald nach der Verkehrssteuernovelle 1948 eine Kontroverse mit dem Finanzamt für Gebühren und Verkehrssteuern, Wien, auf.

601 Siehe dazu Fußnote zum ursprünglichen Tarifaufbau des reichsdeutschen Versicherungssteuergesetzes (s. o.).

602 Damals gab es zwei Steuersätze. Die Prämien für Lebensversicherungen waren mit 2 % und die Prämien aller übrigen Versicherungszweige waren mit 5 % Steuer belegt.

Der Beginn der Kontroverse lag noch vor der Verabschiedung der Verkehrssteuernovelle 1948. Es ging um die Abgrenzung des steuerpflichtigen vom steuerfreien Teil einer Krankenversicherung, wenn diese als eine Bündelversicherung konzipiert war; also mehrere Risiken abdeckte, die unterschiedlich besteuert waren. Im Grund genommen war das die gleiche Fragestellung, welche sich auch bei der Transportversicherung stellte. Dort allerdings handelte es sich darum, ob und wenn ja, welcher Teil der Prämie der Feuerschutzsteuer unterlag (s. u.). In seinem sechzehn seitigen Memorandum vom 17. 1. 1950 führte der Verband aus, dass für die Krankenversicherung die Ausnahmen von der Besteuerung in Höhe von 2 % der Versicherungsentgelte (§ 6 Abs. [1] Z. 1 Vers.StG) von erheblicher Bedeutung seien sollte. Es handle sich dabei um § 4, Z. 7 und § 4 Z. 2a). Ziffer 7 nahm eine Krankenversicherung von der Besteuerung aus, wenn freie ärztliche Behandlung, Heilmittel u. dgl. gewährt wurden und das versicherte Krankengeld den Betrag von öS 15,– pro Tag nicht überstieg. Ziffer 2a) sah die Steuerfreiheit vor, wenn die Versicherungssumme nicht öS 1.500,– überstieg. Die Private Krankenversicherung hatte nun Tarife entwickelt, welche diese Steuerbefreiungen ausschöpften (Heilkostentarife, Krankengeldtarife, Krankenhaus-Taggeldtarife, kombinierte Tarife) und darüber hinaus auch steuerpflichtige Versicherungsdeckungen einschlossen. Die vergleichsweise große Flexibilität des Tarifwerks der privaten Krankenversicherung bot die Möglichkeit, den Versicherungsschutz den individuellen Bedürfnissen der Versicherungsnehmer anzupassen. Das war wichtig, weil damals die Sozialversicherungspflicht lückenhaft und die Leistungen der verschiedenen Träger der sozialen Krankenversicherung nicht aufeinander abgestimmt und waren.[603]

„Das Finanzamt für Verkehrssteuern hat", hieß es in dem VVO-Memorandum, „... mit Bescheid vom 12. Juni 1947 auf Grund einer Eingabe der Wiener Wechselseitigen Krankenversicherungsanstalt a. G. vom 05. April 1946 entschieden, daß Versicherungsverträge mit dem vollen Versicherungsentgelt versicherungssteuerpflichtig sind, wenn Tarife, die nach § 4 Vers.St.G. von der Versicherungssteuer befreit sind, mit solchen kombiniert werden, auf welche die Befreiungsvorschriften keine Anwendung finden. Darüber hinaus vertritt das Finanzamt die Auffassung, daß die Versicherungssteuerpflicht für sämtliche, von einem Versicherten aus verschiedenen Verträgen an ein und denselben Versicherer bezahlten Beiträge dadurch ausgelöst werden könnte, daß auch nur ein einziger Vertrag Leistungen vorsieht, welche über den Befreiungsgrenzen des § 4 ... liegen."[604, 605]

603 Gleich sind die Leistungskataloge der (sozialen) Pflichtkrankenversicherer bis heute nicht, doch haben sie sich im Laufe der Zeit angeglichen.

604 Archiv des VVO. Ausgangsbuch 1950, Jänner, Februar, März. Ausg. Nr. 47/50.

605 Die Wiener Wechselseitige Krankenversicherungsanstalt a. G. wurde 1955 mit der Wiener Städtischen (später: Wiener Städtische Wechselseitige Versicherungsanstalt – Vermögensverwaltung) fusioniert.

Das Memorandum widersprach dieser Rechtsansicht nachhaltig. Erstens wurde auf die gesetzlichen Befreiungsregelungen verwiesen. Zweitens wurde eingewandt, dass die Zusammenfassung mehrerer Tarife im Rahmen eines Versicherungsscheines nichts anderes sei, als die Zusammenfassung verschiedener Versicherungsverträge mit gesonderten Versicherungsbedingungen in einer Urkunde. Diese Verwaltungsvereinfachung würde durch die Rechtsansicht des Finanzamtes zunichte gemacht. „Außerdem ergäbe sich die groteske Situation (…), daß die Versicherten – um der Versicherungssteuer auszuweichen – für die gleichen Krankheitsfälle zur Deckung der unterschiedlichen Kostenkategorien mehrere Versicherungen bei verschiedenen Versicherern unterhalten müßten.“[606] Drittens, wurde ausgeführt, dass nur jener Teil der Prämie versicherungssteuerpflichtig sei, der jenen Versicherungsleistungen entspricht, welche die jeweiligen Höchstgrenzen der Steuerbefreiung übersteigen. Viertens wurde dem Finanzamt vorgehalten, es stütze seine Rechtsansicht auf eine nicht mehr geltende reichsgesetzliche Bestimmung. Bis 20. 9. 1944 hatte § 4, Z. 2, gelautet: Hat ein Versicherungsnehmer bei demselben Versicherer mehrere Versicherungen dieser Art abgeschlossen, so gilt die Ausnahme von der Besteuerung nur, wenn die versicherten Beträge zusammen die Freigrenzen nicht übersteigen. Diese Bestimmung entfiel am 31. 8. 1944 und wurde auch nicht in die Verkehrssteuer-Novelle 1948 aufgenommen. Vielmehr hatte das Reichsministerium der Finanzen bereits mit Erlass vom 25. 9. 1944 die Zusammenrechnung der versicherten Beträge zur Begründung einer umfassenden Steuerpflicht verneint.[607] Dieser Erlass war in österreichisches Recht übergeleitet worden. Fünftens wurde die durch die Ansicht des Finanzamtes entstandene Rechtsunsicherheit betont und ausgeführt, dass eine rasche Klarstellung erforderlich sei, denn eine Ausschöpfung des langwierigen Instanzenzuges belaste die Handhabung des Versicherungsschutzes.

Eine erste Folge des Memorandums war, dass im Finanzministerium die innerbehördlichen Zuständigkeiten abgeklärt wurden, um dann die Angelegenheit mit dem Verband zu besprechen. Dieser ergänzte seine Delegation – vorsorglich – um einen renommierten Rechtsanwalt.[608]

Ende April 1952 mündete die Kontroverse in eine umfängliche Eingabe des Verbandes an die Finanzlandesdirektion für Wien, Niederösterreich und das Burgenland.[609] In der Eingabe wurden grundlegende Überlegungen zur Abgrenzung der Versicherungssteuerpflicht in der privaten Krankenversicherung zusammengefasst.

606 Ebendort. Archiv des VVO. Ausgangsbuch 1950, Jänner, Februar, März. Ausg. Nr. 47/50.

607 RStBl. 1944, S. 601.

608 Rechtsanwalt Dr. P. Burkhardt-Schenk; Wien.Archiv des VVO. Ausgangsbuch 1950, Jänner, Februar, März. Ausg. Nr. 140/50.

609 Archiv des VVO. Ausgangsbuch 1952. April, Mai, Juni. Ausg. Nr. 416/52.

Einleitend wurden jene Punkte angeführt, wo Übereinstimmung mit der Finanzverwaltung gegeben war. Anders als in der Lebensversicherung bis 1944 bestand für die private Krankenversicherung keine Zusammenrechnungsvorschrift der Versicherungsentgelte aus mehreren Versicherungsverträgen zwischen denselben Vertragspartnern. Ebenso herrschte Übereinstimmung, dass jeder Versicherungsvertrag für sich auf seine Steuerpflicht bzw. –freiheit zu prüfen war. Auch war man einer Meinung, dass ein einheitlicher Vertrag entweder nur zur Gänze steuerpflichtig oder steuerfrei sein konnte.

Unterschiedlicher Meinung waren private Krankenversicherer und Finanz, was ein einheitlicher Vertrag ist.

Die Versicherer führten aus, dass die Krankenversicherung Charakteristika einer Personenversicherung und Charakteristika einer Schadenversicherung hat. „Nach unserer Auffassung liegt ein einheitlicher Vertrag nur dann vor, wenn ein Versicherungsvertrag durch Zusammenfassung beider Versicherungszweige bzw. -arten sowohl Heilkostenvergütungen als auch Krankengeld und Krankenhaustagegeld zu einer einheitlichen, auf einem Gesamttarif beruhenden Prämie gewährt.“[610]

Im Umkehrschluss folgte daraus: „Somit liegt kein einheitlicher Vertrag vor, wenn zwar verschiedene Leistungen von ein und demselben Vertragspartner bei derselben Versicherungsanstalt versichert werden, über jede Leistung bzw. Leistungsgruppe jedoch ein gesonderter Vertrag abgeschlossen wird, der in sich eine Einheit bildet und durch folgende typische Merkmale gekennzeichnet ist:

1. Kündigungsmöglichkeiten sind für jeden Vertrag getrennt gegeben;
2. das versicherte Risiko ist in jeder Vertragstype anders gelagert; …
3. durch vertraglich festgelegte Leistungen für bestimmte, im Vertrag gesondert angeführte und ausgeworfene Beiträge;
4. durch die für jede Vertragstype anders lautenden Versicherungsbedingungen, die innerhalb der einzelnen Vertragstypen oft wesentlich voneinander abweichen
5. durch den Umstand, dass es sich bei den verschiedenen Vertragstypen um unterschiedliche Riskenarten handelt, da die Operationskosten- und die Krankenhaustagegeldversicherung Katastrophenversicherungen gegen relativ niedrige Beiträge darstellen, während die Heilkostenversicherung einem allgemeinen Bedarf entspricht und angesichts der breiten Risikobasis wesentlich höhere Beiträge erfordert.

610 Dieses und die folgenden Zitate sind dem Schreiben vom 21.4.1952 des Verbandes an die Finanzlandesdirektion für Wien, Niederösterreich und Burgenland mit dem Betreff „GA VIII-1630/2-1951 vom 20.XII.1951, Abgrenzung der Versicherungssteuerpflicht in der privaten Krankenversicherung“ entnommen. Zur Quellenangabe siehe die voranstehende Fußnote.

Als für die private Krankenversicherung charakteristische Vertragstypen wurden folgende Versicherungszweige genannt: Heilkostenversicherung mit oder ohne Sterbegeld, Operationskostenversicherung, Krankengeldversicherung, Krankenhaustagegeldversicherung. Um die Kosten zu senken, hatten einige Versicherer so genannte „Tarifkombinationen“ entwickelt.[611] Das heißt, sie hatten mehrere Vertragstypen in einer Urkunde zusammengefasst ohne dass sich deren versicherungstechnischer Charakter und ihr Vertragsinhalt geändert hätten. „Da, …, Übereinstimmung darüber besteht,“ folgerte der Verband, „daß jeder Versicherungsvertrag als solcher einzeln auf seine Steuerpflicht oder Steuerfreiheit zu überprüfen ist, besteht kein Anlaß, beim Vorliegen mehrerer, gleichzeitig abgeschlossener Verträge – unbeschadet dessen, ob sie in einer Urkunde zusammengefaßt sind oder gesondert beurkundet werden – für die Frage der Abgrenzung der Steuerpflicht eine Zusammenrechnung vorzunehmen.“ Seine Überlegungen fasste der Verband zu den folgenden Leitsätzen zusammen:

1. Versicherungsverträge auf Grund kombinierter Tarife unterliegen bei Überschreitungen der im Gesetz vorgesehenen Freigrenze mit der gesamten Prämie der Versicherungssteuer.
2. Gleichzeitig abgeschlossene gleichartige Verträge, bei deren Zusammenrechnung sich Versicherungssteuerpflicht ergeben würde, unterliegen der Steuerpflicht. Die Steuerpflicht wäre deshalb gegeben, weil es sich bei Mehrfachversicherungen praktisch um eine einheitliche Versicherung handelt.
3. Gleichzeitig abgeschlossene, auf verschiedenartigen Tarifen, Bedingungen und sonstigen Merkmalen beruhende einzeln beurkundete Versicherungsverträge sind nur insoweit steuerpflichtig, als in jedem einzelnen Vertrag die Freigrenze überschritten wird.
4. Tarifkombinationen, das ist die Zusammenfassung verschiedener Vertragstypen in einer einheitlichen Urkunde bei getrennter Ausweisung und buchmäßiger Erfassung der auf die einzelnen Vertragstypen entfallenden Beitrage, sind hinsichtlich der Steuerpflicht nicht als Einheiten zu betrachten, sondern es ergibt sich nur für die einzelne Vertragstype Steuerpflicht, soferne in dieser die im Gesetz vorgesehene Freigrenze überschritten wird.

Abschließend erinnerte der Verband die Behörde, dass man gegen jene Bescheide, welche von den oben erwähnten Leitsätzen abwichen, Rechtsmittel eingebracht habe und Beschwerde beim Verwaltungsgerichtshof erhoben worden sei, wobei die Einsprüche noch anhängig waren.

611 Etwas anderes als eine „Tarifkombination“ ist ein „kombinierter Tarif“. Ein solcher liegt vor, wenn bestehende Tarife zu einem neuen Tarif verschmolzen (i. e. kombiniert) werden.

Aus finanzsoziologischer Sicht zeigt diese Kontroverse, welche Zielkonflikte auftreten, wenn eine vergleichsweise komplexe Versicherungsdeckung unterschiedlich besteuert wird. Ebenso wird augenfällig, dass eine Steuervermeidung groteske Geschäftspraktiken hervorrufen kann. Von besonderem Interesse ist der Umstand, wenn die Finanzbehörde in ihrem Bemühen, Steuervermeidungen zu unterbinden zu Regelungen und/oder Einhebungspraktiken gelangt, welche von vornherein – also gleichsam vorauseilend – eine Steuervermeidung oder gar -hinterziehung unterstellen. Aber ebenso ist diese Kontroverse ein (weiteres) Beispiel für die Überlagerung und die Verflechtung der unterschiedlichen Rechts- und Verwaltungskulturen in der unmittelbaren Nachkriegszeit.

3.5.1.1.4. Die Versicherungssteuernovelle 1952 und die Besteuerung der Rückversicherung

Die Reformbedürftigkeit des Versicherungssteuergesetzes führte Anfang 1952 zu einen Entwurf, der vom Steuerkomitee ausgearbeitet worden war. Doch vorerst hielt die Versicherungswirtschaft diesen Gesetzesentwurf zurück und trieb eine Reform nicht voran. Denn:

1. In der Westdeutschen Bundesrepublik steht bekanntlich die Erhöhung der Versicherungssteuer zur Diskussion. Man hat befürchtet, das dann, wenn die Aufmerksamkeit der österreichischen Behörden auf diese Materie gelenkt wird, eine Erhöhung der Steuersätze gleichfalls naheliegend sein könnte.
2. Im Zusammenhange mit dem ÖVAG-Problem sind auch gewisse Manipulationen mit der Versicherungssteuer an Stelle einer Umlage diskutiert worden. Dieser Entwicklung wollte man nicht vorgreifen.[612]

Das Stillhalten des Verbandes nützte nichts. Mitte Mai 1952 ging dem Verband ein erster Entwurf zu einer Novelle zum Versicherungssteuergesetz zu (Versicherungssteuernovelle 1952). Er hatte eineinhalb Tage Zeit, dazu Stellung zu nehmen. Zum Zweck der Sanierung des Bundesbudgets sollte die Versicherungssteuer erhöht werden. Dagegen protestierte der Verband schriftlich und mündlich und verlangte, den Entwurf nicht eher in den Ministerrat zu bringen, bevor nicht das Verbandspräsidium beim Finanzminister (Dr. R. Kamitz) vorgesprochen habe.[613] Diesem Wunsch wurde nicht entsprochen. Zur Unterredung mit dem Minister kam es aber (s. u.). Der zweite Entwurf passierte flugs den Ministerrat und war bereits im Finanzausschuss des Nationalrates, als der Vorstand des Verbandes Ende Mai 1952 den Entwurf besprach.

612 Archiv des VVO. Ausgangsbuch 1952, Jänner, Februar, März. Ausg. Nr. 301/52.

613 Archiv des VVO. Ausgangsbuch 1952, April, Mai, Juni. Ausg. Nr. 510/52.

Die Versicherungssteuernovelle 1952 vom 27. Mai 1952, BGBl. 109/52, stellte das Bindeglied zwischen der Verkehrssteuernovelle 1948 und dem Versicherungssteuergesetz 1953 dar, denn die von der Novelle 1952 ausgelöste steuerpolitische Debatte führte zum Versicherungssteuergesetz von 1953 (s. u.). Die Verkehrssteuernovelle 1948 hatte die reichsdeutschen Fassungen von Versicherungs- und Feuerschutzsteuergesetz formal austrifiziert. Eine tief gehende Auseinandersetzung mit der Materie selbst war unterblieben. Diese Auseinandersetzung wurde erst durch die Novelle 1952 ausgelöst und erwies sich als so nachhaltig, dass ein Jahr später ein neues Gesetz – das Versicherungssteuergesetz 1953 – verabschiedet wurde. Meritorisch brachte das Versicherungssteuergesetz 1953, BGBl. Nr. 133, gegenüber dem Rechtsbestand, wie er sich nach der 52er-Novelle darstellte, keine Änderungen. Das bedauerte der Verband, denn er hatte gehofft, das Gesetz würde die Besteuerung der Rückversicherung (s. u.) beseitigen, da er mit seinen Argumenten gegen diese Besteuerung bei der Politik Verständnis gefunden hatte.[614]

Die 52er-Novelle enthielt folgende Änderungen, welche mit 1. Juli 1952 wirksam wurden:[615]

1. Die Steuerfreigrenze von S 1.500,– in § 4 Abs. 1 Z. 2a wird … auf S 5.000,– und Z. 2b von S 250,– auf S 1.200,– erhöht. Die Ziffer in § 9 Abs. 3 [wird] von S 1.200,– auf S 4.800,– abgeändert.
2. Die Rückversicherung wird mit einem halben Prozent in die Besteuerung einbezogen.
3. In der Lebensversicherung wird der Steuersatz von 2 auf 3 % erhöht.
4. Die Bestimmung des § 4 Abs. 1 Z. 7 über die Steuerbegünstigung in der Krankenversicherung wird eliminiert und ein Steuersatz von 1 % (bisher 2 %) festgesetzt.
5. In den übrigen Sparten wird mit Ausnahme der Hagelversicherung der Steuersatz auf 7 % erhöht. …[616, 617]

614 Im Jahresbericht für 1953 über die Tätigkeit des Verbandes heißt es dazu: „Bedauerlicherweise wurde auch die durch die Versicherungssteuernovelle 1952 eingeführte Besteuerung der Rückversicherung aus dem Gesetz nicht eliminiert. Es wurde jedoch dem Verlangen des Verbandes nach Beseitigung dieser Steuer von den höchsten maßgebenden Stellen volles Verständnis für die Unbilligkeit der Unterziehung der Rückversicherung unter die Versicherungssteuer gezeigt und eine positive Einstellung zu den Wünschen der Versicherungswirtschaft in dieser Beziehung bekundet." Jahresbericht über das Geschäftsjahr 1953. Wien 1954. S. 5 „V. Gesetzgebung". Archiv des VVO. Ausgangsbuch 1954, April, Mai, Juni. Ausg. Nr. 387/54.

615 Der Verband empfahl daher allen Unternehmen, Versicherungsanträge, welche im Laufe des Juni angenommen wurden und daher erst im Juni polizziert wurden, bereits mit den erhöhten Steuersätzen zu versehen. Archiv des VVO. Ausgangsbuch 1952, April, Mai, Juni. Ausg. Nr. 615/52.

616 Archiv des VVO. Vorstandsprotokoll Nr. 136 vom 23.05.1952. TO.-Pkt. I. Versicherungssteuer. 1. Erhöhung der Versicherungssteuer.

617 Archiv des VVO. Ausgangsbuch 1952, April, Mai, Juni. Ausg. Nr. 553/52.

Eine Verbandsdelegation (bestehend aus dem Präsidium und Generaldirektor Liebermann) wies bei ihrer Unterredung mit Finanzminister Dr. R. Kamitz auf die von einer Steuererhöhung ausgelösten nachteiligen volkswirtschaftlichen Folgen hin, insbesondere für die Kapitalbildung in der Lebensversicherung. Man machte darauf aufmerksam, dass in der Bundesrepublik Deutschland aus eben diesen Gründen von der angedachten Steuererhöhung Abstand genommen worden war. Und man führte aus, dass die vorgesehene Erhöhung des Steuersatzes um 40 % in der Elementarversicherung eigentlich überflüssig sei. Die aus dieser Maßnahme für die Budgetsanierung erhofften 12 Millionen Schilling würden bereits durch die Prämiensteigerung im laufenden Geschäftsjahr erreicht, denn einerseits hätte es in einzelnen Versicherungszweigen „Aufwertungen" gegeben und die Prämien in der Autoversicherung seien angehoben worden. Die Unterredung war sorgfältig vorbereitet worden. So wurden für sie eigene statistische Nachweisungen von den Unternehmen eingefordert.[618]

Bei der Unterredung mit dem Finanzminister wurde auch über die vom Steuerkomitee verfassten Reformvorschläge zur Versicherungssteuer (s. o.) berichtet.[619] Diese Vorschläge sahen vor, dass die Bemessungsgrundlage für die Steuer nicht vom einzelnen Versicherungsvertrag ausgehen sollten, sondern dafür die Prämienerträge laut Gewinn- und Verlustrechnung heranziehen sollte. Anstelle des Versicherungsnehmers sollte der Versicherer Steuerschuldner sein. Der Verband hoffte dadurch die steuerlichen Betriebsrevisionen zu vereinfachen bzw. deren Zahl zu reduzieren. Allerdings erwies sich die Materie als doch so schwierig, dass der Entwurf – bevor er aus der Hand gegeben wurde – zur weiteren Behandlung einem „engeren Vorstandskomitee"

618 Mit den vom Verband eingeforderten statistischen Nachweisungen wurde erhoben:

- Das direkte österreichische Geschäft (Grundprämie abzüglich Storni exkl. Versicherungs- und Feuerschutzsteuer) für das 1. Quartal 1951 und das 1. Quartal 1952 in der Elementarversicherung inklusive der Transportversicherung und in der Krankenversicherung.
- Die abgegebene Rückversicherungsprämie aus dem direkten österreichischen Geschäft für 1951 getrennt nach In- und Ausland für Quotenrückversicherungen und für fakultative Excedentendeckungen in den Versicherungszweigen: Elementarversicherung inklusive Transportversicherung (exklusive das Geschäft mit dem russischen Versicherer „Ingostrach"), Ingostrach, Lebensversicherung, Hagelversicherung und Krankenversicherung.
- Die Abgabe aus dem indirekten österreichischen Geschäft 1951 (Retrozession aus Inlandgeschäft) getrennt nach In- und Ausland für Quotenrückversicherungen und für fakultative Excedentendeckungen in den Versicherungszweigen: Elementarversicherung inklusive Transportversicherung, Lebensversicherung, Hagelversicherung und Krankenversicherung.

Archiv des VVO. Ausgangsbuch 1952, April, Mai, Juni. Ausg. Nr. 587/52 und Ausgangsbuch 1952, Oktober, November, Dezember. Ausg. Nr. 1028/52.

619 Archiv des VVO. Vorstandsprotokoll Nr. 136 vom 23.05.1952. TO.-Pkt. I. Versicherungssteuer. 2. Reformvorschläge zum Versicherungssteuergesetz.

(Dr. Fieger, Klein, Dr. Kresse, Dr. Theiss sowie ein Mitglied des Verbandspräsidiums) zugewiesen wurde. Ein Ziel der Beratungen war, zu prüfen, „ob es möglich und gegebenenfalls zweckmäßig ist, die angestrebten Vereinfachungen nur durch Abänderung der Durchführungsbestimmungen zu erreichen".[620]

Die Erhöhung der Versicherungssteuer bedeutete für die Unternehmen eine administrative Mehrbelastung. Dem Versicherungssteuergesetz entsprechend war für die Entrichtung der Steuer nicht der Zeitpunkt der Fälligkeit der Prämie, sondern jener der Zahlung maßgebend. Das machte es erforderlich, für die Übergangszeit mit dem Finanzamt für Gebühren und Verkehrssteuern, Wien, ein Pauschalübereinkommen zu treffen, um die Abrechnung der Steuer zu vereinfachen. Ein solches Abkommen war dem Verbandspräsidium vom Finanzminister mündlich zugesagt worden,[621] der weiters dem Verband versprach, dass ihm ausreichend Gelegenheit gegeben werden wird, zur Durchführungsverordnung zur Versicherungssteuernovelle Stellung zu nehmen.[622] Den Mitgliedsunternehmen wurde empfohlen, bei der Einmahnung rückständiger Prämien darauf zu verweisen, dass die Rückstände bei weiterem Zahlungsverzug mit dem erhöhten Steuersatz belastet werden müßten.[623, 624]

Anfang Jänner 1953 richtete der Verband an das Finanzamt für Gebühren und Verkehrssteuern in Wien das Ansuchen, die Abgabefrist für Jahresabrechnungen 1952 für die Versicherungssteuer und für die Feuerschutzsteuer vom 31. Jänner auf den 30. April 1953 zu erstrecken. Als Begründung für die Fristverlängerung wurde die Arbeitsüberlastung der Unternehmen durch den Jahresabschluss angegeben.[625] Dem Ansuchen wurde entsprochen.[626]

Mit der Besteuerung der Rückversicherung war gleichsam eine „fiskalische Büchse der Pandorra" geöffnet worden, denn diese Steuer belastete die Assekuranz in der Folgezeit schwer. Es war nicht allein die pekuniäre Abgabenlast. Die administrative Abwicklung der Besteuerung war ebenso hinderlich wie deren strukturelle Konsequenzen. Im Motivenbericht zur Versicherungssteuernovelle 1952 war die Besteuerung der Rückversicherung mit der Rückkehr zur Situation vor dem Anschluss 1938 begrün-

620 Archiv des VVO. Vorstandsprotokoll Nr. 137 vom 04.06.1952. TO.-Pkt. II. Versicherungssteuer.

621 Archiv des VVO. Vorstandsprotokoll Nr. 139 vom 26.06.1952. TO.-Pkt. III. Steuerfragen.

622 Archiv des VVO. Vorstandsprotokoll Nr. 140 vom 11.07.1952. TO.-Pkt. II. Steuerfragen. b) Versicherungssteuer.

623 Archiv des VVO. Ausgangsbuch 1952, April, Mai, Juni. Ausg. Nr. 569/52.

624 Die Krankenversicherer handelten sich auf Anregung des Bundesministerium für Finanzen ein eigenes Pauschalabkommen für den vor der Steuererhöhung liegenden Zeitraum aus. Archiv des VVO. Ausgangsbuch 1952, April, Mai, Juni. Ausg. Nr. 595/52.

625 Archiv des VVO. Ausgangsbuch 1953, Jänner, Februar, März. Ausg. Nr. 13/53 und 14/53.

626 Archiv des VVO. Ausgangsbuch 1953, Jänner, Februar, März. Ausg. Nr. 65/53.

det worden. Allerdings unterlagen damals Quotenrückversicherungsverträge und das indirekte Auslandsgeschäft keiner Besteuerung. Bei der Besprechung mit dem Finanzminister wurden dem Verband Erleichterungen zugesagt, nachdem dieser darauf verwiesen hatte, „daß bei Retrozession der gleiche Geschäftsvorgang mehrfach erfaßt wird und daß nach den Bestimmungen inländische Zweigniederlassungen ausländischer Unternehmungen, da ihre ausländische Zentrale die Rückversicherung besorgt, gegenüber den inländischen Unternehmungen begünstigt sind; weiters wurde vorgebracht, daß auch steuerbefreite Versicherungen im Wege der Rückversicherung dennoch der Steuer unterzogen werden können."[627]

In dem Schreiben vom 15. Mai 1952 des Verbandes an das Bundesministerium für Finanzen (zu Handen Ministerialrat Dr. Gaber) waren die Bedenken gegen die Versicherungssteuernovelle 1952 zusammengefasst worden. Das Schreiben offenbarte zugleich, daß sich die Assekuranz in einer heiklen zwiespältigen interessenpolitischen Situation befand, welche die Durchsetzungskraft des Verbandes belastete. Der erste Satz des Schreibens lautete: „Vorweg ist festzuhalten, daß der Entwurf in seiner Gesamtheit für die Versicherungswirtschaft absolut untragbar und undiskutabel ist." Die zwei letzten Sätze lasen sich – jedoch – wie folgt: „Wird aber auf die weitere Erhöhung der Versicherungssteuer für die Sanierung der Österreichischen Versicherung Aktiengesellschaft verzichtet, so muß sich das Bundesministerium für Finanzen darüber klar sein, daß damit der gesamte Sanierungsplan in Frage gestellt erscheint. Es muß dringend davor gewarnt werden, die Versicherungssteuer anders als für die beabsichtigten Sanierungszwecke zu berühren."[628] Die Oesterreichische Versicherung Aktiengesellschaft (OeVAG) war damals stark unterkapitalisiert und stand unter öffentlicher Verwaltung, denn das Unternehmen hatte im Dritten Reich zum Versicherungskonzern „Deutscher Ring" gehört, welcher Eigentum der Deutschen Arbeitsfront gewesen war. Es ging bei der Versicherungssteuernovelle 1952 also nicht nur um eine von der Versicherungswirtschaft abgelehnte Steuererhöhung um rund 40 % für das direkte Sachgeschäft und um die bekämpfte Besteuerung der ursprünglich steuerfreien Rückversicherung, sondern auch darum, daß sich die öffentliche Hand die Mittel für die Sanierung der OeVAG durch eine (bleibende) Steuerbelastung des Versicherungsgeschäfts zu beschaffen gedachte. In dem Schreiben wurde einbekannt, „daß die Zustimmung zu dieser Maßnahme dem Verband nur nach schwersten Auseinandersetzungen auch innerhalb des Verbandsbereiches – die noch andauern – abgenötigt werden konnte, und zwar in Anbetracht der nachteiligen Folgen für die Versicherungs-

627 Archiv des VVO. Vorstandsprotokoll Nr. 139 vom 26.6.1952. TO.-Pkt. III. Steuerfragen.
628 Archiv des VVO. Ausgangsbuch 1952, April, Mai, Juni. Ausg. Nr. 490/52.

wirtschaft".[629] Die Notwendigkeit, die OeVAG zu sanieren, stand innerhalb der Branche außer Streit (siehe auch das Zitat zu Beginn dieses Abschnittes). Rechtlich betrachtet, war dafür die Republik zuständig; sowohl als Gesetzgeber wie als Eigentümer.[630] Diese Doppelstellung gestattete es der Republik, die Sanierungslast abzuwälzen, und zwang den Verband, eine bleibende Steuerbelastung zu akzeptieren, obwohl er sie ablehnte. Hinzu kam, dass die Versicherungssteuer keine zweckgebundene Steuer war (und ist). Wurden die Steuereinnahmen vorübergehend zur Sanierung eines Unternehmens verwendet, war das eigentlich ein Entgegenkommen der öffentlichen Hand. Eine Steuererhöhung bedeute zugleich eine Zwangsmaßnahme, der sich kein Unternehmen entziehen konnte. Ein Ausgleich divergierender Unternehmensinteressen innerhalb des Verbandes konnte damit unterbleiben. Was blieb, war der Protestschrei, welcher in der Folgezeit in ein beharrliches Lobbying gegen die Besteuerung der Rückversicherung überging.[631]

Das Inkrafttreten der Versicherungssteuernovelle 1952 Mitte des Jahres (und nicht zum Jahreswechsel) machte eine Übergangsregelung für zeitliche Überschneidungen bei der Verrechnung der Prämien nötig. Am 17. 7. 1952 schlug der Verband dem Finanzministerium die folgende Vorgangsweise vor. Abgesehen von der Lebens-, Kranken- und Rückversicherung waren alle Versicherungsentgelte, welche bis einschließlich 30. Juni fällig und in den Geschäftsbüchern enthalten waren, mit 5 % zu versteuern, egal, ob die Prämien beim Versicherer tatsächlich eingegangen waren. Versicherungsentgelte, welche ab 1. Juli in den Geschäftsbüchern aufschienen, unterlagen der auf 7 % erhöhten Besteuerung. Bei Storni, welche nach dem 1. Juli in die Geschäftsbücher aufgenommen worden waren, waren 7 % an Steuer abzusetzen, egal, wann die entsprechende Sollstellung erfolgt war. Sinngemäß war bei der Besteuerung der Lebensversicherung zu verfahren, deren Satz von 2 auf 3 % erhöht worden war.[632] Das Finanzministerium akzeptierte diese Wünsche, wenngleich es sich zu der für Storni angeregten Vorgangsweise nicht ausdrücklich äußerte,[633] so dass der Verband dem Ministerium mitteilte, er gehe davon aus, auch die für Storni angeregte Vorgangsweise sei gebilligt worden.[634] Doch damit war das Ministerium nicht einverstanden und es kam zu einer Unterredung, welche mit dem

---

629 Ebendort.

630 Wie erwähnt war die OeVAG Teil des Versicherungskonzerns „Deutscher Ring" gewesen. Nach dem Zusammenbruch des Dritten Reiches ging das Vermögen der NSDAP und ihrer Gliederungen auf die Republik Österreich über. Näheres dazu bei D. Stiefel (2005), op. cit.

631 Siehe dazu beispielsweise das Schreiben vom 02.10.1953 der Verbandspräsidenten Dr. Habich und Dr. Hummel an Finanzminister Dr. Kamitz. Archiv des VVO. Ausgangsbuch 1953, Oktober, November, Dezember. Ausg. Nr. 957/53

632 Archiv des VVO. Ausgangsbuch 1952. Juli, August, September. Ausg. Nr. 741/52

633 Archiv des VVO. Ausgangsbuch 1952. Juli, August, September. Ausg. Nr. 799/52.

634 Archiv des VVO. Ausgangsbuch 1952. Juli, August, September. Ausg. Nr. 800/52.

Kompromiss endete, dass in der Elementarversicherung die Stornoabsetzung bis Ende 1952 mit 6 % berechnet und dass in der Lebensversicherung für alle im zweiten Halbjahr anfallenden Storni 2 ¼ Prozent an Steuer rückvergütet wurden.[635]

Für die KRANKENVERSICHERUNG konnte die obige Übergangsregelung nicht angewendet werden, denn der Steuersatz war von 2 auf 1 % gesenkt worden. Der Verband schlug zunächst dem Ministerium vor, die im Geschäftsjahr 1952 vereinnahmten Prämien mit ½ % an Steuer zu belasten.[636] Später modifizierte er seinen Vorschlag dahingehend, dass zwei Krankenversicherer außerhalb der Pauschalregelung bleiben konnten, da sie die Versicherungsentgelte zeitlich genau zurechnen konnten.[637] Doch damit war es nicht getan, denn es zeigte sich, dass zufolge von Fristerstreckungen seit Anfang 1945 Steuerrückstände angefallenen waren. Der Verband beantragte daher am 9. 12. 1952 eine Pauschalierung der Besteuerung in Höhe von 0,5 % des gesamten Prämienaufkommens vom 1. 1. 1945 bis 30. 6. 1952. Für die Monate Juli bis Dezember 1952 waren Übergangsregelungen erforderlich, die sich nach der Verbuchungspraxis (Soll- oder Istverrechner)[638] des jeweiligen Krankenversicherers richteten. Ab 1953 setzte die normale Besteuerungspraxis ein. Zugleich bot der Verband dem Ministerium an, die vorsorglich eingeleiteten Rechtsmittelverfahren einzustellen, wenn sein Vorschlag angenommen würde.[639] Das geschah und das Finanzministerium verabschiedete einen Erlass mit welchem den Finanzämtern aufgetragen wurde, für jeden einzelnen Krankenversicherer ein separates Pauschalierungsübereinkommen zu schließen.[640]

Für die RÜCKVERSICHERUNG regte der Verband an, die Rückversicherungsprämie des Geschäftsjahres 1952 mit einem Viertelprozent zu besteuern, jedoch vorher die Quotenrückversicherungsverträge, die gesamte Auslandsrückversicherung und die Lebensrückversicherung auszuscheiden.[641] Seinem Vorschlag stellte der Verband die Begründung voran, warum eine Besteuerung der Rückversicherung unsinnig sei. Dabei machte er auch darauf aufmerksam, dass die Besteuerung der Rückversicherung zufolge der zeit-

---

635 Archiv des VVO. Ausgangsbuch 1952. Juli, August, September. Ausg. Nr. 882/52, Ausg. Nr. 931/52 und Ausg. Nr. 932/52 sowie Ausgangsbuch 1952, Oktober, November, Dezember. Ausg. Nr. 1025/52, Ausg. Nr. 1062/52 und Ausg. Nr. 1063/52.

636 Archiv des VVO. Ausgangsbuch 1952. Juli, August, September. Ausg. Nr. 742/52.

637 Archiv des VVO. Ausgangsbuch 1952. Juli, August, September. Ausg. Nr. 930/52.

638 Beim Soll-System bzw. von einem Sollverrechner wird die Steuer von den vorgeschriebenen Prämien, den vereinbarten Entgelten, bemessen. Beim Ist-System bzw. von einem Istverrechner wird die Steuer von der eingegangenen Prämie abgeführt.

639 Archiv des VVO. Ausgangsbuch 1952. Oktober, November, Dezember. Ausg. Nr. 1206/52 und Ausg. Nr. 1207/52.

640 Archiv des VVO. Ausgangsbuch 1953. Juli, August, September. Ausg. Nr. 806/53.

641 Archiv des VVO. Ausgangsbuch 1952. Juli, August, September. Ausg. Nr. 743/52.

versetzten Buchungen große buchhaltungstechnische Probleme aufwarf. „Wir halten die Unterziehung der Rückversicherung unter die Versicherungssteuer nach wie vor für unlogisch, dem organischen Aufbau des Versicherungssteuergesetzes widersprechend und wirtschaftlich untragbar. Wir werden in unseren Bemühungen nicht nachlassen, die Eliminierung dieser Bestimmung herbeizuführen.“[642, 643] Der Verband wiederholte jene Gründe, welche gegen die Besteuerung der Rückversicherung sprachen und die er bereits in der Unterredung mit dem Finanzminister vorgebracht hatte:

1. Derselbe Geschäftsvorgang wurde mindestens zweimal, bei Retrozessionen sogar noch öfter besteuert.
2. Versicherungsentgelte, welche in der Direktversicherung steuerfrei gestellt worden waren, wurden im Ausmaß ihrer Rückdeckung besteuert.
3. Inländische Zweigniederlassungen ausländischer Versicherer traf die Besteuerung der Rückversicherung dann nicht, wenn das ausländische Mutterunternehmen die Rückdeckung nahm, denn in anderen Ländern als in Österreich blieb die Rückversicherung steuerfrei.
4. Die zusätzlichen Steuereinnahmen würden den Einhebungsaufwand nicht rechtfertigen. Das Prämienwachstum im direkten Geschäft (gut 40 % im Geschäftsjahr 1952) würde zu ansehnlichen Mehreinnahmen führen.

Die Gelegenheit, zur Durchführungsverordnung zur Versicherungssteuernovelle 1952 Stellung zu nehmen nützte der Verband ausgiebig[644] (ohne dabei von seinem Ceterum censeo gegen die Besteuerung des indirekten Geschäfts abzurücken). Er brachte zugleich Anregungen zur Durchführungsverordnung zum Feuerschutzsteuergesetz ein. Ein Hauptanliegen bestand in der Vereinfachung der Steuerberechnung und der steuerlichen Betriebsrevisionen. Ansatzpunkt dafür waren die Rundungsbestimmungen und ein Wahlrecht, die Steuerberechnung nach dem Sollsystem vornehmen zu können. Der Verband strebte – sowohl für die Versicherungs- wie die Feuerschutzsteuer – folgende Rundungsbestimmung an: „Steuerbeträge bis zu 5 Groschen können vernachlässigt werden, Beträge von mehr als 5 Groschen können auf 10 Groschen gerundet werden.“[645] Den Hintergrund für diese Formulierung bildete die Erfahrung, dass es bei der Berechnung der Steuer immer wieder zu manipulativen Irrtümern gekommen war, die, obwohl

642 Ebendort.

643 Siehe dazu auch: Archiv des VVO. Ausgangsbuch 1952. Juli, August, September. Ausg. Nr. 880/52.

644 Archiv des VVO. Ausgangsbuch 1952. Juli, August, September. Ausg. Nr. 744/52 und Ausg. Nr. 757/52.

645 Ebendort.

im Betrag klein, den Fiskus das eine Mal begünstigten, das andere Mal benachteiligten. Die Betriebsrevisoren hatten es sich nun zur Gewohnheit gemacht, jene Irrtümer herauszugreifen, welche den Fiskus benachteiligten, und eine kleine Zahl solcher Irrtümer auf das gesamte steuerpflichtige Prämienaufkommen hochzurechnen. Diese Vorgangsweise bescherte dem Fiskus steuerliche Nachtragsforderungen. Irrtümer zugunsten des Fiskus wurden von den Revisionären nicht beachtet. Diese letztlich kleinliche Revisionspraxis belastete die Versicherer. Ebenfalls auf eine Einschränkung des Ermessensspielraumes der Finanzämter zielte der Wunsch ab, dass Versicherungsunternehmen das Recht haben sollten, die Steuer nach dem Soll-System abzurechnen, anstatt dafür einen Antrag einbringen zu müssen, dem stattgegeben werden konnte oder nicht.

Die schließlich mit dem Finanzministerium Ende Oktober 1952 vereinbarte Übergangsregelung für die Besteuerung der Rückversicherung war eine Pauschalierung. In den Augen der Versicherer handelte es sich dabei um ein Steueropfer, das für die baldige Beseitigung dieser Abgabe dargebracht wurde. Die Pauschalierung wurde einerseits damit begründet, dass es für einen mitten im Geschäftsjahr gelegenen Zeitpunkt praktisch unmöglich ist, die Rückversicherungsprämie festzustellen, da die Abrechnung der Rückversicherung zeitversetzt erfolgt.[646] Andererseits wurde damit an die Verhältnisse vor 1938 angeknüpft, wie das auch in den Erläuternden Bemerkungen zur Gesetzesvorlage erwähnt worden war, denn die Ausnahme der Quotenrückversicherung von der Besteuerung bewirkte einen Steuerertrag, welcher etwa einer Pauschalierung gleichkam. Der Verband machte folgende Rechnung als Anbot an das Ministerium auf. „Die Rückversicherungsprämie … hat … 1951 ohne Quotenrückversicherung, also Excedent und fakultatives Geschäft, S 118.749,78 betragen. Eine gewisse Steigerung ist für … 1952 anzunehmen. Sie wird … nicht im selben Maße gegeben sein wie für das direkte Geschäft, weil der Selbstbehalt sich vielfach erhöht hat und außerdem von Rückversicherung in einigen Branchen,… Abstand genommen worden ist. Wenn wir also diese Steigerung mit etwa 40 % annehmen, dürfte damit dem tatsächlichen Zustand annähernd entsprochen sein. Wir stellen daher den Antrag, die Versicherungssteuer von der Rückversicherung gemäß § 6 Abs. 1 Z. 1 des Versicherungssteuergesetzes in der Fassung der Novelle 1952 im Sinne des § 5 Abs. 4 des Versicherungssteuergesetzes für die Zeit vom 1. Juli bis 31. Dezember 1952 mit ¼ % von S 118,749.2337,73 + 40 % d. s. S 166,248.932,89 = S 415.622,33 oder abgerundet S 415.620,– zu pauschalieren."[647]

646 Archiv des VVO. Ausgangsbuch 1952. Oktober, November, Dezember. Ausg. Nr. 1061/52. Der Zeitverzug folgt aus der Verflechtung mit dem Ausland und dem Netzwerk der Retrozessionen. Außerdem trägt der Zeitverzug zum Risikoausgleich in der Zeit bei.

647 Ebendort.

Doch das „Steueropfer“ wurde vom Ministerium als zu gering empfunden und so erhöhte der Verband sein Anbot auf S 650.000,–, wobei er darauf hinwies, dass nunmehr außer der fakultativen und der Excedentenrückversicherung auch die bei der Quotenrückversicherung abgegebene Prämie berücksichtigt sei.[648] Er führte dabei in seinem Schreiben vom 25. 11. 1952 an das Finanzministerium aus: „Die Zahlung dieses Pauschalbetrages wird vom Verband namens der mittels Liste anzuführenden Mitgliedsunternehmungen erfolgen, und zwar bis längstens 31. Jänner 1953 zu Handen des Finanzamtes für Gebühren und Verkehrssteuern.“[649] Und weiter hieß es darin: „Sollte die Bestimmung des § 6 Abs. 1 Z. 1 Versicherungssteuergesetz noch aufrecht sein, so wird der Verband auch für das Jahr 1953 einen Pauschalierungsvorschlag bis Ende November 1953 erstatten. Bis dahin werden zwei verrechenbare Abschlagszahlungen geleistet, welche am 15. Mai und 15. November des Jahres 1953 fällig werden und je S 650.000,– betragen werden.“[650] Das Schreiben schließt mit dem (warnenden) Satz: „In der sicheren Erwartung einer Gesetzesänderung unterlassen wir vorläufig jene Umstellungen, welche sonst auf dem Gebiete der Rückversicherung notwendig wären.“

Bei genauerem Hinsehen zeigte sich, dass die Besteuerung der Rückversicherung die Versicherer in eine recht mißliche Lage gebracht hatte. Es war nicht nur die finanzielle Last und der administrative Aufwand, welche störten, sondern der Wunsch, die durch

648 Trotzdem wurde – sowohl von den Versicherern wie vom Ministerium – versucht, dem ausgehandelten Betrag eine sachliche Begründung zu unterlegen: „Die Gebührensektion des Finanzministeriums hat den Standpunkt vertreten, daß für eine völlige Außerachtlassung der Quotenrückversicherung im Gesetz keine Handhabe gegeben ist. Zufällig ergibt sich ungefähr der gleiche Betrag, wenn von der tatsächlichen Rückversicherungsprämie 1951 unter Außerachtlassung der Prämiensteigerung 1952 ausgegangen oder wenn eine 40 %ige Prämiensteigerung pro 1952 zwar inkludiert, die Quotenrückversicherung jedoch mit dem halben Gewicht einbezogen wird. Ebenso zufällig ergeben sich nur geringfügige Abweichungen hievon, wenn das ursprüngliche Angebot um 50 % erhöht wird. Damals wurde versucht, nur die Excedentenprämie 1951 plus 40 % Zuschlag der Versteuerung zugrunde zu legen. Bei dieser allerdings oberflächlichen und überschlägigen Berechnung wurde die Konkordatsprämie unberücksichtigt gelassen, zufolge des Hinweises, daß diese Rückversicherung jederzeit in eine Mitversicherung umgewandelt werden könne. Als Durchschnittsbetrag wurde schließlich eine Summe von S 650.000,– ermittelt.“ [Anmerkung: Mit ‚Konkordatsprämie‘ ist die Prämie im ‚Feuerkonkordat‘ gemeint. Das Feuerkonkordat war eine Vereinbarung der Feuerversicherer zum Zweck des Risikoausgleichs zwischen den teilnehmenden Unternehmen.] Archiv des VVO. Vorstandsprotokoll Nr. 142 vom 20.11.1952. TO.-Pkt. XII. Allfälliges. 1. Versicherungssteuer – Rückversicherung.

649 Archiv des VVO. Ausgangsbuch 1952. Oktober, November, Dezember. Ausg. Nr. 1164/52.

650 Am 08.05.1953 überwies der Verband für das 1. Halbjahr 1953 an das Finanzamt für Gebühren und Verkehrssteuer, Wien, den Betrag von öS 650.000,–. Archiv des VVO. Ausgangsbuch 1953. April, Mai, Juni. Ausg. Nr. 472/53. Ende Oktober 1953 wurde die zweite Abschlagszahlung fällig. Auch sie forderte der Verband ein und überwies sie am 11.11.1953 an das Finanzamt. Archiv des VVO. Ausgangsbuch 1953, Oktober, November, Dezember. Ausg. Nr. 1024/53 und Ausg. Nr. 1105/53.

die Besteuerung hervorgerufene Zahllast auch für das Folgejahr zu pauschalieren und über den Verband abzuwickeln, deutete darauf hin, dass die Sistierung der externen Rechnungslegung mit hereinspielte. Wie weiter oben erwähnt, lehnten es die Versicherer ab, den Steuerbehörden die provisorischen Rechnungsabschlüsse vorzulegen. Um eine Besteuerung der Rückversicherung extern – also aus der Sicht der Steuerbehörde – zuverlässig zu beurteilen bzw. zu überprüfen, wäre es notwendig gewesen, die gesamte Geschäftstätigkeit über einen längeren Zeitraum hinweg aufzurollen. Dem stand jedoch die Absicht gegenüber, die Rekonstruktionsperiode in einer Bilanz zusammenzufassen und die regelmäßige, vom Unternehmenserfolg ausgehende Besteuerung der Versicherungsunternehmen mit der daran anschließenden Schillingeröffnungsbilanz beginnen zu lassen. Solange diese Bilanzen nicht terminisiert waren und damit auch über die Besteuerung der Wiederaufbauperiode nicht entschieden worden war, haftete der Besteuerung etwas Vorläufiges an. Es galt zu verhindern, dass die Steuerbehörde Unterlagen erhielt, die sie willkürlich interpretieren konnte, da es sich um vorläufige Daten handelte. Durch die Pauschalierung der Steuer und deren Abstattung durch den Verband wurde ein Zwischenglied eingefügt, welches Unternehmen und Finanzbehörden – fürs Erste – trennte. So wie bei der Abstattung der Steuervakanz der Rekonstruktionsperiode (s. o.) agierte der Verband auch bei der Bezahlung der pauschalierten Rückversicherungssteuer als Fiskalintermediär.

Die Aufteilung des Pauschalbetrages von S 650.000,– auf die Unternehmen erfolgte in der Form, dass diese – unter Ausklammerung der Lebensversicherung – 0,15 % der Prämie für die Quotenrückversicherung und 0,3 % der Prämie für die Excedentenrückversicherung entrichteten. Das ergab in summa S 654.000,–. Die viertausend Schilling wurden den Unternehmen vom Verband wiederum rückerstattet.[651] Enthielten Rückversicherungsverträge die Klausel, dass der Rückversicherer sämtliche Steuern und Abgaben trägt, konnte der Erstversicherer die Steuerlast überwälzen.[652]

Am 2. 12. 1953 gelang dem Verbandspräsidium in einer Besprechung mit Finanzminister Dr. R. Kamitz ein erster Verhandlungserfolg: „Die Aufhebung der Besteuerung … wurde vom Herrn Bundesminister zugesagt; offen blieb nur die Frage, in welchem Zusammenhang die Novellierung des Versicherungssteuergesetzes erfolgen solle. Während der Herr Bundesminister der Meinung ist, dies müßte … im Rahmen des Gesetzes zur

651 Archiv des VVO. Ausgangsbuch 1953, Oktober, November, Dezember. Ausg. Nr. 1130/53.

652 Archiv des VVO. Vorstandsprotokoll Nr. 144 vom 12.12.1952. TO.-Pkt. II. Anträge des Rückversicherungskomitees wegen Verteilung der Pauschalabgeltung für die Rückversicherungssteuer. Der Verband forderte die Beiträge zur pauschalierten Versicherungssteuer aus der Rückversicherung für das zweite Halbjahr 1952 Ende Jänner 1953 ein und zahlte den Betrag beim Finanzamt für Gebühren und Verkehrssteuern in Wien ein. Archiv des VVO. Ausgangsbuch 1953. Jänner, Februar, März. Ausg. Nr. 47/53 und Ausg. Nr. 83/53.

Sanierung des Altbestandes der Övag erfolgen, steht … der Verband auf dem Standpunkt, daß diese notwendige Bereinigung auf dem Gebiet der Versicherungssteuer mit der Angelegenheit der Phönix-Versicherung nichts zu tun habe. … Es wurde festgelegt, daß auch noch für 1954 eine Pauschalrate … verfügt werden wird, … da der Herr Bundesminister vermeint, daß bis dorthin die Novellierung des Versicherungssteuergesetzes Wirklichkeit geworden sein wird."[653]

Im Frühjahr 1954 lag dann der Entwurf der Versicherungssteuernovelle 1954 dem Verband zur Stellungnahme vor. Die Novelle beseitigte zum einen die Besteuerung der Rückversicherung und regelte zum anderen die Steuerfreiheit von zwangsähnlichen Beiträgen zu den Versorgungs- und Unterstützungseinrichtungen der Kammern der gewerblichen Wirtschaft. Die hartnäckige Interessenvertretung hatte zum Ziel geführt. Die Versicherungssteuernovelle 1954 wurde am 30. 6. 1954, eine Woche vor dem Versicherungsförderungsgesetz, beschlossen (BGBl. 180/1954). Artikel I, Ziffer 2, der Novelle lautete: „Im § 4 Abs. 1 ist in Z. 7 der Punkt durch einen Strichpunkt zu ersetzen und der Z. 7 eine Z. 8 folgenden Inhaltes anzufügen: ‚8. für eine Rückversicherung'". Damit war die Befreiung der Rückversicherung von der Versicherungssteuer (wieder) hergestellt. In Artikel II Absatz (1) wurde festgehalten, dass die Bestimmungen der Novelle ab 1. 1. 1954 anzuwenden sind.

Was die Beiträge zu Versorgungs- und Unterstützungseinrichtungen anbelangte, verlangte der Verband in seiner Eingabe vom 3. 5. 1954 an die Bundeskammer der gewerblichen Wirtschaft eine ergänzende Änderung des Einkommenssteuergesetzes. Die Beiträge sollten als Sonderausgaben nicht mehr unter der Post für Aufwendungen für private Versicherungen (§ 10 Abs. 1 Z. 3 EStG), sondern im Rahmen der Aufwendungen für Sozialversicherungen absetzbar sein (§ 10 Abs. 1 Z. 2 EStG). Der Verband begründete diesen Wunsch mit dem Zwangscharakter dieser Beiträge und auch damit, dass sie eine „unbillige Konkurrenzierung der Vertragsversicherung" bedeuteten.[654]

Was die Beseitigung der Besteuerung der Rückversicherung betraf, wandte sich der Verband gegen einen Teil der erläuternden Bemerkungen des Gesetzesentwurfes. „Die … Bemerkungen … geben … zu heftigem Widerspruch Anlaß, als sie ausführen ‚daß die Besteuerung der Rückversicherungen als Ausgleich für die Belastung angeordnet wurde, die dem Bund anläßlich der Sanierung des Phönix-Övag-Problems entstehen sollte'. Dieser Ausgleich wurde durch die mit der Versicherungssteuernovelle 1952 verfügte Erhöhung der bestehenden Steuersätze gefunden, weshalb auch eine dem Bund in Hinkunft

653 Archiv des VVO. Ausgangsbuch 1953, Oktober, November, Dezember. Ausg. Nr. 1205/53.

654 Archiv des VVO. Ausgangsbuch 1954, April, Mai, Juni. Ausg. Nr. 431/54, sowie Archiv des VVO. Vorstandsprotokoll Nr. 157 vom 24.05.1954. TO.-Pkt. III.) Allfälliges. 3.) Versicherungssteuernovelle 1954.

erwachsende Belastung durch das Phönix-Problem keiner zusätzlichen Finanzierungsquelle mehr bedarf. Die Begründung für den Fortfall der Besteuerung der Rückversicherung ist die folgende: Die Versicherungssteuer behindert die Rückversicherung und damit die für den Versicherungsbetrieb notwendige Verteilung der Risken auf breitester Basis. Hiezu kommt, daß bei einer Besteuerung der Rückversicherung und damit auch der Retrozession, d. h. der Rückversicherung des Rückversicherers, ein und dasselbe Versicherungsgeschäft einer mehrfachen Besteuerung unterzogen wird. Schließlich sind die heimischen Versicherer gegenüber den in Österreich zum Geschäftsbetrieb zugelassenen Geschäftsstellen ausländischer Unternehmungen dadurch benachteiligt, daß Letzteren als Ausweichmöglichkeit die versicherungssteuerfreie Tätigkeit der Rückversicherung durch ihre ausländische Mutteranstalt zur Verfügung steht."[655]

Angesichts des interessenpolitischen Erfolges muten die voranstehenden Ausführungen fast rechthaberisch an. Sie machen jedoch darauf aufmerksam, dass die Sanierung des OeVAG-Altbestandes – auf die Dauer besehen – teuer erkauft wurde, denn nach der Sanierung wurde die Versicherungssteuer nicht wieder gesenkt. Weiters verweisen sie auf das Unverständnis, mit dem die Versicherungswirtschaft konfrontiert war, wenn es um Fragen der damals längst wieder international tätigen Rückversicherung ging.

Abschließend wandten sich die Versicherer in ihrer Stellungnahme gegen die Bestrebungen der Sektion Industrie (in der Bundeskammer der gewerblichen Wirtschaft), welche dafür eingetreten war, die so genannte „Versicherungsfluchtsteuer" (§ 6 Abs. 3 VersStG) zu beseitigen. Der Verband rechtfertigte die zehnfache Versicherungssteuer bei Zahlung des Versicherungsentgeltes an ausländische Versicherer damit, eine Umgehung des Konzessionszwanges für den Betrieb des Versicherungsgeschäftes im Inland zu verhindern. Diese Haltung änderte sich auch nicht, als auf Betreiben der Alpass die Versicherungsaufsichtsbehörde vorschlug, durch behördliche Kundmachung Elementarschadenversicherungen von dem erhöhten Steuersatz auszunehmen.[656] Die Alpass vermittelte ihre Klientel ausländischen Elementarschadenversicherungen.

3.5.1.2. Die Novellierung des reichsdeutschen Feuerschutzsteuergesetzes

Bei der Novellierung des reichsdeutschen Feuerschutzsteuergesetzes lassen sich drei Stadien unterscheiden: die Debatte zum Entwurf, das Gesetz und seine Änderungen gegenüber der ursprünglichen reichsdeutschen Fassung und die Debatte über die Durchführung des Gesetzes.

---

655 Siehe voranstehende Fußnote.

656 Archiv des VVO. Ausgangsbuch 1955, Oktober, November, Dezember. Ausg. Nr. 1535/55.

3.5.1.2.1 Die Debatte zum Entwurf

Im Entwurfsteil der Novelle 1948 war für die Feuerschutzsteuer ein Satz von 8 % des Gesamtbetrages des Versicherungsentgeltes für Feuerversicherungen vorgesehen. Der Steuerschuldner wurde durch eine Kann-Bestimmung berechtigt, die Steuer vom Versicherungsnehmer gesondert neben dem Versicherungsentgelt einzuheben. Ursprünglich war die volle Überwälzbarkeit der Steuer auf den Versicherungsnehmer vorgesehen. Doch davon wurde abgegangen. Die Überwälzung wurde mit 4 % des Versicherungsentgeltes begrenzt. Die Kann-Bestimmung war den so genannten Landesversicherern (das sind regionale Feuerversicherer) wichtig, denn diese hatten den Wunsch, die Feuerschutzsteuer nicht zur Gänze ihren Kunden anzulasten.[657] Da – wie erwähnt – zur nämlichen Zeit in Österreich eine hohe Inflation herrschte,[658] konnten Teuerungszuschläge eingehoben werden. Teuerungszuschlag und Steuer sollten getrennt berechnet werden, damit der prozentuelle Zuschlag nicht auch von der auf den Versicherungsnehmer überwälzten Feuerschutzsteuer eingehoben wurde. Kurzfristig überlegte die Branche die Feuerschutzsteuer für 1948 überhaupt nicht überzuwälzen, denn die Teuerungszuschläge würden die Versicherungsnehmer ohnehin zur Genüge belasten.[659] Die Sektion Feuerversicherung des Verbandes sprach sich jedoch dafür aus, nur bei landwirtschaftlichen Risiken auf eine Überwälzung befristet bis Ende 1949 zu verzichten und zugleich mit den Arbeiten für eine Tarifrevision des landwirtschaftlichen „Feuergeschäfts" zu beginnen.[660]

Genauso wie bei der Versicherungssteuer sollten bei der Feuerschutzsteuer Rundungen unterbleiben. Doch mit diesem Wunsch setzte sich die Assekuranz nicht durch. Die Rundungsbestimmungen wurden in die Durchführungsverordnung aufgenommen. Die austrifizierte Feuerschutzsteuer trat am 1. 5. 1948 in Kraft.

Die Zuordnung des Aufkommens an Feuerschutzsteuer nach Bundesländern bereitete den Versicherungsunternehmen Schwierigkeiten. Die Feuerschutzsteuer wurde zwar vom Bund eingehoben, war jedoch im Zuge des Finanzausgleichs zu einer ausschließlichen Landesabgabe geworden, welche nach dem örtlichen Aufkommen auf die Länder (und Gemeinden als Träger des Feuerlöschwesens) aufzuteilen war. In der Ersten Republik hatten die Versicherer für die Einhebung und Abfuhr der Feuerwehrbeiträge

---

657 Ein einheitliches Verhalten der Landesversicherer sollte durch einen Verbandsbeschluss sichergestellt werden. Das war damals wettbewerbsrechtlich zulässig.

658 + 103,2 % im Jahresdurchschnitt 1947. Siehe dazu Ch. Karsch (1997), op. cit. S. 55.

659 Archiv des VVO. Vorstandsprotokoll Nr. 56 vom 18.12.1947. TO.-Pkt. IV. Abgabenteilungsgesetz – Zerlegung der Feuerschutzsteuer nach Bundesländern.

660 Archiv des VVO. Vorstandsprotokoll Nr. 57 vom 13.01.1948. TO.-Pkt. IV. Zur Frage der Überwälzung der Feuerschutzsteuer.

entsprechende Aufzeichnungen geführt, diese jedoch mit der Einführung der reichsdeutschen Feuerschutzsteuer eingestellt, da die Steuer eine Reichsabgabe war. Nunmehr war sie – wieder – zu einer Landesabgabe geworden.

Der Verband intervenierte Ende 1947 gegen den Entwurf eines Abgabenteilungsgesetzes 1948 (später als Finanzausgleichsgesetz bezeichnet), denn darin war vorgesehen, dass die Erträgnisse der Feuerschutzsteuer entsprechend der Belegenheit der versicherten Objekte auf die Bundesländer aufgeteilt werden sollten.[661, 662] Das hätte eine komplette Umarbeitung der vorhandenen Versicherungsstöcke erfordert und einen beträchtlichen administrativen Aufwand verursacht. Man schätzte, dass sich allein der für die Führung der Borderos (Vertragsverzeichnisse) erforderliche Papieraufwand verdreifachen würde. Soweit Unternehmen ihren Bürobetrieb automatisiert und auf Hollerith umgestellt hatten, wäre der gesamte Bestand an Lochkarten neu zu stanzen gewesen. Der Verband schlug deshalb vor, die Feuerschutzsteuer anhand von Schätzungen auf die Bundesländer aufzuschlüsseln, und kündigte an, die dafür erforderlichen Unterlagen zu liefern. Das erfolgte. Ein Vergleich der für das erste Halbjahr 1947 ermittelten Werte mit der regionalen Verteilung der Feuerwehrbeiträge 1937 zeigte eine weitgehende Übereinstimmung. Deshalb schlug der Verband vor, „daß die für die einzelnen Bundesländer festgestellten prozentuellen Anteile als fixer Schlüssel der weiteren Aufteilung der Feuerschutzsteuer zugrunde gelegt werden, falls die Landesregierungen damit einverstanden sind“.[663]

---

661 Archiv des VVO. Ausgangsbuch 1947, Oktober, November, Dezember. Ausg. Nr. 1258/47.

662 Anstatt in ein Abgabenteilungsgesetz 1948 wurden die die Versicherer administrativ belastenden Bestimmungen in das Finanzausgleichsgesetz 1948, BGBl. 46/48, aufgenommen. Dort hieß es:

„§ 11. (2) …, der Ertrag der Feuerschutzsteuer [wird] im Verhältnis des Bruttoprämienaufkommens für die in den einzelnen Ländern gegen Feuer- und Feuerfolgeschäden versicherten beweglichen und unbeweglichen Objekte auf die empfangsberechtigten Körperschaften aufgeteilt.

§ 14. (2) Alle inländischen sowie die zum Geschäftsbetrieb im Inlande zugelassenen Feuerversicherungsgesellschaften und -vereine aller Art haben die für die Aufteilung der Feuerschutzsteuer [§ 11 (2)] erforderlichen Nachweisungen über das Bruttoprämienaufkommen für die in den einzelnen Ländern gegen unmittelbare und mittelbare Feuer- und Feuerfolgeschäden versicherten beweglichen und unbeweglichen Objekte zu liefern. Die näheren Bestimmungen trifft das Bundesministerium für Finanzen. Wesentliche Unrichtigkeiten … sind mit Geldstrafen … zu ahnden.“

663 Archiv des VVO. Ausgangsbuch 1948, Jänner, Februar, März. Ausg. Nr. 64/48.

3.5.1.2.2. Das Gesetz und seine Änderungen gegenüber der reichsdeutschen Fassung

Reichsdeutsches Feuerschutzsteuergesetz	Österreichisches Feuerschutzsteuergesetz
Feuerschutzsteuergesetz vom 1. Februar 1939, DRGBl. I S. 113	Feuerschutzsteuergesetz 1939 in der Fassung des Art. II des Bundesgesetzes vom 18. Februar 1948, BGBl. Nr. 57, betreffend die Änderung einiger Verkehrsteuergesetze (Verkehrsteuernovelle 1948)
Die Reichsregierung hat das folgende Gesetz beschlossen, das hierdurch verkündet wird: Zur Förderung des Feuerlöschwesens und des vorbeugenden Brandschutzes wird von den Feuerversicherungsunternehmungen eine Feuerschutzsteuer als Reichssteuer erhoben.	Die Reichsregierung hat das folgende Gesetz beschlossen, das hierdurch verkündet wird: Zur Förderung des Feuerlöschwesens und des vorbeugenden Brandschutzes wird von den Feuerversicherungsunternehmungen eine Feuerschutzsteuer als Reichssteuer erhoben.
§ 1 Gegenstand der Steuer (1) Der Steuer unterliegt die Entgegennahme von Versicherungsentgelten aus Feuerversicherungen, wenn die versicherten Gegenstände bei der Entgegennahme des Versicherungsentgelts im Inland sind. (2) Eine Feuerversicherung wird auch begründet, wenn zwischen mehreren Personen oder Personenvereinigungen vereinbart wird, solche Schäden gemeinsam zu tragen, die den Gegenstand einer Feuerversicherung bilden können.	*§ 1. Gegenstand der Steuer.* (1) Der Steuer unterliegt die Entgegennahme von Versicherungsentgelten aus Feuerversicherungen, wenn die versicherten Gegenstände bei der Entgegennahme des Versicherungsentgelts im Inland sind. (2) Eine Feuerversicherung wird auch begründet, wenn zwischen mehreren Personen oder Personenvereinigungen vereinbart wird, solche Schäden gemeinsam zu tragen, die den Gegenstand einer Feuerversicherung bilden können. (3) Der Steuer unterliegt nicht die Entgegennahme von Versicherungsentgelten aus Feuerversicherungen bei bäuerlichen Brandschadenversicherungsvereinen, die vorwiegend die Gewährung von Sachleistungen (Hand- und Spanndienste) zum Gegenstand haben.
§ 2 Versicherungsentgelt (1) Versicherungsentgelt im Sinn dieses Gesetzes ist jede Leistung, die für die Begründung und zur Durchführung des Versicherungsverhältnisses an den Versicherer zu bewirken ist (Beispiele: Prämien, Beiträge, Vorbeiträge, Vorschüsse, Nachschüsse, Umlagen, außerdem Eintrittsgelder, Gebühren für die Ausfertigung des Versicherungsscheins und sonstige Nebenkosten). Zum Versicherungsentgelt gehört nicht, was zur Abgeltung einer Sonderleistung des Versicherers oder aus einem sonstigen in der Person des einzelnen Versicherungsnehmers liegenden Grund gezahlt wird (Beispiel: Kosten für die Ausstellung einer Ersatzurkunde, Mahnkosten). (2) Wird auf die Prämie ein Gewinnanteil verrechnet und nur der Unterschied zwischen Prämie und Gewinnanteil an den Versicherer gezahlt, so ist dieser Unterschiedsbetrag Versicherungsentgelt.	*§ 2. Versicherungsentgelt.* (1) Versicherungsentgelt im Sinne dieses Gesetzes ist jede Leistung, die für die Begründung und zur Durchführung des Versicherungsverhältnisses an den Versicherer zu bewirken ist. (Beispiel: Prämien, Beiträge, Vorbeiträge, Vorschüsse, Nachschüsse, Umlagen, außerdem Eintrittsgelder, Gebühren für die Ausfertigung des Versicherungsscheins und sonstige Nebenkosten.) Zum Versicherungsentgelt gehört nicht, was zur Abgeltung einer Sonderleistung des Versicherers oder aus einem sonstigen in der Person des einzelnen Versicherungsnehmers liegend Grund gezahlt wird (Beispiele: Kosten für die Ausstellung einer Ersatzurkunde, Mahnkosten). (2) Wird auf die Prämie ein Gewinnanteil verrechnet und nur der Unterschied zwischen Prämie und Gewinnanteil an den Versicherer gezahlt, so ist dieser Unterschiedsbetrag Versicherungsentgelt. Als Gewinnanteil gilt auch die Rückvergütung eines Teiles der Prämie für schadenfreien Verlauf (Bonus).

Reichsdeutsches Feuerschutzsteuergesetz	Österreichisches Feuerschutzsteuergesetz
§ 3 Steuerberechnung (1) Die Steuer wird, soweit nichts anderes bestimmt wird, vom Gesamtbetrag der in jedem Kalendervierteljahr vereinnahmten Versicherungsentgelte berechnet. (2) Der Gesamtbetrag darf um die für Rückversicherungen gezahlten Versicherungsentgelte nicht gekürzt werden. (3) Pfennigbeträge und deren Teile sind auf volle 5 Reichspfennig nach oben abzurunden. (4) Die Art der Umrechnung ausländischer Werte bestimmt der Reichsminister der Finanzen.	§ 3. *Steuerberechnung* (1) Die Steuer wird, soweit nichts anderes bestimmt wird, vom Gesamtbetrag der in jedem Kalendervierteljahr vereinnahmten Versicherungsentgelte berechnet. (2) Der Gesamtbetrag darf um die für die Rückversicherungen gezahlten Versicherungsentgelte nicht gekürzt werden. (3) Die Art der Umrechnung ausländischer Werte bestimmt der Reichsminister der Finanzen.
§ 4 Steuersatz Die Steuer beträgt vom Hundert des Gesamtbetrages der Versicherungsentgelte 1. bei öffentlich-rechtlichen Versicherungsunternehmungen a) wenn das Versicherungsverhältnis auf Grund eines gesetzlichen Zwangs oder eines Versicherungsmonopols entsteht .... 12, b) in den übrigen Fällen ....6, 2. bei privaten Versicherungsunternehmungen . ...4.	§ 4. *Steuersatz.* Die Steuer beträgt 8 % des Gesamtbetrages des Versicherungsentgeltes.
§ 5 Steuerschuldner (1) Steuerschuldner ist der Versicherer. (2) Hat der Versicherer im Inland keinen Wohnsitz (Sitz), ist aber ein Bevollmächtigter zur Entgegennahme des Versicherungsentgelts bestellt, so haftet dieser für die Steuer. (3) Nimmt der Versicherer Rückversicherung, so ist er berechtigt, das Versicherungsentgelt, das er an den Rückversicherer zu entrichten hat, um den der Steuer entsprechenden Hundertsatz zu kürzen. Dies gilt auch für den Rückversicherer, der seinerseits Rückversicherung nimmt.	§ 5. *Steuerschuldner* (1) Steuerschuldner ist der Versicherer. (2) Hat der Versicherer im Inland keinen Wohnsitz (Sitz), ist aber ein Bevollmächtigter zur Entgegennahme des Versicherungsentgeltes bestellt, so haftet dieser für die Steuer. (3) Der Steuerschuldner ist berechtigt, die Steuer bis zur Höhe von 4 % des Versicherungsentgeltes neben dem Versicherungsentgelt vom Versicherungsnehmer gesondert anzufordern. Nimmt er Rückversicherung, ist er berechtigt, das an den Rückversicherer zu entrichtende Entgelt um jenen entsprechenden Hundertsatz der Steuer zu kürzen, den er vom Versicherungsnehmer nicht gesondert angefordert hat. Dies gilt auch für den Rückversicherer, der seinerseits Rückversicherung nimmt.
§ 6 Fälligkeit Die Steuer wird, soweit nichts anderes bestimmt wird, einen Monat nach Ablauf des Kalendervierteljahres (§ 3 Absatz 1) fällig.	§ 6. *Fälligkeit.* Die Steuer wird, soweit nichts anderes bestimmt ist, einen Monat nach Ablauf des Kalendervierteljahres [§ 3 (1)] fällig.

Reichsdeutsches Feuerschutzsteuergesetz	Österreichisches Feuerschutzsteuergesetz
§ 7 Erstattung der Steuer Wird das Versicherungsentgelt ganz oder zum Teil zurückgewährt, weil die Versicherung vorzeitig aufhört oder das Versicherungsentgelt herabgesetzt worden ist, so wird die Steuer auf Antrag insoweit erstattet, als sie bei Berücksichtigung dieser Umständen nicht zu erheben gewesen wäre.	§ 7. *Erstattung der Steuer.* Wird das Versicherungsentgelt ganz oder zum Teil zurückgewährt, weil die Versicherung vorzeitig aufhört oder das Versicherungsentgelt herabgesetzt worden ist, so wird die Steuer auf Antrag insoweit erstattet, als sie bei Berücksichtigung dieser Umstände nicht zu erheben gewesen wäre.
§ 8 Änderung der Reichsabgabenordnung Im § 76 Ziffer 6 der Reichsabgabenordnung erhält der Eingangssatz folgende Fassung; „Für die Besteuerung nach dem Versicherungsteuergesetz und nach dem Feuerschutzgesetz:".	§ 8. [Siehe § 8 des reichsdeutschen Feuerschutzsteuergesetzes.]
§ 9 Änderung des Gesetzes über die Beaufsichtigung der privaten Versicherungsunternehmungen und Bausparkassen § 154 Absatz 2 des Gesetzes über die Beaufsichtigung der privaten Versicherungsunternehmungen und Bausparkassen wird gestrichen.	§ 9. [Siehe § 9 des reichsdeutschen Feuerschutzsteuergesetzes.]
§ 10 Inkrafttreten (1) Das Gesetz tritt mit Wirkung vom 1. Januar 1939 in Kraft. (2) Die Inkraftsetzung des Gesetzes im Land Österreich und in den sudetendeutschen Gebieten bleibt vorbehalten.	§ 10. *Vollzug.* Mit der Vollziehung dieses Gesetzes ist das Bundesministerium für Finanzen betraut.

Die wesentlichen Änderungen im Bereich der Feuerschutzsteuer waren:[664]

- § 1 Abs. (3) nahm bäuerliche Brandhilfsvereine, die überwiegend Sachleistungen erbringen, von der Feuerschutzsteuer aus.
- Die Begriffsbestimmung von § 2 Abs. (2) stellte klar, dass die Feuerschutzsteuer selbst nicht Teil der Bemessungsgrundlage ist, obwohl sie zur Hälfte auf den Versicherungsnehmer überwälzt werden konnte.
- So wie bei der Versicherungssteuer [dort § 3 Abs. (2)] bestimmte § 2 Abs. (2), dass ein Bonus für schadenfreien Verlauf dem Gewinnanteil gleichgestellt ist. Wird nur die Differenz nach Abzug des Bonus als Prämie eingehoben, ist nur diese Differenz zu versteuern.

664 Siehe dazu bereits weiter oben erwähnte Rundschreiben vom 16.04.1948 des Verbandes. Archiv des VVO. Ausgangsbuch 1948. April, Mai, Juni. Ausg. Nr. 483/48.

- Die reichsdeutsche Fassung enthielt in § 3 Abs. (3) Rundungsbestimmungen. Sie wurden anstatt in das Gesetz in die Durchführungsverordnung aufgenommen.
- Der Steuersatz wurde in § 4 auf 8 % verdoppelt.
- § 5 Abs. (3) gestattete den Versicherern, die Hälfte der Steuer auf den Versicherungsnehmer überzuwälzen. (Darauf verzichteten die Versicherer für die Dauer eines Jahres; das war bis 31. 3. 1949.[665] Sie taten das, da die Versicherungsnehmer durch den Teuerungszuschlag zusätzlich belastet worden waren.)[666] Das Gesetz ermächtigte den (Erst)Versicherer die Rückversicherungsprämie prozentuell entsprechend der von ihm getragenen Hälfte der Feuerschutzsteuer zu kürzen.

3.5.1.2.3. Die Debatte über die Durchführung des Gesetzes und Reformvorschläge

Die operative Umsetzung der gesetzlichen Änderungen sowie der Durchführungsverordnung zum Feuerschutzsteuergesetz bereitete den Unternehmen vergleichsweise arge Schwierigkeiten. Das rührte daher, dass die Details der Umsetzung nicht vorsorglich vor der Verabschiedung der Durchführungsverordnung besprochen worden waren. Vielmehr gab es zwischen dem Inkrafttreten der Steuererhöhung am 1. 4. 1949 und der Verabschiedung der Durchführungsverordnung am 8. 5. 1949 eine Legisvakanz. Dazu kam, dass die Verkehrssteuernovelle erst am 27. 3. 1949 kundgemacht worden war, so dass die gesetzlichen Änderungen praktisch sofort anzuwenden gewesen wären. Doch fehlten dafür – wie erwähnt – die Durchführungsbestimmungen. Die Auswirkungen dieser „Berliner Gesetzestechnik" (s. o.) waren fatal.

Die Probleme begannen damit, dass die Steuererhöhung mit 1. 4. 1948 wirksam wurde, jedoch die Fälligkeiten der im Voraus zu bezahlenden Prämien über das ganze Jahr verteilt waren und überdies das Gesetz auf die Entgegennahme der Prämie als Besteuerungsgegenstand abstellte. Für Prämienzahlungen bis 31. März 1948 war, auch wenn das Versicherungsverhältnis über diesen Termin hinweg andauerte, noch der alte Steuersatz veranschlagt worden. Damit wurde eine pro rata temporis abgegrenzte Nachbesteuerung jener Versicherungsverhältnisse notwendig, deren nächste Prämienfälligkeit nach dem 31. März 1948 lag. Abgesehen von einigen Spezialversicherern, rechneten die Versicherer die Feuerschutzsteuer nicht nach dem sogenannten Ist-System, sondern nach

665 Archiv des VVO. Verbandsrundschreiben vom 02.04.1948; Beilage. Ausgangsbuch 1948. April, Mai, Juni. Ausg. Nr. 427/48. Der Verzicht galt auch für effektive Fremdwährungsversicherungen. Archiv des VVO. Ausgangsbuch 1948, April, Mai, Juni. Ausg. Nr. 610/48.

666 Die operative Abwicklung des Überwälzungsverzichts machte – nicht zuletzt im Mitbeteiligungsgeschäft – bei Storni aufgrund zeitversetzter Buchungen einige Mühe. Archiv des VVO. Ausgangsbuch 1948, April Mai, Juni. Ausg. Nr. 660/48.

dem Soll-System ab. Das Ist-System stellt auf das Inkasso und auf das reine Feuerrisiko ab. Das heißt, dass bei Bündelversicherungen oder bei umfassenden Deckungen (wie beispielsweise in der Transportversicherung; s. u.) das Feuerrisiko herausgeschält wird bzw. separabel ist. Das Soll-System stellt dagegen auf die verdienten (vorgeschriebenen) Prämien ab, wie sie in der Gewinn- und Verlustrechnung ausgewiesen werden. Um zu vermeiden, dass ein Großteil jenes Geschäfts bei dem Feuerschutzsteuer anfiel, einmalig aus Anlass der Steuererhöhung nach dem Ist-System hätte aufgerollt werden müssen, schlugen am 3. 11. 1948 die Versicherer dem Finanzamt für Verkehrssteuern vor, die Nachbesteuerung zu pauschalieren: „… und zwar auf Grund eines Betrages, der 5 % der feuerschutzsteuerpflichtigen Prämienvorschreibung zuzüglich des Teuerungszuschlags … entspricht. Hievon wären als zusätzliche Steuer 4 % zu entrichten.“[667] Ein weiterer Grund sich um eine Pauschalierung zu bemühen, war der Umstand, dass die Finanzbehörde die Steuererhöhung zum Anlass genommen hatte, von den Versicherern detaillierte Nachweisungen über die feuerschutzsteuerpflichtigen Versicherungsverhältnisse zu verlangen. Nachweisungen, die sich bei einer Pauschalierung erübrigten.

Das Finanzamt ging Mitte März 1949 teilweise auf den Vorschlag des Verbandes ein. Statt 5 % der feuerschutzsteuerpflichtigen Prämienvorschreibung verlangte es 6 %; – der Verband akzeptierte. Er lehnte es jedoch ab, dass sich die Steuerbehörde eine Korrektur dieses Prozentsatzes im Einzelfall und bei gegebenem Anlass (z. B. einer Steuerprüfung) vorbehielt. Denn: „Ein solches Pauschverfahren hat nur einen Sinn, wenn es endgültig ist.“[668] Ende Mai 1949 fasste der Verband in einer Eingabe an das Finanzamt für Verkehrssteuern und Gebühren nochmals seinen Standpunkt zusammen. Er erläuterte dabei auch, warum die Angelegenheit „so ungemein kompliziert“ geworden sei[669] (s. o.). Um die Auseinandersetzung über diese komplizierte Angelegenheit zu beenden, sprach er sich für einen zweiseitig verbindlichen Vergleich zwischen Assekuranz und Fiskus aus und schlug dafür auch den Text der Vereinbarung vor. Anfang Juni musste der Verband seine Mitgliedsunternehmen davon informieren, dass mit einer weiteren Fristerstreckung für die Vorlage der Abrechnungen zur Versicherungs- und zur Feuerschutzsteuer nicht zu rechnen sei.[670] Die Abrechnungen müssten bis 30. Juni 1949 vorgelegt werden und dabei hätten sich die Unternehmen an den Mitte Mai 1949 ergangenen Bescheid zur Verkehrssteuernovelle 1948 zu halten (s. o. die Debatte über

667 Archiv des VVO. Ausgangsbuch 1948. Oktober, November, Dezember. Ausg. Nr. 1232/48.

668 Archiv des VVO. Ausgangsbuch 1949. April, Mai Juni. Ausg. Nr. 384/49. Sowie: Archiv des VVO. Vorstandsprotokoll Nr. 85 vom 19.05.1949. TO.-Pkt. III. Finalisierung der Verhandlungen mit dem Finanzamt für Verkehrssteuern wegen Anwendung der Verkehrssteuernovelle 1948 auf die Feuerschutzsteuer.

669 Archiv des VVO. Ausgangsbuch 1949. April, Mai Juni. Ausg. Nr. 563/49.

670 Archiv des VVO. Ausgangsbuch 1949. April, Mai Juni. Ausg. Nr. 587/49.

die Durchführung des Versicherungssteuergesetzes); mit diesem Bescheid sei das Auslangen zu finden.

Trotzdem oder gerade deswegen wurde weiter verhandelt. Die Steuerbehörde war hartnäckig und ließ sich die zweiseitig verbindliche Abmachung zur Nachversteuerung schließlich mit einer Bemessungsgrundlage von 7½ % der Prämienvorschreibung für das 1. Quartal 1948 ohne jeden Stornoabzug „abkaufen".[671] Die Pauschbeträge waren bis 31. 8. 1949 einzuzahlen. Dabei passierte dem Verband ein Lapsus. Man hatte mit dem Finanzamt für Verkehrssteuern und Gebühren in Wien verhandelt. Das Abkommen deckte also nur den räumlichen Kompetenzbereich dieses Finanzamtes ab. Versicherungsunternehmen, welche ihren Sitz außerhalb Wiens hatten, waren davon nicht erfaßt;[672] doch hatten sie ein gutes Argument, ihrem zuständigen Finanzamt gegenüber die gleiche Regelung zu verlangen. Was die Abgabe der Steuererklärungen für 1948 betraf, erstreckte das Finanzamt die Frist bis 31. 12. 1949.[673] Die Frist für die Abgabe der Steuererklärungen für 1949 hätte am 31. 1. 1950 geendet. Der VVO kam daher Ende Dezember 1949 um eine Erstreckung der Frist bis 30. 4. 1950 ein.[674] Dem wurde entsprochen.[675] So wie bei der Besteuerung der Versicherungsunternehmen (s. o.) bildete sich auch bei der Abrechnung der Versicherungs- und der Feuerschutzsteuer eine Kette von Fristerstreckungen. Während jedoch bei der Unternehmensbesteuerung zufolge der Sistierung der externen Rechnungslegung, die erstreckte Periode immer länger wurde, wurde bei der Versicherungs- und Feuerschutzsteuer die Vorlage der Abrechnungen nur unterjährig verlängert. So ersuchte der Verband am 28. 12. 1950 um die Verlängerung der Frist für die Abgabe der Jahresabrechnungen 1950 über die Versicherungs- und die Feuerschutzsteuer bis 30. 4. 1951. Er begründete sein Ansuchen mit der Arbeitsüberlastung der Unternehmen und

671 Archiv des VVO. Vorstandsprotokoll Nr. 88 vom 7. 7. 1949. TO.-Pkt. IV. Abschluss eines Vergleichs mit der Steuerbehörde wegen Nachtragsverrechnung der Feuerschutzsteuer anlässlich des Überganges von den früheren auf die jetzigen Steuersätze (Vgl. Niederschrift 95/III). Im Schreiben vom 12. Juli 1949 des VVO an das Finanzamt für Verkehrssteuern und Gebühren heißt es unter anderem: „Der Verband nimmt den Gegenvorschlag des Finanzamtes wegen Pauschalierung der Nachtragszahlung für die Feuerschutzsteuer vom 1. Quartal 1948 namens seiner Mitgliedsinstitute hiermit an. Von der Prämienvorschreibung des 1. Quartals 1948 inklusive Teuerungszuschlag werden 7½ % berechnet und hievon die Steuerdifferenz per 4 % entrichtet. Damit erscheint der gesamte Fragenkomplex für beide Teile endgültig bereinigt, so daß auch im Wege von Betriebsrevisionen keine Änderung mehr eintreten kann, die Angelegenheit vielmehr für die Behörde, wie für die Steuerpflichtigen endgültig abgefunden und erledigt ist." Archiv des VVO. Ausgangsbuch 1949. Juli, August, September. Ausg. Nr. 722/49, 725/49 und 843/49.

672 Archiv des VVO. Ausgangsbuch 1949. Juli, August, September. Ausg. Nr. 768/49.

673 Archiv des VVO. Ausgangsbuch 1949. Juli, August, September. Ausg. Nr. 767/49.

674 Archiv des VVO. Ausgangsbuch 1949. Oktober, November, Dezember. Ausg. Nr. 1272/49 und Ausg. Nr. 1273/49.

675 Archiv des VVO. Ausgangsbuch 1950. Jänner, Februar, März. Ausg. Nr. 53/50.

dem weit verzweigten Vertriebsnetz derselben.[676] Anfang Jänner 1952 bat er um die Verlängerung der Frist für die Jahresabrechnungen für 1951 bis 30. 4. 1952.[677]

Die Verlängerung wurde gewährt, doch der Bescheid vom 24. 1. 1952 des Finanzamtes für Gebühren und Verkehrssteuern, G.Z.B. 664/19-XII/3, machte deutlich, dass die Behörde den fortwährenden Ansuchen um Fristerstreckungen um einige Monate überdrüssig geworden war, so dass die gewährte Verlängerung für die Unternehmen de facto keine wesentliche Entlastung mehr war. Der Bescheid lautete: „Das Amt verlängert den im Verbande zusammengeschlossenen im Inland zum Geschäftsbetrieb zugelassenen Versicherungsunternehmungen, die Soll-Abrechner sind und ihren Sitz in Wien haben, die Frist zur Vorlage der Nachweisungen über die Versicherungssteuer- und Feuerschutzsteuer für 1951 bis 30. April 1952 unter der Bedingung, daß die einzelnen Gesellschaften angemessene Anzahlungen auf die zu gewärtigenden Abschlußzahlungen leisten. Als Termin für die Leistung der Anzahlung wird der 25. Februar 1952 gesetzt. Die Anzahlung kann unterbleiben, wenn durch die bisherigen Abschlußzahlungen die auf den Abrechnungszeitraum entfallende Versicherungssteuer- bzw. Feuerschutzsteuerschuldigkeit voraussichtlich gedeckt erscheint. Die Leistung der Anzahlung (je eine auf Versicherungssteuer und Feuerschutzsteuer) bzw. das Unterbleiben einer solchen und die Begründung dazu hat jede Gesellschaft bis 25. Februar 1952 dem Amte schriftlich anzuzeigen."[678] 1953 und 1954 wurde ebenfalls um Fristverlängerungen angesucht. Für die Abrechnungen für 1953 sollte die Frist vom 31. Jänner auf den 30. April 1954 erstreckt werden.[679] Die Verlängerungen wurden – für 1953 bis 30. April 1954 – auch gewährt, wobei wiederum Anzahlungen auf die späteren Steuerfälligkeiten zu erbringen waren.[680] Auch für die Jahresabrechnungen 1954 beantragte der Fachverband eine Verlängerung der mit 31. 1. 1955 ablaufenden Abgabefrist bis 30. 4. 1955.[681] Die Verlängerung wurde gewährt, jedoch – so wie schon früher – unter der Bedingung, dass die Unternehmen Akontozahlungen auf die zu erwartenden Abschlusszahlungen an Versicherungs- und an Feuerschutzsteuer leisteten.[682]

Abgesehen von der Aufteilung der Steuer nach Bundesländern (s. u.), stellte sich bei Versicherungszweigen, die mehrere Risken und dabei auch das Feuerrisiko deckten, die Frage nach der anteiligen Feuerschutzsteuer. Während bei der gebündelten

676 Archiv des VVO. Ausgangsbuch 1950, Oktober, November, Dezember. Ausg. Nr. 1273/50.
677 Archiv des VVO. Ausgangsbuch 1952, Jänner, Februar, März. Ausg. Nr. 39/52.
678 Archiv des VVO. Ausgangsbuch 1952, Jänner, Februar, März. Ausg. Nr. 134/52.
679 Archiv des VVO. Ausgangsbuch 1954, Jänner, Februar, März. Ausg. Nr. 6/54.
680 Archiv des VVO. Ausgangsbuch 1954, Jänner, Februar, März. Ausg. Nr. 69/54.
681 Archiv des VVO. Ausgangsbuch 1954, Oktober, November, Dezember. Ausg. Nr. 1425/54.
682 Archiv des VVO. Ausgangsbuch 1955, Jänner, Februar, März. Ausg. Nr. 52/55.

Hausratversicherung der Anteil des Feuerrisikos bekannt war, hatten die Transportversicherer bei der Lagerversicherung Probleme, diesen Anteil zu ermitteln, denn die Prämienberechnung erfolgte einheitlich und in den Transportversicherungsbedingungen wurden alle Risiken gleichmäßig erfasst. Ähnlich unklar war die Situation bei der Auto-Kasko- und bei der Tierversicherung. Gegen die Absicht des Transportversicherungsverbandes,[683] beim Finanzamt für Verkehrssteuern einen Feststellungsantrag einzubringen, meldete der Verbandsvorstand Bedenken an und schlug vor, die Angelegenheit vorerst im Rahmen des Transportversicherungsverbandes abzuklären.[684] Der Transportversicherungsverband gelangte dabei zu einer von der Sektion Kraftfahrversicherung abweichenden Auffassung, so dass der Vorstand des VVO-Kfz-Sektion und Transportversicherungsverband anhielt, die Angelegenheit von einem Expertengremium abklären zu lassen, das von beiden Seiten beschickt wurde.[685] Zugleich nahm der Verband Verhandlungen mit dem Finanzamt für Verkehrssteuern auf. Davon informierte er seine Mitgliedsunternehmen und bat diese, Anfragen des Finanzamtes zur Feuerschutzsteuer vorerst nicht zu beantworten, „weil … vom Amte … zugesagt wurde, daß von der Einhaltung der gestellten Fristen [Anmerkung: für die Beantwortung der behördlichen Anfragen] bis zum Abschluß dieser Besprechungen Abstand genommen wird".[686] Die Bündelung der Kontakte mit der Behörde beim VVO diente der Einheitlichkeit der Interessenswahrung.

Mitte Februar 1949 war dann die verbandsinterne Abstimmung soweit gediehen, dass dem Finanzamt für Verkehrssteuern und Gebühren mitgeteilt werden konnte, bei einer Transportversicherung handle es sich um ein einheitliches Risiko, das auch die verschiedenen Gefahren, die mit einer Lagerung des Transportgutes einhergehen, einschließt. Deshalb sei eine anteilige Aussonderung des Feuerrisikos und seine Besteuerung verfehlt. Bei einer längeren Lagerung jedoch, sei die Einhebung der Feuerschutzsteuer zu rechtfertigen. Der Verband schlug daher vor, Einlagerungen, die länger als drei Monate währten, zu besteuern.[687] Zugleich mit seiner Eingabe an das Finanzamt wandte sich der Verband an die Versicherungsaufsichtsbehörde und bat diese, durch eine geeignete

683 Österreichischer Transportversicherungsverband, kurz: ÖTV. Der ÖTV war ein Zweigverein des VVO. Den ÖTV bildeten jene Mitgliedsunternehmen des VVO, welche die Transportversicherung betrieben.

684 Archiv des VVO. Vorstandsprotokoll Nr. 74 vom 07.10.1948. TO.-Pkt. IV. Einbringung eines Feststellungsantrages, betreffend Feuerschutzsteuer beim Finanzamt – allfällige Rückwirkungen auf andere Versicherungszweige.

685 Archiv des VVO. Vorstandsprotokoll Nr. 77 vom 18.11.1948. TO.-Pkt. IV. Feuerschutzsteuer b) Anträge des Transportversicherungs-Verbandes, betreffend Stellungnahme zur Entrichtung der Feuerschutzsteuer für Transport-Lagerversicherungen (siehe Niederschrift Nr. 74/IV).

686 Archiv des VVO. Ausgangsbuch 1948. Oktober, November, Dezember. Ausg. Nr. 1194/48.

687 Archiv des VVO. Ausgangsbuch 1949. Jänner, Februar, März. Ausg. Nr. 138/49.

Interpretation der Sparte der „Transportversicherung" die Bestrebungen des Verbandes zu unterstützen.[688]

Vereinbarungen mit dem Finanzamt für Verkehrssteuern, Wien, hatten den Nachteil, dass sie nur für den räumlichen Kompetenzbereich dieses Amtes galten. Der Verband bemühte sich daher, die Angelegenheit mit der Gebührensektion des Finanzministeriums zu regeln. Die Finanzlandesdirektion Wien war damit einverstanden. Also bemühte sich der Verband abermals um die Unterstützung der Aufsichtsbehörde, wiederholte seinen Vorschlag, die Frist für eine feuerschutzsteuerfreie Lagerversicherung im Zuge einer Transportversicherung mit drei Monaten zu bemessen und erinnerte daran, dass eine solche Lagerversicherung gemäß aufsichtsbehördlicher Verordnung nicht dem Versicherungszweig der Feuerversicherung angehört.[689, 690]

Das Finanzausgleichsgesetz 1948 war mit 31. 12. 1948 befristet. Es regelte die Aufteilung der Steuern auf die Gebietskörperschaften (u. a. auf die Bundesländer) und enthielt auch jene Bestimmungen, gegen welche die Versicherer noch unter dem Titel eines Abgabenteilungsgesetzes 1948 Stellung genommen hatten.[691] Die Verlängerung des Finanzausgleichsgesetzes 1948 stand auf der Agenda der Herbstsession des Nationalrates. Das bot dem Verband die Möglichkeit, neuerlich einen fixen Schlüssel für die örtliche Aufteilung des Bruttoprämienaufkommens zu verlangen.[692] In seiner Eingabe vom 10. 9. 1948 an die Bundeskammer machte er (subtile) Textierungsvorschläge für das Gesetz und betonte, dass seiner Meinung nach die im Gesetz vorgesehene Ermächtigung des Finanzministeriums, Durchführungsbestimmungen zu erlassen, ausreichen müsste, einen fixen Aufteilungsschlüssel anzuwenden.[693]

Anhand der vom Verband gesammelten Schätzwerte für das erste Halbjahr 1947 wurde 1948 die Feuerschutzsteuer auf die Länder aufgeteilt. Das Finanzministerium und die Landesregierung hatten also die von der Assekuranz vorgeschlagene Vorgangsweise

688 Archiv des VVO. Ausgangsbuch 1949. Jänner, Februar, März. Ausg. Nr. 139/49.

689 Archiv des VVO. Ausgangsbuch 1949. April, Mai, Juni. Ausg. Nr. 429/49.

690 In seiner Eingabe vom 19.05.1949 konkretisierte der Verband sein Anliegen: „Das Bundesministerium für Finanzen möge erkennen und mittels Erlasses feststellen, daß Lagerversicherungen, welche für Vor-, Zwischen- oder Nachlagerungen von Gütern genommen werden, die während ihrer Beförderung durch eine Transportversicherungspolizze gedeckt sind, dann nicht der Feuerschutzsteuer unterliegen, wenn diese Lagerung kürzer als 3 Monate währt. Hierbei macht es keinen Unterschied aus, ob die Lagerung vom Versicherungsnehmer beabsichtigt war oder nicht. Doch ist Voraussetzung, daß lediglich die Allgemeinen Versicherungsbedingungen für die Transportversicherung der Deckung des Lagerrisikos zugrunde liegen." Archiv des VVO. Ausgangsbuch 1949. April, Mai, Juni. Ausg. Nr. 537/49.

691 Siehe dazu die einschlägige Fußnote weiter oben.

692 Archiv des VVO. Ausgangsbuch 1948, Juli, August, September. Ausg. Nr. 1008/48.

693 Archiv des VVO. Ausgangsbuch 1948, Juli, August, September. Ausg. Nr. 1026/48.

akzeptiert. Allerdings wollte das Finanzministerium für das erste Halbjahr 1948 neuerlich Unterlagen, da es befürchtete, dass das 1947 gelieferte Zahlenmaterial ein Jahr später bereits überholt sein könnte. Also trat der Verband wiederum an seine Mitgliedsunternehmen heran.[694] Zugleich informierte er das Finanzministerium, das gewünschte Zahlenmaterial für das erste Halbjahr 1948 zu liefern, und ergänzte seine Textierungsvorschläge vom 10. 9. 1948: „… Wir glauben, daß es einfacher sein wird, den ursprünglichen Gesetzestext an die Spitze zu stellen und subsidiär die Berechnungsweise nach Verwaltungsstellen zu erwähnen. Der Wortlauf wäre … folgender: …, soweit aber dadurch wesentliche Schwierigkeiten und Unkosten verursacht werden, werden die im Verhältnis der von den Verwaltungsstellen der Versicherer in den Ländern zur Einhebung gelangenden Bruttoprämien, auf die empfangsberechtigten Körperschaften aufgeteilt."[695] Dieser Textierungsvorschlag zeigt, worum es den Versicherern ging. Die lokalen (regionalen) Verwaltungseinheiten der Versicherer deckten sich nicht mit den Grenzen der Gebietskörperschaften. Die Versicherer hätten ihre Bestände entsprechend den öffentlichen Gebietsgrenzen umgruppieren müssen. Diesen für sie überflüssigen Arbeitsaufwand wollten sie vermeiden. Der Verband hielt daher die Versicherer an, die regionale Aufteilung der Feuerschutzprämien nicht zu problematisieren.[696] Für die jährliche Abrechnung der Aufteilung der Ertragsanteile an den Steuern zwischen Bund und Ländern war es erforderlich, das Jahresaufkommen an Feuerschutzsteuer nach Bundesländern zu zergliedern. Semesterdaten genügten nicht. Deshalb forderte der Verband Anfang August 1949 von den Unternehmen die Aufteilung des jährlichen Feuerschutzsteueraufkommens nach Bundesländern ein,[697] um dann diese Aufstellung an das Finanzministerium weiterzumelden.[698] Anfang März 1950 forderte der Verband die Aufgliederung für 1949 ein.[699] Die nachstehende Übersicht zeigt die Aufteilung der feuerschutzsteuerpflichtigen Bruttoprämien nach Bundesländern. Rund 22 % der Prämien fielen 1948 in Wien an, gefolgt von Niederösterreich, Oberösterreich und der Steiermark (rund 13 %). Das geringste Aufkommen hatten 1948 Vorarlberg und das Burgenland (1,7 %). Von 1948 auf 1949 wuchs das Gesamtaufkommen an Prämien um 7,9 Prozent. Von 1949 auf 1950 erhöhte es sich um 25,0 % und im Folgejahr wuchs das Prämienaufkommen um 42,5 %. Von 1951 auf 1952 stieg es um 27,8 % und im Folgejahr wuchs es um 8,2 %.

694 Archiv des VVO. Ausgangsbuch 1948, Juli, August, September. Ausg. Nr. 1123/48.
695 Archiv des VVO. Ausgangsbuch 1948, Juli, August, September. Ausg. Nr. 1124/48.
696 Archiv des VVO. Ausgangsbuch 1949. Juli, August, September. Ausg. Nr. 710/49.
697 Archiv des VVO. Ausgangsbuch 1949. Juli, August, September. Ausg. Nr. 780/49.
698 Archiv des VVO. Ausgangsbuch 1949. Juli, August, September. Ausg. Nr. 882/49.
699 Archiv des VVO. Ausgangsbuch 1950. Jänner, Februar, März. Ausg. Nr. 247/50.

Feuerschutzsteuerpflichtige Bruttoprämien

	1948		1949	
Land	**öS**	**%**	**öS**	**%**
Wien	33,193.578,85	22,07148	34,582.262,59	21,31187
Niederösterreich	31,829.520,04	21,16447	34,420.561,90	21,21222
Burgenland	2,524.971,55	1,67893	2,892.890,01	1,78279
Oberösterreich	28,388.360,10	18,87633	30,670.332,21	18,90108
Salzburg	7,980.777,30	5,30667	9,266.571,14	5,71067
Steiermark	19,725.384,27	13,11503	22,860.939,82	14,08842
Kärnten	10,713.373,47	7,12366	10,280.727,35	6,33566
Tirol	9,671.059,13	6,43059	10,303.213,64	6,34952
Vorarlberg	6,364.322,62	4,23184	6,990.119,35	4,30777
Summe	150,391.347,33	100,00000	162,267.618,01	100,00000

	1950		1951	
Land	**öS**	**%**	**öS**	**%**
Wien	44,342.964,46	21,867	59,735.880,68	20,65784
Niederösterreich	41,749.908,94	20,573	59,514.452,73	20,58127
Burgenland	3,750.037,89	1,847	5,639.136,35	1,95013
Oberösterreich	36,873.178,43	18,174	53,641.557,42	18,55031
Salzburg	11,842.434,22	5,836	17,102.969,13	5,91454
Steiermark	27,331.622,21	13,472	41,148.471,56	14,22996
Kärnten	14,322.062,23	7,058	20,229.081,53	6,99562
Tirol	13,433.317,35	6,622	19,361.194,41	6,69548
Vorarlberg	9,226.010,80	4,546	12,795.251,57	4,42485
Summe	202,871.536,53	100,000	289,167.995,38	100,00000

	1952		1953	
Land	**öS**	**%**	**öS**	**%**
Wien	77,823.773,64	21,05283	83,537,757,97	20,89275
Niederösterreich	77,857.496,53	21,06195	83,786.459,95	20,95496
Burgenland	7,431.317,04	2,01031	7,513.252,19	1,87906
Oberösterreich	68,642.669,70	18,56916	73,727.472,42	18,43920
Salzburg	20,552.102,48	5,55974	21,319.563,73	5,33201
Steiermark	50,992.882,51	13,79456	57,408.794,56	14,35791
Kärnten	26,731.456,92	7,23137	29,181.047,88	7,29816
Tirol	24,135.611,21	6,52914	26,037.900,43	6,51206
Vorarlberg	15,492.217,83	4,19094	17,328.671,54	4,333889
Summe	369,659.527,86	100,00000	399,840.920,67	100,00000

Quelle: VVO

Am 1. 7. 1955 antwortete der Verband dem Finanzministerium, dass eine unterjährige Aufgliederung der Feuerschutzprämien mangels Unterlagen nicht möglich sei. Außerdem verwies er darauf, dass die nach 1945 zwischen den Bundesländern erfolgten Gebietsänderungen, nicht zuletzt jene Rückgliederungen, welche zwischen Wien und Niederösterreich vorgenommen worden waren, bei den Unternehmen nicht einheitlich nachvollzogen worden waren, so dass teilweise die „Prämien noch unter ‚Wien', von anderen Gesellschaften dagegen bereits unter ‚Niederösterreich' verrechnet werden."[700]

Ein weiteres Problem war die hälftige Überwälzung der Feuerschutzsteuer auf die Versicherungsnehmer.[701] Für eine kurze Übergangsperiode hatten ja die Versicherer auf eine Überwälzung verzichtet; auch in Hinblick darauf, dass zur gleichen Zeit ein Teuerungszuschlag eingehoben worden war. Die Tarifkommission der Sektion Feuer- und Feuerbetriebsunterbrechungsversicherung vertrat die Ansicht, dass in Hinkunft der Hälfteteil jedenfalls von den Versicherungsnehmern getragen werden sollte. Zugleich schlug die Kommission vor, im „landwirtschaftlichen Feuergeschäft" aufgrund des günstigen Schadenverlaufes einen fünfprozentigen Prämiennachlass (bei den wichtigsten Tarifen) zu gewähren. Eine allgemeine Tarifrevision sollte folgen. Die zumeist nur in den jeweiligen Bundesländern tätigen regionalen Versicherer (die so genannten „Landesanstalten") sprachen sich gegen diesen Vorschlag aus und verlangten, dass die Versicherer die Feuerschutzsteuer zur Gänze tragen sollten. Sie begründeten ihre Ablehnung mit zwei Argumenten. Erstens hätten die Landwirtschaftskammern ihre Zustimmung zu einer Abänderung von § 81a VAG[702] davon abhängig gemacht, dass die Feuerschutzsteuer nicht überwälzt wird. Zweitens sei zu befürchten, dass die Landwirtschaft mit einem fünfprozentigen Prämiennachlass nicht zufrieden sein, sondern mehr verlange werde. Deshalb sollten (– aus optischen Gründen –, so hieß es) in der Prämienvorschreibung weder Steuer noch Nachlass aufscheinen. Nach einer längeren Debatte im Vorstand des Verbandes kam man „überein, die Feuerschutzsteuer überzuwälzen und im landwirtschaftlichen Geschäft, solange der Schadenverlauf günstig ist, den Versicherungsnehmern einen Bonus in der Höhe zu gewähren, daß sie keine höhere als die bisherige Prämie bezahlen".[703]

700 Archiv des VVO. Ausgangsbuch 1955, Juli, August, September. Ausg. Nr. 912/55.

701 Archiv des VVO. Vorstandsprotokoll Nr. 77 vom 18.11.1948. TO.-Pkt. IV. Feuerschutzsteuer a) Anträge der Feuersektion auf Ermäßigung bestimmter Tarifpositionen im landwirtschaftlichen Geschäft.

702 Diese Junktimierung ist ein Hinweis auf die damaligen Herrschaftsverhältnisse bzw. auf die Sozialpartnerschaft. Die Präsidentenkonferenz der Landwirtschaftskammern war Teil derselben. § 81a VAG gestattete der Aufsichtsbehörde den Eingriff in aufrechte Versicherungsverträge. Angesichts des Wiederaufbaues der Assekuranz war es nötig geworden, die Eingriffsmöglichkeiten zu präzisieren und den Verhältnissen anzupassen.

703 Siehe die vorangehende Fußnote sowie Archiv des VVO. Ausgangsbuch 1949, Jänner, Februar März. Ausg. Nr. 76/49.

Ende November 1949 brachte der Verband seine Vorschläge in die damals laufende Debatte zur Steuerreform ein. Neben Anregungen zur fiskalischen Förderung der Lebensversicherung (s. u.) und Verbesserungsvorschlägen für die Administration der Versicherungssteuer (s. o.) schlug er für die Feuerschutzsteuer vor, Rundungen des Steuerbetrages nicht mehr zwingend zu verlangen. Stattdessen sollten – so wie bei der Versicherungssteuer – Rundungen fakultativ möglich sein.[704] Er begründete diesen Vorschlag, der auf eine Änderung von § 5 (Abrundung) der Verordnung des Bundesministeriums für Finanzen vom 2. 4. 1948, BGBl. Nr. 78, zur Durchführung des Feuerschutzsteuergesetzes hinauslief, mit der Vereinfachung der Berechnung der Steuer.

Das Feuerschutzsteuergesetz 1948 wurde mit Kundmachung der Bundesregierung vom 2. September 1952, BGBl. Nr. 198, als Feuerschutzsteuergesetz 1952 wieder verlautbart. Das bedeutete, dass die österreichische Rechtsterminologie eingeführt wurde. Wesentliche materielle Änderungen wurden nicht vorgenommen. Es entfielen die Präambel und die (reichsdeutschen) §§ 8 und 9, so dass das Gesetz nur mehr neun Paragraphen hatte, wobei der Text des letzten Paragraphen neu war. Er lautete: „Das Gesetz ist in seiner ursprünglichen Fassung am 1. April 1942 in Kraft getreten. Die durch die Verkehrssteuernovelle 1948, BGBl. Nr. 57/1948, bewirkten Änderungen sind am 1. April 1948 wirksam geworden." Die obigen Anregungen des Verbandes wurden nicht berücksichtigt.

Als im Herbst 1952 von einigen Landesregierungen die Auffassung vertreten wurde, die Feuerschutzsteuer sei zufolge des Finanzausgleichsgesetzes 1948 keine zweckgebundene Steuer mehr, und darangegangen wurde, ihre Erträge widmungsfremd zu verwenden, protestierte der Verband gegen diese Vorgangsweise (der steirischen Landesregierung) beim Bundesministerium für Finanzen.[705] Sein Einschreiten hatte Erfolg.

Eine kleinere Änderung der Durchführungsverordnung zum Feuerschutzsteuergesetz 1952 gab es im Herbst 1955. Der Verband erhielt den Entwurf zur Stellungnahme. Die wichtigste Änderung war die Regelung, dass bei der Zusammenfassung mehrerer selbstständiger Versicherungszweige in einer Polizze die Feuerschutzsteuer nur von jenem Teil der Prämie zu entrichten war, der auf die Feuerversicherung entfiel. Die Absicht, für diesen Prämienanteil eine eigene Kundmachung des Bundesministeriums für Finanzen (Versicherungsaufsichtsbehörde) vorzusehen, wurde vom Verband mit der Begründung abgelehnt, dass es darüber eine verlässliche Verbandsstatistik gäbe. Einheitliche Versi-

---

704 Archiv des VVO. Ausgangsbuch 1949, Oktober, November, Dezember. Ausg. Nr. 1157/49.

705 Archiv des VVO. Vorstandsprotokoll Nr. 141 vom 02.10.1952. TO.-Pkt. 4.) Feuerschutzsteuer, sowie Ausgangsbuch 1952, Oktober, November, Dezember. Ausg. Nr. 1055/52.

cherungszweige, „die Verlust oder Beschädigung einer Sache auch durch Brand decken, sollten von der Steuerpflicht ausdrücklich ausgenommen werden".[706] Das entsprach den Vorstellungen des Verbandes.

3.5.2 Devisenbewirtschaftung und Versicherungssteuer

Zu einem speziellen – und für die Versicherer leidigen – Problem gestaltete sich die Devisen- und Valutenbewirtschaftung. Sie wirkte sich bei Fremdwährungsversicherungen wie eine Erhöhung der Versicherungssteuer aus.

Von 1949 bis 1953 gab es multiple Wechselkurse. Vor allem die Transportversicherung, aber auch die Feuer-, Einbruch- und sonstige Sachversicherungsverträge litten unter der Regelung, dass die Versicherungssteuer mit einem anderen Kurs umzurechnen war als das gedeckte Risiko.

Österreich hatte das reichsdeutsche Devisen- und Valutenrecht übernommen. Es beruhte auf dem strengen Verbotsprinzip. Fremdwährungstransaktionen (einschließlich des Besitzes ausländischer Valuta) waren grundsätzlich untersagt, es sei denn, es lag dafür eine spezielle, durch die Oesterreichische Nationalbank zu erteilende Bewilligung vor. Ab Ende November 1949 bis Anfang Mai 1953 gab es drei, später zwei Kurse.[707] Ende November 1949 notierte der US-Dollar beim Grundkurs zu öS 14,40, beim Prämienkurs kostete er öS 26,– und der Mischkurs belief sich auf öS 21,36. Am 5. 10. 1950 wurde der Schilling (ein weiteres Mal) abgewertet, denn an die Stelle des Grundkurses trat die Parität des Mischkurses, der nunmehr als Einheitskurs bezeichnet wurde. Das entsprach einer Abwertung um 32,59 %.

Gemäß Erlass vom 24. 11. 1949, Zl. 90400-15/49, des Bundesministeriums für Finanzen war für Versicherungsverträge in fremder Währung für die Umrechnung der Versicherungssteuer der Prämienkurs maßgebend, wenn die Verträge im Inland abgeschlossen worden waren. Auf die Prämie (einschließlich der Provisionen) war laut Anordnung der Oesterreichischen Nationalbank der Einheitskurs anzuwenden. Der Abschluss eines Versicherungsvertrages in fremder Währung setzte eine Bewilligung der Oesterreichischen Nationalbank voraus. Die Bewilligung wurde nur erteilt, wenn der Versicherungsschutz mit einem Warenverkehr zusammenhing. Für den Warenverkehr war der Grund- bzw. der Mischkurs maßgebend. Der so genannte Prämienkurs war um 21,72 % höher als der

706 Archiv des VVO. Ausgangsbuch 1955, Juli, August, September. Ausg. Nr. 1300/55 und Ausgangsbuch 1955, Oktober, November, Dezember. Ausg. Nr. 1340/55.

707 Näheres dazu bei Ch. Karsch (1997), op. cit., S. 56f.

Mischkurs. Dagegen wandte sich der Verband mit einer Eingabe vom 16. 10. 1950 an das Bundesministerium für Finanzen: „Es wäre nun für die Versicherungskundschaft völlig unverständlich, wenn ihr genau bekannt ist, daß für die von ihr abgewickelten Warengeschäfte der Einheitskurs gilt und wenn ihr die Versicherungsunternehmungen zumuten wollten, die Versicherungssteuer zum Prämienkurs zu entrichten.“[708, 709]

Rückversicherungsprämien unterlagen zwar der Bewilligung, wenn sie auf Fremdwährungen lauteten, doch war für sie – zunächst noch – keine Versicherungssteuer zu entrichten. Rückversicherungen unterlagen jedoch nur für eine kürzere Zeit der Versicherungssteuer.

Die Versicherungssteuer-Novelle 1948 (s. o.) enthielt Bestimmungen zum Schutz des inländischen Versicherungsmarktes. Beim Abschluss von Versicherungen im Ausland, der so genannten „Versicherungsflucht“ bzw. dem „Versicherungsschmuggel“, waren erhöhte Steuersätze anzuwenden. Zunächst blieb die Versicherungsflucht weitgehend unbemerkt, denn die Versicherungsnehmer meldeten – klarerweise – den Abschluss einer Versicherung mit einem ausländischen Versicherer nicht der Finanzbehörde. Anfang März 1954 trat daher der Verband an das Bundesministerium für Finanzen mit dem Vorschlag heran, dass hinfort die Oesterreichische Nationalbank jene Zahlungen in Fremdwährung, welche für Versicherungen im Ausland bestimmt waren, dem Finanzamt für Gebühren und Verkehrssteuern, Wien, melden sollte. Dadurch würde nicht nur die Versicherungsflucht hintangehalten, sondern beim Abschluss einer Versicherung im Ausland könnte auch die erhöhte Versicherungssteuer kassiert werden. Unmittelbarer Anlass für den Vorschlag des Verbandes war die Praxis der Nationalbank, welche dazu übergegangen war, für den Abschluss von Transportversicherungen generelle Devisenbewilligungen zu erteilen, welche es dem Inhaber (z. B. einem Spediteur) ermöglichten, unkontrolliert im Ausland Versicherungsverträge einzugehen.[710]

Im Sommer 1954 erfuhr der Verband bei einer Besprechung in der Finanzlandesdirektion Wien, dass sich die Oesterreichische Nationalbank mit Hinweis auf das Bankgeheimnis weigerte, den Finanzbehörden darüber Auskunft zu geben, welche Unternehmen oder Personen um eine Genehmigung zum Erwerb von Devisen angesucht hatten, um mit diesen Auslandsversicherungen zu begleichen. Dazu bemerkte der Verband: „Abgesehen davon, daß eine gesetzliche Bestimmung über das Bankengeheimnis überhaupt

---

708 Archiv des VVO. Ausgangsbuch 1950. Oktober, November, Dezember. Ausg. Nr. 992/50 und Ausg. Nr. 1002/50.

709 Wirtschaftlich bedeutete diese Regelung, dass sich sowohl für einen inländischen Exporteur wie für einen ausländischen Importeur die Versicherungssteuer erhöhte. Die Vorteile einer Abwertung kamen im Bereich der Versicherungssteuer nicht zum Tragen.

710 Archiv des VVO. Ausgangsbuch 1954, Jänner, Februar, März. Ausg. Nr. 250/54.

nicht besteht, dieses vielmehr ein von den Banken ausgeübter Brauch ist, …, müssen wir feststellen, daß die Genehmigung zum Erwerb von Devisen nicht in den Aufgabenkreis einer Bank fällt, sondern die Ausübung einer hoheitlichen Funktion darstellt."[711] Der Verband bezog sich dabei auf die Präambel zum Devisengesetz (BGBl. Nr. 162/1946). Dort wurde die Oesterreichische Nationalbank als „Beauftragter" des Bundes, also als beliehenes Unternehmen, bestimmt, das als Behörde tätig wird. Demgemäß könne sich die OeNB nicht auf das Bankgeheimnis berufen, sondern sei laut § 179 (1) der Reichsabgabenordnung auskunftspflichtig. Der Verband bat das Finanzministerium dafür zu sorgen, dass die Oesterreichische Nationalbank in Hinkunft diese Auskünfte erteilen würde.

Die zunehmende Liberalisierung des Außenhandels und des Zahlungsverkehrs innerhalb der Europäischen Zahlungsunion erschwerte die Durchsetzung der angestrebten Meldungen. Ab 16. 8. 1954 war für die Bezahlung von Waren, welche für eigene Rechnung im Ausland gekauft worden waren, keine separate Bewilligung mehr einzuholen. Die devisenrechtliche Liberalisierung schloss die mit der Wareneinfuhr einhergehenden Nebenkosten (wie Transport- oder Versicherungskosten) mit ein. Die OeNB begnügte sich mit einer Durchschrift des Überweisungsauftrages. Und auch diese Nachweisung konnte entfallen, machte der Überweisungsbetrag öS 500,– oder weniger aus. „Durch obige Bestimmungen wird", bemerkte der Verband, „die Möglichkeit, daß österreichische Versicherungsnehmer ihre Versicherungen im Auslande decken und die hiefür erforderliche Prämie nach dem Auslande überweisen, außerordentlich erleichtert. Dies trifft insbesondere bei der Versicherung von Importen, …, zu."[712] Der Verband schlug daher dem Finanzministerium vor, von der OeNB statt einer summarischen Angabe der Nebenkosten den Aufwand für Versicherungen separat auszuweisen und dementsprechend die Formulare abzuändern, denn dann könne die erhöhte Versicherungsfluchtsteuer nicht mehr umgangen werden. Die Interventionen des Verbandes hatten Erfolg. Am 25. 8. 1954 teilte der Verband den Mitgliedern des erweiterten Präsidiums vertraulich mit, dass das Bundesministerium für Finanzen mit Erlass vom 29. 7. 1954 die Finanzämter angewiesen habe, bei der Oesterreichischen Nationalbank die „entsprechenden Erhebungen … zu pflegen".[713]

Im Frühjahr 1954 informierte der Verband seine Mitgliedsunternehmen von einer Entwicklung bzw. Rechtslage, welche die Veranlagung und Besteuerung deutscher Wertpapiere betraf, welche in deutschen Depots lagen.[714] Ähnlich wie Österreich hatte auch

711 Archiv des VVO. Ausgangsbuch 1954, Juli, August, September. Ausg. Nr. 680/54.
712 Archiv des VVO. Ausgangsbuch 1954, Juli, August, September. Ausg. Nr. 821/54.
713 Archiv des VVO. Ausgangsbuch 1954, Juli, August, September. Ausg. Nr. 856/54.
714 Archiv des VVO. Ausgangsbuch 1954, April, Mai, Juni. Ausg. Nr. 364/54.

die Bundesrepublik Deutschland das reichsdeutsche Regime der Devisenbewirtschaftung übernommen. Nach der Währungsreform 1948, bei der auch die Deutsche Mark eingeführt wurde, war die Bewirtschaftung schrittweise gelockert worden. Im Frühjahr 1954, die Konvertibilität der DM zeichnete sich ab, kam es zu umfangreichen Transfererleichterungen. Nach dem in der Bundesrepublik Deutschland geltenden Steuerrecht wurden die Erträgnisse von festverzinslichen Wertpapieren, wenn diese bei deutschen Banken deponiert waren, zwar besteuert, doch konnte der Wertpapierbesitzer beim deutschen Finanzamt um die Rückerstattung der Kapitalertragssteuer ansuchen. Die Steuer wurde dem Wertpapierbesitzer auf einem Sperrkonto gutgeschrieben, von dem er sie gemeinsam mit den Erträgnissen ins Devisenausland überweisen konnte. Die dafür erforderlichen devisenrechtlichen Bewilligungen wurden von den Landeszentralbanken ohne Schwierigkeiten erteilt.

3.5.3 Versicherungs- bzw. Umsatzsteuer von Versicherungs(neben)gebühren

Im Vertragsversicherungswesen ist es üblich, dass die Versicherungsunternehmen so genannte Nebengebühren einheben. Sie werden den Versicherungsnehmern zusätzlich zur Prämie in Rechnung gestellt. Sie fallen dann an, wenn der Versicherer zusätzlich zum eigentlichen Versicherungsschutz anlassbezogene Dienste erbringt. In § 3 Abs. (1) VersStG sind die Nebengebühren demonstrativ aufgezählt (s.o.). Trotzdem prüfte im Winter 1950 das Juristische Komitee des Verbandes die Frage, welche Nebengebühren der Versicherungssteuer unterliegen, also mit dem Grundgeschäft (Versicherungsschutz zu bieten) einhergehen, und welche Nebengebühren für eine sonstige Dienstleistung des Versicherers anfallen und somit der Umsatzsteuer zu unterziehen sind. In einem Rundschreiben vom 20. 12. 1950 unterrichtete der Verband seine Mitgliedsunternehmen über die Rechtsauffassung des Komitees. Ausdrücklich verwies er dabei darauf, dass er das tat, um abweichenden Rechtsauffassungen der Steuerbehörden vorzubeugen. Zugleich teilte er seine Rechtsauffassung dem Finanzamt für Gebühren und Verkehrssteuern, Wien, mit, „um … Beanstandungen bei Revisionen in Hinkunft zu vermeiden".[715] Anlass für die Eingabe vom 28. 12. 1950 des Verbandes an das genannte Finanzamt war ein Abgehen von der im Dritten Reich geübten Besteuerungspraxis (s. u.) von Vinkulierungsgebühren.

Im Rundschreiben vom 20. 12. 1950 hieß es unter anderem:

715 Archiv des VVO. Ausgangsbuch 1950, Oktober, November, Dezember. Ausg. Nr. 1272/50.

… Als Grundsatz muß gelten, daß jene Gebühren, welche nicht der Versicherungssteuer unterliegen, von der Umsatzsteuer erfaßt werden. Nach diesem Gesichtspunkt ist folgende Gliederung aufzustellen:

1. Der Versicherungssteuer unterliegen: Polizzengebühren bzw. Ausfertigungsgebühren für Polizzen und Nachträge von solchen.
2. Nicht der Versicherungssteuer, wohl aber der Umsatzsteuer unterliegen:
   a) Vinkulierungsgebühren,
   b) Gebühren für Abschriften und Duplikate von Versicherungsurkunden,
   c) Schreibgebühren aller Art,
   d) Mahngebühren."[716]

In Ergänzung zu diesem Rundschreiben teilte der Verband am 28. 12. 1950 den Mitgliedsunternehmen mit, daß sinngemäß die Regelungen zur Versicherungssteuer auch für die Feuerschutzsteuer anzuwenden sind.[717]

In seiner Eingabe vom 28. 12. 1950 führte der Verband unter anderem aus: „Während der Zeit der deutschen Besetzung waren sogenannte Hypothekensicherungsscheine üblich, deren Inhalt ungleich weiter ging, als jener der gegenwärtig in Verwendung stehenden Vinkulierungsbestätigungen. Es mag dahingestellt bleiben, ob diese deutschen Hypothekensicherungsscheine tatsächlich geeignet waren, die Versicherungssteuerpflicht zu begründen. Jedenfalls war ein beträchtlicher Teil der Mitgliedsunternehmungen … dieser Auffassung und wurde infolgedessen die für die Ausstellung von Hypothekensicherungsscheinen eingehobene Gebühr meist der Versicherungssteuer unterzogen. Bei genauer Prüfung der Rechtslage kommen wir nun zum Ergebnis, daß die Versicherungssteuer von den Vinkulierungsbestätigungen nicht einzuheben ist. Auf der anderen Seite unterliegen diese Eingänge der Umsatzsteuer. Die Mitgliedsunternehmungen … werden daher einheitlich ab 1. Jänner 1951 die für die Ausstellung von Vinkulierungsbestätigungen eingehobenen Gebühren nicht mehr der Versicherungssteuer, sondern der Umsatzsteuer unterziehen." An diese Ausführungen schloss sich eine eingehende juristische Begründung, warum die Vinkulierungsgebühr eine „Sonderleistung" des Versicherers ist, der sie dem Hypothekargläubiger in Rechnung stellt(e). Die Versicherungssteuer belief sich damals in der Sachversicherung (von Ausnahmen abgesehen) auf 5 % des Versicherungsentgeltes. 1950 war der Steuersatz der Allphasen-Umsatzsteuer 2,00 %.

716 Archiv des VVO. Ausgangsbuch 1950, Oktober, November, Dezember. Ausg. Nr. 1242/50 sowie Ausgangsbuch 1951, Jänner, Februar, März. Ausg. Nr. 61/51.

717 Archiv des VVO. Ausgangsbuch 1950, Oktober, November, Dezember. Ausg. Nr. 1266/50.

Die Vorgangsweise des Verbandes ist ein Hinweis darauf, dass – so wie in anderen Bereichen – nach und nach das rechtliche Durcheinander bereinigt wurde, das durch den rasch durchgeführten Anschluss an den reichsdeutschen Wirtschaftsraum, das während der Jahre der Kriegswirtschaft und durch das Kriegsende selbst sowie in den ersten Jahren der Besatzungszeit entstanden war. Die Normalisierung der Verhältnisse hielt an. Das kommt auch darin zum Ausdruck, dass die steuerrechtlichen Details an Bedeutung gewannen. Mit anderen Worten: man hatte wieder Zeit und Anlass sich um jene Kleinigkeiten zu kümmern, welche für die im Alltag praktizierte bzw. zu praktizierende Rechtsstaatlichkeit belangreich sind.

3.6 Die fiskalische Förderung von Prämienzahlungen für Personen- und für Hagelversicherungen

Die fiskalische Förderung von Prämienzahlungen für Personen- und für Hagelversicherungen berührte mittelbar die Geschäftsinteressen der Assekuranz; und tut das noch heute. Die Förderung kam (und kommt) direkt den Versicherungsnehmern zugute. Dadurch erhöhte (erhöht) sich deren Nachfrage nach Versicherungsschutz. Das wiederum diente (dient) den Geschäftsinteressen der Assekuranz, die sich deshalb immer wieder für eine Erweiterung der Förderung, und wenn diese gefährdet erschien, für deren Beibehaltung aussprach. Im Laufe der Zeit baute sich eine Kette verschiedener Interventionen für die fiskalische Förderung von Prämienzahlungen auf.

Dieser allgemeine Interessengleichklang zwischen Versicherungsnehmern und Versicherern floss aber nicht in die Begründungen ein, welche die Versicherungswirtschaft für die Anhebungen der steuerlichen Wertgrenzen geltend machte. Die Begründungen sind nicht nur wirtschaftshistorisch als Teil der damals vorherrschenden wirtschaftspolitischen Ansichten interessant, sondern sie sind auch finanzsoziologisch belangreich. Die fiskalische Förderung wurde zwar als ein Mittel gesehen, die individuelle Freiheit privater Personen (privater Wirtschaftssubjekte) zu vermehren bzw. abzusichern, wenn es diesen erleichtert wurde, ausreichend Versicherungsschutz zu nehmen. Doch wurde diese ordnungspolitische Argumentationslinie nicht besonders betont.

3.6.1 Die fiskalische Förderung von Prämienzahlungen für Personenversicherungen

Das Gegenteil einer fiskalischen Förderung von Personenversicherungen – die interessenspolitische Debatte dazu begann etwa Mitte 1946 (s. u.) – war jene einmalige Sonderaktion, welche 1949 durchgeführt wurde. Sie war (eher) eine Förderung des Fiskus und keine Subventionierung der Lebensversicherung. Nachdem die Aufsichtsbehörde die dafür extra ausgearbeiteten Tarife bewilligt hatte, konnten ein Jahr lang Lebensversicherungsverträge abgeschlossen werden, bei denen die Prämie in Form von Bundesschuldverschreibungen 1947 entrichtet wurde (sog. „Bundesschuldversicherungen"). Dabei galt für dieses eine Jahr die Börsenumsatzsteuer als abgefunden, so dass sich eine Pauschalierung derselben erübrigte. Weiters verpflichtete sich der Bund gegenüber den Versicherern, ein Prozent des Nennwertes der hereingenommenen Schuldverschreibungen einzulösen. Die Lebensversicherer hatten zunächst nicht die Absicht diese Produktvariante länger als das vereinbarte eine Jahr anzubieten.[718] Anfang März 1950 teilten sie jedoch der Versicherungsaufsicht mit, angesichts der steigenden Abschlüsse den Neuzugang für solche Versicherungen bis 1. 9. 1950 offen zu halten. Dafür sollte die Provision von öS 5,– pro öS 1.000,– Nominale der Schuldverschreibung verdoppelt werden. Zum 31. 1. 1950 bestanden 1.272 Verträge mit einem Wertpapiernominale von insgesamt öS 2,516.000,–.[719] Als der Bund Anfang April 1950 ankündigte, die Einlösungen im Umfang von einem Prozent des Nennwertes der jeweils neu abgeschlossenen Versicherungen nicht mehr fortzusetzen zu wollen, lehnten es die Lebensversicherer ab, solche Versicherungen hinfort abzuschließen.[720] Trotzdem kam es – gleichsam im Nachlauf – noch zu einigen Abschlüssen. Mitte April 1950 ging dem Verband der Erlass vom 1. 4. 1950, Zl. 18897-18/50, des Ministeriums zu, worin der Weiterführung dieser Versicherungsvariante zugestimmt, die Erhöhung der Provision mit öS 9,– beschränkt und von einer Einlösung im Umfang von ein Prozent des eingelangten Nominalwertes Abstand genommen wurde. Der Verband bemerkte dazu, dass durch die Einstellung des Neuabschlusses von Verträgen der Erlass in diesen Punkten gegenstandslos geworden sei.[721] Für das bereits gezeichnete Geschäft, hatten die Versicherer jedoch eine Depotbestätigung der kontoführenden Bank vorzulegen, dass die Schuldverschreibungen im Rahmen des Deckungsstocks auf einem zugunsten des Bundesministeriums für Finanzen als Versicherungsaufsichtsbehörde gesperrten Sonderdepot verwahrt werden.[722] Weiters hatten die Versicherer, die während

718 Ein Grund dafür dürfte gewesen sein, dass dadurch die Veranlagungsmöglichkeiten der Assekuranz eingeschränkt und ein Druck zum Abschluss weiterer Lebensversicherungen ausgelöst wurde, bei denen die Prämien mit Geld bezahlt wurden. Archiv des VVO Ausgangsbuch 1949. Oktober, November, Dezember. Ausg. Nr. 1148/49.

719 Archiv des VVO. Ausgangsbuch 1950, Jänner, Februar, März. Ausg. Nr. 223/50.

720 Archiv des VVO. Ausgangsbuch 1950, April, Mai, Juni. Ausg. Nr. 392/50.

721 Archiv des VVO. Ausgangsbuch 1950, April, Mai, Juni. Ausg. Nr. 429/50.

722 Diese Bestimmung bewirkte, dass die Bundesschuldverschreibungen auch tatsächlich vom Versicherer gehalten und nicht etwa zu einem niedrigeren Kurs weiterverkauft wurden.

des Jahres eingetretenen Versicherungsfälle (das Ableben) zu melden, da dann die Versicherungssumme in Höhe des Nominalwertes der Schuldverschreibungen fällig wurde.

Der Umstand, dass in den ersten Monaten von 1950 noch solche Versicherungen abgeschlossen worden waren, veranlasste das Finanzamt für Gebühren und Verkehrssteuern, Wien, von den Versicherern eine Reihe von Angaben zu dieser Versicherungsvariante zu verlangen; nicht zuletzt deshalb, um für die Abschlüsse im Jahr 1950 Börsenumsatzsteuer einzuheben. Der Verband teilte dem Finanzamt mit, dass nur wenige Anleihestücke von den Versicherern hereingenommen worden seien[723] und dass man beim Ministerium einen Antrag auf Pauschalierung der Börsenumsatzsteuer bzw. auf eine Abstandnahme der Besteuerung wegen Geringfügigkeit gestellt habe. Da sich das Ministerium geneigt zeigte, dem Antrag der Versicherungswirtschaft stattzugeben, informierte der Verband die Mitgliedsunternehmen, dass sie auf die Anfrage des Finanzamtes nicht zu reagieren bräuchten, da der Verband das Finanzamt ausreichend informiert habe.[724] Doch der Fiskus war knauserig und großzügig zugleich. Die Börsenumsatzsteuer wurde für die 1950 gezeichneten Schuldverschreibungen mit öS 150,– pauschaliert.[725]

Die Tücke der Versicherungsvariante „Bundesschuldversicherungen“ lag im Detail. Die Weigerung des Bundes, einer Einlösung in Höhe von einem Prozent der übernommenen Schuldverschreibungen nachzukommen, erhöhte für die Versicherer das Risiko, im Ablebensfall die Differenz aus einem unter pari liegenden Kurswert zum Nominale aus eigenem – freien – Vermögen decken zu müssen. Das war der Grund, den sie gegenüber dem Ministerium für die Einstellung der Zeichnung angaben.[726]

Eine andere Tücke lag in der vom Ministerium eingeforderten Depotbestätigung. „Da eine solche Bestätigung wohl für die Bilanz, nicht aber im Zusammenhang mit der Abrechnung von Bedeutung ist, hat das Ministerium nach erfolgter Intervention erklärt, auf eine Depotbestätigung zum … 31. 12. 1949 zu verzichten. Es benötigt jedoch eine Bankdepotbestätigung über die der Deckung der Bundesschuldversicherungen dienenden Wertpapiere mit Nummernangabe für den per 31. 1. 1950 bekannt gegebenen Versicherungsbestand.“[727] Der Sinn dieses Satzes wird dann verständlich, wenn berücksichtigt wird, dass die externe Rechnungslegung sistiert war (s. o.). Es gab nur ein internes Re-

723 Das gesamte Nominale machte zum 8.11.1950 ca. drei Millionen Schilling aus. Insgesamt nahmen die Versicherer Anfang 1950 noch öS 729.555,– an Nominale als Prämie herein. Archiv des VVO. Ausgangsbuch 1950, Oktober, November, Dezember. Ausg. Nr. 1098/50 und Ausg. Nr. 1162/50 und 1157/50.

724 Archiv des VVO. Ausgangsbuch 1950, Oktober, November, Dezember. Ausg. Nr. 1098/50, 1099/05 und 1100/50.

725 Archiv des VVO. Ausgangsbuch 1951, Jänner, Februar, März. Ausg. Nr. 124/51.

726 Archiv des VVO. Ausgangsbuch 1950, April, Mai, Juni. Ausg. Nr. 472/50.

727 Archiv des VVO. Ausgangsbuch 1950, April, Mai, Juni. Ausg. Nr. 471/50 und Ausg. Nr. 626/50.

chenwerk, das so etwas wie eine Bilanz war. Trotzdem waren die Schutzwirkungen eines Deckungsstockverzeichnisses anzustreben. Man behalf sich mit der zitierten Lösung. Die Meldung der Nummern der hinterlegten Schuldverschreibungen war u. a. deshalb nötig, weil die ausgelosten Stücke der Bundesschuldverschreibung auf vom Bund außertourlich einzulösende Stücke anzurechnen waren. Anfang Juli 1950 erfuhren die Versicherer von der Aufsichtsbehörde, dass das Sonderdepot (über das die Bankbestätigung vorzulegen war) in zwei strikt getrennten Abteilungen zu führen war, je nachdem ob die Versicherung vor oder nach dem 1. 2. 1950 abgeschlossen worden war.[728, 729] Für Versicherungen nach diesem Datum hatte der Bund ja die außertourliche Einlösung (im Umfang von 1 % des Nominales) abgelehnt. Am 1. 9. 1950 teilte der Verband jenen Mitgliedsunternehmen, welche der „Arbeitsgemeinschaft für Bundesschuldversicherungen" angehörten, den Erlass vom 30. 8. 1950 der Aufsichtsbehörde mit. Der Erlass ergänzte die Bilanzrichtlinien 1949 und bestimmte, dass die zweiprozentigen Bundeschuldverschreibungen 1947 unter der Post „Wertpapiere" anzugeben waren. Die Bewertung hatte zum Nennwert zu erfolgen, der als der Anschaffungswert galt. Bei der Post „Deckungsrückstellung" war eine gleich hohe Verpflichtung einzusetzen.[730]

Für die Personenversicherung ist charakteristisch, dass sich in der Nachkriegszeit die Versicherungswirtschaft nicht – so wie später – des demographischen Arguments, also der Änderung der Altersstruktur der Bevölkerung, bediente,[731] um die Notwendigkeit einer fiskalischen Förderung zu rechtfertigen. Vielmehr wurde die Förderung der Kapitalbildung in den Vordergrund gestellt. Generell wurde eine auffallende ordnungspolitische Zurückhaltung gepflegt. Selbst der Hinweis, privater Versicherungsschutz ergänze bzw. entlaste die Sozialversicherung, wurde nur zögerlich vorgebracht.[732]

---

728 Archiv des VVO. Ausgangsbuch 1950, Juli, August, September. Ausg. Nr. 697/50.

729 Die Einlösung von Bundesschuldverschreibungen 1947, mit denen Versicherungen gedeckt waren, welche vor dem Stichtag abgeschlossen worden waren, wurde jährlich mit dem gleich bleibenden Betrag von öS 25.150,– fortgesetzt. Der Verband meldete dabei der Versicherungsaufsichtsbehörde, wie sich die einzulösenden Stücke der Anleihe auf die Mitgliedsunternehmen verteilten. Archiv des VVO. Ausgangsbuch 1954, April, Mai, Juni. Ausg. Nr. 413/54.

730 Archiv des VVO. Ausgangsbuch 1950, Juli, August, September. Ausg. Nr. 860/50.

731 Der erwerbstätige Teil einer Bevölkerung muss sowohl die noch nicht Erwerbstätigen, also die Jugendlast, wie die bereits nicht mehr Erwerbstätigen, also die Alterslast, tragen. Es spricht einiges dafür, durch kapitalbildende Versicherungszweige einen Teil dieser Belastung zu mildern. Das trifft sowohl für die Jugend- wie die Alterslast zu. Im Fall der Jugendlast sind es beispielsweise Ausbildungs- und Heiratsversicherungen. Im Fall der Alterslast sind es lebenslängliche Renten- und Krankenversicherungen.

732 Anders der richtungweisende Artikel von J. Edlinger (1954). Er nimmt – bis auf das demographische Argument – die Argumentation der Versicherungswirtschaft zur Förderung der privaten Altersvorsorge zu Ende des 20. Jahrhunderts vorweg. J. Edlinger (1954), Lebensversicherung – Einkommensteuer. In: Die Versicherungsrundschau, 9. Jg. 1954. S. 161ff.

Zumeist wurden folgende Argumente betont:

- Die Absicht bzw. die Notwendigkeit, das Lebensversicherungsgeschäft wieder aufzubauen und durch Neugeschäft auch den noch vorhandenen Altbestand abzusichern.
- Die Notwendigkeit, die landwirtschaftliche Produktion durch landwirtschaftliche Versicherungen zu stabilisieren (siehe dazu den eigenen Abschnitt weiter unten).
- Die Anpassung der Wertgrenzen an die Inflation bzw. an die Lohn-Preis-Spirale der Lohn-Preis-Abkommen, um den realen Wert des Versicherungsschutzes möglichst zu erhalten.
- Die Förderung des privaten Sparens im Wege privater, kapitalbildender Versicherungen, um die volkswirtschaftliche Kapitalbildung zu erleichtern.
- Der Hinweis darauf, dass in Verbindung mit der privaten Spartätigkeit die Versicherungswirtschaft als institutioneller Anleger an der Finanzierung des Staates beteiligt ist.

Vordringlich war es, mit den Folgen der Inflation fertig zu werden. Wurden zur Erhaltung des realen Versicherungsschutzes die Prämien erhöht, wurden bald steuerliche Freigrenzen überschritten. Auch die aufsichtsrechtlich bewilligten Teuerungszuschläge waren in die steuerlichen Freibeträge einzurechnen. Erschwerend wirkte sich aus, dass im damaligen Einkommensteuerrecht Beiträge zur Sozialversicherung und Beiträge zur privaten Vertragsversicherung unter dieselbe nach oben gedeckelte Sonderausgabenpost fielen. Pflichtbeiträge zur Sozialversicherung wurden damals – so wie im Deutschen Reich – nicht als Werbungskosten anerkannt. Stiegen die Sozialversicherungsbeiträge (beispielsweise weil sich die Löhne [inflationär] erhöhten), schrumpfte der finanzielle Spielraum für private Versicherungsprämien als Sonderausgaben. Kurz gesagt: die Anpassung des Steuerrechts an die inflationäre Dynamik unterblieb bzw. war unzureichend.

Die Aushöhlung der Freigrenzen betraf beispielsweise auch Zuwendungen des Arbeitgebers für die Zukunftssicherung von Arbeitnehmern. Diese freiwilligen Sozialleistungen, zu denen auch Prämien für Personenversicherungen gehörten, waren damals in § 20 Abs. 3 Z. 2 der Lohnsteuerdurchführungsbestimmungen (LSTDB) 1941 geregelt. Die LSTDB waren gemeinsam mit dem anderen Steuerrecht in österreichisches Recht übergeleitet worden. Der Freibetrag belief sich auf 312,– Reichsmark bzw. Schilling.[733] Bis zu diesem Betrag waren die Prämien voll steuermindernd wirksam. Zuwendungen, welche den Freibetrag überstiegen, waren lohnsteuerpflichtig. Der Verband wandte sich

733 312,– S [1947] entsprachen 3.985,96 ATS [1999] bzw. 289.67 € [1999]. Zur Valorisierung siehe: P. U. Lehner (2000), op. cit.

am 10. 10. 1947 an die Versicherungsaufsichtsbehörde und suchte um eine Erhöhung des Freibetrages auf das Dreifache an.[734] Er begründete sein Ansuchen mit den 1946 und 1947 erfolgten Preis- und Lohnregulierungen.[735] Mitte Februar 1948 präzisierte und verallgemeinerte der Verband sein Anliegen. Er verwies dabei auf die Erhöhungsbedürftigkeit der Freigrenzen nach § 10 Abs. (2) Z. 3 des Einkommenssteuergesetzes und darauf, dass die Steuerbegünstigung auch den erhöhten Prämien einzuräumen sei.[736] Als die Einkommensteuernovelle im Sommer 1948 im Parlament behandelt wurde, erfuhr die Assekuranz davon, dass ihrem Anliegen nur unzureichend entsprochen werden sollte. Der Verbandsvorstand beschloss sich direkt an den Finanzminister (Dr. G. Zimmermann) zu wenden;[737] auch die Vorsitzende des zuständigen Unterausschusses im Nationalrat, F. Flossmann, wurde kontaktiert.[738] Doch die Anhebung der Freigrenzen, gültig ab 1949, fiel mager aus. Die Staffelbeträge für die Ehefrau und für die Kinder wurden nicht erhöht und für 1948 konnte der Steuerpflichtige selbst nur höchstens öS 750,– absetzen.[739]

---

734 Archiv des VVO. Ausgangsbuch 1947, Oktober, November, Dezember. Ausg. Nr. 1015/47.

735 Verbraucherpreise und Löhne waren vom April 1945 bis April 1946 um 13,4 bzw. 14,7 % gestiegen. Ab Mitte 1946 beschleunigte sich der Preis-Lohn-Auftrieb. Allein die Preissteigerung von April bis August 1947 belief sich auf 78 %. Im August schlossen die Sozialpartner das erste Preis-Lohn-Abkommen und bremsten damit die Lohn-Preis-Spirale ein. Näheres dazu bei F. Butschek (1985), Die österreichische Wirtschaft im 20. Jahrhundert. Stuttgart. S. 100f.

736 Archiv des VVO. Ausgangsbuch 1948. Jänner, Februar, März. Ausg. Nr. 203/48.

737 Archiv des VVO. Vorstandsprotokoll Nr. 70 vom 01.07.1948. TO.-Pkt. 4.) Erhöhung der Freigrenze für Sonderausgaben nach § 10 und Schreiben vom 05.07.1948 des Verbandes an den Bundesminister für Finanzen. Archiv des VVO. Ausgangsbuch 1948. Juli, August, September. Ausg. Nr. 797/48.

738 Archiv des VVO. Ausgangsbuch 1948. Juli, August, September. Ausg. Nr. 798/48.

739 Vor dem Anschluss 1938 konnte ein Lebensversicherter jährlich S 50,– für eine private Alters- oder Familienvorsorge von der Einkommensteuer absetzen (das entsprach 1.769,40 ATS [1999] bzw. 128,59 € [1999]). Demgegenüber begünstigte das reichsdeutsche Einkommensteuerrecht die private Vorsorge. Dabei fällt die fiskalische Förderung der Aufwendungen für Kinder auf. Der Begünstigung kinderreicher Ehen entsprach die Belastung kinderloser Zensiten beim Einkommensteuertarif.

Jahreseinkommen in Reichsmark	Steuerlast		
	Alleinstehende	kinderlos Verheiratete	Verheiratete mit zwei Kindern
4.000	640	342	185
6.000	1.024	640	375
10.000	1.984	1.240	910
20.000	5.376	3.360	2.796
50.000	21.568	13.480	12.710
100.000	50.000	33.480	32.600

Quelle: G. L. Mosse (1981), p. 358.
Anmerkung: 1 Reichsmark [1938] entsprach 53,0820 ATS [1999] bzw. 3,86 € [1999].
G. L. Mosse (1981), Nazi Culture. New York. Zur Valorisierung siehe: P. U. Lehner (2000), op. cit.

Als im Herbst 1948 der Budgetvoranschlag für 1949 behandelt wurde, griff der Verband (neben anderen Themen) die Erhöhung der Freigrenzen erneut auf und bat die Bundeskammer dieses Anliegen in die Budgetverhandlungen einzubringen.[740]

Vergleich der Freigrenzen für Sonderausgaben für Versicherungsbeiträge	Reichsdeutsches Einkommensteuergesetz		Österreichisches Einkommensteuergesetz		Nachrichtlich: Freibetrag (gemäß ESt-Nov. 1948 bis 1949 in € [1999])
	Einkommensteuergesetz vom 27. Februar 1939, RGBl. I S. 297		Einkommensteuergesetz 1939 i. d. F. d. Gesetzes v. 16.06.1948, BGBl. Nr. 127		
	Freibetrag (RM = öS)	Kumulierte Freibeträge	Freibetrag (öS)	Kumulierte Freibeträge	
Steuerpflichtiger selbst	500,–	500,–	900,–	900,–	574,33
wenn verheiratet	300,–	800,–	300,–	1.200,–	191,44
für das 1. Kind	300,–	1.100,–	300,–	1.500,–	191,44
für das 2. Kind	400,–	1.500,–	400,–	1.900,–	255,25
für das 3. Kind	600,–	2.100,–	600,–	2.500,–	382,89
für das 4. Kind	800,–	2.900,–	800,–	3.300,–	510,52
für das 5. Kind	1.000,–	3.900,-	1.000,–	4.300,–	638,14
für jedes weitere Kind	1.000,–	4.900,–	1.000,–	5.300,–	638,14

Das Steueränderungsgesetz 1949, BGBl. Nr. 132/49, brachte eine Anhebung der Maximalbeträge für den Abzug von Versicherungsprämien als Sonderausgaben. Der Steuerpflichtige konnte hinfort für sich selbst öS 1.200,– und für seine Ehefrau öS 600,– vom steuerpflichtigen Einkommen absetzen.[741]

Der Hartnäckigkeit der Assekuranz war es zu verdanken, dass 1950 für Versicherungsprämien der Sonderausgabenrahmen öS 2.000,– ausmachte. Im Gesetz (§ 10 Abs. 1 Z. 2 EStG in der damals geltenden Fassung) wurden ausdrücklich Lebens- oder Todesfallversicherungen erwähnt. Die Finanzämter in Salzburg und Tirol verweigerten daraufhin den Abzug von Prämien für Rentenversicherungen mit dem Hinweis, Rentenversicherungen seien keine Lebensversicherungen. Dem trat der Verband entgegen, wurde diesbezüglich bei der Aufsichtsbehörde vorstellig und bat, die Aufsicht möge die Finanzverwaltungen auf diese irrige Ansicht aufmerksam machen.[742]

Wie bereits erwähnt, wurde die Abzugsfähigkeit der Prämien für Lebensversicherungen von zwei Seiten her ausgehöhlt. Einerseits war es die Inflation, welche eine

740 Archiv des VVO. Ausgangsbuch 1948. Oktober, November, Dezember. Ausg. Nr. 1233/48.

741 Archiv des VVO. Ausgangsbuch 1949. Juli, August, September. Ausg. Nr. 709/49.

742 Archiv des VVO. Ausgangsbuch 1950, Oktober, November, Dezember. Ausg. Nr. 976/50.

„schleichende Degression" des realen Wertes der Versicherungssumme bewirkte. Diese Degression konnte durch Prämienerhöhungen ausgeglichen werden. Andererseits war es aber auch der Umstand, dass die Sozialversicherungsbeiträge der Arbeitnehmer ebenfalls in den Topf der Sonderausgaben eingerechnet wurden. Sie stiegen sowohl durch Inflationsabgeltungen wie durch die Beteiligung der Arbeitnehmer am Produktivitätsfortschritt. Anfang 1951 richtete daher der Verband eine Eingabe an das Bundesministerium für Finanzen und gleichlautend an die Versicherungsaufsichtsbehörde sowie die Kammer der gewerblichen Wirtschaft und verlangte eine Erhöhung des Freibetrages um öS 500,– auf öS 2.500,–. Bemerkenswert ist, dass er dabei mit der Höchstbeitragsgrundlage zur Sozialversicherung argumentierte. Das deutet darauf hin, dass viele Lebensversicherte ein Einkommen hatten, das bei diesem Betrag lag. Ab 1. 10. 1950 hatte sich die Höchstbeitragsgrundlage „… von bisher monatlich S 91,88 um S 39,37 auf S 131,25 … erhöht. Diese Erhöhung ergibt im Jahre S 472,44, also rund S 500,–. Von dem absetzbaren Betrag per S 2.000,– wird also gegenwärtig in vielen Fällen allein für die Sozialversicherungsbeiträge von jährlich S 1.575,– mehr als ¾ verbraucht!"[743]

Unmittelbarer Anlass für die Eingabe des Verbandes war das 4. Preis-Lohn-Abkommen vom September 1950, mit dem die Löhne und Gehälter um 10 % angehoben worden waren. Die Eingabe war mit den Vorschlägen des Verbandes zur Steuerreform (s. u.) abgestimmt. So griff sie die Forderung nach einer Anhebung der zusätzlichen Freigrenzen für Angehörige ebenso auf, wie sie die fiskalische Förderung der Lebensversicherung mit der volkswirtschaftlich wünschenswerten Kapitalbildung rechtfertigte. Mit dem 4. Preis-Lohn-Abkommen hatte sich die Wirksamkeit dieses wirtschaftspolitischen Instrumentariums weitgehend erschöpft.[744] Das 5. Preis-Lohn-Abkommen vom Juli 1951 blieb praktisch wirkungslos. Im Sommer 1951 beschleunigte sich die Inflation – der Lebenshaltungskostenindex stieg von Dezember 1950 bis Dezember 1951 um 39 Prozent –, so dass die Initiative des Verbandes, den Sonderausgabenrahmen anzuheben, bereits vor ihrer möglichen Verwirklichung von der tatsächlichen Entwicklung überholt worden war. Diese Entwicklung war aber zur Jahreswende 1950/51 – der Versicherungswirtschaft – nicht bekannt bzw. wurde von ihr nicht erwartet. Sie argumentierte vielmehr mit dem inflationären Kaufkraftverlust seit 1938 und verwies darauf, dass sich seitdem

743 Archiv des VVO. Ausgangsbuch 1951, Jänner, Februar, März. Ausg. Nr. 19/51, Ausg. Nr. 20/51 und Ausg. Nr. 21/51. Anmerkung: ÖS 1.575,– dividiert durch 12 = öS 131,25.

744 F. Butschek (1985) bemerkt dazu: „Es war klar, daß die höheren Lohnkosten auf den nichtlandwirtschaftlichen Sektor fallen würden, doch drängte sich die Notwendigkeit einer derart konzertierten Aktion nicht mehr auf. Man erhält vielmehr den Eindruck, daß diese Vorgangsweise den Sozialpartnern als angemessene Form der Lohnpolitik erschien, welche es ermöglichte, stets sozialpolitische und gesamtwirtschaftliche Interessen im Auge zu behalten." F. Butschek (1985), op. cit. S. 108.

die Höchstbeitragsgrundlage zur Sozialversicherung verfünffacht habe, was auch eine Verfünffachung des Sonderausgabenrahmens von RM 500,– auf öS 2.500,– rechtfertige.

Ende November 1949 – die eigentliche Stabilisierungsperiode der österreichischen Wirtschaft setzte erst nach dem Inflationsschub von 1951 ein[745] – hatte der Verband seine Vorschläge zur fiskalischen Förderung der Lebensversicherung für die damals laufende Debatte zur Steuerreform formuliert. Die Vorschläge knüpften inhaltlich an frühere an. Dem Kapitalmangel der Nachkriegszeit entsprechend, wurden die Vorschläge mit folgenden Argumenten begründet: „… Von steuerlicher Seite einen Anreiz zum Abschluß von Lebensversicherungsverträgen zu geben, erscheint daher im Interesse des Kapitalbildung dringend geboten. Für das Staatsinteresse sind Nachteile aus solchen Erleichterungen nicht zu befürchten. Ein fühlbarer Mindereingang an Einkommensteuer wird durch die Ankurbelung eines darniederliegenden Wirtschaftszweiges und die damit verbundene Steuerleistung sowie durch die Erreichung des Zieles verstärkter Kapitalbildung weitaus aufgewogen.“[746] Die Vorschläge (einschließlich jener für eine Reform der Versicherungs- und der Feuerschutzsteuer; s. o.) gingen sowohl dem Finanzministerium[747] wie der Bundeskammer der gewerblichen Wirtschaft[748] zu. Ebenso wurde der Abgeordnete zum Nationalrat Karl Lakowitsch von den Anliegen der Versicherungswirtschaft informiert.[749]

Hervorzuheben ist, dass einerseits an die Verhältnisse „im Jahre 1937“ erinnert wurde, also an den Rückgang des Lebensversicherungsgeschäfts zufolge der Konkurses des Lebensversicherers „Phoenix“ 1936. Konkret wurden Gesetzesbestimmungen ähnlich jener der Gebührennovelle 1937 gefordert, welche eine Förderung der Lebensversicherung beinhaltete, um den Rückgang durch fiskalische Anreize auszugleichen. Andererseits wurden die „weitgehenden Erleichterungen“ für den Abschluss von Lebensversicherungen im „neuen deutschen Bundesstaat“ zum Vorbild genommen.

Nachstehende sechs Reformvorschläge wurden vorgebracht:

---

745 H. Seidel (2005) unterscheidet drei währungspolitische Perioden:
- die Periode vom Frühjahr 1946 bis zum 1. Preis-Lohn-Abkommen im August 1947 mit extrem hohen Inflationsraten,
- die Periode der Preis-Lohn-Abkommen vom August 1947 bis Herbst 1951 mit (zumeist) mittleren Inflationsraten,
- die Stabilisierungsperiode von Ende 1951 bis 1955 mit niedrigen Inflationsraten, also weitgehender Währungsstabilität.

H. Seidel (2005), op. cit. S. 228.

746 Siehe die nachstehende Fußnote.

747 Archiv des VVO. Ausgangsbuch 1949. Oktober, November, Dezember. Ausg. Nr. 1156/49. Als Kurzfassung: Archiv des VVO. Ausgangsbuch 1950. Jänner, Februar, März. Ausg. Nr. 279/50.

748 Archiv des VVO. Ausgangsbuch 1949. Oktober, November, Dezember. Ausg. Nr. 1158/49.

749 Archiv des VVO. Ausgangsbuch 1950. Jänner, Februar, März. Ausg. Nr. 279/50.

1. Abzugsposten bei der Einkommensteuer. Sämtliche Freigrenzen und Freibeträge in § 10 EstG sollten auf das Vierfache angehoben werden. Eine solche Erhöhung entspräche sowohl der Preissteigerung wie der Anhebung des Höchstbeitrages in der Sozialversicherung seit 1938 von öS 27,72 auf öS 91,67. Die angestrebte Erhöhung müsste auch für Angehörige gelten. Es wurde weiters auf das deutsche Beispiel verwiesen, wo die steuerabzugsfähigen Sonderausgaben für Lebensversicherungen ab dem 50. Lebensjahr des Versicherungsnehmers um die Hälfte höher waren. Damit werde, so der Verband, älteren Personen die Zukunftssicherung erleichtert, indem ein Ausgleich für die höheren Prämien geschaffen werde, welche bei älteren Versicherungsnehmern aktuarisch anfallen.
2. Erbschaftssteuer: In das Erbschaftssteuergesetz sollte eine Bestimmung aufgenommen werden, wonach Versicherungssummen, welche für die Bezahlung der Erbschaftssteuer zweckgebunden wurden, nicht in die Verlassenschaft eingerechnet – und damit besteuert – werden. Eine derartige Regelung – die so genannte Erbschaftssteuerversicherung – war 1937 durch die 2. Gebührennovelle eingeführt worden. Sie wurde im Deutschen Reich beibehalten. Für den Fiskus lag der Vorteil einer solchen Versicherung darin, dass der Versicherer innerhalb von dreißig (reichsdeutsche Regelung) bzw. sechzig Tagen (österreichische Regelung) zu leisten hatte. Diese kurzen Fristen liefen auf eine Vorauszahlung der Erbschaftssteuer hinaus.
3. Lohnsteuer: Der Freibetrag für Aufwendungen des Arbeitgebers für die Zukunftssicherung und Versorgung seiner Arbeitnehmer sollte vervierfacht werden. 1949 machte er öS 312,– aus.
4. Körperschafts- und Einkommensteuer: Es wurde vorgeschlagen, den vom Reichsfinanzhof am 30. 4. 1941, Zl. I 399/40, RStBl. 1941 S. 894, bestätigten Grundsatz legistisch zu verankern, dass beim Arbeitgeber die steuerliche Abzugsfähigkeit von Prämien für die Zukunftssicherung von Arbeitnehmern bereits dann gegeben ist, wenn Gewähr für diesen Versorgungszweck besteht. Anlass für diesen Vorschlag war, dass immer mehr Finanzämter von diesem Grundsatz abgewichen waren und statt auf die Widmung auf den tatsächlichen Einkommenszufluss beim Arbeitnehmer abstellten.
5. Geschäftsteilhaberversicherung: Auch hier ging es um die legistische Verankerung eines vom Reichsfinanzhofes am 25. 4. 1928, Zl. VI A 293/28, bestätigten Grundsatzes. Der Reichsfinanzhof hatte klargestellt, dass bei einer Handelsgesellschaft Prämien für die Lebensversicherung eines Teilhabers Betriebsausgaben sind, wenn die Versicherung dazu dient, einen mit dem Tod des Teilhabers verbundenen Kapitalbedarf abzudecken.
6. Ausscheiden von Lebensversicherungspolizzen aus dem Nachlass bei unwiderruflicher Begünstigung: Das 1919 verabschiedete Gesetz über die Gebühren von unent-

geltlichen Vermögensübertragungen[750] bestimmte, dass eine Versicherungssumme gebührenrechtlich dann aus dem Nachlass auszuscheiden ist, wenn nachweislich zu Lebzeiten des verstorbenen Versicherungsnehmers eine dritte Person aus dem Versicherungsvertrag unwiderruflich begünstigt wurde. Diese Regelung sollte sinngemäß in das Erbschaftssteuergesetz übernommen werden.

Die ersten beiden Vorschläge (zur Anhebung der Freigrenzen bei der Einkommensteuer [als Antrag I. bezeichnet] und zur Erbschaftssteuer [als Antrag II. bezeichnet]) wiederholte der Verband Mitte Februar 1951 neuerlich und verwies dabei auf seine Eingabe zu Anfang des Jahres (s. o.). Die Enttäuschung war offensichtlich, wenn es dabei hieß: „Wir bemerken, daß wir – natürlich völlig erfolglos – den unter I. angeführten Antrag am 11. Jänner 1951 zur Zl. 19/51, den unter II. angeführten bereits am 24. November 1949 zur Zl. 1156/49 beim Finanzministerium eingebracht haben. Ein Steueränderungsgesetz 1951 wird wahrscheinlich … kommen müssen. Bei dieser Gelegenheit wäre mindestens unser Antrag ad I. ohne Schwierigkeiten zu berücksichtigen. Zu II wird allerdings eine Novellierung des Erbschaftssteuergesetzes nicht zu vermieden sein."[751]

Ende Mai 1952, als eine Novellierung des Erbschaftssteuergesetzes anstand, trug der Verband neuerdings sein Anliegen vor, für die Abstattung der Erbschaftssteuer zweckgebundene Lebensversicherungssummen von der Erbschaftssteuer auszunehmen. „Wir dürfen darauf hinweisen, dass hiedurch dem Fiskus nur ein geringfügiger Entgang an Steuereinnahmen entsteht, der reichlich durch die rasche, prompte und zuverlässige Liquidierung des Steuerbetrages aufgewogen wird." Und weiter wies der Verband auf die missliche Lage der Lebensversicherung hin, welche durch eine solche Zweckbindung der Todesfallsumme einen „Impuls" erhielte, der „ungemein wünschenswert" wäre.[752] Ende Jänner 1953 zeigte das Finanzministerium Interesse an dieser Versicherungsvariante und der Verband fasste die Ergebnisse einer Besprechung mit hochrangigen Beamten (Ministerialrat Dr. Penz und Sektionsrat Dr. Gaber) des Ministeriums zusammen:

1. Wir sind … einverstanden, daß die Steuerklassen 4 und 5 von der Begünstigung ausgeschlossen werden.[753]
2. Wir finden uns ferner damit ab, daß die Begünstigung nur bei laufender Prämienzahlung gilt, nicht aber bei Versicherungsabschluß gegen Einmalprämie.

---

750 StGBl. Nr. 98/1919.

751 Archiv des VVO. Ausgangsbuch 1951, Jänner, Februar, März. Ausg. Nr. 161/51.

752 Archiv des VVO. Ausgangsbuch 1952, April, Mai, Juni. Ausg. Nr. 509/52.

753 Anmerkung: Steuerklasse IV: Schwiegerkinder, Schwiegereltern, Abkömmlinge ersten Grades von Geschwistern. Steuerklasse V: alle übrigen Erwerber und die Zweckzuwendungen.

3. Dagegen bitten wir dringend, von einer Begrenzung der Höhe der Versicherungssumme Abstand zu nehmen. Gerade größere Vermögen sind häufig immobilisiert; man denke etwa an Großgrundbesitz oder die Erbteilung bedeutender industrieller Anlagen. In diesen Fällen wird der Fiskus häufig auf die Barzahlung der Erbschaftssteuer warten und sich mit Pfandrechten und andern Sicherungen begnügen müssen. Hier wird also unseres Erachtens das fiskalische Interesse nach möglichst rascher Liquidierung des Steuerbetrages besonders deutlich.
4. Wunschgemäß überreichen wir … [den] Text des § 18a, wie er … in der Westdeutschen Bundesrepublik seit 1948 gilt. …[754]

Was die anderen Anliegen zur fiskalischen Förderung der Lebensversicherung anbelangte, nutzte der Verband schon Ende April 1951 die Gelegenheit, diese Anliegen im Rahmen seiner Stellungnahme zum Steueränderungsgesetz 1951 aufzugreifen. Scheinbar war der Anregung, den Sonderausgabenrahmen auf öS 2.500,– zu erweitern, entsprochen worden. Ja mehr noch, es war ein eigener Sonderausgabentopf in Höhe von öS 2.500,– für Beiträge zu Bausparkassen geschaffen worden. Beiträge zu privaten Personenversicherungen und zur gesetzlichen Sozialversicherung waren dagegen nach wie vor unter einer gemeinsamen Sonderausgabenpost voll abzugsfähig. Der Verband forderte daher, eine eigene Sonderausgabenpost in Höhe von öS 2.500,– für Versicherungsprämien und schlug damit drei Freibeträge vor:

a) den Betrag von 2500 S für Beiträge an Bausparkassen,
b) den Betrag von 2500 S für Versicherungsprämien,
c) einen weiteren Betrag von etwa 1600 S für Beiträge zur Sozialversicherung."[755]

Für seinen Vorschlag führte der Verband ins Treffen, dass sozialversicherungspflichtige Personen bei einem gemeinsamen Freibetrag für private und für soziale Versicherungen wenig Spielraum hätten, Prämien zu privaten Versicherungen geltend zu machen. Überdies erfordere das Gebot der Gleichbehandlung selbstständig und unselbstständig Erwerbstätiger getrennte Sonderausgabenrahmen; denn: „Wünscht … der selbständig Erwerbstätige, den keine Sozialversicherungspflicht trifft, etwa in gleicher Weise für Alter und Berufsunfähigkeit vorzusorgen, so muß er das durch Abschluß eines Privatversicherungsvertrages tun und dabei aus eigenen Mitteln jenen Betrag bezahlen, welcher der Summe der Leistungen von Arbeitgeber und Arbeitnehmer in der Sozialversicherung entspricht. Auch der fehlende Staatszuschuß macht sich begreiflicherweise dadurch be-

754 Archiv des VVO. Ausgangsbuch 1953, Jänner, Februar, März. Ausg. Nr. 99/53.
755 Archiv des VVO. Ausgangsbuch 1951, April, Mai, Juni. Ausg. Nr. 324/51.

merkbar, daß die Prämien in der Privatversicherung entsprechend höher liegen müssen. Es würde daher eine auffällige Benachteiligung aller nicht sozialversicherungspflichtigen Bevölkerungskreise bedeuten, wenn den vorstehenden Erwägungen nicht ausgiebig und zulänglich Raum gegeben würde."[756] In dieser Begründung kündigte sich bereits – schemenhaft – die spätere Debatte zur Einführung einer umfassenden Sozialversicherungspflicht für unselbstständig und für selbstständig Erwerbstätige (wenngleich mit separaten Versicherungsanstalten) an. Zugleich wurde mit der Argumentation des Verbandes ein tiefer liegendes Problem angeschnitten. Es bestand (und besteht noch) in der Frage, ob eine fiskalische Förderung von Versicherungsprämien im Wege ihrer Absetzbarkeit vom steuerpflichtigen Einkommen einem staatlichen Zuschuss zum Finanzierungsbedarf eines Versicherungsträgers gleichzuhalten ist. Aus finanzsoziologischer bzw. -geschichtlicher Sicht zeigt sich, dass mit dem – an sich simplen – Verlangen nach einer separaten Sonderausgabenpost weit reichende gesellschaftspolitische Fragestellungen einhergingen. Das war (und ist) ein Grund dafür, warum steuerpolitische Anliegen oft nur zäh und langsam umgesetzt werden können.

Ende Oktober 1951 reklamierte der Verband bei der Kammer der gewerblichen Wirtschaft, Verbesserungen der fiskalischen Förderung der Lebensversicherung in das „Steuerliche Herbstprogramm 1951" aufzunehmen. Allgemein führte er dazu aus: „Es bedarf zufolge des westdeutschen Musters keines Nachweises mehr dafür, daß erstens einkommensteuerliche Begünstigungen geeignet sind, der Lebensversicherung den so notwendigen Auftrieb zu geben und daß andererseits diese Maßnahmen fiskalisch nicht nur tragbar sind, sondern sich durch die verstärkte Kapitalbildung mit einem Vielfachen der entgangenen Steuerleistung für die Volkswirtschaft indirekt bezahlt machen."[757] Konkret wurde eine Anhebung des bereits durch das Steueränderungsgesetz 1951 auf öS 2.500,– erhöhten Freibetrages auf öS 3.000,– verlangt. Die Erhöhung wurde mit den Folgen des 5. Preis-Lohn-Abkommens begründet. Ebenfalls wurde eine Erhöhung der Freibeträge für Angehörige eingemahnt. Die verlangten Erhöhungen waren beträchtlich, da diese Posten in den vergangenen Steueränderungsgesetzen nicht angehoben worden waren. Der Freibetrag sollte für die Ehefrau um öS 1.200,–, für den ersten Angehörigen desgleichen um öS 1.200,–, für den zweiten Angehörigen um öS 1.600,–, für den dritten Angehörigen um öS 2.400,–, für den vierten Angehörigen um öS 3.200,– und für den fünften und jeden weiteren Angehörigen um öS 4.000,– steigen.[758] Derartige Erhöhungen

756 Siehe voranstehende Fußnote.

757 Archiv des VVO. Ausgangsbuch 1951, Oktober, November, Dezember. Ausg. Nr. 884/51.

758 Bei einer siebenköpfigen Familie hätten also zusätzlich öS 10.900,– an Beiträgen bzw. Prämien zur Sozialversicherung bzw. an private Versicherer vom steuerbaren Einkommen abgesetzt werden können.

zu erreichen erwies sich jedoch als unrealistisch, so dass Anfang November 1951 der Verband der Bundeskammer der Gewerblichen Wirtschaft für das 2. Steueränderungsgesetz 1951 die nachstehende Staffelung vorschlug:[759]

Ehefrau	öS 900,00	(bisher öS 600,00)
Erster Angehöriger	öS 500,00	(bisher öS 300,00)
Zweiter Angehöriger	öS 600,00	(bisher öS 400,00)
Dritter Angehöriger	öS 900,00	(bisher öS 600,00)
Vierter Angehöriger	öS 1.200,00	(bisher öS 800,00)
Fünfter und jeder weitere Angehörige	öS 1.500,00	(bisher öS 1.000,00)

Diese Staffel sowie eine allgemeine Erhöhung des Sonderausgabenrahmens und seine sonstigen Wünsche[760] für das Zweite Steueränderungsgesetz 1951 teilte der Verband Mitte November 1951 desgleichen der Aufsichtsbehörde mit und bat sie um Unterstützung bei den zuständigen Sektionen des Finanzministeriums.[761] Der Verband errang einen Teilerfolg. Der Sonderausgabenrahmen blieb zwar bei öS 2.500,–, doch wurde für Beiträge zur Sozialversicherung eine separate Absetzpost geschaffen. Diese Lösung begrüßte der Verband.[762] Die Absetzbeträge für Angehörige wurden dagegen nicht angehoben.

Überlegungen zur Steuerreform waren im finanzpolitischen Ausschuss der Bundeskammer der gewerblichen Wirtschaft ein Dauerthema. Zum Programm bzw. zum (nahezu ständigen) Tagesordnungspunkt „Steuerbegünstigung der Spartätigkeit" brachte der Verband Anfang Februar 1952 folgende zwei Anregungen vor. Zum einem wurde – neuerlich – eine Anhebung der Freibeträge für Versicherungsprämien für Angehörige auf das Drei- bis Vierfache verlangt (s. o.). Zum anderen machte der Verband auf einen offensichtlichen Irrtum in dem Erlass vom 9. 1. 1952 des Bundesministeriums für Finan-

759 Archiv des VVO. Ausgangsbuch 1951, Oktober, November, Dezember. Ausg. Nr. 946/51.

760 Zu den sonstigen Wünschen zählte das Anliegen die Novelle zum Mietengesetz mit den Bestimmungen der Körperschaftssteuer in Einklang zu bringen. Die Novelle sah vor, dass beginnend mit 1948 eine Reparaturrücklage für Miethäuser anzulegen war. Gemäß Körperschaftssteuergesetz wäre die Hälfte der Mieterlöse weggesteuert worden, so dass die im Mietengesetz geforderte Mietzinsreserve nicht innerhalb der gesetzlichen Frist hätte gebildet werden können. Dieser Wunsch wurde Ende Februar 1952 von der Bundeskammer der gewerblichen Wirtschaft für das Steueränderungsgesetz 1952 erneut vorgebracht. Dabei wurde auch angeregt, die Vermögenssteuer und den Besatzungskostenbeitrag vom Vermögen im Erlasswege mit zusammen 2 % der Bemessungsgrundlage festzusetzen. Steuer und Besatzungskostenbeitrag waren aus dem Hauptmietzins zu begleichen. Archiv des VVO. Ausgangsbuch 1952, Juli, August, September. Ausg. Nr. 701/52 und Ausgangsbuch 1952, Oktober, November, Dezember. Ausg. Nr. 1184/52.

761 Archiv des VVO. Ausgangsbuch 1951, Oktober, November, Dezember. Ausg. Nr. 959/51.

762 Archiv des VVO. Ausgangsbuch 1952, Jänner, Februar, März. Ausg. Nr. 157/52.

zen aufmerksam. Der Erlass wurde im Amtsblatt der österreichischen Finanzverwaltung, Nr. 17/52, mit der Überschrift „Steuerliche Behandlung der Beiträge zur Altersversicherung der selbständig Erwerbstätigen" veröffentlicht. Der Verband bemerkte hiezu: „Diese Überschrift ist unrichtig und irreführend. Es handelt sich um keine Versicherung, sondern um eine Unterstützungseinrichtung, zu der auch keine Prämien, sondern, wie der erwähnte Erlass richtig fortfährt, Beiträge geleistet werden. Da es sich hier um Zwangsbeiträge handelt, die unseres Erachtens den Sozialversicherungsbeiträgen, die sie ja in gewissem Sinne ersetzen sollen, gleichzuhalten sind, so wäre die Steuerbefreiung nicht auf Kosten der Versicherungsprämien, gemäß § 10 Abs. 1. Z. 3 Einkommensteuergesetz passierbar, sondern gemäß § 10 Abs. 1 Z. 2 ebendort."[763] Damit knüpfte der Verband an jene Argumentation an, welche er vor rund einem Jahr zur fiskalischen Ungleichbehandlung der Aufwendungen von selbstständig und unselbstständig Erwerbstätigen für ihre Altersvorsorge gemacht hatte (s. o.). Um diese Ungleichbehandlung zu beseitigen, hatte er getrennte Sonderausgabenrahmen vorgeschlagen.

Mitte Jänner 1953 griff der Verband die Thematik der steuerlichen Ungleichbehandlung selbstständig Erwerbstätiger erneut auf. Der Verband opponierte dagegen, dass „das Bundesministerium für Finanzen mit Erlaß vom 5. August 1952 Zl. 17.566-9/52 erklärt, daß die Altersversorgung der selbständig Erwerbstätigen nicht eine Einrichtung der gesetzlichen Rentenversicherung im Sinne des § 10 Abs. 1 Z. 2 Einkommensteuergesetz darstellt, sondern nur eine Wohlfahrts- und Unterstützungseinrichtung für die Kammerangehörigen". Der Verband appellierte an die Bundeskammer, „neuerlich vom Bundesministerium ... die Abänderung des gegenständlichen Erlasses zu verlangen. Als Begründung wäre unseres Erachtens anzuführen, daß die Beiträge zur Altersunterstützungseinrichtung der Kammern einwandfrei als Betriebsausgaben in Sinne des § 4 Abs. 4 Einkommensteuergesetz anzusehen sind. Es war nie zweifelhaft, daß Pflichtbeiträge an Körperschaften und Verbände mit Zwangszugehörigkeit der Mitglieder abzugsfähige Betriebsausgaben darstellen. Nun ist die Pflicht zur Dotierung des Altersunterstützungsfonds der Handelskammer kraft öffentlich-rechtlich geregelter Zugehörigkeit zu gewerblichen Organisationen gegeben; der Leistungspflicht steht kein Anspruch gegen die Altersversorgungseinrichtung gegenüber: die Gewährung von Unterstützungen aus dem Altersfonds kann rechtlich in keiner Weise erzwungen werden, wohl aber die Beitragsleistung für diesen Fonds."[764] Diese Argumentation des Verbandes war insoweit bemerkenswert, als sie über die unmittelbare Wahrung der Geschäftsinteressen der Versicherer hinausging und auf die rechtliche Asymmetrie der kammereigenen Altersvorsorge und

763 Siehe vorangehende Fußnote.

764 Archiv des VVO. Ausgangsbuch 1953, Jänner, Februar, März. Ausg. Nr. 31/53.

-versorgung einging und damit einer sozialversicherungsrechtlichen Regelung Vorschub leistete.

Zugleich wurde hier der steuerrechtliche Wandel von Beiträgen zur Sozialversicherung von Sonderausgaben zu Werbungskosten angesprochen und ebenso die inhaltliche Verbindung von Beiträgen zur Sozialversicherung zu Betriebsausgaben aufgegriffen. Der Wandel erfolgte schrittweise und ging mit dem Ausbau des Sozialstaates Hand in Hand. Zunächst wurde mit § 10 Abs. 2 Einkommensteuergesetz 1953, BGBl. Nr. 1/54, eine eigene Sonderausgabenpost für Beiträge zur Pflichtversicherung der gesetzlichen Kranken-, Unfall-, Pensions- und Arbeitslosenversicherungen geschaffen. Diese Beiträge konnten unbeschränkt abgesetzt werden. Erst später wurden Sozialversicherungsbeiträge zu Werbungskosten. Beiträge und Versicherungsprämien zu vertraglichen (privaten) Kranken-, Unfall-, Haftpflicht-, Angestellten- und Invalidenversicherungen, zu Lebensversicherungen (Kapital- oder Rentenversicherung) sowie Witwen-, Waisen-, Versorgungs- und Sterbekassen konnten – wie erwähnt – nach § 10 Abs. 3 des genannten Gesetzes nur bis zur Höhe der (immer wieder angepassten) Freigrenze als Sonderausgaben geltend gemacht werden. Sollten Prämien an ein ausländisches Versicherungsunternehmen, das im Inland weder einen Sitz noch eine Geschäftsleitung hatte, als Sonderausgaben geltend gemacht werden, musste dieses Unternehmen die Erlaubnis zum Geschäftsbetrieb im Inland haben.

Wurde bei Stornierungen und Rückkäufen von Versicherungen ein Teil der als Sonderausgaben geltend gemachten Prämien rückerstattet, unterlag zum Zeitpunkt der Zahlung die Rückzahlung einer Besteuerung nach festen Sätzen. Während die Auszahlung der Versicherungssumme einer Lebensversicherung zumeist steuerfrei blieb, waren laufende private Renten steuerpflichtig. Renten aus der gesetzlichen Angestellten- und Invalidenversicherung galten als steuerpflichtiger Arbeitslohn. Die übrigen Leistungen der Sozialversicherung (z. B. Geld- und Sachleistungen in der sozialen Krankenversicherung) waren steuerfrei.[765]

Ende Februar 1952 gab der Verband den Anstoß zu einer Praxis, welche viel später durch den einkommensteuerlichen Freibetragsbescheid erleichtert wurde. Der Verband machte der Finanzlandesdirektion für Wien, Niederösterreich und Burgenland folgenden Vorschlag: Wurden Prämien für Versicherungen, welche unter die Regelungen für Sonderausgaben fielen, im Wege des Gehaltsabzuges entrichtet, sollte das sofort bei der Berechnung der Lohnsteuer vom Arbeitgeber berücksichtigt werden können. Der Verband sah darin eine Verwaltungsvereinfachung sowohl für die Finanzverwaltung wie für

765 Zum Überblick siehe: R. Müller (1953), Steuerrechtliche Begünstigung von Versicherungsbeiträgen, in: Die Versicherungsrundschau, 8. Jg. (1953), S. 106ff.

die Versicherungsunternehmen. Er wies allerdings auch auf die verwaltungstechnische Hürde hin, die darin bestand, dass sich ein Dienstnehmer auf seiner Lohnsteuerkarte einen steuerfreien Lohnbetrag eintragen lassen konnte, der ihm aufgrund von Sonderausgaben zustand.[766] In einem solchen Fall wäre zu prüfen gewesen, ob die im Abzugsweg entrichtete Prämie bereits im steuerfreien Lohnbetrag enthalten war oder nicht. Einen Monat später richtete er den gleichen Vorschlag ans Finanzministerium.[767] Als der Verband Ende Juni 1952 erfuhr, dass für den Herbst ein Gesetz zur Steuervereinfachung vorbereitet wurde,[768] trug er seinen Vorschlag erneut an das Finanzministerium heran.[769]

Mitte 1952 bemühten sich die Kreditinstitute darum, die Spartätigkeit steuerlich zu begünstigen. Die Versicherungswirtschaft folgte mit ihren Vorschlägen nach. In dem Schreiben vom 28. 6. 1962 an die Bundeskammer der gewerblichen Wirtschaft hieß es unter anderem: „Wir dürfen darauf verweisen, daß die der regulären Spartätigkeit zweifellos gebührende Förderung durch den Staat wohl in gleichem Maße auch für die Lebensversicherung in Anspruch genommen werden darf, welche langfristig gebundene Sparverträge betriebsmäßig abschließt und außerdem diese Verträge noch unter Aufwendung von Kosten beim Interessenten akquiriert."[770] Gewünscht wurde die bisher unterbliebene Erhöhung der Freibeträge für Lebensversicherungen für Familienangehörige, die Steuerbefreiung von für die Abstattung von Erbschaftssteuer zweckgebundenen Lebensversicherungen und – als neue Forderung – die Einreihung von noch nicht fälligen Ansprüchen aus Lebens- und Kapitalversicherungen sowie Rentenversicherungen in die Vermögenskategorie „sonstiges Vermögen".[771] Diese Forderung wurde im Herbst 1953 auch direkt an Finanzminister Dr. R. Kamitz herangetragen (s. u.). Damit sollten diese Versicherungen in den Genuss der gleichen vermögenssteuerlichen Begünstigung kommen wie langfristig gebundene Spareinlagen, Bausparbriefe und inländische festverzinsliche Wertpapiere. Die Assekuranz verlangte damit auf dem Gebiet der fiskalischen Förderung eine Gleichstellung ihrer Kapital bildenden Versicherungsprodukte mit den Sparprodukten der Kreditwirtschaft und intensivierte dafür ihr Lobbying.[772] Am 16. 3. 1953 wandte sich der Verband direkt an Finanzminister Dr. Kamitz und verlangte die steuerliche Begünstigung der Lebensversicherung als langfristiger Kapitalanlage. Er verwies darauf, dass die Lebensversicherer vor 1938 die größten

766 Archiv des VVO. Ausgangsbuch 1952, Jänner, Februar, März. Ausg. Nr. 238/52.
767 Archiv des VVO. Ausgangsbuch 1952, Jänner, Februar, März. Ausg. Nr. 297/52.
768 Siehe dazu weiter oben die Ausführungen im Abschnitt „Das Dauerthema ‚Steuerreform'".
769 Archiv des VVO. Ausgangsbuch 1952, April, Mai, Juni. Ausg. Nr. 622/52.
770 Archiv des VVO. Ausgangsbuch 1952, April, Mai, Juni. Ausg. Nr. 646/52.
771 Archiv des VVO. Vorstandsprotokoll Nr. 139 vom 26.06.1952. TO.-Pkt. 5.) Steuerbegünstigtes Sparen.
772 Archiv des VVO. Ausgangsbuch 1952, Juli, August, September. Ausg. Nr. 654/52.

institutionellen Investoren bei festverzinslichen Wertpapieren waren und dass in der Bundesrepublik Deutschland von den Lebensversicherern hunderte Millionen DM in den sozialen Wohnungsbau, in Staatspapiere, andere Effekten, Hypotheken und andere langfristige Titel verlangt wurden.[773] Der Minister war nicht abgeneigt, so dass der Verband am 23. 3. 1953 bat, er möge den zuständigen Sektionen den Auftrag geben, „rasch und mit einem großzügigen Konzept vor Augen, die bereits in Angriff genommenen legislatorischen vorbereitenden Maßnahmen zum Abschluß zu bringen".[774] Der Verband schlug vor, die Begünstigungen für die Lebensversicherung gleichzeitig mit der gesetzlichen Regelung der bevorstehenden Energieanleihe zu verabschieden.

Anfang Jänner 1953 hatte der Verband (neuerlich) das Anliegen thematisiert, die Freibeträge für Aufwendungen des Arbeitgebers für die Zukunftssicherung der Arbeitnehmer zu erhöhen. Der Reichsminister der Finanzen hatte mit Erlass vom 22. 12. 1941, RStBl. 1941 S. 969, bestimmt, dass Aufwendungen des Arbeitgebers für die Zukunftssicherung der Arbeitnehmer und ihrer Angehörigen Arbeitslohn sind soweit sie den Freibetrag von RM 312,– jährlich übersteigen (§ 2 [3] Z. 2 der Lohnsteuerdurchführungsbestimmungen in der damaligen Fassung). Entsprechend der seit damals eingetreten Geldentwertung verlangte der Verband eine Erhöhung des Freibetrages um das Sechsfache auf S 1.872,–. Er begründete seine Forderung damit, dass diese Steuerbegünstigung zur Zeit ihrer Einführung in den meisten Fällen ausgereicht hatte, derartige Aufwendungen steuerfrei zu stellen. Weiters wies der Verband darauf hin, dass die Erhöhung der Steuerbegünstigung den Spargedanken und die volkswirtschaftlich notwendige Kapitalbildung fördern würde.[775]

Die Initiative des Verbandes erfolgte vor einem heiklen Hintergrund, auf den er zu Jahresbeginn die Bundeskammer der gewerblichen Wirtschaft und die Handelskammer Wien aufmerksam gemacht hatte. Das Bundesministerium für Finanzen beabsichtigte den Erlass vom 19. 11. 1952, Zl. 92.900-9/52, ABlöFV. Nr. 269/52, zurückzuziehen und durch eine neue Regelung für die steuerliche Behandlung des freiwilligen Sozialaufwandes zu ersetzen. Die Finanzlandesdirektion Linz hatte sich des aufzuhebenden Erlasses bedient und die Rechtsansicht vertreten, dass Aufwendungen des Arbeitgebers für die Zukunftssicherung der Arbeitnehmer nur dann steuerlich als freiwilliger Sozialaufwand anerkannt werden können, wenn diese Aufwendungen in einem Kollektivvertrag vorgesehen und geregelt waren. Sollte diese Auffassung Eingang in die Neufassung des Erlasses finden, befürchtete der Verband eine nachhaltige Schmälerung

773 Archiv des VVO. Ausgangsbuch 1953, Jänner, Februar, März. Ausg. Nr. 282/53.
774 Archiv des VVO. Ausgangsbuch 1953, Jänner, Februar, März. Ausg. Nr. 307/53.
775 Archiv des VVO. Ausgangsbuch 1953, Jänner, Februar, März. Ausg. Nr. 22/53.

des Umfanges zukunftssichernder Aufwendungen von Arbeitgebern zugunsten ihrer Arbeitnehmer. Der Verband bat deshalb die Kammer, in die Gespräche zur Neufassung des Erlasses eingebunden zu werden.[776]

Die Bundeskammer wandte sich am 13. 1. 1953 an den Finanzminister und führte u. a. aus: „Der Erlaß behauptet, daß sich die freiwilligen sozialen Zuwendungen nicht unter den Einkommensbegriff des Einkommensteuergesetzes bringen lassen, weil die Empfänger auf diese Zuwendungen weder einen gesetzlichen noch einen kollektivvertraglich noch auch einen sonstigen erzwingbaren Anspruch haben. Im § 19 Abs. 1 des Einkommensteuergesetzes heisst es dagegen … ausdrücklich: ‚Es ist gleichgültig, ob es sich um laufende oder um einmalige Bezüge handelt und ob ein Rechtsanspruch auf sie besteht.' Widerspricht also schon der Einkommensbegriff des Erlasses offenkundig dem Einkommensbegriff des Gesetzes, so liegt ein gleiches Verkennen auch hinsichtlich des Begriffes der Betriebsausgaben vor."[777] Der Finanzminister sagte daraufhin die Zurücknahme des Erlasses und die Einbindung der Kammer in die Neuformulierung desselben zu. Der Verband hoffte, dass er damit auch sein Anliegen einbringen konnte, die fiskalische Förderung von Gruppenversicherungen für Betriebsbelegschaften (als einer Form der Zukunftssicherung von Arbeitnehmern) beizubehalten bzw. zu erweitern und nicht durch eine restriktive Interpretation dessen, was als „Betriebsausgaben" anzusehen ist, einzuengen. Doch die Kammer schloß mit dem Ministerium einen Kompromiß zu Lasten der Assekuranz und diese protestierte: „Unserer Meinung nach ist … die vorbehaltlose Zurückziehung zu verlangen, nicht aber eine Änderung oder Ergänzung" des Erlasses. Und weiter schrieb der Verband an die Kammer: „Wir halten es für im höchsten Grade bedenklich, wenn an dem fest umrissenen Begriff der Betriebsausgabe gerüttelt wird. … Wir vermögen daher nicht zu verstehen, warum ein Kompromiß … getroffen wurden soll und warum ein Katalog jener sozialen Zuwendungen erforderlich ist, die als einkommen- bzw. körperschaftssteuerfrei auf seiten des Arbeitgebers anzusehen sind. Noch weniger verstehen wir, daß gewisse andere Betriebsauslagen, welche soziale Zwecke verfolgen, mit einem bestimmten Höchstbetrag maximiert werden sollen. Wir können nur immer auf den … unbestrittenen Grundsatz des Steuerrechts hinweisen, wonach soziale Zuwendungen an die eigenen Arbeitnehmer beim Arbeitgeber als Betriebsausgaben einkommen- bzw. körperschaftssteuerfrei sind, während sie beim Empfänger ebenso zweifelsfrei der Lohnsteuer unterliegen."[778]

776 Archiv des VVO. Ausgangsbuch 1953, Jänner, Februar, März. Ausg. Nr. 26/53.
777 Archiv des VVO. Ausgangsbuch 1953, Jänner, Februar, März. Ausg. Nr. 36/53.
778 Archiv des VVO. Ausgangsbuch 1953, Jänner, Februar, März. Ausg. Nr. 82/53.

Die voranstehende Debatte lief vor dem Hintergrund ab, dass sich in Österreich ein ordnungspolitischer Wandel anbahnte. Die Not der unmittelbaren Nachkriegszeit war überwunden. An die Stelle kriegs- bzw. nachkriegswirtschaftlicher Lenkungsmaßnahmen traten schrittweise marktwirtschaftliche Steuerungsmechanismen. Allerdings handelte es sich damals um eine sozialpartnerschaftlich flankierte Marktwirtschaft; frei im liberalen Sinn war der Markt nicht. Man bezeichnete dieses System auch als „Gradualismus" (s. o.). Zu den Kernaufgaben der Sozialpartner gehörte (und gehört) der Abschluss von Kollektiv(Tarif)verträgen. Es war nahe liegend, dass in steuerrechtlichen Durchführungsbestimmungen auf kollektivvertragliche Regelungen Rücksicht genommen wurde. Zur nämlichen Zeit erfolgte der Aufbau des Sozialstaates und damit der Ausbau eines allgemeinen Systems der Sozialversicherung. Die gesellschaftliche Bedeutung der privaten Vertragsversicherung für Alters-, Unfall- und Gesundheitsvorsorge und -versorgung ging zurück, während Sozialversicherungslösungen expandierten. Mit anderen Worten: individuelle Vorsorge wurde durch kollektive Versorgung ersetzt. Die Bestrebungen freiwilligen betrieblichen Sozialaufwand nur dann steuerlich als Betriebsaufwand anzuerkennen, wenn dieser Aufwand kollektivvertraglich vereinbart war, fand seine ordnungspolitische Entsprechung in der wohlfahrtsstaatlichen Tendenz individuelles Wohlergehen als allgemeine Wohlfahrt zu kollektivieren. Anders als in anderen europäischen Staaten war in Österreich der Ausbau des Sozial- bzw. Wohlfahrtsstaates sozialpartnerschaftlich paktiert. Und Teil dieser Sozialpartnerschaft war die Bundeskammer der gewerblichen Wirtschaft. Das interessenpolitische Dilemma des Verbandes bestand in diesem Fall darin, dass er sich, obwohl er als Fachverband eine Teilorganisation der Kammer war, gegen die übergeordneten ordnungspolitischen Übereinkünfte der Sozialpartner nicht bzw. nur schwer durchsetzen konnte.

Es klang fast wie Resignation, wenn der Verband in seiner Stellungnahme zum Steueränderungsgesetz 1953 der Bundeskammer mitteilte: „Ergänzend bitten wir auch noch die altbekannten Wünsche der Versicherungswirtschaft wiederum in Vorschlag zu bringen."[779] Was folgte, waren drei Wünsche: Erstens nach einer Erhöhung der Sonderausgabenrahmen, zweitens für eine Begünstigung der Erbschaftssteuerversicherung und drittens nach einer Anhebung der Freibeträge für Aufwendungen des Arbeitgebers für die Zukunftssicherung von Arbeitnehmern. Diese Wünsche wurden in die Sitzungen des Finanzpolitischen Ausschusses der Bundeskammer eingebracht.[780] Kam es in dem Ausschuss zu einer Interessenkollision, wie etwa in der Sitzung am 3. 3. 1953, mit dem

779 Archiv des VVO. Ausgangsbuch 1953, Jänner, Februar, März. Ausg. Nr. 222/53.

780 „Die Wünsche des Verbandes wegen Steuerbegünstigung der Lebensversicherung können nicht oft genug wiederholt werden." Archiv des VVO. Ausgangsbuch 1953, Jänner, Februar, März. Ausg. Nr. 221/53.

Anliegen der (rechtsfähigen) Pensionskassen die Grenzen für deren Befreiung von der Körperschafts- und der Vermögenssteuer faktisch zu verdoppeln, wurde der bzw. wurden die Verhandlungsgegenstände in das Vorbereitungskomitee zurückverwiesen. Das geschah auch mit den drei Wünschen der Assekuranz.[781]

Was die steuerliche Behandlung des freiwilligen betrieblichen Sozialaufwandes betraf, wurde die Hartnäckigkeit des Verbandes belohnt. Am 19. 3. 1953 teilte der Verband seinen Mitgliedsunternehmen mit, dass der widrige Erlass aufgehoben worden sei, und dass in einem neuen Erlass vom 3. 3. 1953, Zl. 19.181-9/53, zum ursprünglichen gesetzlichen Zustand zurückgekehrt sei[782]

Wie schon weiter oben erwähnt, war Finanzminister Dr. R. Kamitz den Anliegen der Versicherungswirtschaft gegenüber – eher – aufgeschlossen. Damit schien es für den Verband auch leichter, seine Anliegen im Rahmen der Bundeskammer voranzubringen. In einer ausführlichen Eingabe vom 24. 3. 1953 befasste er sich mit dem Energieanleihegesetz, dem Sparbegünstigungsgesetz und dem Steueränderungsgesetz 1953.[783] Unverkennbar war das Bestreben des Verbandes in die von Finanzminister Dr. Kamitz betriebene Sparförderung (mit dem Ziel die volkswirtschaftliche Realkapitalbildung voranzubringen) mit kapitalbildenden Versicherungsformen eingebunden zu werden. Deshalb legte der Verband auf eine möglichst gleichzeitige Verabschiedung aller Förderungsmaßnahmen Wert.[784]

In dem Teil der Eingabe, welche Stellung zum Entwurf eines Energieanleihegesetzes nahm, schlug der Verband vor, dass Stücke der Anleihe als Bezahlung der Prämie für eine Lebensversicherung herangezogen werden können, ohne dadurch die steuerliche Förderung zu verlieren. Dieses Konzept war nicht neu. Es war nach dem Krieg in abgewandelter Form bei den sogenannten „Bundesschuldversicherungen" (s. o.) praktiziert worden. Aber darauf machte der Verband nicht aufmerksam. Vielmehr schlug er folgende allgemeine Regelung im Energieanleihegesetz vor: „Die Begünstigungen dieses Gesetzes bleiben dem Anleihezeichner gewahrt, soweit die gezeichnete Anleihe zur Bezahlung einer Lebens- oder Rentenversicherung verwendet wird, die mit einer zum Geschäftsbetrieb im Österreich zugelassenen Versicherungsunternehmung nach Inkrafttreten dieses Gesetzes neu abgeschlossen wird. Dem Neuabschluß gleichgestellt wird die Erhöhung einer bestehenden Lebens- oder Rentenversicherung. In einem

781 Archiv des VVO. Ausgangsbuch 1953, Jänner, Februar, März. Ausg. Nr. 264/53.

782 Archiv des VVO. Ausgangsbuch 1953, Jänner, Februar, März. Ausg. Nr. 298/53.

783 Archiv des VVO. Ausgangsbuch 1953, Jänner, Februar, März. Ausg. Nr. 308/53.

784 Archiv des VVO. Vorstandsprotokoll Nr. 147 vom 10.04.1953. TO.-Pkt. II. Steuerbegünstigung für den Abschluss von Lebensversicherungen im Zusammenhang mit Energieanleihe-, Sparbegünstigungs- oder Steueränderungsgesetz.

solchen Falle ist der Versicherer verpflichtet, die für die Prämienzahlung verwendeten Anleihestücke während der noch laufenden Sperrfristen seinerseits unter Sperre zu halten."

In dem Teil der Eingabe, welche Stellung zum Entwurf eines Sparbegünstigungsgesetzes nahm, wiederholte der Verband seine drei Wünsche (s. o.), verlangte eine Gleichbehandlung der Lebensversicherung mit anderen Sparformen und schlug vor, seine Anliegen, wenn sie nicht im Sparbegünstigungsgesetz berücksichtigt werden könnten, in das Steueränderungsgesetz 1953 aufzunehmen. Er ergänzte seine Anliegen dahin gehend, dass selbstständig Erwerbstätige, die älter als 50 Jahre waren, steuerlich besonders gefördert werden sollten, da ihnen (so wie den Angestellten) der steuerliche Abzug der Sozialversicherungsbeiträge nicht zustatten käme.

In dem Teil der Eingabe, welche Stellung zum Entwurf eines Steueränderungsgesetzes 1953 nahm, stellte der Verband die Verbindung zum Sparbegünstigungsgesetz her und konzentrierte sich dann auf die Aufhebung der Besteuerung der Rückversicherung. Dabei wiederholte er seine – bekannten – Argumente, welche gegen die Besteuerung sprachen, wies nochmals darauf hin, dass zufolge der allgemeinen Steigerung der Prämieneinnahmen im direkten Geschäft längst das budgetäre Einnahmenziel erreicht worden sei, so dass es nicht einmal mehr einen etatmäßigen Grund für die Besteuerung der Rückversicherung gäbe und machte dann einen Textvorschlag für die Aufhebung der Besteuerung der Rückversicherung.

Flankierend zu seiner Eingabe an die Bundeskammer trug der Verband seine „drei Wünsche" zur Förderung der Lebensversicherung direkt an den Finanzminister heran und legte seinem Schreiben vom 1. 4. 1953 auch gleich seine Textierungsvorschläge bei. Er versäumte dabei nicht, darauf hinzuweisen, dass sich die Versicherungswirtschaft vorsorglich mit den Bausparkassen akkordiert habe, was die Begrenzung der Abzugsfähigkeit von Lebens- und Rentenversicherungsprämien bzw. Beiträgen an Bausparkassen anbelangte.[785] Am 22. 4. 1953 wandte sich der Verband erneut an den Minister. Der Verband hatte erfahren, dass die Letztfassungen der Entwürfe zum Sparbegünstigungsgesetz und zum Steueränderungsgesetz 1953 keine Verbesserung der fiskalischen Förderung der Lebensversicherung vorsahen. Man bat den Minister, er möge sich persönlich der Angelegenheit annehmen und für den Fall, dass sich Schwierigkeiten ergeben würden, wollte die Verbandsspitze neuerlich bei ihm vorsprechen.[786]

Die Schwierigkeiten kamen in Form des Erlasses vom 19. Mai 1953 des Ministeriums, Zl. 42.520-9/53. Statt eine Besprechung mit dem Finanzminister zu führen, beschränkte

785 Archiv des VVO. Ausgangsbuch 1953, April, Mai, Juni. Ausg. Nr. 355/53.

786 Archiv des VVO. Ausgangsbuch 1953, April, Mai, Juni. Ausg. Nr. 435/53.

sich der Verband auf ein Schreiben vom 4. Juli 1953 an das Ministerium. Darin wiederholte er seine „drei Wünsche" (§ 10 EStG [Erhöhung der Sonderausgaben für Lebensversicherungsprämien], § 19 EStG [Aufwendungen des Arbeitgebers für die Zukunftssicherung von Arbeitnehmern] und § 18a Erbschaftssteuergesetz [zweckgebundene Lebensversicherungen für die Bezahlung der Erbschaftssteuer]) und versuchte die Argumentation des Erlasses zu entkräften, welcher eine Ausweitung der fiskalischen Förderung der Lebensversicherung abgelehnt hatte. An diesem Schreiben war weniger die – längst bekannte und unablässig wiederholte – inhaltliche Argumentation bemerkenswert, sondern vielmehr der unterwürfige, fast verzweifelte Tonfall. Hier kämpfte ein Wirtschaftszweig um den Bestand einer seiner Produktlinien. Von deren Sinnhaftigkeit war man zwar überzeugt, zugleich wusste man aber, dass ohne fiskalische Förderung die Lebensversicherung ein Schattendasein führen würde.

Ein Grund, warum sich die Versicherungswirtschaft so schwer tat, mit ihren Anliegen Erfolg zu haben, lag darin, dass sie mit einem Teil ihrer Argumente gegen den ordnungspolitischen Zeitgeist anrannte. Im Grunde genommen trat sie für einen gegenüber der Sozialversicherung substitutiven Versicherungsschutz ein. Die Assekuranz argumentierte beispielsweise, dass Aufwendungen des Arbeitgebers für die Zukunftssicherung der Arbeitnehmer tendenziell die Lohnnebenkosten senken würden. Oder: „Vom volkswirtschaftlichen und sozialpädagogischen Standpunkt … muß jede Förderung einer selbstverantwortlichen Vorsorge für Alter und Arbeitsunfähigkeit begrüßt werden, weil die daraus resultierende Entlastung des Budgets aus dem Titel der sozialen Fürsorge nicht zu verkennen ist." [787] Wirtschaftspolitisch befand sich Österreich damals in der Stabilisierungsphase des Raab-Kamitz-Kurses.[788, 789] Nur scheinbar passten die Argumente und Anliegen der Assekuranz in das ordoliberale Konzept des Raab-Kamitz-Kurses. Tatsächlich jedoch belasteten sie das sozialpartnerschaftliche Kompromisspotenzial. Die Akzeptanz der materiellen Staatsaufsicht (mit einer umfassenden Tarif- und Bedingungsgenehmigung) durch die Versicherungsunternehmen widerstritt den Kamitz'schen Bestrebungen, staatliche Bewirtschaftung und Preiskontrollen durch marktwirtschaftliche Mechanismen zu ersetzen. Der Aus- und Aufbau einer Sozialversicherung für unselbstständig und selbstständig Erwerbstätige war eine jener sozialen Stabilisierungsmassnahmen, welche durch die strikte finanzielle Stabilisierungspolitik des Finanzministers notwendig geworden waren. Der Wunsch der Assekuranz nach fiskalischer Förderung

---

787 Archiv des VVO. Ausgangsbuch 1953, Juli, August, September. Ausg. Nr. 645/53.

788 Siehe dazu etwa: O. Rathkolb (2005), Die paradoxe Republik. Österreich 1945 bis 2005. Wien. S. 130ff. H. Seidel (2005), op. cit., S. 495ff. R. Sandgruber (1995), Ökonomie und Politik. Österreichische Wirtschaftsgeschichte vom Mittelalter bis zur Gegenwart. Wien. S. 467ff. F. Butschek (1985), op. cit. S. 109ff.

789 Dr. R. Kamitz war von 1952 bis 1960 Bundesminister für Finanzen.

vertrug sich nur schlecht mit der Absicht von Raab und Kamitz die öffentlichen Ausgaben einzuschränken, denn die Ausweitung fiskalischer Förderungen wirkte wie eine Ausgabensteigerung. Mit anderen Worten und kurz umrissen: in den Jahren 1952 und 1953 drohte die Assekuranz zu einem (außerhalb ihrer Kreise wenig bemerkten) „Bauernopfer" des insgesamt als erfolgreich gepriesenen Raab-Kamitz-Kurses zu werden.[790] Dass die Situation für die Versicherungswirtschaft dann doch nicht so schlimm wurde, lag daran, dass die wirtschaftliche Erholung den Zweigen der Sachversicherung zugute kam. Nach Überwindung der Stabilisierungskrise von 1953 (mit 280.000 Arbeitslosen im Jänner und einer Arbeitslosenrate von 8,7 % im Jahresschnitt) und mit dem Wirksamwerden massiver infrastruktureller Investitionsprogramme (z. B. Elektrifizierung der Bahn, Nutzung der Wasserkraft, Autobahnbau) und betrieblicher Investitionsförderungen (z. B. der vorzeitigen Abschreibung) war es 1954 möglich, den Anliegen der Assekuranz gleichsam in einem Nachziehverfahren näher zu treten.

Im Herbst 1953 musste die Assekuranz feststellen, dass sie mit ihren „drei Wünschen" wieder auf der Strecke geblieben war. Also wandten sich die Verbandspräsidenten Dr. Habich und Dr. Hummel am 2. 10. 1953 erneut an den Finanzminister, wiederholten die Argumente zur fiskalischen Förderung der Lebensversicherung, polemisierten gegen die Besteuerung der Rückversicherung, sprachen sich dafür aus, dass die Umsatzsteuerbefreiung in Höhe von öS 36.000,– für Handelsagenten auch Versicherungsagenten zugestanden werde, erinnerten daran, dass der § 68 Bewertungsgesetz dahingehend zu ergänzen sein werde, dass Ansprüche aus fälligen oder nicht fälligen Lebens-, Kapital- oder Rentenversicherungen nicht zum sonstigen Vermögen gehören, und verwiesen zu Ende des Briefes auf die Bedeutung der Versicherungsunternehmen als institutionelle Anleger. Seit 1949 hatte die Assekuranz der Wirtschaft in Form von Schuldscheindarlehen 250 Mio. Schilling zur Verfügung gestellt. Der vorletzte Absatz des Schreibens an Dr. Kamitz lautete: „Wir erlauben uns daher – um diese Art der Finanzierung auch für die Zukunft sicherzustellen – vorzuschlagen, daß solche Schuldscheindarlehen von der Vermögenssteuer, dem Besatzungskostenbeitrag vom Vermögen, der Aufbringungsumlage und der Gewerbesteuer nach Gewerbekapital freigestellt werden."[791, 792, 793]

790 Salopp formuliert könnte man sagen: Die Anliegen der Assekuranz wurden in den magischen Vielecken der Wirtschaftspolitik zerrieben.

791 Archiv des VVO. Ausgangsbuch 1953. Oktober, November, Dezember. Ausg. Nr. 957/53.

792 Diese Forderung wiederholte der Verband in der Besprechung vom 2.12.1953 mit dem Finanzminister Archiv des VVO. Ausgangsbuch 1953, Oktober, November, Dezember. Ausg. Nr. 1205/53.

793 Das Anliegen, die Freigrenze von öS 36.000,– für Umsätze von Versicherungsvermittlern zu valorisieren wurde Anfang Jänner 1955 in der Stellungnahme des Verbandes zum Entwurf eines Steueränderungsgesetzes 1955 erneut vorgebracht. Archiv des VVO. Ausgangsbuch 1955, Jänner, Februar, März. Ausg. Nr 22/55.

Zwölf Tage später wandte sich der Verband neuerdings an den Finanzminister und trug ihm ein neues Anliegen zur fiskalischen Förderung der Lebensversicherung vor; aus den „drei“ wurden „vier Wünsche“. Es ging um die Besteuerung der Einkünfte aus Rentenversicherungen. Auszahlungen aus einer Kapitallebensversicherung blieben einkommensteuerfrei, da sie im Einkommensteuergesetz nicht als Einkunftsart aufgezählt waren. Einkünfte aus Rentenversicherungen unterlagen jedoch der Steuerpflicht. Darin sah der Verband eine Benachteiligung der Rentenversicherung. Auch laufende Renten würden, argumentierte der Verband, aus bereits einmal versteuerten und in der Folge angespartem Einkommen beglichen. „Es ist daher umso unerfindlichlicher, warum die versicherten Erlebenssummen, die in die äußere Form von Rentenfälligkeiten gekleidet sind, als steuerpflichtiges Einkommen dekretiert werden.“[794]

Der Umstand, dass die Assekuranz förmlich den Finanzminister bedrängte, hatte damit zu tun, dass zur nämlichen Zeit der Referentenentwurf zum Einkommensteuergesetz 1953 zur Stellungnahme vorlag. Am 17. 11. 1953 suchte das Verbandspräsidium um einen Termin für eine weitere Unterredung beim Minister an.[795]

In der Stellungnahme vom 13. 11. 1953 des Verbandes an die Bundeskammer der gewerblichen Wirtschaft zum Referentenentwurf waren die vorerwähnten Anliegen enthalten.[796] Desgleichen nahm der Verband die Gelegenheit wahr, seine Anliegen den Landeskammern bekannt zu machen. Der Kammer der gewerblichen Wirtschaft Salzburg teilte er am 14. 11. 1953 seine Anliegen zur fiskalischen Förderung der Lebensversicherung sowie jene der steuerlichen Entlastung der Schuldscheindarlehen (die Entlastung minderte die Körperschaftssteuer), zur Entsteuerung der Rückversicherung und zur umsatzsteuerlichen Gleichstellung von Versicherungs- und Handelsagenten mit und wandte sich dabei an die in der Kammer als Funktionäre tätigen Landesdirektoren von Mitgliedsunternehmen.[797]

Die vom Verbandspräsidium Mitte November gewünschte Unterredung mit dem Finanzminister fand am 2. 12. 1953 statt und gestaltete sich zu einer Tour d'Horizon.[798]

794 Archiv des VVO. Ausgangsbuch 1953, Oktober, November, Dezember. Ausg. Nr. 1003/53.

795 Archiv des VVO. Ausgangsbuch 1953, Oktober, November, Dezember. Ausg. Nr. 1148/53.

796 Archiv des VVO. Ausgangsbuch 1953, Oktober, November, Dezember. Ausg. Nr. 1120/53.

797 Archiv des VVO. Ausgangsbuch 1953, Oktober, November, Dezember. Ausg. Nr. 1128/53.

798 Siehe dazu das Protokoll der Vorstandssitzung vom 15.12.1953 des Verbandes. Archiv des VVO. Vorstandsprotokoll Nr. 153 vom 15.12.1953. TO.-Pkt. II. Bericht über die Vorsprache beim Herrn Finanzminister am 2. Dezember 1953.

a) Versicherungssteuer im Bereich der Rückversicherung.

b) Steuerliche Begünstigung in der Lebensversicherung.

c) Umsatzsteuer.

d) Schuldscheindarlehen.

e) SEB-Gesetz.

Zwei Tage später unterrichtete der Verband die Aufsichtsbehörde vom Ergebnis der Besprechung, bei welcher

- die Versicherungssteuer im Bereich der Rückversicherung,
- die steuerliche Begünstigung der Lebensversicherung,
- die steuerliche Förderung der Schuldscheindarlehen und
- das Schillingeröffnungsbilanzengesetz sowie Fragen des Wiederaufbaues

behandelt worden waren.[799] Der Finanzminister kündigte die Aufhebung der Besteuerung der Rückversicherung an (s. o.). Auf dem Gebiet der steuerlichen Begünstigung der Lebensversicherung wurde an die wiederholt vorgebrachten Anliegen erinnert.[800] Finanzminister Dr. Kamitz sprach sich dafür aus, dass dieses Anliegen, aber auch die Entsteuerung der Schuldscheindarlehen, gemeinsam von Verband, Aufsicht und Steuersektion erläutert und ihm sodann neuerlich zur Entscheidung vorgelegt werden sollten. Am 9. 2. 1954 bat der Verband die Aufsichtsbehörde (Min.Rat Dr. Kerber) baldigst diese Unterredung herbeizuführen.[801]

Da es sich um wichtige Anliegen handelte, war der Verband bemüht, auch im Bereich der Kammerorganisation auf eine einheitliche Willensbildung hinzuwirken. Der Vorstand beschloss daher am 15. 12. 1953 den Syndikus der Bundessektion Banken und Versicherungen, Herrn Dr. Slaik, zu bitten, sich um die Kooperation des finanzpolitischen Ausschusses der Handelskammer Wien mit dem finanzpolitischen Ausschuss der Bundeskammer der gewerblichen Wirtschaft zu kümmern.[802]

---

799 Archiv des VVO. Ausgangsbuch 1953, Oktober, November, Dezember. Ausg. Nr. 1205/53.

800 Diese Anliegen waren auf dem Gebiet der Einkommensteuer:

- die Aufnahme der Beiträge der freien Berufe zu ihren Altersunterstützungskassen als selbstständige Sonderausgabenpost oder aber deren Anerkennung als Betriebsausgaben (§ 10 Abs. 1 Z. 2)
- die Valorisierung der Freigrenzen für die Ehefrau und die Angehörigen, Erhöhung der Höchstbeträge für selbstständig Erwerbstätige, Anerkennung von 50 % des die primären Höchstbeträge übersteigenden Teiles der Versicherungsbeiträge als Sonderausgaben, gedeckelt mit 15 % des Einkommens (§ 10 Abs. 2 Z. 3).
- Anerkennung der Ausgaben des Arbeitgebers für die Zukunftssicherung des Arbeitnehmers als steuerfreier Arbeitslohn maximiert mit öS 2.500,– jährlich (§ 19).
- Herausnahme der Renten der Vertragsversicherung aus den „sonstigen Einkünften", zumindest was die in den Rentenraten enthaltenen Kapitaltilgungsbeträge anbetrifft (§ 22 Z. 1 lit b.).

Auf dem Gebiet der Vermögenssteuer:

- Anerkennung der noch nicht fälligen Ansprüche auf Lebens-, Kapital- oder Rentenversicherung als nicht zum sonstigen Vermögen gehörige Wirtschaftsgüter (§ 68 Bew. G)

Auf dem Gebiet der Erbschaftssteuer:

- Einführung einer Erbgebührenversicherung (§ 18a).

801 Archiv des VVO. Ausgangsbuch 1954, Jänner, Februar, März. Ausg. Nr. 162/54.

802 Archiv des VVO. Vorstandsprotokoll Nr. 153 vom 15.12.1953. TO.-Pkt. II. Bericht über die Vorsprache beim Herrn Finanzminister am 2. Dezember 1953.

Um seinem Anliegen nach Entsteuerung der Schuldscheindarlehen Nachdruck zu verleihen, beschloss in der selben Sitzung der Vorstand des Verbandes, den Mitgliedsunternehmen zu empfehlen, vorerst keine Schuldscheindarlehen (vor allem an Gebietskörperschaften und Energieversorgungsunternehmen) zu gewähren.

3.6.1.1 Der Vorschlag des Verbandes vom 11. Jänner 1954 (das Versicherungsförderungsgesetz 1954)

Zur Vorbereitung der Besprechung mit der Steuersektion (s. o.) nahm der Verband am 9. 12. 1953 Kontakt mit der Versicherungsaufsichtsbehörde auf. Bei dieser Unterredung wurde vereinbart, dass der Verband seine Anliegen in die Form von Novellierungsvorschlägen bringt und diese Textvorschläge dann gemeinsam mit der Steuersektion (Sektionschef Dr. Pucharski) beraten werden. Im Begleitschreiben zu den Textvorschlägen an die Aufsichtsbehörde heißt es u. a.: „Wir bitten bei Weiterleitung an Herrn Sektionschef Dr. Pucharski ausdrücklich hervorzuheben, daß die Novellierungsvorschläge in dieser Form die Unterstützung der Versicherungsaufsichtsbehörde finden.“[803] Außerdem wurde darauf verwiesen, dass der Verband es für unmöglich erachtete, dass die Aufhebung der Besteuerung der Rückversicherung in einem „ÖVAG-Gesetz“ untergebracht wird. Auch dieser Punkt wäre – so der Verband – mit der Abgabensektion zu erläutern. Dafür sprächen rechtssystematische wie -dogmatische Gründe. Aber ebenso schimmerte die Befürchtung durch, dass nach einer gelungenen Sanierung der ÖVAG und deren Verkauf das ÖVAG-Gesetz dereinst aufgehoben werden könnten, womit die Besteuerung der Rückversicherung wieder in Kraft getreten wäre.

Die auf neun Seiten zusammengefassten Novellierungsvorschläge waren richtungweisend und bestimmten die spätere Gesetzgebung. Sie wurden am 11. 1. 1954 der Aufsichtsbehörde zugestellt. Zugleich waren die Novellierungsvorschläge eine klare ordnungspolitische Aussage, denn die angestrebte fiskalische Förderung der Lebensversicherung bedeutete, dass Steueranreize für die Eigenvorsorge geschaffen werden sollten. Die Vorschläge und die dazugehörigen Erläuterungen lauteten:[804]

I. Einkommensteuergesetz 1953 (in der damals geltenden Fassung):

An § 10 Abs. 1 Z. 2 wird angefügt:

803 Archiv des VVO. Ausgangsbuch 1954, Jänner, Februar, März. Ausg. Nr. 26/54.
804 Ebendort

„sowie die Beiträge der Angehörigen der freien Berufe (§ 18 Abs. 1 Z. 1) zu den Unterstützungs- und Versorgungseinrichtungen ihrer Pflichtorganisationen;“

Erläuterung: Nach Ansicht der Abgabensektion … sind die … Beiträge als Sonderausgaben im Sinne der derzeit geltenden Ziffer 3 zu qualifizieren. Sie schmälern damit den sich auf Grund der Ziffer 3 für die Versicherungsprämien der Vertragsversicherung ergebenden Betrag an abzugsfähigen Sonderausgaben. Um letzteres zu vermeiden, ferner in Hinblick auf den Zwangscharakter der Beiträge der Angehörigen der freien Berufe zu ihren Versorgungseinrichtungen, wird vorgeschlagen, deren Abzugsfähigkeit im Rahmen der Ziffer 2 zu gewährleisten. Dieser Personenkreis kommt im übrigen de lege lata kaum in die Lage, Sonderausgaben gemäß § 10 Abs. 1 Z. 2. geltend zu machen, sodaß auch aus dem Prinzip der Steuergleichheit heraus der Novellierungsvorschlag sich begründen läßt.

§ 10 Abs. 1 Z. 3 hat zu lauten wie folgt:

„3. Beiträge und Versicherungsprämien zu Kranken-, Unfall- und Haftpflichtversicherungen, soweit diese Beiträge zu Versicherungsprämien nicht unter Z. 2 fallen;“

An § 10 Abs. 1 Z. 4 wird angefügt:

„schließlich Beiträge und Versicherungsprämien zu Lebensversicherungen (Kapital- oder Rentenversicherungen), Angestellten- und Invaliditätsversicherungen und zu Witwen-, Waisen-, Versorgungs- und Sterbekassen, soweit diese Beiträge und Versicherungsprämien nicht unter Z. 2 fallen;“

§ 10 Abs. 2 Z. 3 und 4 haben zu lauten wie folgt:

„3. Für die Sonderausgaben im Sinn des Abs. 1 Z. 3 gilt folgendes:

Die Aufwendungen sind bis zu einem Jahresbetrag von 2000 S in voller Höhe abzugsfähig. Dieser Betrag erhöht sich um je 1000 S im Jahr für die Ehefrau und für jedes Kind im Sinn des § 32 Abs. 4 Z. 4;

4. Für die Sonderausgaben im Sinn des Abs. 1 Z. 4 gilt folgendes:

a) Die Aufwendungen sind bis zu einem Jahresbetrag von 4000 S in voller Höhe abzugsfähig. Dieser Betrag erhöht sich um je 2000 S im Jahr für die Ehefrau und für jedes Kind im Sinn des § 32 Abs. 4 Z. 4;

b) Bei Steuerpflichtigen, die mindestens vier Monate vor dem Ende des Veranlagungszeitraumes das 50. Lebensjahr vollendet haben und in deren Einkommen überwiegend Einkünfte aus selbständiger Arbeit oder aus nichtselbständiger Arbeit enthalten sind, erhöhen sich der im Buchstaben a Satz 1 bezeichnete Jahresbetrag von 4000 S auf 8000 S und der in Buchstabe a Satz 2 bezeichnete Betrag von je 2000 S auf je 4000 S;

c) Übersteigen die Sonderausgaben im Sinn des Abs. 1 Z. 4 die in den Buchstaben a und b bezeichneten Beträge, so kann der darüber hinausgehende Betrag zur Hälfte, höchstens jedoch bis zu 50 vom Hundert der in den Buchstaben a und b bezeichneten Beträge abgezogen werden. Außerdem ist jedoch ein solcher Betrag abzugsfähig, der einem etwa nicht ausgenützten Freibetrag gemäß Z. 3 gleichkommt."

§ 10 Abs. 2 erhält eine neue Z. 5 wie folgt:

„5. Soweit sich die Erhöhung der Jahresbeträge gemäß Z. 3 und 4 nach der Zahl der Kinder bemißt, tritt sie nur ein, wenn die Kinder mit dem Steuerpflichtigen zusammen veranlagt werden oder wenn es sich um volljährige Kinder handelt, für die dem Steuerpflichtigen Kinderermäßigung gewährt wird. Hat die Steuerpflicht nicht während eines vollen Kalenderjahres bestanden, so sind die sich nach Z. 3 und 4 ergebenden Jahresbeträge entsprechend der Zahl der vollen Monate, in denen die Steuerpflicht bestanden hat, herabzusetzen und auf volle Schilling nach unten abzurunden."

Erläuterung: Die Vorschläge erstrecken sich nach zwei Richtungen hin.

a) Festsetzung eines eigenen Plafonds für die Beiträge zu langfristigen Sparverträgen (Lebensversicherungs- und Bausparverträgen). Die Steuerbegünstigung eines Kontrahenten einer Lebensversicherung soll nicht dadurch geschmälert werden, daß auf seinen Freibetrag für Versicherungsprämien auch die Prämien für Versicherungen des täglichen Bedarfs, das sind Kranken-, Unfall- und Haftpflichtversicherungen anzurechnen sind. Andererseits soll gerade durch eine solche spezielle Begünstigung der Lebensversicherung diese für die Zwecke der Ansammlung langfristigen Sparkapitals vornehmlich geeignete Einrichtung bestmöglich gefördert werden. Die Festsetzung einer gemeinsamen Höchstgrenze für Lebensversicherungsprämien und Bausparkassenbeiträge findet ihre Rechtfertigung darin, daß einerseits auch das Bausparen der Ansammlung langfristig gebundenen Kapitals dient, andererseits eine Konkurrenz zwischen Lebensversicherung und Bausparen nicht zu befürchten ist.

b) Stärkere Berücksichtigung des Familienstandes und Bedachtnahme auf die Auswirkungen der Geldentwertung. Hiedurch würde auch in unserem – systemgleichen – Einkommensteuerrecht jene neueste Regelung Eingang finden, die, wie die in Deutschland gesammelten Erfahrungen ergeben haben, sich sowohl vom Standpunkt der Kapitalansammlung als auch aus dem Blickwinkel der berechtigten Interessen des versicherungswilligen Publikums als zweckmäßig erweist. Der Aufbau der Bestimmungen lehnt sich dabei weitgehend an die in Westdeutschland ab 1. Jänner 1955 geltende Regelung an. Damit würde zugleich die in Österreich noch ausständige Valorisierung der Höchstbeträge erreicht sein, da gemessen an den bei Kriegsende geltenden Sätzen der für die

Ehefrau vorgesehene Steigerungsbetrag lediglich verdoppelt, die für die Kinder geltenden Beträge überhaupt nicht aufgewertet wurden.

Was die Sonderbegünstigung für die Steuerpflichtigen ab dem 50. Lebensjahr anbetrifft, sei ergänzend bemerkt, daß gerade diese Bevölkerungsschicht jene ist, die durch den Ausgang des Zweiten Weltkrieges ihre Ersparnisse verloren hat und den Verlust während der kurzen Zeit ihrer restlichen Erwerbsfähigkeit aufholen muß. Ferner geht gerade bei Abschluß von Lebensversicherungen mit diesen Kreisen das Interesse an langfristig gebundenem Kapital Hand in Hand mit dem sozialpolitischen Interesse der Entlastung auf dem Gebiete künftiger Altersversorgung.

Hinsichtlich der Angemessenheit der vorgeschlagenen Höchstgrenzen für die Abzugsfähigkeit sei auf die nachfolgenden Beispiele verwiesen. Aus diesen ergibt sich deutlich, daß das Prämienerfordernis in vielen konkreten Fällen die proponierten Höchstgrenzen sogar wesentlich überschreiten würde.

Die Höchstgrenze der abzugsfähigen Sonderausgaben für einen verheirateten Steuerpflichtigen mit zwei Kindern würde auf Grund der vorgeschlagenen § 10 Abs. 2 Z. 4 jährlich 10.000,– S, ab 50. Lebensjahr 15.000,– S betragen.

Demgegenüber hätte ein solcher Steuerpflichtiger für die Versicherung einer lebenslänglichen Rente (mit halbem Übergang auf die Witwe) von jährlich nur 12.000,– S, d. s. monatlich nur 1.000,– S, fällig ab Erreichung des 65. Lebensjahres oder ab dem Zeitpunkt einer etwa früher eintretenden Invalidität zu bezahlen

Bei einem Eintrittsalter	eine Jahresprämie von rund Schilling
30	4.800,–
40	6.000,–
50	13.200,–
55	20.200,–

Bei Beurteilung dieser Zahlenbeispiele ist noch zu berücksichtigen, daß auf den angenommenen Plafonds auch allfällige Bausparkassenbeiträge in Anrechnung kommen.

§ 19 Abs. 2 erhält eine neue Z. 1 wie folgt:

„Ausgaben des Arbeitgebers für eine Zukunftsicherung des Arbeitnehmers oder seiner Angehörigen, soweit sie für den einzelnen Arbeitnehmer und seine Angehörigen im Kalenderjahr den Betrag von insgesamt 1.200,– S nicht übersteigen."

Die Ziffern 1 und 2 erhalten die Bezeichnung 2 und 3.

Erläuterung: Mit diesem Vorschlage soll dem Erlaß des Reichsministers der Finanzen vom

22. Dezember 1941 seine gesetzliche Grundlage gegeben werden und zugleich der dort vorgesehene Freibetrag von jährlich 312 RM eine gewisse Valorisierung erfahren. Der Sinn dieser gesetzlichen Bestimmung liegt – abgesehen von ihrer Berechtigung in sozialer Hinsicht – darin, daß auf diese Weise die Finanzämter von der Behandlung vieler Ansuchen um Anerkennung geringfügiger Steuerabsetzposten befreit werden.

§ 22 Z. 1 hat zu lauten wie folgt:

„1. Wiederkehrende Bezüge, soweit sie nicht zu anderen Einkunftsarten (§ 2 Abs. 3 Z. 1 bis 6) gehören, insbesondere

a) vererbliche Renten,

b) Leibrenten, Leibgedinge, Zeitrenten und andere unvererbliche Renten,

c) Zuschüsse und sonstige Vorteile, die als wiederkehrende Bezüge gewährt werden.

Von den Bezügen gemäß Buchstabe b ist jedoch alljährlich ein Zwanzigstel des Kapitals auszuscheiden, welches der Rentenbezugsberechtigte selbst, dessen Ehegatte, Eltern oder Kinder auf einmal oder in Raten für die Erwerbung der Rente nachweisbar aufgewendet haben.

Ist eine Zuwendung im Sinne des Buchstaben c freiwillig oder an eine gesetzlich unterhaltsberechtigte Person gewährt, so ist sie nicht dem Empfänger zuzurechnen, wenn der Geber unbeschränkt steuerpflichtig ist,“

Erläuterung: Das Ausscheiden eines Zwanzigstels des zur Erlangung der Renten hingegebenen Kapitals aus der Steuerbemessungsgrundlage entspricht der berechtigten Bestimmung des seinerzeitigen österreichischen Personalsteuergesetzes (BGBl. Nr. 344/37), in dem der in der Rente enthaltene Kapitalverzehr näherungsweise aus der Bemessungsgrundlage ausgeschaltet wird.

II. Bewertungsgesetz.

An § 67 Z. 4 wird ein zweiter Satz angefügt wie folgt:

„Noch nicht fällige Ansprüche aus Lebensversicherung, und zwar Kapital- oder Rentenversicherungen, aus denen der Berechtigte noch nicht in den Rentenbezug eingetreten ist, soferne es sich hier um Ansprüche aus Versicherungen bei solchen Versicherungsunternehmungen handelt, die weder ihre Geschäftsleitung noch ihren Sitz im Inland haben und denen die Erlaubnis zum Geschäftsbetrieb im Inland nicht erteilt worden ist;“

In § 68 wird eine neue Z. 6 eingefügt wie folgt:

„Noch nicht fällige Ansprüche aus Lebensversicherungen und zwar Kapital- oder Rentenversicherungen, unbeschadet der Bestimmung des § 67 Z. 4 zweiter Satz und S. 6;“

Die Ziffer 6 erhält die Bezeichnung 7 und hat zu lauten wie folgt:

„Ansprüche auf eine Kapitalabfindung, die dem Berechtigten an Stelle einer gemäß Z. 5 und 6 nicht zum sonstigen Vermögen gehörigen Rente zusteht;"

Die Ziffer 7 erhält die Bezeichnung 8.

Erläuterung: Der Novellierungsvorschlag hat die Freistellung des Barwertes der noch nicht fälligen Rentenraten fälliger Leibrenten und der noch nicht fälligen Ansprüche aus Lebensversicherungen (Kapital- oder Rentenversicherungen) zum Gegenstand. Es soll auch diese Steuerbegünstigung mithelfen, die Lebensversicherung reizvoll zu gestalten und damit die Kapitalaufbringung der Lebensversicherer erleichtern.

III. Umsatzsteuergesetz.

§ 4 Z. 13 hat zu lauten wie folgt:

„Die Umsätze aus der Tätigkeit als Privatgelehrter, Künstler, Schriftsteller, Handels- oder Versicherungsagent, wenn der Gesamtumsatz nach § 1 Z. 1 und 2 im Kalenderjahr 36.000 S nicht übersteigt;"

Erläuterung: Mit der angeregten Novellierung des § 4 Z. 13 soll auch dem Versicherungsagenten die Freigrenze von 36.000 S zugänglich gemacht und damit seine wohl unbeabsichtigte Schlechterstellung im Vergleich zum Handelsagenten aus der Welt geschafft werden (auf Grund der derzeitigen Gesetzeslage ist der Versicherungsagent kein Handelsagent).

IV. Erbschaftssteuergesetz.

Eingefügt wird ein § 18a folgenden Wortlautes:

„(1) Wird in einem Lebensversicherungsvertrag bestimmt, daß die Versicherungssumme zur Bezahlung von durch den Tod des Versicherten ausgelöster Erbschaftssteuer zu verwenden und nach dessen Tod binnen zwei Monaten an das Finanzamt abzuführen ist, so ist diese Summe in die Bemessungsgrundlage der gemäß § 10 festzusetzenden Erbschaftssteuer nicht einzubeziehen.

(2) Die Begünstigung des Abs. 1 tritt nur ein, wenn das Versicherungsunternehmen binnen zwei Monaten nach dem Tode des Versicherten die Versicherungssumme, auch wenn sie schon vorher fällig geworden sein sollte, an das Finanzamt abführt. Steht bei Tode des Versicherten sein gesamter Nachlaß dem überlebenden Ehegatten nach § 17

steuerfrei zu, so gilt die Begünstigung des Abs. 1 für den überlebenden Ehegatten, wenn das Versicherungsunternehmen die Versicherungssumme einbehält und binnen zwei Monaten nach dem Tode des überlebenden Ehegatten an das Finanzamt abführt. Wenn weder die Steuerpflichtigen noch das Versicherungsunternehmen ein Verschulden an der Versäumnis dieser Fristen trifft, kann Nachsicht (in sinngemäßer Anwendung des § 9 Abs. 1 Abgabenrechtsmittelgesetz) gewährt werden.

(3) Reicht die Versicherungssumme nicht aus, um die Erbschaftssteuer aller aus dem Versicherungsvertrag begünstigten Personen voll zu decken, so ist die Versicherungssumme im Verhältnis der Steuerbeträge aufzuteilen, die sich ohne Berücksichtigung der Versicherungssumme ergeben.

(4) Übersteigt die Versicherungssumme den Steuerbetrag, der sich ohne Berücksichtigung der Versicherungssumme für die aus dem Versicherungsvertrag begünstigten Personen ergibt, so ist der Mehrbetrag auf sämtliche Erben nach dem Versicherten im Verhältnis ihres, ohne Berücksichtigung der Versicherungssumme ermittelten Erwerbes von Todes wegen aufzuteilen. Das gleiche gilt für Mehrbeträge, die nach der Aufteilung gemäß Abs. 3 verbleiben sollten.

(5) Eine von den Bestimmungen der Abs. 3 und 4 abweichende Aufteilung der Versicherungssumme kann vom Versicherungsnehmer im Versicherungsvertrage oder vom Erblasser in seiner Verfügung von Todes wegen bestimmt werden.

(6) Die Begünstigungen diese Paragraphen finden keine Anwendung auf Lebensversicherungen, die gegen Einmalprämie abgeschlossen worden sind."

Erläuterung: Die Einführung eines § 18a in das Erbschaftssteuergesetz entspräche sinngemäß dem seinerzeitigen österreichischen Rechtszustand (BGBl. Nr. 344/37), der durch die deutsche Steuergesetzgebung beseitigt wurde. Die Bedeutung und Wichtigkeit einer solchen Gesetzesbestimmung wurde aber in der Folgezeit von den deutschen Steuerbehörden erkannt und so hat, aufbauend auf dem österreichischen Vorbild, eine unserem Vorschlage wesensgleiche Regelung in das Erbschaftssteuergesetz Westdeutschlands schon seit Jahren Eingang gefunden.

Es handelt sich grundsätzlich darum, daß fällige Versicherungssummen dann nicht der Nachlaßbesteuerung zu unterziehen wären, wenn sie widmungsgemäß binnen kurzer Frist nach dem Ableben zur Bezahlung der Erbschaftssteuer verwendet werden. Eine solche steuerliche Vorschrift wäre also nicht nur eine Unterstützung der Bestrebungen der Lebensversicherer, langfristig gebundenes Kapital aufzubringen, sondern sie wäre durch die Förderung der Bereitstellung fälliger Mittel auch im Interesse der raschen Befriedigung des Staates als Gläubiger der Erbschaftssteuer gelegen.

Der vorgeschlagene Wortlaut des § 18a ist – von geringfügigen stilistischen Änderungen in den Absätzen 1 und 2 abgesehen – jener, wie er zwischen der Versicherungsaufsichtsbehörde und der Abgabensektion bereits abgesprochen ist.

Das war notwendig, denn der Abgabensektion war darum zu tun, dass die steuerliche Progression erhalten blieb, während die Versicherer und mit ihnen die Aufsichtsbehörde bestrebt waren, dass die Versicherungssumme steuerfrei blieb.[805]

Der Novellierungsvorschlag wurde noch im selben Monat um einen Vorschlag für die Abänderung des Sparbegünstigungsgesetzes ergänzt, denn es galt die steuerliche Förderung von Schuldscheindarlehen zu verankern.[806]

V. Sparbegünstigungsgesetz.

Neu einzufügen ist ein § 2a des Inhaltes:

„§1 Abs. 1 und 2 und § 2 gelten sinngemäß für Darlehen von Unternehmungen der Vertragsversicherung an Gebietskörperschaften, Energie- und Industrieunternehmungen, die in Form von Schuldscheinen verbrieft werden und für die während der ersten drei Jahre der Laufzeit sowohl ein Zessionsverbot von seiten des Gläubigers als auch ein Kündigungsverzicht von Gläubiger und Schuldner besteht."

Der Wortlaut des § 4 erhält die Bezeichnung Abs. 1.

Angefügt wird in § 4 ein Abs. 2 des Inhaltes:

„Der Nachweis der Darlehensgewährung und der Sperre des begünstigten Sparkapitals bei den Schuldscheindarlehen (§ 2a) ist in der vom Bundesministerium für Finanzen zu bestimmenden Form zu erbringen."

In § 5 wird ein neuer Abs. 2 eingefügt des Inhaltes:

„Insoweit bei einem Schuldscheindarlehen im Sinne des § 2a das bestehende Zessionsverbot oder der bestehende Kündigungsverzicht auf Gläubiger- oder Schuldnerseite aufgehoben wurde, hat der Darlehensgeber 12 vom Hundert des Darlehensbetrages, der von der Aufhebung der Sperre betroffen wird, als Abgabennachholung abzuführen."

---

805 „Die Versicherungssumme wird zur Gänze in die Steuerbemessungsgrundlage einbezogen, jedoch wird von der resultierenden Erbschaftssteuer jener Anteil abgezogen, der hievon auf die Versicherungssumme entfällt. Durch diese Berechnungsweise bleibt einerseits dem Fiskus die Progression gewahrt, andererseits im Endergebnis die Versicherungssumme steuerfrei." Archiv des VVO. Vorstandsprotokoll Nr. 157 vom 24.5.1954. TO.-Pkt. III.) Allfälliges. 2.) Erbgebührenversicherung.

806 Archiv des VVO. Ausgangsbuch 1954, Jänner, Februar, März. Ausg. Nr. 130/54.

Der letzte Satz des Abs. 1 von § 5 erhält die Bezeichnung Abs. 3.

Abs. 2 alt von § 5 erhält die Bezeichnung Abs. 4, ferner wird nach „Absatz 1" eingefügt „oder Absatz 2".

Ende Februar 1954 erwies es sich allerdings erforderlich, den Textvorschlag für § 19 Abs. 2 Z. 1 EStG zu verbessern. Das legte die Debatte nahe, welche zum Entwurf eines neuen Einkommensteuergesetzes geführt wurde. § 19 Abs. 2 Z. 1 sollte lauten wie folgt:[807]

„Ausgaben des Arbeitgebers für die Zukunftsicherung des Arbeitnehmers oder seiner Angehörigen, soweit sie für den einzelnen Arbeitnehmer und seine Angehörigen im Kalenderjahr den Betrag von insgesamt 1248 S nicht übersteigen. Zukunftsicherung im Sinne dieser Vorschrift ist die Sicherstellung für den Fall der Krankheit, der Invalidität, des Alters oder des Todes. Sie umfaßt auch die Unfallversicherung."

Die Ergänzung bestand also darin, dass gesetzlich festgeschrieben werden sollte, was unter Zukunftsicherung zu verstehen ist.

Die Eingabe war Gegenstand mehrerer Besprechungen im Ministerium. Dabei kristallisierten sich zwei gesetzliche Initiativen heraus:

der Entwurf zu einem Versicherungsförderungsgesetz und
der Entwurf einer Novelle zum Versicherungssteuergesetz.

Diese Entwürfe wurden vom Verband vorformuliert und den damit befassten Spitzenbeamten des Ministeriums (Ministerialrat Dr. Jiresch, Ministerialrat Dr. Penz und Sektionschef Dr. Pucharski) sowie der Versicherungsaufsichtbehörde vorgelegt,[808] wobei Ende Juni 1954 noch einige Präzisierungen erfolgten.[809] An den Schriftsätzen hatten neben dem Verbandssekretär Dr. F. Schüller, die Direktoren Dr. Fieger und Dr. Füger maßgeblichen Anteil. Nachdem die Entwürfe mit den genannten Beamten besprochen worden waren, wurden sie vom Verband an die Aufsichtsbehörde weitergereicht.[810] Bei den Besprechungen war die Abgabensektion bestrebt gewesen, den Umfang der Förderungen zuungunsten der Versicherer bzw. deren Versicherungsnehmer zu schmälern.[811] Aus der

---

807 Archiv des VVO. Ausgangsbuch 1954, Jänner, Februar, März. Ausg. Nr. 220/54.
808 Archiv des VVO. Ausgangsbuch 1954, April, Mai, Juni. Ausg. Nr. 346/54.
809 Archiv des VVO. Ausgangsbuch 1954, April, Mai, Juni. Ausg. Nr. 658/54.
810 Archiv des VVO. Ausgangsbuch 1954, April, Mai, Juni. Ausg. Nr. 398/54.
811 Archiv des VVO. Ausgangsbuch 1954, April, Mai, Juni. Ausg. Nr. 351/54.

Sicht der in der Sektion Lebensversicherung vertretenen Versicherungsunternehmungen war der Referentenentwurf dermaßen geglückt, dass die Sektion ein Dankschreiben an das erweiterte Präsidium des Verbandes richtete. Sie führte dabei aus, dass mit dem zu beschließenden Gesetz „eine Grundlage für die wirkungsvolle Ausweitung der Geschäftsaufbringung der Lebensversicherung vorhanden sein wird und diese Basis im wesentlichen nur der Initiative … des erweiterten Präsidiums und seiner ununterbrochenen Bemühungen zu verdanken ist".[812]

Das Versicherungsförderungsgesetz wurde am 6. 6. 1954 als Bundesgesetz vom …, womit Bestimmungen zur Förderung der Vertragsversicherung und über die Abänderung des Einkommensteuergesetzes 1953 sowie des Versicherungssteuergesetzes 1953 getroffen werden, einstimmig beschlossen (BGBl. 181/1954). Im Vergleich zum Referententwurf (s. o.), war der Umfang der Förderungen geringer.[813] Beispielsweise unterblieb eine steuerliche Begünstigung von Schuldscheindarlehen; eine Anregung, welche im August 1955 in Hinblick auf die Finanzierung der Elektrizitätswirtschaft nochmals vorgebracht wurde.[814] Das von den Versicherern im Referentenentwurf angestrebte umfangreiche Förderungspaket, das über eine Belebung des Kapitalmarktes (durch Versicherungssparen) hinausging und auf eine umfassende fiskalische Förderung privat genommenen Risikoschutzes hinauslief, wurde nicht umgesetzt. Trotzdem zeigte sich die Branche zufrieden. Im Jahresbericht des Verbandes für das Geschäftsjahr 1954 heißt es unter anderem: „… erstmalig wurde die Bedeutung der Lebensversicherung sowohl für die Gesamtheit als Vorsorgeeinrichtung wie auch für die Volkswirtschaft als Instrument der Bildung langfristig gebundenen Kapitals offiziell anerkannt."[815]

Der parlamentarische Berichterstatter, Abg. z. NR Dr. Oberhammer, führte aus, dass mit dem Gesetz ähnliche Absichten verfolgt würden wie mit dem Sparbegünstigungsgesetz, dem Energieanleihegesetz und den Wohnbaugesetzen; nämlich eine Belebung des Kapitalmarktes. General- und Spezialdebatte wurden in einem abgeführt und als einziger Redner meldete sich der WdU-Abgeordnete Dr. Kraus zu Wort. Er bemerkte u. a.: „Das vorliegende Gesetz beseitigt einige Ungerechtigkeiten, die insbesondere darin liegen, daß man für selbst eingespartes Geld nochmals Einkommensteuer zu bezahlen hat, und sieht einige Förderungen für die Lebensversicherung vor." Anschließend setzte sich Dr. Kraus ausführlich mit der (vorbildlichen) Förderung der Lebensversicherung in Westdeutschland auseinander, wobei er der fiskalischen Förderung der Lebensversi-

---

812 Archiv des VVO. Ausgangsbuch 1954, April, Mai, Juni. Ausg. Nr. 659/54.

813 Siehe dazu beispielsweise: J. Edlinger (1954), Und nochmals: Lebensversicherung – Einkommensteuer. In: Die Versicherungsrundschau, 9. Jg. 1954, Heft 9. S. 257ff.

814 Archiv des VVO. Ausgangsbuch 1955, Juli, August, September. Ausg. Nr. 1135/55.

815 Archiv des VVO. Ausgangsbuch 1955, April, Mai, Juni. Ausg. Nr. 586/55.

cherung eine hohe sozialpolitische Bedeutung zumaß. Er schloss mit den Worten: „Es ist sehr interessant, festzustellen, daß der ungeheure Wohnungsbau der westdeutschen Bundesrepublik zu einem Großteil allein darauf zurückzuführen ist, daß es dem deutschen Minister Wildermuth gelungen ist, mit den Lebensversicherungsanstalten Verträge abzuschließen, welche diese ungeheuren langfristigen Gelder von 1,3 Milliarden im Jahr für den Wohnungsbau nutzbar machen können. Wenn wir in Österreich so weit sein werden, wird es notwendig sein, unsere Wohnbaugesetzgebung auf diese Dinge umzustellen und hier auf dem privaten Kapitalmarkt aufzubauen, damit wieder gesunde Verhältnisse hereinkommen."[816]

Artikel I des Versicherungsförderungsgesetzes fasste die Förderungsbestimmungen auf dem Gebiet der Einkommensteuer zusammen. Abgesehen von sprachlichen Änderungen bzw. Straffungen im Vergleich zum Referentenentwurf wurden die Höchstgrenzen für Sonderausgaben in Form von Versicherungsprämien erhöht, wenngleich nicht in dem ziffernmäßigen Umfang, welchen der Verband angestrebt hatte. Dem Wunsch, Beiträge zu Versorgungs- und Unterstützungseinrichtungen der Kammern aus dem für Vertragsversicherungen vorgesehenen Sonderausgabenrahmen auszugliedern, wurde entsprochen. Dadurch konnte ein höherer Betrag an Versicherungsprämien als Sonderausgaben geltend gemacht werden. Dem Wunsch, den Freibetrag für Ausgaben des Arbeitgebers für die Zukunftssicherung seiner Arbeitnehmer zu erhöhen (§ 19 Abs. 2), wurde nicht entsprochen. Ebenso blieb das Anliegen unberücksichtigt, gesetzlich festzustellen, was unter Zukunftssicherung zu verstehen ist.[817]

Artikel II des Versicherungsförderungsgesetzes fasste unter dem Titel „Förderungsbestimmungen auf dem Gebiet der Erbschaftssteuer" die Vorschläge des Verbandes zur (Wieder-)Einführung der Erbschaftssteuerversicherung zusammen. Allerdings begnügte sich der Gesetzgeber zunächst damit, die Erbschaftssteuerversicherung im Versicherungsförderungsgesetz zu regeln und nahm von einer Novellierung des Erbschaftssteuergesetzes Abstand. Die Bestimmungen zur Erbschaftssteuerversicherung fanden erst rund

816 Stenographisches Protokoll, 44. Sitzung des Nationalrates der Republik Österreich, VII. Gesetzgebungsperiode. 06.06.1954. S. 1901ff.

817 Ordnungspolitisch betrachtet, besteht zwischen den Ausgaben des Arbeitgebers für die Zukunftssicherung seiner Arbeitnehmer bei privaten Vertragsversicherungen und den Arbeitgeberbeiträgen zur Sozialversicherung ein Konkurrenzverhältnis; selbst dann, wenn mit den Ausgaben nur ein zur Sozialversicherung komplementärer Versicherungsschutz erzielt wird. In einer Periode des Ausbaues der Sozialversicherungseinrichtungen war es nahe liegend, dass es starke politische Kräfte gegen bzw. Einwendungen (von beiden Seiten der damals herrschenden großen Koalition) gab, den Tätigkeitsumfang der privaten Versicherer im Bereich der beruflichen Zukunftssicherung auszuweiten. Erst Jahrzehnte später, als die Finanzierung der Sozialversicherung an Grenzen zu stoßen drohte, erlangte die berufliche Zukunftssicherung, jetzt als „zweite Säule" bezeichnet, vermehrte Aktualität.

ein Jahr später als § 16 Absatz (1) bis (3) in das Erbschaftssteuergesetz 1955 (BGBl. Nr. 141/1955) Eingang.

Artikel III des Versicherungsförderungsgesetzes hatte den Titel „Förderungsbestimmungen auf dem Gebiet der Versicherungssteuer“. Bis zu einer Versicherungssumme von öS 10.000,– bzw. bis zu einer Jahresrente von öS 2.400,– wurden die in § 6 Abs. 1 Z. 2 VersStG genannten Personenversicherungen von einer Besteuerung ausgenommen.[818]

Artikel IV bestimmte, dass die Förderungen ab dem Kalenderjahr 1955 wirksam wurden.

Prämienaufkommen in der Lebensversicherung (direktes inländisches Geschäft)

	1950	1951	1952	1953	1954	1955	1956	1957	1958	1959	1960
Prämien in Mio. S	101	121	145	174	208	245	286	331	384	448	521
Nominelles Wachstum in %	18,8	19,8	19,8	20,0	19,5	17,8	16,7	15,7	16,0	16,7	16,3
Inflationsrate	13,1	27,8	17,0	–5,4	3,7	0,8	3,5	2,2	2,3	1,[illegible]	1,9
Reales Wachstum in %	5,7	–8,0	2,8	25,4	15,8	17,0	13,2	13,5	13,7	15,6	14,4

Quellen: A. Hollmayer (2000), op. cit. S. 1407; F. Butschek (1985), op. cit. S. 230.

Auch wenn die Entwicklung des Prämienaufkommens im direkten inländischen Geschäft kein kausaler Nachweis für die Wirksamkeit des Versicherungsförderungsgesetzes 1954 ist, dazu ist die Statistik zu grob, zeigt sich ab 1955 eine Erhöhung und Verstetigung des realen Prämienwachstums gegenüber den Jahren vorher. Die Statistik widerlegt jedenfalls nicht die plausible Vermutung, dass das Gesetz der Entwicklung der Lebensversicherung förderlich war. Das Deflationsjahr 1953 markiert eine Sonderentwicklung. Die hohe Wachstumsrate ergibt sich aus der Tatsache, dass die Kapitalbildung einer Lebensversicherung mit laufender Prämienzahlung auf einem langfristigen Vertragsverhältnis beruht. Das bewirkt, dass in einer kurzen Deflationsperiode die Prämien weiter gezahlt werden und sich das reale Wachstum um den Kaufkraftgewinn erhöht.

818 Die Erhöhung der Freigrenze bedeutete, dass viele Versicherungsunternehmen ihre tariflichen Prämiensätze und Prämienprospekte ändern mussten, denn sie hatten die Versicherungssteuer in die Tarifprämie eingerechnet. Archiv des VVO. Ausgangsbuch 1955, Jänner, Februar, März. Ausg. Nr. 2[illegible]5/55.

3.6.2 Die fiskalische Förderung von Prämienzahlungen für Hagelversicherungen

Aus finanzsoziologischer Sicht geht die Bedeutung des Hagelversicherungs-Förderungsgesetzes über den inhaltlichen Anlass – die fiskalische Förderung der Hagelversicherung – hinaus. Das Bundesgesetz vom 30. März 1955, betreffend die Gewährung eines Bundeszuschusses zur Förderung der Hagelversicherung, BGBl. Nr. 64/1955, bediente sich einer „Private Public Partnership“, billigte ein Monopol, führte für die Förderung eine Kofinanzierung zwischen Bund und Ländern ein und sah im Schadensfall eine anteilige Sachleistung vor. Das Gesetz wurde nach einer ausführlichen Nationalratsdebatte einstimmig beschlossen, in der unter anderem eine Versicherungspflicht angeregt wurde, in der eine nach der wirtschaftlichen Leistungsfähigkeit gestaffelte Förderung der Betriebe eingefordert wurde, in welcher die Versicherbarkeit bzw. Unversicherbarkeit von Katastrophenschäden besprochen wurde und in der darauf hingewiesen wurde, dass Versicherungsschutz für Naturkatastrophen eine Form von (förderungswerter) Eigenvorsorge sei, die nicht durch nachträgliche öffentliche Hilfszahlungen bei Katastrophen unterlaufen werden sollte.[819]

Der Gesetzestext lautete: „Der Nationalrat hat beschlossen:

> § 1. Der Österreichischen Hagelversicherungsanstalt auf Gegenseitigkeit wird nach Maßgabe der Bestimmungen dieses Bundesgesetzes aus Bundesmitteln eine Beihilfe gewährt. Sie ist ausschließlich zur Verbilligung der Hagelversicherungsprämien der Versicherungsnehmer zu verwenden. Die Höhe der Beihilfe wird jeweils im Bundesfinanzgesetz festgesetzt. Sie darf nur gewährt werden, wenn aus Landesmitteln hiefür ein gleich hoher Betrag zur Verfügung gestellt wird.
>
> § 2. (1) Die Verbilligung ist gleichmäßig für alle Versicherungsnehmer eines Bundeslandes mit einem Hundertsatz der Hagelversicherungsprämien festzusetzen, der 25 vom Hundert nicht übersteigen darf. Der Hundertsatz der Verbilligung der Prämien ist unter Zugrundelegung der vom Bund und dem einzelnen Bundesland gewährten Beihilfe jährlich für die einzelnen Bundesländer durch Verordnung festzusetzen. Der Betrag, um den die einzelne Prämie verbilligt wird, ist in der Prämienabrechnung zahlenmäßig auszuweisen. Gebietskörperschaften und deren Betriebe erhalten keine Verbilligung der Prämien.
>
> (2) Der Teil der im Schadenfall zu zahlenden Entschädigung, der dem Hundertsatz der Prämienverbilligung im Schadenjahr entspricht, ist dem Anspruchsberechtigten in der Form eines auf seinen Namen lautenden Gutscheines zur Beschaffung von landwirtschaftlichen Produktionsmitteln (Saatgut, Handelsdünger, Schädlingsbekämpfungsmittel und dergleichen) zur Verfügung

819 Siehe dazu: Stenographische Protokolle, 64. Sitzung des Nationalrates der Republik Österreich, VII. Gesetzgebungsperiode. S. 2988ff.

zu stellen. Die Gutscheine werden von der Österreichischen Hangelversicherungsanstalt auf Gegenseitigkeit ausschließlich zugunsten von zum Vertrieb dieser Produktionsmittel befugten Personen eingelöst. Wenn im Einzelfall die Entschädigung weniger als 2000 S beträgt, so wird sie zur Gänze bar bezahlt.

§ 3. Die Zuweisung der Bundesmittel ist an den Nachweis der erfolgten Zuweisung der entsprechenden Landesmittel geknüpft.

§ 4. Die Überprüfung der bedingungsgemäßen Verwendung der gesamten Beihilfe bleibt dem Bund vorbehalten.

§ 5. Diese Bundesgesetz tritt mit 31. Dezember 1961 außer Kraft.

§ 6. Mit der Vollziehung dieses Bundesgesetzes ist das Bundesministerium für Finanzen betraut."

Die Österreichische Hagelversicherungsanstalt auf Gegenseitigkeit wurde 1947 gegründet. Jene Versicherungsunternehmen, welche damals Hagelversicherungen anboten, brachten ihr Geschäft in das neu gegründete Unternehmen ein.[820] Es war (und ist) ein privater Spezialversicherer für Hagelversicherungsschutz. Als Versicherungsverein auf Gegenseitigkeit schüttet ein solcher Verein Gewinne, soweit sie nicht zur Stärkung der Eigenmittel herangezogen werden, an seine Versicherungsnehmer aus, die Landwirte und Gärtnereien waren (und sind). Die auf Hagelversicherungsschutz eingeschränkte Geschäftstätigkeit war die Voraussetzung, dass die fiskalische Förderung direkt an das Unternehmen gehen konnte und zugleich dessen Versicherungsnehmern zugute kam. Die Förderung aus Landes- und Bundesmitteln durfte höchstens ein Viertel der Prämie erreichen. In der Praxis lag sie je nach Bundesland zwischen 10 und 25 Prozent. Dadurch, dass die fiskalische Förderung direkt dem Versicherer zufloss, unterlag er zusätzlich zur Versicherungsaufsicht der Kontrolle des Rechnungshofes der Republik.

Die Kofinanzierung der Bundesmittel durch Landesmittel bedeutete nicht nur eine Entlastung des Bundeshaushaltes, sondern entsprach auch regionalen Unterschieden in der Häufigkeit von Hagelunwettern. Im Schadensfall erhielt der Versicherungsnehmer eine Geld- und eine Sachleistung. Der Anteil der Sachleistung entsprach der Förderung. Die Sachleistung erfolgte in Form von Gutscheinen, welche nicht von dem Versicherungsnehmer sondern von dem Lieferanten der landwirtschaftlichen Produktionsmittel von der Hagelversicherungsanstalt einzulösen waren.

Das Gesetz war zunächst bis Ende 1961 befristet, wurde jedoch verlängert. Seine Vollziehung war dem Finanzministerium und nicht dem Bundesministerium für Land- und Forstwirtschaft aufgetragen, um die Kompetenzen politisch zu entflechten.

820 Näheres dazu bei D. Stiefel (2005), op. cit.

Die nachstehende Tabelle zeigt die Entwicklung der im Bundeshaushalt vorgesehenen Förderung der Hagelversicherung. Zufolge der Kofinanzierung sind die Beträge zu verdoppeln. 1954 nahm die Österreichische Hagelversicherungsanstalt 27 Mio. öS an Prämien ein.[821] Ein Förderungsvolumen von zweimal 5 Mio. öS bei einer maximalen Verbilligung der Prämien um ein Viertel hätte für ein Prämienvolumen von 40 Mio. öS ausgereicht. Es kann davon ausgegangen werden, dass zu Beginn der Förderung diese nicht zur Gänze ausgeschöpft wurde und erst nach und nach das Ziel des Gesetzes, die Versicherungsdurchdringung zu erhöhen, erreicht wurde.

Förderung der Hagelversicherung aus Bundesmitteln

In Mio. ATS	1955	1956	1957	1958	1959	1960	1961	1962	1963	1964
Voranschlag	-	5,00	5,00	5,50	6,50	7,50	8,00	8,00	9,00	9,00
Rechnungsabschluss	-	k. A.	k. A.	k. A.	k. A.	k. A.	7,772	7,982	8,603	10,350
In Mio. ATS	**1965**	**1966**	**1967**	**1968**	**1969**	**1970**	**1971**	**1972**	**1973**	**1974**
Voranschlag	10,00	10,00	11,00	11,50	11,50	14,00	15,00	15,84	16,92	19,00
Rechnungsabschluss	9,862	10,728	10,840	12,334	13,718	14,157	14,553	16,012	17,072	18,460

Quellen: Bundesvoranschläge ab 1955 (BMfF [Förderungsmaßnahmen]: Hagelversicherung).
Anmerkungen: Ab 1970 werden zusätzlich Förderungen nach dem Tierversicherungsgesetz ausgewiesen; 0,150 Mio. ATS für 1970.

4. Schlusswort

Im aktuellen Wirtschaftsleben hat die Besteuerung große Bedeutung. In der sozial- und wirtschaftsgeschichtlichen Retrospektive jedoch wird die Besteuerung oft nur am Rande mitbehandelt. Es war Joseph Schumpeter, der 1918 unter Bezeichnung „Finanzsoziologie", darauf hinwies, dass die Staatsfinanzierung die politischen Herrschaftsverhältnisse widerspiegelt. Er und andere waren es, welche darauf hinwiesen, dass die „Krise des Steuerstaates" und gesellschaftliche Umwälzungen mit einander eng verknüpft sind. Diese Verknüpfungen werden dann anschaulich, wenn sie geschichtlich – also in ihrem Zeitablauf – dargestellt werden. Finanzsoziologie und Fiskal- bzw. Steuergeschichte hängen eng zusammen.

821 Regierungsvorlage. 463 der Beilagen zu den stenographischen Protokollen des Nationalrates VII. GP. 2.3.1955.

Die so genannte Nachkriegszeit, das ist das Jahrzehnt um die Mitte des 20. Jahrhunderts, war durch nachhaltige gesellschaftliche und politische Umwälzungen gekennzeichnet. In Kontinentaleuropa war 1945 das Dritte Reich zusammengebrochen, welchem 1938 durch den Anschluss der Bundesstaat Österreich einverleibt worden war. Das NS-Regime und die wieder errichtete Republik Österreich waren grundlegend andere Herrschaftssysteme. Um mit Max Weber (1922) zu sprechen: Die NS-Herrschaft war vom charismatischen Typ. Die demokratische Republik dagegen verkörperte (und tut es noch) den rationalen Typ.

In der sozial- und wirtschaftshistorischen Literatur wurden das Dritten Reich und das Nachkriegsjahrzehnt mit der wieder errichteten Republik Österreich wiederholt und ausgiebig behandelt. Keine dieser Arbeiten setzte sich eingehender mit dem Wandel oder der Kontinuität der Besteuerung auseinander, obwohl sich die Herrschaftsverhältnisse geändert hatten.

Die österreichische private Vertragsversicherung war voll von der Veränderung der Herrschaftsverhältnisse betroffen. Sie war insofern ein Sonderfall, als sie 1945 de facto bankrott und 1955 (bei Abschluss des Staatsvertrages) wiederum leistungsstark, also saniert war. In der Steuergeschichte der Assekuranz bildet sich dieser Sonderfall ab. Zugleich ist die Steuergeschichte (nicht nur dieses Wirtschaftszweiges) politische Geschichte im eigentlichen Sinn des Wortes, denn die Besteuerung – als staatlicher Zugriff auf privates Einkommen – verlangt von den Zensiten politisches Verhalten, um ihre Interessen zu wahren. Wie bei Unternehmen üblich, erfolgte die Wahrnehmung der Interessen überwiegend durch eine korporativ organisierte Interessenvertretung: den Verband der Versicherungsunternehmen Österreichs.

Nach dem Anschluss 1938 wurde innerhalb kurzer Zeit im Land Österreich bzw. in der Ostmark das reichsdeutsche Steuerrecht eingeführt. Die Steuerharmonisierung war für die möglichst vollständige Einbindung des Wirtschaftsraumes der Ostmark in den Binnenmarkt des Altreiches erforderlich. Zu beachten ist, dass in den Jahren nach der Machtergreifung 1933 der Nationalsozialisten im Deutschen Reich das Steuersystem schrittweise modernisiert und den autoritären Herrschaftsverhältnissen (dem Führerprinzip) entsprechend umgestaltet wurde. 1945 wurde durch die österreichische Rechtsüberleitung das reichsdeutsche Steuerrecht bzw. Steuersystem übernommen. Die Rechtsüberleitung hatte zur Folge, dass ein demokratischer Rechtsstaat durch ein Steuersystem finanziert wurde, das einem anderen Herrschaftstyp – dem charismatischen – verpflichtet war. Im Alltag wirkte sich dieser Umstand vielfach so aus, dass die ministerielle Ebene der Finanzverwaltung den geänderten Herrschaftsverhältnissen Rechnung trug, jedoch auf der unteren Ebene der Finanzämter die autoritäre Verwaltungspraxis fortgesetzt wurde. Erst allmählich wurde diese Gegensätzlichkeit abgebaut. Eine unmittelbare Auswirkung dieser Gegensätzlichkeit war, dass Streitfragen zwischen der Finanzverwaltung und den besteuerten Unternehmen häufig waren und erst durch Interventionen übergeordneter Dienststellen beigelegt werden konnten.

Die Rechtsüberleitung von 1945 bedeutete, dass in den unmittelbaren Nachkriegsjahren keine dem rationalen (rechtsstaatlichen und demokratischen) Herrschaftstyp korrespondierende Finanzverfassung bzw. ein dementsprechendes Steuersystem eingeführt wurde. Nach und nach wurden die reichsdeutschen Gesetze austrifiziert (beispielsweise in Form einer Wiederverlautbarung durch die Bundesregierung), ohne wesentliche meritorische Änderungen zu erfahren. Das traf für das Einkommensteuerrecht, die Versicherungs- und die Feuerschutzsteuer und die Unternehmenssteuern zu.

Im Bereich der Einkommensbesteuerung kämpfte die Assekuranz jahrelang für eine großzügige fiskalische Förderung der Lebensversicherung. Einen Teilerfolg – das Versicherungsförderungsgesetz 1954 – errang sie erst, als einerseits die Sanierung der Branche gewährleistet erschien und andererseits die Wirtschaftspolitik einen österreichischen Kapitalmarkt zu entwickeln anstrebte.

Im Bereich der Versicherungs- und der Feuerschutzsteuer ging es vor allem darum, im inländischen Geschäft eine überhöhte Steuerbelastung der Versicherungsprodukte hintanzuhalten und zugleich den inländischen Markt vor ausländischer Konkurrenz zu schützen. Letzteres gelang teilweise durch die so genannte Versicherungsfluchtsteuer, welche ausländische Versicherungsprodukte mit dem zehnfachen Steuersatz belegte. Der Interessenvertretung der Assekuranz war aber ebenso daran gelegen, der Tendenz entgegenzutreten, die Administration der Steuern zunehmend komplizierter, also für die Versicherer arbeits- und kostenaufwendiger zu gestalten. Die textliche Neufassung (Austrifizierung) des Versicherungssteuer- und des Feuerschutzsteuergesetzes bereitete 1953 dagegen keine großen Probleme; bis auf die Einbeziehung der Rückversicherung in die Besteuerung. Die Versicherer bekämpften die Besteuerung der Rückversicherung auf das Heftigste und unter Einsatz großer Geldmittel, denn sie waren bereit, für die Aufhebung der Besteuerung Abschlagszahlungen an den Fiskus zu leisten.

Im Bereich der Unternehmensbesteuerung wirkte sich die als „Sonderfall" bezeichnete wirtschaftliche Lage der Versicherer voll aus. Zufolge der nach dem Krieg gegebenen Unsicherheit, wie Aktiva und Passiva zu bewerten waren, war eine zuverlässige Bilanzierung nicht möglich. Die Bewertungsunsicherheit war nicht nur aktivseitig gegeben, sondern auch passivseitig, denn die Ansprüche der Versicherungsnehmer aus den Versicherungsverträgen des so genannten Altbestandes unterlagen den Abwertungen, welche durch die Währungsschutzgesetze nach 1945 verfügt worden waren. Zum Altbestand gehörten jene Verträge, welche vor der Währungsreform von 1947 geschlossen worden waren. Dazu kam, dass die Eigentumsverhältnisse an einer Reihe von Versicherungsunternehmen nicht geklärt war, denn sie galten als „deutsches Eigentum". Die Versicherungsunternehmen wurden daher von der Versicherungsaufsichtsbehörde (im Finanzministerium) angewiesen, nur provisorische Rechnungsabschlüsse zu erstellen. Die Fristen für die diversen Steuererklärungen wurden laufend verlängert. Die provisorischen Abschlüsse wurden weder publiziert, noch den dafür zuständigen Unternehmensorganen zur Billigung vorgelegt, noch dienten sie der Bemessung von Steuern. Im Versicherungswiederaufbaugesetz 1955 wurde das Wiederaufbaujahrzehnt von 1945 bis Ende 1954 zu einer Bilanzperiode zusammengefasst. Dadurch war ein großzügiger und damit auch steuerschonender Verlustausgleich möglich. Die anfänglich ernste wirtschaftliche Lage der Unternehmen stand einer Besteuerung entgegen. Als es ihnen dann besser ging, leisteten sie nur mäßige Steuervorauszahlungen, welche eine sich allenfalls aus der Rekonstruktionsbilanz ergebende Steuerschuld abdecken konnten. Eine Aufwertung der Aktiva unterblieb in der Rekonstruktionsbilanz, während die Passiva aktuell bewertet wurden. Erst in der sich an die Rekonstruktionsbilanz schließenden Schillingeröffnungsbilanz wurden die Aktivas zu Tageswerten eingestellt. Für das nun folgende Geschäftsjahr unterlagen die Versicherungsunternehmen der normalen Besteuerung. Saniert, erstellten sie hinfort Jahresabschlüsse.

Der wirtschaftliche Wiederaufbau und der Übergang zur Normalität spiegelte sich in zwei Kontroversen zur Rückversicherung wider. Rückversicherung ist ein internationales Geschäft. Die Bereitstellung von Rückversicherungsschutz ist standortungebunden, doch für die Tarifierung (Preispolitik) in der Erstversicherung von großer Bedeutung. Eine Besteuerung der Rückversicherung beeinträchtigt in der Regel die Wettbewerbsfähigkeit der Erstversicherer. Zu Einem: Als 1952 die Prämien der Rückversicherung mit einem halben Prozent Versicherungssteuer belastet wurden, bekämpfte die private Versicherungswirtschaft diese Steuerbelastung massiv; so lange, bis sie 1954 wieder abgeschafft wurde. Zum Anderen: Nach dem Krieg hatte Frankreich damit begonnen, die Abwicklungsgewinne ausländischer Rückversicherer zu besteuern, wenn derartige Gewinne nicht extra in Doppelbesteuerungsabkommen davon ausgenommen worden waren. Eine solche Ausnahme bestand vor 1956 für österreichische Versicherer nicht. Als besonders belastend wurde dabei das vom französischen Fiskus angewandte Verfahren empfunden, nach welchem der Gewinn bestimmt wurde. Auch in diesem Fall vertrat die Versicherungsbranche massiv ihre Interessen und fand dabei einhellige Unterstützung durch den Europäischen Versicherungsverband (CEA) und die französische Versicherungswirtschaft und ihren Verband.

Das Schillingeröffnungsbilanzengesetz 1954 und das Versicherungswiederaufbaugesetz 1955 stehen am Ende des Wiederaufbaujahrzehnts der österreichischen Versicherungswirtschaft. Der Übergang zur Normalität bedeutete, dass für die effektive Steuerlast der Unternehmen die steuerlichen Betriebsprüfungen zunehmend wichtiger wurden. Ein wesentlicher Prüfungsgegenstand waren die versicherungstechnischen Rückstellungen. Die Besteuerung der versicherungstechnischen Rückstellungen sollte in den der Rekonstruktion folgenden Jahrzehnten noch eine gravierende Bedeutung erlangen und Anlass zu harten Auseinandersetzungen mit dem Fiskus sein. Begonnen hat diese Auseinandersetzung unmittelbar im Anschluss an den Wiederaufbau. Deshalb sei sie erwähnt. Sie bildet gleichsam eine Schnittstelle zwischen Wiederaufbau und den Folgejahren des „kleinen österreichischen Binnenmarktes".[822]

In dem „Memorandum betr. steuerliche Probleme der Privatversicherungswirtschaft" vom 11. 1. 1961 behandelte der Verband ausführlich die Besteuerung der versicherungstechnischen Rückstellungen. Das Memorandum wurde unter anderem der Versicherungsaufsichtsbehörde vorgelegt. Einleitend hieß es: „Die Finanzverwaltung hat aus den Ergebnissen der Betriebsprüfungen, die bei den österreichischen VU [Anmerkung: Versicherungsunternehmungen] seit Erstellung der Schillingeröffnungsbilanzen durchgeführt wurden, Folgerungen gezogen, die die Befürchtung erwecken, daß die Abgabenbehörden nicht bereit sind, die Eigenart und Besonderheit der Versicherungswirtschaft entsprechend zu würdigen. Vor allem werden Aufgabe und Zweck, die im Geschäftsbetrieb und in der Rechnungslegung der VU den Rückstellungen zukommen, u. E. nicht richtig beurteilt."[823] Der Verband verwies darauf, dass die versicherungstechnischen Rückstellungen in Spezialgesetzen, wie dem Versicherungsaufsichtsgesetz, bzw. in speziellen Vorschriften des Körperschaftssteuer- und des Bewertungsgesetzes geregelt waren (und sind). Er machte weiters darauf aufmerksam, dass das Versicherungswiederaufbaugesetz keine speziellen steuerlichen Übergangsbestimmungen enthielt, denn es wurde von der Weitergeltung des übergeleiteten Reichsrechtes, das Sonderbestimmungen für die Versicherungsunternehmen enthielt, ausgegangen. Die Finanzprüfer jedoch, würden sich daran nicht halten und Rückstellungen bei Versicherungsunternehmen nach jenen allgemeinen Gesichtspunkten beurteilen, welche für Nichtversicherer anzuwenden sind. Es ist „... unerläßlich, daß diese Rückstellungen auch steuerlich anerkannt und nicht durch spätere steuerliche Maßnahmen beeinträchtigt werden. ... Divergenzen zwischen der Handels- und Steuerbilanz in diesen wichtigen Positionen sind untragbar und gefährden den Geschäftszweck der VU." Und weiter heißt es im Memorandum: „Es geht nicht

822 Als „kleiner österreichischer Binnenmarkt" sei jener Zeitraum benannt, welcher dem Wiederaufbaujahrzehnt folgt und bis zum Beitritt Österreichs zur Europäischen Union (1995) reicht.

823 Archiv der Republik (AdR), BMF – Versicherungsaufsicht. GZ 5.439-19/61. Protokoll der Monatsbesprechung am 11. Jänner 1961 mit Vertretern des erweiterten Verbandspräsidiums.

an, daß von Betriebsprüfung zu Betriebsprüfung jeweils von der Finanzverwaltung eine andere Rechtsauffassung vertreten wird, als deren Folge die im besten Glauben erstellten Reservierungen nachträglich zum Teil weggesteuert werden." Am meisten belastete die Versicherer, dass die Prüforgane dann die Rückabwicklung von Schadensreserven verlangten, wenn Abwicklungsgewinne aufgetreten waren. Die Rückabwicklung wurde auch dann verlangt, wenn der Abwicklungsgewinn das branchenübliche Ausmaß von zehn Prozent nicht überstieg. Im Detail behandelte das Memorandum im Bereich der Körperschaftssteuer: Prämienüberträge, die Schadenreserve, Rückstellung für Schadenbearbeitungskosten, die Aktivierung von Abschlusskosten und die Rücklage gemäß § 26 VWG. Im Bereich der Gewerbesteuer ging es um die im Deckungsstock befindlichen Grundstücke, die von den Steuerbehörden als Sondervermögen und nicht als Betriebsgrundstück eingestuft wurden, und um die Reservedepots der Rückversicherer.

Zusammenfassend kann festgehalten werden: Die Steuergeschichte des Nachkriegsjahrzehnts bestätigt in vielen Details die allgemeine Erfahrung, dass es bei einer Besteuerung der Assekuranz vor allem auf den Steuergegenstand und die damit verbundene Bemessungsgrundlage ankommt und weniger auf die Höhe des Steuersatzes. Ebenso ist die operative Abwicklung der Besteuerung und die betriebliche Prüfung derselben von großer Bedeutung. Die Versicherungswirtschaft hat äußerst sensibel auf jede Besteuerung versicherungstechnischer Rückstellungen, von Abwicklungsgewinnen oder der Rückversicherung reagiert (und tut das nach wie vor).

Unusual Business II:
Der Weg zum Entschädigungsfondsgesetz 2001

Dieter Stiefel

The Austrian Life Insurance Sector and the Nazi Regime

Economic Developments

From the point of view of the Austrian insurance companies the period from the outbreak of World War I to the early 1950s was a sequence of shocks and disasters, which can best be summarised as follows:

- World War I – 1914 to 1918
- Collapse of the unitary insurance market of the Habsburg Monarchy in 1918
- Inflation and an almost complete loss of the value of the currency in 1922
- World Economic Crisis – 1929 to 1933
- Corporation State in 1934 with political purge of insurance staff
- Phönix Crisis in 1936
- *Anschluss* in 1938: Loss of Jewish staff members and clientele
- *Anschluss* in 1938: *Gleichschaltung* and political purge of staff
- 1938/39: assets largely transferred into German ownership
- World War II – 1939 to 1945
- The post-war situation in 1945 (destruction, worthless *Reich* loans, loss of all foreign assets)
- Denazification 1945 to 1948, political purge of staff
- Currency reform and inflation – 1945 to 1952
- Problem of delimitation of insurance portfolio
- Restitution and indemnification
- The problem of nationalisation and German assets

The Phönix Crisis of 1936

The slow economic recovery in the second half of the 1920s suffered another setback on account of the 1929 World Economic Crisis. The true crisis of Austria's insurance industry was, however, triggered by the collapse of the insurance company *Lebens-Phönix* in 1936. In 1926 *Lebens-Phönix*, an Austrian insurance company founded in 1889, accounted for more than 60% of the premium income from life insurance contracts. *Lebens-Phönix* expanded steadily and was credited with something of an economic miracle during the First Republic. Inefficient management, however, led to the completely unexpected collapse of the company in 1936, when the cover for domestic premium reserves was found to fall short by 250 million schillings. Between 1935 and 1937, the value of the life insurance portfolio in Austria fell by 14% and that of the total portfolio (Austria, foreign countries and re-insurance) fell by 54%. This drastic change was due to the fact that by 1937 the foreign business of *Lebens-Phönix* had been lost almost completely. The Phönix Crisis was, in fact, a crisis of the entire Austrian life insurance sector, since the re-organisation of the Phönix portfolio affected all Austrian insurance companies and policy-holders. Not only were the claims of Phönix policy-holders reduced, the burden of the rescue operation had also to be borne by the policy-holders of other insurance companies. As a result, life insurance business marked time from 1936 onwards and did not pick up momentum until after the *Anschluss*.

The Market Share of Life Insurance Business in Austria

Insurance companies with a market share of more than one per cent.
Total premium income in per cent in 1935.
Total income: 235.59 million schillings

Company	**Market share**
Domestic companies	
Lebens-Phönix	62.0
Der Anker	7.5
Donau	5.7
Bundesländer	5.1
Wiener Städtische	4.1
Allianz and Giselaverein	3.6
Janus	2.9
Internationale Unfall	1.3
Foreign companies	
Victoria	2.1
Generali	1.8
Riunione	1.4

Lebens-Phönix was placed under the administration of *Österreichische Kontrollbank für Industrie und Handel* and liquidated. Its foreign insurance portfolio plus cover was transferred to the respective national rescue companies. Its domestic life insurance portfolio plus the still existing cover was transferred to the newly-founded *Österreichische Versicherungs AG* (ÖVAG) for liquidation. Accordingly, there was no legal successor to *Lebens-Phönix*. The share capital of the newly-founded ÖVAG amounted to 5 million schillings.

ÖVAG took over 214,385 life insurance policies of the former *Lebens-Phönix*, amounting to a total of 868.3 million schillings and 4,164 pension insurance contracts for annuities in the amount of 3.59 million schillings. This was what was called "old portfolio" *(Altbestand)*. At the same time the company started business activities in its own right, which went by the name of "new portfolio" *(Neubestand)*. Its "old portfolio" was subject to certain restrictions: The life of the insurance contracts was extended by two, three or five years and, in addition, the value of lump-sum payments was re-assessed. This resulted in a reduction by 91.31 million schillings for endowment insurance and by 1.01 million schillings for pension insurance contracts. In addition, redemption and policy loan rights were generally abolished, ÖVAG, however, frequently waived this privilege.

In order for ÖVAG to be able to carry out the rescue operation, an insurance fund was established, which issued bonds in the amount of 250 million schillings, by which the life insurance premium reserves of Phönix were replenished. The insurance fund transferred this amount of 250 milllion schillings to ÖVAG in order to meet the premium reserve requirement. For the implementation of its transactions the fund was entitled to collect a charge from the insurance companies, which amounted to 5% in the case of life insurance contracts and was to be paid jointly by the insurance companies and the policy-holders. 3,500 insurance agents and 1,100 internal staff of the former *Lebens-Phönix* were dismissed and only 200 of them were taken over by ÖVAG. On June 30, 1936, the salaries of all insurance employees were generally reduced by between 5 and 14.5%, and the Austrian employees of *Lebens-Phönix* taken over by ÖVAG had to face even more massive salary cuts.

The *Anschluss* of 1938: Insurance Associations

As from the *Anschluss* of March 1938, the *Reich* Minister of Economic Affairs was empowered to take all the measures necessary to "efficiently organise" the insurance business in the *Ostmark* and, if necessary, to do so without completely complying with the general and regional laws of the German *Reich*. The Minister was empowered to dissolve or merge insurance companies or to establish new ones. In Austria, this affected a large number of funds, associations and other organisations, which had until then not been controlled by the state, since they were organised as mutual assistance organisations and did thus not fall under the regulations governing insurance companies. This applied in particular to providence societies *(Vorsorgevereine)* set up under the Associations Patent of 1852, so-called"small mutual insurance associations" and the aid associations *(Unterstützungsvereine)* set up under Associations Act of 1867, which offered mutual support amongst their members. Such associations were particularly common in rural areas.

In the *Ostmark*, which was"noted for its abundance in associations", there were some 1,400 death benefit insurance associations set up under the Associations Act of 1867 with a total membership of 1,650,000 persons, i.e. roughly one quarter of the total population. Under the Law on the Transfer and Integration of Associations, Organisations and Societies of 14 May 1938 and the decrees of the"*Stillhaltekommissar*" these death benefit associations and aid associations were dissolved as of the end of 1939.

The insurance portfolios were taken over by a take-over consortium consisting of seven insurance companies. The Supervisory Agency *(Aufsichtsamt)* laid down a"transition procedure" *(Überleitungstarif)* which defined the conditions to be complied with by all companies in making out uniform policies. At the same time, the private pension and death benefit funds (company pension funds etc.) formerly controlled by the Insurance Supervisory Authority *(Versicherungsaufsicht)* were reviewed and in many cases dissolved by the representative of the State Commissioner.

Berlin Insurance Fund

After 1938 the Insurance Fund in Vienna was dissolved and its tasks were transferred to the Berlin Insurance Fund, to which contributions had to be paid by all insurance companies in the German Reich. ÖVAG was acquired, under extremely favourable conditions, by Deutscher Ring, an insurance company operated by *the Deutsche Arbeitsfront.*

Introduction of the *Reich* Insurance Laws

Under the"Regulations on the Introduction of Provisions for the Supervision of Private Insurance Companies in the Land of Austria" *(Verordnung zur Einführung von Vorschriften über die Beaufsichtigung der privaten Versicherungsunternehmungen im Lande Österreich)* of 28 February 1939, the supervision of insurance companies in Austria was transferred, as of March 1, 1939, from the Federal Chancellery *(Bundeskanzleramt)* in Vienna to the

Reichsaufsichtsamt für Privatversicherung (Reich Supervisory Office) in Berlin, which had a special Unit VII, based in Vienna, entrusted with supervising the insurance companies in the *Ostmark*. In principle, Austrian insurance contract law continued to apply in the *Ostmark* until 1 January 1941.

Currency Reform Replacing the Schilling by the Reichsmark

In 1938 the currency was changed from the schilling to the reichsmark (RM) at an exchange rate of 1 Reichsmark equalling 1.5 Schillings, which amounted to a revaluation of the schilling by 44% (mean rate of buying and selling price in Vienna in 1937: 1 RM = 2.16 Schilling). While in 1937 one schilling had equalled 0.46 RM, its value rose to 0.67 RM in 1938. On account of the currency controls, prevailing in both countries, the external value of the two currencies was not a realistic basis for the integration of Austria into the reichsmark zone. Under normal economic conditions, this excessive exchange rate would have had disastrous effects on the Austrian economy. The revaluation of the schilling would have resulted in a further deterioration of the much lower productivity of Austrian enterprises, which would hardly have been competitive any longer. This was, however, counteracted by the armaments boom and governmental control and protection measures, which largely offset the negative consequences of the currency conversion.

Conversion of Gold Clause and Foreign Currency Insurances

The negative effects of inflation had resulted in many life insurance contracts being concluded on the basis of foreign currencies or gold clause arrangements. This trend continued after the introduction of the schilling in 1925. When the Phönix collapse occurred, the life insurance contracts made out in gold dollars were converted at the rate of 1 gold dollar = 7 schillings (pursuant to the law published in Federal Law Gazette No. 216/1936). Under the same law, dollar policies were converted at the rate of 1dollar = 5.4032 schillings. All gold schilling liabilities were converted at the rate of 100 gold schillings = 128 paper schillings, gold crowns at the rate of 1 gold crown = 1.44 gold schillings = 1.84 paper schillings.

After the *Anschluss*, the Private Insurance Supervisory Agency *(Reichsaufsichtsamt für Privatversicherung)* issued a regulation on 16 April 1940, which fixed a uniform exchange rate of

1 gold schilling = 0.80 RM = 1.2 schilling old
1 gold crown = 1.15 RM = 1.725 schilling old

for all kinds of insurances having fallen due after 17 March 1938. This relatively generous conversion was due to the previous arrangements in connection with the Phönix Crisis. Unless the gold schilling insurance policies of the other companies had been revaluated at 1.28, the policy-holders of a company that had gone bankrupt at the expense of other insurance companies would have been better off than the clients of the latter.

Similarly, the Law on the Conversion of Domestic Foreign-Currency Insurance Contracts (*Gesetz über die Umwandlung inländischer Fremdwährungsversicherungen)* of 26 August 1938 converted all foreign-currency policies into reichsmark policies. The obligation to turn in such foreign-currency holdings also applied in respect of Austrians who had emigrated by that time. Foreign currency holdings obtained in this way had to be offered to the *Reichsbank.* It has been estimated that of the 81.6 million RM in foreign currencies, which the entire insurance industry of the *Reich* had to cede to the *Reichsbank,* 20 to 25 million RM were accounted for by the Austrian insurance companies. This suggests that the Austrian companies had held large amounts of foreign currencies. This cession was all the more profitable to the *Reich,* as the insurance companies merely received *Reich* bonds in return.

Unfriendly Takeover

The *Anschluss* went hand in hand with the removal of Jews from the Austrian insurance industry as well as its *Gleichschaltung* and Germanisation. While at the time of the *Anschluss* there was only one Austrian insurance company in which Germans had a majority of shares, there were seven of them in 1945.

Between 1938 and 1945 the proportion of German share capital in Austrian insurance companies increased from 14% to 56%; this share would, however, be even larger if *Wiener Städtische and Bundesländer were taken into consideration, companies that were taken over by the Nazis in a different way. Unfriendly takeovers were generally effected by replacing the top management by Nazis. On average, 73% of the members of the supervisory boards and 62% of the managing boards of the companies listed above were replaced in 1938/39. In contrast to the customary procedure in unfriendly takeovers, the approach taken in Austria in 1938 was to replace the management first and to have the passage of title effected by the new management. The purchase price came largely from the silent reserves of the insurance companies taken over.*

German Share Capital

12 March 1938		8 May 1945	
ÖVAG	4%	100%	Deutsche Arbeitsfront (89%) Deutscher Ring (11%)
Ö. Volksfürsorge (Allianz & Gisela)	1%	97%	Volksfürsorge Hamburg (95%)
Wiener Allianz	36%	97%	Münchner Rück (48%) Allianz Stuttgart (48%)
Der Anker	0%	92%	Victoria Berlin (92%)
Donau / Concordia	50%	84%	Münchner Rück
Anglo Elementar	0%	78%	Colonia
Wiener Rück	0%	77%	Berliner Re (76%)
Bundesländer	16%	24%	
Erste Allgemeine	0%	8%	Italian majority
Internat. Unfall	0%	3%	Italian majority

War Losses Incurred by Austrian Insurance Companies

All in all, the losses incurred by Austrian insurance companies on account of Nazi rule and the war were exceedingly high. In fact, the entire industry was bankrupt. There can be no doubt that the insurance companies in Austria had lost both, their share capital and their free reserves. A major part of their assets had been invested in *Reich* bonds, which had become worthless, some 15% of their buildings had been destroyed, their foreign branches were expropriated, re-insurances with foreign companies could not be resorted to, the high mortality rate caused by the war and its consequences threw life insurance companies off balance, relations to the German parent companies were severed, ownership was anything but clear (German assets), as was the question of which policies were still valid.

The net claims of Austrian insurance companies against Germany – both public authorities and business enterprises – was estimated at 659.154 million RM. As a result none of the Austrian insurance companies had sufficient reserves to meet its obligations. The situation was most critical for life insurance companies. On 31 December 1944, German *Reich* bonds (including *Versicherungsfonds* bonds) accounted for 72% of the reserves of life insurance companies in Austria.

The Reconstruction of the Austrian Insurance Sector

The reconstruction of the Austrian insurance sector started with the *Rechtsüberleitungsgesetz of 1 May 1945, under which German legal norms temporarily remained in force. The Transition of Authority Act (Behörden-Überleitungsgesetz) of 20 June 1945 transferred the jurisdiction of the Reich Supervisory Agency (Reichaufsichtsamt) for private insurance companies to the State Office for Financial Affairs (Staatsamt für Finanzen). On 3 July 1945, the first currency laws of the post-war period were passed, which also directly affected insurance companies and policy-holders.*

When the banks re-opened their doors on 5 July, 60% of the deposits were frozen at the same time. The Schilling Act was passed on 30 November 1945, making the schilling the exclusive legal tender on the whole of Austrian territory as of 21 December 1945. The Reichsmark/Schilling exchange rate was set at 1 : 1. The Insurance Companies Transition Act (Versicherungsüberleitungsgesetz) of 13 July 1946 limited payment of life insurance claims 40%; amounts up to 400 schilling were paid out in full.

The currency situation therefore caused considerable difficulties for life insurance companies, which base their calculations on mortality charts, interest levels and costs. Ordinary business operations presuppose that actual results correspond to expectations. This was no longer the case after 1945.

In the first few post-war years, the life insurance business recovered extremely slowly. This was not only due to the impoverishment of the Austrian population in the aftermath of the war but also to the fact that policy-holders actually had to reckon with negative interests.

Development of the Insurance Sector in Austria

Life insurance contracts / Premiums / Direct domestic business in million schillings

Year	Schilling (in nominal terms)	Schilling (real value in 1999)
1945	44.0	2,086
1946	66.0	1,723
1947	67.0	856
1948	70.0	753
1949	85.0	746
1950	101.0	774

ÖVAG/*Versicherungsfonds*

In 1938/39 *Deutscher Ring* had purchased the shares of Austrian ÖVAG shareholders. While the ownership situation of 1937 was in principle restored in 1945, the Austrian insurance companies, which were in financial straits, were unable to re-establish an organisation for the administration of former Phönix policies. There was no doubt that ÖVAG constituted German property in 1945 and thus reverted to the Austrian state, which accordingly appointed a public administrator. Most of ÖVAG's assets consisted of the bonds of *Versicherungsfonds Berlin*, which had practically ceased to exist. The cover for the old portfolio of ÖVAG (Phönix policies) thus consisted of fictitious, and hence uncertain, receivables. The company had hardly any financial reserves. The still active insurance policies of Phönix therefore had to be salvaged by the general public yet another time: for the first time in 1936 by the solidarity of all Austrian (and between 1938 and 1945 of all German) insurance companies and policy-holders, and now, after 1945, by the public authorities.

Redefinition of Insurance Portfolios

One of the most intricate problems to be solved in the interest of re-establishing a well-functioning Austrian insurance sector was the redefinition of insurance portfolios. This problem was not solved until after the signing of the Austrian State Treaty in 1955, when the Insurance Reconstruction Act *(Versicherungswiederaufbaugesetz) was passed. The Austrian companies were assigned responsibility for all insurance contracts that formed part of the "domestic insurance portfolio". The term "domestic" was also applied to the Austrian territory while under Nazi occupation. As regards life insurance, policies were considered "domestic" if they had been made out in Austria prior to 13 March 1938. Policies made out during the Nazi era were considered domestic if the policy-holder or beneficiary was resident on Austrian territory at the time of the conclusion of the contract and on 1 January 1950 (or on the date of the occurrence of the insured event, if that was prior to that date).*

The law also dealt with the question of foreign portfolios held by Austrian insurance companies. Such claims could not be asserted if the foreign portfolio in question or the relevant assets had been removed from the disposition of the central management of the insurance company. Such confiscations as enemy assets and/or nationalisations mainly occurred in Eastern Bloc countries.

German Assets

Public administrators were appointed for all branches and agencies of German insurance companies in Austria; this was done in the case of 66 German companies, including those which had been licensed to operate in Austria prior to 1938. Most companies limited their activities to administering and winding up portfolios.

In order to comply with the Allied Powers' demand to effect a complete economic separation from Germany, existing reinsurance contracts with German insurance companies were also dissolved by the Austrian government; this was done retroactively as from 31 December 1944. This meant that the Austrian portfolios of German insurance companies were, in fact, incorporated into the Austrian insurance sector and thus severed from German interests.

Until 1947, Austria reflected on whether or not insurance companies should also be nationalised. In fact, the first version of the Austrian nationalisation bill of 30 January 1946 envisaged that the entire insurance sector should be included in the nationalisation programme. In its final version, however, the law did not mention insurance companies, although an amendment was introduced to the effect that at least 15 insurance companies should be nationalised. Thus, while German assets in other branches of business were nationalised, those in the insurance sector were kept and treated apart.

The Allied powers also focused their attention on Austrian insurance companies in connection with the Potsdam Agreement, in which they claimed German assets abroad – and thus also those in Austria – by way of reparations. From the Austrian perspective, the insurance companies were an unsuitable object of Allied reparation claims, since their capital assets were not the property of the shareholders. Share holdings do not convey property rights in the company in question but merely shareholders' rights. The owners of such a company can influence management decisions and have a claim to profits but not to the capital assets of the company, which are subject to the policy-holders' financial claims. Reparation claims would therefore have, first and foremost, affected the Austrian policy-holders and not the German company owners. In the light of these arguments, the Allied powers ultimately desisted. The United States also suspected that the Soviet Union was using its claims on the insurance companies as an instrument to bring pressure to bear on the other side in respect of industrial companies. It was also feared that the insurance companies could constitute an excellent medium for espionage. The fact that the Allied powers ultimately accepted the Austrian government's position that insurance companies could not form part of claims under the Potsdam decisions was of decisive importance.

The State Treaty of 1955

Reconstruction of the insurance sector was delayed until the late 1950s. As long as the issues of property rights and capital interlinkages with Germany had not been resolved, no definitive reorganisation of the insurance sector was feasible. Specific measures could only be taken after the conclusion of the State Treaty in 1955, and since negotiations for the State Treaty had taken a long time, the problems affecting the insurance sector had lingered on as well. Under the State Treaty of 1955, all German assets, including those of the insurance sector, became the property of the Republic of Austria. At the same time, Austria and Austrian citizens were given back all Austrian assets in Germany in return for a waiver, on the part of the Republic of Austria in its own name and on behalf of Austrian nationals, of all claims against Germany and German nationals outstanding as of 8 May 1945. This meant, inter alia, that *Reich* bonds were declared worthless. The first State Treaty Implementation Act (*Staatsvertragsdurchführungsgesetz*) stipulates in § 4 that the passage of ownership under the State Treaty gives rise to the liability of the Republic of Austria for any receivables of the German *Reich* from Austria. The Austrian waiver of claims against German debtors also included the claims of Austrian policy-holders – especially in the field of life insurance – against German insurance companies.

The Insurance Reconstruction Act of 1955

The conclusion of the State Treaty paved the way for the Insurance Reconstruction Act of 8 September 1955, under which all life insurance contracts concluded before 1 January 1946 were reduced by 60%. This was in line with the measures taken in respect of cash and bank accounts. The law applied to the domestic portfolios of insurance companies authorised to operate in Austria. The Insurance Reconstruction Act required all policy-holders to register their insurance claims within two years. This meant that all claims based on insurance contracts concluded before January 1, 1946 were recognised provided that they were registered within two years, i.e. before 30 September 1957. After that deadline such claims were deemed to have irrevocably expired. The Insurance Reconstruction Act resulted in a uniform settlement of the war losses incurred by all insurance companies and was intended to enable them to restore orderly operating conditions by making public funds available to them. The insurance companies in due course drew up reconstruction balance sheets and profit and loss accounts for the period 1945 to 1954, thus providing a basis for an opening balance sheet in schillings. In cases where a company's balance sheet was in disequilibrium on account of a capital shortage or current losses, the federal government had to step in and provide loans or subsidies. In return for such state support, the insurance companies had, amongst other things, to relinquish to the Republic of Austria all claims against the German *Reich* which had served as cover for life insurance contracts.

In the period up to 1961 the federal government made a total of 124.8 million schillings available for the reconstruction of the insurance sector.

The German-Austrian Assets Agreement of 1957
(Deutsch-österreichischer Vermögensvertrag)

Under the State Treaty, the assets held by German insurance companies in Austria had passed to the Republic of Austria, as part of the „German assets". At the same time, however, the commitments of German insurance companies vis-à-vis Austrian claimants dating from the period 1938 to 1945 expired. After prolonged negotiations, this question was settled by the German-Austrian Assets Agreement of 15 June 1957, which dealt with insurance companies in 10 of its total of 120 articles. This Agreement stipulated that the waiver of claims pursuant to Article 23 of the State Treaty did not apply to claims by Austrian nationals arising from all kinds of private insurance and to re-insurance contracts. Accordingly, insurance claims against German insurance companies had to be met. These claims were satisfied out of insurance assets which had passed to the Republic of Austria as German assets under the State Treaty, on the one hand, and by the German insurance companies, on the other.

The Effects of the War

What were the losses incurred by Austrian insurance companies and policy-holders, and what was the contribution of the public authorities to the reconstruction of the insurance sector? The funds made available by the Austrian government for the reconstruction of the insurance sector under the Insurance Reconstruction Act amounted to 124.8 million schillings, an amount that was reduced by approx. 30 million schillings pursuant to the German-Austrian Assets Agreement, leaving a contribution of the Austrian public authorities in the order of approx. 100 million schillings. The German contribution under the German-Austrian Assets Agreement (by insurance companies and public authorities) has been estimated by German sources to another 100 million schillings. It is, however, hardly possible to say what payments were actually made.

According to the *Rot-Weiss-Rot-Buch,* the claims of Austrian insurance companies against the German *Reich* netted 659,154 million schillings, to which must be added foreign assets of the Austrian insurance companies (particularly in Eastern bloc countries) in the amount of 285 million schillings. The resulting sum total of 944,154 million schillings had, for the most part, to be written off. If one deducts the 124.8 million schillings that the public authorities made available to the insurance companies under the Insurance Reconstruction Act, a balance of approx. 800 million schillings remains which can be regarded as the"war losses" incurred by the Austrian insurance sector.

By and large, these war losses could only be compensated at the expense of the policy-holders. If the cover held by an insurance company is the property of the policy-holders it follows that the effects of a massive devaluation of such reserves have to be borne by the policy-holders. As in the case of other financial assets, their claims were devaluated by 60% under the currency laws and the Insurance Reconstruction Act. In addition, the war had resulted a massive post-war inflation so that little of their former holdings remained. Policy-holders whose claims were not recognised because their policies did not form part of the Austrian portfolio, and were not covered by the German-Austrian Assets Agreement either, suffered a complete loss. This applied, in particular, to claimants in the Eastern bloc countries. Complete losses were also suffered by those policy-holders who had failed to register their claims in accordance with the various deadlines and periods of prescription. For the Republic of Austria, the matter of reorganising the insurance sector was closed once the periods stipulated in the two laws had expired, even though it was understood that this meant a certain amount of injustice in individual cases. The Bad Kreuznach Agreement had no further impact on the insurance sector.

The Jewish Life Insurance Policies

The confiscation of life insurance policies during the Nazi regime was only one aspect of the persecution of Jews, other minorities and opponents to the regime. In order to enable the *Reich* to take economic action against Jews and"mixed-blood Aryans" *(versippte Arier),* all of those with assets of more than 5,000 RM were obliged to submit a"List of assets held by Jews as of 27 April 1938" to the Property Office *(Vermögensverkehrsstelle)* before 30 June 1938. This obligation to register their assets applied to all Jews in the German *Reich.* In Austria, 47,768 registrations were submitted. The number of life insurance policies registered in this way was 20,815, valued at 50,656,800 RM, of which 49,142 100 RM were registered by Jews and 1,514,700 RM by"mixed-blood Aryans". Life insurance policies accordingly made up 2.48% of the total assets registered. 90% of these life insurance policies were registered in Vienna, 2% were accounted for by Austrian Jews who lived abroad or in the Old *Reich* and 8% by Jews living in the Austrian federal provinces.

The"International Commission on Holocaust Era Insurance Claims" (ICHEIC) has evaluated the files of the Property Office, covering all of the 46,900 asset registration files still available in Vienna. Of these, 8,810 files (18.8%) contained one or more insurance policies. The number of registered policies was 16,772, but this number had to be reduced to 14,562 on account of incomplete data, double entries etc. This data base largely corresponds to that compiled by the Collection Agencies *(Sammelstellen)* in 1958/59, which listed 14,886 policies held by Jews.

According to official data collected by the State Commissioner for Private Business *(Staatskommissar für die Privatwirtschaft)*, who was responsible for the Property Office, the cash surrender value of Jewish-held policies averaged 2,434 RM. According to the ICHEIC, the total cash surrender value of the 14,562 policies registered amounted to 41,320,262 RM, which corresponded to an average of 2,769 RM per policy. On average, holders of life insurance policies held 1.7 policies with a cash surrender value of 4,690 RM.

Number of policies	Policy-holders
1	5,499
2	1,.907
3	789
4	348
5	129
6	78
7	40
8	25
9	16
10	5
11	7
12	3
13	1
14	2
15	1
more than 15	14
Total	8,810

As was to be expected, the number of life insurance policies was lower in the younger age groups:

Age distribution of policy-holders (in per cent)

Under 20 years	1.0%
20 – 29 years	1.0%
30 – 39 years	6.5%
40 – 49 years	25.7%
50 – 59 years	39.0%
60 – 69 years	23.4%
70 – 79 years	2.7%
80 years or older	0.7%

As can be seen from the above, 91.5% of the Jewish policy-holders were older than 40 years, the average of all policy-holders being 51 years.

It is particularly difficult to say anything definite about the distribution of clients among the various insurance companies. In many cases, the registration data were imprecise and confusing, abbreviations were used, in some instances a single cash surrender value was given for several policies, taken out by different insurance companies, or a smaller number of individual cash surrender values was registered than would have corresponded to the number of policies. While the relative shares of Jewish clients with the different insurance companies are relatively clear, the assignment of the value represented by these shares is fraught with a variety of possible errors. ICHEIC has nevertheless tried to list the ten leading insurance companies on the basis of its calculations. The item „Others" by and large comprises a large number of foreign insurance companies

Insurance companies	**Cash surrender value**	
	in million RM	**in per cent**
ÖVAG	23.2	56.2
Riunione	2.7	6.2
Victoria	2.4	5.7
Generali	2.3	5.4
Anker	2.2	5.7
Wiener Städtische	1.0	2.4
Union	0.6	1.5
Donau	0.4	0.9
Allianz & Gisela	0.2	0.5
Others	6.3	16.0
Total	41.3	100.0

The list again confirms the strong market position of the former *Lebens-Phönix*, as indicated by the fact that ÖVAG accounted for more than half of the Jewish-held policies. On the basis of the ICHEIC data, we were able to assign 15,696 policies to the various insurance companies, and the result confirms the leading position of ÖVAG even more clearly.

Insurance companies	Number of Jewish-held policies	
	total	in per cent
ÖVAG	9,301	59.3
Anker	1,340	8.5
Generali	1,022	6.5
Riunione	1,006	6.4
Wiener Städtische	943,000	6.0
Victoria	861,000	5.5
Donau	254,000	1.6
Union	180,000	1.2
Allianz & Gisela	35,000	0.2
Others	745,000	4.8
Total	15,696	100.0

However, further problems arose in delimiting insurance portfolios, since no distinction had been made between the domestic and foreign portfolio holdings of Austrian insurance companies and the portfolios held by foreign insurance companies. At the same time, internal calculations on the part of the individual companies concerned, which were based on the lists drawn up by the Collection Agencies and therefore ought to have been largely identical with the ICHEIC data set, resulted in lower figures, as regards both the number of policies and the cash surrender values.

Below is an overview of the situation:

Total population of Austria in1934	6,759,062
Jewish population in 1934	191,481
Percentage of Jewish citizens	2.8%
Number of life insurance contracts	
Total number for Austria in 1936	1,472,184
Jewish-held policies in 1938 (Property Office)	20,185

Share of Jewish-held policies	1.4%
Jewish-held policies in 1938 (ICHEIC)	14,562
Jewish-held policies in 1938 (Collection Agency)	14,886
Share of Jewish-held policies	1.0%
Total amount of life insurance contracts	
Total number for Austria in 1936	1,222.1 mill. RM
Average amount of life insurance contract	
Total for Austria in 1936	830 RM
Total for Austria in 1939	867 RM
Average cash surrender value per life insurance policy	
1936 – Austrian portfolios	235 RM
1937 – ÖVAG	739 RM
1938 – Jewish-held policies acc. to ICHEIC	2,769 RM
1938 – Jewish-held policies acc. to our calculations	2,735 RM
1938 – Jewish-held policies acc. to Property Office	2,434 RM

Accordingly, the Jewish population held only half as many insurance policies as the Austrian average, but cash surrender values, and probably also the amounts insured, were significantly higher. These major differences – in particular in relation to total Austrian transactions – need to be properly interpreted. ICHEIC attempted to draw certain conclusions regarding the approach of Austrian Jews to the concept of insurance by comparing the value of the Jewish insurance contracts, registered in Vienna, with the Austrian average. It concluded that the Jewish population of Vienna – i.e. all Jews who lived in Vienna, not only those who held an insurance policy – averaged an insured per-capita amount of between 725 RM and 742 RM, which is four times the average for the total Austrian population (180 RM).

There were, however, considerable differences between the individual insurance companies, in terms of the average amounts insured per policy:

Insurance portfolio as per annual reports
Endowment insurance as at the end of 1937 in RM

Insurance company	**Number of policies**	**Amount**	**Average amount insured per policy**
ÖVAG / Deutscher Ring	274,161	438,221,162	1,598
Der Anker	114,923	377,464,563	3,285
Wiener Städtische	488,088	210,435,770	431
Bundesländer / Ostmark	483,969	183,880,008	380
Generali	26,588	58,120,884	2,186
Riunione	8,411	40,583,384	4,825
Insurance company	**Number of policies**	**Number of Jewish-held policies**	
		Total	**in % of total portfolio**
ÖVAG / Deutscher Ring	274,161	9,301	3.4%
Der Anker	114,923	1,340	1.2%
Wiener Städtische	488,088	943	0.2%
Bundesländer / Ostmark	483,969	---	---
Generali	26,588	1,022	3.8%
Riunione	8,411	1,006	12.0%

Insurance companies owned by local or regional authorities *(Wiener Städtische/Bundesländer)*, whose portfolios contained a large number of insurance policies with extremely low amounts insured, accounted for hardly any Jewish-held policies. 87% of the Jewish-held policies registered with the Property Office were held by the large private insurance companies (ÖVAG / *Der Anker*) and the two Italian insurance companies, where the amounts insured were generally two to five times as high as the Austrian average. The low Austrian average, a unique feature of the Austrian insurance sector, was for the most part due to the highly popular *Volksversicherungen*, *Versicherungsvereine* and *Sterbegeldvereine* and similar institutions, which mostly served to meet the costs of a decent funeral and to make sure that the deceased's family was not left in dire straits. In addition, the comparatively high amounts insured by Austrian Jews were also due to the fact that most of them lived in urban centres – in fact, 90% of them in Vienna.

ICHEIC's merit is above all to be found in the fact that its investigation brought to light 81.6% of the cash surrender value stated at the time of registration. This result is largely identical with the data set gathered by the Collection Agency in 1959, so that it can be assumed that it more or less corresponds to the valid entries made by the Property Office in 1938. This means that these figures, for all their imprecision and the uncertainties that continue to prevail, form an ostensibly reliable quantitative basis. An ostensibly reliable one, since a number of questions remains open:

- As regards all Austrian life insurance policies, we only know the amount insured but not the cash surrender value, and the latter cannot be reliably calculated from the premium reserve.
- For the life insurance policies of Austrian Jews, the only thing that is known is the cash surrender value as stated on the occasion of their registration in 1938, but not the amount insured, which cannot be reliably calculated.
- In addition, it is not known what proportion of the Jewish-held policies was actually registered in 1938, and
- to what extent it is possible to draw valid conclusions from the distribution of insurance policies held by "wealthy" Austrian Jews as compared to the situation of the "less well off" Austrian Jewish population.
- And, ultimately, the data for the cash surrender value have to be reduced by policy loans and loan collateralisation, since very high life insurance policies tended to be related to borrowing on the part of self-employed persons in the Jewish population.

When the Austrian Jews had to have their property holdings registered in 1938, they were first required to state the current cash surrender value of their life insurance policies (actual net assets), while their debts (liabilities) had to be stated on the following page. The cash surrender value would therefore have to be reduced accordingly.

The most difficult question, however, is what actually happened to these life insurance policies after 1938.

Surrender and Confiscation

From 1938, the changes in life insurance contracts in the wake of the persecution of Jews were twofold:

- changes initiated by Austrian Jews themselves, as a consequence of political and economic discrimination (surrender, exemption from contributions, policy loans, and cessions); and
- changes made directly by the German *Reich* authorities.

Surrender Initiated by the Policy-Holders

It is difficult to make a definite statement as to in how far policy redemption, on account of the persecution, damaged the interests of policy-holders, since any such estimate has to be based on a number of assumptions. If the individuals in question had not been persecuted, it can be assumed that they would have continued in most cases to pay their premiums, the insurance cover would have continued throughout the life of the insurance contract, and the policy-holder would have received the insured amount at its expiry. Accordingly, the premature termination of the insurance contract put an end to the insurance cover and to the accumulation of capital. However, even if one assumes that the individual was "not persecuted", one has to allow for the possibility of alternative uses of the policy. The amount redeemed and the premium savings would have been invested elsewhere. This alternative profit would then have to be deducted from the loss incurred on account of the termination of the insurance contract in order to determine the concrete extent of the damage incurred, which is clearly impossible on the basis of such fictitious assumptions.

Under the actually prevailing conditions of persecution and discrimination, the amount surrendered may, however, been of crucial importance in that it constituted the last resort enabling the individual in question to emigrate. Therefore, in ensuring survival, the surrender payment made in 1938/39 was in every respect more valuable than the entire insured amount that would have fallen due at the expiry of the contract. But not only that! As a rule, the purchasing power of the surrender payments made in 1938/39 was much higher than that of the insured amounts after 1945, which had been drastically reduced by inflation and currency reform. A person who in 1938/39 received one half of the insured amount by way of a surrender payment, for instance, had two thirds more purchasing power at his disposal than if he had been paid the whole insured amount ten years later. Such speculations can therefore be used in support of every and any position. What is important in this connection, however, is that changes in life insurance contracts initiated by the policy-holder – i.e. applications for cash surrender – were not due to persecution but the result of economic and political discrimination.

Cash surrender was by far the most frequent change in life insurance contracts held by Austrian Jews from 1938 onwards. In most cases, they were no longer in a position to pay their insurance premiums on account of economic discrimination, revocation of professional licences, etc. In many cases – especially in the case of Jewish emigrants – cash surrender was necessary so that they were in a position to pay discriminatory taxes such as the Flight Tax *(Reichsfluchtsteuer)*. The total amount of the Flight Tax, paid to the fiscal authorities by Austrian Jews, was 181 million RM, while the Jewish Property Tax *(Ju-*

denvermögensabgabe) amounted to 147.3 million RM. Some insurance companies were at times faced with considerable liquidity problems on account of the large number of surrender applications filed. In some companies, cash surrenders in 1938 were almost four times as high as the year before, and in 1937/38 the premium income of the Austrian insurance companies dropped by 2,628 RM or 6.4%. Life insurance policy surrenders actually occurred in two major waves in 1938 and 1939.

The cash surrenders initiated by Jewish policy-holders were strongly resented by the National Socialists. An attempt to limit surrender payments by insurance companies to 100 RM was, however, rejected by the Reich Minister of Economic Affairs. Only, the surrender payments to emigrants had to be transferred to a blocked account of the Foreign Currency Agency *(Devisenstelle)*, while all other insurance payments could still be freely effected in 1939. For instance, we are in possession of the payment receipt of a well-known Austrian cabaret artist who in May/June 1938 succeeded in getting cash payments in the amount of 5,098.95 US$ by way of surrender of his life insurance policy.

For Germany, Gerald Feldman stated that 67% of Jewish life insurance policies were redeemed, and in only 17% of cases premium payments were suspended. Ultimately, however, most of these policies were redeemed as well. Since 67% of the Jewish population of Austria emigrated, this figure also appears to constitute the minimum for this country, since life insurance contracts held by Jews who emigrated from Austria were terminated in every case.

Confiscation

The second kind of change in insurance contracts, held by Jewish policy-holders, was direct confiscation by the state authorities. In practice, attachment of endowment insurances in connection with compulsory execution to meet tax liabilities was of considerable importance This has to be seen in the context of the Aryanisation of Jewish enterprises, where the value of the enterprises concerned was assessed so low that debts could only be met by taking recourse to private assets. Tax foreclosures on insurance policies were frequent in cases where Jews fled or emigrated and were subsequently found guilty *in absentia of alleged violations of foreign exchange regulations and forced to pay additional taxes. The Nazi regime did not, at first, dare to pass a law under which all Jewish insurance contracts would have been terminated, since it was feared that foreign courts would then attach German assets abroad.*

Regulation Number Eleven *(11. Verordnung)* of 1941

The peak of discriminatory legislation in respect of Jewish assets in the Third *Reich* was reached with Regulation Number Eleven *(11. Verordnung zum Reichsbürgergesetz)* of 11 November 1941, pursuant to which Jews who had their ordinary residence abroad were deprived of their German citizenship and their assets reverted to the German Reich. This measure did not only apply to emigrants but also to persons deported to concentration camps. Regulation Number Thirteen *(13. Verordnung zum Reichsbürgergesetz)* of 1 July 1943, finally provided that after the death of a Jew his assets reverted to the *Reich*.

Regulation Number Eleven constituted an interference with contractual relations, since it generally changed the terms and conditions of insurance contracts concluded with Jews. Jewish-held life insurances were forfeited and confiscated by the *Reich*. Payments to policy-holders or beneficiaries were forbidden, and the contracts were deemed terminated as from 31 December 1941. In keeping with Regulation Number Eleven, Jewish assets had to be notified, on pain of punishment, to the *Oberfinanzpräsident Berlin* within six months of the forfeiture. The insurance companies were, however, unable to comply with this time limit, since they had not organised their portfolios in terms of "racial" considerations. In 1941 there were 85 life insurance companies in the German Reich, with a premium income of more than one million Reichsmark, administering 30 million policies with an insured amount of 28,000 million RM. Screening all these policies was a major challenge, especially in view of the staff shortages caused by the war. The six-month period was accordingly extended and leniency promised on the condition that the individual companies could prove that they had not violated their "duty of care". Payment of the cash surrender value to the *Reich* was only conditional on an official statement that the Jewish policy-holder was staying abroad. The insurance company owed the *Reich* the cash surrender value as determined at the stipulated time, plus 4% interest on arrears, calculated from 31 December 1941. The insurance contract was deemed to expire at the time of the money transfer. The insurance companies did, however, not receive any lists of deported persons.

After the war, the amount transferred to the *Reich* under Regulation Number Eleven was estimated at 1.917 million RM, in addition to 6 million RM paid by ÖVAG / *Deutscher Ring*. The old portfolio of *Deutscher Ring* Vienna, i.e. those policies originally in the portfolio of *Lebens-Phönix*, comprised a significant number of Jewish policies. On account of the staff shortage caused by the war, the company refused notification, so that the *Oberfinanzpräsident Berlin* in 1944 required the *Deutscher Ring* to make an advance payment in the amount of 6 million RM. All in all, Austrian insurance companies thus paid an amount of 7.917 million RM for seized policies directly to the German *Reich*.

Payments for seized life insurance policies

	RM	in per cent of assets registered in 1938
Wiener Städtische	475,000	40%
Riunione	443,000	14%
Der Anker	400,000	14%
Generali	371,000	14%
Victoria	185,000	6%
Volksfürsorge (A & G)	23,000	12%
Donau	20,000	4%
Total	1,917	15%
ÖVAG	6,000	26%

Did the Insurance Companies Make Any Profit on the Persecution of Jews?

Withdrawal Profit

In the circumstances created by the persecution, cash surrender was the most favourable solution for the insurance companies, but did not offer them any advantages. Since Jewish Austrians generally held insurance policies that exceeded the Austrian average by the three to four times, the insurance companies lost their best clients. It is evident that insurance contracts that run, without interruption, for their entire life are the most advantageous option, both for the company and for the policy-holder.

The cash surrenders at least gave rise to a"withdrawal profit". The cash surrender value is the end value of a life insurance, i.e. the accumulated premium reserve less a cancellation charge, due on account of the premature termination. On account of modifications in modern insurance scales, insurance companies currently also pay a policy dividend for the period up to termination. Since profit-sharing life insurance policies were not customary in Austria before 1938, this aspect is, however, irrelevant to our considerations. A life insurance contract is not a savings deposit; its main function is that of a death risk insurance. At the expiry date, that risk has been fully covered by the premium payments and accordingly amounts to nil. If the policy-holder dies prematurely, the insured amount paid is higher than the policy-holder's premium payments; if the policy-holder terminates the contract prematurely, he has to incur that part of the risk, which has therefore to be deducted.

Withdrawal profit is regulated in the terms and conditions of insurance contracts, as approved by the supervisory authority; it may differ considerably from company to company. It does not constitute a directly distributable profit but a surplus in the final account, which is entered as earnings in the final account pool. On the other hand, there are also lapse losses and expenses since

- the costs of the conclusion of the contract are calculated over the entire life of the contract,
- a premature termination changes the risk distribution and the life of portfolio investments and
- involves additional work which has to be remunerated.

Undeniably, a business company has to make profits, and it is unlikely that an insurance company defines in its terms and conditions transactions on which it cannot make a profit. In such a case, the managing board would have to be held responsible. Nevertheless, an unequivocal answer to the question of withdrawal profits is impossible. While it may be possible, in spite of the differences between the contractual terms and conditions of the individual insurance companies, to determine the withdrawal profit to a certain extent, it is impossible to say precisely whether and to what extent the insurance companies made a profit on the mass terminations of Jewish insurance policies since different costs were incurred depending on the type and life of the insurance contracts and the individual insurance companies involved.

Unclaimed Policies

Profits may also have been generated if the policies, seized in keeping with Regulation Number Eleven, were not paid out before the end of the Nazi era. In such cases, the premium reserves of these policies were left with the enterprise, which could use them for their operations, at least up to 1945. Since all Jewish policies were generally deemed terminated by Regulation Number Eleven as from 31 December 1941, they involved no further risk and thus no further activity on the part of the insurance company. After the war, these reserves were lost, by and large. In order to determine the company's liabilities, it was therefore necessary for Jewish insurance claims to be filed by the time of the entry into force of the Insurance Reconstruction Act of 1955, at the latest, otherwise they were forfeited. The adoption of the Insurance Reconstruction Act, however, meant that the Republic of Austria had committed itself to replenish the reserves for the insurance portfolios. "Unclaimed" insurance policies were therefore not profitable for the insurance companies but rather constituted a saving on the part of the public authorities, since the insurance companies were entitled to government compensation for claimed insurance policies but not for unclaimed ones.

Cash Surrender Value Versus Insured Amount

Finally, material damage was incurred by the insurance companies on account of the difference between cash surrender value and the insured amount falling due. Liability for this damage does not rest with the insurance companies but with the public authorities. In fact, the insurance companies suffered a loss because they had lost their Jewish clientele.

The Restitution Measures

The current study deals briefly with the general restitution measures in order to show the context in which the problem of Jewish-held insurance policies was handled. Listing the numerous measures taken also helps to elucidate the basic tendency of Austrian restitution and compensation legislation:

- Particular rather than general solutions. The typically Austrian fragmentation of legislation into individual laws and regulations resulted in a jungle of restitution provisions and standards which not only confused the issue but also rendered it difficult for the victims to assert their claims.
- Processing of claims in individual steps over a long period of time.
- Short deadlines for filing claims and early dissolution of the restitution facilities.
- Insufficient public relations activities and general knowledge of the legislative measures.
- Equal treatment of all Austrian victims of the Nazi regime, i.e. no special provisions for Jews.

All restitution measures were founded on the premise that Austria never was an enemy state and must therefore not be treated as such. For this reason, quite deliberately, the official term used, also in connection with property settlements, was not *Wiedergutmachung* (reparations, amends) but *Rückstellung* (restitution). The Republic of Austria did not have to make amends, since the state was not in a capacity to act in its own right during the time of German"occupation" so that it was not responsible for anything that happened in those years.

Implementation of most restitution and compensation measures required pressure on the part of the Allied Powers, in particular the United States. Although there were, without any doubt, serious and sound reasons for the delay in solving the issue of Jewish assets, the tremendous discrepancy between the time frame of the expropriations, on the one hand, and that for restitution, on the other, cannot be overlooked. While the Jewish population was almost completely deprived of its assets in a matter of two years, the restitution efforts took almost two decades. To this day, Austria has therefore frequently been reproached with having deliberately delayed and complicated the processing of Jewish restitution claims by creating bureaucratic obstacles. When all is said and done, however, Austria has done a lot, but the measures have almost invariably been taken under outside pressure and only after prolonged negotiations by which claims were further reduced.

The following legislative measures were of importance in connection with Jewish insurance policies:

Registration of Seized Property Act *(Vermögensentziehungs-Erfassungsgesetz)*

Law on the registration of Aryanised and other assets seized in connection with the assumption of power by the National Socialists, 10 May 1945.

Registration of Seized Property Regulation *(Vermögensentziehungs-Anmeldungsverordnung)*

Regulation by the Federal Ministry for Asset Safeguarding and Economic Planning in concert with the federal ministries involved, 15 September 1946.

Public Administrators Act *(Verwaltergesetz)*

Law on the appointment of public administrators and supervisors of 10 May 1945, Second Public Administrators Act of 1 February 1946 and Third Public Administrators Act of 13 September 1946, which mainly governed companies where the ownership conditions were not clear.

Collection Agencies *("Sammelstellen")*

The *Bundesgesetz über die Schaffung von Auffangorganisationen* (Federal Receiving Organisations Act or, for short, Collection Agencies Act) was adopted on 13 March 1957. It dealt with those organisations which had to take charge, under Article 26, § 2, of the State Treaty, of all assets, legal rights and interests in Austria which belonged to persons, organisations or communities that were subjected, as individuals or groups, to National Socialist persecution for racial, religious or other reasons, on the condition that these assets, rights and interests had remained"heirless", or for which no claims had been filed within six months of the entry into force of the State Treaty, or if these organisations and communities had ceased to exist. Under this Act, two Collection Agencies were set up. Collection Agency A being responsible for the property of Jews who had been members of the Jewish Community in Austria on 31 December 1937, and Collection Agency B for other victims. The funds allocated to these agencies were prorated 4 to 1.

Insurance Indemnification Act *(Versicherungsentschädigungsgesetz)*

Under the Federal Act on the Settlement of Life Insurance Claims Confiscated by the German Reich of 26 June 1958, payments were made in respect of life insurance policies confiscated by the German Reich for political and racial reasons.

Restitution Acts *(Rückstellungsgesetze)*

Between 1946 and 1949 seven restitution acts were passed.

First Restitution Act

Federal Act of 26 June 1946 on the restitution of assets administered by the Republic of Austria or one of its federal states.

Second Restitution Act

Federal Act of 6 February 1947 on the restitution of seized assets which had become the property of Austria after the war.

Third Restitution Act

Federal Act of 6 February 1947 on the annulment of seizures of property.

Service and pension provisions

Restitution Measures in Respect of Life Insurance Policies

Extant Jewish Policies

Domestic insurance portfolios continued to be recognised after 1945, albeit with a 60% devaluation, in line with the arrangements made for cash and bank deposits. In principle, the same practice was adopted with regard to still existing Jewish-held policies. Jewish policies which had been seized but not yet paid out were honoured, following presentation of a restitution order issued by the *Finanzlandesdirektion* (fiscal authority) (originally applications had to be filed before 1 March 1948, but the deadline was repeatedly extended). Said restitution order lifted the stoppage of payment resulting from the seizure by the German *Reich* and gave the policy-holder an actionable claim. In all cases, however, Jewish claimants had to file an application for restitution.

Redeemed Jewish Policies

Insurance policies for which Jewish policy-holders had received payments by way of cash surrender were deemed expired. This was ultimately also accepted by the Jewish organisations.

Jewish Policies Surrendered to the German *Reich*

Similarly, insurance policies which had been seized and paid out individually or collectively in keeping with Regulation Number Eleven were deemed expired, since the insurance companies could not pay twice for a single insurance policy. Even though the laws of the German *Reich* were contrary to all principles of law, they were enforceable, and indeed enforced, during the Nazi era. The Ministry of Finance expressly stated the following:"In order to forestall any possible doubts, it is herewith stated that the repeal of the Nuremberg Laws does not mean that seizures of life insurance policies by public authorities, in particular seizures in keeping with Regulation Number Eleven, implementing the *Reichsbürgergesetz* of 25 November 1941, DRGBl (*Reich* Law Gazette) I, page 722, are deemed to have been cancelled. Accordingly, payments in respect of such policies are not feasible now and will only become feasible, once the relevant legislation has been passed." As early as 1945/46, the Association of Insurance Companies stated that compensation was not to be required from the insurance companies, which were at all times bound by the laws in force at the time, and thus also by the laws of the German *Reich.* Since the injustice had been done by the public authorities, which had also received the money, material and moral responsibility for restitution rested with the public authorities.

The Insurance Reconstruction Act and Jewish Insurance Policies

A general and definitive solution for all policy-holders was found in 1955. In the wake of the State Treaty, which also resulted in a first settlement of property relations with the FRG, the Insurance Reconstruction Act of 1955 was passed, instructing the insurance companies to draw up, with the financial support of the federal government, a reconstruction balance sheet for the years 1945–54. For this purpose, it was necessary to clarify the question of existing claims. Life insurance contracts concluded before 1 January 1946, were devaluated by 60% and had to be notified to the insurance companies by the policy-holders. While the Third Restitution Act had expressly suspended prescription for victims of political persecution, the Insurance Reconstruction Act of 1955 envisaged a two-year time limit for all extant insurance claims, which would"otherwise be forfeited". This preclusive period was not to be annulled by the Restitution Act. After the expiry date, rights are"destroyed" so that nothing of them remains. In order to preclude difficulties, the insurance companies, of their own accord, reserved the right to honour delayed registrations without asking for compensation by the government.

Exception: ÖVAG

Restitution procedures were complicated by the special case of ÖVAG. This company, which also had to handle the old Phönix policies, found itself in an entirely different situation than the other companies. In principle, ÖVAG was administered by the Republic of Austria, which implied that restitution claims for extant Jewish policies had to be filed pursuant to the First Restitution Act of 1946 (restitution of property administered by the Republic of Austria or one of its federal provinces), while private insurance companies were governed by the Third Restitution Act of 1947. What is more, in1944 ÖVAG *(Deutscher Ring)* had made a lump-sum advance payment of 6 million RM to the German *Reich* for still unprocessed Jewish insurance policies confiscated by the state. ÖVAG *(Deutscher Ring)* thus could not claim that it had already met its contractual obligations arising from a specific insurance policy. Accordingly, the amount of 6 million RM continued to form part of its premium reserves. Since the company had to expect that claims against it might be asserted before court it applied to the *Finanzlandesdirektion* (fiscal authority) on 18 June 1945, for reimbursement of the 6 million RM/schillings, and this request was accepted. This state subsidy was, however, not granted in the interest of Jewish policy-holders but in order to keep the company viable and operative. With the Insurance Reconstruction Act of 1955, ÖVAG received a final compensation for the lump-sum of 6 million RM by way of federal bonds.

This did away with the argument that ÖVAG could not be expected to honour the policy- holders' claims on the grounds that it had already met its contractual obligations by paying the 6 million RM lump-sum to the German *Reich.* It was now possible to liquidate these policies without further problems, and the policy-holders in question received 40% of the original surrender value pursuant to the Insurance Reconstruction Act. When the Insurance Reconstruction Act was adopted in 1955, the issue was revived because it became possible under this law to make claims, within a two-year period, against all insurance companies including ÖVAG, in respect of Jewish policies confiscated under Regulation Number Eleven. Accordingly, ÖVAG developed special application forms listing the requirements for restitution claims in respect of lapsed policies and sent them to all policy-holders whose addresses were known. Apart from the case of ÖVAG, the Insurance Reconstruction Act did not, however, solve the problem of life insurance contracts looted by the German *Reich* and paid out to it. In these cases it was impossible to register claims since the other insurance companies had paid out the surrender values individually and had thus met their conctractual obligations.

The Insurance Indemnification Act of 1958 Governing Compensation for Life Insurance Policies Confiscated by the German *Reich*

A solution had to be found for life insurance policies confiscated by the German *Reich* and paid out to it, especially on the initiative of the Committee for Jewish Claims against Austria and pressure exerted by the United States and the United Kingdom. This was particularly urgent since, under the Hague Programme, the FRG had already concluded an agreement with the Committee for Jewish Claims against Germany. In addition, Article 26 of the 1955 Austrian State Treaty envisaged this type of property settlement:

"In so far as such action has not already been taken, Austria undertakes that, in all cases where property, legal rights or interests in Austria have since 13 March 1938 been subject of forced transfer or measures of sequestration, confiscation or control on account of the racial origin or religion of the owner, the said property shall be returned and the said legal rights and interests shall be restored together with their accessories."

In 1958, thirteen years after the end of the Third Reich, the Federal Act Governing Compensation for Life Insurance Policies Confiscated by the German Reich *(Entschädigungsgesetz)* was adopted. This law did not provide for a revival of claims but was seen as a social measure. This meant that the financial burden had to be borne by the federal government rather than by the insurance companies. The basic idea was"that policy-holders who had lost their insurance claims on grounds of measures of the German *Reich* ostracised by international law should finally be reinstated in their rights." Individuals whose policies formed part of the domestic portfolio of an insurance company had to notify their claims in writing to the insurance company in question before 30 June 1959, to the exclusion of further claims. The insurance company then sent a statement of the facts to the competent *Finanzlandesdirektion*, which decided the case and issued a notice thereon. The insurance benefit payable to the policy-holder was calculated up to the end of premium payments and the subsequent period was regarded as a premium-exempt period; the benefit due was then diminished by 60% in keeping with the provisions of the Insurance Reconstruction Act.

After the end of the notification period, the Ministry of Finance – in its capacity as Supervisory Authority – called upon the insurance companies to determine how many applications, and in what amounts, had been received and approved. By September 1959, 456 of a total of about 1000 claims had been processed with a positive result, and an amount of 1.4 million schillings paid out. The average amount per policy was thus 3,086.– schillings. ÖVAG accounted for 57% of the applications and 58% of the payments. These figures included the pending cases, but not the rejected cases.

Claims Honoured Under the Indemnification Act (Law Gazette 130/1958)

	Number	Total amount
ÖVAG	260	817,344.00
Wiener Städtische	54	252,679.90
Generali	42	94,025.30
Donau	32	26,546.00
Riunione	30	62,348.00
Victoria	20	107,868.00
Der Anker	11	37,567.00
Volksfürsorge	4	3,784.43
National	1	260.80
Nordstern	1	3,576.45
Bundesländer	1	1,000.00
Total	456	1,406,999.91

The interesting finding is not the total amount, which more or less corresponded to expectations. In fact, when compared with the statements made by the insurance companies that were in a position to indicate what payments they had made pursuant to Regulation Number Eleven, the claims actually made and honoured were 181,783 schillings or 24% lower than potential claims. What is worth noting, however, is the small number of claims that were actually made. The average surrender values indicate that most of the Jewish victims who took the trouble to file their applications for restitution were those with large amounts insured. The average surrender value according to the property registration of 1938 amounted to 2,434 RM per policy, while the average of the surrender value paid out under the Indemnification Act (after a 60% devaluation) was more than three times as high, and in the case of some insurance companies, even much higher.

The Effect of the Currency Laws and Inflation

The payments to the policy-holders were in accordance with the changes to which life insurance contracts were generally subject after 1938. In general terms, restitution measures were therefore based on first determining the amount of the property held in 1938, then to apply to that amount the general currency measures of the Nazi era, and finally to take into account the effects of the currency and insurance laws after 1945. As a matter of principle, no valorisation of restitutions was contemplated. In the case of real property, such as land, buildings and business enterprises, this was frequently advantageous for the injured party, but in the case of assets in the form of bank deposits or insurance contracts the effect was disastrous.

Persons whose policies dating from 1938 were honoured in 1955 incurred monetary-value losses of 90%. In addition, the Insurance Reconstruction Act provided for a 60% devaluation, so that the nominal amount they received was as little as 4% of the 1938 value. This applied indiscriminately to all Austrian policy-holders, but certainly came as a surprise, if not a shock, to those who had expected to be finally compensated for their losses.

Collection Agencies

On the basis of the State Treaty of 1955 the Republic of Austria passed the Collection Agencies Act *(Auffangorganisationsgesetz)* of 13 March 1957, which established Collection Agencies for unclaimed or "heirless" Jewish property claims. Claimants had to file their claims by 31 December 1959. As regards life insurance claims, however, the activities of the Collection Agencies met with the obstacles created by the already operative prescription periods and expiry dates. The Insurance Reconstruction Act provided for 30 September 1957, as the absolute deadline for the filing of claims, and with regard to claims arising from policies seized under Regulation Number Eleven, the Indemnification Act had fixed 30 June 1959 as the deadline. Accordingly, there was very little the Collection Agencies were able to do in the field of life insurance contracts.

The head of the Collection Agency, Dr.Georg Weis, submitted 14,886 claims to the insurance companies. Screening these long lists and comparing them with the partly incomplete files and index cards required an enormous amount of administrative work. It became, however, increasingly clear that many claims filed with the Collection Agency had been handled in a different form by the legislators and were either covered by the Indemnification Act or had been forfeited because of the expiry date envisaged in the Insurance Reconstruction Act. Only two insurance companies – Wiener Städtische and Victoria – complied with the Collection Agency's demand and transferred a total of approx. 130,000 schillings. The average surrender value of the policies, for which transfers to the Collection Agency were made, was 334 schillings, which suggests that only policies with very low surrender values were left. The other insurance companies followed the decision of the Insurance Supervisory Authority and did not make any payments in respect of the prescribed or lapsed policies – with one exception: If an insurance policy had been paid to an Austrian fiscal authority during the Nazi era, it was deemed, in keeping with the First Restitution Act, to be administered by an agency of the federal government. The agencies responsible for restitution – the *Finanzlandesdirektionen* – assigned such policies to the Collection Agencies well into the 1960s, and the insurance agencies made the respective transfers.

The measures taken under the Insurance Reconstruction Act and the Insurance Indemnification Act and the activities of Collection Agency A legally put an end, from a stuatutory viewpoint, to the issue of Jewish-held life insurance policies, and the Jewish side was at that time satisfied with what had been achieved. This is borne out by the much-cited statement of the Chairman of the Committee for Jewish Claims Against Austria, Dr. Nahum Goldmann, and by Dr. Kapralik of the Jewish Trust Corporation for Germany, who had detailed knowledge of the situation in Austria and found the solutions largely"satisfactory".

Conclusions

By way of conclusion this study is expected to quantify what happened to the insurance policies held by Jewish citizens in 1938 and to give exact figures on redemptions, surrenders, confiscations and restitutions and on issues that have remained unsolved. On account of the complexity of the matter and the incomplete data available, such a quantification can only be presented in the form of assumptions and estimates. In fact, all scientific publications dealing with the loss of property by the Jewish population since 1938 and the restitution and compensation measures taken after 1945 have failed to provide unequivocal and undisputed figures.

We based our considerations on the fact that 67% of all Austrian Jews emigrated after the *Anschluss* of 1938 and most probably terminated their insurance policies themselves. It can, however, be assumed that the number of redeemed policies was even higher. On the one hand, Jews who could afford to emigrate were on the average better off than the overall Jewish population and their wealth also determined the number of life insurance policies held and the insured amount. On the other hand, Jews who had not been able to leave the country had to terminate their policies because of economic discrimination. We can thus assume that 70% to 80% of the Jewish-held policies were redeemed. In addition, some 15% of the Jewish policies were directly looted by the German *Reich*, either individually or under Regulation Number Eleven, so that 85% to 95% of Jewish life insurance contracts had been terminated by the end of the war. After 1945, payments were made pursuant to the Restitution Acts. The sum total of these repayments is, however, unknown. Furthermore, payments were also made to the Collection Agencies so that it cannot be assumed that much has been left. In this context, particular importance attaches to the Collection Agencies. Two insurance companies cooperated with them and reviewed the lists of Jewish policies registered with the Property Office in 1938. The small amounts paid out according to this review, irrespective of prescription or lapse, indicate that there was hardly anything left of the old portfolio.

Still, definitive figures can hardly be given since, on the one hand, a part of the Jewish life insurance policies was not registered with the Property Office and, on the other, since the situation of the individual insurance companies differs considerably. If we analyse the data of the insurance companies which had a larger share of Jewish policies in their portfolios and where we have at least some data, we arrive at the following overall development of redemptions:

Payments for redeemed life insurance policies in million RM

	1938	1939	1949	1941	1942	1943	1944
ÖVAG	6.6	6.6	2.7	2.5	4.6	1.7	1.4
Riunione	2.3	1.5	0.3	-	-	-	-
Der Anker	4.9	5.2	1.7	0.9	1.2	-	-
Generali	1.7	1.5	0.4	-	-	-	-
Wr. Städtische	2.4	1.6	0.5	0.4	-	-	0.4

If we assume that 1940 was a "normal" year and that the excessive number of redemptions of the years 1938 and 1939 were due to Jewish policies, we find the following redemption patterns for the first two years after the *Anschluss*:

Excessive redemptions in 1938 and 1939

Insurance company	Surrender value – acc. to Property Office – 1938 in million RM	Excessive redemptions – 1938/1939 in million RM
ÖVAG	28.4	7.8
Riunione	3.1	3.2
Der Anker	2.9	6.7
Generali	2.7	2.4
Wr. Städtische	1.2	3.0
Total	38.3	23.1

In the"normal" year of 1940 the surrender value paid out by the above-mentioned insurance companies totalled 5.6 million RM. In 1938, this value was higher by 12.3 million RM, and in 1939 it was exceeded by 10.8 million RM, which means that 23.1 million RM more had been paid out in the course of these two years.

With the exception of ÖVAG, all insurance companies had to cope with equally high numbers of redemptions, or a considerably higher number than Austrian Jews had registered with the Property Office in 1938. In the case of some insurance companies, the number of redemptions was so dramatic that they must have lost most of their Jewish clientele by 1939. We can therefore assume that – with the exception of ÖVAG – their portfolios after 1945 included only a small number of unredeemed Jewish policies dating back to pre-war years.

This leaves the problem of ÖVAG. Between 1938 and 1944, this company paid back a sum total of 26.1 million RM. If we take an amount of 1.55 million RM, which is the sum paid out in the years 1943/44, as the normal average, since, on account of the advance payment of 6 million RM, hardly any Jewish policies were paid out or confiscated by the *Reich during these years, the average amount repaid during this 7-year period was by 15.25 million RM higher than normal (excessive number of redemptions). This means that after 1945, a surrender value of 7.95 million RM or 34% of the surrender value registered with the Property Office in 1938 would have remained open. After the 60% devaluation under the Insurance Reconstruction Act, this sum would have corresponded to 3.18 million new schillings. In actual fact, ÖVAG in 1947 entered for this purpose a premium reserve of 4 million schillings. Pursuant to the Insurance Indemnification Act of 1958, ÖVAG paid 817,344 schillings, which, in accordance with the provisions of the Insurance Reconstruction Act, represented 40% of the original surrender value of 2,043,360 RM. On this assumption, the remaining surrender value of Jewish policies would only have amounted to 5.9 million RM or, after the 60% devaluation prescribed by the Insurance Reconstruction Act, 2.4 million schillings.*

As outlined above, however, ÖVAG was the only insurance company which was authorised and able to liquidate and pay out its old portfolio of Jewish life insurance policies already shortly after the war. Concrete figures are not known, but ÖVAG made special efforts, after adoption of the Insurance Reconstruction Act in 1955, by sending out special application forms for lapsed restitution claims to all policy holders whose addresses were known. "It is therefore to be assumed", the Public Administrator stated, "that all potential claimants have thus been covered to the extent that the search for them has been economically feasible."

These considerations are based on the assumption that the excessive redemptions effected in 1938 and 1939 were, in fact, came entirely from Jewish policy holders and do not take into account the apparently significant number of Jewish life insurance policies not registered with Property Office. This indicates that we can neither unequivocally quantify the holdings of the entire insurance sector, nor those of individual insurance companies. This actually worked to the advantage of Austria's Jewish population at that time. The state, including the German *Reich*, can only seize property on the basis of information available to it. The Property Office, however, obviously failed to provide sufficient information of this nature in 1938. While it is hardly possible to conceal real estate holdings, insurance policies can easily be withheld. In addition, property registration, in particular in respect of insurance policies, reflected only the situation at a certain moment, since the property held in the form of insurance policies was rapidly diminished by premium exemptions, policy loans and redemptions. The insurance companies, in turn, cannot reconstruct their original Jewish policy holdings as their portfolios were not broken down according to racial categories. We have a fairly clear picture of what happened after Regulation Number Eleven of 1942 and with regard to the processing, restitution and indemnification measures for Jewish life insurance policies after 1945, but we can hardly determine the number and scope of Jewish policies in relation to the original total portfolios. Some insurance companies may even claim that they paid out larger amounts on Jewish policies than had been registered with the Property Office in 1938. Whether there are still "unclaimed" Jewish policies, and how many, cannot be determined with any amount of certainty. What can be determined, however, are individual claims against individual insurance companies.

Christian Karsch

Der Weg der österreichischen Versicherungswirtschaft zum Entschädigungsfondsgesetz 2001

Der Verfasser dankt den folgenden Personen für die Durchsicht des Manuskripts und für wertvolle Hinweise: M. Haupfleisch, A. Hollmayer, R. Mathauser, M. Roloff, H. Weiser und D. Stiefel. Den beiden Generalsekretären des Verbandes der Versicherungsunternehmen Österreichs, den Herren Dkfm. H. Retter und zuletzt Dr. L. Norman-Audenhove, schuldet der Autor dafür Dank, dass er die vorliegende Arbeit ungestört und in eigener wissenschaftlicher Verantwortung abfassen konnte.

Wien 2005

1. Vorwort: Imperfect Justice

Die Überschrift über die folgenden Zeilen ist die gleiche wie der Titel des Buches von St. Eizenstat. Das Buch erschien Anfang 2003. Sein voller Titel lautet: „Imperfect Justice, Looted Asstes, Slave Labor, and the Unfinished Business of World War II".[1] Anders als das Werk von St. Eizenstat (2003) oder die Beiträge anderer Autoren[2] befassen sich die folgenden Ausführungen nur mit der österreichischen Versicherungswirtschaft und wie sie auf die, in der zweiten Hälfte der neunziger Jahre des vorigen Jahrhunderts vehement einsetzenden Initiativen von Opfern des Nationalsozialismus – des Holocaust – reagierte. Die Opfer bzw. ihre Organisationen sowie die Anwälte der Opfer und vor allem der Jüdische Weltkongress[3] verlangten eine angemessene Wiedergutmachung von persönlichem Leid, die Rückstellung noch nicht rückübertragener Liegenschaften, von Kunstgegenständen und nicht ausgefolgten Geldvermögen sowie eine Entschädigung

1 St. Eizenstat (2003), Imperfect Justice, Looted Assets, Slave Labor, and the Unfinished Business of World War II, New York.

2 Beispielsweise J. Authers and R. Wolffe (2002), The Victim's Fortune. Inside the Epic Battle over the Debts of the Holocaust. New York. John Authers berichtete wiederholt in den „Financial Times" zum Thema „Holocaust". Zur von Österreich geleisteten Entschädigung von Zwangs- und Sklavenarbeitern siehe: H. Feichtlbauer (2005), 1938–1945. Zwangsarbeit in Österreich. Fonds für Versöhnung, Frieden und Zusammenarbeit. Wien. Die Komplexität von Entschädigungsfragen veranschaulicht der Artikel von St. Wagstyl (2001): „Private homes in Poland were seized first by the Nazis, then the communists – and the country's borders were moved. It all makes the task of unravelling the claims of conflicting owners seemingly impossible." St. Wagstyl (2001), Lost property of a generation, in: Financial Times, Feb. 10/11, 2001. P. 10.

3 Siehe dazu die jta-Meldung „In Shadow of Durban and Sept. 11" vom 05.11.01 über eine internationale Zusammenkunft des World Jewish Congress in Jerusalem. Die persönliche Sicherheit jüdischer Gemeinschaften und die Bewahrung der jüdischen Spiritualität hatten die Rückerstattung von jüdischem Vermögen, das im Zuge des Holocaust entzogen worden war, als Hauptanliegen des WJC abgelöst. „Both themes are replacing Holocaust restitution as a top priority for the WJC, which during the past decade has helped fashion international agreements for the return of stolen assets to survivors or their heirs." JTA – Global Jewish News, In shadow of Durban and Sept. 11. 05.11.2001. www.jta.org/story.asp?story=8907.

sonstiger Vermögensschäden, die ihnen im Dritten Reich widerfahren waren und die ihrer Auffassung nach nicht oder nur unzureichend erstattet worden waren.

Im Gegensatz zu früheren, in der zweiten Hälfte des 20. Jahrhunderts gelegenen ähnlichen Initiativen, die sich gegen Deutschland als Nachfolgestaat des Dritten Reiches richteten oder, beispielsweise, an Österreich appellierten seinen Verpflichtungen nachzukommen, die sich aus seiner, genauer, der Mitschuld seiner Bevölkerung an NS-Verbrechen ergaben, war es diesmal, das ist zur Jahrhundertwende, zunächst einmal die (neutrale) Schweiz, von welcher die Herausgabe meist nachrichtenloser oder unzureichend legitimierter Vermögenswerte gefordert wurde.[4, 5] Kurz darauf folgten die Appelle an an-

4 Am Rande sei an den in jenen Tagen kolportierten Ländervergleich von Eva Blimlinger, der Forschungskoordinatorin der Historikerkommission der Republik Österreich, erinnert. Sie bemerkte: ‚Die Restitutionsansprüche aufgrund des Holocaust begannen in der Schweiz mit dem Geld, in Deutschland mit der Arbeit und in Österreich mit der Kunst.“ Zitiert aus der Erinnerung des Verfassers an Gespräche mit E. Blimlinger.

5 Ch. Thonke (2004) unterscheidet zwischen einer ersten und einer zweiten „Wiedergutmachungs“-Debatte. Die erste Debatte fand in der unmittelbaren Nachkriegszeit statt. Auf sie bezieht sich der allgemein publik gewordene Vorwurf an Österreich, statt Restitutionsinitiativen -verzögerungen bewirkt zu haben: „Ich bin dafür, die Sache in die Länge zu ziehen …“ (R. Knight [1988]; a.a.O.). Ch. Thonke (2004) charakterisiert die erste Debatte wie folgt:

„… 1. Sie war zeitlich begrenzt: Forderungen nach „Wiedergutmachung“ für die materiellen Folgen der NS-Verfolgung gab es bereits seit den dreißiger Jahren. Der Schwerpunkt der Debatte ist aber auf den Zeitraum von der öffentlichen ‚Wiedergutmachungs‘-Erklärung Konrad Adenauers vor dem deutschen Bundestag (September 1951) beziehungsweise dem Beginn der Verhandlungen zwischen der Claims Conference und der Bundesrepublik Deutschland in Wassenaar und dem Ende der ‚großen Wiedergutmachung‘ Österreichs 1961 festzumachen.

2. Die ‚Täter‘ wurden in der Debatte eindeutig ausgemacht und räumlich eingegrenzt: Drei Länder waren die Adressaten für Entschädigungsforderungen von Opferseite – die Bundesrepublik Deutschland, die Deutsche Demokratische Republik und die Republik Österreich. Alle drei Staaten waren direkte Nachfolger des ‚Dritten Reiches‘ – wenn schon nicht juristisch, so zumindest räumlich. Kaum jemand dachte daran, andere Länder Europas oder gar außerhalb des Kontinents für die NS-Verbrechen und die ökonomischen Verluste der Verfolgten zur Verantwortung zu ziehen beziehungsweise Entschädigung zu verlangen.

3. Auch die ‚Opfer‘ wurden in dieser ersten Debatte eindeutig ausgemacht und eingegrenzt: Als Empfänger der ‚Wiedergutmachung‘ standen der Staat Israel beziehungsweise die auf die westliche Welt verstreuten Opfer der NS-Verfolgung fest. Die ‚Conference on Material Claims against Germany‘ beziehungsweise das ‚Comittee on Material Claims against Austria‘ bekamen als Zusammenschluss der wichtigsten jüdischen Organisationen das Verhandlungs-Monopol auf der Opferseite zugestanden. Sie waren mehr an der kollektiven Entschädigung und dem Wiederaufbau jüdischer Gemeinden in Europa beziehungsweise der Unterstützung jüdischen Lebens in kommunistischen Staaten interessiert als an individuellen, privaten Ansprüchen. …“

Für die zweite Debatte war nach Ch. Thonke (2004) charakteristisch:

„… 1. Die scheinbar abgeschlossene „Wiedergutmachungs“-Debatte wird wieder eröffnet. Die wichtigsten Voraussetzungen dafür sind: die „Amerikanisierung des Holocaust“ mit all seinen Implikationen, das

dere Länder sich unerledigter Entschädigungsansprüche aus der Zeit der NS-Herrschaft über Kontinentaleuropa anzunehmen; so auch an Österreich. Dadurch erhielt die Initiative von Anfang an eine Ausrichtung, die in Deutschland, vor allem aber in Österreich ein Umdenken erforderte. Die Schweiz ist – so wie auch die Vereinigten Staaten von Amerika – durch staatliche, rechtliche sowie wirtschaftliche und finanzielle Kontinuität gekennzeichnet. Der für Österreich typische Einwand gegen Wiedergutmachungsanliegen war der Verweis auf die rechtliche und finanzielle Diskontinuität. Die Okkupation bzw. Annexion von 1938 wurde als Grund herangezogen, warum für NS-Unrecht und NS-Verbrechen nicht gehaftet werden mußte. Die Währungsumstellungen (1938, 1945 bzw. 1947) wirkten teilweise schuldbefreiend.[6] Diese Umstände trafen für die Schweiz nicht zu. Die Übertragung einer für die Schweiz (oder gar die USA) zutreffenden Sicht auf österreichische oder deutsche Verhältnisse rief Ablehnung hervor und die Aufforderung offene Ansprüche auf bzw. die Suche nach Geldvermögen nach Schweizer Muster zu regulieren bzw. zu organisieren stieß auf Unverständnis.

Die Opfer und ihre Organisationen erhoben ihre Forderungen mehr als ein halbes Jahrhundert später. Zu einem Zeitpunkt, als das Gros der Täter bereits gestorben

---

Ende des Kalten Krieges, die Anwendung von US-Recht zum Einklagen von Menschenrechtsverletzungen und Völkermord vor US-Gerichten mit Hilfe von ‚Class Actions' (‚Sammelklagen') und die Globalisierung der Weltwirtschaft.

2. Die ‚Täter' in der zweiten ‚Wiedergutmachungs'-Debatte sind nicht mehr auf die Nachfolgestaates des ‚Dritten Reiches' beschränkt, sondern werden einerseits individualisiert (bestes Beispiel dafür sind die von US-Anwälten veröffentlichen Listen der Firmen, die von NS-Zwangsarbeit profitiert haben) und andererseits universalisiert. Staaten, die auf den ersten Blick nicht mit den NS-Gräueln zu tun gehabt haben wie die Schweiz, rücken ins Zentrum der Auseinandersetzung.
3. Auch die Opfer werden ‚entgrenzt' – mit dem Fall des ‚Eisernen Vorhangs' zwischen West und Ost in Europa bekommt eine bisher nicht berücksichtigte Opfergruppe, die ehemaligen Zwangsarbeiter, die Möglichkeit, sich zu artikulieren. Zugleich verlieren Claims Conference beziehungsweise Claims Committee ihr Monopol auf die Verhandlung von ‚Wiedergutmachungs'-Fragen und als die aktiven Debatten-‚Anstoßer'. Ihre Rolle wird zunehmen von Anwälten übernommen, die private Ansprüche mit Hilfe von Sammelklagen vertreten und mittels einer ‚amerikanisierten' und globalisierten Medienberichterstattung den Diskurs vorantreiben und zu einem guten Teil beherrschen. Auch die staatlichen Stellen haben ihre Initiativkraft eingebüßt. Zweig schreibt im Vorwort zur zweiten Auflage seiner Geschichte der Claims Conference treffend: ‚Even though the State Department and the Clinton administration have adopted the Holocaust-era assets question, the initiative for action on the restoration of assets has become the prerogative of private lawyers and voluntary organizations. Unlike the situation in occupied Europe after 1945, official government policy is no longer the driving force.' (J. Zweig [2001], German Reparations and the Jewish World. A History of the Claims Conference. Sec. Ed. London, Portland. P. 7) …" Ch. Thonke (2004), Hitlers langer Schatten. Der mühevolle Weg zur Entschädigung der NS-Opfer. Böhlau Verlag, Wien, Köln, Weimar. S. 83f.

6 Darunter sind sowohl die Wechselkursänderungen wie die geld-, valuten- und devisenrechtlichen Bestimmungen zu verstehen.

war, die politischen Verhältnisse in jenen Gebieten, wo der Nationalsozialismus seine Schandtaten begangen hatte, sich nachhaltig geändert hatten, das Gros der Opfer, sofern sie 1945 noch lebten, desgleichen verstorben war oder längst ein hohes Alter erreicht hatte. Die Initiative wurde weitgehend von den Nachfahren der Opfer getragen und traf auf die Nachfahren der Täter, auf die Nachfahren von Mitläufern, aber auch auf die Nachfahren von Gegnern des Nationalsozialismus. Es trat das ein, womit die wenigsten, vor allem nicht Wirtschaftstreibende, gerechnet hatten: Eine Rückkehr der Geschichte.[7] Im historischen Rückblick (über Jahrhunderte) betrachtet, ist gerade in Entschädigungs- bzw. Restitutionsangelegenheiten eine solche „Rückkehr der Geschichte" nichts Neues. Auch die damit verbundenen grundlegenden Fragestellungen werden fast jedes Mal neu gestellt, obwohl sie längst ausgesprochen und ausgiebig besprochen worden waren.[8]

Die geschichtliche Bewusstseinsbildung hatte sich im Vergleich zur unmittelbaren Nachkriegszeit geändert. Die historiographische Darstellung der NS-Zeit konzentrierte sich (und tut es noch) auf die herausragenden Ereignisse dieser Epoche. Und zu diesen Ereignissen gehört der Holocaust. Dadurch kam es zu so etwas wie einem „geschichtswissenschaftlichen Bias" der Vergegenwärtigung des NS-Regimes. Die Tatsache, wenngleich auch immer wieder (in Nebensätzen) erwähnt, dass eine wesentliche Voraussetzung für die NS-Greuel deren Scheinlegitimität und – bis auf das Novemberpogrom 1938 – deren weitgehend diskrete Durchführung war, wurde bei der Bewusstseinsbildung verdrängt. Im Nachhinein fällt es schwer zu begreifen, dass es gerade die *(scheinbar)* manierliche Seite des Nationalsozialismus war, dass es seine *(scheinbaren)* politischen und wirtschaftlichen Erfolge[9] waren, welche die Ungeheuerlichkeiten des Regimes ermöglichten. Die Doppelgesichtigkeit des NS-Regimes war vielen Zeitgenossen nicht bewusst bzw. wurde ihnen zu spät klar; und so manches Parteimitglied verdrängte die verbrecherische Realität angesichts der gloriosen und großsprecherischen Selbstdarstellung des Regimes.

---

7 „Die Rückkehr der Geschichte" war auch der Titel einer Veranstaltungsreihe bei den Alpbacher Politischen Gesprächen am 28.08.2001. Dabei ging es nicht nur um die NS-Vergangenheit, sondern allgemein um das Phänomen, dass die dunklen Seiten einer Vergangenheit weder schöngeredet noch totgeschwiegen können, sondern – oft überraschend – politische Tagesaktualität erhalten. Ablage: EntschFG. Archiv des VVO

8 G. Weis, Restitution Through The Ages. Noah Barou Memorial Lecture 1962. The World Jewish Congress, British Section. London 1962.

9 In der zeitgenössischen, aber auch in der zeitgeschichtlichen Literatur wird die nationalsozialistische Wirtschaftspolitik oft als erfolgreich bezeichnet und dabei auf Vollbeschäftigung, Infrastrukturausbau und reales Wirtschaftswachstum verwiesen. Diese Sicht greift zu kurz! Abgesehen vom Gesamtzusammenhang des ablehnenswerten NS-Regimes war auch dessen Wirtschaftspolitik verfehlt. Vor allem die aggressive Außenpolitik, die zum Krieg führte, verdeckte die faktisch defizitäre Außenhandelsposition des Reiches, eine katastrophale Budgetpolitik und den drohenden Währungskollaps.

In diesen Zusammenhängen liegt ein Teil der „moralischen Verantwortung" begründet, die wahrzunehmen, die Opferseite einmahnte.

Im Folgenden werden diejenigen, die Wiedergutmachung forderten, kurz als „Opfer"- oder „Klägerseite" zusammenfassend bezeichnet. Diejenigen, von denen die Wiedergutmachung verlangt wurde, werden kurz als „Täter"- oder „Beklagtenseite" angesprochen; und zwar auch dann, wenn ihnen individuell, zum Beispiel aufgrund ihrer Rechtsnatur oder ihres Alters, keine Schuld bzw. Mitschuld am Nationalsozialismus angelastet werden kann, oder sie gar im Widerstand gegen den Nationalsozialismus standen oder selbst Opfer des NS-Regimes waren, ohne jedoch jenen Opfern zuzugehören, die aus rassischen Gründen verfolgt worden waren.[10]

Die Opferseite forderte die Rückstellung von Vermögenswerten, wenn deren Rückstellung nach 1945 unterblieben war, und finanzielle Entschädigungen, wenn eine Rückstellung nicht möglich war. Sie mahnte von den Nachfahren derjenigen, die sie der Täterseite zuordnete, eine gründliche Auseinandersetzung mit der Vergangenheit des Dritten Reiches ein. Anders als in Israel oder in den Vereinigten Staaten war während des „Kalten Krieges" die Auseinandersetzung mit den verbrecherischen Seiten des Nationalsozialismus in vielen kontinentaleuropäischen Staaten in den Hintergrund getreten oder erfolgte einseitig, in dem die Kollaboration mit dem Dritten Reich weitgehend ausgeblendet wurde. Die Aufforderung, sich mit den dunklen Seiten der eigenen Vergangenheit auseinander zu setzen, löste eine intensive geschichtswissenschaftliche Forschungstätigkeit aus, die noch anhält, und deren zunehmend differenzierter werdende Ergebnisse allmählich in das Bewusstsein der kulturellen, politischen und wirtschaftlichen Eliten (Kontinentaleuropas) eindringen.[11]

Wird Gerechtigkeit als ein komplexes Unterfangen, als das Streben sich einer Utopie anzunähern verstanden, kann daraus der Titel „Imperfect Justice" abgeleitet werden. Es ist

10 Die US-amerikanischen Gesetzgebungen, insbesondere die staatlichen „Holocaust Victims Insurance Acts", kennen nur Opfer des Holocaust (der Shoah). Anders ist die Lage in Österreich. Hier werden alle Opferkategorien angesprochen; also nicht nur Opfer der rassischen Verfolgung.

11 Worauf es dabei ankommt, führte der deutsche Historiker G. Aly (1999) in einem Interview mit der Zeitung „Die Presse" aus: „Im Prinzip kann man darauf bauen, daß die Diskussion rund um die Rolle der Wissenschaft im Nationalsozialismus und die Beteiligung der deutschen Intelligenz weiter vorankommt. Sie führt von selbst zu der Frage nach der Intelligenz des gesamten Systems, das man bisher immer gern und bequem als rückwärtsgewandte braune Barbarenherrschaft wahrgenommen hat." Letzteres war der Nationalsozialismus auch, nicht zuletzt aus der Sicht der Opfer; aber er war es nicht nur. Die Flucht der (europäischen) Eliten vor ihrer Verantwortung für das NS-Regime erforderte die Tätigkeit der Schlächter und Schergen des Regimes mit dem Regime gleichzusetzen. G. Aly (1999), Holocaust, Massenvertreibung und völkischer Sozialismus. Was in der heutigen Wiedergutmachungsdiskussion falsch läuft. Mit dem Berliner Historiker sprach Burkhard Bischof, in: Die Presse, 29.01.1999, Wien. S. 11.

nicht nur die Tatsache, dass gemessen an dem vielfältigen Unrecht und den Greueltaten des Dritten Reiches (nicht allein an Juden) eine vollständige Wiedergutmachung[12] materiell nicht möglich ist; in diesem Sinn ist Gerechtigkeit notwendigerweise inperfekt. Es ist auch die Tatsache, dass die Bewusstseinsbildung über den Nationalsozialismus nicht abgeschlossen sein kann. Dazu waren seine Folgen zu nachhaltig. In diesem Sinn ist Gerechtigkeit ein Ablauf, und der Weg das eigentliche Ziel. Gerade wegen der Irreversibilität des Schadens ist die materielle bzw. finanzielle Seite einer Wiedergutmachung durchzuführen. Andernfalls würden andere Bemühungen nicht wirksam. In eingeschränkter Weise kommt Wiedergutmachung damit zu einem Ende. Die ideelle Seite der Wiedergutmachung jedoch ist nicht beendbar. Insoweit Gerechtigkeit die ideelle Seite mit einbezieht, ist und bleibt Gerechtigkeit in- bzw. imperfekt; unvollständig in der Sache und unvollendet in der Zeit.[13] Unvollendet in der Zeit, als die Vergangenheit in die Gegenwart reicht und in dieser andauert. Ob und inwieweit daraus ein moralischer (oder sonstiger) Anspruch der Opferseite auf immerwährende (kollektive) Anklage folgt, sei dahingestellt.

In Deutschland, der Schweiz und Österreich führte die geschichtswissenschaftliche Auseinandersetzung mit der Rolle der Assekuranz im Dritten Reich zu mehreren Studien, die auch für die gegenwärtige und zukünftige Unternehmensgeschichte bedeutsam sind.[14] Ohne Anspruch auf Vollständigkeit, sei auf einige dieser Arbeiten verwiesen. Historische Unternehmensfestschriften, welche die Zeit des Nationalsozialismus ausblenden oder sich auf Gemeinplätze dazu beschränken, richten sich aufgrund dieser Forschungen hinfort selbst.

---

12 Obwohl in Österreich für die „Wiedergutmachung" der Weg beschritten wurde, Sondergesetze zu verabschieden, liegt der rechtliche Anknüpfungspunkt was darunter zu verstehen ist im (1811 kundgemachten und nach dem Anschluss von 1938 weitergeltenden) Allgemeinen Bürgerlichen Gesetzbuch. Dort heißt es zu den Arten des Schadenersatzes: § 1323. Um den Ersatz eines verursachten Schadens zu leisten, muß alles in den vorigen Stand zurückversetzt, oder, wenn dieses nicht tunlich ist, der Schätzungswert vergütet werden. Betrifft der Ersatz nur den erlittenen Schaden, so wird er eigentlich eine Schadloshaltung; wofern er sich aber auch auf den entgangenen Gewinn, und die Tilgung der verursachten Beleidigung erstreckt, volle Genugtuung genannt. § 1324. Im Falle eines aus böser Absicht, oder aus einer auffallenden Sorglosigkeit verursachten Schadens ist der Beschädigte volle Genugtuung; in den übrigen Fällen aber nur die eigentliche Schadloshaltung zu fordern berechtigt. Hiernach ist in den Fällen, wo im Gesetze der allgemeine Ausdruck: Ersatz, vorkommt, zu beurteilen, welche Art des Ersatzes zu leisten sei.

13 Ausführlicher dazu das Resümee im Schlussbericht der Historikerkommission der Republik Österreich. C. Jabloner et al. (2003), Vermögensentzug während der NS-Zeit sowie Rückstellungen und Entschädigungen seit 1945 in Österreich. Forschungsbericht der Historikerkommission der Republik Österreich. Zusammenfassung und Einschätzungen. Wien. S. 400ff.

14 Ähnliche Initiativen gab es in anderen Ländern. Fast überall wurden Historikerkommissionen eingesetzt, welche zumeist umfangreiche Berichte erstatteten. Da diese Berichte im Teamwork entstanden, wurde für sie die Bezeichnung „Commissioned History" geprägt.

In der Schweiz befasste sich eine Arbeitsgruppe der Unabhängigen Expertenkommission Schweiz-Zweiter Weltkrieg (Bergier-Kommission) mit der Rolle der Assekuranz. Das Ergebnis der von St. Karlen geleiteten Arbeitsgruppe ist die zweiteilige Studie „Schweizerische Versicherungsgesellschaften im Machtbereich des ‚Dritten Reichs'".[15] Im Rahmen der Untersuchungen des Independent Committee of Eminent Persons (Chairman Paul A. Volcker) entstand der so genannte Junz-Bericht (1999), der einen Überblick über das Vermögen der europäischen Juden vor dem II. Weltkrieg gibt.[16] Darin sind auch Angaben über noch nicht fällige Ansprüche aufgrund von Lebensversicherungspolizzen österreichischer Juden enthalten. Sie hatten diese Angaben im Zuge der 1938 geforderten Vermögensanmeldung zu machen.

In Deutschland ragt die von G. D. Feldman (2001) verfasste Monographie „Die Allianz und die deutsche Versicherungswirtschaft 1933–1945" hervor. Sie hat, da sie sich ausführlich mit der Person von Kurt Schmitt (Generaldirektor der Allianz und zeitweise Reichswirtschaftsminister im Kabinett A. Hitler) auseinander setzt, biographische Züge.[17] Die achtzehnteilige Artikelserie „Versicherung unterm Hakenkreuz" von A. Surminsky (1998–1999) ist auch als Buch erschienen.[18] Gleichsam ein Vorgriff auf die spätere Literatur ist die rechtswissenschaftliche Dissertation von A. Botur (1995) „Privatversicherung im Dritten Reich".[19] Den Übergang zur Unternehmensgeschichte markieren die Arbeiten von I. Böhle (1996) „Die Volksfürsorge Lebensversicherungs-AG im Dritten Reich" und B. Günther (2001) „Die Hamburger Feuerkasse im Nationalsozialismus".[20]

In Österreich ist einerseits auf die Monographie von D. Stiefel (2001) „Die österreichischen Lebensversicherungen und die NS-Zeit"[21] zu verweisen und andererseits auf

---

15 St. Karlen, L. Chocomeli, K. D'haemer, St. Laube, D. C. Schmid (2002), Schweizerische Versicherungsgesellschaften im Machtbereich des »Dritten Reichs«, Teil 1 und 2. Veröffentlichungen der Unabhängigen Expertenkommission Schweiz – Zweiter Weltkrieg, Bd. 12. Zürich.

16 H. B. Junz (1999), Report on the Pre-War Wealth Position of the Jewish Population in Nazi-Occupied Countries, Germany and Austria. How the Economics of the Holocaust Add. In: Bericht über nachrichtenlose Konten von Opfern des Nationalsozialismus bei Schweizer Banken. Independent Committee of Eminent Persons (Chairman Paul A. Volcker). Appendix S, pp. A-127 – A-205. Geneva.

17 G. D. Feldman (2001), Die Allianz und die deutsche Versicherungswirtschaft 1933–1945. München.

18 A. Surminsky (1998–1999), Versicherung unterm Hakenkreuz, in: Zeitschrift für Versicherungswesen, Heft Nr. 15–16/August 1998 bis Heft Nr. 11/1. Juni 1999.

19 A. Botur (1995), Privatversicherung im Dritten Reich. Zur Schadensabwicklung nach der Reichskristallnacht unter dem Einfluß nationalsozialistischer Rassen- und Versicherungspolitik. Berliner Juristische Universitätsschriften, Reihe Zivilrecht, Bd. 6. Berlin.

20 I. Böhle (1996), Die Volksfürsorge Lebensversicherungs-AG im Dritten Reich, Magisterarbeit der Univ. Hamburg. Hamburg. B. Günther (2001), Die Hamburger Feuerkasse im Nationalsozialismus, Hamburger Wirtschafts-Chronik, Bd. 2. Hamburg.

21 D. Stiefel (2001a), Die österreichischen Lebensversicherungen und die NS-Zeit. Wirtschaftliche Entwick-

einschlägige Beiträge in der von W. Rohrbach betreuten mehrbändigen Versicherungsgeschichte Österreichs.[22] Quantitative Angabe über jüdisches Vermögen (Rückkaufswerte von Lebensversicherungen) finden sich, wie erwähnt, auch im Junz-Report (1999) sowie in von der Historikerkommission der Republik (2003) veranlassten Berichten.[23]

2. Meinungsbildung

Das vorrangige Anliegen der Opferseite war Mitte der neunziger Jahre Überblick und Zugang zu jüdischem Fluchtkapital zu bekommen, das in der Schweiz auf namen- und nachrichtenlosen Konten lag. In Österreich sah man sich daher zunächst in der Beobachterrolle. Erst anschließend wurden von der Opferseite die Ansprüche gegenüber Deutschland und Österreich bzw. deutsche und österreichische Unternehmen, aber auch gegenüber anderen Staaten bzw. dort ansässige Unternehmen forciert.

Das staatsrechtliche Selbstverständnis der wiedererrichteten Republik Österreich wurzelte in der Moskauer Deklaration von 1943. Dort wurde „Austria, the first free country to fall a victim to Hitlerite aggression“ genannt.[24] Auf die Wiedererrichtung der Republik mit Proklamation vom 27. April 1945 folgte nach und nach ein umfangreiches und kom-

---

lung, politischer Einfluß, jüdische Polizzen. Wien. Siehe dazu auch den Besprechungsaufsatz von W. Rohrbach (2001). W. Rohrbach (2001), Die österreichischen Lebensversicherungen und die NS-Zeit, in: Die Versicherungsrundschau, Heft 10/2001. S. 188ff.

22 P. U. Lehner (1988), Österreichs Versicherungswirtschaft im Dritten Reich, in: Das Zeitalter des modernen Versicherungswesens, Versicherungsgeschichte Österreichs, Bd. III, Redaktion W. Rohrbach. Wien. S. 675ff. H. Thür (1988), Die „Österreichische Versicherungs-AG“ (ÖVAG) und „Deutscher Ring Österreichische Lebensversicherungs-AG der Deutschen Arbeitsfront“ 1936–1945), in: op. cit., Bd. III. S. 703ff. Ch. Karsch (2000), Die Schädigung jüdischer Versicherungsnehmer im Dritten Reich, dargestellt am Beispiel der Lebensversicherung in der Ostmark, in: An der Schwelle zum 3. Jahrtausend – Retrospektiven und Perspektiven, in: Versicherungsgeschichte Österreichs, Bd. VI, Herausgeber und Redaktion W. Rohrbach. Wien. S. 1307ff. I. Ackerl (2000), Nationalsozialistische Massenverhetzung. Presseberichte zum Verfahren gegen zwei „Phönix“-Direktoren, in: op. cit., Bd. VI. S. 1329ff. B. Graf (2000), Vor sechs Jahrzehnten, in: op. cit., Bd. VI. S. 1669ff.

23 Die nachstehenden Berichte sind bis zu ihrer Veröffentlichung in Buchform im Internet abrufbar (www.historikerkommission.gv.at): M. Pammer u. a. (2003), Jüdische Vermögen in Wien 1938. Wien. H. Junz u. a. (2003), Das Vermögen der jüdischen Bevölkerung Österreichs: NS-Raub und Restitution nach 1945. Wien. P. Böhmer (2003), Die österreichische Finanzverwaltung und Restitution entzogener Vermögen 1945 bis 1960. Die Bundesministerien für Vermögenssicherung und Wirtschaftsplanung und für Finanzen. Wien P. Böhmer (2003), Die österreichische Finanzverwaltung und Restitution entzogener Vermögen 1945 bis 1960. Die Finanzlandesdirektion für Wien, Niederösterreich und das Burgenland. Wien.

24 Österreichische Maßnahmen zur Restitution und Entschädigung von Opfern des Nationalsozialismus. Außenpolitische Dokumentation 2001, Sonderdruck. Bundesministerium für auswärtigen Angelegenheiten. Wien. S. 7.

pliziertes Paket an „Wiedergutmachungs"-Gesetzen. Mitte der 90er Jahre erinnerten sich viele Entscheidungsträger nicht mehr genau an deren Inhalt. NS- und Nachkriegszeit erschienen gleichsam verjährt zu sein. Aber dass es Rückstellungsgesetze gegeben hatte, die noch immer zum österreichischen Rechtsbestand gehörten, war allgemein bekannt. Außerdem fiel so manchen ein, dass 1955 beim Abschluss der Staatsvertragsverhandlungen die Kriegsschuldklausel, welche Österreichs Mitschuld betont hatte,[25] gestrichen worden war und dass der Staatsvertrag Österreich Entschädigungen auftrug, denen in Staatsvertragsdurchführungs-Gesetzen (weitgehend) entsprochen worden war. Einigen wenigen kam sogar in den Sinn, dass Ende 1961 Nahum Goldman names des Jewish Claims Committee eine (eingeschränkte) Entfertigungserklärung abgegeben hatte.[26] Ebenso war aber der Umstand bewusst, und wurde zugleich wieder verdrängt, dass Österreich seinen Entschädigungsverpflichtungen nur schleppend und mitunter knauserig nachgekommen war[27] und dies mit seiner Opferrolle begründete;[28, 29] – anstatt nach-

---

25 Absatz 3 der Präambel des Staatsvertragsentwurfes lautete: „3. daß nach dieser Annexion Österreich als integrierender Teil Hitler-Deutschlands am Kriege gegen die Alliierten … teilnahm und daß Deutschland sich zu diesem Zwecke österreichischen Gebietes, österreichischer Truppen und materieller Hilfsquellen bediente, und daß Österreich seine Verantwortlichkeit, die sich aus dieser Teilnahme am Kriege ergibt, nicht vermeiden kann;" Zitiert nach G. Stourzh (1998), Um Einheit und Freiheit. Staatsvertrag, Neutralität und das Ende der Ost-West-Besetzung Österreichs 1945–1955. 4. Aufl. Wien et al. S. 683.

26 Siehe dazu D. Walch (1971), Die jüdischen Bemühungen um die materielle Wiedergutmachung durch die Republik Österreich. Dissertation an der Universität Salzburg. Veröffentlichungen des Historischen Instituts der Universität Salzburg. Wien. Beilage XI.

27 Besonders bekannt wurden diesbezüglich die Arbeiten von R. Knight (1988) und B. Bailer (1991). R. Knight (1988), „Ich bin dafür, die Sache in die Länge zu ziehen". Wortprotokolle der österreichischen Bundesregierung von 1945-52 über die Entschädigung der Juden. Herausgegeben von R. Knight. Frankfurt am Main. B. Bailer (1991), Für Österreich war Wiedergutmachung kein Thema. Die Auseinandersetzung mit der nationalsozialistischen Vergangenheit in Österreich am Beispiel des Opferfürsorgegesetzes und anderer Maßnahmen für die Opfer des Nationalsozialismus. Dissertation an der Universität Wien. Wien.

28 Siehe dazu u. a.: A. Sternfeld (1998), Die Entdeckung der Verantwortung. Die Zweite Republik und die vertriebenen Juden. Hrsg. von A. Pelinka und H. Reinalter, Vergleichende Gesellschaftsgeschichte und politische Ideengeschichte der Neuzeit, Bd. 10. Wien. S. 5ff. und 10 ff. G. Botz (1996), Geschichte und kollektives Gedächtnis in der Zweiten Republik. „Opferthese", „Lebenslüge" und „Geschichtstabu" in der Zeitgeschichtsschreibung, in: Inventur 45/55. Österreich im ersten Jahrzehnt der Zweiten Republik. Hrsg. von W. Kos und G. Rigele. Wien. S. 51ff. B. Bailer (1996), Alle waren Opfer. Der selektive Umgang mit den Folgen des Nationalsozialismus, in: Inventur 45/55, op. cit. S. 181ff. R. S. Wistrich (1999), Austria and the Legacy of the Holocaust. The American Jewish Committee. International Perspectives 44. New York.

29 G. Bischof (2001) sieht in der Wiederbelebung der Opferthese einen „'Conservative Backlash' der späten 1990er" und bemerkt zur Konzeption der Opferthese: „Vieles wäre anders gekommen auf dem Nachkriegsweg der österreichischen Vergangenheitsbewältigung, hätten sich die österreichischen Eliten damals schon auf Druck der Alliierten, auf eine komplexere ‚große Erzählung' von Opfern und Tätern einigen können. Die Einbettung von Der-Wahrheit-näher-kommenden Geschichtsbildern in eine neue „Charta der Demokratie" hätte die Geschichtsklitterungen der Opferthese der Renner-Regierung ein halbes Jahr nach ihrer

drücklich auf die Schwierigkeiten zu verweisen, die mit einem umfangreichen Entschädigungsprogramm in einem kriegsgeschädigten und besetzten Land einhergehen,[30] das um die rechtsstaatliche Abwicklung von Entschädigungen bemüht war. Allerdings ist eine rechtsstaatliche Abwicklung von Wiedergutmachungs- bzw. Entschädigungsansprüchen in der Regel ein zeitaufwendiges Unterfangen. Im Rückblick fällt auf, dass zwar der – quellenmäßig gut belegte – Vorwurf gegen Österreich erhoben wird, Entschädigungsinitiativen verschleppt zu haben, es fehlt aber der Hinweis, dass auch bei einer anderen als der belegten Einstellung die Rückabwicklung des nationalsozialistischen Vermögensentzuges Jahre erfordert hätte.

Anders als in Deutschland wurden Maßnahmen zur Wiedergutmachung in Österreich nur verhalten in die breite Öffentlichkeit getragen. Die Bundesrepublik Deutschland verstand sich als Nachfolgestaat des Deutschen Reiches und legte Wert darauf, öffentlich den politischen Gesinnungswandel und die Bereitschaft zur Wiedergutmachung zu betonen. In Österreich dagegen wurde der Umfang von Entschädigungsmaßnahmen heruntergespielt. Publizität wurde vermieden, so, wie wenn sich der Staat vor den Neidkomplexen seiner Bevölkerung fürchten müsste. Durch die Aufsplitterung der Maßnahmen zur „Wiedergutmachung“ und die diminuierende Bekanntgabe derselben in der Öffentlichkeit, wurde auf der Opferseite der Eindruck der Unzulänglichkeit verstärkt.[31] Die breite Öffentlichkeit in Österreich selbst nahm – die längste Zeit – die Maßnahmen nur oberflächlich wahr und es entstand die Meinung, dass die nationalsozialistische Vergangenheit bereinigt und eventuelle materielle oder gar moralische „Restschulden“ längst verjährt oder vergessen seien. Erst gegen Ende der 90er Jahre des vorigen Jahrhunderts schwenkte die öffentliche Meinung und Meinungsbildung um: ins Gegenteil. Nun galt

Verkündung schon außer Kraft gesetzt.“ G. Bischof (2001), ‚Opfer‘ Österreich? Zur moralischen Ökonomie des österreichischen historischen Gedächtnisses, in: D. Stiefel, (Hg., 2001b), Die politische Ökonomie des Holocaust. Zur wirtschaftlichen Logik von Verfolgung und „Wiedergutmachung“. Querschnitte, Bd. 7. Einführungstexte zur Sozial-, Wirtschafts- und Kulturgeschichte. Wien und München. S. 307ff. (327).

30 Um diese funktionelle Sicht zu erläutern, sei auf ein Beispiel verwiesen: Pekuniäre Wiedergutmachungsmaßnahmen vor der Stabilisierung der Währung hätten zu Schuldnergewinnen geführt. Beispielsweise hätte eine Auszahlung von Versicherungsleistungen in RM bedeutet, dass Ansprüche aufgrund von Lebensversicherungsverträgen formalrechtlich erlöschen, de facto der Empfänger, zumal wenn er sich im Ausland aufhielt, aber fast wertloses Geld erhalten hätten.

31 Vgl. hiezu I. Levine (1997): „The post-war plight of Austrian Jews is distinctive because fundamental material settlements are still unresolved: Germany provides reparations for the majority of Holocaust survivors – but not for those who came from Austria. Legislation to restitute Jewish property is being debated and passed all across Europe – but not in Austria. Many of the property declaration forms … provide detailed testimonies … After the war, Austria's manipulation of its wartime connection with Nazi Germany enabled it to evade the payment of reparations to Jews. …“. I. Levine (1997), The Fate of Stolen Jewish Properties. The Cases of Austria and the Netherlands. Institute of the World Jewish Congress. Jerusalem. Pp. 3.

(fälschlicherweise), dass Österreich nichts oder fast nichts für die Entschädigung der Opfer getan hatte und diese im Zweifelsfalle benachteiligt worden waren.[32]

Am 1. April 1997, 07:00 Uhr, meldete der Oesterreichische Rundfunk: „Gegen sieben europäische Versicherungen, darunter …, ist in den USA eine Milliarden-Klage erhoben worden. Die Versicherungen werden beschuldigt, Holocaustopfern nicht die ihnen zustehenden Versicherungssummen ausbezahlt zu haben. Nach Angaben des Anwaltes begründen die Versicherungsgesellschaften das Ausbleiben der Zahlungen damit, daß die Versicherungsnehmer die Beiträge nicht gezahlt haben. Der Anwalt macht geltend, daß die Betroffenen in Konzentrationslagern inhaftiert gewesen seien."[33] Eine Pressemeldung folgte nun der anderen. Tageszeitungen und Magazine begannen das Thema aufzubereiten.

Damit war es mit der Beobachterrolle vorbei und die Assekuranz war auf die Anklagebank gedrückt worden. Der Anwalt, der beim US-Bundesgericht in Manhattan[34] die Sammelklage mit einer Klagssumme von mindestens einer Milliarde US-Dollar eingereicht hatte, war Ed Fagan.[35] Er hatte die folgenden Versicherer verklagt: Bayerische Allgemeine Versicherung, die Allianz AG, die Wiener Allianz Versicherungs AG, Der Anker Allgemeine Versicherungs-AG, die Assurances Generales de France, Riunione Adriatica di Sicurta und die Assicurazioni Generali. Im Laufe des Sommers wurden weitere europäische Versicherer geklagt (u. a. Victoria, Gerling, Nordstern, Mannheimer, Vereinte Versicherung, Deutscher Ring).[36]

---

32 Siehe dazu den Leitartikel von A. Unterberger (1999), Tue Gutes und schweige, in: Die Presse, 10. Juli 1999, Wien. S. 2

33 Ö1 Morgenjournal vom 01.04.97, 07,00 Uhr. Interne Mitschrift, Pressespiegel des VVO. Wien.

34 U.S. District Court, Southern District of New York. Aktenzahl: 97 CIV.2262.

35 Ed Fagan erhöhte die Klagssumme später auf 12 Mrd. US-Dollar. Er ging dabei von folgender Überschlagsrechnung aus: Die kleinste Versicherungssumme sei „damals" 10.000 US-Dollar gewesen. Das entspreche heute einem Wert von US-$ 320.000. Dieser Betrag, sei der letzte klägliche Rest dessen, was die Opfer des Holocaust ihren Familien hinterlassen hätten. Ed Fagan erwartete mit seiner Sammelklage ca. 10.000 Personen zu erreichen. Siehe dazu zum Beispiel das folgende Interview: „Blind und dumm". US-Anwalt Ed Fagan über die Klage von Nazi-Opfern gegen Versicherer, in: Wirtschaftswoche vom 10.04.1997. Düsseldorf.

36 Zum Stand vom 25.11.2002 erstellte das Bundesministerium für auswärtige Angelegenheiten auf der Grundlage von Informationen der die Republik Österreich und österreichische Unternehmen vertretenden Rechtsanwaltskanzleien einen Überblick (ohne Gewähr für dessen Richtigkeit und Vollständigkeit) über die gegen die Republik Österreich und österreichische Unternehmen in den Vereinigten Staaten eingebrachten Sammelklagen. Einige der Klagen waren zu diesem Zeitpunkt bereits abgewiesen worden. Bei den Klagen „Whiteman" und „Anderman" gehörten Versicherungsunternehmen ausdrücklich zu den Beklagten (s. u.). Bundesministerium für auswärtige Angelegenheiten. Tischvorlage zur Besprechung am 26.11.2002 in der Vereinigung Österr. Industrieller, Wien. Ablage: EntschFG. Archiv des VVO. Diese Tischvorlage wurde um den aktuellen Stand bis zur Abweisung der letzten Sammelklage „Whiteman" am 06.12.2005 (US-Ostküstenzeit) ergänzt. Der Rechtsfrieden war laut Kundmachung vom 13.12.2005 der österreichischen Bundesregierung mit 07.12.2005 (MEZ) gegeben (BGBl. II Nr. 414/2005).

Abgewiesene Sammelklagen (Stand vom 25. 11. 2002)

Kläger	Beklagte	Klägeranwälte	US-Gericht	Einbringung	Status
(1) Anna **Gutwillig** (2) Paula Flaumenbaum Juli (3) Cilia Gutman Borenstein (4) Helen Wajsbrod Henick (5) David Schnitzler (6) Helen Greenbaum	(1) Steyr-Daimler-Puch (2) VOEST-Alpine Stahl AG (3) Corporate DOES 1–100	Edward D. Fagan, Carey D'Avino (Fagen & D'Avino); Robert A. Swift, Steven M. Steingard (Kohn, Swift & Graf); William Marks (The Marks Law Firm); Michael Witti (Law Offices)	US District Court of the Eastern District of New York; I. Judge Leo Glasser	16.10.1998	Labor only Dismissed Feb 9, 2001
(1) Eudokia **Krill** (2) Olha Ivanivna Kovtoniuk	(1) Fed. Rep. of Austria (2) Magna International Inc. (3) Austrian DOE corporations 1–100	Michael D. Hausfeld, Paul T. Gallagher, Agnieszka Fryszman (Cohen, Milstein, Hausfeld & Toll, P.L.L.C.); Myroslav Smorodsky (Smorodsky & Stawnychy); Arnold Levin (Levin, Fishbain, Sedran & Berman); Arthur Bailey (Law Offices of Arthur Bailey & Associates)	US District Court, District of Columbia; Judge June L. Green Reassigned to Judge Hogan	16.08.2000	Labor only Dismissed April 24, 2001
(1) Arthur and Ann **Neuer**	(1) Fed. Rep. of Austria (2) Dorotheum Auktions-, Versatz- und Bankges. mbH (3) Julius Meinl International AG (4) Austrian DOE corporations 1–100	Michael D. Hausfeld, Paul T. Gallagher, Agnieszka Fryszman (Cohen, Milstein, Hausfeld & Toll, P.L.L.C.); Morris A. Ratner (Lieff, Cabraser, Heimann & Bernstein, LLP); Myroslav Smorodsky (Smorodsky & Stawnychy); Arnold Levin (Levin, Fishbain, Sedran & Berman); Arthur Bailey (Law Offices of Arthur Bailey & Associates)	US District Court, District of Columbia; Judge June L. Green Reassigned to Judge Colleen Kollar-Kotelly	24.08.2000	Property only Dismissed Aug. 21, 2001
(1) Maria **Kluge** (2) Grete Boritzer Hahn (3) Elaine Perlmutter (4) Michael Pelichowski (5) Zofia Skrzypczak (6) Stefan Sot (7) Eugeniusz Juroczko (8) Jerzy Juszczyk	(1) Raiffeisen Zentralbank (2) Bankhaus Krentschker AG (3) Quelle Bank AG (4) Austrian Banking Institutions 1–100 (5) ÖIAG (6) Fed. Rep. of Austria (7) Austrian Corporate DOES 1–100	Edward D. Fagan, Carey D'Avino (Fagan & D'Avino); Robert A. Swift, Denis F. Sheils, Steven M. Steingard (Kohn, Swift & Graf, P.C.); Lawrence A. Kill, Linda Gerstel (Anderson, Kill & Olick, P.C.); Harlan Levy, George Carpanello (Barrett Gravante Carpanello & Stern LLP); William Marks (The Marks Law Firm); Michael Witti (Law Offices); Prof. John M. Van Dyke (Law Offices); Schott W. Wellman (Wellman & Warren LLP)	US Dsitrict Court of the Southern District of New York; Judge Shirley Wohl-Kram	13.04.2000	Labor and property Stipulation and order July 25, 2001 (labor) Aug. 14, 2001 (property)
(1) Eric **Bettelheim** (2) Sylvia Greenbaum (3) Naftali Faska (4) John Brand	(1) Fed. Rep. of Austria (2) Dorotheum Auktions-, Versatz- und Bankges. mbH (3) Österreichische Postsparkasse AG (4) Austrian Institutions # 1–100	Melvyn I. Weiss, Deborah M. Sturman, Joseph Opper (Milberg, Weiss, Bershad, Hynes & Lerach, L.L.P.); Morris A. Ratner (Lieff, Cabraser, Heimann & Bernstein, LLP); Irwin B. Levin, Richard E. Shevitz (Cohen & Malad, P.C.); Burt Newborn (New York Univ); Arthur Miller (Harvard Law School)	US Dsitrict Court of the Eastern District of New York; I. Judge Leo Glasser	26.05.2000	Labor and property Dismissed with repect to labor claims March 23, 2001 Stipulation and order with respect of property claims Sept. 17 2001

Anmerkungen: DOE: und andere; reassigned: erneut zugewiesen; labor: Zwangsarbeit, Entschädigung für property: Vermögensschäden, Entschädigung für …; dismissed: abgewiesen

Die Wiener Allianz reagierte rasch auf die gegen sie eingebrachte Klage. Sie wies die Kläger auf einen erheblichen Irrtum hin: wenn Ansprüche aufgrund von Lebensversicherungspolizzen geltend gemacht worden seien, liege eine Verwechslung mit einem

---

Am 25. 11. 2002 anhängige Sammelklagen betreffend Vermögensrestitution und deren Erledigung

Kläger	Beklagte	Klägeranwälte	US-Gericht	Einbringung	Status
(1) Dorit **Whiteman** (2) Alfons Sperber (3) Hertha Field (4) Alice Jay Sussman (5) Anita Lea (6) Robert Weinberger (7) Rudolf Auspitz (8) Max Uri (9) Fritzi Uri (10) Leo Garnierer (11)Sophie Haber (12) Gertrude Fiala (13) Harriet Mehl-Rottenberg (14) Gerda Feldsberg (15) Alexander-Sandor Fürst (16) Ernst B. Rivin-Riesenfeld (17) Lizzy Rapp-Bauer (18) Ruth Davidovits (19) Dorothea Winkler (20) Erich Richard Finsches (21) Michael Schwarz (22) Heinz Bischitz (23) Lottie Meczes-Schwenk (24) Luge Svoboda (25) Friederike Herzl (26) Fobert Klein Amicus Curiae: Order granting IKG's motion to appear as amicus curiae (March 8, 2001)	(1) Fed. Rep. of Austria (2) VOEST-Alpine Stahl AG (3) VA Technologie AG (4) Dorotheum Auktions-, Versatz- u. Bankges. mbH (5) Böhler Uddeholm AG (6) ÖMV AG (7) ÖIAG (8) Raiffeisen Zentralbank (9) Steyr Daimler Puch AG A/K/A Steyr Daimler Puch Spezialfahrzeuge AG A/K/A Steyr Daimler Puch Fahrzeugtechnik AG [Magna Steyr] (10) UNIQA Versich. AG (11)Austrian DOE corporations 1–100 First amended complaint filed August 21, 2001: (12) ERSTE Bank der Österr. Sparkassen AG Second amended complaint filed Nov. 11, 2002: New jurisdictional allegations regarding VA Technologies AG, Böhler Uddeholm AG, ÖMV and Magna Steyr	Jay Fialkoff (Moses & Singer LLP) Attorney for Amicus Curiae IKG: Charles G. Moerdler (Stroock & Stroock & Lavan LLP)	US District Court of the Southern District of New York; Judge Shirley Wohl-Kram	20.10.2000	Labor and property US-Statement of Interest regarding forced labor, July 6, 2001 Stipulation and order, dismissing labor claims, July 25, 2001 Defendants' Motion to Dismiss with resprect to property claims, Sept. 7, 2001 US-Statement of Interest regarding property claims, Oct. 9, 2001 Order granting jurisdictional discovery, June 5, 2002 Defendants' Motion for Reconsideration, June 24, 2002 Order dismissing claims against VA Technologie AG, Böhler Uddeholm AG, ÖMV and Magna Steyr, and ordering remaining defendants to proceed with discovery, Oct. 9, 2002 Action dismissed with respect to ÖMV AG Sovereign Defendants Mandamus Petition, Notice of Appeal and Motion to Stay discovery, Nov. 7, 2002 Amicus Curiae: Die IKG bemühte sich im Sommer 2005 um die einvernehmliche Zurückziehung der Sammelklage, nachdem ihr von der österr. Bundesregierung eine Entschädigung von 18,2 Mio. USD zugesprochen wurde. Am 04.11.2005 teilte die IKG Wien dem United States Court of Appeal mit, die Unterstützung der Klage zu beenden. 06.12.2005 Abweisung der Klage durch den 2nd Circuit des United States Court of Appeal (**Am 13.12.2005 macht die österreichische. Bundesregierung den Eintritt des Rechtsfriedens ab 07.12.2005 im BGBl. II Nr. 414/2005 kund**).

anderen Unternehmen vor, denn die Wiener Allianz habe einstmals kein Lebensversicherungsgeschäft betrieben. Die Allianz-Sprecherin führte überdies aus, sollten im Zuge des Verfahrens Ansprüche an das Unternehmen herangetragen werden, dann werde „jeder Anspruch genauestens überprüft und, wenn berechtigt, auch befriedigt“[37] werden. Andere Unternehmen verhielten sich abwartend.

Kläger	Beklagte	Klägeranwälte	US-Gericht	Einbringung	Status
(1) Chava Steiner **Anderman** (2) Peter Breuer-Weil (3) Yvonne Iwanir (4) Vera Leitner (5) George Preger (6) Ruth Steiner Schiloach (7) Georges Weil (8) Herbert Leitner (9) Franziska Neuman-von Weber (10) Lotte Neumann (11) Ernest P. Gray (12) Richard Marcus (13) Pierre Stonborough (14) Michael Zerner (15) Lisa H. Altar (16) Edda Barber (17) Barbara Barett (18) Leslie Belf (19) Nili Benari (20) Pnina Yakir (21) Benno Bordiga (22) Erika Brandei (23) Angus Brown-Grant (24) Norman Chayes (25) Dora Cohen (26) Tirza Cohen (27) Lily De Brito (28) Juan Knopfmacher Lang (29) Pamela DiCerbo (30) John Dolan-Heitlinger (31) Susan Edwards (32) Walter Erle (33) Jon Erkle (34) Ewrica Federman (35) Max Fessler et al. [232 named plaintiffs]	(1) Fed. Rep. of Austria (2) Dorotheum Auktions-, Versatz- u. Bankges. mbH (3) ÖIAG (4) UNIQA Versich. AG (5) Riunione Adriatica di Sicurate S.p.A. (6) Allianz AG (7) Wr. Städtische Allgemeine Versicherung AG (8) John DOE Defendants 1–100 First amended complaint, June 14, 2001 (9) Fireman's Fund (US subsidiary of Allianz AG) (10) Assicuazioni Generali S.p.A. (11) Interunfall Versicherung AG (12) Bayerische Versicherungsbank AG (13) Concordia Versicherungsges. AG (14) Der Anker Allgemeine Versicherungsaktienges. (15) Donau Allgemeine Versicherungs AG (16) Union Versicherung AG (17) Victoria Versicherungen	Herbert L. Fenster, Robert L. Cartler, Jr., Christina M. Caroll (McKenna & Cuneo, LLP); Joseph F. Butler (McKenna & Cuneo, LLP)	US District Court Central District of California; Judge Florence Cooper [Mulitdistrict Litigation Panel – MDL] [US District Court for the District of New Jersey; Judge William Bassler]	23.02.2001	Property only Beginning of Briefing of Defendants' Motions to Dismiss, Oct. 15, 2001 US-Statement of Interest, Oct. 26, 2001 MDL-Transfer Order to Judge Bassler, District Court of New Jersey, Dec. 13, 2001 Order of Partial Dismissal of German Defendants (Nos. 5, 6, 9, 12 and 17), and suggestion of transfer of remaining (Austrian) claims to Judge Cooper, District of California, May 30, 2002 MDL-Order transferring Generali to Chief Judge Mukasey, Southern District of New York, and Remand Order transferring remaining (Austrian) claims to Judge Cooper, District of California, Oct. 15, 2002 14.04.2003 Abweisung der Klage in erster Instanz: Anwalt behält sich Berufung vor. 16.05.2005 Berufungsfrist endet ungenützt (damit ist die Klage erledigt).

Quelle: Bundesministerium für auswärtige Angelegenheiten. Tischvorlage zur Besprechung am 26.11.2002 in der Vereinigung Österr. Industrieller, Wien. Ablage: EntschFG. Archiv des VVO.

37 US-Milliarden-Klage: Wiener Allianz wartet Inhalt der Klage ab. Meldung der APA 258 5 AI 0489 WI vom 1997-04-01/12:41. Wien.

In dieser Reaktion zeichnete sich bereits teilweise die spätere Haltung der Versicherer ab:

Erstens: ein Rückgriff auf solide unternehmens- bzw. versicherungsgeschichtliche Kenntnisse.[38]

Zweitens: ein strikt positivrechtliches Verständnis der Materie.

Drittens: die selbstverständliche Bereitschaft zu zahlen, wenn ein unstrittiger Rechtstitel dafür vorlag.

Doch diese und andere Punkte waren im Frühjahr 1997 bestenfalls ansatzweise erkennbar. Dazu kam, dass, zum einen, das Rechtsinstitut der Sammelklage dem österreichischen bzw. europäischen Rechtsverständnis fremd war (und ist)[39] und dass, zum anderen, wie erwähnt, in den Tagen des Kalten Krieges die Kenntnis des Entschädigungsrechts und der Entschädigungspraxis der unmittelbaren Nachkriegsjahre in den Hintergrund getreten war. Ähnliches galt auch für das NS-(Un)Recht und die Enteignungspraxis im Dritten Reich; die Tatsache des Holocaust und die Vertreibung und Enteignung der Juden („Ex-38er") dagegen stand außer Streit. Es bestand großer Informationsbedarf.

Anders als später hielt sich anfangs die Republik Österreich aus der von Opfern des Holocaust getragenen medialen und gerichtlichen Kampagne gegen österreichische Unternehmen heraus. Nicht zuletzt das Außenministerium ließ durchblicken, dass man der Auffassung sei, es handle sich dabei um keine staatliche bzw. zwischenstaatliche Angelegenheit. Die Unternehmen sahen das anders. Sie bemühten sich um eine offizielle Unterstützung der Republik, wobei sie darauf hinwiesen, dass das nationalsozialistische Unrecht nicht von ihnen ausgegangen war, sondern vom Staat. Sie wiesen weiters darauf hin, dass die Holocaust Victims Insurance Acts einiger US-amerikanischer Bundesstaaten geeignet waren (und sind), als nichttarifarische Handelshindernisse missbraucht zu werden.[40] Und ebenso wurden sie nicht müde darauf aufmerksam zu machen, dass die Sammelklagen gegen eine Vielzahl wichtiger und großer österreichischer Unternehmen

38 Diese Kenntnisse waren in der Allianz-Elementar Versicherungs-Aktiengesellschaft dank einer anspruchsvollen unternehmensgeschichtlichen Festschrift vorhanden: M. Roloff, A. Mosser (1991), Wiener Allianz Gegründet 1860. Wien.

39 H. Feichtlbauer (2005) setzt sich im Zusammenhang mit Entschädigungsforderungen kritisch mit dem Rechtsinstitut der Sammelklage auseinander. So wie andere Autoren betont auch er, dass eine Sammelklage zumeist auf einen Vergleich hinausläuft und nicht darauf angelegt ist, in der Sache durchjudiziert zu werden. H. Feichtlbauer (2005), op. cit. S. 149ff.

40 Die Versicherer trugen diese Befürchtung im Sommer 1997 im Wege ihres europäischen Dachverbandes (CEA) auch an die Europäische Kommission heran, die ihrerseits die US Administration informierte. In den Folgejahren wurde nichts von einer missbräuchlichen Anwendung der Holocaust Victims Insurance Acts bekannt. Zur Korrespondenz zwischen CEA und Europäischer Kommission siehe: Ablage: EntschFG. Archiv des VVO.

erhoben worden waren: es sei eben keine private Angelegenheit mehr, wenn wesentliche Teile der Wirtschaft eines Staates vor den Richtern eines anderen Staates stünden. Anders als bei der Restitution von Raubkunst, gab die Republik ihre Zurückhaltung erst im Zusammenhang mit den Ereignissen auf, welche der Konferenz von Stockholm (im Jänner 2000) folgten.[41, 42] Die Konferenz war höchstrangig besetzt und hatte die Information über den Holocaust zum Gegenstand gehabt.

Der Streit gegen die Versicherungen verlief nicht unbeeinflusst von der Entwicklung in anderen Bereichen. Die Klagen gegen Schweizer Banken (u. a. auch wegen Goldgeschäften mit dem Deutschen Reich) waren für die Kläger erfolgreich und führten zur Einrichtung eines Fonds, der auch von Schweizer Versicherern dotiert wurde. In den Vereinigten Staaten hielt Senator Alfonse D'Amato (Rep.), Vorsitzender des Bankenausschusses des Repräsentantenhauses, Hearings über die Vermögensschäden von NS-Opfern ab, in denen er auch gegen Österreich Stellung bezog.[43] Der amerikanische Unterstaatssekretär St. Eizenstat erstattete an die US-Bundesregierung seinen Bericht über die (kriminellen) Finanztransaktionen des NS-Regimes mit der Schweiz.[44] Ende August

---

41 J. Authers und R. Wolffe (2002) berichten diesbezüglich: "Hans Winkler, legal adviser to the foreign ministry, had accompanied Schüssel's predecessor to the Stockholm conference and realized that the new government needed to stanch the bleeding quickly. Other countries had already tackled their failure to compensate Holocaust victims fully. Austria must soon follow suit. … Winkler offered Schüssel's government a relatively painless solution. 'It will really help if this government shows immediately that it cares about these questions,' he said. 'We should say that we not only seek a long-term process of negotiations but will do something immediately for the surviving victims.'" J. Authers und R. Wolffe (2002), op. cit., p. 284.

42 H. Feichtlbauer (2005) bemerkt dazu mit einem vorangehenden Verweis auf H. Winkler (2001): „… kam man in Wien ebenso wie zuvor in Bern und in Berlin zu klaren Schlußfolgerungen:

- Garantien für eine Abweisung aller Klagen gab es angesichts der Komplexität der amerikanischen Rechtsordnung … nicht.
- Eine anhaltend polemische Diskussion in der Weltöffentlichkeit würde nicht nur dem Exportinteresse der betroffenen Unternehmungen, sondern auch dem Image des gesamten Landes schaden.
- Die auch durch Meinungsumfragen belegte Bereitschaft Österreichs, über rechtliche Verpflichtungen hinaus eine moralische Verantwortung wahrzunehmen, sollte nicht nur durch schöne Reden von Spitzenvertretern des Staates, sondern auch durch eine sichtbare und spürbare Geste des guten Willens unter Beweis gestellt werden.

H. Feichtlbauer (2005), op. cit. S. 152. H. Winkler (2001), Österreich – die völkerrechtlichen Aspekte. In: D. Stiefel (2001b), op. cit. S. 259ff.

43 Siehe dazu beispielsweise: Pasta und Politik: Die Welt von Senator Alfonse D'Amato, in: Die Presse, 23. März 1997. S. 3.

44 Siehe dazu: Die Erklärung des Bundesrates zum Eizenstat-Bericht, in: Neue Zürcher Zeitung, 23. Mai 1997. S. 27. Außerdem: J. Authors and R. Wolffe (2002), op. cit., p. 51. „Israel Singer stood at the back of the State Department's briefing room in Washington … It was little more than a year since he had spoken with President Bill Clinton inside the Oval Office to press his case against the Swiss banks. Now, on May 7, 1997, the Clinton administration was delivering the most detailed and authoritative indictment to date of Swit-

1997 waren bereits knapp zwanzig europäische Versicherungsgesellschaften angeklagt und die Anwälte der Beklagten hatten inzwischen beantragt, die Klagen abzuweisen.[45] Parallel zu den Vermögensforderungen an Finanzinstitute wurde die Entschädigung von Zwangsarbeitern verlangt, die während des Krieges vor allem in Industrieunternehmen und der Landwirtschaft hatten arbeiten müssen. Die Ausweitung und Verbreiterung der Entschädigungsforderungen hatte längst Eigendynamik erlangt.

Diese Eigendynamik verlangte nach einem Überblick. Ein solcher wird üblicherweise in Form von Konferenzen geboten. Eine der ersten dieser Veranstaltungen war eine vom Simon Wiesenthal Center, Los Angeles, in Genf Ende Juni 1997 einberufene Tagung.[46] Sie befasste sich ausführlich mit der Verwicklung Österreichs in die NS-Verbrechen. Rabbi Marvin Hier, Gründer des SWC, meinte dazu: „If the Swiss are being forced by world opinion to reconsider, why should Austrians who fought for Hitler do no less?“[47]

Angesichts dieser Entwicklung hatte sich im Frühjahr 1997 der Verband der Versicherungsunternehmen Österreichs (VVO) entschlossen, ähnlich wie andere Versicherungsverbände in Europa, den Problemkomplex „Wiedergutmachung“ bzw. „Entschädigung“ bzw. „Holocaust“ bzw. „Vergangenheitsbewältigung“ bzw. „NS-Spätschäden“ von der Wahrnehmung des operativen (Alltags-)Geschäfts zu trennen. Das bedeutete zunächst eine Entlastung der Sektion „Lebensversicherung“. Die Agenden wurden unmittelbar dem Generalsekretär des Verbandes (Dkfm. H. Retter [bis 30. 6. 2003] bzw. Dr. L. Norman-Audenhove [ab 1. 7. 2003]) zugeordnet und ein eigener Mitarbeiter (Dr. Ch. Karsch) wurde von allen anderen Verpflichtungen freigestellt, um den Problemkomplex zu betreuen. Dabei war von allem Anfang an klar, dass der Verband nur unternehmensübergreifende Aufgaben wahrnehmen würde. Die Bewältigung der Klagen blieb Sache der geklagten Mitgliedsunternehmen. Die Herausnahme des Problemkomplexes „Wiedergutmachung …“ aus dem Alltagsgeschäft war die Voraussetzung für eine intensive Auseinandersetzung mit der NS-Vergangenheit der österreichischen (ostmärkischen) Versicherungswirtschaft.

---

zerland's war record. Standing before him, … the television cameras and journalists, … Stuart Eizenstat, … was executing a vital part of Singer's strategy for shaming the Swiss into paying compensation. Media campaigns and congressional hearings were all very well. But nothing could match the forceful voice of the U.S. government -…“

45 Laut: Sammelklagen gegen Versicherungen: Hearing in New York hat begonnen, in: Basler Zeitung vom 21.08.1997. Basel (114'301).

46 Die Tagung wurde u. a. von der Winterthur Versicherung gesponsert. Siehe dazu: „Winterthur“ sponsert Konferenz zu NS-Raubgut. Senator Alfonse D'Amato an Teilnahme interessiert, in: Neue Zürcher Zeitung, 23. Mai 1997, Nr. 116. S. 25.

47 Jews Aiming at Austria To Get Holocaust Assets. Experts Debate Wider Search for ‚Nazi Gold‘, in: International Herald Tribune, June 25, 1997. P. 7.

Eine Durchsicht des Archivs des VVO ergab, dass Dokumente erst ab der Wiedererrichtung des Verbandes im Sommer 1945 vorhanden waren. Aus den Unterlagen ging hervor, dass bereits damals, also vergleichsweise früh, die österreichische Assekuranz darauf aufmerksam gemacht hatte, die Problematik der „entzogenen jüdischen Polizzen" rechtlich korrekt und den Opfern des Nationalsozialismus gegenüber fair zu regeln. Aus den Unterlagen ging aber ebenso hervor, dass die Versicherungsaufsichtsbehörde die Angelegenheit hinauszögerte und Zahlungen aus solchen Verträgen hintanhielt; u. a. mit dem Verweis auf währungsrechtliche Schutzbestimmungen.[48]

Sowohl während der NS-Zeit wie danach hatte sich die einer strengen staatlichen Aufsicht unterliegende Assekuranz strikt gesetzeskonform verhalten. Von sich aus waren die Versicherungsunternehmen weder gegen ihre jüdischen Versicherungsnehmer tätig geworden, noch hatten sie sich bereichert, wenn das Deutsche Reich seinen Opfern die Polizzen entzog. Ähnlich passiv verhielten sich die Unternehmen, indem sie nicht von sich aus – gleichsam praeter legem bzw. praeter „supervisionem" und kulant – Wiedergutmachungsmaßnahmen ergriffen. Sie blieben auch bei dieser Haltung beim Vollzug des Versicherungsentschädigungsgesetzes 1958 (BGBl. Nr. 130/1958). Die Abwicklung dieses Gesetzes führte zu einem – aus heutiger Sicht und auf den ersten Blick – überraschenden Ergebnis: von etwa tausend Anträgen wurden 456 positiv erledigt. Allein in den Vermögensanmeldungen von 1938 sind knapp 21.000 Polizzen angeführt! Warum es solche Unterschiede gibt, kann bei D. Stiefel (2001) nachgelesen werden.[49] Mitte 1997 waren jedoch die Gründe dafür unbekannt bzw. in Vergessenheit geraten.

Der mediale, politische und prozessuale Druck auf die europäischen Versicherungsunternehmen hielt an. Senator A. D'Amato forderte Mitte August 1997 in einem Brief an den Gouverneur des Staates New York, George Pataki, dass das Versicherungsdepartment (d. i. die Aufsichtsbehörde) des Staates New York sich der Angelegenheit annehmen solle, da es sich um „Millionenbeträge" handeln könne. Die Regierung des Staates New York solle daher eine Untersuchung über die Rolle der europäischen Versicherungsunternehmen vor, während und nach dem Dritten Reich durchführen. „Wir haben Grund zur Annahme", schrieb D'Amato, „daß einige der größten europäischen Versicherungskonzerne die Zahlung von Versicherungsansprüchen vorenthalten, bei der Plünderung von Versicherungspolicen mitgewirkt und in einigen Fällen vielleicht Policenleistungen sogar an Nazis ausbezahlt haben."[50]

48 Siehe dazu D. Stiefel (2001a), op. cit., und/oder Ch. Karsch (1999b), op. cit.

49 D. Stiefel (2001a), op. cit., S. 109ff. und 261ff.

50 Behandlung von Holocaust-Opfern durch Lebensversicherungen. US-Senator D'Amato fordert Untersuchung durch den Staat New York. sda-Meldung vom 11.08.1997. bsd192 3 wi 398 aud 0811-0304.

Was D'Amato tat bzw. behauptete und schrieb, war dem Buchstaben nach nicht falsch, doch es war aus dem historischen Zusammenhang gerissen, denn es klang so, wie wenn die angesprochenen Versicherungsunternehmen ihre Geschäfte ohne rechtliche, wirtschaftliche und politische Änderungen der Rahmenbedingungen hätten führen können. Es klang so, wie wenn die Initiative zur Schädigung von vom Dritten Reich verfolgten Versicherungsnehmern von den Versicherungsunternehmen ausgegangen wäre; was zu keiner Zeit der Fall gewesen war. Im Grunde genommen, wurde von Privaten die Bereinigung staatlicher Verbrechen erwartet. Überdies enthielt das Ansinnen, einer amerikanischen einzelstaatlichen Aufsichtsbehörde die Überprüfung von Inlandsgeschäft ausländischer Versicherer zu übertragen, aufsichtsrechtlichen Konfliktstoff, da staatliche Aufsichtsbehörden nur in (zwischenstaatlich geregelten) Ausnahmefällen außerhalb ihres Hoheitsgebietes tätig werden. Das hinderte jedoch die amerikanischen Aufsichtskommissare nicht, auf ihrer Tagung im März 1998 in Salt Lake City den kalifornischen Versicherungskommissar Chuck Quakenbush zum „Chef eines Ausschusses zur Inspektion europäischer Versicherungsgesellschaften" zu bestellen. Dieser sollte eng mit der Vorsitzenden der Holocaust-Task Force der National Association of Insurance Commissioners (NAIC), Kommissarin Deborah Senn, zusammenarbeiten.[51]

Ende September 1997 hatte die NAIC diese Arbeitsgruppe gebildet, um zu prüfen, wie sie den Holocaust-Opfern bei ihrer Sammelklage gegen europäische Versicherer behilflich sein könne. „Sollten sie dem Verband eine aktive Unterstützung der Kläger empfehlen, könnten die Versicherungsaufseher im kommenden Jahr öffentlichen Druck auf die US-Tochterunternehmen der beklagten Firmen ausüben sowie Holocaust-Opfer über ihre Ansprüche informieren. Eine Entscheidung wird im Dezember erwartet."[52] [Anmerkung: mit „Verband" ist die NAIC gemeint]. Das Ergebnis dieser Beratungen führte später einerseits zu der „International Commission on Holocaust Era Insurance

51 Wie emotional aufgeladen damals die Angelegenheit behandelt wurde, geht aus einer Meldung der Neuen Zürcher Zeitung hervor. Dort heißt es u. a.: „Wie sich die Kontroverse um die Holocaust-Policen genau weiterentwickeln wird, ist momentan schwer abschätzbar. Fest steht allerdings, dass die Kommissarin Senn aus … und ihr … Kollege Quackenbush, der ebenfalls ein gewählter Beamter ist, sehr hemdsärmlig operieren, bereits mehrmals mit Sanktionen drohten und Kongressabgeordnete in Washington schon zu entsprechenden Gesetzesvorstößen mobilisierten; der Gliedstaat Kalifornien hat zudem angekündigt, daß er sich der New Yorker Sammelklage … anschließen wolle. Bezeichnend für die Verbissenheit von Quackenbush ist etwa such seine Kritik an … (Anmerkung: es folgt die Firma eines geklagten Versicherers). Auf die von der Gesellschaft erklärte Kooperationsbereitschaft reagierte er zuerst einmal mit dem Vorwurf, dass … (die Gesellschaft) im ‚Stil von Saddam' über den Zugang verhandeln wolle. ‚Sie versuchen einen Luftangriff abzuwenden', so Quackenbush." Seilziehen um Inspektion europäischer Versicherungen. US-Kommissare fordern freien Zugang, in: Neue Zürcher Zeitung, Zürich (158'167): 19. 3. 1998.

52 US-Versicherungsaufsicht prüft Hilfe für Holocaust-Überlebende. APA004 5 AA 0207 WA, 1997-09-23.

Claims" (ICHEIC) und waren andererseits in einigen Bundesstaaten Holocaust Victims Insurance Acts, deren Bestimmungen das Aufsichtsrecht zugunsten von Opfern des Holocaust (nicht des Nationalsozialismus [!] allgemein) ergänzten.

Jedenfalls zeichnete sich – nicht nur für die österreichische – Assekuranz Erklärungsbedarf ab. Ihm wurde zunächst nicht oder nur fallweise[53] entsprochen. Im Laufe des Dezember 1997 trafen sich wiederholt in Deutschland Repräsentanten des Jüdischen Weltkongresses und anderer jüdischer NGO's[54] mit geklagten Versicherungsunternehmen,[55] nachdem bereits Ende August der Gesamtverband der deutschen Versicherungswirtschaft eine Fondslösung für Opfer des Holocaust angedacht hatte. Dabei wurde betont, dass sich die Versicherer mit einem Fonds nicht von ihrer „Verantwortung freikaufen" wollten.[56]

Anfang Dezember 1997 hatte in London die so genannte „Nazigold"-Konferenz stattgefunden, bei der Restbestände von NS-Gold an Opferorganisationen verteilt worden waren. Auf dieser Konferenz wurde vereinbart, dass sich im Frühsommer nächsten Jahres in Washington eine Konferenz sowohl mit nationalsozialistischer Raubkunst wie mit „Versicherungen" befassen sollte; tatsächlich trat die Konferenz erst Ende des Jahres zusammen. Zur Vorbereitung dieser Konferenz wurde von der österreichischen Bundesregierung ein interministerielles Komitee eingesetzt. Dieses richtete im Wege der Aufsichtsbehörde (BMF) im Feber 1998 an die österreichische Versicherungswirtschaft die Frage, ob man in irgendeiner Form zu freiwilligen finanziellen Zuwendungen an Opfer des Holocaust bzw. diesen nahe stehende Einrichtungen bereit sei.[57] In seinem Antwortschreiben verwies der Verband auf den geschichtswissenschaftlichen Paradigmenwandel von der Opfer- zur Täterrolle Österreichs und gab zu bedenken, dass dadurch die Beurteilung die Entschädigungs- bzw. Restitutionsgesetzgebung eine Veränderung erfahre. Was die finanziellen Zuwendungen betraf, erinnerte er einerseits an Leistungen in der Vergangenheit und riet andererseits, Mitgliedsunternehmen direkt zu kontaktieren und nicht den Verband, denn viele der heutigen Unternehmen hätten 1938 noch nicht bestanden.[58]

---

53 Siehe dazu die Pressedienstmeldung (AFP) vom 09.12.1997 zur Beauftragung des US-Historikers Gerald D. Feldman (UCLA, Berkeley) eine unabhängige Studie zur NS-Vergangenheit des Allianz-Konzerns zu verfassen. DEU090 4 pl 451 DEU /AFP-FM09.

54 NGO: Nongovernmental Organisation.

55 Allianz und Holocaust-Opfer im Gespräch. sda/reuters-Meldung vom 29.12.1997. GKV034 5 WA 0135

56 Versicherungen schließen Nazi-Opferfonds nicht aus, afp, in: Das Handelsblatt, 22.08.1997. Düsseldorf.

57 Schreiben vom 19.02.1998 des BM f. Finanzen, Geschäftsabteilung V/12, GZ. 9 000 002/-V/12/98. Ablage: EntschFG. Archiv des VVO.

58 Verbandsschreiben vom 274.02.1998, Akt-Nr. 10, Ausg.-Nr. D-51/98. Ablage: EntschFG. Archiv des VVO.

Zur nämlichen Zeit wurden in den Vereinigten Staaten mehrere Holocaust Victims Insurance Acts verabschiedet. Der politische Druck lastete weiter auf dort tätigen europäischen Versicherern; ja er verstärkte sich noch. Zugleich zeichnete sich ab, dass in bzw. von den USA eine „gleichsam doppelte" Doppelstrategie verfolgt wurde: [1.] Versicherer, welche sich einem von der NAIC favorisierten speziellen Schadenregulierungsverfahren für Opfer des Holocaust unterwarfen bzw. anschlossen, sollten nicht unter die Sanktionen der Holocaust Victims Insurance Acts fallen. [2.] Das US-Außenministerium (damals von M. Albright geführt) erkundigte sich, wie mit den Versicherungsansprüchen von Opfern des Holocaust in den ehemaligen kommunistischen Staaten umgegangen worden war. Die Absicht war erkennbar, diese Staaten von einer Wiedergutmachung auszunehmen und stattdessen – so weit wie möglich – die westeuropäischen Mutterunternehmen von in diesen Staaten ehemals tätigen Versicherern zur Entschädigung der Opfer heranzuziehen. Was klarerweise den in den neuen Demokratien tätigen inländischen Versicherern sowie den Staaten selbst zugute kommen musste, da diese nach dem Krieg bzw. im Zuge des Übergangs zum Sozialismus das Versicherungswesen verstaatlicht und nach der Wende (1989/1990) entstaatlicht hatten.

Am 8. 4. 1998 wurde dann von den Versicherern Zürich, Allianz, Generali und AXA (UAP) ein „Memorandum of Intent" unterfertigt, das auf der anderen Seite der Jüdische Weltkongreß und die Claims Conference sowie die Chefs der Aufsichtsbehörden von New York und von Kalifornien unterschrieben. Das war der erste Schritt zur International Commission of Holocaust-Era Insurance Claims (ICHEIC). Die vereinbarte Absichtserklärung bestand aus sechs Punkten:

1. Establish a process to investigate insurance policies which insured victims of the Holocaust.
2. Consult with European government officials and the insurance industry.
3. Establish an international commission comprised of governmental authorities, insurers, and the World Jewish Restitution Organisation and other interested parties.
4. Establish a just mechanism for resolution of unpaid claims of Holocaust victims.
5. Consult with governmental authorities to obtain appropriate exemptions from regulatory actions and relevant legislation for insurers voluntarily participating in the process and work to resolve all pending legislation.
6. Establish a fund to (a) accomplish the foregoing and (b) provide humanitarian relief to Holocaust victims. …[59]

In dieser Absichtserklärung wurden wichtige Punkte für die Bereinigung von Versiche-

59 Fax-Nachricht vom 27.03. bzw. 09.04.1998. UNCIAS, SECSTATE 50100, R 200317 Z Mar 98.

rungsansprüchen von Holocaust-Opfern anvisiert. Punkte, über die sowohl im Rahmen des Regelwerks der ICHEIC wie auch im Rahmen anderer privater und/oder gesetzlicher Regelungen zu befinden war. Punkte aber auch, die effizient zu implementieren, sich später als schwierig und kostenaufwendig herausstellen sollten. Bedeutsam war, dass die Einbindung von Regierungsvertretern angestrebt wurde (Punkt 2, 3 und 5). Kommission und Verfahren waren international konzipiert (Punkt 3). Das hieß, dass die Kommission überall tätig werden und für alle Ansprüche zuständig sein sollte; nationale Entschädigungsregelungen sollten ihr gegenüber in den Hintergrund treten. Es wurde auf „unpaid claims" abgestellt; d. h., es kam (vorrangig) darauf an, ob die Opfer Leistungen erhalten hatten und nicht, ob die Versicherer aus den Verträgen bereits geleistet hatten (Punkt 4). Es war ein zweigeteiltes Entschädigungsverfahren vorgesehen; einerseits für gesicherte bzw. bewiesene Ansprüche und andererseits für humanitäre Erfordernisse (Punkt 6).

Dem Memorandum of Intent folgte am 25. 8. 1998 das Memorandum of Understanding (MoU). Darin vereinbarten Vertreter amerikanischer Aufsichtsbehörden, Repräsentanten jüdischer Organisationen und die Versicherer AXA, Basler, Allianz, Winterthur und Zürich, eine internationale Kommission einzurichten, welche innerhalb zweier Jahre alle strittigen Fragen über NS-Spätschäden klären sollte. Die Kommission erhielt zunächst US-$ 250.000 zur Anlauffinanzierung. Sie war als Verein konstituiert und hatte ihren Sitz in Zürich und Büros in London und Washington. Damals wurde geschätzt, dass über die ICHEIC Zahlungen von ca. 2,5 Mrd. US-$ abzuwickeln sein werden. Der ehemalige US-Außenminister L. Eagleburger wurde am 21. 10. 1998 zum Leiter der Kommission bestimmt. Nach ihm war auch das von der Kommission konzipierte Ermittlungsverfahren – der „Eagleburger-Process" – benannt. Das Regelwerk der ICHEIC, aber auch die von ihr ins Internet gestellten Opferlisten hatten für andere Entschädigungsregelungen Beispielwirkung. Allerdings zeigte sich bald, dass das Regelwerk der ICHEIC dem anglo-amerikanischen Rechtsverständnis entstammte. Das belastete die Verknüpfung dieses Regelwerks mit vorhandenen kontinentaleuropäischen Entschädigungsbestimmungen und führte zu beträchtlichen Verzögerungen. Zweifelsohne hat die Tätigkeit der ICHEIC dazu beigetragen, die Entschädigungsansprüche von Opfern des Holocaust weltweit bekannt zu machen und die Opfer und ihre Nachfahren auch zu veranlassen, solche Ansprüche geltend zu machen.

Der internationale Druck auf Österreich stieg weiterhin, sich mit seiner NS-Vergangenheit auseinander zu setzen und unerledigte Entschädigungen nachzuholen. Ebenso nahm der Druck auf die österreichische Assekuranz zu, sich der ICHEIC anzuschließen. Österreichische Medien griffen im August die Thematik auf. Beispielsweise schrieb ein Massenblatt: „Angeblich haben sich 16 weitere Versicherungen in Europa – … – jüdischen Nazi-Opfern zustehende Gelder unter den Nagel gerissen. Ein schier unfaßbarer Skandal."[60] Die Berichterstattung, besser die veröffentlichte Meinung, bewegte sich zusehends in eine Richtung, die Lösungen zugunsten von Opfern und für möglicherweise unerledigte Ansprüche erschweren musste. Es wurden Schätzungen der Versicherungssummen veröffentlicht, welche Opfer vor dem Krieg abgeschlossen hatten. Diese Beträge wurden valorisiert und in US-Dollar umgerechnet, so dass 2 bis 2,5 Mrd. US-$ herauskamen. In der Öffentlichkeit entstand dadurch der Eindruck, dass das die Höhe des Entschädigungserfordernisses (allein für die Vermögenskategorie „Versicherungspolizzen") sei.[61]

Anfang September 1998 regte der Präsident der Israelitischen Kultusgemeinde, Dr. Ariel Muzicant, an, eine Historikerkommission einzusetzen: „Die Kommission soll die beiden Blöcke ‚Arisierungen' und ‚Rückstellungen' aufarbeiten. Wer hat arisiert? Wie wurde arisiert? Welche Werte hat das dargestellt? Wer waren die Nutznießer? Wie wurde zurückgestellt? Was wurde nicht zurückgestellt? Wie viel wurde zurückgestellt? etc."[62] Bereits Anfang Feber hatte die Österreichische Postsparkasse (PSK) auf Initiative ihres damaligen Generaldirektors Mag. Max Kothbauer eine Kommission unter Leitung des Wiener Zeitgeschichtlers Univ.-Doz. Dr. Oliver Rathkolb ins Leben gerufen. Sie sollte sich mit der NS-Vergangenheit der PSK auseinandersetzen.[63] Der Anregung von Dr. A. Muzicant wurde von der Bundesregierung und von den Präsidenten des Nationalrats und des Bundesrats entsprochen.[64] Zum Vorsitzenden der Kommission wurde der Präsident des Verwaltungsgerichtshofes, Univ.-Prof. Dr. C. Jabloner, berufen. Im März 1999 präsentierte sie ihr Arbeitsprogramm; darin war wiederholt von der Assekuranz die Rede.

60 „Fenstergucker", G. Leitgeb, in: Täglich Alles, 22.08.1998, Wien. S. 3. Ähnlich F. Gruber „Wenn Geld zu stinken beginnt", in: Oberösterreichische Nachrichten vom 27.08.1998. S. 7

61 „Allianz-Sprecher Christoph Worthley sagte, die vom Jüdischen Weltkongreß genannten Zahlen erweckten falsche Erwartungen, denn in ihnen seien Wiedergutmachungszahlungen nach dem Krieg sowie Auszahlungen aufgrund von Policen vor beziehungsweise nach dem Krieg nicht berücksichtigt. ‚Deswegen wird es erheblich weniger sein'." In: Erste Zahlungen im Oktober, Wiener Zeitung vom 27.08.1998, S. 1.

62 In: Der Standard, 05.09.1998. Zitiert nach: C. Jabloner u. a. (2003), op. cit. S. 12. Näheres zur Entstehungsgeschichte der Historikerkommission siehe ebendort.

63 Vermögen jüdischer Kunden im „Postsparkassenamt in Wien". Naziraub 1938–1945. Erster Forschungszwischenbericht von Univ.-Doz.DDr. O. Rathkolb, Inst. f. Zeitgeschichte der Univ. Wien. 21.10.1998. Wien. Vermögen jüdischer Kunden im „Postsparkassenamt in Wien". Naziraub 1938–1945. Zweiter Forschungszwischenbericht (samt Anhang) von Univ.-Doz. DDr. O. Rathkolb u.a. Februar 2000. Wien.

64 Die Einsetzung der Kommission blieb nicht unwidersprochen. A. Sternfeld (1999) verwies darauf, dass die Zusammenhänge von Verfolgung, Beraubung und Vertreibung bekannt sind, und es darauf ankomme, rasch den noch lebenden Opfern (den so von ihm bezeichneten „Ex-38ern") Gerechtigkeit angedeihen zu lassen. A. Sternfeld (1999), Kommissionen und Verschleppung, in: Die Presse, 02.12.1999, Wien. S. 2.

Als Vorbereitung für die auf Ende November/Anfang Dezember 1998 verschobene Konferenz in Washington wurde Anfang September in Prag ein eintägiges Seminar abgehalten. Von der Terminwahl her lagen beide Veranstaltungen in der Nähe des 60. Jahrestages des Novemberpogroms („Reichskristallnacht" vom 9. 11. bis 11. 11. 1938). Das Pogrom und die daran anschließende Gesetzgebung war ein offener Ausbruch von NS-Verbrechen und NS-Unrecht.[65, 66] Inhaltlich knüpfte das Prager Seminar an Vorerhebungen des State Departments an. Besprochen wurden: NS-Konfiskationen von vermögensbildenden Versicherungspolizzen, Entschädigungsprogramme nach dem II. Weltkrieg, Verstaatlichungsprogramme und die Rolle der Assekuranz dabei (Länderberichte), öffentliche und private Archive und Berichterstattungen. Ein Hauptergebnis des Seminars war der Appell an jene Versicherer, die noch nicht Mitglieder der ICHEIC waren, sich dieser anzuschließen, widrigenfalls sie mit Sanktionen zu rechnen hätten.[67] Das Prager Seminar lag auf der Linie der skizzierten Doppelstrategie. In der Folgezeit bemühte sich J. D. Bindenagel, US-Botschafter, Deutschlandspezialist und damals Direktor des jüngst im State Department eingerichteten „Büros für Restitution und die Regelung von Vermögensangelegenheiten im Zuge des Holocaust", namhafte österreichische Versicherungsunternehmen zu überzeugen, in die ICHEIC einzutreten. Ebenso warb er für eine Beteiligung Österreichs und österreichischer Unternehmen an der Washingtoner Konferenz. Die österreichische Assekuranz verhielt sich – weiterhin – abwartend.[68]

65 Zur Rolle der Assekuranz bei der Abwicklung der Schäden, welche durch das Novemberpogrom verursacht worden waren, siehe: A. Botur (1995), op. cit. und G. Feldman, op. cit.

66 Am 9. und 14.11.1999 wurde in der Wiener Börse die szenische Lesung „Pogrom. Der Wirtschaftsthriller" über die Reichskristallnacht gegeben. Vorgetragen wurden Protokollauszüge einer Besprechung am 12.11.1938 führender NS-Funktionäre bei Feldmarschall H. Göring, Beauftragter für den Vier-Jahres-Plan, im Reichsluftfahrtministerium in Berlin. Der Untertitel des „dramatisierten Stenogramms" der „Besprechung über die Judenfrage" war ein Zitat von H. Göring: „Mir wäre lieber gewesen, Ihr hättet 200 Juden erschlagen und hättet nicht solche Werte vernichtet." Bei dieser Besprechung (und demgemäß in der Lesung) wurden auch Versicherungsfragen behandelt. Als Quelle der Lesung diente: Der Prozess gegen die Hauptkriegsverbrecher vor dem Internationalen Militärtribunal. Nürnberg 14. November–1. Oktober 1946, Bd. 28., Nürnberg 1948. Dokument 1816-PS, S. 499ff.

67 Report on September 4 Seminar. Oct. 1998 (?). Ablage: EntschFG. Archiv des VVO. Am Seminar nahmen außer dem „Special Envoy" für Holocaust Era Assets, US Department of State, Botschafter J. D. Bindenagel, Regierungsvertreter von Polen, Ungarn, Tschechien und der Slowakei, Vertreter der Aufsichtsbehörden und von Versicherungsunternehmen in diesen Ländern, der Präsident der NAIC G. Pomeroy und sein Stellvertreter N. Levin sowie vier weitere Versicherungskommissare, Rabbi A. Baker vom American Jewish Committee, Repräsentanten des Jewish Material Claims Committee für Deutschland, Vertreter israelitischer Gemeinden aus Polen, Tschechien und der Slowakei, ein Vertreter der deutschen Versicherungsaufsicht, Prof. G. Feldman (Univ. of Cal., Berkeley) und Unternehmensdelegationen von Generali und R.A.S. teil.

68 Im Grunde genommen war die Haltung der Assekuranz derjenigen ähnlich, welche Otto Binder in einem Interview mit dem Magazin „Profil" bezogen hatte: „Einer der Grandseigneurs der österreichischen Versi-

Ein Hauptthema der Konferenz „ … on Holocaust-Era Assets“ in Washington vom 30. 11. bis 3. 12. 1998 waren neben Entschädigungsansprüchen aufgrund von Versicherungspolizzen von den Nationalsozialisten requirierte Kunstgegenstände. Die österreichische Delegation wurde vom Völkerrechtsexperten des Außenministeriums, Botschafter Dr. H. Winkler, geleitet. Seitens der Historikerkommission nahm daran der Wiener Zeitgeschichtler Dr. B. Perz teil. Botschafter J. D. Bindenagel, der Cheforganisator der Konferenz, beurteilte die kurz vor der Konferenz erfolgte Verabschiedung des österreichischen Kunstrückgabe-Gesetzes[69] als einen „sehr guten Anfang.“[70]

Bei der Erläuterung von Entschädigungsansprüchen aufgrund von Versicherungspolizzen wurde Österreich nur am Rande behandelt. Im Zentrum standen die Verfolgungshandlungen und späteren Entschädigungsregelungen in Deutschland und die Verstaatlichung der Assekuranz in Ostmitteleuropa.[71]

---

cherungswirtschaft, der EX-Chef der Wiener Städtischen, Otto Binder, kennt die brisante Geschichte und ihre Zweischneidigkeit bestens. Der 87jährige Sozialdemokrat – er stammt aus einer jüdischen Familie, war in Buchenwald und Dachau eingesperrt, verlor zwölf Verwandte im Holocaust; er selbst konnte 1939 nach Schweden emigrieren und kehrte 1949 nach Österreich zurück – ‚hätte größte Bedenken, wenn die Versicherungen die eingeklagten Forderungen jetzt bezahlten‘.“ [Ergänzend anzumerken ist, die Betonung liegt auf „jetzt“.] Binders Argumente: „Nach dem Krieg hat man alle Auszahlungen aus Lebensversicherungen auf 40 Prozent gekürzt, der Rest ist verfallen. Die Beträge waren inflationsbedingt nur wenig wert. Würde man jetzt Großzügigkeit gegenüber Juden zeigen, so hätte ich wegen dieser Ungleichbehandlung Angst …“. Zitiert nach R. Graber, Klage aus der Vergangenheit, in: „Profil“ vom 07.04.1997. Wien. S. 60ff.

69 Bundesgesetz über die Rückgabe von Kunstgegenständen aus österreichischen Bundesmuseen und Sammlungen. BGBl. I, Nr. 181/1998.

70 Konferenz sucht Lösungen für offene Holocaust-Fragen, in: Die Presse, 26.11.1998, Wien. S. 6.

71 Im Tagungsbericht der Konferenz werden zum Versicherungsthema (Chapter 5. Holocaust-Era Insurance Claims; www.state.gov/www/regions/eur/holocaust/heac5.pdf) folgende Beiträge wiedergegeben (*Anmerkung*: Bei Beiträgen ohne Titel steht die Inhaltsangabe in Klammer):

- Prof. Gerald D. Feldman (1999), Professor of History, University of California, Berkeley and Fellow, American Academy in Berlin, United States: Nazi Confiscation of Insurance Policy Assets. Pp. 579.
- Glenn Pomeroy (1999), North Dakota Commissioner of Insurance, President, National Association of Insurance Commissioners, United States: (Report of the activities of NAIC in favor of Holocaust victims and survivors). Pp. 586.
- Neil D. Levin (1999), Superintendet, New York State Insurance Department and Vice Chair, NAIC International Holocaust Commission Task Force, United States: (Report of the activities of NAIC in favor of Holocaust victims and survivors). Pp. 589.
- Herbert Hansmeyer (1999), Member of the Board of Management, Allianz AG: (Report of the activities of Allianz in favor of Holocaust victims and survivors). Pp. 593.
- Prof. Gerald D. Feldman (1999), …: Confiscation of Insurance Assets: Special Issues. Pp. 599.
- Tomas Jelinek (1999), Office of the President, Czech Republic: Insurance in the Nazi Occupied Czech Lands: Preliminary Findings. Pp. 605.
- Rudolph Gerlach (1999), Department Chief, German Federal Regulatory Agency for Insurance Practices, Germany: (Report of the activities of BAV in favor of Holocaust victims and survivors). Pp. 623.

Allein G. Feldman[72] hielt drei Referate. Er erwähnte darin die im Versicherungswiederaufbaugesetz 1955 enthaltenen Kürzungen, denn sie bestimmten den Umfang der Entschädigungen (und waren für die Opfer schlechter als jene des deutschen Bundesentschädigungsgesetzes). Und er verwies darauf, dass zwischen der Phönix-Gesetzgebung und nationalsozialistischen Enteignungen zu unterscheiden sei, wobei er aus einem Dokument der US-Botschaft in Wien zitierte. Das Dokument nahm auf die im VWG 1955 enthaltenen Regelungen zum Lebens-Phönix Bezug: „It is the opinion of the Embassy that the foregoing laws are ameliorative and not confiscatory in nature. Insofar as the insolvent 'Phoenix' Insurance Company is concerned, the laws were designed to rehabilitate it and to save its assets for the benefit of all its policy holders and may be characterised as bankruptcy or reorganisation legislation".[73] In anderen Referaten wurde die Germanisierung der Versicherungswirtschaft in von Deutschland abhängigen Gebieten, die Valorisierung entzogener und zu restitutierender Versicherungsansprüche und der Wunsch, Opferlisten zu veröffentlichen,[74] angesprochen.

- Dr. Tamás Földi (1999), Director of the Public Policy Institute, Hungary: Insurance Claims in a Historical Context with a Special Regard to the Holocaust in Hungary. Pp. 629.
- Prof. Vojtech Mastny (1999), Senior Research Scholar, Woodrow Wilson International Center: The Impact of Post-World War II Nationalizations and Expropriations in East Central Europe on Holocaust-Related Assets. Pp. 649.
- Elzbieta Turkowska-Tyrluk (1999), Vice President, Fowsechny Zklad Ubezpieczen (PZU), Poland: (Nationalization of Insurance in Poland and the Holocaust: Preliminary Findings). Pp. 661.
- Prof. Gerald D. Feldman (1999), …: Compensation and Restitution: Special Issues.. Pp. 669.
- Catherine A. Lillie (1999), Director, Holocaust Claims Processing Office, New York State Banking Department, United States: Government Compensation Program and Unpaid Claims. Pp. 673.
- Bobby Brown (1999), Adviser to the Prime Minister for Diaspora Affairs, Prime Minister's Office, Israel: (Shoah and Insurance). Pp. 681.

Proceedings of the Washington Conference on Holocaust-Era Assets. Released by the Office of the Coordinator for the Washington Conference on Holocaust-Era Assets. Washington. April 1999 (www.ushmm.org/assets/).

72 Siehe die Ausführungen zu den geschichtswissenschaftlichen Forschungsarbeiten in Deutschland zu Ende vorherigen Kapitels.

73 Zitiert nach G. Feldman (1999). Siehe zur Quellenangabe die Fußnote 1: James K. Penfield, Minister-Counsellor of Embassy to the Department of State, November 10, 1955, National Archives of the United States, RG 59, 863.08/11-1955, Box 4792. I am grateful to Dr. Oliver Rathkolb for bringing this document to may attention. G. Feldman (1999), op. cit., p. 672.

74 B. Brown (1999), Adviser to the Prime Minister for Diaspora Affairs, Prime Minister's Office, Israel, strich dabei eine für das Judentum über die materielle Entschädigung hinausgehende Bedeutung solcher Opferlisten heraus, wenn er sagte: „An insurance policy is a contract of faith where one side promises to pay premiums and the other side promises protection, a future and hope. For many Jews, it was that futures, that hope and that protection that kept them going another day, and another day, in the very Gates of Hell." B. Brown (1999), op. cit., (p. 683).

Rückblickend – und nicht weiter verwunderlich – wurden auf der Washingtoner Konferenz jene Fragen bzw. Fragenkomplexe angesprochen, die – unter dem Prätext „Unpaid Claims“ – auch die weitere Restitutionsdebatte bestimmen sollten: (Un-)Recht und Praxis der Enteignung, Recht und Praxis der Restitution, der Zusammenhang der Verfolgung von Juden in Ostmitteleuropa mit den später dort stattgefundenen Verstaatlichungen, Valorisierung von Versicherungsansprüchen, die Veröffentlichung von Opferlisten sowie die Beteiligung weiterer Versicherungsunternehmen an der ICHEIC und damit die Ausweitung ihres Tätigkeitsbereiches.[75] Schweden, als eines der Teilnehmerländer, sagte zu, in einem Jahr zu einer internationalen Konferenz (nach Stockholm) einzuladen, um Fragen der allgemeinen Bewusstseinsbildung über den Holocaust („Holocaust Education“) zu beraten.[76]

Zwei in Österreich zum Geschäftsbetrieb zugelassene Versicherungskonzerne, deren Tochterunternehmen bereits vor dem Zweiten Weltkrieg in Österreich Lebensversicherungen abgeschlossen hatten, richteten, nachdem sie geklagt worden waren, unternehmenseigene Fonds ein, an die sich vom NS-Regime geschädigte Versicherungsnehmer wenden konnten. Sie taten das parallel zu anderen Entschädigungseinrichtungen, an denen sie auch beteiligt waren bzw. sich später beteiligten. Ein weiterer Versicherer kündigte an, sich an dem Regelwerk der ICHEIC zu orientieren, wenn ihm unerledigte Polizzen von ehemals bei ihm Lebensversicherten vorgelegt würden, die Opfer nationalsozialistischer Verfolgung gewesen waren.

Der in Triest ansässige Versicherungskonzern „Generali“ richtete im Sommer 1997 einen Fonds zur Entschädigung von Holocaust-Opfern ein, welche bei der Generali

75 In dem zusammenfassenden Konferenzbericht heißt es dazu: „Insurance. The conference succeeded in attracting unprecedented attention to the issue of holocaust insurance claims. A large number of delegations came together in support of the International Commission headed by former secretary Eagleburger, resulting in an increased profile. The Commission, which brings together key actors from both sides of the Atlantic, seeks to resolve unpaid insurance claims from the holocaust era in a swift, just and co-operative manner. It is the hope that as the Commission grows in scope and legitimacy, those pursuing resolution of this issue through litigation, legislation, and regulation will merge forces with the International Commission in order to facilitate resolution of lingering claims.“ Und abschließend: „…On insurance, the conference produced broad support and enhanced legitimacy for the International Commission; a body through which it is hoped all claims can one day be adjucated. …“ Summary of the Results of the Washington Conference on Holocaust-Era Assets. (U. S. Dept. of State. Ohne Jahr, ohne Ort). Ablage: EntschFG, Archiv des VVO.

76 Die Konferenz fand im Jänner 2000 in Stockholm statt (Österreich war u. a. durch den damaligen Bundeskanzler Mag. V. Klima vertreten). J. Authors & R. Wolffe (2002) skizzieren den Österreich betreffenden politischen Hintergrund dieser Konferenz und zitieren dazu den damaligen Bundeskanzler: „One of the standards by which the next Austrian federal government will be judged internationally is how sensitively and fittingly it addresses these difficult and painful question of Austria's Nazi past.“ Bei ihnen kann aber ebenso die Haltung prominenter Konferenzteilnehmer zu Österreichs Vergangenheit nachgelesen werden. J. Authors & R. Wolffe (2002), op. cit., pp. 280.

bzw. deren Tochterunternehmen eine Lebensversicherung abgeschlossen hatten. Viele dieser Opfer waren vor ihrer Verfolgung in osteuropäischen Staaten zu Hause gewesen. Zufolge der Verfolgung waren Leistungen an die ursprünglich berechtigten Polizzeninhaber unterblieben. Die Generali betonte, dass sie – rein rechtlich gesehen – nicht mehr für diese Verträge zuständig sei. Mit der Verstaatlichung des Versicherungswesens in diesen Ländern sei die Zuständigkeit auf diese selbst übergegangen. Trotzdem: „Den Überlebenden des Holocaust wolle die Versicherungsgesellschaft dennoch jede erdenkliche Hilfestellung leisten und auch das Firmenarchiv in Triest für weitere Nachforschungen öffnen.“[77] Der Fonds wurde zunächst mit 12 Millionen US-Dollar ausgestattet und für 12 Jahre vorgesehen. Später wurde die Dotation des nunmehr als „Generali Trust Fund (GTF)“ bezeichneten Fonds auf 100 Millionen US-Dollar aufgestockt indem weitere rund 90 Millionen US-Dollar für einen humanitären Fonds bereit gestellt wurden. Im November 2000 wurde der GTF durch ein eigenes Abkommen zwischen der Generali, der World Jewish Restitution Organization und der ICHEIC in deren Programm integriert.[78] Der Versicherungskonzern der Generali war – wie an anderer Stelle ausgeführt – ein Gründungsmitglied der ICHEIC (der sog. Eagleburger-Kommission).

Die Wiener Städtische teilte im August 1999 mit, sie sei bereit, offene Lebensversicherungs-Polizzen von Holocaust-Opfern mit dem Zehnfachen des ursprünglichen Wertes an die Anspruchsberechtigten auszubezahlen. Sie vollzog damit einen Teil des Regelwerks der ICHEIC autonom nach. Zu diesem Zweck wurde ein eigener Fonds – der Dr. Norbert Liebermann-Fonds – eingerichtet.[79] Die zum Versicherungskonzern der Wiener Städtischen gehörige Donau-Versicherung kündigte tags darauf an, sich ebenfalls an den Empfehlungen der ICHEIC zu orientieren. Allerdings rechnete die Donau-Versicherung

---

77 „Generali gründet Holocaust-Fonds“, Mailand. Zitiert laut Meldung des Pressedienstes vwd vom 18.06.1997, GKV13 5 WA 0153.

78 Siehe dazu die Quartalsberichte (Qarterly Reports) der ICHEIC sowie das „Statement of The Honorable Lawrence S. Eagleburger. Chairman, International Commission on Holocaust Era Insurance Claims before the US. House of Representatives. Committee on Government Reform“. Sept. 16,2005. Washington, p. 5. www.icheic.org (Jänner2006).

79 Dr. Norbert Liebermann war Jude und in der Nachkriegszeit Generaldirektor (sowie Kuratoriumsmitglied) der Wiener Städtischen. (Die Generaldirektion des Unternehmens hat ihren Sitz im sogenannten „Ringturm“ in Wien.) In der Presseaussendung, mit der die Einrichtung des Fonds bekannt gegeben wurde, heißt es außerdem: „Schon 1958 wurde nach Angaben der Versicherung dem Jewish Restitution Committee ein Büro im Ringturm eingerichtet und alle bei der Wiener Städtischen auffindbaren herrenlosen Polizzen erhoben. Die darauf fälligen Versicherungsleistungen wurden an die von der Republik Österreich eingerichtete Sammelstelle, die später (in den) Fonds zur Abgeltung von Vermögensverlusten politisch Verfolgter umgewandelt wurde, abgeführt.“ Wien (APA), Wiener Städtische schließt sich Eagleburger-Empfehlung an. 10.8.1999. APA0297 5 AI 0172 WI/II.

nur mit vergleichsweise wenigen Anfragen, da sie vor dem Zweiten Weltkrieg in Österreich kein nennenswertes Lebensversicherungsgeschäft hatte.[80]

3. Beratung

Die Washingtoner Konferenz und andere kleinere Veranstaltungen mit ähnlichen Themen, die Einsetzung der Historikerkommission der Republik Österreich, anhaltender politischer Druck, die Sammelklagen in den Vereinigten Staaten, die aktuelle Erfahrung, über die Schattenseiten der eigenen Vergangenheit nur unzureichend informiert zu sein, und nicht zuletzt die mediale Präsenz des Themas gaben Ende 1998 der Frage, wie sich die Assekuranz verhalten sollte, eine Dringlichkeit, die dazu führte, dass sich die österreichische Versicherungswirtschaft um fachliche Beratung umsah; genauer: umsehen musste.

Die mediale Darstellung der Thematik entsprach in der Regel journalistischen Aktualitäts- und Vereinfachungserfordernissen. Die Darstellung stimmte jedoch in den wenigsten Fällen mit der alltäglichen Selbsterfahrung der Assekuranz überein. Dass Versicherungsunternehmen von sich aus die Arisierung von Polizzen betrieben haben sollten, um sich zu bereichern, widersprach der versicherungstechnischen Logik, war aber unter dem Gesichtspunkt der Risikoselektion und der Abwehr weiterer Verluste, welche der Assekuranz durch das NS-Regime aufgebürdet wurden, denkbar. Angesichts der Vermögensverluste durch den Zusammenbruch des Deutschen Reiches, der Einführung des Schillings und der Währungsreform von 1948, mutete einerseits die Behauptung einer „Bereicherung" auf Kosten von Opfern des Nationalsozialismus skurril an, andererseits war unstrittig und aus Dokumenten zu Versicherungsverträgen auch ersichtlich, dass die Opfer vielfach beraubt worden waren. Allerdings nicht unmittelbar von Versicherungsunternehmen, sondern vom Deutschen Reich selbst und von Gliederungen der NSDAP. Trotzdem schimmerte in den Medien das Bild vom „Ugly Insurer" durch.

Diese Optik belastete vor allem jene Unternehmen, gegen die Sammelklagen anhängig

80 „Die … Donau-Versicherung will alle berechtigten Ansprüche von NS-Opfern erfüllen, deren österreichische Versicherungspolizzen nie eingelöst wurden. Dabei schließe sich die Versicherung den Empfehlungen … an, wonach sich die Berechnung der Entschädigung … am zehnfachen Wert der Originalpolizze orientieren soll. Dies erklärte der Generaldirektor der Donau-Versicherung, Günter Geyer, … Geyer rechnet nicht mit vielen Anspruchberechtigten. Bisher hätte sein Institut nur gelegentlich Anfragen behandelt. ‚Wir wollen nun einen positiven Beitrag zur konstruktiven Erledigung dieses Themas leisten', … Interessierte sollten sich direkt an den Vorstand des Instituts wenden. Wien (APA), Donau-Versicherung bietet NS-Opfern Erfüllung ihrer Ansprüche an. 11.08.1999. APA0446 5 AI 0328 WI/II.

waren. Sollten die Klagen in das Stadium einer materiellen Behandlung eintreten, also über den formalrechtlichen Disput über die Zuständigkeit der US-Gerichte hinausgelangen, bedeutete das eine Auseinandersetzung über die Geschäftstätigkeit der Beklagten während der NS-Zeit. Zu bedenken war auch, dass Sammelklagen gegen weitere Unternehmen erhoben werden könnten.

Der politische Druck, so auch vom damaligen Bundesminister für auswärtige Angelegenheiten, Dr. W. Schüssel[81, 82], auf maßgebende österreichische Versicherer hielt an bzw. nahm zum Jahreswechsel als eine Folge der Washingtoner Konferenz zu. Die politische Argumentation lief darauf hinaus, die historischen Vorgänge an Hand von Dokumenten aufarbeiten zu lassen, um die unterschiedlichen Vorgangsweisen bei der Schädigung von Versicherungsnehmern transparent zu machen. Diese Aufgabe sollte von einer internationalen Expertenkommission besorgt werden, an welcher sich die Versicherer zu beteiligen hätten. Das hieß nichts anderes, als bei der ICHEIC mitmachen zu sollen und dieser die Aufarbeitung eines Teils der eigenen Vergangenheit zu übertragen. Dieses Ansinnen war – abgesehen von den damit verbundenen Kosten[83] – in mehrfacher Hinsicht heikel:

81 Schriftverkehr vom 29.12.1998 des Bundesministers für auswärtige Angelegenheiten mit Unternehmensleitern von Versicherungsunternehmen, div. Geschäftszahlen. Ablage: EntschFG, Archiv des VVO.

82 Dr. W. Schüssel (ÖVP) war in der von SPÖ und ÖVP gebildeten Koalitionsregierung bis 04.02.2000 Außenminister; Mag. V. Klima (SPÖ) war Bundeskanzler. Anfang Februar 2000 wurde Dr. W. Schüssel Bundeskanzler, nachdem er mit der FPÖ eine Koalition eingegangen war. Die SPÖ schied aus der Regierung aus. Die Koalition mit der FPÖ stieß auf internationale Ablehnung, insbesondere im Kreis der EU-Länder, Tschechiens und seitens Israel. Die FPÖ wurde als eine rechtsextreme Partei klassifiziert, welche die (ihre) NS-Vergangenheit unzureichend bewältigt habe. Die so genannten EU-Sanktionen gegen Österreich setzten ein. Inhaltlich knüpften sie zum Teil an die so genannte „Waldheim-Kampagne" an (Mitte der 80er Jahre des vorigen Jahrhunderts). Österreich war neuerlich zufolge seiner NS-Vergangenheit international isoliert. Die intensive Auseinandersetzung mit der Rolle Österreichs während der NS-Zeit und mit den österreichischen Entschädigungsinitiativen danach muss vor dem Hintergrund der außenpolitischen Diskreditierung des Landes durch die EU-Sanktionen gesehen werden. Zur Beendigung den EU-Sanktionen siehe: Österreich-Bericht für 14 Mitgliedstaaten der Europäischen Union von Martti Ahtisaari, Jochen Frowein und Marcelino Oreja. EuGRZ 11–13, 404-416 (2000); sowie: www.mpiv-hd.mpg.de/de/hp/publ_2000.cfm.

83 Informelle Anfragen bei befreundeten Unternehmen in der Schweiz ergaben, dass sich die Nachforschungen des Volcker-Komitees kostspielig gestalteten, da hochqualifiziertem Wirtschaftsprüfungspersonal vergleichsweise einfache archivarische Suchvorgänge übertragen wurden. In einem vorläufigen Arbeitspapier von Mitte Oktober 1998 des kalifornischen Versicherungsdepartments (damals unter Leitung von Insurance Commissioner Chuck Quackenbush) wurden die durchschnittlichen Bearbeitungskosten für einen Entschädigungsanspruch mit US-$ 500 präliminiert (alternativ wurden sogar US-$ 1.000 veranschlagt). Die durchschnittliche Versicherungssumme eines Anspruchs wurde mit US-$ 10.000. angenommen. State of California, Department of Insurance, International Holocaust Commission, Proposed Business Plan. October 15, 1998. Ablage: EntschFG, Archiv des VVO. Ausgehend von den Angaben bei D. Stiefel (2001a) kann der durchschnittliche Rückkaufswert einer jüdischen Polizze mit ca. RM 2.500 angesetzt werden. 1938 entsprach 1 US-$ dem Wert von RM 2,495. Das ergibt rund US-$ 1.000 an durchschnittlichem Rückkaufs-

- einerseits sollte die Assekuranz aus dem Arbeitsprogramm der österreichischen Historikerkommission ausscheiden und
- andererseits widersprach es dem Anliegen vieler, vor allem jüdischer Opferorganisationen, die von der „Täterseite" verlangten, sich ernsthaft und selbstkritisch mit den Sünden der Vergangenheit auseinander zu setzen und diese Auseinandersetzung nicht mehr zu vermeiden oder zu delegieren. Sie sahen darin ein, finanzielle Zuwendungen notwendigerweise ergänzendes „Measure of Justice".
- Weiters lief das Ansinnen dem Selbstverständnis der Versicherer zuwider, die es ablehnten, Versicherungsfremden Nachforschungen zur Geschichte der Assekuranz zu übertragen.
- Und viertens bedeutete es, dass der ICHEIC, einer nichtstaatlichen Organisation (einem NGO), so etwas wie eine „Richterrolle" zugesprochen werden sollte, denn über Ansprüche war gemäß ihren Standards zu entscheiden. Die Wahrnehmung dieser Richterrolle würde es erfordern, über die österreichische Restitutionsgesetzgebung auf dem Gebiet des Versicherungswesens zu befinden. Diese Restitutionsgesetzgebung war (und ist) aber eng mit dem Wiederaufbau des Versicherungswesens verknüpft. Konkret: auf rückgestellte Polizzen war das Versicherungswiederaufbaugesetz 1955

---

wert. Mit anderen Worten und vereinfacht gesagt: Das Projekt „ICHEIC" konnte sich nur dann rechnen, wenn die Ansprüche nachhaltig aufgewertet wurden (anstatt wie es das VWG 1955 vorsah, abgewertet wurden) und wenn statt des Rückkaufswertes von der vereinbarten Versicherungssumme ausgegangen wurde, egal ob dafür Prämien entrichtet wurden. D. Stiefel (2001a), op. cit., p. 64 und 119. Laut Abgeordnetem z. US-Repräsentantenhaus H. A. Waxman (2002) wurden etwa bis Ende 2001 im Wege der ICHEIC 758 Anträge positiv erledigt und etwa 12 Mio. US-$ ausbezahlt. Das entspricht einem durchschnittlichen Betrag von 15.800 US-$. Die Bedenken der Assekuranz hinsichtlich der Kostspieligkeit der ICHEIC erwiesen sich als richtig. Am 15.02.2002 führte H. A. Waxman u. a. aus: „… In November 2001, the House Government Reform Committee conducted an oversight hearing on the work of the ICHEIC, and the findings were disheartening. ICHEIC revealed that it has spent over $ 40 million in salaries, administrative expenses and outreach, while paying barely $12 million to survivors … Of the 77,800 claim applications received by ICHEIC, only 758 resulted in offers, … The main cause of the failure to resolve claims appears to be the actions – and the inaction – of insurance companies. … the majority of German insurance companies have refused to even join the ICHEIC process. … I was surprised and disappointed by the response of ICHEIC Chairman Lawrence Eagleburger … about ICHEIC's $40 million in expenditures on … 'I'm not going to sit here and spend my time to tell you something that is frankly none of your business.'" Greater oversight needeed on Holocaust-era insurance claims panel. By Henry A. Waxman (Feb. 15, 2002). www.waxman.house.gov/issues/foreignaffairs/issues_foreign_affairs_HRR_jewjournal_2_15_… [28.03.2003]. Die Skepsis der Assekuranz bezog sich aber nicht darauf, dass die Arbeit der ICHEIC belanglos gewesen wäre. Sowohl die von ihr entfaltete Informationstätigkeit wie das von ihr entwickelte Regelwerk zur Abwicklung von Versicherungsansprüchen („ICHEIC-Standards") trugen zur Eigendynamik der Restitutionsdebatte bei; nicht zuletzt auch deshalb, weil die Standards Zweifel an ihrer Praktikabilität hervorriefen und mit vorangegangenen kontinentaleuropäischen Entschädigungsgesetzen schwer vereinbar schienen. Gerade diese Zweifel waren Anlass operativ bessere und billigere Lösungen anzustreben.

anzuwenden.[84] Dem mit viel Verständnis zu begegnenden Begehren, unterbliebene und/oder zu geringe Entschädigungen nachzuholen, stand die Befürchtung gegenüber damit schwer abschätzbare Kollateralschäden im Bereich des Wiederaufbaues der Assekuranz nach 1945 auszulösen.[85]

Das Arbeitsprogramm der Historikerkommission zeichnete sich bereits zur Jahreswende ab, war aber erst ab März 1999 im Internet abrufbar. Trotzdem war absehbar, dass die Kommission entzogene Versicherungsansprüche als Teil des Juden geraubten Geldvermögens als einen Untersuchungsgegenstand benennen würde. Dieser Umstand weckte in der Versicherungswirtschaft Besorgnis. Nicht etwa wegen des Untersuchungsgegenstandes oder weil an der Seriosität der Kommission gezweifelt worden wäre (im Gegenteil), sondern weil bekannt war, dass die Zahl jener Historiker, die über ein vertieftes versicherungskundliches Wissen verfügten oder bereit waren, sich ein solches anzueignen, klein war (und ist). Es war nicht das erste Mal, dass Versicherungsthemen gleichsam als Anhängsel zu einer größeren Thematik mitbehandelt worden waren und die dort getroffenen Aussagen, nicht den Kern der Sache trafen, zugleich aber nicht so grundlegend falsch klangen, dass sie für den Versicherungslaien nicht doch plausibel erschienen.[86]

84 Ebenso stützte sich das Versicherungsentschädigungsgesetz 1958 auf das Versicherungswiederaufbaugesetz 1955. BGBl. 130/1958 und BGBl. 185/1955.

85 Cum grano salis: In diesem Punkt lagen sowohl die „Opfer"- wie die „Täter"seite in ihrer Einschätzung der Vergangenheit überraschend eng beisammen, zogen jedoch daraus andere Schlüsse. Zufolge der rechtlichen Verknüpfung von Wiederaufbau und Restitution vermutete die Opferseite umfangreiche unerledigte Ansprüche aus Versicherungsverträgen, während die „Täterseite" davon ausging, dass gerade wegen der Verknüpfung quantitativ nicht mehr viel unerledigt geblieben sein konnte, jedoch die Verknüpfung den Wiederaufbau qualitativ in Frage stellte. Beide Sichtweisen hatten die österreichischen Entschädigungskonzeption zur Grundlage; sahen sie jedoch aus unterschiedlichen Blickwinkeln. Die Konzeption ging davon aus, den Opfern das zurück zu geben, was ihnen in ihrer Eigenschaft als Opfer des Regimes entzogen worden war. War eine Restitution nicht möglich, war eine finanzielle Entschädigung vorgesehen. Die Opfer wurden jedoch nicht von den Kriegs- und Nachkriegsfolgen entlastet (erst im Gefolge des Staatsvertrages kam es zum Kriegs- und Verfolgungssachschädengesetz, das eine eingeschränkte Entlastung von Kriegsschäden vorsah; BGBl. 127/1958). War, beispielsweise, die Konfiskation der Polizze eines jüdischen Versicherungsnehmers aufgehoben worden, erfolgte ihre Abwertung im Gleichklang mit den Polizzen aller anderen Versicherungsnehmer. Der Restwert konnte dann in eine Fremdwährung – zu wesentlich schlechteren Kursen als 1938 – getauscht werden. Die Entschädigungskonzeption orientierte sich an der Opferthese, nach der Österreich eines der ersten Opfer Hitler-Deutschlands gewesen ist.

86 Ein Musterbeispiel für eine falsche, jedoch plausibel klingende Aussage ist die Behauptung, die Versicherer hätten sich durch die Arisierung von Feuerversicherungspolizzen bereichert. Versicherungstechnisch ist diese Behauptung ein Widerspruch in sich. Zieht der Versicherer eine Polizze eines Versicherungszweiges ein, der nicht vermögensbildend ist, verliert er Geschäft. Eine „Arisierung" von Sachversicherungspolizzen war nur dann nicht geschäftsschädigend, wenn die Verträge mit den Ariseuren fortgesetzt werden konnten. Die Fortsetzung eines Vertrages ist aber keine Bereicherung, sondern nur der Wechsel des Versicherungsnehmers.

Kurzum, man befürchtete, eventuell in die unangenehme Lage zu geraten, gegen Ergebnisse der Kommission Stellung beziehen zu müssen, obwohl man mit der Tatsache, die Vergangenheit auszuleuchten, einverstanden war.

Alle diese hier skizzierten Einflussgrößen überlagerten sich und wurden durch andere minder wichtige Ereignisse verstärkt. Dazu kam der Umstand hinzu, dass praktisch in allen europäischen Staaten, selbst sogar in Israel und den Vereinigten Staaten, die Thematik des nationalsozialistischen Vermögensentzuges im Zusammenhang mit dem Holocaust zur Debatte stand. In dieser Situation kristallisierte sich im Verband der Versicherungsunternehmen die folgende Position heraus: Der Verband ist für den unternehmensübergreifenden Teil der Thematik zuständig. Die Bewältigung der Sammelklagen dagegen ist Sache der geklagten Unternehmen.

Das Kernstück des unternehmensübergreifenden Teils war naheliegenderweise die geschichtswissenschaftliche Darstellung der eigenen Vergangenheit während der NS-Zeit. Zufolge der vorhin skizzierten Besorgnis, aber auch aus der Überlegung heraus, dass eine Auseinandersetzung mit der Vergangenheit nur dann sinnvoll ist, wenn es gelingt, den Aufarbeitungsprozess und die Ergebnisse desselben in die Unternehmen hineinzutragen, entschloss sich der Verband, die Erforschung der Vergangenheit einem renommierten Wirtschaftshistoriker zu übertragen.

Nach längerer Suche entschied sich Anfang März 1999 der Präsidialausschuss des Verbandes Univ.-Prof. DDr. D. Stiefel, der als Wirtschaftshistoriker an der Universität Wien und an der Wirtschaftsuniversität Wien lehrt und durch Publikationen zur Entnazifizierung, zum Marshallplan, zur Geld-, Währungs- und Bankengeschichte hervorgetreten war, zu bitten, bis Ende 2000 eine makrohistorische Studie mit dem Arbeitstitel „Die Konfiskation von Lebensversicherungspolizzen im Dritten Reich und die Wiederberechtigung der dadurch geschädigten Versicherungsnehmer nach 1945“ auszuarbeiten. Der Auftraggeber verpflichtete sich, die wissenschaftliche Unabhängigkeit von D. Stiefel zu wahren und ihm einen ungehinderten Archivzutritt zu ermöglichen.[87] In den mit der Auftragsvergabe einhergehenden Gesprächen kam auch eine allfällige – und wünschenswerte – Zusammenarbeit mit der Historikerkommission zu Sprache und wurde eine mögliche Einbindung der Thematik in die universitäre Lehre andiskutiert. Weiters wurde die nötige versicherungstechnische Beratung vereinbart und Univ.-Prof. DDr. D. Stiefel wurde über die Konsultationen von Dir. iR A. Sternfeld und die Beratungstätigkeit von BM aD Botschafter Dr. P. Jankowitsch informiert. D. Stiefel lieferte seine Arbeit fristgerecht ab. Vorher hatte es zwei

87 Der Text des Werkvertrages kann in D. Stiefel (2001a) nachgelesen werden. D. Stiefel (2001a), op. cit. S. 353ff. Die alltägliche Zusammenarbeit seitens des Verbandes mit Prof. DDr. D. Stiefel wurde von dem Mitarbeiter im Generalsekretariat Dr. Ch. Karsch wahrgenommen.

nichtöffentliche Hearings vor der Historikerkommission gegeben. In diesen wurden zuerst (1999) die Konzeption und dann (2000) die Ergebnisse ausführlich diskutiert.[88] Die Studie erschien, erweitert um eine englische Kurzfassung, 2001 in Buchform.[89]

Noch vor der Vergabe der wissenschaftlichen Studie nahm der Verband im Herbst 1998 Kontakt mit dem Wiener Versicherungsfachmann A. Sternfeld auf. Die Beratungsgespräche führte der Mitarbeiter des Verbandes Dr. Ch. Karsch.[90] A. Sternfeld war von 1967 bis 1976 Direktor der Wiener Rückversicherungs-Gesellschaft gewesen und hatte sich im Ruhestand erfolgreich und zum Wohle und zur Reputation der Republik Österreich Entschädigungsfragen angenommen.[91] Von ihm stammt die Bezeichnung „Ex-38er" für die aus Österreich vertriebenen Juden, von denen die wenigsten in ihre alte Heimat zurückkehrten. Die Konsultationen mit A. Sternfeld („Sternfeld-Protokolle")[92] lassen sich etwa dahin gehend zusammenfassen:

- Mit Zahlung des Rückkaufswertes hat der Versicherer den Vertrag erfüllt.
- Hat der Versicherer an das Reich gezahlt, weil der Vertrag konfisziert wurde, steht dem geschädigten Versicherungsnehmer ein individueller Entschädigungsanspruch an die Republik zu.
- Die Republik habe deshalb den Entschädigungsanspruch zu erfüllen, weil sie im Zuge des Staatsvertrages 1955 das deutsche Eigentum und später im Rahmen des sog. Bad Kreuznacher Abkommens von der Bundesrepublik Deutschland Entschädigungsleistungen erhalten habe.
- Sollte die Republik Entschädigungen verweigern, könnten die Versicherer die eher geringe Zahl noch offener Verträge „ex gratiam" honorieren und sich vom Leistungsempfänger seinen Anspruch gegen die Republik abtreten lassen, um gegen diese zu regressieren.

---

88 Im Arbeitsprogramm der Historikerkommission ist ausdrücklich vorgesehen, die Ergebnisse anderer Kommissionen zu nutzen. Für solche Komplementärforschungen behält sich jedoch die Kommission vor, selbst zu beurteilen, ob sie vollständig und gültig die Vergangenheit darstellen. Ist das der Fall, wird eine Anerkennung dieser Forschungen durch die Kommission in Aussicht gestellt. Aus dem Endbericht der Historikerkommission ist ersichtlich, dass der Arbeit von D. Stiefel (2001a) diese Anerkennung zuteil wurde. Historikerkommission der Republik Österreich, Arbeitsprogramm. (März 1999, Wien). S. 10. C. Jabloner et al. (2003), op. cit. S. 24.

89 D. Stiefel (2001a), op. cit.

90 Siehe dazu die „Sternfeld-Protokolle 1998/1999". Ablage: EntschFG, Archiv des VVO.

91 Die Entdeckung der Verantwortung. Die Zweite Republik und die vertriebenen Juden. Eine kommentierte Dokumentation aus dem persönlichen Archiv von Albert Sternfeld. A. Pelinka, S. Mayr (Hrsg.), Vergleichende Gesellschaftsgeschichte und politische Ideengeschichte der Neuzeit Bd. 10. Wien 1998.

92 Vom 30.11.1998 bis 01.03.1999 fanden fünf Konsultationsgespräche statt. Siehe dazu die obige Fußnote.

- Die österreichische Restitutionsgesetzunggebung und -durchführung habe allgemein an zu kurzen Fristen gelitten. Eine neuerliche Fristenöffnung sei wünschenswert.
- Entschädigungen von Lebensversicherungsverträgen sollten sich an einem valorisierten Rückkaufswert orientieren, jedoch Wechselkursänderungen außer Ansatz lassen.
- Da die Vergangenheit zumindest den geschädigten „Ex-38ern“ bekannt sei, sei Skepsis angezeigt, was Historikerkommissionen oder die Vergabe geschichtswissenschaftlicher Studien anbelangt. Ebenso sei Skepsis bezüglich der Interessen jüdischer Organisationen in den Vereinigten Staaten geboten. Die Interessen der Ex-38er verdienten Vorrang.

Die obigen Ergebnisse bzw. die Vorschläge, die sich in den Sternfeld-Protokollen finden, waren für die weitere Entwicklung bedeutsam, ohne dass jedoch später erkenntlich war, woher bzw. von wem sie eigentlich stammten. Auch wurde im Zuge der Entwicklung von ihnen wiederholt abgewichen.

Anfang 2000, also etwa knapp eineinhalb Jahre später, als sich bereits anhand von Vorstudien und Zwischenberichten die Ergebnisse der historischen Nachforschungen abzeichneten und über die Entschädigung von Zwangsarbeitern international verhandelt wurde,[93] wurde das Erfordernis deutlich, die Haltung der österreichischen Assekuranz sowie führender Mitgliedsunternehmen des Verbandes öffentlichen, nichtstaatlichen (NGO's) und privaten Ansprechpartnern zu vermitteln.[94] An die Verhandlungen über die Entschädigung von Zwangsarbeitern sollten sich Verhandlungen zur Vermögensentschädigung anschließen. Es zeigte sich deutlich, dass die beste historische Aufarbeitung der Vergangenheit ebenso wenig nützt wie eine klare Rechtsposition, wenn sie im Verborgenen bleibt. Lobbying und Vertrauensbildung für die eigene Sache bei Entscheidungsträgern und Meinungsbildnern war erforderlich. Vor allem galt es, in Österreich den Kontakt zum Bundesministerium für auswärtige Angelegenheiten, zur Präsidentschaftskanzlei und in den Vereinigten Staaten zum State Department zu pflegen. Vertrauensbildende Gespräche mit dem US-amerikanischen Sonderbotschafter (Special Envoy) für Restitutionsangelegenheiten im Zusammenhang mit dem Holocaust, Botschafter J. D. Bindenagel, und dem zunächst mit der Regelung von Zwangsarbeiterentschädigungen befassten, später ebenfalls in diesen Agenden tätigen US-amerikanischen Unterstaatssekretär St. Eizenstat waren erforderlich. Die im Präsidialausschuss des Verbandes vertre-

93 Entschädigungsfragen von Zwangsarbeitern betrafen die Assekuranz nicht, denn sie hatte während des Krieges keine Zwangsarbeiter beschäftigt. Außerdem war absehbar, dass gegen sie Ansprüche aus Versicherungsverträgen geltend gemacht würden.

94 Der Vorsitzende der ICHEIC, L. Eagleburger, warf österreichischen Versicherungsunternehmen mangelnde Kooperationsbereitschaft vor. Siehe dazu: Versicherungspolizzen aus der Holocaust-Zeit: Kritik an Österreich. In: Die Presse. 17.02.1000, S. 24.

tenen Unternehmen, nämlich die Versicherungskonzerne Allianz Elementar, Generali, UNIQA und Wr. Städtische, schlossen daher im Mai 2000 im Wege des Verbandes mit Bundesminister a. D. Botschafter Dr. P. Jankowitsch einen Beratungsvertrag ab. Der Vertrag zielte darauf ab, das erforderliche Lobbying und die selektive Informationstätigkeit zu verbessern. Für diese konzipierte Dr. P. Jankowitsch das 25 Punkte umfassende Aide Memoire (2000) „The Austrian insurance industry and the victims of the Holocaust“[95].

Einer ähnlichen Zielsetzung dienten die Gespräche, welche der Mitarbeiter des Verbandes Dr. Ch. Karsch mit Staatssekretär aD Botschafter Dr. L. Steiner führte.[96] Dr. Steiner erwies sich überdies als ein wertvoller Zeitzeuge für Prof. D. Stiefel, denn er informierte ihn über Verhandlungen zum österreichischen Staatsvertrag, an denen Dr. L. Steiner als Sekretär von Bundeskanzler Ing. J. Raab teilgenommen hatte.

Ohne es zu planen, war so etwas wie ein Netzwerk entstanden. Die Beratung durch Dir. i R A. Sternfeld war retrospektiv und praxisorientiert. Die Beratung durch Univ.-Prof. DDr. D. Stiefel war geschichtswissenschaftlich ausgerichtet, lieferte aber auch aktuelle Entscheidungshilfen für Entschädigungsverhandlungen und stellte zugleich einen unternehmensübergreifenden Rahmen dar, in dem unternehmensindividuelle (vertiefende) Nachforschungen erfolgen konnten. Die Beratung von BM a D Botschafter Dr. P. Jankowitsch war prospektiv (auf aktuelle und zukünftige Verhandlungen) angelegt und diente darüber hinaus der Vertrauensbildung bei versicherungsfremden Institutionen. Hinzu kamen die Ratschläge von Staatssekretär a D Botschafter Dr. L. Steiner. Alle diese drei bzw. vier Beratungsschienen liefen im Generalsekretariat des Verbandes zusammen. Das gewährleistete, dass Entschädigungsfragen aus der Zeit des Dritten Reiches nicht mit dem alltäglichen

95 Das Aide Memoire betonte u. a., dass die österreichische Assekuranz nach dem Anschluss einer starken Germanisierung ausgesetzt war, dass der ‚Phoenix-Krach‘ nicht mit nationalsozialistischer Verfolgung zu tun hatte, dass rund 57 % der jüdischen Bevölkerung Österreichs vertrieben wurden und dies zur Auflösung ihres Sach- und Geldvermögens führte, dass das NS-Regime noch vorhandene Lebensversicherungsverträge von Juden konfiszierte und den Versicherern zum Rückkauf vorlegte, dass unmittelbar nach Kriegsende die österreichische Assekuranz auf das „Problem der jüdischen Polizzen“ aufmerksam gemacht und deren Bereinigung gefordert hatte, dass der späte Abschluss des Staatsvertrages 1955 die Klärung von Vermögensfragen verzögert hatte, dass die Beharrlichkeit des „Committee for Jewish Claims on Austria“ zur Verabschiedung des Versicherungsentschädigungsgesetzes 1958 geführt hatte, dass das Versicherungswiederaufbaugesetz 1955 eine generelle Kürzung der Rückkaufswerte um 60 % vorsah, dass die Assekuranz die Einsetzung der Historikerkommission begrüsst hatte und auf eigene Kosten ihre Vergangenheit von einem anerkannten Historiker durchleuchten lässt. Das Aide Memoire schloss mit den Worten: „Having this in mind, the companies principally support all efforts, may they be of national or international concern, to turn the unjustice of the Nazi-regime to a rightful and honourable treatment of those who suffered so much in their past.“ Aide Memoire. Re: The Austrian insurance industry and the victims of the Holocaust. Dr. Peter Jankowitsch, Vienna, June 2000. Ablage: EntschFG, Archiv des VVO.

96 Ende 2000 übernahm Dr. L. Steiner von Präsidentin Dr. M. Schaumayer den Vorsitz in dem für die Entschädigung von Zwangsarbeitern gegründeten Fonds. Das Fondsvermögen belief sich auf 6 Mrd. ATS.

Versicherungsgeschäft verknüpft wurden. Das Generalsekretariat bzw. der Generalsekretär des Verbandes, Dkfm. H. Retter bzw. dessen Nachfolger Dr. L. Norman-Audenhove, stellte zugleich die Verbindung zu den willensbildenden Organen des Verbandes her. In den Organen wiederum waren die geklagten Unternehmen vertreten. Wie erwähnt, beschränkte sich der Verband auf die Vermittlung konsultativer Tätigkeiten und des dazugehörigen Informationsflusses. Davon abgehoben – aber nicht uninformiert – agierten die geklagten Unternehmen. Sie hatten ihre Rechtsvertreter. Diese arbeiteten mit der Rechtsvertretung der Republik Österreich zusammen, denn auch diese war geklagt worden. Die Rechtsvertretung der Republik im Ausland ressortierte beim Völkerrechtsbüro des Bundesministeriums für auswärtige Angelegenheiten (Botschafter Dr. H. Winkler, ab Herbst 2005 Staatssekretär in der Bundesregierung), das desgleichen die zwischenstaatlichen Verhandlungen über die Entschädigung von Zwangsarbeitern und die daran anschließenden Vermögensverhandlungen über Ansprüche von Opfern des Holocaust betreute. Das Ministerium wiederum war ein Adressat der prospektiven Beratungstätigkeit des Verbandes.[97] Die Verhandlungen führte auf österreichischer Seite – außer Bundeskanzler Dr. W. Schüssel – bezüglich der Entschädigung von Zwangsarbeitern Präsidentin iR Dr. M. Schaumayer als Regierungsbeauftragte, und bezüglich Vermögensentschädigungen Botschafter Dr. E. Sucharipa, der dazu von der Bundesregierung als Sonderbotschafter (Special Envoy) bestellt worden war. Vertreter der österreichischen Wirtschaft im Verhandlungsteam für Vermögensentschädigungen war Dr. H. Pichler, Syndikus der Sektion Bank + Versicherung der Wirtschaftskammer Österreichs.[98] Der Fachverband der Versicherungsunternehmungen ist eine Teilorganisation der Wirtschaftskammer. Die Agenden des Fachverbandes werden vom freien Wirtschaftsverband – dem als Verein konstituierten Verband der Versicherungsunternehmen Österreichs – wahrgenommen.

Der Verband informierte bereits Mitte Feber 1999 seine Mitgliedsunternehmen über die rechtshistorischen Hintergründe der Schädigung jüdischer Versicherungsnehmer und über deren, teilweise späte, Entschädigung nach dem Krieg. Das erfolgte in einem Informationsbrief (Präsidentenbrief) des damaligen Verbandspräsidenten Generaldirektor Dkfm. Dr. S. Sellitsch an die Unternehmensleiter aller Mitgliedsunternehmen.[99] Dem

---

97 Vgl. dazu die Ausführungen bei J. Authors & R. Wolffe (2002) über die Vorbereitungen von Opferorganisationen in den Vereinigten Staaten zur Wiederaufnahme von Entschädigungsverhandlungen. J. Authors & R. Wolffe (2002), op. cit. Pp. 13.

98 Syndikus Dr. H. Pichler berichtete in zahlreichen kurz gehaltenen Zwischenberichten („Pichler-Berichte") über den jeweiligen Stand der Verhandlungen und später über die wichtigsten Ereignisse zur Durchführung des Entschädigungsfondsgesetzes 2001.

99 Verband der Versicherungsunternehmen Österreichs. Der Präsident. Brief Nr. 33, Wien, am 10. Februar 1999. Ablage: EntschFG, Archiv des VVO.

Präsidentenbrief war die Überblicksinformation „Die versicherungswirtschaftlichen Verhältnisse in Österreich während der NS-Zeit. Die Schädigung jüdischer Lebensversicherter im Dritten Reich und ihre Entschädigung nach dem Krieg" beigefügt.[100] Im Brief selbst wurden neben einem kurzen Situationsbericht (u. a. zu den Sammelklagen) die Motive dargelegt, welche für den Präsidialausschuss des Verbandes maßgebend waren, Univ.-Prof. DDr. D. Stiefel mit der oben erwähnten Studie zu betrauen. Zunächst wird festgestellt: „Die österreichische Assekuranz begrüßt die Absicht der Bundesregierung, die jüngste Vergangenheit transparent und wissenschaftlich redlich aufzubereiten. Anhand der bisherigen Erfahrungen, gehen wir davon aus, daß der Bericht der Historikerkommission die Auseinandersetzung mit diesem heiklen Abschnitt der österreichischen Geschichte eher beleben als beenden wird." Und dann hieß es weiter: „Diese Überlegung und die folgende waren für den Präsidialausschuß maßgebend: Genausowenig wie die Öffentlichkeitsarbeit der eigenen Bequemlichkeit zuliebe zur Gänze an Dritte delegiert werden kann, kann die Befassung mit der eigenen Vergangenheit verdrängt werden. Deshalb hat sich der Präsidialausschuß entschlossen, einen Auftrag an einen Historiker zu vergeben, ... In diesem Zusammenhang ist es möglich, daß sich die Bearbeiter der Studie (...) an Ihr verehrliches Unternehmen mit der Bitte um zweckdienliche Auskünfte wenden. Wir ersuchen, einer solchen Bitte bestmöglich zu entsprechen. ..." Diese Haltung änderte sich nicht unter den Dr. S. Sellitsch als Verbandspräsidenten nachfolgenden Generaldirektoren Dr. A. Hoyos und Dr. D. Karner. Die Information der Mitgliedsunternehmen wurde fortgesetzt[101] und die Arbeiten von Univ.-Prof. DDr. D. Stiefel wurden tatkräftig unterstützt.

Parallel dazu hielt der mediale und politische Druck auf die österreichische Assekuranz an.[102]

---

100 Ch. Karsch (1999a), Die versicherungswirtschaftlichen Verhältnisse in Österreich während der NS-Zeit. Die Schädigung jüdischer Lebensversicherter im Dritten Reich und ihre Entschädigung nach dem Krieg. In: Brief Nr. 33, op. cit. Eine überarbeitete Fassung dieses Überblicks erschien als Artikel in der Versicherungsrundschau. Ch. Karsch (1999b), Die versicherungswirtschaftlichen Verhältnisse in Österreich während der NS-Zeit. Die Schädigung jüdischer Lebensversicherter im Dritten Reich und ihre Entschädigung nach dem Krieg. In: Die Versicherungsrundschau. Zeitschrift für das Versicherungswesen. Heft 5/99. S. 95ff. Dieser Artikel wurde – neuerlich überarbeitet – in den Band VI der Versicherungsgeschichte Österreichs aufgenommen. Ch. Karsch (2000), op. cit.

101 Siehe dazu die Präsidentenbriefe des VVO Nr. 33 vom 10.02.1999 und Nr. 43 vom 30.01.2001 sowie die Berichterstattung der Tagespresse über das Medienkolloquium des VVO zum Thema „Enteignung und Entschädigung jüdischer Versicherungsnehmer", in Bad Tatzmannsdorf vom 15./16.10.2000. Ablage: EntschFG. Archiv des VVO.

102 Bezeichnend für die damalige Situation ist folgender Bericht über eine Initiative von Alan Hevesi, dem Rechnungsprüfer der Stadt New York: „Austrian insurers were given until the middle of July to explain to a group of 900 US public finance officers why they have not joined a global effort to settle European insurers' unpaid Holocaust-era claims. Two years ago, the US group, led by New York City comptroller Alan

4. Die Reaktivierung des Versicherungsentschädigungsgesetzes 1958

Der Versuch, das Bundesgesetz vom 26. Juni 1958, betreffend die Regelung vom Deutschen Reich eingezogener Ansprüche aus Lebensversicherungen, BGBl. 130/1958, zu reaktivieren, scheiterte. Trotzdem zeigte dieser Versuch bereits Ansatzpunkte der späteren Lösung. Zugleich war er aber auch ein Beleg dafür, dass es alles andere als einfach ist, in Entschädigungsfragen eine halbwegs akzeptable Lösung zu finden, und dass dafür zumeist mehr Zeit erforderlich ist, als ursprünglich vorgesehen war. Letzteres kann auch als Erklärung dafür dienen, warum sich nach dem II. Weltkrieg die „Wiedergutmachung" in die Länge zog; es war nicht alles böse Absicht und Verschleppungstaktik.

Die Bedeutung des Versicherungsentschädigungsgesetzes 1958 lag (und liegt) für die Assekuranz in der Feststellung des Gesetzgebers, dass es sich auf die Entschädigung von Lebensversicherungsverträgen bezieht, welche bereits durch Leistung der Versicherer an das Deutsche Reich erfüllt wurden. Damit wurde klargestellt, dass Versicherer nicht ein zweites Mal leisten müssen, weil der diskriminierte Versicherungsnehmer nichts oder zu wenig aus seinem Vertrag erhalten hat. Vereinfacht und cum grano salis: das 58er-Gesetz ist die Gegenposition zur ICHEIC-Konzeption, die auf „Unpaid Claims" abstellt. Im Fall der ICHEIC-Konzeption erwächst dem Versicherungsnehmer aus dem Umstand, dass er aus dem Vertrag keine Leistung erhalten hatte, ein Anspruch gegenüber dem Versicherer. Im Fall des Versicherungsentschädigungsgesetzes erwuchs dem Versicherungsnehmer aus dem Umstand, dass ihm ein vermögenswertes Gut entzogen worden war, ein Entschädigungsanspruch gegenüber der öffentlichen Hand. Die unmittelbare Durchführung des Gesetzes oblag den einzelnen Versicherungsunternehmen unter Aufsicht der jeweiligen Finanzlandesdirektion. Den Versicherungsunternehmen wurden die den Bezugsberechtigten erbrachten Leistungen samt dem angefallenen Verwaltungsaufwand vom Bund ersetzt.[103] Die Frist lief vom 7. 7. 1958 bis 30. 6. 1959.

Im Sinn der österreichischen Restitutionsdoktrin orientierte sich das Versicherungsentschädigungsgesetz 1958 am Versicherungswiederaufbaugesetz 1955. Die Bezugsberech-

---

Hevesi, obliged Swiss banks into a $ 1.3bn accord with families by threatening to stop doing business with them and to delay foreign companies' mergers with US firms. The deadline was set just as a global panel investigation whether European insurers cheated Holocaust families …" Deadline for Austrian insurers, in: European Insurance Market, Issue 216, 18 July 2000. P. 6. A. Hevesi wandte sich in der gleichen Sache auch an den Herrn Bundespräsidenten Dr. Th. Klestil. In seinem Brief vom 25. Juli 2000 sprachen er und seine Mitunterzeichner sich dafür aus, dass entweder maßgebende österreichische Versicherungsunternehmen oder der Verband (VVO) der ICHEIC beitreten sollten, um ihren Entschädigungsverpflichtungen nachzukommen. Briefverkehr vom Juni und Juli 2000 mit A. Hevesi. Ablage: EntschFG, Archiv des VVO.

103 Näheres zum Versicherungsentschädigungsgesetz 1958 bei: Ch. Karsch (1999b), op. cit., S. 100, und D. Stiefel (2001a), op. cit., S. 261ff.

tigten (= Opfer) wurden so gestellt, wie wenn sie keine Opfer gewesen wären, sondern so wie die übrigen Versicherungsnehmer mit ihren Polizzen keiner Verfolgung ausgesetzt gewesen wären. Sie wurden mit ihren Lebensversicherungsverträgen weder besser noch schlechter behandelt als die übrigen Versicherungsnehmer. Aus der Sicht der Versicherungswirtschaft war diese Gleichbehandlung einleuchtend, da der Versicherungsvertrag und die ihm zugrunde liegenden Sterbetafeln nicht rassisch ausgerichtet gewesen waren. Die Schädigung bestand im Entzug der Verfügung über den Vertrag. Und diesen Entzug (den legalisierten Raub) nahm das Deutsche Reich vor.

Die von der Versicherungswirtschaft im Lauf des Jahres 2000 lancierte Novellierung des 58er-Gesetzes griff Anregungen von A. Sternfeld (s. o.) ebenso auf wie sie auf das Standardregelwerk der ICHEIC Bedacht nahm. Zum einen sollte die Fristsetzung des Versicherungsentschädigungsgesetzes neu zu laufen beginnen und zum anderen waren die Versicherer bereit, letztlich den Entschädigungsaufwand selbst zu tragen, indem sie in Aussicht stellten, auf dessen Ersatz durch die Republik zu verzichten. Zum dritten waren Beweiserleichterungen vorgesehen. Und schließlich war sich die Branche bewusst, die Kosten für eine weltweite Bekanntmachung der Novellierung selbst tragen zu müssen.[104]

Die maßgebenden Änderungen gegenüber dem Gesetz aus 1958 waren die folgenden.[105] In § 2 wurde vorgesehen, dass Leistungen anderer Entschädigungseinrichtungen bei der Bemessung der Entschädigung zu berücksichtigen sind. Ebenso sollten die Bezugsberechtigten nach Erhalt der Entschädigung ihre Ansprüche an den Bund (als demjenigen, der in die Verpflichtungen des Deutschen Reiches eingetreten war) dem jeweils leistenden Versicherer zedieren. Weiters waren datenschutzrechtliche Erleichterungen vorgesehen. In § 3 war die Antragstellung mit 31. 12. 2005 befristet. Insbesondere Körperschaften des öffentlichen Rechts waren angewiesen, alle Unterlagen, die zur Beurteilung von Ansprüchen von Opfern erforderlich sind, herauszugeben. Desgleichen sollte der Bundesminister für Finanzen Beweiserleichterungen anordnen können. In § 4 war eine Valorisierung der Ansprüche ab 1. 7. 1958 mit dem Verbraucherpreisindex festgelegt. Die Mitwirkung der Finanzlandesdirektionen war nicht mehr vorgesehen.

Wie erwähnt, scheiterte diese Initiative der Assekuranz, obwohl anfänglich dazu von politischer Seite Wohlwollen signalisiert worden war. Ab Sommer 2000, praktisch nach dem Abschluss der Verhandlungen über die Entschädigung von Zwangsarbeitern, wurde

104 Eine namhafte Wiener PR-Agentur veranschlagte für eine weltweite Bekanntmachung rund 40 Millionen ATS. Ablage: EntschFG, Archiv des VVO.

105 (Entwurf eines) Bundesgesetz(es), mit dem das Bundesgesetz betreffend die Regelung vom Deutschen Reich eingezogener Ansprüche aus Lebensversicherungen geändert wird; samt Erläuterungen. Fassung vom 4.9.2000. Ablage: EntschFG, Archiv des VVO.

nach neuen, umfassenden Lösungen gesucht, wobei schließlich eine Fonds-Lösung angedacht wurde, welche alle Vermögenskategorien abdecken sollte. Man wollte den gänzlichen Abschluss der Restitutionsforderungen und nicht eine partielle oder sektorale Lösung. Ein weiterer Grund von einer Novellierung des Versicherungsentschädigungsgesetzes abzusehen, war die weit verbreitete Scheu vor einer Fristenöffnung. Die Novellierung, so wurde befürchtet, hätte das Präjudiz geschaffen, neuerlich die Fristen anderer Rückstellungs- und Entschädigungsgesetze zu öffnen. Zudem zeigte der Entwurf, dass es bei einer bloßen Datumsänderung nicht bleiben würde, sondern dass auch materielle Anpassungen erforderlich sein würden. Und vor solchen bestand eine noch größere Scheu als vor einer Fristenöffnung. Trotz seines Scheiterns hatte der Entwurf eine, wenngleich eingeschränkte Signalwirkung. Erstens zeigte er die Leistungsbereitschaft der Assekuranz. Zweitens machte er deutlich, dass Entschädigungslösungen nicht die Grundlagen des Wiederaufbaus nach 1945 in Frage stellen dürfen. Der Rekurs auf das Versicherungswiederaufbaugesetz 1955 – mit ihm hatte sich 1958 auch das „Committee for Jewish Claims on Austria" einverstanden erklärt – war in diesem Sinne zu verstehen. Drittens lehnte sich der Entwurf durch die vorgesehene Valorisierung von Ansprüchen, aufgrund der Anrechnungsregelungen und durch Beweiserleichterungen an das Regelwerk der ICHEIC an. Mithin besagte der Entwurf eigentlich nichts anderes, als dass das, was die ICHEIC bezweckt, auch von Österreich im eigenen Wirkungskreis wahrgenommen werden kann. Im Hintergrund stand dabei die Überlegung, dass eine „österreichische Lösung" höchstwahrscheinlich in der operativen Abwicklung billiger kommen werde als die vergleichsweise teuer arbeitende ICHEIC, denn ceteris paribus galt (und gilt): je geringer die Verwaltungskosten sind, desto mehr können die Bezugsberechtigten (Opfer) erhalten.

5. Die Vermögensverhandlungen mit Österreich und die Verabschiedung des Entschädigungsfondsgesetzes 2001

So wie bei den Entschädigungszahlungen an Zwangsarbeiter galt auch für die Entschädigung für Vermögensverluste, dass diese finanziellen Leistungen alle noch möglichen offenen Forderungen von Opfern des Nationalsozialismus abdecken sollten. Ausdruck dieser endgültigen Bereinigung war (und ist), dass Leistungen an Anspruchsberechtigte den Eintritt des Rechtsfriedens voraussetzten. In der Öffentlichkeit wird oft übersehen, dass Entschädigungsverhandlungen zumindest zwei Zielsetzungen haben. Das eine Ziele ist eine gänzliche oder teilweise Schadloshaltung der Opfer. Das andere Ziel ist die Wiedergewinnung des Rechtsfriedens. Dieses zweite Ziel wird oft in der Öffentlichkeit wenig beachtet. Es ist jedoch grundlegend dafür, Unrecht und Schädigungen nicht durch Generationen hinweg fortzusetzen.

Der parlamentarischen Verabschiedung des Entschädigungsfondsgesetzes Ende Jänner 2001 gingen heikle Vorverhandlungen und eine Schlussrunde in Washington voraus. Parallel zu den Verhandlungen gab es thematisch einschlägige wissenschaftliche Veranstaltungen und lief die Arbeit der Historikerkommission der Republik Österreich. Die Kommission legte ihren Endbericht am 24. 2. 2003 der Öffentlichkeit vor, also nachdem die Vermögensverhandlungen längst abgeschlossen worden waren. Trotzdem hatte die Tätigkeit der Kommission Einfluss auf die Ergebnisse der Verhandlungen.

5.1. Vorverhandlungen und wissenschaftliche Veranstaltungen

Sowohl die Verhandlungen über die Entschädigung von Zwangsarbeitern wie jene über Vermögensansprüche von Opfern des Nationalsozialismus waren Regierungsverhandlungen zwischen den Vereinigten Staaten von Amerika und der Republik Österreich. Zu den Verhandlungen waren die verschiedenen Interessengruppen als Beteiligte geladen. In den USA waren Sammelklagen anhängig, mit denen Entschädigungsansprüche gegen Österreich und österreichische Unternehmen geltend gemacht worden waren. Die Verhandlungen zielten darauf ab, jene Voraussetzungen zu schaffen, welche zu einer Abweisung der Sammelklagen führen würden. Bei der Abwicklung der Entschädigungsansprüche und der Zahlung der Entschädigungen, sollte Rechtsfrieden herrschen.

Von den letzten zwei anhängigen Klagen wurde die eine Mitte April 2003 zwar abgewiesen, doch kündigte zunächst die Klägerseite eine Berufung an. Die Kläger ließen die Berufungsfrist – sie lief bis 16. 5. 2005 – ungenützt verstreichen. Damit akzeptierten sie die Abweisung der Klage. Die andere Klage blieb zunächst noch anhängig[106] doch sagte im Sommer 2005 die IKG Wien der Bundesregierung zu, die Unterstützung der Klage „Whiteman" einzustellen.[107] Die IKG Wien war der Klage als „amicus curiae" beigetreten.

106 Anfang 2003 waren noch zwei – auch gegen Versicherer gerichtete – Klagen anhängig:
- Dorit Whiteman et al. contra Fed. Rep. of Austria et al., „Fialkoff-Klage", U.S. District Court of Southern District of New York, Richterin Shirley Whol-Kram. Eingebracht am 20.10.2000. Lautend auf „Labor and Property". Die „Labor Claims" wurden am 25.07.2001 abgewiesen.
- Chava Steiner Anderman et al. contra Fed. Rep. of Austria et al., „Fenster-Klage", U.S. District Court Central District of California, Richterin Florence Cooper. Eingebracht am 23.02.2001. Lautend auf „Property Only".

107 NS-Entschädigungen: Kultusgemeinde zieht Restitutions-Anträge zurück. Muzicant „Arbeiten intensiv, um Rechtssicherheit zu erlangen". APA Wien. Zitiert nach: www.ikg-wien.at/IKG/Members/irene/110475193285/1120823619155?portal_skin=News&i … vom 11.7.05.

Zur nämlichen Zeit zog die IKG Wien ihre 770 Anträge an den Allgemeinen Entschädigungsfonds zurück. Im Gegenzug wurden ihr von der Bundesregierung aus Restmitteln des Versöhnungsfonds (er diente der Entschädigung von Zwangsarbeitern) 18,2 Mio. Euro zugesagt. Die Fälligkeit dieses Betrages war an den Eintritt des Rechtsfriedens, also an die Erledigung aller am 30. 6. 2001 anhängigen Sammelklagen, gebunden. Die „Klage Whiteman" wurde am 6. 12. 2005 (Ostküstenzeit) abgewiesen. Die österreichische Bundesregierung stellte daraufhin den Eintritt des Rechtsfriedens mit 7. 12. 2005 fest und machte diesen im BGBl. II Nr. 414/2005, ausgegeben am 13. 12. 2005, kund.[108]

Allein vom Abschluss der Vermögensverhandlungen in Washington im Jänner 2001 bis zum Eintritt des Rechtsfriedens im Dezember 2005 verstrich rund ein halbes Jahrzehnt. Die Frist für Entschädigungsanträge an den Allgemeinen Entschädigungsfonds war im Gesetz mit 28. 5. 2003 anberaumt und wurde nicht verlängert.

Der schrittweise Ablauf der Geschehnisse (z. B. auch bei den gegen Deutschland bzw. deutsche Unternehmen eingebrachten Klagen) war – in groben Zügen – der folgende: Anfänglich gab es mehr oder minder fruchtlose Bemühungen von Opfern des Nationalsozialismus bzw. deren Nachfahren sowie von Opferorganisationen, von der „Täterseite"[109] Entschädigungen zu erlangen. Ein Haupthindernis für die Durchsetzung dieser Forderungen war der Umstand, dass die Materie einer Restitution und Entschädigung für nationalsozialistisches Unrecht als abgeschlossen galt. Daraufhin wurden in den Vereinigten Staaten Sammelklagen gegen kontinentaleuropäische Unternehmen und Staaten eingebracht.[110] In den Sammelklagen wurde Wiedergutmachung begehrt. Erst die Ein-

108 BGBl. II, ausgegeben am 13. Dezember 2005: **414. Kundmachung der Bundesregierung über das Eintreten des Rechtsfriedens vor amerikanischen Gerichten im Sinn des Entschädigungsfondsgesetzes.** Gemäß § 44 Abs. 1 des Bundesgesetzes über die Errichtung eines Allgemeinen Entschädigungsfonds für Opfer des Nationalsozialismus und über Restitutionsmaßnahmen (Entschädigungsfondsgesetz), BGBl. I Nr. 12/2001 idgF, wird kundgemacht: Mit 7. Dezember 2005 sind alle in den Vereinigten Staaten am 30. Juni 2001 anhängigen Klagen gegen Österreich oder gegen österreichische Unternehmen, die sich aus oder im Zusammenhang mit der Zeit des Nationalsozialismus oder dem Zweiten Weltkriegen ergeben, abgewiesen. **Schüssel et al.**

109 Zum Begriff der „Täterseite" siehe die eingangs gemachten Bemerkungen.

110 Die „Täterseite" in ihren Heimatländern zu klagen, hätte wenig Sinn gehabt. Erstens gibt es das Rechtsinstitut der Sammelklage in Deutschland, Österreich, der Schweiz usw. nicht. Sammelklagen werden in den Vereinigten Staaten üblicherweise mit einem Vergleich beendet. Zweitens gab es in den Heimatländern eine umfangreiche Restitutions- und Entschädigungsgesetzgebung, welche in den Nachkriegsjahren verabschiedet und angewendet worden war. Ein Ziel dieser Gesetzgebung war es gewesen, Forderungen aufgrund nationalsozialistischen Unrechts zu befriedigen und dadurch die Materie einer Wiedergutmachung der Folgen nationalsozialistischen Unrechts abzuschließen. Drittens war gegen Ende des 20. Jahrhunderts die wirtschaftliche, politische und kulturelle Verflechtung zwischen Europa und den Vereinigten Staaten – nicht zuletzt im Bereich der Unternehmen – derart dicht geworden, dass Maßnahmen, die in den USA ergriffen wurden, auf Europa zurück wirkten und umgekehrt. Keine wirtschaftlichen und

bringung der Sammelklagen löste – mit einer Verzögerung – politisch die Regierungsverhandlungen aus. Die Regierungsverhandlungen führten zu einem Abkommen, das in Österreich (Deutschland) in innerstaatliches Recht umgesetzt wurde. Anschließend wurde diese Umsetzung in einem Notenaustausch den USA mitgeteilt, die ihrerseits (im Wege des State Department) dem jeweiligen Gericht gegenüber ein „Statement of Interest"[111] abgaben, die Klage abzuweisen. Die Abweisung der Klage und der damit verbundene Eintritt von Rechtsfrieden war zugleich die Voraussetzung, einerseits für die Fälligkeit von Finanzierungszusagen an die jeweilige Entschädigungseinrichtung und andererseits, – wie erwähnt – für Entschädigungsleistungen an die aus dem Abkommen bzw. dem jeweiligen Gesetz Begünstigten.

Vor den Verhandlungen mit Österreich begannen die Verhandlungen mit Deutschland, liefen dann parallel und endeten früher. Naheliegenderweise hatten die Verhandlungen mit Deutschland Einfluss auf Österreich. Einmal, weil die Opferseite, und hier vor allem die Anwälte der Opfer, forderten, für Deutschland gefundene Lösungen auf Österreich zu übertragen.[112] Zum anderen aufgrund der engen Verflechtungen zwischen Deutschland und Österreich, wie sie auf rechtlichem und wirtschaftlichem Gebiet während der NS-Zeit bestanden hatten und wie sie heutzutage auf wirtschaftlichem Gebiet gegeben sind. Allerdings zeigte sich sehr bald, dass sich die für Deutschland gefundene Gesamtlösung einer alle Entschädigungskategorien umfassenden Stiftung „Erinnerung, Verantwortung und Zukunft"[113] auf Österreich gerade wegen der Nahebeziehungen zwischen

---

sonstigen Interessen in den USA zu haben, war eher ein Ausnahmefall. Naheliegenderweise wurde dort geklagt, wo die besten Erfolgsaussichten bestanden. Viertens war zu eben dieser Zeit der Kommunismus zusammengebrochen. Das ermöglichte einerseits einen besseren Archivzugang und bedeutete andererseits, dass Entschädigungsforderungen nicht mehr in den Ost-West-Gegensatz eingebracht werden konnten.

111 Ein „Statement of Interest" ist die offizielle Feststellung eines staatlichen Interesses. Im gegenständlichen Fall bestand das Interesse in einer Abweisung der Sammelklagen durch das Gericht. In der Regel folgt ein Gericht dem „Statement …".

112 Nachdem sich die Regierungsdelegationen von Österreich und den USA auf ein Verhandlungspaket zur Entschädigung von Zwangsarbeitern in Höhe von 6 Mrd. ATS geeinigt hatten, galt es, die Opfervertreter und ihre Anwälte von dieser Lösung zu überzeugen. „Knackpunkt ist jedoch", meldete ORF ON News am 28.07.2002, „daß die Anwälte eine gemeinsame Entschädigungslösung für ehemalige NS-Zwangsarbeiter und ‚Arisierungs'-Opfer gefordert hatten. Beide Themen werden auch in den Sammelklagen behandelt. Österreich hat nun die Zwangsarbeiterfrage vorgezogen … Fagan gab sich im Vorfeld der Gesprächsrunde jedoch bereits skeptisch. Von seiner Seite werde es keine Zustimmung zu ‚häppchenweisen Lösungsmodellen' geben. Fagan pocht auf eine „Komplettlösung"". Verhandlungen über NS-Entschädigungen in USA, ORF ON News, 28.07.2000. In: www.orf.at/orfon/ticker/8996.html?tmp=1128).

113 Dt. BGBl. 2000 I 1263. Das Stiftungsvermögen wurde mit 10 Mrd. DM angesetzt. 500 Mio. DM bzw. 5 % trug dazu die deutsche Versicherungswirtschaft, aufgeteilt auf die Unternehmen nach einem das gesamte Geschäft umfassenden Prämienschlüssel bei.

den beiden Staaten nicht verwirklichen ließ. Es galt (und gilt) Überschneidungen bei den Anspruchsberechtigungen und Doppelbelastungen bei der Finanzierung zu vermeiden. Zweckmäßiger – auch in Hinblick auf die in Österreich sehr zersplitterte Rückstellungsgesetzgebung – war es, dass zuerst die Entschädigung für Zwangsarbeiter vereinbart wurde und sich daran mit einem intensiv verhandelten, zweiten Teil die Regelung der Vermögensansprüche anschloss.

Die Vermögensverhandlungen selbst waren wiederum zweigeteilt. Im ersten Block ging es vor allem um die Entschädigung entzogener Mietverhältnisse, während im zweiten Block die anderen bzw. sonstigen Vermögenskategorien (davon waren die drei wichtigsten Verhandlungskörbe: Banken, das Dorotheum und Versicherungspolizzen) sowie noch offene Naturalrestitutionen geregelt wurden. Beide Blöcke mündeten bei den Abschlussverhandlungen in Washington Mitte Jänner 2001 in ein Regierungsübereinkommen. Diesem folgte das am 28. 2. 2001 verlautbarte Bundesgesetz über die Einrichtung eines Allgemeinen Entschädigungsfonds für Opfer des Nationalsozialismus und über Restitutionsmaßnahmen (Entschädigungsfondsgesetz) sowie zur Änderung des Allgemeinen Sozialversicherungsgesetzes und des Opferfürsorgegesetzes (EntschFG 2001).[114] Anschließend wurde der Fonds eingerichtet.

Die Verhandlungen mit Deutschland endeten am 17. Juli 2000. Unterstaatssekretär St. Eizenstat nahm darin genauso wie in den Verhandlungen mit Österreich eine Vermittlerrolle wahr. Chefverhandler auf deutscher Seite waren als Regierungsbeauftragte zunächst Kanzleramtsminister aD Bodo v. Hombach, der von Bundesminister aD Otto Graf Lambsdorff abgelöst wurde. Die Verhandlungen mit Österreich waren, wie erwähnt, zweigeteilt. Der erste Teil, die „Labor Claims", auf österreichischer Seite von Präsidentin Dr. M. Schaumayer als Regierungsbeauftragte betreut, wurde am 16. Mai 2000 abgeschlossen. Damit war die Entschädigung für Zwangsarbeit noch vor dem Abschluss der Verhandlungen mit Deutschland vereinbart; offen blieben die Vermögensansprüche. Dem Abkommen folgten das am 8. 8. 2000 verlautbarte Bundesgesetz über den Fonds für freiwillige Leistungen der Republik Österreich an ehemalige Sklaven- und Zwangsarbeiter des nationalsozialistischen Regimes (Versöhnungsfondsgesetz)[115] und die Gründung

114 Österr. BGBl. I Nr. 12/2001. Das Fondsvermögen wurde mit 210 Mio. US-$ ausgestattet. 25 Mio. US-$ bzw. 12 % sagte davon die österreichische Versicherungswirtschaft, aufgeteilt auf die Unternehmen nach einem das inländische Geschäft umfassenden Prämienschlüssel, zu.

115 Österr. BGBl. I Nr. 74/2000. Der Fonds wurde mit 6 Mrd. ATS dotiert. Pro Person waren 105.000 ATS für Sklavenarbeiter, 35.000 ATS für industrielle und gewerbliche Zwangsarbeiter, 20.000 ATS für landwirtschaftliche Zwangsarbeiter und 5.000 ATS waren Frauen als Entschädigung vorgesehen, wenn diese während des Arbeitseinsatzes schwanger und von ihrem Kind oder ihrer Leibesfrucht zwangsweise getrennt wurden.

der Arbeitsgemeinschaft (ARGE) „Plattform humanitäre Aktion" durch die Wirtschaftskammer Österreich (WKÖ) und die Vereinigung Österreichischer Industrieller (IV). Die ARGE sammelte die Beiträge der österreichischen Wirtschaft. Finanzinstitutionen leisteten dazu keine Beiträge, denn sie wurden bei der Dotation des zweiten Teils, den „Property Claims" bzw. den Vermögensverhandlungen, zur Kassa gebeten.

Parallel zu den Verhandlungen bzw. daran anschließend fanden, aus der Aktualität des Anlasses heraus eine Reihe wissenschaftlicher Konferenzen und Veranstaltungen statt. Einige wenige seien erwähnt. Ebenso parallel zu den Verhandlungen liefen die Forschungen der Historikerkommission, die einige ihrer Berichte, welche für die Verhandlungen grundlegend waren, vorrangig behandelte. Praktisch war Gleichzeitigkeit zwischen geschichtswissenschaftlicher Forschung und politischem Handeln gegeben. Das führte zu einem – auch informellen – Informationsfluss, welcher den Abschluss der Abkommen erleichterte und es möglich machte, die Abkommen noch vor dem Vorliegen des Schlussberichts der Kommission (im Feber 2003) zu vereinbaren. Welchen Einfluss die wissenschaftlichen Veranstaltungen auf die Verhandlungen hatten, lässt sich nicht genau sagen, doch dass das der Fall war, steht fest. Die Auseinandersetzung mit der NS-Vergangenheit war auf mehreren Ebenen in Bewegung gekommen und es herrschte die allgemeine Übereinstimmung, „die Sache nicht mehr in die Länge zu ziehen".

Die im September 1999 in Wien abgehaltene internationale Konferenz für Überlebende und Nachkommen von Opfern und Tätern des Nationalsozialismus hatte als Tagungsthema „Die Lebendigkeit der Geschichte". In einer breiten Palette von Möglichkeiten einer Auseinandersetzung mit dem Nationalsozialismus war die Konferenz ein Spiegelbild des ideengeschichtlichen Paradigmenwandels. Zugleich war sie ein Weckruf an jene Unternehmen, die in irgendeiner Form in die NS-Zeit verwickelt waren, über die Sachzwänge des eigenen Betriebes hinauszublicken und Verständnis (und Geduld) dafür zu entwickeln, dass der Nationalsozialismus nicht nur die Schäden und Opfer einer Kriegswirtschaft verursacht hatte, sondern für Millionen und Abermillionen von Menschen auch einen kulturellen Umbruch bedeutet hatte, der ihre Existenz in Frage gestellt hatte,[116] und als Umbruch kulturelle und ideengeschichtliche Folgewirkungen entfaltete, die weit über den politischen Zusammenbruch des NS-Regimes hinausreichten. Dieses wesentliche Tagungsergebnis, dem Einfluss auf die Verhandlungen über Zwangsarbeit und über den Vermögensentzug beigemessen werden kann, bedeutete zugleich, dass

116 Um Missverständnissen vorzubeugen: die Tatsache des Holocaust steht außer Streit. Die Menge der Opfer des Nationalsozialismus war jedoch größer als die Menge der ermordeten Juden, sonstiger „Minderrassiger", Kranker und anderer Todesopfer. Auch für jene, welche die Verfolgung überlebten, bedeutete diese fast immer einen Zusammenbruch ihrer Lebensinhalte.

noch stärker bewusst wurde, die in Österreich laufende Debatte von „Opfer- versus Täterthese" nicht allein auf ein staatsrechtliches Verständnis beschränken zu können, sondern sich der moralischen Mitverantwortung für das Dritte Reich und jenes Teiles seiner Führer zu stellen, die aus den Donau- und Alpengauen (dem Lande Österreich) stammten.

Ein Höhepunkt unter den wissenschaftlichen Veranstaltungen war die im Sommersemester 2000 von Univ. Prof. DDr. D. Stiefel organisierte Ringvorlesung „Politische Ökonomie des Holocaust" des Instituts für Wirtschafts- und Sozialgeschichte und des Instituts für Zeitgeschichte der Universität Wien. Neben anderen Vortragenden zu anderen Themen referierte D. Stiefel über „Die österreichischen Lebensversicherungen" und G. D. Feldman über „Die Allianz Versicherung und die politische Ökonomie des Holocaust".[117] Beide Autoren gaben in ihren Vorträgen einen Überblick über jene Arbeiten, die sie später in Buchform veröffentlichten.[118] Die Vortragsreihe wurde – neben Studenten – vor allem von Mitarbeitern jener Einrichtungen, Behörden und Unternehmen besucht, welche mit der Restitutionsthematik befasst waren. Der akademische Boden erleichterte den Gedankenaustausch und förderte die Gesprächsbereitschaft zwischen „Opfer-" und „Täterseite"[119] bzw. „Klägern" und „Geklagten". Neben der Vermittlung historischen Faktenwissens setzte die Lehrveranstaltung auch einen methodischen Akzent zum Verständnis des Nationalsozialismus. In dem Beitrag „The Economics of Discrimination" trat D. Stiefel für ein funktionalistisches Verständnis des Nationalsozialismus ein und betonte die Sachlogik des und die Sachzwänge unter denen das NS-Regime stand. Er knüpfte dabei an die Arbeiten des amerikanischen Ökonomen Garry S. Becker an, der ein Diskriminierungsmodell zwischen privilegierten und ausgebeuteten Arbeitern bzw. Bevölkerungsgruppen entwickelt hatte.[120]

---

117 D. Stiefel (2001b), op. cit. Der Sammelband enthält neben einem Vorwort des Herausgebers, Beiträge von: D. Stiefel, „The Economics of Discrimination"; G. Botz, „Arisierungen in Österreich (1938–1940)"; B. Gailer-Galanda, „Rückstellung und Entschädigung"; D. Stiefel, „Die österreichischen Lebensversicherungen"; G. D. Feldman, „Die Allianz Versicherung und die politische Ökonomie des Holocaust"; D. Ziegler, „Die deutschen Großbanken im Dritten Reich,' 1933–1939"; O. Rathkolb, „Vermögenswerte jüdischer Kunden in dem ‚Postsparkassenamt' Wien. Nazi-Raub 1938–1945"; F. Freund – B. Perz, „Zwangsarbeit in Österreich unter der NS-Herrschaft"; U. Herbert, „Zwangsarbeiter im ‚Dritten Reich' und das Problem der Entschädigung. Ein Überblick"; J. Petropoulos, „Kunstraub. Warum es wichtig ist, die Biographien der Kunstsachverständigen im Dritten Reich zu verstehen"; H. Winkler, „Österreich – die völkerrechtlichen Aspekte"; J. D. Bindenagel, „Erinnerung, Verantwortung und Zukunft. Die Erfüllung des Versprechens von Gerechtigkeit durch würdige Zahlungen"; G. Bischof, „‚Opfer' Österreich? Zur moralischen Ökonomie des österreichischen historischen Gedächtnisses".

118 D. Stiefel (2001a), op. cit. und G. Feldman (2001), op. cit.

119 Zur Bezeichnung „Opfer" und „Täter" siehe die Ausführungen zu Beginn des Aufsatzes.

120 G. S. Becker ([{1955}1957]1993), Preis und Vorurteil (The Economics of Discrimination), in: G. S. Be-

G. S. Becker zeigte, dass Diskriminierung zu einem gesamtwirtschaftlichen Wohlfahrtsverlust führt, der jedoch vergleichsweise (politisch) stabil ist. Der Grund dafür ist, dass innerhalb der privilegierten Bevölkerungsgruppe die Arbeiterschaft mehr Nutzen aus der Diskriminierung zieht als die Kapitaleigner, während es innerhalb der ausgebeuteten Bevölkerungsgruppe die Kapitaleigner sind, welche relativ profitieren.[121] Im Grunde genommen bot D. Stiefel ein theoretisch fundiertes Erklärungsmodell für die Funktionsweise der nationalsozialistischen Wirtschaftspolitik.[122] Für sie waren diskriminatorische Marktspaltungen konstitutiv; sie war unter dem Gesichtspunkt allokativer Effizienz eindeutig suboptimal.

Mitte Oktober 2001 veranstaltete die Bruno Kreisky Archives Foundation in Wien die Tagung „Revisiting the National Socialist Legacy: Coming to Terms with Forced Labor, Expropriation, Compensation and Restitution".[123] Die Tagung war eine Art vorläufige

---

cker (1993), Der ökonomische Ansatz zur Erklärung menschlichen Verhaltens, 2. Aufl. Tübingen. S. 16ff.

121 Genau genommen stellt G. S. Beckers (1993) Modell den ökonomischen Sinngehalt der politischen Debatte über die Entschädigung von Zwangsarbeitern in Frage. Eine tragende Behauptung dieser Debatte war, dass es die Unternehmen (= Kapitaleigner) waren, welche die größten Vorteile aus der Beschäftigung von Zwangsarbeitern zogen. Daraus wurde die moralische Verpflichtung der Arbeitgeberseite zur Entschädigung der von ihnen Ausgebeuteten abgeleitet. Dass – modellgemäß – die Ausbeutung den privilegierten arischen Arbeitnehmern aber die relativ größeren Vorteile gebracht haben müsste, wurde nicht erwähnt. Für die praktische Durchführung der Entschädigungen war das nicht weiter wichtig, denn die Entschädigung von Zwangsarbeitern teilweise durch Arbeitgeberbeiträge zu finanzieren, war naheliegend. Aus moralischer Sicht liegen die Dinge allerdings anders.

122 In der Auseinandersetzung mit der Wirtschaftspolitik des Dritten Reiches tauchen immer wieder Behauptungen auf, es sei zumindest in einigen Bereichen Ersprießliches geleistet worden. Solche Behauptungen reichen von „einer gesunden Beschäftigungspolitik" bis hin zu strukturellen und technologischen Neuerungen und Produktivitätssteigerungen. Den Nachweis, dass die nationalsozialistische Wirtschaftspolitik als Gesamtkonzept verfehlt war, an den Beginn einer Ringvorlesung zu stellen, war wesentlich für das weitere Verständnis der Thematiken.

123 Die Tagung wurde 2002 in Buchform veröffentlicht. Der Band enthält die Ergebnisse zweier Konferenzen. Die zweite Konferenz setzte sich mit dem Einfluss des Nationalsozialismus auf Lateinamerika auseinander. Auf die Inhaltsangabe dieses Kapitels des Buches wird hier verzichtet (5. History as Catharsis: Coming to Terms with the Nazi Past in Brazil, Chile, Argentina and Austria – A Comparison). Die Beiträge der Kapitel 1 bis 4 sind: O. Rathkolb, „Introduction"; W. G. Gibowski, „The German Industry Initiative for the Foundation 'Remembrance, Responsibility and the Future'"; S. Kagan, „An Outline"; L. Niethammer, „Observations from Germany"; M. Schaumayer, „Austria's Contribution to Reconciliation"; E. Sucharipa, „Revisiting the National Socialist Legacy. Restitution: Why Now? The Austrian Experience" J.-F. Bergier, „Commissioned History in Switzerland"; C. Jabloner, „The Austrian Historical Commission: Motives, Results and Impact"; R. Racinskas, „The Question of Historical Justice: The Experience of the Historical Commission of Lithuania"; M. Hatchwell Toledano, „The Spanish State Commission's Experience"; M. Spoerer, „Forced Labor under the Nazi Regime: Recent Findings and an Agenda for Future Research"; G. Schwarze, „'Any misunderstood leniency is to be avoided'. The Enslavement of Soviet-Russian Women

Schlussbilanz, welche die einzelnen Themenkomplexe miteinander verknüpfte, welche durch Jahre hinweg zur politischen und wissenschaftlichen Diskussion gestanden hatten. Ausgehend von dem (politischen) Amalgam aus Gerechtigkeitsvorstellungen, öffentlicher Meinungsbildung, Geschichtsbewusstsein und tagespolitischen Erfordernissen wurde die Brücke zur geschichtswissenschaftlichen Forschung in Form von Historikerkommissionen[124] geschlagen, wurde das Sachthema der Zwangs- und Sklavenarbeit erläutert, wurde der nationalsozialistische Vermögensentzug in der Industrie, im Bank- und Versicherungswesen sowie bei Kunstgegenständen international verglichen und wurde vom „Mythos des NS-Raubgoldes“ die Verbindung zur Restitutions- und Entschädigungspraxis in Europa hergestellt. Da die Verhandlungen bereits abgeschlossen waren, veranschaulichte die Tagung auch den bereits einsetzenden Historisierungsprozess. Beispiele für die begonnene Historisierung waren etwa die Referate von G. Feldman und D. Stiefel zur Assekuranz.[125] Beide Referate lösten – im Gegensatz zu früheren Zeiten – keine Kontroverse aus, obwohl sie funktionalistisch argumentierten.[126]

---

and Children during World War II“; A. Heusler, „Forced Labor in Munich and its Aftermath – A Model of Compensation on the Municipal Level“; P. Polian, „Soviet Russian Historiography on the Issues of Forced Labor during World War II“; G. Aalders, „The Looting and (Non) Restitution of Art in the Netherlands 1940-2001“; J.-M. Dreyfus, „French Banks and Aryanization 1940–195“; H. B. Junz, „Problems Regarding the Search for the Holocaust Era Assets in the USA“; G. D. Feldman, „Allianz Versicherung in the Third Reich“; D. Stiefel, „The Problems of Life-insurance policies“; F. Vinokurova, „The Problem of Compensation to the Nazi Victims and Restitution of the Property in the Context of Sources from the State Archives of Ukraine“; F. Vinokurova, „The Perception of the Survivors“. O. Rathkolb (ed.) (2002), Revisiting the National Socialist Legacy. Coming to Terms with Forced Labor, Expropriation, Compenstion, and Restitution. Bd. 3 der Reihe „Bruno Kreisky International Studies“. Innsbruck etc.

124 „Commissioned History“, also die Einsetzung von Historikerkommissionen, birgt für die Geschichtswissenschaft auch methodische Probleme. An die Stelle der weisen Historikerpersönlichkeit, welche über eine Epoche oder zu einem breit angelegten Thema ein voluminöses Standardwerk schafft, tritt das Teamwork vieler Historiker, welche einen in Teilgebiete zerlegten Untersuchungsgegenstand bzw. eine Periode bearbeiten. Die Einheitlichkeit der historischen Fragestellung wird in einer Vielzahl von Einzelantworten gleichsam aufgelöst. Der „große Historiker“ dagegen verdichtet, induktiv arbeitend, die Unzahl unveränderlicher Einzelereignisse zu einem Gesamtbild und zu einem integrierten und komprimierten Verständnis der Vergangenheit. Ein wesentliches Problem von „Commissioned History“ ist der Umstand, dass die Hauptaussage bzw. die Hauptaussagen in der Menge der Einzelfeststellungen untergeht. Um es literarisch auszudrücken: die Notwendigkeit die Menge der Bäume zu verstehen, verhindert den Wald zu erkennen.

125 Siehe die voranstehende Fußnote zu „Revisiting the National Socialist Legacy: …“

126 Ein Hauptproblem bei der Auseinandersetzung mit dem Nationalsozialismus ist die Frage nach der Mitschuld der Akteure. Sie legt ein individualistisches Verständnis des NS-Regimes nahe; die jeweiligen Amtswalter erscheinen als bzw. sind die Schuldigen. Bei einem funktionalistischen Verständnis des Nationalsozialismus tritt dagegen die individuelle Mitschuld als Erklärung in den Hintergrund. Sie wird nicht geleugnet, doch NS-Unrecht und -Greuel ergeben sich aus der Funktionsweise des Systems.

Der Zeitablauf der Vermögensverhandlungen, die Verabschiedung des EntschFG 2001, der Beschluss der außerordentlichen Mitgliederversammlung des VVO und die Kundmachung des Rechtsfriedens

Nr.	Datum	Ort	Gegenstand	Anmerkungen
1	**19.06.2000**	**Washington**	**Allgemeine Kontaktaufnahme zu Verhandlungsbeginn**; Entschädigung für entzogene Mietverhältnisse; Abklärung, welche anderen Vermögenskategorien noch zu verhandeln sind; Wunsch der USA, in die Vereinbarung zur Entschädigung von Zwangsarbeitern die Verpflichtung Österreichs zu Vermögensverhandlungen aufzunehmen	Versicherungspolizzen waren vom Verhandlungsmandat noch nicht erfasst; Separate Lösungen für Banken, das Dorotheum u. Versicherungen
2	14.09.2000	Washington	Sonstige Vermögenswerte; Fondslösung. Österr. Offerte: 150 Mio $. US-Forderung: 1 Mrd. $. Einbeziehung von Versicherungspolizzen	
3	05.10.2000	Wien	Rahmenübereinkommen Vermögensverhandlungen fortzusetzen u. einen Allgem. Entschädigungsfonds für Finanzvermögen, bew. u. unbew. Vermögen sowie Mietverhältnisse einzurichten	Nominierung des Verhandlers der österr. Wirtschaft (Syndikus Dr. H. Pichler)
4	24.10. – 25.10.2000	Wien	Unterzeichnung von Executive Agreement und Joint Statement zur Zwangsarbeiterentschädigung; Defizite d. österr. Restitution, Arisierungsgewinne, Erbenproblematik	Ende der Verhandlungen über Zwangsarbeiter; Beginn der Intensivphase
5	13.11. – 14.11.2000	Washington	Liquidierte Betriebe, Banken, Versicherungspolizzen, Dorotheum	„Gaps and Deficiencies“
6	30.11 – 01.12.2000	Wien	Entzogene Wohnungen, liquidierte Betriebe, Versicherungspolizzen	Referat von Prof. D. Stiefel; Pressekonferenz von St. Eizenstat
7	21.12.2000	Washington	Sozialversicherungsfragen, Restitution von jüdischem Gemeindeeigentum	Versicherungspolizzen nur ein Randthema
8	09.01. – 10.01.2001	Wien	Entwurf des Regierungseinkommens; Versicherungspolizzen	
9	**15.01.2001**	**Wien**	**Ao. Sitzung des Präsidiums d. VVO; Zustimmung zum Brief der Bundessektion Banken + Versicherungen an den Herrn Bundeskanzler; Prämienschlüssel f. d. Mittelaufbringung**	**Banken: 45 Mio. US-$; Versicherungen: 25 Mio. US-$**
10	16.01 – 17.01.2001	Washington	Regierungsübereinkommen; 25 Mio $ f. Versicherungspolizzen, Entschädigung nach ICHEIC-Regeln	Teilnahme von vier Versicherungsexperten
11	23.01.2001	Wien	Ministerrat nimmt das Abkommen zustimmend zur Kenntnis	Beginn der parlamentarischen Behandlung des EntschFG
12	23.02.2001	Los Angeles	Neuerliche Sammelklage u. a. auch gegen Versicherer	Ablehnung des Regierungsübereinkommens durch die Kläger

Nr.	Datum	Ort	Gegenstand	Anmerkungen
13	31.01.2001	Wien	Verabschiedung des EntschFG im Nationalrat als Antrag aller Parteien (4-Parteien-Antrag)	Einstimmig in National- und Bundesrat
14	14.03.2001	Wien	Präsentation der „Stiefel-Studie"*)	*) siehe Zeile 18
15	**06.04.2001**	**Wien**	**Ao. Mitgliederversammlung des VVO; Beschluss der Finanzierungszusagen, kostenlose Auskunftserteilung**	**Beschluss ohne Gegenstimmen**
16	18.10.2001	Wien	Übereinkommen zwischen VVO und Allgem. EntschF/Nationalfonds über die Veröffentlichung einer Opferliste	Vollzug von § 18 (4) EntschFG
17	21.01.2003	Wien	Übereinkommen zwischen VVO und Allgem. EntschF/Nationalfonds über die Zusammenarbeit bei Nachforschungen nach Versicherungspolizzen von Antragstellern	
18	24.02.2003	Wien	Schlussbericht der Historikerkommission; Anerkennung der „Stiefel-Studie" als Komplementärforschung*)	*) D. Stiefel (2001), Die österr. Lebensversicherungen und die NS-Zeit. Wien.
19	20.01.2004	Wien	Beschluss des Präsidiums des VVO, die Finanzierungszusagen der Mitgliedsunternehmen auf einem Treuhandkonto zusammenzufassen	
20	16.11.2005	Wien	Novellierung des EntschFG 2001, um Vorauszahlungen zu ermöglichen; BGBl. I Nr. 142/2005.	Separate Entscheidung über Forderungen aufgrund von Versicherungspolizzen (§§ 11a (2) und 16 (1) EntschFG)
21	06.12.2005	New York und Wien	Erledigung der letzten noch anhängigen Sammelklage, nachdem bereits im Sommer 2005 die IKG Wien ihre Unterstützung als „amicus curiae" eingestellt hatte.	Die IKG hat ihre 770 Anträge an den EntschF zurückgezogen und im Gegenzug 18,2 Mio. Euro aus Restmitteln des Versöhnungsfonds erhalten.
22	**13.12.2005**	**Wien**	**Kundmachung des Rechtsfriedens, BGBl. II Nr. 414, mit dem Eintrittsdatum vom 07.12.2005**	Der Bundeskanzler teilt am 19.12.2005 dem Geschäftsführer Dr. H. Pichler der Bundessektion Bank + Versicherung der Wirtschaftskammer Österreich den Eintritt des Rechtsfriedens mit
23	**29.12.2005**	**Wien**	**Überweisung von 25 Millionen US-D an den Allgemeinen Entschädigungsfonds als Finanzierungsbeitrag der österreichischen Versicherungswirtschaft**	

Quellen: Ablage: EntschFG, Archiv des VVO, Wien.

Unmittelbar an die Verhandlungen über die Entschädigung von Zwangsarbeitern (die Hauptphase endete am 19. 6. 2000, das Executive Agreement und das Joint Statement wurden am 24. 10. 2000 in Wien unterzeichnet) schlossen die Vermögensverhandlungen an. Bei der ersten Kontaktaufnahme von Sonderbotschafter Dr. E. Sucharipa in Washington waren Versicherungspolizzen noch nicht als Verhandlungsgegenstand vorgesehen. Die Abgeltung entzogener Mietverhältnisse stand im Vordergrund. Österreichischerseits wurden für Banken, Versicherungen und das Dorotheum separate Entschädigungslösungen angedacht. Das auch deshalb, weil den Vermögensverhandlungen der Vergleich der Bank Austria vorangegangen war. Gegen Jahresende 1999 hatte die Bank Austria mit den Klägern einen Vergleich in Höhe von 40 Mio. US-$ geschlossen. Dieser Vergleich, der mehr als fünfzig in- und ausländische Kreditinstitute umfasste, wurde Anfang Jänner 2000 gerichtlich genehmigt.[127] Die Einbindung der Assekuranz in die Vermögensverhandlungen schien damals aus zwei Gründen zweifelhaft: Dem Vorschlag, die Fristen des Entschädigungsgesetzes 1958 erneut zu öffnen, stand die von Opfergruppierungen getragene Forderung gegenüber, sich der ICHEIC anzuschließen.[128] Und was das Dorotheum betraf, ein Versteigerungshaus mit eingeschränkter Bankkonzession, war dieses sowieso ein Einzelfall. Von Seiten der USA (i. e. St. Eizenstat) wurde dagegen eine alle Vermögenskategorien umfassende Lösung und ein allgemeiner Entschädigungsfonds angestrebt.

Am 5. 10. 2000 wurde in Wien zwischen Bundeskanzler Dr. W. Schüssel und Vizefinanzminister St. Eizenstat ein Rahmenübereinkommen („Framework Concering Austrian Negotiations Regarding Austrian Nazi Era Property/Aryanization Issues") geschlossen, das in wesentlichen Zügen den amerikanischen Vorstellungen entsprach, die am 14. 9. 2000 in Washington den Österreichern übermittelt worden waren. Allerdings klafften der von Österreich gebotene und der von den USA geforderte Entschädigungsbetrag noch beträchtlich auseinander (150 Mio. zu 1 Mrd. US-$). Später erhöhte die österreichische Seite ihr Offerte dadurch, dass Finanzierungszusagen der Wirtschaft, konkret

---

127 Siehe dazu: www.austrianbankclaims.com

128 Siehe dazu beispielsweise die Pressedienstmeldung bsd009 4 au 139 rtd 1112 vom 16.06.2000: USA/OESTERREICH/HOLOCAUST/VERSICHERUNGEN WJC erwägt Schritte gegen österreichische Versicherer = New York (sda/reuters) Der Jüdische Weltkongress (…) erwägt nach eigenen Angaben Maßnahmen gegen österreichische Versicherer, die sich bisher nicht der Internationalen Kommission zur Klärung von Versicherungsansprüchen aus der NS-Zeit angeschlossen haben. Wie der WJC am Freitag in New York mitteilte, wurde den österreichischen Versicherern eine Frist bis zum 21. Juni gesetzt, bis zu der sie der Kommission noch beitreten können, ohne mit Konsequenzen rechnen zu müssen. … Das nämliche Ziel hatten die Bemühungen von Alan Hevesi, dem Rechnungsprüfer der Stadt New York. Er und weitere 900 US-Staatsrechnungsprüfer setzten den Versicherern eine Frist bis 14. Juli 2000 sich der ICHEIC anzuschließen. Dazu wandte sich A. Hevesi auch brieflich an Bundespräsident Dr. Th. Klestil, wobei er ausführte, dass sich seit 1998 das Executive Monitoring Committee regelmäßig trifft, um „… to review the progress of worldwide Holocaust restitution". Das „Committee" ist das Leitungsgremium der Vereinigung der Staatsrechnungsprüfer. Pressedienstmeldung APA0001 5 AI 0210 WI/II vom 27.06.2000 sowie Schreiben vom 19.06.2000 von A. Hevesi, Comptroller of the City of New York, an Dr. Th. Klestil. Ablage: EntschFG, Archiv des VVO.

von Finanzinstitutionen, angekündigt bzw. versprochen wurden. Im Rahmenübereinkommen erklärte sich auch die Wirtschaftskammer Österreich bereit, einen Vertreter der Wirtschaft für die österreichische Verhandlungsdelegation zu nominieren. Da es nunmehr auch um Entschädigungen für Geldvermögen ging, wurde die Aufgabe, Vertreter der Wirtschaft zu sein, dem Geschäftsführer der Bundessparte Bank und Versicherung, Dr. H. Pichler, übertragen. Die Bundessparte ist eine Teilorganisation der Wirtschaftskammer Österreich; also der gesetzlichen Interessenvertretung. Direkt in die laufenden Verhandlungen eingebunden waren aber weder Banken noch Versicherungen.

Es begann eine Folge von intensiven Verhandlungsrunden.

Am 24. und 25. 10. 2000 wurde in Wien die Intensivphase der Verhandlungen (sog. 2. Verhandlungsrunde) aufgenommen. Dabei zeigte sich, dass mit ein Grund für das Auseinanderklaffen der Entschädigungsbeträge der Umstand war, dass noch nicht abgeklärt war, ob „Versicherungspolizzen" in die Vermögensverhandlungen einbezogen werden sollten. Überdies gab es abweichende Vorstellungen über den Umfang an direkt oder indirekt entzogenen Versicherungspolizzen. Die Opferseite mahnte hohe Beträge an „unpaid" Polizzen ein und orientierte sich an Schätzungen, welche der Tätigkeit der ICHEIC zugrunde lagen. Österreichischerseits wurde davon ausgegangen, dass nicht mehr viele Polizzen unerledigt geblieben sein konnten. Es fehlte an historischem Faktenwissen.[129] Beide Seiten kamen überein bei der nächsten Zusammenkunft in Wien Prof. D. Stiefel zu einem Hearing zu laden.

Am 30. 11. 2000 referierte Prof. D. Stiefel im Austria-Center vor dem Plenum der Verhandlungsrunde über seine Arbeiten. Er nahm dabei die Hauptergebnisse seiner Studie vorweg.[130] Für die Verhandlungen war dabei weniger das Verhalten der Versicherer während der NS-Zeit belangreich als vielmehr die Größenordnung der Vermögenskategorien bzw. die von D. Stiefel gemachten quantitativen Angaben.

Der Rückkaufswert der Lebensversicherungsverträge belief sich auf ca. 2,5 % des 1938 angemeldeten jüdischen Vermögens. Der Großteil der Polizzen war von den Versicherungsnehmern noch in diesem Jahr rückgekauft worden, fiel also unter den Tatbestand der „indirekten Enteignung". Durch den Rückkauf erlosch der Versicherungsvertrag.

129 Eigentlich hatten – so erstaunlich es klingt – beide Seiten recht. Die Opferseite ging vom Wert des jüdischen Vermögens aus, den es vor der Verfolgung hatte. Sie argumentierte, dass dieses Vermögen zufolge der Verfolgung direkt oder indirekt aufgebraucht worden war. Daraus wurde der Anspruch auf Ersatz des Vermögensverlustes abgeleitet. Die „Täter"-Seite bzw. in diesem Fall die Versicherungsunternehmen zogen nicht die Existenz des einstmaligen Vermögens in Zweifel, sondern wandten ein, dass sie jederzeit den jeweils aus dem Versicherungsvertrag Berechtigten die volle Leistung erbracht hatten, zu der sie gesetzlich bzw. bedingungskonform verpflichtet gewesen waren.

130 D. Stiefel (2001a), op. cit.

Etwa 10 % des 1938 gemeldeten Rückkaufswertes wurde vom Reich direkt konfisziert. Diese Polizzen waren Gegenstand des Versicherungsentschädigungsgesetzes 1958. Der vergleichsweise kleine Rest der nach 1945 den Versicherungsnehmern rückgestellten Polizzen wurde nach dem Versicherungswiederaufbaugesetz 1955 abgewickelt, das nachhaltige Kürzungen vorsah (ihm folgte auch das Versicherungsentschädigungsgesetz 1958). Geldentwertung und die Verschlechterung der Wechselkurse (ATS zu US-$) nach 1945 führten zur weitgehenden Vernichtung des vor 1938 angesammelten Geldvermögens. Dazu kam, dass über Kleinlebensversicherungen und Sachversicherungen praktisch keine Unterlagen mehr existierten. Diese Umstände waren Gegenstand der an D. Stiefels Referat anschließenden Diskussion. Sie führte zu dem Ergebnis, dass es jedenfalls wünschenswert sei, die Vermögenskategorie „Versicherungspolizzen" (zu verstehen als Lebens- und Nichtlebensversicherungsverträge) in das Abkommen aufzunehmen, andernfalls ein unerledigter kleiner, jedoch äußerst strittiger Bereich bestehen bliebe, der Anlass zu anhaltenden Auseinandersetzungen bieten würde. Auch wenn D. Stiefel nicht exakt den Betrag angeben konnte, welcher den noch offenen Polizzen zugeordnet werden konnte, konnte er doch nachweisen, dass es sich nicht um jene große Summe handeln konnte, welche die Klägerseite vermutete.

St. Eizenstat erwähnt in seinem Buch das Hearing mit Prof. Stiefel.[131] Auf St. Eizenstat geht der damals gemachte Vorschlag zurück, die Gesamtentschädigung für die Vermögenskategorie „Versicherungspolizzen" im Rahmen des geplanten Fonds zu deckeln. Er erhob aber auch zugleich die Forderung, dass sich die österreichische Versicherungswirtschaft an der Finanzierung des Fonds beteiligen müsse, andernfalls sie keinen Rechtsfrieden finden würde.

Die nächste, die vierte Verhandlungsrunde am 21. 12. 2000 – sozusagen am Vorabend von Chanukka – fand wieder in Washington statt. Sie brachte praktisch eine Verdoppe-

131 St. Eizenstat (2003), op. cit. S. 311. St. Eizenstat ordnet D. Stiefel nicht ganz exakt der Historikerkommission zu und schreibt: „But an expert from the Jabloner commision confronted the Austrian insurers with their own shameful historical record. The survivors actually received only about 5 percent of the 1938 cash surrender value, with no accounting for the passage of time. The Austrians insisted that insurance claims be covered with the $ 210 million General Settlement Fund amount, whereas the victims argued that they should be over and above the capped sum – exactly the dispute with Allianz in our German negotiations. I recommended using interest on the $ 210 million to pay for insurance, and that settled it." Tatsächlich hat D. Stiefel von fünf Prozent gesprochen: als Gegenwert in US-$, wenn nach dem Versicherungsentschädigungsgesetz 1958 eine Entschädigung für Polizzen aus der Zeit vor 1938 erfolgte. Währungsverluste (Schilling zu Reichsmark, diese wieder in Schilling und dieser in US-$) und die Kürzungen des Versicherungswiederaufbaugesetzes 1955 kumulierten. Die – verkürzte – Argumentation von St. Eizenstat zeigt, worin ein Verständnisproblem bei der Entschädigung von Geldvermögen liegt. E-Mail vom 23.01.2003 von D. Stiefel an den VVO. Ablage: EntschFG. Archiv des VVO.

lung des österreichischen Entschädigungsangebots (plus 150 Mio. US-$). Als Historiker nahm Prof. Dr. R. Sandgruber, Universität Linz, an ihr teil. Seine Hauptthese bestand darin, dass Österreich als Land keinen realen wirtschaftlichen Vorteil aus der NS-Zeit gezogen hatte. Der wirtschaftliche Aufschwung nach dem Krieg sei vor allem auf den Marshallplan zurückzuführen gewesen. Diesen Umstand zu betonen war deshalb wichtig, weil oftmals (und immer wieder) behauptet wird, Österreichs Wohlstand sei in der Zeit des Nationalsozialismus begründet worden. Indirekt deckte sich die These von R. Sandgruber mit den Ausführungen von D. Stiefel in der vorangehenden Verhandlungsrunde, denn die Assekuranz war zu Ende des Dritten Reiches finanziell selbst „am Ende"; praktisch bankrott. Marshall-Plan-Mittel bekam sie als Finanzinstitution keine.

Bezüglich der Vermögenskategorie „Versicherungsverträge" brachte die Verhandlungsrunde noch keine Einigung, doch wurden die Linien klar, über die zu sprechen war. Zugleich gewann die Thematik an Bedeutung für das gesamte Abkommen. St. Eizenstat erklärte dazu der Presse: „One of the most important issues that will need to be resolved is insurance. Unfortunately, we could not address this issue today because Austrian insurance companies have not been part of this process. It will be critical to the success of this process to ensure that insurance claims are resolved in a manner that accords with the principles of the International Commission on Holocaust Era Claims." [132]

In den zwei nächsten Verhandlungen waren folgende Punkte abzuklären:[133]

- Auf welche Weise folgt die Abwicklung von Ansprüchen aufgrund von Versicherungsverträgen den Prinzipien der International Commission of Holocaust Era Claims (ICHEIC). Die österreichische Seite lehnte eine Mitgliedschaft bei der ICHEIC ab, während sie amerikanischerseits verlangt wurde.
- Der finanzielle Beitrag der Versicherungswirtschaft zum Entschädigungsvolumen war auszuverhandeln. Schließlich war die deutsche Versicherungswirtschaft im deutschen Abkommen erfasst und hatte sich zu einem namhaften Solidarbeitrag[134] an die Stiftungsinitiative „Erinnerung, Verantwortung und Zukunft" verpflichtet. Sollte der Beitrag innerhalb oder zusätzlich zum Anbot von 150 Mio US-$ erfolgen? Die österreichische Seite favorisierte eine Lösung innerhalb des Entschädigungstopfes und knüpfte dabei an den Vorschlag eines zweckgebundenen und gedeckelten Entschädigungsbetrages von St. Eizenstat an. Dieser zeigte sich kompromissbereit und sprach

132 Pressestatement – Minister Eizenstat am 21.12.2000. Ablage: EntschFG. Archiv des VVO.

133 Zusammenfassender Bericht über die 4. Verhandlungsrunde über die Eigentumsrestitution – 21.12.2000 (Washington). Ablage: EntschFG. Archiv des VVO.

134 500 Mio. Deutsche Mark.

nur mehr von einem geringen Betrag zusätzlich zum allgemeinen Entschädigungstopf, um mögliche Einzelforderungen abdecken zu können.

- Die Opferseite verlangte die Bereitstellung von Unterlagen über Versicherungsverträge. Zugleich wies sie darauf hin, dass es eine große Gruppe von Forderungen gebe, welche sich auf den Nicht-Lebensversicherungsbereich bezögen und auch nicht vom Regelwerk der ICHEIC erfasst würden.

In der vierten Verhandlungsrunde wurde auch der weitere Ablauf vereinbart. Die nächste Runde sollte in Wien am 9./10. 1. 2001 tagen und die Abschlussrunde war für 16./17. 1. 2001 in Washington angesetzt. Viel Zeit war damit für eine Willensbildung in Österreich und für die Interessenvertretungen der Banken und jener der Versicherungswirtschaft nicht gegeben. Charakteristisch für diese Willensbildung war, dass sie im Wege der gesetzlichen und der freien Wirtschaftsverbände direkt an die Unternehmen herangetragen wurde. Was nichts anderes bedeutete, dass sich jedes Unternehmen mit jener Vergangenheit auseinandersetzen musste, die es zu bewältigen galt; egal, ob das Unternehmen oder sein Rechtsvorgänger bereits im Dritten Reich existiert hatte.

Die fünfte Verhandlungsrunde (in Wien) mündete in einen Abkommensentwurf der US-Seite mit neuen Forderungen und Detailwünschen, nachdem bereits von österreichischer Seite zahlreiche Konzessionen gemacht worden waren. Und wie St. Eizenstat (2003) über sein letztes „face-to-face"-Verhandlungsgespräch mit Bundeskanzler Dr. W. Schüssel schrieb: „In what he and I thought was one last concession, he reluctantly agreed to raise another $ 10 million from the private sector for the General Settlement Fund, bringing it up to a total of $ 210 million."[135]

Ein Teil dieses privaten Sektors waren (und sind) die Mitgliedsunternehmen des VVO. Am 12. 1. 2001 gab die Bundessektion Bank + Versicherung[136] der Wirtschaftskammer Österreich dem Bundeskanzler die Zusage, sich für die freiwillige Aufbringung von US-$ 45 Mio. seitens der Kreditunternehmen und von US-$ 25 Mio. von den Versicherungsunternehmen zu verwenden. Da namhafte österreichische Versicherungsunternehmen bereits über ihre Mutter- oder ihre Tochterunternehmen in andere Entschädigungslösungen, zum Beispiel die ICHEIC, eingebunden waren, wurde verlangt, dass in den Betrag von 25 Mio. US-$ die anderweitig bereits zugesagten Zahlungen einzurechnen sind. Zugleich wurde diese Verwendungszusage[137] an die Voraussetzung geknüpft, dass alle

135 St. Eizenstat (2003), op. cit. S. 310.

136 Das ist der damalige Name. Später wurde die Firma auf Bundessparte Bank und Versicherung geändert.

137 Rechtlich handelte es sich dabei um einen so genannten Verwendungsvertrag. § 880a ABGB lautet: „Hat jemand einem anderen eine Leistung eines Dritten versprochen, so gilt dies als Zusage seiner Verwendung bei dem Dritten; ist er aber für den Erfolg eingestanden, so haftet er für volle Genugtuung, wenn

anhängigen Sammelklagen zurückgezogen oder abgewiesen werden, also Rechtssicherheit bzw. –frieden eintritt, und dass die von den Unternehmen aufgebrachten Beträge steuerlich als Betriebsausgaben anerkannt werden und abgabenfrei bleiben. Für den Fall, dass es zu neuerlichen Klagen gegen österreichische Unternehmen der Kredit- und Versicherungswirtschaft kommen sollte, forderte die Bundessektion die volle Unterstützung der Republik ein.[138]

Fast zeitgleich billigten die Entscheidungsorgane des VVO die Verwendungszusage der Bundessektion. Überdies wurde beschlossen, zur Schlussrunde in Washington vier Auskunftspersonen zu entsenden. Es waren das unter Leitung von Dr. H. Weiser, Mag. H. Kanta, Mag. S. Schneidhofer und Dr. Ch. Karsch. Diese vier Personen wurden der österreichischen Delegation unter Leitung von Sonderbotschafter Dr. E. Sucharipa[139] und Botschafter Dr. H. Winkler zugeteilt. Sie nahmen an den Verhandlungen teil. Mit zur Delegation gehörte auch als Vertreter der Wirtschaft Dr. H. Pichler, der Geschäftsführer der Bundessparte Bank und Versicherung in der Wirtschaftskammer Österreich. Zufolge der finanziellen Zugeständnisse der österreichischen Seite, nicht zuletzt des Bundeskanzlers Dr. W. Schüssel selbst, löste das Verlangen der Assekuranz, Beiträge von ausländischen Konzernen für ihre österreichischen Töchter an andere Entschädigungseinrichtungen auf die in Aussicht gestellte Finanzierung des Entschädigungsfonds anzurechnen, sofort weitere vertrauliche Besprechungen und Sondierungen aus, welche darauf abzielten, eine Anrechnung wegzubekommen. Die Assekuranz setzte sich mit ihrem Verlangen nach Anrechnung nicht durch.

---

die Leistung des Dritten ausbleibt." Im Grunde genommen wurde eine Kette von Verwendungszusagen bzw. -verträgen aufgebaut. Der österreichische Bundeskanzler war dem US-amerikanischen Vizefinanzminister im Wort. Die Bundessektion war dem Bundeskanzler im Wort. Der VVO war der Bundessektion bzw. dem Bundeskanzler im Wort. Und alle hatten sich verpflichtet, einen anderen zu einem bestimmten Tun, nämlich zu zahlen, zu veranlassen. Im Fall der Assekuranz waren der „andere" letztlich die Mitgliedsunternehmen des VVO.

138 Schreiben vom 12.01.2001 der Bundessektion Bank + Versicherung der Wirtschaftskammer Österreich an den Herrn Bundeskanzler Dr. W. Schüssel. Archiv des VVO. Siehe auch: APA-Meldung Nr. 0339 5 II 0333 AI/WI vom 11.01.2001 „NS-Entschädigungen: Versicherungen zu freiwilligen Leistungen bereit".

139 Siehe dazu auch den Hintergrundbericht von E. Sucharipa und den Verhandlungsbericht von U. Kriebaum: E. Sucharipa, Die Rückkehr der Geschichte – zur Restitution jüdischen Vermögens in Österreich. In: Das Brünner Symposium zur österreichisch-tschechischen Geschichte der ersten Hälfte des XX. Jahrhunderts (1. u. 2. Juli 2002). Website des Bundesministeriums für auswärtige Angelegenheiten – Auslandsösterreicher. U. Kriebaum, Die österreichische Restitutionsvereinbarung vom 17. Jänner 2001. In: Das Brünner Symposium …, op. cit.

5.2. Die Schlussrunde der Verhandlungen in Washington und die Verabschiedung des Entschädigungsfondsgesetzes

Wesentliche Punkte der Interessenlage der Assekuranz am Vorabend der Washingtoner Verhandlungen (am 16. und 17. 1. 2001) waren:

- Anrechnung anderweitig zugesagter Beiträge
- Anerkennung bisheriger Entschädigungsleistungen sowie von Leistungen anderer Entschädigungseinrichtungen
- Ablehnung der ICHEIC und eine schlanke Organisation für die Anspruchserledigung
- Endgültige Regelung aller möglichen Ansprüche aufgrund von Personen- und von Sachversicherungspolizzen
- Rechtsfriede und Rechtssicherheit

Die Verhandlungen fanden in den letzten Amtstagen der Regierung von US-Präsident Bill Clinton statt. Der Clinton-Administration war daran gelegen, die Verhandlungen noch selbst abzuschließen. Überdies vergewisserte sich St. Eizenstat des Einverständnisses von Colin Powell, dem neuen Außenminister, dass dieser die Vermögensverhandlungen nicht in seine Amtszeit mit hinüber nehmen, sondern sie vorher beendet haben möchte. Der Zeitdruck war enorm.[140] Die Organisation der Verhandlungen in Washington aber auch die sofortige Umsetzung der Verhandlungsergebnisse nach Rückkehr der Delegation nach Wien war dementsprechend dicht.

Noch am Ankunftstag, den 15. 1. 2003, traf sich die österreichische Verhandlungsgruppe zu einer Lagebesprechung, bei der alle Vermögenskategorien, vor allem aber die Kategorie „Versicherungspolizzen" durchbesprochen wurden. Die Regierungsseite bzw. die Diplomaten (Sonderbotschafter Dr. E. Sucharipa, Botschafter Dr. H. Winkler, Dr. K. Bühler, Dr. U. Kriebaum, Mag. H. Lessing u. a.) und die Versicherer (Dr. H. Weiser und die anderen) waren einer Meinung, dass die bisherigen Entschädigungsregelungen und die daraus erflossenen Entscheidungen nicht in Frage zu stellen seien. Auch war man sich einig, dass Entschädigungsleistungen anderer Einrichtungen bei der Bemessung österreichischer Entschädigungsleistungen zu berücksichtigen seien. Ebenso stimmte man darin überein, dass das zu schließende Abkommen zu einem umfassenden Rechtsfrieden führen und anhaltende Rechtssicherheit bieten müsse. Ziel des Abkommens sei es, eine

140 „… my long, adrenalin-fed work sessions were interspersed with moments of pure exhaustion." St. Eizenstat (2003), op. cit. S. 310.

endgültige Regelung offen gebliebener Ansprüche herbeizuführen. Die Regierungsseite zeigte sich anfänglich erstaunt, als die Versicherer davon sprachen, das Abkommen sollte Ansprüche aufgrund von Lebens- und von Sachversicherungspolizzen abdecken. Offensichtlich hatte man erwartet, dass sich die Versicherer auf Lebensversicherungsverträge beschränken wollten. Dr. Sucharipa und sein Stab war zufrieden, dass die Versicherer eine inhaltlich breite Fassung der Vermögenskategorie „Versicherungspolizzen" von sich aus anstrebten. Den Wunsch überzeugend darzustellen, die ICHEIC als Organisation aus dem Abkommen fern zu halten und keinerlei Beitrittsoptionen zur ICHEIC aufzunehmen, weder für den Verband noch für einzelne Versicherungsunternehmen, war für die Versicherer nicht leicht. Es gelang aber, die Regierungsvertreter davon zu überzeugen, dass die ICHEIC ein institutioneller Fremdkörper war, der geeignet gewesen wäre, das angestrebte Abkommen zu sprengen.[141] In dem Hinweis der Versicherer, ihre Vorbehalte beschränkten sich auf die ICHEIC als Organisation und die damit verbundenen hohen Kosten, sie könnten jedoch eine sinngemäße Übernahme des Abwicklungsreglementariums der ICHEIC akzeptieren, wenn die Abwicklung in den Händen einer österreichischen Organisation, nämlich beim Allgemeinen Entschädigungsfonds (englisch: General Settlement Fund [GSF]), läge, wurde so etwas wie ein Nachgeben gesehen.

Ein weiterer Kompromiss musste im finanziellen Bereich gefunden werden. Hier ging es um die Anrechnung anderweitig bezahlter Beiträge auf die Finanzierungszusage in Höhe von US-$ 25 Mio. Die Regierungsseite argumentierte, der Betrag von 25 Millionen sei das Ergebnis einer überschlagsmäßigen Anrechnung. Die 25 Millionen verstünden sich als Saldo. Der Brutto-Betrag wäre 45 Millionen gewesen und dieser müsse in die morgigen Verhandlungen eingebracht werden. Das wurde von den Versicherern abgelehnt, denn sie befürchteten, das könnte Anlass zu Nachforderungen geben. Dr. Pichler erinnerte an die Verwendungszusage der Bundessektion Bank + Versicherung. In dieser Zusage wurden 25 Millionen genannt und auf diesen Betrag ausdrücklich die Anrech-

141 Die Versicherer konnten dabei auf Erfahrungen von Mitgliedsunternehmen und Schwesterverbänden zurückgreifen. Wesentliche Kritikpunkte an der ICHEIC waren:

- Das institutionelle Eigeninteresse der ICHEIC der alleinige Abwickler von Forderungen zu sein, die auf Versicherungsverträgen von Opfern des Nationalsozialismus aufbauen.
- Grundlage des mit der ICHEIC verbundenen Kostendrucks ist die einbekannte Täterrolle Deutschlands. Dadurch erwächst der Kommission ein argumentatives Übergewicht.
- Das Misstrauen der Opferorganisationen und der -anwälte ist groß. Im Zweifelsfalle werden zusätzliche Nachforschungen und Audits verlangt. Die ICHEIC geht davon aus, dass alle Abwicklungs- und Prüfkosten zusätzlich anfallen und außerhalb der vereinbarten Entschädigungsvolumina zu verrechnen sind.
- Die ICHEIC hat die Tendenz ihr Regelwerk nach Gutdünken zu ändern; was die Abwicklung verzögert.

nung anderweitiger Beiträge verlangt. Die Meinungen begannen sich zu versteifen. In dieser Situation machten die Versicherer darauf aufmerksam, dass die pauschale Deckelung des Entschädigungsvolumens im zu schließenden Regierungsabkommen von der Finanzierung desselben zu trennen ist. Im Außenverhältnis gegenüber den Opferverbänden und dem amerikanischen Vertragspartner gehe es darum, den Höchstbetrag für Entschädigungsforderungen festzulegen. Die Finanzierung des Entschädigungsvolumens ist dagegen eine Angelegenheit des – österreichischen – Innenverhältnisses. Entscheidend ist, dass nach außen eine alle Forderungen aufgrund von Versicherungsverträgen abdeckende Höchstsumme vereinbart wird, die aber nicht überhöht angesetzt werden dürfe; 45 Millionen seien eindeutig überhöht.[142]

Bei den Verhandlungen, die am nächsten Morgen begannen, hielt sich die österreichische Delegation an diese Linie. Die Trennung der Aufbringungs- von der Verwendungsseite der Geldmittel bewährte sich in den Verhandlungen.

Die Verhandlungen waren nach dem „Beichtstuhl"-Verfahren organisiert. Die Delegationen berieten sich in getrennten Konferenzräumen, zwischen denen der Verhandlungsleiter St. Eizentat als Vermittler pendelte. Die Beratungen ähnelten einem Konklave: Kunstlicht, Kaffee, karge Kost, kurze Nachtruhe sowie Computer, um die Textentwürfe zu bearbeiten, die zwischen den Delegationen ausgetauscht wurden. Am Dienstagnachmittag gab es eine kurze, ergebnislose Plenarsitzung. Das Abkommen wurde verspätet am Mittwoch nachmittag im Plenum paraphiert, denn der Vertreter der Israelitischen Kultusgemeinde Wien, Präsident Dr. A. Muzicant, äußerte gegen den Abkommenstext Bedenken.[143] Bei der Unterzeichnung war auch die Presse anwesend. Vorher hatte das State Department noch zum Lunch geladen. Dabei wurde der Verhandlungsabschluss von St. Eizenstat und den Delegationsleitern als Erfolg gefeiert. Unmittelbar nach der Rückkehr nach Wien, wurde – nächtelang – anhand des Abkommens die Vorlage zum EntschFG formuliert.

Parallel zu den Entschädigungsverhandlungen im State Department tagte in einem Hotel (übrigens dem gleichen, in welchem die Versicherer abgestiegen waren) die ICH-

142 VVO. Interner Bericht vom 22.01.2001 über das Ergebnis der Verhandlungen in Washington. Zeichen: CK. Ablage: EntschFG. Archiv des VVO. Die Versicherer stützten sich dabei auf die Ergebnisse der Abwicklung des Versicherungsentschädigungsgesetzes 1958. Damals wurden 456 Entschädigungsanträge positiv beschieden und 1,5 Mio. ATS ausbezahlt. Werden 45 Mio. US-$ überschlagsmäßig und in Anlehnung an die ICHEIC-Standards rückgerechnet, ergibt das knapp das Zehnfache der 1958 ausgezahlten Entschädigungssumme. Dass 1958 soviel an Versicherungsverträgen von Opfern zu entschädigen, unterlassen worden wäre, schien unwahrscheinlich; vergleiche dazu Ch. Karsch (1999b). Spätere historische Forschungen bestätigten das; vergleiche dazu D. Stiefel (2001a).

143 Siehe dazu St. Eizenstat (2003), op. cit., S. 312f. Trotz Paraphierung des Abkommens hielt Dr. A. Muzicant seine Bedenken aufrecht. A. Muzicant, Austria's Endangered Community, in: Forward, June 6, 2003.

EIC. Eine Einladung der ICHEIC an die Versicherer zu einem exploratorischen Gespräch zusammenzufinden, wurde von diesen nicht wahrgenommen.

Bevor über jenen Teil der Verhandlungen berichtet wird, in denen die Versicherungsthematik behandelt wurde, sei eine Episode aufgegriffen, welche die Schwierigkeiten illustriert, mit denen die österreichische Delegation zu kämpfen hatte. Schwierigkeiten bei denen sie – oft unerwartet – faire Unterstützung von St. Eizenstat erhielt. Nach einigem Pendeln zwischen den Sitzungssälen, die Verhandlungen machten gute Fortschritte, überbrachte St. Eizenstat die Nachricht, die Opferanwälte bestünden darauf, dass Erbansprüche nicht nach dem ABGB, sondern nach US-Recht abzuhandeln seien. Die Anwälte begründeten ihr Ansinnen mit dem Hinweis, dass das ABGB „Nazi-Law" sei, denn es habe im Dritten Reich gegolten und habe der Abhandlung jüdischer Verlassenschaften gedient. Letzteres stimmte, Ersteres nicht, denn das Allgemeine Bürgerliche Gesetzbuch war 1811 durch kaiserliches Patent kundgemacht worden und seine erbrechtlichen Regelungen galten allgemein vor, im und nach dem Dritten Reich und gelten in Österreich noch immer.[144] Erst als Dr. Sucharipa und Dr. Winkler diese Zusammenhänge St. Eizenstat darlegten und argumentierten, dass eine Aufpropfung angelsächsischen Erbrechts auf die österreichische Restitutionsgesetzgebung und -praxis eine rasche Erledigung von Entschädigungsforderung unmöglich mache, schwenkte St. Eizenstat um. Das Ergebnis war im Abkommen die Bestimmung, auf Erbansprüche das ABGB anzuwenden.[145]

Die Vermögenskategorie „Versicherungspolizzen" nahm bei den Verhandlungen einen vergleichsweise breiten Raum ein, denn sie waren – wie erwähnt – ein Thema, das man sich bis zuletzt aufgespart hatte. Dieser Umstand begünstigte einerseits die Verhandlungsposition der Versicherer, belastete sie andererseits aber, denn weder ein Scheiternlassen der Verhandlungen, noch ein Ausklammern der Vermögenskategorie war wünschenswert.[146] Von Anfang an ließen die Versicherer keine Zweifel aufkommen, dass sie unter „insurance policies" sowohl Verträge der Lebens- wie der Nicht-Lebensversicherung verstanden. Ebenso waren sie damit einverstanden, dass Ansprüche aufgrund von Versicherungsverträgen im Rahmen des „'Claims-Based' Process", also im Rahmen eines

144 Das ABGB enthält keine rassischen Bestimmungen. Es geht vielmehr von der Gleichheit der Rechtssubjekte vor dem bürgerlichen Recht aus.

145 Siehe dazu: „Abkommen zwischen der Österreichischen Bundesregierung und der Regierung der Vereinigten Staaten von Amerika zur Regelung von Fragen der Entschädigung und Restitution für Opfer des Nationalsozialismus". GZ 2140.02/0044e-BdSB/2001. Wien, 23. Jänner 2001. Anhang A, Zi. 2e. Definition von „Erben". In: BGBl. III Nr. 121/2001.

146 Die folgende Darstellung fußt auf dem Dokumentenmaterial samt Verhandlungsmitschriften von Ch. Karsch. Ablage: EntschFG. Archiv des VVO.

(strengeren) Forderungs-Verfahrens, und nicht nach einem erleichterten Billigkeits-Verfahren abzuhandeln sind.

Bei der Legaldefinition des Begriffs des „österreichischen Unternehmen" waren die Versicherer um einen möglichst weiten Begriffsumfang bemüht.[147] Mögliche Überschneidungen mit dem Begriff im deutschen Stiftungsgesetz, was ein „deutsches Unternehmen" ist, war man bereit in Kauf zu nehmen.

Als die Opferseite eine Aufstockung des für Entschädigungen für Versicherungspolizzen avisierten Höchstbetrages von 25 Mio. US-$ um weitere 10 Mio US-$ verlangte, sprach man sich dagegen aus und ließ durchblicken, dass eigentlich nicht mehr viele Polizzen unerledigt geblieben sein können. Das wurde von St. Eizenstat akzeptiert, der nun seinerseits die Opferseite bzw. deren Anwälte zu überzeugen hatte. Gegen den folgenden Zusatz zur Bestimmung des Höchstbetrages von 25 Mio. US-$ hatten die Versicherer keinen Einwand. Der Zusatz lautete: „… (at a capped amount of US $ 25 million – within the GSF, which amount includes interest on US $ 210 million) …"[148] In einem Vorentwurf des Abkommens waren 5 Mio. US-$ zuzüglich des Veranlagungserlöses für 210 Mio. US-$[149] für Ansprüche aus Versicherungsverträgen vorgesehen gewesen. Ebenso nahmen sie hin, dass im Entwurf vom 15. 1. 2001, 20:44h,[150] eventuelle Restbeträge aus dem 25-Millionen-Topf an die ICHEIC gehen sollten. Allerdings hätten sie eine andere Lösung vorgezogen, die auch die weiteren Verhandlungen dann brachten. In der Endfassung war vorgesehen, dass ein Restbetrag an den Nationalfonds der Republik Österreich für Opfer des Nationalsozialismus fallen soll. Dafür war in der Endfassung die Bestimmung hinzugekommen, weitere 5 Mio. US-$ aus Mitteln des Allgemeinen Entschädigungsfonds für den Fall bereitzustellen, würde der Höchstbetrag von 25 Mio. US-$ ausgeschöpft sein. Den Höchstbetrag aufzustocken war ein Anliegen, welches die Anwälte der Opferseite verfochten.

147 Siehe dazu „Abkommen zwischen der Österreichischen Bundesregierung und der Regierung der Vereinigten Staaten von Amerika zur Regelung von Fragen der Entschädigung und Restitution für Opfer des Nationalsozialismus". GZ 2140.02/0044e-BdSB/2001. Wien, 23. Jänner 2001. Anhang 3 Definition des Begriffs „österreichische Unternehmen". In: BGBl. III Nr. 121/2001.

148 Entwurf eines „Abkommens zwischen der Österreichischen Bundesregierung und der Regierung der Vereinigten Staaten von Amerika zur Regelung von Fragen der Entschädigung und Restitution für Opfer des Nationalsozialismus". Annex A, 16.01.2001, 15:30h corr final. „n. Insurance", p. 6.

149 Zum Zeitpunkt des Abschlusses des Abkommens wurde davon ausgegangen, dass rasch Rechtsfrieden eintreten werde. Damit wären in absehbarer Zeit die Finanzierungszusagen fällig geworden und der Entschädigungsfonds hätte die Mittel veranlagen können. Der Kalkulation des Finanzerlöses von ca. 20 Mio. US-$ wurde als Zinssatz der 3-Monats-Euribor zugrunde gelegt. Im Periodendurchschnitt lag 2001 der EURIBOR bei 4,26 %. Im Oktober 2003 machte der Satz 2,12 % aus.

150 Dieser Entwurf vom 15.01.01, 20,44 Uhr, enthielt im Subparagraph n. „Insurance" den Hinweis: Still needs to be discussed. p. 6.

Die amerikanischen Vermittler, offensichtlich nicht nur von den Opferorganisationen, sondern auch von der ICHEIC bedrängt, setzten durch, dass die Abwicklung von Forderungen aufgrund von Versicherungsverträgen dem Regelwerk der ICHEIC zu folgen hat. Allerdings gelang es den Versicherern zu erreichen, dass die so genannten ICHEIC-Standards sinngemäß anzuwenden waren. Es war den Versicherern auch recht, dass als Anwender der ICHEIC-Regeln das unabhängige Antragskomitee genannt wurde (und nicht Versicherungsunternehmen oder deren Verband). Im Abkommen wurden in die ICHEIC-Regeln ausdrücklich die Bestimmungen über die Bewertung („valuation"), die Beweisstandards („standards of proof") und die Entscheidungen des Vorsitzenden der ICHEIC („decisons of the chairman") einbezogen. Die Aufnahme der „decisions …" wurde von den Versicherern heftig abgelehnt, denn ihnen lag daran, nur bekanntes Regelwerk zu akzeptieren. Die Versicherer wollten die Tätigkeit des Antragskomitees von zukünftigen Entscheidungen des ICHEIC-Vorsitzenden freigehalten sehen. St. Eizenstat akzeptierte das zunächst, doch dann teilte er mit, bei den „decisions …" handle es sich um „definitions …", also um eine Art harmloser Erläuterungen des Vorsitzenden der ICHEIC. Dieser Darstellung begegneten die Versicherer damit, dass sie erreichten, die Alleinzuständigkeit („solely") des Antragskomitees festzuhalten.

Die Verhandlungen über die Versicherungsthematik erreichten eine (mitternächtliche) Krise als St. Eizenstat verlangte, dass alle Versicherungsunternehmen auf ihre Kosten einem Audit-Verfahren nach ICHEIC-Standards zu unterwerfen seien und nach eben diesen Standards die Unternehmen Opferlisten zu veröffentlichen hätten. Die österreichische Delegationsleitung reagierte auf diesen Wunsch überrascht und überließ die weitere Wortführung den Versicherern bzw. dem Leiter der Gruppe. Die vehemente Ablehnung eines Audits wurde von St. Eizenstat rasch akzeptiert; offensichtlich merkten er und andere überdeutlich, dass mit diesem Ansinnen die Konsensbereitschaft der Versicherer überfordert war. Was die Veröffentlichung von Opferlisten betraf, wurde vereinbart, dass diese Aufgabe der Verband übernimmt. Als Voraussetzung wurde festgehalten, dass dafür die Bestandsführungen der Unternehmen herangezogen werden, sofern solche noch verfügbar waren.

Die Regierungsvertreter setzten sich mit Nachdruck dafür ein, dass bereits erfolgte Entschädigungen oder anderweitige Anspruchserledigungen vom Antragskomitee des Entschädigungsfonds anzuerkennen sind und Leistungen des Fonds an Anspruchsberechtigte schmälern.[151] Dem in früheren Verhandlungen allgemein (also nicht nur von

151 Im Abkommenstext heißt es dazu nur: „The GSF legislation will provide that in reviewing claims, the Committee will take into account prior restitution and compensation measures, including the 150 million US-Dollar referred to in paragraph 1, measures under the German Foundation 'Remembrance,

der Assekuranz) geäußerten Wunsch nach einer schlanken Abwicklungsorganisation, wurde dadurch entsprochen, dass dem Nationalfonds der Republik Österreich für Opfer des Nationalsozialismus die Geschäftsführung des Entschädigungsfonds übertragen wurde.

Sowohl beim Lunch wie bei der Unterzeichnung des Abkommens am 17. 1. 2001 wurde darauf hingewiesen, dass sich der gesamte Komplex der zur Jahrhundertwende geführten, offene Ansprüche aus der ersten Hälfte des 20. Jahrhunderts endgültig abdeckenden Entschädigungs- und Vermögensverhandlungen auf 1.111 Mio. US-$ summierte.[152] Der Anteil des Allgemeinen Entschädigungsfonds an dieser Summe lag bei

---

Responsibility and the Future', or claims paid under ICHEIC claims-handling procedures, and the Bank Austria Settlement, to ensure that the claimant does not receive a payment under the 'claims-based' process for same property for which compensation was paid under prior measures." „Abkommen zwischen der Österreichischen Bundesregierung und der Regierung der Vereinigten Staaten von Amerika …", Annex A, op. cit., S. 708.

152 Das Verhandlungsergebnis wurde von der österreichischen Delegation im Einvernehmen mit St. Eizenstat in nachstehender Übersicht zusammengefasst:

AUSTRIAN JAN 10 PROPOSAL AND RECENT HISTORY****	
I. PROPERTY	**Millions of Dollars**
Fresh Money Interest earnings on fresh Money plus $ 5 million will be allocated to insurance	210
Framework Money*	150
Subtotal	**360**
Interest Earnings Estimate for 2 years (Euribor Rate) *approx.*	20
Property with Interest Subtotal	**380**
Bank Austria Settlement	45
Property, Interest, & Bank Austria Subtotal	**425**
In Rem Restitution	forthcoming
Communal Property Restitution	forthcoming
II. LABOR Labor Fund	**417**
III. OTHER CONTRIBUTIONS	
Current Round	
Additional Social Benefits**	112
Hakoah***	8
Previous Actions	
Austrian National Fund	140
Nazi Persecutee Relief Fund	9
Subtotal of Other Contributions	**269**
GRAND TOTAL	**1111**

* If this $ 150 mn does not satisfy all survivors, the Austrian Government will provide up to $ 10 mn more to victims. ** 10 years estimated cost *** The city of Vienna is prepared to swap equivalent property to replace the property of Hakoah. An amount of $ 8 million will be contributed to the construction of a new facility. **** Excludes Art Restitution, estimated at $ 400 million.

knapp 20 Prozent bzw. 210 Mio. US-$. 12 Prozent bzw. 25 Mio. dieser 210 Mio. US-$ hatte die österreichische Assekuranz zu finanzieren zugesagt.

Der Präsidialausschuss des VVO nahm am 23. 1. 2001 das Washingtoner Verhandlungsergebnis zur Kenntnis. An dem in dieser Sitzung dafür anberaumten Tagesordnungspunkt nahmen die vier Versicherungsexperten und Botschafter Dr. Jankowitsch teil und berichteten. Zugleich gab der Ausschuss Auftrag, die Aufbringung der zugesagten Gelder durch die Mitgliedsunternehmen vorzubereiten. Dazu sollte ein – positiv zu formulierendes – Rundschreiben an die Mitgliedsunternehmen ergehen. Es wurde vorgesehen, die 25 Mio. US-$ nach den inländischen Marktanteilen 1999 auf die Mitgliedsunternehmen aufzuschlüsseln und auf diese umzulegen. In der gleichen Sitzung wurde beschlossen, die historische Studie von Prof. DDr. D. Stiefel[153] Anfang März 2001 der Öffentlichkeit vorzustellen.

Das Entschädigungsfondsgesetz wurde am 31. 1. 2001 als Antrag aller vier Parteien einstimmig beschlossen. Der Gesetzesentwurf war vorher im Verfassungsausschuss des Parlaments beraten worden. Der im Verfassungsausschuss behandelte Entwurf war vom Team um Sonderbotschafter Dr. E. Sucharipa und Botschafter Dr. H. Winkler vorbereitet worden.[154] Der Entwurf wurde mit der Regierung der Vereinigten Staaten abgestimmt. Zufolge der Kürze der Zeit, aber auch wegen des Umstandes, dass es sich um einen Antrag aller (vier) Parteien handelte, entfiel das übliche Begutachtungsverfahren. Entsprechend dem Abkommen beriet der Verfassungsausschuss über zwei Gesetzesintiativen. Im Zuge der Beratungen über den Antrag der Abgeordneten Dr. P. Kostelka, Ing. P. Westenthaler, Dr. A. Khol, Mag. T. Stoisits und Genossen, betreffend ein Bundesgesetz zur Änderung des Bundesgesetzes über den Nationalfonds, hatte der Verfassungsausschuss über Antrag der Abgeordneten Dr. P. Kostelka, Dr. M. Krüger, Dr. U. Baumgartner-Gabitzer und Mag. T. Stoisits einstimmig beschlossen, dem Nationalrat einen Selbstständigen Antrag vorzulegen, welcher das Entschädigungsfondsgesetz zum Inhalt hatte. Mit der Änderung des Nationalfondsgesetzes wurde die Abgeltung verlorener Bestandsrechte, von Hausrat und Wertgegenständen umgesetzt (150 Mio. US-$ Entschädigungsvolumen). Mit dem

---

Während der Verhandlungen hatte St. Eizenstat wiederholt betont, dass das Verhandlungsergebnis mit ca. 1 Mrd. US-$ beziffert werden muss, andernfalls es politisch nicht als ein Erfolg gewertet werde. Ablage: EntschFG. Archiv des VVO.

153 D. Stiefel (2001a), op. cit.

154 Das Team bestand im Wesentlichen aus der österreichischen Delegation, welche in Washington verhandelt hatte. Die vier Versicherungsexperten nahmen an den Arbeiten nicht teil. Dr. H. Weiser und Mag. H. Kanta wurde aber die Möglichkeit gegeben, namens der Assekuranz zu den sie betreffenden Bestimmungen (z. B. zur steuerlichen Behandlung von Zuwendungen an den Fonds, zum Begriff des „österreichischen Unternehmens“ usw.) Stellung zu nehmen.

(separaten) Entschädigungsfondsgesetz wurde der Rest des Abkommens, das sind die fünf Vermögenskategorien und die Rückstellung entwendeter Sachen, in österreichisches Recht umgesetzt (210 Mio. US-$ zuzüglich des Veranlagungserlöses).

Die parlamentarische Debatte schloss mit einer Erklärung des Dritten Präsidenten des Nationalrates Dr. W. Fasslabend (VP), der sich als Präsident nicht am parlamentarischen Diskurs beteiligt hatte. Dr. W. Fasslabend würdigte den anstehenden Beschluss als eine historische Stunde und als Bereitschaft, sich zu jener Verantwortung zu bekennen, welche Österreich aus der Zeit des Nationalsozialismus erwachsen ist. Zugleich bedauerte er jene Wortmeldungen, welche die Täterschaft Österreichs (als Staat) hervorgehoben hatten. Als Präsident des Nationalrates dankte er allen, welche am Werdegang des Gesetzes Anteil hatten und strich dabei die Leistungen des Bundeskanzlers hervor.[155]

5.3 Das Entschädigungsfondsgesetz 2001

Die nachstehenden Ausführungen berichten über jene Bestimmungen des Entschädigungsfondsgesetzes (EntschFG)[156], welche sich auf Versicherungsthematiken beziehen.

Vorauszuschicken ist, dass das Gesetz mehrere Materien zusammenfasst:

- Die Einrichtung eines Fonds und seine Organisation.
- Die Entschädigung von Vermögen, dessen Arten (Vermögenskategorien) im Gesetz taxativ aufgezählt werden.
- Die Naturalrestitution von Vermögenschaften, sofern sie im öffentlichen Eigentum stehen.
- Sozialversicherungs- bzw. opferfürsorgerechtliche Besserstellungen.
- Festlegung der durch das Gesetz Rechtsfrieden erlangenden Rechtssubjekte (Unternehmen).

Wie erwähnt: Mit diesen Materien deckt das EntschFG, nur einen Teil des Washingtoner Abkommens ab. Für die Umsetzung des anderen Teil des Abkommens wurde das Nationalfondsgesetz novelliert (siehe oben).

155 Siehe dazu die Rede des Bundeskanzlers Dr. W. Schüssel vor dem Nationalrat am 31.1.2001. 2001. Außenpolitische Dokumentation. Sonderdruck. Österreichische Maßnahmen zur Restitution und Entschädigung von Opfern des Nationalsozialismus. BMaA. Wien. S. 157ff. (Dokument 19).

156 Siehe dazu die – kritische – Auseinandersetzung mit dem Gesetz von G. Graf (2001). G. Graf, „Arisierung" und Restitution, in: Juristische Blätter, 123. Jg., Heft 12, Dez. 2001. S. 746ff.

Das Bundesgesetz über die Einrichtung eines Allgemeinen Entschädigungsfonds für Opfer des Nationalsozialismus und über Restitutionsmaßnahmen (Entschädigungsfondsgesetz) sowie zur Änderung des Allgemeinen Sozialversicherungsgesetzes und des Opferfürsorgegesetzes wurde – wie erwähnt – am 31.01.2001 vom Nationalrat einstimmig beschlossen.[157] Es dient der umfassenden Lösung offener Fragen der Entschädigung von Opfern des Nationalsozialismus für Verluste und Schäden, die als Folge von oder im Zusammenhang mit Ereignissen auf dem Gebiet der heutigen Republik Österreich während der Zeit des Nationalsozialismus entstanden sind (§ 1[1]). Das Gesetz zielt bei den von ihm erfassten Vermögenskategorien auf eine abschließende Regelung der Restitutionsansprüche ab. Um die moralische Verantwortung für Verluste und Schäden, die als Folge von oder im Zusammenhang mit dem nationalsozialistischen Regime entstanden sind, wahrzunehmen, wird der Allgemeine Entschädigungsfonds eingerichtet. Er erbringt freiwillige Leistungen an die Anspruchsberechtigten (§ 1[2]). Nach der Erfüllung seiner Aufgaben wird der Fonds aufgelöst (§ 1[4]).

Der Fonds ist mit 210 Mio US-$[158] abschließend dotiert; eine Nachschusspflicht besteht nicht (§ 2[1]). Dieser Betrag ist spätestens nach 30 Tagen zur Verfügung zu stellen, nachdem alle bis zum 30. 6. 2001 in den Vereinigten Staaten gegen Österreich und österreichische Unternehmen anhängigen Klagen abgewiesen bzw. zurückgezogen wurden. Es handelt sich dabei um jene Klagen, welche im Zusammenhang mit der Zeit des Nationalsozialismus und dem Zweiten Weltkrieg stehen. Dem Fonds fällt auch der Erlös aus der Veranlagung der bereit gestellten Gelder zu.

Zuwendungen an den Fonds sind steuerfrei und können im Jahr der Zuwendung als Betriebsausgaben geltend gemacht werden (§ 2[2]).

Die Organe des Fonds decken sich – bis auf das unabhängige Antragskomitee – mit jenen des Nationalfonds der Republik Österreich für Opfer des Nationalsozialismus. Der Nationalfonds führt die Geschäfte des Entschädigungsfonds (§3). Das dreiköpfige Antragskomitee entscheidet über die Anträge auf Leistungen aus dem Fonds (§ 4[1]). Ein Mitglied des Komitees wird von der Regierung der Vereinigten Staaten, eines von der österreichischen Regierung nominiert. Diese beiden Mitglieder einigen sich auf ein

157 BGBl. I Nr. 12/2001.

158 Die Rechnung in US-Dollar bedeutet, dass das innere Währungsrisiko (de facto das Inflationsrisiko) die Leistungsempfänger tragen, während das Wechselkursrisiko jenen zufällt, welche den Fonds dotieren (Republik Österreich, Unternehmen und andere). Beispielsweise notierte der Euro am 29.06.2001 mit 0,84800 US-$. Am 28.11.2003 war er 1,19940 US-$ wert. Die Verbraucherpreise (CPI) stiegen in den Vereinigten Staaten im Jahresschnitt 2001 um 2,8 %, im Jahr darauf um 1,6 % und erhöhten sich 2003 um 2,4 % (Quelle: Wifo-Datenbank, Wien, Anfang Dezember 2003).

weiteres Mitglied als Vorsitzenden des Komitees (§ 4[2])[159] Das Komitee erlässt und veröffentlicht seine Verfahrens- und Geschäftsordnung (§ 12)[160]. In ihr sind u. a. die erleichterten Beweisstandards, ein einfaches internes Rechtsmittel im Forderungsverfahren und die Zulassung von Beobachtern zu regeln. § 23 der Verfahrens- und Geschäftsordnung regelt das Aktenverfahren wie über Anträge entschieden wird: Ein Berichterstatter aus dem Kreis der Komiteemitglieder legt dem Antragskomitee für jeden Antrag einen schriftlichen Entwurf zur Beschlussfassung vor.

Der Fonds kennt zwei Verfahren: das (strenge) Forderungsverfahren (3. Hauptstück) und das Billigkeitsverfahren (4. Hauptstück), bei welchem den Antragstellern die Beweisführung wesentlich erleichtert ist. Für alle Ansprüche aus Versicherungspolizzen gilt das Forderungsverfahren (§ 18[1]). Entspricht ein Antrag jedoch nicht den Beweiserfordernissen des Forderungsverfahrens, soll er in das noch schwächere Beweise verlangende Billigkeitsverfahren übertragen werden (§ 9 und § 19[1]).

Antragsberechtigt sind natürliche Personen und deren Erben (§ 6[1 u. 2]). Im Forderungsverfahren sind auch Vereinigungen zugelassen.

Das Fondsvolumen wird zur je Hälfte auf das Forderungs- und auf das Billigkeitsverfahren aufgeteilt (§ 5[1]). Für Ansprüche aus Versicherungspolizzen gibt es eine Sonderregelung. Die Zahlungen an Leistungsberechtigte aufgrund von Versicherungspolizzen sind mit 25 Mio. US-$ gedeckelt. Sollte dieser Betrag nicht ausreichen, kann er, nach Rücksprache mit den Klägeranwälten, um 5 Mio. US-$ aufgestockt werden. Voraussetzung dafür ist, dass der zusätzliche Mittelbedarf vom Antragskomitee bestätigt wird (§ 5[2]).

Ein Rechtsanspruch auf Leistung durch den Fonds besteht nicht (§ 7). Die Leistungen werden als eine endgültige Abgeltung von NS-Verlusten und NS-Schäden zuerkannt. Frühere Restitutionsmaßnahmen durch österreichische Gerichte und Verwaltungsbehörden schließen – von Ausnahmen abgesehen – eine neuerliche Leistung durch den Fonds aus (§ 10[1]). Für Ansprüche aus Versicherungspolizzen gibt es eine Sonderregelung, welche noch andere Anspruchserledigungsverfahren nennt, die eine Leistung hemmen (§ 16 [2]). Der Leistungsempfänger hat eine Verzichtserklärung für sich und seine Erben abzugeben. Der Verzicht richtet sich auf alle Ansprüche gegen Österreich und/oder österreichische Unternehmen, soweit sich die Ansprüche aus Verlusten und Schäden erge-

159 Von der Regierung der Vereinigten Staaten wurde Prof. R. Rosenstock und von der österreichischen Regierung Vizepräsident i.R. Dr. K. Hoffmann nominiert. Diese beiden wählten Sir B. Franklin zu ihrem Vorsitzenden.

160 Siehe dazu: Antragskomitee, eingerichtet beim Allgemeinen Entschädigungsfonds. Verfahrens- und Geschäftsordnung. Beschlossen am 2. Juli 2002. In: Amtsblatt zur Wiener Zeitung, 23./24. August 2002. S. 36.

ben, welche im Zusammenhang mit der Zeit des Nationalsozialismus oder dem Zweiten Weltkrieg stehen (§ 11[1]). Die Summe der vom Antragskomitee zustimmend erledigten Forderungen ergibt den Forderungsbetrag. Er ist den verfügbaren Fondsmitteln (das ist das Fondsvolumen einschließlich des Veranlagungserlöses vermindert um die Verwaltungskosten) gegenüberzustellen und verhältnismäßig (pro rata) zu kürzen, wenn er die Fondsmittel übersteigt (§ 16[1]). Die Pro-rata-Regelung wird bei Ansprüchen aus Versicherungspolizzen nochmals erwähnt. Allerdings ist nicht mehr von „Kürzung" die Rede.

Versicherungspolizzen sind eine der Vermögenskategorien, für welche Leistungen zuerkannt werden können (§ 14 Zi. 5.). So wie bei den anderen Vermögenskategorien obliegt es dem Antragsteller, die erforderlichen Nachweise zu erbringen (§ 15[1]).

Ausdrücklich hält der Gesetzgeber fest, dass er eine nochmalige Leistung für bereits entschädigte Verluste und Schäden ablehnt. Er zählt dabei einschlägige Bestimmungen auf. Für Versicherungspolizzen kommen dabei folgende Rechtsmaterien in Betracht:

- Leistungen und Maßnahmen der deutschen Stiftung „Erinnerung, Verantwortung und Zukunft"[161] (§ 16 Zi. 2).
- Befriedigung von Forderungen durch das Versicherungswiederaufbaugesetz 1955[162],

161 Stiftungsinitiativegesetz; dBGBl. I Nr. 38/2000.

162 BGBl. Nr. 185/1955. Das Bundesgesetz über den Wiederaufbau der Vertragsversicherung (Versicherungswiederaufbaugesetz –VWG) ist keine Restitutionsgesetz im eigentlich Sinn[a]. Das VWG regelt jedoch, wie mit Versicherungsverträgen zu verfahren ist, welche aus der Zeit des Dritten Reiches oder früher stammen oder unmittelbar nach Kriegsende abgeschlossen wurden. Ansprüche aus solchen Verträgen werden entweder stark gekürzt bzw. verfallen, bis auf eindeutig zivile Schäden, gänzlich. Da die Bestimmungen des VWG unterschiedslos auf alle Polizzen anzuwenden waren, auch auf solche von Opfern des Nationalsozialismus, und die Bestimmungen nach wie vor gelten, sind sie für Entschädigungen bzw. bei Restitutionen belangreich. Das VWG bezieht sich auf den inländischen Versicherungsbestand (§ 2). Lebensversicherungsverträge, die vor dem 01.01.1946 abgeschlossen wurden, unterliegen einer sechzig prozentigen Kürzung einer gegenüber der Versicherungssumme herabgesetzten Bemessungsgrundlage. Lebensversicherungsverträge, welche nach dem 31.12.1945 abgeschlossen wurden, sind voll zu erfüllen; ebenso und ohne Befristung alle Verträge in den anderen Versicherungszweigen (§ 6). Hier ist die volle Erfüllung im vertragsmäßigen Ausmaß verlangt (§ 6[1]) und zwar unbeschadet des Umstandes, dass in der Sach- und Vermögensschadenversicherung jene Ansprüche erlöschen, die mit dem Zweiten Weltkrieg unmittelbar oder mittelbar im Zusammenhang stehen (§ 15[1]). Das heißt, im Bereich der Nichtlebensversicherung ist nur für zivile Schäden zu leisten. Da die Transportversicherung auch Kriegsschäden deckte, gibt es dafür eine Ausnahmeregelung (§ 15 [2]). Weiters wird im VWG festgelegt, dass Kulanzleistungen, welche die gesetzlichen Regelungen übersteigen, unzulässig sind (§ 16).

a) G. Graf (2001) hält diesen Verweis des Gesetzgebers als „nicht unbedingt nachvollziehbar", da er sich auf keine Entschädigungen von Versicherungsansprüchen bezieht, sondern eine allgemeine Kürzungsregel ist. Insoweit jedoch spezielle Rechtsvorschriften, wie das Entschädigungsrecht, auf die Generalnorm Bezug nehmen oder gar die Generalnorm Ansprüche, die im Prinzip entschädigbar wären, überhaupt nicht entstehen lässt, ist der Verweis auf das VWG angebracht. G. Graf (2001), op. cit.. S. 749, Fn. 20).

durch das Versicherungsentschädigungsgesetz 1958[163] oder durch ein Anspruchserledigungsverfahren der ICHEIC (§ 16 Zi. 3).

Die Materie der Forderungen aus Versicherungspolizzen wird in einem eigenen Paragraphen geregelt (§ 18). Zunächst wird festgehalten, dass das Antragskomitee des Fonds im Forderungsverfahren über alle Forderungen aus Versicherungspolizzen entscheidet. Ausgenommen davon sind nur Forderungen, welche, erstens, sich an deutsche Unternehmen richte, oder zweitens von der ICHEIC erfasst werden. Was ein deutsches Unternehmen ist, bestimmt sich nach dem deutschen Gesetz zur Errichtung der Stiftung „Erinnerung, Verantwortung und Zukunft"[164] (§ 18 [1]). Bei seinen Entscheidungen hat das Antragskomitee die Verfahrensregeln der ICHEIC[165] sinngemäß anzuwenden. Bisher erbrachte Entschädigungen sind zu berücksichtigen (§ 18[2]). Der für Entschädigungen aufgrund von Versicherungspolizzen reservierte Betrag von 25 Mio. US-$ (eventuell aufgestockt um weitere 5 Mio. US-$) ist auf die Summe der anerkannten Forderungen aus Polizzen pro rata zu verteilen (§ 18 [3])[166]. Der Verband der Versicherungsunternehmen Österreichs wurde verpflichtet, eine Liste der Polizzeninhaber, die möglicherweise Opfer des Nationalsozialismus wurden, öffentlich zugänglich zu machen[167] (§ 18[4]).

Das EntschFG kennt eine Reihe von Fristen. Es wurde – wie erwähnt – am 31. 1. 2001 im Nationalrat verabschiedet. Das Gesetz wurde am 28.02.2001 veröffentlicht. Es ist am 28. 5. 2001 rückwirkend in Kraft getreten (§ 43), denn seine Kundmachung erfolgte am 20. 6. 2001.[168] Innerhalb von zwei Monaten nach Inkrafttreten des Gesetzes, hatte der Fonds das Gesetz weltweit bekannt zu machen, damit fristgerecht Anträge an den Fonds gestellt werden konnten (§ 39). Finanzierungszusagen zugunsten des Fonds (so auch die von der Assekuranz zugesagten 25 Mio. US-$) werden 30 Tage nach Eintritt des Rechtsfriedens fällig (§ 2 [1]). Der Eintritt des Rechtsfriedens ist von der Bundesregie-

163 BGBl. Nr. 130/1958. Das Bundesgesetz, betreffend die Regelung vom Deutschen Reich eingezogener Ansprüche aus Lebensversicherungen, vulgo „Versicherungsentschädigungsgesetz", behandelt eigentlich einen Sondertatbestand. Wurden im Dritten Reich Lebensversicherungspolizzen, die zum inländischen Bestand eines in Österreich zugelassenen Versicherungsunternehmens gehört haben, von diesem entzogen und vom Versicherer erfüllt, war der Versicherungsvertrag erloschen (§ 1[1]). Eine Rückerstattung der Polizze war, da der Versicherer ja bereits geleistet hatte, nicht mehr bzw. schwer möglich. Das Versicherungsentschädigungsgesetz sah daher vor, dass in solchen Fällen die Republik den Opfern oder ihren Erben eine Entschädigung gewährt. Die Höhe der Entschädigung bestimmte sich nach dem VWG.

164 Stiftungsinitiativegesetz, lex cit.

165 Für die Nichtlebensversicherung hat die ICHEIC keine Verfahrensregeln entwickelt.

166 Daraus folgt, dass bei nur wenigen anerkannten Forderungen die Entschädigungszahlung hoch sein kann.

167 Diese Veröffentlichung ist auf der Website des Österreichischen Nationalfonds erfolgt: www.nationalfonds.org.

168 BGBl. I Nr. 58/2001.

rung bekannt zu geben (§ 44[1]). Rechtsfriede tritt dann ein, wenn alle in den USA am 30. 6. 2001 anhängigen einschlägigen Klagen gegen Österreich und österreichische Unternehmen abgewiesen worden sind. Die Antragsfrist für die in § 14 genannten Vermögenskategorien, so auch bei Versicherungspolizzen, endete 24 Monate nach Inkrafttreten des Gesetzes, also am 28. 5. 2003 (§ 8)[169]. Wurden Anträge auf Naturalrestitution vor dem 28.05.2003 eingebracht und hat die diese Anträge behandelnde Schiedsinstanz[170] entschieden, diese Anträge an das Antragskomitee abzutreten, hatte die Abtretung binnen sechs Monaten nach dem 28. 5. 2003 zu erfolgen (§ 13 [3]) Verfahrens- und Geschäftsordnung des Antragskomitees). Eine Art von offener Fristsetzung ist die Bestimmung, dass der zuzuerkennende Entschädigungsbetrag erst nach Ablauf der Antragsfrist und nach Entscheidung über alle Anträge festgelegt wird (§ 16 [1]). Für Leistungen aus dem Fonds ist allerdings Rechtsfriede erforderlich (§ 44[1])[171]. Rechtsbehelfe gegen Entscheidungen des Antragskomitees sind innerhalb von 30 bzw. 60 Tagen ab Zustellung der Entscheidung einzubringen, je nachdem, ob der Antragsteller im In- oder Ausland wohnt (§ 18 [3] Verfahrens- und Geschäftsordnung des Antragskomitees).

Der Begriff des „österreichischen Unternehmens" ist weit gespannt (siehe den Anhang).[172] Ein Unternehmen ist dann ein österreichisches, wenn es zu irgendeinem Zeitpunkt seinen Sitz im Gebiet des heutigen Österreich hatte oder hat. Auch die Muttergesellschaft eines österreichischen Unternehmens gilt als österreichisches Unternehmen, selbst dann, wenn die Muttergesellschaft im Ausland residiert (Anhang Zi. 1). Ein Unternehmen mit Sitz außerhalb Österreichs ist dann ein österreichisches, wenn an ihm unmittelbar oder mittelbar österreichische Unternehmen mindestens zu einem Viertel beteiligt sind (Anhang Zi. 2). Die Begriffe „Unternehmen" bzw. „Gesell-

---

169 Für Anträge auf Naturalrestitution ist eine abweichende Fristsetzung vorgesehen; vergleiche § 29.

170 Über Anträge, welche sich auf die in § 14 genannten Vermögenskategorien beziehen, entscheidet das Antragskomitee des Fonds. Anträge dagegen, welche sich auf eine Naturalrestitution von öffentlichem Vermögen beziehen, prüft ein als Schiedsinstanz bezeichnetes dreiköpfiges Kollegialorgan (§ 23).

171 Leistungen aus dem Fonds können kleiner/gleich dem zuerkannten Entschädigungsbetrag sein. Tritt der Rechtsfriede vor dem Datum der Zuerkennung ein, bekommt eine Leistung den Charakter einer Vorauszahlung und wird daher in der Regel kleiner sein. Tritt der Rechtsfriede nach dem Datum der Zuerkennung ein, ist die Auszahlung des Zuerkennungsbetrages zunächst gehemmt.

172 Der Begriff des „deutschen Unternehmen" ist im deutschen Gesetz zur Errichtung einer Stiftung „Erinnerung, …", Lex cit., definiert. Dort heißt es: „Deutsche Unternehmen im Sinne der §§ 11 und 16 sind alle Unternehmen, die ihren Sitz im Gebiet des Deutschen Reiches in den Grenzen von 1937 hatten oder in der Bundesrepublik Deutschland haben, sowie deren Muttergesellschaften, auch wenn diese ihren Sitz im Ausland hatten oder haben. Deutsche Unternehmen sind ferner außerhalb der Grenzen des Deutschen Reiches von 1937 gelegene Unternehmen, an denen in der Zeit zwischen dem 03. Januar 1933 und dem Inkrafttreten dieses Gesetzes deutsche Unternehmen nach Satz 1 unmittelbar oder mittelbar mit mindestens 25 vom Hundert beteiligt waren." (§ 12 [2]).

schaft" sind ebenfalls weit gefasst. Es können Rechtspersonen öffentlichen wie privaten Rechts mit den unterschiedlichsten Rechtsformen (Einzelunternehmer, Personengesellschaften, Aktiengesellschaften, Zweigniederlassungen, Vereine, Genossenschaften u. Ä.) sein. Mit einbezogen sind die Vorgänger, Rechtsnachfolger einschließlich der Erben, Vorstands- und Aufsichtsratsmitglieder, Angestellte, Rechtsvertreter, Exekutoren, Verwalter sowie gegenwärtige wie frühere Aktionäre. Lag oder liegt der Sitz eines derart verstandenen „Unternehmens" bzw. einer „Gesellschaft" nicht in Österreich, ist es dann als „Muttergesellschaft" zu sehen, wenn mindestens eine fünfundzwanzigprozentige österreichische Beteiligung gegeben war oder ist (Anhang Zi. 3). Eine ausländische Muttergesellschaft mit Sitz im Ausland und mit einer österreichischen Tochtergesellschaft wird nicht dadurch zu einer österreichischen Gesellschaft, dass ein erhobener Anspruch aufgrund nationalsozialistischem Unrechts oder aufgrund des Zweiten Weltkrieges in keinem Zusammenhang mit der Verwicklung der Tochtergesellschaft in nationalsozialistisches Unrecht steht, es sei denn, ein Kläger hat in den Vereinigten Staaten ein Offenlegungsverfahren bezüglich der Tochtergesellschaft angestrengt (Anhang, letzter Absatz). Die Ausnahmeregelung bewirkt, dass für den Fall eines Offenlegungsverfahrens gegen die österreichische Tochtergesellschaft auch die ausländische Muttergesellschaft zu einem österreichischen Unternehmen wird und damit in den Schutz des EntschFG kommt.

Das Gesetz wurde einige Male geringfügig geändert. Erst die Novellierung vom Herbst 2005 brachte eine wichtige Änderung, denn es wurden vorläufige Leistungen an Anspruchsberechtigte noch vor der abschließenden Bearbeitung und endgültigen Entscheidung über Entschädigungsansprüche ermöglicht.[173] Das EntschFG knüpft bei Anwendung des Forderungsverfahrens Leistungen nicht nur an den Eintritt des Rechtsfriedens, sondern setzt – zufolge der Pro-rata-Regelung (§ 16[1], s. o.) – auch voraus, dass über alle Anträge (endgültig) entschieden wurde. Angesichts des oft hohen Alters mancher Anspruchsberechtigter sprachen sich nicht nur Opfervertreter dafür aus, Vorauszahlungen zu ermöglichen. Der novellierte § 11a sieht das vor. Bei der Bearbeitung der Anträge zeigte sich, dass Recherchen zu Versicherungspolizzen arbeits- und zeitaufwendig sind. Deshalb bestimmt § 11a, dass Vorauszahlungen auch dann erfolgen können, wenn über Forderungen aus Versicherungspolizzen noch nicht entschieden wurde, sondern diese erst bei der endgültigen Abrechnung berücksichtigt werden. Der abgeänderte erste Absatz von § 16 regelt daher, dass dem Antragsteller der Forderungsbetrag aufgrund von Versicherungspolizzen und jener aufgrund aller übrigen Vermö-

173 Bundesgesetz, mit dem das Entschädigungsfondsgesetz geändert wird. BGBl. I Nr. 142/2005 (ausgegeben am 13. Dezember 2005).

genskategorien getrennt mitgeteilt werden kann. Erste Vorauszahlungen erfolgten zur Jahreswende 2005/2006.

6. Die ausserordentliche Mitgliederversammlung des VVO vom 6. April 2001

Unmittelbar nach dem einstimmigen Beschluss im Nationalrat informierte der VVO seine Mitgliedsunternehmen über den Inhalt des Gesetzes. Bereits vorher waren die Unternehmen von der Zusage der Sektion Bank + Versicherung der Wirtschaftskammer Österreich unterrichtet worden, an der Mittelaufbringung für den Entschädigungsfonds mitzuwirken. Bei dieser Gelegenheiten wurde ihnen auch mitgeteilt, dass der Anteil der Assekuranz an der Finanzausstattung des Fonds 25 Mio. US-$ ausmachte. Die damalige Mitteilung schloss mit dem Satz: „Das Präsidium des Verbandes hält die jetzt getroffene Regelung für eine Lösung, die wir alle gemeinsam unterstützen sollten."[174]

Damit war die weitere Vorgangsweise vorgegeben. Nachdem die engeren bzw. vorgelagerten Entscheidungsgremien des VVO bereits zugestimmt hatten, fehlte noch der Beschluss der Mitgliederversammlung. Da es sich um eine finanzielle Belastung handelte, welche die Mitgliedsunternehmen auf sich nehmen sollten, war dieser Beschluss satzungsgemäß geboten. Er war aber ebenso verbandspolitisch wichtig, denn damit wurde die Auseinandersetzung mit der Vergangenheit unmittelbar an die Unternehmen herangetragen. Das wiederum war erforderlich, denn bei den Finanzierungszusagen an den Fonds handelte es sich um freiwillige Zuwendungen, mit denen einer moralischen Verantwortung entsprochen werden sollte. Das EntschFG legte ja den Unternehmen keine Abgaben oder sonstige finanziellen Verpflichtungen auf und postulierte auch keine Haftung für nationalsozialistisches Unrecht. Ein rechtlicher Zwang, zur Finanzierung des Fonds beizutragen, bestand nicht.

Bereits Mitte Jänner hatte das Präsidium beschlossen, bei den Finanzierungszusagen vom sogenannten Prämienschlüssel, also von den Marktanteilen der Unternehmen, auszugehen. Dabei wurde noch angenommen, dass Zahlungen an andere Entschädigungseinrichtungen (ICHEIC, Dt. Stiftung) anrechenbar sein würden. Zufolge des von der österreichischen Bundesregierung ausgeübten politischen Drucks war es aber nicht möglich, diese Absicht aufrechtzuerhalten. Nach einigen Proberechnungen bot sich für den Prämienschlüssel das direkte inländische Gesamtgeschäft 1999 als Bemessungsgrundlage an.

174 Brief vom 30.01.2001 des Präsidenten des Verbandes der Versicherungsunternehmen Österreichs (Präsidentenbrief Nr. 43). Ablage: EntschFG. Archiv des VVO.

Die Mittelaufbringung im Rahmen der Deutschen Stiftung wie der ICHEIC war anders konzipiert.[175]

Zufolge der ICHEIC-Standards macht das jeweilige Mitgliedsunternehmen dem Antragsteller ein Anbot, wenn das Unternehmen zur Auffassung gelangt, der Anspruch sei gerechtfertigt, weil beispielsweise aus der vorgelegten Polizze noch keine Zahlung an den ursprünglich Berechtigten erfolgt ist (sog. „unpaid policies"). Das Unternehmen kann aber auch den Antrag zurückweisen. Ist der Antragsteller mit der Entscheidung des Versicherers nicht einverstanden, kann er Berufung erheben. Nimmt er das Anbot an, zahlt das Versicherungsunternehmen, nachdem der Antragsteller einen Verzicht auf weitere Forderungen geleistet hat.[176] Die Abwicklung des Antrags einschließlich der Zahlung des Entschädigungsbetrages liegt also bei den Unternehmen, die darüber hinaus noch die Verwaltungskosten der ICHEIC tragen.[177]

Die finanzielle Anfangsausstattung der Deutschen Stiftung „Erinnerung, Verantwortung und Zukunft" belief sich auf 10 Mrd. DM. Die Hälfte davon brachte die Wirtschaft auf. 500 Mio. DM oder 10 % steuerte die Versicherungswirtschaft bei. Bemessungsgrundlage für den freiwilligen Beitrag der Assekuranz zur Stiftung war das weltweit konsolidierte Brutto-Prämienaufkommen des gesamten Geschäfts 1998.[178]

175 Während in Österreich die Bemessungsgrundlage das Prämienaufkommen im inländischen direkten Geschäft war, wurde in Deutschland das weltweit konsolidierte Prämienaufkommen herangezogen. Das bedeutete, dass das Prämienaufkommen ausländischer Töchter deutscher Versicherer mitgezählt wurde. Versicherungsunternehmen mit einem Prämienvolumen von 10 Mrd. DM und weniger unterlagen einem Belastungssatz von 1 Promille. Versicherungsunternehmen mit mehr als 10 Mrd. DM hatten einen Belastungssatz von 1,9 Promille. 1999 hatten 25 Mio. US-D den Wert von ATS 371,25 Mio. Das Prämienaufkommen im direkten inländischen Geschäft machte 150,943 Mrd. ATS aus. Die 25 Mio. US-D entsprachen damit 25 Promille des gesamten Prämienaufkommens. Im Gegensatz zur deutschen Assekuranz mit 10 % trug die österreichische Versicherungswirtschaft mit 11,9 % relativ mehr zur finanziellen Ausstattung der Entschädigungsinitiative bei und war durch diese auch vergleichsweise höher belastet.

176 ICHEIC-Standards. Verfahrensregeln der Internationalen Kommission für Versicherungsansprüche aus der Holocaust-Ära (ICHEIC); dt. Übersetzung vom 03.08.2001. Ablage: EntschFG. Archiv des VVO.

177 Die Verwaltungskosten der ICHEIC beliefen sich 2002 auf US-$ 8,5 Mio. gegenüber 14,1 Mio. für 2001. 2000 machten sie 20,6 gegenüber US-$ 9,2 Mio. für 1999 aus. Ende November 2003 registrierte die ICHEIC 65.393 Entschädigungsanträge (= 100,0 %). Bei 40.459 Anträgen war der Versicherer nicht bekannt (das sind 61,9 %). 4.301 Anträge, bei denen der Versicherer bekannt war, wurden bearbeitet (6,6 %). Näheres dazu unter: www.icheic.org (vom 10.12.2003).

178 Von den 500 Mio. DM gehen 350 Mio. DM an den humanitären Fonds der ICHEIC. Der Rest, 150 Mio. DM, stehen für den Ausgleich unbezahlter oder entzogener und nicht anderweitig entschädigter Versicherungspolizzen deutscher Versicherungsunternehmen sowie für die Abdeckung der dadurch der ICHEIC entstehenden Verwaltungskosten zur Verfügung. Diese Verwaltungskosten fallen an, weil die ICHEIC in die Abwicklung von Entschädigungsforderungen institutionell eingebunden ist. Weitere 50 Mio. DM aus Finanzerlösen der Stiftung gehen an die ICHEIC zum Ausgleich von Versicherungsschäden bei ausländischen Töchtern deutscher Versicherungsunternehmen und für die dabei anfallenden Verwal-

Bis in die erste Hälfte Feber 2001 wurde im VVO davon ausgegangen, dass die außerordentliche Mitgliederversammlung Ende Juni zusammentreten würde. Doch so wie bei der Verabschiedung des Gesetzes drängte auch hier die Bundesregierung zur Eile, denn das Inkrafttreten des EntschFG war an die Bedingung geknüpft, dass die Finanzierung des Fonds sichergestellt ist. Das wiederum erforderte, dass auch die Wirtschaft – und damit die Unternehmen der Assekuranz als Teil derselben – ihre Finanzierungsbeiträge zusagte.

Präsidialausschuss, das Präsidium des VVO und die außerordentliche Mitgliederversammlung traten am 6. April 2001 in Wien zusammen. Abgesehen vom Tagesordnungspunkt „Allfälliges", zu dem es keine Wortmeldungen gab, wurde nur der Solidaritätsbeitrag der österreichischen Versicherungswirtschaft zum Allgemeinen Entschädigungsfonds behandelt. Der vorgeschlagene Prämienschlüssel fand in der Mitgliederversammlung erst nach einer längeren Debatte Zustimmung. Andere Teile des Beschlusses, wie etwa die öffentlich zugängliche Bereitstellung von Listen von Polizzeninhabern, die möglicherweise Opfer des Nationalsozialismus waren, die kostenlose Auskunftserteilung an den Entschädigungsfonds für dessen Antragsbearbeitung oder die geschichtswissenschaftliche Darstellung der nationalsozialistischen Verfolgung auf dem Gebiet der Vertragsversicherung waren praktisch nicht kontrovers. Das wohl wichtigste Ergebnis der Versammlung war aber die Einstimmigkeit, mit welcher der Beschluss gefasst wurde. Die Mitgliederversammlung machte klar, sie erwarte, dass sich alle Mitgliedsunternehmen an der Solidaritätsaktion beteiligen.

Der nächste Schritt bestand in der operativen Umsetzung des Beschlusses durch den VVO. Die Mitgliedsunternehmen wurden von den auf sie entfallenden Dollarbeträgen unterrichtet und gebeten, ihre Finanzierungszusagen beim VVO zu hinterlegen. Damit konnte der VVO der Bundesregierung zusichern, dass er dafür Sorge trägt, seine Mitgliedsunternehmen würden die erwähnten 25 Mio. US-$ zur Finanzierung des Fonds beitragen. Innerhalb weniger Tage nach dem 6. April trafen die Finanzierungszusagen der Unternehmen beim VVO ein.

7. Die Zusammenarbeit mit dem Allgemeinen Entschädigungsfonds

Nachdem das Entschädigungsfondsgesetz am 28. Mai 2001 rückwirkend in Kraft getreten war,[179] nahm der VVO mit dem nun errichteten Fonds Kontakt auf. Ansprechpartner auf

tungskosten der ICHEIC. Sollte die Summe dieser Beträge für die Abgeltung von Versicherungsansprüchen nicht ausreichen, sind dafür weitere 100 Mio. DM aus dem Subfonds „Erinnerung und Zukunft" der Stiftung reserviert (§ 9 Abs. 4 Zi. 3, Abs. 5 und Abs. 7 Stiftungsinitiativegesetz; lex cit.).

179 BGBl. I Nr. 58/2001 (ausgegeben am 20. Juni 2001).

Seiten des Fonds war in erster Linie die Generalsekretärin desselben, Frau Mag. H. Lessing. Die zu regelnden Anliegen waren u. a.:

1. Die Durchführung der Zahlungen aufgrund der Finanzierungszusagen der Unternehmen nach Eintritt des Rechtsfriedens.
2. Die Weitergabe der Verzichtserklärungen von Leistungsempfängern an die Versicherer.
3. Die Regelung einer unbürokratischen Unterstützung des Fonds bei dessen Recherchen.
4. Die Veröffentlichung der Liste ehemaliger Versicherungsnehmer, die möglicherweise Opfer des Nationalsozialismus geworden sind, auf der Homepage des Fonds.

Auch wenn es die Versicherungswirtschaft nicht unmittelbar betraf, sei darauf hingewiesen, dass der Allgemeine Entschädigungsfonds für die Zeit ab seiner Errichtung bis Mitte 2004 vom Rechnungshof der Republik Österreich geprüft wurde. Der Rechnungshof berichtete im Herbst 2005 das Prüfergebnis dem Parlament,[180] wobei er die Arbeit des Fonds anerkannte.[181] Er fand keinen Grund dieselbe besonders zu beanstanden, doch machte er einige Verbesserungsvorschläge. Anlässlich der Novellierung des Entschädigungsfondsgesetzes im Herbst 2005 lobten alle vier Parlamentsparteien die Tätigkeit des

---

180 Wahrnehmungsbericht des Rechnungshofes. Der Rechnungshof, Reihe Bund 2005/8, GZ 860.037/002-E1/05. III-159 der Beilagen XXII. GP – Bericht – Hauptdokument. Wien. S. 21ff.

181 Zur Arbeit des Allgemeinen Entschädigungsfonds ermittelte der Rechnungshof in seinem Prüfbericht von 2005 die nachstehenden Kenndaten:

Gebarung (in Mio. €)	2001	2002	2003	2004[3]	Summe
Finanzierung der Vorlaufkosten					
Zuwendung des Bundes	1,74	1,10	1,47	3,23	7,540
Sonstige Erträge	0,02	0,09	0,01	0,01	0,113
Summe	1,76	1,19	1,48	3,24	7,670
Verwaltungsaufwendungen					
Personalaufwand	0,10	0,64	1,08	,70	
Sachaufwand	0,59	1,21	0,63	0,76	
Summe	0,69	1,85	1,71	2,46	
Personal					
Angestellte[1]	12	19	28	37	
Freie Dienstnehmer[2]	6	17	30	35	

1 Jahresdurchschnitt in Vollbeschäftigungsäquivalenten; 2 Stand jeweils zum Stichtag 31. Dezember; 3 Daten gemäß Rechnungsabschluss 2004.
Quelle: Wahrnehmungsbericht des Rechnungshofes. (2005). Die Expansion des Fonds dauerte bis 2005 an.

Fonds und dankten der Leiterin des Fonds (Mag. H. Lessing) und ihren Mitarbeiterinnen und Mitarbeitern für die tadellose Erfüllung ihrer Aufgaben.[182] Mittelbar war die Rechnungshofprüfung für die Versicherungswirtschaft (eigentlich für alle Unternehmen, welche den Fonds dotierten) von Bedeutung. Sie gab Gewissheit, dass die Ansprüche der Opfer ordentlich und gewissenhaft bearbeitet wurden und erfüllte – im autonomen Wirkungsbereich der Republik – den Wunsch der Opferorganisationen, nicht zuletzt auch jenen der ICHEIC, nach einem qualifizierten Auditing der Abwicklung der Entschädigungsansprüche.

7.1 Die Durchführung der Zahlungen an den Entschädigungsfonds

Im Frühjahr 2001 wurde von einem baldigen Eintritt des Rechtsfriedens ausgegangen; er wurde für Herbst desselben Jahres erwartet. Um Fristversäumnissen vorzubeugen – die Finanzierungszusagen sind ja 30 Tage nach Eintritt des Rechtsfriedens zu erfüllen –, war der VVO bestrebt, dass seine Mitgliedsunternehmen direkt an den Fonds zahlten. Dafür wurde ein entsprechender Schriftverkehr vorbereitet und darüber der Fonds informiert.

Statt einer raschen Erledigung der Sammelklagen ließ der Rechtsfrieden jahrelang auf sich warten. Für die Mitgliedsunternehmen bedeutete das, dass sie zu Beginn eines Rechnungsjahres eine Rückstellung in Höhe ihrer in US-Dollar gemachten Finanzierungszusage bilden mussten, jedoch die Rückstellung zu Ende des Jahres (gewinnerhöhend) wieder aufzulösen hatten, da die Finanzierungszusage nicht fällig geworden war. Zum Ersten des Folgejahres war die Rückstellung erneut zu bilden.

Während dieser Zeit änderten einige Unternehmen ihre Unternehmensidentität; beispielsweise aufgrund von Fusionen. In diesen Fällen bemühte sich der VVO, dass die neue Firma im Sinn einer Gesamtrechtsnachfolge die Finanzierungszusage ihrer Vorgängerin an den Fonds einhielt. Schieden Unternehmen aus dem VVO aus, wurde von ihnen die Einlösung ihrer Finanzierungszusage auf ein auf US-Dollar lautendes Treuhandkonto des VVO erbeten. In allen solchen Fällen kamen die Unternehmen ihren Verpflichtungen nach bzw. traten sie in diese ein.

Anfang des Jahres 2004 äußerten der US-Anwalt Jay R. Fialkoff und sein Wiener Kompagnon Dr. E. Weninger Zweifel, ob die Finanzierung des Entschädigungsfonds in Höhe von 210 Mio. US-Dollar wirklich sichergestellt gewesen sei, als die österreichische Bundesregierung das Inkrafttreten des Entschädigungsfondsgesetzes für 28. Mai 2001

182 Persönliche Aufzeichnungen der Parlamentsdebatte vom 16.11.2005 von Dr. Karsch. Ablage: EntschFG. Archiv des VVO.

kundgemacht hatte und damit der Entschädigungsfonds errichtet worden war.[183] Die Anwälte holten dazu auch ein Gutachten bei dem Verfassungsrechtler Univ.-Prof. Dr. Heinz Mayer, Universität Wien, ein. Jay R. Fialkoff vertrat die Kläger der Sammelklage „Whiteman", welcher die Israelitische Kultusgemeinde Wien als Amicus curiae („Streithelfer") beigetreten war. Wäre die Finanzierung nicht sichergestellt gewesen, hätte das Gesetz nicht in Kraft gesetzt werden dürfen. Die österreichische Bundesregierung war von der unwiderruflichen Rechtsverbindlichkeit der Finanzierungszusagen an den Fonds ausgegangen. Solche lagen nicht nur seitens der Assekuranz vor.[184] Für die Bundesregierung nahm dazu der Leiter des Völkerrechtsbüros des Bundesministeriums für auswärtige Angelegenheiten, Botschafter Dr. H. Winkler, Stellung: „... wenn die Regierung festhalte, daß die Mittel sichergestellt seien, besteht keine Veranlassung, das anzuzweifeln. ... Seitens der Anwälte Jay R. Fialkoff und Ewald Weninger werde hier eine vollkommen künstliche Argumentation aufgebaut."[185]

Da der erhoffte Eintritt des Rechtsfriedens auf sich warten ließ, es vielmehr den Anschein hatte, dass die Sammelklagen durch alle Instanzen judiziert werden würden und sich damit die Kette von Bildung und Auflösung und neuerlicher Bildung der Rückstellung für die Finanzierungszusage verlängern würde, beschlossen einstimmig am 20. 1. 2004 Präsidialausschuss und Präsidium des VVO jene Mitgliedsunternehmen zu bitten, welche 2001 eine Finanzierungszusage gegeben hatten, den Solidaritätsbeitrag der österreichischen Versicherungswirtschaft zur Finanzierung des Allgemeinen Entschädigungsfonds in Höhe von US-Dollar 25 Mio. auf das beim VVO eingerichtete Treuhandkonto

183 „NS-Entschädigungen: Sicherstellung der Fondsmittel angezweifelt. Anwälte Weninger und Fialkoff haben bei Verfassungsrechtler Mayer Gutachten in Auftrag gegeben." APA-Meldung, Wien, 14.01.04. Zitiert nach: www.ikg-wien.at/IKG/Members/irene/1049453202149/1074077158214?portal_skin=News&i...

184 Laut Wiener Zeitung vom 11.05.2001, S. 6, „Finanzierungsfrage ist nun gelöst", verteilt sich die Zahllast von US-$ 210 Mio. wie folgt:

	Mio. US-$	Prozent
Banken	45	21,4
Versicherungen	25	11,9
Industrie	10	4,8
Wirtschaftskammer	15	7,1
Stadt Wien	35	16,7
Bund (maximal)	60	28,6
Zwischensumme	190	90,5
zuzüglich ÖIAG (500 Mio. ATS)	30	14,3
Gesamtsumme	220	104,8
Fondsvolumen ohne Finanzerlöse	210	entspricht 100,0

185 „NS-Entschädigungen – Winkler sieht ‚künstliche Argumentation'. Wenn die Regierung festhalte, dass Mittel sichergestellt seien, keine Veranlassung, das anzuzweifeln." APA-Meldung, Wien, 14.01.04. Zitiert nach: www.ikg-wien.at/IKG/Members/irene/1049453202149/1074077360109?portal_skin=News&i...

anzuweisen.[186] Alle Unternehmen hielten ihre Finanzierungszusagen ein und zahlten in den folgenden Monaten ihren Beitrag ein.[187] Damit hielt die Assekuranz den Betrag jederzeit abrufbar bereit. Voraussetzung für die Überweisung des Betrages an den Fonds war der Eintritt des Rechtsfriedens nach vorheriger Freigabe des Betrages durch die dafür beschluss- bzw. satzungsmäßig befugten Gremien (Präsidium und Präsidialausschuss des VVO). Die operative Durchführung lag beim Generalsekretär des Verbandes (Dr. L. Norman-Audenhove).

Die österreichische Bundesregierung machte den Rechtsfrieden am 13. 12. 2005 in Nr. 414 des Bundesgesetzblattes II kund und stellte als dessen Eintrittsdatum den 7. 12. 2005 fest. Die zuständigen Verbandsgremien gaben den Betrag frei und der Verband überwies am 29. 12. 2005 (also noch vor Ablauf der gesetzlichen Zahlungsfrist) 25 Millionen US-Dollar an den Fonds. Anschließend wurden die Mitgliedsunternehmen des VVO von der Erfüllung der Zusage der österreichischen Versicherungswirtschaft informiert.

7.2 Die Weitergabe der Verzichtserklärungen von Leistungsempfängern

Im EntschFG ist vorgesehen, dass die Leistungsempfänger erklären, auf jede weiteren Ansprüche gegenüber der Republik Österreich und gegenüber österreichischen Unternehmen (im Sinne des EntschFG) zu verzichten. Diese Verzichts- bzw. Endfertigungs- bzw. Streitschlichtungserklärung deckt alle Vermögenskategorien ab. Um sicherzugehen, dass selbst nach einer Beendigung der Tätigkeit des Entschädigungsfonds – dann ist er aufzulösen – die Verzichtserklärungen erhalten bleiben, ist der VVO an den Fonds mit der Bitte herangetreten, jene Verzichtserklärungen – beispielsweise in Kopie – an den VVO oder an das betreffende Versicherungsunternehmen weiterzugeben in denen Ansprüche aufgrund von Versicherungspolizzen endgültig erledigt wurden.[188] Der Entschädigungsfonds zeigte zwar Verständnis für dieses Anliegen der Versicherungswirt-

186 Protokollauszüge über die Sitzungen des Präsidialausschusses und des Präsidiums des VVO vom 20.10.2004. Ablage: EntschFG. Archiv des VVO.

187 Bilanztechnisch bedeutete das, dass bei Überweisung des Solidaritätsbeitrages auf das Treuhandkonto des VVO der Überweisungsbetrag mit der beim Unternehmen gebildeten Rückstellung saldiert werden konnte. Im Anhang zum Rechnungsabschluss wurde dann erläutert, dass der Überweisungbetrag gegen die Rückstellung verrechnet wurde. Das Guthaben des Unternehmens auf dem Treuhandkonto wurde damit saldiert ausgewiesen. Der zugesagte Solidaritätsbeitrag konnte entweder im Jahr der erstmaligen Bildung der Rückstellung, also im Rechnungsabschluss für 2001, oder im Jahr der Zahlung der Finanzierungszusage an den Entschädigungsfonds, also der Überweisung der US-$ 25 Mio. an den Entschädigungsfonds, als Betriebsausgabe veranschlagt werden.

188 Schreiben vom 01.08.2001 des VVO an den Entschädigungsfonds. Ablage: EntschFG. Archiv des VVO.

schaft, doch verhielt er sich mit Hinweis auf die laufende Antragsbearbeitung zunächst abwartend und behielt die Weitergabe von Duplikaten der Verzichtserklärungen der Antragsteller an Dritte (in diesem Fall an den VVO bzw. an seine Mitgliedsunternehmen) einer Entscheidung des Antragskomitees des Entschädigungsfonds bis nach Abschluss der Antragsbearbeitung vor.[189] Daraufhin urgierte der VVO Mitte April 2003 nochmals und bemühte sich um die Unterstützung des Bundesministeriums für auswärtige Angelegenheiten. Ende April 2003 sagte der Entschädigungsfonds zu, dem VVO bzw. den Versicherungsunternehmen Abschriften der Verzichtserklärungen zugehen zulassen.[190]

7.3 Die Unterstützung des Fonds bei dessen Recherchen

Die Regelung einer (unbürokratischen) Unterstützung des Fonds bei dessen Nachforschungen nach Polizzen knüpft an den Beschluss der ao. Mitgliederversammlung des VVO vom 6. 4. 2001 an. Der Beschluss legte fest, dass Auskünfte an den Entschädigungsfonds erfolgen und kostenlos sein sollten. An sich war es eine Selbstverständlichkeit den Entschädigungsfonds bei seinen Nachforschungen zu unterstützen. Der VVO hatte bereits seit Jahrzehnten (praktisch seit 1945) Nachforschungen nach verschollenen Polizzen, unbekannten Versicherungsnehmern und Nachfolgeunternehmen von nicht mehr tätigen Versicherern an seine Mitgliedsunternehmen weitervermittelt. Anfragern wurden dafür keine Kosten in Rechnung gestellt. Im Archiv des VVO finden sich Anfragen bzw. Antwortschreiben, welche aus der zweiten Hälfte der 40er und der ersten Hälfte der 50er Jahre datieren und sich auf die NS-Zeit beziehen.[191]

---

189 Schreiben vom 25.03.2003 des Allgemeinen Entschädigungsfonds an den VVO. Ablage: EntschFG. Archiv des VVO.

190 „Der Allgemeine Entschädigungsfonds ist damit einverstanden, im Falle einer Auszahlung dem jeweiligen Versicherungsunternehmen oder dem Versicherungsverband Abschriften derjenigen Verzichtserklärungen nach § 11 Entschädigungsfonds zukommen zu lassen, welche die Abgeltung von Forderungen aus Versicherungspolizzen betreffen." Schreiben vom 25.04.2003 des Entschädigungsfonds an den VVO. Ablage: EntschFG. Archiv des VVO.

191 Beispielsweise schrieb der VVO am 7.3.1950 Herrn H. B., Wien XVI, Enkelstrasse . .: „Wir kommen zurück auf Ihr Schreiben vom 23. Februar d. J. und beehren uns mitzuteilen, dass wir auf unsere Rundfrage unter den in Österreich das Lebensversicherungsgeschäft betreibende Anstalten von der Österreichischen Versicherung A. G., Wien I., Renngasse 2, nachstehende Antwort erhalten haben: Pol. Nr. 10,006.417, S. B.[Anmerkung: Name ist bekannt] , geb. 19.07.1876 in Wien. Auf ihre Rundfrage vom 27. v. M. teilen wir mit, dass S. B. bei der Lebensversicherungsgesellschaft Phönix für den Er- und Ablebensfall auf USA-Golddollar 2.000,– versichert war, welcher Vertrag von der Österreichischen Versicherung A. G. mit S 14.000,– übernommen wurde. Die Versicherung wurde infolge Einstellung der Prämien- und Zinsenzahlung ab. 01.11.1938 nach Löschung eines Vorschusses von RM 1.680,– im Wege eines Teilrückkaufes

So besehen setzte der Beschluss eine bestehende Praxis fort und stellte sie zugleich außer Streit. Die Antragsbearbeitung durch den Entschädigungsfonds ließ allerdings erwarten, dass derartige Nachforschungen vermehrt und in kurzer Zeit anfallen würden. Dem war Rechnung zu tragen. Vor allem ging es darum, mit dem Entschädigungsfonds eine Rahmenvereinbarung zu erreichen, welche einerseits die Nachforschungen in den Unternehmen rechtlich absicherte und andererseits einen direkten Kontakt der Sachbearbeiter im Entschädigungsfonds und in den Unternehmen ermöglichte.

Nach einigem Verhandeln erzielte der VVO Anfang 2003 eine Vereinbarung mit dem Entschädigungsfonds.[192] Die Vereinbarung sah vor, dass der Informationsaustausch mit dem Entschädigungsfonds elektronisch erfolgen und dass dafür eine standardisierte Form der Anfrage – ein Formblatt – verwendet wurde. Für die Assekuranz war wichtig, dass der Informationsaustausch direkt zwischen den Sachbearbeitern in den Unternehmen und im Fonds erfolgen konnte und dass weder die Unternehmen und/oder der VVO für Auskünfte hafteten. Der VVO nannte dem Fonds die E-Mail-Anschriften der jeweiligen Sachbearbeiter in den Unternehmen. Der Nachrichtenaustausch klappte. Ein arbeitsaufwendiger papierener, dem Vieraugenprinzip genügender Briefverkehr konnte somit vermieden werden. Das kam den Nachforschungen in den Unternehmen zustatten.

Der Entschädigungsfonds brauchte vor allem zweierlei Auskünfte. Einerseits ging es darum, die in den Entschädigungsanträgen gemachten Angaben zu Versicherungspolizzen zu überprüfen. Andererseits behauptete eine größere Anzahl von Antragstellern ihnen oder ihren Erblassern seien kapitalbildende Versicherungsverträge entzogen worden, ohne dass sie zu diesen Verträgen nähere Angaben hätten machen können. Gerade diese Art von Anfragen wo die Stockzugehörigkeit der Versicherungsnehmer nicht bekannt war, machte viel Arbeit, denn es mussten alle vor 1938 tätigen Lebensversicherer bzw. deren Nachfolgeunternehmen gebeten werden, ihre Unterlagen durchzusehen, ob sich Übereinstimmungen mit den vom Entschädigungsfonds vorgelegten Datenmaterial fänden. Die Anfragen zu „Versicherungsnehmern unbekannter Stockzugehörigkeit" richtete

---

in eine beitragsfreie Versicherung mit verminderter Versicherungssumme von RM 2.004,– umgewandelt. Das Finanzamt Ottakring pfändete diese Versicherung mit den Pfändungsverfügungen vom 17.5.1941 und 3.1.1942, St. Nr. 2/107, wegen Einkommensteuer 1937 und Juva von RM 8.907,32 bzw. RM 8.886,02. Außerdem war die Versicherung auf Grund der 11. Verordnung zum Reichsbürgergesetz vom 25.11.1941, RGBl I S. 722, dem Deutschen Reich verfallen. Die Versicherungsurkunde wurde vom Finanzamt Ottakring zum Rückkauf vorgelegt. Der Rückkaufserlös im Betrage von RM 1.438,– musste daher am 27.3.1942 dem genannten Finanzamt auf Postscheckkonto Wien 5693 überwiesen werden. Die Versicherung ist somit zur Gänze erloschen ...". Archiv des VVO. Ausgangsbuch 1950, Jänner, Februar, März. Ausg. Nr. 235/50.

192 Siehe dazu den Briefwechsel zwischen VVO (21.01.2003) und Entschädigungsfonds (25.03.2003). Ablage: EntschFG. Archiv des VVO.

der Entschädigungsfonds an den VVO. Dieser sichtete die Daten, verglich sie mit den im Internet stehenden Opferlisten und bereits erledigten Recherchen und brachte sie in ein für die Datenverarbeitungen der Mitgliedsunternehmen lesbares Format. Die erste Anfrage bezüglich Versicherungsnehmern (VN) unbekannter Stockzugehörigkeit mit 180 ZIP-Dateien und rund 400 Personennamen erhielt der VVO Anfang Juni 2004. Drei weitere Anfragen unterschiedlicher Größe folgten bis Ende Juli 2005.[193] Darüber hinaus bearbeitete der VVO mehr als dreihundert Einzelanfragen direkt.

Recherchen nach Versicherungspolizzen	
Art der Anfrage	Umfang (Dateien)
Direkte Einzelanfragen an den VVO	330
VN unbekannter Stockz., 1. Anfrage	180
VN unbekannter Stockz., 2. Anfrage	167
VN unbekannter Stockz., 3. Anfrage	563
VN unbekannter Stockz., 4. Anfrage	749
Gesamtumfang	1.989

Quelle: VVO (2006)

Die Antragsbearbeitung des Entschädigungsfonds hatte nachstehenden Umfang (gerundete Angaben). Rund zehn Prozent der zur Entschädigung angemeldeten Vermögenstitel waren Versicherungsverträge.

Entschädigungsanträge an den Fonds insgesamt	19.000
darin	
enthalten an Einzelforderungen (Vermögenstitel)	200.000
davon	
zur Entschädigung angemeldete Polizzen	20.000
davon	
Versicherungsnehmer unbekannter Stockzugehörigkeit	1.800

In den obigen Statistiken sind nicht jene Recherchen enthalten, welche direkt an die Versicherungsunternehmen, sei es von Entschädigungswerbern selbst oder im unmittelbaren Auskunftsverkehr zwischen Fonds und Unternehmen gerichtet worden waren.

193 Ablage: EntschFG. Archiv des VVO.

Die ziffernmäßigen Abweichungen sind ein Hinweis darauf, dass die Nachforschungen mühsam waren. Viele der einzelnen Dateien fassten mehrere Personen zusammen (zum Beispiel bei einem Ehepaar), wobei oft unklar war, wer der ehemalige Versicherungsnehmer gewesen war. Unterschiedliche Entschädigungsanträge machten denselben Vermögenstitel geltend, was nicht nur zu einer Doppelzählung, sondern auch zu nochmaligen Nachforschungen führte. Antragsteller bemühten sowohl den Verband, das jeweilige Versicherungsunternehmen (bzw. dessen Rechtsnachfolger) und – klarerweise – den Entschädigungsfonds. Wodurch in ein und derselben Sache drei parallele Anfragen hervorgerufen wurden. Die praktische Durchführung der Recherchen war nicht einfach und erforderte – abgesehen vom Fonds – auch in den Versicherungsunternehmen (und im Verband) mit der Vergangenheit vertraute Mitarbeiter.

Die zeitaufwendigen Nachforschungen nach Versicherungsverträgen war auch eine Begründung für die Novellierung des Entschädigungsfondsgesetzes im Herbst 2005. Die Novellierung ermöglichte Vorauszahlungen noch vor der Entscheidung über alle eingereichten Entschädigungsanträge und vor der Entscheidung über alle in einem Antrag geltend gemachten Kategorien von Vermögenstiteln.[194]

Bei der Zusammenarbeit mit dem Entschädigungsfonds ging es aber nicht nur um Nachforschungen nach Versicherungsverträgen, sondern der Fonds brauchte auch Angaben zur Unternehmensgenealogie, um seine Tätigkeit von jener anderer Entschädigungseinrichtungen abzugrenzen. Versicherungsverträge von Unternehmen, welche unter die deutsche Entschädigungsregelung oder unter die Vereinbarung der ICHEIC (International Commission of Holocaust Era Insurance Claims) fielen, waren nicht vom Allgemeinen Entschädigungsfonds zu regulieren. In der Dokumentationsabteilung des VVO war bereits bald nach der Verabschiedung des Entschädigungsfondsgesetzes mit dem Aufbau einer ausführlichen Unternehmensgenealogie begonnen worden.[195] Sie erleichterte diesbezügliche Anfragen des Entschädigungsfonds, welcher Mitte März 2002 in einer (nicht abschließenden) Liste jene Versicherer aufzählte, die laut Entschädigungsgesetz als „österreichische Unternehmen“ zu gelten hatten und für die er sich zuständig

194 In der Begründung zur Änderung von § 16 Abs. 1 heißt es zu Beginn: „Die Möglichkeit einer Entscheidung über Forderungen aufgrund entzogener Versicherungspolizzen hängt von Recherchen ab, deren Durchführung mitunter erhebliche Zeit in Anspruch nimmt. …“ Antrag gemäß § 216 GOG der Abgeordneten Dr. A. Khol, Mag. B. Prammer, DI Th. Prinzhorn, Dr. A. Van der Bellen und Kolleginnen und Kollegen betreffend ein Bundesgesetz mit dem das Entschädigungsfondsgesetz geändert wird … XII. GP.-Nr 670/A, 7.7.2005. Schreiben vom 15.07.2005 des Entschädigungsfonds an den VVO. Ablage: EntschFG. Archiv des VVO.

195 A. Hollmayer (2004), Unternehmensgenealogien – die Forschung nach dem Ursprung, in: Die altösterreichischen Regionen Zentral- und (Süd-)Osteuropas: Gestern – Heute – Morgen. Versicherungsgeschichte Österreichs, Bd. VII, Teil 1, Redaktion W. Rohrbach. Wien. S. 1065ff.

erachtete. Es waren dies: Lebens-Phönix, Der Anker, Wiener Städtische, Union, Victoria (Repräsentanz Wien), Donau, Versicherungsanstalt der österr. Bundesländer, Allianz und Gisela-Verein, Fonciere (Repräsentanz Wien), Basler (Repräsentanz Wien), Gerling (Repräsentanz Wien) und verschiedene Bestattungsvereine.[196]

7.4 Die Veröffentlichung der Liste ehemaliger Versicherungsnehmer

Wie erwähnt, verpflichtete § 18 Abs. (4) des Entschädigungsfondsgesetzes 2001 den Verband der Versicherungsunternehmen Österreichs, eine Liste der Polizzeninhaber, die mögliche Opfer des Nationalsozialismus waren, öffentlich zugänglich zu machen, soweit eine solche Liste bzw. Angaben dazu verfügbar waren. Als Medium für die Veröffentlichung einer solchen Liste bot sich das Internet an. Da es sicherzustellen galt, dass möglichst viele Opfer bzw. deren Erben von der Existenz einer solchen Liste Kenntnis erhielten, lag nahe die Liste auf der Homepage des Allgemeinen Entschädigungsfonds bzw. den Nationalfonds der Republik Österreich zu veröffentlichen. Das bot den Vorteil einer einheitlichen Informationsquelle über alle Entschädigungsbelange (soweit sie Österreich betrafen) und gestattete es, auf eine separate Informationskampagne für die Liste zu verzichten, um sie weltweit bekannt zu machen, denn der Allgemeine Entschädigungsfonds hatte seine Homepage weltweit bekannt gemacht.

Am 18. 9. 2001 vereinbarten der VVO und der Allgemeine Entschädigungsfonds, dass die Liste der ehemaligen Versicherungsnehmer samt Erläuterungen auf der Homepage des Entschädigungsfonds in Deutsch und in Englisch veröffentlicht wird.[197] Bald darauf war die Liste im Internet abrufbar. Bereits vor der Vereinbarung hatte der VVO die Liste vorbereitet. Sie bestand aus den Namen jener Versicherungsnehmer, für die 1938 Vermögensanmeldungen abzugeben gewesen waren.[198] Ihr Vermögen anmelden mussten Juden dann, wenn es RM 5.000,– und mehr ausmachte.[199]

---

196 Schreiben des VVO vom 23.05.2002 an das Bundesministerium für auswärtige Angelegenheiten. Ablage: EntschFG. Archiv des VVO. Bei den genannten Firmennamen handelt es sich um die damals üblichen Kurzbezeichnungen. Repräsentanzen sind Zweigniederlassungen ausländischer Versicherer. Sie gelten hinsichtlich ihres Geschäftes als österreichische Unternehmen.

197 Vereinbarung vom 18.09.2001 zwischen dem Verband der Versicherungsunternehmen Österreichs und dem Nationalfonds der Republik Österreich für Opfer des Nationalsozialismus. Ablage: EntschFG. Archiv des VVO.

198 Siehe dazu http://www.nationalfonds.org/aef/deutsch/aufgVersPol.htm, Listen, basierend auf den Vermögensanmeldungen 1938, sowie das im Anhang befindliche Dokument „Versicherungspolizzen (§ 14 Zi. 5 EntschFG)".

199 Näheres zur Schädigung der jüdischen Versicherungsnehmer findet sich bei Ch. Karsch (2000) und bei D. Stiefel (2001a). Ch. Karsch (2000), op. cit.; D. Stiefel (2001a), op. cit.

Mit der Veröffentlichung der Listen ehemaliger Versicherungsnehmer auf der Website des Nationalfonds war die Angelegenheit aber noch nicht abgeschlossen (sieht man von der laufenden Wartung der Liste durch den VVO ab). Die nun folgende Episode zeigt, wie heikel historische Arbeit sein kann.

Den wissenschaftlichen Mitarbeitern der Historikerkommission war der direkte Zugang zu den Aktenbeständen des Archivs der Republik (Staatsarchiv, Wien) gestattet; auch dann, wenn diese Bestände archivarisch noch nicht erschlossen worden waren. Zu diesen ungeordneten Beständen gehörten auch Akten der Sammelstelle A.

Die Sammelstellen A und B wurden im Zuge der Durchführung des Österreichischen Staatsvertrages von 1955 errichtet und dienten der Abwicklung von erbenlosem Vermögen, von Vermögen, das vordem im Eigentum von Opfern des Nationalsozialismus gestanden hatte.[200] 1959 hatte die Sammelstelle A unter ihrem Leiter Dr. George Weis[201] der Versicherungswirtschaft Listen von ehemaligen Versicherungsnehmern mit der Absicht vorgelegt, allenfalls auf diese Versicherungsverträge Anspruch zu erheben. Einem Mitarbeiter der Historikerkommission waren im Sommer 2003 einige Ordner mit Namenslisten ehemaliger Versicherungsnehmer aufgefallen. Es handelte sich um die gleichen Ordner, welche im Herbst 2000 Univ.-Prof. DDr. D. Stiefel im Staatsarchiv gefunden hatte, der damals gerade an seiner Studie zur Lebensversicherung im Dritten Reich arbeitete. Die Überprüfung der Listen ergab, daß sie keine wesentlichen Neuigkeiten gegenüber den (bereits datentechnisch erfaßten) Vermögensanmeldungen aus 1938 boten.[202] Damit erübrigte sich eine weitere Beachtung dieses Datenfundes. Als 2003 die Ordner neuerlich gefunden wurden, erhielt davon der Allgemeine Entschädigungsfonds Kenntnis. Auch dort dürfte man zu einer ähnlichen Einschätzung der Akten gelangt sein, wie jene von Univ.-Prof. DDr. D. Stiefel. Zur nämlichen Zeit weilte eine Gruppe von Auditoren der ICHEIC in Wien, um ein Gründungsmitglied der ICHEIC zu überprüfen. Auch den Auditoren wurde vom Aktenfund berichtet; sie erachteten ihn als sensationell. ICHEIC warf darauf dem VVO vor, daß Washingtoner Abkommen von 2001 verletzt zu haben und verlangte eine sofortige Veröffentlichung der Listen. Das Committee on Government Reform des US-Repräsentantenhauses wandte sich an den US-Außenminister (damals Colin Powell) und verlangte eine Verlängerung der am 28. 5. 2003 abgelaufenen Einreichfrist für Entschädigungsanträge an den Allgemeinen

200 Zur Tätigkeit der Sammelstelle A siehe: D. Walch (1971), op. cit., S. 111ff.

201 George Weis (1962), op. cit.

202 D. Stiefel (2004), Listen der Sammelstellen bezüglich jüdischer Versicherungspolizzen. Unv.Exposé im Auftrag des Verbandes der Versicherungsunternehmen Österreichs. Wien, o. J. Ablage: EntschFG. Archiv des VVO.

Entschädigungsfonds.[203] Das Bundesministerium für auswärtige Angelegenheiten sagte die Veröffentlichung zu. Das geschah[204] – mehr tat sich nicht.

2. Schlusswort

Eingangs wurde der Titel „Imperfect Justice, …" kommentiert. Es bleibt die Einsicht, dass den Schandtaten des Nationalsozialismus nur eine eingeschränkte Sühne gegenübersteht. Es gilt, was F. v. Fürstenwerth und R. Gütersloh (2004) für Deutschland bzw. für die dortige Vereinbarung (eingeschränkt vergleichbar mit dem Washingtoner Abkommen von 2001 für Österreich) festgehalten haben: „Die finanziellen Entschädigungen können das Leid der Opfer … nicht ungeschehen machen. Sie sind nicht mehr als ein Versuch, der Gerechtigkeit zumindest ein Stück weit mehr Geltung zu verschaffen."[205]

Das ist eine Einsicht, die Versicherern nicht fremd ist, denn eine Versicherungsleistung macht den Schadenfall nicht ungeschehen, sondern lindert nur das Leid bzw. die finanzielle Belastung, welche vom Schadenereignis verursacht wurde. Eine unabdingbare Voraussetzung für eine Versicherungsleistung ist die Entfertigungserklärung des Empfängers der Leistung. Finanzielle Leistung und Abfindungserklärung bedingen einander. Das trifft auch für die vorangehend dargestellte Entschädigungsintiative bzw. für die Tätigkeit des Allgemeinen Entschädigungsfonds zu. „Bekenntnis zu der historischen Verantwortung und der moralischen Schuld einerseits und der Schaffung von Rechtsfrieden andererseits"[206] sind eine Voraussetzung für die Historisierung der Epoche des Nationalsozialismus.

Historisierung des Nationalsozialismus heißt nicht, diese Epoche zu vergessen oder zu verdrängen, sondern Historisierung einer Epoche soll die Bereitschaft heißen, aus der Geschichte zu lernen. Die Lehre für die Versicherungswirtschaft aus der Epoche des Dritten Reiches ist, dass sich die Assekuranz weitgehend formalrechtlich korrekt verhalten hat. Sie hat diese Korrektheit auch in der Nachkriegszeit beibehalten. Was nicht

---

203 Congress of the United States, House of Representatives, Committee on Government Reform. Schreiben vom 25.11.2003 an The Honorable Colin Powell, Secretary of State. Ablage: EntschFG. Archiv des VVO.

204 Siehe dazu http://www.nationalfonds.org/aef/deutsch/aufgVersPol.htm, Listen, basierend auf Akten der Sammelstelle 1957.

205 J. F. v. Fürstenwerth und R. Gütersloh (2004), Gerechtigkeit und Rechtsfrieden – Zur Entschädigung von Versicherungsverträgen der Opfer des Holocaust, in: Recht und Risiko, FS f. H. Kollhosser. Karlsruhe. S. 113ff. (132).

206 Dieselben; siehe die voranstehende Fußnote.

gelang – und, von Ausnahmefällen abgesehen, auch nicht angestrebt wurde –, war, sich der perfiden Funktionalität des NS-Regimes zu entziehen.[207] So besehen ist die Branche „schuldlos mitschuldig geworden".

In der geschichtswissenschaftlichen Darstellung und erst recht in der medialen Berichterstattung über die NS-Zeit wurde ein funktionelles Verständnis des Nationalsozialismus vernachlässigt. Stattdessen wurden subjektive Opferschicksale betont.[208] Dieser Umstand belastete die Entschädigungsinitiativen zu Ende des 20. und zu Beginn des 21. Jahrhunderts mit denen noch offene Entschädigungsansprüche reguliert werden sollten. Nicht zuletzt für Unternehmen ist es unverständlich, für Schandtaten haften zu sollen, welche sie nicht begangen hatten. Erst nachdem in umfangreichen historischen Forschungen die NS-Zeit dargestellt worden war, war es möglich, sich mit der Forderung auseinander zu setzen, sich einer moralischen (und keiner rechtlichen) Verantwortung zu stellen. Ebenso war es erforderlich, dass auf Seiten der Kläger bzw. Ankläger bzw. Opfervertreter ein Umdenken einsetzte. Es galt zu erkennen, dass eine sich steigernde Kriminalisierung von – de iure – unschuldigen Unternehmen und eines (während der NS-Zeit) handlungsunfähigen Staates nur in eine Kette von verhärtet geführten Rechtsstreitigkeiten münden würde. Beides – die geschichtswissenschaftlichen Studien wie die Bewusstseinsänderung der Kläger – brauchte Zeit.

Wenn der österreichischen Entschädigungsgesetzgebung und -praxis der Nachkriegszeit der Vorwurf gemacht werden konnte „... ich bin dafür, die Sache in die Lände zu ziehen",[209] so galt dies für die Umsetzung des Washingtoner Abkommens: wir waren dafür, die Sache rasch zu erledigen; und mit „wir" ist nicht nur die österreichische Versicherungswirtschaft gemeint. Warum es tatsächlich so lange gedauert hat – etwa ein halbes

207 Zur (perfiden) Funktionalität des Dritten Reiches siehe etwa: G. Aly (2005), Hitlers Volksstaat. Raub, Rassenkrieg und nationaler Sozialismus. Frankfurt am Main.

208 Anders D. Stiefel (1998): „Die Geschichte des Nationalsozialismus und des Versuchs seiner Überwindung durch die Entnazifizierung ist kein wissenschaftliches Arbeitsgebiet wie jedes andere. Sie weckt Emotionen – zur Recht, denn es scheint fast unmenschlich, sine ira et studio über dieses Kapital der österreichischen Geschichte zu berichten. So ist es nicht verwunderlich, dass es am Rand der wissenschaftlichen Diskussion auch immer wieder zu emotionsgeleiteteten Anklagen oder aber Beschwichtigungen kommt, welche über Pauschalierungen und zulässige Generalisierungen die eigenen Vorurteile bestätigen. Hier soll der Versuch gemacht werden, über einen ökonomischen Ansatz und einer „emotionslosen" Betrachtung des Verlaufes der Entnazifierung in Österreich zu kommen, wenngleich das Ergebnis sicher wieder Emotionen und Diskussionen wecken wird." D. Stiefel (1998), Die Fische und das Wasser. Der ökonomische Ansatz zur Erklärung des Verlaufs der Entnazifizierung, in: Keine „Abrechnung". NS-Verbrechen, Justiz und Gesellschaft in Europa nach 1945. Hrsg. v. Claudia Kuretsidis-Haider und Winfried R. Garscha. Redaktion: Christine Schindler. Bundesministerium für Justiz, Dokumentationsarchiv des österreichischen Widerstandes. Wien. S. 442ff.

209 „Ich bin dafür, die Sache in die Länge zu ziehen". R. Knight (1988), op. cit.

Jahrzehnt – gehört zu den Erfahrungen, welche als Lehre aus der Geschichte gezogen werden können bzw. sollten.

Anhang (Internetveröffentlichung)

Einleitung

Der Verband der Versicherungsunternehmen Österreichs (VVO) und seine Mitgliedsunternehmen bedauern die Greuel der NS-Zeit und sind sich des allgemeinen Unrechts des Dritten Reiches und der menschenrechtswidrigen Rassengesetzgebung, die sich gegen Juden und andere richtete, bewusst. Dieses Unrecht hat dazu geführt, dass Rechtsansprüche aus Versicherungsvertragsverhältnissen, vor allem von jüdischen Österreichern, geschmälert oder enteignet wurden. Obgleich es nach 1945 Entschädigungsmaßnahmen auf gesetzlicher und freiwilliger Basis gegeben hat, wurde mit dem Entschädigungsfondsgesetz 2001 eine Rechtsgrundlage geschaffen, sich mit noch offenen finanziellen Forderungen von Opfern des Holocaust auseinander zu setzen.

In Übereinstimmung mit der moralischen Verantwortung Österreichs für das Unrecht der NS-Zeit haben die mehr als siebzig Mitgliedsunternehmen des VVO auf einer außerordentlichen Mitgliederversammlung in Wien im April 2001 mit dem alleinigen Tagesordnungspunkt eines Solidaritätsbeitrages zum Allgemeinen Entschädigungsfonds (kurz: Fonds) einhellig beschlossen, 25 Mio. US-$ zum Fonds beizutragen.

Der Verband der Versicherungsunternehmen Österreichs dankt dem Fonds, dass er es übernommen hat, die finanziellen Forderungen der Opfer und ihrer Erben abzuwickeln. Es wird ebenfalls dafür gedankt, dass die nachstehende Liste möglicher Opfer auf der Website des Fonds erscheinen kann. Damit wird dem in § 18 (4) EntschFG verankerten gesetzlichen Auftrag nachgekommen, Listen von Polizzeninhabern, die mögliche Opfer des Nationalsozialismus sind, öffentlich zugänglich zu machen, soweit solche Listen verfügbar sind.

Die Veröffentlichung der Listen orientiert sich an den Standards der International Commission of Holocaust Era Insurance Claims (ICHEIC). **Es wird um Verständnis gebeten, wenn darauf hinzuweisen ist, dass aus der Veröffentlichung eines Namens eines ehemaligen Versicherungsnehmers kein Rechtsanspruch auf Entschädigung erwächst.** Darüber zu entscheiden, ist Sache des unabhängigen Antragskomitees des Fonds. Mit den Zahlungen der Mitgliedsunternehmen des Verbandes an den Fonds und der Veröffentlichung von Listen soll auch den Anliegen jener amerikanischen Staaten entsprochen werden, welche „Holocaust Victims Insurance Acts" verabschiedet haben.

Datensatzbeschreibung

Die nachstehende Liste basiert auf dem „Verzeichnis über das Vermögen von Juden nach dem Stand vom 27. April 1938". Dieses Verzeichnis mussten Juden mit einem Aktivvermögen von mehr als RM 5000,– ausfüllen.

Darin waren als eine Vermögenskategorie „Ansprüche aus noch nicht fälligen Lebens-, Kapital- oder Rentenversicherungen, zu berechnen mit ⅔ der eingezahlten Prämien oder Kapitalbeiträge oder mit dem Rückkaufswert" anzugeben. Die Originaldokumente befinden sich im Archiv der Republik (Österr. Staatsarchiv) in Wien (siehe dazu die Homepage des Österr. Staatsarchivs: www.oesta.gv.at). Die Dokumente wurden, soweit dies datentechnisch möglich war, auf Datenträger übertragen und diese an die ICHEIC weitergegeben. Demzufolge enthält die nachstehende Liste keine Angaben über Versicherungsverträge in den anderen als den genannten Versicherungszweigen.

Der VVO wird sich weiterhin um eine Ergänzung der vorliegenden Liste bemühen. Gleichzeitig drückt die österreichische Versicherungswirtschaft gegenüber jenen Opfern und ihren Nachfahren, denen nicht jene Informationen geboten werden können, die sie sich vielleicht erwartet haben, ihr Bedauern aus. Viele Unterlagen sind noch in den letzten Kriegstagen und unmittelbar danach vernichtet worden. Bekanntlich war Wien, wo die meisten Versicherungsunternehmen ihren Firmensitz hatten, im April 1945 Schauplatz umfangreicher Kampfhandlungen.

Die Liste selbst ist alphabetisch nach den Namen der Anmeldepflichtigen geordnet. In der Regel sind das zugleich die Polizzeninhaber. Dem Namen ist das Geburtsjahr beigesetzt. In der zweiten Spalte scheint der Wohnort auf und ist die Aktnummer der Vermögensanmeldung angegeben. In der dritten Spalte ist die Firmenbezeichnung des Versicherers enthalten und zwar so, wie sie im Vermögensverzeichnis gemeldet wurde (grobe Schreibfehler wurden korrigiert). Die letzte Spalte zeigt die Polizzennummer bzw. -nummern, wenn der Anmeldepflichtige mehrere Verträge hatte.

Haftungsausschluss

Im Einvernehmen mit dem Fonds wird festgehalten, dass die Nennung eines Namens in der folgenden Liste, keinen wie auch immer gearteten Leistungsanspruch nach dem EntschFG gegenüber einem Versicherungsunternehmen oder seinen Rechtsnachfolgern oder dem VVO begründet. Die Vorgangsweise bei der Antragstellung einschließlich einer Erläuterung des EntschFG wird auf anderen Seiten der Homepage des Fonds beschrieben.

Da die nationalsozialistischen Vermögensanmeldungen 1938, aber auch sonstige Dokumente zur Vermögens- und Einkommenslage von möglichen Opfern des Nationalsozialismus Fehler enthalten können und auch bei der Bearbeitung dieses Materials, um es zu veröffentlichen, Fehler unterlaufen sein können, muss jede Haftung für die Richtigkeit und Vollständigkeit der Listen abgelehnt werden.

Empfohlene Literatur

Dieter Stiefel, Die österreichischen Lebensversicherungen und die NS-Zeit Wirtschaftliche Entwicklung, politischer Einfluß, jüdische Polizzen, Böhlau Wien 2001. Ca. 256 S. Br. ISBN 3-205-99418-3. (Das Buch enthält eine englische Kurzfassung.)

Anschrift des Verbandes der Versicherungsunternehmen Österreichs

Verband der Versicherungsunternehmen Österreichs
Schwarzenbergplatz 7
A-1030 Wien
Tel.: +43(0) 1 711 56-277
Fax: +43(0) 1 711 56-270
Internet: http://www.vvo.at
Email: restitution@vvo.at

Anträge und Auskünfte, auch in Versicherungsangelegenheiten, sind an den Allgemeinen Entschädigungsfonds der Republik Österreich zu richten. Dazu wird empfohlen, Kontakt mit dem Allgemeinen Entschädigungsfonds aufzunehmen.

Hier gelangen Sie **zur Namensliste**.
Here you find the **list of policy holders**.

Literatur

Ackerl, Isabella, Der Phönix-Skandal, in: Jedlicka/Neck (Hrsg.), Das Juliabkommen von 1936. Vorgeschichte, Hintergründe und Folgen, Wien 1977

Ackerl, Isabella, Ein österreichischer Weg. Von der Ersten Republik zu einem gemeinsamen europäischen Markt. 75 Jahre Bundesländerversicherung, Wien 1997

Ackerl, Isabella., Nationalsozialistische Massenverhetzung. Presseberichte zum Verfahren gegen zwei „Phönix“-Direktoren. In: An der Schwelle zum 3. Jahrtausend – Retrospektiven und Perspektiven. Versicherungsgeschichte Österreichs, Bd. VI. Herausgeber und Redaktion W. Rohrbach. Wien 2000

Aly, Götz, Holocaust, Massenvertreibung und völkischer Sozialismus. Was in der heutigen Wiedergutmachungsdiskussion falsch läuft. Mit dem Berliner Historiker sprach Burkhard Bischof. In: Die Presse. 29. 1. 1999. Wien

Aly, Götz, Hitlers Volksstaat. Raub, Rassenkrieg und nationaler Sozialismus. Frankfurt am Main 2005

Andel, H., Finanzwissenschaft. Tübingen 1983

Der Anker, Allgemeine Versicherungsgesellschaft, Hundert Jahre 1858 bis 1958, Wien 1958

Antisaari, Martti/Frowein, Jochen/Oreja, Marcelino, Österreich-Bericht für 14 Mitgliedstaaten der Europäischen Union von EuGRZ 11–13, 404-416 (2000). www.mpiv-hd.mpg.de/de/de/hp/publ 2000.cfm.

Ausch, Karl, Erlebte Wirtschaftsgeschichte. Österreichs Wirtschaft seit 1945 Wien 1963

Authers, J. and Wolffe, R., The Victim's Fortune, Inside the Epic Battle over the Debt of the Holocaust. New York 2002

Bachinger, Karl/Stiefel, Dieter (Hrsg.), Auf Heller und Cent. Beiträge zur Finanz- und Währungsgeschichte, Wien 2001

Bachinger, Karl/Butschek, Felix/Matis, Herbert/Stiefel, Dieter, Abschied vom Schilling. Eine österreichische Wirtschaftsgeschichte, Wien 2001

Bailer, Brigitte, Alle waren Opfer. Der selektive Umgang mit den Folgen des Nationalsozialismus. In: Inventur 45/55. Österreich im ersten Jahrzehnt der Zweiten Republik. Hrsg. Georg Rigele. Wien 1996

Bailer, Brigitte, Für Österreich war Wiedergutmachung kein Thema. Die Auseinandersetzung mit der nationalsozialistischen Vergangenheit in Österreich am Beispiel des

Opferfürsorgegesetzes und anderer Maßnahmen für die Opfer des Nationalsozialismus. Dissertation an der Universität Wien. Wien 1991

Baltzarek, Franz u.a. (Hrsg.), Von der Theorie zur Wirtschaftspolitik – ein österreichischer Weg, Wien 1998

Bartl, Erich, Zur Neugestaltung des Versicherungsrechts in Österreich, in: Die Versicherungsrundschau, Wien 1946

Bartel, Erich, Kongress der europäischen Versicherungsverbände in Rom. März 1953. In: Die Versicherungsrundschau, 8. Jg. Heft 4, 1953

Bauerreiß, W./Kuntschky, F., Das Schillingeröffnungs-Bilanzgesetz, Leykam-Verlag, Graz/Wien 1954

Benn, Sir Ernst J.P., United Kingdom Provident Institution, in: Zur vorgeschlagenen Nationalisierung der englischen Volksversicherungsgesellschaften, Versicherungsrundschau, Wien 1949

Becker, Gary S., Preis und Vorurteil [The Economics of Discrimination], in: G. s. Becker (1993), Der ökonomische Ansatz zur Erklärung menschlichen Verhaltens. 2. Aufl. Tübingen 1993

Bezemek, Ernst/Klambauer, Otto, Die USIA-Betriebe in Niederösterreich, Niederösterreichisches Institut für Landeskunde, Wien 1983

Binder, Otto, Wien – retour, Wien 1997

Bischof, Günter, Between Responsibility and Rehabilitation: Austria in International Politics 1940–1950, Diss. Harvard 1989

Bischof, Günter/Stiefel, Dieter (Hrsg.), „80 Dollar" 50 Jahre ERP-Fonds und Marshall-Plan in Österreich 1948–1998, Wien 1999

Bischof, Günter/Pelinka, Anton/Stiefel, Dieter (Ed.), The Marshall Plan in Austria, Contemporary Austrian Studies 8, New Brunswick 2000

Bischof, Günter, „Opfer" Österreich? Zur moralischen Ökonomie des österreichischen historischen Gedächtnisses. In: Dieter Stiefel, Die politische Ökonomie des Holocaust. Zur wirtschaftlichen Logik von Verfolgung und „Wiedergutmachung", Querschnitte, Bd. 7. Einführungstexte zur Sozial-, Wirtschafts- und Kulturgeschichte. Wien und München 2001

BMF (1948 bis 1956): Veröffentlichungen des Bundesministeriums für Finanzen, betreffend die Vertragsversicherung, Jahrgänge 24 bis 32, Wien.

Böhle, Ingo, Die Volksfürsorge Lebensversicherungs-AG im Dritten Reich. Magisterarbeit der Univ. Hamburg. Hamburg 1996

Böhmer, Peter, Die österreichische Finanzverwaltung und Restitution entzogener Vermögen 1945 bis 1960. Die Bundesministerien für Vermögenssicherung und Wirtschaftsplanung und für Finanzen. Wien 2003, www.historikerkommission.gv.at.

Boncelj, Joze, Die allgemeine Entwicklung des Versicherungswesens in Jugoslawien, Die Versicherungsrundschau 1960

Börner, Fritz, Verstaatlichung der Privatversicherung?, in: Versicherungswirtschaft, Karlsruhe 1946

Botur, Andre. Privatversicherung im Dritten Reich. Zur Schadensabwicklung nach der Reichskristallnacht unter dem Einfluss nationalsozialistischer Rassen- und Versicherungspolitik. Berliner Juristische Universitätsschriften, Reihe Zivilrecht, Bd. 6. Berlin 1995

Botz, Gerhard, Geschichte und kollektives Gedächtnis in der Zweiten Republik. „Opferthese", „Lebenslüge" und „Geschichtstabu" in der Zeitgeschichtsschreibung. In: Inventur 45/55. Österreich im ersten Jahrzehnt der Zweiten Republik. Hrsg. Georg Rigele. Wien 1996

Braumüller, P. (1999): Versicherungsaufsichtsrecht: Internationale Standards, europäische Richtlinien und österreichisches Recht, 1. Auflage, Verlag Springer, Wien und New York.

Brown, B., Shoah and Insurance. In: Proceedings of the Washington Conference on Holocaust-Era Assets. Released by the Office of the Coordinator for the Washington Conference on Holocaust-Era Assets. Washington 1999

Brunner, Waltraud, Das deutsche Eigentum und das Ringen um den österreichischen Staatsvertrag 1945–1955, Wien 1976

Brusatti, Alois, Zeuge der Stunde Null. Das Tagebuch Eugen Margaréthas 1945–1947, Linz 1990

Bundesministerium für auswärtige Angelegenheiten. Wien, Österreichische Maßnahmen zur Restitution und Entschädigung von Opfern des Nationalsozialismus. Außenpolitische Dokumentation 2001

Bundesministerium für Finanzen, Rot-Weiß-Rot-Buch. Gerechtigkeit für Österreich. Darstellungen, Dokumente und Nachweise zur Vorgeschichte und Geschichte der Okkupation Österreichs, Wien 1946

Bundesministerium für Finanzen, Österreichisches Jahrbuch 1946, Beitrag Vertragsversicherung, Wien 1946

Bundespressedienst, Vier Jahre Wiederaufbau, Wien 1949

Bukovics, Wilhelm, Das Deutsche Eigentum in Österreich, Wien 1956

Butschek, Felix, Die österreichische Wirtschaft im 20. Jahrhundert. Stuttgart, 1985

Butschek, Felix, Statistische Reihen zur österreichischen Wirtschaftsgeschichte. Die österreichische Wirtschaft seit der Industriellen Revolution, WIFO, Wien1996

Butschek, Felix, Vom Staatsvertrag zur Europäischen Union. Österreichische Wirtschaftsgeschichte von 1955 bis zur Gegenwart, Wien 2004

Carda, Franz, Der österreichische Versicherungsmarkt, Österreichs Wirtschaft. Wochenschrift des Niederösterreichischen Gewerbevereins, Mai 1947

Chlubna, Karl-Norbert, Der wirtschaftliche und sozialhistorische Werdegang des Berufstandes der Versicherungsmakler in Österreich, Dipl.A., Wien 1994

Cicero, M.T., (106–43 v. u. Z.), Pro Lege Manila. 17. Roma.

Compass-Verlag, Finanz-Compass Österreich 1956, 1957, 1958, Wien.

Daxner, Stefan, Der Übergang zur Marktwirtschaft in Österreich nach dem 2. Weltkrieg unter besonderer Berücksichtigung der Wirtschaftsplanung, Linz 2002

Derblich, L., Vorschriften über das Assekuranzwesen. Enthaltend: Das Versicherungs-Regulativ, die Gesetze und Verordnungen, betreffend die Zulassung und staatliche Ueberwachung der in- und ausländischen Versicherungs-Gesellschaften, das Gesetz, betreffend die Unfall-Versicherung, Bestimmungen materiellrechtlichen Inhaltes, sowie betreffend die Gebühren- und Steuerpflicht, Prag 1888

Dirninger, Christian (Hrsg.), Wirtschaftspolitik zwischen Konsens und Konflikt. Einsichten und Einblicke in die Struktur und Abläufe der Wirtschaftspolitik der Zweiten Republik, Wien 1995

Hundert Jahre Donau-Versicherung, Wien 1967

Doralt W. und Ruppe H.G., Grundriss des österreichischen Steuerrechts, Band I. Wien 1989

Dürr, E., Liberalisierung des internationalen Versicherungsverkehrs, Graz 1979

Dr. E., Dritte Versicherungsüberleitungsverordnung. Die Anordnung über den Teuerungszuschlag in der Lebensversicherung, Die Versicherungsrundschau 1948

Eagbleburger, L.S., Statement of The Honorable Lawrence S. Eagleburger, Chairman, International Commission on Holocaust-Era Insurance Claims, before the U. S. House of Representatives, Committee on Government Reform. Sept. 16, 2003. Washington 2003, www.icheic.org.

Edlinger, Josef, Die österreichische Lebensversicherung seit 1945, in Versicherungswirtschaft 1948

Edlinger, Josef, Lebensversicherung – Einkommensteuer. In: Die Versicherungsrundschau. 9. Jg., 1954a

Edlinger, Josef, Und nochmals: Lebensversicherung – Einkommensteuer. In: Die Versicherungsrundschau. 9. Jg. Heft 9, 1954 b

Eisendle, Arno, Das Problem der Geldwertstabilität unter besonderer Berücksichtigung des Einflusses auf die Privatversicherung, Diss. Wien 1974

Eisenberger, Kurt, Vorzüge der Privatunfallversicherung gegenüber der Sozialversicherung, Die Versicherungsrundschau, Wien 1950

Eizenstat, St., Imperfect Justice, Looted Assets, Slave Labor, and the Unfinished Business of World War II, New York 2003

Exinger, V., The Development of the Austrian Fiscal Law Since April 1945 To April 1948. In: Bulletin for International Fiscal Documentation. Vol. III. 1949

50 Jahre Erste Niederösterreichische Brandschaden-Versicherungsaktiengesellschaft 1923–1973, Wien 1973

Feichtlbauer, H., 1938–1945. Zwangsarbeit in Österreich. Fonds für Versöhnung, Frieden und Zusammenarbeit. Wien 2005

Feldman, Gerald D., Nazi Confiscation of Insurance Policy Assets. In: Proceedings of the Washington Conference on Holocaust-Era Assets. Released by the Office of the Coordinator for the Washington Conference on Holocaust-Era Assets. Washington 1999

Feldman, Gerald, D., Confiscation of Insurance Assets: Special Issues. In: Proceedings of the Washington Conference on Holocaust-Era Assets. Released by the Office of the Coordinator for the Washington Conference on Holocaust-Era Assets. Washington 1999

Feldman, Gerald, D., Compensation and Restitution: Special Issues. In: Proceedings of the Washington Conference on Holocaust-Era Assets. Released by the Office of the Coordinator for the Washington Conference on Holocaust-Era Assets. Washington 1999

Feldman, Gerald, D., Die Allianz und die deutsche Versicherungswirtschaft 1933–1945. München 2001

Földi, T., Insurance Claims in a Historical Context with a Special Regard to the Holocaust in Hungary. In: Proceedings of the Washington Conference on Holocaust-Era Assets. Released by the Office of the Coordinator for the Washington Conference on Holocaust-Era Assets. Washington 1999

Frey, B.S., Moderne politische Ökonomie. München 1977

Fritsch, E., Überblick über die österreichische Steuergesetzgebung. Wien 1946

Füger, Fritz, Das Provisorium der österreichischen Lebensversicherung, Die Versicherungsrundschau, 1954

Fürstenwerth, J.F. von und Gütersloh, R., Gerechtigkeit und Rechtsfrieden – Zur Entschädigung von Versicherungsverträgen der Opfer des Holocaust. In: Recht und Risiko. Festschrift für H. Kollhosser. Karlsruhe 2004

Genser, B., Steuerreform in Österreich. In: Handbuch der österreichischen Wirtschaftspolitik. Herausgegeben von H. Abele et al. Wien 1989

Gerlach, R., Report of the Activities of BAV in favor of Holocaust Victims and Survivors. In: Proceedings of the Washington Conference on Holocaust-Era Assets. Released by the Office of the Coordinator for the Washington Conference on Holocaust-Era Assets. Washington 1999

Goldscheid, Rudolf/Schumpeter, Josef A., Die Finanzkrise des Steuerstaates. Beiträge zur politischen Ökonomie der Staatsfinanzen. Hrsg. R. Hickel (1959), Finanztheorie und Finanzsoziologie. Göttingen 1989

Graber, R., Klage aus der Vergangenheit. In: Profil vom 7. 4. 1997. Wien

Graf, Baldur, Vor sechs Jahrzehnten. In: An der Schwelle zum 3. Jahrtausend – Retrospektiven und Perspektiven. Versicherungsgeschichte Österreichs, Bd. VI. Herausgeber W. Rohrbach. Wien 2000

Graf, Baldur, „Arisierung" und Restitution. In: Juristische Blätter, 123. Jg., Heft 12, 2001

Günter, B., Die Hamburger Feuerkasse im Nationalsozialismus. Hamburger Wirtschafts-Chronik, Bd. 2. Hamburg 2001

Habich, Carl, Die Privatversicherung nach dem Kriege, in. Die Versicherungsrundschau, Wien 1947

Hammer, H., Gedanken zur Verstaatlichung der Versicherung, Die Versicherungsrundschau, Wien 1946

Hansmeyer, H., Report of the activities of Allianz in favor of Holocaust victims and survivors. In: Proceedings of the Washington Conference on Holocaust-Era Assets. Released by the Office of the Coordinator for the Washington Conference on Holocaust-Era Assets. Washington 1999

Hanslik, Johann, Sicherheit im Wandel der Zeit, Wien1982

Hartl, Konrad, Historische Streiflichter des „Interunfall-RAS"-Konzerns seit 1945, in Wolfgang Rohrbach (Hrsg.), Versicherungsgeschichte Österreichs, Band III, Das Zeitalter des modernen Versicherungswesens, Wien 1988

Hasler, Kurt, Sozialisierung im Versicherungswesen problematisch!, Die Versicherungsrundschau, Wien 1949

Heinisch, Theodor, Der Wiederaufbau unseres Vereins als Sektion Versicherung, in: Peter Ulrich Lehner (Hrsg.), Solidarität und Sicherheit. Zur achtzigjährigen Geschichte der Sektion Versicherung in der Gewerkschaft der Privatangestellten, Wien 1983

Heissenberger, Franz, Der Wiederaufbau in Österreich, Frankfurt 1961

Hemerka, Wilhelm/Winsauer, Kurt, Rechtshistorischer Abriss der österreichischen Versicherungswirtschaft zwischen 1918 und 1938, in: Versicherungsgeschichte Österreichs Band 3, Wien 1988

Hilgard, Eduard, Die Politik als Schrittmacher, Neumanns Zeitschrift für Versicherungswesen 1942

Hiscocks, Charles Richard, Österreichs Wiedergeburt, Wien 1954

Hofbauer, Hannes, Westwärts. Österreichs Wirtschaft im Wiederaufbau, Wien 1992

Holler, Siegfried, Verstaatlichung und Wirtschaftsplanung in Österreich (1946–1949), Wien 1974

Hollitscher, Heinrich, Die Rückversicherung in der österreichischen Zahlungsbilanz, in: Die Versicherungsrundschau, Wien 1947

Hollitscher, Karl, Die Auswirkungen der Rückversicherung auf die Zahlungsbilanz, Die Versicherungsrundschau 1950

Hollmayer, Angelika, Makrodaten der österreichischen Assekuranz 1875–2000, in: Wolfgang Rohrbach (Hrsg.), Versicherungsgeschichte Österreichs, Band 3, An der Schwelle zum 3. Jahrtausend – Retrospektiven und Perspektiven, Wien 2000

Hollmayer, Angelika, Unternehmensgenealogien – die Forschung nach dem Ursprung. In: Die altösterreichischen Regionen Zentral- und (Süd)Osteuropas. Gestern – Heute – Morgen. Versicherungsgeschichte Österreichs, Bd. VII, 1. Teil. Wien 2004

Hundert Jahre Jupiter 1868 bis 1969, Wien 1969

Hudecek, Carl, Die österreichische Volkswirtschaft und ihr Wiederaufbau, Wien 1946

Jabloner, Clemens et al., Vermögensentzug während der NS-Zeit sowie Rückstellungen und Entschädigungen seit 1945 in Österreich. Forschungsbericht der Historikerkommission der Republik Österreich. Zusammenfassung und Einschätzungen. Wien 2003

Jelinek, T., Insurance in the Nazi Occupied Czech Lands: Preliminary Findings. In: Proceedings of the Washington Conference on Holocaust-Era Assets. Released by the Office of the Coordinator for the Washington Conference on Holocaust-Era Assets. Washington 1999

JTA-Global Jewish New, In shadow of Durban and Sept. 11. 05.11.2001-05-11. www.jta.org/story.asp?story=8907.

Junz , Helen B., Report on the Pre-War Wealth Position of the Jewish Population in Nazi-Occupied Countries, Germany and Austria, in: Bericht über nachrichtenlose Konten von Opfern des Nationalsozialismus bei Schweizer Banken. Independent Committee of Eminent Persons (Chairman Paul A. Volcker). Appendix S, pp. A-127-A205. Geneva 1999

Junz, Helen B. u. a., Das Vermögen der jüdischen Bevölkerung Österreichs: NS-Raub und Restitution nach 1945. Wien 2003, www.historikerkommisssion.gv.at.

Karlen, Stefan et al., Schweizerische Versicherungsgesellschaften im Machtbereiche des „Dritten Reichs“, Teil 1 und 2. Veröffentlichungen der Unabhängigen Expertenkommission Schweiz – Zweiter Weltkrieg. Bd. 12. Zürich 2002

Kriebaum, U., Die österreichische Restitutionsvereinbarung vom 17. Jänner 2001. In: Das Brünner Symposium zur österreichisch-tschechischen Geschichte der ersten Hälfte des XX. Jahrhunderts (1. u. 2. Juli 2002). Website des Bundesministeriums für auswärtige Angelegenheiten –Auslandsösterreicher, Wien 2002

Karlhuber, Franziska, Ausländische Hilfe für Österreich nach dem Zweiten Weltkrieg, Dipl.-A., Innsbruck 1991

Karsch, Christian, Die Umstellung auf die Europäische Einheitswährung im Spiegel der österreichischen Währungsgeschichte. Unv. Manuskript, VVO. Wien 1997

Karsch, Christian, Die Versicherungswirtschaftlichen Verhältnisse in Österreich während der NS-Zeit. Die Schädigung jüdischer Lebensversicherter im Dritten Reich und ihre Entschädigung nach dem Krieg. In: Brief Nr. 33, VVO. Wien 1999a

Karsch, Christian, Die versicherungswirtschaftlichen Verhältnisse in Österreich während der NS-Zeit. Die Schädigung jüdischer Lebensversicherter im Dritten Reich und ihre Entschädigung nach dem Krieg. In: Die Versicherungsrundschau. Heft 5/Wien 1999b

Karsch, Christian, Die Schädigung jüdischer Versicherungsnehmer im Dritten Reich dargestellt am Beispiel der Lebensversicherung in der Ostmark. In: An der Schwelle zum 3. Jahrtausend – Retrospektiven und Perspektiven. Versicherungsgeschichte Österreichs, Bd. VI. Herausgeber und Redaktion W. Rohrbach. Wien 2000

Karsch, Christian, 100 Jahre Versicherungsverband, in: Rohrbach, Wolfgang, Versicherungsgeschichte Österreichs, Band VI, An der Schwelle zum 3. Jahrtausend – Retrospektiven und Perspektiven, Wien 2000

Karsch, Christian, Verstaatlichungsbestrebungen im Zuge der „Neuordnung der österreichischen Versicherungswirtschaft nach dem „Anschluss“, in: Alois Mosser (Hrsg.), Die Versicherungswirtschaft in Mitteleuropa während des Nationalsozialismus, Jahrbuch der Gesellschaft für mitteleuropäische Banken- und Sparkassengeschichte, Stuttgart 2002

Klambauer, Otto, Die USIA-Betriebe, Diss. Wien 1978

Knight, Robert, „Ich bin dafür, die Sache in die Länge zu ziehen“. Wortprotokolle der österreichischen Bundesregierung von 1945–52 über die Entschädigung der Juden. Herausgegeben von R. Knight. Frankfurt am Main 1988

Kranzelmayer, F., Die Wirtschaftsstruktur Niederösterreichs, Diss. Wien 1959

Kraus, H., Versicherungsaufsichtsrecht. Eine Studie zum deutschen und zum österreichischen Recht. Forschungen aus Staat und Recht 16. Wien 1971

Kristinus, Fritz, Zur Frage der „Kriegsschäden“, in: Die Versicherungsrundschau, Wien 1947

Kruschwitz, Gerald, Ausländische Hilfsaktionen zum Wiederaufbau der österreichischen Wirtschaft nach dem Zweiten Weltkrieg, Dipl.-A., Wien 1974

Kuller, Ch., Finanzverwaltung und Judenverfolgung. Antisemitische Fiskalpolitik und Verwaltungspraxis im nationalsozialistischen Deutschland. In: zeitblicke 3, Nr. 2, [13.09.2004] www.zeitblicke.historicum.net/2004/02/kuller/index.html.

Lakatos, Ernst, Die Transportversicherung 1918–1938, in: Wolfgang Rohrbach (Hrsg.), Versicherungsgeschichte Österreichs, Band III, Das Zeitalter des modernen Versicherungswesens, Wien 1988

Lakenbacher, Ernst, Die österreichischen Angestelltengewerkschaften, Geschichte und Gegenwart, Wien 1967

Langer, Edmond, Die Verstaatlichungen in Österreich, Wien 1966

Laun, Otto R., Die Frage der Verstaatlichung der Versicherung in Österreich, Versicherungswirtschaft, Karlsruhe 1946

Lehner, Peter Ulrich, Österreichs Versicherungswirtschaft im Dritten Reich, in: Wolfgang Rohrbach (Hrsg.), Versicherungsgeschichte Österreichs, Band III, Das Zeitalter des modernen Versicherungswesens, Wien 1988

Lehner, Peter Ulrich, Das Versicherungswesen in der Zweiten Republik, in: Wolfgang Rohrbach (Hrsg.), Versicherungsgeschichte Österreichs, Band III, Das Zeitalter des modernen Versicherungswesens, Wien 1988

Lehner, Peter Ulrich, Staat und Versicherung in Österreich, in: Wolfgang Rohrbach (Hrsg.), Versicherungsgeschichte Österreichs, Band III, Das Zeitalter des modernen Versicherungswesens, Wien 1988

Lehner, Peter Ulrich, Der Konzern der Wiener Städtischen – Ein Wegbereiter des österreichischen Versicherungswesens, in Wolfgang Rohrbach (Hrsg.), Versicherungsgeschichte Österreichs, Band III, Das Zeitalter des modernen Versicherungswesens, Wien 1988

Lehner, Peter Ulrich, Wie viel ist das heute? Zur Hochrechnung historischer Geldbeträge. In: An der Schwelle zum 3. Jahrtausend – Retrospektiven und Perspektiven. Versicherungsgeschichte Österreichs, Bd. VI. Herausgeber und Redaktion W Rohrbach. Wien 2000

Leimdörfer, Max, Zur Geschichte der Besteuerung der Versicherungsunternehmungen in Österreich. In: Die Versicherungsrundschau, 21. Jg. Wien 1966

Leitich, W., Zur Problematik der steuerfreien Pensionsrückstellung. Unter besonderer Berücksichtigung der deutschen Nachkriegspraxis. In: Die Versicherungsrundschau, 7. Jg. Wien 1952

Levin, Itamar, Report of the Activities of NAIC in favor of Holocaust Victims and Survivors. In: Proceedings of the Washington Conference on Holocaust-Era Assets. Released by the Office of the Coordinator for the Washington Conference on Holocaust-Era Assets. Washington 1999

Levine, Itamar, The Fate of Stolen Jewish Properties. The Cases of Austria and the Netherlands. Institute of the World Jewish Congress. Jerusalem 1997

Liebermann, Norbert, In- und Ausland in der österreichischen Versicherungswirtschaft, in: Arbeit & Wirtschaft, Wien 1953

Liebermann, Norbert, Versicherung und Kapitalmarkt, in. Arbeit & Wirtschaft, Wien 1954

Liedtke, Günter, Das Versicherungswesen in Österreich seit 1945. Die österreichische Versicherungswirtschaft nach dem Zweiten Weltkrieg, Wien 1987

Lillie, C.A., Government Compensation Program and Unpaid Claims. In: Proceedings of the Washington Conference on Holocaust-Era Assets. Released by the Office of the Coordinator for the Washington Conference on Holocaust-Era Assets. Washington 1999

Linhart, Hans, Die Sozialisierung der Versicherungswirtschaft unter besonderer Berücksichtigung österreichischer Verhältnisse, Diss., Wien 1947

Lorenz-Liburnau, Hans, Die Sonderregelung der Versicherungszahlungen des „Altbestandes" der Österreichischen Versicherung A.G. im Rahmen des Versicherungsüberleitungsgesetzes, Die Versicherungsrundschau, Wien 1946

Lorenz-Liburnau, Hans, Die Lebensversicherung nach dem Währungsschutzgesetz, Die Versicherungsrundschau, Wien 1948

Lorenz-Liburnau, Hans, Rückstellungsfragen auf dem Gebiete der Lebensversicherung, in: Die Versicherungsrundschau, Wien 1948

Lorenz-Liburnau, Hans, Zum Bundesgesetz vom 18. Mai 1949, womit das Gesetz über die Beaufsichtigung der privaten Versicherungsunternehmungen und Bausparkassen abgeändert wird (BGBl. Nr. 124). In: Die Versicherungsrundschau, 4. Jg., Wien 1949

Lorenz-Liburnau, Hans, Lebensversicherung und Wertsicherung, Die Versicherungsrundschau, Wien 1951

Lorenz-Liburnau, Hans, Die Versicherungsbestimmungen des österreichisch-deutschen Vermögensvertrages, Die Versicherungsrundschau, Wien 1958

Lorenz-Liburnau, Hans, Zum Bundesgesetz vom 14. Februar 1962, betreffend den Abschluss des Wiederaufbaus der Vertragsversicherung, in: Die Versicherungsrundschau, Wien 1962

Lotz, W., Revolutionsfinanzen. In: Beiträge zur Finanzwissenschaft. Bd. I. Festgabe für Georg v. Schanz. Tübingen 1928

Mähr, Wilfried, Der Marshallplan in Österreich, Wien 1989
Mann, F.K., Beiträge zur Steuersoziologie. In: Finanzarchiv NF, Bd. 2. 1934
Mann, F.K., Finanzsoziologie, in: Wörterbuch der Soziologie, Hrsg. W. Bernsdorf. Stuttgart 1969
Mastny v., The Impact of Post-World War II Nationalizations and Expropriations in East Central Europe on Holocaust.-Related Assets. In: Proceedings of the Washington Conference on Holocaust-Era Assets. Released by the Office of the Coordinator for the Washington Conference on Holocaust-Era Assets. Washington 1999
Matis, Herbert, Das Jahr 1945 – die wirtschaftliche Ausgangssituation, in: Österreich in Geschichte und Literatur, Heft 5, Wien 1995
Maddison, Nagus, Monitoring the World Economy 1820–1992; The World Economy: Historical Statsitics, OECD Development Centre Studies, Paris 2003
Mayer, L. (2000): Rechnungslegung der Versicherungsunternehmen, Skriptum des Instituts für Versicherungswirtschaft, Wirtschaftsuniversität Wien.
Migsch, Alfred, Ein Volk kämpft um sein Leben, Wien 1949
Milward, Alan S., The Reconstruction of Western Europe 1945–1951, London 1992
Mises, Ludwig von (1912), Die Reform der österreichischen Versicherungsgebühren. In: Österreichische Zeitschrift für öffentliche und private Versicherung. 3. Jg. Wien 1912
Modigliani, F. and Miller, H., The Cost of Capital, Corporate Finance, and the Theory of Investment. In: American Economic Review, vol. 48. 1958
Moser, Jonny, Österreich, in: Wolfgang Benz (Hrsg.), Die Dimension des Völkermords. Die Zahl der jüdischen Opfer des Nationalsozialismus, München 1991
Mosse, G.L., Nazi Culture. New York 1981
Mosser, Alois/Roloff, Marita, Wiener Allianz – Gegründet 1860, Wien 1985
Muzicant, Ariel, Austria's Endangered Community. In: Forward, June 6, 2003.

Neck, Reinhard, Zur politischen Ökonomie von Steuerreformen. In: K. H. Hansmeyer (Hrsg.), Staatsfinanzen im Wandel. Berlin 1983
Nemec, Anton, Von der Ausbildung des Nachwuchses, Die Versicherungsrundschau 1949
Nemschak, Franz, Zehn Jahre österreichische Wirtschaft 1945–1955, Wien 1955
Neumann, L., Pensionsrückstellungen. Ein Querschnitt durch die bilanztechnische, versicherungsmathematische und steuerrechtliche Problematik. In: Die Versicherungsrundschau, 8. Jg., Wien 1953

Otruba, Gustav, Die Feuerversicherung und die damit befaßten Gesellschaften in Österreich von ihren Anfängen bis zur Gegenwart, Schriften des Vereins für Sozialpolitik, Berlin 1980

Pammer, Michael. u. a., Jüdische Vermögen in Wien 1938. Wien 2003, www.historikerkommission.gv.at.

Petersen, Th., Ricardos Äquivalenztheorem. In: WIST Wirtschaftswissenschaftliches Studium. 31. Jg. Heft 11. 2002

Pomeroy, G., Report of the Activities of NAIC in favor of Holocaust Victims and Survivors. In: Proceedings of the Washington Conference on Holocaust-Era Assets. Released by the Office of the Coordinator for the Washington Conference on Holocaust-Era Assets. Washington 1999

Pongratz, Anton, Die Österreichische Hagelversicherung, Die Versicherungsrundschau 1946

Präve, Peter, Versicherungen und der Holocaust, Versicherungswirtschaft Heft 13/1997

Prenger, Christian, Strukturwandel der Rückversicherung in der Ersten Republik, in: Wolfgang Rohrbach (Hrsg.), Versicherungsgeschichte Österreichs, Band III, Das Zeitalter des modernen Versicherungswesens, Wien 1988

Pressburger, Siegfried, Oesterreichische Nationalbank 1816 bis 1966, Wien 1966

Potucek, Franz, Versicherung und Wirtschaft, Diss. Wien 1952

Pucharski, J., Das Körperschaftssteuergesetz. Manz'sche Ausgabe der Österreichischen Gesetze. Wien 1950

Ranner, J., Die steuerlichen Übergangsbestimmungen in Österreich. Wien 1945

Rath, K. W. (1942): Konkurrenzsystem, Organisationsform und Wirtschaftlichkeit im Versicherungswesen, Verlag von Felix Meiner, Leipzig.

Rathkolb, Oliver, Vermögen jüdischer Kunden im „Postsparkassenamt in Wien". Naziraub 1938–1945. Erster Forschungsbericht von Univ.-Doz. DDr. O. Rathkolb. Institut für Zeitgeschichte der Univ. Wien. Wien 1998

Rathkolb, Oliver u. a., Vermögen jüdischer Kunden im „Postsparkassenamt in Wien". Naziraub 1938–1945. Zweiter Forschungsbericht (samt Anhang) von Univ.-Doz. DDr. O. Rathkolb u. a. Institut für Zeitgeschichte der Univ. Wien. Wien 2000

Rathkolb, Oliver, Revisiting the National Socialist Legacy. Coming to Terms with Forced Labor, Expropriation, Compensation, and Restitution. Bd. 3 der Reihe „Bruno Kreisky International Studies". Innsbruck 2002

Rathkolb, Oliver, Die paradoxe Republik. Österreich 1945 bis 2005. Wien 2005

Rohrbach, Wolfgang, Vor 40 Jahren. Die Tragödie der Lebensversicherungsanstalt „Phönix", Wien 1976

Rohrbach, Wolfgang, Von der ÖVAG zur Austria-ÖVAG, in: Wolfgang Rohrbach (Hrsg.), Versicherungsgeschichte Österreichs, Band III, Das Zeitalter des modernen Versicherungswesens, Wien 1988

Rohrbach, Wolfgang, Gesundheitswesen und Privatversicherung in Österreich unter besonderer Berücksichtigung des Austria-Versicherungsvereines (seit 1945), in Wolfgang Rohrbach (Hrsg.), Versicherungsgeschichte Österreichs, Band III, Das Zeitalter des modernen Versicherungswesens, Wien 1988

Rohrbach, Wolfgang, Von den Anfängen bis zum Börsenkrach des Jahres 1873. In: Von den Anfängen bis zum Börsenkrach des Jahres 1873. Versicherungsgeschichte Österreichs, Bd. I. Wien 1988a

Rohrbach, Wolfgang, 200 Jahre Merkur Versicherung, in: Rohrbach, Wolfgang, Versicherungsgeschichte Österreichs, Band VI, An der Schwelle zum 3. Jahrtausend – Retrospektiven und Perspektiven, Wien 2000

Rohrbach, Wolfgang, Kleine Chronik der Verbands-PR, in: Rohrbach, Wolfgang, Versicherungsgeschichte Österreichs, Band VI, An der Schwelle zum 3. Jahrtausend – Retrospektiven und Perspektiven, Wien 2000

Rohrbach, W., Die österreichischen Lebensversicherungen und die NS-Zeit. Besprechungsaufsatz in: Die Versicherungsrundschau, Heft 10/2001, Wien 2001

Rohrbach, W., Die österreichische Versicherungswirtschaft zu Beginn des 21. Jahrhunderts. In: Die altösterreichischen Regionen Zentral- und (Süd)Osteuropas: Gestern – Heute – Morgen. Versicherungsgeschichte Österreichs, Bd. VII, 2. Teil. Wien 2004

Roloff, Marita, Die Entwicklung der Lebensversicherung in Österreich zwischen 1873 und 1936, in: Versicherungsgeschichte Österreichs, Band 2, Wien 1988

Roloff, Marita/Mosser, Alois, Wiener Allianz Gegründet 1860. Festschrift. Wien 1991

Roscher, Wilhelm, Grundlagen der Nationalökonomie, Stuttgart 1918

Rothschild, Kurt, The Austrian Economy Since 1945. London & New York 1950

Sams, Manfred, Die Wiedereingliederung der USIA-Betriebe in die österreichische Volkswirtschaft nach 1955, Linz 2000

Sandgruber, Roman, Ökonomie und Politik. Österreichische Wirtschaftsgeschichte vom Mittelalter bis zur Gegenwart. Wien 1995

Schärf, Adolf, Österreichs Wiederaufrichtung im Jahre 1945, Wien 1960

Schiff, G., Die Abgabenbelastung des Versicherungswesens. In: Asssekuranz-Jahrbuch, Bd. 57. Wien und Leipzig 1938

Schneider, Gerhard, Geschichte der österreichischen Privatversicherung, Wien 1988

Schuster, Walter/Weber, Wolfgang (Hrsg.), Entnazifizierung im regionalen Vergleich, Linz 2003

Seidl, Ch., Historischer Abriss österreichischer Steuerstrukturen und Steuerreformen. In: O. Helige (Hrsg.), Dokumentation zur Steuerreformkommission. Wien 1980

Seidl, Hans, Die österreichische Stabilisierungspolitik 1951/2, in Baltzarek, Franz u.a.

(Hrsg.), Von der Theorie zur Wirtschaftspolitik – ein österreichischer Weg, Wien 1998

Seidl, Hans, Österreichs Wirtschaftspolitik und der Marshall-Plan, in Bischof, Günter/Stiefel, Dieter (Hrsg.), „80 Dollar" 50 Jahre ERP-Fonds und Marshall-Plan in Österreich 1948–1998, Wien 1999

Seidl, Hans, Die österreichische Wechselkurspolitik 1945–1953, in Bachinger, Karl/Stiefel, Dieter (Hrsg.), Auf Heller und Cent. Beiträge zur Finanz- und Währungsgeschichte, Wien 2001

Seidel, Hans, Österreichische Wirtschaft und Wirtschaftspolitik nach dem Zweiten Weltkrieg. Wien 2005

Seitl, Helmut, Ökonomische und finanzielle Probleme der sogenannten Wertsicherungsklauseln, Diss. Wien 1954

Seyfried, Hans, Geldentwertung als Problem für die private Lebensversicherung, Diss. Tübingen 1960

Somogyi, Karl, Positionslichter der Vertragsunfallversicherung, Die Versicherungsrundschau 1949

Stadle, Franz/Schmid, Josef, Die Geschichte der Hagelversicherung in Österreich, in: Rohrbach, Wolfgang, Versicherungsgeschichte Österreichs, Band VI, An der Schwelle zum 3. Jahrtausend – Retrospektiven und Perspektiven, Wien 2000

Sternfeld, Albert, Die Entdeckung der Verantwortung. Die Zweite Republik und die vertriebenen Juden. In: Pelinka/Reinalter (Hrsg.), Vergleichende Gesellschaftsgeschichte und politische Ideengeschichte der Neuzeit, Bd. 10. Wien 1998

Sternfeld, Albert, Kommissionen und Verschleppung. In: Die Presse. 2. 12. 1999. Wien

Steiner, Herbert, Die USIA-Betriebe. Ihre Gründung, Organisation und Rückgabe in die österreichischen Hoheitsverwaltung, in Mitteilungen des Österreichischen Staatsarchivs 43, Wien 1993

Stiefel, Dieter, Die Organisation des Geld- und Kreditwesens Österreichs in der Zwischenkriegszeit, Wirtschaftspolitische Blätter, Wien 1974

Stiefel, Dieter, Im Interesse des Handels, Gremien, Verbände und Vereine der österreichischen Kaufmannschaft in der Zwischenkriegszeit, Wirtschaftspolitische Blätter, Wien 1978

Stiefel, Dieter, Entnazifizierung in Österreich, Wien 1981

Stiefel, Dieter, Die große Krise in einem kleinen Land. Österreichische Finanz- und Wirtschaftspolitik 1929–1938. Wien 1988

Stiefel, Dieter, Utopie und Realität: Die Wirtschaftspolitik des Ständestaates in: Albrich/Eisterer/Steininger, Tirol und der Anschluß. Voraussetzungen, Entwicklungen und Rahmenbedingungen, Innsbruck 1988

Stiefel, Dieter, Die Fische und das Wasser. Der ökonomische Ansatz zur Erklärung des Verlaufs der Entnazifizierung. In: Keine „Abrechnung“. NS-Verbrechen, Justiz und Gesellschaft in Europa nach 1945. Hrsg. V. Claudia Kuretsidis-Haider und Winfried R. Garscha. Redaktion: Christiane Schindler. Bundesministerium für Justiz, Dokumentationsarchiv des österreichischen Widerstandes. Wien 1998

Stiefel, Dieter, Coca-Cola kam nicht über die Enns …, Die ökonomische Benachteiligung der sowjetischen Besatzungszone, in: Günter Bischof/Dieter Stiefel (Hrsg.), 80 Dollar. 50 Jahre ERP-Fonds und Marshall-Plan in Österreich 1948–1998. Wien 1999

Stiefel, Dieter, 50 Years State-Owned Industries in Austria 1946–1996, in: Franco Amatori (Ed.), The Rise and Fall of State-Owned Enterprises in Western Countries, London 2000

Stiefel, Dieter, „The Economics of Discrimination“. In: Dieter Stiefel (Hrsg.), Die politische Ökonomie des Holocaust. Zur wirtschaftlichen Logik von Verfolgung und „Wiedergutmachung“, Querschnitte, Bd. 7. Einführungstexte zur Sozial-, Wirtschafts- und Kulturgeschichte. Wien und München 2001b

Stiefel, Dieter, Die österreichischen Lebensversicherungen. In: Dieter Stiefel (Hrsg.), Die politische Ökonomie des Holocaust. Zur wirtschaftlichen Logik von Verfolgung und „Wiedergutmachung“, Querschnitte, Bd. 7. Einführungstexte zur Sozial-, Wirtschafts- und Kulturgeschichte. Wien und München 2001

Stiefel, Dieter, Die österreichischen Lebensversicherungen und die NS-Zeit. Wirtschaftliche Entwicklung, politischer Einfluss, jüdische Polizzen, Wien 2001

Stiefel, Dieter, „Unusual Business“. Der Wiederaufbau der österreichischen Versicherungswirtschaft 1945–1955. Manuskript. Wien 2005

Stourzh, Gerald, Um Einheit und Freiheit. Staatsvertrag, Neutralität und das Ende der Ost-West-Besetzung Österreichs 1945–1955, Wien 1998

Sucharipa, Erich, Die Rückkehr der Geschichte – zur Restitution jüdischen Vermögens in Österreich. In: Das Brünner Symposium zur österreichisch-tschechischen Geschichte der ersten Hälfte des XX. Jahrhunderts (1. u. 2. Juli 2002). Website des Bundesministeriums für auswärtige Angelegenheiten – Auslandsösterreicher, Wien 2002

Sultan, H., Über das Verhältnis von Steuerstaat und Unternehmerstaat. In: Beiträge zur Finanzwissenschaft. Bd. I. Festgabe für Georg v. Schanz. Tübingen 1928

Süss, Theodor, Die Privatversicherung im Kriege, Berlin 1940,

Surminski, Arno, Versicherungen unterm Hakenkreuz, Zeitschrift für Versicherungswesen Nr. 9, 1999

Thonke, Ch., Hitlers langer Schatten. Der mühevolle Weg zur Entschädigung der NS-Opfer. Wien, Köln, Weimar 2004

Turkowska-Tyrluk, E., Nationalization of Insurance in Poland and the Holocaust: Preliminary Finding. In: Proceedings of the Washington Conference on Holocaust-Era Assets. Released by the Office of the Coordinator for the Washington Conference on Holocaust-Era Assets. Washington 1999

Thür, Hans, Die Österreichische Versicherungs AG (ÖVAG) und der Deutsche Ring österreichische Lebensversicherung AG der Deutschen Arbeitsfront (1936–1945) in. Versicherungsgeschichte Österreichs Band 3, Das Zeitalter des modernen Versicherungswesens, Wien 1988

Tichy, Bruno, Der Wiederaufbau des österreichischen Bankwesens, Diss., Wien 1957

Unterberger, A., Tue Gutes und schweige. In: Die Presse. 10. Juli 1999. Wien 1999

Urbanski, Hans, 150 Jahre Generali, 100 Jahre Erste Allgemeine. Ursprung, Geschichte und Motivation, Wien 1982

Vogel, K., Der Finanz- und Steuerstaat. Wieder abgedruckt in: P. Kirchhof (Hrsg., 1991), Der offene Finanz- und Steuerstaat. Heidelberg 1987

VVO (1957): Bericht über die Geschäftsjahre 1955 und 1956, Verband der Versicherungsanstalten Österreichs.

Wagner, Heinrich, Das Versicherungsüberleitungsgesetz, in: Die Versicherungsrundschau, Wien Juni 1946

Wagstyl, St., Lost property of a generation. In: Financial Times, Feb. 10/11, 2001. P. 10.

Wahle, Karl/Wahle, Hedwig, (1949): Vertragsversicherungsrecht – Gesetze, Verordnungen und Erlässe, Manzsche Verlags- und Universitätsbuchhandlung, Wien.

Walch, Dietmar, Die jüdischen Bemühungen um die materielle Wiedergutmachung durch die Republik Österreich. Dissertation an der Universität Salzburg. Veröffentlichungen des Historischen Instituts der Universität Salzburg. Wien 1971

Waxman, H.A., Greater oversight needed on Holocaust-era insurance claims panel. (Feb. 15, 2002). www.waxman.house.gov/issues/foreignaffairs/issues foreign affairs HRR jewjournal 2 15 …

Weber, Fritz, Österreichs Wirtschaft in der Rekonstruktionsperiode nach 1945, in: Zeitgeschichte 14, Wien 1987

Weber, Fritz, „Die wirtschaftliche Entwicklung“, in: Handbuch des politischen Systems Österreichs, ed. Herbert Dachs, P. Gerlich et. al., Wien 1991

Weber, Max, Wirtschaft und Gesellschaft. Tübingen 1922

Weber, Willhelm (Hrsg.), Österreichs Wirtschaftsstruktur gestern – heute – morgen, Berlin 1961

Weidlinger, Karl, Sozialisierung der Versicherung, Die Zukunft, Wien, Dezember 1947
Weis, G., Restitution Through The Ages. Noah Barou Memorial Lecture 1962. The World Jewish Congress, British Section. London 1962
Winkler, Hans, Österreich – die völkerrechtlichen Aspekte. In: Dieter Stiefel (Hrsg.), Die politische Ökonomie des Holocaust. Zur wirtschaftlichen Logik von Verfolgung und „Wiedergutmachung", Querschnitte, Bd. 7. Einführungstexte zur Sozial-, Wirtschafts- und Kulturgeschichte. Wien und München 2001
Wistrich, R.S., Austria and the Legacy of the Holocaust. The American Jewish Committee. International Perspectives 44. New York 1999

Zechner, A., Die Reform der Umsatzsteuer – eine wirtschaftspolitische Notwendigkeit. Wien 1963
Zimmermann, Hannes, Wirtschaftsentwicklung Österreichs 1945–1951 am Beispiel der Lohn-Preis-Abkommen und des Marshallplanes, Wien 1983

Hundert Jahre Wiener Rück 1869 bis 1969, Wien 1969
NN, Sozialisierung der Versicherung?, Die Versicherungsrundschau, Wien 1948
http://www.hagel.at/index.mv

Periodika

Geschichte und Literatur, Wien
(WIFO) Monatsberichte des Österreichischen Instituts für Wirtschaftsforschung, Wien
Neumanns Zeitschrift für Versicherungswesen
Die Versicherungsrundschau. Zeitschrift der österreichischen Gesellschaft für Versicherungsfachwissen, Wien
Versicherungswirtschaft, Karlsruhe
Wiener Zeitung
Wirtschaftspolitische Blätter, Wien
Wochenschrift des Niederösterreichischen Gewerbevereins, Wien
Zeitgeschichte, Wien

Archivquellen

Archiv der Republik, Österreichisches Staatsarchiv, Bundesministerium für Finanzen (AdR.BMF)
Bundesarchiv Koblenz

National Archives Washington
Archiv des Verbandes der Versicherungsunternehmen Österreichs
Public Record Office, London (PRO FO)
Stenographisches Protokolle des Nationalrates der Republik Österreich
Der Prozeß gegen die Hauptkriegsverbrecher vor dem Internationalen Militärtribunal. Nürnberg 14. November–1. Oktober 1946. Bd. 28. Nürnberg 1948. Dokument 1816-PS. S. 499ff.

Personenregister